A Criança em Crescimento

B789c Boyd, Denise.
       A criança em crescimento / Denise Boyd, Helen Bee ;
       tradução: Daniel Bueno ; revisão técnica: Plínio de Almeida
       Maciel Junior. – Porto Alegre : Artmed, 2011.
       624 p. : il. color. ; 28 cm.

       ISBN 978-85-363-2540-8

       1. Psicologia do crescimento – Criança. 2. Psicologia
       infantil. I. Bee, Helen. II. Título.

                                                CDU 159.922.7

Catalogação na publicação: Ana Paula M. Magnus – CRB 10/2052

Denise Boyd
Houston Community College

Helen Bee

A Criança em Crescimento

Tradução:
Daniel Bueno

Consultoria, supervisão e revisão técnica desta edição:

Plínio de Almeida Maciel Junior
Doutor em Psicologia Clínica pela Pontifícia Universidade Católica de São Paulo (PUC-SP)
Professor no Departamento de Psicologia do Desenvolvimento da Faculdade de Ciências Humanas e da Saúde da PUC-SP

2011

Obra originalmente publicada sob o título
The Growing Child, 1st Edition
ISBN 9780205545964

Authorized translation from the English language edition, entitled GROWING CHILD,THE, 1st Edition by DENISE BOYD; HELEN BEE, published by Pearson Education, Inc., publishing as Allyn & Bacon, Copyright © 2010. All rights reserved. No part of this book may be reproduced or transmitted in any form or by any means, electronic or mechanical, including photocopying, recording or by any information storage retrieval system, without permission from Pearson Education,Inc.

Portuguese language edition published by Artmed Editora SA, Copyright © 2011

Tradução autorizada a partir do original em língua inglesa da obra intitulada GROWING CHILD,THE, 1ª Edição, autoria de DENISE BOYD; HELEN BEE, publicado por Pearson Education, Inc., sob o selo Allyn & Bacon, Copyright © 2010. Todos os direitos reservados. Este livro não poderá ser reproduzido nem em parte nem na íntegra, nem ter partes ou sua íntegra armazenado em qualquer meio, seja mecânico ou eletrônico, inclusive fotoreprografação, sem permissão da Pearson Education,Inc.

A edição em língua portuguesa desta obra é publicada por Artmed Editora SA, Copyright © 2011

Capa: *Mário Röhnelt*

Preparação de original: *Lara Frichenbruder Kengeriski*

Leitura final: *Cristine Henderson Severo*

Editora sênior – Saúde mental: *Mônica Ballejo Canto*

Editora responsável por esta obra: *Lívia Allgayer Freitag*

Projeto e editoração: *Techbooks*

Reservados todos os direitos de publicação, em língua portuguesa, à
ARTMED® EDITORA S.A.
Av. Jerônimo de Ornelas, 670 – Santana
90040-340 Porto Alegre RS
Fone (51) 3027-7000   Fax (51) 3027-7070

É proibida a duplicação ou reprodução deste volume, no todo ou em parte, sob quaisquer formas ou por quaisquer meios (eletrônico, mecânico, gravação, fotocópia, distribuição na Web e outros), sem permissão expressa da Editora.

SÃO PAULO
Av. Embaixador Macedo Soares, 10.735 – Pavilhão 5 – Cond. Espace Center
Vila Anastácio 05095-035 São Paulo SP
Fone (11) 3665-1100   Fax (11) 3667-1333

SAC 0800 703-3444

IMPRESSO NO BRASIL
PRINTED IN BRAZIL

Este livro é dedicado às duas crianças em crescimento que mais gosto, Mackenzie e Madeleine.

—D.B.

Agradecimentos

Criar um livro-texto que informe e desafie os alunos é uma tarefa desencorajadora, que não poderia ser realizada sem a ajuda de uma equipe de profissionais. O Editor de Aquisições Sênior Stephen Frail foi responsável pela visão que orientou o desenvolvimento de *A criança em crescimento* do início ao fim, sob a direção da Editora-chefe Susan Hartman. Na Editoria de Desenvolvimento, Sharon Geary, Julie Swasey e Christina Lembo desempenharam papéis indispensáveis na realização de nossos objetivos para o texto. A equipe de produção da Allyn & Bacon, especialmente a Editora de Produção Claudine Bellanton, orientou o manuscrito durante todo o processo através do qual um manuscrito se torna um livro. A Editora Sally Lifland agregou brilho e precisão ao manuscrito e provas de página. Por fim, se os professores não soubessem de nosso livro e de suas características únicas, ele não poderia cumprir sua missão de ajudar os estudantes a compreender o desenvolvimento de crianças e adolescentes. Assim, somos gratos à equipe de *marketing* da Allyn & Bacon, Nicole Kunzmann, Jeanette Koskinas e Brandt Dawson, por apresentarem nosso texto às pessoas para as quais nós o escrevemos.

Também agradecemos aos seguintes revisores, que ofereceram valioso retorno:

Carolyn Adams-Price, Mississippi State University
Michelle D. Bannoura, Hudson Valley Community College
Michelle Beasley, Southwest Tennessee Community College
Kathleen Bey, Palm Beach Community College
Catherine Caldwell-Harris, Boston University
Cathy Cody, Asheville-Buncombe Technical Community College
Timothy Croy, Eastern Illinois University
Sharon DeLeon, Fullerton College
Carol Michler Detmer, Middle Tennessee State University
Eugene Geist, Ohio University
Christine Grela, McHenry County College
Sandra Hellyer, Bali State University
Carol LaLiberte, Westfield State College
Dawn S. Munson, Elgin Community College
Mary Kay Reed, York College of Pennsylvania
Kathleen A. Reid, California State University, Fresno
Eileen Roth, Glendale College
Patrícia J. Sawyer, Middlesex Community College
Kristen K. Williams, Ball State University

Denise Boyd

Sumário

Destaques 20
Prefácio 21

UNIDADE UM Fundamentos 26

Capítulo 1 Conceitos Básicos e Métodos 29

Uma introdução ao desenvolvimento humano 30
- Origens filosóficas e científicas 30
- Domínios e períodos do desenvolvimento 31
- *Ciência do desenvolvimento na clínica* A importância das normas 32

Questões-chave no estudo do desenvolvimento humano 33
- Natureza *versus* experiência 33
- Continuidade *versus* descontinuidade 34
- Três tipos de mudança 34
- Contextos do desenvolvimento 35

Métodos e modelos de pesquisa 37
- Os objetivos da ciência do desenvolvimento 37
- Métodos descritivos 38
- *Ciência do desenvolvimento na sala de aula* O efeito Mozart 39
- O método experimental 40
- *Ciência do desenvolvimento em casa* Correlação versus causação 41
- Métodos para estudar mudanças relacionadas à idade 42
- Pesquisa intercultural 43
- Ética da pesquisa 44

Preparação para testes 46

Capítulo 2 Teorias do Desenvolvimento 51

Teorias psicanalíticas 51
- Teoria psicossexual de Freud 52
- *Ciência do desenvolvimento na clínica* A controvérsia da memória reprimida 52
- Teoria psicossocial de Erikson 54
- Avaliação das teorias psicanalíticas 55

Teorias da aprendizagem 56
- Condicionamento clássico 56
- *Ciência do desenvolvimento na sala de aula* Dessensibilização sistemática 57
- Condicionamento operante de Skinner 58

> **A criança integral em foco**
>
> Nesta unidade, nós conhecemos os Chang, um casal que está esperando seu primeiro filho.

Ciência do desenvolvimento em casa Consequências inesperadas 58
Teoria sociocognitiva de Bandura 59
Avaliação das teorias da aprendizagem 60
Teorias cognitivas 61
Teoria cognitivo-desenvolvimentista de Piaget 61
Teoria sociocultural de Vygotsky 63
Teoria do processamento de informações 64
Avaliação das teorias cognitivas 64
Teorias biológicas e ecológicas 66
Genética do comportamento 66
Etologia e sociobiologia 67
Teoria bioecológica de Bronfenbrenner 68
Comparação de teorias 69
Pressupostos sobre o desenvolvimento 69
Utilidade 70
Ecletismo 71
Preparação para testes 72

Capítulo 3 Desenvolvimento Pré-Natal e Nascimento 77
Concepção e genética 77
O processo de concepção 78
Ciência do desenvolvimento em casa Fertilização *in vitro* 80
Como os genes influenciam o desenvolvimento 80
Doenças genéticas e cromossômicas 83
Doenças genéticas 83
Erros cromossômicos 85
Gravidez e desenvolvimento pré-natal 86
A experiência da mãe 86
Desenvolvimento pré-natal 88
Diferenças entre os sexos 92
Comportamento pré-natal 93
Problemas no desenvolvimento pré-natal 94
Como os teratógenos influenciam o desenvolvimento 94
Medicamentos 96
Doenças maternas 98
Outras influências maternas no desenvolvimento pré-natal 99
Avaliação e tratamento do feto 101
Nascimento e o neonato 103
Opções de parto 103
O processo físico do nascimento 105
Avaliando o neonato 108
Baixo peso natal e nascimento prematuro 108
Ciência do desenvolvimento na clínica Cantando para o neonato de BPN 109
Ciência do desenvolvimento na sala de aula Nascimento prematuro e problemas escolares 110
Preparação para testes 111

A criança integral em foco
Ao fim da Unidade Um, nós visitamos a família Chang novamente, desta vez na sala de parto.

UNIDADE UM A Criança Integral em Ação 115
A Criança Integral em Foco 116

UNIDADE DOIS   Primeiros Dois Anos   118

A criança integral em foco
Na Unidade Dois, nós conhecemos Federico, de 6 meses, e Hector, seu pai "dono-de-casa".

Capítulo 4   Desenvolvimento Físico e Saúde nos Primeiros Dois Anos   121

     Mudanças físicas   121
         O cérebro e o sistema nervoso   122
         Ciência do desenvolvimento na sala de aula   Televisão para crianças pequenas: quanto é demais?   124
         Reflexos e estados comportamentais   124
         Crescimento, habilidades motoras e desenvolvimento dos sistemas corporais   126

     Saúde e bem-estar   128
         Nutrição   129
         Subnutrição   129
         Ciência do desenvolvimento em casa   Seio ou mamadeira?   129
         Assistência médica e imunizações   130

     Mortalidade infantil   131
         Síndrome da morte súbita do lactente   131
         Ciência do desenvolvimento na clínica   Quando um bebê morre   132
         Diferenças de grupo na mortalidade infantil   133

     Habilidades sensoriais   134
         Visão   134
         Audição e outros sentidos   135

     Habilidades perceptuais   137
         Estudando o desenvolvimento perceptual   137
         Olhar   137
         Ouvir   139
         Combinando informações dos vários sentidos   140
         Explicando o desenvolvimento perceptual   141

     Desenvolvimento físico e a criança integral   142
         Funcionamento cognitivo   142
         Funcionamento socioemocional   142
         Olhando para a frente   142

     Preparação para testes   143

Capítulo 5   Desenvolvimento Cognitivo nos Primeiros Dois Anos   147

     Mudanças cognitivas   147
         Visão de Piaget dos dois primeiros anos   148
         Ciência do desenvolvimento na clínica   Permanência do objeto e vigilância do desenvolvimento   150
         Contestações à visão de Piaget   151
         Abordagens alternativas   152

     Aprender, categorizar e lembrar   154
         Condicionamento e imitação   154
         Aprendizagem esquemática   155
         Memória   156

Os rudimentos da linguagem   156
 Perspectivas teóricas   157
 Ciência do desenvolvimento na sala de aula   A importância de ler para crianças pequenas   157
 Influências no desenvolvimento da linguagem   159
 Marcos iniciais do desenvolvimento da linguagem   160
 As primeiras palavras   161
 As primeiras frases   162
 Diferenças individuais no desenvolvimento da linguagem   163
 Ciência do desenvolvimento em casa   Um ou dois idiomas?   163
 Desenvolvimento da linguagem entre culturas   165
 Medindo a inteligência na primeira infância   165
Preparação para testes   167

Capítulo 6   Desenvolvimento Social e da Personalidade nos Primeiros Dois Anos   171

Teorias do desenvolvimento social e da personalidade   171
 Perspectivas psicanalíticas   172
 Perspectivas etológicas   172
Apego   173
 O apego dos pais ao bebê   173
 O apego do bebê aos pais   174
 Ciência do desenvolvimento na clínica   Reduzindo a ansiedade dos bebês   176
 Variações na qualidade do apego   176
 Características do cuidador e apego   178
 Consequências a longo prazo da qualidade do apego   179
 Pesquisa intercultural sobre apego   180
Personalidade, temperamento e autoconceito   182
 Dimensões do temperamento   182
 Origens e estabilidade do temperamento   182
 Ciência do desenvolvimento na sala de aula   Dominância temperamental na sala de aula da educação infantil   183
 Autoconceito   185
Efeitos do cuidado alternativo   187
 Dificuldades no estudo do cuidado alternativo   188
 Efeitos sobre o desenvolvimento cognitivo   189
 Efeitos sobre o desenvolvimento social   190
 Interpretando as pesquisas sobre cuidado alternativo   190
 Ciência do desenvolvimento em casa   Escolhendo uma escola de educação infantil   191
Preparação para testes   192

A criança integral em foco
Nós voltamos a ver como está o desenvolvimento de Federico após dois anos.

UNIDADE DOIS   A Criança Integral em Ação   195
A Criança Integral em Foco   196

Sumário **13**

UNIDADE TRÊS   Segunda Infância   198

> **A criança integral em foco**
> Nós conhecemos Madeleine, de 2 anos, que adora dançar.

Capítulo 7   Desenvolvimento Físico e Saúde na Segunda Infância   201

Mudanças físicas   201
- Mudanças de forma e tamanho   202
- O cérebro e o sistema nervoso   204
- Preferência no uso das mãos: natureza ou experiência?   205
- Habilidades sensórias e perceptuais   207
- Desenvolvimento motor   209
- *Ciência do desenvolvimento na sala de aula*   Educação dos movimentos   210
- Padrões de sono   212
- *Ciência do desenvolvimento em casa*   Uma boa noite de sono para as crianças (e para os pais também!)   213

Saúde e bem-estar   214
- Nutrição   214
- Necessidades de assistência médica   215
- Doenças, acidentes e mortalidade   217
- Abuso e negligência   219

Desenvolvimento atípico   223
- Retardo mental   224
- Transtornos invasivos do desenvolvimento   225
- *Ciência do desenvolvimento na clínica*   Análise funcional do comportamento autodestrutivo   227

Desenvolvimento físico e a criança integral   229
- Funcionamento cognitivo   229
- Funcionamento socioemocional   229
- Olhando para a frente   230

Preparação para testes   231

Capítulo 8   Desenvolvimento Cognitivo na Segunda Infância   235

Mudanças cognitivas   236
- Estágio pré-operatório de Piaget   236
- *Ciência do desenvolvimento na sala de aula*   Usando o brincar das crianças para avaliar os níveis de desenvolvimento cognitivo   236
- Contestações à visão de Piaget   240
- Teorias da mente   241
- Processamento de informações na segunda infância   244
- *Ciência do desenvolvimento em casa*   Perguntas indutoras e memória das crianças   245
- Teoria sociocultural de Vygotsky   246

Mudanças na linguagem   247
- Aprendendo novas palavras   247
- A explosão gramatical   248
- Consciência fonológica   249

Diferenças na inteligência 250
  Medindo a inteligência 250
    Ciência do desenvolvimento na clínica Testar ou não? 252
    Origens das diferenças individuais na inteligência 253
    Diferenças grupais nos escores em testes de inteligência 254
Educação na segunda infância 256
  Abordagens à educação inicial 256
  Educação de segunda infância para crianças economicamente desfavorecidas 258
Preparação para testes 261

Capítulo 9 Desenvolvimento Social e da Personalidade na Segunda Infância 265

Teorias do desenvolvimento social e da personalidade 265
  Perspectivas psicanalíticas 266
  Perspectivas sociocognitivas 266
    Ciência do desenvolvimento na sala de aula Aprendendo e desaprendendo o preconceito racial 267
Personalidade e autoconceito 269
  Do temperamento à personalidade 269
  Autoconceito 270
Desenvolvimento de gênero 272
  Explicando o desenvolvimento de gênero 272
  O conceito de gênero 274
  Conhecimento dos papéis sexuais 275
  Comportamento tipificado por sexo 276
Estrutura e relações familiares 278
  Apego 278
  Estilos de criação 279
  Etnicidade, condição socioeconômica e estilos de criação 281
  Ciência do desenvolvimento em casa Bater ou não? 282
  Estrutura familiar 283
  Divórcio 286
  Compreendendo os efeitos da estrutura familiar 288
Relações entre pares 288
  Ciência do desenvolvimento na clínica Quando os pais se divorciam 289
  Relacionando-se com os pares por meio do brincar 289
  Agressividade 290
  Comportamento pró-social e amizades 292
Preparação para testes 294

A criança integral em foco
Nós vimos novamente como Madeleine, agora com 6 anos, está crescendo e mudando.

UNIDADE TRÊS A Criança Integral em Ação 297
A Criança Integral em Foco 298

UNIDADE QUATRO Meninice 300

A criança integral em foco

Nós conhecemos Jamal, um menino de 6 anos que está aprendendo a andar de bicicleta.

    Capítulo 10 Desenvolvimento Físico e Saúde na Meninice 303

        Mudanças físicas 303
            Mudanças de tamanho, forma e função 304
            O cérebro e o sistema nervoso 305
            Desenvolvimento motor e perceptual 307
        Saúde e bem-estar 308
            Necessidades de assistência médica de crianças em idade escolar 308
            Ciência do desenvolvimento em casa Esportes para crianças 309
            Doenças agudas e crônicas 310
            Ferimentos e mortalidade 311
            Ganho excessivo de peso 314
            Diabete 316
            Condição socioeconômica e saúde das crianças 318
            Hábitos de saúde 321
        Desenvolvimento atípico 322
            Transtorno de déficit de atenção/hiperatividade 322
            Ciência do desenvolvimento na clínica Sabendo quando procurar ajuda profissional 323
            Transtorno desafiador de oposição 326
            Transtorno da conduta com início na infância 326
            Ciência do desenvolvimento na sala de aula Intervenção precoce para transtorno da conduta com início na infância 327
            Depressão 328
        Desenvolvimento físico e a criança integral 329
            Funcionamento cognitivo 329
            Funcionamento socioemocional 329
            Olhando para a frente 330
        Preparação para testes 331

    Capítulo 11 Desenvolvimento Cognitivo na Meninice 335

        Mudanças cognitivas 336
            Linguagem 336
            Estágio operatório-concreto de Piaget 337
            Testes diretos da concepção de Piaget 338
            Avanços nas habilidades de processamento de informações 341
        Escolarização 343
            Alfabetização 343
            Aprendizes de segunda língua 345
            Ciência do desenvolvimento na sala de aula Idade e aprendizagem em segunda língua: quanto mais jovem melhor? 346

Testes padronizados 347
Diferenças grupais de desempenho 350
Ciência do desenvolvimento na clínica Ameaça do estereótipo 352
Escolarização para crianças com necessidades especiais 353
Transtornos de aprendizagem 355
Ciência do desenvolvimento em casa Escolarização em casa 356
Deficiências de desenvolvimento 357
Transtornos da comunicação 357
Educação inclusiva 359
Superdotados 361
Preparação para testes 363

Capítulo 12 Desenvolvimento Social e da Personalidade na Meninice 367

Teorias do desenvolvimento social e da personalidade 368
Perspectivas psicanalíticas 368
As perspectivas de traço e sociocognitivas 369
Autoconceito 370
O *self* psicológico 370
O *self* de valorização 371
Avanços na cognição social 373
A criança como psicólogo 373
Raciocínio moral 374
O mundo social da criança em idade escolar 375
Relacionamentos com os pais 375
Ciência do desenvolvimento em casa Encorajando o raciocínio moral 376
Ciência do desenvolvimento na clínica Irmãos e filhos únicos 377
Amizades 377
Segregação por gênero 379
Padrões de agressividade 380
Ciência do desenvolvimento na sala de aula Valentões e vítimas 381
Status social 382
Influências além da família e dos pares 383
Cuidado após a escola 384
Influências da mídia 385
Preparação para testes 388

A criança integral em foco
Nós acompanhamos o crescimento de Jamal até ele se tornar confiante aos 12 anos.

UNIDADE QUATRO A Criança Integral em Ação 391
A Criança Integral em Foco 392

UNIDADE CINCO — Adolescência 394

Capítulo 13 — Desenvolvimento Físico e Saúde na Adolescência 397

A criança integral em foco
Nós conhecemos as melhores amigas Cho e Michelle, da 8ª série, duas garotas que tentam estabelecer sua independência.

Mudanças físicas 398
- Os sistemas endócrino e nervoso 398
- Mudanças de tamanho e forma 400
- Maturidade sexual 402
- Tempos da puberdade 404

Sexualidade adolescente 405
- Comportamento sexual 405
- *Ciência do desenvolvimento na sala de aula* Qual abordagem de educação sexual é mais efetiva? 407
- Gravidez adolescente 409
- Jovens de minorias sexuais 410
- *Ciência do desenvolvimento na clínica* Intervenção em crise para adolescentes grávidas 410

Saúde adolescente 412
- Nutrição 412
- Doenças 413
- Busca de sensações 414
- Drogas, álcool e tabaco 415
- Mortalidade 417

Desenvolvimento atípico 419
- Transtornos da conduta 419
- Transtornos alimentares 421
- Depressão e suicídio 423
- *Ciência do desenvolvimento em casa* Reconhecendo os sinais de um transtorno alimentar 423

Desenvolvimento físico e a criança integral 425
- Funcionamento cognitivo 425
- Funcionamento socioemocional 425
- Olhando para a frente 426

Preparação para testes 427

Capítulo 14 — Desenvolvimento Cognitivo na Adolescência 431

Estágio operatório-formal de Piaget 431
- Elementos-chave do pensamento operacional formal 432
- Testes diretos da visão de Piaget 433
- *Ciência do desenvolvimento na sala de aula* O "jargão" das mensagens eletrônicas: uma ameaça ao conhecimento linguístico dos adolescentes? 434
- Pensamento operacional formal na vida cotidiana 435

Avanços no processamento de informações 437
- Processos executivos 437
- Aprendizado acadêmico 438

Escolarização 439
- Transição para o ensino médio 439
- Envolvimento estudantil no ensino médio 442
- *Ciência do desenvolvimento na clínica* Lócus de controle 443
- Evasão escolar no ensino médio 445
- Educação do caráter 447
- Gênero, etnicidade e desempenho em ciências e matemática 447
- *Ciência do desenvolvimento em casa* Meninas e *videogames* 448

Ingressando no universo do trabalho 449
- Os efeitos do emprego na adolescência 449
- Escolhendo uma profissão 450
- Influências nas escolhas profissionais 452

Preparação para testes 453

Capítulo 15 Desenvolvimento Social e da Personalidade na Adolescência 457

Teorias do desenvolvimento social e da personalidade 458
- Perspectivas psicanalíticas 458
- Teoria de realização da identidade de Marcia 458

Autoconceito 460
- Autocompreensão 460
- *Ciência do desenvolvimento em casa* Programas de ritos de passagem 461
- Autoestima 462
- *Ciência do desenvolvimento na clínica* Um conjunto de traços problemáticos 463
- Papéis do gênero 463
- Identidade étnica 464
- *Ciência do desenvolvimento na sala de aula* Modelos dos papéis na imprensa e na escola 465

Desenvolvimento moral 467
- Teoria do raciocínio moral de Kohlberg 467
- Causas e consequências do desenvolvimento moral 471
- Críticas à teoria de Kohlberg 472

Relações sociais 474
- Relações com os pais 475
- Amizades 475
- Grupos de pares 476
- Relacionamentos amorosos 478

Preparação para testes 480

UNIDADE CINCO A Criança Integral em Ação 483
A Criança Integral em Foco 484

A criança integral em foco

Nós reencontramos Cho e Michelle quando elas começavam a se preparar para a faculdade e a vida após a escola.

Epílogo	**O Processo de Desenvolvimento** 487
	Transições, consolidações e sistemas 487
	Quais são as principais influências sobre o desenvolvimento? 488
	O momento de ocorrência importa? 489
	Experiência inicial como decisiva 489
	Tarefas psicológicas em diversas idades 491
	Qual é a natureza da mudança desenvolvimentista? 492
	A questão dos estágios 492
	Continuidades no desenvolvimento 492
	Qual é o significado das diferenças individuais? 492
	Uma palavra final: a alegria do desenvolvimento 493

Teste Prático Abrangente 494

Respostas das Preparações para Testes 511

Respostas dos Testes Práticos 534

Palavras-chave por Capítulo 536

Referências 539

Glossário 589

Índice de Nomes 598

Índice Remissivo 612

Crédito das Fotos 621

Destaques

CIÊNCIA DO DESENVOLVIMENTO NA CLÍNICA

A importância das normas 32
A controvérsia da memória reprimida 52
Cantando para o neonato de BPN 109
Quando um bebê morre 132
Permanência do objeto e vigilância do desenvolvimento 150
Reduzindo a ansiedade dos bebês 176
Análise funcional do comportamento autodestrutivo 227

Testar ou não? 252
Quando os pais se divorciam 289
Sabendo quando procurar ajuda profissional 323
Ameaça do estereótipo 352
Irmãos e filhos únicos 377
Intervenção em crise para adolescente grávidas 410
Lócus de controle 443
Um conjunto de traços problemáticos 463

CIÊNCIA DO DESENVOLVIMENTO NA SALA DE AULA

O efeito Mozart 39
Dessensibilização sistemática 57
Nascimento prematuro e problemas escolares 110
Televisão para crianças pequenas: quanto é demais? 124
A importância de ler para crianças pequenas 157
Dominância temperamental na sala de aula da educação infantil 183
Educação dos movimentos 210
Usando o brincar das crianças para avaliar os níveis de desenvolvimento cognitivo 236

Aprendendo e desaprendendo o preconceito racial 267
Intervenção precoce para transtorno da conduta com início na infância 327
Idade e aprendizagem em segunda língua: quanto mais jovem melhor? 346
Valentões e vítimas 381
Qual abordagem de educação sexual é mais efetiva? 407
O "jargão" das mensagens eletrônicas: uma ameaça ao conhecimento linguístico dos adolescentes? 434
Modelos dos papéis na imprensa e na escola 465

CIÊNCIA DO DESENVOLVIMENTO EM CASA

Correlação *versus* causação 41
Consequências inesperadas 58
Fertilização *in vitro* 80
Seio ou mamadeira? 129
Um ou dois idiomas? 163
Escolhendo uma escola de educação infantil 191
Uma boa noite de sono para as crianças (e para os pais também!) 213

Perguntas indutoras e memória das crianças 245
Bater ou não? 282
Esportes para crianças 309
Escolarização em casa 356
Encorajando o raciocínio moral 376
Reconhecendo os sinais de um transtorno alimentar 423
Meninas e *videogames* 448
Programas de ritos de passagem 461

Prefácio

Um bom livro-texto é aquele que informa os alunos, ajuda-os a reter o que aprenderam e ajuda-os a aplicar os princípios expostos na vida real. Felizmente, para a maioria dos professores que ensinam desenvolvimento infantil, os alunos lidam com a tarefa de aprender sobre a infância e adolescência com um desejo natural de encontrar explicações tanto para seu próprio comportamento quanto para o dos outros. Como aprendi durante os meus 20 anos de ensino de psicologia do desenvolvimento, as estratégias de ensino bem-sucedidas se baseiam nesse desejo natural, mas também incentivam os estudantes a pensar mais profundamente sobre o desenvolvimento. Meu objetivo é incorporar essa abordagem de ensino aos livros-texto em que sou coautora.

Embora o interesse natural dos alunos pelo desenvolvimento ajude-os a aprender parte do conteúdo de um curso de desenvolvimento infantil, a maioria não é motivada pela curiosidade intelectual quando se matricula no curso. Em minhas classes de desenvolvimento infantil, os alunos têm procedências muito diversas, incluindo educação, serviços humanos, profissões na área de saúde e estudantes que se especializam em justiça penal, e a maioria faz o curso porque preenche os requisitos de graduação. Consequentemente, um dos significativos desafios que eu e aqueles que ensinam esses estudantes enfrentamos é encontrar um livro-texto que integre os interesses práticos dos leitores cujo objetivo primordial é aprender a trabalhar efetivamente com crianças e adolescentes ao tipo de abordagem abrangente das teorias e pesquisas que a maioria dos professores acredita que devem ser incluídas em um curso de desenvolvimento infantil.

Outro desafio enfrentado pelos professores é fazer com que os alunos mantenham em mente a *criança como um todo* em um curso cujo programa de estudo é segmentado tanto por domínios (cognitivo, físico e socioemocional) quanto por idade (primeira infância, segunda infância, meninice e adolescência). Os estudantes tendem a esquecer que o desenvolvimento não acontece em um vácuo.

Por fim, em uma época em que os educadores são cada vez mais convocados a documentar o que seus alunos estão aprendendo e o quão bem estão aprendendo, um texto que atenda as necessidades de avaliação dos professores é vital. Os estudantes também têm necessidades de autoavaliação; eles muitas vezes têm tempo limitado para estudar e querem um texto e materiais de apoio que desenvolvam suas habilidades de estudo e os ajudem a ter um bom desempenho no curso.

Características do texto

A criança em crescimento atende três necessidades dos professores de uma forma que também facilita o aprendizado do conteúdo do curso pelos alunos.

Necessidade nº 1: Atender as necessidades de avaliação dos professores e de autoavaliação dos alunos. O sistema pedagógico deste livro é adaptado do método de estudo SQ3R (pesquisa, pergunta, leitura, revisão, ensaio) para apoiar a aprendizagem do aluno. O sistema SQ3R é composto de diversas características:

> Um sistema de aprendizagem organizado em torno de questões de aprendizagem objetivas numeradas garante que alunos e professores saibam exatamente quais conhecimentos são abordados em cada seção. Isso também ajuda os alunos a organizar e reter o material à medida que leem o texto.

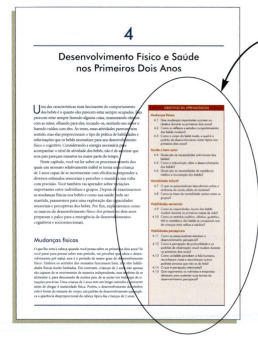

Os **objetivos da aprendizagem** são listados no início do capítulo para ajudar os alunos a *pesquisar* o conteúdo, aparecem na margem do texto ao lado do subtítulo apropriado para facilitar a fase de *perguntas* do SQ3R, e são repetidos na seção de resumo ao final de cada capítulo. Além disso, os materiais de apoio do professor são organizados em torno desses objetivos da aprendizagem, facilitando a avaliação do conhecimento de habilidades específicas.

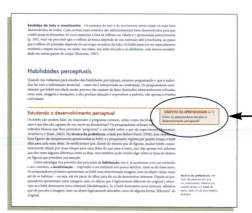

A **Preparação para Testes**, que incorpora um resumo organizado em torno dos objetivos da aprendizagem com um guia de estudos embutido, facilita as fases de *revisão* e *ensaio* do SQ3R e apoia o aprendizado ativo do conteúdo do texto.

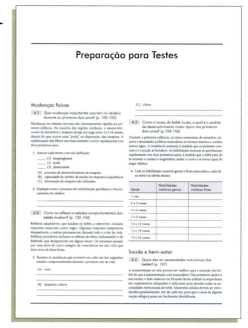

O **Teste Prático Abrangente**, um teste completo do conteúdo de todos os 15 capítulos que se encontra no final do livro, permite aos alunos praticar para as provas.

A Criança em Crescimento   **23**

Um **glossário marginal** de palavras-chave grifadas oferece apoio adicional para o aprendizado.

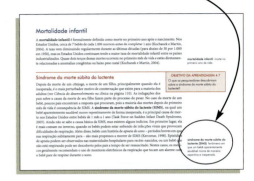

Necessidade nº 2: Focar o leitor no desenvolvimento da criança como um todo. O tema da **Criança Integral em Foco** enfatiza que os diversos domínios do desenvolvimento (físico, cognitivo e socioemocional) interagem entre si e com o ambiente da criança para produzir trajetórias de desenvolvimento diferentes. Vários destaques das unidades e capítulos implementam o tema da *Criança Integral*:

Cada um dos cinco **introdutores de unidade** conta a história de uma família, de uma criança ou de uma dupla de amigos que servirá como um contexto da *criança como um todo* para pensar sobre a pesquisa apresentada nos três capítulos subsequentes.

Lembretes da *Criança Integral em Foco* aparecem às margens de cada capítulo, juntamente com perguntas para lembrar os alunos de pensar sobre a(s) criança(s), apresentada(s) no início da unidade, como um todo.

Desenvolvimento Físico e a Criança Integral é uma seção que aparece ao final de cada capítulo de desenvolvimento físico. Ao discutir como as mudanças no cérebro e no corpo têm impacto no desenvolvimento cognitivo e socioemocional, ela enfatiza que os três elementos do desenvolvimento são interativos e não independentes um do outro.

O tema *Criança Integral* é finalizado em um matéria de duas páginas no fim de cada capítulo.

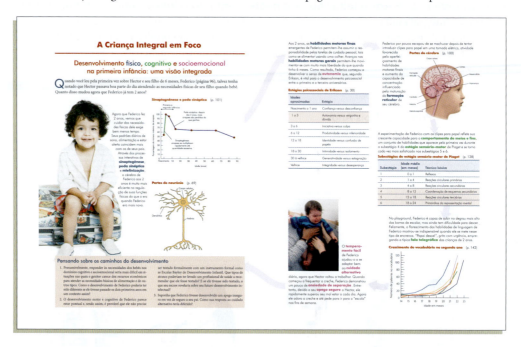

A Criança Integral em Foco utiliza histórias narradas e uma recapitulação dirigida dos materiais visuais do capítulo para examinar como a interação dos domínios físico, cognitivo e socioemocional influenciou o desenvolvimento da criança apresentada no introdutor da unidade.

A Criança Integral em Ação encoraja os estudantes a interagirem com as crianças. Os estudantes recebem orientação para realizar pesquisas em uma escola de educação infantil ou sala de aula e elaborar um portfólio profissional.

A Criança em Crescimento 25

Necessidade nº 3: Equilibrar pesquisa, teoria e aplicação e atender as necessidades dos diferentes estudantes. Uma série de ensaios apresentados em quadros integram teoria e pesquisa em soluções para problemas da vida real que surgem em três contextos aplicados: salas de aula, ambientes de assistência à saúde e famílias.

- Os quadros com ensaios de *ciência do desenvolvimento na sala de aula*, *ciência do desenvolvimento na clínica* e *ciência do desenvolvimento em casa* abordam as preocupações práticas dos alunos que estão se preparando para profissões na educação e assistência à saúde, assim como alunos que gostariam de se concentrar em questões de criação dos filhos. Cada um desses quadros apresenta um problema em um contexto da vida real e depois discute as teorias e pesquisas relacionadas. As perguntas no final do quadro incentivam os leitores a aplicar as teorias e a pesquisa ao problema apresentado na minivinheta. Em um desses quadros, por exemplo, os alunos leem sobre um professor de 1ª série que está apavorado com o grau de preconceito demonstrado pelos alunos de 6 anos de sua classe. O quadro então expõe uma discussão de como as crianças pequenas adquirem essas atitudes e o que pais e professores podem fazer para moderá-las. No final do quadro, os leitores são convocados a pensar sobre como o professor pode aplicar essas ideias aos problemas que ele identifica em sua sala de aula.

Pacote de ensino e aprendizagem

Conteúdo online

- Vinte e cinco questões de múltipla escolha de cada capítulo para testar o conhecimento adquirido.

Área do professor

- Apresentação em PowerPoint, com os principais pontos abordados no texto e ilustrações.

Pacote de ensino e aprendizagem (em inglês)

Conteúdo online

- Animações multimídia interativas, para envolver completamente os estudantes e reforçar a aprendizagem.
- *Test Bank*, com cerca de 1.500 questões de múltipla escolha, preenchimento de lacunas e discursivas críticas.

Área do professor

- *Instructor's Manual*, com resumos dos principais conceitos, objetivos de ensino, listas de termos-chave, material para aulas expositivas e atividades para sala de aula.

Todo material está disponível em www.grupoaeditoras.com.br.

Unidade Um

Fundamentos

Como a maioria dos casais que está esperando seu primeiro filho, Todd e Lisa Chang estão empolgados e intimidados ante a perspectiva de trazer ao mundo um pequenino ser humano que será totalmente dependente deles durante algum tempo. A transição deles à condição de pais se torna ainda mais significativa pela posição que eles ocupam na intersecção de duas culturas muito diferentes. Ambos nasceram nos Estados Unidos, mas de pais que imigraram da China. Em termos cotidianos, Todd e Lisa não são muito diferentes dos pais prospectivos em outros grupos étnicos. Contudo, a perspectiva de se tornarem pais despertou neles um desejo de redescobrir suas origens culturais para que possam transmiti-las para seu filho.

Sempre que a questão da cultura é levantada, a maioria das pessoas pensa em termos de diferenças. As diferenças culturais são importantes, evidentemente, e você vai aprender sobre muitas dessas variações nos capítulos a seguir. Contudo, a ciência do desenvolvimento também lançou muita luz nos aspectos do desenvolvimento humano que não variam entre as culturas.

Por exemplo, você poderia ficar surpreso ao saber que de modo geral as culturas concordam em relação a duas amplas classes de objetivos do desenvolvimento (LeVine, 1974). Primeiro, os pais dão alta prioridade à sobrevivência física de seus filhos. É por isso que, em qualquer parte do mundo, os pais fazem imensos sacrifícios, muitas vezes

colocando sua própria vida em perigo, para manter seus filhos fisicamente seguros e saudáveis. Segundo, os pais e as sociedades nas quais as famílias estão inseridas dedicam consideráveis recursos ao ensino de habilidades necessárias à sobrevivência na idade adulta. Hoje em dia, essas habilidades incluem saber ler e escrever, ter conhecimento de aritmética básica e outras habilidades necessárias para a independência econômica. Entretanto, os adultos também ajudam as crianças a aprender a fazer as tarefas domésticas, a reconhecer quando um pedido de desculpas é apropriado e o que fazer quando um professor ou amigo parece não gostar delas.

Quando passamos a analisar uma outra ampla classe de objetivos na criação dos filhos, aqueles que tratam da ligação entre o indivíduo e a sociedade na qual ele vive, as ideias começam a divergir. Alguns grupos se preocupam em ensinar as crianças que o objetivo primordial na vida é contribuir para o bem do grupo como um todo, ao passo que outros dão mais prioridade à independência, autossuficiência e realização individual. Essas diferenças produziram visões diferentes sobre o papel e importância da infância e da adolescência para a totalidade do tempo de vida humano: será a infância um período de inocência durante o qual a proteção contra a corrupção pode garantir que cada criança se torne um membro produtivo da sociedade quando crescer? Será a infância uma época em que os pais devem ensinar os filhos a refrear impulsos inatos para que eles não possam causar mal aos outros ou a si mesmos quando alcançarem a liberdade que vem com a idade adulta? Ou a infância é um período durante o qual a sociedade pode moldar seus membros mais jovens para que desempenhem os papéis adultos que são vitais para a sobrevivência da sociedade?

As tentativas dos filósofos de responder tais perguntas deram origem à ciência do desenvolvimento. No primeiro capítulo desta unidade, você vai ler sobre suas ideias e como a união entre a filosofia e o método científico deu origem ao campo da psicologia do desenvolvimento. Você também vai aprender sobre os métodos que os cientistas do desenvolvimento utilizam para estudar as mudanças relacionadas à idade. No Capítulo 2, voltaremos nossa atenção para as teorias mais antigas e contemporâneas que orientam o estudo do desenvolvimento infantil. Finalmente, o processo fascinante através do qual um único óvulo fertilizado se desenvolve formando um novo bebê é o tema do Capítulo 3.

A criança integral em foco

Mantenha a história da família Chang em mente durante a leitura dos próximos três capítulos e reflita sobre como suas vidas vão mudar enquanto eles se preparam para o nascimento do bebê. Tudo aconteceu da forma como eles esperavam? Aprenderemos mais sobre a gravidez de Lisa e o novo integrante da família Chang no final desta unidade.

1

Conceitos Básicos e Métodos

Na última vez que você viu uma criança ou adolescente que fazia certo tempo que não via, existem boas chances de que você tenha feito uma observação do tipo "Como ele cresceu desde a última vez que o vi" ou "Ela se tornou uma linda jovem". Esses comentários sugerem que nós humanos somos observadores naturais dos modos como mudamos com a idade. Assim como notamos características que parecem não mudar com o passar do tempo. Podemos dizer: "Ele sempre teve uma tendência malvada" ou "Ela sempre foi uma criança muito meiga". E nossos poderes de observação não se limitam a simples descrições. Também criamos nossas próprias teorias para explicar nossas observações. Você alguma vez já disse coisas como "Eles não disciplinam aquela menina; não é de estranhar que ela seja tão moleque", ou "Ele é tão inteligente, igual ao pai; eu acho que isso é de família"?

Os cientistas que estudam o desenvolvimento humano fazem exatamente as mesmas coisas. O objetivo deles é produzir observações e explicações que possam ser aplicadas a mais ampla faixa de seres humanos e ao maior número de contextos possível. Para alcançar essa meta, eles estudam tanto a mudança quanto a estabilidade. Além disso, eles fazem previsões sobre o desenvolvimento e utilizam métodos científicos para testá-las. Por fim, a maioria espera que suas descobertas possam ser utilizadas para influenciar positivamente o desenvolvimento de cada ser humano.

Neste capítulo, você vai aprender como a ciência do desenvolvimento humano passou a existir. Você também vai aprender sobre as questões fundamentais envolvidas no estudo científico do desenvolvimento. Além disso, quando você terminar a leitura deste capítulo, estará familiarizado com os modelos e métodos de pesquisa utilizados pelos desenvolvimentistas.

OBJETIVOS DA APRENDIZAGEM

Uma introdução ao desenvolvimento humano

1.1 Quais ideias sobre desenvolvimento foram propostas pelos primeiros filósofos e cientistas?

1.2 Quais são os principais domínios e períodos que os cientistas do desenvolvimento utilizam para organizar suas discussões sobre o desenvolvimento de crianças e adolescentes?

Questões fundamentais no estudo do desenvolvimento humano

1.3 Como os desenvolvimentistas veem os dois lados do debate natureza-experiência?

1.4 No que consiste o debate continuidade-descontinuidade?

1.5 Como os três tipos de mudanças relacionadas à idade diferem?

1.6 Como a reflexão sobre os contextos em que as mudanças ocorrem aperfeiçoa a compreensão dos cientistas sobre o desenvolvimento de crianças e adolescentes?

Métodos e modelos de pesquisa

1.7 Quais são os objetivos dos cientistas que estudam o desenvolvimento de crianças e adolescentes?

1.8 Quais métodos descritivos são utilizados pelos cientistas do desenvolvimento?

1.9 Qual é a principal vantagem do método experimental?

1.10 Quais são as diferenças entre os modelos de pesquisa transversal, longitudinal e sequencial?

1.11 Por que a pesquisa intercultural é importante para o estudo do desenvolvimento humano?

1.12 Quais são os padrões éticos que os pesquisadores do desenvolvimento devem seguir?

Uma introdução ao desenvolvimento humano

O campo da **ciência do desenvolvimento humano** é a aplicação de métodos científicos ao estudo das mudanças relacionadas à idade no comportamento, no pensamento, na emoção e na personalidade. Como tal, a ciência do desenvolvimento utiliza teorias e pesquisas de várias perspectivas disciplinares diferentes. Estas incluem psicologia, sociologia, antropologia e economia, assim como biologia e medicina.

Contudo, muito antes de os métodos científicos serem utilizados para estudar o desenvolvimento, os filósofos ofereceram múltiplas explicações para as diferenças observadas entre indivíduos de diversas idades. No século XIX, os pioneiros no estudo do comportamento humano aplicaram métodos científicos a questões sobre as mudanças ligadas à idade. Seus esforços produziram modos úteis de categorizar questões importantes no estudo do desenvolvimento e revelaram numerosos dados que sugerem que o desenvolvimento infantil é um processo altamente complexo.

ciência do desenvolvimento humano aplicação de métodos científicos ao estudo das mudanças relacionadas à idade no comportamento, no pensamento, na emoção e na personalidade.

> **OBJETIVO DA APRENDIZAGEM 1.1**
> Quais ideias sobre desenvolvimento foram propostas pelos primeiros filósofos e cientistas?

Origens filosóficas e científicas

As ideias dos primeiros filósofos sobre desenvolvimento humano foram derivadas de autoridades espirituais, orientações filosóficas gerais e lógica dedutiva. Geralmente, os filósofos se preocupavam em saber por que os bebês, que são muito parecidos, se tornam muito diferentes quando crescem, e estavam preocupados com as dimensões morais do desenvolvimento. No século XIX, contudo, as pessoas que queriam compreender melhor o desenvolvimento humano se voltaram para a ciência.

Pecado original, a lousa vazia e a bondade inata A doutrina cristã do *pecado original*, geralmente atribuída ao filósofo Agostinho de Hippo do século IV, ensinava que todos os seres humanos nascem com uma natureza egoísta. Os defensores da visão do pecado original afirmavam que, para reduzir a influência dessa tendência inata para o egoísmo, pais e professores devem ajudar as crianças a realizar sua necessidade de renascimento espiritual e prover-lhes uma educação religiosa. Assim, desta perspectiva, os resultados do desenvolvimento, tanto bons quanto ruins, são o resultado da luta de cada indivíduo para superar uma tendência inata de agir de maneira imoral quando agir assim de alguma forma beneficia a si próprio.

Em contraste, o filósofo inglês do século XVII John Locke se utilizou de uma ampla abordagem filosófica conhecida como *empirismo* ao afirmar que a mente de uma criança é uma *lousa vazia*. Segundo o empirismo, os seres humanos não possuem tendências inatas e todas as diferenças entre as pessoas são atribuíveis à experiência. Assim, a visão da lousa vazia sugere que os adultos podem moldar as crianças conforme o que quiserem que elas sejam. Portanto, as diferenças entre adultos podem ser explicadas em termos de diferenças em seus ambientes de infância e não como resultado de uma luta para superar quaisquer tipos de tendências inatas, como propunha a visão do pecado original.

Diferente, ainda, era a visão da *bondade inata* proposta pelo filósofo suíço do século XVIII Jean-Jacques Rousseau. Ele afirmava que todos os seres humanos são naturalmente bons e buscam experiências que os ajudem a crescer (Ozmon e Craver, 1986). Rousseau acreditava que as crianças só precisam de nutrição e proteção para realizarem seu pleno potencial. O desenvolvimento tem um bom resultado quando o ambiente de uma criança não interfere em suas tentativas de promover seu

---

*LESSON XXXII.
VERBS.—REVIEW.

1. Name the mode of each verb in these sentences:
    1. Bring me some flowers.
    2. I must not be careless.
    3. Who is the King of Glory?
    4. Can that be the man?
    5. The pupils have recited well.
    6. Passionate men are easily irritated.
    7. Do not walk so fast.
    8. The prize cannot be obtained without labor.
    9. Idleness often leads to vice.
    10. Live for something.
    11. In all climates, spring is beautiful.
    12. I would have gone if I had known that I was needed.
    13. If we would seem true, we must be true.

Essa página da Hoenshel's Complete Grammar, publicada em 1895, ilustra a influência da doutrina do pecado original sobre a educação e criação das crianças. Esse exercício sobre verbos incorpora afirmações que promovem princípios morais e religiosos. A ideia era que os objetivos de ensinar gramática aos filhos e moldar seu desenvolvimento espiritual poderiam, e deveriam, ser realizados simultaneamente.

---

* N. de R.: Lição XXXII / Verbos – Revisão / 1. Nomeie o modo de cada verbo nestas sentenças: / 1. Traga-me algumas flores. / 2. Não devo ser descuidado. / 3. Quem é o Rei da Glória? / 4. Ele pode ser o homem? / 5. Os alunos recitaram bem. / 6. Homens impetuosos são facilmente irritáveis. / 7. Não ande tão rápido. / 8. O prêmio não pode ser obtido sem trabalho. / 9. O ócio com frequência leva ao vício. / 10. Viva por algo. / 11. Em todos os climas, a primavera é bela. / 12. Eu teria ido se soubesse que precisavam de mim. / 13. Se quisermos parecer verdadeiros, devemos ser verdadeiros.

próprio desenvolvimento. Em contraste, maus resultados ocorrem quando a criança é frustrada em seus esforços para expressar a bondade inata com a qual nasceu. Assim, as abordagens da bondade inata e do pecado original compartilham da visão de que o desenvolvimento envolve uma luta entre forças internas e externas. Em contraste com ambas, a visão da lousa vazia vê a criança como um receptor passivo das influências ambientais.

Primeiras teorias científicas O século XIX trouxe uma explosão de interesse sobre como os métodos científicos podem ser aplicados a perguntas que anteriormente eram consideradas como pertencentes ao domínio da filosofia. Charles Darwin, por exemplo, tornou-se conhecido por propor a ideia de que uma ampla variedade de formas de vida que existem na Terra evoluiu gradualmente como resultado da interação entre fatores ambientais e processos genéticos. Além disso, Darwin propôs que estudar o desenvolvimento das crianças poderia ajudar os cientistas a melhor compreender a evolução da espécie humana. Para esse fim, Darwin e outros cientistas com ideias afins mantinham registros detalhados do desenvolvimento inicial de seus próprios filhos (denominados *biografias de bebês*), na esperança de descobrir evidências que respaldassem a teoria da evolução (Lamb, Bornstein e Teti, 2002). Estes foram os primeiros estudos organizados do desenvolvimento humano, mas críticos afirmaram que estudar as crianças com o propósito de provar uma teoria poderia fazer com que os observadores interpretassem erroneamente ou ignorassem informações importantes.

Charles Darwin, que foi pai de 10 filhos, iniciou o estudo científico da infância. Ele utilizou os mesmos métodos científicos que levaram às descobertas sobre as quais ele baseou sua teoria da evolução para fazer e registrar observações diárias do desenvolvimento de seus filhos.

G. Stanley Hall, da Clark University, queria descobrir modos mais objetivos de estudar o desenvolvimento. Ele utilizou questionários e entrevistas para estudar um grande número de crianças. Seu artigo de 1891, intitulado *Os conteúdos das mentes das crianças ao ingressarem na escola*, representou o primeiro estudo científico do desenvolvimento infantil (White, 1992).

Hall concordava com Darwin que os marcos do desenvolvimento infantil eram semelhantes àqueles que haviam ocorrido no desenvolvimento da espécie humana. Ele achava que os desenvolvimentistas deveriam identificar **normas**, ou idades médias nas quais os marcos do desenvolvimento são alcançados. As normas, segundo Hall, poderiam ser utilizadas para aprender sobre a evolução da espécie assim como acompanhar o desenvolvimento de crianças individuais. Em 1904, Hall publicou *Adolescência: sua psicologia e suas relações com a fisiologia, antropologia, sociologia, sexo, crime, religião e educação*. Esse livro introduziu a ideia de que a adolescência é um período de desenvolvimento único.

A pesquisa de Arnold Gesell sugeriu a existência de um padrão de mudança sequencial geneticamente programado (Gesell, 1925; Thelen e Adolph, 1992). Gesell utilizou o termo **maturação** para descrever esse padrão de mudança. Ele achava que o desenvolvimento determinado pela maturação ocorria independentemente da prática, treinamento ou esforço. Por exemplo, os bebês não precisam ser ensinados a andar – eles começam a andar sozinhos quando atingem uma certa idade. Por sua forte crença de que muitas mudanças desenvolvimentistas importantes são determinadas pela maturação, Gesell passou décadas estudando crianças e normas de desenvolvimento. Ele foi o pioneiro no uso de câmeras de filmagem e dispositivos de observação de via única para estudar o comportamento das crianças. As descobertas de Gesell se tornaram a base para muitos testes que são utilizados na atualidade para determinar se crianças individuais estão se desenvolvendo normalmente (ver *Ciência do desenvolvimento na clínica* na página 32).

A criança integral em foco
Que marco do desenvolvimento, ou norma, o bebê da família Chang precisa alcançar antes de sair do hospital? Descubra na página 116.

normas idades médias em que marcos do desenvolvimento são alcançados.

maturação desdobramento gradual de um padrão sequencial de mudanças geneticamente programado.

Domínios e períodos do desenvolvimento

Os cientistas que estudam as mudanças relacionadas à idade com frequência utilizam três amplas categorias, denominadas *domínios do desenvolvimento*, para classificar essas mudanças. O **domínio físico** inclui mudanças no tamanho, forma e características do corpo. Por exemplo, os desenvolvimentistas estudam os processos fisiológicos associados à puberdade. Também incluídas nesses domínios estão as mudanças no modo como os indivíduos sentem e percebem o mundo físico, tais como o desenvolvimento gradual da percepção de profundidade durante o primeiro ano de vida.

OBJETIVO DA APRENDIZAGEM 1.2
Quais são os principais domínios e períodos que os cientistas do desenvolvimento utilizam para organizar suas discussões sobre o desenvolvimento de crianças e adolescentes?

domínio físico mudanças no tamanho, forma e características do corpo.

CIÊNCIA DO DESENVOLVIMENTO NA CLÍNICA
A importância das normas

Como muitos novos pais, Derrick e Tracy compraram um livro sobre o cuidado de bebês que incluía informações sobre a sequência normal de desenvolvimento do bebê. Eles se regozijaram ao observar que seu filho recém-nascido, Blake, parecia capaz de fazer tudo que um neonato deve ser capaz de fazer. O livro dizia que ele deveria começar a tentar a virar o corpo entre 1 e 2 meses e, assim, à medida que as semanas passavam, eles ficaram ansiosamente atentos para sinais de que o menininho estava tentando se virar sozinho. Quando nenhum sinal disso havia aparecido na época em que o bebê atingiu a marca de 2 meses, Derrick e Tracy se sentiram confortados pela ênfase do livro às diferenças individuais. Aos 3 meses, contudo, eles começaram a ficar preocupados.

Derrick e Tracy revelaram suas preocupações à enfermeira hospitalar que costumavam procurar para exames de saúde periódicos de Blake. Como para a maioria dos profissionais de saúde que trabalham com bebês e crianças, a conduta da enfermeira em relação a esse tipo de preocupação foi a de realizar uma avaliação formal do desenvolvimento do bebê (Overby, 2002). Assim, ela decidiu submeter Blake ao *Exame Desenvolvimentista de Denver II (Denver Developmental Screening II; Denver II)*.

O Denver II é um teste do desenvolvimento na primeira e segunda infância *baseado em normas* (Frankenburg e Dodds, 1990). Testes baseados em normas comparam o desempenho de uma criança ao de outras da mesma idade. As próprias normas são baseadas em dados que os autores dos testes coletam de centenas ou mesmo milhares de crianças saudáveis. Cada teste fornece aos profissionais de saúde um padrão para determinar se avaliações adicionais são necessárias. Por exemplo, o manual do Denver II recomenda que uma criança seja encaminhada a exames mais abrangentes caso ela não apresente habilidades que são típicas para 90% das crianças de sua idade (Kauffman, 2005).

O estabelecimento de normas de desenvolvimento não se mostrou tão útil para o estudo da evolução humana como G. Stanley Hall e outros tinham esperado. Entretanto, o conceito de normas se revelou uma das ideias mais úteis na história da ciência do desenvolvimento. Normas que são determinadas por meio de estudos empíricos criteriosos e completos ajudam profissionais, como a enfermeira de Blake, a identificar possíveis problemas mais cedo. A identificação precoce é de vital importância nos casos em que os atrasos de desenvolvimento da criança são causados por algum processo patológico curável. Mesmo para crianças cujos atrasos são decorrentes de condições que não podem ser tratadas, a identificação precoce ajuda as famílias a identificar as estratégias e recursos que serão necessários para garantir que uma criança com uma deficiência venha realizar seu pleno potencial de desenvolvimento.

Questões para reflexão

1. Se você fosse o pai ou mãe de um bebê que parecia estar com um atraso de desenvolvimento, que tipo de "solilóquio" você acha que teria antes de falar com um profissional de saúde sobre o problema?
2. Por que as normas para testes como o Denver II precisam se basear em estudos de grandes números de crianças?

---

domínio cognitivo mudanças no pensamento, na memória, na resolução de problemas e em outras habilidades intelectuais.

domínio socioemocional mudanças em variáveis associadas ao relacionamento do indivíduo consigo mesmo e com os outros.

As mudanças no pensamento, na memória, na resolução de problemas e em outras habilidades intelectuais estão incluídas no **domínio cognitivo**. Os pesquisadores que trabalham no domínio cognitivo estudam os mais variados tópicos, desde como as crianças aprendem a ler até por que as funções de memória melhoram drasticamente na adolescência. Eles também examinam de que forma diferenças individuais entre crianças e adultos, tais como as diferenças em escores de testes de inteligência, se relacionam com outras variáveis nesse domínio. Em contraste, o **domínio socioemocional** inclui mudanças em variáveis associadas ao relacionamento de um indivíduo consigo mesmo e com os outros. Por exemplo, estudos das habilidades sociais das crianças se enquadram no domínio socioemocional, assim como pesquisas sobre diferenças individuais na personalidade e nas crenças dos indivíduos sobre si mesmos.

O uso de classificações de domínio ajuda a organizar as discussões sobre desenvolvimento humano. Entretanto, é sempre importante lembrar que os três domínios não funcionam de maneira independente. Por exemplo, quando um menino passa pela puberdade, que é uma mudança no domínio físico, sua capacidade de pensar de maneira abstrata (domínio cognitivo) e seus sentimentos sobre possíveis parceiros românticos (domínio socioemocional) também mudam.

Além de classificarem os eventos do desenvolvimento segundo domínios, os cientistas do desenvolvimento também utilizam um sistema de categorias relacionadas à idade conhecidas como *períodos de desenvolvimento*. O primeiro desses períodos, o *período pré-natal*, é o único que tem limites biológicos claramente definidos em seu início e fim; ele começa na concepção e termina no nascimento. O período seguinte, chamado primeira infância, começa no nascimento e termina quando as crianças começam a usar a linguagem para se comunicar, um marco que caracteriza o advento da segunda infância. Assim, apesar de o primeiro período se iniciar no nascimento para todas as crianças, seu ponto de término pode variar de uma criança para outra. Um evento social, o ingresso da criança na escola ou em algum outro tipo de treinamento formal, marca a transição para a meninice. Consequentemente, as culturas variam até certo ponto em relação a quando termina a segunda infância e começa a meninice.

Em contraste, um marco biológico, a puberdade, sinaliza o fim da meninice e o início da *adolescência*. Ainda assim, o momento de ocorrência dessa transição varia entre os indivíduos. E quando termina a adolescência? Um modo de responder a essa pergunta é observando que as diferentes culturas estabelecem limites legais diferentes para o fim da adolescência e início da idade adulta. Por exemplo, uma pessoa deve ter 18 anos para se alistar no serviço militar sem permissão dos pais nos Estados Unidos, mas 16 anos é a idade de maioridade para o serviço militar no Reino Unido. Mesmo em uma mesma cultura, tal como nos Estados Unidos, a idade adulta legal é definida de modo diferente conforme a atividade: 16 anos para dirigir, 17 ou 18 para responsabilidade criminal, 18 para assinatura de contratos, 21 para comprar bebidas alcoólicas e 24 para independência econômica em relação ao auxílio financeiro para ensino superior.

Apesar das dificuldades envolvidas na definição dos diversos períodos de desenvolvimento, eles podem servir como um sistema útil para organizar o estudo do desenvolvimento. Por isso, este texto está organizado em torno deles. Para nossos propósitos, os dois primeiros anos após o nascimento constituem a primeira infância. A segunda infância é definida como o período entre 2 e 6 anos. Nossos capítulos sobre a terceira infância discutem o desenvolvimento entre as idades de 6 e 12 anos. A adolescência é definida como o período dos 12 aos 18 anos.

Questões-chave no estudo do desenvolvimento humano

Existem várias questões centrais que atravessam todos os domínios e períodos de desenvolvimento. Elas incluem as contribuições relativas de fatores biológicos e ambientais para o desenvolvimento e a presença ou ausência de estágios. Além disso, um pesquisador poderia propor que uma mudança específica é comum a todos os seres humanos, ao passo que outro poderia propor que a mudança em questão ocorre em algumas condições, mas não em outras. Os pesquisadores também discutem o grau em que os ambientes nos quais o desenvolvimento ocorre contribuem para os resultados desenvolvimentistas.

Natureza *versus* experiência

Alguns desenvolvimentistas iniciais pensavam a mudança como resultado *ou* de forças externas à pessoa *ou* de forças internas à pessoa. O debate sobre as contribuições relativas dos processos biológicos e dos fatores experienciais para o desenvolvimento é conhecido como **debate natureza-experiência**. Ao longo do debate sobre essa importante questão, os psicólogos foram se distanciando dessas abordagens excludentes (ou/ou) para adotar modos mais sutis de ver ambos os tipos de influências. Por exemplo, o conceito de **tendências inatas** se baseia na noção de que as crianças nascem com tendências para responder de certas maneiras. Algumas dessas tendências inatas são compartilhadas por praticamente todas as crianças, tais como a sequência em que as crianças adquirem a linguagem falada – palavras isoladas antecedem locuções de duas palavras, e assim por diante (Pinker, 2002).

Outras tendências inatas podem variar de uma pessoa para outra. Mesmo nos primeiros dias de vida, por exemplo, alguns bebês são relativamente fáceis de acalmar quando estão perturbados, ao passo que outros são mais difíceis de consolar. Quer esses padrões estejam codificados nos genes, sejam criados por variações no ambiente pré-natal ou sejam resultado de uma combinação de ambos, o ponto básico é que um bebê não é uma lousa vazia ao nascer. Os bebês parecem iniciar a vida preparados para ir em busca e reagir a determinados tipos de experiências (Thompson e Goodwin, 2005).

Pensar sobre o aspecto experiencial da questão também se tornou mais complexo. Por exemplo, os desenvolvimentistas modernos aceitam o conceito de *modelos internos da experiência*. O elemento-chave nesse conceito é a ideia de que o efeito de uma determinada experiência não depende das propriedades objetivas da experiência, mas sim da *interpretação* que o indivíduo faz dela, do significado que o indivíduo liga àquela experiência. Por exemplo, vamos supor que um amigo lhe diz, "Seu novo corte de cabelo ficou ótimo; muito melhor assim mais curto". O amigo tem intenção de fazer um elogio, mas você também ouve uma crítica implícita ("Seu cabelo parecia horrível"), assim, suas reações, seus sentimentos e até seu relacionamento com seu amigo são influenciados pela maneira como você interpreta o comentário – não pela intenção de seu amigo ou pelas qualidades objetivas do comentário.

> **OBJETIVO DA APRENDIZAGEM 1.3**
> Como os desenvolvimentistas veem os dois lados do debate natureza-experiência?

debate natureza-experiência debate sobre as contribuições relativas dos processos biológicos e dos fatores experienciais para o desenvolvimento.

tendências inatas noção de que as crianças nascem com tendências para responder de certas maneiras.

> **OBJETIVO DA APRENDIZAGEM 1.4**
> No que consiste o debate continuidade-descontinuidade?

Continuidade *versus* descontinuidade

Outra questão central no estudo do desenvolvimento humano é a questão *continuida-de-descontinuidade*, ou seja, saber se a mudança relacionada à idade é basicamente uma questão de quantidade ou grau (o aspecto de *continuidade* do debate) ou se geralmente envolve mudanças de tipo ou espécie (o aspecto de *descontinuidade*). Por exemplo, uma criança de 2 anos tende a não ter amigos individuais entre os amigos com quem brinca, mas uma criança de 8 anos tende a ter vários. Poderíamos pensar isso como uma **mudança quantitativa** (uma mudança de quantidade) de nenhum amigo para alguns amigos. Essa visão implica que os aspectos qualitativos da amizade são os mesmos em todas as idades – ou, como os desenvolvimentistas diriam, as mudanças na amizade são *contínuas* na natureza. De outra forma, poderíamos pensar a diferença nas amizades de uma idade para outra como uma **mudança qualitativa** (uma mudança de espécie ou tipo) – do desinteresse ao interesse por amigos, ou de uma forma de relacionamento com os amigos para outra. Em outras palavras, dessa perspectiva, mudanças nas amizades são *descontínuas* no sentido de que cada mudança representa uma mudança na qualidade dos relacionamentos da criança com os pares. Assim, as amizades aos 2 anos são muito diferentes das amizades aos 8 anos em aspectos que não podem ser capturados descrevendo-os apenas em termos do número de amigos que uma criança tem.

Particularmente importante é a ideia de que, se o desenvolvimento consiste apenas de acréscimos (mudança quantitativa), então o conceito de **estágios**, períodos qualitativamente distintos de desenvolvimento, não é necessário para explicá-lo. Entretanto, se o desenvolvimento envolve uma reorganização ou a emergência de estratégias, qualidades ou habilidades totalmente novas (mudança qualitativa), então o conceito de estágios pode ser útil. Como veremos no Capítulo 2, uma das importantes diferenças entre as teorias do desenvolvimento é se elas presumem que o desenvolvimento ocorre em estágios ou se ele é de natureza basicamente contínua.

mudança quantitativa uma mudança de quantidade.

mudança qualitativa uma mudança de espécie ou tipo.

estágios períodos qualitativamente distintos de desenvolvimento.

> **OBJETIVO DA APRENDIZAGEM 1.5**
> Como os três tipos de mudanças relacionadas à idade diferem?

Três tipos de mudança

As mudanças relacionadas à idade são uma parte de nossas vidas cotidianas. Tanto é assim que com frequência pensamos pouco sobre elas. Contudo, você já pensou sobre a diferença entre o primeiro passo de um ser humano e seu primeiro namoro? Evidentemente, os dois eventos estão relacionados com a idade, mas eles representam fundamentalmente tipos diferentes de mudanças. Geralmente, os cientistas do desenvolvimento consideram que as mudanças relacionadas com a idade se enquadram em uma de três categorias.

Mudanças normativas graduadas pela idade são universais, ou seja, são comuns a todos os indivíduos de uma espécie e estão relacionadas a idades específicas. Algumas mudanças universais, como os primeiros passos do bebê, ocorrem porque somos todos organismos biológicos sujeitos a um processo de maturação geneticamente programado. O bebê que passa do engatinhar para o caminhar e o adolescente que passa pela puberdade estão seguindo um plano que é parte integrante do corpo físico, muito provavelmente algo no próprio código genético.

Contudo, algumas mudanças são universais por conta de experiências compartilhadas. Um relógio social molda todas (ou a maioria) das vidas segundo padrões compartilhados de mudança (Helson, Mitchell e Moane, 1984). Em toda cultura, o **relógio social,** ou um conjunto de normas etárias, define uma sequência normal das experiências de vida, tais como a hora certa de começar o treinamento higiênico, a idade em que as crianças devem saber se vestir sem ajuda e expectativas em torno da capacidade das crianças em idade escolar de fazerem o dever de casa sem a supervisão de adultos.

Igualmente importantes como fonte de variação na experiência de vida são as forças históricas, que afetam cada geração de um modo um pouco diferente. Tais mudanças são chamadas de **mudanças normativas graduadas pela história**. Os cientistas sociais utilizam a palavra **coorte** para descrever um grupo de indivíduos que nascem dentro de um período de anos bastante estreito e por isso compartilham as mesmas experiências históricas nas mesmas épocas de suas vidas. Por exemplo, durante a década de 1980, um tipo de ensino chamado de *linguagem integral* era o método dominante de ensinar a leitura nos Estados Unidos, ao passo que a *fônica* se tornou a estratégia de ensino predominante durante a década de 1990. Consequentemente, as habilidades de leitura e escrita de adultos que frequentaram o ensino fundamental na década de 1980 são diferentes das de adultos que receberam sua educação inicial na década de 1990. As diferenças são decorrentes das variações nos métodos de ensino

mudanças normativas graduadas pela idade mudanças que são comuns a todos os membros de uma espécie.

relógio social conjunto de normas etárias que define uma sequência normal das experiências de vida.

mudanças normativas graduadas pela história mudanças que ocorrem na maioria dos membros de uma coorte como resultado de fatores que atuam durante um período histórico específico bem definido.

coorte grupo de indivíduos que compartilha as mesmas experiências históricas nas mesmas épocas de suas vidas.

mudanças não normativas mudanças que resultam de eventos únicos, não compartilhados.

baseadas nas mudanças normativas de base histórica pelas quais ambas as coortes passaram quando estavam no ensino fundamental.

Por fim, **mudanças não normativas** resultam de eventos únicos, não compartilhados. Um evento não compartilhado na vida de cada pessoa é a concepção; a combinação de genes que cada indivíduo recebe na concepção é única. Assim, diferenças genéticas – incluindo características físicas como tipo corporal e cor do cabelo, assim como distúrbios genéticos – representam uma categoria de diferenças individuais. Características influenciadas tanto pela hereditariedade quanto pelo ambiente, tais como inteligência e personalidade, constituem outra classe de diferenças individuais.

Outras diferenças individuais são resultado do momento de ocorrência de um evento desenvolvimentista. Os teóricos do desenvolvimento infantil adotaram o conceito de **período crítico**. A ideia é que existem períodos específicos no desenvolvimento quando um organismo é especialmente sensível à presença (ou ausência) de um determinado tipo de experiência.

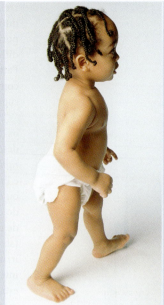

A mudança de engatinhar para caminhar é um exemplo de uma mudança normativa regulada pela idade.

A maior parte do conhecimento sobre períodos críticos é oriunda de pesquisas com animais. Para patos bebês, por exemplo, as primeiras 24 a 48 horas após a eclosão dos ovos é um período crítico para o desenvolvimento de uma resposta de seguimento. Os filhotes recém-nascidos seguem qualquer pato ou objeto em movimento que esteja a seu redor naquele momento crítico. Se nada estiver se movendo naquele ponto crítico, eles não desenvolvem absolutamente nenhuma resposta de seguimento (Hess, 1972).

O conceito mais amplo de **período sensível** é mais comum no estudo do desenvolvimento humano. Um período sensível compreende alguns meses ou anos durante os quais uma criança pode ser especialmente responsiva a formas específicas de experiência ou particularmente influenciada por sua ausência. Por exemplo, o período dos 6 aos 12 meses pode ser sensível para a formação do apego genitor-bebê.

O **desenvolvimento atípico** é outro tipo de mudança individual. O desenvolvimento atípico (também conhecido como *comportamento anormal, psicopatologia desenvolvimentista* ou *desenvolvimento desadaptativo*) se refere ao desvio da trajetória típica, ou "normal", do desenvolvimento em uma direção que é prejudicial ao indivíduo. Um tipo de desenvolvimento atípico no domínio cognitivo é o *retardo mental*, condição na qual uma criança apresenta capacidades intelectuais muito inferiores às de outras crianças da mesma idade. No domínio socioemocional, algumas crianças têm *transtornos do espectro autista* que interferem no desenvolvimento de relações sociais.

período crítico período específico no desenvolvimento quando um organismo é especialmente sensível à presença (ou ausência) de um determinado tipo de experiência.

período sensível período de meses ou anos durante o qual uma criança pode ser particularmente responsiva a formas específicas de experiência ou particularmente influenciada por sua ausência.

desenvolvimento atípico desenvolvimento que se desvia da trajetória típica de desenvolvimento em uma direção prejudicial ao indivíduo.

Contextos do desenvolvimento

Em décadas recentes, os cientistas do desenvolvimento se tornaram cada vez mais conscientes da importância de olhar além da família imediata da criança em busca de explicações do desenvolvimento. De acordo com essa visão, com frequência denominada **abordagem ecológica**, devemos entender o contexto no qual a criança está crescendo: o bairro e a escola, as ocupações dos pais e seu nível de satisfação com essas ocupações, as relações dos pais um com o outro e com suas próprias famílias e assim por diante. Por exemplo, uma criança que cresce em um bairro onde drogas e violência fazem parte da vida cotidiana lida com um conjunto de problemas radicalmente diferente do que enfrenta uma criança que mora em um bairro relativamente seguro.

Um bom exemplo de uma pesquisa que examina um sistema maior de influências é o trabalho de Gerald Patterson sobre as origens da delinquência (Patterson, Capaldi e Bank, 1991; Patterson,

OBJETIVO DA APRENDIZAGEM 1.6
Como a reflexão sobre os contextos em que as mudanças ocorrem aperfeiçoa a compreensão dos cientistas sobre o desenvolvimento de crianças e adolescentes?

abordagem ecológica visão de que o desenvolvimento das crianças deve ser estudado e compreendido dentro dos contextos nos quais ele ocorre.

DeBaryshe e Ramsey, 1989). Seus estudos demonstram que os pais cujas técnicas disciplinares e monitoramento são fracos tendem a ter filhos desobedientes. Uma vez estabelecido, esse padrão de comportamento tem repercussões em outras áreas da vida da criança, levando à rejeição dos amigos e dificuldade na escola. Esses problemas, por sua vez, tendem a levar o jovem à delinquência (Dishion, Patterson, Stoolmiller e Skinner, 1991; Vuchinich, Bank e Patterson, 1992). Assim, um padrão que começou na família é mantido e exacerbado por interações com colegas e com o sistema escolar, como sugerido na Figura 1.1.

Contudo, ao considerarmos os contextos do desenvolvimento, não podemos esquecer que todos os diversos contextos interagem uns com os outros e com as características dos indivíduos que estão se desenvolvendo dentro deles. Nesse sentido, alguns desenvolvimentistas utilizam os conceitos de *vulnerabilidade* e *resiliência* (Garmezy, 1993; Garmezy e Rutter, 1983; Masten, Best e Garmezy, 1990; Moen e Erickson, 1995; Rutter, 1987; Werner, 1995). A **vulnerabilidade** abrange fatores na própria criança ou em seu ambiente que aumentam suas chances de alcançar piores resultados de desenvolvimento do que outras crianças. **Resiliência**, que é o oposto de vulnerabilidade, refere-se aos efeitos coletivos de fatores dentro da criança ou de seu ambiente que oferecem alguma proteção contra os efeitos de tais vulnerabilidades. Por exemplo, uma criança que nasce com vulnerabilidades como tendência para irritabilidade ou alcoolismo provavelmente também possui alguns fatores de proteção, tais como alta inteligência, boa coordenação ou atratividade física, que tendem a torná-la mais resiliente frente ao estresse. Essas vulnerabilidades e fatores de proteção interagem com o ambiente da criança, e assim o mesmo ambiente pode ter efeitos muito diferentes, dependendo das qualidades que uma criança traz para a interação.

A combinação de uma criança altamente vulnerável e de um ambiente pobre ou desfavorável produz sem dúvida os resultados mais negativos (Horowitz, 1990). Cada uma dessas duas condições negativas sozinhas – uma criança vulnerável ou um ambiente pobre – pode ser superada. Uma criança resiliente em um ambiente pobre pode se sair muito bem, pois ela pode descobrir e aproveitar toda a estimulação das oportunidades disponíveis; de modo semelhante, uma criança vulnerável pode se sair bem em um ambiente altamente favorável no qual os pais a ajudam a superar ou lidar com suas vul-

vulnerabilidade fatores no indivíduo ou no ambiente que aumentam o risco de maus resultados de desenvolvimento.

resiliência fatores no indivíduo ou no ambiente que moderam ou previnem os efeitos negativos das vulnerabilidades.

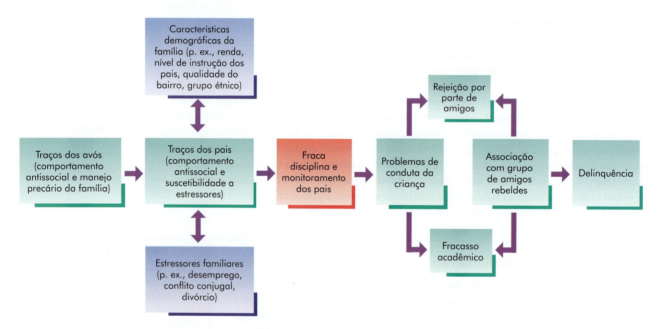

Figura 1.1 Modelos de desenvolvimento antissocial de Patterson.

O modelo de Patterson descreve os muitos fatores que influenciam o desenvolvimento do comportamento antissocial. O núcleo do processo, nesse modelo, é a interação entre a criança e o genitor (caixa vermelha). Poderíamos argumentar que a origem do comportamento antissocial está naquela relação. Contudo, Patterson argumenta que existem forças ecológicas, ou contextuais, mais amplas que também são "causas" da delinquência da criança, algumas das quais listadas nos dois quadros azuis à esquerda.

(*Fonte:* Patterson, G. R., DeBaryshe. D. e Ramsey, E., 1989. "A developmental perspective on antisocial behavior", *American Psychologist, 44*, p. 331 e 332. Copyright ©1989 da American Psychological Association. Adaptado com permissão da American Psychological Association e B. D. DeBaryshe.)

nerabilidades. A *dupla adversidade* – ser uma criança vulnerável em um ambiente desfavorável – ocasiona resultados muito pobres para a criança.

As características da sociedade mais ampla na qual a família e o bairro da criança estão inseridos também importam. O termo *cultura* não tem uma definição consensual, mas em essência descreve algum sistema de significados e costumes, incluindo valores, objetivos, atitudes, leis, crenças, diretrizes morais e artefatos físicos de diversos tipos, tais como ferramentas, tipos de moradia, etc. Além disso, para ser chamado de cultura, um sistema de significados e costumes deve ser compartilhado por algum grupo identificável, seja ele um subgrupo de uma população ou uma unidade maior, e deve ser transmitido de uma geração daquele grupo para a seguinte (Betancourt e Lopez, 1993; Cole, 1992). A cultura molda não apenas o desenvolvimento de indivíduos, mas também as ideias sobre o que é desenvolvimento normal.

Muitas crianças que crescem em bairros assolados pela pobreza são bem adaptadas e grandes realizadoras. Os desenvolvimentistas utilizam o termo *resiliente* para se referir às crianças que apresentam resultados de desenvolvimento positivos apesar de serem criadas em ambientes de alto risco.

Por exemplo, pesquisadores interessados na adolescência frequentemente estudam o comportamento de namoro. Contudo, suas descobertas não se aplicam a adolescentes em culturas nas quais o namoro não ocorre, tais como aquelas nas quais os pais escolhem com quem os adolescentes vão se casar quando chegarem à idade adulta. Consequentemente, os desenvolvimentistas precisam estar cientes de que as descobertas de pesquisa sobre laços entre o comportamento de namoro, atividade sexual e desenvolvimento de relações românticas não constituem mudanças universais. Elas representam, isso sim, experiências desenvolvimentistas que são culturalmente específicas.

Um aspecto final do contexto no qual o desenvolvimento de um indivíduo ocorre envolve o gênero. Dois indivíduos podem ser bastante semelhantes em relação às características individuais e ao ambiente em que crescem. Entretanto, se um deles é do sexo feminino e o outro do sexo masculino, eles vão experienciar a interação entre suas características e seu ambiente de maneira diferente. Como veremos em um capítulo posterior, por exemplo, os efeitos da precocidade ou demora no ingresso à puberdade dependem do gênero. Assim, a puberdade precoce e tardia têm significados diferentes para homens e mulheres.

Métodos e modelos de pesquisa

A maneira mais fácil de entender os métodos de pesquisa é tomar uma pergunta específica e considerar os modos alternativos mediante os quais ela poderia ser respondida. Vamos supor que quiséssemos responder à seguinte pergunta: "O que faz com que a capacidade de atenção das crianças aumente com a idade?". Como podemos abordar isso?

Os objetivos da ciência do desenvolvimento

Os pesquisadores que estudam o desenvolvimento infantil e adolescente utilizam o método científico para atingir quatro objetivos: descrever, explicar, prever e influenciar o desenvolvimento humano da concepção à adolescência. *Descrever* o desenvolvimento é simplesmente dizer o que acontece. Por exemplo, poderíamos medir por quanto tempo crianças de diferentes idades prestam atenção em alguma coisa e fazer um enunciado descritivo como o seguinte: "A capacidade de atenção das crianças aumenta com a idade".

> **OBJETIVO DA APRENDIZAGEM 1.7**
> Quais são os objetivos dos cientistas que estudam o desenvolvimento de crianças e adolescentes?

Explicar o desenvolvimento envolve dizer por que um determinado evento acontece. Para produzir explicações, os desenvolvimentistas utilizam **teorias** – conjuntos de afirmativas que propõem princípios gerais de desenvolvimento. Os estudantes muitas vezes dizem que não gostam de ler sobre teorias; o que ele querem são os fatos. Entretanto, as teorias são importantes porque nos ajudam a olhar os fatos de perspectivas diferentes. Por exemplo, "crianças mais velhas têm maior capacidade de atenção do que crianças mais novas devido às mudanças no cérebro que ocorrem à medida que as crianças amadurecem" é um enunciado que tenta explicar os aumentos na capacidade de atenção relacionados à idade de uma perspectiva biológica. Como alternativa, poderíamos explicar a capacidade de atenção

teorias conjuntos de afirmativas que propõem princípios gerais de desenvolvimento.

superior das crianças mais velhas de uma perspectiva experiencial, conjeturando que a capacidade de atenção aumenta com a idade porque crianças mais velhas tiveram mais tempo para exercitar sua atenção do que crianças mais novas.

Teorias úteis produzem *previsões* que os pesquisadores podem testar, ou **hipóteses**, tais como "Se mudanças no cérebro provocam o aumento da capacidade de atenção das crianças, então as crianças cujo desenvolvimento cerebral está à frente do de seus pares também devem ter maior capacidade de atenção". Para testar a hipótese biológica, teríamos que medir algum aspecto da estrutura ou função cerebral, assim como a capacidade de atenção. Depois teríamos que encontrar uma forma de relacionar uma com a outra.

Poderíamos testar a explicação experiencial da melhoria da capacidade de atenção comparando crianças da mesma idade que diferem na quantidade de exercício da atenção que praticam. Por exemplo, poderíamos conjeturar que a experiência de aprender a tocar um instrumento musical aumenta a capacidade das crianças de prestar atenção. Se compararmos crianças que tocam um instrumento com crianças da mesma idade que não tocam e descobrirmos que aquelas que têm treinamento musical se saem melhor nos testes de atenção do que aquelas que não receberam treinamento musical, a perspectiva experiencial ganha apoio.

Se tanto as hipóteses experiencial quanto biológica forem apoiadas pela pesquisa, elas fornecem muito melhor compreensão sobre a mudança na capacidade de atenção relacionada à idade do que o faria qualquer uma das hipóteses sozinha. Nesse sentido, as teorias aumentam imensamente a profundidade da compreensão dos psicólogos sobre os fatos do desenvolvimento humano e fornecem informações que podem ser utilizadas para influenciar o desenvolvimento. Consequentemente, as teorias dão uma contribuição importante para a meta final da ciência do desenvolvimento, a de *influenciar* o desenvolvimento das crianças.

Digamos, por exemplo, que uma criança é diagnosticada com uma condição que pode afetar o cérebro, como a epilepsia. Se a pesquisa demonstrar que o desenvolvimento do cérebro e a capacidade de atenção estão relacionadas, podemos usar testes de capacidade de atenção para fazer julgamentos sobre o quanto o problema de saúde dela pode já ter influenciado o seu cérebro. Se os cientistas do desenvolvimento tiverem constatado que a experiência afeta igualmente a capacidade de atenção, podemos oferecer a ela algum tipo de treinamento que a ajude a superar os problemas de capacidade de atenção que provavelmente surgirão no futuro.

Qualquer que seja o objetivo subjacente à finalidade de um determinado estudo, para ser mais útil, um estudo deve ser *generalizável*. Isto é, seus resultados devem se aplicar a outros indivíduos que não participaram na investigação. Como regra, as descobertas de qualquer estudo podem ser generalizadas somente para a *população* representada pela *amostra* de indivíduos que participaram dele (ver *Ciência do desenvolvimento na sala de aula*). Por exemplo, os resultados de um estudo da capacidade de atenção entre crianças de 6 anos conduzido em uma escola particular afluente não podem ser generalizados para crianças de 6 anos que vivem em bairros de baixa renda e frequentam escolas públicas.

Os pesquisadores abordam de três maneiras a questão da generalizabilidade. Primeiro, quando possível, eles se esforçam ao máximo para recrutar participantes que representem a população à qual esperam aplicar suas descobertas. Segundo, quando os cientistas do desenvolvimento publicam os resultados de suas pesquisas, eles fornecem informações sobre as características de suas amostras e as populações que elas representam, assinalando as eventuais limitações sobre a possibilidade de generalizar seus resultados. Terceiro, como é verdade em relação a todas as ciências, é necessária a *replicação* dos dados antes que os cientistas do desenvolvimento aceitem qualquer descoberta e a considerem generalizável. Por exemplo, para tratar das limitações do estudo da capacidade de atenção envolvendo crianças de 6 anos matriculadas em uma escola particular afluente, um pesquisador poderia repetir o estudo em escolas de baixa e média renda. Se as descobertas se sustentarem entre as escolas, independentemente das rendas dos participantes, o estudo será considerado generalizável.

hipótese uma predição testável baseada em uma teoria.

> **OBJETIVO DA APRENDIZAGEM 1.8**
> Quais métodos descritivos são utilizados pelos cientistas do desenvolvimento?

Métodos descritivos

Um pesquisador interessado em estudar a relação entre idade e capacidade de atenção deve decidir como vai investigar as relações entre *variáveis*. Variáveis são características que variam de pessoa para pessoa, tais como altura, inteligência e personalidade. Quando duas ou mais variáveis variam juntas, existe algum tipo de relação entre elas. A hipótese de que a capacidade de atenção aumenta com a idade envolve duas variáveis, duração da atenção e idade, e sugere uma relação entre elas. Existem várias formas de identificar essas relações.

CIÊNCIA DO DESENVOLVIMENTO NA SALA DE AULA

O efeito Mozart

Melinda acaba de se formar em educação infantil* e está animada com seu novo emprego. Ela vai ser responsável por uma classe de educação infantil em uma pequena escola particular. A programação diária das crianças inclui um período de descanso depois do almoço. Melinda pretende tocar música clássica enquanto as crianças descansam, pois ficou sabendo que esse tipo de música estimula as habilidades intelectuais das crianças.

Talvez, como Melinda, você tenha ouvido falar que ouvir música clássica aumenta o desempenho das crianças em testes de inteligência. Mas o que diz a ciência do desenvolvimento? Talvez você se surpreenda ao saber que não existe nenhuma base científica para essa ideia (Krakovsky, 2005). Então, por que tantas pessoas acreditam nisso?

Os pesquisadores da Universidade de Stanford Adrian Bangerter e Chip Heath constataram que a disseminada crença de que a música clássica aumenta o Q.I. das crianças originou-se de uma reportagem de 1993 sobre um estudo que foi publicado na prestigiada revista científica *Nature* (Rauscher, Shaw e Ky, 1993), no qual pesquisadores relataram que ouvir uma sonata de Mozart parecia aumentar temporariamente os escores de estudantes universitários em testes de inteligência (Bangerter e Heath, 2004). Quase imediatamente, a imprensa popular começou a se referir às descobertas do estudo como o "Efeito Mozart" (EM) e os aplicou a bebês.

A aplicação da reportagem da *Nature* a bebês foi um erro de generalização. Sem dúvida os autores do estudo estavam cientes do fato de que seu estudo se aplicava apenas à população amostrada – ou seja, estudantes universitários. Mas as reportagens da imprensa foram muito além da generalizabilidade do estudo da *Nature* ao afirmarem que ouvir música clássica aumenta os escores dos bebês em testes de inteligência. É irônico, também, que por mais de uma década os repórteres ignoraram numerosos estudos de pesquisa cuidadosamente elaborados que indicam claramente que algo como o EM não existe (Chabris, 1999; Crncec, Wilson e Prior, 2006; Jones e Zigler, 2002; Krakovsky, 2005; McKelvie e Low, 2002; Steele, Bass e Crook, 1999). Consequentemente, muitos livros populares e *sites* da internet dedicados ao desenvolvimento infantil continuam promovendo a ideia de que ouvir a música de Mozart melhora os resultados dos bebês em testes de inteligência e recomendam que essa música seja tocada rotineiramente em todas as salas de aula de crianças pequenas (Krakovsky, 2005).

Evidentemente, ouvir Mozart não prejudica as crianças. Além disso, estudos com adultos sugerem que isso pode ajudar os alunos de Melinda a relaxarem durante o intervalo de descanso (Smith e Joyce, 2004). Todavia, os professores devem evitar cometer o mesmo erro de generalização em relação aos estudos de relaxamento que cometeram os repórteres que inventaram o Efeito Mozart. Ou seja, ainda que estudantes universitários tenham achado a música de Mozart relaxante, isso pode não necessariamente se aplicar a crianças. Como os cientistas sempre dizem: "Mais pesquisas são necessárias".

Questões para reflexão

1. Em sua opinião, por que as pessoas estão dispostas a aceitar reportagens como as do Efeito Mozart sem crítica?
2. Como você explicaria o erro de generalização que foi cometido no caso do EM a uma professora de educação infantil que acreditava que deveria tocar a música de Mozart em sua classe para aumentar o Q.I. dos alunos?

---

* N. do T.: No Brasil, não há formação específica obrigatória para a educação infantil. A exigência é a graduação em pedagogia.

Estudos de caso Estudos de caso são exames aprofundados de únicos indivíduos. Para testar a hipótese sobre capacidade de atenção e idade, poderíamos usar um estudo de caso comparando os escores de um indivíduo em testes de duração da atenção na segunda infância e na meninice. Tal estudo poderia nos informar muitas coisas sobre o desenvolvimento da capacidade de atenção do indivíduo estudado, mas não saberíamos se nossas descobertas se aplicavam a outros indivíduos.

Contudo, estudos de caso são extremamente úteis para tomar decisões sobre indivíduos. Por exemplo, para descobrir se uma criança tem retardo mental, um psicólogo conduziria um extenso estudo de caso envolvendo testes, entrevistas com os pais da criança, observações comportamentais e assim por diante. Estudos de caso com frequência são a base de hipóteses importantes sobre os efeitos de eventos desenvolvimentistas extraordinários, como traumatismos cranianos e AVCs.

Os psicólogos que realizam estudos de caso reúnem informações detalhadas sobre uma única criança. Seus dados frequentemente incluem os resultados de testes psicológicos.

Observação naturalista Quando os psicólogos usam **observação naturalista** como método de pesquisa, eles observam pessoas em seus ambientes naturais. Por exemplo, para descobrir mais sobre a capacidade de atenção em crianças de diferentes idades, um pesquisador poderia observá-las em seus lares ou escolas. Esses estudos fornecem aos desenvolvimentistas informações sobre processos psicológicos em contextos cotidianos.

estudo de caso investigação aprofundada de um único indivíduo.

observação naturalista processo de estudar pessoas em seus ambientes naturais.

O ponto fraco da observação naturalista, contudo, é a tendenciosidade do observador. Por exemplo, se o pesquisador que está observando pré-escolares estiver convencido de que a maioria deles tem pouca capacidade de manter a atenção, ele tenderá a ignorar qualquer comportamento contrário a essa visão. Em virtude da tendenciosidade do observador, os estudos de observação naturalista costumam usar observadores "cegos", que não sabem sobre o objetivo da pesquisa. Na maioria dos casos, por motivos de precisão, os pesquisadores utilizam dois ou mais observadores para que as observações de cada um possam ser comparadas com as do(s) outro(s).

Como os estudos de caso, os estudos de observação naturalista são limitados quanto ao grau em que os resultados podem ser generalizados. Além disso, os estudos de observação naturalista consomem muito tempo. Eles precisam ser repetidos em diversos ambientes para que os pesquisadores possam ter certeza de que o comportamento das pessoas reflete o desenvolvimento e não as influências de um ambiente específico.

Observação laboratorial A **observação laboratorial** difere da observação naturalista porque nela o pesquisador exerce algum grau de controle sobre o ambiente. Em um estudo de observação laboratorial da capacidade de atenção, um pesquisador poderia observar por quanto tempo crianças de diversas idades prestam atenção em diversos tipos de estímulos na ausência dos tipos de distração que estão presentes em ambientes naturais, tais como pátios e salas de aula. Para esse fim, o pesquisador poderia limitar o número de crianças que estão no laboratório ao mesmo tempo ou optar por observar cada criança isoladamente. Um estudo assim ajudaria o pesquisador a determinar se é realmente o grau de duração da atenção que distingue as crianças mais novas das mais velhas ou variações relacionadas à idade na capacidade de ignorar distrações.

Correlações Uma **correlação** é uma relação entre duas variáveis que pode ser expressa como um número que varia entre −1,00 e +1,00. Uma correlação de zero indica que não existe relação entre as duas variáveis. Uma correlação positiva significa que altos escores em uma variável geralmente são acompanhados por altos escores na outra. Quanto mais próxima de +1,00, mais forte é a correlação entre as variáveis. Duas variáveis que variam em direções contrárias têm uma correlação negativa, e quanto mais próxima de −1,00 for a correlação, mais negativamente elas estão relacionadas.

Para compreender correlações positivas e negativas, pense sobre a relação entre a temperatura e o uso de ventiladores e aquecedores. A temperatura e o uso de ventiladores estão positivamente correlacionados. À medida que a temperatura sobe, o número de ventiladores em uso aumenta. Inversamente, a temperatura e o uso de aquecedores estão negativamente correlacionados. À medida que a temperatura diminui, o número de aquecedores aumenta.

Se quiséssemos testar a hipótese de que a idade está relacionada com a capacidade de atenção, poderíamos usar uma correlação. Tudo o que seria necessário seria administrar testes de duração da atenção a crianças de diversas idades e calcular a correlação entre os escores nos testes e as idades. Se existisse uma correlação positiva entre a idade e o número de minutos que as crianças prestaram atenção a um determinado estímulo, poderíamos dizer que nossa hipótese foi corroborada. Inversamente, se houvesse uma correlação negativa – se, em média, crianças mais velhas prestassem atenção por um período de tempo mais curto do que crianças mais jovens – então teríamos que concluir que nossa hipótese não foi corroborada.

Apesar de serem úteis, contudo, as correlações têm uma importante limitação: elas não indicam relações causais. Por exemplo, mesmo uma correlação positiva entre duração de atenção e idade nos diria apenas que o desempenho em testes de atenção e idade estavam de alguma forma ligados. Isso não nos diria o que causou a ligação. Talvez as crianças mais velhas entendessem melhor as instruções das tarefas do que as crianças mais jovens. A fim de identificar uma causa, precisamos realizar experimentos. Armados desse conhecimento, podemos nos tornar leitores críticos dos noticiários que fazem alegações causais com base em estudos correlacionais (ver *Ciência do desenvolvimento em casa* na página 41).

observação laboratorial observação do comportamento sob condições controladas.

correlação relação entre duas variáveis que pode ser expressa como um número que varia entre −1,00 e +1,00.

> **OBJETIVO DA APRENDIZAGEM 1.9**
> Qual é a principal vantagem do método experimental?

O método experimental

Um **experimento** é um estudo que testa uma hipótese causal. Vamos supor que achássemos que as diferenças de idade na capacidade de atenção se devem ao fato de que as crianças pequenas não utilizam estratégias de manutenção da atenção, tais como ignorar distrações. Poderíamos testar esta hipótese fornecendo treinamento da atenção a um grupo de crianças e nenhum treinamento a outro grupo. Se as crianças treinadas demonstrassem melhor desempenho nos testes de

experimento estudo que testa uma hipótese causal.

CIÊNCIA DO DESENVOLVIMENTO EM CASA

Correlação *versus* causação

Mina, de 3 anos, adora brincar com as outras crianças e todas as manhãs mal pode esperar para ir para a "escola". Contudo, sua mãe, Cristina, está preocupada porque ouviu falar a respeito de uma reportagem sobre os possíveis efeitos maléficos das escolas de educação infantil no desenvolvimento das crianças. Como a maioria dos pais, Cristina quer o melhor para sua filha, mas ela também precisa trabalhar. Ela então se pergunta: como encontrar um equilíbrio entre a necessidade de atenção de Mina e as necessidades econômicas da família?

Quando resultados de pesquisa estão em desacordo como nossos valores pessoais ou com as decisões que tomamos sobre nossas vidas, muitos de nós respondem dizendo "Eu concordo com esse estudo" ou "Eu não concordo com esse estudo". Uma abordagem melhor seria aprender a utilizar o conhecimento sobre métodos de pesquisa para nos tornarmos "consumidores críticos" da pesquisa. Por exemplo, vamos supor que Cristina seja sua amiga e, sabendo que você está fazendo um curso de desenvolvimento infantil, ela lhe pede um conselho sobre essa reportagem com a qual ficou preocupada. Depois de ler esse capítulo, você deveria saber que apenas um experimento pode produzir o tipo de prova que Cristina precisa. Para demonstrar que as escolas de educação infantil causam problemas de comportamento, os pesquisadores teriam que aleatoriamente designar um grupo de crianças para ser cuidado em escolas e outro a ser cuidado em casa. Você deve saber que um estudo assim seria antiético e, portanto, impossível. Assim, uma reportagem poderia dizer que um estudo que mostra uma correlação entre o cuidado em escolas e problemas de comportamento demonstra que uma coisa causa a outra, mas você, como consumidor crítico, deveria saber que não é bem assim. Depois de você conscientizar Cristina sobre os méritos científicos do estudo, ela terá melhores condições de contrapor essas descobertas a seus próprios valores e prioridades para tomar decisões sobre como deseja criar sua filha.

Questões para reflexão

1. Como você aplicaria as ideias nesta discussão na interpretação de uma reportagem sobre um estudo que "prova" que ser criado por pais solteiros é prejudicial às crianças pequenas?
2. Se um estudo desses fosse descrito, que outras variáveis além de ser criado por pais solteiros poderiam explicar os resultados?

---

atenção do que fizeram antes do treinamento e o grupo sem treinamento não apresentasse mudança, poderíamos afirmar que nossa hipótese foi corroborada.

Uma característica fundamental de um experimento é que os participantes são designados aleatoriamente para um de dois ou mais grupos. Em outras palavras, o acaso determina em que grupo um participante será colocado. Quando os participantes são aleatoriamente distribuídos em grupos, os grupos têm iguais quantidades de variação com respeito a características como inteligência, traços de personalidade, altura, peso e condição de saúde. Consequentemente, nenhuma dessas variáveis pode influenciar o resultado do experimento.

Os participantes no **grupo experimental** recebem o tratamento que o pesquisador acha que vai produzir um determinado efeito, ao passo que os participantes no **grupo-controle** não recebem nenhum tratamento especial ou recebem um tratamento neutro. O suposto elemento causal no experimento é chamado de **variável independente**, e a característica ou comportamento que se espera que a variável independente vá afetar é chamada de **variável dependente**.

A aplicação desses termos ao experimento de treinamento da atenção pode nos ajudar a compreendê-los melhor. O grupo que recebe treinamento da atenção é o grupo experimental, ao passo que os que não recebem instrução formam o grupo controle. O treinamento da atenção é a variável que nós, os experimentadores, achamos que vai causar diferenças na capacidade de atenção, sendo portanto a variável independente. O desempenho em testes de atenção é a variável que estamos utilizando para medir o efeito do treinamento da atenção. Portanto, o desempenho nos testes de atenção é a variável dependente.

Os experimentos são essenciais para compreendermos muitos aspectos do desenvolvimento. Todavia, dois problemas especiais no estudo do desenvolvimento infantil limitam o uso dos experimentos. Primeiro, muitas das questões que os desenvolvimentistas querem responder têm a ver com os efeitos de experiências desagradáveis ou estressantes – por exemplo, abuso ou exposição pré-natal ao álcool ou tabaco. Por motivos éticos óbvios, os pesquisadores não podem manipular essas variáveis. Por exemplo, eles não podem pedir a um conjunto de gestantes que bebam duas doses de bebida alcoólica por dia e a outras que não bebam. Para estudar os efeitos dessas experiências, os desenvolvimentistas precisam se basear em métodos não experimentais, como a correlação.

Segundo, muitas vezes a variável independente pela qual os desenvolvimentistas estão interessados é a própria idade, e eles não podem designar participantes aleatoriamente por faixas etárias. Os pesquisadores podem comparar a capacidade de manter a atenção de crianças de 4 e de 6 anos, mas as crianças diferem de muitas outras formas além da idade. Crianças mais velhas tiveram maior número e diversidade de experiências. Assim, diferente dos psicólogos que estudam outros aspectos do com-

grupo experimental grupo em um experimento que recebe o tratamento que o experimentador acha que vai produzir um determinado efeito.

grupo-controle grupo em um experimento que não recebe um tratamento especial ou recebe um tratamento neutro.

variável independente suposto elemento causal em um experimento.

variável dependente característica ou comportamento que se espera que será afetada pela variável independente.

portamento, os psicólogos do desenvolvimento não podem sistematicamente manipular muitas das variáveis pelas quais estão mais interessados.

Para evitar esse problema, os desenvolvimentistas podem utilizar diversas estratégias, às vezes denominadas *quase-experimentos*, nos quais comparam grupos sem distribuir os participantes aleatoriamente. Comparações transversais (sobre as quais você vai ler na próxima seção) são um tipo de quase-experimento. Também o são estudos em que os pesquisadores selecionam grupos que ocorrem naturalmente e que diferem em alguma dimensão de interesse, tais como crianças cujos pais optam por colocá-las em programas de assistência infantil e crianças cujos pais as mantêm em casa. Essas comparações têm problemas intrínsecos, porque grupos que diferem em um aspecto tendem a ser diferentes em outro aspecto também. As famílias que colocam seus filhos em escolas tendem a ser mais pobres, a serem constituídas por um único pai ou mãe e podem ter valores ou religiões diferentes das que criam seus filhos em casa. Caso os pesquisadores constatem que os dois grupos de crianças diferem de alguma forma, será porque elas passaram o dia em lugares diferentes ou por causa dessas outras diferenças em suas famílias? Essas comparações podem ser menos confusas se os grupos de comparação forem inicialmente selecionados de modo que coincidam em relação às variáveis que os pesquisadores acham que podem ser importantes, tais como renda, estado civil ou religião. Mas um quase-experimento, pela sua natureza, irá sempre produzir resultados mais ambíguos do que um experimento completamente controlado.

> **OBJETIVO DA APRENDIZAGEM 1.10**
> Quais são as diferenças entre os modelos de pesquisa transversal, longitudinal e sequencial?

Métodos para estudar mudanças relacionadas à idade

Além de decidir que método usar, os cientistas do desenvolvimento também precisam determinar como incluir a idade em seu projeto de pesquisa. Existem três estratégias gerais: (1) estudar diferentes grupos de pessoas de idades diferentes, utilizando o que se chama de **método transversal**; (2) estudar as mesmas pessoas durante um período de tempo, utilizando o **método longitudinal**; (3) combinar os desenhos transversal e longitudinal de alguma maneira em um **método sequencial**.

Métodos transversais Para estudar a capacidade de manter a atenção com um método transversal, podemos selecionar grupos de participantes em cada uma de diversas idades, tais como crianças de 2, 5, 8 e 11 anos. Se constatarmos que cada grupo demonstra uma duração de atenção média mais longa do que todos os grupos mais jovens, podemos ser propensos a concluir que a duração da atenção realmente aumenta com a idade, mas não podemos afirmar isso de maneira conclusiva com base em dados transversais, porque essas crianças diferem não apenas quanto à idade, mas também quanto à coorte. As diferenças na duração da atenção podem refletir diferenças educacionais e não estarem realmente ligadas à idade ou ao desenvolvimento. Além disso, estudos transversais não podem nos informar nada sobre sequências de mudança com o avanço da idade ou sobre a variabilidade do comportamento individual ao longo da tempo, porque cada criança é testada apenas uma vez. Contudo, a pesquisa transversal é muito útil porque ela pode ser feita com relativa rapidez e pode dar indicações de possíveis diferenças entre as idades ou mudanças que ocorrem com a idade.

Métodos longitudinais Os métodos longitudinais parecem resolver os problemas que surgem nos estudos transversais porque eles acompanham os mesmos indivíduos durante um período de tempo. Por exemplo, para examinar nossa hipótese de duração da atenção, poderíamos testar um determinado grupo de crianças primeiro aos 2 anos, depois aos 5, aos 8 e finalmente aos 11. Esses estudos focalizam sequências de mudanças e a variabilidade ou invariabilidade individual no decorrer do tempo. Uma vez que esses estudos comparam as mesmas pessoas em idades diferentes, eles contornam alguns aspectos óbvios do problema da coorte.

Contudo, os estudos longitudinais enfrentam várias dificuldades. Um problema é que eles tipicamente envolvem submeter cada participante aos mesmos testes várias vezes. Com o tempo, as pessoas adquirem prática em fazer testes. Esses efeitos de prática podem distorcer a medição das eventuais mudanças desenvolvimentistas subjacentes.

Outro problema significativo com os estudos longitudinais é que nem todos os participantes permanecem no programa. Alguns abandonam o estudo; outros morrem ou se mudam. Como regra geral, os participantes mais saudáveis e com melhor nível de instrução são os que mais tendem a ficar, e esse fato distorce os resultados, principalmente se o estudo se estende à idade adulta.

Estudos longitudinais também não resolvem totalmente o problema da coorte. Por exemplo, um estudo famoso, o Oakland Growth Study, acompanhou indivíduos nascidos entre 1918 e 1928 até a

método transversal método de pesquisa no qual grupos de pessoas de idades diferentes são comparados.

método longitudinal método de pesquisa em que pessoas de um único grupo são estudadas em diferentes épocas de suas vidas.

método sequencial método de pesquisa que combina comparações transversais e longitudinais do desenvolvimento.

terceira idade. Consequentemente, os participantes do estudo vivenciaram importantes acontecimentos históricos, tais como a Grande Depressão e a Segunda Guerra Mundial, o que provavelmente influenciou seu desenvolvimento. Assim, não sabemos se as mudanças que eles sofreram durante esse período, quando eram crianças e adolescentes, foram causadas por processos de desenvolvimento ou pelo período histórico especial no qual estavam crescendo.

Métodos sequenciais Uma forma de evitar as deficiências dos métodos transversal e longitudinal é usar uma metodologia sequencial. Para estudar nossa questão da capacidade de atenção utilizando um método sequencial, começaríamos com pelo menos dois grupos etários. Um deles poderia incluir crianças de 2 a 4 anos, e o outro poderia ter crianças de 5 a 7 anos. Depois testaríamos cada grupo durante alguns anos, como ilustrado na Figura 1.2. Cada ponto de teste além do inicial fornece dois tipos de comparações. Comparações entre grupos etários produzem os mesmos tipos de informação que um estudo transversal produziria. Comparações dos escores ou comportamentos dos participantes em cada grupo com seus próprios escores ou comportamentos em um ponto anterior de testagem produzem evidências longitudinais ao mesmo tempo.

		Idade no ponto de testagem 1	Idade no ponto de testagem 2	Idade no ponto de testagem 3
Grupo	A	5 a 7	8 a 10	11 a 13
	B	2 a 4	5 a 7	8 a 10

Figura 1.2 Um estudo sequencial hipotético.

Um estudo sequencial hipotético da capacidade de atenção dos 2 aos 13 anos.

Métodos sequenciais também permitem a comparação de coortes. Observe na Figura 1.2, por exemplo, que os pertencentes ao Grupo A têm de 5 a 7 anos no ponto de testagem 1, e os pertencentes ao Grupo B têm de 5 a 7 anos no ponto de testagem 2. De modo semelhante, os membros do Grupo A têm de 8 a 10 anos no ponto 2, e seus equivalentes no Grupo B estão com essa idade no ponto 3. Se comparações de mesma idade entre os dois grupos revelarem que suas capacidades médias de atenção são diferentes, os pesquisadores têm evidências de que, por algum motivo, as coortes diferem. Inversamente, se os grupos tiverem desempenho semelhante, os investigadores podem concluir que seus respectivos desempenhos representam características desenvolvimentistas e não *efeitos de coorte*, resultados que refletem fatores históricos aos quais uma determinada amostra é exposta. Além disso, se ambos os grupos demonstram padrões semelhantes de mudança relacionados à idade ao longo do tempo, os pesquisadores podem concluir que o padrão desenvolvimentista não é específico a uma determinada coorte. A descoberta do mesmo padrão desenvolvimentista em duas coortes fornece aos psicólogos evidências mais robustas do que dados de um estudo transversal ou longitudinal isoladamente.

Pesquisa intercultural

OBJETIVO DA APRENDIZAGEM 1.11
Por que a pesquisa intercultural é importante para o estudo do desenvolvimento humano?

Cada vez mais comum na pesquisa sobre desenvolvimento humano são os estudos que comparam culturas ou contextos, tarefa que os pesquisadores abordam de diversas maneiras. Um método de estudo, tomado emprestado do campo da antropologia, é o método etnográfico. Uma **etnografia** é uma descrição detalhada de uma única cultura ou contexto baseada em extensa observação. Com frequência o observador vive na cultura ou contexto por um período de tempo, às vezes por muitos anos. Cada estudo etnográfico pretende ser independente, embora às vezes seja possível combinar informações de diversos estudos diferentes para verificar se existem padrões de desenvolvimento semelhantes nas diversas culturas ou contextos.

etnografia descrição detalhada de uma única cultura ou contexto.

Como alternativa, os investigadores podem tentar comparar duas ou mais culturas diretamente, testando crianças ou adultos em cada uma das culturas com medidas idênticas ou comparáveis. Às vezes isso envolve comparar grupos de países diferentes. Às vezes as comparações são entre subculturas dentro do mesmo país; por exemplo, cada vez mais comum nos Estados Unidos é a pesquisa que envolve comparações de crianças ou adultos que vivem em diferentes grupos ou comunidades étnicas, tais como afro-americanos, hispano-americanos, americanos asiáticos e americanos europeus.

A pesquisa intercultural é importante para o estudo do desenvolvimento infantil e adolescente por dois motivos. Primeiro,

Os etnógrafos muitas vezes interagem em ambientes cotidianos com membros das culturas que estudam.

os desenvolvimentistas querem identificar mudanças universais – ou seja, eventos ou processos previsíveis experienciados por indivíduos em todas as culturas. Os desenvolvimentistas não querem fazer afirmativas gerais sobre o desenvolvimento – tais como "a capacidade de atenção aumenta com a idade" – se o fenômeno em questão acontece apenas em algumas culturas. Sem pesquisas interculturais, é impossível saber se estudos que envolvem norte-americanos e europeus se aplicam a pessoas em outras partes do mundo.

Segundo, uma das metas dos desenvolvimentistas é produzir descobertas que possam ser utilizadas para melhorar a vida das pessoas. A pesquisa intercultural também é fundamental para essa meta. Por exemplo, os desenvolvimentistas sabem que crianças em culturas que enfatizam a coletividade mais do que o indivíduo são mais cooperativas do que crianças em culturas mais individualistas. Entretanto, para utilizar essa informação para ajudar todas as crianças a aprender a cooperar, eles precisam saber exatamente como os adultos dessas culturas ensinam seus filhos a serem cooperativos. A pesquisa intercultural ajuda os desenvolvimentistas a identificar variáveis específicas que expliquem diferenças culturais.

ética da pesquisa diretrizes que os pesquisadores seguem para proteger os direitos dos animais utilizados em pesquisa e os seres humanos que participam dos estudos.

OBJETIVO DA APRENDIZAGEM 1.12
Quais são os padrões éticos que os pesquisadores do desenvolvimento devem seguir?

Ética da pesquisa

Quaisquer que sejam as estratégias de pesquisa resumidas na Tabela 1.1 que um pesquisador opte por utilizar, ele está eticamente comprometido em conduzir sua pesquisa de acordo com um conjunto bem estabelecido de regras. A **ética da pesquisa** consiste em diretrizes que os pesquisadores utilizam para proteger os direitos dos animais utilizados em pesquisas e dos seres humanos que participam dos estudos. Orientações éticas são publicadas por orga-

Tabela 1.1 Métodos e modelos de pesquisa

Método	Descrição	Vantagens	Limitações
Estudo de caso	Estudo aprofundado de um ou vários indivíduos usando observação, entrevistas ou testes psicológicos.	Fornece informações aprofundadas; importante no estudo de eventos pouco comuns.	Resultados não podem ser generalizáveis além do caso em estudo; demorado; sujeito a erros de interpretação.
Observação naturalista	Observação do comportamento em ambientes naturais.	Participantes se comportam de maneira natural.	As expectativas dos pesquisadores podem influenciar os resultados; pouco controle sobre as condições.
Observação laboratorial	Observação do comportamento em ambientes controlados.	Permite medição precisa das variáveis sob condições controladas.	Tendenciosidade do observador pode influenciar os resultados.
Estudo correlacional	Determinação de uma relação matemática entre duas variáveis.	Avalia força e direção das relações.	Causa e efeito não podem ser demonstrados.
Experimento	Distribuição aleatória dos participantes em grupos controle e experimental; manipulação de variável independente (causal).	Identifica relações de causa e efeito.	Resultados não podem ser generalizáveis para outros ambientes; muitas variáveis podem não ser estudadas.
Método transversal	Estudar participantes de diferentes idades uma única vez.	Permite rápido acesso aos dados sobre diferenças etárias.	Diferenças individuais e efeitos de coorte são ignorados.
Método longitudinal	Estudar participantes em um grupo diversas vezes.	Acompanha mudanças desenvolvimentistas em indivíduos e grupos.	Demorado; as descobertas podem se aplicar somente ao grupo estudado.
Método sequencial	Estudo que combina os componentes longitudinal e transversal.	Coleta dados transversais e longitudinais relacionados à mesma hipótese.	Demorado; taxas de desgaste entre os grupos variam.
Pesquisa intercultural	Pesquisa que descreve a cultura ou inclui a cultura como uma variável.	Produz informações sobre a universalidade e especificidade cultural de mudanças relacionadas à idade.	Demorado; construir testes e métodos que sejam igualmente válidos para diferentes culturas é difícil.

nizações profissionais como a American Psychological Association, a American Educational Research Association e a Society for Research in Child Development. Universidades, fundações particulares e organismos governamentais possuem comitês de avaliação que asseguram que todas as pesquisas patrocinadas pela instituição são éticas. As diretrizes para pesquisas com animais incluem o requisito de que os animais sejam protegidos contra dor e sofrimento desnecessários. Além disso, os pesquisadores precisam demonstrar que os potenciais benefícios de seus estudos para populações humanas ou animais serão maiores do que o potencial dano aos animais utilizados.

Os padrões éticos para pesquisas que envolvem participantes humanos contemplam as seguintes preocupações:

Proteção contra danos. É antiético fazer pesquisas que possam causar dano físico ou psicológico permanente nos participantes. Além disso, se a possibilidade de dano temporário existe, os pesquisadores devem oferecer aos participantes alguma forma de reparação do dano. Por exemplo, se o estudo vai fazer o paciente recordar experiências desagradáveis, como, p. ex., estupro, os pesquisadores devem oferecer-lhe terapia de apoio.

Consentimento informado. Os pesquisadores devem informar os participantes dos possíveis danos e fazê-los assinar um termo de consentimento declarando que estão cientes dos riscos de participar. Para que crianças participem dos estudos, seus pais devem autorizar sua participação depois de terem sido informados sobre os possíveis riscos. Crianças de mais de 7 anos também precisam dar seu próprio consentimento. Caso a pesquisa seja realizada em uma escola, um administrador que represente a instituição deve consentir. Além disso, crianças e adultos têm o direito de suspender sua participação no estudo a qualquer momento. Os pesquisadores são obrigados a explicar esse direito às crianças em uma linguagem que elas possam entender.

Sigilo. Os participantes têm direito a sigilo. Os pesquisadores devem manter as identidades dos participantes em sigilo e devem relatar os dados de tal forma que nenhuma informação possa ser associada a qualquer participante específico. A exceção ao sigilo é quando as crianças revelam que sofreram abuso de qualquer forma por um adulto. Na maioria dos estados dos Estados Unidos, todos os cidadãos têm obrigação de notificar casos de suspeita de abuso infantil.

Conhecimento dos resultados. Os participantes, seus pais e os administradores das instituições nas quais a pesquisa acontece têm direito a um resumo escrito dos resultados de um estudo.

Engano. Caso tenha sido necessário enganar os participantes no estudo, estes têm o direito de serem informados sobre isso assim que o estudo estiver concluído.

Preparação para Testes

Uma introdução ao desenvolvimento humano

1.1 Quais ideias sobre desenvolvimento foram propostas pelos primeiros filósofos e cientistas? (p. 30-31)

Os conceitos filosóficos do pecado original, da lousa vazia e da bondade inata influenciaram as ideias ocidentais sobre o desenvolvimento humano. Darwin estudou o desenvolvimento infantil para compreender a evolução. G. Stanley Hall publicou o primeiro estudo científico do desenvolvimento infantil e introduziu os conceitos de normas e adolescência.

1. Classifique cada uma das seguintes afirmativas como compatíveis com a (A) visão do pecado original, (B) visão da lousa vazia ou (C) visão da bondade inata.

    _____ (1) As crianças nascem moralmente neutras, sem inclinação para o bem ou para o mal.
    _____ (2) As crianças nascem com uma inclinação para o mal.
    _____ (3) As crianças nascem com uma inclinação para o bem.

2. Quais são os métodos que cada um dos seguintes teóricos utilizou para estudar o desenvolvimento?

Teórico	Métodos de estudo do desenvolvimento
Charles Darwin	
G. Stanley Hall	
Arnold Gesell	

3. Explique o que quer dizer a seguinte afirmativa: A ciência do desenvolvimento é um campo interdisciplinar.

_____
_____

1.2 Quais são os principais domínios e períodos que os cientistas do desenvolvimento utilizam para organizar suas discussões sobre o desenvolvimento de crianças e adolescentes? (p. 31-33)

Teóricos e pesquisadores classificam as mudanças relacionadas à idade de acordo com três amplas categorias: os domínios físico, cognitivo e socioemocional. Os principais períodos são pré-natal, primeira infância, segunda infância, terceira infância e adolescência.

4. Baseado em suas próprias experiências com crianças e adolescentes, dê um exemplo de um evento desenvolvimentista em cada um dos três domínios do desenvolvimento para cada um dos quatro grandes períodos do desenvolvimento.

Período	Evento desenvolvimentista		
	Físico	Cognitivo	Socioemocional
Primeira infância (nascimento aos 2)			
Segunda infância (2 aos 6)			
Meninice (6 aos 12)			
Adolescência (12 aos 18)			

Questões-chave no estudo do desenvolvimento humano

1.3 Como os desenvolvimentistas veem os dois lados do debate natureza-experiência? (p. 33-34)

No passado, os desenvolvimentistas afirmavam que o desenvolvimento era afetado pela natureza ou pela experiência, mas atualmente eles acreditam que todas as mudanças desenvolvimentistas são um produto de ambas.

5. Qual é a diferença entre uma inclinação inata e um modelo interno da experiência?

_____
_____

1.4 No que consiste o debate continuidade-descontinuidade? (p. 34)

Este debate se centra na questão de se a mudança é uma questão de quantidade, grau ou uma questão de tipo ou espécie. Alguns desenvolvimentistas enfatizam mudanças qualitativas, ou descontínuas, ao passo que outros focam em mudanças quantitativas, ou contínuas. Os teóricos que se concentram em mudanças qualitativas geralmente propõem explicações do desenvolvimento que incluem estágios.

6. Classifique cada uma das seguintes afirmativas como compatíveis com (A) continuidade (mudança quantitativa) ou (B) descontinuidade (mudança qualitativa) no desenvolvimento.

_____ (1) Uma criança mediana de 6 anos é mais alta do que uma criança mediana de 5 anos.
_____ (2) Crianças de 4 anos usam linguagem para se comunicar, mas crianças de 4 meses não.
_____ (3) Crianças de 12 anos pensam mais logicamente do que crianças de 4 anos.
_____ (4) Uma criança mediana de 7 anos tem um vocabulário mais extenso do que uma criança mediana de 5 anos.
_____ (5) Em algum momento durante a puberdade, um adolescente se torna capaz de gerar uma criança.

1.5 Como os três tipos de mudança relacionadas à idade diferem? (p. 34-35)

Mudanças normativas graduadas pela idade são aquelas experienciadas por todos os seres humanos. Mudanças normativas graduadas pela história são comuns a todos os indivíduos que têm experiências culturais e históricas semelhantes. Mudanças não normativas, tais como o momento de ocorrência das experiências, podem levar a diferenças individuais no desenvolvimento.

7. Dê um exemplo de cada tipo de mudança.

Tipo de mudança	Exemplo
Normativa graduada por idade	
Normativa graduada pela história	
Não normativa	

1.6 Como a reflexão sobre os contextos em que as mudanças ocorrem aperfeiçoam a compreensão dos cientistas sobre o desenvolvimento de crianças e adolescentes? (p. 35-37)

Os contextos do desenvolvimento incluem tanto variáveis individuais quanto os ambientes nos quais o desenvolvimento ocorre (p. ex., família, bairro, cultura). Traços individuais e contextos interagem de modos complexos para influenciar o desenvolvimento.

8. Relacione cinco exemplos de contextos que deveriam ser levados em conta ao tentar compreender o desenvolvimento da criança individual.

(1) _____
(2) _____
(3) _____
(4) _____
(5) _____

Métodos e modelos de pesquisa

1.7 Quais são os objetivos dos cientistas que estudam o desenvolvimento de crianças e adolescentes? (p. 37-38)

Os psicólogos do desenvolvimento utilizam métodos para descrever, explicar e prever mudanças relacionadas à idade e diferenças individuais. A maioria também quer utilizar resultados de pesquisa para influenciar favoravelmente a vida das pessoas.

9. Escreva S no espaço se este é um objetivo dos cientistas que estudam o desenvolvimento humano e N se não.

_____ (1) Desenvolver estratégias práticas que possam ser usadas para influenciar favoravelmente o desenvolvimento.
_____ (2) Determinar qual teoria do desenvolvimento é verdadeira.
_____ (3) Explicar os fatos básicos do desenvolvimento.
_____ (4) Descrever com precisão o processo de desenvolvimento.
_____ (5) Desenvolver teorias e testar hipóteses.
_____ (6) Prever os resultados desenvolvimentistas.

1.8 Quais métodos descritivos são utilizados pelos cientistas do desenvolvimento? (p. 38-40)

Os estudos de caso e de observação naturalista fornecem muitas informações importantes, mas geralmente elas não são generalizáveis a outros indivíduos ou grupos. As observações laboratoriais proporcionam aos pesquisadores mais controle sobre os ambientes em que o comportamento ocorre do que as observações naturalistas. Estudos correlacionais medem relações entre variáveis. Eles podem ser feitos rapidamente, e as informações que produzem são mais generalizáveis do que as de estudos de caso ou de observações naturalistas.

10. Acesse o conteúdo online do livro, estude a seção *Correlations Do Not Show Causation* e responda à seguinte pergunta:

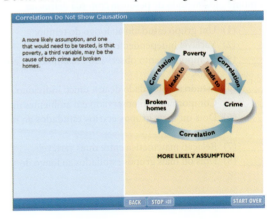

Que fatores poderiam explicar a correlação entre estrutura familiar e criminalidade? (Dica: Um desses fatores poderia ser que crianças em lares de pais solteiros recebem menos supervisão do que as de lares com ambos os pais.)

_____
_____

1.9 Qual é a principal vantagem do método experimental? (p. 40-42)

Para testar hipóteses causais, é necessário utilizar métodos experimentais nos quais os participantes são aleatoriamente distribuídos em grupos experimental ou controle.

11. Acesse o conteúdo online do livro, execute a simulação *Distinguishing Independent and Dependent Variables* e escolha uma das opções apresentadas:

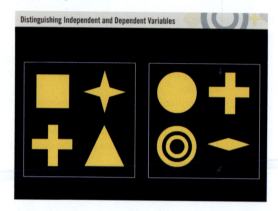

Em um experimento, um pesquisador manipula a variável (independente/dependente) e mede seu efeito sobre a variável (independente/dependente).

1.10 Quais são as diferenças entre os modelos de pesquisa transversal, longitudinal e sequencial? (p. 42-43)

Em estudos transversais, grupos etários separados são testados uma única vez. Em estudos longitudinais, os mesmos indivíduos são testados repetidamente ao longo do tempo. Os métodos sequenciais combinam comparações transversais e longitudinais.

12. Combine cada método de pesquisa com sua definição.

　　＿＿ (1) Um grupo estudado ao longo do tempo.
　　＿＿ (2) Variável independente manipulada.
　　＿＿ (3) Comportamento observado em ambientes controlados.
　　＿＿ (4) Estudo aprofundado de um único indivíduo.
　　＿＿ (5) Comportamento observado em ambientes típicos.
　　＿＿ (6) Dois ou mais grupos etários estudados ao mesmo tempo.
　　＿＿ (7) Relação matemática entre duas variáveis.
　　＿＿ (8) Dois ou mais grupos estudados ao longo do tempo.

(A) observação naturalista
(B) estudo de caso
(C) observação laboratorial
(D) correlação
(E) experimento
(F) transversal
(G) longitudinal
(H) sequencial

13. Liste as vantagens e desvantagens de cada método de estudo das mudanças relacionadas à idade.

Método	Vantagens	Desvantagens
Transversal		
Longitudinal		
Sequencial		

1.11 Por que a pesquisa intercultural é importante para o estudo do desenvolvimento humano? (p. 43-44)

A pesquisa intercultural ajuda os desenvolvimentistas a identificar fatores universais e variáveis culturais que influenciam o desenvolvimento.

1.12 Quais são os padrões éticos que os pesquisadores do desenvolvimento devem seguir? (p. 44-45)

Os princípios éticos que regem a pesquisa psicológica incluem proteção contra danos, consentimento informado, sigilo, conhecimento dos resultados e proteção contra engano.

14. Explique o que os pesquisadores devem fazer para respeitar os padrões éticos em cada área listada na tabela.

Questão	O que os pesquisadores devem fazer
Proteção contra danos	
Consentimento informado	
Sigilo	
Conhecimento dos resultados	
Engano	

15. Acesse o conteúdo online do livro, execute a simulação *Ethics in Psychological Research* e responda à seguinte pergunta:

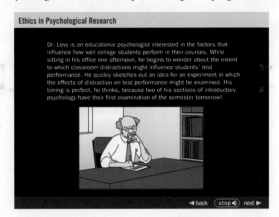

A utilização de engano na pesquisa é sempre antiética? Justifique sua resposta.

_____
_____

As respostas para as perguntas deste capítulo encontram-se na página 511. Para uma lista de palavras-chave, consulte a página 536.

_____

* As animações (em inglês) estão disponíveis no site www.grupoaeditoras.com.br.

2

Teorias do Desenvolvimento

Como aprendemos no Capítulo 1, os psicólogos do desenvolvimento utilizam teorias para formular hipóteses, ou respostas testáveis, para perguntas sobre o porquê do comportamento. É útil categorizar tais teorias por tipo. No nível mais amplo existem três famílias de teorias – teorias psicanalíticas, teorias da aprendizagem e teorias cognitivas. As teorias dentro de cada uma dessas famílias procuram fornecer aos desenvolvimentistas explicações abrangentes sobre todas as facetas do desenvolvimento humano. Adicionalmente, teorias que tratam das bases biológicas do desenvolvimento e das interações entre esses fatores e o ambiente estendem a compreensão dos desenvolvimentistas das mudanças relacionadas à idade além das oferecidas pelas três grandes famílias de teorias. Assim, as explicações mais abrangentes dos fenômenos do desenvolvimento muitas vezes incluem ideias das abordagens psicanalítica, da aprendizagem e cognitiva, assim como das teorias biológica e contextual.

Este capítulo vai introduzi-lo nas três grandes famílias de teorias. Essas teorias vão aparecer repetidas vezes ao longo deste livro. Este capítulo também vai familiarizá-lo com outras tendências teóricas no campo do desenvolvimento humano, e você vai aprender como os psicólogos do desenvolvimento comparam as teorias.

Teorias psicanalíticas

Quem tem filhos sabe da luta constante para impedir que os bebês ponham tudo que encontram na boca. Por que os bebês apresentam esse comportamento? Um modo de explicar esse fenômeno aparentemente estranho seria

---

OBJETIVOS DA APRENDIZAGEM

Teorias psicanalíticas

2.1 Quais são as principais ideias da teoria de Freud?
2.2 Qual é o conflito associado a cada um dos estágios psicossociais de Erikson?
2.3 Quais são as virtudes e limitações das teorias psicanalíticas?

Teorias da aprendizagem

2.4 Como Watson condicionou o Pequeno Albert a temer objetos brancos e peludos?
2.5 Como ocorre o condicionamento operante?
2.6 Em que aspectos a teoria sociocognitiva difere das outras teorias da aprendizagem?
2.7 Em que medida as teorias da aprendizagem explicam o desenvolvimento?

Teorias cognitivas

2.8 Como o desenvolvimento cognitivo progride, segundo Piaget?
2.9 Como Vygotsky utilizou os conceitos de andaime e zona de desenvolvimento proximal para explicar o desenvolvimento cognitivo?
2.10 Como a teoria do processamento de informações explica as descobertas de psicólogos do desenvolvimento como Piaget?
2.11 Cite algumas das importantes contribuições e críticas das teorias cognitivas.

Teorias biológicas e ecológicas

2.12 Como os geneticistas do comportamento explicam as diferenças individuais?
2.13 Que tipos de comportamento são do interesse de etologistas e sociobiólogos?
2.14 Qual é a principal ideia da teoria bioecológica de Bronfenbrenner?

Comparação de teorias

2.15 Que suposições sobre o desenvolvimento são feitas pelas três famílias de teorias?
2.16 Com que critérios os desenvolvimentistas comparam a utilidade das teorias?
2.17 O que é ecletismo?

teorias psicanalíticas teorias que propõem que as mudanças desenvolvimentistas acontecem por conta da influência de emoções e pulsões internas sobre o comportamento.

sugerir que os bebês sentem mais prazer físico colocando os objetos na boca do que manipulando-os com outras partes do corpo. Essa visão provavelmente pertenceria à família das **teorias psicanalíticas**, uma escola de pensamento criada pelo médico vienense Sigmund Freud (1856-1939). Os teóricos psicanalíticos acreditam que a mudança comportamental acontece porque pulsões internas e emoções influenciam o comportamento.

> **OBJETIVO DA APRENDIZAGEM 2.1**
> Quais são as principais ideias da teoria de Freud?

Teoria psicossexual de Freud

A maioria das ideias de Freud sobre o desenvolvimento se derivam de seus trabalhos com adultos que estavam sofrendo de graves transtornos mentais. As lembranças desses pacientes de suas experiências precoces constituíram a fonte primária dos dados nos quais Freud baseou sua teoria. Uma das conclusões mais importantes sobre as memórias de seus pacientes foi que o comportamento é regido tanto por processos conscientes quanto inconscientes. O mais básico desses processos inconscientes é uma pulsão interna por prazer físico, que Freud chamou de libido. Ele acreditava que a libido era a força motivacional por trás da maioria dos comportamentos.

Freud também afirmava que a personalidade tem três partes. O **id** contém a libido e opera em nível inconsciente; ele consiste dos impulsos sexuais e agressivos básicos da pessoa, estando presente no nascimento. O **ego**, a parte pensante, consciente, da personalidade, se desenvolve dos 2 aos 3 anos. Uma das tarefas do ego é manter as necessidades do id satisfeitas. Por exemplo, quando uma pessoa está com fome, é o id que exige comida imediatamente, e o ego deve descobrir um modo de obtê-la. O **superego**, a porção da personalidade que atua como um juiz moral, contém as regras da sociedade e se desenvolve perto do fim da segunda infância, aproximadamente aos 6 anos. Quando o superego se desenvolve, a tarefa do ego se torna mais complexa. Ele deve satisfazer o id sem violar as regras do superego.

O ego é responsável pela manutenção dos três componentes da personalidade em equilíbrio. Segundo Freud, uma pessoa sente tensão quando algum dos três componentes está em conflito com

id na teoria freudiana, a parte da personalidade que compreende os impulsos sexuais e agressivos básicos de uma pessoa; ele contém a libido e motiva a pessoa a buscar prazer e evitar a dor.

ego segundo Freud, o elemento pensante da personalidade.

superego termo de Freud para a parte da personalidade que atua como juiz moral.

CIÊNCIA DO DESENVOLVIMENTO NA CLÍNICA
A controvérsia da memória reprimida

Cherise sempre se sentiu ansiosa na presença de homens que não conhece muito bem. Um dia quando sua companheira de quarto, Than, tentou convencê-la a sair para um encontro às cegas, Cherise admitiu que suas ansiedades em relação à presença dos homens a impedia de desenvolver uma vida social satisfatória. Ela temia que nunca seria capaz de ter um relacionamento romântico. Than contou a Cherise sobre um programa de televisão que tinha assistido no qual uma mulher falava sobre ter ansiedades semelhantes. Revelou-se que a mulher tinha reprimido um incidente de infância no qual ela tinha sido molestada por um vizinho. Um terapeuta ajudou-a a se recordar do incidente, e com isso ela foi capaz de superar suas ansiedades e agora estava casada e feliz. Cherise começou a se perguntar se ela poderia ter reprimido uma memória desse tipo, e marcou uma consulta com o terapeuta do centro de orientação da universidade.

Quando se encontrar com o terapeuta, Cherise provavelmente ficará sabendo que foram realizados estudos sobre a memória para investigar a afirmação de Freud de que os traumas de infância são com frequência intencionalmente esquecidos. Na verdade, a maioria das vítimas tem lembranças vívidas de eventos traumáticos, ainda que possam se esquecer de detalhes menos importantes (Baddeley, 1998; Lindsay e Read, 1994). Além disso, constatou-se que os terapeutas que sugerem diretamente a possibilidade de lembranças reprimidas correm o risco de criar falsas lembranças na mente de seus clientes (Ceci e Bruck, 1993). Contudo, a repressão às vezes realmente ocorre, e a descoberta de uma memória reprimida pode realmente melhorar a saúde mental de uma pessoa. Consequentemente, os profissionais de saúde mental enfrentam um dilema: devem ignorar a possibilidade de uma memória reprimida ou arriscar criar uma memória falsa?

Os terapeutas enfrentam esse dilema aprendendo técnicas que podem revelar memórias reprimidas sem sugerir diretamente que tais memórias existem. Por exemplo, quando um cliente acredita que se lembrou de um fato reprimido, o terapeuta o ajuda a buscar evidências concretas. No fim, contudo, terapeuta e cliente precisam reconhecer que muitas vezes terão que depender do falho julgamento humano para decidir se uma memória "recuperada" foi realmente reprimida ou foi inventada na mente do cliente.

Questões para reflexão

1. Se você achasse que tinha recuperado uma lembrança reprimida de abuso na infância, você preferiria ter um terapeuta cético que o educasse a respeito das descobertas de pesquisa que mostram que essas memórias raramente são esquecidas ou um terapeuta que lhe desse apoio e o ajudasse a buscar evidências de abuso? Explique sua preferência.
2. Como os conceitos de Freud do id, ego e superego podem ser utilizados para explicar a ansiedade de Cherise em relação aos homens?

outro. Por exemplo, se uma pessoa está com fome, o id pode motivá-la a fazer qualquer coisa para obter alimento, mas o ego – o *self* consciente da pessoa – pode não ser capaz de encontrá-lo. Alternativamente, pode haver alimento, mas o ego tem que violar uma das regras do superego para obtê-lo. Nesses casos, o ego pode gerar *mecanismos de defesa*, ou modos de pensar sobre uma situação, que reduzam a ansiedade. Por exemplo, o ego, segundo Freud, pode fazer com que as lembranças de um evento traumático sejam reprimidas ou relegadas ao componente inconsciente da personalidade (ver *Ciência do desenvolvimento na clínica*).

Muitos dos pacientes de Freud tinham lembranças de desejos e comportamentos sexuais na infância. Isso fez Freud acreditar que os desejos sexuais são importantes para o desenvolvimento da personalidade. Baseado nas lembranças de infância de seus pacientes, Freud propôs uma série de **estágios psicossexuais** pelos quais uma criança passa em uma sequência fixa determinada pela maturação (ver Tabela 2.1). Em cada estágio, a libido está centrada em uma parte diferente do corpo. No bebê, a boca é o foco da pulsão por prazer físico; por isso o estágio é chamado de *fase oral*. Com o avanço da maturação, a libido se torna focada no ânus (daí, a *fase anal*) e depois nos genitais (a *fase fálica* e, posteriormente, a *fase genital*).

O desenvolvimento ideal, segundo Freud, requer um ambiente que satisfaça as necessidades únicas de cada período. Por exemplo, o bebê precisa de oportunidade suficiente para estimulação oral. Um ambiente inadequado vai resultar em *fixação*, caracterizada por comportamentos que refletem problemas não resolvidos e necessidades não atendidas. Assim, como você poderia supor a partir da lista de estágios na Tabela 2.1, a ênfase ao papel formativo das experiências precoces é a marca característica das teorias psicanalíticas.

A ideia mais polêmica de Freud sobre a segunda infância é sua afirmação de que as crianças sentem atração sexual pelo genitor do sexo oposto durante a fase fálica (dos 3 aos 6 anos). Freud foi buscar na literatura grega os nomes para esse conflito. Édipo era o personagem masculino que tinha um envolvimento romântico com a mãe. Electra era um personagem feminino que tinha um relacionamento semelhante com o pai. Assim, para um menino, o complexo de Édipo envolve um conflito entre seu afeto pela mãe e seu medo do pai; para uma menina, o complexo de Electra contrapõe seu laço com o pai à ansiedade pela possível perda do amor da mãe. Em ambos os gêneros, o conflito é resolvido pelo abandono do desejo de possuir o genitor do sexo oposto em favor da identificação com o genitor de mesmo sexo. Em outras palavras, a fase fálica chega a uma conclusão bem-sucedida quando os meninos desenvolvem o desejo de serem como os pais e as meninas começam a ver as mães como modelos a serem seguidos.

estágios psicossexuais as cinco etapas no desenvolvimento da personalidade pelas quais as crianças passam em uma sequência fixa determinada pela maturação; a libido é centrada em uma parte diferente do corpo em cada etapa.

Tabela 2.1 Estágios psicossexuais de Freud

Estágio	Idades aproximadas	Foco da libido	Principal tarefa desenvolvimentista	Algumas características de adultos fixados neste estágio
Oral	Nascimento a 1 ano	Boca, lábios, língua	Desmame	Comportamentos orais, tais como fumar e comer excessivamente; passividade e credulidade
Anal	1 a 3 anos	Ânus	Treinamento higiênico	Ordem e obstinação ou desorganização e falta de ordem
Fálico	3 a 6 anos	Genitais	Resolução do Complexo de Édipo/Electra; identificação com genitor do mesmo sexo	Vaidade, imprudência, disfunção ou desvio sexual
Latência*	6 a 12 anos	Nenhum	Desenvolvimento de mecanismos de defesa; identificação com pares do mesmo sexo	Nenhuma
Genital	+ de 12 anos	Genitais	Realização da intimidade sexual madura	Adultos que conseguiram integrar os estágios anteriores devem emergir com sincero interesse nos outros e sexualidade madura

* Freud pensava que a fase de latência não era realmente um estágio psicossexual, pois a libido não está focada no corpo durante esse período; portanto, a fixação é impossível.

OBJETIVO DA APRENDIZAGEM 2.2
Qual é o conflito associado a cada um dos estágios psicossociais de Erikson?

Teoria psicossocial de Erikson

Muitos dos críticos de Freud aceitaram sua asserção de que forças inconscientes influenciam o desenvolvimento, mas eles questionaram sua visão um tanto soturna de que os traumas de infância geralmente causam instabilidade emocional na idade adulta. Teóricos posteriores, conhecidos como neofreudianos, propuseram ideias que se baseavam nas virtudes da teoria freudiana, mas tentavam evitar suas limitações. Erik Erikson (1902-1994) é o teórico neofreudiano que teve maior influência no estudo do desenvolvimento (Erikson, 1950, 1959, 1980b, 1982; Erikson, Erikson e Kivnick, 1986; Evans, 1969). Erikson partilhava da maioria das suposições básicas de Freud, mas deu mais ênfase às demandas culturais associadas às idades das crianças, tais como a exigência de que a criança saiba fazer a higiene pessoal em torno dos 2 anos ou que a criança adquira habilidades escolares aos 6 ou 7 anos. Cada etapa, então, centra-se em uma determinada crise, ou tarefa social. Assim, Erikson chamou esses estágios de **estágios psicossociais** em vez de estágios psicos*sexuais* (ver Tabela 2.2).

A primeira crise, *confiança* versus *desconfiança*, ocorre durante o primeiro ano de vida, quando a criança precisa desenvolver um senso de confiança básica na previsibilidade do mundo e em sua capacidade de afetar os eventos a seu redor. Erikson acreditava que o comportamento do cuidador principal (geralmente a mãe) é fundamental para a resolução bem-sucedida ou malsucedida dessa tarefa. Crianças que atingem o fim do primeiro ano com um firme senso de confiança são aquelas cujos pais são amorosos e respondem previsivelmente e com segurança à criança.

Erikson via a maior mobilidade da criança a partir do primeiro ano de idade como a base da próxima crise, *autonomia* versus *vergonha e dúvida*, durante a qual a criança desenvolve um senso de independência. Mas se os esforços da criança por independência não forem cuidadosamente guiados pelos pais e ela experimentar repetidos fracassos ou zombaria, os resultados de todas as novas oportunidades de exploração podem ser vergonha e dúvida em vez de um senso básico de autocontrole e autoestima.

Depois, durante a crise de *iniciativa* versus *culpa*, a criança experimenta suas novas habilidades cognitivas e procura conquistar o mundo a seu redor. Ela pode tentar ir para a rua sozinha; ela pode

A criança integral em foco
O que os Chang fizeram para ajudar seu bebê a desenvolver um senso de confiança desde cedo na vida? Descubra na página 116.

estágios psicossociais os oito estágios, ou crises, no desenvolvimento da personalidade segundo Erikson, nos quais instintos internos interagem com demandas culturais ou sociais externas para moldar a personalidade.

Tabela 2.2 Estágios psicossociais de Erikson

Idades aproximadas	Estágio	Características positivas obtidas e atividades típicas
Nascimento a 1 ano	Confiança versus desconfiança	Esperança; confiança no cuidador primário e na própria capacidade de fazer as coisas acontecerem (apego seguro ao cuidador é fundamental).
1 a 3	Autonomia versus vergonha e dúvida	Independência; novas habilidades físicas levam a demanda por mais escolhas, geralmente assumindo a forma de dizer "não" aos cuidadores; criança aprende habilidades de autocuidado, como fazer a higiene íntima.
3 a 6	Iniciativa versus culpa	Propósito; capacidade de organizar atividades em torno de algum objetivo; mais assertividade e agressividade (conflito de Édipo/Electra com genitor de mesmo sexo pode trazer culpa).
6 a 12	Produtividade versus inferioridade	Competência; habilidades e normas culturais, incluindo habilidades sociais e uso de ferramentas (o não domínio dessas leva a um senso de inferioridade).
12 a 18	Identidade versus confusão de papéis	Fidelidade; adaptação do senso de identidade às mudanças da puberdade, consideração de escolhas futuras, advento de uma identidade mais madura e busca de novos valores.
18 a 30	Intimidade versus isolamento	Amor; pessoa desenvolve relacionamentos íntimos além do amor adolescente; muitos se tornam pais.
30 à velhice	Generatividade versus estagnação	Cuidado; as pessoas criam filhos, foco na realização ocupacional ou criatividade e preparação da próxima geração; voltar-se para fora, de si mesmo para outrem.
Velhice	Integridade do ego versus desesperança	Sabedoria; pessoa recapitula a vida, integra estágios anteriores e se reconcilia com identidade básica; autoaceitação.

desmontar um brinquedo e depois descobrir que não sabe montá-lo novamente e jogar as peças na mãe. O risco é que a criança possa ir longe demais em sua impetuosidade, ou que os pais a restrinjam e punam excessivamente – qualquer um dos quais podendo produzir culpa. A interação ideal entre genitor e criança certamente não é a de indulgência total, mas excessiva culpa pode inibir a criatividade da criança e as interações com os outros.

O início da vida escolar é o principal fator que anuncia o estágio de *produtividade* versus *inferioridade*. A criança agora enfrenta a necessidade de obter aprovação pelo desenvolvimento de competências específicas – aprender a ler, a fazer operações aritméticas e adquirir outras habilidades escolares. Idealmente, a criança deve ser bem-sucedida o suficiente para encorajar uma sensação de competência, mas sem dar tanta ênfase à competência para que o fracasso se torne inaceitável ou que ela se torne uma "viciada em trabalho".

A tarefa durante a puberdade é importante. O adolescente deve reavaliar sua identidade e os papéis que deve ocupar, crise que Erikson chamou de *identidade* versus *confusão de papéis*. Erikson sugeriu que as duas "identidades" estão envolvidas – uma identidade sexual e uma identidade ocupacional. Os amigos são úteis para as tentativas de um adolescente em firmar ambas. O que deve emergir para o adolescente desse período é um senso de integração de si mesmo, do que ele quer fazer e ser e de seu papel sexual apropriado.

Em contraste com os estágios de Freud, os de Erikson estendem-se além da época de infância e adolescência. No primeiro dos três estágios adultos, o jovem adulto confronta a crise de *intimidade* versus *isolamento*. Erikson definia intimidade como "a capacidade de fundir sua identidade com a de outra pessoa sem medo de que você vai perder algo de si mesmo" (Erikson, em Evans, 1969). No segundo estágio, homens e mulheres de meia-idade enfrentam a crise da *generatividade* versus *estagnação*, que é "basicamente a preocupação em estabelecer e orientar a próxima geração" (Erikson, 1963, p. 267). Por fim, adultos idosos ou aqueles que são mais jovens, mas enfrentam uma doença incurável, devem resolver a crise da *integridade do ego* versus *desesperança*. Nesse estágio, o indivíduo recapitula sua vida e, se satisfeito com os resultados, alcança a integridade do ego. Se não, a pessoa sente desesperança.

Aderir às normas do grupo sobre que roupas são legais ou não é um dos modos mediante os quais, segundo Erikson, os adolescentes constroem um senso de identidade que os distingue de seus pais.

Avaliação das teorias psicanalíticas

As teorias psicanalíticas como as de Freud e Erikson, resumidas na Tabela 2.3 na página 56, têm diversos aspectos atraentes. Essencialmente, elas salientam a importância das relações iniciais com os cuidadores. Além disso, sugerem que as necessidades da criança mudam com a idade, assim pais e outros cuidadores devem se adaptar continuamente à criança que muda. Uma das implicações disso é que não devemos pensar na "boa criação" como uma qualidade imutável. Alguns pais podem ser muito bons na satisfação das necessidades de um bebê mas menos capazes de lidar com as lutas de identidade dos adolescentes. A futura personalidade da criança e sua saúde mental geral dependem, portanto, do padrão de interação que se desenvolve em uma determinada família. A ideia da mudança de necessidades é um elemento extremamente atraente dessas teorias, pois cada vez mais a pesquisa em psicologia do desenvolvimento está se aproximando de tal concepção do processo.

As teorias psicanalíticas também ofereceram aos psicólogos diversos conceitos úteis, tais como os de inconsciente, ego e identidade, que se tornaram parte da linguagem cotidiana assim como uma teoria. Além disso, os psicólogos estão reconsiderando as ideias de Freud sobre a importância dos mecanismos de defesa no enfrentamento da ansiedade (Cramer, 2000). A Freud credita-se também a invenção da psicoterapia, a qual ainda é praticada na atualidade. Uma virtude adicional da perspectiva psicanalítica é a ênfase na continuação do desenvolvimento durante a idade adulta presente na teoria de Erikson, cujas ideias forneceram um enquadramento para muitas novas pesquisas e teorização sobre o desenvolvimento adulto.

> **OBJETIVO DA APRENDIZAGEM 2.3**
> Quais são as virtudes e limitações das teorias psicanalíticas?

Tabela 2.3 Teorias psicanalíticas

Teoria	Ideia principal	Avaliação	
		Virtudes	Limitações
Teoria psicossexual de Freud	A personalidade se desenvolve em cinco estágios do nascimento à adolescência; em cada estágio, a necessidade de prazer se concentra em uma parte diferente do corpo.	Enfatiza a importância das experiências da primeira e da segunda infância; fornece explicações psicológicas para a doença mental.	Desejos sexuais não são tão importantes no desenvolvimento da personalidade quanto Freud afirmava.
Teoria psicossocial de Erikson	A personalidade se desenvolve através de oito crises durante todo o ciclo de vida; uma pessoa conclui cada crise com uma boa ou má resolução.	Ajuda a explicar o papel da cultura no desenvolvimento da personalidade; é importante na psicologia do ciclo de vida; oferece uma descrição útil dos principais temas do desenvolvimento da personalidade nas diferentes idades.	Descrever cada período em termos de uma única crise é provavelmente uma simplificação excessiva.

A principal limitação das teorias psicanalíticas é a imprecisão de muitos de seus conceitos. Por exemplo, como os pesquisadores poderiam detectar a presença do id, ego, superego e assim por diante? Sem definições mais precisas, é extremamente difícil testar essas teorias, a despeito de suas provocativas explicações do desenvolvimento.

Teorias da aprendizagem

O psicólogo John Watson (1878-1958) ofereceu ideias sobre o desenvolvimento que eram muito diferentes das de Freud e outros psicanalistas. Watson acreditava que, pela manipulação do ambiente, as crianças poderiam ser treinadas para ser ou fazer qualquer coisa (Jones, 1924; Watson, 1930). Para se referir a esse ponto de vista, Watson criou o termo **behaviorismo**, que define o desenvolvimento em termos de mudanças de comportamento causadas por influências ambientais. Nas palavras de Watson (1930, p. 104),

> Dê-me uma dúzia de bebês saudáveis, bem-formados, e minhas condições específicas para criá-los e eu garanto escolher qualquer um aleatoriamente e treiná-lo para ser qualquer especialista de minha escolha – médico, advogado, artista, comerciante e, sim, até mendigo e ladrão, independentemente de seus talentos, pendores, habilidades, vocações e etnia de seus antepassados.

A visão de Watson representa um modo de pensar sobre o desenvolvimento que é comum à família das **teorias da aprendizagem**. Essas teorias afirmam que o desenvolvimento resulta de um acúmulo de experiências. Contudo, como veremos, cada uma das teorias da aprendizagem tem um modo característico de explicar como a experiência molda o desenvolvimento.

behaviorismo visão que define o desenvolvimento em termos de mudanças de comportamento causadas por influências ambientais.

teorias da aprendizagem teorias que afirmam que o desenvolvimento resulta de um acúmulo de experiências.

> **OBJETIVO DA APRENDIZAGEM 2.4**
> Como Watson condicionou o Pequeno Albert a temer objetos brancos e peludos?

Condicionamento clássico

Watson baseou muitas de suas ideias sobre a relação entre aprendizagem e desenvolvimento no trabalho do fisiologista russo e ganhador do prêmio Nobel Ivan Pavlov (1849-1936). Pavlov descobriu que os organismos podem adquirir novos sinais para respostas existentes (comportamentos). O termo **condicionamento clássico** se refere a esse princípio. Cada instância de aprendizagem começa com uma conexão estímulo-resposta biologicamente programada, ou *reflexo*. Por exemplo, a salivação ocorre naturalmente quando colocamos comida na boca. Em termos de condicionamento clássico, a comida é o *estímulo não condicionado (não aprendido, natural)*; a salivação é uma *resposta não condicionada (não aprendida, natural)*.

Os estímulos apresentados pouco antes ou ao mesmo tempo que o estímulo não condicionado são aqueles que tendem a ser associados a ele. Por exemplo, a maioria dos alimentos exala odores, e, para chegar a sua boca, o alimento tem que passar perto de seu nariz. Assim, geralmente você sente o cheiro da comida antes do sabor. Os odores dos alimentos com o tempo se tornam *estímulos condicionados*

condicionamento clássico aprendizagem que resulta da associação de estímulos.

(aprendidos) que causam salivação. Com efeito, eles atuam como um sinal para suas glândulas salivares de que a comida está chegando. Uma vez estabelecida a conexão entre os odores dos alimentos e a salivação, sentir o cheiro da comida dispara a resposta de salivação mesmo quando não comemos realmente o alimento. Quando uma resposta ocorre consistentemente em conexão com um estímulo condicionado dessa forma, ela é chamada de *resposta condicionada (aprendida)*.

Para Watson, os princípios de Pavlov de condicionamento clássico tinham o segredo para compreendermos o desenvolvimento humano. Ele via a mudança desenvolvimentista como nada mais do que a aquisição de conexões entre estímulos e respostas. Para provar este ponto, Watson propôs-se a demonstrar que ele poderia usar os princípios do condicionamento clássico para fazer um bebê desenvolver uma nova resposta emocional a um estímulo. O azarado sujeito de Watson, o "Pequeno Albert" de 11 meses, foi exposto a ruídos abruptos intensos enquanto brincava com um rato branco, estímulo que o havia fascinado quando o sentira pela primeira vez. Como consequência da associação do rato aos ruídos, entretanto, Albert aprendeu a temer o rato com tanta intensidade que chorava histericamente só de ver o roedor. Além disso, ele generalizou seu medo do rato a outros objetos brancos felpudos, como um coelho, um casaco de pele e uma máscara de Papai Noel.

Como você poderia supor, o experimento de Watson seria considerado antiético pelos atuais padrões de pesquisa. Além disso, poucos desenvolvimentistas concordariam com a afirmação de Watson de que o condicionamento clássico explica todo o desenvolvimento humano. Entretanto, o experimento com o Pequeno Albert demonstrou que o condicionamento clássico pode sem dúvida ser a fonte das mudanças de desenvolvimento que envolvem respostas emocionais. Por esse motivo, o condicionamento clássico continua tendo lugar no estudo do desenvolvimento humano. Ele é especialmente importante na primeira infância. Uma vez que a mãe ou o pai da criança está presente com tanta frequência quando coisas boas acontecem, tais como quando a criança sente-se empolgada, confortável e afagada, a mãe e o pai geralmente servem como estímulo condicionado para sentimentos agradáveis, fato que torna possível que a presença dos pais conforte a criança. Além disso, o condicionamento clássico é a base de diversas terapias úteis para problemas de ansiedade (ver *Ciência do desenvolvimento na sala de aula,* a seguir).

CIÊNCIA DO DESENVOLVIMENTO NA SALA DE AULA

Dessensibilização sistemática

A Dra. Rawlins é uma psicóloga que trabalha em um grande distrito escolar urbano. As crianças com as quais ela trabalha sofrem de uma ampla gama de problemas emocionais, mas uma das mais comuns é a *rejeição à escola,* condição na qual a criança se recusa a ir à escola. Quando confrontada com um caso de rejeição à escola, a Dra. Rawlins começa verificando se existe um motivo concreto para a recusa da criança, como o medo de ser intimidada. Caso um motivo assim seja encontrado, ela trabalha com os professores da criança e administradores da escola para resolver o problema. Contudo, na maioria dos casos, as crianças não querem ir à escola porque se sentem ansiosas no ambiente escolar, exatamente como alguns adultos se recusam a viajar de avião porque se sentem ansiosos a bordo de uma aeronave (Kauffman, 2005). Talvez você se surpreenda ao saber que os mecanismos em operação no experimento de John Watson com o Pequeno Albert têm a chave para um modo de ajudar as crianças a superar a rejeição à escola.

Recordemos que o Pequeno Albert aprendeu a associar um estímulo neutro, um rato, a um estímulo em que reflexos inatos o predispuseram a responder com temor, um ruído forte. Os psicólogos especulam que as crianças que se recusam a ir à escola por sentirem ansiedade estão apresentando um padrão semelhante. Por algum motivo, o estímulo neutro da escola se tornou associado aos estímulos que provocam naturalmente respostas ansiosas nas crianças. Assim, os psicólogos pensam que o medo da escola pode ser desaprendido através do mesmo mecanismo de estímulo-resposta que o produziu.

Como muitos psicólogos, a Dra. Rawlins utiliza uma técnica chamada de *dessensibilização sistemática* para ajudar crianças com rejeição à escola a aprender a responder ao ambiente escolar de outra maneira (Kauffman, 2005; Wolpe, 1958). Ela começa ensinando a criança a controlar a taxa respiratória e as contrações musculares para alcançar um estado de relaxamento físico. Depois disso, a Dra. Rawlins ajuda a criança a "ativar" sua resposta de relaxamento durante cada etapa da sequência de eventos que estão envolvidos na ida e permanência na escola. Por exemplo, primeiro ela é ensinada a relaxar intencionalmente enquanto se apronta para a escola. Depois, ela vai praticar o relaxamento intencional enquanto espera o ônibus e depois enquanto está no ônibus. Ao chegar na escola, a criança é encorajada a iniciar sua resposta de relaxamento em frente à entrada da escola. O passo final será aprender a provocar a resposta de relaxamento sempre que se sentir ansiosa durante o dia escolar. Como resultado, a criança vai aprender a associar a ida à escola às respostas de relaxamento em vez de à ansiedade.

Questões para reflexão

1. Como a dessensibilização sistemática poderia ser utilizada para ajudar crianças que foram mordidas por um cão a superarem seu posterior medo de qualquer cão?
2. Que atitudes por parte de pais, professores ou amigos poderiam impedir que uma criança com rejeição à escola se beneficiasse da dessensibilização sistemática?

> **OBJETIVO DA APRENDIZAGEM 2.5**
> Como ocorre o condicionamento operante?

Condicionamento operante de Skinner

Outra abordagem comportamental do desenvolvimento pode ser encontrada em um conjunto de princípios de aprendizagem conhecido coletivamente como **condicionamento operante**, termo criado por B. F. Skinner (1904-1990), o mais célebre proponente desta teoria (Skinner, 1953, 1980). O condicionamento operante envolve aprender a repetir ou cessar comportamentos por causa das consequências que eles trazem. **Reforço** é qualquer coisa que ocorre logo depois de um comportamento e o faz se repetir. **Punição** é qualquer coisa que ocorre depois de um comportamento e o faz parar.

Um *reforço positivo* é uma consequência (geralmente envolvendo algo agradável) que ocorre depois de um comportamento e aumenta as chances de que o comportamento aconteça novamente. Por exemplo, se você compra um bilhete de loteria de raspar e ganha um prêmio de 100 dólares, é provável que você esteja mais disposto a comprar outro bilhete no futuro do que estaria se não tivesse ganhado o dinheiro.

Ocorre *reforço negativo* quando um indivíduo aprende a realizar um comportamento específico a fim de que algo desagradável pare de acontecer. Por exemplo, tossir é uma experiência desagradável para a maioria das pessoas, e tomar uma dose de remédio para tosse geralmente cessa a tosse. Assim, quando começamos a tossir, procuramos o xarope para tosse. O comportamento de engolir um colher de xarope é reforçado pela cessação do tossir.

Reforços positivos e negativos muitas vezes interagem de formas complexas em contextos da vida real. Por exemplo, a maioria das pessoas compreende que dar atenção a um pré-escolar que está choramingando tende a aumentar isso, sendo um exemplo de reforço positivo. Entretanto, os pais aprendem a dar atenção a pré-escolares choramingueiros porque o choramingo é irritante, e reagir a isso geralmente o faz parar. Em outras palavras, como tomar um xarope para uma tosse irritante, o comportamento dos pais de responder ao choramingo é negativamente reforçado por sua consequência – isto é, de que a criança *pare* de choramingar.

Em contraste, para ambos os tipos de reforço, a punição cessa o comportamento. Às vezes a punição envolve eliminar coisas agradáveis – limitar o tempo permitido para assistir televisão, por exemplo. Contudo, a punição pode também envolver coisas desagradáveis como repremen-

condicionamento operante aprender a repetir ou cessar comportamentos por causa de suas consequências.

reforço qualquer coisa que ocorre após um comportamento e o faz se repetir.

punição qualquer coisa que ocorre após um comportamento e o faz parar.

CIÊNCIA DO DESENVOLVIMENTO EM CASA

Consequências inesperadas

Toda noite na hora de dormir, Keira, de 5 anos, usa todas as táticas que conhece para não ter que ir dormir. Numerosas idas ao banheiro, súplicas comoventes por mais uma história e pedidos aparentemente infindáveis de abraços e beijos se tornaram parte da rotina noturna de Keira. O ato final desse drama, que se alonga um pouco mais a cada dia, repete-se todas as noites. Os pais de Keira atingem seu ponto de ruptura e dizem "chega" a todos os pedidos da menina, diante do que ela sofre uma crise de chutes, gritos e choro até por fim pegar no sono, exausta. Os pais dela já tentaram inutilmente tudo que puderam pensar para encurtar o processo de pôr Keira para dormir. Porém, eles têm esperança de que um novo método, no qual Keira ganha adesivos por ir dormir sem protestar, possa dar conta do recado.

A maioria dos pais utiliza consequências para tentar mudar o comportamento de seus filhos. Contudo, a maioria não percebe como é fácil criar consequências inesperadas se não entenderem todos os mecanismos envolvidos na aprendizagem das consequências. Por exemplo, considere o caso de uma mãe cujo filho de 3 anos repetidamente demanda sua atenção enquanto ela está preparando o jantar. A mãe não quer reforçar esse comportamento, assim ela tenta ignorar o menino nas primeiras seis ou oito vezes que ele a chama ou a puxa pelas roupas. Após a nona ou décima tentativa, com a voz cada vez mais choramingueira, ela não aguenta e finalmente diz algo como "Tudo bem! O que você quer?". Como a mãe ignorou a maioria dos pedidos do filho, você poderia achar que ela não os reforçou. Contudo, o que ela criou foi um *programa de reforço parcial*, o mesmo tipo de programa que motiva um apostador a continuar introduzindo moedas em um caça-níqueis na esperança de que o grande prêmio virá na próxima rodada.

Assim, o que está acontecendo no caso de Keira? Observe que o drama da hora de dormir se alonga a cada noite, o que significa que ele está sendo reforçado de alguma maneira. Sem pretendê-lo, os pais de Keira estão reforçando suas travessuras, alongando gradualmente o tempo que permitem que ela os manipule. Consequentemente, a estratégia dos adesivos só terá chance de mudar o comportamento de Keira se eles também mudarem seu modo de reagir aos comportamentos que ela apresenta que lhe permitem evitar ir para a cama.

Questões para reflexão

1. Se os pais de Keira lhe pedissem um conselho, como você os aconselharia a modificar seus planos de usar adesivos para mudar a rotina noturna de sua filha?
2. Em que medida o reforço negativo é responsável pelas respostas dos pais a seus comportamentos de evitar ir para a cama?

das. Como o reforço, a punição é definida por seu efeito; consequências que não cessam o comportamento não podem ser devidamente chamadas de punição.

Um modo alternativo de cessar um comportamento indesejável é a **extinção**, que é a eliminação gradual de um comportamento por meio de não reforço repetido. Se um professor consegue eliminar o comportamento indesejável de um aluno por ignorá-lo, diz-se que o comportamento foi extinto.

Esses exemplos ilustram a maneira complexa em que reforços e punições operam no mundo real. Em ambientes laboratoriais, os pesquisadores do condicionamento operante geralmente trabalham com apenas um participante ou animal de cada vez; eles não precisam se preocupar sobre as consequências ou implicações sociais dos comportamentos. Eles também podem controlar a situação para que um determinado comportamento seja reforçado toda vez que ocorrer. Na vida real, o *reforço parcial* – reforço de um comportamento em algumas ocasiões, mas não em outras – é mais comum. Estudos de reforço parcial indicam que as pessoas levam mais tempo para aprender um novo comportamento sob condições de reforço parcial; uma vez estabelecidos, entretanto, tais comportamentos são muito resistentes à extinção (ver *Ciência do desenvolvimento em casa* na página anterior).

A pesquisa laboratorial envolvendo animais foi importante no desenvolvimento da teoria do condicionamento operante de Skinner.

extinção eliminação gradual de um comportamento por meio de não reforço repetido.

Teoria sociocognitiva de Bandura

O teórico da aprendizagem Albert Bandura (nascido em 1925), cujas ideias são mais influentes entre os psicólogos do desenvolvimento do que as dos teóricos do condicionamento, afirma que a aprendizagem nem sempre requer reforço (1977a, 1982, 1989). A aprendizagem também pode ocorrer como resultado de ver alguém realizar alguma ação e receber reforço ou punição por essa ação. Esse tipo de aprendizado, chamado **aprendizagem social** ou **aprendizagem por imitação**, está envolvida em uma ampla faixa de comportamentos. Por exemplo, escolares observadores aprendem a distinguir entre professores rigorosos e permissivos ao observarem as reações dos professores ao mau comportamento das crianças que arriscam mais – isto é, aquelas que

OBJETIVO DA APRENDIZAGEM 2.6
Em que aspectos a teoria sociocognitiva difere das outras teorias da aprendizagem?

aprendizagem social (aprendizagem por imitação) aprendizagem que resulta de ver um modelo reforçado ou punido por um comportamento.

A aprendizagem por imitação é uma fonte importante de aprendizagem tanto para crianças como para adultos. Que comportamentos você adquiriu vendo e imitando outras pessoas?

agem sem antes ter pensado sobre como os professores poderiam reagir. Consequentemente, quando na presença de professores rigorosos, crianças observadoras suprimem comportamentos proibidos, como não esperar a sua vez para falar e sair do assento sem permissão. Em contraste, quando se encontram sob a autoridade de professores permissivos, essas crianças podem apresentar tanto mau comportamento quanto seus colegas mais despreocupados com os riscos.

Entretanto, o aprendizado por imitação não é um processo inteiramente automático. Bandura assinala que aquilo que o observador aprende vendo alguém vai depender de dois elementos cognitivos: no que ele presta atenção e o que ele é capaz de lembrar. Além disso, para aprender de um modelo, o observador precisa ser fisicamente capaz de imitar o comportamento e estar motivado a realizá-lo sozinho. Uma vez que as capacidades de atenção, de memória e físicas mudam com a idade, o que uma criança aprende de um determinado evento imitado pode ser muito diferente do que um adulto aprende de um evento idêntico (Grusec, 1992).

Segundo Bandura, uma criança aprende não apenas o comportamento explícito, mas também ideias, expectativas, padrões internos e autoconceitos dos modelos. Ao mesmo tempo, ela adquire expectativas sobre o que pode e o que não pode fazer – as quais Bandura (1997) chama de *autoeficácia*. Uma vez estabelecidos, esses padrões e expectativas ou crenças afetam seu comportamento de maneiras consistentes e duradouras. Por exemplo, crenças na autoeficácia influenciam nosso senso geral de bem-estar e até nossa saúde física.

> **OBJETIVO DA APRENDIZAGEM 2.7**
> Em que medida as teorias da aprendizagem explicam o desenvolvimento?

Avaliação das teorias da aprendizagem

Várias implicações das teorias da aprendizagem, resumidas na Tabela 2.4, merecem ser enfatizadas. Primeiro, as teorias da aprendizagem podem explicar tanto a consistência quanto a mudança no comportamento. Se uma criança é sociável e sorridente em casa e na escola, os teóricos da aprendizagem explicariam o comportamento das crianças dizendo que a criança está sendo reforçada por aquele comportamento nos dois ambientes. É igualmente possível explicar por que uma criança se sente alegre em casa, mas infeliz na escola. Basta imaginarmos que o ambiente doméstico reforça o comportamento de alegria, mas o ambiente escolar não.

Os teóricos da aprendizagem tendem a ser otimistas sobre a possibilidade de mudança. O comportamento das crianças pode mudar se o sistema de reforço ou suas crenças sobre si mesmas mudarem. Assim, o comportamento problemático pode ser modificado.

Tabela 2.4 Teorias da aprendizagem

Teoria	Ideia principal	Avaliação – Virtudes	Avaliação – Limitações
Condicionamento Clássico de Pavlov	A aprendizagem acontece quando estímulos neutros se tornam tão fortemente associados aos estímulos naturais que provocam a mesma resposta.	É útil para explicar como respostas emocionais, como fobias, são aprendidas.	Explicação da mudança do comportamento é limitada demais para servir como teoria abrangente do desenvolvimento humano.
Condicionamento Operante de Skinner	O desenvolvimento envolve comportamentos que são moldados por reforço ou punição.	Fornece a base para muitas estratégias úteis de manejo e mudança do comportamento humano.	Os seres humanos não são passivos como Skinner afirmava; a teoria ignora fatores hereditários e cognitivos, bem como emocionais e sociais no desenvolvimento.
Teoria Sociocognitiva de Bandura	As pessoas aprendem a partir de modelos; o que elas aprendem de um modelo depende de como elas interpretam a situação cognitiva e emocionalmente.	Ajuda a explicar como os modelos influenciam o comportamento; explica mais sobre o desenvolvimento do que o fazem outras teorias da aprendizagem em função do acréscimo de fatores cognitivos e emocionais.	A teoria não fornece um quadro geral do desenvolvimento.

A grande virtude das teorias da aprendizagem é que elas parecem oferecer um retrato preciso de como muitos comportamentos são aprendidos. É evidente que tanto crianças quanto adultos aprendem através de condicionamento e imitação. O acréscimo de Bandura de elementos mentais à teoria dá-lhe mais força, pois permite a integração de modelos de aprendizagem e outras abordagens.

Contudo, a abordagem dos teóricos da aprendizagem não é realmente desenvolvimentista; ela não nos diz muito sobre a mudança com a idade, seja na infância ou na idade adulta. Mesmo a variante de Bandura sobre a teoria da aprendizagem não nos informa se existem mudanças com a idade em relação ao que uma criança pode aprender com imitação. Assim, as teorias da aprendizagem ajudam os desenvolvimentistas a compreender como comportamentos específicos são adquiridos, mas não contribuem para a compreensão das mudanças relacionadas à idade.

Teorias cognitivas

A família de teorias conhecidas como **teorias cognitivas** enfatiza aspectos mentais do desenvolvimento, tais como lógica e memória. Você já viu um bebê jogar fora coisas do carrinho de compras da mãe? Não importa quantos objetos ele derrube, ele olha cada um deles com muita atenção, como se não fizesse ideia de onde ele fosse parar. Por que os bebês praticam ações repetitivas desse tipo? Poderíamos dizer que eles utilizam suas habilidades motoras (arremessar coisas) e sentidos (vê-los) para construir quadros mentais do mundo a seu redor. Assim, os bebês derrubam objetos e os veem cair até que tenham aprendido tudo que puderem desse comportamento; eles então avançam para um modo mais maduro de interação com o mundo.

teorias cognitivas teorias que enfatizam processos mentais no desenvolvimento, tais como lógica e memória.

Teoria cognitivo-desenvolvimentista de Piaget

OBJETIVO DA APRENDIZAGEM 2.8
Como o desenvolvimento cognitivo progride, segundo Piaget?

Uma das teorias mais influentes na história da psicologia do desenvolvimento é a do desenvolvimentista suíço Jean Piaget (1896-1980). Originalmente formado em ciências naturais, Piaget passou seis décadas estudando o desenvolvimento do pensamento lógico nas crianças. Devido à popularidade das concepções de Watson, os psicólogos norte-americanos deram pouca atenção ao trabalho de Piaget. Contudo, durante a década de 1950, os desenvolvimentistas norte-americanos "descobriram" Piaget. A partir de então, os psicólogos dos Estados Unidos passaram a se concentrar mais no pensamento das crianças do que em como os estímulos ambientais influenciam seus comportamentos.

Piaget ficou impressionado com o fato de que todas as crianças parecem passar pela mesma sequência de descobertas sobre seus mundos, cometendo os mesmos erros e chegando às mesmas conclusões (Piaget, 1952, 1970, 1977; Piaget e Inhelder, 1969). Por exemplo, todas as crianças de 3 e 4 anos parecem pensar que se vertermos água de um copo baixo e largo para um copo mais alto e mais estreito, como o nível da água é mais alto no copo mais estreito existe mais água do que havia no copo largo. Em contraste, a maioria das crianças de 7 anos percebe que a quantidade de água não mudou. Para explicar essas diferenças etárias no raciocínio, Piaget propôs vários conceitos que continuam servindo de base para a pesquisa desenvolvimentista.

Piaget baseou muitas de suas ideias em observações naturalistas de crianças de diferentes idades em pátios e escolas.

Uma ideia central no modelo de Piaget é a de **esquema**, estrutura cognitiva interna que fornece a um indivíduo um procedimento a ser seguido em uma circunstância específica. Por exemplo, quando você pega uma bola, você usa seu esquema de pegar. Piaget propôs que todos nós começamos a vida com um pequeno repertório de esquemas sensórios e motores, tais como olhar, sentir o sabor, tocar, ouvir e alcançar. Ao utilizarmos cada esquema, ele se adapta melhor ao mundo; em outras palavras, ele

esquema na teoria de Piaget, estrutura cognitiva interna que fornece a um indivíduo um procedimento para ser utilizado em uma circunstância específica.

Utilizando a terminologia de Piaget, diríamos que este bebê está assimilando o objeto a seu esquema de agarrar.

funciona melhor. Durante a infância e adolescência, os esquemas mentais nos permitem utilizar símbolos e pensar logicamente. Piaget propôs três processos para explicar como as crianças partem de esquemas motores, tais como olhar e tocar, e chegam a esquemas mentais complexos utilizados na infância, adolescência e idade adulta.

Assimilação é o processo de usar esquemas para entender as experiências. Piaget diria que um bebê que agarra um brinquedo está assimilando isso a seu esquema de agarrar. O processo complementar é a **acomodação**, a qual envolve mudar o esquema como resultado de uma nova informação adquirida através da assimilação. Quando o bebê agarra um objeto quadrado pela primeira vez, ele vai acomodar seu esquema de agarrar para que na próxima vez que ele tentar pegar um objeto quadrado, sua mão tenha uma melhor inclinação para agarrá-lo. Assim, o processo de acomodação é a chave para a mudança desenvolvimentista. Através da acomodação, aperfeiçoamos nossas habilidades e reorganizamos nossos modos de pensar.

Equilibração é o processo de equilibrar assimilação e acomodação para criar esquemas que se ajustem ao ambiente. Para ilustrar, pense sobre a tendência dos bebês de colocar as coisas na boca. Na terminologia de Piaget, eles assimilam os objetos ao seu esquema de pôr na boca. À medida que ele põe cada objeto na boca, o esquema de pôr na boca muda para incluir as instruções "*Ponha* isso na boca" ou "*Não* ponha isso na boca". A acomodação se baseia nas experiências de colocar na boca. É bom sentir uma chupeta na boca, mas um inseto morto tem uma textura desagradável. Assim, com o tempo, o esquema de colocar na boca diz que é bom pôr uma chupeta, mas não um inseto morto na boca. Desse modo, o esquema de pôr na boca de um bebê alcança um melhor ajuste com o mundo real.

A pesquisa de Piaget lhe sugeriu que o pensamento lógico se desenvolve em quatro estágios. Durante o *estágio sensório-motor*, do nascimento aos 24 meses, os bebês utilizam esquemas sensórios e motores para agir sobre o mundo a seu redor. No *estágio pré-operatório* (ou *pré-operacional*), dos 24 meses a em torno dos 6 anos, os jovens adquirem esquemas simbólicos, tais como linguagem e fantasia, que utilizam para pensar e se comunicar. Depois vem o *estágio operatório-concreto* (ou *operacional concreto*), durante o qual as crianças de 6 a 12 anos começam a pensar logicamente e se tornam capazes de resolver problemas, tais como o ilustrado na Figura 2.1. A última fase é o *estágio operatório-formal*, no qual os adolescentes aprendem a pensar logicamente sobre ideias abstratas e situações hipotéticas.

A Tabela 2.5 descreve esses estágios de maneira mais abrangente; você lerá sobre cada um deles detalhadamente ao longo do livro. Por enquanto, é importante compreender que, na visão de Piaget, cada estágio se desenvolve a partir daquele que o precedeu, e cada um deles envolve uma importante reestruturação do modo de pensar da criança. Também é importante saber que a pesquisa confirmou a crença de Piaget de que a sequência dos estágios é fixa. Entretanto, as crianças passam por eles em velocidades diferentes. Além disso, alguns indivíduos não atingem o estágio *operatório-formal* (ou *operacional formal*) na adolescência ou nem mesmo na idade adulta. Consequentemente, as idades associadas aos estágios são aproximadas.

assimilação processo de usar um esquema para entender um evento ou experiência.

acomodação mudar um esquema em consequência de uma nova informação.

equilibração processo de equilibrar assimilação e acomodação para criar esquemas que se ajustem ao ambiente.

Tabela 2.5 Estágios cognitivo-desenvolvimentistas de Piaget

Idades aproximadas	Estágio	Descrição
Nascimento aos 24 meses	Sensório-motor	Bebê compreende o mundo através de seus sentidos e ações motoras; ele começa a usar símbolos, tais como palavras isoladas e brincar de faz de conta, próximo ao fim desse período.
24 meses aos 6 anos	Pré-operatório	Aos 2 anos, a criança sabe utilizar símbolos tanto para pensar quanto para comunicar; ela desenvolve a capacidade de assumir o ponto de vista dos outros, classificar objetos e utilizar lógica simples no fim desse estágio.
6 a 12	Operatório-concreto	A lógica da criança dá um grande salto para frente com o desenvolvimento de novas operações internas, tais como conservação e inclusão de classes, mas ainda está atrelada ao mundo conhecido; no fim desse período, ela sabe raciocinar sobre perguntas hipotéticas ("e se") simples.
+ de 12 anos	Operatório-formal	A criança começa a manipular ideias, assim como objetos; ela pensa hipoteticamente e, na idade adulta, pode facilmente lidar com diversas perguntas hipotéticas ("e se"); ela aperfeiçoa muito sua capacidade de organizar ideias e objetos mentalmente.

Figura 2.1 Uma tarefa de conservação.

Em um dos problemas inventados por Piaget, apresenta-se a uma criança duas bolas de argila de tamanho igual e pergunta-se a ela se as duas contêm a mesma quantidade de argila. Depois, o pesquisador dá a uma das bolas o formato de uma salsicha e pergunta se as duas formas ainda contêm a mesma quantidade de argila. Uma criança pré-operacional dirá que uma delas agora contém mais argila do que a outra e baseará sua resposta na aparência: "A salsicha tem mais porque agora está mais comprida". Um pensador operacional concreto vai dizer que as duas contêm a mesma quantidade de material porque não se retirou ou acrescentou nenhuma argila delas.

(Foto: Will Hart)

teoria sociocultural visão de Vygotsky de que formas complexas de pensamento se originam nas interações sociais do indivíduo e não em suas explorações privativas.

Teoria sociocultural de Vygotsky

A **teoria sociocultural** de Lev Vygotsky afirma que formas complexas de pensamento têm suas origens nas interações sociais e não nas explorações privativas da criança, como Piaget pensava. Segundo Vygotsky (1886-1934), a aprendizagem de novas habilidades cognitivas por parte da criança é orientada por um adulto (ou por uma criança mais hábil, como um irmão mais velho) que estrutura a experiência de aprendizagem da criança, processo que Vygotsky chamou de *andaime*. Por exemplo, os pais de um leitor iniciante fornecem um andaime quando eles o ajudam a pronunciar novas palavras. Para criar uma andaime apropriado, o adulto deve ganhar e manter a atenção da criança, dar exemplo da melhor estratégia e adaptar todo o processo à *zona de desenvolvimento proximal* da criança (Landry, Garner, Swank e Baldwin, 1996; Rogoff, 1990). Vygotsky utilizou esse termo para denominar o conjunto de tarefas que são difíceis demais para a criança realizar sozinha, mas que podem ser realizadas com orientação.

As ideias de Vygotsky têm importantes aplicações educacionais. Como Piaget, a teoria de Vygotsky sugere a importância das oportunidades de exploração ativa. Contudo, a descoberta assistida desempenharia um papel mais importante em uma sala de aula vygostkyana do que em uma sala de aula piagetiana; o professor

> **OBJETIVO DA APRENDIZAGEM 2.9**
> Como Vygotsky utilizou os conceitos de andaime e de zona de desenvolvimento proximal para explicar o desenvolvimento cognitivo?

O psicólogo desenvolvimentista Lev Vygotsky lançou a hipótese de que as interações sociais entre as crianças são essenciais tanto para o desenvolvimento cognitivo quanto social.

forneceria andaimes para a descoberta das crianças através de perguntas, demonstrações e explicações (Tharp e Gallimore, 1988). Para serem efetivos, os processos de descoberta assistida teriam que ocorrer na zona de desenvolvimento proximal de cada criança.

> **OBJETIVO DA APRENDIZAGEM 2.10**
> Como a teoria do processamento de informações explica as descobertas de psicólogos do desenvolvimento como Piaget?

Teoria do processamento de informações

O objetivo da **teoria do processamento de informações** é explicar como a mente gerencia as informações (Klahr, 1992). A teorização e o estudo sobre os processos de memória são centrais na teoria do processamento de informações. A maior parte da pesquisa sobre memória presume que a memória humana é constituída de múltiplos componentes. A ideia é que a informação percorre esses componentes de uma forma organizada (ver Figura 2.2). O processo de compreensão de uma palavra falada serve como um bom exemplo. Primeiro, você ouve a palavra quando os sons entram em sua *memória sensorial*. Suas experiências com a linguagem lhe permitem reconhecer o padrão de sons como uma palavra. Depois, a palavra passa para sua *memória de curto prazo*, o componente do sistema de memória onde toda informação é processada. Por isso, a memória de curto prazo muitas vezes é chamada de *memória de trabalho*. O conhecimento do significado da palavra é então convocado a partir da *memória de longo prazo*, o componente do sistema onde a informação é permanentemente armazenada, e colocado na memória de curto prazo, onde ele é relacionado aos sons da palavra para permitir que você a compreenda.

Segundo o modelo de processamento de informações, diante de problemas como as tarefas de conservação de Piaget, as crianças processam as informações das quais necessitam para resolver tais problemas em sua memória de curto prazo. Como você vai aprender no Capítulo 8, muitas pesquisas demonstram que as memórias de curto prazo das crianças têm capacidade mais limitada e são menos eficientes do que as de crianças mais velhas (Kail, 1990). Consequentemente, alguns desenvolvimentistas têm utilizado a teoria do processamento de informações para explicar os estágios de Piaget. Suas teorias são chamadas de **teorias neopiagetianas** porque expandem a teoria de Piaget, em vez de contradizê-la (Casem, 1985, 1997). Segundo os neopiagetianos, crianças mais velhas e adultos podem resolver problemas complexos como os da pesquisa de Piaget porque são capazes de reter ao mesmo tempo mais informações em suas memórias de curto prazo do que criança mais jovens.

teoria do processamento de informações perspectiva teórica que explica como a mente lida com as informações.

teoria neopiagetiana abordagem que utiliza os princípios do processamento de informações para explicar os estágios de desenvolvimento identificados por Piaget.

> **OBJETIVO DA APRENDIZAGEM 2.11**
> Cite algumas das importantes contribuições e críticas das teorias cognitivas.

Avaliação das teorias cognitivas

Pesquisas baseadas nas teorias cognitivas, especialmente no trabalho de Piaget, demonstram que visões simplistas, tais como as dos teóricos do condicionamento, não podem explicar o desenvolvimento do complexo fenômeno que é o pensamento lógico.

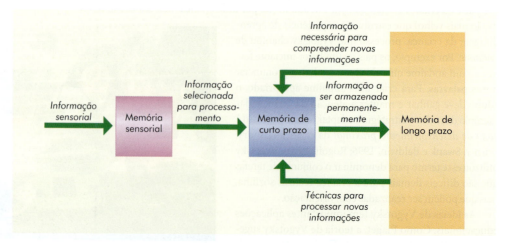

Figura 2.2 O sistema de processamento de informações.

A pesquisa de processamento de informações se baseia na suposição de que as informações se deslocam para dentro, para fora e através das memórias sensorial, de curto prazo e de longo prazo de uma maneira organizada.

Além disso, os achados da pesquisa de Piaget puderam ser replicados em praticamente todas as culturas e em todas as coortes de crianças desde sua primeira publicação na década de 1920. Portanto, ele não apenas formulou uma teoria que obrigou os psicólogos a pensarem sobre o desenvolvimento infantil de uma nova maneira, como também forneceu um conjunto de achados que era impossível de ignorar e difícil de explicar. Além disso, ele desenvolveu modos inovadores de estudar o pensamento das crianças que continuam sendo importantes na atualidade (Kuhn, 2008).

Não obstante, revelou-se que Piaget estava equivocado em relação a algumas das idades em que as crianças desenvolvem determinadas habilidades. Como veremos em capítulos posteriores, os pesquisadores constataram que as crianças desenvolvem algumas habilidades intelectuais em idades mais precoces do que os achados de Piaget sugeriam. Além disso, Piaget provavelmente estava errado sobre a própria generalidade dos estágios. A maioria das crianças de 8 anos, por exemplo, demonstra pensamento operacional concreto em algumas tarefas, mas não em outras, e elas são mais propensas a demonstrar pensamento complexo em tarefas familiares do que em tarefas desconhecidas. Assim, o processo todo parece ser menos dividido em estágios do que Piaget propunha.

Atualmente, não existem evidências suficientes para corroborar ou contradizer a maioria das ideias de Vygotsky (Thomas, 2000). Entretanto, estudos demonstram que crianças em pares ou grupos de fato produzem ideias mais sofisticadas do que crianças que trabalham em problemas sozinhas (Tan-Niam, Wood e O'Malley, 1998). Além disso, constatou-se que crianças pequenas cujos pais oferecem mais andaimes durante os anos pré-escolares apresentam melhor desempenho no ensino fundamental do que crianças cujos pais oferecem menos suporte desse tipo (Neitzel e Stright, 2003). Assim, futuras pesquisas podem apoiar a conclusão de que a teoria de Vygotsky constitui uma contribuição importante para uma compreensão completa do desenvolvimento humano.

Em contraste com a teoria de Vygotsky, a abordagem do processamento de informações do desenvolvimento cognitivo recebeu muito apoio empírico (Lamb e Lewis, 2005). Essas descobertas ajudaram a esclarecer alguns dos processos cognitivos subjacentes às descobertas de Piaget. Além disso, elas aumentaram muito a compreensão da memória humana. Entretanto, críticos da teoria do processamento de informações assinalam que grande parte da pesquisa em processamento de informações envolve tarefas de memória artificiais, tais como aprender listas de palavras. Portanto, dizem os críticos, as pesquisas baseadas na abordagem do processamento de informações nem sempre descrevem com exatidão como a memória funciona no mundo real. Consequentemente, assim como Piaget, os teóricos do processamento de informações podem subestimar a capacidade das crianças em relação a tarefas da vida real.

Os piagetianos afirmam que a teoria do processamento de informações enfatiza explicações de tarefas cognitivas isoladas ao custo de um quadro abrangente do desenvolvimento. Por fim, os críticos de ambas as teorias cognitivas dizem que elas ignoram o papel das emoções no desenvolvimento. As teorias cognitivas são resumidas na Tabela 2.6.

Tabela 2.6 Teorias cognitivas

Teoria	Ideia principal	Avaliação — Virtudes	Avaliação — Limitações
Teoria Cognitivo-desenvolvimentista de Piaget	Raciocínio se desenvolve em quatro estágios universais do nascimento à adolescência; em cada estágio, a criança constrói um tipo diferente de estrutura cognitiva.*	Ajuda a explicar como crianças de diferentes idades pensam e agem sobre o mundo.	A concepção de estágios pode fazer com que os adultos subestimem a capacidade de raciocínio das crianças; pode haver estágios adicionais na idade adulta.
Teoria Sociocultural de Vygotsky	Fatores linguísticos e sociais no desenvolvimento cognitivo são enfatizados.	Incorpora os processos de aprendizagem de grupo às explicações do desenvolvimento cognitivo individual.	Existem evidências insuficientes para sustentar a maioria das ideias.
Teoria do Processamento de Informações	A mente maneja informações utilizando processos de memória; a informação flui através da memória sensorial, de curto prazo e de longo prazo; os processos de memória mudam com a idade, provocando mudanças na função da memória; essas mudanças ocorrem tanto em função da maturação quanto da prática.	Ajuda a explicar quantas informações pessoas de diferentes idades são capazes de gerenciar a cada momento e como elas as processam; oferece um enquadramento útil para estudar diferenças individuais em pessoas de mesma idade.	Muitas pesquisas envolvem tarefas de memória artificiais; a teoria nem sempre descreve com precisão como a memória funciona na vida real.

* N. de R.T.: A criança/o adolecente/o adulto constrói vários esquemas em cada estágio. O conjunto de esquemas é uma estrutura cognitiva.

Teorias biológicas e ecológicas

As teorias que propõem ligações entre processos fisiológicos e desenvolvimento representam uma das tendências mais importantes na psicologia do desenvolvimento (Parke, 2004). Algumas dessas teorias se concentram nas diferenças individuais, ao passo que outras tratam dos aspectos universais do desenvolvimento. Todas elas, em graus variados, tratam da maneira na qual fatores ambientais interagem com processos fisiológicos.

OBJETIVO DA APRENDIZAGEM 2.12
Como os geneticistas do comportamento explicam as diferenças individuais?

Genética do comportamento

A **genética do comportamento** estuda o efeito da hereditariedade nas diferenças individuais. Acredita-se que traços ou comportamentos são influenciados por genes quando os de pessoas aparentadas, tais como filhos e seus pais, são mais parecidos do que os de pessoas sem parentesco. Geneticistas do comportamento demonstram que a hereditariedade afeta uma ampla faixa de traços e comportamentos, incluindo inteligência, timidez e agressividade.

Além disso, as contribuições da hereditariedade para as diferenças individuais são evidentes durante todo o ciclo de vida. Por exemplo, pesquisadores holandeses têm estudado algumas variáveis em gêmeos idênticos e fraternos há várias décadas. No Capítulo 3 você vai aprender que gêmeos idênticos são especialmente importantes na pesquisa genética porque eles têm exatamente os mesmos genes. Além disso, é útil compará-los a gêmeos que não são idênticos porque esses indivíduos compartilham do mesmo ambiente, mas não têm os mesmos genes. Como mostra a Figura 2.3, os pesquisadores holandeses descobriram que os Q.I.s de gêmeos idênticos são mais fortemente correlacionados do que os de gêmeos fraternos (não idênticos), da segunda infância até a meia-idade. É interessante que essas descobertas indicam que o ambiente também afeta o Q.I., mas que seus efeitos podem ser transitórios. Essa conclusão é sugerida pelo fato de que os Q.I.s de gêmeos fraternos apresentam maior correlação na infância, quando eles vivem juntos, do que na idade adulta, quando não partilham do mesmo ambiente.

genética do comportamento estudo do papel da hereditariedade nas diferenças individuais.

Os geneticistas do comportamento também estudam como a constituição genética dos indivíduos influencia os ambientes em que eles estão se desenvolvendo, fenômeno que ocorre através de uma ou duas formas (Caspi e Moffitt, 2006). Primeiro, a criança herda seus genes dos pais, que também criam o ambiente em que ela está crescendo. Assim, a herança genética de uma criança pode predizer algo sobre seu ambiente. Por exemplo, pais que têm alto Q.I. não apenas tendem a repassar seus genes de "Q.I. bom" a seus filhos; eles também tendem a criar um ambiente mais rico e estimulante para seus filhos. De modo análogo, crianças que herdam uma tendência para a agressividade ou hostilidade de seus pais tendem a viver em um ambiente familiar altamente carregado de crítica e negativismo – pois essas são expressões das tendências genéticas dos próprios pais para a agressividade ou hostilidade (Reiss, 1998).

Segundo, o padrão único de qualidades herdadas que cada criança tem afeta o modo como ela se comporta com outras pessoas, o que por sua vez afeta o modo como adultos e outras crianças reagem a ela. Um bebê mal-humorado ou de temperamento difícil pode receber menos sorrisos e mais repreensões do que um bebê sereno, de temperamento estável; uma criança geneticamente mais inteligente pode demandar mais atenção pessoal, fazer mais perguntas ou querer brinquedos mais complexos do que uma criança menos inteligente (Saudino e Plomin, 1997). Além disso, as interpretações das crianças de suas experiências são

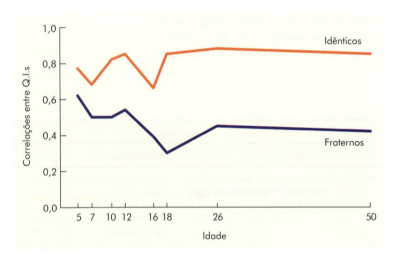

Figura 2.3 Q.I.s de gêmeos fraternos e idênticos.

Esta figura ilustra as descobertas combinadas de vários estudos transversais e longitudinais de gêmeos holandeses (Posthuma, de Geus e Boosma, 2003). Observe que na infância, quando gêmeos fraternos partilham do mesmo ambiente, seus Q.I.s têm correlação mais forte do que na idade adulta, quando eles presumivelmente não moram mais juntos. Em contraste, os Q.I.s de gêmeos idênticos têm correlação mais forte na idade adulta do que durante os anos de infância. Esse padrão sugere conclusões sobre a hereditariedade e o ambiente. Especificamente, ao menos em relação ao Q.I., a influência da hereditariedade parece aumentar com a idade, ao passo que a do ambiente diminui.

influenciadas por todas as suas tendências herdadas, incluindo não apenas inteligência, mas também temperamento ou patologia (Plomin, Reiss, Hetherington e Howe, 1994).

Etologia e sociobiologia

> **OBJETIVO DA APRENDIZAGEM 2.13**
> Que tipos de comportamento são do interesse de etologistas e sociobiólogos?

A relação entre os indivíduos e os ambientes em que eles se desenvolvem é a ênfase das *teorias ecológicas*, perspectivas que veem o desenvolvimento como consequência do grau no qual os genes ajudam ou atrapalham os esforços do indivíduo para se adaptar aos ambientes. Uma dessas teorias, denominada **etologia**, se concentra no estudo dos animais em ambientes naturais. Os etologistas enfatizam comportamentos de sobrevivência geneticamente determinados que presumivelmente se desenvolveram através de seleção natural. Por exemplo, ninhos são necessários para a sobrevivência de filhotes de aves. Assim, dizem os etologistas, a evolução equipou as aves com genes para construção de ninhos.

De modo semelhante, os filhotes de muitas espécies são vulneráveis a predadores, e assim seus genes os direcionam a criar um vínculo com um membro mais maduro da espécie muito precocemente na vida. Um desses vínculos resulta de um processo denominado *imprinting*, no qual os recém-nascidos de algumas espécies aprendem a reconhecer as características de um organismo protetor nas primeiras horas de vida. O etologista Konrad Lorenz (1903-1989) estudou extensamente o *imprinting* entre animais (Lorenz, 1935). Ele descobriu que filhotes de pato e de ganso, por exemplo, se apegam a qualquer objeto em movimento com o qual tenham contato durante o período crítico de *imprinting* (24 a 48 horas após a eclosão dos ovos). Na verdade, uma das imagens mais conhecidas no campo da etologia é a do próprio Lorenz sendo seguido por vários gansinhos que se apegaram a ele.

De modo análogo, os etologistas acreditam que as relações emocionais são necessárias para a sobrevivência de bebês humanos (Bowlby, 1969, 1980). Eles alegam que a evolução produziu genes que fazem as pessoas estabelecerem essas relações. Por exemplo, a maioria das pessoas se sente irritada quando ouve um recém-nascido chorar. Os etologistas dizem que o bebê é geneticamente programado para chorar de uma certa forma, e os adultos são geneticamente programados para se irritarem quando o ouvem. O cuidador responde às necessidades do bebê que chora a fim de remover o estímulo irritante do ruído. A interação entre cuidador e bebê cria um laço emocional entre eles. Assim, os genes para chorar de uma maneira irritante aumentam as chances de sobrevivência dos bebês.

etologia perspectiva sobre o desenvolvimento que enfatiza comportamentos de sobrevivência geneticamente determinados que, presumivelmente, se desenvolveram através de seleção natural.

sociobiologia estudo da sociedade através de métodos e conceitos da biologia; quando utilizada pelos desenvolvimentistas, uma abordagem que enfatiza genes que auxiliam a sobrevivência do grupo.

A **sociobiologia** é o estudo da sociedade utilizando métodos e conceitos da ciência biológica. Quando aplicada ao desenvolvimento humano, a sociobiologia enfatiza os genes que auxiliam a sobrevivência do grupo. Os sociobiólogos afirmam que os seres humanos têm melhores chances de sobrevivência quando vivem em grupos. Portanto, dizem eles, a evolução dotou os seres humanos com uma programação genética que nos ajuda a cooperar.

Para sustentar suas concepções, os sociobiólogos procuram regras e comportamentos que existam em todas as culturas. Por exemplo, toda sociedade tem leis contra homicídio. Os sociobiólogos acreditam que o homem é geneticamente programado para criar regras baseadas no respeito pela vida das outras pessoas. A evolução selecionou esses genes, afirmam eles, porque as pessoas precisam respeitar a vida uma das outras e serem capazes de cooperar.

Os críticos da etologia e sociobiologia afirmam que essas teorias subestimam o impacto do ambiente. Além disso, essas teorias são difíceis de testar. Por exemplo, como os pesquisadores poderiam testar a afirmação dos teóricos etológicos de que o apego bebê-cuidador é universal porque tem valor de sobrevivência? Finalmente, os críticos dizem que essas teorias ignoram o fato de que as sociedades inventam modos de promover quaisquer comportamentos que possam ser influenciados por programação genética universal. Por exemplo, como os sociobiólogos conjecturam, genes podem estar envolvidos na proibição universal do

Lorenz descobriu que depois que um bando de gansos recém-nascidos se apegava a ele, eles o seguiam onde quer que fosse.

homicídio, mas as sociedades inventam estratégias para preveni-lo. Além disso, essas estratégias diferem entre as sociedades e em sua efetividade.

> **OBJETIVO DA APRENDIZAGEM 2.14**
> Qual é a pricipal ideia da teoria bioecológica de Bronfenbrenner?

Teoria bioecológica de Bronfenbrenner

Outra abordagem que tem despertado interesse na ciência do desenvolvimento é a **teoria bioecológica** de Urie Bronfenbrenner, a qual explica o desenvolvimento em termos das relações entre as pessoas e seus ambientes, ou contextos, como Bronfenbrenner os chama (Bronfenbrenner, 1979, 1993). Bronfenbrenner (1917-2005) tenta classificar todas as variáveis individuais e contextuais que afetam o desenvolvimento e especificar como elas interagem.

Segundo Bronfenbrenner, os contextos do desenvolvimento são como círculos dentro de círculos (ver Figura 2.4). O círculo mais externo, o *macrossistema* (o contexto cultural), contém os valores e crenças da cultura na qual uma criança está crescendo. Por exemplo, as crenças de uma sociedade sobre a importância da educação existem no contexto cultural.

O nível seguinte, o *exossistema* (o contexto socioeconômico), inclui as instituições da cultura que afetam o desenvolvimento das crianças indiretamente. Por exemplo, o financiamento para educação existe no contexto socioeconômico. Os cidadãos de um determinado país podem acreditar fortemente que todas as crianças devem receber educação (contexto cultural), mas sua capacidade de prover educação universal pode ser limitada pela riqueza do país (contexto socioeconômico).

O *microssistema* (o contexto imediato) inclui aquelas variáveis às quais as pessoas são expostas diretamente, tais como suas famílias, escolas, instituições religiosas e bairros. O *mesossistema* é constituído pelas interconexões entre esses componentes. Por exemplo, a escola específica que uma criança frequenta e sua própria família são parte do microssistema. O envolvimento dos pais na escola dela e a resposta da escola a esse envolvimento fazem parte do mesossistema. Assim, a cultura na qual uma criança nasce pode valorizar muito uma educação de qualidade. Além disso, a economia de seu país pode oferecer amplo financiamento para o ensino escolar. Entretanto, sua educação pessoal pode ser mais significativamente afetada pela escola particular que ela frequenta e pelas conexões – ou ausência de conexões – entre a sua escola e a sua família. Portanto, o contexto imediato pode ser compatível com os contextos cultural e socioeconômico ou estar em desacordo com eles.

Finalmente, a composição genética e o estágio de desenvolvimento de uma criança – seu *contexto biológico* – também influenciam o desenvolvimento dela. Por exemplo, um aluno que não adquiriu a habilidade de ler provavelmente não vai se beneficiar de um programa de literatura enriquecido. Assim, a cultura de uma criança, sua situação socioeconômica, a escola que ela frequenta e sua própria família podem estar todas preparadas para oferecer uma educação de qualidade. Entretanto, sua capacidade de se beneficiar dela será determinada pelo quanto sua educação se ajusta a suas necessidades.

A teoria bioecológica de Bronfenbrenner oferece um modo de pensar sobre o desenvolvimento que dá conta da complexidade das variáveis individual e contextual. Até a presente data, sua maior contribuição para a ciência do desenvolvimento tem sido sua ênfase à necessidade de pesquisas que investiguem as interações entre essas variáveis (Thomas, 2000). Por exemplo, a teoria bioecológica ajudou os desen-

teoria bioecológica teoria de Bronfenbrenner que explica o desenvolvimento em termos de relações entre indivíduos e seus ambientes ou contextos interligados.

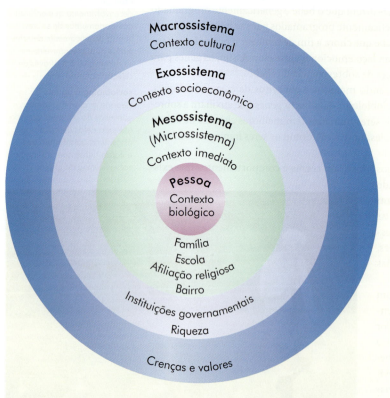

Figura 2.4 Contextos de desenvolvimento segundo Bronfenbrenner.

A teoria bioecológica de Bronfenbrenner propõe que as pessoas são expostas a contextos interligados que interagem de modos complexos para influenciar o desenvolvimento.

volvimentistas a compreender que os estudos sobre o cuidado de crianças não podem simplesmente comparar bebês cuidados em escolas de educação infantil com bebês cuidados em casa. Esses estudos precisam levar em conta as variáveis das famílias, como o nível de instrução dos pais, e as variáveis do cuidado das crianças, como a proporção de cuidadores para crianças. Desde a década de 1980, um número crescente de estudos desse tipo apareceram.

Comparação de teorias

Depois de aprender sobre as teorias, geralmente os estudantes querem saber qual delas está certa. Contudo, os desenvolvimentistas não pensam nas teorias em termos de certo ou errado; em vez disso, eles comparam as teorias com base em suas suposições e no quanto elas são úteis para promover a compreensão do desenvolvimento. Os desenvolvimentistas de hoje não aderem a uma única teoria mas adotam uma abordagem que explora as virtudes de cada uma das principais perspectivas teóricas.

Pressupostos sobre o desenvolvimento

> **OBJETIVO DA APRENDIZAGEM 2.15**
> Que suposições sobre o desenvolvimento são feitas pelas três famílias de teorias?

Quando dizemos que uma teoria pressupõe algo sobre o desenvolvimento, queremos dizer que ela sustenta que alguma perspectiva geral é verdadeira. Podemos pensar os pressupostos de uma teoria em termos de suas respostas a três questões sobre o desenvolvimento.

Uma questão se refere ao problema da *atividade ou passividade*: As pessoas exercem um papel ativo na determinação de seu desenvolvimento ou são receptores passivos de influências ambientais? As teorias que afirmam que as ações de uma pessoa sobre o ambiente são os determinantes mais importantes do desenvolvimento estão no lado ativo. As teorias cognitivas, por exemplo, normalmente veem o desenvolvimento dessa forma. Em contraste, as teorias do lado passivo, como as de Pavlov e Skinner, sustentam que o desenvolvimento resulta da ação do ambiente sobre o indivíduo.

Como aprendemos no Capítulo 1, a questão *natureza* versus *experiência* – como a natureza e a experiência interagem para produzir desenvolvimento? – é uma das mais importantes na ciência do desenvolvimento. Todas as teorias do desenvolvimento, ainda que admitam que tanto a natureza quanto a experiência estão envolvidas no desenvolvimento, fazem suposições sobre sua importância relativa. As teorias que afirmam que a biologia contribui mais para o desenvolvimento do que o ambiente estão no lado da natureza da questão. Aquelas que veem as influências ambientais como mais importantes estão no lado da experiência. Outras teorias presumem que natureza e experiência são igualmente importantes, e que é impossível dizer qual contribui mais para o desenvolvimento.

Podemos nos recordar do Capítulo 1, no qual a questão da *continuidade* versus *descontinuidade* – o desenvolvimento ocorre continuamente ou em estágios? – é motivo de debate entre os desenvolvimentistas. As teorias que não se referem a estágios afirmam que o desenvolvimento é um processo estável e contínuo. As teorias de estágios, entretanto, dão mais ênfase à mudança do que à estabilidade. Elas afirmam que o desenvolvimento ocorre em saltos de degraus mais baixos para mais altos.

A Tabela 2.7 na página 70 lista as suposições feitas por cada uma das três maiores famílias de teorias sobre essas questões. Como cada teoria se baseia em suposições diferentes, cada uma delas envolve uma abordagem diferente no estudo do desenvolvimento. Consequentemente, as pesquisas derivadas de cada teoria nos dizem algo diferente sobre o desenvolvimento. Além disso, as suposições de uma teoria determinam o modo como ela é aplicada na vida real. Por exemplo, um professor que aborda a educação de uma perspectiva cognitiva criaria uma sala de aula nas quais as crianças tenham alguma liberdade para experimentar sozinhas. Além disso, ele reconheceria que as crianças diferem quanto a suas habilidades, interesses, níveis de desenvolvimento e outras

Os etologistas afirmam que os primeiros dois anos de vida são um período imprescindível para a formação de laços entre bebês e cuidadores.

Tabela 2.7 Como as teorias respondem a três perguntas sobre desenvolvimento

Teorias	Ativo ou passivo?	Natureza ou experiência?	Continuidade ou descontinuidade?
Teorias psicanalíticas			
Teoria psicossexual	Passivo	Natureza	Descontinuidade
Teoria psicossocial	Passivo	Ambas	Descontinuidade
Teorias da aprendizagem			
Condicionamento clássico	Passivo	Experiência	Continuidade
Condicionamento operante	Passivo	Experiência	Continuidade
Teoria sociocognitiva	Ativo	Experiência	Continuidade
Teorias cognitivas			
Teoria cognitivo-desenvolvimentista	Ativo	Ambas	Descontinuidade
Teoria sociocultural	Ativo	Ambas	Descontinuidade
Teoria do processamento de informações	Ativo	Ambas	Ambas

características internas. Ele acreditaria que a estruturação do ambiente educacional é importante, mas presumiria que o que cada aluno aprende depende, em última análise, de suas próprias ações sobre o ambiente.

Alternativamente, um professor que adotasse a perspectiva da aprendizagem orientaria e reforçaria o aprendizado das crianças minuciosamente. Um professor desse tipo daria pouca importância às diferenças de habilidade entre as crianças. Em vez disso, ele tentaria alcançar as mesmas metas de instrução para todas as crianças através da correta manipulação do ambiente.

> **OBJETIVO DA APRENDIZAGEM 2.16**
> Com que critérios os desenvolvimentistas comparam a utilidade das teorias?

Utilidade

Os desenvolvimentistas também comparam as teorias com respeito a sua utilidade. Você não deve se esquecer de que existe considerável discórdia entre os desenvolvimentistas sobre o valor de cada teoria. Contudo, existem alguns critérios gerais que a maioria dos psicólogos utiliza para avaliar a utilidade de uma teoria.

Uma forma de avaliar a utilidade é medir a capacidade das teorias de fazer previsões que possam ser testadas utilizando métodos científicos. Por exemplo, como vimos, uma crítica à teoria de Freud é que suas afirmações são difíceis de testar. Em contraste, quando Piaget afirmava que a maioria das crianças é capaz de resolver problemas operacionais concretos aos 7 anos, ele fez uma asserção que pode ser facilmente testada. Assim, a teoria de Piaget é vista por muitos desenvolvimentistas como mais útil nesse sentido do que a de Freud. Vygotsky, os teóricos da aprendizagem e os teóricos do processamento de informações também propuseram ideias testáveis. Em contraste, segundo alguns psicólogos do desenvolvimento, as atuais teorias biológicas e ecológicas são fracas porque difíceis de testar (Thomas, 2000).

Um outro critério pelo qual podemos julgar a utilidade de uma teoria é seu valor *heurístico* – o grau em que ela estimula o pensamento e a pesquisa. Em termos de valor heurístico, as teorias de Freud e Piaget obtêm notas igualmente altas. Ambas são responsáveis por imensa quantidade de teorização e pesquisas sobre o desenvolvimento humano, muitas vezes realizadas por psicólogos que discordam fortemente delas. Na verdade, todas as teorias citadas neste capítulo são heuristicamente importantes.

Ainda uma outra forma de avaliar a utilidade de uma teoria é em termos de seu valor prático. Em outras palavras, uma teoria pode ser considerada útil caso ofereça soluções para problemas. Com base nesse critério, as teorias da aprendizagem e processamento de informações parecem se destacar porque oferecem ferramentas que podem ser utilizadas para influenciar o comportamento. Uma pessoa que sofre de crises de ansiedade, por exemplo, pode aprender a usar o *biofeedback*, técnica derivada das teorias de condicionamento, para lidar com a ansiedade. De modo semelhante, um estudante que precisa aprender a estudar com mais eficácia pode obter ajuda nos cursos de métodos de estudo baseados na pesquisa sobre processamento de informações.

Em última análise, evidentemente, por mais que uma teoria produza hipóteses testáveis ou técnicas práticas, ela terá pouca ou nenhuma utilidade para os desenvolvimentistas se não explicar os fatos básicos do desenvolvimento. Baseado nesse critério, as teorias da aprendizagem, especialmente o condicionamento clássico e operante, são consideradas por muitos desenvolvimentistas ligeiramente menos úteis do que outras perspectivas (Thomas, 2000). Embora elas expliquem como comportamentos específicos podem ser aprendidos, elas não podem explicar a complexidade do desenvolvimento humano, o qual não pode ser reduzido a vínculos entre estímulos e respostas ou entre comportamentos e reforçadores.

Como veremos, o propósito de comparar teorias não é concluir qual delas é verdadeira. Em vez disso, essas comparações ajudam a revelar a contribuição única que cada uma delas pode dar para uma compreensão abrangente do desenvolvimento humano.

Ecletismo

> **OBJETIVO DA APRENDIZAGEM 2.17**
> O que é ecletismo?

Os cientistas do desenvolvimento da atualidade tentam evitar o tipo de adesão rígida a uma única perspectiva teórica que era característica de teóricos como Freud, Piaget e Skinner. Em vez disso, eles enfatizam o **ecletismo**, o uso de múltiplas perspectivas teóricas para explicar e estudar o desenvolvimento humano (Parke, 2004).

Para melhor compreender a abordagem eclética, pense sobre como as ideias extraídas de diversas fontes poderiam nos ajudar a entender melhor o comportamento desordeiro na escola. Observações do comportamento da criança e das reações de seus colegas poderiam sugerir que seu comportamento está sendo recompensado pelas respostas das outras crianças (uma explicação comportamental). Uma sondagem mais profunda da situação da família pode indicar que seu comportamento de atuação é uma reação emocional a um evento na família, como o divórcio (uma explicação psicanalítica).

A natureza interdisciplinar da ciência desenvolvimentista na atualidade também contribui para o ecletismo. Por exemplo, um antropólogo pode sugerir que o ritmo alucinado dos meios de comunicação presentes em quase todos os lares de hoje (p. ex., televisões, computadores) exige que as crianças desenvolvam estratégias de atenção que diferem das que são apropriadas para ambientes de sala de aula. Consequentemente, as crianças da atualidade apresentam mais comportamentos desordeiros na escola do que as crianças das gerações anteriores devido à divergência entre os tipos de transmissão de informação com os quais estão acostumadas em casa e os que encontram na escola.

Adotando uma abordagem eclética, os desenvolvimentistas podem criar teorias mais abrangentes das quais derivar questões e hipóteses para pesquisas adicionais. Em outras palavras, suas teorias e estudos podem corresponder melhor ao comportamento de pessoas reais em situações reais.

ecletismo uso de múltiplas perspectivas teóricas para explicar e estudar o desenvolvimento humano.

Preparação para Testes

Teorias psicanalíticas

2.1 Quais são as principais ideias da teoria de Freud? (p. 52-53)

Freud enfatizou que o comportamento é regido tanto por motivos conscientes quanto inconscientes, e que a personalidade se desenvolve em etapas: o id está presente no nascimento, ao passo que o ego e o superego se desenvolvem na infância. Freud propôs estágios psicossexuais, os quais salientam o papel formativo das experiências iniciais.

1. Imagine que você está pensando em pôr uma bola de sorvete por cima de uma fatia de torta que você está prestes a comer. Quais das afirmativas abaixo seria feita por seu id, por seu ego e por seu superego?

   _____ (1) "Sorvete? Você deve estar brincando comigo. Já é ruim o suficiente que você esteja comendo torta. Se a gordura, o açúcar e o colesterol nessa sobremesa não te matarem, com certeza vão te deixar doente. Talvez você devesse comer mais uma porção de salada em vez disso."

   _____ (2) "Nossa, será que uma fatia vai ser suficiente? Certifique-se de que haja o bastante para repetir antes de começar a comer. Se não houver, vá antes comprar mais para depois realmente se divertir."

   _____ (3) "Eis uma sugestão. Coma apenas metade da torta. Isso vai ajudar a compensar as calorias extras no sorvete. Você pode pular a sobremesa amanhã de noite e malhar meia hora mais."

2. Resuma os cinco estágios psicossexuais de Freud completando a seguinte tabela.

Nome do estágio	Idade	Foco da libido	Tarefa de desenvolvimento	Características da fixação na idade adulta
Oral				
Anal				
Fálico				
Latência				
Genital				

2.2 Qual é o conflito associado a cada um dos estágios psicossociais de Erikson? (p. 54-55)

Erikson propôs que a personalidade se desenvolve em oito estágios psicossociais durante o ciclo de vida: confiança *versus* desconfiança, autonomia *versus* vergonha e dúvida, iniciativa *versus* culpa, produtividade *versus* inferioridade, identidade *versus* confusão de papéis, intimidade *versus* isolamento, generatividade *versus* estagnação, e integridade do ego *versus* desesperança.

3. Resuma cada um dos oito estágios psicossociais de Erikson completando a seguinte tabela.

Nome do estágio	Idade	Características positivas obtidas e atividades típicas	Conflito associado ao estágio
confiança *versus* desconfiança			
autonomia *versus* vergonha e dúvida			
iniciativa *versus* culpa			
produtividade *versus* inferioridade			
identidade *versus* confusão de papéis			
intimidade *versus* isolamento			
generatividade *versus* estagnação			
integridade do ego *versus* desesperança			

2.3 Quais são as virtudes e limitações das teorias psicanalíticas? (p. 55-56)

As teorias psicanalíticas enfatizam a importância dos primeiros relacionamentos das crianças e a natureza sempre mutante de suas necessidades. Os conceitos psicanalíticos, como inconsciente e identidade, contribuíram para a compreensão psicológica do desenvolvimento. Contudo, essas teorias propõem muitas ideias que são difíceis de testar.

4. Por que os principais conceitos da teoria psicanalítica são difíceis de testar?

_____
_____

Teorias da aprendizagem

2.4 Como Watson condicionou o Pequeno Albert a temer objetos brancos e peludos? (p. 56-57)

O condicionamento clássico – aprender através da associação de estímulos – ajuda a explicar a aquisição de respostas emocionais. Utilizando esses princípios, Watson associou um rato branco a ruídos altos para condicionar um medo de ratos brancos no Pequeno Albert, que generalizou esse medo a outros objetos brancos e peludos.

5. Através de que processo os odores dos alimentos se tornam estímulos condicionados que fazem o corpo responder da mesma forma que o faz com os alimentos com os quais eles estão associados?

_____
_____

6. Acesse o conteúdo online do livro, estude o *Classical Conditioning of Little Albert* e responda à seguinte pergunta:

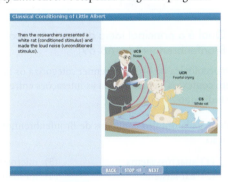

Quais eram o estímulo não condicionado, resposta não condicionada, estímulo condicionado e resposta condicionada na experiência de Watson com o Pequeno Albert?

_____
_____

2.5 Como ocorre o condicionamento operante? (p. 58-59)

O condicionamento operante envolve aprender a repetir ou parar comportamentos devido a suas consequências. Entretanto, as consequências muitas vezes afetam o comportamento de formas complexas na vida real.

7. Uma mãe quer que sua filha limpe o quarto. Escreva o termo de condicionamento operante que corresponde à ação: reforço positivo, reforço negativo ou punição.

_____ (1) Se ela limpar o quarto, ela não precisa lavar a louça.
_____ (2) Se ela limpar o quarto, ela pode ir ao cinema.
_____ (3) Se ela não limpar o quarto, ela não pode ver televisão.

8. Como um pai poderia utilizar extinção para que o filho pare de choramingar?

_____
_____

2.6 Em que aspectos a teoria sociocognitiva difere das outras teorias da aprendizagem? (p. 59-60)

A teoria sociocognitiva de Bandura dá mais ênfase aos elementos mentais do que outras teorias da aprendizagem e presume um papel mais ativo para o indivíduo.

9. Que fatores influenciam o grau em que uma criança adquire um comportamento observando um modelo?

_____
_____

2.7 Em que medida as teorias da aprendizagem explicam o desenvolvimento? (p. 60-61)

As teorias da aprendizagem oferecem explicações úteis de como os comportamentos são adquiridos, mas não oferecem um quadro realmente abrangente das mudanças relacionadas à idade no desenvolvimento humano.

10. Por que muitos desenvolvimentistas alegam que as teorias da aprendizagem não explicam o desenvolvimento muito bem?

_____
_____

Teorias cognitivas

2.8 Como o desenvolvimento cognitivo progride, segundo Piaget? (p. 61-63)

Piaget se concentrou no desenvolvimento do pensamento lógico. Ele constatou que esse tipo de pensamento se desenvolve em quatro estágios: sensório-motor, pré-operatório, operatório-concreto e operatório-formal. Ele propôs que o movimento de um estágio para o outro é o resultado de mudanças nas estruturas mentais denominadas esquemas.

11. Descreva os estágios cognitivo-desenvolvimentistas de Piaget listados na tabela a seguir:

Estágios	Idades médias	Descrição
Sensório-motor		
Pré-operatório		
Operatório-concreto		
Operatório-formal		

2.9 Como Vygotsky utilizou os conceitos de andaime e de zona de desenvolvimento proximal para explicar o desenvolvimento cognitivo? (p. 63-64)

Vygotsky afirmava que o desenvolvimento cognitivo era produto das interações sociais. De particular valor são as interações entre crianças e pessoas mais velhas nas quais estas oferecem às crianças andaimes, ou experiências de aprendizagem estruturadas, que as ajudam a atingir metas cognitivas. Um andaime apropriado é adaptado para a zona de desenvolvimento proximal da criança. Através desse processo, as crianças avançam para níveis de desenvolvimento cognitivo mais altos.

12. Vygotsky propôs que formas complexas de pensamento se desenvolvem como resultado das _____ da criança.

2.10 Como a teoria do processamento de informações explica as descobertas de psicólogos do desenvolvimento como Piaget? (p. 64)

A teoria do processamento de informações procura explicar como a mente manipula informações usando processos intelectuais como memória e resolução de problemas. A teoria sugere que existem diferenças de idade e individuais na eficiência com que os seres humanos utilizam os sistemas de processamento de informações.

13. Combine cada componente do sistema de processamento de informações com sua descrição.

   _____ (1) memória sensorial
   _____ (2) memória de curto prazo
   _____ (3) memória de longo prazo

   (A) todas as informações são processadas aqui
   (B) as informações são permanentemente armazenadas aqui
   (C) os sentidos reconhecem a informação aqui

2.11 Cite algumas das importantes contribuições e críticas das teorias cognitivas. (p. 64-65)

As teorias cognitivas salientam a complexidade do pensamento lógico. A pesquisa confirma a sequência do desenvolvimento de habilidades descrita pela teoria cognitivo-comportamental de Piaget, mas sugere que o momento de ocorrência e a generalidade dos estágios de Piaget são questionáveis; crianças pequenas são mais capazes de pensamento lógico do que Piaget acreditava. Ideias baseadas na teoria sociocultural foram adotadas por muitos educadores. A teoria do processamento de informações foi importante para explicar como a mente maneja as informações, mas foi criticada pela estreiteza de seu escopo. Em geral, as teorias cognitivas ignoram o papel da emoção no desenvolvimento.

14. Combine cada teoria cognitiva com sua definição:

   _____ (1) teoria cognitivo-desenvolvimentista
   _____ (2) teoria sociocultural
   _____ (3) teoria do processamento de informações

   (A) visão de Vygotsky de que formas complexas de pensamento têm origem nas interações sociais mais do que nas explorações privativas de um indivíduo
   (B) teoria que propõe quatro estágios de desenvolvimento cognitivo
   (C) perspectiva teórica que explica como a mente gerencia as informações

Teorias biológicas e ecológicas

2.12 Como os geneticistas do comportamento explicam as diferenças individuais? (p. 66-67)

Os geneticistas do comportamento estudam as influências da hereditariedade sobre as diferenças individuais e o modo como os genes influenciam seus ambientes.

2.13 Que tipos de comportamentos são do interesse de etologistas e sociobiólogos? (p. 67-68)

Os etologistas estudam traços e comportamentos geneticamente determinados que ajudam os animais a se adaptarem a seus ambientes. Os sociobiólogos enfatizam a base genética dos comportamentos que promovem o desenvolvimento e a manutenção das organizações sociais tanto nos animais quanto no homem.

15. Como os etologistas explicam a função do chorar de um recém-nascido?
    _____
    _____

16. Como os sociobiólogos explicam o fato de que todas as sociedades proíbem o homicídio?
    _____
    _____

2.14 Qual é a principal ideia da teoria bioecológica de Bronfenbrenner? (p. 68-69)

A teoria bioecológica de Bronfenbrenner categoriza os fatores ambientais em contextos e então estuda as interações entre esses contextos e o indivíduo.

17. Combine cada um dos contextos de Bronfenbrenner com sua definição.

   _____ (1) macrossistema   _____ (3) microssistema
   _____ (2) exossistema   _____ (4) mesossistema

   (A) interconexões entre o microssistema e o exossistema
   (B) valores e crenças da cultura
   (C) instituições que afetam o desenvolvimento indiretamente
   (D) variáveis e instituições que afetam o desenvolvimento diretamente

Comparação de teorias

2.15 Que suposições sobre o desenvolvimento são feitas pelas três famílias de teorias? (p. 69-70)

As teorias variam quanto a sua forma de responder a três perguntas básicas: Os indivíduos têm um papel ativo ou passivo em seu desenvolvimento? Como a natureza e a experiência interagem para produzir desenvolvimento? O desenvolvimento ocorre de maneira contínua ou em estágios?

18. Categorize cada teoria abaixo de acordo com suas suposições em relação às três questões básicas sobre o desenvolvimento humano.

Teorias	Ativo/ passivo	Natureza/ experiência	Continuidade/ descontinuidade
Psicossexual			
Psicossocial			
Condicionamento Clássico			
Condicionamento Operante			
Sociocognitiva			
Cognitivo-desenvolvimentista			
Sociocultural			
Processamento de Informações			

2.16 Com que critérios os desenvolvimentistas comparam a utilidade das teorias? (p. 70-71)

Teorias úteis permitem que os psicólogos lancem hipóteses para testar sua validade, são heuristicamente valiosas, fornecem soluções práticas para os problemas e explicam os fatos do desenvolvimento.

19. Explique como cada um dos seguintes critérios influenciam a utilidade de uma teoria.

　(A) Testabilidade

　(B) Valor heurístico

　(C) Valor prático

　(D) Explicação dos fatos básicos do desenvolvimento

2.17 O que é ecletismo? (p. 71)

Os desenvolvimentistas que assumem uma abordagem eclética empregam teorias derivadas de todas as grandes famílias, assim como as de muitas disciplinas, para explicar e estudar o desenvolvimento humano.

20. Marque cada afirmativa como verdadeira ou falsa em relação ao ecletismo.

　_____ (1) Um método para determinar qual teoria é verdadeira.
　_____ (2) Influenciado pela natureza interdisciplinar da ciência do desenvolvimento contemporânea.
　_____ (3) Contribui para explicações abrangentes do desenvolvimento.
　_____ (4) Uma estratégia para eliminar teorias que são falsas.
　_____ (5) O uso de múltiplas perspectivas teóricas para explicar o desenvolvimento.

As respostas para as perguntas deste capítulo encontram-se na página 513. Para uma lista de palavras-chave, consulte a página 536.

---

* As animações (em inglês) estão disponíveis no site www.grupoaeditoras.com.br.

3
Desenvolvimento Pré-Natal e Nascimento

A história do desenvolvimento humano começa com a união de dois grupos de genes. Logo depois, inicia-se uma dança em que natureza e experiência são parceiras, a qual molda as primeiras 40 semanas do desenvolvimento humano. No contexto dessa dança, uma única célula se transforma em um recém-nascido choroso, mas curioso, que faz sua estreia no mundo externo.

Até pouco tempo atrás, era impossível observar grande parte dessa dança. Contudo, com o rápido desenvolvimento de técnicas que permitem aos cientistas observar os primeiros momentos do desenvolvimento tanto no laboratório quanto no interior do corpo da mãe, os pesquisadores estão fazendo descobertas sobre os processos do desenvolvimento pré-natal que estavam envoltos em mistério até apenas algumas décadas atrás. Ao estudar este capítulo, você vai se familiarizar com algumas dessas descobertas e, esperamos, obter uma melhor apreciação do incrível processo de desenvolvimento pré-natal.

Neste capítulo, você vai aprender sobre concepção, o desenvolvimento pré-natal e o nascimento. Primeiro, você vai ler sobre o processo de concepção e as regras que regem a transmissão de traços genéticos do genitor para o filho. Apresentamos, então, uma discussão dos distúrbios genéticos e cromossômicos, seguida por uma discussão dos marcos da gestação e do desenvolvimento pré-natal. Depois, fazemos um apanhado geral dos efeitos negativos de drogas, doenças e outros fatores no desenvolvimento pré-natal. Por fim, você vai aprender sobre o próprio processo de nascimento.

Concepção e genética

O primeiro passo no desenvolvimento de um ser humano individual acontece na concepção, quando cada um de nós recebe uma combinação de genes que vai moldar nossas experiências pelo resto de nossas vidas.

OBJETIVOS DA APRENDIZAGEM

Concepção e genética
- 3.1 Quais são as características do zigoto?
- 3.2 De que forma os genes influenciam o desenvolvimento?

Doenças genéticas e cromossômicas
- 3.3 Quais são os efeitos das principais doenças recessivas, dominantes e vinculadas ao sexo?
- 3.4 Como as trissomias e outros distúrbios dos autossomos e cromossomos sexuais afetam o desenvolvimento?

Gravidez e desenvolvimento pré-natal
- 3.5 Quais são as características de cada trimestre de gestação?
- 3.6 O que acontece em cada estágio do desenvolvimento pré-natal?
- 3.7 Como fetos masculinos e femininos diferem?
- 3.8 Que comportamentos os cientistas observaram nos fetos?

Problemas no desenvolvimento pré-natal
- 3.9 Como os teratógenos afetam o desenvolvimento pré-natal?
- 3.10 Quais são os possíveis efeitos adversos do tabaco, do álcool e de outras substâncias no desenvolvimento pré-natal?
- 3.11 Quais são os riscos associados às doenças teratogênicas maternas?
- 3.12 Que outros fatores maternos influenciam o desenvolvimento pré-natal?
- 3.13 Como os médicos avaliam e manejam a saúde fetal?

Nascimento e o neonato
- 3.14 Que tipos de opções de parto estão disponíveis para pais prospectivos?
- 3.15 O que acontece em cada um dos três estágios do nascimento?
- 3.16 O que os médicos aprendem sobre um neonato com as escalas de Apgar e de Brazelton?
- 3.17 Quais bebês são considerados de baixo peso natal e que riscos estão associados a essa classificação?

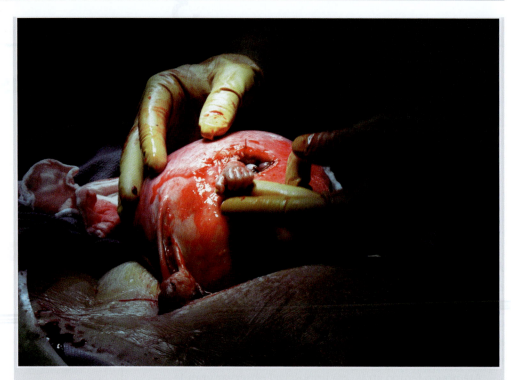

Um fotógrafo bateu essa incrível foto que mostra a pequenina mão de um feto de 21 semanas agarrando o dedo do cirurgião que acaba de concluir uma operação para corrigir uma grave malformação em sua espinha. As novas tecnologias não apenas nos permitiram desenvolver estratégias de tratamento pré-natal para corrigir defeitos congênitos, como também revelaram muitas características do desenvolvimento pré-natal que eram inimagináveis apenas algumas décadas atrás.

OBJETIVO DA APRENDIZAGEM 3.1
Quais são as características do zigoto?

O processo de concepção

Normalmente, uma mulher produz um *óvulo* (célula-ovo) por mês de um de seus dois ovários, aproximadamente no ponto intermediário entre uma menstruação e outra. Se o óvulo não estiver fertilizado, ele sai do ovário e percorre a *tuba uterina* até o *útero*, onde gradualmente se desintegra e é expelido junto com o fluxo menstrual. Entretanto, se um casal tem alguma relação sexual durante os poucos dias em que o óvulo está na tuba uterina, um dos milhões de espermatozoides ejaculados como parte de cada orgasmo masculino pode completar o percurso entre a vagina, a cerviz, o útero e a tuba uterina e penetrar na parede do óvulo.

Cromossomos, DNA e Genes Como talvez você já saiba, todas as células no corpo humano contêm 23 pares de **cromossomos**, ou sequências de material genético. Entretanto, os espermatozoides e óvulos, coletivamente chamados de **gametas**, contêm 23 cromossomos únicos (não organizados em pares). Na concepção, os cromossomos do óvulo e do espermatozoide se combinam para formar 23 pares em uma célula totalmente nova chamada **zigoto**.

Os cromossomos são compostos de moléculas de **ácido desoxirribonucleico (DNA)**. Cada cromossomo pode ser subdividido em segmentos chamados **genes**, cada um dos quais influenciando uma determinada característica ou padrão de desenvolvimento. Um gene que controla alguma característica específica aparece no mesmo lugar (o *lócus*) no mesmo cromossomo em todos os indivíduos de uma mesma espécie. Por exemplo, o lócus dos genes que determinam se o sangue de uma pessoa é do tipo A, B, AB ou O está no cromossomo 9.

Determinação do sexo Vinte e dois pares de cromossomos, chamados *autossomos*, contêm a maior parte das informações genéticas de um novo indivíduo. O décimo terceiro par, os *cromossomos sexuais*, determina o sexo. Um de dois cromossomas sexuais, o *cromossomo X*, é um dos maiores cromossomos do organismo e contém um grande número de genes. O outro, o *cromossomo Y*, é bem pequeno e contém apenas alguns genes. Os zigotos que contêm dois cromossomos XX geram mulheres, e

cromossomos sequências de material genético no núcleo das células.

gametas células que se unem na concepção (óvulos nas mulheres; espermatozoides nos homens).

zigoto célula única criada quando espermatozoide e óvulo se unem.

ácido desoxirribonucleico (DNA) material químico que constitui os cromossomos e os genes.

genes unidades de material genético que controlam ou influenciam traços.

os que contêm um cromossomo X e um cromossomo Y geram homens. Uma vez que as células do corpo das mulheres contêm apenas cromossomos X, todos os seus óvulos contêm cromossomos X. A metade dos espermatozoides de um homem contém cromossomos X, e a outra metade, cromossomos Y. Consequentemente, o sexo de um novo indivíduo é determinado pelo cromossomo sexual presente no espermatozoide.

De que forma diferenças cromossômicas se tornam diferenças físicas entre homens e mulheres? Às vezes durante as quatro a oito semanas após a concepção, o *gene SRY* no cromossomo Y avisa o corpo do embrião masculino para começar a segregar hormônios chamados *andrógenos*. Esses hormônios provocam o desenvolvimento de genitais masculinos. Caso os andrógenos não estejam presentes, ocorre o desenvolvimento de genitais femininos qualquer que seja a composição cromossômica do embrião. De forma semelhante, embriões femininos que são expostos a andrógenos, seja por meio de medicações que a mãe esteja tomando ou por causa de um distúrbio genético chamado *hiperplasia congênita da suprarrenal*, podem desenvolver genitais externos de aparência masculina. O desenvolvimento das **gônadas** – testículos nos homens e ovários nas mulheres – também depende da presença ou ausência de andrógenos. Os andrógenos pré-natais também influenciam o desenvolvimento do cérebro e podem desempenhar um papel importante no desenvolvimento de diferenças sexuais no funcionamento cognitivo e no desenvolvimento da orientação sexual (Lippa, 2005). Exploraremos esses tópicos mais detalhadamente em capítulos posteriores.

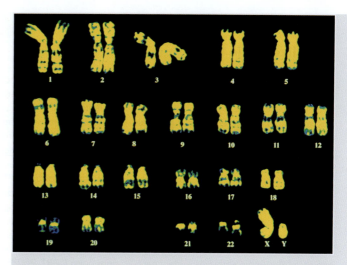

Cada célula no corpo humano possui 23 pares de cromossomos em seu núcleo. Os 23 cromossomos de um gameta feminino, ou ovo, se combinam com os 23 cromossomos do gameta masculino, ou espermatozoide, para criar um conjunto de 23 pares de cromossomos que contém todas as instruções necessárias para orientar o desenvolvimento de um ser humano a partir da concepção que vão influenciá-lo por toda a vida.

gônadas glândulas sexuais (ovários nas mulheres e testículos nos homens).

Nascimentos múltiplos Na maioria das vezes, os bebês humanos são concebidos e nascem um de cada vez. Entretanto, em cerca de 4 de cada 100 nascimentos, ocorre o nascimento de mais de um bebê, geralmente gêmeos. Dois terços dos gêmeos são *gêmeos fraternos*, ou gêmeos provenientes de dois pares de óvulo e espermatozoide. Esses gêmeos, também chamados de *gêmeos dizigóticos* (o que significa que eles se originam de dois zigotos), não são geneticamente mais semelhantes do que qualquer outro par de irmãos, e podem até nem ser do mesmo sexo.

O terço restante são *gêmeos idênticos* (*monozigóticos*, ou oriundos de um zigoto). Gêmeos idênticos resultam quando um único zigoto, por motivos desconhecidos, divide-se em duas partes, cada uma das quais formando um indivíduo separado. Por se desenvolverem a partir do mesmo zigoto, os gêmeos idênticos têm genes idênticos. A pesquisa que envolve gêmeos idênticos é uma das mais importantes estratégias investigativas no campo da genética do comportamento.

Durante os últimos 30 anos, o número anual de nascimentos múltiplos aumentou cerca de 66% nos Estados Unidos (National Center for Health Statistics [NCHS], 2005; Martin et al., 2005). Um motivo para esse aumento é que cresceu o número de mulheres que engravidam pela primeira vez após os 35 anos. Dois fatores são subjacentes à associação entre nascimentos múltiplos e idade materna (Reynolds, Schieve, Martin, Jeng e Macaluso, 2003). Primeiro, por motivos ainda incompreendidos, após os 35 anos as mulheres têm muito mais chances de gerar naturalmente gêmeos e outros múltiplos. Segundo, mulheres com mais de 35 anos têm

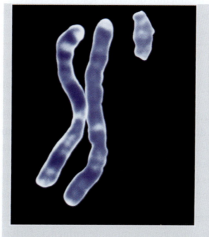 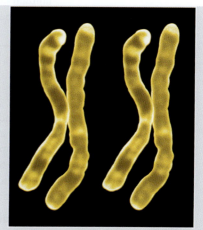

O cromossomo X é muito grande e possui milhares de genes. Em contraste, o cromossomo Y é muito pequeno e possui poucas informações genéticas. A divergência entre o material genético nos cromossomos X e Y condiciona os homens a serem mais vulneráveis a alguns distúrbios genéticos do que as mulheres. Isso porque se uma mulher tem um gene prejudicial em seu cromossomo X, é provável que ele seja equilibrado por um gene correspondente em seu outro cromossomo X que bloqueia ou minimiza os efeitos do gene prejudicial. (Esquerda: masculino; direita: feminino.)

CIÊNCIA DO DESENVOLVIMENTO EM CASA

Fertilização *in vitro*

Casados, Sven e Ilse têm 40 e poucos anos e esperam ter filhos. Embora ambos pareçam ser saudáveis e capazes de conceber um filho, suas tentativas de engravidar por mais de três anos não tiveram resultado. Depois de consultarem com seus médicos, eles estão pensando em fazer uma *fertilização in vitro (FIV)*, ou seja, usar o método do "bebê de proveta". (*In vitro* significa "em vidro" em latim.) Caso optem por tentar uma FIV, os óvulos serão extraídos dos ovários de Ilse e combinados com o espermatozoide de Sven em uma placa de Petri. Caso a concepção ocorra, um ou mais embriões – idealmente no estágio de desenvolvimento de seis a oito células – será transferido para o útero de Ilse. Sven e Ilse receiam que o procedimento não resulte no nascimento de um filho. Assim, eles estão reunindo as informações de que necessitam para decidir se estão prontos para fazer o investimento financeiro e emocional que será necessário caso decidam executar o procedimento da FIV.

Sem dúvida, o risco de um aborto é muito maior na FIV do que na concepção natural. Além disso, quanto mais velha a mulher, menor a probabilidade de que ela será capaz de ter uma gravidez por FIV bem-sucedida. Aproximadamente 43% das pacientes de FIV com menos de 35 anos conseguem um nascimento vivo, mas apenas de 5 a 14% dos procedimentos de FIV envolvendo mulheres de mais de 40 anos, como Ilse, são bem-sucedidos (Society for Assisted Reproductive Technology [SART], 2008a). Porém, é importante observar que essas estatísticas são agrupadas; cada clínica de reprodução mantém um registro de suas próprias taxas de êxito, as quais podem variar consideravelmente de uma instituição para outra (SART, 2008b). Além disso, as taxas de êxito melhoraram bastante durante os últimos 20 anos.

Contudo, a FIV bem-sucedida envolve outros riscos. Nascimentos múltiplos são mais frequentes entre gestantes submetidas a FIV, basicamente porque os médicos costumam transportar vários zigotos ao mesmo tempo a fim de aumentar a probabilidade de pelo menos um nascimento vivo (SART, 2004). Consequentemente, de 13 a 33% das pacientes submetidas à FIV dão à luz gêmeos, e de 2 a 5% geram trigêmeos (SART, 2008a). Gestações múltiplas estão associadas a nascimentos prematuros, baixo peso natal e defeitos congênitos, assim a ligação entre FIV e o desenvolvimento de múltiplos zigotos complica o processo de determinar a verdadeira taxa de êxito do procedimento. Constatou-se também que, mesmo quando apenas um embrião é transferido, a FIV ainda está associada a uma taxa mais alta de nascimentos múltiplos do que a concepção natural. Por razões ainda desconhecidas, zigotos implantados concebidos por FIV são mais propensos a se dividir espontaneamente em dois embriões do que zigotos concebidos naturalmente (Blickstine, Jones e Keith, 2003). Essa descoberta sugere que casais como Sven e Ilse devem considerar a possibilidade de nascimentos múltiplos ao pesarem os prós e os contras associados à FIV.

Questões para reflexão

1. Se você fosse Sven ou Ilse, você se submeteria à FIV? Que fatores influenciariam sua decisão?
2. Qual é sua opinião sobre a prática de implantar múltiplos embriões concebidos por FIV para aumentar suas chances de um nascimento vivo?

---

maior probabilidade do que mulheres mais jovens de ter dificuldade para engravidar e, assim, têm mais chances de serem tratadas com substâncias de estímulo à gravidez e utilizar técnicas de reprodução assistida (ver *Ciência do desenvolvimento em casa* nesta página). Mulheres de todas as idades que utilizam medicamentos de fertilização e/ou empregam técnicas de reprodução assistida para engravidar são mais propensas a gerar múltiplos do que mulheres que engravidam naturalmente.

OBJETIVO DA APRENDIZAGEM 3.2
De que forma os genes influenciam o desenvolvimento?

Como os genes influenciam o desenvolvimento

Na concepção, os genes do pai presentes no espermatozoide e os da mãe presentes no óvulo se combinam para criar um plano genético único – o **genótipo** – que caracteriza o novo indivíduo. O **fenótipo** é a totalidade de características reais do indivíduo. Uma forma de não esquecer a distinção é que o fenótipo pode ser identificado observando-se diretamente o indivíduo. Por exemplo, é fácil ver que uma mulher tem olhos castanhos, o que faz parte de seu fenótipo. Contudo, não é tão fácil determinar o genótipo dela. Em muitos casos, você precisa saber a cor dos olhos dos pais e filhos dela para descobrir se ela é portadora dos genes para olhos de outra cor, pois as leis que regem o modo como os genótipos influenciam os fenótipos são complexas.

Genes dominantes e recessivos A lei genética mais simples é o **padrão dominante-recessivo**, no qual um único gene dominante influencia fortemente o fenótipo. A Tabela 3.1 lista vários traços fenotípicos normais e indica se eles são oriundos de genes dominantes, recessivos ou de muitos genes. As pessoas cujos cromossomos possuem dois genes dominantes ou recessivos são chamadas de *homozigóticas*. Aquelas com um gene dominante e outro recessivo são chamadas de *heterozigóticas*.

Se uma criança recebe um único gene dominante para um traço de um de seus genitores, o fenótipo daquela criança vai incluir o traço determinado por aquele gene. Em contraste, o fenótipo de uma criança vai incluir um traço recessivo somente se ela herdar um gene recessivo de ambos os genitores.

genótipo plano genético único de cada indivíduo.

fenótipo conjunto particular de características observáveis de um indivíduo.

padrão dominante-recessivo padrão de herança em que um único gene dominante influencia o fenótipo de uma pessoa, mas dois genes recessivos são necessários para produzir um traço associado.

Por exemplo, os geneticistas constataram que a ondulação do cabelo é controlada por um único par de genes (ver Figura 3.1). O gene para cabelo ondulado é dominante; portanto, se um homem tem cabelos ondulados, seu genótipo inclui ao menos um gene para cabelo ondulado e metade de seus espermatozoides são portadores desse gene. Inversamente, o cabelo liso é recessivo, e assim o genótipo de um homem que tem cabelo liso deve incluir dois genes para cabelo liso para que o seu fenótipo inclua cabelo liso. Os geneticistas também sabem que o único tipo de cabelo que um pai com cabelos lisos pode passar para seus filhos é o cabelo liso, pois todos os seus espermatozoides são portadores de genes para cabelo liso recessivos.

Além disso, os geneticistas humanos aprenderam que tanto os genes dominantes quanto recessivos diferem de expressividade, o que significa que o grau no qual qualquer gene influencia os fenótipos varia de pessoa para pessoa. Por exemplo, nem todos os indivíduos portadores do gene para cabelo ondulado tem cabelos igualmente ondulados. Assim, mesmo quando uma criança recebe um gene dominante para cabelo ondulado do pai, a quantidade e tipo de ondulação em seu cabelo provavelmente não será idêntica a dele.

O tipo de sangue também é determinado por um padrão dominante-recessivo de herança. Como uma pessoa tem que ter dois genes recessivos para ter sangue do tipo O, o genótipo de toda pessoa que tem esse tipo de sangue é evidente. De modo semelhante, a única forma de uma pessoa poder ter sangue do tipo AB é se o seu genótipo inclui um gene para o tipo A e um para o tipo B. Entretanto, o genótipo

Tabela 3.1 Fontes genéticas de traços normais

Genes dominantes	Genes recessivos	Poligênicos (vários genes)
Sardas	Pés chatos	Altura
Cabelo áspero	Lábios finos	Tipo corporal
Covinhas faciais	Sangue Rh-negativo	Cor dos olhos
Cabelos ondulados	Cabelo macio	Cor da pele
Miopia	Cabelo ruivo	Personalidade
Lábios grossos	Cabelo loiro	
Sangue Rh-positivo	Sangue tipo O	
Sangue tipos A e B		
Cabelo escuro		

Fonte: Tortora e Grabowski, 1993.

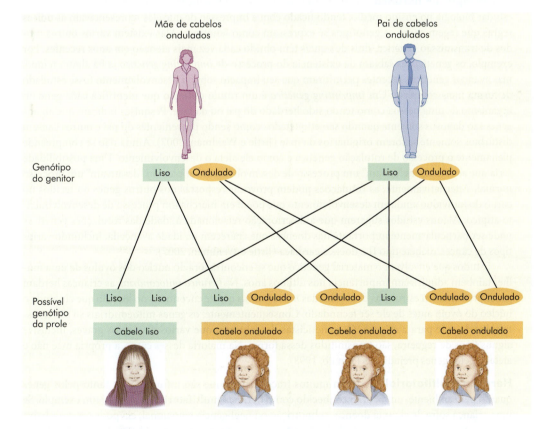

Figura 3.1 A genética do tipo de cabelo.

Exemplos de como os genes para cabelo ondulado e liso são transmitidos dos pais para os filhos.

de pessoas com sangue tipo A ou B não é óbvio porque os tipos A e B são dominantes. Assim, quando o fenótipo de uma pessoa inclui o tipo A ou B de sangue, um de seus genes para tipo sanguíneo deve ser para aquele tipo, mas o outro pode ser para algum outro tipo. Entretanto, se um pai do tipo A e uma mãe do tipo B produzem uma criança com tipo O, cada um deles é portador de um gene para o tipo O, pois a criança precisa receber um desses genes recessivos de cada um dos genitores para ter o fenótipo do tipo O.

Herança poligênica Com a **herança poligênica**, muitos genes influenciam o fenótipo. Existem muitos traços poligênicos em que o padrão dominante-recessivo também está atuando. Por exemplo, os geneticistas acreditam que as crianças recebem três genes de cada genitor para cor da pele (Tortora e Grabowski, 1993). A pele escura é dominante sobre a pele clara, mas as cores de pele também se misturam. Assim, quando um dos pais tem pele escura e o outro tem pele clara, a criança terá uma pele em algum ponto intermediário. Os genes dominantes do genitor de pele escura vão garantir que a criança será mais escura do que o genitor de pela clara, mas os genes do genitor de pele clara vão impedir que a criança tenha a pela tão escura quanto a do genitor de pele escura.

A cor dos olhos é outro traço poligênico que segue um padrão dominante-recessivo (Tortora e Grabowski, 1993). Os cientistas não sabem ao certo quantos genes influenciam a cor dos olhos. Contudo, eles sabem que esses genes não causam cores específicas. Em vez disso, eles fazem a parte colorida do olho ser clara ou escura. Cores escuras (preto, castanho e verde) são dominantes sobre cores claras (azul e cinza). Contudo, cores misturadas também são possíveis. As pessoas cujos cromossomos possuem uma combinação de genes para olhos verdes, azuis e cinzas têm olhos com cores que são mesclas dessas cores. De modo análogo, os genes responsáveis por diferentes tonalidades de castanho podem mesclar seus efeitos para tornar os fenótipos da cor dos olhos das crianças diferentes daqueles de seus genitores de olhos castanhos.

Muitos genes influenciam a estatura, e eles não estão sujeitos a um padrão dominante-recessivo de herança. A maioria dos geneticistas acredita que cada gene para altura tem uma pequena influência sobre a estatura de uma criança (Tanner, 1990).

Outros tipos de herança Você provavelmente aprendeu sobre traços dominantes e recessivos ao estudar biologia no ensino médio, tendo ficado com a impressão de que eles representavam as únicas regras que regem como os genótipos se expressam como fenótipos. Mas existem vários outros modos de transmissão genética, dois dos quais têm obtido cada vez mais atenção em anos recentes. Por exemplo, os geneticistas sabiam da existência do processo de *imprinting genético* já há algum tempo, mas avanços genéticos recentes permitiram que seu impacto sobre o desenvolvimento fosse estudado de forma mais completa. Um *imprinting genético* é um rótulo químico que identifica cada gene no organismo de uma pessoa como tendo sido herdado do pai ou da mãe. Pesquisas indicam que alguns genes são danosos somente quando são etiquetados como sendo provenientes do pai e outros causam distúrbios somente se forem originários da mãe (Jirtle e Weidman, 2007). Ainda não se compreende plenamente o processo de rotulação genética e como ele afeta o desenvolvimento. Uma possibilidade seria que as rotulações "ativam" um processo de desenvolvimento atípico ou "desativam" um processo normal. Alternativamente, as rotulações podem provocar respostas nos outros genes ou tecidos no corpo do indivíduo ainda em desenvolvimento que põem em marcha um processo de desenvolvimento atípico. Alguns estudos sugerem que a deterioração relacionada à idade das rotulações genéticas pode ser particularmente importante nas doenças que aparecem na idade avançada, incluindo vários tipos de câncer, diabete tipo II e doença cardíaca (Jirtle e Weidman, 2007).

Estudos que envolvem o material genético que se encontra fora do núcleo dos óvulos de uma mulher também adquiririam importância nos últimos anos. Na *herança mitocondrial*, as crianças herdam genes presentes em estruturas denominadas *mitocôndrias* que se encontram no líquido que circunda o núcleo do óvulo antes de ele ser fecundado. Consequentemente, os genes mitocondriais só são transmitidos da mãe para a criança. Os geneticistas descobriram que vários distúrbios graves, inclusive alguns tipos de cegueira, são transmitidos dessa forma. Na maioria desses casos, a própria mãe não é afetada pelos genes prejudiciais (Amato, 1998).

Herança multifatorial Existem muitos traços físicos que são influenciados tanto pelos genes quanto pelo ambiente, um padrão conhecido como **herança multifatorial**. A altura é um exemplo. Se uma criança sofre de alguma doença, subnutrição ou negligência emocional, ela pode ser mais baixa do que outras crianças da mesma idade. Assim, quando uma criança é mais baixa do que 97% de outras de mesma idade, os médicos tentam determinar se ela é baixa por causa de seus genes ou porque alguma coisa a está impedindo de crescer normalmente (Sulkes, 1998; Tanner, 1990).

herança poligênica padrão de herança em que muitos genes influenciam um traço.

herança multifatorial herança afetada por genes e pelo ambiente.

Como discutido no Capítulo 1, traços psicológicos como inteligência e personalidade são influenciados tanto pela hereditariedade como pelo ambiente. Portanto, eles resultam de herança multifatorial. Mas como genes e ambiente atuam juntos para produzir variações nesses traços? Um conjunto de cinco princípios gerais proposto por Michael Rutter e colaboradores (1997) pode ajudar a organizar nossa reflexão sobre essa questão:

- "Os indivíduos variam quanto a sua reatividade ao ambiente" (p. 338). Alguns indivíduos são altamente reativos, altamente sensíveis ao estresse ou ao que é estranho; outros reagem com muito menos volatilidade.

- "Existe uma interação bidirecional entre os indivíduos e seus ambientes" (p. 338). É importante não pensar esse processo como uma via de mão única. A influência ocorre nos dois sentidos.

- "A interação entre as pessoas e seus ambientes precisa ser considerada em um contexto ecológico" (p. 339). Embora nossas pesquisas quase sempre tratem os eventos ambientais – como, p. ex., o divórcio – como se eles fossem constantes, eles não são. Esses eventos variam em função da cultura, da pobreza, da estrutura familiar e de uma série de outras variáveis.

- "As pessoas processam suas experiências e não são apenas receptores passivos de forças ambientais" (p. 339). É o significado que cada pessoa atribui a uma experiência que determina seu efeito, não a experiência em si. Assim, a "mesma" experiência pode ter efeitos muito diferentes, dependendo de como o indivíduo a interpreta.

- "As pessoas atuam sobre seu ambiente e assim moldam e selecionam suas experiências" (p. 339). Por exemplo, uma criança com uma predisposição genética para a timidez pode optar por não participar de esportes organizados. Consequentemente, ela não terá a mesma oportunidade de receber informações sobre suas habilidades físicas (e presumivelmente genéticas) quanto uma criança mais extrovertida que gosta de estar em grupo. Devido a sua escolha, a criança tímida terá menos oportunidades do que a criança sociável de aprender e praticar habilidades físicas.

Doenças genéticas e cromossômicas

Você sabia que, quando uma mulher grávida entra em trabalho de parto, as chances de que ela dê à luz um bebê saudável são de 97%? Dos 3% de nascimentos nos quais a saúde de um neonato é enfraquecida ou seriamente ameaçada, cerca de 30% são resultado de genes danosos ou de erros no processo inicial de desenvolvimento que alteraram a constituição cromossômica da criança (CDC, 2005).

Doenças genéticas

Muitas doenças parecem ser transmitidas através da operação de genes dominantes e recessivos (ver Tabela 3.2). As doenças *autossômicas* são causadas por genes localizados nos autossomos (cromossomos não sexuais). Os genes que causam *doenças vinculadas ao sexo* se encontram no cromossomo X.

> **OBJETIVO DA APRENDIZAGEM 3.3**
> Quais são os efeitos das principais doenças recessivas, dominantes e vinculadas ao sexo?

Doenças autossômicas A maioria das doenças causadas por genes recessivos é diagnosticada nos primeiros anos de vida. Por exemplo, um gene recessivo faz um bebê ter problemas para digerir o aminoácido fenilalanina. Toxinas se acumulam no cérebro do bebê e causam retardo mental. Essa condição, chamada de *fenilcetonúria (PKU)*, está presente em um de cada 10.000 bebês (Nicholson, 1998). Contudo, se um bebê não consumir alimentos que contenham fenilalanina, ele não desenvolverá retardo mental. O leite é um dos alimentos que bebês que

Tabela 3.2 Algumas doenças genéticas

Doenças autossômicas dominantes	Doenças autossômicas recessivas	Doenças recessivas vinculadas ao sexo
Doença de Huntington	Fenilcetonúria	Hemofilia
Hipertensão	Anemia falciforme	Síndrome do X frágil
Dedos extras	Fibrose cística	Daltonismo
Enxaquecas	Doença de Tay-Sachs	Ausência de dentes frontais
Esquizofrenia	Cistos renais em bebês	Cegueira noturna
	Albinismo	Alguns tipos de distrofia muscular
		Alguns tipos de diabete

Fontes: Amato, 1998; Tortora e Grabowski, 1993.

sofrem de PKU não podem consumir; portanto, o diagnóstico precoce é imprescindível. Por isso, a maioria dos estados nos Estados Unidos exige que os bebês sejam testados para PKU logo após o nascimento.

Como muitos distúrbios recessivos, a PKU está associada à etnia. Bebês brancos têm maior probabilidade de sofrer do distúrbio do que bebês de outros grupos. De modo semelhante, bebês do oeste da África e afro-americanos são mais propensos a ter *anemia falciforme*, distúrbio recessivo que causa deformidades nas hemácias (Scott, 1998). Na anemia falciforme, o sangue não transporta oxigênio suficiente para manter os tecidos corporais saudáveis. Poucas crianças com anemia falciforme vivem mais do que os 20 anos, e a maioria das que sobrevivem até a idade adulta morre antes dos 40 anos (Scott, 1998).

Quase a metade dos africanos do oeste ou tem anemia falciforme ou um *traço celular falciforme* (Amato, 1998). As pessoas com um traço celular falciforme são portadoras de um gene recessivo único para anemia falciforme, o que faz com que algumas de suas hemácias sejam anormais. Assim, os médicos podem identificar portadores do gene da anemia falciforme testando seu sangue para o traço celular falciforme. Ao saberem que são portadores do gene, os pais podem tomar decisões informadas sobre a procriação. Nos Estados Unidos, cerca de um de cada 650 afro-americanos sofre de anemia falciforme, e um de cada oito tem um traço celular falciforme. A anemia e o traço também ocorrem com mais frequência em americanos de ascendência mediterrânica, caribenha, indiana, árabe e latino-americana do que nos de ascendência europeia (Wong, 1993).

Cerca de um de cada 3.000 filhos de casais judeus do leste europeu tem um outro distúrbio recessivo, a *doença de Tay-Sachs*. Quando chega a 1 ou 2 anos, o bebê com Tay-Sachs tende a sofrer de retardo mental grave e ser cego. Poucos sobrevivem além dos 3 anos (Painter e Bergman, 1998).

Os transtornos causados por genes dominantes, como a *doença de Huntington*, geralmente não são diagnosticados antes da idade adulta (Amato, 1998). Esse transtorno causa deterioração cerebral e afeta funções psicológicas e motoras. Até pouco tempo atrás, os filhos de pessoas com a doença de Huntington tinham que esperar até adoecerem para terem certeza de que eram portadores do gene. Atualmente existe um exame de sangue para identificar o gene de Huntington. Assim, as pessoas que têm um genitor com esta doença podem tomar melhores decisões sobre a procriação, assim como se prepararem para viver com um distúrbio grave quando envelhecerem.

Doenças vinculadas ao sexo A maioria das doenças vinculadas ao sexo é causada por genes recessivos (ver Figura 3.2). Um exemplo de doença recessiva vinculada ao sexo é o daltonismo. As pessoas com esse distúrbio têm dificuldade para distinguir as cores verde e vermelho quando elas estão adjacentes. A prevalência de daltonismo é de 8% nos homens e de 0,5% nas mulheres (National Library of Medicine, 2008). A maioria das pessoas aprende modos de compensar a doença e ter uma vida normal.

Um transtorno recessivo vinculado ao sexo mais sério é a *hemofilia*. O sangue das pessoas com hemofilia não possui os componentes químicos que fazem o sangue coagular. Assim, quando uma pessoa com hemofilia sangra, o sangramento não para naturalmente. Aproximadamente um de cada 5.000 bebês do sexo masculino nasce com o distúrbio, que é quase desconhecido entre meninas (Scott, 1998).

Cerca de um de cada 1.500 homens e uma de cada 2.500 mulheres tem um distúrbio vinculado ao sexo chamado *síndrome do X frágil* (Amato, 1998). Uma pessoa com esse distúrbio tem um cromossomo X com um ponto "frágil" ou defeituoso. A síndrome do X frágil pode causar um retardo mental que vai progressivamente se agravando à medida que a criança envelhece (Adesman, 1996). Na verdade, os especialistas estimam que de 5 a 7% de todos os homens com retardo mental tenha síndrome do X frágil (Zigler e Hodapp, 1991).

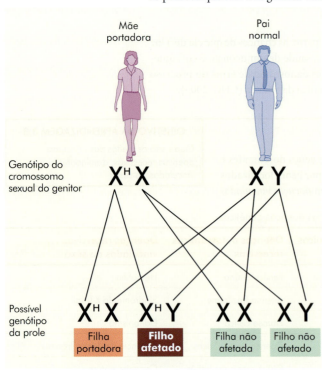

Figura 3.2 Herança vinculada ao sexo.

Compare esse padrão de transmissão vinculada ao sexo de uma doença recessiva (hemofilia) com o padrão mostrado na Figura 3.1.

Erros cromossômicos

> **OBJETIVO DA APRENDIZAGEM 3.4**
> Como as trissomias e outros distúrbios dos autossomos e cromossomos sexuais afetam o desenvolvimento?

Diversos problemas podem ser causados quando uma criança tem cromossomos demais ou de menos, condição conhecida como *erro cromossômico* ou *anomalia cromossômica*. Como os distúrbios genéticos, eles são diferenciados conforme envolvem autossomos ou cromossomos sexuais.

Trissomias   Uma *trissomia* é uma condição em que uma criança tem três cópias de um autossomo específico. A mais comum é a *trissomia 21*, ou *síndrome de Down*, em que a criança tem três cópias do cromossomo 21. Aproximadamente um de cada 800 a 1.000 bebês nasce com essa anormalidade (Nightingale e Goodman, 1990). Essas crianças têm retardo mental e características faciais distintivas, cérebros menores e muitas vezes anomalias físicas, tais como defeitos cardíacos (Haier et al., 1995).

O risco de dar à luz uma criança com trissomia 21 é maior entre gestantes de mais de 35 anos. Entre mulheres de 35 a 39 anos, a incidência da síndrome de Down é de cerca de um para 280 nascimentos. Entre as mulheres de mais de 45 anos, ela chega a um para cada 50 nascimentos (D'Alton e DeCherney, 1993).

Os cientistas também identificaram crianças com trissomias no 13º e 18º pares de cromossomos (Amato, 1998). Esses distúrbios têm efeitos mais graves do que a trissomia 21. Poucas crianças com trissomia 13 ou trissomia 18 vivem além do primeiro ano de idade. Como com a trissomia 21, as chances de ter um filho com um desses distúrbios aumenta com a idade da mulher.

Anomalias dos cromossomos sexuais   Uma segunda classe de anomalias está associada aos cromossomos sexuais. A mais comum é o padrão XXY, chamada *síndrome de Klinefelter*, que ocorre em um ou dois de cada 1.000 homens (Amato, 1998). Os meninos afetados não têm aparência diferente de meninos não afetados, mas possuem testículos subdesenvolvidos e, na idade adulta, muito baixa produção de espermatozoides. Muitos têm deficiências de linguagem e de aprendizagem. Na puberdade, esses meninos sofrem mudanças tanto femininas quanto masculinas. Por exemplo, seus pênis aumentam de tamanho e seus seios se desenvolvem.

Um padrão de X único, chamado de *síndrome de Turner*, também pode ocorrer. Indivíduos com síndrome de Turner são anatomicamente femininos, mas apresentam atrofia do crescimento e geralmente são estéreis. Sem terapia hormonal, elas não menstruam nem desenvolvem os seios na puberdade. Cerca de um quarto tem graves defeitos cardíacos (Amato, 1998). Essas meninas também apresentam desequilíbrio em suas capacidades cognitivas: elas com frequência têm fraco desempenho em testes que medem capacidade espacial, mas geralmente apresentam níveis normais ou acima do normal em testes de habilidade verbal (Golombok e Fivush, 1994).

As síndromes de Klinefelter e de Turner não estão associadas à idade da mãe. Entretanto, mães mais velhas são mais propensas a produzir meninas de aparência normal com um cromossomo X a mais e meninos com um cromossomo Y a mais (Amato, 1998). Mulheres com um padrão XXX, cerca de um de cada 1.000 bebês do sexo feminino, geralmente têm tamanho normal, mas se desenvolvem mais lentamente do que os seus pares (Amato, 1998). Muitas, embora não todas, têm fracas habilidades verbais, baixa pontuação em testes de inteligência e se saem pior na escola do que outros grupos com anomalias nos cromossomos sexuais (Bender, Harmon, Linden e Robinson, 1995).

Aproximadamente um de cada 1.000 meninos tem um cromossomo Y a mais. Eles são em sua maioria mais altos do que a média e têm dentes grandes. Eles geralmente têm puberdade normal e não têm dificuldade para gerar filhos (Amato, 1998). Os desenvolvimentistas agora sabem que é apenas um mito que um cromossomo Y a mais causa inteligência abaixo do normal e alta agressividade (Tortora e Grabowski, 1993).

Essa criança apresenta os traços faciais característicos de uma criança com síndrome de Down.

Gravidez e desenvolvimento pré-natal

O processo que termina com o nascimento de um bebê envolve dois conjuntos de experiências: as da gestante e as do zigoto, embrião e feto em desenvolvimento. *Gravidez* é a condição física na qual o corpo de uma mulher está nutrindo o embrião ou feto em desenvolvimento. *Desenvolvimento pré-natal*, ou *gestação*, é o processo que transforma um zigoto em um recém-nascido.

> **OBJETIVO DA APRENDIZAGEM 3.5**
> Quais são as características de cada trimestre de gestação?

A experiência da mãe

A gravidez geralmente é dividida em três períodos de três meses ou trimestres (ver Tabela 3.3).

Primeiro trimestre A gravidez começa quando o zigoto se implanta no revestimento do útero de uma mulher. O zigoto então envia sinais químicos que fazem os ciclos menstruais da mulher pararem. Algumas dessas substâncias químicas são excretadas na urina, tornando possível diagnosticar a gravidez alguns dias após a concepção. Outros agentes químicos provocam mudanças físicas, tais como o aumento no tamanho dos seios.

A *cerviz* (a porção inferior mais estreita do útero, que se prolonga até a vagina) fica mais espessa e secreta muco, o qual serve como barreira para proteger o embrião em desenvolvimento de organismos prejudiciais que poderiam entrar no útero através da vagina. O útero começa a mudar de posição e fazer pressão sobre a bexiga, fazendo a gestante urinar com mais frequência. Esse e outros sintomas, como cansaço e sensibilidade dos seios, podem interferir no sono. Outro sintoma inicial comum da gravidez é o *enjoo* matinal – sensações de náusea, frequentemente acompanhadas de vômito, que via de regra ocorrem pela manhã.

O acompanhamento pré-natal durante o primeiro trimestre é imprescindível para prevenir defeitos congênitos, pois todos os órgãos do bebê se formam durante as primeiras 8 semanas. A assistência pré-natal precoce pode identificar condições maternas, tais como doenças sexualmente transmitidas,

Tabela 3.3 Marcos da gravidez

Trimestre	Eventos	Cuidados pré-natais	Problemas sérios
Primeiro Trimestre: do primeiro dia do último ciclo menstrual (UCM) até 12 semanas	Falha na menstruação Aumento no tamanho dos seios Espessamento abdominal	Confirmação da gravidez Cálculo da data de nascimento Exames de sangue e urina (e outros exames se necessários) Visitas mensais ao médico para monitorar as funções vitais, o crescimento do útero, o aumento de peso e a presença de açúcar e proteínas na urina	Gravidez Ectópica Exames de urina ou sangue anormais Pressão arterial aumentada Subnutrição Sangramento Aborto espontâneo
Segundo trimestre: de 13 semanas depois do UCM até 24 semanas depois do UCM	Ganho de peso "Barriga evidente" Movimentos fetais sentidos Aumento do apetite	Visitas mensais ao médico continuam Ultrassom para medir o crescimento do feto e localizar a placenta	Diabete gestacional Ganho excessivo de peso Pressão arterial aumentada Aborto de 13 a 20 semanas Parto prematuro na 21ª semana
Terceiro trimestre: de 25 semanas depois do UCM até o início do trabalho de parto	Ganho de peso Aumento abdominal Secreção nos seios	Visitas semanais a partir da 32ª semana Ultrassom para avaliar posição do feto Exames pélvicos para verificar a dilatação cervical	Pressão arterial aumentada Sangramento Parto prematuro Infecção da bexiga

Fontes: Hobbs e Ferth, 1993; Kliegman, 1998; Tortora e Grabowski, 1993.

que podem ameaçar o desenvolvimento pré-natal. Médicos e enfermeiras também podem aconselhar as gestantes a se absterem de drogas e álcool no período inicial do desenvolvimento pré-natal, quando essas mudanças de comportamento podem prevenir defeitos congênitos.

O acompanhamento pré-natal desde o início da gravidez pode ser importante também para a saúde da mãe. Por exemplo, um pequeno número de zigotos implantam-se em uma das tubas uterinas e não no útero, condição chamada de *gravidez ectópica*. Nesse caso, a remoção cirúrgica precoce do zigoto é fundamental para preservar a capacidade da mulher de ter filhos no futuro.

Cerca de 15% das gestações terminam em *aborto espontâneo*. Do ponto de vista da mulher, um aborto espontâneo precoce é semelhante a um fluxo menstrual, ainda que as sensações de desconforto e a perda de sangue geralmente sejam maiores. A assistência médica é sempre necessária após um aborto espontâneo, pois o corpo da mulher pode não expelir o embrião por inteiro.

Segundo trimestre Durante o segundo trimestre de gravidez, da 13ª à 24ª semana, o enjoo matinal geralmente desaparece, resultando em aumentos de apetite. A mulher grávida ganha peso, e o útero se expande para acomodar o feto, que está crescendo rapidamente. Consequentemente, a mulher começa a dar sinais visíveis de gravidez em algum ponto durante o segundo trimestre. Ela também começa a sentir os movimentos do feto, geralmente em algum ponto entre 16 e 18 semanas.

Em visitas mensais, os médicos monitoram as funções vitais tanto da mãe quanto do feto e acompanham o desenvolvimento do bebê no útero. Exames ecográficos costumam ser realizados, e o sexo do bebê pode ser determinado aproximadamente na 13ª semana. Exames de urina mensais verificam a presença de *diabete gestacional*, um tipo de diabete que ocorre somente durante a gravidez. As gestantes portadoras de qualquer tipo de diabete, inclusive diabete gestacional, precisam ser cuidadosamente monitoradas durante o segundo trimestre porque seus bebês podem crescer rápido demais, levando ao parto prematuro ou à geração de um bebê que é grande demais para um parto vaginal. O risco de aborto espontâneo diminui no segundo trimestre. Entretanto, alguns fetos morrem entre a 13ª e 20ª semana de gravidez.

Terceiro trimestre Às 25 semanas, a gestante entra no terceiro trimestre de gravidez. O aumento de peso e do abdômen são as principais experiências desse período. Além disso, os seios da mulher começam a segregar uma substância chamada de *colostro* em preparação para a amamentação.

A maioria das mulheres começa a se sentir emocionalmente mais ligada ao feto durante o terceiro trimestre. Diferenças individuais no comportamento fetal, tais como soluçar e sugar o polegar, às vezes se tornam óbvias durante as últimas semanas de gravidez. Esses comportamentos podem ser observados durante os exames de ultrassom, que produzem imagens cada vez mais nítidas do feto. Além disso, a maioria das mulheres observa que o feto tem períodos regulares de atividade e repouso.

As visitas mensais ao médico continuam no terceiro trimestre até a 32ª semana, quando as mulheres passam a visitar o médico ou a clínica semanalmente. O monitoramento da pressão arterial é especialmente importante, pois algumas mulheres desenvolvem uma condição potencialmente fatal chamada de *toxemia da gravidez* durante o terceiro trimestre. Essa condição é sinalizada por um aumento repentino na pressão arterial e pode fazer com que a gestante sofra um AVC.

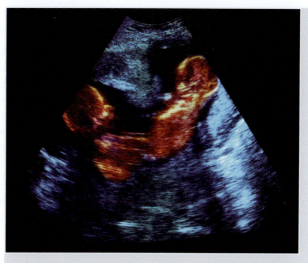

Os exames de ultrassom (ecografias) são especialmente úteis no acompanhamento de gravidez múltipla.

A criança integral em foco

Quais foram os resultados do exame de ultrassom de Lisa Chang? Descubra na página 116.

O apoio dos parceiros, amigos e parentes pode ajudar gestantes no terceiro trimestre de gravidez a manter atitudes positivas e moderar as emoções negativas, que frequentemente acompanham seus sentimentos de desajeitamento, contra a perspectiva da alegria do nascimento.

> **OBJETIVO DA APRENDIZAGEM 3.6**
> O que acontece em cada estágio do desenvolvimento pré-natal?

Desenvolvimento pré-natal

Em contraste com os trimestres de gravidez, os três estágios de desenvolvimento pré-natal são definidos por marcos desenvolvimentistas específicos e não têm a mesma duração. Além disso, todo o processo segue dois padrões de desenvolvimento, que podemos ver em ação nas fotografias na Tabela 3.4. Com o **padrão céfalo-caudal**, o desenvolvimento ocorre da cabeça para as partes inferiores do corpo. Por exemplo, o cérebro se forma antes dos órgãos reprodutivos. Com o **padrão próximo-distal**, o desenvolvimento ocorre de maneira ordenada do tronco para as extremidades. Em outras palavras, as estruturas mais próximas do centro do corpo, tais como a caixa torácica, se desenvolvem antes dos dedos das mãos e dos pés.

O estágio germinal As primeiras duas semanas de gestação, da concepção à *implantação*, constituem o **estágio germinal**. Durante esse estágio, as células se especializam para formar aquelas que darão origem ao corpo do feto e aquelas que darão origem às estruturas necessárias para sustentar o seu desenvolvimento. A divisão celular ocorre rapidamente, e, em torno do quarto dia, o zigoto já tem dezenas de células.

No quinto dia, as células se transformam em uma esfera oca preenchida de líquido chamada *blastocisto*. Dentro do blastocisto, as células que vão dar origem ao embrião começam a se unir. No 6º e 7º dia, o blastocisto entra em contato com a parede uterina, e no 12º dia, ele está totalmente incrustado no tecido uterino, processo chamado de **implantação**. Algumas das células da parede externa do blastocisto se mesclam com células do revestimento uterino para começar a formar a **placenta**, órgão que permite que o oxigênio, os nutrientes e outras substâncias sejam transferidas entre o sangue da mãe e do bebê. As estruturas especializadas da placenta põem o sangue da mãe e do bebê em contato sem que eles se misturem.

Como o zigoto, a placenta secreta sinais químicos (hormônios) para interromper os ciclos menstruais da mãe e manter a placenta ligada ao útero. Outros hormônios placentários permitem que os ossos da pélvis da gestante se tornem mais flexíveis, induzem mudanças nos seios e aumentam a taxa de metabolismo da gestante. Ao mesmo tempo, as células internas do blastocisto começam a se especializar. Um grupo de células vai formar o **cordão umbilical**, o órgão que liga o embrião à placenta. Vasos no cordão umbilical levam o sangue do bebê para a mãe e vice-versa. Outras células vão formar o saco vitelínico, estrutura que produz células sanguíneas até que os órgãos produtores de células do embrião sejam formados. Outras ainda darão origem ao **âmnio**, uma membrana preenchida de líquido na qual o bebê fica suspenso até pouco antes de nascer. No 12º dia, as células que vão formar o corpo do embrião começam a se formar.

O estágio embrionário O **estágio embrionário** começa na implantação, aproximadamente na terceira semana após a concepção, e continua até o fim da oitava semana. Na época em que muitas mulheres primeiro suspeitam que estão grávidas, geralmente três semanas após a concepção, as células do embrião estão começando a se especializar e se reunir para formar as bases de todos os órgãos corporais. Por exemplo, as células do sistema nervoso, os **neurônios**, formam uma estrutura chamada de *tubo neural*, a partir da qual o cérebro e a medula espinhal vão se desenvolver. Um coração primitivo e os precursores dos rins também se desenvolvem durante a terceira semana, juntamente com três membranas que darão origem ao sistema digestivo.

Na quarta semana, a extremidade do tubo neural aumenta de tamanho para formar o cérebro. Os pontos onde vão se formar os olhos aparecem na cabeça do embrião, e seu coração começa a bater. A coluna vertebral e as costelas tornam-se visíveis à medida que as células ósseas e musculares ocupam seus lugares. O rosto começa a tomar forma, e o sistema endócrino começa a se desenvolver.

Na quinta semana, o embrião tem aproximadamente um quarto de polegada – 10.000 vezes maior do que o zigoto. Seus braços e pernas estão se desenvolvendo rapidamente. Cinco dedos são visíveis nas mãos. Os olhos têm córneas e cristalinos, e seus pulmões começam a se desenvolver.

Na sexta semana, o cérebro do embrião começa a produzir padrões de atividade elétrica, e o embrião se move em resposta a estímulos. Durante a sétima semana, o embrião começa a se mover espontaneamente (Joseph, 2000). Ele tem um esqueleto visível e membros plenamente desenvolvidos.

---

padrão céfalo-caudal crescimento que ocorre da cabeça para as partes inferiores do corpo.

padrão próximo-distal crescimento que ocorre do centro para as extremidades do corpo.

estágio germinal primeira etapa de desenvolvimento pré-natal, que começa na concepção e termina na implantação (aproximadamente na segunda semana).

implantação acoplamento do blastocisto à parede uterina.

placenta órgão especializado que permite que substâncias sejam transferidas da mãe para o embrião e vice-versa, sem que o sangue de ambos se misture.

cordão umbilical órgão que liga o embrião à placenta.

âmnio vesícula preenchida de líquido na qual o feto fica suspenso até o nascimento.

estágio embrionário segundo estágio de desenvolvimento pré-natal, da terceira à oitava semana, durante o qual se formam os sistemas corporais do embrião.

neurônios células especializadas do sistema nervoso.

Tabela 3.4 Marcos do desenvolvimento pré-natal

Estágio/cronologia	Marcos	
Primeiro dia: Concepção	Espermatozoide e óvulo se unem, formando o zigoto que contém instruções genéticas para o desenvolvimento de um ser humano novo e único.	 Espermatozoide e óvulo
Do 6º ao 12º dia: Implantação	O zigoto se encava no revestimento uterino. As células especializadas que darão origem à placenta, ao cordão umbilical e ao embrião já estão formadas.	 Zigoto
Da 3ª à 8ª semana: Organogênese	Todos os sistemas corporais do embrião se formam durante o período de seis semanas após a implantação.	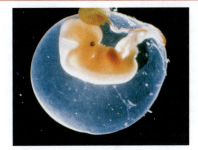 Embrião de seis semanas
Da 9ª a 37ª semana: Crescimento e Refinamento dos Órgãos	Na 12ª ou 13ª semana, o sexo da maioria dos fetos pode ser identificado. Mudanças no cérebro e nos pulmões tornam a viabilidade possível na 24ª semana; o desenvolvimento ideal requer de 14 a 16 semanas adicionais no útero. A maioria dos neurônios se forma até a 28ª semana, e conexões entre eles começam a se desenvolver pouco depois. Nas últimas oito semanas, o feto tem capacidades auditiva e olfativa, é sensível ao toque e responde à luz. O aprendizado também é possível.	

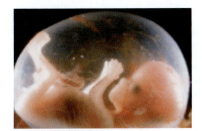
Feto de 12 semanas

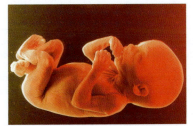
Feto de 14 semanas

Feto bem desenvolvido (idade não informada)

Fonte: Kliegman, 1998; Tortora e Grabowski, 1993.

Os ossos estão começando a endurecer e os músculos estão amadurecendo; nesse ponto, o embrião é capaz de manter uma postura quase ereta. As pálpebras ficam fechadas para proteger os olhos em desenvolvimento. As orelhas estão plenamente formadas, e raios X são capazes de detectar embriões de dentes nas maxilas.

Durante a última semana do estágio embrionário, na oitava semana, o fígado e o baço começam a funcionar. Esses órgãos permitem que o embrião produza e filtre suas próprias células sanguíneas. O coração está bem desenvolvido e eficientemente bombeia sangue para todas as partes do corpo. Os movimentos do embrião aumentam à medida que a atividade elétrica do cérebro se torna mais organizada. Conexões entre o cérebro e o resto do corpo também estão bem estabelecidas. Os sistemas digestivo e urinário estão funcionando. No final da oitava semana, a **organogênese**, o termo técnico para desenvolvimento de órgãos, está completa.

O estágio fetal A fase final é o **estágio fetal**, que vai do princípio da nona semana até o nascimento. De um peso de cerca de sete gramas e comprimento de aproximadamente 2,5 centímetros, o feto se torna um bebê de cerca de 3,2 quilos e comprimento de cerca de 50 centímetros, que está pronto para nascer. Além disso, este estágio envolve refinamentos dos sistemas corporais que são essenciais para a vida extrauterina (ver Tabela 3.5).

No final da 23ª semana, um pequeno número de bebês atingiu a **viabilidade**, ou seja, a capacidade de viver fora do útero (Moore e Persaud, 1993). Entretanto, a maioria dos bebês nascidos tão precocemente morre, e os que sobrevivem lutam por muitos meses. Permanecer no útero apenas uma semana mais, até o fim da 24ª semana, aumenta muito as chances de sobrevivência. A semana adicional provavelmente permite que a função pulmonar se torne mais eficiente. Além disso, a maioria das estruturas cerebrais está plenamente desenvolvida no final da 24ª semana. Por esses motivos, a maioria dos especialistas aceita as 24 semanas como a idade média de viabilidade.

O cérebro fetal Como você aprendeu anteriormente, as estruturas fundamentais de todos os sistemas do corpo se formam durante o estágio embrionário. Contudo, a maior parte da formação e melhor ajuste do cérebro ocorre durante o estágio fetal. Lembre-se de que neurônios, as células especializadas do sistema nervoso, começam a se desenvolver durante a fase embrionária na terceira semana. Mas a velocidade da formação de neurônios aumenta drasticamente na 10ª e 18ª semanas, em um processo chamado de *proliferação neuronal*.

Entre a 13ª e 21ª semanas, os neurônios recém-formados migram para as partes do cérebro onde permanecerão para o resto da vida do indivíduo (Chong et al., 1996). Enquanto migram, os neurônios

organogênese processo de desenvolvimento dos órgãos.

estágio fetal terceiro estágio de desenvolvimento pré-natal, da nona semana até o nascimento, durante o qual ocorre crescimento e refinamento de órgãos.

viabilidade capacidade do feto de sobreviver fora do útero.

Tabela 3.5 Marcos do estágio fetal

Período	O que se desenvolve
9 a 12 semanas	Impressões digitais; reflexo de preensão; expressões faciais; engolir e "respiração" rítmica do líquido amniótico; urinação; genitais.
13 a 16 semanas	Folículos do cabelo; reação à voz da mãe e a ruídos intensos; de 20 a 25 centímetros de comprimento; 170 gramas de peso.
17 a 20 semanas	Movimentos fetais sentidos pela mãe; batimentos cardíacos detectáveis com estetoscópio; lanugem recobre o corpo; olhos reagem à luz introduzida no útero; sobrancelhas; unhas; 30 centímetros de comprimento.
21 a 24 semanas	Verniz (substância gordurosa) protege a pele; pulmões produzem surfatante (vital para função respiratória); a maioria dos fetos torna-se viável em algum ponto durante esse período, mas a maioria nascida antes de 24 semanas não sobrevive.
25 a 28 semanas	Reconhecimento da voz da mãe; períodos regulares de repouso e atividade; 35 a 38 centímetros de comprimento; 900 gramas de peso; boa chance de sobrevivência se parido neste período.
29 a 32 semanas	Crescimento acelerado; anticorpos adquiridos da mãe; gordura depositada sob a pele; 40 a 43 centímetros de comprimento; 1,8 quilos de peso; excelente chance de sobrevivência se parido nesse período.
33 a 36 semanas	Movimento para a posição de nascimento (cabeça para baixo); pulmões amadurecem; 45 centímetros de comprimento; de 1,8 a 2,2 quilos de peso; praticamente 100% de chances de sobrevivência se parido.
37ª semana	Termo completo; 48 a 53 centímetros de comprimento; 2,2 a 2,7 quilos de peso.

consistem apenas de **corpos celulares**, a parte da célula que contém o núcleo e na qual todas as funções vitais da célula são realizadas (ver Figura 3.3). Depois de terem atingido seu destino final no cérebro do feto, os neurônios começam a desenvolver conexões. Essas conexões, chamadas **sinapses**, são minúsculos espaços entre os neurônios através dos quais impulsos neurais passam de um neurônio para o outro. Várias mudanças no comportamento fetal indicam que o processo de formação de sinapse está em andamento. Por exemplo, o feto apresenta períodos alternados de atividade e repouso e começa a bocejar (Walusinski, Kurjak, Andonotopo e Azumendi, 2005; ver Figura 3.4). Quando observadas, essas mudanças indicam que o cérebro está se desenvolvendo normalmente.

A formação de sinapses requer o crescimento de duas estruturas neuronais. **Axônios** são extensões semelhantes a caudas que podem atingir dezenas de centímetros de comprimento. Os **dendritos** são ramificações semelhantes a tentáculos que se projetam a partir do corpo celular (ver Figura 3.3). Acredita-se que o desenvolvimento de dendritos seja altamente sensível às influências ambientais como subnutrição materna e defeitos no funcionamento da placenta (Dieni e Rees, 2003).

Simultaneamente à migração neuronal, as **células gliais** começam a se desenvolver. Essas células são o "adesivo" que mantêm os neurônios juntos para dar forma às principais estruturas do cérebro. À medida que as células gliais se desenvolvem, o cérebro começa a adquirir uma aparência mais madura, a qual pode ser observada através de *tomografia por ressonância magnética (TRM)* e outras tecnologias modernas sobre as quais você vai aprender posteriormente neste capítulo (ver Figura 3.5, página 92).

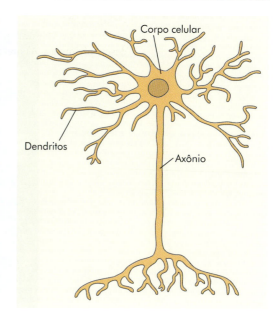

Figura 3.3 Partes do neurônio.

A estrutura de um único neurônio desenvolvido. Os corpos celulares são os primeiros a se desenvolver. Axônios e dendritos se desenvolvem posteriormente e continuam aumentando de tamanho e complexidade muitos anos após o nascimento.

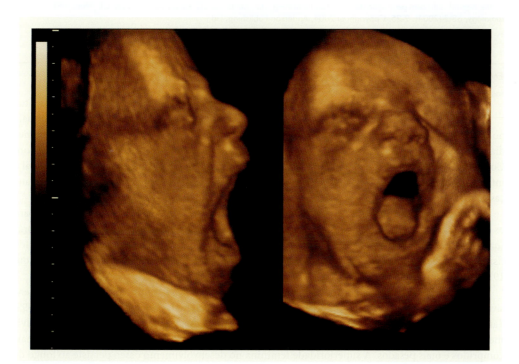

Figura 3.4 Bocejos do feto.

Os bocejos do feto aparecem entre a 10ª e a 15ª semana. Sua presença indica o início dos ciclos de sono no cérebro do feto.

(*Fonte:* De O. Walusinski et al., "Fetal Yawning: A behavior's birth with 4D US revealed", *The Ultrasound Review of Obstetrics and Gynecology*, 5 (2005): 210-217. Reproduzido com permissão.)

corpo celular parte do neurônio que contém o núcleo e é o local de funções celulares vitais.

sinapses minúsculos espaços através dos quais os impulsos neurais fluem de um neurônio para o outro.

axônios extensões dos neurônios, semelhantes a caudas.

dendritos projeções, semelhantes a galhos, a partir dos corpos celulares dos neurônios.

células gliais "adesivo" que mantêm os neurônios juntos para dar forma às estruturas do sistema nervoso.

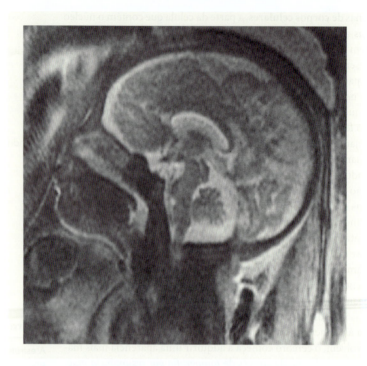

Figura 3.5 Cérebro normal de um feto no terceiro trimestre.

As células gliais que se desenvolvem durante os últimos meses do desenvolvimento pré-natal mantêm os neurônios juntos e dão forma e estrutura ao cérebro do feto.

(*Fonte:* Reproduzido com permissão de Anderson Publishing, Ltd., de: Brown SD, Estroff JA, Barnewolf CE. "Fetal MRI". *Applied Radiology*, 33:2 (2004): 9-25. Copyright © 2004, Anderson Publishing, Ltd.)

OBJETIVO DA APRENDIZAGEM 3.7
Como fetos masculinos e femininos diferem?

Diferenças entre os sexos

Uma vez que o desenvolvimento pré-natal é fortemente influenciado por códigos maturacionais que são idênticos para homens e mulheres, existem poucas diferenças sexuais no desenvolvimento pré-natal. Uma diferença bem-documentada é que os fetos masculinos, em média, são fisicamente mais ativos (DiPietro, Hodgson, Costigan e Johnson, 1996; DiPietro, Hodgson, Costigan, Hilton e Johnson, 1996). Além disso, o nível de atividade é bastante estável do estágio fetal à infância (Accardo et al., 1997). Isso significa que as diferenças sexuais no nível de atividade das crianças sobre as quais você vai ler nos próximos capítulos provavelmente já começam no útero.

Diferenças sexuais sutis no desenvolvimento pré-natal provavelmente também contribuem para os diferentes padrões de secreção hormonal na adolescência. Pesquisas relacionam os hormônios pré-natais às diferenças sexuais na dominância dos hemisférios cerebrais direito e esquerdo, agressividade física e conexões entre cérebro e padrões motores (Pressman, DiPietro, Costigan, Shupe e Johnson, 1998; Todd, Swarzenski, Rossi e Visconti, 1995).

Os especialistas não sabem ao certo o porquê, mas fetos do sexo feminino parecem ser mais sensíveis à estimulação externa e ter um desenvolvimento esqueletal mais acelerado (Groome et al., 1999; Tanner, 1990). Bebês do sexo feminino estão cerca de uma a duas semanas à frente no desenvolvimento ósseo ao nascerem, ainda que os recém-nascidos do sexo masculino geralmente sejam mais compridos e mais pesados. A superioridade feminina no desenvolvimento ósseo persiste ao longo da infância e início da adolescência, fazendo as meninas adquirirem muitos movimentos coordenados e habilidades motoras, especialmente aquelas que envolvem as mãos e punhos, mais cedo do que os meninos. A diferença entre os sexos se alarga a cada ano até meados da adolescência, quando os rapazes alcançam e superam as moças na coordenação física geral.

Os meninos são mais vulneráveis a todos os tipos de problemas pré-natais. Ocorrem muito mais concepções de meninos do que de meninas – de 120 a 150 embriões masculinos para cada 100 embriões femininos –, mas ocorrem mais abortos espontâneos no sexo masculino. Ao nascerem, existem cerca de 105 meninos para cada 100 meninas. Os fetos masculinos também parecem mais sensíveis a variáveis como maconha e estresse materno, as quais podem afetar negativamente o desenvolvimento pré-natal (Bethus, Lemaire, Lhomme e Goodall, 2005; Wang, Dow-Edwards, Anderson, Minkoff e Hurd, 2004).

Comportamento pré-natal

> **OBJETIVO DA APRENDIZAGEM 3.8**
> Que comportamentos os cientistas observaram nos fetos?

Em anos recentes, técnicas como exames de ultrassom forneceram muitas informações sobre o comportamento fetal. Alguns pesquisadores sugerem que o estabelecimento de normas para o comportamento fetal contribuiria para que os provedores de assistência médica pudessem melhor avaliar a saúde do feto (Nijhuis, 2003). Assim, em anos recentes, o número de estudos de pesquisa que examinam o comportamento fetal cresceu significativamente. Esses estudos revelaram alguns fatos notáveis, alguns deles descritos na Figura 3.6.

Por exemplo, os pesquisadores descobriram que o feto é capaz de distinguir estímulos familiares de novos ao final da 32ª ou da 33ª semana (Sandman, Wadhwa, Hetrick, Porto e Peeke, 1997). Em um

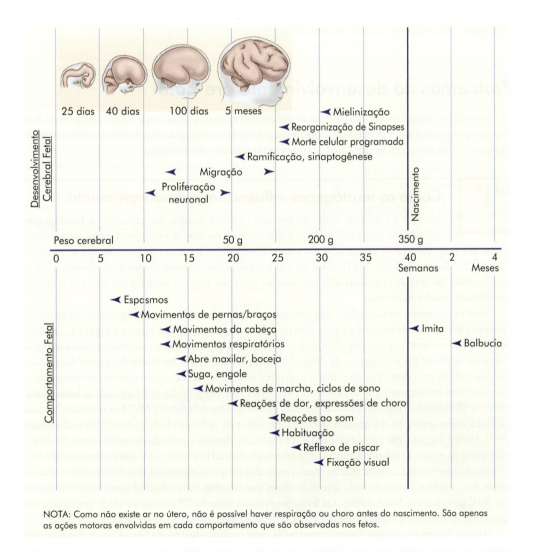

Figura 3.6 Correlações entre comportamento fetal e desenvolvimento cerebral.

Pesquisadores descobriram numerosas correlações entre o desenvolvimento cerebral fetal e o comportamento.

(*Fonte:* De O. Walusinski et al., "Fetal Yawning: A behavior's birth with 4D US revealed", *The Ultrasound Review of Obstetrics and Gynecology*, 5 (2005): 210-217. Reproduzido com permissão.)

estudo, mulheres grávidas recitaram uma canção de ninar curta todos os dias da 33ª à 37ª semana. Na 38ª semana, os pesquisadores executaram uma gravação da canção que a mãe estivera recitando ou outra canção e mediram a frequência cardíaca dos fetos. As frequências cardíacas diminuíam durante a execução da canção conhecida, mas não durante a outra, desconhecida, sugerindo que os fetos haviam aprendido os padrões sonoros da canção recitada por suas mães (DeCasper, Lecaneut, Busnel, Granier-DeFerre e Maugeais, 1994).

Estudos em que neonatos parecem se recordar de estímulos aos quais foram expostos antes de nascerem também fornecem evidências de aprendizagem fetal. Em um clássico estudo do desenvolvimento pré-natal, mulheres grávidas leram o conhecido conto infantil *The cat in the hat* em voz alta todos os dias durantes as últimas seis semanas de suas gestações. Depois de nascerem, os bebês podiam escolher entre diversas chupetas especiais que ligavam e desligavam sons variados. Cada tipo de som exigia um jeito especial de sugar. Os pesquisadores constataram que os bebês rapidamente adaptavam sua forma de sugar para ouvir uma história familiar, mas não aumentavam seu sugar para ouvir uma história desconhecida (DeCasper e Spence, 1986). Em outras palavras, os bebês preferiam o som de uma história que haviam ouvido quando estavam no útero.

Diferenças individuais estáveis no comportamento também são identificáveis em fetos. Estudos longitudinais demonstram que fetos muito ativos tendem a se tornar crianças muito ativas. Além disso, essas crianças têm maior probabilidade de serem rotuladas de "hiperativas" por pais e professores. Em contraste, fetos menos ativos do que a média tendem a se tornar crianças com retardo mental (Accardo et al., 1997).

Problemas no desenvolvimento pré-natal

O desenvolvimento pré-natal não é imune às influências externas, como você vai ver nessa seção. Não esqueça que a maioria dos problemas sobre os quais você vai ler é muito rara, muitos podem ser prevenidos, e muitos não precisam ter consequências permanentes para a criança.

> **OBJETIVO DA APRENDIZAGEM 3.9**
> Como os teratógenos afetam o desenvolvimento pré-natal?

Como os teratógenos influenciam o desenvolvimento

Desvios no desenvolvimento pré-natal podem resultar da exposição a **teratógenos**, substâncias que causam dano a um embrião ou feto. A regra geral é que cada sistema corporal é mais vulnerável a dano quando está se desenvolvendo mais rapidamente, como mostra a Figura 3.7 (Moore e Persaud, 1993). Uma vez que a maioria dos sistemas corporais se desenvolve mais rapidamente durante as primeiras oito semanas de gestação, esse é o período em que a exposição a teratógenos envolve mais risco.

Você deve lembrar do Capítulo 1, que *períodos críticos* são fases em que um organismo em desenvolvimento é especialmente sensível a algum tipo de influência externa. Como mostra a Figura 3.7, existem períodos críticos tanto nos estágios embrionário quanto fetal quando alguns sistemas corporais são especialmente sensíveis aos teratógenos. Se drogas ou infecções interferem no desenvolvimento durante um período crítico, uma determinada estrutura corporal não vai se formar corretamente. Por exemplo, os pesquisadores constataram que os japoneses cujas mães estavam grávidas deles quando as bombas atômicas de Hiroshima e Nagasaki foram detonadas no fim da Segunda Guerra Mundial variavam bastante na forma como respondiam à ameaça ambiental causada pela radioatividade da bomba (Schull e Otake, 1997). Muitos daqueles que estavam entre a 8ª a 15ª semana, durante o período de rápida formação neuronal e início da migração neuronal, nasceram com retardo mental irreversível. Os que estavam entre a 16ª e 25ª semana não tiveram taxas de retardo mental mais altas do que as esperadas, mas apresentaram maiores níveis de distúrbios convulsivos do que indivíduos que estavam mais adiantados no desenvolvimento pré-natal na época dos bombardeios. Os fetos que estavam além da 25ª semana de idade gestacional não apresentaram nenhum grau de elevação nas taxas de retardo mental ou de distúrbios convulsivos.

Apesar das tendências que foram encontradas entre os sobreviventes de Hiroshima e Nagasaki, notavelmente, alguns indivíduos que sofreram exposição pré-natal à radiação, mesmo durante os períodos críticos, nasceram sem nenhum tipo de defeito. Esses casos demonstram que muitos fatores contribuem para os efeitos que um determinado teratógeno exerce no desenvolvimento pré-natal. Dois desses fatores são a duração e a intensidade da exposição ao teratógeno. Uma única exposição breve, mesmo ao teratógeno mais potente, pode ter pouco ou nenhum impacto sobre o desenvolvimento. Entretanto, se uma única

teratógenos substâncias como vírus e drogas que podem causar defeitos congênitos.

A Criança em Crescimento 95

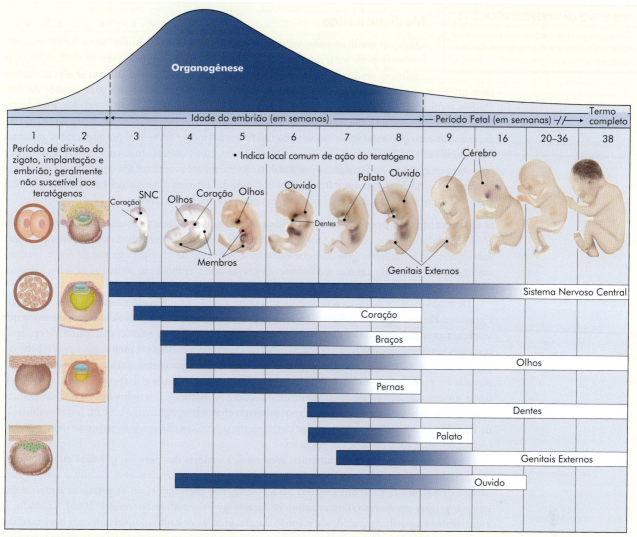

Figura 3.7 Momentos de exposição aos teratógenos.

O momento de exposição ao teratógeno é decisivo. Observe que os teratógenos têm mais impacto durante o estágio embrionário, exceto em algumas partes do corpo, tais como o cérebro e os ouvidos, que continuam sob o risco de efeitos teratogênicos porque continuam crescendo e se desenvolvendo durante o período fetal.

(*Fonte:* C. Moore, J. Barresi e C. Thompson, "The cognitive basis of future-oriented prosocial behavior", *Social Development*, 7 (1998): 198-218. Reproduzido com permissão.)

exposição for particularmente intensa – ou seja, se a "dose" do teratógeno for alta – ela pode ser suficiente para causar dano. Entre os sobreviventes japoneses das bombas atômicas, quanto mais longe a mãe da pessoa estava dos reais locais de impacto das duas bombas, menor sua probabilidade de desenvolver retardo mental ou um distúrbio convulsivo. Entretanto, exposições de fraca intensidade podem ser prejudiciais se ocorrerem durante um período prolongado de tempo. Por isso, precauções especiais devem ser tomadas por gestantes que possam ser expostas a qualquer dose de radiação, mesmo que mínima, ou de outras substâncias potencialmente prejudiciais que façam parte de seu ambiente diário de trabalho.

Finalmente, os pesquisadores cogitaram que os fetos variam bastante quanto a sua suscetibilidade a teratógenos. Acredita-se que essas diferenças se devam a genes que moderam ou bloqueiam os efeitos de alguns tipos de substâncias danosas. Por exemplo, estudos que envolvem diversas cepas de ratos de laboratório demonstram que algumas delas são totalmente imunes a teratógenos que podem causar deformidades faciais graves em outras (Syska, Schmidt e Schubert, 2004).

> **OBJETIVO DA APRENDIZAGEM 3.10**
> Quais são os possíveis efeitos adversos do tabaco, do álcool e de outras substâncias no desenvolvimento pré-natal?

Medicamentos

Qualquer medicamento, inclusive muitos dos que consideramos "normais" (p. ex., antibióticos), pode ser teratogênico. É por isso que, antes de prescreverem medicações para mulheres em idade reprodutiva, os médicos sempre lhes perguntam se elas poderiam estar grávidas. A menos que um medicamento seja absolutamente necessário para a saúde de uma mulher, recomenda-se evitar o uso de qualquer tipo de medicamento durante a gravidez. Entretanto, diferenciar os efeitos de cada substância (de prescrição ou vendida livremente, lícita ou ilícita) no desenvolvimento pré-natal mostrou-se uma tarefa imensamente complexa porque muitas gestantes consomem várias substâncias. Além disso, outros fatores, como estresse materno, falta de apoio social ou pobreza e carência de assistência pré-natal, frequentemente acompanham o uso de drogas ilícitas (Johnson, Nusbaum, Bejarano e Rosen, 1999). Contudo, existem diversas substâncias que parecem afetar o desenvolvimento do bebê, independentemente de outras variáveis.

Medicamentos de prescrição e vendidos livremente Talvez você tenha ouvido falar da tragédia da talidomida que aconteceu na década de 1960. A substância envolvida era um tranquilizante suave prescrito a mulheres grávidas que estivessem sofrendo de sintomas graves de enjoo matinal. Infelizmente, o remédio causou malformações graves dos membros em milhares de fetos expostos (Vogin, 2005).

De modo geral, os médicos aconselham não utilizar qualquer medicamento desnecessário durante a gravidez. Porém, algumas gestantes precisam tomar medicações para tratar condições de saúde que ameaçam a sua própria vida e a da criança em gestação. Por exemplo, gestantes que sofrem de epilepsia precisam tomar anticonvulsivos porque as próprias convulsões podem ser prejudiciais para o bebê em seu ventre. Outras substâncias que as gestantes talvez tenham que correr o risco de tomar, ainda que possam ser prejudiciais, incluem remédios para problemas cardíacos e diabete, remédios para controlar sintomas de asma e alguns tipos de medicações psiquiátricas. Em todos esses casos, os médicos contrapõem os benefícios da medicação aos possíveis efeitos teratogênicos e buscam uma combinação de substância e dosagem que possa tratar efetivamente o problema de saúde da mãe e ao mesmo tempo ofereça o menor risco ao bebê em gestação.

Em contraste com os medicamentos prescritos, a maioria das pessoas, grávidas ou não, de vez em quando toma remédios vendidos livremente conforme o necessário sem consultar um médico. Muitas dessas substâncias, tais como o paracetamol, não oferecem risco às gestantes a menos que sejam ingeridas em excesso (Organization of Teratology Information Specialists, 2005). Contudo, os especialistas aconselham que, desde o início da gravidez, as gestantes conversem com seus médicos sobre os remédios que costumam tomar. Essas conversas devem incluir remédios e também vitaminas e suplementos alimentares que a gestante costuma tomar. Os médicos devem aconselhá-las sobre quais substâncias são seguras e quais são arriscadas. Muitas vezes os médicos podem sugerir alternativas mais seguras. Tipicamente, a maioria sugere medicamentos mais antigos que já foram exaustivamente testados (Vogin, 2005).

Para uma lista de medicamentos de prescrição e vendidos livremente e seus possíveis efeitos no feto, veja a Tabela 3.6.

Drogas ilícitas Um número significativo de gestantes em todo o mundo usa drogas ilícitas. A droga mais comumente utilizada é a maconha. Os bebês de pessoas que fumam maconha duas vezes por semana sofrem de tremores e problemas de sono. Eles parecem ter pouco interesse pelo ambiente por até duas semanas depois do nascimento (Brockington, 1996). Além disso, aos 6 anos, as crianças que tiveram exposição pré-natal à maconha são em média mais baixas do que crianças de mesma idade cujas mães não usaram maconha durante a gravidez (Cornelius, Goldschmidt, Day e Larkby, 2002).

Tanto a heroína quanto a metadona, droga utilizada com frequência no tratamento de dependência de heroína, podem causar aborto, parto prematuro e morte precoce (Brockington, 1996). Além disso, de 60 a 80% dos bebês nascidos de dependentes de heroína ou metadona também são viciados nessas drogas. Bebês dependentes apresentam choros mais agudos e sofrem de sintomas de abstinência, tais como irritabilidade, tremores incontroláveis, vômito, convulsões e problemas de sono. Esses sintomas podem durar até os 4 meses.

Tabela 3.6 Alguns medicamentos de prescrição e vendidos livremente e seus efeitos

Teratógenos	Possíveis efeitos sobre o feto
Accutane/Vitamina A	Deformidades no coração, face e ouvidos
Estreptomicina	Surdez
Penicilina	Doenças de pele
Tetraciclina	Deformidades nos dentes
Remédios para emagrecer	Baixo peso natal

Fontes: Amato, 1998; Kliegman, 1998.

O grau em que a heroína e a metadona afetam o desenvolvimento depende da qualidade do ambiente em que os bebês são criados. Os bebês que são cuidados por mães que continuam dependentes geralmente não se saem tão bem quanto os de mães que param de usar drogas ou que são criados por parentes ou famílias adotivas (Schuler, Nair e Black, 2002). Aos 2 anos, a maioria dos bebês dependentes de heroína ou metadona em bons lares está se desenvolvendo normalmente.

O uso de cocaína, seja na forma de pó ou *crack*, entre mulheres grávidas, está relacionado a muitos tipos de problemas de desenvolvimento em seus filhos (Chatlos, 1997; Ornoy, 2002). Contudo, a maioria das gestantes usuárias de cocaína é menos favorecida e usa múltiplas substâncias, tornando difícil distinguir os efeitos da cocaína dos da pobreza e de outras drogas. Alguns estudos sugerem que a cocaína sozinha não tem efeitos de longo prazo no desenvolvimento cognitivo ou social (Kilbride, Castor, Hoffman e Fuger, 2000; Phelps, Wallace e Bontrager, 1997; Richardson, Conroy e Day, 1996). Entretanto, outra pesquisa demonstra que a exposição pré-natal à cocaína, especialmente quando as mulheres a utilizam várias vezes por semana, acarreta diversos problemas de desenvolvimento nos bebês (Brown, Bakeman, Coles, Sexson e Demi, 1998; Madison, Johnson, Seikel, Arnold e Schultheis, 1998; Mayes, Cicchetti, Acharyya e Zhang, 2003; Schuler e Nair, 1999). Outros estudos ainda indicam que os problemas dos bebês expostos à cocaína podem ser mínimos quando as crianças são avaliadas individualmente em laboratórios de pesquisa. Entretanto, em ambientes complexos como as salas de aula das escolas, suas dificuldades se tornam mais evidentes (Betancourt et al., 1999).

As descobertas mistas sobre a exposição pré-natal à cocaína provavelmente significam que essa droga interage com outros fatores ambientais para produzir um complexo conjunto de efeitos. Por exemplo, um bebê exposto à cocaína que recebe bons cuidados de acompanhamento e cuja mãe para de usar a droga pode ser menos propenso a sofrer do que outro que recebe pouco ou nenhum cuidado e é criado por uma usuária de drogas. Consequentemente, os profissionais de saúde sugerem que o desenvolvimento de bebês expostos à cocaína deve ser acompanhado de perto e que as intervenções devem ser planejadas de acordo com as circunstâncias e características individuais de cada bebê (Kilbride et al., 2000).

Tabaco A correlação entre fumar durante a gravidez e peso natal está bem documentada. Bebês de mães fumantes são em média cerca de 220 gramas mais leves ao nascer do que bebês de mães não fumantes (Fourn, Ducic e Seguin, 1999; Moshin, Wong, Bauman e Bai, 2003). A exposição pré-natal ao tabaco também pode ter efeitos de longo prazo no desenvolvimento das crianças. Alguns estudos sugerem que existem taxas mais elevadas de problemas de aprendizagem e comportamento antissocial entre crianças cujas mães fumaram durante a gravidez (Fergusson, Horwood e Lynskey, 1993; Tomblin, Smith e Zhang, 1997; Visscher, Feder, Burns, Brady e Bray, 2003). Além disso, crianças cujas mães fumaram durante sua gravidez têm maior probabilidade de serem diagnosticadas com transtorno de déficit de atenção/hiperatividade do que seus colegas (Linnet et al., 2003; Thapar et al., 2003).

Álcool Considerando-se o número cada vez maior de evidências sobre os efeitos prejudiciais do álcool no desenvolvimento pré-natal, o caminho mais seguro para mulheres grávidas é não ingerir nenhuma quantidade de álcool. Por exemplo, constatou-se que crianças de 6 anos que tiveram exposição pré-natal a álcool são menores do que seus colegas não expostos (Cornelius, Goldschmidt, Day e Larkby, 2002). Na verdade, estudos demonstram que o álcool pode afetar negativamente um óvulo antes da ovulação ou durante seu percurso da tuba uterina ao útero. De modo semelhante, um zigoto

Crianças com síndrome alcoólica fetal têm traços característicos.

pode ser afetado por álcool mesmo antes de ser implantado no revestimento uterino (Kaufman, 1997).

Mães que bebem muito ou são alcoólatras têm risco significativo de dar à luz bebês com *síndrome alcoólica fetal (SAF)*. Geralmente essas crianças são menores do que o normal e seu cérebro é menor. Com frequência têm defeitos no coração e perdas auditivas, e seus rostos têm características distintivas, sendo o nariz meio achatado e o espaço entre ele e a boca notavelmente longo (Church, Eldis, Blakley e Bawle, 1997; Ornoy, 2002). Na infância, adolescência e idade adulta, elas são mais baixas do que o normal, têm a cabeça menor e seus resultados em testes de inteligência indicam ligeiro retardo mental. Na verdade, a SAF é uma das causas mais comuns de retardo nos Estados Unidos, superando até mesmo a trissomia 21, segundo alguns estudos (Streissguth et al., 1991). Crianças com SAF que não sofrem de retardo mental muitas vezes têm dificuldades de aprendizagem e de comportamento (Mattson e Riley, 1999; Mattson, Riley, Gramling, Delis e Jones, 1998; Meyer, 1998; Uecker e Nadel, 1996). Além disso, esses problemas podem persistir até a adolescência e idade adulta (Kerns, Don, Mateer e Streissguth, 1997; Olson, Feldman, Streissguth, Sampson e Bookstein, 1998; Ornoy, 2002).

> **OBJETIVO DA APRENDIZAGEM 3.11**
> Quais são os riscos associados às doenças teratogênicas maternas?

Doenças maternas

Vários vírus passam pelos filtros placentários e atacam o embrião ou o feto diretamente. Por exemplo, a *rubéola* causa uma reação de fraca intensidade e curta duração nos adultos, mas pode ser mortal para um feto. A maioria dos bebês expostos à rubéola nas primeiras quatro a cinco semanas de gravidez apresenta alguma anormalidade, comparados com apenas 10% dos expostos nos seis meses finais de gravidez (Moore e Persaud, 1993). Surdez, cataratas e defeitos cardíacos são as anormalidades mais comuns. Como os possíveis efeitos da rubéola são muito graves, os médicos atualmente recomendam que todas as mulheres em idade reprodutiva sejam vacinadas contra a doença (American College of Obstetrics and Gynecology [ACOG], 2002). Entretanto, a vacina também pode ser teratogênica. Por isso, o American College of Obstetrics and Gynecology sugere que as mulheres esperem ao menos um mês depois de receberem a vacina para começar a tentar engravidar.

O *HIV*, vírus causador da AIDS, é um dos muitos organismos sexualmente transmitidos que pode ser passado diretamente da gestante para o feto. O vírus pode atravessar a placenta e entrar na corrente sanguínea do feto, ou o bebê pode contrair o vírus no canal de parturição durante o parto. Somente cerca de um quarto dos bebês nascidos de mães infectadas pelo HIV são infectados, mas os cientistas ainda não sabem como prever quais bebês vão contrair o vírus (Abrams et al., 1995; Annunziato e Frenkel, 1993). A transmissão parece mais provável quando a mãe tem AIDS do que quando ela é HIV-positiva, mas ainda não está doente (Abrams et al., 1995). Além disso, gestantes HIV-positivas que tomam AZT têm um risco significativamente menor de transmitir a doença a seus filhos – chegando a apenas 8% (Prince, 1998).

Os bebês que adquirem o HIV de suas mães geralmente se tornam doentes nos primeiros dois anos de vida (Prince, 1998). O vírus enfraquece o sistema imunológico das crianças, permitindo que uma série de outros agentes infecciosos, como os causadores de pneumonia e meningite, ataquem o organismo. Mesmo crianças que se mantêm sem sintomas devem restringir sua exposição a vírus e bactérias. Por exemplo, crianças HIV-positivas não podem ser imunizadas com vacinas que utilizam vírus ativos, tais como a vacina para poliomielite (Prince, 1998).

Outras doenças sexualmente transmissíveis (DSTs), como *sífilis, herpes genital, gonorreia e citomegalovírus*, causam diversos defeitos congênitos. Diferente da maioria dos teratógenos, a bactéria que causa sífilis é mais prejudicial durante as últimas 26 semanas do desenvolvimento pré-natal e causa defeitos nos olhos, ouvidos e cérebro. O herpes genital geralmente é transmitido da mãe para o bebê durante o parto. Um terço dos bebês morrem, e outros 25 a 30% sofrem de cegueira ou dano cerebral. Assim, os médicos geralmente fazem o parto cirúrgico em gestantes com herpes. A gonorreia, que pode causar cegueira no bebê, também é transmitida durante o parto. Por esse motivo, os médicos

Tabela 3.7 Doenças maternas adicionais e seus efeitos

Teratógenos	Possíveis efeitos sobre o feto
Câncer	Tumor fetal ou placentário
Toxoplasmose	Inflamação do cérebro, anormalidades na espinha dorsal
Varicela	Cicatrizes, danos oculares
Parvovírus	Anemia
Hepatite B	Hepatite
Clamídia	Conjuntivite, pneumonia
Tuberculose	Pneumonia ou tuberculose

Fontes: Amato, 1998; Kliegman, 1998.

> **A criança integral em foco**
> Por que Lisa Chang evitou o contato com um de seus sobrinhos durante sua gravidez? Descubra na página 116.

geralmente tratam os olhos de recém-nascidos com um unguento especial que previne os danos da gonorreia.

Um vírus sexualmente transmitido muito menos conhecido é o *citomegalovírus (CMV)*, que faz parte do grupo do herpes. Até 60% de todas as mulheres são portadoras do CMV, mas a maioria não tem sintomas reconhecíveis. Dos bebês cujas mães estão infectadas com CMV, de 1 a 2% são infectados ainda no útero. Quando a doença da mãe está em uma fase ativa, a taxa de transmissão se aproxima de 40 ou 50% (Blackman, 1990). Cerca de 2.500 bebês nascidos a cada ano nos Estados Unidos apresentam sintomas de CMV e têm diversos problemas sérios, incluindo surdez, dano no sistema nervoso central e retardo mental (Blackman, 1990).

Para uma lista de outras doenças maternas e seus possíveis efeitos sobre o feto, veja a Tabela 3.7.

Outras influências maternas no desenvolvimento pré-natal

> **OBJETIVO DA APRENDIZAGEM 3.12**
> Que outros fatores maternos influenciam o desenvolvimento pré-natal?

Outras características maternas que podem afetar negativamente o desenvolvimento pré-natal incluem a dieta da mãe, sua idade e sua saúde física e mental.

Dieta Alguns nutrientes específicos são vitais para o desenvolvimento pré-natal. Um é o ácido fólico, a vitamina B presente no feijão, espinafre e outros alimentos. Quantidades insuficientes desses nutrientes estão relacionadas a defeitos no tubo neural, tais como *espinha bífida* (Daly, Kirke, Molloy, Weir e Scott, 1995). Os possíveis efeitos negativos de ácido fólico insuficiente ocorrem já nas primeiras semanas da gravidez, talvez antes de a mulher se saber grávida. Assim, é importante para as mulheres que pretendem engravidar que ingiram ao menos 400 microgramas dessa vitamina diariamente, o nível mínimo necessário.

Também é importante que uma mulher grávida ingira calorias e proteínas totais suficientes para prevenir a subnutrição. Uma mulher que sofre de subnutrição durante a gravidez, principalmente durante os três meses finais, tem um risco aumentado de dar à luz um bebê de baixo peso natal que terá dificuldades intelectuais na infância (Mutch, Leyland e McGee, 1993). Além disso, os pesquisadores identificaram a subnutrição pré-natal, juntamente com diversas complicações obstétricas, como um importante fator de risco no desenvolvimento de doenças mentais na idade adulta (Neugebauer, Hoek e Susser, 1999; Susser e Lin, 1992).

O impacto da subnutrição materna parece ser maior no desenvolvimento do sistema nervoso – padrão encontrado em estudos com seres humanos e com animais. Por exemplo, ratos cuja ingestão calórica foi substancialmente restringida durante os períodos fetal e pós-natal inicial apresentam um padrão descrito como *atrofia cerebral*, na qual tanto o peso quanto o volume do cérebro estão reduzidos. Eles também desenvolvem menos dendritos e apresentam formação sináptica mais pobre (Pollitt e Gorman, 1994). Em estudos humanos de casos em que a subnutrição pré-natal foi suficiente para causar a morte do feto ou neonato, efeitos muito semelhantes aos vistos em estudos com ratos foram observados. Ou seja, esses bebês têm cérebros menores com células menores e em menor número (Georgieff, 1994).

A tecnologia reprodutiva permitiu que mulheres que há muito já passaram de sua idade reprodutiva tivessem filhos. Depois de 10 anos de tratamentos para fertilidade, essa senhora romena de 67 anos deu à luz gêmeas e se tornou a mãe mais velha do mundo a ter seu primeiro filho.

Idade Você já viu na imprensa reportagens sensacionalistas sobre mulheres que estão tendo filhos aos 50 e 60 anos? Nascimentos em idades tão adiantadas são muito raros, embora seja verdade que a idade média na qual as mulheres dão à luz pela primeira vez tenha aumentado nas últimas décadas. Em 1970, a idade média em que uma mulher dava à luz seu primeiro filho era de 21,4 anos nos Estados Unidos. Em contraste, em 2003, essa média subiu para 25,1 anos (Martin et al., 2005). Um efeito dessa tendência, como você já aprendeu, é que o número de nascimentos múltiplos anuais aumentou drasticamente.

Na maioria dos casos, mulheres mais velhas não têm complicações na gravidez e dão à luz bebês saudáveis, mas os riscos associados à gravidez realmente aumentam um pouco à medida que as mulheres envelhecem (Martin et al., 2005). Seus bebês também têm mais risco de pesar menos de 2,5 quilos no nascimento, descoberta que é em parte explicada pela maior incidência de múltiplos nascimentos entre gestantes mais velhas. Contudo, bebês paridos por mulheres com mais de 35 anos, sejam únicos ou múltiplos, correm mais risco de terem problemas como malformações cardíacas e transtornos cromossômicos.

No outro extremo do *continuum* de idade, ao compararem as taxas de problemas vistos entre mães adolescentes com as de mães de 20 a 30 anos, quase todos os pesquisadores constatam taxas mais altas entre as adolescentes. As mães adolescentes também tendem a serem pobres e menos propensas a receber assistência pré-natal adequada, sendo portanto muito difícil diferenciar os fatores causais (Martin et al., 2005). Contudo, os pesquisadores identificaram taxas mais elevadas de resultados adversos da gravidez mesmo entre mães adolescentes de classe média que receberam boa assistência pré-natal (Fraser, Brockert e Ward, 1995). Além disso, os filhos de mães adolescentes são mais propensos a apresentar problemas de aprendizagem e de comportamento na escola se comparados com filhos de mães mais velhas (Levine, Pollack e Comfort, 2001).

Doenças crônicas As doenças crônicas, quer físicas ou emocionais, também podem afetar o desenvolvimento pré-natal. Por exemplo, a depressão e outros transtornos do humor severos de longo prazo podem acarretar crescimento fetal lento e parto prematuro (Weinstock, 1999). Além disso, os desenvolvimentistas também descobriram que mães deprimidas são menos propensas a se sentirem apegadas a seus fetos. Ao menos um estudo sugeriu que os bebês cujas mães não desenvolvem apego pré-natal a eles são socialmente menos responsivos do que outros bebês da mesma idade (Oates, 1998).

Condições como doença cardíaca, diabete, lúpus, desequilíbrios hormonais e epilepsia também podem afetar o desenvolvimento pré-natal negativamente (Kliegman, 1998; McAllister et al., 1997; Sandman, Wadhwa, Chicz-DeMet, Porto e Garite, 1999). De fato, um dos objetivos mais importantes da nova especialidade de *medicina materno-fetal* é gerenciar a gravidez de mulheres que têm essas condições de modos que preservem a saúde da mãe e do feto. Por exemplo, a gravidez muitas vezes torna impossível que uma mulher diabética mantenha seus níveis de açúcar no sangue sob controle. Por outro lado, níveis instáveis de açúcar no sangue podem danificar o sistema nervoso do feto ou fazê-lo crescer muito rapidamente (Allen e Kisilevsky, 1999; Kliegman, 1998). Para prevenir essas complicações, um especialista materno-fetal precisa encontrar uma dieta, uma medicação ou uma combinação de ambas que estabilize o açúcar no sangue da mãe mas não prejudique o feto. De modo semelhante, especialistas materno-fetais ajudam mulheres que têm epilepsia a equilibrar sua própria necessidade de medicação anticonvulsiva contra o possível dano ao feto.

Ameaças ambientais Existem algumas substâncias encontradas no ambiente que podem ter efeitos prejudiciais sobre o desenvolvimento pré-natal. Por exemplo, mulheres que trabalham com mercúrio (p. ex., dentistas, técnicas odontológicas, operárias de fabricação de semicondutores) são aconselhadas a limitar sua exposição a essa substância potencialmente teratogênica (March of Dimes, 2004). O consumo de grandes quantidades de peixe também pode expor gestantes a altos níveis de mercúrio (devido à poluição industrial dos rios e mares). Os peixes podem também conter níveis elevados de outro tipo de poluente industrial problemático, conhecido como bifenilos policlorados (ou PCBs). Por esses motivos, os pesquisadores recomendam que as gestantes limitem seu consumo de peixe, especialmente atum fresco, tubarão, peixe-espada e cavala (March of Dimes, 2004).

Existem várias outras ameaças ambientais que as gestantes são aconselhadas a evitar (March of Dimes, 2004):

- *Chumbo*, presente em superfícies pintadas em edificações mais antigas, encanamentos de água potável, louças de cristal de chumbo e alguns pratos de cerâmica.
- *Arsênico*, presente no pó de madeira tratada à pressão.
- *Cádmio*, presente em locais de fabricação de semicondutores.
- *Gases anestésicos*, presentes em consultórios dentários, ambulatórios de cirurgia e salas hospitalares de cirurgia.
- *Solventes*, como álcool e solventes de tinta.
- *Substâncias portadoras de parasitas*, tais como fezes de animais e carnes, aves e ovos mal cozidos.

Emoções maternas Alguns psicólogos sugeriram que as emoções maternas podem afetar o desenvolvimento pré-natal. Seu raciocínio é que estados psicológicos estressantes, tais como ansiedade e depressão, provocam alterações na química do organismo. Em uma gestante, essas mudanças resultam em diferenças qualitativas e quantitativas nos hormônios e outros agentes químicos aos quais o feto é exposto.

Por mais convincente que essa ideia possa parecer, a questão de se os estados emocionais maternos como ansiedade e depressão afetam o desenvolvimento pré-natal continua em aberto. Por exemplo, um estudo constatou que filhos cujas mães relataram altos níveis de sofrimento psicológico durante a gravidez podem ser emocionalmente mais negativos tanto aos 6 meses quanto aos 5 anos do que filhos cujas mães tiveram uma gravidez tranquila (Martin, Noyes, Wisenbaker e Huttunen, 1999). Contudo, os críticos alegam que a verdadeira conexão é uma questão de genes maternos e/ou estilo de criação: mães emocionalmente negativas podem simplesmente ser mais propensas a ter filhos que são emocionalmente menos positivos do que seus pares.

Contudo, uma descoberta bastante consistente é que os fetos de mães com perturbações graves tendem a crescer mais devagar do que outros (Linnet et al., 2003; Paarlberg, Vingerhoets, Passchier, Dekker e van Geign, 1995). Os desenvolvimentistas não sabem realmente se esse efeito é um resultado direto de hormônios relacionados às emoções ou se ele é um efeito indireto do estado emocional da mãe. Uma mãe estressada ou deprimida pode comer menos, ou seu sistema imunológico enfraquecido pode limitar sua capacidade de combater vírus e bactérias – qualquer uma dessas duas situações pode retardar o crescimento fetal. Consequentemente, muitos psicólogos sugerem que a provisão de apoio social e aconselhamento a gestantes estressadas e/ou deprimidas pode beneficiar a saúde tanto da mãe quanto do feto (Brockington, 1996).

Avaliação e tratamento do feto

OBJETIVO DA APRENDIZAGEM 3.13
Como os médicos avaliam e manejam a saúde fetal?

A *ultrassonografia* se tornou parte rotineira da assistência pré-natal nos Estados Unidos devido a sua utilidade no monitoramento do crescimento fetal. (As imagens de ultrassom são produzidas pelos ecos que resultam quando ondas sonoras rebatem nos tecidos internos.) Outros testes, incluindo a *amostragem das vilosidades coriônicas (AVC)* e *amniocentese*, podem ser utilizados para identificar erros cromossômicos e muitas doenças genéticas antes do nascimento (ver Figura 3.8 na página 102). Na AVC, células são extraídas da placenta e submetidas a diversos testes laboratoriais durante as primeiras semanas do desenvolvimento pré-natal. Na amniocentese, que é realizada entre a 14ª e a 16ª semanas de gravidez, uma agulha é utilizada para extrair o líquido amniótico que contém células fetais. As células fetais selecionadas do líquido são então testadas de diversas maneiras para diagnosticar transtornos cromossômicos e genéticos.

A criança integral em foco
O que Lisa Chang descobriu depois de se submeter à amniocentese durante sua gravidez? Descubra na página 116.

Ambos os exames estão associados a risco aumentado de aborto. A AVC é mais comumente utilizada quando uma condição de saúde da mãe exige o diagnóstico precoce de anormalidades fetais (Curry, 2002). Em geral, a amniocentese tem menor risco de aborto e de dano ao feto do que a AVC. Por isso, ela é a técnica preferencial de diagnóstico pré-natal, sendo rotineiramente recomendada

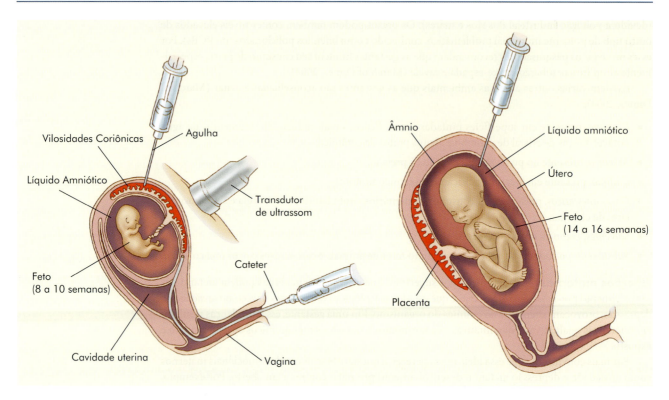

Figura 3.8 Dois métodos de diagnóstico pré-natal.

Na amostragem das vilosidades coriônicas (esquerda), células placentárias são extraídas através de um seringa vazia inserida no abdômen da gestante. Essas células são então submetidas a diversas análises laboratoriais para verificar se o feto é saudável. Na amniocentese, uma técnica semelhante é utilizada para extrair células do líquido amniótico que envolve o feto. Essas células são utilizadas para criar um mapa cromossômico que pode auxiliar na identificação de diversos tipos de defeitos genéticos.

como ferramenta de triagem para síndrome de Down e outras anormalidades cromossômicas em gestantes com mais de 35 anos.

Existem também muitos testes laboratoriais que utilizam sangue, urina e/ou amostras do líquido amniótico da gestante como auxílio no monitoramento do desenvolvimento fetal. Por exemplo, a presença de uma substância chamada *alfa-fetoproteína* no sangue de uma gestante está associada a alguns defeitos pré-natais, inclusive anormalidades no cérebro e medula espinhal. Os médicos podem inclusive realizar um exame laboratorial para avaliar a maturidade dos pulmões do feto (Kliegman, 1998). Esse exame é imprescindível quando é necessário fazer o parto de um bebê precocemente por conta da saúde da mãe.

A *fetoscopia* envolve a inserção de uma diminuta câmera no útero para observar diretamente o desenvolvimento fetal. A fetoscopia permite que alguns defeitos congênitos sejam corrigidos cirurgicamente (Kliegman, 1998). Além disso, a fetoscopia possibilitou técnicas como transfusões de sangue fetais e transplantes de medula. Os especialistas também utilizam a fetoscopia para retirar amostras de sangue do cordão umbilical. Exames laboratoriais realizados em amostras de sangue fetal podem avaliar a função de órgãos fetais, diagnosticar distúrbios cromossômicos e genéticos e detectar infecções fetais (Curry, 2002). Por exemplo, exames de sangue fetais ajudam os médicos a identificar uma infecção

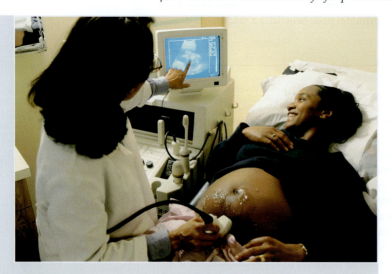

Exames de ultrassom (ou ecográficos) permitem identificar o sexo do feto, diagnosticar deformidades fetais e problemas de crescimento e determinar a posição do feto no útero.

bacteriana que está fazendo o feto crescer lentamente demais. Uma vez diagnosticada, a infecção pode ser tratada injetando antibióticos no líquido amniótico (para que sejam engolidos pelo feto) ou no cordão umbilical (Kliegman, 1998).

Pesquisadores examinaram como o diagnóstico pré-natal afeta os futuros pais. Comparado com pais que não sabiam antes do nascimento sobre as deficiências que seus filhos de um ano teriam, os pais cujas dificuldades dos bebês foram diagnosticadas durante o período pré-natal relataram maiores sentimentos de estresse e depressão (Hunfeld et al., 1999). Entretanto, especialistas em medicina fetal sugerem que os efeitos emocionais negativos do diagnóstico pré-natal podem ser moderados, oferecendo-se aos futuros pais aconselhamento e informações específicas sobre tratamento no momento que o diagnóstico é feito, em vez de esperar até depois do nascimento.

Nascimento e o neonato

Uma vez completa a gestação, o feto deve nascer – evento que envolve certo sofrimento assim como muita alegria para a maioria dos pais.

Opções de parto

OBJETIVO DA APRENDIZAGEM 3.14
Que tipos de opções de parto estão disponíveis para pais prospectivos?

Na maioria dos lugares ao redor do mundo, a tradição determina o modo como os bebês são paridos. Entretanto, em países industrializados, especialmente nos Estados Unidos, os partos hospitalares se tornaram rotina na segunda metade do século XX. Contudo, atualmente nessas sociedades os pais dispõem de diversas opções em relação ao local de nascimento, quem estará presente e que medicação será utilizada para manejar os desconfortos físicos do trabalho de parto e do nascimento.

Local de nascimento e pessoas presentes

Uma escolha que os pais precisam fazer é onde o bebê vai nascer. Na maior parte dos países industrializados, as mulheres dão à luz em clínicas especializadas, mas nos Estados Unidos, existem quatro alternativas na maioria das comunidades:

- Uma maternidade hospitalar tradicional.
- Uma central de nascimentos ou sala de parto localizada em um hospital, que oferece um ambiente mais doméstico para o trabalho de parto e nascimento e com frequência permite a presença de familiares o tempo todo.
- Uma central de nascimento independente, idêntica a uma unidade hospitalar exceto por não estar dentro de um hospital, sendo o parto geralmente feito por uma parteira e não (ou também) com um médico.
- O lar da gestante.

Mais de 99% dos bebês nos Estados Unidos nascem em hospitais (Martin et al., 2005). Assim, muito do que os pesquisadores sabem a respeito de nascimentos fora de hospitais é proveniente de estudos realizados na Europa. Por exemplo, na Holanda, um terço de todos os nascimentos ocorre em casa (Eskes, 1992). Os partos domésticos são indicados

Nos países desenvolvidos, a tradição determina onde os bebês nascem e quem assiste ao parto. Os partos hospitalares são comuns nos Estados Unidos, mas muitos hospitais oferecem aos pais a opção de dar à luz em ambientes não cirúrgicos, como na sala de parto mostrada acima.

para gestações sem complicações durante as quais a mulher recebeu boa assistência pré-natal. Quando essas condições são satisfeitas, e com a presença de um técnico obstétrico experiente, a taxa de complicações de parto ou de problemas no bebê é a mesma que a dos partos hospitalares.

Parteiras-enfermeiras certificadas são enfermeiras diplomadas que têm treinamento especializado para cuidar das gestantes e realizar os partos. Já as *parteiras licenciadas* têm treinamento em obstetrícia, mas não são enfermeiras. Em vez disso, a maioria fez treinamento em outras profissões de saúde, tais como fisioterapia, antes de se tornarem parteiras licenciadas. Na Europa e na Ásia, parteiras-enfermeiras e parteiras licenciadas têm sido as principais cuidadoras de gestantes e recém-nascidos há muitos anos. Em contraste, nos Estados Unidos, os médicos proveem assistência pré-natal e fazem o parto dos bebês em 91% das mulheres (Martin et al., 2005).

Medicação durante o trabalho de parto e o nascimento   Uma decisão fundamental para as gestantes se refere ao uso de medicação durante o parto e o nascimento. *Analgésicos* podem ser dados durante o trabalho de parto para reduzir a dor. *Sedativos* ou *tranquilizantes* podem ser ministrados para reduzir a ansiedade. A *anestesia*, quando usada, geralmente é aplicada posteriormente no parto para bloquear a dor, seja totalmente (anestesia geral) ou em algumas partes do organismo (anestesia local, como a epidural).

Estudar as relações causais entre o uso de medicação durante o parto e o nascimento e o comportamento ou desenvolvimento posterior do bebê mostrou-se difícil. Em primeiro lugar, não resta dúvida de que praticamente todas as drogas administradas durante o trabalho de parto atravessam a placenta, entram na corrente sanguínea do feto e podem ali permanecer por vários dias. Não é de surpreender, portanto, que bebês cujas mães receberam algum tipo de droga geralmente são um pouco mais lerdos, ganham um pouco menos de peso e passam mais tempo dormindo nas primeiras semanas que os bebês de mães que não foram medicadas (Maurer e Maurer, 1988).

Em segundo lugar, não existem efeitos consistentemente observados de analgésicos e tranquilizantes além dos primeiros dias de vida, e apenas indicativos de alguns estudos dos efeitos de longo prazo da anestesia (Rosenblith, 1992). Diante desses resultados contraditórios, apenas um conselho parece justificado: se você é uma nova mãe que foi medicada durante o parto, não esqueça que seu

Muitos pais fazem aulas pré-natais, como nessa fotografia, para que possam oferecer apoio a suas parceiras durante o parto.

bebê também foi medicado e que isso vai afetar o comportamento dele nos primeiros dias. Se você levar em conta esse efeito e compreender que ele é transitório, seu vínculo de longo prazo com seu filho provavelmente não será afetado.

Não obstante, muitas mulheres preferem evitar qualquer medicação. O termo geral *parto natural* é comumente utilizado para se referir a essa escolha. Essa abordagem também costuma ser referida como *método Lamaze*, nome do médico que popularizou a ideia do parto natural e criou diversas técnicas de manejo da dor. No parto natural, as mulheres utilizam métodos psicológicos e comportamentais de manejo da dor em vez de medicação.

O parto natural envolve vários componentes. Primeiro, uma mulher seleciona alguém, geralmente o pai do bebê, para servir como um treinador do parto. *Aulas de preparação para o nascimento* preparam psicologicamente a mulher e seu treinador para a experiência de dar à luz. Por exemplo, eles aprendem a usar a palavra *contração* em vez de *dor*. Além disso, por acreditar que seu bebê vai se beneficiar do parto natural, a mulher se sente motivada para enfrentar o trabalho de parto sem medicação para alívio da dor. Por fim, as técnicas de relaxamento e de respiração lhes suprem das respostas emocionais que servem para substituir as emoções negativas que tipicamente resultam do desconforto físico das contrações. Auxiliada por seu treinador, a gestante concentra a atenção na respiração e não na dor.

O processo físico do nascimento

> **OBJETIVO DA APRENDIZAGEM 3.15**
> O que acontece em cada uma das três etapas do nascimento?

O parto costuma ser dividido em três etapas (ver Figura 3.9 na página 106). A primeira etapa compreende o período durante o qual ocorrem dois processos importantes: dilatação e obliteração. A cerviz (a abertura na parte inferior do útero) precisa se abrir como o diafragma de uma câmera (*dilatação*) e também se adelgaçar (*obliteração*). Na hora de parir, a cerviz deve estar dilatada em cerca de dez centímetros (ou quatro polegadas).

A própria primeira etapa costuma ser dividida em fases. Na fase *inicial* (ou *latente*), as contrações são relativamente distanciadas e geralmente pouco desconfortáveis. Na fase *ativa*, que se inicia quando a cerviz tem de três a quatro centímetros de dilatação e continua até que a dilatação tenha atingido oito centímetros, as contrações são mais frequentes e mais intensas. Os últimos dois centímetros de dilatação são alcançados durante a fase que costuma ser chamada de *transição*. É essa a fase, quando as contrações estão frequentes e fortes, que as mulheres consideram mais dolorosa. Felizmente, a transição também costuma ser a fase mais curta.

A Figura 3.10 na página 107 mostra a duração típica dessas várias fases do trabalho de parto para primeiros nascimentos e nascimentos posteriores. O que a figura não mostra é a grande variabilidade individual que existe. Entre mulheres dando à luz seu primeiro filho, a primeira etapa pode durar de três até vinte horas (Biswas e Craigo, 1994; Kilpatrick e Laros, 1989).

No final da fase de transição, a mãe normalmente terá a necessidade de ajudar o bebê a emergir "fazendo força". Quando o médico (ou a parteira) tem certeza de que a cerviz está plenamente dilatada, ele incentiva a gestante a fazer força, e se inicia a segunda etapa do nascimento, o parto propriamente dito. A cabeça da criança se desloca através da cerviz dilatada para o canal de parturição e por fim para fora do corpo da mãe. A maioria das mulheres acha essa parte do nascimento menos dolorosa do que a fase de transição porque nesse ponto elas podem ajudar o processo de expulsão do bebê fazendo força. A segunda etapa dura menos de uma hora e raramente dura mais do que duas horas. A terceira etapa, que também costuma ser muito breve, é a expulsão da placenta e outras estruturas (também chamadas de secundinas) para fora do útero.

Partos cesarianos Às vezes é necessário fazer um parto cirúrgico através de incisões nas paredes abdominal e uterina. Existem várias situações que justificam o uso dessa operação, chamada de **cirurgia cesariana**. A *apresentação pélvica*, na qual os pés ou nádegas saem primeiro, representa uma das justificativas mais convincentes para a realização de um parto cesariano por sua associação ao rompimento do cordão umbilical (ACOG, 2001). Outros fatores que exigem o procedimento incluem sofrimento do feto durante o parto, partos que não progridem em um período razoável de tempo, um feto que é grande demais para passar pela vagina, e condições de saúde materna que podem ser agravadas pelo parto vaginal (p. ex., doença cardiovascular, danos espinhais) ou podem ser perigosas para o feto (p. ex., herpes).

cirurgia cesariana extração do bebê através de incisões nas paredes abdominal e uterina.

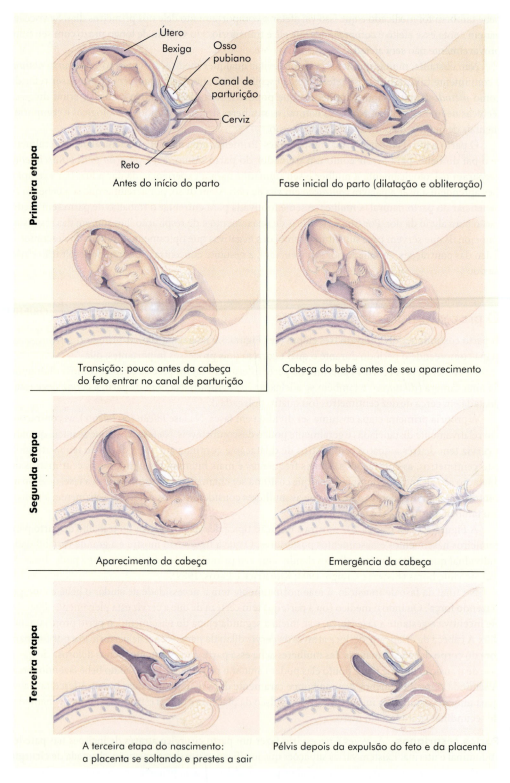

Figura 3.9 As três etapas do nascimento.

Esses desenhos mostram claramente a sequência de etapas durante o nascimento de um bebê.

Muitos observadores alegam que a atual taxa de cirurgias cesarianas realizadas nos Estados Unidos é alta demais. O National Center of Health Statistics (Matin et al., 2005) relata que apenas 27% de todos os partos em 2003 nos Estados Unidos envolveram operações cesarianas. Os críticos da frequência com que as cirurgias cesarianas são realizadas dizem que muitas dessas cirurgias são desnecessárias. Essas afirmações são justificadas?

Um fator por trás das atuais estatísticas sobre cirurgias cesarianas é que, como vimos anteriormente, está aumentando o número de mulheres que dão à luz em idade mais avançada (Joseph et al., 2003). Essas mulheres são mais propensas a conceber gêmeos e outros múltiplos. Nesses casos, a cirurgia cesariana quase sempre aumenta as chances em favor da saúde pós-natal dos bebês. Assim, os benefícios do parto cesariano superam seus riscos.

Em contraste, uma pesquisa recente dos registros hospitalares revelou que quase um quarto de todas as cirurgias cesarianas realizadas em 2002 nos Estados Unidos eram totalmente eletivas (Hall, 2003). Nesses casos, mulheres que não tinham problemas de saúde e que tinham fetos saudáveis solicitaram cirurgias cesarianas, com a aquiescência de seus médicos. O comitê de ética do American College of Obstetrics and Gynecology (2004a) estipulou que partos cirúrgicos eletivos são éticos contanto que o médico tenha certeza de que, para as pacientes que os solicitam, o parto vaginal envolve o mesmo risco. Os defensores das cesarianas eletivas dizem que a cirurgia poupa as gestantes de futuros problemas associados ao parto vaginal, tais como incontinência urinária.

Mas o parto por cirurgia cesariana deve ser considerado apenas como uma opção? Os críticos dizem que os possíveis benefícios das cesarianas eletivas não justificam expor as mulheres aos seus riscos (Hall, 2003). Eles alegam que muitas pacientes obstétricas não compreendem que uma cirurgia cesariana é um procedimento delicado e envolve os mesmos riscos que outras operações abdominais. Esses riscos incluem reações alérgicas aos anestésicos, infecção, danos acidentais a outros órgãos (bem como ao feto) e excessiva perda de sangue. Consequentemente, esses críticos acreditam que a cirurgia cesariana eletiva representa uma escolha mal-informada por parte da paciente e uma prática irresponsável por parte do médico.

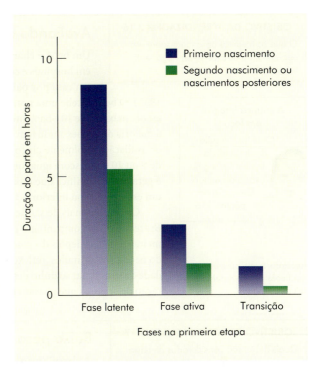

Figura 3.10 Duração do trabalho de parto no primeiro nascimento e em nascimentos posteriores.

Padrão típico da duração das fases da primeira etapa do nascimento (trabalho de parto) para primeiros nascimentos e nascimentos subsequentes.

(Fonte: Baseado em Biswas e Craigo. "The course and conduct of normal labor and delivery". Em A. H. DeCherney e M. L. Pernoll (Eds.) *Current Obstetric and Gynecologic Treatment*, 1994, das Figuras 10 a 16, p. 216, e 10 a 17, p. 217. Reproduzido com permissão de The McGrow-Hill Companies.)

Complicações do nascimento Durante o processo de nascimento, alguns bebês entram em *sofrimento fetal*, sinalizado por uma mudança repentina na frequência cardíaca. Na maioria dos casos, os médicos não sabem por que um bebê experimenta sofrimento fetal. Entretanto, uma causa de sofrimento é a pressão no cordão umbilical. Por exemplo, se o cordão se aloja entre a cabeça do bebê e a cerviz, cada contração vai forçar a cabeça do bebê contra o cordão. Os vasos sanguíneos em colapso perdem a capacidade de transportar o sangue do e para o bebê. Quando isso acontece, o bebê experimenta **anoxia**, ou privação de oxigênio. A anoxia pode causar morte ou dano cerebral, mas os médicos podem evitar os efeitos de longo prazo agindo rapidamente para liberar cirurgicamente os bebês que estejam em sofrimento (Handley-Derry et al., 1997).

Os bebês também podem deslocar os ombros ou quadris durante o nascimento. Alguns sofrem fraturas, em outros os nervos que controlam os músculos faciais são comprimidos, causando paralisia temporária em um dos lados da face. Essas complicações geralmente não são graves e se resolvem com pouco ou nenhum tratamento.

Se a pressão arterial de uma mulher em trabalho de parto subitamente aumenta ou diminui, um parto cesariano pode ser indicado. Além disso, às vezes o trabalho de parto progride tão lentamente que as mulheres permanecem na primeira etapa por mais de 24 horas. Isso pode acontecer se a cabeça do bebê estiver em uma posição que impede que o bebê exerça pressão suficiente sobre a cerviz para forçá-la a se abrir. Nesses casos, a cirurgia é indicada, pois a continuação do trabalho de parto pode causar dano permanente ao corpo da mãe.

Depois do nascimento, a maioria das mulheres precisa de um mês ou algo assim para se recuperar. Durante esse período, o corpo da mãe sofre diversas alterações hormonais que incluem aquelas necessárias para a amamentação e para o retorno ao ciclo menstrual normal. Algumas mulheres passam por um período de depressão depois de dar à luz. Entretanto, a maioria se recupera rapidamente, tanto física quanto emocionalmente, da provação da gravidez e do parto.

anoxia privação de oxigênio experimentada por um feto durante o parto.

> **OBJETIVO DA APRENDIZAGEM 3.16**
> O que os médicos aprendem sobre um neonato com as escalas de Apgar e de Brazelton?

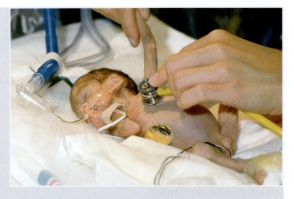

> **A criança integral em foco**
> Qual foi o resultado do bebê da família Chang na escala de Apgar? Descubra no página 116.

neonato termo para denominar bebês entre o nascimento e um mês de idade.

Avaliando o neonato

Um bebê é chamado de **neonato** no primeiro mês de vida. A saúde de bebês nascidos em hospitais e centrais de nascimento, assim como a maioria daqueles cujo parto é feito em casa por parteiras profissionais, costuma ser avaliada pela *escala de Apgar* (Apgar, 1953). O bebê recebe uma nota de 0, 1 ou 2 em cada um dos cinco critérios listados na Tabela 3.8. Um escore máximo de 10 é bastante incomum imediatamente depois do nascimento, porque naquela etapa a maioria dos bebês ainda têm os dedos de pés e mãos um pouco azulados. Entretanto, em uma segunda avaliação, geralmente cinco minutos após o nascimento, de 85 a 90% dos bebês atingem um escore de 9 ou 10. Um escore igual ou superior a 7 indica que o bebê não corre perigo. Um escore de 4, 5 ou 6 geralmente significa que o bebê precisa de ajuda para estabelecer os padrões de respiração normais; um escore igual ou inferior a 3 indica um bebê em condição crítica.

Os profissionais de saúde costumam utilizar a *Escala de Avaliação Comportamental Neonatal de Brazelton* para acompanhar o desenvolvimento de um neonato durante aproximadamente as duas primeiras semanas depois do nascimento (Brazelton, 1984). Um profissional de saúde avalia as respostas do neonato a estímulos, reflexos, tônus muscular, grau de vigilância, responsividade a afagos e capacidade de se acalmar sozinho depois de perturbado. Os escores nesse exame podem ser úteis na identificação de crianças que possam ter problemas neurológicos significativos.

> **OBJETIVO DA APRENDIZAGEM 3.17**
> Quais bebês são considerados de baixo peso natal e que riscos estão associados a essa classificação?

Baixo peso natal e nascimento prematuro

A classificação do peso do neonato é outro fator importante na avaliação. Todos os neonatos com menos de 2,5 quilos são classificados como tendo **baixo peso natal (BPN)**. A maioria dos bebês de BPN é *prematuro*, ou nascidas antes de 38 semanas de gestação.

A proporção de bebês de BPN é especialmente alta nos Estados Unidos, onde cerca de 12% dos neonatos são prematuros e 8% deles pesam menos de 2,5 quilos (Martin et al., 2005). Múltiplos fetos – os quais, como você aprendeu anteriormente no capítulo, estão aumentando de frequência no mundo industrializado – estão especialmente propensos a nascer de parto prematuro.

Contudo, é possível que um bebê tenha completado 37 semanas ou mais de gestação e ainda seja um bebê de BPN. Além disso, alguns bebês prematuros pesam a quantidade certa para sua idade gestacional, ao passo que outros são menores do que o esperado. Esses *neonatos pequenos para a idade gestacional* parecem ter sofrido de retardo no crescimento fetal e, enquanto grupo, têm piores prognósticos do que bebês que pesam a quantidade certa para sua idade gestacional.

Bebês de BPN apresentam níveis marcadamente inferiores de responsividade no nascimento e nos primeiros meses de vida. Os nas-

As chances de sobrevivência de bebês com baixo peso natal são melhores quando eles recebem cuidados em uma unidade de tratamento intensivo neonatal.

baixo peso natal (BPN) peso natal abaixo de 2,5 quilos.

Tabela 3.8 A escala de Apgar

	Escore atribuído		
Aspecto observado	0	1	2
Frequência cardíaca	Ausente	< 100 batimentos por minuto	> 100 batimentos por minuto
Taxa respiratória	Sem respiração	Choro fraco e respiração curta	Choro forte e respiração regular
Tônus muscular	Flácido	Alguma flexão das extremidades	Extremidades bem flexionadas
Resposta a estimulação dos pés	Nenhuma	Algum movimento	Choro
Cor	Azul; pálido	Corpo rosa, extremidades azuis	Totalmente rosa

Fonte: Handbook of Infant Development, Joy D. Osofsky (Ed.). Copyright © 1987 John Wiley e Sons Ltd. Reproduzido com permissão.

CIÊNCIA DO DESENVOLVIMENTO NA CLÍNICA

Cantando para o neonato de BPN

Dana trabalha como auxiliar de enfermagem na unidade de tratamento intensivo neonatal (UTIN) de um grande hospital. Todos os bebês na unidade de Dana nasceram prematuramente e têm problemas de saúde graves. Ela observou que muitos pais cantam para esses recém-nascidos. Em seu curso de treinamento, Dana aprendeu que bebês prematuros são mais sensíveis à estimulação do que bebês de termo completo. Em razão disso, ela se pergunta se os funcionários da UTIN não deveriam desencorajar os pais de cantar.

Cantar para recém-nascidos é uma prática encontrada em todas as partes do mundo (Rock, Trainor e Addison, 1999). Além disso, cantar parece fazer contribuições importantes para o desenvolvimento de bebês de baixo peso natal (Standley, 2002). Um estudo constatou que neonatos prematuros em uma enfermaria de tratamento neonatal intensivo para quem se cantava três vezes por semana por vinte minutos durante um período de quatro dias comiam mais, ganhavam peso mais rapidamente e eram liberados do hospital mais cedo do que bebês para os quais não se cantava (Coleman, Pratt, Stoddard, Gerstmann e Abel, 1997). Notavelmente, também, o funcionamento de bebês para os quais se cantava (medido por variáveis como níveis de saturação de oxigênio no sangue) era superior. Contudo, o maior efeito do canto dos pais e das reações dos bebês a ele pode ser a comunicação de uma mensagem de mútuo amor que ajuda a estabelecer um laço emocional duradouro entre a criança e o genitor, um laço que é igualmente importante para bebês prematuros e de termo completo (Bergeson e Trehub, 1999). Assim, Dana deve incentivar os pais a cantarem para os bebês frágeis em sua UTIN.

Questões para reflexão

1. Como a pesquisa sobre o cantar para bebês prematuros poderia ser posta em prática em unidades de tratamento intensivo neonatal de modos não perturbadores?
2. Se você fosse responsável por ajudar os pais de neonatos a compreender o valor de cantar para seus bebês, como você explicaria as pesquisas relacionadas para eles?

---

cidos com mais de seis semanas de precocidade também costumam sofrer de *síndrome da angústia respiratória* (também conhecida como *doença da membrana hialina*). Seus pulmões pouco desenvolvidos causam sérias dificuldades respiratórias. Em 1990, os médicos começaram a tratar desse problema administrando *surfactante*, uma substância química que permite que os pulmões façam trocas de oxigênio e dióxido de carbono no sangue, a neonatos prematuros com deficiência dessa substância. Consequentemente, a taxa de mortalidade entre bebês de peso natal muito baixo foi reduzida em cerca de 30%, e a síndrome da angústia respiratória não é mais a principal causa de morte neonatal entre bebês prematuros (Corbet, Long, Schumacher, Gerdes e Cotton, 1995; Lynch, 2004; Schwartz, Anastasia, Scanlon e Kellogg, 1994). Além disso, o atendimento das necessidades socioemocionais dos bebês de BPN aumenta suas chances de sobrevivência (ver *Ciência do desenvolvimento na clínica* nesta página).

Com suporte parental e educacional adequados, a maioria dos bebês de BPN que pesam mais de 1,5 quilos e que não são pequenos para a idade gestacional alcança seus equivalentes normais nos primeiros anos de vida, ainda que o faça em taxas muito variáveis (Hill, Brooks-Gunn e Waldfogel, 2003). Porém, os que pesam menos do que 1,5 quilos permanecem menores do que o normal e têm taxas significativamente mais altas de problemas de longo prazo (Weindrich, Jennen-Steinmetz, Laucht e Schmidt, 2003). Contudo, o grau em que o ambiente atende as necessidades físicas, cognitivas e socioemocionais dos bebês de BPN contribui para suas chances de sobrevivência e para sua posterior condição na infância.

A saúde geral de um neonato de BPN também faz diferença. Por exemplo, bebês de BPN que sofrem de hemorragia cerebral logo após o nascimento são mais propensos a ter problemas posteriormente (Bendersky e Lewis, 1994). As circunstâncias econômicas da família do bebê de BPN também importam. Crianças em famílias de baixa renda são mais tendentes a sofrer dos efeitos de longo prazo do baixo peso natal, tais como problemas de atenção, do que as que crescem em lares mais afluentes (Breslau e Chilcoat, 2000).

Os meninos são mais tendentes do que as meninas a apresentar efeitos de longo prazo do baixo peso natal. Na verdade, um estudo recente envolvendo mais de 700 crianças de 6 anos constatou uma taxa mais alta de transtornos de aprendizagem e outros problemas em meninos de BPN do que entre colegas de peso natal normal (PNN) (Johnson e Breslau, 2000). Em contraste, as meninas de BPN não difeririam em nada de suas contrapartes de PNN. A diferença entre os meninos de BPN e PNN continuava existindo quando eles foram novamente examinados aos 11 anos (ver *Ciência do desenvolvimento na sala de aula* na página 110).

A criança integral em foco

Por que a família Chang preferiu fazer o parto em um hospital com uma unidade de tratamento intensivo neonatal? Descubra na página 116.

CIÊNCIA DO DESENVOLVIMENTO NA SALA DE AULA
Nascimento prematuro e problemas escolares

O filho de 6 anos de Monique, Ramon, é um aluno de 1ª série que parece adorar a escola. Entretanto, quase todos os dias, Monique recebe um recado do professor do menino sobre seu comportamento e desempenho acadêmico. Parece que Ramon tem tido ataques de raiva que sugerem que ele tem pouca tolerância à frustração, além de estar muito atrás de seus colegas em leitura e habilidades aritméticas. Recentemente, Monique conversou com a psicóloga da escola e revelou que Ramon nasceu com 12 semanas de prematuridade. A psicóloga sugeriu que a condição de nascimento de Ramon poderia ter relação com seus problemas em sala de aula.

Felizmente, dois terços a três quartos dos bebês prematuros são indistinguíveis dos outros bebês na época que chegam à idade escolar (Bowen, Gibson e Hand, 2002; Foulder-Hughes e Cooke, 2003a). Contudo, os restantes sentem dificuldades na escola como as de Ramon. Os dois fatores preditivos críticos para tais crianças parecem ser o peso natal e a idade gestacional (Foulder-Hughes e Cooke, 2003b; McGrath e Sullivan, 2002). Quanto mais baixo o peso natal e quanto mais precoce a idade gestacional na qual a criança nasceu, maior o risco de que ela venha a apresentar problemas escolares. Constatou-se que as crianças que nasceram antes da 27ª sétima semana e que pesavam menos de 1.000 gramas são mais propensas a sofrer de problemas no ensino fundamental do que crianças de BPN que nasceram mais tarde e/ou pesavam mais do que 1.000 gramas (Shum, Neulinger, O'Callaghan e Mohay, 2008). Além disso, essa diferença persiste até a 4ª série em muitos casos. Entretanto, pesquisas demonstram que essas crianças evoluem com o passar do tempo, sugerindo que suas dificuldades não indicam necessariamente a presença de uma deficiência permanente (Fussell e Burns, 2007).

Por esses motivos, quando a psicóloga da escola soube que Ramon tinha nascido muito prematuramente, ela provavelmente começou a pensar que os problemas dele eram de natureza desenvolvimentista em vez de evidenciarem um distúrbio permanente. Essa conclusão vai condicionar as intervenções que ela recomenda. Monique provavelmente será informada que seu filho está passando pelos mesmos marcos de desenvolvimento que outras crianças, ainda que em um ritmo mais lento e por um caminho não tão linear quanto o de crianças que nascem a termo completo. Assim, ele tende a responder aos mesmos tipos de estratégias de criação e intervenções escolares que as crianças que estão se desenvolvendo de maneira mais normal; talvez ele só leve mais tempo para mostrar os efeitos.

Questões para reflexão

1. Considerando a prematuridade do nascimento de Ramon, você acha que Monique deveria adotar uma atitude de "ele vai superar" em relação a seus problemas escolares? Justifique sua resposta.

2. A escola deveria ajustar suas expectativas acadêmicas e comportamentais para Ramon? Em caso afirmativo, que tipos de ajustes você acha que seriam apropriados, e em que idade você acha que se deveria esperar dele um desempenho do mesmo nível de seus colegas?

Preparação para Testes

Concepção e genética

3.1 Quais são as características do zigoto? (p. 78-80)

Na concepção, os 23 cromossomos do espermatozoide se unem aos 23 cromossomos do óvulo para formar uma nova célula com 46 cromossomos que então será reproduzida em cada célula do novo indivíduo.

1. Associe cada termo a sua definição.

    _____ (1) cromossomos
    _____ (2) zigoto
    _____ (3) gônadas
    _____ (4) gametas
    _____ (5) genes
    _____ (6) dizigótico

    (A) células que se unem na concepção
    (B) filamentos de material genético
    (C) unidades de material genético que controlam e influenciam traços
    (D) descreve gêmeos que se desenvolvem de dois óvulos fertilizados
    (E) glândulas sexuais
    (F) espermatozoide e óvulo se unem para formar 23 pares de cromossomos nessa célula totalmente nova

3.2 De que forma os genes influenciam o desenvolvimento? (p. 80-83)

Os geneticistas fazem distinção entre genótipo (o padrão de genes herdados) e o fenótipo (as características observáveis do indivíduo). Os genes são transmitidos dos pais para os filhos de acordo com regras complexas que incluem o padrão dominante-recessivo, herança poligênica, *imprinting* genético, herança mitocondrial e herança multifatorial.

2. Descreva cada tipo de herança.

Herança	Descrição
Poligênica	
Imprinting genético	
Mitocondrial	
Multifatorial	

Doenças genéticas e cromossômicas

3.3 Quais são os efeitos das principais doenças recessivas, dominantes e vinculadas ao sexo? (p. 83-84)

As doenças recessivas afetam os indivíduos em idade precoce, muitas vezes acarretando retardo mental e/ou morte prematura. Esses distúrbios incluem a fenilcetonúria, doença de Tay-Sachs, fibrose cística e anemia falciforme. As doenças dominantes geralmente não se manifestam antes da idade adulta. A doença de Huntington, uma afecção fatal do sistema nervoso, é um exemplo desses distúrbios. A hemofilia e a síndrome do X frágil são distúrbios graves vinculados ao sexo que acometem os homens muito mais do que as mulheres; a síndrome do X frágil pode causar retardo mental progressivo.

3. O albinismo tende a se desenvolver (na infância/na idade adulta) porque é um distúrbio (recessivo/dominante), ao passo que a esquizofrenia tende a se desenvolver (na infância/na idade adulta) porque é um distúrbio (recessivo/dominante).

3.4 Como as trissomias e outros distúrbios dos autossomos e cromossomos sexuais afetam o desenvolvimento? (p. 85)

Números anormais de cromossomos e defeitos neles são a causa de diversos distúrbios graves, incluindo a síndrome de Down. As anomalias dos cromossomos sexuais podem afetar o desenvolvimento sexual e alguns aspectos do funcionamento intelectual.

Gravidez e desenvolvimento pré-natal

3.5 Quais são as características de cada trimestre de gestação? (p. 86-87)

Durante o primeiro trimestre de gravidez, a gestante experimenta enjoo matinal, aumento do volume dos seios e fadiga. À medida que o abdômen da mulher cresce durante o segundo trimestre, sua gravidez se torna perceptível. Ela sente os movimentos do feto pela primeira vez e sente um aumento do apetite. Durante o terceiro trimestre, a mulher ganha peso e pode sentir secreção nos seios em preparação para a amamentação.

4. Rotule cada item da lista como característico do (A) primeiro, (B) segundo ou (C) terceiro trimestre de gravidez.

___ (1) gravidez ectópica
___ (2) visitas semanais ao médico
___ (3) diabete gestacional
___ (4) ultrassom para avaliar a posição do feto
___ (5) parto prematuro
___ (6) ultrassom para localizar a placenta

3.6 O que acontece em cada estágio do desenvolvimento pré-natal? (p. 88-92)

Durante a fase germinal, da concepção ao fim da segunda semana, o zigoto percorre a tuba uterina até o útero e se implanta na parede uterina. Durante a fase embrionária, da terceira à oitava semana, ocorre a organogênese. Da nona semana até o fim da gravidez, o estágio fetal, o feto aumenta de tamanho, e a estrutura e funcionamento dos diversos órgãos se refina.

3.7 Como fetos masculinos e femininos diferem? (p. 92-93)

Os fetos masculinos são mais ativos do que os femininos. Eles também se desenvolvem mais lentamente e são mais vulneráveis à maioria das influências potencialmente negativas sobre o desenvolvimento pré-natal.

5. Descreva algumas das diferenças no desenvolvimento esquelético de homens e mulheres.

_____
_____

3.8 Que comportamentos os cientistas observaram nos fetos? (p. 93-94)

O feto é responsivo a estímulos e parece aprender no útero. Diferenças de temperamento pré-natal (por exemplo, nível de atividade) persistem nos primeiros anos de vida, e alguns aspectos do ambiente sensorial pré-natal podem ser importantes para o futuro desenvolvimento.

6. Marque com um S o espaço ao lado de comportamentos e capacidades sensoriais que são típicas nos fetos. Marque com um N aqueles que não são observados nos fetos.

___ (1) imitação
___ (2) audição
___ (3) piscar
___ (4) sugar
___ (5) balbucio
___ (6) respiração
___ (7) movimento

Problemas no desenvolvimento pré-natal

3.9 Como os teratógenos afetam o desenvolvimento pré-natal? (p. 94-95)

Os teratógenos exercem maiores efeitos no desenvolvimento durante períodos críticos em que sistemas orgânicos específicos estão se desenvolvendo. A duração e a intensidade da exposição a um teratógeno, assim como variações na vulnerabilidade genética, contribuem para os efeitos teratogênicos.

7. Na maioria dos casos, os teratógenos são mais prejudiciais durante o estágio _____ do desenvolvimento pré-natal.

3.10 Quais são os possíveis efeitos adversos do tabaco, do álcool e de outras substâncias no desenvolvimento pré-natal? (p. 96-98)

Substâncias como álcool e nicotina parecem ter efeitos prejudiciais no feto em desenvolvimento, muitas vezes acarretando baixo peso natal e dificuldades de aprendizagem e de comportamento. Os efeitos das substâncias dependem do tempo de exposição, da dose e da qualidade do ambiente pós-natal.

8. "Em hipótese alguma as gestantes devem tomar medicamentos de prescrição ou vendidos livremente". Você concorda com essa afirmativa? Explique os motivos para sua opinião.

_____
_____

9. Descreva os efeitos potencialmente prejudiciais de cada substância na tabela.

Droga	Efeito
Heroína	
Cocaína	
Maconha	
Tabaco	
Álcool	

3.11 Quais são os riscos associados às doenças teratogênicas maternas? (p. 98-99)

Algumas doenças contraídas pela mãe podem causar anormalidades ou doença na criança. Estas incluem rubéola, AIDS, sífilis, gonorreia, herpes e citomegalovírus.

10. Combine cada doença com seu(s) possível(eis) efeito(s) sobre o desenvolvimento pré-natal. (As doenças podem ter mais de um efeito prejudicial.)

_____ (1) rubéola
_____ (2) HIV
_____ (3) sífilis
_____ (4) herpes genital
_____ (5) citomegalovírus

(A) cegueira
(B) AIDS
(C) morte
(D) defeitos cardíacos
(E) danos cerebrais
(F) surdez
(G) retardo mental

3.12 Que outros fatores maternos influenciam o desenvolvimento pré-natal? (p. 99-101)

Se a mãe sofre de subnutrição, seu feto corre mais risco de ter baixo peso natal e dificuldades na infância. Gestantes mais velhas e muito jovens correm mais risco, assim como seus bebês. Depressão grave de longo prazo ou doenças orgânicas crônicas na mãe podem também aumentar o risco de complicações da gravidez ou dificuldades no bebê.

11. Explique sucintamente a associação entre cada variável na tabela a seguir e o desenvolvimento pré-natal.

Variável	Associação ao desenvolvimento pré-natal
Dieta	
Idade	
Doenças crônicas	
Ameaças ambientais	
Emoções maternas	

3.13 Como os médicos avaliam e manejam a saúde fetal? (p. 101-103)

Técnicas como a fetoscopia, ultrassonografia, amostragem das vilosidade coriônicas e amniocentese são empregadas para diagnosticar distúrbios genéticos e cromossômicos e, aliadas a exames laboratoriais, identificar problemas no desenvolvimento fetal. Alguns desses problemas podem ser tratados antes do nascimento com cirurgia e/ou medicação.

12. Explique como cada avaliação pré-natal funciona.

Exame	Como funciona
Ultrassonografia	
Alfa-fetoproteína	
Amostragem das vilosidades coriônicas	
Fetoscopia	
Exame de sangue fetal	
Amniocentese	

Nascimento e o neonato

3.14 Que tipos de opções de parto estão disponíveis para pais prospectivos? (p. 103-105)

Atualmente os pais podem decidir onde o nascimento vai ocorrer, quem estará presente e se o parto será medicado. Nos Estados Unidos, a maioria dos partos é feita por médicos em hospitais. Para gestações de baixo risco sem complicações, o parto em casa ou em uma maternidade independente é tão seguro quanto no hospital.

13. Preencha a tabela com as escolhas disponíveis em cada categoria para uma parturiente.

Categoria	Opções disponíveis
Local	
Alívio da dor	
Pessoas presentes	

3.15 O que acontece em cada uma das três etapas do nascimento? (p. 105-107)

O processo normal de nascimento tem três etapas: dilatação e obliteração da cerviz, expulsão do feto e expulsão da placenta.

3.16 O que os médicos aprendem sobre um neonato com as escalas de Apgar e de Brazelton? (p. 108)

Médicos, enfermeiras e parteiras utilizam a escala de Apgar para avaliar a saúde do neonato imediatamente depois do nascimento e a Escala de Avaliação Comportamental Neonatal de Brazelton durante as primeiras duas semanas de vida. A Escala de Brazelton é útil para identificar problemas neurológicos significativos.

14. Que escore de Apgar seria atribuído a um neonato em cada uma das seguintes características, e qual seria o escore total?

　_____ (1) frequência cardíaca abaixo de 100 batimentos por minuto
　_____ (2) choro fraco, respiração curta
　_____ (3) alguma flexão das extremidades
　_____ (4) responde à estimulação dos pés com choro
　_____ (5) cor pálida
　_____ (6) escore de Apgar total

3.17 Quais bebês são considerados de baixo peso natal e que riscos estão associados a essa classificação? (p. 108-110)

Neonatos que pesam menos de 2,5 quilos são considerados de baixo peso natal. Quanto menor o peso, maior o risco de problemas duradouros significativos, tais como baixos escores em testes de inteligência ou dificuldades de aprendizagem.

15. Qual desses neonatos tem melhores chances de sobrevivência? Qual tem menos chances de sobrevivência?

　(A) menina nascida com 32 semanas pesando 2 quilos
　(B) menino nascido com 38 semanas pesando 2 quilos
　(C) menino nascido com 28 semanas pesando 900 gramas

As respostas para as perguntas deste capítulo encontram-se na página 515. Para uma lista de palavras-chave, consulte a página 536.

A Criança Integral em Ação

Aplique o que você aprendeu sobre os fundamentos do desenvolvimento da criança

Realize sua pesquisa
Cultura e teorias informais do desenvolvimento

Os pesquisadores constataram que o desenvolvimento de teorias psicológicas é um componente básico do pensamento humano. Em outras palavras, observamos o comportamento humano e desenvolvemos ideias que achamos que explicam nossas observações. Essas ideias são fortemente influenciadas pela cultura. Você pode pesquisar sobre a relação entre cultura e teorias informais do desenvolvimento apresentando a afirmativa atribuída a John Watson no início do Capítulo 2 (ver página 56) a pessoas de diferentes históricos e pedindo a elas que expliquem por que elas discordam ou concordam com ela. Escreva ou registre as respostas delas e analise-as para ver quanta ênfase cada uma delas dá a variáveis internas (p. ex., inteligência) e externas (p. ex., educação). Um modo de analisá-las seria dar a cada pessoa um escore "interno" e um escore "externo", atribuindo um ponto para cada variável interna e externa mencionada. Calcule a média dos escores internos e externos em cada grupo cultural representado pelas pessoas incluídas em seu estudo, e depois compare os resultados entre as culturas.

Monte seu portfólio

1. Monte uma apresentação sobre as abordagens do pecado original, da lousa vazia e da bondade inata. Em sua apresentação, explique como essas três filosofias poderiam se manifestar nas práticas de professores e/ou pais.
2. Utilize as informações sobre as teorias do desenvolvimento nos capítulos 1 e 2 como base para um ensaio que descreva sua visão pessoal do desenvolvimento infantil.

A Criança Integral em Foco

Fundamentos do desenvolvimento físico, cognitivo e socioemocional: uma visão integrada

No início da Unidade 1, você foi apresentado a Todd e Lisa Chang, um casal americano de origem asiática esperando seu primeiro filho (página 26). Não querendo deixar nada para o acaso, os Changs pesquisaram de que forma eles poderiam aumentar as chances de uma gravidez e nascimento saudáveis. Vamos ver como tudo aconteceu.

Lisa alterou sua dieta para assegurar que as necessidades nutricionais de seu bebê fossem atendidas durante o **período pré-natal**. Lisa e Todd também fizeram um esforço consciente para limitar sua exposição a **teratógenos**. Quando um de seus sobrinhos adoeceu com rubéola, Lisa evitou o contato com ele até ter certeza de que ele estava totalmente recuperado.

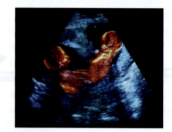

O exame de **ultrassom** de Lisa às 16 semanas trouxe uma surpresa: Lisa estava grávida de gêmeos! Os bebês compartilhavam de uma única **placenta**, sugerindo que eram **gêmeos idênticos**. Entretanto, por causa de suas posições durante o exame, o técnico do ultrassom não pôde determinar seus sexos.

Pensando sobre os caminhos do desenvolvimento

1. De que forma a chegada dos gêmeos dos Chang no mundo teria sido diferente se eles nascessem separadamente como simples irmãos e não como gêmeos? E se a amniocentese tivesse revelado a presença de um distúrbio cromossômico?
2. Antes de os gêmeos nascerem, Todd e Lisa decidiram que era importante lhes transmitir sua herança cultural. Como você acha que o futuro desenvolvimento das crianças será afetado pela decisão do casal, e como seu desenvolvimento seria afetado se o casal tivesse decidido ignorar sua herança cultural na criação de seus filhos?
3. Os Chang reconhecem que algumas das decisões que tinham tomado sobre como criar os filhos podem precisar ser alteradas no futuro, dependendo das características deles. Como o desenvolvimento dos gêmeos poderia ser afetado se eles tivessem concordado com uma abordagem mais próxima da visão da lousa vazia do desenvolvimento sobre a qual você aprendeu no Capítulo 1?

Como Lisa estava em torno dos 35 anos, seu médico recomendou que ela fizesse uma **amniocentese** para se certificar de que nenhum dos gêmeos tinha um distúrbio cromossômico, como a **síndrome de Down**. Felizmente, o exame indicou que os cromossomos dos gêmeos eram totalmente normais. O exame também revelou que eram duas meninas, e os testes de DNA mostraram que elas realmente haviam se desenvolvido a partir de um único **zigoto**.

Amniocentese (p. 102)

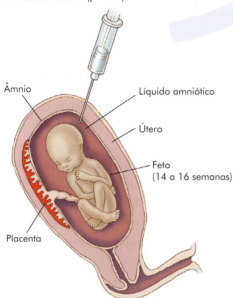

O médico aconselhou o casal que uma **cirurgia cesariana** provavelmente seria necessária para o parto das gêmeas. Como o risco de **parto prematuro** é maior para gestações de gêmeos do que de nascimentos únicos, o médico recomendou que o parto fosse feito em um hospital com instalações cirúrgicas modernas e uma **unidade de tratamento intensivo neonatal**.

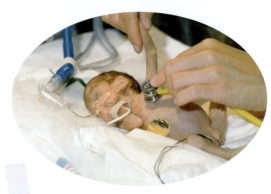

As gêmeas nasceram quatro semanas mais cedo e pesavam menos de 2 quilos cada uma, o que, embora apropriado para sua idade gestacional, atendia os critérios de **baixo peso natal**. Ambas as meninas obtiveram bons escores na **escala de Apgar**, e assim o prognóstico para seu futuro desenvolvimento era bom. Mesmo assim elas ficaram no hospital quando Lisa recebeu alta uma semana depois.

A escala de Apgar (p. 108)

Aspecto observado
Frequência cardíaca
Taxa respiratória
Tônus muscular
Resposta à estimulação dos pés
Cor

(Fonte: Francis, Self e Horowitz, 1987, p. 731-732)

O médico explicou aos Chang que bebês prematuros saudáveis recebem alta quando alcançam 2,5 quilos de peso, porque em média os fetos pesam entre 2,2 e 2,7 quilos quando chegam a 37 semanas – a **norma** etária na qual os fetos são considerados "de termo completo". Com 3 semanas de vida, as gêmeas atingiram esse marco crítico do desenvolvimento e foram para casa.

Todd e Lisa visitavam as meninas todos os dias, alimentado-as, conversando e cantando para elas, e segurando-as nos braços e acariciando suas costas, criando assim um padrão de responsividade parental que facilitaria a resolução de sua crise de **confiança versus desconfiança** de Erikson.

Estágios psicossociais de Erikson (p. 54)

Idades aproximadas	Estágio
Nascimento a 1 ano	Confiança versus desconfiança
1 a 3	Autonomia versus vergonha e dúvida
3 a 6	Iniciativa versus culpa
6 a 12	Produtividade versus inferioridade
12 a 18	Identidade versus confusão de papéis
18 a 30	Intimidade versus isolamento
30 à velhice	Generatividade versus estagnação
Velhice	Integridade versus desesperança

Unidade Dois

Primeiros Dois Anos

O pai de Federico, de 6 meses, Hector, é um pai que fica em casa e com frequência se sente frustrado. Para começar, seu objetivo de manter sua carreira através de um arranjo de trabalho à distância com seu empregador parece sempre ter menos prioridade do que as demandas constantes dos cuidados de que o pequeno Federico necessita. Além disso, ele se preocupa também com sua lista de tarefas domésticas por serem feitas – as roupas para lavar, a comida, o trabalho no jardim, etc. – que a cada dia parecem levar mais tempo. E na hora em que a mãe de Federico chega em casa do trabalho à noitinha, ele quase sempre está muito cansado para desfrutar da companhia dela. Apesar de suas frustrações, Hector valoriza o tempo que passa com Federico e não trocaria por nada a oportunidade de observar o desenvolvimento do filho de tão perto. Hector aprendeu algo que todos os novos pais aprendem, algo que não pode ser plenamente apreciado até que uma pessoa realmente o tenha feito: cuidar de um bebê é uma das tarefas mais exigentes, e mais gratificantes, na vida. Um dia típico na vida de Hector e Federico é assim:

- 6h30: Acorda; pega a mamadeira; muda fraldas; volta a dormir.
- 9h: Acorda; muda fraldas; come cereais e frutas; veste-se; assiste televisão; brinca no andador até enjoar; vai para o "chiqueirinho"; sai do chiqueirinho e fica no chão; engatinha e pratica o levantar-se agarrando-se na mobília; chupa tudo que encontra.
- 10h30: Fica manhoso; pega a mamadeira; dorme por 30 minutos.
- 11h45: Acorda; brinca fora no andador.
- 12h: Come carne e legumes; tenta beber do copo; mesma rotina do início do dia.
- 14h: Pega a mamadeira; repete a rotina de brincar.
- 16h: Fica manhoso; dorme por uma hora.
- 17h30: Come cereais e frutas; pega a mamadeira.

- 18h30: Toma banho; brinca na banheira por 20 minutos; põe o pijama para dormir; assiste televisão com o irmão e a irmã mais velhos; brinca, abraça-se e balbucia com os irmãos, mamãe e papai.
- 21h: Pega a mamadeira; ouve a mamãe contar uma história; vai dormir.
- 2h: Acorda; muda de fralda; pega a mamadeira.
- 4h: Acorda; muda de fralda; pega a mamadeira.
- 6h30: O ciclo diário começa outra vez.

Considerando a rotina diária de Hector e Federico, não é difícil entender por que os pais às vezes ficam tão envolvidos com os afazeres diários constantes associados ao cuidado de um bebê que se esquecem de parar e refletir sobre o quanto são curtos, e fascinantes, os dois primeiros anos de vida. Ao mesmo tempo, os pais de bebês frequentemente ficam embevecidos simplesmente assistindo com fascínio seus filhos adquirirem uma nova habilidade. Na verdade, como vimos no Capítulo 1, o fascínio de Charles Darwin pelo desenvolvimento de seus próprios filhos nos primeiros anos de vida levou-o a realizar os primeiros estudos formais das mudanças relacionadas com a idade. Piaget também começou sua carreira como cientista do desenvolvimento fazendo observações detalhadas dos primeiros anos de seus três filhos. Através de seus esforços, e dos de desenvolvimentistas que os seguiram, foram criados métodos que permitem aos pesquisadores superar o fato de que os bebês não podem dizer aos cientistas o que estão pensando e sentindo. Aplicações desses métodos a questões sobre desenvolvimento infantil permitiram que os desenvolvimentistas e também os pais entendessem melhor o que está realmente mudando quando, por exemplo, o bebê passa do fascínio de jogar uma bola repetidamente para a obsessão de derramar para fora o líquido contido em frascos.

Nos capítulos 4, 5 e 6, você vai se familiarizar com algumas das descobertas que foram feitas em relação às mudanças que acontecem nos primeiros dois anos de vida. O Capítulo 4 se concentra no domínio físico. O Capítulo 5 aborda os avanços cognitivos admiráveis que ocorrem nos primeiros dois anos. Por fim, no Capítulo 6, você vai ler sobre as relações sociais do bebê, a personalidade e o senso de identidade.

A criança integral em foco

Mantenha a história de Federico em mente durante a leitura dos próximos três capítulos, e pense sobre como aspectos do desenvolvimento físico, cognitivo e socioemocional poderiam interagir ao longo desses dois anos. Que tipo de pessoa você acha que Federico será quando for mais velho? Vamos examinar de que forma o desenvolvimento de Federico muda dos 6 meses aos 2 anos no fim desta unidade.

4

Desenvolvimento Físico e Saúde nos Primeiros Dois Anos

Uma das características mais fascinantes do comportamento dos bebês é o quanto eles parecem estar sempre ocupados. Eles parecem estar sempre fazendo alguma coisa, manuseando objetos com as mãos, olhando para eles, tocando-os, sentindo seu sabor e fazendo ruídos com eles. Às vezes, essas atividades parecem sem sentido, mas elas proporcionam o tipo de prática de habilidades e informações que os bebês necessitam para seu desenvolvimento físico e cognitivo. Considerando a energia necessária para acompanhar o nível de atividade dos bebês, não é de admirar que seus pais pareçam exaustos na maior parte do tempo.

Neste capítulo, você vai ler sobre os processos através dos quais um neonato relativamente inábil se torna uma criança de 2 anos capaz de se movimentar com eficiência, responder a diversos estímulos sensoriais e perceber o mundo a sua volta com precisão. Você também vai aprender sobre variações importantes entre indivíduos e grupos. Depois de examinarmos as mudanças físicas nos bebês e como sua saúde pode ser mantida, passaremos para uma exploração das capacidades sensoriais e perceptivas dos bebês. Por fim, exploraremos como os marcos do desenvolvimento físico dos primeiros dois anos preparam o palco para a emergência de desenvolvimentos cognitivos e socioemocionais.

Mudanças físicas

O que lhe vem à cabeça quando você pensa sobre os primeiros dois anos? Se você parar para pensar sobre esse período, vai perceber que, afora o desenvolvimento pré-natal, esse é o período de maior grau de desenvolvimento físico. Embora os sentidos dos neonatos funcionem bem, eles têm habilidades físicas muito limitadas. Em contraste, crianças de 2 anos não apenas são capazes de se movimentar de maneira independente, mas também de se alimentar e, para desconsolo de muitos pais, de se meter em todo tipo de situações precárias. Uma criança de 2 anos tem um longo caminho a percorrer antes de chegar à maturidade física. Porém, o desenvolvimento do cérebro está à frente do restante do corpo, um padrão de desenvolvimento que explica a aparência desproporcional da cabeça típica das crianças de 2 anos.

OBJETIVOS DA APRENDIZAGEM

Mudanças físicas

4.1 Que mudanças importantes ocorrem no cérebro durante os primeiros dois anos?

4.2 Como os reflexos e estados comportamentais dos bebês mudam?

4.3 Como o corpo do bebê muda, e qual é o padrão de desenvolvimento motor típico nos primeiros dois anos?

Saúde e bem-estar

4.4 Quais são as necessidades nutricionais dos bebês?

4.5 Como a subnutrição afeta o desenvolvimento dos bebês?

4.6 Quais são as necessidades de assistência médica e imunização dos bebês?

Mortalidade Infantil

4.7 O que os pesquisadores descobriram sobre a síndrome da morte súbita do lactente?

4.8 Como as taxas de mortalidade variam entre os grupos?

Habilidades sensoriais

4.9 Como as capacidades visuais dos bebês mudam durante os primeiros meses de vida?

4.10 Como os sentidos auditivo, olfativo, gustativo, tátil e cinestésico dos bebês se comparam aos de crianças mais velhas e adultos?

Habilidades perceptuais

4.11 Como os pesquisadores estudam o desenvolvimento perceptual?

4.12 Como a percepção de profundidade e os padrões de observação visual mudam durante os primeiros dois anos?

4.13 Como os bebês percebem a fala humana, reconhecem vozes e reconhecem outros padrões sonoros que não os da fala?

4.14 O que é percepção intermodal?

4.15 Que argumentos os nativistas e empiristas oferecem para sustentar suas teorias do desenvolvimento perceptual?

> **OBJETIVO DA APRENDIZAGEM 4.1**
> Que mudanças importantes ocorrem no cérebro durante os primeiros dois anos?

O cérebro e o sistema nervoso

O cérebro e o sistema nervoso se desenvolvem rapidamente durante os dois primeiros anos. A Figura 4.1 mostra as principais estruturas do cérebro. No nascimento, o mesencéfalo e a medula são as mais plenamente desenvolvidas. Essas duas estruturas, ambas localizadas na parte inferior do crânio e conectadas à medula espinhal, regulam funções vitais como os batimentos cardíacos e a respiração, assim como a atenção, o sono, o andar, a eliminação e os movimentos da cabeça e do pescoço – todas ações que um neonato pode executar com relativa competência. A porção menos desenvolvida do cérebro no nascimento é o **córtex**, a massa cinzenta convoluta que circunda o mesencéfalo e está envolvida na percepção, no movimento corporal, no pensamento e na linguagem.

Desenvolvimento sináptico Você vai recordar do Capítulo 3 que todas as estruturas cerebrais são compostas de dois tipos básicos de células: neurônios e células gliais. Milhões dessas células estão presentes no nascimento, e **sinapses**, ou conexões entre os neurônios, já começaram a se formar (Monk, Webb e Nelson, 2001). O desenvolvimento de sinapses resulta do crescimento de dendritos e axônios. (Consulte a Figura 3.3 na página 91.) A **sinaptogênese**, a criação de sinapses, ocorre rapidamente no córtex durante os primeiros anos após o nascimento, resultando na quadruplicação do peso geral do cérebro na idade de 4 anos (Spreen, Risser e Edgell, 1995). Entretanto, a sinaptogênese não é regular e contínua. Ela ocorre em surtos.

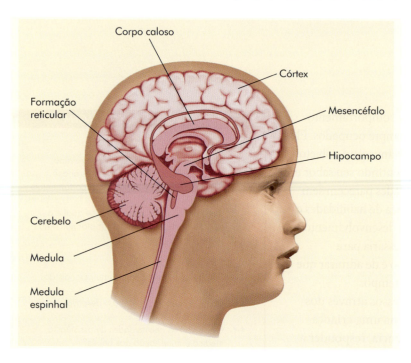

Figura 4.1 Partes do cérebro.

A medula e o mesencéfalo estão altamente desenvolvidos no nascimento. Nos primeiros dois anos depois do nascimento, é principalmente o córtex que se desenvolve, cada neurônio desenvolvendo uma imensa quantidade de dendritos e um imenso aumento das sinapses.

Tipicamente, cada surto de crescimento sináptico produz muito mais conexões entre os neurônios do que o indivíduo realmente precisa. Assim, cada explosão de sinaptogênese é seguida por um período de **poda** no qual rotas e conexões desnecessárias são eliminadas (Huttenlocher, 1994). Por exemplo, cada célula muscular parece desenvolver conexões sinápticas com diversos neurônios motores (células nervosas que transmitem impulsos aos músculos) na medula espinhal. À medida que o bebê trabalha para adquirir controle sobre seus movimentos, algumas dessas conexões são utilizadas repetidamente enquanto outras são ignoradas. Em breve, as conexões não utilizadas são eliminadas, ou "depuradas", pelo sistema. Uma vez completo o processo de poda, cada fibra muscular está conectada a um único neurônio motor.

Esse ciclo de sinaptogênese seguido de poda continua durante o ciclo de vida (Figura 4.2). A cada ciclo, o cérebro se torna mais eficiente. Consequentemente, uma criança de 1 ano tem maior densidade de dendritos e sinapses do que um adulto, mas a rede da criança opera com muito menos eficiência do que a do adulto. Contudo, a maior eficiência tem um preço. Uma vez que os bebês têm mais sinapses sem uso do que os adultos, eles podem se recuperar de um grande número de lesões ao cérebro (p. ex., desnutrição, traumatismos cranianos) com muito mais facilidade do que um adulto. Os neurocientistas utilizam o termo **plasticidade** para se referirem à capacidade do cérebro de mudar em resposta à experiência.

A característica cíclica de sinaptogênese-poda no desenvolvimento neurológico têm várias implicações. Primeiro, parece claro que o desenvolvimento cerebral segue a velha lei de uso e desuso. Uma criança que cresce em um ambiente rico ou intelectualmente estimulante vai reter uma rede mais complexa de sinapses do que outra que cresce com menor variedade de estímulos. As evidências de apoio a essa proposta são provenientes de diversos tipos de pesquisa, incluindo trabalhos com animais. Por exemplo, ratos criados em ambientes altamente estimulantes tinham uma rede de neurônios, dendritos

---

córtex massa cinzenta convoluta que circunda o mesencéfalo e está envolvida na percepção, no movimento corporal, no pensamento e na linguagem.

sinapses conexões entre neurônios.

sinaptogênese processo de desenvolvimento da sinapse.

poda processo de eliminação de sinapses não utilizadas.

plasticidade capacidade do cérebro de mudar em resposta à experiência.

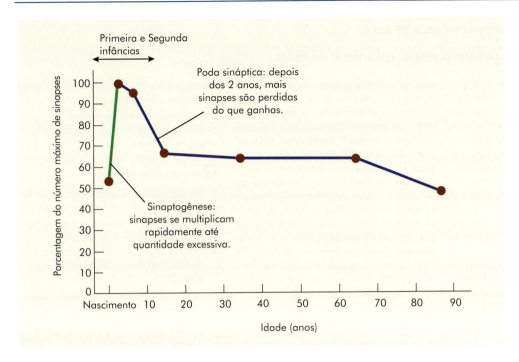

Figura 4.2 Sinaptogênese e poda sináptica.

A sinaptogênese ocorre em ritmo acelerado nos primeiros dois anos de vida e é seguida por um período de poda que diminui a densidade sináptica no cérebro da criança. A densidade sináptica se mantém bastante estável durante o ciclo de vida até a velhice.

(Fonte: Cook, *Child development: principles & perspectives*, Figura 4.9, © 2009. Reproduzido com permissão da Pearson Education, Inc.)

e conexões sinápticas mais densa na idade adulta do que ratos que não foram criados nesses ambientes (p. ex., Escorihuela, Tobena e Fernández-Teruel, 1994). Estudos com animais também mostram que ambientes enriquecidos ajudam o cérebro jovem a superar danos causados por teratógenos como o álcool (Hannigan, O' Leary-Moore e Berman, 2007).

Além disso, como mencionado anteriormente, os cérebros dos bebês possuem maior plasticidade do que os de crianças mais velhas e adultos. Contudo, paradoxalmente, o período de maior plasticidade também é o período em que a criança pode ser mais vulnerável aos maiores déficits – exatamente como um feto é mais vulnerável a teratógenos durante o período de crescimento mais rápido de qualquer sistema corporal (Uylings, 2006). Assim, um bebê pequeno precisa de estimulação suficiente e ordem em seu ambiente para maximizar o período inicial de rápido crescimento e plasticidade (de Haan, Luciana, Maslone, Matheny e Richards, 1994). Uma dieta realmente inadequada ou uma falta de estimulação nos primeiros meses podem, portanto, ter efeitos sutis, mas de longo alcance no desenvolvimento cognitivo posterior da criança. Alguns afirmam inclusive que assistir televisão excessivamente nos primeiros meses de vida pode impedir o desenvolvimento cerebral (ver *Ciência do desenvolvimento na sala de aula* na página 124).

Por fim, novas informações sobre a continuação da sinaptogênese e da poda durante o ciclo de vida obrigaram os psicólogos do desenvolvimento a mudar suas ideias sobre a ligação entre desenvolvimento cerebral e comportamento. Se o cérebro estivesse totalmente organizado aos 2 anos, como a maioria dos desenvolvimentistas acreditava até pouco tempo, pareceria lógico presumir que quaisquer desenvolvimentos que ocorressem depois daquela idade fossem sobretudo produto da experiência. Todavia, os pesquisadores hoje sabem que as mudanças no funcionamento psicológico estão ligadas a mudanças no cérebro durante todo o ciclo de vida humano (Huttenlocher e Dabholkar, 1997).

Mielinização Outro processo crucial no desenvolvimento dos neurônios é a criação de bainhas, ou capas, em torno de cada axônio, o que os isola uns dos outros eletricamente e melhora sua condutividade. Essas bainhas são feitas de uma substância chamada mielina; o processo de desenvolvimento da bainha é denominado **mielinização**.

A criança integral em foco

Como o desenvolvimento do cérebro de Federico durante os dois primeiros anos de vida afetou o pai dele? Descubra na página 196.

mielinização processo de desenvolvimento neuronal em que bainhas feitas de uma substância chamada mielina gradualmente recobrem axônios individuais e os isolam eletricamente uns dos outros para melhorar a condutividade do nervo.

CIÊNCIA DO DESENVOLVIMENTO NA SALA DE AULA

Televisão para crianças pequenas: quanto é demais?

Durante uma visita recente ao pediatra, Lome, um pai solteiro que está criando a filha de 1 ano, expressou preocupação sobre a quantidade de tempo que ela fica assistindo televisão na creche. Ele disse que os funcionários da creche explicaram que só passam vídeos educativos. Entretanto, Lome disse ao médico que ficou alarmado quando soube que a American Academy of Pediatrics (AAP) recomenda que crianças de menos de 2 anos não assistam televisão porque isso interfere no desenvolvimento cerebral normal.

O médico explicou que os estudos do pesquisador Dimitri Christakis e colaboradores indicam que assistir televisão em demasia nos três primeiros anos predispõe as crianças a desenvolver o transtorno de déficit de atenção/hiperatividade nos anos escolares (Christakis, Zimmerman, DiGiuseppe e McCarty, 2004). Christakis e outros especularam que uma ligação entre assistir televisão e desenvolvimento cerebral é responsável por essa descoberta. Consequentemente, como medida de cautela, a AAP recomenda que os cuidadores desencorajem crianças de menos de 2 anos de assistir televisão (American Academy of Pediatrics, 2001). Além disso, a organização recomenda que os cuidadores envolvam as crianças em atividades interativas como conversar, jogar, ler e cantar. Eles afirmam que os benefícios educacionais desse tipo de atividades superam até mesmo os dos melhores vídeos "educativos".

Questões para reflexão

1. Em sua opinião, a recomendação da AAP de restringir drasticamente a televisão para crianças de menos de 2 anos é exagerada? Justifique sua resposta.
2. Em sua opinião, qual é o papel correto da televisão na vida de uma criança pequena?

A sequência de mielinização segue os padrões *céfalo-caudal* (da cabeça para os pés) e *próximo-distal* (do tronco para o membros). Por exemplo, os nervos que servem as células musculares do pescoço e dos ombros são mielinizados antes do que os que servem o abdômen. Consequentemente, os bebês são capazes de controlar os movimentos da cabeça antes de saberem virar o corpo. A mielinização é mais rápida durante os dois primeiros anos depois do nascimento, mas ela continua em um ritmo mais lento durante toda a infância e adolescência. Por exemplo, as regiões encefálicas envolvidas na visão atingem a maturidade no segundo aniversário (Lippé, Perceht e Lassonde, 2007), ao passo que as que regem os movimentos motores não estão plenamente mielinizadas antes dos 6 anos (Todd, Swarzenski, Rossi e Visconti, 1995).

Outras estruturas levam ainda mais tempo para se tornarem mielinizadas. Por exemplo, a **formação reticular** é a região encefálica encarregada de manter sua atenção no que você está fazendo e ajudá-lo a selecionar informações importantes e não importantes. A mielinização da formação reticular se inicia nos primeiros dois anos, mas continua ocorrendo em surtos durante toda a infância e adolescência. Na verdade, o processo não se completa até meados dos 20 anos (Spreen, Risser e Edgell, 1995). Consequentemente, durante os primeiros dois anos, os bebês melhoram sua capacidade de se concentrar em uma tarefa. De modo análogo, uma criança de 12 anos é muito mais capaz de se concentrar do que um bebê, mas ainda é bastante ineficiente quando comparada a um adulto.

formação reticular região encefálica que regula a atenção.

reflexos adaptativos reflexos, como por exemplo sugar, que ajudam os neonatos a sobreviver.

OBJETIVO DA APRENDIZAGEM 4.2
Como os reflexos e estados comportamentais dos bebês mudam?

Reflexos e estados comportamentais

As mudanças no cérebro resultam em mudanças previsíveis nos reflexos, capacidades sensoriais e padrões de sono e vigília dos bebês. Na verdade, essas mudanças – ou sua ausência – podem ser importantes indicadores da saúde do sistema nervoso.

Reflexos Os seres humanos nascem com vários reflexos, como mostra a Tabela 4.1. Os **reflexos adaptativos** ajudam os bebês a sobreviver. Alguns, tais como sugar automaticamente qualquer objeto que entre em sua boca, desaparecem no primeiro ano de vida*. Outros nos protegem contra estímulos prejudiciais durante todo o ciclo de vida. Eles incluem se afastar de um estímulo doloroso e abrir e fechar a pupila do olho em resposta a variações de luz. Reflexos adaptativos fracos ou ausentes

Este bebê de 4 semanas está utilizando o reflexo adaptativo inato de sugar.

---

* N. de R.T.: O reflexo de sucção geralmente desaparece como reflexo no final do terceiro mês de vida, mas persiste como reação voluntária.

Tabela 4.1 Exemplos de reflexos primitivos e adaptativos

Reflexo	Estimulação	Resposta	Padrão de desenvolvimento
Tônico cervical	Quando o bebê está de costas e acordado, virar sua cabeça para um lado.	O bebê assume uma postura de "esgrimista", com o braço estendido para o lado em que a cabeça está virada.	Primitivo; desaparece aos 4 meses.
Preensão	Tocar a palma da mão com o dedo.	O bebê agarra firmemente o dedo.	Primitivo; desaparece em torno de 3 a 4 meses.
Moro	Fazer um som alto perto do bebê, ou deixar o bebê "cair" suave e repentinamente.	O bebê estende as pernas, braços e dedos; arqueia as costas e puxa a cabeça para trás.	Primitivo; desaparece em torno de 6 meses.
Marcha	Segurar o bebê sob os braços fazendo com que os pés apenas toquem o piso ou outra superfície plana.	O bebê faz movimentos semelhantes a passos, alternando os pés como se caminhasse.	Primitivo; desaparece em torno de 16 semanas na maioria dos bebês.
Babinski	Tocar a sola dos pés do bebê dos dedos para o calcanhar.	Bebê abre os dedos em leque.	Primitivo; desaparece em torno de 8 a 12 meses.*
Busca	Tocar a bochecha do bebê com o dedo ou mamilo.	Bebê vira a cabeça em direção ao toque, abre a boca e faz movimentos de sucção.	Adaptativo; depois de 3 semanas, transforma-se em resposta voluntária de virar a cabeça.

* N. de R.T.: De fato, o reflexo de Babinsky está normalmente presente no nascimento, mas é substituído pelo reflexo de preensão plantar por volta do quarto mês, que pode persistir até cerca do 12º mês.

nos neonatos sugerem que o cérebro não está funcionando corretamente e que o bebê necessita de avaliação adicional.

Os propósitos dos **reflexos primitivos**, assim chamados por serem controlados por regiões encefálicas menos sofisticadas (a medula e o mesencéfalo), são menos claros. Por exemplo, quando fazemos um ruído alto ou sobressaltamos um bebê de alguma outra forma, o vemos jogar os braços para fora e arquear as costas, padrão que faz parte do reflexo de Moro, ou de sobressalto. Toque a sola de um dos pés e o bebê vai abrir e encurvar os dedos para dentro, reação denominada reflexo de Babinski (ver Tabela 4.1). Dos 6 aos 8 meses, os reflexos primitivos começam a desaparecer. Se tais reflexos persistirem após essa idade, o bebê pode ter algum tipo de problema neurológico (DiMario, 2002).

reflexos primitivos reflexos, controlados por regiões "primitivas" do cérebro, que desaparecem durante o primeiro ano de vida.

Estados comportamentais Os pesquisadores descreveram cinco estados diferentes de sono e vigília nos neonatos. A maioria dos bebês passa por esses estados na mesma sequência: do sono profundo ao sono mais leve e depois para a vigília alerta e o estado manhoso. Depois de serem alimentados, eles ficam sonolentos e voltam ao sono profundo. O ciclo se repete mais ou menos de duas em duas horas.

Os neonatos dormem até 80% do tempo, tanto durante o dia quanto durante a noite (Sola, Rogido e Partridge, 2002). Às 8 semanas, a quantidade total de sono por dia diminui um pouco e sinais de ritmos de sono diurno/noturno (denominados ritmos circadianos) se tornam evidentes. Bebês dessa idade começam a dormir durante dois ou três ciclos de duas horas sem voltarem à vigília plena, e assim é comum dizerem que começaram a "dormir a noite inteira". Aos 6 meses, os bebês ainda estão dormindo um pouco mais de 14 horas por dia, mas o sono é mais regular e previsível. A maioria tem claros padrões de sono noturno e sonecas durante o dia em horários mais previsíveis.

Evidentemente, os bebês variam muito em torno dessas médias. Dos bebês de 6 semanas em um estudo, havia um que dormia 22 horas por dia e outro que dormia apenas 8,8 horas por dia (Bamford et al., 1990). (Nessas circunstâncias, que pais cansados os deste último bebê!) E alguns bebês só desenvolvem um longo período de sono noturno perto do fim do primeiro ano de vida. Além disso, crenças culturais desempenham um papel importante nas respostas dos pais aos padrões de sono dos bebês. Por exemplo, nos Estados Unidos, os pais costumam ver o ciclo errático de sono como um problema de comportamento que precisa ser "corrigido" mediante intervenção parental (Harkness, 1998). Consequentemente, eles dedicam muita atenção à tentativa de forçar os bebês a dormirem durante a noite inteira. Em contraste, pais europeus são mais propensos a considerar os padrões de sono dos neonatos como manifestações normais do desenvolvimento e esperam que os bebês adquiram padrões de sono estáveis naturalmente, sem intervenção parental, durante os primeiros dois anos.

Os bebês têm formas diferentes de chorar por dor, raiva e fome. O choro básico, que costuma indicar fome, geralmente tem um padrão rítmico: choro, silêncio, respiração, choro, silêncio, respiração, com um tipo de som agudo que muitas vezes acompanha a inspiração. Um choro de raiva geralmente é mais alto e mais intenso, e o choro de dor normalmente começa de maneira abrupta – diferente dos outros dois choros, que geralmente começam com choramingos ou gemidos.

Estudos interculturais sugerem que o choro aumenta de frequência durante as seis primeiras semanas e depois diminui gradualmente (St. James-Roberts, Bowyer, Varghese e Sawdon, 1994). Além disso, pais de uma diversidade de culturas utilizam técnicas semelhantes para acalmar o choro dos bebês. A maioria dos bebês para de chorar quando os tomamos nos braços, abraçamos e falamos ou cantamos para eles. Dar uma chupeta para o bebê sugar também costuma ajudar. Alguns pais ficam preocupados com a ideia de que pegar o bebê quando ele chora vai acarretar ainda mais choro. Contudo, as pesquisas sugerem que a pronta atenção a um bebê que chora durante os três primeiros meses na verdade acarreta menos choro posteriormente nos dois primeiros anos (Sulkes, 1998).

Para os 15 a 20% dos bebês que desenvolvem **cólica**, padrão que envolve intensas crises de choro totalizando três ou mais horas por dia, sem nenhum motivo imediatamente aparente como fome ou uma fralda molhada, nada parece ajudar. Tipicamente, a cólica aparece em torno de 2 semanas de idade e depois desaparece espontaneamente aos 3 ou 4 meses (Coury, 2002). O choro geralmente é pior no fim da tarde ou à noitinha. Os médicos e psicólogos não sabem por que a cólica se inicia ou por que ela termina sem qualquer intervenção. Trata-se de um padrão com o qual é difícil de conviver, mas a boa nova é que ela realmente desaparece.

Em média, os neonatos ficam despertos e alertas por um total de apenas duas ou três horas por dia, e esse tempo não se distribui de maneira regular durante o período de 24 horas. Em outras palavras, o bebê pode ficar acordado por 15 minutos às 6 da manhã, mais 30 minutos às 13 horas, mais 20 minutos às 16 horas e assim por diante. Durante os primeiros 6 meses, avanços no desenvolvimento neurológico permitem que os bebês permaneçam acordados e alertas por períodos de tempo mais longos à medida que seus padrões de sono, choro e alimentação se tornam mais regulares.

cólica padrão de comportamento do bebê que envolve intensas crises diárias de choro que totalizam três ou mais horas por dia.

OBJETIVO DA APRENDIZAGEM 4.3
Como o corpo do bebê muda, e qual é o padrão de desenvolvimento motor típico nos primeiros dois anos?

Crescimento, habilidades motoras e desenvolvimento dos sistemas corporais

Você sabia que a metade do que você cresce em sua vida inteira acontece antes dos 2 anos? Em outras palavras, a altura de uma criança de 2 anos é aproximadamente a metade da altura que ela terá ao atingir a maturidade física, uma notável taxa de crescimento considerando que a realização da segunda metade de sua altura adulta será distribuída em um período de dez a doze anos. Mas os corpos dos bebês não mudam apenas de tamanho. Muitas mudanças qualitativas, tais como as que envolvem habilidades motoras, também acontecem durante esse período. Ao ler sobre elas, recorde-se do Capítulo 3 e de anteriormente neste capítulo que o desenvolvimento físico se dá do topo para baixo (padrão *céfalo-caudal*) e do centro do corpo para fora (padrão *próximo-distal*).

Crescimento e habilidades motoras Os bebês crescem de 25 a 30 centímetros e triplicam de peso no primeiro ano de vida. Em torno dos 2 anos para as meninas e em torno dos 2 anos e meio para os meninos, as crianças têm aproximadamente a metade da altura que terão quando adultas. Isso significa que a altura de uma criança de 2 ou 2,5 anos quando adulto pode ser confiavelmente medida duplicando-se sua altura atual. Contudo, as crianças de 2 anos têm cabeças proporcionalmente muito maiores do que os adultos – o que é necessário para abrigar seus cérebros de tamanho quase integral.

As crianças adquirem um notável conjunto de habilidades motoras nos primeiros 2 anos. As *habilidades motoras gerais* incluem aquelas que permitem ao bebê se deslocar no ambiente, tais como engatinhar. As *habilidades motoras finas* envolvem o uso das mãos, como quando uma criança de 1 ano empilha um bloco em cima do outro. A Tabela 4.2 resume os desenvolvimentos em cada uma dessas áreas durante os primeiros 24 meses.

Durante toda a primeira infância, as meninas estão à frente dos meninos em alguns aspectos da maturidade física. Por exemplo, os ossos separados do punho aparecem mais cedo nas meninas do que nos meninos (Tanner, 1990). Isso significa que bebês do sexo feminino podem ter uma pequena vantagem no desenvolvimento de habilidades motoras finas, como a de se alimentar sozinho. De

Tabela 4.2 Marcos do desenvolvimento motor nos primeiros dois anos

Idade (em meses)	Habilidades motoras gerais	Habilidades motoras finas
1	Reflexo de marcha; levanta ligeiramente a cabeça.	Segura objeto colocado na mão.
2 a 3	Levanta a cabeça até um ângulo de 90 graus quando deitada de bruços.	Começa a bater nos objetos à vista.
4 a 6	Vira o corpo; fica sentada com apoio; desloca-se sobre as mãos e joelhos (arrasta-se); mantém a cabeça ereta enquanto está sentada.	Alcança e pega objetos.
7 a 9	Senta-se sem apoio; engatinha.	Transfere objetos de uma mão para a outra.
10 a 12	Põe-se de pé e anda apoiando-se nos móveis; depois caminha sozinha; agacha-se e inclina-se; brinca de joguinhos de palmas.	Mostra sinais de preferência no uso das mãos; segura colher com a palma da mão, mas não tem boa mira ao levar a comida à boca.
13 a 18	Caminha para trás e de lado; corre (14 a 20 meses); rola bola de volta para adulto; bate palmas.	Empilha dois blocos; coloca objetos em recipiente menor e os despeja.
19 a 24	Sobe e desce escadas, dois pés por degrau; salta do chão com os dois pés.	Utiliza a colher para se alimentar; empilha de 4 a 10 blocos.

Fontes: Capute et al., 1984; Den Ouden et al., 1991; Overby, 2002.

modo geral, os meninos são fisicamente mais ativos e adquirem habilidades motoras mais rapidamente do que as meninas.

Explicando o desenvolvimento de habilidades motoras Apesar das diferenças de gênero na taxa de desenvolvimento físico, a sequência de desenvolvimento motor é praticamente a mesma em todas as crianças, até mesmo naquelas com sérias deficiências físicas ou mentais. Crianças com retardo mental, por exemplo, alcançam os diversos marcos motores de modo mais lento do que as crianças com desenvolvimento tipicamente normal, porém o fazem na mesma sequência. Essa uniformidade corrobora a visão de que o desenvolvimento motor é controlado por uma programação biológica inata (Thelen, 1995).

Esther Thelen (1941-2004) sugeriu que a programação inata para o desenvolvimento de habilidades motoras interage com outros aspectos do desenvolvimento físico (Thelen, 1996). Como exemplo de sua **teoria dos sistemas dinâmicos**, a noção de que vários fatores interagem para influenciar o desenvolvimento, ela costumava citar o desaparecimento, aos 4 meses, do *reflexo de marcha* – a tendência dos bebês muito pequenos de tentar dar passos quando são colocados em uma posição ereta com os pés tocando uma superfície plana. Thelen observou que os bebês adquirem uma quantidade desproporcionalmente substancial de peso aproximadamente na mesma época que eles não apresentam mais o reflexo de marcha. Ela lançou a hipótese de que os bebês não apresentam mais o reflexo de marcha porque seus músculos ainda não são suficientemente fortes para suportar o peso aumentado das pernas. O verdadeiro caminhar, segundo Thelen, emerge tanto como resultado de um plano genético para o desenvolvimento motor quanto devido a uma mudança na proporção entre força muscular e peso nos corpos dos bebês. Esta última mudança é fortemente influenciada por variáveis ambientais, especialmente nutrição. Assim, as correntes de influência que são incorporadas aos sistemas dinâmicos incluem fatores genéticos inatos e variáveis ambientais, tais como disponibilidade de nutrição adequada.

O clássico estudo de Wayne Dennis (1960) com crianças criadas em orfanatos iranianos pressagiou a teoria de Thelen. Seu trabalho demonstrou que bebês rotineiramente colocados de costas em seus berços com o tempo aprendiam a caminhar, mas o faziam cerca de um ano mais tarde do que bebês em ambientes menos restritivos. Estudos envolvendo bebês que vivem em ambientes normais confirmam a noção de que a experiência influencia o desenvolvimento motor. Em um desses estudos, bebês pequenos que praticaram se sentar eram mais capazes de se sentar em uma posição ereta do que bebês sem essa prática (Zelazo, Zelazo, Cohen e Zelazo, 1993). As oportunidades de praticar habilidades motoras parecem especialmente importantes para crianças pequenas com distúrbios que prejudicam o funcionamento motor, tais como a paralisia cerebral (Kerr, McDowell e McDonough, 2007).

A criança integral em foco
Como a combinação do cérebro em amadurecimento de Federico e o desenvolvimento de habilidades motoras finas quase resultaram em um acidente? Descubra na página 196.

teoria dos sistemas dinâmicos
visão de que vários fatores interagem para influenciar o desenvolvimento.

Os incríveis progressos no desenvolvimento motor nos primeiros meses são fáceis de ilustrar. Entre 6 e 12 meses, os bebês progridem do ficar sentado sozinho para o engatinhar e o caminhar.

Consequentemente, os desenvolvimentistas não têm muitas dúvidas de que restringir seriamente o movimento de um bebê retarda a aquisição de habilidades motoras, e muitos estão começando a aceitar a ideia de que as experiências de movimento de um bebê em ambientes normais também influenciam o desenvolvimento de habilidades motoras.

Desenvolvimento dos sistemas corporais Durante a primeira infância, os ossos mudam de tamanho, número e composição. Mudanças no número e densidade dos ossos em determinadas partes do corpo são responsáveis por melhorias na coordenação de movimentos. Por exemplo, no nascimento, o punho contém uma única massa de cartilagem; com 1 ano, a cartilagem se desenvolveu em três ossos separados. A progressiva separação dos ossos do punho é um dos fatores por trás dos ganhos nas habilidades motoras finas durante os dois primeiros anos. Os ossos do punho continuam a se diferenciar durante os próximos anos até que por fim, na adolescência, o punho tem 9 ossos separados (Tanner, 1990).

O processo de endurecimento dos ossos, denominado *ossificação*, ocorre de forma constante, iniciando-se nas últimas semanas de desenvolvimento pré-natal e prosseguindo durante a puberdade. Os ossos nas diferentes partes do corpo endurecem em uma sequência que segue os típicos padrões céfalo-caudal e próximo-distal. O desenvolvimento motor depende em grande parte da ossificação. Ficar de pé, por exemplo, é impossível se os ossos das pernas do bebê são moles demais, por mais que os músculos e o sistema nervoso estejam desenvolvidos.

O conjunto completo de fibras musculares do corpo está presente no nascimento, ainda que as fibras inicialmente sejam pequenas e tenham uma elevada proporção de água para músculo (Tanner, 1990). Além disso, os músculos de um neonato contêm uma proporção relativamente alta de gordura. Com 1 ano, o teor de água dos músculos de um bebê é igual ao de um adulto, e a proporção de gordura para tecido muscular começa a diminuir (Tershakovec e Stallings, 1998). As mudanças na composição dos músculos levam a aumentos na força que permitem aos bebês de 1 ano andar, correr, pular, subir, etc.

Os pulmões também crescem rapidamente e se tornam mais eficientes durante os primeiros dois anos (Kercsmar, 1998). Aperfeiçoamentos na eficiência dos pulmões, aliados ao crescimento da força dos músculos do coração, conferem a uma criança de 2 anos mais *resistência*, ou capacidade de se manter ativo, do que um neonato. Consequentemente, ao fim da primeira infância, as crianças são capazes de manter atividade motora contínua sem descanso por períodos relativamente longos (muitas vezes deixando seus pais exaustos no processo!).

Saúde e bem-estar

Os bebês dependem dos adultos em seus ambientes para ajudá-los a permanecerem saudáveis. Especificamente, eles precisam dos alimentos certos nas quantidades certas, além de assistência médica regular.

Nutrição

> **OBJETIVO DA APRENDIZAGEM 4.4**
> Quais são as necessidades nutricionais dos bebês?

Como discutido no quadro *Ciência do desenvolvimento em casa* a seguir, a maioria dos especialistas concorda que o leite materno é superior à fórmula láctea para a maioria dos bebês. Todavia, bebês que não podem ser amamentados por algum motivo tipicamente vicejam com fórmulas lácteas de alta qualidade que estejam adequadamente esterilizadas (Furman et al., 2004; Tershakovec e Stallings, 1998). Além disso, hoje existe uma ampla variedade de fórmulas disponíveis para satisfazer as necessidades de bebês com necessidades especiais, tais como os que são intolerantes à lactose.

Até 4 ou 6 meses, os bebês só precisam de leite materno ou fórmula acompanhada dos suplementos apropriados (Taveras et al., 2004). Por exemplo, os pediatras geralmente recomendam suplementação de ferro para a maioria dos bebês de mais de 4 meses e suplementação de vitamina B12 para bebês cujas mães sejam vegetarianas e estejam amamentando (Tershakovec e Stallings, 1998). Os médicos podem recomendar alimentação suplementar com fórmula láctea para bebês que estejam crescendo pouco.

Não existem evidências que sustentem a crença de que alimentos sólidos ajudam os bebês a dormir a noite inteira. Na verdade, a precoce introdução de alimentos sólidos pode interferir na nutrição. Os pediatras geralmente recomendam evitar alimentos sólidos até os 4 ou 6 meses. Os primeiros sólidos devem ser cereais de um único tipo, como cereal de arroz, enriquecido com ferro. Os pais devem introduzir o bebê a apenas um novo alimento por semana. Seguindo um plano sistemático, os pais podem facilmente identificar alergias alimentares (Tershakovec e Stallings, 1998).

Subnutrição

> **OBJETIVO DA APRENDIZAGEM 4.5**
> Como a subnutrição afeta o desenvolvimento dos bebês?

A subnutrição nos dois primeiros anos pode comprometer seriamente o cérebro do bebê porque o sistema nervoso é o sistema corporal que está se desenvolvendo mais rapidamente nesse período. A carência de *macronutrientes* é resultado de uma dieta com muito poucas calorias. A carência de macronutrientes é a principal causa de morte entre crianças com menos de 5 anos no mundo (Tershakovec e Stallings, 1998).

CIÊNCIA DO DESENVOLVIMENTO EM CASA

Seio ou mamadeira?

A gestante Suzanne não teve dificuldade para decidir onde queria dar à luz e quem queria que servisse como sua assistente no parto. Agora, suas maiores preocupações giram em torno de como alimentar o bebê. Ela ouviu falar que o leite materno é o melhor, mas pretende voltar a trabalhar algumas semanas depois do nascimento. Consequentemente, ela está inclinada a amamentar seu bebê com mamadeira, mas está buscando informações que lhe assegurem que ele vai se desenvolver adequadamente com fórmula.

Todos os pais, como Suzanne, querem fazer o que é melhor para seus bebês, e os desenvolvimentistas hoje geralmente concordam que o leite materno é superior à mamadeira para atender as necessidades nutricionais dos bebês (Overby, 2002). Entretanto, nem todas as mães *podem* amamentar no seio. Algumas não têm leite suficiente; outras sofrem de doenças que as obrigam a tomar remédios que podem estar presentes em seu leite e prejudicar o bebê. Além disso, alguns vírus, como o HIV, podem ser transmitidos da mãe para o bebê através do leite materno. E quanto às mães adotivas?

Os desenvolvimentistas não hesitam em garantir às mães que não podem amamentar que seus bebês vão se desenvolver tão bem quanto bebês amamentados ao seio. Entretanto, é importante compreender que, depois de várias décadas de extensas pesquisas em muitos países, os especialistas concordam que, para a maioria dos bebês, a amamentação com leite materno é significativamente superior à mamadeira em termos nutricionais (Taveras et al., 2004). A amamentação ao seio está associada a diversos benefícios. Para começar, o leite materno contribui para um ganho de peso e altura mais rápido (Prentice, 1994). Em média, os bebês alimentados com leite materno são menos propensos a sofrer de problemas como diarreia, gastroenterite, bronquite, infecções auditivas e cólica, sendo menos propensos a morrerem nos primeiros anos de vida (Barness e Curran, 1996; Beaudry, Dufour e Marcoux, 1995; Golding, Emmett e Rogers, 1997a, 1997b; López-Alarcón, Villapando e Fajardo, 1997). O leite materno também parece estimular melhor a função do sistema imunológico, além de poder proteger os bebês contra o excesso de peso nos anos seguintes (Dietz, 2001; Pickering et al., 1998). Por esses motivos, os médicos recomendam vigorosamente a amamentação com leite materno caso ela seja possível, mesmo que a mãe possa amamentar apenas durante algumas semanas depois do nascimento ou que seu leite tenha que ser suplementado com alimentações com fórmula (Tershakovec e Stallings, 1998).

Questões para reflexão

1. Caso Suzanne fosse sua amiga e lhe pedisse um conselho sobre essa decisão importante, o que você lhe diria?
2. As pesquisas que relacionam a amamentação com leite materno à obesidade foram correlacionais. Que outras variáveis poderiam explicar esse relacionamento?

O objetivo dos programas de suporte nutricional para mães e crianças de baixa renda, tais como o programa WIC nos Estados Unidos, é prevenir a desnutrição infantil. Esses programas podem representar uma economia de dinheiro dos contribuintes a longo prazo, uma vez que a desnutrição interfere no desenvolvimento cerebral inicial, assim aumentando a probabilidade de problemas de aprendizagem e a necessidade de serviços de educação especial posteriormente na infância.

Quando o déficit calórico é grave, ocorre uma doença denominada *marasmo*. Os bebês com marasmo pesam menos do que 60% do que deveriam pesar em sua idade, e muitos sofrem danos neurológicos permanentes devido à doença. A maioria também sofre de infecções parasitárias que levam à diarreia crônica. Essa condição dificulta o tratamento do marasmo pelo simples aumento do consumo de calorias do bebê. Entretanto, um programa de suplementação dietética com fórmula láctea infantil, aliado a alimentações intravenosas e tratamento para parasitoses, pode reverter o marasmo (Tershakovec e Stallings, 1998).

Algumas dietas contêm quase a quantidade suficiente de calorias, mas não de proteínas. Dietas desse tipo levam a uma doença chamada *kwashiorkor*, que é comum em países onde os bebês são desmamados cedo demais e passam a ingerir alimentos com baixo teor proteico. Sintomas semelhantes aos do *kwashiorkor* também são observados em crianças com doenças crônicas devido a incapacidade do organismo de utilizar as proteínas dos alimentos que ingerem. Como o marasmo, o *kwashiorkor* pode acarretar uma série de problemas de saúde assim como danos cerebrais permanentes (Tershakovec e Stallings, 1998).

Estudos da taxa de crescimento de crianças pobres nos Estados Unidos sugerem que um pequeno número delas sofre de carência de macronutrientes (Tanner, 1990). Além disso, uma pequena parcela de bebês tem dificuldades de alimentação, tais como um reflexo de sucção pouco desenvolvido, que os coloca em risco de carência de macronutrientes (Wright e Birks, 2000). Contudo, a maioria dos problemas nutricionais nas sociedades industrializadas envolve *carência de micronutrientes*, a deficiência de certas vitaminas e/ou minerais. Por exemplo, cerca de 65% dos bebês e crianças nos Estados Unidos têm dietas com deficiência de ferro suficiente para causar anemia (Tershakovec e Stallings, 1998). A deficiência de cálcio, que resulta em má saúde dos ossos, também está se tornando mais comum nos Estados Unidos (Tershakovec e Stallings, 1998). Essas deficiências, ainda que mais comuns entre os pobres, são encontradas em crianças de todos os níveis socioeconômicos.

A carência de micronutrientes nos primeiros anos de vida, especialmente quando causa anemia ferropriva, pode impedir o desenvolvimento social e linguístico (Guesry, 1998; Josse et al., 1999). Foi constatado que a suplementação de ferro a bebês anêmicos acarretou aumento nos escores em medidas do desenvolvimento social, mas não do desenvolvimento linguístico, sugerindo que os efeitos cognitivos da anemia podem ser irreversíveis. Consequentemente, a maioria das autoridades de saúde pública apoia as iniciativas de educar os pais sobre as necessidades micronutricionais dos bebês e crianças.

OBJETIVO DA APRENDIZAGEM 4.6
Quais são as necessidades de assistência médica e imunização dos bebês?

Assistência médica e imunizações

Os bebês precisam de exames médicos frequentes. Grande parte da puericultura pode parecer rotineira, mas é extremamente importante para o desenvolvimento. Por exemplo, nas consultas rotineiras com o pediatra ou na clínica de saúde, é costume avaliar as habilidades motoras dos bebês. Um bebê cujo desenvolvimento motor está menos avançado do que o esperado para sua idade pode requerer exames adicionais para problemas de desenvolvimento como retardo mental (Sulkes, 1998).

Um dos mais importantes elementos da puericultura é a vacinação do bebê contra diversas doenças. Ainda que imunizações posteriores na infância ofereçam boa proteção, as evidências sugerem que a imunização é mais efetiva quando iniciada no primeiro mês de vida e continuada durante a infância e a adolescência (Umetsu, 1998). Até os adultos precisam de reforço das vacinações para manter a imunidade.

Nos Estados Unidos, um bebê tem em média sete doenças respiratórias no primeiro ano de vida. Pesquisas em alguns países indicam que os bebês que frequentam creches têm duas vezes mais infecções do que os que são criados somente em casa, e aqueles que são cuidados em grupos pequenos se situam em algum ponto intermediário, presumivelmente porque os bebês cuidados em ambientes de grupo são expostos a uma variedade mais ampla de germes e vírus (Collet et al., 1994; Hurwitz, Gunn, Pinsky e Schonberger, 1991; Lau, Uba e Lehman, 2002). Em geral, quanto maior o número de pessoas ao qual o bebê é exposto, maior a frequência de adoecimento.

Os neuropsicólogos sugerem que o momento de ocorrência de doenças respiratórias que podem causar infecções de ouvido é importante. Muitos observam que os bebês que têm infecções de ouvido crônicas são mais propensos a ter transtornos de aprendizagem, transtornos de atenção e déficits de linguagem durante os anos escolares (Asbjornsen et al., 2005). Esses psicólogos imaginam que, como as infecções de ouvido enfraquecem a audição temporariamente, elas podem comprometer o desenvolvimento de regiões cerebrais que são essenciais para o aprendizado da linguagem durante os primeiros dois anos (Spreen, Risser e Edgell, 1995). Assim, a maioria dos pediatras enfatiza a necessidade de práticas de higiene efetivas nas creches, tais como desinfecção periódica de todos os brinquedos, assim como pronto atendimento das infecções respiratórias dos bebês.

Em 1992, apenas 55% das crianças nos Estados Unidos receberam a série completa de imunizações – programa que inclui três injeções separadas da vacina para hepatite, quatro para difteria/tétano/coqueluche, três para gripe, três para poliomielite e uma de cada das vacinas para sarampo/rubéola e varicela zóster (Committee on Infectious Diseases, 1996). A vacinação contra a Hepatite A também é recomendada em algumas cidades (Centers for Disease Control [CDC] National Immunization Program, 2000). Em 1995 foi realizada uma extensa campanha publicitária patrocinada pelo governo federal e pela American Academy of Pediatrics (AAP). Em consequência disso, a taxa de vacinação nos Estados Unidos tinha aumentado para mais de 90% em 1999 e continuou aumentando nos primeiros anos do século XXI (CDC National Immunization Program, 2000; Rosenthal et al., 2004). As autoridades de saúde pública acreditam que esforços educacionais continuados, tanto na imprensa quanto pelos profissionais de saúde que trabalham diretamente com bebês e suas famílias, são necessários para impedir que a taxa de imunização volte aos patamares de antes das campanhas.

Mortalidade infantil

A **mortalidade infantil** é formalmente definida como morte no primeiro ano após o nascimento. Nos Estados Unidos, cerca de 7 bebês de cada 1.000 morrem antes de completar 1 ano (Kochanek e Martin, 2004). A taxa vem diminuindo regularmente durante as últimas décadas (para abaixo de 30 por 1.000 em 1950), mas os Estados Unidos continuam tendo a maior taxa de mortalidade infantil entre os países industrializados. Quase dois terços dessas mortes ocorrem no primeiro mês de vida e estão diretamente relacionadas a anomalias congênitas ou baixo peso natal (Kochanek e Martin, 2004).

mortalidade infantil morte no primeiro ano de vida.

Síndrome da morte súbita do lactente

> **OBJETIVO DA APRENDIZAGEM 4.7**
> O que os pesquisadores descobriram sobre a síndrome da morte súbita do lactente?

Depois da morte de um cônjuge, a morte de um filho, principalmente quando ela é inesperada, é o mais perturbador motivo de consternação que existe para a maioria dos adultos (ver *Ciência do desenvolvimento na clínica* na página 132). As indagações dos pais sobre a causa da morte de seu filho fazem parte do processo do pesar. No caso da morte de um bebê, poucos pais encontram a resposta que procuram, pois a maioria das mortes depois do primeiro mês de vida é consequência de SIMS. A **síndrome da morte súbita do lactente (SIMS)**, na qual um bebê aparentemente saudável morre repentinamente de forma inesperada, é a principal causa de morte nos Estados Unidos entre bebês de 1 mês a 1 ano (Task Force on Sudden Infant Death Syndrome, 2005). Ainda não se sabe a causa básica da SIMS, mas existem alguns indícios. Em primeiro lugar, ela é mais comum no inverno, quando os bebês podem estar sofrendo de infecções virais que provocam dificuldades de respiração. Além disso, bebês com história de *apneia do sono* – períodos breves em que sua respiração subitamente para – são mais propensos a morrer de SIMS (Kercsmar, 1998). Episódios de apneia podem ser observados nas maternidades hospitalares para recém-nascidos, ou um bebê que não está respirando pode ser descoberto pelos pais a tempo de ser ressuscitado. Nestes casos, os médicos geralmente recomendam o uso de monitores eletrônicos da respiração que tocam um alarme caso o bebê pare de respirar durante o sono.

síndrome da morte súbita do lactente (SIMS) fenômeno em que um bebê aparentemente saudável morre de maneira repentina e inesperada.

CIÊNCIA DO DESENVOLVIMENTO NA CLÍNICA
Quando um bebê morre

Morgan recentemente perdeu seu filho de 2 meses pela síndrome da morte súbita do lactente (SIMS). Após a morte do bebê, ela estava disposta a continuar levando a vida da maneira mais normal possível, apesar da tristeza avassaladora que sentiu. Com esse objetivo, ela voltou a trabalhar imediatamente depois do funeral e manteve todas as suas atividades sociais. Ela também se obrigou a comparecer a todos os encontros da família, ainda que receasse ter que falar sobre a experiência. Para seu espanto, seus colegas de trabalho e parentes se mantiveram distantes dela, como se não soubessem o que lhe dizer sobre a morte de seu filho. Morgan se sentiu dilacerada entre o alívio que sentia por não ter que conversar muito sobre o acontecido e a necessidade desesperada de que os outros de alguma forma reconhecessem a perda dela.

Quando conversou sobre suas preocupações com um terapeuta profissional, Morgan descobriu que suas experiências são típicas dos pais que perderam um bebê. O terapeuta explicou que quando uma criança mais velha morre, os pais, membros da família e amigos da criança dividem recordações de suas histórias de relacionamento com ela. Eles compartilham de anedotas sobre a personalidade da criança, suas atividades prediletas, etc. Esses mecanismos ajudam todas as pessoas na rede de relacionamentos da criança a se libertar psicologicamente dela, processo que ajuda os pais a lidar com seu próprio sofrimento. Porém, com um bebê, existe pouca ou nenhuma história de relacionamento a ser compartilhada. Os pais, evidentemente, têm profundos sentimentos de apego, mas os elementos cognitivos que os ajudam a enfrentar a perda de um filho estão ausentes.

Uma vez que amigos e parentes geralmente sabem menos sobre o bebê que faleceu do que os pais, eles simplesmente evitam falar qualquer coisa sobre a criança. Consequentemente, pais consternados pela perda de um bebê muitas vezes têm mais necessidade de receber apoio da família, dos amigos e dos profissionais de saúde do que reconhecem (Vaeisaenen, 1998). Assim, os profissionais de saúde elaboraram algumas diretrizes que podem ser úteis para os familiares ou amigos para ajudar pais que perderam um bebê (Wong, 1993):

- Não tente forçar pais consternados a falar sobre seu pesar ou sobre o bebê caso eles não queiram.
- Sempre se refira ao bebê falecido pelo nome.
- Expresse seus próprios sentimentos pela perda do bebê, se eles forem sinceros.
- Siga o exemplo dos pais para dividir recordações sobre o bebê.
- Desencoraje os pais a usarem drogas ou álcool para lidar com seu pesar.
- Assegure aos pais pesarosos que suas reações são normais e que eles vão levar algum tempo para resolverem as emoções associadas à perda de seu filho.
- Não pressione os pais para que "substituam" o bebê com outro.
- Não ofereça racionalizações (p. ex., "Seu bebê é um anjo agora") que possam ofender os pais.
- Apoie as próprias racionalizações dos pais.
- Esteja ciente de que os irmãos do bebê, mesmo os que são muito pequenos, tendem a experimentar algum grau de sofrimento.

Questões para reflexão

1. Se você fosse um colega de trabalho ou parente de Morgan, como você acha que iria se comportar frente a ela em situações cotidianas?
2. Que tipo de "roteiro mental" você poderia elaborar a partir das recomendações acima que seriam úteis aos amigos e parentes de uma pessoa que perdeu um bebê?

A SIMS é mais frequente entre bebês que dormem de bruços ou de lado, especialmente sobre colchões, travesseiros ou mantas macias ou felpudas (Task Force on Sudden Infant Death Syndrome, 2005). A American Academy of Pediatrics, juntamente com organizações médicas de vários outros países, recomenda que bebês saudáveis sejam colocados de costas para dormir. Durante os 2 primeiros anos depois que essa recomendação foi introduzida, houve uma queda geral de 12% nos casos de SIMS nos Estados Unidos, com declínios ainda maiores de até 50% em regiões onde as recomendações foram amplamente divulgadas (Spiers e Guntheroth, 1994). Na Inglaterra, País de Gales, Nova Zelândia e Suécia, grandes campanhas para desencorajar os pais de colocarem seus bebês para dormir de bruços também foram seguidas por quedas agudas nas taxas de SIMS (Gilman, Cheng, Winter e Scragg, 1995). Outro fator de contribuição importante é o tabagismo materno durante a gravidez ou por qualquer pessoa em casa após o nascimento da criança. Bebês expostos a essa fumaça são cerca de quatro vezes mais propensos a morrer de SIMS do que bebês sem exposição ao fumo (CDC, 2006c).

Estudos de imagem dos cérebros de bebês com alto risco de SIMS, tais como os que apresentam apneia do sono nos primeiros dias de vida, sugerem que a mielinização progride em uma taxa mais lenta nessas crianças do que em outras que não apresentam esses fatores de risco (Morgan et al., 2002). Os padrões de sono dos bebês refletem essas diferenças neurológicas e também predizem o risco de SIMS. Bebês que apresentam períodos de sono cada vez mais prolongados durante os primeiros meses de vida estão em menos risco de morrer de SIMS do que bebês cujos períodos de sono não aumentam muito de duração à medida que amadurecem (Cornwell e Feigenbaum, 2006). Da mesma forma, autópsias de bebês com SIMS revelaram que seus cérebros muitas vezes apresentavam sinais de mielinização retardada.

Diferenças de grupo na mortalidade infantil

OBJETIVO DA APRENDIZAGEM 4.8
Como as taxas de mortalidade infantil variam entre os grupos?

As taxas de mortalidade infantil, incluindo as mortes atribuíveis a anormalidades congênitas e à SIMS, variam amplamente entre os grupos raciais nos Estados Unidos, como mostra a Figura 4.3 (Heron et al., 2008; Matthews, 2005). As taxas são mais baixas entre bebês americanos asiáticos; cerca de 5 de cada 1.000 entre eles morrem anualmente. Entre bebês brancos, a taxa é de 5,5 por 1.000. Os grupos com as taxas de mortalidade infantil mais elevadas são os americanos havaianos nativos (9 por 1.000), americanos nativos (9,1 por 1.000) e afro-americanos (13,3 por 1.000). Um motivo para essas diferenças é que os bebês nesses grupos são duas ou três vezes mais propensos a sofrer de anormalidades congênitas e de baixo peso natal – as duas principais causas de morte no primeiro mês de vida – do que bebês em outros grupos. Além disso, a SIMS também é duas a três vezes mais comum nesses grupos.

Uma vez que os bebês nascidos em famílias pobres têm maior tendência a morrer do que os nascidos em famílias em melhor situação financeira, alguns observadores sugeriram que a pobreza explica as taxas de mortalidade infantil mais altas entre americanos nativos (incluindo americanos havaianos nativos) e afro-americanos, os grupos com as taxas de pobreza mais altas. Contudo, as taxas de mortalidade infantil em grupos hispânicos sugerem que a ligação entre pobreza e mortalidade infantil é complexa. A taxa de mortalidade infantil média nas populações de americanos mexicanos, americanos cubanos e sul-americanos e centro-americanos é de apenas 5,6 por 1.000 (MacDorman e Atkinson, 1999). Esses grupos têm quase as mesmas chances de serem pobres que os afro-americanos e americanos nativos. Em contraste, americanos de ascendência porto-riquenha não têm mais probabilidade de serem pobres do que outros grupos hispano-americanos, mas a taxa de mortalidade infantil nesse grupo é de 7,9 por 1.000.

É interessante que as taxas de mortalidade em bebês de imigrantes de todos os grupos são mais baixas do que as de bebês nascidos nos Estados Unidos. Essa descoberta também contesta a explicação da pobreza para as diferenças de grupo na mortalidade infantil, porque as mulheres imigrantes são mais propensas a serem pobres e menos propensas a receber assistência pré-natal do que as mulheres nascidas nos Estados Unidos (MacDorman e Atkinson, 1999; NCHS, 2006). Muitos pesquisadores

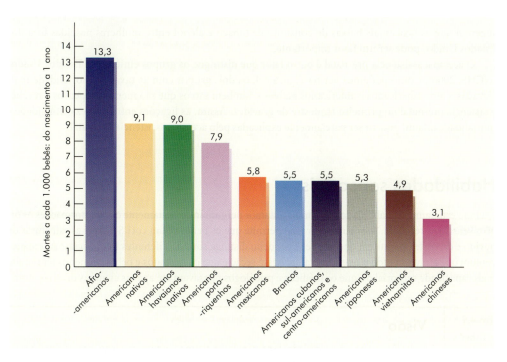

Figura 4.3 Diferenças de grupo na mortalidade infantil.

Como podemos ver, as taxas de mortalidade infantil variam amplamente entre os grupos étnicos norte-americanos.

(*Fontes*: Heron et al., 2008; Kochanek e Smith, 2004; MacDorman e Atkinson, 1999; Matthews, 2005.)

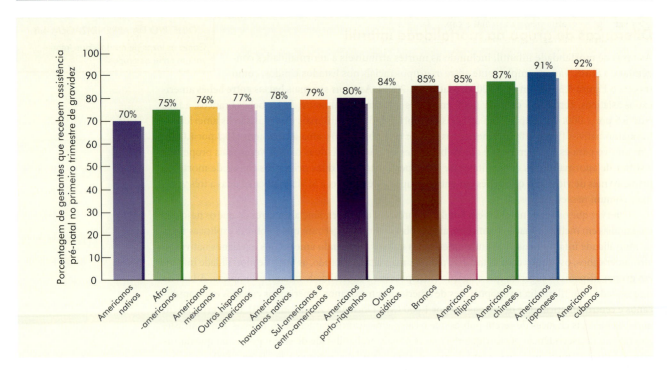

Figura 4.4 Assistência pré-natal inicial e etnicidade.

Existem amplas disparidades entre os grupos étnicos em relação ao acesso à assistência pré-natal. Observe que americanos nativos e afro--americanos, os dois grupos com as maiores taxas de mortalidade infantil, são os menos propensos de todos os grupos étnicos nos Estados Unidos a receber assistência pré-natal no primeiro trimestre.

(*Fonte*: National Center for Health Statistics, 2007b.)

sugerem que as taxas mais baixas de consumo de tabaco e álcool entre mulheres nascidas fora dos Estados Unidos pode ser um fator importante.

O acesso a assistência pré-natal é outro fator que distingue os grupos étnicos nos Estados Unidos (NCHS, 2006). Como podemos ver na Figura 4.4, os dois grupos com as taxas de mortalidade mais elevadas – afro-americanos e americanos nativos – também são os que são menos propensos a receber assistência pré-natal no primeiro trimestre de gravidez. Assim, as ligações entre pobreza, etnicidade e mortalidade infantil podem ser parcialmente explicadas pelo acesso a assistência pré-natal.

Habilidades sensoriais

Quando estudamos as habilidades sensoriais, estamos perguntando exatamente quais informações os órgãos sensoriais recebem. A estrutura do olho permite que os bebês vejam cor? Será que as estruturas do ouvido e do córtex permitem que um bebê pequeno distinga sons de diferentes frequências? A temática comum que atravessa tudo o que você vai ler nessa seção é que os neonatos e bebês pequenos têm muito mais capacidade sensorial do que os médicos e psicólogos pensavam até apenas algumas décadas atrás.

OBJETIVO DA APRENDIZAGEM 4.9
Como as capacidades visuais dos bebês mudam durante os primeiros meses de vida?

Visão

Se você já teve a oportunidade de passar algum tempo com um neonato, provavelmente terá percebido que, enquanto está acordado, ele passa muito tempo olhando as coisas. O quê exatamente um neonato é capaz de ver, e com que grau de qualidade é capaz de enxergar? O padrão de **acuidade visual** nos adultos é uma visão de "20/20". Isso significa que você é capaz de ver e identificar alguma coisa a 20 pés (609 centímetros) de distância que uma pessoa mediana também é capaz de ver a 20 pés. Uma pessoa com visão de 20/100, em contraste, tem que estar no mínimo a 20 pés de distância

acuidade visual capacidade de ver detalhes à distância.

para ver algo que uma pessoa normal é capaz de ver a 100 pés. Em outras palavras, quanto mais alto o segundo número, pior é a acuidade visual da pessoa. No nascimento, a acuidade visual está na faixa de 20/200 a 20/400, mas ela melhora rapidamente durante o primeiro ano em consequência da sinaptogênese, poda e mielinização dos neurônios que servem os olhos e os centros cerebrais de processamento da visão. Os especialistas acreditam que a maioria das crianças atinge o nível de visão de 20/20 em torno dos 2 anos (Keech, 2002). Entretanto, é difícil determinar a verdadeira acuidade visual de um bebê porque as crianças não podem ser testadas pelos exames convencionais de visão até que tenham idade suficiente para responder verbalmente ao examinador, o que geralmente ocorre aos 4 ou 5 anos.

Os pesquisadores estabeleceram que os tipos de células nos olhos (cones) necessárias para perceber verde e vermelho estão claramente presentes no primeiro mês (e talvez presentes no nascimento); as células necessárias para ver azul provavelmente também estão presentes nessa idade (Bornstein et al., 1992). Portanto, os bebês podem e realmente veem e distinguem várias cores. Na verdade, os pesquisadores determinaram que a capacidade dos bebês de ver cores, mesmo nas primeiras semanas de vida, é quase idêntica a dos adultos (Pereverzeva, Hui-Lin Chien, Palmer e Teller, 2002).

Sendo bastante míopes, os neonatos enxergam melhor a uma distância de cerca de 20 a 25 centímetros – exatamente a distância entre o rosto do pai e os olhos do bebê quando ele está sendo alimentado.

O processo de acompanhar um objeto em movimento com os olhos é denominado **rastreamento**, e o fazemos todos os dias em diversas situações. Acompanhamos o movimento dos outros carros quando estamos em um automóvel; acompanhamos o movimento de um amigo que atravessa a sala em nossa direção; um jogador de beisebol acompanha o trajeto de uma bola que voa para poder agarrá-la. Como um bebê recém-nascido ainda não pode se movimentar de maneira independente, muitas de suas experiências com objetos são com coisas que se aproximam ou se distanciam dele. Para que tenha êxito no reconhecimento de objetos, ele tem que ser capaz de manter os olhos sobre eles enquanto eles se movimentam; ele deve ser capaz de rastrear. Estudos clássicos realizados por Richard Aslin e colaboradores (1987) demonstram que inicialmente o rastreamento é relativamente ineficiente, mas se aperfeiçoa muito rápido. Bebês com menos de 2 meses demonstram alguma capacidade de rastreamento por períodos curtos de tempo se o alvo estiver se movimentando muito lentamente, mas em torno de 6 a 10 semanas ocorre uma mudança, e a capacidade de rastreamento dos bebês se aperfeiçoa muito rapidamente.

rastreamento movimentos suaves dos olhos utilizados para acompanhar o movimento de um objeto.

Audição e outros sentidos

Como vimos no Capítulo 3, os bebês são capazes de ouvir muito antes de nascerem. Entretanto, como a visão, a audição se aperfeiçoa consideravelmente nos primeiros meses de vida. Os outros sentidos seguem um percurso semelhante.

OBJETIVO DA APRENDIZAGEM 4.10
Como os sentidos auditivo, olfativo, gustativo, tátil e cinestésico dos bebês se comparam aos de crianças mais velhas e adultos?

Audição Embora a audição das crianças melhore até a adolescência, a **acuidade auditiva** dos neonatos é superior a sua acuidade visual. Evidências de pesquisa sugerem que, dentro da faixa geral de frequência e intensidade da voz humana, os neonatos ouvem tão bem quanto os adultos (Ceponiene et al., 2002). Somente em relação aos sons mais agudos sua habilidade auditiva é inferior a de um adulto; tais sons precisam ser mais intensos para serem ouvidos por um neonato do que para serem ouvidos por crianças ou adultos mais velhos (Werner e Gillenwater, 1990).

Outra habilidade auditiva básica que existe no nascimento, mas melhora com a idade, é a capacidade de determinar a localização de um som. Uma vez que nossos dois ouvidos são separados um do outro, os sons chegam a um deles ligeiramente antes do que ao outro, o que nos permite julgar sua localização. Esse sistema falha somente quando um som é proveniente de uma fonte equidistante dos dois ouvidos (a "linha mediana"). Nesse caso, o som chega ao mesmo tempo nos dois ouvidos e sabemos que o som está em algum ponto de nossa linha mediana. Sabemos que os neonatos são capazes de julgar ao menos a direção geral da qual um som veio porque eles vão virar a cabeça aproximadamente

acuidade auditiva nosso grau de capacidade auditiva.

na direção do som. Contudo, a capacidade mais refinada de localizar os sons não está desenvolvida no nascimento. Por exemplo, Barbara Morrongiello observou as reações dos bebês a sons emitidos na linha mediana e depois a sons vindos de ângulos diversos em relação à linha mediana. Entre bebês de 2 meses, é preciso uma variação de cerca de 27 graus de distância da linha mediana antes que o bebê apresente uma mudança de resposta; entre bebês de 6 meses, uma variação de 12 graus já é suficiente; aos 18 meses, a discriminação de uma variação de 4 graus é possível – quase o nível de aptidão visto em adultos (Morrongiello, 1988; Morrongiello, Fenwick e Chance, 1990).

Olfato e paladar Os sentidos do olfato e do paladar foram muito menos estudados do que a visão e audição, mas temos alguns conhecimentos básicos. Os dois sentidos estão complexamente relacionados nos bebês, assim como nos adultos – ou seja, se você não consegue sentir odores por algum motivo (por estar gripado, por exemplo), sua sensibilidade gustativa também está significativamente reduzida. O sabor é detectado pelas papilas gustativas localizadas na língua, que registram quatro sabores básicos: doce, azedo, amargo e salgado. O odor é registrado nas membranas mucosas do nariz e tem variações quase ilimitadas.

Os neonatos parecem responder diferencialmente a todos os quatro sabores básicos (Crook, 1987). Algumas das demonstrações mais claras disso provêm de um grupo elegantemente simples de estudos iniciais de Jacob Steiner (Ganchrow, Steiner e Daher, 1983; Steiner, 1979). Recém-nascidos nunca antes alimentados foram fotografados antes e depois de se colocar água condimentada em suas bocas. Variando o sabor, Steiner determinou se os bebês reagiam de maneira diferente aos diversos sabores. Como podemos ver na Figura 4.5, os bebês responderam de maneira totalmente diferente aos sabores doce, azedo e amargo. Os neonatos também são capazes de sentir o *umami*, sabor característico que resulta da adição de glutamato monossódico (GMS) aos alimentos e é típico de alimentos ricos em proteína com alto teor de glutamato (p. ex., carnes, queijos). De modo geral, os neonatos expressam prazer quando os pesquisadores testam sua sensibilidade para umami (Nicklaus, Boggio e Issanchou, 2005). Alguns pesquisadores especulam que as preferências dos neonatos por alimentos de sabores doce e umami explicam sua atração pelo leite materno, substância que é naturalmente rica em açúcares e glutamatos.

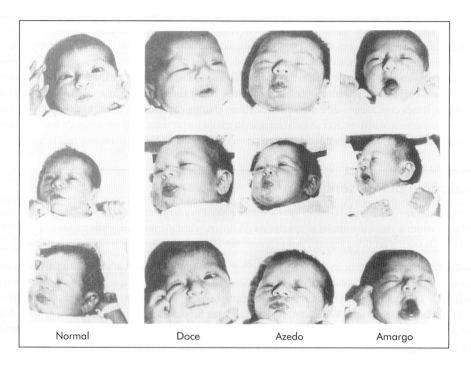

Figura 4.5 Respostas gustativas nos neonatos.

Esses são três dos neonatos que Steiner observou em seus experimentos de resposta gustativa. A coluna à esquerda mostra as expressões normais dos bebês; as demais colunas mostram a mudança de expressão quando recebem sabores doce, azedo e amargo. O que impressiona é a semelhança das expressões para cada sabor.

(*Fonte:* Esta figura foi publicada em *Advances in Child Development and Behavior*, Vol. 13, H.W. Reese e L.P. Lipsitt, "Human Facial Expressions in Response to Taste and Smell Stimulation", Copyright Academic Press, 1979. Reproduzido com permissão.)

Sentidos do tato e movimento Os sentidos do tato e do movimento talvez sejam os mais bem desenvolvidos de todos. Com certeza esses sentidos são suficientemente bem-desenvolvidos para que o bebê possa se alimentar. Se você examinar a lista de reflexos na Tabela 4.1 apresentada anteriormente (p. 125), você vai perceber que o reflexo de busca depende de um estímulo tátil à bochecha, ao passo que o reflexo de preensão depende de um toque na palma da mão. Os bebês parecem ser especialmente sensíveis a toques na boca, no rosto, nas mãos, nas solas dos pés e no abdômen, com menos sensibilidade em outras partes do corpo (Reisman, 1987).

Habilidades perceptuais

Quando nos voltamos para estudos das habilidades perceptuais, estamos perguntando o que o indivíduo faz com a informação sensorial – como ela é interpretada ou combinada. Os pesquisadores constataram que bebês em idade muito precoce são capazes de fazer distinções admiravelmente refinadas entre sons, imagens e sensações, e eles prestam atenção e respondem a padrões, não apenas a eventos individuais.

Estudando o desenvolvimento perceptual

> **OBJETIVO DA APRENDIZAGEM 4.11**
> Como os pesquisadores estudam o desenvolvimento perceptual?

Os bebês não podem falar ou responder a perguntas comuns, então como decifraremos o que eles são capazes de ver, ouvir ou discriminar? Os pesquisadores utilizam três métodos básicos que lhes permitem "perguntar" a um bebê sobre o que ele experimenta (Bornstein, Arterberry e Mash, 2005). Na **técnica da preferência**, criada por Robert Fantz (1956), dois objetos ou duas figuras são simplesmente apresentadas ao bebê, e o pesquisador registra por quanto tempo o bebê olha para cada uma delas. Se verificarmos que, diante do mesmo par de figuras, muitos bebês consistentemente olham por mais tempo para uma delas do que para a outra, isso não apenas nos informa que eles veem alguma diferença entre as duas, mas também pode revelar algo sobre os tipos de objetos ou figuras que prendem sua atenção.

Outra estratégia tira proveito dos processos de **habituação**, isto é, se acostumar com um estímulo, e seu contrário, a **desabituação** – responder a um estímulo um pouco familiar como se ele fosse novo. Os pesquisadores primeiro apresentam ao bebê uma determinada imagem, som ou objeto várias vezes até ele se habituar – ou seja, até ele parar de olhar para ele ou de demonstrar interesse. Depois os pesquisadores apresentam outra imagem, som ou objeto que é ligeiramente diferente do original e observam se o bebê demonstra novo interesse (desabituação). Se o bebê demonstra novo interesse, sabemos que ele percebe a imagem, som ou objeto ligeiramente alterados como de alguma forma "diferente" do original.

A terceira opção é utilizar os princípios do *condicionamento operante*, descritos no Capítulo 2. Por exemplo, um bebê pode ser treinado para virar a cabeça quando ouve um determinado som, sendo a visão de um brinquedo interessante em movimento utilizada como reforço. Depois que a resposta aprendida está bem-estabelecida, o pesquisador pode variar o som de alguma forma sistemática para verificar se o bebê ainda vira a cabeça.

> **técnica da preferência** método de pesquisa em que um pesquisador observa por quanto tempo um bebê observa cada um de dois objetos exibidos.
>
> **habituação** declínio da atenção que ocorre porque um estímulo se tornou familiar.
>
> **desabituação** responder a um estímulo relativamente familiar como se ele fosse novo.

Olhar

> **OBJETIVO DA APRENDIZAGEM 4.12**
> Como a percepção de profundidade e os padrões de observação visual mudam durante os primeiros dois anos?

Uma pergunta importante a fazer sobre a percepção pessoal é se o bebê percebe seu ambiente da mesma forma que o fazem os adultos e crianças mais velhas. Ele sabe julgar a distância de um objeto olhando para ele? Ele examina visualmente um objeto de uma maneira organizada? Os desenvolvimentistas acreditam que o modo como os bebês olham os objetos nos diz muito sobre o que eles estão tentando obter das informações visuais.

Percepção de profundidade Uma das habilidades perceptuais que mais tem sido estudada é a percepção de profundidade. Um bebê precisa ser capaz de julgar a profundidade a fim de realizar todo tipo de tarefa simples, incluindo julgar o quão distante está um objeto para que ele possa alcançá-lo, o quão distante o objeto está do chão caso ele esteja pensando em engatinhar para fora da borda do sofá, ou como mirar uma colher em direção a uma tigela de pudim de chocolate.

Em uma experiência usando um aparelho com um abismo visual como o utilizado por Gibson e Walk, a mãe tenta atrair o bebê para si fazendo-o engatinhar sobre o lado do "abismo". Porém, como o bebê é capaz de perceber profundidade, ele tem medo de cair caso se aproxime dela, e por isso fica imóvel, parecendo preocupado.

É possível julgar a profundidade utilizando algum (ou todos) de três tipos de informação: primeiro, *indicadores binoculares* envolvem ambos os olhos, cada um deles recebendo uma imagem visual ligeiramente diferente de um objeto; quanto mais próximo estiver um objeto, maior o grau de diferença entre esses dois pontos de vista. Além disso, evidentemente, informações dos músculos dos olhos nos dizem algo sobre a distância que um objeto pode estar. Segundo, informações pictóricas, às vezes denominadas *indicadores monoculares*, requerem dados apenas de um olho. Por exemplo, quando um objeto está parcialmente na frente de outro, você sabe que o objeto parcialmente oculto está mais longe – indicador chamado de *interposição*. Os tamanhos relativos de dois objetos semelhantes, tais como duas cabines telefônicas ou duas pessoas vistas à distância, também podem indicar que o objeto que parece menor está mais distante. A *perspectiva linear* (como a impressão de que as linhas dos trilhos dos trens estão se aproximando à medida que se distanciam) é outro indicador monocular. Terceiro, *indicadores cinéticos* decorrem do movimento do próprio corpo ou do movimento de algum objeto: quando você movimenta a cabeça, os objetos próximos de você parecem se mover mais do que os objetos mais distantes (fenômeno chamado de *paralaxe do movimento*). De modo análogo, se você vê objetos se movendo, como uma pessoa atravessando uma rua ou um trem se movendo sobre os trilhos, objetos mais próximos parecem percorrer distâncias maiores em um dado período de tempo.

Em que idade um bebê se torna capaz de julgar profundidade, e quais desses indicadores ele utiliza? Essa é uma área de pesquisa ainda ativa, portanto a resposta não é definitiva. A melhor conclusão no momento parece ser que a informação cinética é utilizada primeiro, talvez em torno dos 3 meses; indicadores binoculares são utilizados a partir dos 4 meses e indicadores de perspectiva linear e outros indicadores pictóricos (monoculares) são utilizados por último, talvez aos 5 ou 7 meses (Bornstein, 1992; Yonas, Elieff e Arterberry, 2002).

Em um brilhante estudo inicial, Eleanor Gibson e Richard Walk (1960) criaram um aparelho chamado *abismo visual*. Pode-se ver na fotografia que ele consiste de uma mesa de vidro grande com uma pista no meio. Em um dos lados da pista existe um estampa xadrez imediatamente abaixo do vidro; no outro lado – o lado do "abismo" – o estampado xadrez está a vários pés abaixo do vidro. O bebê poderia julgar a profundidade aqui por diversos meios, mas é principalmente a informação cinética que é útil, pois o bebê em movimento veria a superfície mais próxima se mover mais do que a superfície mais distante. Quando um bebê não tem percepção de profundidade, ele se sente igualmente à vontade para engatinhar em qualquer um dos lados da pista, mas quando ele é capaz de julgar profundidade, ele reluta em engatinhar sobre o lado do abismo.

Uma vez que o bebê tinha que ser capaz de engatinhar para ser testado no procedimento de Gibson e Walk, os sujeitos originais tinham todos 6 ou mais meses. A maioria desses bebês não engatinhou sobre o lado do abismo, mas se sentiam muito dispostos a engatinhar sobre o lado raso. Em outras palavras, bebês de 6 meses têm percepção de profundidade.

E os bebês mais novos? O procedimento do abismo visual tradicional não pode nos dar uma resposta, pois o bebê precisa ser capaz de engatinhar para nos "dizer" se é capaz de julgar profundidade. Com bebês mais jovens, os pesquisadores estudaram indicadores cinéticos observando os bebês reagirem a objetos aparentemente assustadores. Na maioria das vezes, o bebê assiste a um filme de um objeto que se move em sua direção, aparentemente em uma rota de colisão. Se o bebê tem alguma percepção de profundidade, ele deve se esquivar, se mover para o lado ou piscar quando o objeto parece chegar muito perto. Esse tipo de ação foi observada em bebês de 3 meses (Yonas e Owsley, 1987). A maioria dos especialistas hoje concorda que essa é a idade limite mais precoce da percepção de profundidade.

O que os bebês olham Nos primeiros dois meses, a atenção visual de um bebê é orientada a uma busca de padrões significativos (Bornstein, Arterberry e Mash, 2005). Um bebê examina o mundo a seu redor até ver algum contraste forte de claro-escuro, que geralmente indica a borda de algum objeto. Quando encontra uma borda assim, o bebê para de procurar e move os olhos de um lado para o outro e em torno da borda. O movimento também prende a atenção do bebê nessa idade, e assim ele olha coisas que se movem assim como coisas com grande contraste de claro-escuro. Entre 2 e 3 meses, quando o córtex já está mais desenvolvido, a atenção do bebê parece não ser mais onde um objeto está e sim o que ele é. Nessa idade os bebês começam a examinar rapidamente toda a figura em vez de se aterem às bordas. Consequentemente, eles passam mais tempo procurando padrões.

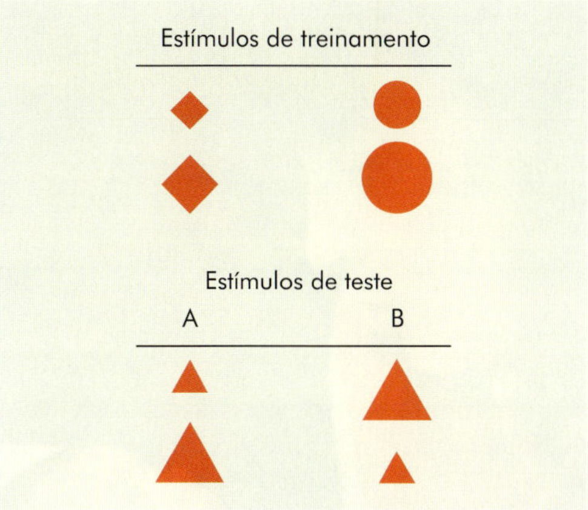

Um estudo que ilustra esse ponto particularmente bem faz parte do trabalho de Albert Caron e Rose Caron (1981), que utilizaram estímulos como os da Figura 4.6 em um procedimento de habituação. Primeiro eles apresentaram a cada bebê uma série de figuras que tinham alguma relação particular – por exemplo, uma figura geométrica pequena posicionada sobre uma versão maior da mesma figura (pequeno sobre grande). Depois que o bebê perdia o interesse por essas figuras de treinamento (ou seja, depois de se habituar), os Carons lhe mostravam outra figura (o estímulo de teste) que ou seguia o mesmo padrão ou seguia um padrão diferente. Se o bebê realmente tivesse se habituado ao padrão das figuras originais (pequeno sobre grande), ele deveria demonstrar pouco interesse por estímulos como os estímulos de teste A na Figura 4.6 ("Ah, a mesma coisa velha de pequeno sobre grande"), mas deveria demonstrar renovado interesse pelo estímulo de teste B ("Olha, eis uma coisa nova!"). Caron e Caron descobriram que crianças de 3 e 4 meses faziam exatamente isso. Portanto, mesmo nessa idade tão precoce, os bebês procuram e dão atenção a padrões, não apenas a estímulos específicos.

Embora existam poucos indícios de que rostos são padrões especialmente interessantes para os bebês – ou seja, que os bebês não escolhem olhar sistematicamente rostos em vez de outros padrões complexos – os bebês claramente têm preferência por alguns rostos a outros. Eles preferem rostos atraentes, e também preferem o rosto da mãe desde as primeiras horas de vida, descoberta que surpreendeu muito os psicólogos, ainda que talvez não surpreenda você (Langlois, Roggman e Reiser-Danner, 1990).

Além da questão da preferência, também temos a questão do que é que os bebês estão olhando quando examinam um rosto. Antes de mais ou menos 2 meses, os bebês parecem olhar sobretudo as bordas dos rostos (a linha do cabelo e o queixo), conclusão reforçada pela descoberta de Pascalis e colaboradores (1995) de que os neonatos não são capazes de discriminar o rosto da mãe do de um estranho se a linha do cabelo estiver encoberta. Depois dos 4 meses, contudo, encobrir a linha do cabelo não afetou a capacidade do bebê de reconhecer a mãe. Em geral, os bebês parecem começar a se concentrar nas características internas de um rosto, principalmente os olhos, aproximadamente dos 2 aos 3 meses.

Figura 4.6 Reconhecimento de padrões nos bebês.

No estudo dos Carons, os pesquisadores primeiro habituaram cada bebê a um conjunto de estímulos de treinamento (todos de "pequeno sobre grande" nesse caso). Depois eles mostraram a cada bebê dois estímulos de teste: um que tinha o mesmo padrão que os estímulos de treinamento (A) e outro que tinha um padrão diferente (B). Bebês de 3 e 4 meses demonstravam renovado interesse pelo estímulo B, mas não pelo estímulo A, indicando que estavam prestando atenção ao padrão e não apenas a estímulos específicos.

(*Fonte:* Essa figura foi publicada em *Pre-Term Birth and Psychological Development*, de S. Friedman e M. Sigman, "Processing of Relational Information as an Index of Infant Risk", by A. J. Caron e R. F. Caron, p. 227-228, Copyright Academic Press, 1981. Reproduzido com permissão.)

Ouvir

Quando passamos da visão para a audição, encontramos indicações igualmente intrigantes de que desde tenra idade os bebês não somente fazem discriminações muito refinadas entre sons individuais como também prestam atenção a padrões. Estudos iniciais estabeleceram que, com apenas 1 mês, os bebês são capazes de distinguir sons da fala como *pa* e *ba* (Trehub

> **OBJETIVO DA APRENDIZAGEM 4.13**
> Como os bebês percebem a fala humana, reconhecem vozes e reconhecem outros padrões sonoros que não os da fala?

Os neonatos reconhecem a voz da mãe e com 1 mês são capazes de distinguir sílabas como *ba* e *pa*.

e Rabinovitch, 1972). Estudos que utilizaram respostas condicionadas de virar a cabeça demonstraram que, talvez aos 6 meses, os bebês são capazes de discriminar "palavras" de duas sílabas, como *bada* e *baga*, e podem até responder a uma sílaba que esteja escondida dentro de uma sequência de outras sílabas, como *tibati* ou *kobako* (Fernald e Kuhl, 1987; Goodsitt, Morse, Ver Hoeve e Cowan, 1984; Morse e Cowan, 1982). Ainda mais significativo, o timbre da voz que produz o som não parece importar. Aos 2 ou 3 meses, os bebês respondem a sons individuais da mesma forma, quer sejam falados por um homem, por uma mulher, por um adulto ou por uma criança (Marean, Werner e Kuhl, 1992). As pesquisas também indicam que os bebês podem rapidamente aprender a distinguir palavras de não palavras em linguagens artificiais, inventadas pelos pesquisadores somente para os propósitos experimentais (Aslin, Saffran e Newport, 1998).

Ainda mais notável é a descoberta de que os bebês são até melhores do que os adultos na discriminação de alguns tipos de sons da fala. Cada idioma utiliza apenas um subconjunto de todos os sons da fala possíveis. O japonês, por exemplo, não utiliza o som *l* que aparece no inglês; o espanhol faz uma distinção entre *d* e *t* diferente da que ocorre no inglês. Revela-se que, até mais ou menos 6 meses, os bebês são capazes de discriminar com precisão todos os contrastes sonoros que aparecem em qualquer idioma, inclusive sons que não são ouvidos em seu idioma. Aproximadamente aos 6 meses eles começam a perder a capacidade de distinguir pares de vogais que não ocorrem em seu idioma; com 1 ano, a capacidade de discriminar contrastes consonantais não ouvidos começa a desaparecer (Polka e Werker, 1994). Contudo, é interessante que estudos de neuroimagem indicam que as redes neurais que subjazem essa restrição adquirida na percepção da fala se torna mais flexível, ou plástica, em crianças no ensino fundamental que recebem instrução em um novo idioma (Nelson, Hann e Thomas, 2006). Assim, o estreitamento da percepção da fala que foi constatado no fim do primeiro ano pode não ser necessariamente permanente. Claramente, também, ele é dependente da experiência.

Neonatos também parecem capazes de distinguir vozes individuais. DeCasper e Fifer (1980) constataram que o neonato é capaz de distinguir a voz da mãe de uma outra voz feminina (mas não a voz do pai de outra voz masculina) e prefere a voz da mãe. Além disso, existe uma correlação entre idade gestacional e reconhecimento da voz materna: bebês prematuros são menos propensos a reconhecer a voz de sua mãe do que bebês nascidos a termo (DeRegnier, Wewerka, Georgieff, Mattia e Nelson, 2002). Assim, a aprendizagem intrauterina parece ser responsável pela preferência dos neonatos pela voz materna.

OBJETIVO DA APRENDIZAGEM 4.14
O que é percepção intermodal?

Combinando informações dos vários sentidos

Se você parar para pensar sobre o modo como recebe e utiliza informações perceptuais, você vai perceber que raramente dispõe de informações apenas de um dos sentidos de cada vez. Os psicólogos têm interesse em determinar em que idade um bebê pode aprender alguma coisa através de um sentido e transferir essa informação para outro sentido (por exemplo, reconhecer somente pelo tato um brinquedo que já tinha visto, mas nunca tocado). Essa habilidade geralmente é chamada de **percepção intermodal**.

Descobertas de pesquisa mostram que a percepção intermodal é possível já no primeiro mês e se torna comum aos 6 meses (Rose e Ruff, 1987). Além disso, estudos comparando essas habilidades em crianças nascidas prematuramente e as nascidas a termo sugerem que os processos maturacionais básicos desempenham um papel importante em seu desenvolvimento (Espy et al., 2002). As pesquisas também sugerem que a percepção intermodal é importante no aprendizado dos bebês. Um grupo de pesquisadores constatou que bebês habituados a um estímulo audiovisual eram mais capazes de reconhecer um novo estímulo do que bebês que se habituaram a um estímulo apenas auditivo ou apenas visual (Bahrick e Lickliter, 2000). Por exemplo, suponha que você executasse um videoteipe de alguém

percepção intermodal formação de uma única percepção de um estímulo baseada em informações de dois ou mais sentidos.

cantando para um bebê, executasse o videoteipe sem o som para outro e executasse somente a gravação do áudio para um terceiro. As pesquisas sugerem que o primeiro bebê reconheceria uma alteração no cantor (estímulo visual) ou na música (estímulo auditivo) mais rapidamente do que os outros dois.

Em bebês mais velhos, a percepção intermodal pode ser prontamente demonstrada, não apenas entre o tato e a visão, mas também entre outras modalidades como som e visão. Por exemplo, em diversos experimentos iniciais deliciosamente engenhosos, Elizabeth Spelke (1979) demonstrou que bebês de 4 meses são capazes de relacionar ritmos sonoros a movimentos. Ela exibiu aos bebês dois filmes simultaneamente, um mostrando um canguru de brinquedo pulando para cima e para baixo e o outro mostrando um burro pulando para cima e para baixo, com um dos animais pulando em um ritmo mais rápido. De um alto-falante posicionado entre os dois filmes ela executou uma gravação em fita de um som ritmado que combinava com o ritmo dos saltos de um dos dois animais. Nessa situação, os bebês demonstraram que preferiam olhar o filme cujo ritmo do salto combinava com o som.

Uma ilustração ainda mais notável do mesmo processo básico pode ser encontrada no trabalho de Jeffery Pickens (1994). Ele exibiu a bebês de 5 meses dois filmes lado a lado, cada um deles mostrando um trem andando sobre trilhos. Depois, através de um alto-falante, ele tocou sons de motor de vários tipos, tais como o de um motor cada vez mais alto (parecendo estar se aproximando) ou cada vez mais baixo (parecendo estar se distanciando). Os bebês nesse experimento olharam mais tempo para o filme do trem cujo movimento combinava com o padrão de sons do motor. Ou seja, eles pareciam ter alguma compreensão da ligação entre o padrão sonoro e o padrão cinético – conhecimento que demonstra não apenas integração intersensorial mas também uma compreensão surpreendentemente sofisticada dos acompanhamentos do movimento.

Embora Leslie, de 7 meses, não esteja olhando para esse brinquedo enquanto o leva à boca, ela está aprendendo algo sobre a aparência dele baseada em como o sente na boca e nas mãos – um exemplo de percepção intermodal.

Explicando o desenvolvimento perceptual

O estudo do desenvolvimento perceptual tem sido importante porque tem sido um campo de batalha fundamental na disputa natureza *versus* experiência. Os **nativistas** afirmam que a maioria das habilidades perceptuais é inata, ao passo que os **empiristas** alegam que essas habilidades são adquiridas. Existem fortes argumentos para ambas as posições.

Em apoio ao argumento dos nativistas, os pesquisadores têm descoberto um número cada vez maior de habilidades que estão presentes desde os primeiros dias de vida fora do útero: os neonatos têm boa acuidade auditiva, fraca – porém, suficiente acuidade visual – e excelente percepção tátil e gustativa. Eles têm ao menos alguma visão em cores e têm uma habilidade ao menos rudimentar de localizar a origem dos sons a seu redor. Ainda mais impressionante, são capazes de fazer distinções muito sofisticadas desde os primeiros dias de vida, inclusive identificar sua mãe pela visão, odor ou som.

Do outro lado do livro de contas, contudo, existem evidências da pesquisa com outras espécies de que um nível mínimo de experiência é necessário para sustentar o desenvolvimento dos sistemas perceptuais. Por exemplo, animais privados de luz sofrem deterioração de todo o sistema visual e um consequente declínio das habilidades perceptuais (Hubel e Weisel, 1963). De modo análogo, animais privados de estímulos auditivos apresentam atraso ou nenhum desenvolvimento das habilidades perceptuais auditivas (Dammeijer, Schlundt, Chenault, Manni e Anteunis, 2002).

Podemos melhor compreender o desenvolvimento das habilidades perceptuais pensando-o como o resultado da interação entre fatores inatos e experienciais. Uma criança é capaz de fazer discriminações visuais entre pessoas ou entre objetos nos primeiros dias ou semanas de vida. Contudo, as discriminações específicas que ela aprende e o número de objetos separados que ela aprende a reconhecer vai depender de suas experiências. Um exemplo perfeito disso é a capacidade do neonato de distinguir o rosto da mãe de um rosto feminino muito parecido. Essa distinção deve ser resultado da experiência, mas a capacidade de fazer a distinção deve ser inata. Assim, como é verdade em relação a quase todas as disputas teóricas dicotômicas, ambos os lados estão corretos. Tanto a natureza quanto a experiência estão envolvidas.

> **OBJETIVO DA APRENDIZAGEM 4.15**
> Que argumentos os nativistas e empiristas oferecem para sustentar suas teorias do desenvolvimento perceptual?

nativistas teóricos que afirmam que as habilidades perceptuais são inatas.

empiristas teóricos que afirmam que as habilidades perceptuais são adquiridas.

Desenvolvimento físico e a criança integral

Seu estudo dos dois primeiros anos até aqui se concentrou no domínio físico. Além de aprender sobre as mudanças que ocorrem nos corpos e nas habilidades motoras das crianças durante esse período, você leu sobre algumas questões importantes na saúde do bebê e aprendeu um pouco sobre o desenvolvimento das habilidades sensoriais e perceptuais. Agora é hora de considerar como alguns dos marcos do domínio físico preparam o palco para a emergência de alguns dos avanços cognitivos e socioemocionais mais importantes durante os dois primeiros anos.

Funcionamento cognitivo

No Capítulo 5, você vai ler sobre os marcos mais importantes no desenvolvimento cognitivo: a permanência do objeto, ou seja, a compreensão de que os objetos continuam existindo quando não podem ser diretamente observados. Um bebê com permanência do objeto sabe que seu brinquedo predileto existe e é capaz de pensar sobre ele mesmo quando não consegue vê-lo. Acredita-se que a permanência do objeto permite aos bebês separarem seu próprio mundo mental do mundo físico. Sua emergência está fortemente associada à sinaptogênese e aumentada oxigenação do sangue nos lobos frontais do cérebro (Baird et al., 2002; Kagan e Herschkowitz, 2005).

Além disso, estudos clássicos que demonstram que bebês com deficiências motoras desenvolvem a permanência do objeto mais lentamente do que bebês sem deficiências sugerem que as habilidades motoras adquiridas pelos bebês no primeiro ano lhes permitem manipular objetos de modos que contribuem para o desenvolvimento da permanência do objeto (Eagle, 1975). De modo semelhante, estudos de crianças que têm deficiências visuais indicam que a aquisição "pontual" da permanência do objeto depende de um sistema visual saudável (Lewis, 2002). Além disso, a emergência da percepção intermodal na metade do primeiro ano, independente da condição do bebê em relação a deficiências, é fundamental para o desenvolvimento da permanência do objeto (Schweinle e Wilcox, 2003).

Os avanços na percepção da fala sobre os quais você leu neste capítulo são, evidentemente, imprescindíveis para os marcos do desenvolvimento inicial da linguagem descritos no Capítulo 5, mas igualmente o são outros aspectos do desenvolvimento físico. Recorde que o desenvolvimento do sistema perceptual do bebê é orientado por uma busca de padrões com significado. Cada idioma tem um modo consistente de associar gestos e outros elementos de comunicação não verbal às expressões verbais. As habilidades motoras em desenvolvimento do bebê permitem-lhe produzir e reproduzir gestos que ele observa, e seu sistema perceptual crescente permite-lhe criar padrões apropriados de expressões verbais e não verbais combinadas para se fazer compreendido (Blake, Osborne, Cabral e Gluck, 2003).

Funcionamento socioemocional

Como você vai aprender no Capítulo 6, o *apego* é um laço emocional que se desenvolve entre o bebê e seus cuidadores primários. Uma das principais ferramentas na criação desse vínculo é a tendência do bebê de chorar quando precisa de cuidado – um dos estados comportamentais sobre o qual você aprendeu neste capítulo. Quando o bebê chora, o cuidador geralmente responde, resultando na criação de uma oportunidade de interação social, a pedra angular do desenvolvimento do apego. De modo semelhante, à medida que se torna mais capaz de se movimentar no ambiente, o bebê pode ir em busca de oportunidades para fazer coisas, como seguir um irmão de um cômodo para outro.

Olhando para a frente

Nos outros capítulos dedicados aos dois primeiros anos, você vai aprender sobre os impressionantes avanços nas habilidades cognitivas e socioemocionais que ocorrem nesse período. Lembre-se, contudo, de que dividir o desenvolvimento dessa forma faz parecer que as mudanças ligadas à idade ocorrem em trilhas paralelas separadas; mas, ainda que cada trilha se distinga das outras em aspectos importantes, as trilhas também interagem umas com as outras. Portanto, ao ler sobre os marcos cognitivos e socioemocionais da primeira infância, lembre-se de que eles são facilitados pelos avanços no domínio físico e, por sua vez, contribuem para mudanças no domínio físico.

A criança integral em foco

Para entender como os domínios físico, cognitivo e socioemocional operam juntos para influenciar o desenvolvimento de Federico, veja a seção *A Criança Integral em Foco* na página 196.

Preparação para Testes

Mudanças físicas

4.1 Que mudanças importantes ocorrem no cérebro durante os primeiros dois anos? (p. 122-124)

Mudanças no sistema nervoso são extremamente rápidas na primeira infância. Na maioria das regiões cerebrais, o desenvolvimento de dendritos e sinapses atinge seu auge entre 12 e 24 meses, depois do que ocorre uma "poda", ou depuração, das sinapses. A mielinização das fibras nervosas também ocorre rapidamente nos dois primeiros anos.

1. Associe cada termo com sua definição.

    _____ (1) sinaptogênese
    _____ (2) poda
    _____ (3) plasticidade

    (A) processo de desenvolvimento de sinapses
    (B) capacidade do cérebro de mudar em resposta à experiência
    (C) eliminação de sinapses não utilizadas

2. Explique como o processo de mielinização aperfeiçoa o funcionamento do cérebro.

    _____
    _____

4.2 Como os reflexos e estados comportamentais dos bebês mudam? (p. 124-126)

Reflexos adaptativos, que ajudam os bebês a sobreviver, incluem respostas essenciais como sugar. Algumas respostas adaptativas desaparecem, e outras permanecem durante todo o ciclo da vida. Reflexos primitivos incluem os reflexos de Moro (sobressalto) e de Babinski, que desaparecem em alguns meses. Os neonatos passam por uma série de cinco estágios de consciência em um ciclo que dura cerca de duas horas.

3. Resuma as mudanças que ocorrem em cada um dos seguintes estados comportamentais durante o primeiro ano de vida.

    (A) sono

    _____
    _____

    (B) desperto e alerta

    _____
    _____

    (C) choro

    _____
    _____

4.3 Como o corpo do bebê muda, e qual é o padrão de desenvolvimento motor típico nos primeiros dois anos? (p.126-128)

Durante a primeira infância, os ossos aumentam de tamanho, número e densidade; as fibras musculares se tornam maiores e contêm menos água. A resistência aumenta à medida que os pulmões crescem e o coração se fortalece. As habilidades motoras se aperfeiçoam rapidamente nos dois primeiros anos, à medida que o bebê para de se arrastar e começa a engatinhar, andar e correr e se torna capaz de pegar objetos.

4. Liste as habilidades motoras gerais e finas associadas a cada faixa etária na tabela abaixo.

Idade	Habilidades motoras gerais	Habilidades motoras finas
1 mês		
2 a 3 meses		
4 a 6 meses		
7 a 9 meses		
10 a 12 meses		
13 a 18 meses		
19 a 24 meses		

Saúde e bem-estar

4.4 Quais são as necessidades nutricionais dos bebês? (p. 129)

A amamentação ao seio provou ser melhor para a nutrição dos bebês do que a amamentação com mamadeira. Nos primeiros quatro a seis meses, o leite materno ou fórmula láctea infantil acompanhada dos suplementos adequados é suficiente para atender todas as necessidades nutricionais do bebê. Alimentos sólidos devem ser introduzidos gradualmente, um de cada vez, para que a causa de alguma reação alérgica possa ser facilmente identificada.

4.5 Como a subnutrição afeta o desenvolvimento dos bebês? (p. 129-130)

A carência de macronutrientes resulta de uma dieta que contém calorias insuficientes, ao passo que a desnutrição de micronutrientes é causada por uma dieta que contém calorias suficientes, mas carece de nutrientes, vitaminas ou minerais específicos. Bebês cuja ingestão calórica diária é seriamente limitada desenvolvem *marasmo*; aqueles que não ingerem proteínas suficientes sofrem de *kwashiorkor*. Ambos os tipos de subnutrição podem acarretar danos neurológicos.

5. Rotule cada caso de subnutrição como (A) carência de macronutrientes, (B) carência de micronutrientes, (C) *kwashiorkor* ou (D) *marasmo*.

   _____ (1) A dieta de Jerome é deficiente em cálcio e vitamina C.
   _____ (2) Por não ter comida suficiente, o peso de Nala aos 8 anos é equivalente ao de uma criança de 4 anos.
   _____ (3) A dieta de George é tão pobre em proteínas que ele está em risco de sofrer danos cerebrais permanentes.
   _____ (4) Esse tipo de subnutrição é a principal causa mundial de morte entre crianças com menos de 5 anos.

4.6 Quais são as necessidade de assistência médica e imunização dos bebês? (p. 130-131)

Os bebês precisam de exames de saúde regulares e diversas imunizações. O pronto tratamento de infecções respiratórias é imprescindível.

6. Explique por que a seguinte afirmativa é falsa: Bebês saudáveis não precisam ir ao médico.

   _____
   _____

Mortalidade infantil

4.7 O que os pesquisadores descobriram sobre a síndrome da morte súbita do lactente? (p. 131-132)

A síndrome da morte súbita do lactente é a causa de morte mais comum entre 1 mês e 1 ano nos Estados Unidos. Os fatores de risco para SIMS incluem dormir de bruços, apneia do sono e exposição a fumaça de cigarros antes e depois do nascimento.

7. Escreva V ao lado dos fatores de risco para SIMS e F ao lado das características que não são fatores de risco para SIMS.

   _____ (1) os bebês demonstram períodos de sono cada vez mais longos à medida que amadurecem
   _____ (2) nascimento no inverno
   _____ (3) história familiar de câncer de pulmão
   _____ (4) dormir em um colchão firme sem travesseiro

4.8 Como as taxas de mortalidade infantil variam entre os grupos? (p. 133-134)

Bebês afro-americanos, americanos havaianos nativos e americanos nativos são mais propensos a morrer no primeiro ano de vida do que bebês pertencentes a outros grupos raciais; eles também são mais propensos a ter anomalias congênitas e baixo peso natal. A pobreza parece ser uma explicação provável, mas a relação entre baixa renda e mortalidade infantil é complexa.

8. Numere os grupos a seguir de acordo com suas taxas de assistência pré-natal, o número 1 indicando o percentual mais alto que recebe assistência.

   _____ (1) americanos japoneses
   _____ (2) americanos brancos
   _____ (3) americanos nativos
   _____ (4) americanos chineses
   _____ (5) afro-americanos
   _____ (6) americanos mexicanos

9. Que papel desempenha a síndrome da morte súbita do lactente (SIMS) nas diferenças de mortalidade infantil entre os grupos?

   _____
   _____

Habilidades sensoriais

4.9 Como as capacidades visuais dos bebês mudam durante os primeiros meses de vida? (p. 134-135)

A visão em cores está presente com um mês de idade e talvez desde o nascimento. A acuidade visual e as habilidades de rastreamento visual são relativamente fracas no nascimento e depois se desenvolvem rapidamente durante os primeiros meses de vida.

4.10 Como os sentidos auditivo, olfativo, gustativo, tátil e cinestésico dos bebês se comparam aos de crianças mais velhas e adultos? (p. 135-137)

As habilidades auditivas básicas estão plenamente desenvolvidas no nascimento; a acuidade é boa para a faixa da voz humana, e o neonato pode localizar ao menos a direção aproximada dos sons. As capacidades olfativa e gustativa e os sentidos tátil e cinestésico também estão bem desenvolvidas no nascimento.

10. Como as capacidades auditivas do neonato se comparam a suas outras habilidades sensoriais?

    _____
    _____

Habilidades perceptuais

4.11 Como os pesquisadores estudam o desenvolvimento perceptual? (p. 137)

Na técnica da preferência, os pesquisadores registram por quanto tempo os bebês olham cada um de um par de estímulos. A habituação envolve expor os bebês a um estímulo até que eles percam o interesse por ele. O objetivo é ver se os bebês depois vão reagir a um novo estímulo que difere apenas ligeiramente do estímulo original (desabituação). Utilizando o condicionamento operante, os pesquisadores treinam os bebês para realizarem comportamentos, como virar a cabeça, em resposta a um estímulo específico. Depois os pesquisadores variam o estímulo ligeiramente; se os bebês não responderem como foram treinados a fazer, os pesquisadores sabem que eles reconhecem a diferença entre o estímulo original e o estímulo novo.

4.12 Como a percepção de profundidade e os padrões de observação visual mudam durante os primeiros dois anos? (p. 137-139)

A percepção de profundidade está presente ao menos em forma rudimentar aos 3 meses. Os bebês inicialmente utilizam indicadores cinéticos, depois indicadores binoculares e por fim indicadores pictóricos (monoculares) em torno dos 5 a 7 meses. A atenção visual parece seguir regras definidas, mesmo nas primeiras horas de vida. Os bebês são capazes de distinguir o rosto da mãe de outros rostos, e a voz da mãe de outras vozes, quase imediatamente após o nascimento.

11. Acesse o conteúdo online do livro, assista ao vídeo *The visual cliff* e responda à seguinte pergunta:

Por que um bebê com percepção de profundidade para de engatinhar quando chega ao abismo visual?

_____

_____

4.13 Como os bebês percebem a fala humana, reconhecem vozes e reconhecem outros padrões sonoros que não os da fala? (p. 139-140)

Desde o início, os bebês parecem atentar e discriminar contrastes na fala presentes em todos os idiomas possíveis. Com 1 ano, o bebê faz distinções finas somente entre sons da fala salientes no idioma que ele está realmente ouvindo. Aos 6 meses, os bebês também atentam e discriminam outros padrões sonoros, tais como melodias ou inflexões da fala.

12. Acesse o conteúdo online do livro, assista ao vídeo *Infant's perceptual and cognitive milestones* e responda à seguinte pergunta:

Quais são os marcos do desenvolvimento perceptual auditivo durante os primeiros 12 meses?

_____

_____

4.14 O que é percepção intermodal? (p. 140-141)

Estudos demonstram que os bebês podem aprender alguma coisa e transferir o que aprenderam para outro sentido, habilidade conhecida como percepção intermodal.

13. Que papel a percepção intermodal desempenha na aprendizagem do bebê?

_____

_____

4.15 Que argumentos os nativistas e empiristas oferecem para sustentar suas teorias do desenvolvimento perceptual? (p. 141)

Uma questão central no estudo do desenvolvimento perceptual continua sendo a controvérsia natureza-experiência. Muitas habilidades perceptuais básicas, incluindo estratégias para examinar objetos, parecem estar embutidas no sistema desde o nascimento ou se desenvolver à medida que o cérebro se desenvolve ao longo dos primeiros anos. Todavia, experiências específicas são necessárias tanto para manter o sistema subjacente quanto para aprender discriminações e padrões fundamentais.

14. Rotule os enunciados a seguir de acordo com sua compatibilidade com a visão (A) nativista ou (B) empirista do desenvolvimento perceptual.

_____ (1) As habilidades perceptuais são inatas.
_____ (2) As habilidades perceptuais são adquiridas.
_____ (3) O desenvolvimento de habilidades perceptuais depende da experiência.
_____ (4) Os neonatos são capazes de fazer discriminações perceptuais.

As respostas para as perguntas deste capítulo encontram-se na página 517. Para uma lista de palavras-chave, consulte a página 536.

_____

* As animações (em inglês) estão disponíveis no site www.grupoaeditoras.com.br.

5

Desenvolvimento Cognitivo nos Primeiros Dois Anos

As propagandas de livros, vídeos e brinquedos caros muitas vezes fazem os pais se perguntarem se estão dando a seu bebê a estimulação necessária para seu melhor desenvolvimento intelectual. Porém, a influência da experiência no desenvolvimento cognitivo é mais evidente nos casos em que uma interrupção drástica no suporte ambiental – subnutrição, abuso infantil, envenenamento por chumbo ou coisas desse tipo – impedem o desenvolvimento intelectual. Sabe-se há certo tempo que quantidades extraordinárias de estimulação intelectual fazem pouco ou nada para aumentar o desenvolvimento cognitivo de bebês saudáveis (Bruer, 1999). Assim, pais ansiosos podem ficar tranquilos ao saberem que as pesquisas mostram que o que os bebês precisam para realizar seu potencial intelectual são cuidadores que atendam a todas as suas necessidades e evitem focar de maneira muito estreita em um parâmetro de desenvolvimento específico, tal como a maximização dos escores em testes de inteligência aos quais as crianças serão submetidas quando ingressarem na escola.

Neste capítulo, você vai aprender sobre a explicação de Piaget das mudanças universais no pensamento que ocorrem nos dois primeiros anos, além de como outros teóricos explicam suas descobertas de pesquisa. Você também vai ler sobre aprendizagem e memória durante esses anos e sobre os rudimentos da linguagem. Diferenças individuais de inteligência entre os bebês também serão discutidas.

Mudanças cognitivas

Os avanços cognitivos notáveis que ocorrem na primeira infância são altamente uniformes entre os ambientes. Evidentemente, as crianças de 2 anos ainda estão muito aquém da maturidade cognitiva, mas alguns dos passos mais importantes rumo a essa meta são dados nos dois primeiros anos.

OBJETIVOS DA APRENDIZAGEM

Mudanças cognitivas

5.1 Quais são os marcos importantes do estágio sensório-motor de Piaget?

5.2 Quais são algumas das contestações feitas à explicação do desenvolvimento infantil proposta por Piaget?

5.3 O que a pesquisa nos diz sobre a compreensão que os bebês têm dos objetos?

Aprender, categorizar e lembrar

5.4 Quando os bebês se tornam aptos a aprender por condicionamento clássico, condicionamento operante e observação de modelos?

5.5 Como a compreensão categórica muda durante os dois primeiros anos?

5.6 Como a memória funciona nos dois primeiros anos?

Os rudimentos da linguagem

5.7 Quais são as explicações behaviorista, nativista e interacionista do desenvolvimento da linguagem?

5.8 Quais são algumas das influências ambientais sobre o desenvolvimento da linguagem?

5.9 Como os sons, os gestos e a compreensão de palavras mudam nos primeiros meses de vida?

5.10 Quais são as características das primeiras palavras das crianças?

5.11 Que tipos de sentenças as crianças produzem entre 18 e 24 meses?

5.12 Que tipos de diferenças individuais são evidentes no desenvolvimento da linguagem?

5.13 Como o desenvolvimento da linguagem varia entre as culturas?

Medindo a inteligência na primeira infância

5.14 Como se mede a inteligência na primeira infância?

> **OBJETIVO DA APRENDIZAGEM 5.1**
> Quais são os marcos importantes do estágio sensório-motor de Piaget?

Visão de Piaget dos dois primeiros anos

Recorde do Capítulo 2 que Piaget presumia que um bebê *assimila* as informações que recebe à limitada matriz de *esquemas* com os quais nasce – olhar, escutar, sugar, pegar – e *acomoda* estes esquemas com base em suas experiências. Ele denominou esse modo de pensar de *inteligência sensório-motora*. O **estágio sensório-motor** é o período durante o qual os bebês desenvolvem e refinam a inteligência sensório-motora (ver Tabela 5.1.).

Estágio sensório-motor Na visão de Piaget, o neonato que está no subestágio 1 do estágio sensório-motor está totalmente atrelado ao presente imediato, respondendo aos estímulos que estiverem disponíveis. Ele esquece o que aconteceu de um encontro para o outro e não parece planejar. O subestágio 2 (do primeiro ao quarto mês) é marcado pelos primórdios das coordenações entre olhar e ouvir, entre alcançar e olhar e entre alcançar e sugar, que são as características centrais do modo como os bebês de 2 meses exploram o mundo. A técnica que distingue o subestágio 2 é a de **reações circulares primárias**, as muitas ações repetitivas observadas nesse período, cada uma delas organizada em torno do próprio corpo da criança. Por exemplo, o bebê pode acidentalmente um dia sugar seu dedo, achar isso agradável e repetir a ação.

No subestágio 3 (aproximadamente dos 4 aos 8 meses), o bebê apresenta **reações circulares secundárias**, repetindo alguma ação a fim de provocar uma reação fora de seu próprio corpo. O bebê arrulha e a mamãe sorri, então o bebê arrulha de novo para fazer a mãe sorrir novamente. Essas relações iniciais entre ações corporais e consequências externas parecem ser ligações simples, quase mecânicas, entre estímulos e respostas. Entretanto, no subestágio 4, o bebê de 8 a 12 meses mostra os rudimentos de uma compreensão das relações causais, momento em que ele passa para uma marcha exploratória mais alta. Uma consequência desse novo impulso para explorar é o **comportamento de meios e fins**,

estágio sensório-motor primeiro estágio de desenvolvimento, segundo Piaget, no qual os bebês utilizam informações de seus sentidos e ações motoras para aprender sobre o mundo.

reações circulares primárias expressão utilizada por Piaget para descrever as ações repetitivas simples do bebê no subestágio 2 do estágio sensório-motor, organizado em torno do próprio corpo do bebê.

Tabela 5.1 Subestágios do estágio sensório-motor de Piaget

Subestágio	Idade média (em meses)	Técnica básica	Características
1	0 a 1	Reflexos	Uso de esquemas ou reflexos inatos tais como sugar e olhar. Esquemas primitivos começam a mudar por meio de diversas etapas de acomodação. Imitação limitada, incapacidade de integrar as informações dos diversos sentidos.
2	1 a 4	Reações circulares primárias	Acomodação adicional de esquemas básicos, à medida que o bebê os pratica incessantemente – agarrar, ouvir, olhar, sugar. Início da coordenação dos esquemas dos diferentes sentidos, de modo que agora o bebê é capaz de olhar em direção a um som e sugar qualquer coisa que ele possa alcançar e levar à boca. Porém, o bebê ainda não relaciona suas ações corporais a resultados fora de seu corpo.
3	4 a 8	Reações circulares secundárias	O bebê se torna muito mais consciente dos eventos fora de seu corpo e os faz acontecer repetidamente em uma espécie de aprendizado por tentativa e erro. Contudo, os cientistas não sabem ao certo se bebês tão jovens assim já compreendem relações causais.* Imitação pode ocorrer, mas somente de esquemas que já existem no repertório do bebê. O bebê procura um objeto parcialmente escondido, mas carece de uma verdadeira permanência do objeto.
4	8 a 12	Coordenação de esquemas secundários	Comportamento intencional claro de meios e fins. O bebê não apenas vai atrás do que quer como pode combinar dois esquemas para isso, como mover um travesseiro para o lado para pegar um brinquedo (permanência do objeto). Ocorre imitação de novos comportamentos.
5	12 a 18	Reações circulares terciárias	Início da "experimentação", na qual o bebê experimenta novos modos de brincar ou manipular os objetos. Exploração muito ativa, muito propositada, através de tentativa e erro.
6	18 a 24	Primórdios da representação mental	O desenvolvimento do uso de símbolos para representar objetos ou eventos. A criança compreende que o símbolo é separado do objeto. Em consequência disso, os bebês nesse estágio são capazes de resolver problemas pensando sobre eles. Além disso, a imitação diferida se torna possível porque ela requer a capacidade de representar internamente o evento a ser imitado.

* N. de R.T.: Note-se que Piaget jamais afirmou que os bebês deste subestágio compreendem relações causais.

ou a capacidade de manter um objetivo em mente* e criar um plano para atingi-lo. Os bebês demonstram esse tipo de comportamento quando tiram um brinquedo do caminho para obter acesso a outro. O objetivo é o brinquedo que querem; o meio para esse fim é mover o outro brinquedo.

No subestágio 5, aproximadamente dos 12 aos 18 meses, a exploração do ambiente se torna mais focada com a emergência de **reações circulares terciárias**. Nesse padrão, o bebê não repete simplesmente o comportamento original, mas experimenta variações dele. Ele pode experimentar muitos sons ou expressões faciais para ver se eles provocam o sorriso da mãe, ou ele pode tentar derrubar um brinquedo de diversas alturas para ver se ele faz um som diferente ou vai parar em outro lugar. Nesse estágio, o comportamento do bebê tem uma qualidade propositada, experimental. Entretanto, Piaget achava que o bebê neste estágio ainda não tinha símbolos mentais para representar os objetos.

A capacidade de manipular símbolos mentais, tais como palavras ou imagens, marca o subestágio 6, que dura aproximadamente dos 18 aos 24 meses. Essa nova capacidade permite ao bebê criar soluções para problemas simplesmente pensando sobre eles, sem o comportamento de tentativa e erro típico do subestágio 5. Consequentemente, o comportamento de meios e fins se torna muito mais sofisticado do que nos estágios anteriores. Por exemplo, uma criança de 24 meses que sabe que existem biscoitos no vidro de biscoitos pode imaginar como conseguir um. Além disso, ela pode encontrar um modo de superar qualquer obstáculo colocado em seu caminho (Bauer, Schwade, Wewerka e Delaney, 1999). Se seus pais responderem ao fato de ela subir no balcão da cozinha em busca de um biscoito colocando o vidro de biscoitos em cima da geladeira, a resposta da criança no subestágio 6 provavelmente será encontrar um modo de subir em cima da geladeira. Assim, mudanças na cognição estão atrás da impressão comum dos pais e outros cuidadores de que crianças de 18 a 24 meses não podem ficar sem supervisão, mesmo por períodos de tempo muito curtos.

Permanência do objeto Você sabe que esse livro continua existindo mesmo quando você não pode vê-lo – compreensão que Piaget chamou de **permanência do objeto**. Em uma série de estudos, muitos dos quais envolvendo seus próprios filhos, Piaget descobriu que os bebês adquirem essa compreensão gradualmente durante o período sensório-motor. Segundo suas observações, frequentemente replicadas posteriormente por outros pesquisadores, o primeiro indício de permanência do objeto se evidencia em torno dos 2 meses (no subestágio 2). Vamos supor que você mostre um brinquedo a uma criança dessa idade e depois coloque uma tela na frente do brinquedo e retire o brinquedo. Ao remover a tela, o bebê demonstrará alguma indicação de surpresa, se ele souber que algo ainda deveria estar ali. A criança, portanto, parece ter uma expectativa rudimentar sobre a permanência do objeto. Bebês dessa idade não demonstram sinais de procurar um brinquedo que cai para fora do berço ou que desapareceu embaixo de um cobertor ou atrás de uma tela.

No subestágio 3 (em torno dos 6 a 8 meses), entretanto, os bebês olham em volta do berço em busca de objetos caídos ou de comida derramada no chão. (Na verdade, bebês dessa idade podem levar os pais à loucura brincando de "aguaceiro" na cadeirinha alta.) Bebês dessa idade também procuram objetos parcialmente ocultos. Se você puser o brinquedo predileto de um bebê debaixo de um pano, mas deixar parte dele à mostra, o bebê vai buscar o brinquedo, o que indica que em algum sentido ele

Andréa, de 4 meses, pode estar mostrando uma reação circular secundária aqui, sacudindo a mão repetidamente para ouvir o som do chocalho. Um teórico da aprendizagem diria que o prazer que ela sente ao ouvir o som está reforçando seu comportamento de sacudir a mão.

A criança integral em foco

Que habilidades Federico mostra que são características dos subestágios sensório-motores de Piaget? Descubra na página 196.

reações circulares secundárias ações repetitivas no subestágio 3 do período sensório-motor, orientadas em torno de objetos externos.

comportamento de meios e fins comportamento propositado realizado com o intuito de atingir um objetivo.

reações circulares terciárias experimentação deliberada com variações de ações anteriores que ocorre no subestágio 5 do período sensório-motor.

permanência do objeto compreensão de que os objetos continuam existindo mesmo quando não podem ser vistos.

---

* N. de R.T.: Piaget propõe que se trata de uma intencionalidade que se apresenta no aqui e agora, dado que o bebê ainda não construiu esquemas simbólicos. Ainda são os esquemas sensório-motores (práticos) que estão se organizando. Os esquemas simbólicos só começam a se organizar no final deste estágio.

Depois de adquirirem a permanência do objeto, os bebês ficam fascinados por atividades que envolvam colocar objetos em recipientes que os encobrem de forma parcial ou completa.

"reconhece" que o objeto inteiro está ali, ainda que ele só possa ver parte dele. Mas se você cobrir o brinquedo totalmente com o pano ou colocá-lo atrás de uma tela, o bebê vai parar de procurá-lo e não vai tentar pegá-lo, mesmo que tenha visto você colocando o pano sobre ele.

Esse comportamento muda novamente entre 8 e 12 meses, no subestágio 4. Bebês dessa idade vão pegar ou procurar um brinquedo que foi totalmente encoberto por um pano ou escondido por uma tela. Assim, aos 12 meses, a maioria dos bebês parece compreender o fato básico de que os objetos continuam existindo mesmo quando eles não estão mais visíveis (ver *Ciência do desenvolvimento na clínica*).

Entretanto, a compreensão que os bebês no subestágio 4 têm de onde um objeto poderia ser encontrado é limitada pelo **erro A-não-B**. Essa falha na lógica leva os bebês a procurar um objeto no lugar onde foi visto pela última vez (posição A) e não no lugar para onde eles viram o pesquisador colocá-lo (posição B) (Flavell, 1963). No subestágio 5, as estratégias de busca dos bebês são um pouco mais lógicas. Por exemplo, se eles veem um pesquisador tirar um objeto escondido atrás da tela A e colocá-lo atrás da tela B, eles imediatamente vão procurá-lo atrás da tela B. Entretanto, se eles veem um pesquisador esconder um objeto com a mão e imediatamente levar a mão para trás da tela A, largando o objeto fora de vista, eles vão persistir em procurar o objeto na mão do pesquisador exatamente como as crianças no subestágio 4 fazem. Esse erro não é resolvido até o subestágio 6. Assim, a plena compreensão do comportamento dos objetos e suas relações com os espaços em que eles aparecem e podem possivelmente aparecer só ocorre perto do final do segundo ano de vida.

Imitação Piaget também estudou a capacidade dos bebês de imitar as ações dos outros. Ele observou que, já nos primeiros meses de vida, os bebês eram capazes de imitar ações que viam eles mesmos fazerem, tais como gestos com as mãos. Todavia, ele descobriu que eles não eram capazes de imitar os gestos faciais das outras pessoas até o subestágio 4 (8 a 12 meses). Essa

---

CIÊNCIA DO DESENVOLVIMENTO NA CLÍNICA
Permanência do objeto e vigilância do desenvolvimento

Um simples teste de permanência do objeto é parte do exame de puericultura de rotina que o Dr. Poneru faz com bebês de 12 meses. Ele deixa o bebê brincar com um ursinho de pelúcia que ele guarda no bolso do jaleco. Ao colocar o urso de volta no bolso, o médico diz, "Onde está o ursinho?". Se o bebê procura o urso em seu bolso, o Dr. Poneru conclui que o desenvolvimento do bebê no domínio cognitivo está no rumo certo. Se o bebê não procura o urso, o Dr. Poneru tende a acompanhar o progresso intelectual da criança durante os meses seguintes e recomenda que ele faça outros exames caso continue a apresentar atrasos em relação a seu pares.

Os cientistas do desenvolvimento sabem há algum tempo que um atraso na aquisição da permanência do objeto está fortemente associado a um diagnóstico posterior de retardo mental (p. ex., Wachs, 1975). Consequentemente, muitos pediatras, como o Dr. Poneru, avaliam a compreensão da permanência do objeto, juntamente como outras habilidades cognitivas e linguísticas, durante os exames de puericultura (Overby, 2002). Procedimentos informais desse tipo são chamados de *vigilância desenvolvimentista* e representam um passo imprescindível para a identificação de crianças que estejam em risco de retardo mental e outras deficiências de desenvolvimento mais precocemente do que ocorreria sem essa vigilância (American Academy of Pediatrics [AAP], 2006).

Atualmente, mais de 80% dos casos de retardo mental não são diagnosticados antes que as crianças ingressem na escola (DSM-IV-TR, 2000). Os profissionais de saúde estão empenhados em mudar essa estatística através da implementação de procedimentos efetivos de vigilância desenvolvimentista. A American Academy of Pediatrics sugere que os médicos acompanhem as mudanças nas habilidades cognitivas e linguísticas dos bebês durante os primeiros dois anos e meio (AAP, 2006). Eles recomendam que os bebês que apresentam sinais de atraso nesses domínios em relação a seus pares façam testes de triagem padronizados durante o exame de puericultura dos 30 meses. Os bebês que apresentarem pior desempenho nesses testes do que seus pares devem ser encaminhados a outras avaliações. A AAP espera que a implementação geral desses procedimentos aumente o número de bebês em risco que são encaminhados para os programas escolares de intervenção precoce.

Questões para reflexão

1. Como os médicos poderiam incorporar as observações dos pais ao processo de vigilância desenvolvimentista?
2. Como você explicaria a tarefa do urso oculto do Dr. Poneru a um pai que não entendeu o motivo pelo qual o médico o utilizou?

segunda forma de imitação parece requerer algum tipo de percepção intermodal, combinando os indicadores visuais de ver o rosto de outra pessoa com os indicadores cinestésicos (percepções do movimento dos músculos) dos movimentos faciais de si próprio. Piaget afirmou que a imitação de qualquer ação que ainda não estava no repertório da criança não ocorria até o primeiro ano, e que a **imitação diferida** – a imitação da alguma ação em um momento posterior – só era possível no subestágio 6, pois a imitação diferida requer algum tipo de representação interna.

Contestações à visão de Piaget

> **OBJETIVO DA APRENDIZAGEM 5.2**
> Quais são algumas das contestações feitas à explicação do desenvolvimento infantil proposta por Piaget?

Muitos estudos desde a época de Piaget sugerem que ele subestimou a capacidade cognitiva dos bebês. Mudando os métodos utilizados para medir a permanência do objeto, por exemplo, os pesquisadores constataram que bebês mais jovens compreendem os movimentos dos objetos melhor do que Piaget sugeriu. Além disso, estudos demonstram que a imitação aparece em idade mais precoce do que as pesquisas de Piaget apontam.

Permanência do objeto Nos estudos de Piaget sobre a permanência do objeto, julgava-se que o bebê tinha permanência do objeto se ele movesse um cobertor a fim de recuperar um objeto escondido. Talvez você se lembre do Capítulo 4 que os bebês são incapazes de pegar e mover objetos dessa forma até que tenham 7 a 9 meses. Assim, os métodos de Piaget tornaram impossível saber se os bebês mais jovens não apresentavam permanência do objeto porque eram fisicamente incapazes de realizar a tarefa de remover o cobertor.

Graças ao advento dos computadores, os pesquisadores puderam medir a compreensão que as crianças têm dos objetos de modos que não dependem do desenvolvimento de habilidades motoras. Em muitos estudos pós-piagetianos sobre a permanência do objeto, os pesquisadores utilizaram tecnologias computadorizadas para registrar como os olhos dos bebês reagem ao verem objetos serem transferidos de lugar. Esses estudos do olhar demonstram que já aos 4 meses os bebês apresentam claras evidências de permanência do objeto caso um resposta visual em vez de motora seja usada no teste (Baillargeon, 1987, 1994; Baillargeon e DeVos, 1991; Baillargeon, Spelke e Wasserman, 1985). Além disso, muitos estudos investigaram como os bebês respondem a um objeto em movimento que desaparece temporariamente atrás de uma tela (p. ex., Rosander e von Hofsten, 2004). Nesses estudos, a maioria dos bebês de 5 meses olhou para o outro lado da tela quando o objeto desaparecia atrás dela e se regozijou quando ele reaparecia. Essas descobertas indicam que os bebês estão mantendo em mente alguma representação do objeto quando ele está atrás da tela, a essência da permanência do objeto. Entretanto, esses estudos tipicamente demonstram que a compreensão da permanência do objeto pelos bebês está vinculada à situação experimental específica. Em contraste, os bebês que estão perto ou com mais de 1 ano compreendem a permanência do objeto suficientemente para utilizá-la em todo tipo de situações, como quando brincam de esconder os objetos e se regozijam ao "encontrá-los".

Descobertas como essas reacenderam a discussão sobre a questão da natureza *versus* experiência (p. ex., Diamond, 1991; Fischer e Bidell, 1991; Karmiloff-Smith, 1991). Piaget pressupunha que um bebê vinha equipado com um repertório de esquemas sensório-motores, mas sua proposta teórica mais fundamental era que a criança construía uma compreensão do mundo baseada na experiência. Em contraste, teorizações recentes sugerem que o desenvolvimento da permanência do objeto é mais um processo de elaboração do que de descoberta. Os neonatos podem ter considerável consciência de objetos como entidades separadas que seguem certas regras (Valenza, Leo, Gava e Simion, 2006). Certamente, todas as pesquisas sobre percepção de padrões sugerem que os bebês prestam muito mais atenção às relações entre eventos do que o modelo de Piaget supunha. Contudo, ninguém afirmaria que um bebê vem equipado com um conhecimento completo dos objetos ou uma capacidade bem-desenvolvida de fazer experimentos com o mundo.

Imitação Com relação à imitação, a sequência proposta por Piaget foi confirmada. A imitação do movimento da mão de outra pessoa ou de uma ação com um objeto parece ir se aperfeiçoando constantemente, a partir de 1 ou 2 meses; a imitação de ações em duas etapas se desenvolve bem mais tarde, talvez em torno dos 15 aos 18 meses (Poulson, Nunes e Warren, 1989). Contudo, existem duas exceções importantes a essa confirmação geral da teoria de Piaget: os bebês imitam alguns gestos faciais nas primeiras semanas de vida, e a imitação diferida parece ocorrer mais cedo do que Piaget propôs.

erro A-não-B tendência dos bebês no subestágio 4 de procurar um objeto no lugar onde ele foi visto pela última vez (posição A) em vez de no lugar onde eles viram alguém colocá-lo (posição B).

imitação diferida imitação (de uma ação) que ocorre na ausência do modelo que primeiro a demonstrou.

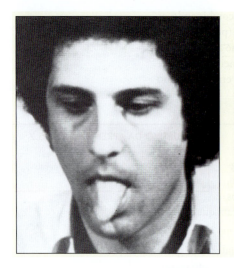 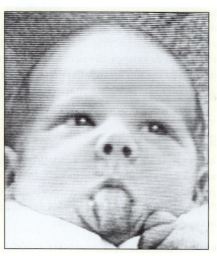

Figura 5.1 Imitação em neonatos.

Embora os pesquisadores ainda discordem sobre o quanto os neonatos imitam, todos concordam que eles imitam o gesto de projetar a língua, aqui demonstrado por Andrew Meltzoff no mais antigo estudo desse tipo.

(Fonte: De A. N. Meltzoff e M. K. Moore, "Imitation of facial and manual gestures by human neonates", Science, 198 (1977): 838-850. Reproduzido com permissão.)

Vários pesquisadores constataram que os neonatos imitam alguns gestos faciais – principalmente a projeção da língua, como mostra a Figura 5.1 (Anisfeld, 1991). Isso parece ocorrer somente se o modelo mantém a língua para fora, olhando para o bebê, por um bom período de tempo, talvez até um minuto. Mas o fato de que os neonatos imitam já é suficientemente admirável – ainda que seja totalmente compatível com a observação de que bebês muito jovens são capazes de transferência ou percepção intermodal tátil-visual.

Os estudos sobre imitação diferida em sua maioria também corroboram o modelo de Piaget. Entretanto, algumas pesquisas indicam que bebês de apenas 6 semanas podem diferir a imitação por ao menos alguns minutos (Bremner, 2002). Além disso, estudos demonstram que bebês de 9 meses podem diferir sua imitação por até 24 horas (Herbert, Gross e Hayne, 2006; Meltzoff, 1988). Aos 14 meses, as crianças são capazes de recordar e imitar as ações de alguém até dois dias depois (Hanna e Meltzoff, 1993).

Essas descobertas são significativas por vários motivos. Primeiro, elas deixam claro que os bebês não só podem, como de fato aprendem comportamentos específicos através de imitação, mesmo quando não têm chance de imitar o comportamento imediatamente. Além disso, esses resultados sugerem que os bebês são mais hábeis do que Piaget pensava. Tampouco resta dúvida de que mais habilidades do que ele sugeriu podem estar embutidas desde o princípio e desenvolver-se continuamente, e não em estágios, durante a primeira infância (Courage e Howe, 2002).

OBJETIVO DA APRENDIZAGEM 5.3
O que a pesquisa nos diz sobre a compreensão que os bebês têm dos objetos?

Abordagens alternativas

As muitas contestações à caracterização de Piaget do pensamento infantil levaram alguns pesquisadores do desenvolvimento a investigar a permanência do objeto dentro do contexto mais geral da compreensão dos bebês do que são os objetos e como eles se comportam. Pesquisadores usam o termo **conceito de objeto** para referirem essa compreensão. O trabalho mais completo e inteligente sobre o desenvolvimento do conceito de objeto foi feito por Elizabeth Spelke e colaboradores (Spelke, 1982, 1985; Spelke, von Hofsten e Kestenbaum, 1989). Spelke acredita que os bebês nascem com alguns pressupostos embutidos que orientam suas interações com os objetos. Um deles é o pressuposto de que quando duas superfícies estão ligadas uma com a outra, elas pertencem ao mesmo objeto; Spelke chama isso de *princípio da superfície conectada*. Por exemplo, você sabe que todos os lados do seu livro estão ligados entre si em um objeto sólido unitário.

Nos primeiros estudos de Spelke desse fenômeno (p. ex., Spelke, 1982), ela primeiramente habituou alguns bebês de 3 meses a uma série de exibições de dois objetos; outros bebês foram habituados a ver exibições de um objeto. Depois apresentou-se aos bebês dois objetos que se tocavam, como dois quadrados colocados lado a lado formando um retângulo. Nessas condições, os bebês que haviam se habituado a exibições de dois objetos demonstraram renovado interesse, claramente indicando que eles "viram" essa exibição como diferente, presumivelmente como um objeto unitário. Os bebês que tinham visto exibições de um objeto durante a habituação não demonstraram interesse renovado.

conceito de objeto compreensão que o bebê possui da natureza dos objetos e de como eles se comportam.

Em experimentos posteriores, Spelke (1991) utilizou o **método de violação de expectativas**, uma estratégia de pesquisa na qual um bebê é habituado a uma exibição que mostra o movimento de um objeto e depois outra exibição na qual o objeto se move de um modo que vai contra o que o bebê espera acontecer. Ela demonstrou que bebês de apenas 2 ou 3 meses têm extraordinária consciência de quais tipos de movimentos os objetos são capazes. Apresentou repetidamente a bebês de 2 meses uma série de eventos como aquele que pode ser visto na parte superior da Figura 5.2. Uma bola rolou da esquerda para a direita e desapareceu atrás de uma tela. A tela então é retirada, e o bebê podia ver que a bola parava junto à parede à direita. Depois que o bebê perdia o interesse por essa sequência (i.e, habituava-se), ele era testado com duas variações, uma "coerente" e outra "incoerente". Na variação coerente, uma segunda parede foi colocada atrás da tela e a sequência ocorria como antes, exceto que, neste caso, quando a tela era removida, a bola podia ser vista parando junto à parede mais próxima. Na variação incoerente, a bola era subrepticiamente colocada no lado distante da nova parede. Quando a tela era removida, a bola era vista nesse lugar presumivelmente impossível. Os bebês nesse experimento demonstravam pouco interesse pela condição coerente, mas apresentavam renovado interesse pela condição incoerente, como podemos ver na parte inferior da Figura 5.2., que mostra os resultados obtidos nesse estudo.

Outros pesquisadores, tais como Renée Baillargeon (1994), afirmam que o conhecimento sobre os objetos não está embutido, mas que as estratégias para aprendizagem são inatas. Segundo essa concepção, os bebês inicialmente desenvolvem hipóteses básicas sobre o modo como os objetos funcionam – como eles se movem, como eles se ligam uns com os outros. Depois, essas hipóteses básicas iniciais são rapidamente modificadas com base na experiência do bebê com objetos. Por exemplo, Baillargeon constata que bebês de 2 a 3 meses já estão operando com uma hipótese básica de que um objeto vai cair se não estiver apoiado em alguma coisa, mas eles não têm noção de quanto apoio é necessário. Aproximadamente aos 5 meses, essa hipótese básica foi refinada, de modo que eles compreendem que o bloco com a carinha sorridente na parte (a) da Figura 5.3 permanecerá apoiado, mas o bloco na parte (b) não (Baillargeon, 1994).

Contudo, outros psicólogos questionam as conclusões de Baillargeon. Por exemplo, o psicólogo desenvolvimentista Leslie Cohen e seus colegas realizaram experimentos semelhantes com bebês de 8 meses e afirmam que os bebês respondem aos estímulos utilizados em tais estudos devido à novidade, e não por compreenderem situações estáveis e instáveis dos blocos (Cashon e Cohen, 2000). Essas diferenças de interpretação demonstram o quanto é difícil fazer inferência sobre o pensamento dos bebês a partir de suas interações com os objetos físicos.

Pesquisas recentes também investigaram o grau em que os bebês fazem uso prático de sua compreensão dos objetos e dos mo-

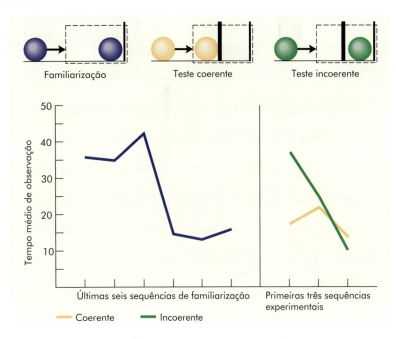

Figura 5.2 Estudo clássico de percepção de objetos de Spelke.

A parte alta da figura mostra uma versão esquemática das três condições utilizadas por Spelke. O gráfico embaixo mostra os resultados obtidos. Podemos ver que os bebês pararam de olhar para a bola e para a tela depois de algumas experiências de familiarização, mas eles demonstraram interesse renovado pela versão incoerente – um sinal de que os bebês a viram como de alguma forma diferente ou surpreendente. O próprio fato de que os bebês se surpreenderam com a sequência incoerente é uma prova de que já aos 2 meses eles têm muito mais conhecimento sobre os objetos e seu comportamento do que a maioria dos desenvolvimentistas pensava.

(*Fonte*: Copyright © 1991. De "Physical Knowldege in Infancy: Reflections of Piaget's Theory", de E. S. Spelke, em S. Carey e R. Gelman (Eds.), *The Epigenesis of Mind: Essays on Biology and Cognition*. Reproduzido com permissão de Lawrence Erlbaum Associates Inc., um departamento de Taylor e Francis Group.)

método de violação de expectativas estratégia de pesquisa na qual os pesquisadores movem um objeto de uma maneira depois de ter ensinado o bebê a esperar que ele se mova de outra maneira.

Figura 5.3 Estudo da percepção da estabilidade dos objetos de Baillargeon.

O estudo de Renée Baillargeon sugere que bebês de 2 e de 3 meses pensam que o bloco com a carinha sorridente não vai cair em nenhuma dessas duas situações, mas, aos 5 meses, eles entendem que apenas a condição apresentada em (a) é estável. Na condição (b), o bloco vai cair.

(*Fonte*: De "How do infants learn about the physical world?", de Renée Baillargeon, *Current Directions in Psychological Science*, Vol. 3, N 5, outubro de 1994, p. 134, Fig.1. Reproduzido com permissão.)

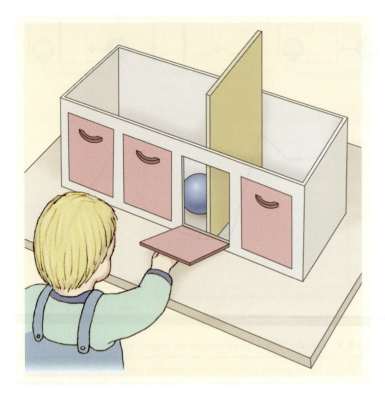

Figura 5.4 Compreensão do movimento dos objetos por crianças de 2 a 3 anos.

Os pesquisadores utilizam dispositivos como esse para descobrir se as crianças são capazes de prever que um objeto em movimento será detido pela barreira que se projeta acima da parede de portas. Crianças com menos de 3 anos geralmente não conseguem identificar a porta por trás da qual o objeto será encontrado.

vimentos dos objetos. Por exemplo, diversos estudos demonstram que crianças de 2 anos sentem dificuldade quando precisam utilizar essa compreensão para procurar um objeto oculto (Keen, 2003). Em um estudo, crianças de 2, 2 e meio e 3 anos viram sequências semelhantes às que se encontram na parte superior da Figura 5.2 e responderam exatamente da mesma maneira que as crianças mais novas às exibições coerente e incoerente (Berthier, DeBlois, Poirier, Novak e Clifton, 2000). Depois, uma prancha que continha várias portas foi colocada no lugar da tela; contudo, a barreira se projetava vários centímetros acima dessa prancha (ver Figura 5.4). Durante vários experimentos, as crianças viam a bola rolar atrás da prancha e pedia-se a elas que abrissem a porta por trás da qual achavam que a bola estava. Ainda que as crianças pudessem ver claramente atrás de qual porta a barreira era colocada em cada experimento, nenhuma das crianças de 2 anos e apenas algumas das crianças de 2 anos e meio tiveram êxito nessa tarefa, em contraste com a maioria das crianças de 3 anos. Os desenvolvimentistas interpretam que esses resultados significam que a compreensão que as crianças têm dos objetos é a base na qual o conceito de objeto é gradualmente construído e aplicado à interação na vida real com objetos durante os três primeiros anos de vida (Keen, 2003).

Aprender, categorizar e lembrar

De modo geral, a palavra *aprendizagem* é utilizada para denotar mudanças permanentes no comportamento decorrentes da experiência. Desde os primeiros momentos após o nascimento, os bebês apresentam sinais de aprendizagem – ou seja, forças ambientais mudam seus comportamentos. Entretanto, os bebês também organizam ativamente suas interações com essas forças, como demonstram claramente os estudos que examinam a categorização e a memória.

> **OBJETIVO DA APRENDIZAGEM 5.4**
> Quando os bebês se tornam aptos a aprender por condicionamento clássico, condicionamento operante e observação de modelos?

Condicionamento e imitação

O aprendizado de respostas emocionais através de processos de condicionamento clássico pode começar já na primeira semana de vida. Por exemplo, na pesquisa clássica, a pediatra Mavis Gunther (1955, 1961) constatou que mães inexperientes com frequência seguravam seus lactentes de modos que faziam as narinas dos bebês ficarem bloqueadas pelo seio. Previsivelmente, os bebês reflexamente afastavam a cabeça do seio em resposta à sensação de sufocação. Durante as sessões de amamentação posteriores, os bebês que tinham experimentado a sensação de sufocação enquanto mamavam no seio direito da mãe recusavam-se a mamar do lado direito; bebês que tinham associado a sensação de sufocação ao seio esquerdo apresentavam o padrão oposto de recusa. Gunther lançou a hipótese de que o condicionamento clássico estava operando nesses casos. Ela desenvolveu uma intervenção baseada nos princípios da aprendizagem de estímulo-resposta para ajudar os bebês a "desaprender" a resposta de se afastar do seio que tinham aprendido a associar à sensação de sufocação.

Sem dúvida, os neonatos também aprendem por condicionamento operante. Tanto a resposta de sugar quanto de virar a cabeça foram aumentadas pelo uso de reforços tais como líquidos doces ou o som da voz ou dos batimentos cardíacos da mãe (Moon e Fifer, 1990). No mínimo, o fato de que o condicionamento desse tipo pode ocorrer significa que o circuito neurológico necessário para uma aprendizagem operante está presente no nascimento. Resultados como esses também dizem aos desenvolvimentistas algo sobre quais reforços funcionam com crianças muito pequenas; é com certeza altamente significativo para a interação mãe-bebê que a voz da mãe seja um reforçador efetivo para praticamente todos os bebês.

Os bebês também podem aprender observando modelos, especialmente em seu segundo ano. Em um estudo, crianças de 10 e 12 meses foram aleatoriamente divididas em dois grupos de aprendizagem (Provasi, Dubon e Bloch, 2001). "Observadores" primeiramente assistiram a um adulto demonstrar como encontrar um brinquedo levantando a tampa de vários recipientes e depois poder brincar com os recipientes. "Atores" brincavam com os recipientes por sua própria conta. Os pesquisadores constataram que em ambas as faixas etárias os observadores eram mais proficientes do que os atores para encontrar o brinquedo. Contudo, o efeito era muito mais acentuado entre bebês mais velhos.

Aprendizagem esquemática

> **OBJETIVO DA APRENDIZAGEM 5.5**
> Como a compreensão categórica muda durante os dois primeiros anos?

Aprendizagem esquemática é a organização de experiências em expectativas, ou combinações "conhecidas". Essas expectativas, muitas vezes chamadas de *esquemas*, são construídas durante muitas exposições a determinadas experiências. Uma vez formadas, elas ajudam o bebê a distinguir entre o familiar e o desconhecido.

Um tipo de aprendizagem esquemática envolve categorias. Estudos sugerem que aos 7 meses, e talvez ainda em idade mais precoce, os bebês utilizam ativamente categorias para processar informações (Pauen, 2000). Por exemplo, um bebê de 7 meses tende a se habituar a uma sequência de 10 figuras de animais e, se a figura seguinte é de outro animal, ele não vai demonstrar surpresa nem olhar para ela por mais tempo do que para as primeiras 10. Se, contudo, os pesquisadores mostrarem ao bebê uma figura humana depois de 10 figuras de animais, o bebê parecerá surpreso e olhará a figura por mais tempo. O mesmo tende a acontecer quando os pesquisadores mostram ao bebê diversas figuras de pessoas e depois mudam para uma figura de animal.

Essas descobertas sugerem que os bebês constroem e utilizam categorias à medida que assimilam informações. Entretanto, a organização categórica como instrumento cognitivo não está bem-desenvolvida em crianças de 7 meses. Para começar, os bebês dessa idade claramente não entendem a diferença entre categorias de nível superior e inferior. "Cães" e "animais", por exemplo, podem ambas serem pensadas como categorias, mas a categoria de nível superior ("animais") inclui a categoria de nível inferior. Por isso, categorias como "animais" são chamadas de *superordenadas*. Pesquisadores descobriram que os bebês respondem a categorias superordenadas antes de apresentarem reações a categorias de nível básico (Pauen, 2002). Em outras palavras, bebês de 7 ou 8 meses veem "animais" e "mobília" como categorias diferentes, mas não "cães" e "aves". Em contraste, bebês de 12 meses parecem compreender ambos os tipos de categorias.

Contudo, bebês de 12 meses ainda não sabem que categorias de nível básico como "cães" e "aves" estão incluídas na categoria superordenada "animais". O conceito de que categorias menores estão incluídas em categorias maiores, ou *categorização hierárquica*, é demonstrado em certo grau por crianças de 2 anos (Diesendruck e Shatz, 2001). Entretanto, a plena compreensão desse tipo de categorização não é comum até em torno dos 5 anos e está relacionada ao desenvolvimento da linguagem e às experiências com o uso de palavras como rótulos para categorias (Malabonga e Pasnak, 2002; Omiya e Uchida, 2002).

aprendizagem esquemática organização de experiências na forma de expectativas, chamadas esquemas, que permitem aos bebês distinguir estímulos familiares de estímulos desconhecidos.

OBJETIVO DA APRENDIZAGEM 5.6
Como a memória funciona nos dois primeiros anos?

Memória

Você provavelmente já ouviu falar de que é impossível formar lembranças enquanto está dormindo e, por isso, executar gravações de áudio de seu livro-texto enquanto está dormindo provavelmente não vai ajudá-lo a se sair bem em sua próxima prova. Entretanto, os neonatos parecem ser capazes de se lembrar de estímulos auditivos aos quais foram expostos enquanto dormiam (Cheour et al., 2002). Essa é apenas uma de várias características interessantes da memória dos bebês.

Uma série engenhosa de estudos de Carolyn Rovee-Collier e sua equipe demonstrou que bebês de apenas 3 meses podem se lembrar de objetos específicos e de suas próprias ações com esses objetos durante períodos de até uma semana (Bhatt, Wilk, Hill e Rovee-Collier, 2004; Gerhardstein, Liu e Rovee-Collier, 1998; Hayne e Rovee-Collier, 1995; Rovee-Collier, 1993). Um pesquisador primeiramente pendura um móbile bonito sobre o berço do bebê, como mostra a Figura 5.5, e verifica como o bebê responde, observando com que frequência ele movimenta as pernas enquanto olha para o móbile. Depois de 3 minutos dessa observação "de linha de base", um cordão é usado para conectar o móbile à perna do bebê, de modo que toda vez que ele movimenta a perna, o móbile se mexe. Os bebês rapidamente aprendem que com o movimento da perna podem fazer essa coisa interessante acontecer. Entre 3 e 6 minutos, bebês de 3 meses duplicam ou triplicam sua frequência de chute, o que indica claramente que ocorreu aprendizagem. Depois o pesquisador testa a memória que o bebê tem desse aprendizado, retornando alguns dias depois e pendurando o mesmo móbile sobre o berço, mas sem amarrar o cordão ao pé do bebê. A questão crucial é se o bebê imediatamente movimenta a perna com a simples visão do móbile. Se o bebê se lembrar da ocasião anterior, ele vai chutar em uma frequência mais alta do que quando viu o móbile pela primeira vez, o que é exatamente o que bebês de 3 meses fazem, mesmo depois de um intervalo de até uma semana.

Essas descobertas demonstram que o bebê pequeno é cognitivamente mais sofisticado do que os desenvolvimentistas (e Piaget) supunham. Ao mesmo tempo, esses estudos corroboram a visão de Piaget de que os bebês apresentam aumentos sistemáticos na capacidade de lembrar no decorrer dos primeiros meses de vida. Bebês de 2 meses são capazes de lembrar de sua ação de chutar por apenas um dia, bebês de 3 meses durante uma semana, e bebês de 6 meses depois de mais de 2 semanas.

Contudo, as memórias precoces dos bebês estão fortemente vinculadas ao contexto específico em que a experiência original ocorreu (Barr, Marrott e Rovee-Collier, 2003; Bhatt et al., 2004; Houston e Jusczyk, 2003). Mesmo crianças de 6 meses não reconhecem nem se lembram do móbile se o contexto for alterado, ainda que ligeiramente – por exemplo, pendurando um pano diferente em torno do berço em que o bebê é testado. Contudo, Rovee-Collier e sua equipe também descobriram que as lembranças perdidas dos bebês podem ser "reativadas" com o uso de indicadores que relembrem o bebê da associação entre um comportamento, como chutar, e um estímulo, como um móbile (Bearce e Rovee-Collier, 2006). Assim, os bebês realmente aprendem mais do que Piaget acreditava, mas suas memórias são altamente específicas. Com a idade, suas memórias se tornam cada vez menos vinculadas a contextos e indicadores específicos.

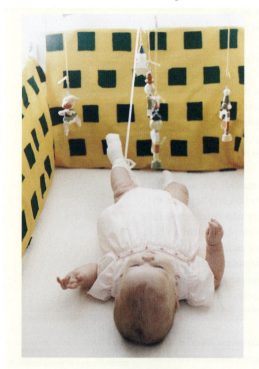

Figura 5.5 Estudo de Rovee-Collier da memória dos bebês.

Em uma das experiências de Rovee-Collier sobre a memória dos bebês, esse bebê de 3 meses rapidamente aprende a movimentar a perna para fazer o móbile se mexer. Vários dias depois, ele vai se lembrar dessa ligação entre o movimento da perna e o móbile.

(*Fonte*: Rovee-Collier, "The capacity for long-term memory in infancy", *Current Directions in Psychological Science*, 2, 1993, p. 131. Reproduzido com permissão.)

Os rudimentos da linguagem

A maioria de nós considera que a "linguagem" se inicia quando o bebê utiliza suas primeiras palavras, em torno dos 12 meses. Porém, todos os tipos de desenvolvimentos importantes precedem as primeiras palavras. Antes de analisarmos esses desenvolvimentos, contudo, vamos examinar as diversas perspectivas teóricas que tentam explicá-los.

Perspectivas teóricas

O debate natureza-experiência está mais vivo do que nunca nas discussões sobre desenvolvimento da linguagem. O incrível progresso da criança nesse domínio nos primeiros anos de vida tem sido explicado tanto do ponto de vista behaviorista quanto nativista e como parte do processo mais amplo de desenvolvimento cognitivo.

> **OBJETIVO DA APRENDIZAGEM 5.7**
> Quais são as explicações behaviorista, nativista e interacionista do desenvolvimento da linguagem?

A visão behaviorista No fim da década de 1950, B. F. Skinner, o cientista que formulou a teoria do condicionamento operante, sugeriu uma explicação behaviorista do desenvolvimento da linguagem. Ele afirmou que o desenvolvimento da linguagem começa com o balbuciar. Enquanto balbuciam, os bebês acidentalmente fazem sons que se assemelham um pouco com as palavras reais faladas pelos seus pais. Os pais ouvem esses sons parecidos com palavras e respondem a eles com elogios e incentivo, que servem como reforçadores. Assim, balbucios semelhantes a palavras se tornam mais frequentes, ao passo que vocalizações que não se assemelham a palavras gradualmente desaparecem do repertório das crianças. Skinner conjeturou também que os pais e outras pessoas respondem aos usos gramaticais das palavras e não respondem aos usos não gramaticais. Consequentemente, a gramática correta é reforçada e se torna mais frequente, mas a gramática incorreta é extinta por não sofrer reforço.

À primeira vista, a teoria de Skinner parecia fazer sentido. Entretanto, um exame sistemático das interações entre bebês e pais revela que os adultos não reforçam as vocalizações dos bebês dessa maneira. Em vez disso, os pais e outros respondem a todas as vocalizações do bebê e às vezes até as imitam – uma consequência que, de acordo com a teoria do condicionamento operante, deveria prolongar o balbuciar em vez de levar ao desenvolvimento da linguagem gramatical. O erro de Skinner foi que sua teoria não se baseava em observações do desenvolvimento da linguagem e sim no pressuposto de que a aprendizagem e o desenvolvimento humano estão subordinados aos princípios do condicionamento operante. Evidentemente, as descobertas que contestam as concepções extremas de Skinner não significam que o ambiente não tem efeito no desenvolvimento da linguagem. Atividades linguísticas como ler em voz alta contribuem para a proficiência linguística das crianças (ver *Ciência do desenvolvimento na sala de aula*).

CIÊNCIA DO DESENVOLVIMENTO NA SALA DE AULA

A importância de ler para crianças pequenas

Greg é um educador infantil licenciado. Durante sua formação pedagógica, ele presumiu que ensinaria crianças da educação infantil, e assim desenvolveu um repertório impressionante de estratégias para o ensino de habilidades de pré-alfabetização para crianças de 4 e 5 anos. Contudo, o único emprego que lhe ofereceram depois de formado requeria que ele passasse a metade do dia ensinando um grupo de crianças de 2 anos de lares de baixa renda. Agora ele está imaginando como pode utilizar seu treinamento em pré-alfabetização com crianças tão jovens.

Greg poderia se surpreender ao saber que crianças de 2 anos gostam e se beneficiam de muitas das mesmas atividades de pré-alfabetização que pré-escolares mais velhos. Por exemplo, uma clássica série de estudos de G. J. Whitehurst e sua equipe sugere que a leitura interativa pode ter efeitos poderosos no desenvolvimento linguístico de uma criança pequena. Em seu estudo, Whitehurst e sua equipe de pesquisadores treinaram alguns pais para ler livros ilustrados para seus filhos e interagir com eles utilizando uma estratégia que Whitehurst chamou de *leitura dialógica*, a qual envolve o uso de perguntas que não podem ser respondidas apontando-se (Whitehurst et al., 1988). Por exemplo, um pai lendo uma história sobre o Ursinho Puff poderia dizer, "Ali está o Bisonho. O que está acontecendo com ele?". Outros pais foram encorajados a ler para seus filhos, mas não receberam instruções especiais sobre como ler. Depois de um mês, as crianças que foram submetidas à leitura dialógica apresentaram um maior ganho de vocabulário do que as crianças no grupo de comparação.

Whitehurst posteriormente replicou esse estudo em creches para crianças pobres no México e na cidade de Nova York e em um grande número de salas de aula do programa Head Start (Valdez-Menchaca e Whitehurst, 1992; Whitehurst et al., 1994; Whitehurst, Fischel, Crone e Nania, 1995). Greg pôde pôr as descobertas de Whitehurst em ação em sua sala de aula fazendo uso da leitura dialógica com seus jovens alunos. No processo, ele vai prover uma ponte importante entre a linguagem falada e a linguagem escrita para crianças que vão enfrentar a tarefa desenvolvimentista de aprender a ler e escrever poucos anos depois.

Questões para reflexão

1. O que você diria para uma pessoa que dissesse que ler para bebês ou crianças bem pequenas era uma perda de tempo por causa das habilidades linguísticas limitadas delas?
2. Se uma criança não quer que leiam para ela, você acha que os pais ou professores deveriam tentar fazê-la se interessar por livros? Nesse caso, como você acha que eles deveriam proceder?

A visão nativista Você nunca ouviu uma criança dizer "Eu fazi" em vez de "eu fiz", ou "pãos" em vez de "pães"? Essas vocalizações constituem a principal contestação às explicações dos behavioristas do desenvolvimento da linguagem, pois elas não poderiam ser adquiridas por imitação. Além disso, quando os pais corrigem esses erros, as crianças persistem em seu uso ou super-regularizam adicionalmente. O linguista Noam Chomsky utilizou exemplos como esses para refutar a teoria de Skinner (Chomsky, 1959). Chomsky afirmou que a única explicação possível para tais erros era que as crianças aprendem as regras gramaticais antes de dominarem as exceções a elas. Além disso, Chomsky propôs uma explicação nativista para o desenvolvimento da linguagem, afirmando que a compreensão e a produção da linguagem nas crianças são orientadas por um processador linguístico inato que denominou **dispositivo de aquisição da linguagem (DAL)**, o qual contém a estrutura gramatical básica de toda linguagem humana. Com efeito, o DAL diz aos bebês quais características da linguagem procurar no fluxo da fala ao qual são expostos. Em termos simples, o DAL diz aos bebês que existem dois tipos básicos de sons – consoantes e vogais – e permite que elas dividam corretamente os sons que são específicos ao idioma que estão ouvindo. Chomsky sustentou a existência do DAL com evidências compiladas durante centenas de anos por linguistas de campo, que demonstraram que todos os idiomas humanos têm as mesmas formas gramaticais. Ele também afirmou que o DAL é específico à espécie – ou seja, que outras espécies não o possuem e, portanto, não podem aprender linguagem gramatical.

Outro nativista influente, Dan Slobin (1985a, 1985b), propôs que os bebês são pré-programados para prestar atenção ao início e terminação das sequências de sons e aos sons acentuados – hipótese confirmada pelas pesquisas (p. ex., Morgan, 1994). Juntos, esses princípios de funcionamento ajudariam a explicar algumas das características da gramática inicial das crianças. Em inglês, por exemplo, as palavras que recebem mais ênfase em uma frase geralmente são o verbo e o substantivo – precisamente as palavras que as crianças falantes do inglês utilizam em suas primeiras frases. Em turco, por outro lado, prefixos e sufixos são acentuados, e as crianças falantes do turco aprendem ambos muito cedo. Esses dois padrões fazem sentido se presumirmos que a regra pré-programada não é "ser verbo" ou "ser substantivo" ou "ser prefixo", mas "preste atenção aos sons acentuados".

A visão interacionista Sem dúvida, as explicações nativistas como as de Chomsky e Slobin são mais compatíveis do que a visão de Skinner, tanto com as descobertas da pesquisa quanto com nossas experiências de comunicação com crianças pequenas. Mesmo assim, alguns teóricos alegam que o desenvolvimento da linguagem faz parte do processo mais amplo de desenvolvimento cognitivo e é influenciado por fatores internos e externos. Essas teorias são conhecidas como **interacionistas**. Existem dois temas comuns que atravessam as teorias interacionistas. Primeiro, os interacionistas acreditam que os bebês nascem com algum tipo de preparação biológica para prestar mais atenção à linguagem do que a outros tipos de informação. Segundo, os interacionistas afirmam que, em vez de ter um módulo neurológico específico para a linguagem (i.e., um DAL), o cérebro do bebê dispõe de um conjunto generalizado de ferramentas empregadas em todos os subdomínios do desenvolvimento cognitivo. Essas ferramentas permitem que os bebês extraiam princípios gerais de todos os tipos de experiências específicas, inclusive as que têm com a linguagem. Consequentemente, alguns interacionistas afirmam que os nativistas deram muito pouca atenção ao papel que o contexto social desempenha no desenvolvimento da linguagem (Tomasello, 1999), ao passo que outros assinalam que as teorias nativistas não levam em consideração o grau em que a linguagem e a cognição se desenvolvem de maneira interdependente (Bowerman, 1985).

Uma proeminente proponente dessa visão interdependente, Melissa Bowerman, coloca a proposição da seguinte forma: "Quando a linguagem começa a chegar, ela não apresenta novos significados à criança. Em vez disso, ela é utilizada para expressar somente aqueles significados que a criança já formulou independentemente da linguagem" (1985, p. 372). De maneira ainda mais ampla, Lois Bloom afirma que, desde o início da linguagem, a intenção da criança é se comunicar, compartilhar ideias e conceitos em sua cabeça. Ela faz o melhor que pode com os gestos e as palavras que conhece, e aprende novas palavras quando elas a ajudam a comunicar seus sentimentos e pensamentos (1993, 1997; Bloom e Tinker, 2001).

Um tipo de evidência a favor desse argumento provém da observação de que são as crianças, não as mães, que iniciam a maioria das trocas verbais (Bloom, 1997). Outras evidências provêm de estudos que indicam ligações entre realizações no desenvolvimento da linguagem e o desenvol-

---

dispositivo de aquisição da linguagem (DAL) processador inato da linguagem, teorizado por Chomsky, que contém a estrutura gramatical básica de toda linguagem humana.

interacionistas teóricos que afirmam que o desenvolvimento da linguagem é um subprocesso do desenvolvimento cognitivo geral e é influenciado por fatores internos e externos.

vimento cognitivo mais amplo da criança. Por exemplo, o brincar simbólico, como beber de uma xícara vazia, e a imitação de sons e gestos aparecem ambos mais ou menos na mesma época que as primeiras palavras da criança, sugerindo alguma compreensão "simbólica" que se reflete em alguns comportamentos. Em crianças cuja linguagem está significativamente atrasada, tanto o brincar simbólico quanto a imitação também costumam estar atrasados (Bates, O'Connel e Shore, 1987; Ungerer e Sigman, 1984).

Um segundo exemplo ocorre posteriormente: aproximadamente no ponto em que frases de duas palavras aparecem, também vemos as crianças começarem a combinar vários gestos em uma sequência ao brincarem de faz de conta, como ao servir um líquido imaginário, beber e depois limpar a boca. As crianças que são as primeiras a mostrar esse sequenciamento ao brincar também são as primeiras a utilizar frases de duas ou três palavras em sua fala (p. ex., McCune, 1995; Shore, 1986).

Influências no desenvolvimento da linguagem

OBJETIVO DA APRENDIZAGEM 5.8
Quais são algumas das influências ambientais sobre o desenvolvimento da linguagem?

Os desenvolvimentistas hoje compreendem melhor como o ambiente influencia o desenvolvimento da linguagem do que na época em que Skinner e Chomsky iniciaram seu debate histórico na década de 1950. Além disso, a crescente ênfase na abordagem interacionista levou os pesquisadores a investigar os tipos de influências ambientais aos quais as crianças estão expostas durante as diferentes fases de desenvolvimento da linguagem. Por exemplo, adultos e crianças mais velhas não falam com bebês da mesma forma que falam com pré-escolares, utilizando o que os pesquisadores denominam **fala dirigida ao bebê** (FDB). Esse modo de falar se caracteriza por uma entonação de voz mais aguda do que a utilizada por adultos e crianças quando não estão falando com um bebê. Além disso, quando falam com bebês e crianças pequenas, os adultos repetem bastante, utilizando ligeiras variações ("Onde está a bola? Você vê a bola? Onde está a bola? A bola está ali!"). Eles também podem repetir as frases da própria criança, mas de uma forma um pouco mais longa e gramaticamente mais correta – padrão referido como *expansão* ou *reformulação*. Por exemplo, se uma criança disse "meia mamãe", a mãe poderia reformular dizendo "É, é a meia da mamãe", ou se a criança disse "Au-au não come", o pai poderia dizer "O au-au não está comendo".

Também sabemos que bebês de apenas alguns dias são capazes de discriminar a FDB da fala dirigida aos adultos e que eles preferem a FDB, quer seja uma voz masculina ou feminina (Cooper e Aslin, 1994; Pegg, Werker e McLeod, 1992). Essa preferência existe mesmo quando a FDB está sendo falada em outra língua que não a que a criança costuma ouvir. Janet Werker e sua equipe (1994), por exemplo, constaram que tanto bebês ingleses quanto chineses preferem ouvir a fala dirigida ao bebê, quer ela seja falada em inglês ou em cantonense (uma das principais línguas da China). Outros estudos de Werker indicam que a FDB ajuda os bebês a identificar os sons na fala das mães que são específicos ao idioma que estão aprendendo (p. ex., o *schwa* do inglês e o *r* enrolado do espanhol) enfatizando alguns sons mais do que outros (Werker et al., 2007).

A fala dirigida ao bebê também pode ser importante para o desenvolvimento da gramática. A qualidade da FDB que parece ser particularmente atraente para os bebês é sua entonação aguda. Uma vez captada a atenção da criança com esse tom de voz especial, a própria simplicidade e repetição da fala do adulto pode ajudar a criança a identificar as formas gramaticais que se repetem. A atenção das crianças também parece ser captada por frases reconstruídas. Por exemplo, Farrar (1992) descobriu que uma criança de 2 anos tinha duas ou três vezes mais chances de imitar uma forma gramatical correta quando ela ouvia sua mãe reformular suas próprias frases do que quando a mãe utilizava a mesma forma gramatical correta em sua conversação normal. Estudos experimentais confirmam esse efeito das reformulações. Crianças que são deliberadamente expostas a taxas mais altas de tipos específicos de frases reformuladas parecem aprender as formas gramaticais de exemplo mais rapidamente do que as que não ouvem reconstruções (Nelson, 1977).

Os desenvolvimentistas também sabem que as crianças cujos pais conversam com elas com frequência, leem para elas regularmente e utilizam uma ampla gama de palavras em sua fala diferem das crianças cujos pais não fazem isso. Essas crianças começam a falar mais cedo, desenvolvem vocabulários mais amplos, utilizam frases mais complexas e aprendem a ler com mais facilidade quando chegam à idade escolar (Hart e Risley, 1995; Huttenlocher, 1995; Snow, 1997). Assim, a simples quantidade de linguagem que uma criança ouve é um fator significativo.

fala dirigida ao bebê (FDB) linguagem simplificada, em tom de voz agudo, utilizada pelos adultos com bebês e crianças pequenas.

Por fim, a pobreza está ligada ao desenvolvimento da linguagem. Aos 4 anos, a diferença de vocabulário entre crianças pobres e abastadas já é substancial, e a diferença só se alarga durante os anos escolares. Catherine Snow (1997) constatou que crianças de 4 anos criadas na pobreza utilizam frases mais curtas e menos complexas do que seus semelhantes abastados. Sem dúvida muitos fatores contribuem para essas diferenças, mas a riqueza e variedade da linguagem que uma criança ouve são evidentemente altamente significativas. De todos esses fatores, a frequência com que se lê para uma criança pode ser um dos mais importantes.

OBJETIVO DA APRENDIZAGEM 5.9
Como os sons, os gestos e a compreensão de palavras mudam nos primeiros meses de vida?

Marcos iniciais do desenvolvimento da linguagem

Do nascimento a aproximadamente 1 mês, o som que um bebê faz mais comumente é um choro, ainda que produza outros sons de satisfação, de irritação e de gorgolejos. Durante os meses seguintes, a quantidade de maneiras que um bebê pode utilizar para se expressar se expande imensamente. Ainda que algumas dessas possam parecer ter pouca consequência, cada um dos primeiros marcos do desenvolvimento da linguagem faz uma contribuição especial para as habilidades de linguagem que todas as crianças saudáveis adquirem nos primeiros anos de vida.

Primeiros sons e gestos Com cerca de 1 ou 2 meses, o bebê começa a fazer alguns sons de riso e **arrulhos**. Esses sons geralmente são sinais de prazer e podem variar bastante de tom, aumentando e diminuindo de volume ou de altura. Sons de consoantes aparecem em torno dos 6 ou 7 meses, com frequência combinados com sons de vogal para fazer uma espécie de sílaba. Bebês dessa idade parecem brincar com esse sons, frequentemente repetindo o mesmo som diversas vezes (tais como *babababababa* ou *dadadadadada*). Esse padrão de sons é chamado de **balbucio**, e ele constitui cerca de 50% dos sons que não de choro do bebê aproximadamente dos 6 aos 12 meses (Mitchell e Kent, 1990).

Qualquer pai ou mãe pode descrever o prazer de ouvir os balbucios de um bebê. O balbuciar parece também ser uma preparação para a linguagem falada. Em primeiro lugar, o balbucio dos bebês gradualmente adquire um pouco do que os linguistas chamam de padrão de entonação da linguagem que estão ouvindo – um processo ao qual um psicólogo do desenvolvimento se refere como "aprender a melodia antes das palavras" (Bates et al., 1987). Os bebês parecem desenvolver ao menos duas dessas "melodias" em seu balbucio: o balbucio com uma entonação ascendente ao final de uma sequência de sons parece indicar um desejo de resposta, ao passo que uma entonação descendente não requer resposta.

Uma segunda coisa importante sobre balbuciar é que quando os bebês primeiro começam a balbuciar, geralmente balbuciam todos os tipos de som, inclusive alguns que não fazem parte da linguagem que estão ouvindo. Mas aproximadamente aos 9 ou 10 meses, seu repertório de sons pouco a pouco vai se restringindo ao grupo de sons que estiverem ouvindo, sendo que os sons não ouvidos são abandonados (Oller, 1981). Descobertas como essas não provam que o balbucio é necessário para o desenvolvimento da linguagem, mas elas certamente indicam que o balbuciar faz parte de um processo desenvolvimentista encadeado que se inicia no nascimento.

Outra parte desse processo parece ser uma espécie de linguagem gestual que se desenvolve em torno de 9 ou 10 meses. Nessa idade, os bebês começam a "demandar" ou "pedir" coisas utilizando gestos ou combinações de gestos e som. Um bebê de 10 meses que aparentemente quer que você lhe alcance seu brinquedo predileto pode se esticar e tentar alcançá-lo, abrindo e fechando a mão enquanto faz gemidos e choramingos. É interessante que bebês dessa idade utilizam gestos dessa forma, quer sejam expostos à linguagem falada ou à linguagem de sinais. Aproximadamente na mesma idade, os bebês começam a praticar os joguinhos gestuais tão apreciados pelos pais, como "bate palminha, bate" (Bates, O'Connell e Shore, 1987).

arrulho vocalização repetitiva de sons de vogal, principalmente do som "uuu".

balbucio vocalização repetitiva de combinações de consoantes e vogais pelo bebê.

Os gestos são apenas uma no vasto repertório de habilidades comunicativas do bebê.

Reconhecimento de palavras Pesquisas recentes demonstram que os bebês começam a armazenar palavras individuais em suas memórias em torno dos 8 meses (Jusczyk e Hohne, 1997). Aos 9 ou 10 meses, a maioria é capaz de compreender o significado de 20 a 30 palavras; essa capacidade de compreender palavras é conhecida como **linguagem receptiva**. Nos meses seguintes, o número de palavras compreendidas aumenta de forma drástica. Em uma investigação, pesquisadores sondaram centenas de mães sobre a compreensão que os seus bebês tinham das palavras. De acordo com esses relatos, bebês de 10 meses compreendiam uma média de cerca de 30 palavras; para bebês de 13 meses, o número era próximo de 100 (Fenson et al., 1994).

Como os bebês separam uma palavra a partir do fluxo constante da fala ao qual são expostos? Muitos linguistas propuseram que uma criança pode enfrentar a tarefa imensamente complexa de aprender palavras somente porque aplica algumas inclinações ou *restrições* inatas (Baldwin, 1995; Golinkoff, Mervis e Hirsh-Pasek, 1994; Jusczyk e Hohne, 1997; Markman, 1992; Waxman e Kosowski, 1990). Por exemplo, a criança pode ter um pressuposto inato de que as palavras se referem a objetos ou ações, mas não ambos.

Aprender os padrões de acento tônico das palavras também pode ajudar os bebês a identificar palavras. Pesquisas recentes sugerem que os bebês discriminam entre sílabas tônicas e átonas desde muito cedo – em torno dos 7 meses – e utilizam a acentuação de sílabas como indicador para identificação de palavras individuais (Jusczyk, Houston e Newsome, 1999). Por exemplo, o acento tônico na primeira sílaba, como na palavra *market*, é muito mais comum em inglês do que o acento na segunda sílaba, como em *garage*. Assim, quando bebês aprendizes do inglês ouvem uma sílaba acentuada, eles presumem que uma nova palavra está começando. Essa estratégia os ajudaria a distinguir um número muito grande de palavras inglesas.

Todas essas informações revelam uma série de mudanças que parecem convergir aos 9 ou 10 meses: o início dos gestos com significado, a passagem do balbucio para os sons da linguagem ouvidos, os jogos gestuais imitativos e a primeira compreensão de palavras individuais. É como se a criança agora compreendesse algo sobre o processo de comunicação e estivesse pretendendo se comunicar com os adultos.

Estes bebês provavelmente ainda não disseram sua primeira palavra, mas é provável que já entendam várias. A linguagem receptiva geralmente se desenvolve antes da linguagem expressiva.

linguagem receptiva compreensão da linguagem falada.

As primeiras palavras

> **OBJETIVO DA APRENDIZAGEM 5.10**
> Quais são as características das primeiras palavras das crianças?

Se você já estudou uma língua estrangeira, provavelmente começou a compreender aquele idioma antes de poder produzi-lo. De modo semelhante, bebês entre 9 e 10 meses compreendem muito mais palavras do que são capazes de dizer. A **linguagem expressiva** – a capacidade de produzir, bem como de compreender e responder a palavras com significado – geralmente aparece em torno dos 12 ou 13 meses (Fenson et al., 1994). A primeira palavra do bebê é um evento que os pais aguardam ansiosamente, sendo contudo muito fácil de perdê-lo. Uma palavra, segundo a definição costumeira dos linguistas, é qualquer som ou grupo de sons que é utilizado consistentemente para referir alguma coisa, ação ou qualidade. Isso significa que uma criança que utiliza *ma* consistentemente para se referir a sua mamadeira está usando uma palavra, ainda que essa não seja considerada uma palavra em seu idioma.

Muitas vezes, as primeiras palavras de uma criança são utilizadas em situações específicas e na presença de muitos indicadores. A criança pode dizer "au-au" ou "totó" apenas em resposta a estímulos como "Como o totó anda?" ou "O que é aquilo?". Geralmente esse aprendizado inicial das palavras é muito lento, requerendo muitas repetições para cada palavra. Nos primeiros 6 meses de uso das palavras, as crianças podem aprender umas poucas 30 palavras. A maioria dos linguistas concluiu que essa fase precoce no uso das palavras envolve aprender cada palavra como algo ligado a um conjunto específico de contextos. O que a criança aparentemente ainda não entendeu é que as palavras são simbólicas – elas se referem a objetos ou eventos.

Crianças em idade muito precoce costumam combinar uma única palavra com um gesto para criar um "significado de duas palavras" antes de poderem utilizar duas palavras juntas em sua fala. Por exemplo, uma criança pode apontar para o sapato do pai e dizer "Papai" para comunicar "sapato

linguagem expressiva capacidade de usar sons, sinais ou símbolos para comunicar significado.

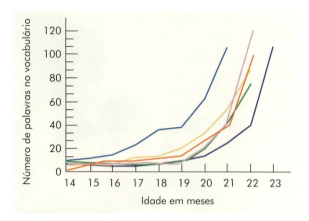

Figura 5.6 Crescimento do vocabulário no segundo ano.

Cada uma dessas linhas nessa figura representa o crescimento do vocabulário de uma das crianças estudadas longitudinalmente por Goldfield e Reznick. As seis crianças que aparecem aqui adquiriram novas palavras no padrão mais comum: crescimento inicial lento seguido de um surto bastante rápido.

(*Fonte:* Adaptação da Tabela 3, "Early Lexial Aquisition: Rate, Content, and the Vocabulary Spurt", de B. Goldfield e J. Reznick, no *Journal of Child Language*, 17, p. 171-183. Reproduzido com permissão da Cambridge University Press.)

A criança integral em foco

Como Federico usou suas notáveis habilidades linguísticas no pátio de recreação? Descubra na página 196.

OBJETIVO DA APRENDIZAGEM 5.11
Que tipos de sentenças as crianças produzem entre 18 e 24 meses?

holofrases combinações de gestos e palavras únicas para expressar mais significado do que seria expresso apenas pela palavra.

explosão dos nomes período em que ocorre um rápido aumento no vocabulário do bebê, que geralmente se inicia entre 16 e 24 meses.

fala telegráfica frases simples de duas palavras que geralmente incluem um substantivo e um verbo.

inflexões acréscimos às palavras que alteram seu significado (p. ex., o s em brinquedos, o *ou* em esperou).

---

do papai" (Bates et al., 1987). Nesses casos, o significado é comunicado pelo uso de gestos e linguagem corporal combinados com uma palavra. Os linguistas chamam essas combinações de palavras e gestos de **holofrases** e as crianças as utilizam com frequência entre 12 e 18 meses.

Entre 16 e 24 meses, depois de um período inicial de aprendizado de palavras muito lento, a maioria das crianças começa a adicionar novas palavras rapidamente, como se elas tivessem entendido que as coisas possuem nomes. Os desenvolvimentistas se referem a esse período como **explosão dos nomes**. Nesse período, as crianças parecem aprender novas palavras sem necessidade de muita repetição, generalizando essas palavras a muitas outras situações. Segundo um grande estudo transversal baseado nos relatos de mães, uma criança mediana de 16 meses tem um vocabulário ativo de cerca de 50 palavras; em uma criança de 24 meses, esse total aumentou para aproximadamente 320 palavras (Fenson et al., 1994).

Para a maioria das crianças, a explosão dos nomes não é um processo gradual uniforme; "surtos" de crescimento do vocabulário começam em torno da época em que a criança adquiriu 50 palavras. Esse padrão, observado por vários pesquisadores, é ilustrado na Figura 5.6, que mostra as curvas de crescimento do vocabulário de seis crianças estudadas longitudinalmente (Bloom, 1993; Goldfield e Reznick, 1990). Nem todas as crianças apresentam exatamente esse padrão, mas um rápido aumento durante um período de alguns meses é típico.

A maioria dos observadores concorda que o grosso das novas palavras aprendidas durante esse período inicial de rápido crescimento do vocabulário são nomes de coisas ou de pessoas: *bola, carro, leite, cachorro, ele*. Palavras para ações tendem a aparecer mais tarde (Gleitman e Gleitman, 1992). Um estudo envolvendo um grande grupo de crianças sugeriu que até dois terços das palavras que as crianças conheciam aos 2 anos eram substantivos, e apenas 8,5% eram verbos (Fenson et al., 1994). Parece que os bebês carecem da habilidade de associar consistentemente palavras a ações antes dos 18 meses (Casasola e Cohen, 2000). Um estudo interlinguístico recente também sugere que, comparado com pais falantes do coreano, pais falantes do inglês dão mais ênfase aos substantivos do que aos verbos ao falarem e lerem para os bebês (Choi, 2000). Assim, o padrão de aprendizado de substantivos antes de verbos pode ser influenciado pelas características do idioma que está sendo aprendido, assim como pelo comportamento dos falantes maduros ao falarem com os bebês.

As primeiras frases

Pesquisas sugerem que uma criança começa a produzir frases quando atingiu um limiar de cerca de 100 a 200 palavras (Fenson et al., 1994). Para a maioria das crianças, esse limiar é transposto entre 18 e 24 meses. Suas primeiras frases têm várias características distintivas: elas são curtas, geralmente de duas ou três palavras, e são simples. O pesquisador do desenvolvimento da linguagem Roger Brown cunhou o termo **fala telegráfica** para designar esse padrão (Brown e Bellugi, 1964). Substantivos, verbos e adjetivos costumam ser incluídos, mas praticamente todos os marcadores gramaticais (que os linguistas chamam de **inflexões**) estão ausentes. No início, por exemplo, os aprendizes de inglês não utilizam a terminação *–s* para plurais nem põem a terminação *-ed* nos verbos para fazer o pretérito.

Também não resta dúvida de que, mesmo nesse estágio mais precoce, as crianças criam frases que seguem regras – não regras adultas, com certeza, mas não obstante regras. Elas se concentram em alguns tipos de palavras e as unem em determinadas ordens. Elas também conseguem expressar diversos significados diferentes com suas frases simples. Por exemplo, crianças pequenas frequentemente utilizam uma frase feita de dois substantivos, tais como *Mamãe meia* ou *blusão cadeira* (Bloom, 1973). A criança que diz "mamãe meia" pode querer dizer *Essa é a meia da mamãe* ou *Mamãe está colocando uma meia no meu pé* (Bloom, 1973). Assim, para compreender o que uma criança quer dizer com uma frase de duas palavras, é necessário conhecer o contexto em que ela ocorreu.

Tabela 5.2 Desenvolvimento da linguagem nos dois primeiros anos

Idade	Marco
2 a 3 meses	Produz sons semelhantes a arrulhos quando sozinho; responde à fala com sorrisos e arrulhos.
6 meses	Balbucia; pronuncia fonemas de todas as línguas.
9 a 10 meses	Concentra-se nos fonemas, ritmo e entonação da linguagem falada em casa; tem um vocabulário receptivo de 20 a 30 palavras.
12 meses	Surgimento da linguagem expressiva; vocaliza palavras isoladas.
12 a 18 meses	Utiliza combinações de palavras e gestos e variações de entonação (holofrases).
18 a 24 meses	Utiliza frases de duas palavras (fala telegráfica); vocabulário expressivo aumenta de 100 para 300 palavras.

Diferenças individuais no desenvolvimento da linguagem

> **OBJETIVO DA APRENDIZAGEM 5.12**
> Que tipos de diferenças individuais são evidentes no desenvolvimento da linguagem?

As sequências do desenvolvimento da linguagem sobre as quais você leu (mostradas na Tabela 5.2) são em média precisas, mas a rapidez na qual as crianças adquirem habilidades de linguagem varia amplamente. Um fator que influencia esse ritmo é o número de línguas ao qual uma criança é exposta diariamente (ver *Ciência do desenvolvimento em casa* abaixo). Também parecem existir diferenças de estilo importantes.

Diferenças de taxa Algumas crianças começam a utilizar palavras isoladas aos 8 meses, outras somente após os 18 meses; algumas não utilizam frases de duas palavras antes dos 3 anos ou ainda

---

CIÊNCIA DO DESENVOLVIMENTO EM CASA

Um ou dois idiomas?

Juan e Luisa, um casal de mexicanos, têm orgulho de ter uma filha de 3 meses. Ambos são fluentes em espanhol e inglês e querem usar ambos os idiomas em casa para que sua filha também seja bilíngue. Juan e Luisa sabem que ser bilíngue tem imenso valor para os adultos, mas sabendo que a língua e o desenvolvimento cognitivo estão inter-relacionados, eles temem que o bilinguismo possa de alguma forma prejudicar o desenvolvimento intelectual de sua filha.

As pesquisas sugerem que existem vantagens e desvantagens de se crescer bilíngue. No aspecto positivo, ser bilíngue parece não ter impacto nos marcos iniciais da linguagem como o balbucio (Oller, Eilers, Urbano e Cobo-Lewis, 1997). Além disso, os bebês em lares bilíngues prontamente distinguem os dois idiomas tanto fonológica quanto gramaticalmente desde os primeiros dias de vida (Bosch e Sebastian-Galles, 1997; Holowka, Brosseau-Lapré e Petitto, 2002; Koeppe, 1996). Em crianças na pré-escola e no ensino fundamental, ser bilíngue está associado a uma clara vantagem na capacidade de pensar de metalinguística, a capacidade de pensar sobre o idioma (Bialystok, Shenfield e Codd, 2000; Mohanty e Perregaux, 1997).

No aspecto negativo, os bebês em lares bilíngues alcançam alguns marcos do desenvolvimento mais tarde do que os que aprendem apenas uma língua. Por exemplo, os vocabulários receptivo e expressivo dos bebês bilíngues são tão extensos quanto os de bebês monolíngues, mas as palavras que conhecem são divididas entre os dois idiomas (Patterson, 1998). Consequentemente, eles estão atrás dos bebês monolíngues no conhecimento de palavras, qualquer que seja a língua considerada, diferença que persiste na idade escolar. Além disso, a maioria das crianças não adquire fluência idêntica nos dois idiomas (Hakansson, Salameh e Nettelbladt, 2003). Consequentemente, elas tendem a pensar mais lentamente no idioma em que são menos fluentes (Bernardo e Calleja, 2005; Chincotta e Underwood, 1997). Quando a língua em que são menos fluentes é a língua utilizada em seu ensino escolar, elas têm risco de ter problemas de aprendizagem (Anderson, 1998; Thorn e Gathercole, 1999).

Portanto, pais que optam por falar duas línguas com seus bebês devem provavelmente levar em conta sua capacidade de promover nos filhos a plena aquisição de fluência em ambos os idiomas.

Sem dúvida, as vantagens na idade adulta de ser bilíngue são significativas, e essas vantagens podem superar as eventuais desvantagens na infância. Pais bilíngues precisam equilibrar as diversas vantagens e desvantagens, assim como seus objetivos de criação a longo prazo, para chegar a uma decisão informada sobre o tipo de ambiente linguístico que vão oferecer a seus bebês e filhos.

Questões para reflexão

1. Que tipo de ambiente linguístico você ofereceria a seu filho se você estivesse na mesma posição que Juan e Luisa?
2. Em sua opinião, qual a probabilidade de que a menininha atinja o objetivo dos pais de fluência nos dois idiomas? Que fatores vão influenciar o real nível de fluência em cada língua?

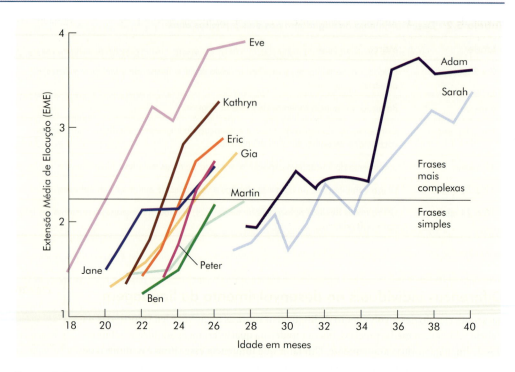

Figura 5.7 Variações na taxa de aquisição de linguagem.

As 10 crianças cujos desenvolvimentos linguísticos são representados no gráfico acima foram estudadas por três linguistas diferentes e evoluíram de frases simples de uma ou duas palavras para frases mais complexas em épocas muito diferentes.

(Fontes: Adaptado de *A first language: The Early Stages*, p. 55, Fig. 1, de Roger Brown; copyright © 1973 do President and Fellows of Harvard College, reproduzido com permissão da Harvard University Press. Lois Bloom, *Language Development from Two to Three*, p. 92, Tabela 3.1; copyright © 1991; reproduzido com permissão da Cambridge University Press. I. K. Blake, "Language Development and Socialization in Young African-American Children", *Cross-Cultural Roots of Minority Children*, Greenfield e Cocking, Eds., p. 169, Tabela 9.1, e p.171, Fig. 9.1; copyright © 1994; reproduzido com permissão da Lawrence Erlbaum Associates, Inc., um departamento do Taylor and Francis Group.)

mais tarde. Podemos ver a faixa de variação normal na construção de frases muito claramente na Figura 5.7, a qual mostra a extensão média das frases (referida pelos linguistas como **extensão média de elocução** ou **EME**) de dez crianças, cada uma delas estudada longitudinalmente. Eve, Adam e Sarah foram estudados por Roger Brown (1973); Jane, Martin e Ben (as três crianças afro-americanas) por Ira Blake (1994); e Eric, Gia, Kathryn e Peter por Lois Bloom (1991). A figura inclui uma linha na EME que normalmente acompanha uma transição de frases simples, de duas palavras e sem inflexões, para formas mais complexas. Pode-se ver que Eve fez essa transição mais precocemente, em torno dos 21 meses; Adam e Sarah passaram por esse ponto cerca de um ano depois.

Mais da metade das crianças que começa a falar tarde com o tempo se nivela com as outras. O subgrupo de crianças que não se nivela é formado sobretudo por crianças que também têm linguagem receptiva fraca (Bates, 1993; Thal, Tobias e Morrison, 1991). Esse grupo parece permanecer atrás no desenvolvimento linguístico e possivelmente no desenvolvimento cognitivo de modo geral. Em termos práticos, isso significa que, se seu filho – ou a criança que você cuida – está significativamente atrasado na compreensão linguística, bem como na fala, você deve procurar ajuda profissional para tentar diagnosticar o problema e fazer a intervenção apropriada.

Diferenças de estilo Katherine Nelson (1973) foi a primeira desenvolvimentista a assinalar que algumas crianças utilizam um **estilo expressivo** em seu aprendizado de uma língua. No vocabulário dessas crianças, não há predominância de palavras semelhantes a substantivos. Em vez disso, a maioria de suas primeiras palavras está mais ligada aos relacionamentos sociais do que aos objetos. É frequente aprenderem pronomes precocemente (*tu, eu*) e utilizarem mais palavras definidas por Nelson como "sociopessoais", tais como *não, sim, quero* ou *favor*. Seu vocabulário inicial também pode incluir algumas sequências, como *te amo* ou *vai embora*. Em contraste, entre as crianças que utilizam o que Nelson

extensão média de elocução (EME) número médio de unidades com significado em uma frase.

estilo expressivo estilo de aprendizagem de palavras caracterizado por baixa frequência de palavras semelhantes a substantivos e por maior uso de vocábulos e locuções sociopessoais.

chama de **estilo referencial**, o vocabulário inicial é predominantemente formado por substantivos para coisas ou pessoas.

Elizabeth Bates e sua equipe (1988; Thal e Bates, 1990) afirmam que crianças de estilo referencial têm, em algum sentido, uma orientação mais cognitiva. Elas se sentem atraídas pelos objetos, passam mais tempo brincando sozinhas com os objetos e interagem com outras pessoas com maior frequência em torno de objetos. Elas são muito mais propensas a demonstrar um claro surto no desenvolvimento do vocabulário nos estágios iniciais, adicionando muitos nomes de objetos em um espaço de tempo bastante curto, como se elas tivessem entendido – mais do que crianças expressivas – o princípio básico de que as coisas têm nomes. Essas crianças também são avançadas em sua capacidade de compreender a linguagem adulta complexa.

Crianças de estilo expressivo, por outro lado, são mais orientadas às pessoas e às interações sociais. Suas primeiras palavras e frases incluem muitas sequências de palavras que são envolvidas nas interações comuns com adultos. Uma vez que muitas dessas sequências incluem inflexões gramaticais, a linguagem inicial de crianças expressivas muitas vezes parece mais avançada do que a de crianças referenciais, mas seus vocabulários costumam ser menores, sem um evidente surto de crescimento.

Ainda não está claro como essas diferenças acontecem. A hipótese mais óbvia é que a linguagem inicial de uma criança é um reflexo do tipo de linguagem que ela está ouvindo. Existem algumas evidências, por exemplo, de que crianças de estilo referencial, mais do que crianças de estilo expressivo, têm mães que costumam ficar nomeando objetos e descrevendo o ambiente (p. ex., Furrow e Nelson, 1984; Goldfield, 1993). Também é provável que a qualidade da linguagem da mãe é ao menos em parte uma resposta à qualidade ou estilo de linguagem da própria criança, em vez de – ou além de – ser uma causa dela. Assim, crianças referenciais parecem provocar muito mais nomeação e fala referencial equivalente na mãe do que o fazem crianças de estilo expressivo (Pine, Lieven e Rowland, 1997).

estilo referencial estilo de aprendizado de palavras caracterizado pela ênfase nas coisas e nas pessoas e em sua nomeação e descrição.

Desenvolvimento da linguagem entre culturas

OBJETIVO DA APRENDIZAGEM 5.13
Como o desenvolvimento da linguagem varia entre as culturas?

Estudos em uma grande diversidade de comunidades linguísticas, incluindo turco, servo-croata, húngaro, hebreu, japonês, um novo idioma da Nova Guiné chamado kaluli, alemão e italiano, revelaram importantes semelhanças no desenvolvimento da linguagem (Maitel, Dromi, Sagi e Bornstein, 2000). Bebês ao redor do mundo produzem arrulhos antes de balbucios; todos os bebês compreendem a língua antes de poderem falá-la; e, em todas as culturas, os bebês começam a utilizar suas primeiras palavras em torno dos 12 meses.

Além disso, em todas as línguas, as holofrases parecem preceder a fala telegráfica, que se inicia em torno dos 18 meses. Entretanto, a ordem de palavras específica que uma criança utiliza em suas primeiras frases não é a mesma para todas as crianças em todos os idiomas. Em alguns idiomas, uma sequência substantivo/verbo é muito comum, ao passo que em outras uma sequência verbo/substantivo pode ser ouvida. Além disso, determinadas inflexões são aprendidas em ordens altamente variáveis de um idioma para outro. Crianças japonesas, por exemplo, começam muito cedo a utilizar um tipo especial de marcador, chamado de marcador pragmático, que informa algo sobre o sentimento ou o contexto. Em japonês, a palavra *yo* é utilizada no fim da frase quando o falante está sentindo alguma resistência do ouvinte; a palavra *ne* é utilizada quando o falante espera aprovação ou concordância. Crianças japonesas começam a utilizar esses marcadores precocemente, muito mais cedo do que crianças cujas línguas contêm outros tipos de inflexões.

É notável que existem línguas em que parece não haver um estágio de frases simples de duas palavras no qual as crianças não utilizam inflexões. Os aprendizes do turco, por exemplo, utilizam essencialmente o mesmo conjunto completo de inflexões de substantivos e verbos aos 2 anos e jamais passam por uma fase de utilizar palavras sem inflexão. Sua linguagem é simples, mas raramente é não gramatical do ponto de vista de um adulto (Aksu-Koc e Slobin, 1985; Maratsos, 1998).

inteligência capacidade de receber informações e usá-las para se adaptar ao ambiente.

Medindo a inteligência na primeira infância

OBJETIVO DA APRENDIZAGEM 5.14
Como se mede a inteligência na primeira infância?

Como você vai aprender no Capítulo 8, os psicólogos criaram muitos instrumentos que medem a **inteligência** em crianças e adultos, que é a capacidade individual de receber informações e usá-las para se adaptar ao ambiente. Entretanto, é muito difícil criar um teste que possa medir a inteligência nos bebês. Os testes que medem a inteligência na primeira infância, incluindo as **Escalas Bayley de Desenvolvimento Infantil**, avaliam principalmente as habilidades sensórias e motoras (Bayley, 1969, revisada em 1993). Por exemplo, bebês de 3 meses são desafiados a alcançar um anel suspenso; bebês mais velhos são observados enquanto tentam pôr cubos em uma xícara (9 meses) ou constroem uma torre de três cubos (17 meses). Alguns itens mais claramente cognitivos também são incluídos; por exemplo, descobrir um brinquedo encoberto por um pano é um item do teste utilizado com bebês de 8 meses para medir um aspecto da permanência do objeto.

O teste de Bayley e outros semelhantes a ele se mostraram úteis na identificação de bebês e crianças com sérios atrasos de desenvolvimento (Dezoete, MacArthur e Tuck, 2003; Gardner et al., 2006). Porém, enquanto instrumentos mais gerais de predição do futuro Q.I. ou desempenho escolar, esses testes não se mostraram tão úteis quanto muitos haviam esperado. Por exemplo, a correlação típica entre um escore no teste de Bayley aos 12 meses e um escore em um teste de inteligência aos 4 anos é de apenas 0,20 a 0,30 (p. ex., Bee et al., 1982) – o que é quase insuficiente como forma de predizer o desempenho intelectual em idades posteriores. Em geral, parece que o que é medido em testes de inteligência típicos não é o mesmo que o que é explorado pelos testes de inteligência adulta e infantil comumente utilizados (Colombo, 1993). A versão mais recente do teste, o Bayley-III (Bayley, 2006), inclui itens que abordam o desenvolvimento cognitivo e linguístico, além daqueles que avaliam habilidades sensórias e motoras. Futuras pesquisas vão determinar se essa versão prediz melhor o futuro desempenho intelectual do que fizeram as versões anteriores do teste.

Pesquisas recentes indicam que as tarefas de habituação têm potencial como medidas de inteligência infantil. Por exemplo, quando mostramos a um bebê um objeto ou uma figura várias vezes, quantas exposições são necessárias para que o bebê deixe de demonstrar interesse? A rapidez com que essa habituação/reconhecimento ocorre pode revelar algo sobre a eficiência do sistema perceptual/cognitivo do bebê e suas bases neurológicas. E se essa eficiência está por trás de algumas das características que os psicólogos chamam de inteligência, então diferenças individuais na taxa de habituação nos primeiros meses de vida podem predizer os escores em testes de inteligência posteriores. É exatamente isso que foi descoberto em algumas das pesquisas que investigaram as ligações entre as medidas de habituação em bebês (Rose e Feldman, 1995; Rose, Feldman e Jankowski, 2004; Slater, 1995).

Será que essas descobertas poderiam prover aos desenvolvimentistas um teste útil da inteligência dos bebês? Alguns desenvolvimentistas acreditam que sim. Por exemplo, o psicólogo Joseph Fagan desenvolveu um teste padronizado da taxa de habituação conhecido como Teste de Inteligência Infantil de Fagan (Fagan e Detterman, 1992). Fagan afirma que os testes da taxa de habituação – também conhecidos como preferência pelo novo e reconhecimento visual – são particularmente apropriados para indivíduos que são incapazes de responder aos testes convencionais como as Escalas Bayley (Fagan, 2000). Por exemplo, bebês que têm paralisia cerebral não podem realizar muitas das tarefas exigidas pelas escalas Bayley. Entretanto, eles são plenamente capazes de responder a estímulos visuais e demonstrar habituação a eles. O estudo de Fagan, além de outros, demonstra que o exame de Fagan é uma medida útil da função cognitiva nessas populações especiais (Fagan e Detterman, 1992; Gaultney e Gingras, 2005; Smith, Fagan e Ulvund, 2002).

Contudo, os estudos que investigaram a utilidade do teste de Fagan com bebês de desenvolvimento típico produziram resultados mistos. Alguns estudos demonstram que os escores dos bebês no teste estão correlacionados a medidas posteriores de inteligência e habilidades cognitivas específicas, tais como compreensão da linguagem (Andersson, 1996; Thompson, Fagan e Fulker, 1991). Outros constataram que o teste de Fagan tem correlação fraca com medições posteriores dessas variáveis (Cardon e Fulker, 1991; Tasbihsazan, Nettelbeck e Kirby, 2003). Assim, a determinação final quanto à utilidade da taxa de habituação como medida padronizada de inteligência do bebê ainda está por ser feita.

Escalas Bayley de Desenvolvimento Infantil teste de inteligência infantil mais conhecido e mais amplamente utilizado.

Aos 22 meses, Katherine certamente passaria no item de 17 meses das Escalas Bayley de Desenvolvimento Infantil, o qual pede à criança que construa uma torre de três blocos.

Preparação para Testes

Mudanças cognitivas

5.1 Quais são os marcos importantes do estágio sensório-motor de Piaget? (p. 148-151)

Segundo a descrição de Piaget, o bebê sensório-motor começa com um pequeno repertório de esquemas básicos, do qual evolui para a representação simbólica em uma série de seis subestágios. O marco cognitivo mais importante desse estágio é a permanência do objeto.

1. Rotule cada uma das seguintes como uma (A) reação circular primária, (B) reação circular secundária ou (C) reação circular terciária.

    _____ (1) Reina descobriu que se sente bem ao sugar o polegar.
    _____ (2) Keisha chuta as grades de seu berço para fazer o móbile pendurado sobre ele se mexer e fazer barulho.
    _____ (3) Sempre que a mãe de Joey lhe dá uma mamadeira com suco, ele vira a mamadeira para ver o suco gotejar para fora pelo bico.
    _____ (4) Quando a mão de Michael toca um objeto, ele tenta pegá-lo.
    _____ (5) Lucy gosta de brincar com bolas de tênis e sente prazer em jogar frutas arredondadas como tangerinas e ameixas no chão como se estivesse tentando ver se elas quicam.
    _____ (6) Lauren, de 10 meses, ri quando vê seu irmão de 3 anos cobrir os ouvidos em reação a seus gritos intencionais.

2. Como Piaget explicaria o fato de que Jarret, de 12 meses, sempre procura sua bola em sua caixa de brinquedos depois de vê-la rolar para baixo do sofá?

    _____
    _____

5.2 Quais são algumas das contestações feitas à explicação do desenvolvimento infantil proposta por Piaget? (p. 151-152)

Pesquisas mais recentes sugerem que Piaget subestimou as capacidades dos bebês, assim como o grau em que alguns conceitos podem ser inatos.

3. Resuma as descobertas de pesquisa que contestaram as concepções de Piaget sobre os marcos do desenvolvimento listados na tabela.

Marco	Descobertas
Permanência do objeto	
Imitação	

5.3 O que a pesquisa nos diz sobre a compreensão que os bebês têm dos objetos? (p. 152-154)

Desenvolvimentistas como Spelke e Baillargeon estudaram a permanência do objeto no contexto da compreensão global que os bebês têm dos objetos. Sua pesquisa mostra que Piaget subestimou o quanto bebês mais jovens sabem sobre os objetos e seus movimentos.

4. Como os estudos de Elizabeth Spelke e Renée Baillargeon contribuíram para a compreensão dos desenvolvimentistas de como o conceito de objeto se desenvolve na infância?

    _____
    _____

Aprender, categorizar e lembrar

5.4 Quando os bebês se tornam aptos a aprender por condicionamento clássico, condicionamento operante e observação de modelos? (p. 154-155)

Nas primeiras semanas de vida, os bebês são capazes de aprender por condicionamento clássico e operante. Os bebês também aprendem pela observação de modelos, especialmente em seu segundo ano de vida.

5. Combine cada tipo de aprendizagem com sua definição.

    _____ (1) condicionamento clássico
    _____ (2) condicionamento operante
    _____ (3) imitação

    (A) aprendizagem por reforço
    (B) aprendizagem de estímulo-resposta
    (C) aprendizagem pela observação dos outros

5.5 Como a compreensão categórica muda durante os dois primeiros anos? (p. 155)

Desde tenra idade, os bebês utilizam categorias para organizar informações. A sofisticação dessas categorias, assim como a compreensão de como elas se relacionam umas com as outras, aumenta durante os dois primeiros anos.

6. Define-se aprendizagem esquemática como _____.

5.6 Como a memória funciona nos dois primeiros anos? (p. 156)

Bebês de 3 e 4 meses demonstram sinais de lembrarem de experiências específicas durante períodos de alguns dias ou até uma semana, indicando que desenvolveram alguma forma de representação interna bem antes do que Piaget supunha. As primeiras lembranças parecem estar ligadas ao contexto específico em que se formaram, limitação que diminui à medida que o bebê amadurece.

7. Marque cada afirmativa como Verdadeira ou Falsa em relação ao funcionamento da memória nos dois primeiros anos.

_____ (1) Os bebês são capazes de se lembrar de estímulos aos quais foram expostos durante o sono.
_____ (2) As lembranças de bebês de 3 meses para objetos e ações duram cerca de 24 horas.
_____ (3) As lembranças dos bebês estão ligadas aos contextos em que os eventos ocorrem.

Os rudimentos da linguagem

5.7 Quais são as explicações behaviorista, nativista e interacionista do desenvolvimento da linguagem? (p. 157-159)

As teorias behavioristas do desenvolvimento da linguagem afirmam que os bebês aprendem a linguagem pelo reforço dos pais a sons semelhantes a palavras e gramática corretas. Os nativistas dizem que um processador linguístico inato ajuda os bebês a aprenderem as regras da linguagem. Os interacionistas dizem que o desenvolvimento da linguagem é um subprocesso do desenvolvimento cognitivo.

5.8 Quais são algumas das influências ambientais sobre o desenvolvimento da linguagem? (p. 159-160)

A fala dirigida ao bebê (FDB), em tom de voz agudo, atrai a atenção dos bebês para as expressões simples, repetitivas e expandidas que os adultos utilizam para ajudá-los a aprender a linguagem e a gramática. A quantidade de interação verbal que ocorre entre os bebês e falantes através de conversa e leitura é outra influência. A pobreza está associada a atrasos no desenvolvimento da linguagem.

8. Relacione três modos mediante os quais os pais podem influenciar o desenvolvimento da linguagem.

(A) _____
(B) _____
(C) _____

5.9 Como os sons, os gestos e a compreensão de palavras mudam nos primeiros meses de vida? (p. 160-161)

Os primeiros sons do bebê são choros, seguidos em torno dos 2 meses por arrulhos, depois em torno dos 6 meses por balbucios. Aos 9 meses, os bebês tipicamente utilizam gestos e são capazes de compreender um pequeno vocabulário de palavras faladas.

9. Explique o conceito de restrições no aprendizado de palavras.
_____
_____

5.10 Quais são as características das primeiras palavras das crianças? (p. 161-162)

As primeiras palavras faladas, geralmente nomes de objetos ou pessoas, costumam ocorrer em torno de 1 ano, depois do que as crianças acrescentam palavras lentamente por alguns meses e depois rapidamente.

10. O período entre 16 e 24 meses é conhecido como _____. Explique por que esse termo é aplicado a essa fase de desenvolvimento da linguagem.
_____
_____

5.11 Que tipos de sentenças as crianças produzem entre 18 e 24 meses? (p. 162-163)

Frases simples de duas palavras aparecem na linguagem expressiva das crianças em torno dos 18 meses; esse padrão é referido como fala telegráfica.

11. Escreva V se a frase pudesse ser a primeira frase de uma criança (fala telegráfica) e F se não pudesse.

_____ (1) Gatinho morde.
_____ (2) As bolas estão quicando.
_____ (3) Papai casa.
_____ (4) Mamãe sair.
_____ (5) A mamãe preparou a janta.
_____ (6) O cão está embaixo da cama.

5.12 Que tipos de diferenças individuais são evidentes no desenvolvimento da linguagem? (p. 163-165)

O ritmo de desenvolvimento da linguagem varia de uma criança para outra. Além disso, algumas crianças apresentam um estilo expressivo no aprendizado inicial de palavras, ao passo que outras demonstram um estilo referencial.

12. Descreva diferenças individuais no ritmo e estilo de desenvolvimento da linguagem na tabela abaixo.

Diferenças de...	Descrição
Ritmo	
Estilo	

5.13 Como o desenvolvimento da linguagem varia entre as culturas? (p. 165)

O aprendizado inicial das palavras parece seguir padrões semelhantes em todas as culturas. Entretanto, a ordem de palavras da fala telegráfica de uma criança depende do idioma que ela está aprendendo. As inflexões linguísticas são aprendidas em ordens altamente variáveis.

13. Discuta as evidências para essas duas afirmativas:

    (A) O desenvolvimento da linguagem é altamente consistente entre as culturas.
    _____
    _____

    (B) O desenvolvimento da linguagem varia conforme a cultura.
    _____
    _____

5.14 Como se mede a inteligência na primeira infância? (p. 165-166)

Testes de inteligência do bebê não têm forte correlação com escores de inteligência posteriores. As medidas das habilidades básicas de processamento de informações na primeira infância, tais como a taxa de habituação, podem ter melhor correlação com testes de inteligência posteriores.

14. Explique por que cada afirmativa é falsa.

    (A) Os escores nos testes de inteligência para bebês são úteis como preditores do desempenho acadêmico na infância posterior.
    _____

    (B) Os testes de inteligência para bebês são pouco úteis.
    _____

    (C) Os novos testes de inteligência baseados nas diferenças nas taxas de habituação são mais úteis para estudar o desenvolvimento da inteligência em bebês saudáveis do que em bebês que têm deficiências.
    _____
    _____

As respostas para as perguntas deste capítulo encontram-se na página 519. Para uma lista de palavras-chave, consulte a página 536.

6

Desenvolvimento Social e da Personalidade nos Primeiros Dois Anos

A primeira infância é o período durante o qual pais e filhos experimentam maior proximidade física do que qualquer outro período do desenvolvimento. A proximidade é agradável para pais e bebês, mas ela também é prática. Em primeiro lugar, os pais geralmente têm que cumprir outras obrigações ao mesmo tempo que cuidam de um bebê. Além disso, manter os bebês próximos ajuda os pais a protegê-los contra danos. Considerações práticas à parte, a proximidade contribui para o desenvolvimento de fortes laços emocionais entre bebês e cuidadores. A proximidade física oferece aos pais muitas oportunidades de confortar e demonstrar afeto por seus bebês. Ela também permite que eles interajam com seu bebê trocando sorrisos, caretas ou outras expressões faciais.

No contexto do contato físico frequente, as interações entre bebês e o mundo social a seu redor estabelecem as bases para o desenvolvimento nos domínios social e da personalidade que são o tema deste capítulo. Primeiro examinaremos ideias divergentes propostas por teóricos psicanalíticos sobre os dois primeiros anos; depois consideraremos o processo de apego. A seguir faremos um exame da personalidade e do senso de identidade emergentes do bebê, seguido por uma discussão dos efeitos dos cuidados não parentais sobre o desenvolvimento dos bebês.

Teorias do desenvolvimento social e da personalidade

Os psicólogos utilizaram todas as perspectivas teóricas sobre as quais você aprendeu no Capítulo 2 para formular hipóteses sobre o desenvolvimento social e da personalidade dos bebês. Contudo, as duas perspectivas mais influentes sobre essas questões são as perspectivas psicanalítica e etológica.

OBJETIVOS DA APRENDIZAGEM

Teorias do desenvolvimento social e da personalidade

- 6.1 Em que diferem as concepções de Freud e de Erikson do desenvolvimento da personalidade no primeiro ano de vida?
- 6.2 Quais são as principais ideias da teoria do apego?

Apego

- 6.3 Como a sincronia afeta as relações genitor-bebê?
- 6.4 Quais são as quatro fases de apego e os comportamentos associados a elas?
- 6.5 Quais são as quatro variáveis que contribuem para o desenvolvimento e estabilidade dos quatro tipos de apego?
- 6.6 Quais características poderiam afetar a capacidade dos pais de estabelecer uma relação de apego com um bebê?
- 6.7 Quais são as consequências a longo prazo da qualidade do apego?
- 6.8 Em que aspectos os padrões de apego variam entre as culturas?

Personalidade, temperamento e autoconceito

- 6.9 Sobre quais dimensões do temperamento a maioria dos desenvolvimentistas concorda?
- 6.10 Quais são os papéis da hereditariedade, dos processos neurológicos, do ambiente e do gênero na formação do temperamento?
- 6.11 Como o *self* subjetivo, o *self* objetivo e o *self* emocional se desenvolvem durante os primeiros dois anos?

Efeitos do cuidado alternativo

- 6.12 Por que é difícil estudar os efeitos do cuidado alternativo sobre o desenvolvimento?
- 6.13 Quais poderiam ser os efeitos do cuidado alternativo sobre o desenvolvimento cognitivo?
- 6.14 O que a pesquisa sugere sobre os riscos do cuidado alternativo com respeito ao desenvolvimento social?
- 6.15 Quais variáveis devem ser levadas em consideração nas interpretações da pesquisa sobre cuidado alternativo?

> **OBJETIVO DA APRENDIZAGEM 6.1**
> Em que diferem as concepções de Freud e de Erikson do desenvolvimento da personalidade no primeiro ano de vida?

Perspectivas psicanalíticas

Talvez você se lembre do Capítulo 2 que Freud propôs uma série de estágios sexuais que se estende do nascimento à adolescência, durante os quais os indivíduos tentam satisfazer algumas pulsões básicas de maneiras diferentes. Na fase oral, do nascimento a 1 ano, os bebês obtêm satisfação através da boca. Freud acreditava que o processo de desmame deve ser conduzido de tal forma que a necessidade do bebê de sugar não seja frustrada e tampouco supergratificada. As consequências em qualquer desses casos, segundo Freud, seriam a fixação nesse estágio de desenvolvimento (consulte a Tabela 2.1 na p. 53).

Freud também enfatizou o relacionamento simbiótico entre a mãe e o jovem bebê, no qual os dois se comportam como se fossem um. Ele acreditava que o bebê não compreende a si mesmo como separado da mãe. Assim, outro resultado de um período de amamentação gratificante seguido por um processo equilibrado de desmame, segundo Frued, era o desenvolvimento no bebê de um senso tanto de apego quanto de separação da mãe.

Erikson foi além da visão de Freud. Amamentar e desmamar são importantes, ele admitia, mas são apenas um aspecto do ambiente social global. Erikson afirmava que atender às outras necessidades do bebê falando com ele, confortando-o, e assim por diante, era igualmente importante. Ele propôs que o primeiro ano é um período durante o qual o bebê aprende a confiar no mundo a seu redor ou se torna cínico sobre a possibilidade de o ambiente social atender suas necessidades – o *estágio de confiança* versus *desconfiança*.

> **A criança integral em foco**
> Como o pai de Federico o ajudou a desenvolver um senso de autonomia? Descubra na página 196.

Um dos mais conhecidos estudos na psicologia do desenvolvimento demonstrou que a visão do desenvolvimento infantil de Erikson era mais precisa do que a de Freud (Harlow e Zimmerman, 1959). Nesse estudo, macacos bebês foram separados de suas mães ao nascerem. Os pesquisadores colocaram dois tipos diferentes de mães "substitutas" em suas jaulas. Os macacos recebiam toda a sua alimentação de uma mãe de arame com uma mamadeira acoplada. A outra mãe era revestida de um tecido felpudo. Os pesquisadores descobriram que os macacos aproximavam-se da mãe de arame somente quando estavam com fome. Na maioria das vezes, eles se aninhavam junto à mãe de tecido e corriam para ela sempre que estavam assustados ou estressados. Estudos subsequentes com bebês humanos correlacionando práticas de alimentação materna com adaptação dos bebês sugeriram que as relações sociais dos bebês não dependem somente das práticas de amamentação ou de desmame (Schaffer e Emerson, 1964).

O engenhoso estudo de Harlow demonstrou que macacos bebês se apegavam a uma "mãe" revestida de tecido atoalhado e se agarravam a ela, e não a uma mãe de arame da qual obtinham alimento.

> **OBJETIVO DA APRENDIZAGEM 6.2**
> Quais são as principais ideias da teoria do apego?

Perspectivas etológicas

Talvez você se recorde do Capítulo 2 que a perspectiva etológica afirma que todos os animais, inclusive os seres humanos, possuem predisposições inatas que influenciam significativamente o seu desenvolvimento. Assim, a abordagem etológica do desenvolvimento social e da personalidade propõe que forças evolucionárias dotaram os bebês com genes que os predispõem a formar laços emocionais com seus cuidadores, abordagem conhecida como **teoria do apego**. Consequentemente, em contraste com os psicanalistas, os etologistas veem a capacidade do bebê de formar relacionamentos sociais como altamente resistente a forças ambientais, tais como variações na qualidade de criação. Entretanto, os etologistas afirmam, sim, que os dois primeiros anos de vida constituem um período sensível para a formação desses relacionamentos. Eles dizem que os bebês que não formam um relacionamento próximo com um cuidador antes dos 2 anos estão em risco para futuros problemas sociais e de personalidade.

Devido a sua hipótese de que os laços emocionais precoces influenciam o posterior desenvolvimento social e da personalidade, as perspectivas etológicas têm sido muito influentes no estudo do desenvolvimento nesse domínio durante todo o curso da vida. Na terminologia de Bowlby, os bebês criam diferentes *modelos internos* de seus relacionamentos com pais e outros adultos importantes (Bowlby, 1969). Esses modelos incluem elementos como a confiança (ou falta dela) da criança de que a figura de apego estará disponível ou será confiável, a expectativa da criança de rejeição ou afeição e o senso de segurança da criança de que a figura de apego é realmente uma base segura para a exploração.

teoria do apego visão de que os bebês são biologicamente predispostos a formar laços emocionais com os cuidadores e que as características desses laços moldam o posterior desenvolvimento social e da personalidade.

O modelo interno começa a ser formado no fim do primeiro ano e se torna cada vez mais complexo e melhor estabelecido ao longo dos primeiros quatro ou cinco anos. Aos 5 anos, a maioria das crianças tem um modelo interno claro da mãe (ou outro cuidador principal), um modelo de *self* e um modelo de relacionamentos. Uma vez formados, esses modelos moldam e explicam diferenças e afetam a memória e a atenção. As crianças percebem e se lembram de experiências que se encaixam com seus modelos e ignoram ou se esquecem de experiências que não se coadunam a eles. Como Piaget poderia dizer, uma criança tem mais facilidade para assimilar dados que se encaixam com o modelo. Mais importante, o modelo afeta o comportamento da criança: a criança tende a recriar, em cada novo relacionamento, o padrão com o qual está familiarizada. Essa tendência de recriar o relacionamento genitor-bebê em cada novo relacionamento, diz Bowlby e outros etologistas, continua até a idade adulta. Por esse motivo, os etologistas acreditam que, por exemplo, a má comunicação entre parceiros românticos adultos pode resultar de padrões de comunicação inadaptativos que se desenvolveram entre um dos indivíduos e seus primeiros cuidadores.

Apego

De alguma forma, em meio a infindáveis mudanças de fraldas, preparação de comida, banhos e períodos de exaustão que excedem qualquer experiência prévia em suas vidas, a esmagadora maioria dos pais consegue responder a seus bebês de modo a promover o desenvolvimento de uma relação de apego. Um **apego** é um vínculo emocional em que o senso de segurança de uma pessoa está envolvido no relacionamento. Para compreender o apego entre genitor e bebê, é importante considerar os dois lados da equação – o desenvolvimento do laço de apego do genitor pela criança e da criança pelos pais.

apego vínculo emocional entre pais e bebês, do qual os bebês adquirem segurança.

sincronia padrão entrelaçado mútuo de comportamentos de apego partilhados pelo genitor e pela criança.

O apego dos pais ao bebê

> **OBJETIVO DA APRENDIZAGEM 6.3**
> Como a sincronia afeta as relações genitor-bebê?

O contato entre mãe e bebê imediatamente depois do nascimento não parece ser necessário ou suficiente para a formação de um laço afetivo estável de longo prazo entre eles (Wong, 1993). O que é essencial na formação desse laço é a oportunidade de que a mãe e o bebê desenvolvam um padrão entrelaçado mútuo de comportamentos de apego denominado **sincronia**, processo que se assemelha a uma conversação. O bebê sinaliza suas necessidades pelo choro ou sorriso; ele responde ao ser pego se acalmando ou se aninhando; ele olha para seus pais quando eles olham para ele. A mãe, por sua vez, entra na interação com seu próprio repertório de cuidados.

O laço do pai com o bebê, como o da mãe, parece depender mais do desenvolvimento de sincronia do que do contato imediatamente após o nascimento. Como auxílio ao desenvolvimento dessa reciprocidade há o fato de que o pai parece ter o mesmo repertório de comportamentos de apego que a mãe. Nas primeiras semanas de vida do bebê, os pais tocam, falam e aconchegam seus bebês do mesmo modo que as mães (Parke e Tinsley, 1981). Depois das primeiras semanas de vida do bebê, contudo, sinais de uma especialização dos comportamentos parentais começam a aparecer. Os pais passam mais tempo brincando com o bebê, com brincadeiras fisicamente mais impetuosas, e as mães passam mais tempo nas tarefas rotineiras de cuidado, além de conversarem e sorrirem mais para o bebê (Walker, Messinger, Fogel e Karns, 1992).

Aos 6 meses, os bebês apresentam padrões característicos de resposta a essas diferenças mãe-pai (Feldman, 2003). Sinais de estados emocionais positivos, tais como sorrir, aparecem gradualmente e sutilmente quando os bebês estão interagindo com sua mãe. Em contraste, os bebês riem e se contorcem de prazer em explosões curtas e intensas nas interações com seu pai. Mais uma vez, não se trata da preferência dos bebês por um dos pais. Em vez disso, esses resultados significam que os bebês reconhecem as mesmas diferenças comportamentais na mãe e no pai que os cientistas do desenvolvimento reconhecem quando observam o comportamento parental. Na verdade, alguns pesquisadores observaram que as medidas de comportamentos de

Os pais se engajam em brincadeiras físicas com os bebês com mais frequência do que as mães.

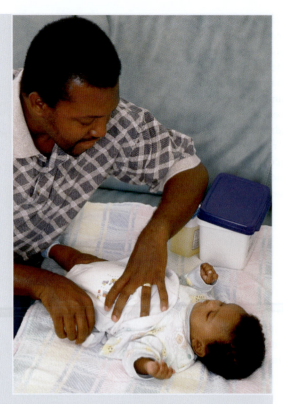

Papais como este, que se envolvem com o cuidado diário dos bebês, parecem desenvolver laços de apego mais fortes com eles.

apego baseadas em interações mãe-bebê típicas podem fazer os pesquisadores inadequadamente concluir que os pais são menos envolvidos com os bebês do que as mães e, portanto, menos importantes para o desenvolvimento dos bebês (Lewis e Lamb, 2003). Ao contrário, pesquisas indicam claramente que os bebês se beneficiam imensamente quando ambos os tipos de interação lhes estão disponíveis.

> **OBJETIVO DA APRENDIZAGEM 6.4**
> Quais são as quatro fases de apego e os comportamentos associados a elas?

O apego do bebê aos pais

Como o laço dos pais com o bebê, o apego do bebê aparece gradualmente e se baseia em sua capacidade de distinguir os pais de outras pessoas. Como você aprendeu nos Capítulos 3 e 4, um bebê é capaz de reconhecer a voz de sua mãe antes do nascimento. Com apenas alguns dias de vida, o bebê já é capaz de reconhecer a mãe pela visão assim como pelo olfato (Cernoch e Porter, 1985; Walton, Bower e Bower, 1992). Assim, o alicerce cognitivo para o apego está assentado poucos dias após o nascimento. Avanços na memória e no raciocínio, principalmente a permanência do objeto, proveem um apoio cognitivo adicional para o apego. Como veremos, o apego se desenvolve gradualmente à medida que o bebê passa por uma série de estágios universais que ocorrem paralelamente aos que aparecem no domínio cognitivo.

Estabelecimento do apego Bowlby sugeriu quatro fases no desenvolvimento do apego do bebê (Bowlby, 1969). Bowlby e outros etologistas alegam que essas fases aparecem durante os primeiros 24 a 36 meses em uma sequência fixa fortemente influenciada por genes presentes em todos os bebês humanos saudáveis (ver Capítulo 2). Em cada fase, o bebê exibe um conjunto distintivo de padrões de interação e comportamentos relacionados ao apego:

- *Fase 1: Orientação e sinalização sem foco (do nascimento aos 3 meses).* Os bebês apresentam comportamentos, como chorar, sorrir e fazer contato visual, que chamam a atenção dos outros e sinalizam suas necessidades. Dirigem esses sinais a todas as pessoas com as quais têm contato.
- *Fase 2: Foco em uma ou várias figuras (dos 3 aos 6 meses).* Os bebês dirigem seus sinais de "venha cá" a menos pessoas, geralmente àquelas com as quais passam mais tempo, e são menos responsivos a pessoas desconhecidas.
- *Fase 3: Comportamento de base segura (dos 6 aos 24 meses).* Emergência do verdadeiro apego. Bebês mostram comportamentos de "busca de proximidade", tais como seguir e se agarrar aos cuidadores que consideram como "bases seguras", especialmente quando estão ansiosos ou feridos ou têm necessidades físicas, como, por exemplo, fome. A maioria dirige esses comportamentos a um cuidador principal quando aquela pessoa está disponível e a outras somente quando o cuidador principal, por algum motivo, não pode responder, não responde ou está ausente (Lamb, 1981).
- *Fase 4: Modelo interno (dos 24 meses em diante).* Um modelo interno do relacionamento de apego permite que crianças de mais de 2 anos imaginem como uma ação prevista poderia afetar os laços que elas mantêm com seus cuidadores (van IJzendoorn, 2005). O modelo interno desempenha um papel nos relacionamentos posteriores com os primeiros cuidadores (ou seja, os irmãos mais velhos e os pais) e em outros relacionamentos importantes (i.e., relacionamentos amorosos) ao longo da vida.

Comportamentos de apego Depois que a criança desenvolveu um apego claro na fase 3, vários comportamentos relacionados também começam a aparecer. A *ansiedade ante estranhos* e a *ansiedade* *de separação* aumentam de frequência até em torno dos 12 a 16 meses e depois diminuem. Os bebês expressam **ansiedade ante estranhos** com comportamentos como se agarrar à mãe na presença de estranhos. A **ansiedade de separação** é evidente quando os bebês choram ou protestam ao serem separados da mãe. As descobertas de pesquisa não são totalmente consistentes, mas o medo de estranhos aparentemente surge primeiro. A ansiedade de separação se inicia um pouco mais tarde, mas continua sendo visível por um período de tempo mais longo. Esse aumento do medo e da ansiedade foi observado em crianças de muitas culturas diferentes, e tanto em crianças criadas em casa quanto em crianças criadas em creches nos Estados Unidos.

Outro comportamento de apego é o **referencial social** (Walden, 1991). Aproximadamente aos 10 meses, os bebês se guiam pelas expressões faciais de suas figuras de apego para ajudá-los a imaginar o que fazer em situações novas, como quando um estranho vem visitar (Hertenstein e Campos, 2004). Bebês dessa idade primeiro olham para o rosto da mãe ou do pai para verificar a expressão emocional do adulto. Se a mamãe parece satisfeita ou feliz, o bebê tende a explorar um novo brinquedo com mais tranquilidade ou aceitar um estranho com menos caso. Se a mamãe parece preocupada ou amedrontada, o bebê responde a esses indicadores e reage à nova situação com medo ou preocupação equivalente (ver *Ciência do desenvolvimento na clínica*, p. 176).

O referencial social também ajuda os bebês a aprender a regular suas próprias emoções. Por exemplo, um bebê que está zangado por que uma atividade agradável não está mais disponível pode usar as expressões emocionais reconfortantes e agradáveis do cuidador para fazer uma transição para um estado emocional que lhe seja mais agradável. Em contraste, um bebê cujo cuidador responde a sua raiva com mais raiva experimenta um aumento no nível de seus próprios sentimentos de raiva. A maioria dos desenvolvimentistas pensa que a qualidade do dar-e-receber emocional nas interações entre um bebê e seus cuidadores é importante para a capacidade da criança de controlar emoções como raiva e frustração em anos posteriores (Cole, Martin e Dennis, 2004).

> **A criança integral em foco**
>
> Por que Federico, de 2 anos, separa-se facilmente de seu pai Hector quando chega na creche todos os dias? Descubra na página 196.

A ansiedade de separação significa a formação de uma relação de apego verdadeira entre um bebê e seu cuidador principal. Depois que a mãe tiver realmente saído, essa criança provavelmente ficará contente brincando com as outras crianças e responderá positivamente a seus cuidadores temporários.

ansiedade ante estranhos expressões de desconforto, tais como se agarrar à mãe, na presença de estranhos.

ansiedade de separação expressões de desconforto, tais como chorar, quando separado de uma figura de apego.

referencial social uso que uma criança faz das expressões faciais dos outros como orientação para suas próprias emoções.

CIÊNCIA DO DESENVOLVIMENTO NA CLÍNICA

Reduzindo a ansiedade dos bebês

Hank é um enfermeiro licenciado que trabalha em um consultório pediátrico. Ele observou que bebês que têm idade suficiente para já terem formado uma associação entre a presença dele e a experiência desagradável de tomar uma injeção variam muito quanto ao grau de perturbação que demonstram na sala de exame. Alguns reagem a sua presença simplesmente aproximando-se da mãe, enquanto outros choram histericamente e precisam ser contidos para serem examinados. Hank se pergunta se não existe um meio de evitar que as crianças que parecem mais sensíveis fiquem tão extenuadas.

Estudos indicam que o referencial social desempenha um papel importante na perturbação dos bebês em ambientes de atendimento médico. Em outras palavras, se um dos pais demonstra ansiedade na presença de Hank, o bebê tende a fazer o mesmo (Bernard e Cohen, 2006). Assim, uma coisa que Hank pode fazer para reduzir a perturbação de seus jovens pacientes é explicar o processo de referencial social aos pais.

Evidentemente, cada criança é diferente, e algumas tendem a ficar perturbadas por mais que os pais sejam cuidadosos em relação a suas próprias expressões de emoção. Para esses bebês, os pesquisadores constataram que uma distração é útil (Cramer-Berness, 2006). Os pacientes de Hank, portanto, poderiam ficar menos perturbados se seus pais trouxessem alguns brinquedos ou livros para desviar a atenção dos eventos desagradáveis que os bebês aprenderam a associar às visitas ao médico. Além disso, como a pesquisa de Harlow com macacos bebês sugere, os bebês sentem grande conforto com o contato físico com seus pais. Assim, segurar o bebê durante um exame ou vacinação pode ajudá-lo a apresentar menos perturbação.

Questões para reflexão

1. Em sua opinião, qual seria a melhor forma de Hank informar os pais sobre os tipos de estratégias de redução de ansiedade que eles podem utilizar em um consultório médico?
2. O que você diria a uma mãe que caracterizou as explosões emocionais de seu filho de 15 meses no consultório médico como "mau comportamento" que deve ser punido?

OBJETIVO DA APRENDIZAGEM 6.5
Quais são as variáveis que contribuem para o desenvolvimento e estabilidade dos quatro tipos de apego?

Variações na qualidade do apego

Praticamente todos os bebês parecem passar pelas quatro fases do apego identificadas inicialmente por Bowlby, mas a qualidade dos apegos que eles formam difere de um bebê para outro.

Apegos seguros e inseguros Variações na qualidade do primeiro relacionamento de apego são hoje quase universalmente descritas utilizando-se o sistema de categorias de Ainsworth (Ainsworth, Blehar, Waters e Wall 1978). O sistema de Ainsworth distingue entre apego seguro e dois tipos de apego inseguro, que os psicólogos avaliam utilizando um procedimento chamado *situação estranha*.

A situação estranha consiste de uma série de oito episódios encenados em um ambiente laboratorial, geralmente com crianças entre 12 e 18 meses. A criança é observada em cada uma das seguintes situações:

apego seguro padrão de apego no qual o bebê se separa facilmente da mãe, busca proximidade quando estressado e usa a mãe como base segura para exploração.

apego inseguro/evitante padrão de apego em que um bebê evita contato com a mãe e não demonstra preferência pela mãe sobre outras pessoas.

apego inseguro/ambivalente padrão de apego em que o bebê apresenta pouco comportamento exploratório, perturba-se profundamente quando separado da mãe e não se tranquiliza quando ela retorna nem com os esforços para confortá-lo.

- com a mãe;
- com a mãe e um estranho;
- sozinha com um estranho;
- totalmente sozinha por alguns minutos;
- reencontrando-se com a mãe;
- sozinha novamente;
- com um estranho novamente;
- reencontrando-se com a mãe.

Ainsworth sugeriu que as reações das crianças nessas situações – principalmente nos episódios de reencontro – indicavam apego de um de três tipos: **apego seguro**, **apego inseguro/evitante** e **apego inseguro/ambivalente**. Mais recentemente, desenvolvimentistas sugeriram um quarto tipo: **apego inseguro/desorganizado** (Main e Solomon, 1990). As características de cada tipo são listadas na Tabela 6.1.

Tabela 6.1 Categorias de apego seguro e inseguro na situação estranha de Ainsworth

Categoria	Comportamento
Apego seguro	Criança se separa prontamente da mãe e fica absorta na exploração; quando ameaçada ou assustada, busca contato de modo ativo e é prontamente consolada; criança não evita ou resiste ao contato se a mãe o inicia. Quando reencontra a mãe após sua ausência, criança a cumprimenta explicitamente ou é facilmente acalmada quando contrariada. Demonstra clara preferência pela mãe a um estranho.
Apego inseguro/evitante	Criança evita contato com a mãe, especialmente ao reencontrá-la depois de sua ausência. Criança não resiste aos esforços da mãe para fazer contato, mas não busca muito contato. Não demonstra preferência pela mãe a um estranho.
Apego inseguro/ambivalente	Criança demonstra pouca exploração e é cautelosa com estranho. Criança fica muito perturbada quando separada da mãe, mas não se tranquiliza com o retorno da mãe ou com os esforços dela para confortá-la. Criança tanto busca como evita contato em momentos diferentes. Pode demonstrar raiva perante a mãe no reencontro e resistir ao conforto e contato com estranho.
Apego inseguro/desorganizado	Criança parece confusa ou apreensiva. Criança pode mostrar padrões de comportamento contraditórios simultaneamente, tais como se mover em direção a mãe mas mantendo o olhar em outra direção.

Fontes: Ainsworth et al., 1978; Carlson e Sroufe, 1995; Main e Solomon, 1990.

O fato de a criança chorar quando é separada da mãe não é um indicador útil da segurança do apego. No momento da separação, alguns bebês com apego seguro choram, ao passo que outros não; o mesmo é verdade em relação aos bebês com apego inseguro. É o padrão global da resposta da criança à situação estranha que é decisivo, e não uma resposta considerada isoladamente. Esses tipos de apego foram observados em estudos em muitos países diferentes, e o apego seguro é o padrão mais comum em todos eles.

Classificação da estabilidade do apego Constatou-se que a qualidade do apego de uma criança pode ser consistente ou mutável. Parece que, quando o ambiente familiar ou a situação de vida de uma criança é relativamente consistente, a segurança ou insegurança do apego dela também parece se manter consistente, mesmo ao longo de muitos anos (Hamilton, 1995; Wartner, Grossman, Fremmer-Bombik e Suess, 1994; Weinfield e Egeland, 2004). Contudo, quando as circunstâncias de uma criança mudam de alguma forma importante – tais como quando os pais se divorciam ou a família se muda – a segurança do apego da criança também pode mudar, de seguro para inseguro ou vice-versa. Por exemplo, em um estudo importante, um grupo de crianças brancas de classe média foi acompanhado de 1 a 21 anos (Waters, Treboux, Crowell, Merrick e Albersheim, 1995). Quase todas aquelas cuja classificação de apego havia mudado durante este longo intervalo tinham sofrido alguma turbulência importante, tais como a morte de um dos pais, abuso físico ou sexual ou uma doença grave.

O fato de que a segurança de apego de uma criança possa mudar no decorrer do tempo não refuta a noção do apego como oriundo de um modelo interno. Bowlby sugeriu que durante os primeiros dois ou três anos, o padrão de apego particular que uma criança demonstra é em certo sentido uma característica de cada relacionamento específico. Por exemplo, estudos sobre o apego de crianças pequenas às mães e pais indicam que cerca de 30% das crianças têm apego seguro a um dos pais e inseguro ao outro, sendo as duas combinações possíveis igualmente prováveis (Fox, Kimmerly e Schafer, 1991). É a qualidade de cada relacionamento que determina a segurança do apego de uma criança a um adulto específico. Se o relacionamento muda acentuadamente, a segurança do apego pode mudar também. Mas, segundo Bowlby, aos 4 ou 5 anos, o modelo interno se torna mais uma característica da criança, mais generalizado entre as relações e mais resistente à mudança. Naquele ponto, a criança tende a impor o modelo aos novos relacionamentos, incluindo relacionamentos com professores ou outras crianças de sua idade.

apego inseguro/desorganizado padrão de apego em que um bebê parece confuso ou apreensivo e demonstra comportamentos contraditórios, tais como se mover em direção à mãe e ao mesmo tempo olhar em outra direção.

> **OBJETIVO DA APRENDIZAGEM 6.6**
> Quais características poderiam afetar a capacidade dos pais de estabelecer uma relação de apego com um bebê?

Características do cuidador e apego

Constatou-se que várias características dos cuidadores influenciam o processo de apego. Essas características incluem as respostas emocionais dos cuidadores ao bebê, sua situação conjugal e socioeconômica e sua saúde mental.

Responsividade emocional Estudos das interações genitor-criança sugerem que um ingrediente imprescindível para um apego seguro é a *disponibilidade emocional* por parte do cuidador principal (Biringen, 2000). Um cuidador emocionalmente disponível é aquele que é capaz e deseja criar um vínculo emocional com o bebê. *Responsividade contingente* é outro ingrediente fundamental do apego seguro (Isabella, 1995; Pederson e Moran, 1995; Pederson et al., 1990; Seifer, Schiller, Sameroff, Resnick e Riordan, 1996). Pais que demonstram responsividade contingente são sensíveis aos sinais da criança e respondem apropriadamente. Eles sorriem quando o bebê sorri, falam com o bebê quando ele vocaliza, pegam-no quando ele chora e assim por diante (Ainsworth e Marvin, 1995). Bebês cujos pais demonstram responsividade contingente nos primeiros meses são mais propensos a ser seguramente apegados aos 12 meses (Heinicke et al., 2000).

Um baixo nível de responsividade parental, portanto, parece ser um ingrediente em qualquer tipo de apego inseguro. Contudo, cada um dos diversos subtipos de apego inseguro é afetado por fatores distintos adicionais. Por exemplo, se a mãe rejeita ou regularmente perde o contato com o bebê, este propende mais a demonstrar um padrão de apego evitante, ainda que o padrão também pareça ocorrer quando a mãe é excessivamente intrusiva ou estimuladora (Isabella, 1995). Um padrão ambivalente é mais comum quando o cuidador principal não está disponível para o bebê de forma consistente ou confiável. Um padrão desorganizado/desorientado parece especialmente provável quando a criança sofreu abuso e em famílias nas quais um dos pais tem algum trauma não resolvido em sua própria infância, tais como abuso ou morte prematura de um dos genitores (Cassidy e Berlin, 1994; Main e Hesse, 1990).

Condição conjugal e socioeconômica Constatou-se que os bebês cujos pais são casados são mais propensos a serem seguramente apegados do que bebês cujos pais são solteiros ou apenas coabitam (p. ex., Rosenkrantz, Aronson e Huston, 2004). Contudo, os efeitos da condição conjugal podem se dever a outras características dos pais que optam por casar, coabitar ou permanecer casados. Pais casados geralmente têm melhor nível de instrução e são menos propensos a serem pobres do que pais em outros grupos.

Além disso, os pais casados são, em média, mais velhos do que pais nos dois outros grupos (Rosenkrantz et al., 2004). A maioria das informações sobre a influência da idade materna no processo de apego provém de estudos comparando mães adolescentes com mães mais velhas. Esses estudos sugerem que, com o aumento da idade, as mães se tornam menos propensas a descreverem seus bebês como "difíceis" (Miller, Eisenberg, Fabes e Shell, 1996). Além disso, mães mais velhas são mais sensíveis nos cuidados prestados ao bebê do que as mães adolescentes. Evidentemente, mães adolescentes tendem a ter menor nível de instrução e menos recursos econômicos do que mães mais velhas. Assim, é difícil dizer se a idade ou a maturidade é responsável pelas associações entre idade materna e características maternais.

Finalmente, conflitos conjugais apresentam riscos para o desenvolvimento do apego. Constatou-se que crianças de 6 meses expostas a discussões entre os pais, especialmente aquelas em que eles são verbalmente agressivos um com o outro, são mais propensas a mostrar sinais de inibição emocional do que bebês que não são expostos a isso (Crockenberg, Leerkes e Lekka, 2007). A inibição emocional por parte do bebê interfere na sincronia, diminuindo assim suas chances de desenvolver um apego seguro com o cuidador principal.

Saúde mental Transtorno psiquiátrico é outra característica do cuidador que parece estar relacionada com a qualidade do apego (Murray et al., 1999; Teti, Gelfland, Messinger e Isabella, 1995). Os desenvolvimentistas constataram que os bebês que interagem regularmente com uma mãe que está deprimida expressam mais emoções negativas e menos emoções positivas. Alguns até resistem aos esforços da mãe para amamentá-los; outros se recusam terminantemente a comer (Coulthard e Harris, 2003). Consequentemente, comparados com bebês de mães sem depressão, uma maior proporção dos bebês de mães com depressão é subnutrida (Rahman, Lovel, Bunn, Igbal e Harrington, 2004). Todos esses efeitos interferem na sincronia e podem predispor um bebê cuja mãe é deprimida a desenvolver apego inseguro. Por isso, os bebês dessas mães têm mais risco de problemas posteriores. Por exemplo, eles são mais propensos do que outras crianças a apresentar maior agressividade ou inibição social na escola (Cummings e Davies, 1994). Eles também têm mais risco de desenvolver doenças psiquiátricas na idade adulta (Maki et al., 2004).

É importante assinalar que a depressão materna em si não necessariamente condena um bebê a um apego inseguro. Os fatores críticos parecem ser como e em que medida a depressão afeta as interações mãe-bebê. Parece haver três padrões de comportamento problemático nas mães que têm depressão. Em um deles, as mães são inibidas e distantes; elas olham, tocam ou falam com seus bebês com menos frequência e são menos afetuosas com eles do que mães sem depressão (Field, 1995; Hart, Jones, Field e Lundy, 1999). No segundo padrão, as mães são excessivamente envolvidas com seus bebês, frequentemente interrompendo-os e estimulando-os em excesso (Hart, Jones, Field e Lundy, 1999). O terceiro grupo de mães com depressão tem reações exageradas e responde raivosamente aos comportamentos indesejáveis dos filhos (O'Leary, Smith e Reid, 1999).

Evidentemente, muitas mães com depressão são tão sensíveis e responsivas às necessidades de seus bebês quanto mães que não sofrem de depressão. E, como você poderia esperar, bebês cujas mães com depressão apresentam comportamentos de maternagem mais sensíveis são menos propensos a apresentar efeitos negativos a longo prazo do que bebês de mães menos sensíveis com depressão (NICHD Early Child Care Research Network, 1999). Em outras palavras, quando mães deprimidas apresentam os mesmos tipos de comportamentos de maternagem que as mães sem depressão, sua condição emocional não parece ter efeitos negativos sobre o desenvolvimento de seus bebês.

Estudos envolvendo muitas mães com transtorno de pânico demonstram que essas mães, à semelhança de mães com depressão, apresentam comportamentos que podem interferir na sincronia (Warren et al., 2003). Como é através do comportamento que os transtornos mentais maternos afetam os bebês, o treinamento dos pais pode oferecer um modo de moderar os efeitos negativos dessa característica do cuidador. Sem dúvida, muitos estudos demonstram que o treinamento pode aumentar a frequência dos comportamentos sensíveis em mães deprimidas e, consequentemente, acarretar mudanças na condição de apego dos bebês (van den Boom, 1994, 1995). Além disso, medicações apropriadas podem afetar positivamente muitos aspectos dos comportamentos de mães que sofrem de transtornos psiquiátricos (p. ex., Kaplan, Bachorowski, Smoski e Zinser, 2001).

Consequências a longo prazo da qualidade do apego

OBJETIVO DA APRENDIZAGEM 6.7
Quais são as consequências a longo prazo da qualidade do apego?

Como observamos anteriormente, a teoria do apego propõe que os primeiros vínculos emocionais moldam os vínculos posteriores. Assim, pesquisadores investigaram as ligações entre a classificação de Ainsworth e uma ampla gama de outros comportamentos nos bebês, crianças, adolescentes e adultos. Dezenas de estudos mostram que crianças classificadas como seguramente apegadas a suas mães na primeira infância posteriormente são mais sociáveis, mais positivas em seu comportamento para com amigos e irmãos, menos apegadas e dependentes dos professores, menos agressivas e destrutivas, mais empáticas e emocionalmente mais maduras em suas interações na escola e em outros ambientes fora de casa (p. ex., Carlson, Sampson e Sroufe, 2003; Carlson e Sroufe, 1995; Jacobsen, Husa, Fendrich, Kruesi e Ziegenhain, 1997; Leve e Fagot, 1995).

Adolescentes que foram classificados como seguramente apegados na primeira infância ou considerados seguros com base em entrevistas na adolescência também são socialmente mais hábeis, têm mais amizades íntimas, têm maior probabilidade de serem vistos como líderes, têm melhor autoestima e obtêm melhores notas (Black e McCartney, 1995; Jacobsen e Hofmann, 1997; Lieberman, Doyle e Markiewicz, 1995; Ostoja, McCrone, Lehn, Reed e Sroufe, 1995). Aqueles com apego inseguro – principalmente os que têm apego evitante – além de terem amizades menos positivas e de apoio na adolescência, são mais propensos a se tornarem sexualmente ativos mais cedo e praticar sexo mais arriscado (Carlson, Sroufe e Egeland, 2004; O'Beirne e Moore, 1995; Sroufe, Carlson e Schulman, 1993; Urban, Carlson, Egeland e Sroufe, 1991).

A qualidade do apego na primeira infância também prediz a sociabilidade durante a idade adulta inicial, meia-idade e velhice (van Lange, DeBruin, Otten e Joireman, 1997). Além disso, um estudo constatou uma ligação entre história de apego e disfunção sexual em homens adultos (Kinzl, Mangweth, Traweger e Biebl, 1996). Na verdade, esse estudo constatou que a qualidade de apego na primeira infância era melhor preditor da disfunção sexual na idade adulta do que o era a história de abuso sexual.

Os desenvolvimentistas também constataram que o modelo interno de apego de um adulto afeta seus comportamentos de maternagem (Crittenden, Partridge e Claussen, 1991; Steele, Hodges, Kaniuk, Hillman e Henderson, 2003). Por exemplo, mães cujo próprio apego é seguro são mais responsivas e sensíveis em seu comportamento com seus bebês e crianças pequenas (Hammond, Landry, Swank e Smith, 2000; van IJzendoorn, 1995). A história de apego também influencia as atitudes dos pais. Alguns estudos demonstram que pais com história de apego inseguro são mais propensos a ver seus bebês negativamente (Pesonen, Raikkonnen, Strandberg, Keltikangas-Järvinen e Jarvenpaa, 2004). Esses pais também podem carecer de confiança em sua capacidade de desempenhar efetivamente o papel de pais (Huth-Bocks, Levendosky, Bogat e von Eye, 2004).

Análises das consequências de longo prazo da qualidade de apego sugerem que tanto os psicanalistas quanto os etologistas estão corretos em sua suposição de que a relação de apego se torna o alicerce para as futuras relações sociais. Certamente, ela parece ser fundamental para a relação mais semelhante a ela – a relação que um indivíduo desenvolve com seu próprio filho.

> **OBJETIVO DA APRENDIZAGEM 6.8**
> Em que aspectos os padrões de apego variam entre as culturas?

Pesquisa intercultural sobre apego

Estudos em diversos países (p. ex., Posada et al., 1995) apoiam a asserção de Ainsworth de que alguma forma de "comportamento de base segura" ocorre em toda criança de todas as culturas. Mas existem algumas evidências que sugerem que apegos seguros podem ser mais prováveis em certas culturas do que em outras. As análises mais completas são provenientes de alguns psicólogos holandeses que analisaram os resultados de 32 estudos distintos em oito países diferentes. A Figura 6.1 apresenta a porcentagem de bebês cujo apego é classificado como seguro, evitante e ambivalente em cada país (van IJzendoorn e Kroonenberg, 1988). É importante ter cautela ao interpretar as informações dessa tabela, uma vez que na maioria dos casos existe apenas um ou dois estudos de um dado país, normalmente com amostras muito pequenas. O único estudo da China, por exemplo, incluía apenas 36 bebês. Mesmo assim, os achados são provocativos.

O que mais chama a atenção em relação a esses dados é sua consistência. Em cada um dos oito países, o apego seguro é o padrão mais comum, encontrado em mais da metade de todos os bebês estudados; em seis dos oito países, um padrão evitante é a mais comum das duas formas de apego inseguro. Somente em Israel e no Japão esse padrão é significativamente invertido. Como os desenvolvimentistas podem explicar essas diferenças?

Uma possibilidade é que a situação estranha simplesmente não é uma medida apropriada da segurança de apego em todas as culturas. Por exemplo, uma vez que os bebês japoneses raramente são separados de sua mãe no primeiro ano de vida, ser deixado totalmente sozinho no meio da situação estranha pode ser muito mais estressante para eles e pode resultar em choro mais intenso e inconsolável e daí uma classificação de apego ambivalente. Porém, quando os pesquisadores observam diretamente o comportamento real das crianças na situação estranha, eles encontram poucas diferenças culturais em coisas como busca de proximidade ou evitação da mãe – o que dá aos pesquisadores mais confiança de que a situação estranha está explorando processos semelhantes entre crianças em muitas culturas (Sagi, van IJzendoorn e Koren-Karie, 1991).

Também é possível que o que as pessoas querem dizer com padrão "seguro" ou "evitante" seja diferente em cada cultura, mesmo que os percentuais para as categorias sejam semelhantes (Crittenden, 2000). Pesquisadores alemães, por exemplo, sugeriram que uma classificação inseguro-evitante em sua cultura pode refletir não uma indiferença à mãe, e sim o treinamento explícito para maior independência do bebê (Grossmann, Grossmann, Spangler, Suess e Unzner, 1985). Estudos em Israel mostram que a classificação de apego na situação estranha prediz as habilidades sociais posteriores de um bebê aproximadamente da mesma forma que o faz com bebês norte-americanos, o que sugere que o sistema de classificação é válido em ambas as culturas (Sagi, 1990). O comportamento fisicamente "aderente"

A Criança em Crescimento **181**

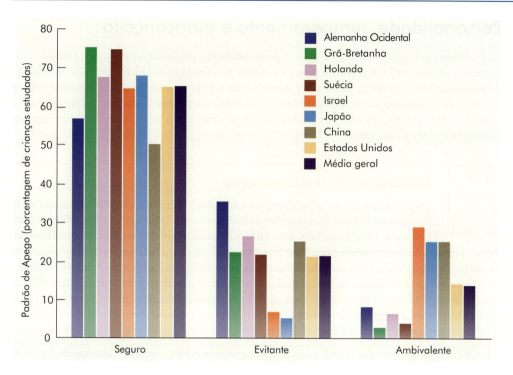

Figura 6.1 Categorias de apego entre as culturas.

Em um estudo clássico, van IJzendoorn e Kroonenberg (1988) constataram que apego seguro era a categoria mais frequente em várias culturas.

(*Fonte:* Baseado na Tabela 1 de van IJzendoorn e Kroonenberg, 1998, p. 150-151.)

entre pré-escolares nos Estados Unidos está relacionado a uma história de apego inseguro e à perturbação emocional. Entretanto, em crianças japonesas, ele está correlacionado tanto com história de apego seguro quanto com boa adaptação na idade pré-escolar (Mizuta, Zahn-Waxler, Cole e Hiruma, 1996).

Em todos os países que van IJzendoorn estudou, os bebês tipicamente têm um cuidador, geralmente a mãe. O que os pesquisadores encontrariam em uma cultura em que o cuidado inicial da criança fosse mais coletivo? Para investigar isso, desenvolvimentistas estudaram um grupo chamado de Efe, povo que vive da caça e coleta nas florestas do Zaire (Tronic, Morelli e Ivey, 1992). Os Efe vivem em acampamentos, em pequenos grupos de talvez 20 indivíduos, cada um deles composto de várias famílias extensas, com frequência irmãos e suas esposas. Os bebês nessas comunidades são cuidados coletivamente nos primeiros meses e anos de vida. Eles são carregados por todas as mulheres adultas e interagem regularmente com vários adultos. Quando têm necessidades, estas são atendidas pelo adulto ou criança mais velha que esteja perto; eles podem até ser amamentados por outras mulheres além da mãe, ainda que normalmente durmam com sua mãe. Os pesquisadores relataram duas coisas de particular interesse sobre o apego inicial nesse grupo. Primeiro, os bebês Efe parecem utilizar virtualmente qualquer adulto ou criança mais velha de seu grupo como base segura, o que sugere que eles podem não ter um apego central individual. Mas, no início do sexto mês de vida, os bebês Efe não obstante insistem em estar mais com a mãe e têm preferência por ela a outras mulheres, ainda que outras mulheres continuem ajudando com as responsabilidades de cuidado do bebê. Portanto, até mesmo em um sistema de criação extremamente coletivizado, algum sinal de apego central é evidente, embora talvez menos dominante.

No momento, a hipótese mais plausível é que os mesmos fatores que envolvem a interação mãe-bebê contribuem para apegos seguro e inseguro em todas as culturas, e que esses padrões refletem modelos internos semelhantes. Contudo, para que os pesquisadores saibam se isso está correto, serão necessárias mais pesquisas em que os resultados de longo prazo para indivíduos nas diversas categorias sejam estudados.

Personalidade, temperamento e autoconceito

personalidade padrão de resposta às pessoas e aos objetos no ambiente.

temperamento predisposições, tais como nível de atividade, que estão presentes no nascimento e formam as bases da personalidade.

Os psicólogos geralmente utilizam a palavra **personalidade** para descrever padrões no modo como crianças e adultos se relacionam com pessoas e objetos no mundo a seu redor. Diferenças individuais de personalidade parecem se desenvolver durante toda a infância e adolescência, baseadas em um conjunto de predisposições comportamentais e emocionais presentes no nascimento (McRae, Costa, Ostendord e Angleitner, 2000). Essas predisposições geralmente são referidas como **temperamento** (Rothbart, Ahadi e Evans, 2000).

> **OBJETIVO DA APRENDIZAGEM 6.9**
> Sobre quais dimensões do temperamento a maioria dos desenvolvimentistas concorda?

Dimensões do temperamento

Os psicólogos que estudam o temperamento dos bebês ainda precisam concordar sobre um conjunto básico de dimensões de temperamento. Uma teoria inicial influente, proposta por Thomas e Chess, dois autores de um dos estudos longitudinais mais conhecidos na ciência do desenvolvimento, o New York Longitudinal Study, listaram nove dimensões: nível de atividade, ritmicidade, proximidade/afastamento, adaptabilidade a uma nova experiência, limiar de responsividade, intensidade de reação, qualidade do humor (positivo ou negativo), distratibilidade e persistência (Thomas e Chess, 1977). Thomas e Chess propuseram ainda que variações nessas nove qualidades tendem a se aglomerar em três tipos que podem ser aplicados a cerca de 75% dos bebês. Os bebês restantes apresentam combinações de dois ou três dos principais tipos de temperamento.

- *Crianças fáceis (40% dos bebês).* Estas crianças encaram novos eventos positivamente, apresentam ciclos de sono e alimentação previsíveis, estão em geral felizes e se adaptam facilmente às mudanças.
- *Crianças difíceis (10% dos bebês).* Padrões que caracterizam as crianças nesta categoria incluem ciclos de sono e alimentação irregulares, negatividade emocional e irritabilidade e resistência à mudança.
- *Crianças de aquecimento lento (15% dos bebês).* Crianças neste grupo apresentam menos reações intensas, sejam positivas ou negativas e parecem não responder a desconhecidos.

Outros pesquisadores analisaram o temperamento mais de uma perspectiva de traços do que de uma perspectiva dimensional. Esses desenvolvimentistas veem o temperamento de uma criança individual em função do quanto ela possui ou não certas características. Por exemplo, um bebê no qual um alto nível de atividade física estivesse combinado com irritabilidade emocional teria um perfil temperamental diferente do de um bebê no qual a alta atividade estivesse combinada com uma natureza mais tranquila.

Em seu clássico trabalho sobre o tema do temperamento, os pesquisadores Arnold Buss e Robert Plomin (1984) sugeriram três dimensões do temperamento: *nível de atividade, sociabilidade* e *emotividade*. Desde então, outros pesquisadores propuseram e investigaram traços adicionais. Embora existam algumas discórdias entre os desenvolvimentistas quanto a que características compõem o temperamento, a pesquisa revelou alguns traços-chave (Thompson e Goodvin, 2005). O *nível de atividade* se refere à tendência de um bebê de se movimentar com frequência e vigorosamente ou se manter passivo ou imóvel. *Aproximação/emotividade positiva* é a tendência de se aproximar e não de se afastar de novas pessoas, coisas ou objetos, geralmente acompanhada de emoção negativa (ver *Ciência do desenvolvimento na sala de aula*). *Inibição* – a tendência de responder com medo ou timidez a novas pessoas, novas situações ou novos objetos – é o reverso da aproximação. *Emotividade positiva* é a tendência de responder a situações frustrantes com raiva, protesto, barulho ou irritação. Por fim, *controle esforçado/persistência na tarefa* é a capacidade de se manter concentrado, de administrar a atenção e o esforço.

> **OBJETIVO DA APRENDIZAGEM 6.10**
> Quais são os papéis da hereditariedade, dos processos neurológicos, do ambiente e do gênero na formação do temperamento?

Origens e estabilidade do temperamento

Uma vez que as diferenças de temperamento aparecem tão precocemente na vida, mesmo durante o período pré-natal (ver Capítulo 3), pode parecer que os genes são inteiramente responsáveis por elas. Contudo, a pesquisa sugere que tanto a natureza quanto a experiência contribuem para as diferenças individuais de temperamento.

CIÊNCIA DO DESENVOLVIMENTO NA SALA DE AULA
Dominância temperamental na sala de aula da educação infantil

Benita trabalha em uma escola de educação infantil e está cuidando das crianças bem pequenas. Ela notou que um dos "baixinhos", um menino de 18 meses chamado Thomas, parece dominar os outros. O menininho é inteligente, alegre e fisicamente ativo, e forma amigos facilmente. Entretanto, sempre que Benita tenta fazer uma brincadeira de dizer o nome das coisas, Thomas responde impulsivamente toda vez que Benita faz a pergunta "O que é isso?", antes que as outras crianças tenham chance de responder. Benita fica pensando se ela deveria fazer um esforço especial para reduzir o comportamento de dominação de Thomas.

Os cientistas do desenvolvimento costumam empregar o modelo de qualidade de ajuste de Chess e Thomas para explicar as interações entre os temperamentos dos bebês e sua capacidade de se adaptarem a diferentes ambientes. Por exemplo, alguns perfis de temperamento predispõem os bebês a se adaptarem facilmente à estrutura de uma escola, ao passo que outros aumentam suas chances de desenvolverem problemas de comportamento (De-Schipper, Tevecchio, van IJzeendoorn e Linting, 2003). De modo geral, os bebês que são classificados como fáceis segundo o sistema de Chess e Thomas se adaptam mais facilmente às creches do que crianças na categoria difíceis. Esses estudos sugerem que o que Benita pode estar vendo no comportamento de Thomas é um conflito entre seu temperamento e as demandas do ambiente em que ele está sendo cuidado.

Pesquisas sugerem que Thomas possui um nível acima da média de uma dimensão de temperamento chamada *surgência* – um aglomerado de traços que inclui sociabilidade, alto nível de atividade, estados emocionais geralmente positivos e impulsividade (Rothbart e Putnam, 2002). Alguns estudos sugerem que a surgência é observável em bebês de apenas 3 meses. Além disso, a surgência é uma faceta altamente estável do temperamento que persiste ao longo da infância e da idade adulta. Entretanto, a impulsividade de crianças surgentes predispõem-nas a desenvolver problemas de comportamento em ambientes estruturados, como as escolas de educação infantil. Apesar de seu estado emocional geralmente positivo, crianças surgentes podem se sentir frustradas quando são impedidas de se comportarem impulsivamente. Em alguns casos, essa frustração as faz agir de maneira agressiva com os colegas. Assim, o desafio de Benita é descobrir um modo de encorajar Thomas a permitir que outras crianças respondam às perguntas que ela faz sem fazer com que ele se sinta frustrado e expresse sua impulsividade de modos menos positivos.

Questões para reflexão

1. Como Benita poderia usar os princípios de condicionamento operante sobre os quais você aprendeu no Capítulo 2 para reduzir o comportamento de Thomas de responder impulsivamente antes das outras crianças?
2. Se você fosse mãe ou pai de Thomas, como você responderia se Benita expressasse a você suas preocupações sobre o comportamento impulsivo dele?

Hereditariedade Estudos de gêmeos em muitos países mostram que gêmeos idênticos têm temperamento mais parecido do que gêmeos fraternos (Rose, 1995). Por exemplo, um grupo de pesquisadores estudou 100 pares de gêmeos idênticos e 100 pares de gêmeos fraternos tanto aos 14 quanto aos 20 meses. Em cada idade, o temperamento das crianças foi classificado por suas mães utilizando as categorias de Buss e Plomin. Além disso, o nível de inibição comportamental de cada criança foi medido observando-se como a criança reagia a brinquedos estranhos e a um adulto estranho em uma sala de recreação laboratorial especial. As crianças se aproximavam de novos brinquedos rápida e ansiosamente ou recuavam ou pareciam temerosas? A criança se aproximava do adulto ou permanecia perto da mãe? As correlações entre os escores de temperamento em todas essas quatro dimensões se mostraram consistentemente mais altas entre gêmeos idênticos do que entre gêmeos fraternos, indicando um forte efeito genético (Emde et al., 1992; Plomin et al., 1993).

A pesquisa que mostra que o temperamento é estável durante a primeira infância e nos anos posteriores da infância corrobora a visão de que o temperamento é fortemente influenciado pela hereditariedade. Existem crescentes evidências da consistência das classificações de temperamento durante períodos bastante extensos da infância. Por exemplo, estudando um grupo de 450 crianças, pesquisadores australianos constataram que as descrições das mães da irritabilidade das crianças, cooperação/gerenciabilidade, inflexibilidade, ritmicidade, persistência e tendência de se aproximar em vez de evitar o contato eram todas muito consistentes da primeira infância aos 8 anos (Pedlow, Sanson, Prior e Oberklaid, 1993). De modo análogo, em um estudo longitudinal americano com um grupo de crianças de 1 a 12 anos, constatou-se forte consistência nos relatos dos pais sobre o "grau de dificuldade" geral das crianças, assim como sua aproximação *versus* inibição, humor positivo *versus* negativo e nível de atividade (Guerin e Gottfried, 1994a, 1994b). Outros estudos sugerem que diferenças temperamentais são estáveis dos anos pré-escolares à idade adulta (Caspi, 2000).

Pesquisadores também constataram considerável consistência em diversas idades na medida de inibição de Jerome Kagan, que se baseia na observação direta do comportamento da criança e não nas classificações da mãe do temperamento da criança. Em um estudo, por exemplo, crianças que tinham sido classificadas como inibidas aos 4 meses eram socialmente menos responsivas a adultos e crianças aos 2 anos do que crianças desinibidas de mesma idade (Young, Fox e Zahn-Waxler, 1999). No estudo longitudinal do próprio Kagan, metade das crianças que haviam demonstrado altos níveis de choro e atividade motora em resposta a uma nova situação quando tinham 4 meses ainda era classificada como altamente inibida na idade de 8 anos, e três quartos das classificadas como desinibidas aos 4 meses permaneceram naquela categoria 8 anos depois (Kagan, Snidman e Arcus, 1993). Estudos subsequentes demonstraram que essas tendências continuavam durante a adolescência e início da idade adulta (Kagan e Herchkowitz, 2005).

Processos neurológicos Muitos teóricos do temperamento levam o argumento da hereditariedade um passo adiante e atribuem as diferenças básicas de comportamento a variações em padrões fisiológicos subjacentes (p. ex., Gunnar, 1994; Rothbart, Derryberry e Posner, 1994). Por exemplo, estudos que investigaram os genes que controlam as funções de dois neurotransmissores importantes, dopamina e serotonina, confirmam a hipótese de Kagan (Lakatos et al., 2003). Esses neurotransmissores regulam as respostas do cérebro a novas informações e situações incomuns, precisamente os tipos de estímulos que pareceram superestimular as crianças tímidas na pesquisa de Kagan.

Outra variável neurológica importante que se constatou associada à timidez é a *assimetria do lobo frontal* (Kagan e Herchkowitz, 2005). Na maioria das pessoas, os hemisférios esquerdo e direito dos lobos frontais respondem de modo semelhante a novos estímulos; em outras palavras, eles apresentam simetria. Em bebês tímidos, entretanto, os dois hemisférios respondem de modo diferente – ou seja, assimetricamente – a esses estímulos. Especificamente, essas crianças exibem níveis mais altos de excitação no hemisfério direito do que no esquerdo (Fox, Henderson, Rubin, Calkins e Schmidt, 2001; Henderson, Marshall, Fox e Rubin, 2004). Essas descobertas tornam tentador concluir que as diferenças de temperamento se baseiam em processos neurológicos. Contudo, a pesquisa sugere que é difícil dizer se as diferenças neurológicas são a causa ou um efeito do temperamento. Constatou-se que bebês tímidos cujos temperamentos mudam durante os quatro primeiros anos – ou seja, aqueles que se tornam mais sociáveis – também se tornam menos propensos a apresentar o padrão assimétrico de excitação (Fox et al., 2001).

escolha do nicho processo de selecionar experiências com base no temperamento.

Ambiente Críticos de estudos neurológicos assinalam que é impossível saber se esses achados são causas ou efeitos (Johnson, 2003). Eles argumentam que o comportamento molda o cérebro. Assim, crianças tímidas podem apresentar padrões neurológicos diferentes dos de crianças desinibidas porque sua exibição de comportamento tímido contribui para as redes neurais que processos desenvolvimentistas no cérebro, tais como a poda, permitem desenvolver e para aqueles que são eliminados devido à falta de uso.

Compatível com as afirmações desses críticos, constatou-se que diversas interações temperamento-ambiente tendem a fortalecer qualidades inatas. Em primeiro lugar, pessoas de todas as idades escolhem suas experiências, processo que Sandra Scarr se refere como **escolha do nicho** (Scarr e McCartney, 1983). Nossas escolhas refletem nossos temperamentos. Por exemplo, crianças altamente sociáveis buscam contato com outras; crianças deficientes na dimensão de atividade são mais propensas a escolher atividades sedentárias, tais como montar quebra-cabeças ou jogar jogos de tabuleiro, em vez de beisebol.

Os pais também podem aumentar ou diminuir os efeitos das tendências temperamentais inatas dos bebês. Em um estudo longitudinal, pesquisadores filmaram sessões em que pais chineses interagiam com crianças de 4 anos (Hou, Chen e Chen, 2005). Quando as crianças ti-

Crianças com apego seguro podem facilmente lidar com os estresses associados a estar em um grande grupo de pessoas desconhecidas, contanto que se mantenham fisicamente próximas de seus pais.

nham 7 anos, constatou-se que o comportamento dos pais aos 4 anos predizia inibição no comportamento (timidez) aos 7. Especificamente, quanto mais controladores eram os pais durante as sessões de brincadeira, maior a probabilidade de que seus filhos fossem considerados mais inibidos em seu comportamento aos 7 anos do que tinham sido aos 4. Esses achados sugerem que, talvez contrariamente ao que você poderia esperar, pais que aceitam o temperamento de uma criança inibida podem contribuir mais para a capacidade dela de posteriormente superar a timidez do que pais que tentam forçar a criança a ser mais sociável. Alguns especialistas sugerem que as influências dos pais podem ser maiores para crianças que ocupam os extremos de um dado *continuum* de temperamento. Ou seja, crianças que são extremamente inibidas podem ser mais sujeitas a influência dos pais do que aquelas que têm um grau mais moderado de inibição (Buss e Plomin, 1984).

Os desenvolvimentistas propõem que é a **qualidade de ajuste** entre o temperamento do bebê e seu ambiente que influencia como as características temperamentais inatas se manifestam posteriormente na vida (Thomas e Chess, 1977). Por exemplo, se os pais de um bebê irritável são bons na tolerância à irritabilidade dele e persistem em estabelecer um relacionamento sincrônico com ele, essa irritabilidade não leva ao desenvolvimento de um apego inseguro. O gênero de um bebê também pode influenciar como o ambiente responde a seu temperamento, como discutido na próxima seção.

Diferenças de gênero Em alguns estudos, foram constatadas claras diferenças de gênero em certas dimensões do temperamento. Você já aprendeu que meninos e meninas diferem no nível de atividade física, e que essa diferença é discernível mesmo antes de eles nascerem (ver Capítulo 3). Também foi constatado que os meninos são emocionalmente mais intensos e menos temerosos do que as meninas, e que as meninas geralmente são mais sociáveis (Calkins, Dedmon, Gill, Lomax e Johnson, 2002; Gartstein e Rothbart, 2003).

Entretanto, diferenças temperamentais entre meninos e meninas são muito menores do que as diferenças percebidas pelos pais e outros adultos. Em um estudo clássico, constatou-se que adultos que assistiam a um videoteipe de um bebê interpretavam o comportamento dele de maneira diferente dependendo do rótulo de gênero fornecido pelos pesquisadores. Os participantes que eram informados de que o bebê era uma menina interpretavam que um determinado comportamento expressava "medo". Surpreendentemente, os participantes que acreditavam que o bebê era um menino rotulavam o mesmo comportamento de "raiva" (Condry e Condry, 1976). Pesquisas mais recentes utilizando essa técnica sugerem que atualmente os adultos são menos propensos a estereotipar o comportamento dos bebês dessa forma, ainda que, como seus equivalentes na década de 1970, eles atentem e comentem mais sobre a atividade motora quando acreditam que o bebê em observação é um menino (Pomerleau, Malcuit, Turgeon e Cossette, 1997).

A estereotipia temperamental também pode afetar a qualidade da relação genitor-bebê e, por sua vez, modificar o temperamento inato de uma criança. Por exemplo, pais de uma menina calma e serena podem responder positivamente a ela por verem o comportamento dela como compatível com seu conceito de "feminilidade". Em contraste, pais de uma menina fisicamente ativa podem desenvolver uma atitude de rejeição e desaprovação em relação a ela por verem o comportamento dela como excessivamente masculino. Desse modo, os pais podem inadvertidamente encorajar meninas e meninos a manifestar características temperamentais que são compatíveis com as expectativas culturais e suprimir as que não são.

qualidade de ajuste grau em que o temperamento de um bebê é adaptável a seu ambiente e vice-versa.

Autoconceito

> **OBJETIVO DA APRENDIZAGEM 6.11**
> Como o *self* subjetivo, o *self* objetivo e o *self* emocional se desenvolvem durante os primeiros dois anos?

Durante os mesmos meses em que o bebê está criando um modelo interno de apego e expressando seu temperamento único, ele também está desenvolvendo um modelo interno de si mesmo. Freud sugeriu que o bebê precisa desenvolver um senso de separação da mãe antes de ser capaz de formar um senso de si mesmo. Piaget enfatizou que a compreensão do bebê do conceito básico de permanência do objeto é uma precursor necessário para que a criança atinja a permanência do *self*. Esses dois aspectos do desenvolvimento precoce do *self* reaparecem em descrições mais recentes do surgimento do senso de identidade própria (Lewis, 1990, 1991).

Estudos que investigaram a capacidade dos bebês de reconhecer a si mesmos sugerem que a autoconsciência se desenvolve na metade do segundo ano de vida.

O *self* subjetivo A primeira tarefa da criança é compreender que ela é separada dos outros e que esse ser separado perdura ao longo do tempo e do espaço. Os desenvolvimentistas chamam esse aspecto do autoconceito de ***self* subjetivo**, ou às vezes, ***self* existencial**, porque a consciência-chave parece ser "eu existo". As raízes dessa compreensão residem na miríade de interações cotidianas que o bebê tem com os objetos e com as pessoas em sua vida que o levam a compreender, durante os primeiros 2 a 3 meses de vida, que ele pode atuar sobre as coisas (Lewis, 1991). Por exemplo, quando a criança toca um móbile, ele se mexe; quando ele chora, alguém responde; quando ele sorri, a mãe sorri de volta. Através desse processo, o bebê separa a si mesmo de tudo o mais e começa a surgir um senso de "eu".

Na época em que o bebê já construiu uma compreensão razoavelmente completa da permanência do objeto, em torno dos 8 a 12 meses, o *self* subjetivo já emergiu plenamente. Assim como ele entende que a mamãe e o papai continuam existindo quando não estão à vista, ele está entendendo – ao menos de alguma forma preliminar – que ele existe separadamente e tem alguma permanência.

O *self* objetivo A segunda grande tarefa da criança é passar a compreender que ela também é um objeto no mundo (Lewis, 1991). Assim como uma bola tem propriedades – ser redonda, ser capaz de rolar, uma certa sensação na mão –, também o *self* tem qualidades ou propriedades, tais como gênero, tamanho, um nome, timidez ou ousadia, coordenação ou atrapalhação. É essa autoconsciência que é a marca distintiva do segundo aspecto da identidade, o ***self* objetivo**, às vezes chamado de ***self* categórico**, pois uma vez alcançada a autoconsciência, o processo de definir o *self* envolve colocar a si mesmo em toda uma série de categorias.

Não tem sido fácil determinar quando uma criança já desenvolveu a autoconsciência inicial que delineia a formação do *self* objetivo. O procedimento mais comumente utilizado envolve um espelho. Primeiro, o bebê é colocado em frente a um espelho, apenas para ver como ele se comporta. A maioria dos bebês entre 9 e 12 meses irá olhar sua própria imagem, fazer caras ou tentar interagir com o bebê no espelho de alguma forma. Depois de permitir essa livre exploração por algum tempo, o experimentador, enquanto finge limpar o rosto do bebê com um pano, põe uma mancha de ruge no nariz do bebê e então deixa que ele se olhe no espelho novamente. O teste crucial de autorreconhecimento, e consequentemente da consciência de si mesmo, é verificar se o bebê tenta tocar a mancha em seu próprio nariz e não no nariz do rosto no espelho.

Os resultados de um clássico estudo utilizando esse procedimento são apresentados na Figura 6.2. Como podemos ver, poucas das crianças de 9 a 12 meses nesse estudo tocaram seu próprio nariz, mas três quartos das crianças de 21 meses mostraram aquele nível de autorreconhecimento, um resultado confirmado em diversos outros estudos, incluindo um estudo na Europa (Asendorpf, Warkentin e Baudonnière, 1996; Lewis e Brooks, 1978). A Figura 6.2 também mostra a taxa na qual as crianças se referem a si mesmas pelo nome quando veem uma fotografia de si mesmas, que é outra forma comum de medir a autoconsciência. Podemos ver que esse desenvolvimento ocorre quase exatamente na mesma época que o autorreconhecimento em um espelho. Ambos estão presentes em torno da metade do segundo ano de vida, descoberta confirmada por outros investigadores (Bullock e Lütkenhaus, 1990). Nesse ponto, as crianças começam a demonstrar uma nova atitude de posse ("Meu!") em relação a brinquedos ou outros objetos valorizados.

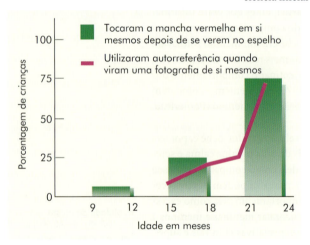

Figura 6.2 O teste do Ruge.

O reconhecimento no espelho e a autonomeação se desenvolvem quase exatamente na mesma época.

(*Fonte:* De M. Lewis e J. Brooks, *The Development of Affect*, 1978, p. 214-215. Com a gentil permissão de Springer Science and Business Media.)

***self* subjetivo (existencial)**
consciência do bebê de que ele é uma pessoa separada que perdura no tempo e no espaço e pode atuar sobre o ambiente.

***self* objetivo (categórico)**
compreensão da criança de que ela é definida por diversas categorias, como gênero, ou qualidades, como timidez.

À medida que a autoconsciência se desenvolve, os bebês começam a se referir a si mesmos pelo nome e, perto do terceiro aniversário, a se rotularem como meninos ou meninas. Além disso, os bebês reconhecem que eles pertencem à categoria "criança". Eles também utilizam termos categóricos tais como "bom" e "grande" para descreverem a si mesmos. Por exemplo, uma menina poderia dizer "boa menina" quando obedece à mãe ou "menina grande" quando é bem-sucedida em uma tarefa, como usar o banheiro (Stipek, Gralinski e Kopp, 1990).

O *self* emocional O desenvolvimento do *self* emocional começa quando os bebês aprendem a identificar mudanças na emoção expressa nos rostos dos outros, aos 2 ou 3 meses. Inicialmente eles discriminam melhor as emoções quando recebem informações em muitos canais simultaneamente – como, por exemplo, quando veem uma determinada expressão facial e ouvem a mesma emoção expressa na voz do adulto (Walker-Andrews, 1997). Além disso, nessas primeiras semanas, os bebês são muito mais capazes de discernir as expressões emocionais de um rosto familiar do que as de um rosto desconhecido (Kahana-Kalman e Walker-Andrews, 2001). Dos 5 aos 7 meses, os bebês começam a "ler" um canal de cada vez, respondendo à expressão facial sozinha ou à expressão vocal sozinha, mesmo quando as emoções são exibidas por um estranho e não pela mamãe ou papai (Balaban, 1995). Eles também respondem a uma variedade muito mais ampla de emoções do que crianças mais novas e são capazes de fazer distinção entre expressões faciais de alegria, surpresa, raiva, medo, interesse e tristeza (Soken e Pick, 1999; Walker-Andrews e Lennon, 1991).

Perto do fim do primeiro ano, as percepções que o bebê tem das emoções dos outros ajudam-no a prever as ações deles e a guiar seu próprio comportamento (Phillips, Wellman e Spelke, 2002). Por exemplo, eles reagem à expressão facial neutra de outro bebê tentando provocar uma expressão facial naquela criança (Striano e Rochat, 1999). Assim como os adultos muitas vezes se esforçam para fazer um bebê lhes sorrir, os bebês parecem estar seguindo o mesmo tipo de roteiro dos 8 aos 10 meses.

A reação emocional deste bebê seria melhor descrita como de alegria ou deleite e não de orgulho, pois seu senso de identidade ainda não é suficientemente desenvolvido para que ele possa sentir orgulho por estar aprendendo a caminhar.

À medida que a compreensão do bebê das emoções dos outros avança, ela é acompanhada por uma progressão paralela na expressão das emoções. Ao nascer, os bebês têm expressões faciais diferentes para interesse, dor e repulsa, e uma expressão que demonstra prazer se desenvolve rapidamente. Quando o bebê tem de 2 a 3 meses, observadores adultos também podem distinguir expressões de raiva e tristeza, com expressões de medo aparecendo aos 6 ou 7 meses (Izard et al., 1995; Izard e Harris, 1995). Aproximadamente na mesma época, os bebês começam a sorrir mais em resposta a rostos humanos do que ao rosto de uma boneca ou outro objeto inanimado, sugerindo que nesse estágio precoce o bebê já está respondendo aos sinais sociais disponíveis no rosto humano (Ellsworth, Muir e Hains, 1993; Legerstee, Pomerleau, Malcuit e Feider, 1987).

Durante os meses seguintes, as expressões emocionais do bebê, e os comportamentos delas oriundos, tornam-se mais sofisticados. Por exemplo, como você aprendeu anteriormente neste capítulo, os bebês que estabeleceram um apego com um cuidador (tipicamente nos últimos meses do primeiro ano) utilizam as emoções do cuidador para orientar seus próprios sentimentos. Além disso, nessa idade, os bebês aprenderam a se acalmar quando seus cuidadores se comportam da forma esperada (Cole et al., 2004). Por exemplo, um bebê que está frustrado pela fome se acalma quando vê seu cuidador se preparando para amamentá-lo ou dar-lhe algum outro tipo de alimento. Por fim, perto da metade do segundo ano, mais ou menos na mesma época em que uma criança demonstra autorreconhecimento no espelho, surgem expressões emocionais autoconscientes como embaraço, orgulho e vergonha (Lewis, Allesandri e Sullivan, 1992; Lewis, Sullivan, Stanger e Weiss, 1989; Mascolo e Fischer, 1995).

***self* emocional** identificação que uma criança faz das emoções expressas nos rostos dos outros e a capacidade de regular as emoções.

Efeitos do cuidado alternativo

Desde o final da década de 1970, as mulheres em praticamente todos os países industrializados do mundo vêm ingressando na força de trabalho em grande número. Nos Estados Unidos, a mudança tem sido particularmente rápida e generalizada: em 1970, apenas 18% das mulheres norte-americanas com filhos com menos de 6 anos estavam na força de trabalho; no início do século XXI, 61% dessas mulheres (e mais da metade das mulheres com filhos de menos de 1 ano) trabalhavam fora de casa ao menos em meio turno (NICHD Early Child Care Research Network, 2003). Quanto mais jovens as crianças, menor a probabilidade de receberem cuidados alternativos. Contudo, mesmo entre bebês norte-americanos com menos de 2 anos, a metade é cuidada por outra pessoa que não um dos pais ao menos por meio turno (FIFCFS, 2005). Entre crianças de 3 a 4 anos, cerca de três quartos recebem cuidados alternativos. A questão-chave para os psicólogos é: Que efeito o cuidado alternativo tem sobre bebês e crianças pequenas?

OBJETIVO DA APRENDIZAGEM 6.12
Por que é difícil estudar os efeitos do cuidado alternativo sobre o desenvolvimento?

Dificuldades no estudo do cuidado alternativo

Seria possível pensar que o efeito dessa tendência de cuidado alternativo sobre o desenvolvimento do bebê poderia ser facilmente determinado comparando-se bebês que são cuidados por outras pessoas com bebês que são cuidados por seus pais. Entretanto, tanto "cuidados alternativos" como "cuidados parentais" constituem interações complexas entre numerosas variáveis e não fatores simples cujos efeitos podem ser estudados de maneira independente. Assim, a interpretação da pesquisa sobre cuidado alternativo precisa levar em conta diversas questões.

Em primeiro lugar, em muitos estudos, uma imensa gama de diferentes sistemas de cuidado infantil são agregados sob o título geral de "cuidado alternativo" (ver Figura 6.3). Bebês que são cuidados pelos avós em seus próprios lares, assim como os que frequentam creches, recebem cuidado alternativo. Além disso, os bebês entram nesses esquemas em idades diferentes, e permanecem neles por períodos de tempo variáveis. Alguns têm o mesmo cuidador alternativo por muitos anos, outros mudam de um ambiente de cuidado para outro. Além disso, os cuidados não parentais variam amplamente de qualidade. Contudo, os sistemas de cuidado infantil parecem estar se tornando um pouco mais homogêneos nos Estados Unidos. Caso essa tendência continue, pode se tornar mais fácil estudar os efeitos do cuidado alternativo.

De acordo com levantamentos recentes, o padrão mais comum é o de uma criança ser cuidada por um membro da família no lar da criança ou desse familiar (FIFCFS, 2005). Outro terço, aproximadamente, das crianças que não são cuidadas pelos pais recebe serviços de "creche domiciliar". Nesse tipo de assistência, uma pessoa cuida dos filhos de outras pessoas em sua casa. Contudo, a maioria das crianças de 3 a 6 anos que é cuidada por parentes ou em creches domiciliares também frequenta, ao menos em meio turno, algum outro tipo de escola de educação infantil ou pré-escola. Assim, outro

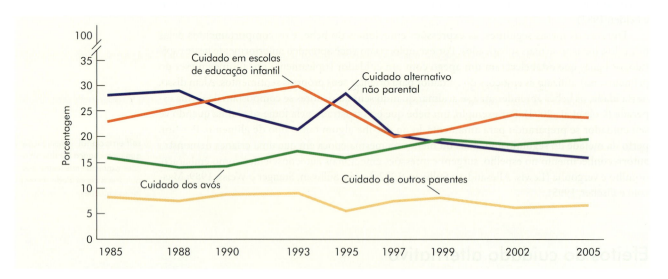

Figura 6.3 Formas de cuidado infantil alternativo para crianças de menos de 4 anos nos Estados Unidos.

Crianças com menos de 4 anos cujas mães trabalham fora são cuidadas em diversos tipos de ambiente alternativos nos Estados Unidos.

(*Fonte:* Federal Interagency Forum on Child and Family Statistics, 2007.)

problema com o estudo dos efeitos do cuidado alternativo é que muitas crianças recebem cuidados em múltiplos ambientes.

Para complicar ainda mais o assunto, as famílias que utilizam cuidado alternativo diferem em numerosos aspectos daquelas que cuidam dos seus filhos basicamente em casa. Como os pesquisadores poderiam ter certeza de que os efeitos atribuídos ao cuidado alternativo não são em vez disso resultado dessas outras diferenças familiares? As mães também diferem em suas atitudes sobre os esquemas de cuidado que escolheram. Algumas mães com filhos cuidados por terceiros prefeririam estar em casa cuidando de seus filhos, enquanto outras se sentem felizes por estarem trabalhando. De modo análogo, algumas mães que permanecem em casa em tempo integral prefeririam estar trabalhando, ao passo que outras se regozijam por estarem em casa. Os estudos sobre os efeitos do cuidado alternativo raramente oferecem qualquer informação sobre o nível de satisfação da mãe com sua situação.

A maioria dos estudos sobre cuidado não parental *versus* parental não levou em conta essas complexidades. Os pesquisadores frequentemente compararam crianças "cuidadas por terceiros" com crianças "criadas em casa" e presumiram que quaisquer diferenças entre os dois grupos eram atribuíveis à experiência do cuidado alternativo. Alguns estudos recentes são melhores, mas respostas claras, mesmo às perguntas mais básicas, sobre o impacto do cuidado alternativo no desenvolvimento das crianças, ainda não estão disponíveis. Não obstante, uma vez que a questão é tão decisiva, você precisa estar consciente do que se sabe e do que não se sabe.

A maioria dos bebês nos Estados Unidos hoje recebe ao menos um pouco de cuidado alternativo.

Efeitos sobre o desenvolvimento cognitivo

> **OBJETIVO DA APRENDIZAGEM 6.13**
> Quais poderiam ser os efeitos do cuidado alterantivo sobre o desenvolvimento cognitivo?

Existem muitas evidências de que o cuidado infantil alternativo de alta qualidade tem efeitos benéficos sobre o desenvolvimento cognitivo geral de muitas crianças (NICHD Early Child Care Research Network, 2006). Esse efeito é particularmente forte entre crianças de famílias pobres, que apresentam ganhos significativos e duradouros no Q.I. e no posterior desempenho escolar depois de receberem cuidado alternativo infantil enriquecido durante a primeira e segunda infância (Campbell e Ramey, 1994; Loeb, Fuller, Kagan e Carrol, 2003; Love et al., 2003; Ramey, 1993). Mesmo crianças de classe média mostram algum benefício cognitivo quando estão sob cuidado alternativo de alta qualidade (Peisner-Feinberg, 1995).

Contudo, o quadro não é inteiramente favorável. Alguns estudos nos Estados Unidos indicam possíveis efeitos negativos da experiência de cuidado alternativo infantil sobre o desenvolvimento cognitivo em algumas crianças, especialmente crianças de classe média. Por exemplo, em um amplo estudo com mais de 1.000 pré-escolares, constatou-se que crianças brancas – mas não crianças afro-americanas – que haviam entrado nas creches domiciliares no primeiro ano de vida tinham escores de vocabulário mais baixos do que as que haviam entrado depois da idade de 1 ano (Baydar e Brooks-Gunn, 1991). Inversamente, em um amplo estudo com crianças de 5 e 6 anos, constatou-se que as crianças de famílias pobres que ingressaram nas creches domiciliares antes da idade de 1 ano tinham escores de leitura e matemática mais altos ao entrarem na escola do que crianças de famílias de classe média que ingressaram na creche domiciliar no primeiro ano de vida (Caughy, DiPietro e Strobino, 1994).

Como essas descobertas conflitantes podem ser conciliadas? Uma possibilidade muito natural é que a questão essencial é a discrepância entre o nível de estimulação que a criança receberia em casa e a qualidade do cuidado alternativo. Quando um determinado ambiente alternativo de cuidado infantil oferece a uma determinada criança mais possibilidades do que a criança receberia em casa, o comparecimento à creche domiciliar tem alguns efeitos cognitivos benéficos; quando o cuidado alternativo infantil é menos estimulante do que o cuidado que aquela criança receberia em tempo integral em casa, a creche domiciliar tem efeitos negativos. Entretanto, ainda não existem estudos amplos e bem planejados que permitam ter certeza de que esse é o modo correto de conceitualizar o processo. Consequentemente, o máximo que se pode dizer sobre os efeitos do cuidado alternativo sobre o desenvolvimento cognitivo é que ele parece ser benéfico para crianças de lares empobrecidos, mas as descobertas de pesquisa são mistas em relação a crianças de classe média.

> **OBJETIVO DA APRENDIZAGEM 6.14**
> O que a pesquisa sugere sobre os riscos do cuidado alternativo com respeito ao desenvolvimento social?

Efeitos sobre o desenvolvimento social

Como você aprendeu, a formação de uma relação de apego parece ser central no desenvolvimento social durante a primeira infância e nos anos posteriores. Assim, uma das perguntas mais importantes sobre o cuidado alternativo concerne aos seus possíveis efeitos sobre o processo de apego. Até meados dos anos de 1980, a maioria dos psicólogos acreditava que o cuidado alternativo de bebês não tinha efeitos negativos sobre o apego. Entretanto, o psicólogo do desenvolvimento Jay Belsky, em uma série de artigos e em testemunho perante um comitê do congresso nacional, fez um alerta (Belsky, 1985, 1992; Belsky e Rovine, 1988). Combinando dados de diversos estudos, concluiu que havia um maior risco de apego inseguro para bebês que ingressavam em creches domiciliares antes de completarem 1 ano.

Desde aquela época, diversos outros pesquisadores analisaram os resultados combinados de muitos estudos e confirmaram a conclusão de Belsky. Por exemplo, um resumo das descobertas de 13 estudos diferentes envolvendo 897 bebês revelou que 35% dos bebês que tinham experimentado ao menos cinco horas por semana de cuidado alternativo tinham apego inseguro, comparado com 29% dos bebês sob cuidados exclusivos da mãe (Lamb, Sternberg e Prodromidis, 1992).

Outro estudo, envolvendo mais de 1.000 bebês, demonstrou que os bebês cujos pais apresentam comportamentos associados a apego inseguro, tais como pouca sensibilidade às necessidades da criança, são mais propensos a serem negativamente afetados pelo cuidado alternativo. Quando todos os bebês foram considerados juntos, os pesquisadores não encontraram diferenças na qualidade de apego entre os que estavam sob o cuidado dos pais em casa e os que não estavam, independentemente da idade em que começaram a receber assistência externa ou de quantas horas por semana eram cuidados por terceiros (NICHD Early Child Care Research Network, 1998). Entretanto, quando apenas os bebês cujos pais apresentavam comportamentos associados a apego inseguro eram considerados, constatou-se que as crianças que eram criadas em casa eram mais propensas a terem apego seguro pelos cuidadores do que as crianças cuidadas em creches domiciliares.

Como o cuidado alternativo afeta outras relações sociais? Belsky alega que, quando as crianças chegam à idade escolar, aquelas que começaram a receber cuidado alternativo durante os primeiros meses e passaram mais de 20 horas por semana nessa condição durante a segunda infância estão em maior risco para problemas sociais do que crianças que passaram menos tempo sob os cuidados de terceiros (Belsky, 2001, 2002). Diversos estudos confirmam a visão de Belsky (Kim, 1997; NICHD, 2006). Na verdade, alguns estudos indicam que a hipótese de Belsky pode ter sido demasiado otimista com relação à quantidade do cuidado alternativo que pode ser prejudicial. Um estudo demonstrou que crianças na educação infantil que passaram apenas 10 horas por semana sob cuidado alternativo durante a primeira e segunda infâncias eram mais propensas a demonstrar agressividade para com os colegas e desobediência aos professores do que crianças que eram criadas somente em casa (NICHD Early Child Care Research Network, 2003). Entretanto, outros estudos sugerem que os efeitos negativos do cuidado alternativo não são mais evidentes em crianças depois dos 7 anos (Van Beijsterveldt, Hudziak e Boomsma, 2005).

> **OBJETIVO DA APRENDIZAGEM 6.15**
> Quais variáveis devem ser levadas em consideração nas interpretações da pesquisa sobre cuidado alternativo?

Interpretando as pesquisas sobre cuidado alternativo

O que é que o cuidado alternativo tem que predispõe os bebês a se tornarem crianças agressivas e desobedientes? Estudos das respostas psicológicas dos bebês ao cuidado alternativo podem conter uma pista. Constatou-se que os níveis do cortisol, o hormônio do estresse, aumentam da manhã para a tarde em bebês matriculados em centros de cuidado infantil (Vermeer e van IJzendoorn, 2006; Watamura, Donzella, Alwin e Gunnar, 2003). Em contraste, os níveis de cortisol diminuem no decorrer do dia em bebês criados em casa. É interessante que os níveis de cortisol de crianças criadas em creches e de crianças criadas em casa são idênticos nos fins de semana e feriados. Assim, alguns desenvolvimentistas alegam que os altos níveis de cortisol experimentados pelos bebês nas creches domiciliares afetam seus cérebros em rápido desenvolvimento de modo que acarretam comportamentos problemáticos. Contudo, ainda não existem evidências diretas que confirmem essa hipótese.

Alguns desenvolvimentistas alegam que os cuidados alternativos provavelmente variam quanto ao grau em que induzem estresse em bebês e crianças pequenas. Em outras palavras, eles dizem, a qualidade do cuidado pode ser tão importante quanto a quantidade (Maccoby e Lewis, 2003). Por exemplo, alguns pesquisadores constataram que, quando os bebês são cuidados em creches de alta qualidade, a quantidade de tempo que passam sob esse tipo de cuidado não tem relação com o comportamento social (Love et al., 2003). Assim, os desenvolvimentistas aconselham os pais, especialmente os que precisam deixar os filhos sob os cuidados de terceiros por longos períodos de tempo, a fazerem todos os esforços para garantir que o esquema que escolherem tenha as características discutidas no quadro *Ciência do desenvolvimento em casa*, ao fim desta página.

Outro ponto que não pode ser esquecido é que diferenças individuais e de gênero interagem com a qualidade e/ou quantidade de cuidado alternativo. Por exemplo, bebês de comportamento inibido (de acordo com a terminologia de Kagan) podem ser mais sensíveis ao estresse associado às creches (Watamura et al., 2003). Além disso, os meninos em creches são mais propensos a desenvolver apego inseguro a seus cuidadores do que as meninas em condições de assistência semelhantes (Crockenberg, 2003). Por esses motivos, é preciso realizar mais pesquisas que levem em consideração tanto o temperamento quanto o gênero para podermos dizer com certeza que cuidado alternativo tem efeitos negativos no desenvolvimento social das crianças (Crockenberg, 2003).

Finalmente, é importante compreender que, em média, as diferenças entre crianças sob cuidados alternativos e seus pares criados em casa, tanto positivas quanto negativas, são muito pequenas (NICHD, 2006). Além disso, estudos que se propuseram a examinar todas as complexas variáveis associadas ao cuidado parental e não parental, tais como o nível de instrução dos pais, demonstram que as variáveis das famílias são mais importantes do que o tipo de assistência infantil que uma criança recebe (NICHD Early Child Care Research Network, 2003).

A psicóloga do desenvolvimento Sandra Scarr, líder em pesquisas sobre o cuidado infantil, sugeriu que o tipo de cuidado infantil que os pais escolhem é uma extensão de suas próprias características e modos de criar os filhos (Scarr, 1997). Por exemplo, pais com baixo nível de instrução podem escolher sistemas de assistência que não enfatizam o aprendizado do bebê. De modo semelhante, pais que se concentram no desenvolvimento intelectual podem não dar muita prioridade aos aspectos emocionais de um determinado ambiente de cuidado. Assim, afirma Scarr, os efeitos do cuidado infantil tendem a ser efeitos de criação disfarçados.

CIÊNCIA DO DESENVOLVIMENTO EM CASA

Escolhendo uma escola de educação infantil

Rey é um pai solteiro que precisa encontrar alguém que tome conta de seu filho de 14 meses enquanto ele está no trabalho. Até hoje, a mãe de Rey tem cuidado do menino, mas agora ela decidiu voltar a trabalhar. Rey ouviu falar sobre estudos que apontam que creches de alta qualidade podem favorecer o desenvolvimento das crianças, mas ele não tem certeza sobre o que se quer dizer com "alta qualidade". Eis alguns indicadores que Rey poderia utilizar para encontrar uma creche de alta qualidade (Clarke-Stewart, 1992; Howes, Phillips e Whitebook, 1992; Scarr e Eisenberg, 1993).

- **Uma baixa proporção de crianças por cuidador.** Para crianças com menos de 2 anos, a proporção não deve ser maior do que de 4 crianças por cuidador; para crianças de 3 anos, proporções entre 4 para um até 10 para um parecem ser aceitáveis.

- **Grupos pequenos.** Quanto menor o número de crianças cuidadas junto – seja em um cômodo da creche ou de casa – melhor para a criança. Para bebês, um máximo de 6 a 8 por grupo parece melhor; para crianças de 1 a 2 anos, entre 6 e 12 por grupo; para crianças mais velhas, grupos de 15 ou 20 parecem ser aceitáveis.

- **Um ambiente limpo e colorido, adaptado ao jogo infantil.** Não é essencial que existam muitos brinquedos caros, mas a creche deve oferecer diversas atividades que despertem o interesse das crianças, organizadas de modo que as estimulem a brincar.

- **Um programa diário.** O programa diário deve incluir certa estruturação, um pouco de ensino específico e algumas atividades supervisionadas. Contudo, um excesso de arregimentação não é o ideal.

- **Cuidadores carinhosos.** Os funcionários da creche devem ser positivos, envolvidos e responsivos às crianças, não meramente tutelares.

- **Cuidadores qualificados.** O treinamento dos cuidadores em desenvolvimento infantil e desenvolvimento de atividades didáticas para bebês favorece a provisão de ambientes que satisfaçam os critérios de boa qualidade.

Questões para reflexão

1. O que você acha que Rey deveria fazer para facilitar a transição de seu filho de casa para a creche?
2. Um dos critérios é "cuidadores carinhosos". Que tipo de comportamentos dos cuidadores poderiam ser indicativos desse critério?

Preparação para Testes

Teorias do desenvolvimento social e da personalidade

6.1 Em que diferem as concepções de Freud e de Erikson do desenvolvimento da personalidade no primeiro ano de vida? (p. 172)

Freud sugeriu que diferenças individuais de personalidade tinham origem nas práticas de amamentação e desmame utilizadas pelas mães dos bebês. Erikson enfatizou os papéis tanto das mães quanto dos pais, assim como dos outros adultos no ambiente do bebê, de atender todas as necessidades de um bebê, desse modo instilando um senso de confiança (ou de cinismo) em relação ao mundo social.

1. Classifique cada uma das seguintes afirmativas como compatível com a visão de (A) Freud ou de (B) Erikson do desenvolvimento infantil.

    _____ (1) Se as necessidades do bebê são frustradas ou supergratificadas, ele vai desenvolver uma fixação.
    _____ (2) Os bebês satisfazem seu desejo de prazer com suas bocas.
    _____ (3) Os macacos bebês de Harlow preferiram mães de tecido àquelas que as alimentavam.
    _____ (4) O bebê e a mãe têm uma relação simbiótica na qual os dois se comportam como um único ser.

6.2 Quais são as principais ideias da teoria do apego? (p. 172-173)

Os etologistas supõem que o apego é a base do posterior desenvolvimento social e da personalidade. Eles sugerem adicionalmente que os dois primeiros anos da vida são um período sensível, ou crítico, para o desenvolvimento do apego.

2. Explique por que cada uma das seguintes afirmativas sobre a perspectiva etológica é falsa.

    (A) A perspectiva etológica propõe que o desejo dos bebês de formar vínculos emocionais com os cuidadores é aprendido por meio de imitação.

    _____
    _____

    (B) Segundo a perspectiva etológica, um bebê que não consegue formar um laço emocional com um cuidador pode desenvolver um relacionamento com um indivíduo de mesma idade que cumprirá o mesmo propósito de desenvolvimento.

    _____
    _____

    (C) Os etologistas acreditam que os primeiros vínculos têm pouco impacto nos relacionamentos na idade adulta.

    _____
    _____

Apego

6.3 Como a sincronia afeta as relações genitor-bebê? (p. 173-174)

Para que os genitores formem um forte laço de apego com um bebê, o que é mais crucial é o desenvolvimento de sincronia, um conjunto de comportamentos que se entrelaçam e se reforçam mutuamente e que caracterizam a maioria das interações entre o genitor e o bebê. Os pais tanto quanto as mães formam fortes laços com seus bebês, mas os pais mostram comportamentos fisicamente mais impetuosos com seus filhos do que as mães.

3. Em que ponto no desenvolvimento dos bebês as mães e os pais começam a se comportar de maneira diferente em relação a eles?

    _____
    _____

6.4 Quais são as quatro fases de apego e os comportamentos associados a elas? (p. 174-176)

Bowlby propôs que o apego da criança a um cuidador se desenvolve em quatro fases, iniciando-se com um direcionamento bastante indiscriminado dos comportamentos de apego a qualquer pessoa ao alcance, e depois para "comportamento de base segura", aproximadamente a partir dos 6 meses, o qual sinaliza a presença de um apego claro. Na fase final, a criança desenvolve um modelo interno de apego que influencia suas relações afetivas presentes e futuras.

4. Preencha a tabela abaixo com informações sobre as quatro fases de apego propostas por Bowlby.

Estágio	Nome do estágio	Idade	Comportamentos de apego
1			
2			
3			
4			

6.5 Quais são as variáveis que contribuem para o desenvolvimento e estabilidade dos quatro tipos de apego? (p. 176-177)

As crianças diferem na qualidade de seus primeiros apegos, os quais podem ser consistentes ou mutáveis, e consequentemente nos modelos internos das relações que desenvolvem. Quando as circunstâncias de uma criança mudam de alguma forma importante, a segurança do apego da criança também pode mudar.

5 Acesse o conteúdo online do livro, percorra a simulação *Attachment classifications in the strange situation* e classifique cada padrão de comportamento de separação/reencontro a seguir de acordo com as categorias de Ainsworth.

____ (1) perturbado com a separação, mas ausência de conforto com o retorno da mãe
____ (2) separa-se facilmente da mãe e a cumprimenta positivamente em seu retorno
____ (3) não perturbado com a separação; evita mãe no retorno
____ (4) padrão inconsistente de comportamento na separação e reencontro

6.6 Que características poderiam afetar a capacidade dos pais de estabelecer uma relação de apego com um bebê? (p. 178-179)

Características do cuidador como estado civil, idade, nível de instrução e renda podem afetar a qualidade de apego do bebê, assim como o nível de responsividade emocional do cuidador ao bebê. Além disso, bebês cujos pais têm doenças psiquiátricas são mais propensos a formar apegos inseguros do que bebês cujos pais não têm esses transtornos.

6. Classifique cada afirmativa como Verdadeira ou Falsa.

____ (1) O estado civil dos pais de um bebê não tem relação com a qualidade de apego.
____ (2) Mães mais velhas demonstram comportamentos mais carinhosos do que mães adolescentes.
____ (3) Doença psiquiátrica na mãe pode interferir na sincronia.
____ (4) Mães deprimidas tocam seus bebês com mais frequência do que mães sem depressão.
____ (5) O treinamento dos pais pode moderar os efeitos da doença psiquiátrica do cuidador sobre o apego.

6.7 Quais são as consequências a longo prazo da qualidade do apego? (p. 179-180)

A segurança do apego inicial é razoavelmente estável; posteriormente na infância, crianças com apego seguro parecem ser socialmente mais hábeis e emocionalmente mais maduras. O modelo interno de apego que os indivíduos desenvolvem na primeira infância afeta seu modo de criar seus próprios filhos.

7. Liste os desfechos em cada fase de desenvolvimento associados ao apego seguro na primeira infância.

Segunda e terceira infância	Adolescência	Idade adulta

6.8 Em que aspectos os padrões de apego variam entre as culturas? (p. 180-181)

Estudos em muitos países sugerem que o apego seguro é o padrão mais comum em todos os lugares, mas as culturas diferem na frequência dos diversos tipos de apego inseguro.

8. Verdadeiro ou Falso: Bebês que são cuidados em grupos desenvolvem uma preferência por suas próprias mães. ____

Personalidade, temperamento e autoconceito

6.9 Sobre quais dimensões do temperamento a maioria dos desenvolvimentistas concorda? (p. 182)

Os teóricos do temperamento geralmente concordam sobre as seguintes dimensões do temperamento: nível de atividade, proximidade/emotividade positiva, inibição, emotividade negativa e controle esforçado/persistência na tarefa.

9. Descreva os três tipos de temperamento propostos por Thomas e Chess.

(A) Fácil
_____
_____

(B) Difícil

_____

(C) De aquecimento lento

_____

_____

6.10 Quais são os papéis da hereditariedade, dos processos neurológicos, do ambiente e do gênero na formação do temperamento? (p. 182-185)

Existem fortes evidências de que as diferenças de temperamento têm um comportamento genético e que elas são ao menos um pouco estáveis durante a primeira e a segunda infância. Diferenças de gênero em características como inibição também são estáveis. Entretanto, o temperamento não é totalmente determinado pela hereditariedade, por processos neurológicos, pelo ambiente ou pelo gênero. O "ajuste" das expectativas dos pais ao temperamento inato da criança molda as interações da criança com o mundo e afeta as respostas dos outros à criança. Características de temperamento que tornam difícil o manejo dos bebês, tais como negatividade emocional, podem predispô-los ao desenvolvimento de apegos inseguros. Contudo, o ajuste entre os temperamentos das crianças e seus ambientes pode ser mais importante do que o temperamento em si.

10. Como os pesquisadores que examinam o temperamento a partir de um traço e não a partir de uma perspectiva dimensional veem o temperamento do bebê?
_____
_____

11. Bebês tímidos demonstram um padrão de ativação cerebral conhecido como _____.

12. O processo de escolher experiências que fortalecem tendências temperamentais é denominado _____.

6.11 Como o *self* subjetivo, o *self* objetivo e o *self* emocional se desenvolvem durante os primeiros dois anos? (p. 185-187)

Primeiro o bebê começa a desenvolver um senso de identidade, incluindo a consciência de si como um ser separado e a compreensão de sua permanência própria (o que pode ser chamado de *self* subjetivo) durante os dois ou três primeiros meses de vida. Depois vem a consciência de si como objeto no mundo (*self* objetivo). O *self* emocional começa a se desenvolver aos 2 ou 3 meses. A amplitude de emoções que os bebês experimentam – assim como sua capacidade de fazer uso das informações sobre emoções, tais como expressões faciais – aumenta drasticamente durante o primeiro ano de vida.

13. Que comportamentos estão associados ao desenvolvimento de cada componente do *self* durante a primeira infância?

Componente do *self*	Comportamentos
Subjetivo/existencial	
Objetivo/categórico	
Emocional	

Efeitos do cuidado alternativo

6.12 Por que é difícil estudar os efeitos do cuidado alternativo sobre o desenvolvimento? (p. 188-189)

É difícil comparar cuidado parental com não parental porque existem muitos tipos distintos de cuidado alternativo.

14. Se todas as crianças que são cuidadas por outras pessoas que não os pais estivessem matriculadas em creches, seria mais fácil ou mais difícil estudar os efeitos do cuidado alternativo? Por quê?
_____
_____

6.13 Quais poderiam ser os efeitos do cuidado alternativo sobre o desenvolvimento cognitivo? (p. 189-190)

O cuidado infantil geralmente tem efeitos positivos sobre o desenvolvimento cognitivo de crianças desfavorecidas, mas ele pode ter efeitos negativos no desenvolvimento cognitivo de crianças mais favorecidas caso exista uma grande discrepância entre o nível de estimulação no ambiente doméstico e no ambiente da creche.

15. Para que uma creche tenha uma influência positiva sobre o desenvolvimento cognitivo, ela deve prover às crianças _____ _____.

6.14 O que a pesquisa sugere sobre os riscos do cuidado alternativo com respeito ao desenvolvimento social? (p. 190)

O impacto do cuidado alternativo infantil sobre o desenvolvimento social das crianças não está claro. Alguns estudos mostram uma pequena diferença na segurança do apego entre crianças criadas em creches e crianças criadas em casa; outros sugerem que crianças criadas em casa e criadas em creches não diferem quanto ao apego. Alguns estudos indicam que as crianças que passam mais tempo em creches são mais agressivas. Contudo, pesquisas indicam que variáveis da família influenciam mais o desenvolvimento social das crianças do que o faz o cuidado alternativo.

16. Verdadeiro ou Falso: Bebês cujos pais apresentam comportamentos associados a apego inseguro, tais como pouca sensibilidade às necessidades da criança, têm maior tendência a sofrerem os efeitos negativos do cuidado alternativo. _____

6.15 Quais variáveis devem ser levadas em consideração nas interpretações da pesquisa sobre cuidado alternativo? (p. 190-191)

As respostas fisiológicas dos bebês aos estresses associados ao cuidado alternativo podem ser subjacentes à associação do cuidado alternativo a resultados desenvolvimentistas negativos. A qualidade do cuidado não parental que uma criança recebe pode ser tão importante quanto a quantidade. Diferenças individuais e entre os gêneros podem interagir com a qualidade da assistência prestada, com a quantidade de cuidados que a criança recebe fora de casa, ou com ambas. As diferenças medianas entre crianças que recebem cuidado alternativo e as que são exclusivamente cuidadas em casa são pequenas.

As respostas para as perguntas deste capítulo encontram-se na página 520. Para uma lista de palavras-chave, consulte a página 537.

* As animações (em inglês) estão disponíveis no site www.grupoaeditoras.com.br.

A Criança Integral em Ação

Aplique o que você aprendeu sobre o desenvolvimento nos dois primeiros anos

Realize sua pesquisa

Comportamento de base segura

Um *playground* onde crianças de 2 a 5 anos brincam enquanto seus pais as observam seria um lugar ideal para realizar uma observação naturalista do comportamento de base segura. Antes de iniciar sua observação de crianças e pais, apresente-se aos pais, explique que você está realizando um trabalho para sua aula de desenvolvimento infantil e peça permissão para observar os filhos deles. Por um período de tempo definido – digamos, 15 minutos – observe uma única criança e registre quantas vezes ela olha, fala ou se move em direção ao genitor. Repita o procedimento com várias outras crianças. Categorize as crianças como mais novas e mais velhas e compare o número de comportamentos de base segura para cada faixa etária. Você vai verificar que quanto mais jovens são as crianças, com mais frequência elas fazem contato com o genitor (sua base segura).

Monte seu portfólio

1. Vamos supor que você dispusesse de R$ 3,6 mil para gastar com algum equipamento para uma sala em uma creche, e que essa sala já tivesse tudo que é necessário para atender as necessidades básicas de cuidado das crianças (p. ex., berços, mesas para troca de fraldas, etc.). Utilizando os catálogos de vários empresas fornecedoras de equipamentos educacionais, identifique itens que essas empresas apresentam como úteis para ajudar os bebês a desenvolver habilidades motoras finas e gerais. Levando seu orçamento em consideração, o que você compraria e por quê?
2. Crie um cartaz de 28 cm x 43 cm que destaque os principais marcos do desenvolvimento físico, cognitivo e socioemocional nos dois primeiros anos de vida em incrementos de dois meses (isto é, do nascimento aos 2 meses, dos 2 aos 4 meses, etc.). Assuma que um hospital o encarregou de desenhar o cartaz, pretendendo dar o produto final aos pais dos recém-nascidos, e que eles pediram especificamente que você levasse em conta os principais interesses dos novos pais ao desenhar o cartaz.

A Criança Integral em Foco

Desenvolvimento físico, cognitivo e socioemocional na primeira infância: uma visão integrada

Quando você leu pela primeira vez sobre Hector e seu filho de 6 meses, Federico (página 118), talvez tenha notado que Hector passava boa parte do dia atendendo as necessidades físicas de seu filho quando bebê. Quanto disso mudou agora que Federico já tem 2 anos?

Agora que Federico fez 2 anos, vemos que cuidar das necessidades físicas dele exige bem menos tempo. Seus padrões diários de sono, alimentação e estar alerta coincidem mais com os de seus pais. Através dos processos interativos de **sinaptogênese**, **poda sináptica** e **mielinização**, o cérebro de Federico aos 2 anos é muito mais eficiente na regulação de suas funções físicas do que o era quando Federico era mais novo.

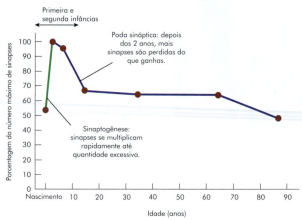

Sinaptogênese e poda sináptica (p. 123)

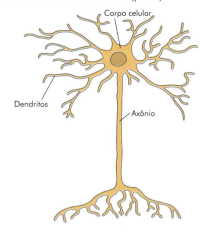

Partes do neurônio (p. 91)

Pensando sobre os caminhos do desenvolvimento

1. Presumivelmente, responder às necessidades dos bebês nos domínios cognitivo e socioemocional seria mais difícil em situações nas quais o genitor carece dos recursos econômicos para atender as necessidades básicas de alimentação e de outros tipos. Como o desenvolvimento de Federico poderia ter sido diferente se ele tivesse passado os dois primeiros anos em um contexto assim?
2. O desenvolvimento motor e cognitivo de Federico parece estar pontual e, sendo assim, é provável que ele não precise ser testado formalmente com um instrumento formal como as Escalas Bayley de Desenvolvimento Infantil. Que tipos de atrasos poderiam ter levado um profissional de saúde a recomendar que ele fosse testado? E se ele tivesse sido testado, o que seu escore revelaria sobre seu futuro desenvolvimento intelectual?
3. Suponha que Federico tivesse desenvolvido um apego inseguro em vez de seguro a seu pai. Como sua resposta ao cuidado alternativo teria diferido?

Aos 2 anos, as **habilidades motoras finas** emergentes de Federico permitem-lhe assumir a responsabilidade pelas tarefas de cuidado pessoal, tais como se alimentar usando uma colher. Avanços nas **habilidades motoras gerais** permitem-lhe movimentar-se com muito mais liberdade do que quando tinha 6 meses. Como resultado, Federico começou a desenvolver o senso de **autonomia** que, segundo Erikson, é vital para o desenvolvimento psicossocial entre o primeiro e o terceiro aniversários.

Estágios psicossociais de Erikson   (p. 54)

Idades aproximadas	Estágio
Nascimento a 1 ano	Confiança versus desconfiança
1 a 3	Autonomia versus vergonha e dúvida
3 a 6	Iniciativa versus culpa
6 a 12	Produtividade versus inferioridade
12 a 18	Identidade versus confusão de papéis
18 a 30	Intimidade versus isolamento
30 à velhice	Generatividade versus estagnação
Velhice	Integridade versus desesperança

Federico por pouco escapou de se machucar depois de tentar introduzir clipes para papel em uma tomada elétrica, atividade favorecida pelo aperfeiçoamento de habilidades motoras finais e aumento da capacidade de concentração influenciada pela maturação da **formação reticular** de seu cérebro.

Partes do cérebro   (p. 122)

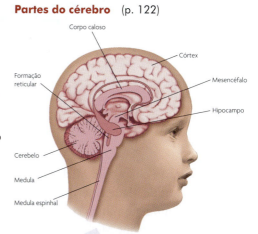

A experimentação de Federico com os clipes para papel reflete sua crescente capacidade para o **comportamento de meios e fins**, um conjunto de habilidades que aparece pela primeira vez durante o subestágio 4 do **estágio sensório-motor** de Piaget e se torna cada vez mais sofisticado nos subestágios 5 e 6.

Subestágios do estágio sensório-motor de Piaget   (p. 148)

Subestágio	Idade média (em meses)	Técnica básica
1	0 a 1	Reflexos
2	1 a 4	Reações circulares primárias
3	4 a 8	Reações circulares secundárias
4	8 a 12	Coordenação de esquemas secundários
5	12 a 18	Reações circulares terciárias
6	18 a 24	Primórdios da representação mental

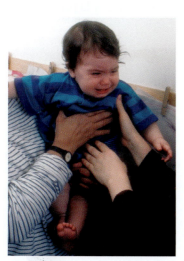

O **temperamento fácil** de Federico ajudou-o a se adaptar bem ao **cuidado alternativo** diário, agora que Hector voltou a trabalhar. Quando começou a frequentar a creche, Federico demonstrou um pouco de **ansiedade de separação**. Entretanto, devido a seu **apego seguro** a Hector, ele rapidamente superou seu mal estar a cada dia. Agora ele adora a creche e até pede para ir para a "escola" nos fins de semana.

No *playground*, Federico é capaz de subir no degrau mais alto das barras de escalar, mas ainda tem dificuldade para descer. Felizmente, o florescimento das habilidades de linguagem de Federico mostrou-se indispensável quando ele se mete nesse tipo de encrenca. "Papai desce!", grita com urgência, empregando a típica **fala telegráfica** das crianças de 2 anos.

Crescimento do vocabulário no segundo ano   (p. 162)

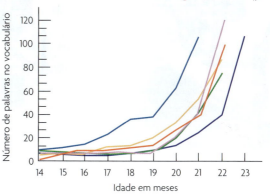

Unidade Três

Segunda Infância

A vida nunca é chata para Michael e Shelly, os pais orgulhosos de Madeleine, de 2 anos, e de Marcy, de 6. Eles se autodenominam como uma família "de turno dividido", porque Michael trabalha durante o dia e Shelly, à noite. Por isso, eles não passam muito tempo juntos, mas seus horários de trabalho garantem que as duas meninas sejam cuidadas por um dos pais na maior parte do tempo. Nos fins de semana, o casal tira a noite para namorar, enquanto os avós cuidam das meninas, mas a maior parte do que conversam gira em torno das meninas.

Michael e Shelly se recordam de que Marcy sempre foi uma menina serena. Eles afirmam com frequência que ela parece extraordinariamente madura para sua idade. Por exemplo, quando começou a frequentar a escola de educação infantil, ela desenvolveu um ritual que continuou praticando na 1ª série. Todas as noites na hora de dormir, ela escolhia as roupas que iria vestir no dia seguinte e as estendia sobre uma cadeira no quarto. Depois, ela colocava sua mochila junto à porta para não esquecê-la. Por fim, ela ia até o refrigerador, escolhia uma caixa de suco e a deixava separada para que Shelly soubesse que tipo de suco deveria colocar na lancheira. Depois de terminar esse ritual, Marcy ia direto para o banheiro e escovava os dentes sem precisar que alguém lhe mandasse fazer isso.

Ao conversarem sobre Madeleine, Michael e Shelly concordam que sua criação foi mais difícil do que a da irmã mais velha. Eles lembram que ela sempre foi mal-humorada e difícil de acalmar quando ficava zangada ou chateada. Na verdade, com a aproximação de seu terceiro aniversário, Madeleine parece estar ficando ainda mais difícil. Para começar, ela odeia se levantar de manhã e muitas vezes se joga no chão com os braços cruzados quando Shelly tenta levá-la para tomar

o café da manhã. Quando está alegre, fala sem parar, geralmente sobre um grupo de amigos imaginários que parecem acompanhá-la por toda parte e têm uma opinião sobre tudo que acontece na família. Michael, Shelly e Marcy adoram as descrições incoerentes que ela faz de seus amigos imaginários, mas as vezes eles prefeririam que ela ficasse calada. Quando eles mostram que não estão mais interessados em ouvir sobre seu mundo de fantasias, Madeleine faz bico, e é preciso muita persuasão para recuperar seu bom humor.

Como a maioria dos pais, Michael e Shelly costumam se perguntar: "Como duas meninas da mesma família podem ser tão diferentes?". As experiências cotidianas de famílias como essa ilustram vividamente o principal tema do período de segunda infância: dos 2 aos 6 anos, a criança passa por uma transição lenta, mas imensamente importante de bebê dependente para criança independente. A criança passa a se movimentar no ambiente com facilidade, comunica-se cada vez mais claramente e identifica-se cada vez mais como pessoa separada com qualidades específicas. Assim, as características temperamentais que Marcy e Madeleine demonstravam quando eram bebês estão no processo de evoluírem para personalidades plenamente desabrochadas com diferenças significativas entre si.

Mas Marcy e Madeleine não diferem apenas de personalidade. Os amigos imaginários de Madeleine refletem o surgimento da capacidade de "fazer de conta", a qual é um dos marcos do desenvolvimento cognitivo do terceiro ano de vida. Marcy, em contraste, demonstra a tendência da criança em idade escolar de buscar e criar regras e regularidade no mundo a seu redor, tendência desenvolvimentista que aparece pela primeira vez no final da segunda infância e torna-se um tema desenvolvimentista predominante na terceira infância. Ainda assim, suas diferenças de personalidade significam que, quando Madeleine chegar a idade escolar, ela tenderá a manifestar o foco em regras das crianças de 6 anos de modos diferentes dos de sua irmã.

Nos capítulos 7, 8 e 9, você vai ler sobre algumas mudanças fascinantes que ocorrem entre os 2 e 6 anos. O Capítulo 7 trata do domínio físico. No Capítulo 8, discutimos as mudanças drásticas na capacidade cognitiva que ocorrem durante esse período. Por fim, no Capítulo 9, você lerá sobre a personalidade emergente, o senso de identidade e os relacionamentos sociais da jovem criança.

A criança integral em foco

Mantenha a história de Madeleine na cabeça durante a leitura dos próximos três capítulos e reflita sobre como aspectos do desenvolvimento físico, cognitivo e socioemocional dela podem interagir no decorrer da segunda infância. Que tipo de pessoa você acha que a Madeleine será quando crescer? No final desta unidade examinaremos como o desenvolvimento de Madeleine muda em sua transição dos 2 aos 6 anos.

7

Desenvolvimento Físico e Saúde na Segunda Infância

Observe um grupo de crianças de 2 a 6 anos em um *playground* e você provavelmente vai se impressionar com a alegria pura que elas sentem movimentando seus corpos. Elas sobem em coisas, arremessam coisas, correm, saltam e constroem fortalezas usando blocos. Quando uma criança consegue fazer uma dessas coisas pela primeira vez, o prazer e orgulho em seu rosto é algo maravilhoso de admirar. Quando uma criança está se esforçando muito em alguma tarefa física – tentando fazer um sequência de contas de um colar ou construir um castelo usando blocos – seu olhar tende a parecer concentrado. E, mesmo quando crianças dessa idade estão claramente exaustas, elas geralmente se negam a parar de brincar.

O primeiro tópico que abordamos neste capítulo é o desenvolvimento e aprendizado dessas e outras habilidades físicas por parte da criança. A seguir abordamos as necessidades de saúde das crianças pequenas e algumas das ameaças à saúde que elas enfrentam durante esse período. Por fim, consideramos duas rotas desenvolvimentistas atípicas que geralmente são diagnosticadas durante a segunda infância.

Mudanças físicas

O Capítulo 4 descreveu o grande número de mudanças rápidas que ocorrem no corpo do bebê. As mudanças físicas entre as idades de 2 e 6 anos são menos drásticas. Ainda que sutis, as mudanças físicas do período de segunda infância proporcionam uma base adequada para os saltos cognitivos e sociais que estão a sua frente.

OBJETIVOS DA APRENDIZAGEM

Mudanças físicas

7.1 Como os padrões de crescimento mudam durante a segunda infância?

7.2 Que mudanças importantes ocorrem no cérebro durante a segunda infância?

7.3 Quais são os argumentos genéticos e experienciais utilizados para explicar a preferência no uso das mãos?

7.4 Quais avanços nas habilidades sensória e perceptual ocorrem entre 2 e 6 anos?

7.5 Quais são os principais marcos do desenvolvimento motor entre 2 e 6 anos?

7.6 Quais tipos de problemas de sono aparecem durante a segunda infância?

Saúde e bem-estar

7.7 De que forma os padrões de alimentação mudam na segunda infância?

7.8 Quais são as necessidades de assistência médica das crianças pequenas?

7.9 Que fatores estão envolvidos nas doenças, acidentes e mortalidade entre crianças de 2 a 6 anos?

7.10 Quais são os fatores de risco associados a abuso e negligência?

Desenvolvimento atípico

7.11 Quais são as características e causas do retardo mental?

7.12 Como os transtornos invasivos do desenvolvimento afetam o desenvolvimento das crianças?

> **OBJETIVO DA APRENDIZAGEM 7.1**
> Como os padrões de crescimento mudam durante a segunda infância?

Mudanças de forma e tamanho

As mudanças de altura e peso acontecem de forma muito mais lenta nos anos pré-escolares do que na primeira infância. A cada ano, a criança aumenta de 5 a 7,6 centímetros de altura e cerca de 2,7 quilos de peso. Além disso, o crescimento se torna mais previsível durante a segunda infância.

Curvas de crescimento Quando profissionais de saúde medem a altura e peso das crianças, eles utilizam uma estatística chamada de *classificação percentil* para descrever como a criança se compara a outras de mesma idade. Uma **classificação percentil** é a porcentagem de indivíduos cujos escores em uma medida são iguais ou menores do que os de uma criança que está sendo individualmente considerada. Por exemplo, se o peso de uma criança está no 25º percentil, 25% das crianças de sua idade pesam menos do que ela e 75% pesam mais. Em outras palavras, uma criança que está no 25º percentil está no lado pequeno, comparada com seus equivalentes. Uma criança que está no 50º percentil está em torno da média, e outra que está no 75º percentil é mais pesada do que a maioria das crianças de sua idade.

Os percentis de peso e a altura de crianças consideradas individualmente podem variar muito nos dois primeiros anos de vida. Assim, uma criança poderia ser perfeitamente descrita como "pequena para sua idade" em um *check-up* e "grande para sua idade" em outro. Contudo, aproximadamente a partir dos 2 anos, as categorias percentis de peso e altura começam a se estabilizar. A Figura 7.1, que se baseia em dados longitudinais derivados de milhares de crianças (Mei, Grummer-Strawn, Thompson e Dietz, 2004), ilustra esse padrão. Quando os percentis de altura e peso de uma criança se tornam estáveis, diz-se que a criança estabeleceu sua **curva de crescimento**, ou padrão e taxa de crescimento individual.

Curvas de crescimento estáveis permitem que pais e profissionais de saúde prevejam a altura adulta de uma criança com um alto grau de precisão. Se a curva de crescimento de uma criança está no 25º percentil, sua altura quando adulto também estará no 25º percentil A Tabela 7.1 mostra as alturas adultas previstas de meninos e meninas de 4 anos cujas alturas estão no 25º, 50º, 75º e 95º percentil.

A curva de crescimento é imprescindível para avaliar a saúde das crianças durante o período da segunda infância (Overby, 2002). Um desvio descendente em uma curva de crescimento estabelecida para a altura pode indicar que a criança está sofrendo de uma doença não diagnosticada (Styne e Glaser, 2002). Um desvio ascendente para o peso pode significar que a criança está tendendo para a obesidade. A importância da avaliação da curva de crescimento é um dos motivos pelos quais a maioria dos profissionais de saúde afirma que é essencial para a saúde de crianças pequenas que elas sejam

classificação percentil porcentagem de indivíduos cujos escores em uma medida são iguais ou menores do que os de uma criança que está sendo individualmente considerada.

curva de crescimento padrão e taxa de crescimento exibido por uma criança ao longo do tempo.

Cada criança estabelece uma curva de crescimento estável durante a segunda infância.

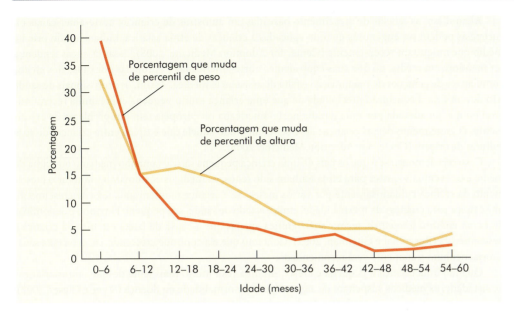

Figura 7.1 Alterações na curva de crescimento do nascimento aos 5 anos.

Esse gráfico mostra a porcentagem de crianças em cada faixa etária que apresenta alterações em suas categorias percentis para peso e altura de um *check-up* para o outro.

(*Fonte:* Mei, Grummer-Strawn, Thompson e Dietz, 2004.)

examinadas pelo mesmo médico, ou ao menos na mesma clínica, em cada *check-up* (Children's Hospital of Philadelphia, 2008). Claramente, sem um registro consistente do crescimento, é impossível fazer determinações sobre a curva de crescimento de uma criança individual. Consequentemente, distúrbios do crescimento e outros problemas que afetam o crescimento podem não ser diagnosticados.

Distúrbios do crescimento Quando uma criança apresenta uma curva de crescimento que a coloca abaixo do 5º percentil tanto para altura quanto para peso, os médicos costumam fazer uma investigação sobre o pequeno tamanho da criança (Styne e Glaser, 2002). O primeiro passo para determinar porque uma criança é muito menor do que as outras de sua idade é coletar dados sobre os pais da criança. Se os pais da criança têm altura abaixo da média, é provável que o pequeno tamanho da criança seja uma característica que a criança herdou deles.

Tabela 7.1 Prevendo a altura adulta aos 4 anos

Classificação percentil	Altura aos 4 (em metros)	Altura aos 18 (em metros)
Meninos		
25º	1,02 m	1,73 m
50º	1,04 m	1,78 m
75º	1,07 m	1,83 m
95º	1,09 m	1,88 m
Meninas		
25º	0,97 m	1,60 m
50º	0,99 m	1,63 m
75º	1,04 m	1,68 m
95º	1,09 m	1,75 m

Fonte: CDC, 2000.

sistema endócrino glândulas (incluindo as suprarrenais, tireoide, hipófise, testículos e ovários) que secretam hormônios que regulam o crescimento físico geral e a maturação sexual.

hormônios substâncias que são secretadas pelas glândulas e que regulam o crescimento físico e a maturação sexual.

hipófise glândula que controla o sistema endócrino e desencadeia a liberação de hormônios de outras glândulas.

hormônio do crescimento (GH) hormônio da hipófise que controla o processo de crescimento.

corpo caloso estrutura encefálica através da qual os lados direito e esquerdo do córtex cerebral se comunicam.

lateralização especialização funcional dos hemisférios esquerdo e direito do córtex cerebral.

Além disso, as tabelas de crescimento baseadas em amostras de crianças norte-americanas ou europeias podem ser enganosas quando aplicadas a crianças de etnia asiática, indiana ou do oriente médio que imigraram recentemente (Center for Adoption Medicine, 2008). Essas crianças tendem a ser menores, em média, do que suas equivalentes norte-americanas e europeias por causa dos efeitos cumulativos de gerações de má nutrição e falta de assistência médica. Assim, os profissionais de saúde não devem tirar a conclusão precipitada de que uma criança muito pequena cuja família recém imigrou ou que foi adotada por uma família norte-americana ou europeia tem um problema de crescimento. O crescimento dessas crianças deve ser comparado àquele que é típico entre crianças de suas culturas de origem (Center for Adoption Medicine, 2008).

Caso seja demonstrado que os pais de uma criança pequena são de tamanho mediano ou acima da média e os eventuais ajustes para etnia tenham sido feitos, os médicos costumam monitorar o crescimento da criança cuidadosamente por vários meses. Se a criança mantém uma taxa de crescimento que é típica para crianças da mesma idade, etnia e estado de saúde, seu pequeno tamanho é denominado *baixa estatura idiopática*, termo que significa apenas que a causa da baixa estatura da criança é desconhecida (Rosenthal e Gitelman, 2002). Contanto que ela continue crescendo em uma taxa satisfatória, nenhum tratamento será recomendado.

Quando uma criança é pequena e cresce em uma taxa muito mais lenta do que outras crianças de sua idade, os médicos suspeitam de algum tipo de anormalidade ou doença (Styne e Glaser, 2002). Por exemplo, um crescimento abaixo do normal muitas vezes é o primeiro sinal de que uma criança está sofrendo da síndrome de Turner, distúrbio cromossômico em que uma menina possui apenas um cromossomo X (ver Capítulo 3). Um crescimento abaixo do normal aliado a um rápido aumento de peso também é sinal de um distúrbio genético raro denominado *síndrome de Prader-Willi*, condição que afeta o desenvolvimento físico e cognitivo.

Crianças anormalmente pequenas também podem estar sofrendo de um distúrbio do **sistema endócrino**, o sistema de glândulas do organismo. Essas glândulas segregam **hormônios** que regulam muitos aspectos do crescimento, desenvolvimento e funcionamento físico. A **hipófise** (ou glândula pituitária) controla todo o sistema e por isso costuma ser chamada de *glândula mestre*. Ela também segrega o **hormônio do crescimento (GH)**, o qual controla o processo de crescimento. Em alguns casos, as crianças podem ser tratadas com injeções de GH. O hormônio do crescimento também é utilizado para moderar os efeitos da síndrome de Turner e de Prader-Willi.

O crescimento lento também pode ser atribuível às condições sociais. Por exemplo, ele pode ser um indicador de abuso ou negligência, mesmo que estes não sejam de natureza física (Black e Krishnakumar, 1999). Ou seja, crianças que sofrem abuso ou negligência verbal e/ou emocional podem apresentar crescimento lento mesmo que estejam suficientemente alimentadas. Em contraste, crianças de lares de baixa renda podem ter bom apoio emocional, mas receber nutrição insuficiente devido à falta de recursos econômicos da família. Em todos os casos em que as condições sociais são responsáveis pelo crescimento abaixo do normal, intervenções por parte dos profissionais de saúde são essenciais, pois a maioria das crianças se nivela com o crescimento físico de seus pares se as condições em que estão se desenvolvendo forem aperfeiçoadas.

> **OBJETIVO DA APRENDIZAGEM 7.2**
> Que mudanças importantes ocorrem no cérebro durante a segunda infância?

O cérebro e o sistema nervoso

O crescimento cerebral, a formação de sinapses e a mielinização continuam durante a segunda infância, ainda que em um ritmo muito mais lento do que na primeira infância. (Recorde-se do Capítulo 4 que a mielinização envolve a formação de uma camada de gordura sobre os axônios que aumenta a eficiência da transmissão de impulsos neurais.) Entretanto, a taxa de crescimento mais lenta não deve ser tomada como indicativa de que o desenvolvimento cerebral está quase completo. Com efeito, diversos marcos neurológicos importantes são alcançados entre as idades de 2 e 6 anos. Esses marcos provavelmente representam as bases neurológicas para os notáveis avanços no pensamento e na linguagem que ocorrem durante esse período.

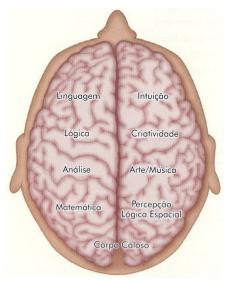

Figura 7.2 Lateralização das funções cerebrais.

As funções cerebrais são lateralizadas conforme a figura. Os neurologistas acreditam que o plano básico de lateralização é geneticamente determinado, ao passo que o tempo específico de lateralização de cada função é determinado por uma interação de genes e experiências.

Lateralização O **corpo caloso**, a estrutura cerebral através da qual os lados direito e esquerdo do córtex se comunicam, cresce e amadurece mais durante a segunda infância do que em qualquer outra etapa da vida (ver Figura 7.2). O crescimento dessa estrutura acompanha a especialização funcional dos hemisférios esquerdo e direito do córtex. Esse processo é denominado **lateralização**. A Figura 7.2 mostra como as funções cerebrais são lateralizadas na maioria das pessoas. Durante a segunda infância, avanços na lateralização estão ligados a aperfeiçoamentos nas capacidades de memória, linguagem e categorização (Kagan e Herschkowitz, 2005).

Os neurocientistas suspeitam que genes compartilhados por todos os seres humanos determinam quais funções serão lateralizadas e quais não. Contudo, a experiência molda o ritmo em que a lateralização ocorre. Por exemplo, em 95% dos seres humanos, a linguagem é processada no hemisfério esquerdo. Estudos das respostas fetais a diferentes tipos de sons (p. ex., linguagem e música) demonstram que esse padrão é evidente desde antes de nascermos (de Lacoste, Horvath e Woodward, 1991). O fato de que o processamento da linguagem no lado esquerdo aparece tão precocemente na vida sugere que a lateralização dessas funções é determinada por nossos genes.

Não obstante, as funções da linguagem não se encontram plenamente lateralizadas nos fetos como o estão nas crianças e adultos. Além disso, pesquisas indicam que o grau no qual essas funções da linguagem são relegadas ao lado esquerdo do cérebro está ligado à produção de linguagem. Pré-escolares com habilidades de linguagem mais avançadas apresentam os níveis mais elevados de lateralização no lado esquerdo das funções linguísticas (Mills, Coffey-Corina e Neville, 1994). Evidentemente, não sabemos se as crianças adquirem linguagem mais rapidamente porque seus cérebros estão lateralizando em um ritmo mais rápido. Parece que o inverso pode ser igualmente verdadeiro – isto é, que os cérebros de algumas crianças estão lateralizando as funções da linguagem mais rapidamente porque elas estão aprendendo a linguagem mais rápido. Contudo, esses achados sugerem que a maturação e a experiência estão ambas atuando no processo de lateralização.

A formação reticular e o hipocampo A mielinização dos neurônios da *formação reticular*, que você vai recordar do Capítulo 4 como a estrutura cerebral que regula a atenção e a concentração, é outro marco importante do desenvolvimento cerebral na segunda infância. Isso significa, por exemplo, que, aos 2 anos, as crianças são mais capazes de ouvir uma história do começo ao fim do que quando eram mais jovens. Os neurônios em outras partes do cérebro, tais como o hipocampo, também são mielinizados durante esse período (Tanner, 1990). O **hipocampo** (consulte a Figura 4.1 na página 122) está envolvido na transferência de informações para a memória de longo prazo. A maturação dessa estrutura cerebral provavelmente explica os aperfeiçoamentos na função da memória durante os anos pré-escolares (Rolls, 2000). Por exemplo, a maioria dos pré-escolares adora aprender novas músicas, frequentemente com resultados engraçados. Ademais, a maturação das conexões entre o hipocampo e o córtex é provavelmente responsável pela constatação comum de que as primeiras memórias das pessoas envolvem fatos que aconteceram quando elas tinham 3 anos (Zola e Squire, 2003).

> **A criança integral em foco**
> O que a maturação do hipocampo de Madeleine lhe permitiu fazer no final do período da segunda infância? Descubra na página 298.

Preferência no uso das mãos: natureza ou experiência?

> **OBJETIVO DA APRENDIZAGEM 7.3**
> Quais são os argumentos genéticos e experienciais utilizados para explicar a preferência no uso das mãos?

A **preferência no uso das mãos**, ou seja, a tendência de usar basicamente a mão direita ou esquerda, é outro marco neurológico do período dos 2 aos 6 anos (Tanner, 1990). Examinando os esqueletos que antecedem à invenção da escrita, arqueólogos determinaram que as proporções de destros e canhotos nas populações iletradas antigas eram aproximadamente idênticas às existentes entre os humanos modernos (83% destros, 14% canhotos e 3% ambidestros) (Steele e Mayes, 1995). Os arqueólogos fizeram essa determinação comparando o comprimento dos ossos nos braços esquerdo e direito do esqueletos antigos; os ossos do braço dominante são mais compridos do que os ossos do braço não dominante. Essas descobertas sugerem que a prevalência do uso da mão direita é provavelmente resultado de herança genética. Além disso, os geneticistas do Instituto Nacional do Câncer (NCI) identificaram um gene dominante para a preferência de uso da mão direita, que acreditam ser tão comum na população humana que a maioria das pessoas recebe uma cópia dele de ambos os pais (Klar, 2003).

Outras evidências em prol da hipótese genética podem ser encontradas em estudos que demonstram que a preferência no uso das mãos aparece muito cedo na vida. Na verdade, alguns estudos sugerem que essa preferência já está bem estabelecida em alguns fetos, especialmente os que são observados sugando o polegar durante exames de ultrassom (Hepper, Wells e Lynch, 2004). Pesquisas

hipocampo estrutura cerebral que está envolvida na transferência de informações para a memória de longo prazo.

preferência no uso das mãos tendência de utilizar basicamente a mão direita ou esquerda.

também indicam que claras preferências no uso das mãos são evidentes na maioria das crianças antes de seu primeiro aniversário, ainda que só se tornem firmemente estabelecidas nos anos de pré-escola (Stroganova, Posikera, Pushina e Orekhova, 2003). Estudos comparando o desempenho das crianças com as mãos esquerda e direita em tarefas manuais, tais como mover prendedores de um lugar para o outro em um mural, também confirmam a hipótese genética. A maioria desses estudos mostra que crianças mais velhas são mais capazes de realizar tarefas motoras finas com a mão não dominante do que crianças mais jovens (Dellatolas et al., 2003; Roy, Bryden e Cavill, 2003). Os resultados de estudos que comparam o uso da mão não dominante em crianças e adultos seguem o mesmo padrão (Annett, 2003; Cavill e Bryden, 2003). Assim, a experiência no uso das mãos parece moderar, em vez de fortalecer, a vantagem da mão dominante sobre a mão não dominante.

Claramente, a hereditariedade desempenha um papel na preferência no uso das mãos, mas pense por um instante sobre o que acontece quando a mão dominante de uma pessoa é ferida ou perdida em um acidente. Na maioria desses casos, as pessoas são capazes de treinar a mão não dominante para que se torne proficiente nas tarefas que antes eram realizadas pela mão ferida ou ausente, tais como escrever. Evidentemente, isso significa que existe algum grau de plasticidade neurológica em relação ao uso das mãos, mesmo que haja uma forte pressão da natureza pelo uso da mão direita na maioria das pessoas.

De modo semelhante, o fenômeno de preferência pelo uso da mão oposta em gêmeos idênticos mostra que a hereditariedade não explica tudo. Em 18% dos gêmeos idênticos, um é destro e o outro é canhoto (Klar, 2003). Se os genes determinassem completamente a preferência no uso das mãos, os gêmeos idênticos teriam sempre a mesma preferência. Uma explicação para esse achado enfatiza a escassez de espaço que ocorre no útero que está nutrindo dois fetos. (Nenhum dos gêmeos tem muito espaço para se movimentar!) Assim, os defensores da hipótese de falta de espaço afirmam que, para cada gêmeo, o braço que tem maior liberdade de movimento durante o desenvolvimento pré-natal é que vai se tornar dominante (Klar, 2003).

Contudo, alguns pesquisadores genéticos alegam que o fenômeno da preferência contrária em gêmeos idênticos se coaduna perfeitamente com as descobertas de estudos genéticos (Klar, 2003). Esses estudos sugerem que 82% dos humanos têm genes que os impulsionam em direção à preferência pelo uso da mão direita, independentemente da experiência pré ou pós-natal. Os outros 18% não possuem genes para a preferência no uso das mãos, e, como resultado, a dominância das mãos entre eles é determinada pela experiência. Assim, entre os 18% dos gêmeos que carecem de genes para a preferência no uso das mãos a escassez de espaço no período pré-natal pode ser um dos muitos fatores que influenciam a preferência no uso das mãos. Em contraste, entre os indivíduos com genes para serem destros, os fatores experienciais são irrelevantes. Eles estão destinados a serem destros mesmo que suas posições no útero os impeçam totalmente de movimentar seus braços direitos.

Além disso, a hipótese genética é confirmada por um estudo que examinou a ligação entre a preferência no uso das mãos no período pré-natal e aos 10 anos (Hepper, Wells e Lynch, 2004). Todas as crianças que se mostraram destras durante os exames ecográficos pré-natais eram destras uma década depois. Em contraste, apenas dois terços dos fetos que pareciam ser canhotos quando examinados no útero eram canhotos aos 10 anos. Assim, a pressão genética envolvida na preferência pelo uso da mão direita pode ser melhor pensada como um empurrão vigoroso, ao passo que a pressão associada à mão esquerda pode ser apenas uma leve cutucada.

Evidentemente, o que os desenvolvimentistas querem realmente saber é como o fato de ser destro ou canhoto afeta o desenvolvimento de uma criança. Houve um tempo em que ser canhoto era considerado um desfecho desenvolvimentista altamente indesejável, em função das superstições em torno de associações entre ser canhoto e a presença de maus espíritos. Consequentemente, pais e professores incentivavam os canhotos a se tornarem destros. Algumas crianças eram até fisicamente castigadas por não conseguirem fazer isso. Os efeitos desses costumes podem ser vistos em achados de pesquisa que mostram que a prevalência de canhotos entre idosos nos Estados Unidos é a metade daquela entre pessoas de meia-idade e mais jovens (Porac e Friesen, 2000). Claramente, anos atrás, ser canhoto era um fator de risco desenvolvimentista. Entretanto, à medida que evidências do papel da genética no desenvolvimento da preferência no uso das mãos foram surgindo ao longo do século XX, a visão sobre o assunto começou a mudar. Além disso, autoridades na educação infantil, tais como o Dr. Benjamin Spock, convenceram pais e professores que forçar uma criança canhota a se tornar destra poderia ser prejudicial à autoestima da criança. Como resultado dessa mudança cultural, atualmente a maioria dos pais não desencoraja a tendência de uma criança para ser canhota. Alguns inclusive podem até encorajar o uso da mão esquerda, dado o valor especial de ser canhoto em esportes como beisebol, basquete e futebol.

Permitir que uma criança desenvolva a preferência no uso das mãos com base em suas preferências pessoais é provavelmente uma boa ideia. Contudo, ser canhoto está associado a maus resultados de desenvolvimento, tanto no domínio cognitivo quanto no domínio socioemocional (Johnston, Shah e Shields, 2007). Mas é provável que essa associação seja resultado de um fator subjacente que influencia tanto a preferência no uso das mãos quanto os resultados de desenvolvimento. Também é importante lembrar que apenas uma pequena proporção de crianças canhotas chega a apresentar esses déficits. Consequentemente, os pais devem evitar pressionar uma criança canhota para que seja destra, com a finalidade de prevenir problemas de desenvolvimento. Mesmo que os pais tenham êxito em mudar a preferência no uso das mãos de uma criança, se houver um fator de risco oculto presente, tal fator ainda continuará lá. Assim, precisamos de pesquisas com o intuito de descobrir e moderar os efeitos da causa subjacente da correlação entre a preferência no uso das mãos e maus resultados de desenvolvimento, mais do que de uma campanha para mudar a preferência no uso das mãos das crianças.

Habilidades sensórias e perceptuais

OBJETIVO DA APRENDIZAGEM 7.4
Quais avanços nas habilidades sensória e perceptual ocorrem entre 2 e 6 anos?

Como aprendemos no Capítulo 4, os sistemas sensório e perceptual das crianças amadurecem rapidamente durante a primeira infância. Contudo, ainda existem alguns avanços importantes que são necessários antes que a criança alcance habilidades de nível adulto.

Visão O **campo de visão** das crianças, a amplitude do ambiente que pode ser vista sem mover os olhos, só atinge a maturidade aos 5 anos (Gabbard, 2008). Antes disso, as crianças têm uma limitada *visão periférica*, ou capacidade para ver objetos e movimento fora da linha direta de visão. A visão periférica limitada é provavelmente um fator que contribui para acidentes entre pré-escolares. A maioria das crianças pequenas também é *hipermetrope*, ou seja, elas têm visão para perto mais fraca do que crianças mais velhas e adultos. Por isso, os livros para crianças pequenas são impressos com letras maiores do que livros para crianças mais velhas.

Também existem diversos problemas visuais comumente diagnosticados na segunda infância que com o tempo podem se agravar ou interferir no desenvolvimento de outras habilidades. Por isso, a maioria dos estados norte-americanos exige que as crianças matriculadas em creches ou pré-escolas façam exames de visão aos 4 ou 5 anos. De modo semelhante, os pediatras incluem testes de visão nos exames de puericultura rotineiros para pré-escolares (Overby, 2002).

Uma condição séria presente em 2 a 6% dos pré-escolares é o **estrabismo**, um desalinhamento dos olhos no qual um (ou ambos) tem um desvio para dentro ou para fora (Keech, 2002). Essa condição interfere na capacidade cerebral de coordenar as informações dos olhos. Ela também é a causa de uma outra condição grave, a **ambliopia**, ou "olho preguiçoso", na qual o cérebro suprime informações de um dos olhos.

Em casos de *ambliopia orgânica*, uma causa física está presente e o tratamento depende da causa específica. Se a causa for um nervo danificado, a condição não pode ser corrigida. Se a causa for um problema mecânico, tal como a anormalidade nos músculos que servem o olho preguiçoso, a condição pode ser corrigida com cirurgia. Por outro lado, a *ambliopia funcional* é adquirida através da experiência (Yen, 2006). Por exemplo, se uma criança tem visão mais fraca em um olho do que no outro, pode haver desenvolvimento de ambliopia. A condição costuma ser corrigida vendando-se o olho bom da criança, estratégia que força o cérebro a utilizar o olho preguiçoso e desenvolver estruturas neurológicas de apoio para ele. Quando a venda é retirada, o cérebro pode desenvolver as estruturas necessárias para coordenar as informações dos dois olhos. Cerca de 2% dos pré-escolares nos Estados Unidos sofrem de ambliopia, seja orgânica ou funcional (Yen, 2006).

Percepção visual Os profissionais da saúde dos olhos dão prioridade ao diagnóstico e tratamento do estrabismo e da ambliopia na segunda infância porque ambas as condições interferem no desenvolvimento da percepção visual madura. O momento do diagnóstico e do tratamento é vital, pois a **visão estereoscópica**, a capacidade de perceber profundidade quando imagens separadas enviadas ao cérebro são integradas em uma única imagem (*fusão binocular*), amadurece durante os primeiros dez anos de vida. Testes da visão estereoscópica são incluídos nos exames de visão para pré-escolares, pois

campo de visão amplitude do ambiente que pode ser vista sem mover os olhos.

estrabismo distúrbio no alinhamento dos olhos em que um ou ambos os olhos se desviam para dentro ou para fora.

ambliopia distúrbio em que o cérebro suprime as informações de um dos olhos ("olho preguiçoso").

visão estereoscópica capacidade de perceber profundidade integrando as imagens separadas enviadas ao cérebro pelos olhos e formando uma única imagem tridimensional.

O desenvolvimento do sentido vestibular, juntamente com o maior controle motor, permite às crianças pequenas realizar façanhas como caminhar sobre uma barra de ginástica com passos alternados.

seu papel na percepção de profundidade é imprescindível para alguns dos avanços que ocorrem no domínio motor geral, como a habilidade de pegar um bola. Quando crianças pequenas não apresentam visão estereoscópica, os profissionais de saúde procuram condições não diagnosticadas que interferem em seu desenvolvimento. Por exemplo, a variação na acuidade entre os olhos de uma criança pode ser suficiente para impedir o desenvolvimento da visão estereoscópica sem causar também ambliopia. Nesses casos, lentes corretivas equalizam a acuidade dos dois olhos, resultando no desenvolvimento de visão estereoscópica.

Depois que a criança atinge os 10 anos, a visão estereoscópica não pode mais ser adquirida. Assim, condições que interferem no desenvolvimento da visão estereoscópica devem ser corrigidas antes dos 10 anos para garantir o desenvolvimento dela. Além disso, quanto mais jovem for a criança quando essas condições forem diagnosticadas, mais rápida e completamente ela responderá ao tratamento.

O sentido vestibular Interações entre as informações visuais e as sensações corporais subjazem o **sentido vestibular**, o sentido que o corpo tem de sua posição no espaço. O sentido vestibular está envolvido na capacidade de manter o equilíbrio. As estruturas do ouvido interno que estão envolvidas no sentido vestibular estão maduras antes do nascimento. Contudo, um certo grau de maturação dos sistemas esqueletal, muscular e neurológico é necessário antes que uma criança possa atingir os marcos descritos na Tabela 7.2.

Audição Como você aprendeu nos capítulos 3 e 4, a audição se estabelece antes do nascimento. O desenvolvimento da linguagem obviamente depende da capacidade da criança de ouvir e, assim, os médicos utilizam as habilidades de linguagem das crianças de 2 anos como guia para sua capacidade auditiva. Se uma criança não está falando ao menos algumas palavras nessa idade, os médicos costumam testar a audição. Contudo, uma vez que a fala humana utiliza um espectro limitado de frequências sonoras, uma criança pode apresentar um desenvolvimento normal da linguagem mesmo que tenha uma perda auditiva. Uma perda auditiva que envolve sons de alta frequência pode não acarretar o enfraquecimento da fala da própria criança, mas pode interferir em sua capacidade de entender a fala dos outros, especialmente em ambientes nos quais existe muitos ruídos de fundo. A pesquisa mostra que crianças com deficiências auditivas suaves, mesmo que elas envolvam apenas um ouvido, são mais propensas a repetir de ano do que as crianças com audição normal (Tharpe, 2006). Os pesquisadores estão atualmente tentando criar diretrizes para determinar se crianças com ligeiras deficiências auditivas devem usar aparelhos auditivos e se isso pode prevenir que elas tenham dificuldades acadêmicas (McKay, Gravel e Tharpe, 2008). Entretanto, a maioria dos especialistas concorda que crianças que são diagnosticadas com deficiências auditivas leves também devem ser avaliadas para problemas cognitivos e linguísticos para que os eventuais déficits de desenvolvimento presentes resultantes da deficiência auditiva possam ser remediados (Tharpe, 2007).

Por essas razões, a maioria dos médicos recomenda testar a audição de uma criança antes que ela ingresse na escola, e muitos incluem testes de audição nas consultas de rotina aos 3 ou 4 anos (Overby, 2002). Crianças matriculadas em creches ou pré-escolas geralmente são testadas na escola. As crianças que não passam em um teste de audição na escola ou no consultório médico são encaminhadas a um especialista para avaliações adicionais e para determinar se a deficiência auditiva tem tratamento ou se a criança precisa de um aparelho auditivo.

As deficiências auditivas podem ser causadas por doenças, distúrbios genéticos ou anormalidades físicas do ouvido interno. Contudo, a maioria dos casos de perda auditiva, qualquer que seja a idade em que acontecem, resulta da exposição a ruído excessivo. Assim, a Associação Americana de Fala-Linguagem-Audição (American Speech-Linguage-Hearing Association, ASHA) recomenda que os

Tabela 7.2 Marcos do equilíbrio na segunda infância

Marco	Idade
Equilibra-se sobre um dos pés por 3 a 4 segundos.	3 anos
Caminha sobre uma barra de ginástica de 10 centímetros usando passos alternados.	3 anos
Equilibra-se sobre um dos pés por 10 segundos.	4 anos
Caminha sobre uma barra de ginástica de 5 centímetros usando passos alternados.	4 anos
Pula sete a nove vezes sobre um pé.	5 anos
É proficiente em saltos com os dois pés com deslocamento.	6 anos

Fontes: Dixon e Stein, 2006; Gabbard, 2008.

> **A criança integral em foco**
>
> O que Madeleine aprendeu a fazer com o amadurecimento de seu senso de equilíbrio? Descubra na página 298.

sentido vestibular sentido do corpo de sua posição no espaço.

pais tomem medidas para proteger a audição das crianças (ASHA, 2008). A organização publica um relatório anual que lista os brinquedos que podem prejudicar a audição das crianças, além de advertir os pais de que as crianças podem segurar brinquedos barulhentos bem próximo de seus ouvidos, assim aumentando as chances de perda auditiva. Fones de ouvido também são potencialmente prejudiciais.

Desenvolvimento motor

> **OBJETIVO DA APRENDIZAGEM 7.5**
> Quais são os principais marcos do desenvolvimento motor entre 2 e 6 anos?

Os aperfeiçoamentos na capacidade da criança de captar informações visuais e manter o equilíbrio são fatores essenciais no progresso constante nas habilidades motoras finas e gerais que ocorre durante a segunda infância. Essas mudanças são listadas na Tabela 7.3. Como você pode ver, elas não são tão drásticas quanto as da primeira infância, mas permitem à criança adquirir habilidades que aumentam sua independência e sua capacidade exploratória.

Habilidades motoras gerais   Aos 5 ou 6 anos, as crianças estão correndo, pulando, saltitando, subindo e saltando. A maioria é capaz de andar de triciclo; algumas são capazes de andar sobre uma bicicleta de duas rodas. O grau de confiança com o qual uma criança de 5 anos usa seu corpo para esses movimentos é impressionante, principalmente em contraste com os movimentos um pouco inseguros de uma criança de 18 meses.

Os avanços motores gerais da segunda infância envolvem não apenas o aparecimento de novas habilidades, mas também de refinamentos importantes dessas habilidades que as crianças já possuem. Por exemplo, considere como a capacidade de correr das crianças de 2 anos difere da de crianças de 6 anos; além de correrem mais rápido e tropeçarem menos do que crianças de 2 anos, elas também são mais capazes de virar, começar e parar. Esses aperfeiçoamentos são o resultado de mudanças nas **habilidades de movimento fundamentais** que subjazem as habilidades motoras gerais, tais como correr (Gabbard, 2008). As habilidades de movimento fundamentais envolvidas, por exemplo, incluem manter o tronco no ângulo correto, balançar os braços, sincronizar os movimentos de braços e pernas, colocar o pé de apoio no chão no ângulo correto, curvar o joelho no ângulo correto quando o pé de apoio contata o chão, e assim por diante.

Podemos pensar uma atividade motora geral complexa, tal como correr, como semelhante aos sons harmônicos que se ouve quando uma banda toca. Para produzir esses sons, todos os instrumentos na banda precisam estar tocando a mesma música no mesmo tom e andamento. De modo análogo, cada uma das habilidades de movimento fundamentais necessárias para correr precisa atingir um determinado limiar de desenvolvimento para que a criança seja capaz de exibir um modo maduro de correr. Todas as facetas do corpo da criança pequena que contribuem para o movimento físico – o córtex motor do cérebro, a medula espinhal, os músculos, as articulações, os ossos – desempenham um papel na emergência das habilidades de movimento fundamentais. E cada uma delas parece seguir um programa de maturação ligeiramente diferente. É por isso que habilidades complexas como

habilidades de movimento fundamentais padrões básicos de movimento que subjazem as habilidades motoras gerais tais como correr.

Tabela 7.3   Marcos do desenvolvimento motor dos 18 meses aos 6 anos

Idade	Habilidades motoras gerais	Habilidades motoras finas
18 a 24 meses	Corre desajeitadamente; sobe escadas com ambos os pés em cada degrau; empurra ou puxa caixas ou objetos com rodas.	Demonstra clara preferência por uma das mãos; empilha 4 a 6 blocos; vira páginas uma de cada vez; pega coisas sem perder o equilíbrio; gira tampas para abrir um vidro.
2 a 3 anos	Corre com facilidade; sobe em móveis sem auxílio; reboca e empurra brinquedos grandes em torno de obstáculos.	Pega pequenos objetos; arremessa bola pequena quando de pé.
3 a 4 anos	Sobe escadas com um pé por degrau; pula com os dois pés; caminha nas pontas dos pés; pedala e dirige um triciclo; anda em qualquer direção puxando brinquedos grandes.	Agarra bola com braços estendidos; corta papel com tesouras; segura lápis entre o polegar e os outros dedos.
4 a 5 anos	Sobe e desce escadas com um pé por degrau; fica de pé e corre nas pontas dos pés.	Atinge bola com bastão; chuta e agarra bola; dispõe contas de um colar em fileira; segura lápis corretamente.
5 a 6 anos	Pula com pés alternados; caminha em linha reta; usa escorregadores, balanços.	Joga bem com bola; enfia agulhas e dá pontos grandes.

Fontes: Connolly e Dalgleish, 1989; Diagram Group, 1977; Fagard e Jacquet, 1989; Mathew e Cook, 1990; Thomas, 1990.

Os avanços nas habilidades motoras, tais como escalar, são produto de avanços menores e menos óbvios em habilidades de movimento fundamentais, tais como o grau em que uma criança é capaz de flexionar seus quadris, joelhos e tornozelos.

correr muitas vezes parecem surgir da noite para o dia. Um dia, uma criança corre desajeitadamente, parece tropeçar em tudo e cai repetidas vezes. No dia seguinte, ela pode estar voando como uma estrela cadente. Nesses casos, o que aconteceu é que uma das habilidades de movimento fundamentais finalmente atingiu o limiar crítico de prontidão, corrigindo aquela nota discordante final e permitindo que a "banda" da habilidade motora toque uma melodia que os observadores reconhecem como uma execução qualificada ("Veja aquela menina andando!"), sem consciência dos milhares de diminutos eventos neurológicos, esqueletais e musculares que contribuem para isso.

Existe um conjunto único de padrões de movimento fundamentais que subjazem cada uma das habilidades motoras gerais que surge durante a segunda infância, e esses movimentos servem como o alicerce sobre o qual as crianças constroem habilidades atléticas na meninice. Uma vez que as crianças adquirem essas habilidades de movimento através de padrões inatos de maturação e também da experiência com diferentes tipos de movimento (ver *Ciência do desenvolvimento na sala de aula*, abaixo), proporcionar às crianças pequenas oportunidades para o desenvolvimento motor geral é essencial para seu futuro desenvolvimento físico.

Habilidades motoras finas   As habilidades motoras finas também se aperfeiçoam nesse período, como mostra a Tabela 7.3. Semelhante ao que ocorre com as habilidades no domínio motor geral, os avanços nas habilidades motoras finas representam mudanças nos padrões de movimento subjacentes. Por exemplo, a capacidade de segurar um lápis de maneira efetiva (ver Figura 7.3) surge depois que as crianças desenvolvem a capacidade de tocar cada dedo de uma das mãos com o polegar daquela mão, padrão de movimento conhecido como **diferencia-**

CIÊNCIA DO DESENVOLVIMENTO NA SALA DE AULA

Educação dos movimentos

Rashad não se lembra de nenhuma época em sua vida em que não estivesse de uma maneira ou de outra envolvido em esportes organizados. Sua paixão por esportes o levou a perseguir um diploma na área de administração desportiva, e depois de formado ele começou a trabalhar como diretor de um centro de recreação do bairro. Depois de organizar um programa de esportes de equipe para as crianças que participam do programa extraescolar do centro, ele dirigiu sua atenção para os pré-escolares no bairro. Ele se perguntava se seria melhor montar um programa de sessões supervisionadas de livre brincar para as crianças ou oferecer-lhes um programa mais estruturado que incluísse instrução em habilidades motoras.

Quando Rashad fez algumas pesquisas para descobrir qual abordagem era melhor, descobriu que a *educação dos movimentos*, um programa formal que ensina as crianças habilidades de movimento fundamentais, é benéfica. Experiências demonstram que as crianças que recebem esse tipo de instrução desenvolvem habilidades motoras gerais mais rapidamente do que crianças que despendem uma quantidade igual de tempo brincando livremente ou em programas de educação física tradicionais (Goodway e Branta, 2003). Esses programas levam ao aperfeiçoamento das habilidades motoras gerais tanto entre crianças com desenvolvimento típico quanto entre crianças que apresentam atraso no desenvolvimento motor.

Para ser efetiva, a educação dos movimentos deve se basear em uma compreensão meticulosa do desenvolvimento motor na segunda infância. Além disso, os professores devem levar o desenvolvimento sensório das crianças em consideração no planejamento de atividades. Por exemplo, os sistemas perceptuais visuais das crianças pequenas ainda não estão plenamente maduros, e assim elas têm dificuldade para acompanhar objetos pequenos que estejam se movimentando rapidamente e que se mesclem com imagens de fundo (Gabbard, 2008). Consequentemente, elas tendem a gostar e se beneficiar mais arremessando uma bola de praia do que arremessando uma bola de tênis. As habilidades motoras finas limitadas dos pré-escolares também fazem da bola de praia uma alternativa melhor.

Uma vez que as habilidades de movimento fundamentais que são adquiridas na segunda infância são básicas para muitos esportes e para atividades de lazer que são desenvolvidas em etapas posteriores da infância, os especialistas em desenvolvimento motor afirmam que o desenvolvimento motor inicial pode estar relacionado à boa forma física em anos posteriores. Eles afirmam que as crianças que adquirem habilidades de movimento fundamentais se sentem mais confiantes sobre sua capacidade de praticar atividades motoras, e, consequentemente, elas podem ter mais disposição para participar de atividades que contribuem para a boa forma física.

Questões para reflexão

1. Por que é necessário que um programa pré-escolar de educação dos movimentos seja baseado em uma compreensão do desenvolvimento motor da segunda infância?
2. Que papel o temperamento poderia desempenhar no achado de que a educação dos movimentos promove o desenvolvimento motor geral das crianças?

A Criança em Crescimento **211**

(a) (b)

Figura 7.3 Modos imaturo e maduro de pegar o lápis.

Até os 3 anos, a maioria das crianças pega o lápis ou giz de cera como vemos em (a). Entre 3 e 6 anos, à medida que se desenvolve a diferenciação dos dedos, elas gradualmente mudam o modo como seguram um instrumento gráfico até atingirem o modo maduro mostrado em (b).

diferenciação dos dedos capacidade de tocar cada dedo de uma mão com o polegar daquela mão.

ção dos dedos (Gabbard, 2008). Mudanças nos músculos e ossos do punho e da mão, juntamente com a maturação do sistema nervoso, possibilitam a diferenciação dos dedos.

Apesar dos progressos impressionantes nas habilidade motoras finas que ocorrem durante a segunda infância, até mesmo os pré-escolares mais velhos não são altamente hábeis em tarefas motoras como usar um lápis ou giz de cera ou utilizar uma tesoura com precisão. A pesquisa sugere que essas habilidades não atingem níveis maduros antes dos 8 anos ou em torno disso. Esse é um fato importante a ser compreendido por pais e professores de crianças pequenas. É raro haver uma criança que na educação infantil seja realmente habilidosa em tarefas motoras finas, como colorir dentro das linhas em livros de colorir ou escrever letras. Pré-escolares mais jovens, evidentemente, são ainda menos habilidosos nessas tarefas. Entretanto, a estratégia de "esperar para ver" não é a melhor abordagem para ajudar as crianças a aprender a escrever letras e desenhar formas simples. Os pesquisadores constataram que o treinamento precoce, aproximadamente a partir dos 2 anos e meio de idade, pode acelerar a rapidez com que as crianças pequenas adquirem habilidades motoras finas ligadas à escola, tais como desenhar letras, quando ingressam na escola aos 5 e 6 anos (Callaghan e Rankin, 2002). Mas cabe aqui uma palavra de cautela, porque o tipo de treinamento precoce que é mais benéfico envolve oferecer às crianças oportunidades para usar seus dedos em todo o tipo de atividade: fazer figuras de barro, enfileirar contas e utilizar ferramentas de tamanho apropriado e que não possam causar danos, como pinças e tenazes. Ou seja, se quisermos aumentar as chances de que uma criança aprenda facilmente a escrever nos anos escolares, devemos

A experiência contribui para o desenvolvimento de habilidades motoras finas.

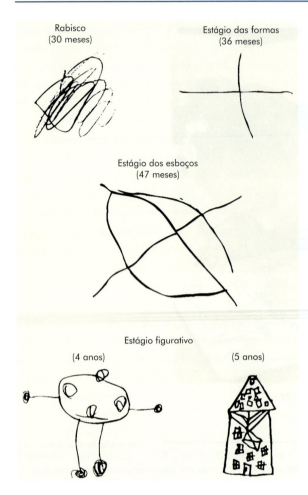

Figura 7.4 Estágios nos desenhos das crianças.

A desenvolvimentista Rhonda Kellogg identificou quatro estágios nos desenhos das crianças pequenas: *rabisco, forma, esboço* e *figurativo*.

(*Fonte:* Helen Bee, *The growing child: an applied approach*, 2a ed. Boston: Allyn e Bacon, 1999.)

estágio dos rabiscos primeiro dos estágios da expressão gráfica, segundo Kellogg, em que as crianças desenham pontos, linhas horizontais e verticais, linhas curvas e circulares e zigue-zagues.

estágio das formas segundo estágio de Kellogg, em que as crianças intencionalmente desenham formas como círculos, quadrados ou linhas cruzadas.

estágio dos esboços terceiro estágio de Kellogg, em que as crianças misturam várias formas básicas para criar desenhos mais complexos.

estágio figurativo quarto estágio de Kellogg, em que as crianças começam a desenhar figuras de objetos ou eventos da vida real.

> **OBJETIVO DA APRENDIZAGEM 7.6**
> Quais tipos de problemas de sono aparecem durante a segunda infância?

oferecer a ela uma ampla variedade de atividades motoras finas na segunda infância (Rule e Stewart, 2002).

Os desenhos das crianças parecem seguir a sequência de desenvolvimento mostrada na Figura 7.4 desta página (Toomela, 1999). Esses estágios foram identificados pela primeira vez em um estudo clássico de Rhonda Kellogg (1970), no qual mais de um milhão de desenhos feitos por crianças ao redor do mundo foram analisados. Assim, os estágios identificados por Kellogg são considerados universais.

A primeira etapa é o **estágio dos rabiscos**, que se inicia tipicamente entre os 18 meses e os 2 anos. Kellogg identificou 20 rabiscos básicos, incluindo pontos, linhas horizontais e verticais, linhas curvas e circulares e zigue-zagues. Coletivamente, esses padrões de rabisco formam as bases dos desenhos que as crianças produzem em estágios posteriores. Aos 3 anos, as crianças entram no que Kellogg chamou de **estágio das formas**, quando elas começam a desenhar determinadas formas deliberadamente, tais como círculos, quadrados ou linhas cruzadas. Esse é rapidamente seguido pelo **estágio dos esboços**, em que elas misturam várias formas básicas para criar desenhos mais complexos. Aos 4 ou 5 anos, a criança começa a desenhar figuras de objetos ou eventos da vida real; este é o **estágio figurativo**. Esses objetos e eventos – pessoas, animais, casas, brinquedos, festas de aniversário, visitas ao zoológico – são feitos de rabiscos e formas básicas.

As mudanças nos desenhos das crianças parecem andar de mãos dadas com as mudanças em sua forma de compreenderem o que estão desenhando (Callaghan, 1999). Por exemplo, no estágio de rabiscos, as crianças podem criar um desenho e depois dar-lhe um nome. Em estágios posteriores, as crianças tendem a criar uma imagem mental e tentar representá-la com um desenho. De modo semelhante, pré-escolares que compreendem a natureza simbólica das letras – geralmente depois dos 3 anos – beneficiam-se mais da instrução na escrita de letras do que crianças mais novas. Além disso, aprender a grafar letras parece ajudar as crianças a compreendê-las mais plenamente (Callaghan e Rankin, 2002). Assim, pesquisas que analisaram a escrita das crianças demonstram que, em alguns casos, os desenvolvimentos físico e cognitivo são processos interativos.

Padrões de sono

Como outras mudanças no domínio físico, as mudanças nos padrões de sono são menos marcantes durante os anos pré-escolares do que na primeira infância. Uma criança de 2 anos típica dorme cerca de 13 horas por dia, incluindo uma soneca durante o dia. Aos 6 anos, uma criança típica dorme cerca de 10 horas, sem soneca (Adair e Bauchner, 1993; Needlman, 1996).

Muitas crianças pequenas têm problemas para dormir e durante o sono. Esses problemas incluem lutas na hora de dormir, como a descrita na discussão de *Ciência do desenvolvimento em casa* que se segue. Problemas como pesadelos, terrores noturnos e enurese também são comuns.

Pesadelos e terrores noturnos Pesadelos são mais propensos a ocorrer na segunda metade do sono noturno de uma criança, o que significa que eles geralmente acontecem de manhã cedo. Embora os pesadelos possam ser muito perturbadores para a criança e para os pais, eles são bastante normais e geralmente não indicam que existe um problema psicológico ou emocional subjacente. Caso aconteçam apenas ocasionalmente, os pais não precisam se preocupar. Contudo, pesadelos frequentes podem ser uma resposta a um estressor que está presente na vida da criança (Dixon e Stein, 2006). Muitas vezes os pais sabem com o que uma criança está estressada, como

A Criança em Crescimento **213**

> **CIÊNCIA DO DESENVOLVIMENTO EM CASA**
>
> ## Uma boa noite de sono para as crianças (e para os pais também!)
>
> Todas as noites, Luis e Ramona passam pela mesma provação quando põem seu filho de 3 anos, Manny, para dormir. O menino lhes suplica para dormir com eles, mas eles sempre dizem não. Depois de quatro ou cinco ciclos de súplicas e soluços, geralmente distribuídos durante ao menos uma hora, Manny finalmente fica tão exausto que não consegue mais permanecer acordado. Apesar da persistência de seus pais, Manny muitas vezes consegue o que quer. Ele se acorda todas as noites em torno das duas da madrugada e tenta entrar na cama dos pais sem que eles percebam. Às vezes Luis ou Ramona despertam e o levam de volta à cama e, nesse processo, inicia-se outra rodada no ciclo de súplicas e soluços que Manny exibe na hora de dormir. Outras vezes, os dois estão dormindo tão profundamente que a invasão de Manny na madrugada passa desapercebida, e eles acordam na manhã seguinte vendo-o em sua cama.
>
> O comportamento de Manny na hora de dormir também é familiar a muitos pais de pré-escolares. Como explicado no quadro de *Ciência do desenvolvimento em casa* do Capítulo 2 (ver página 58), os pais às vezes acabam inadvertidamente incentivando esse tipo de comportamento. Consequentemente, os pediatras costumam lidar com preocupações dos pais com os hábitos de sono como os de Manny (Coury, 2002). Eis a seguir algumas estratégias que a maioria dos médicos recomenda:
>
> - Organize as atividades diurnas da criança de uma forma estruturada e previsível e respeite os horários ao máximo todos os dias.
> - Fixe uma hora de dormir que anteceda de 8 a 10 horas a hora desejada de acordar.
> - Suspenda as sonecas durante o dia quando a criança tem tido dificuldade para dormir ou tem despertado cedo demais pela manhã.
> - Estabeleça um conjunto rotineiro de "atividades de acomodação", tais como banho, livro de histórias e beijos de boa noite e resista às tentativas da criança de prolongar ou modificar a rotina.
> - Forneça à criança um *objeto transicional*, como uma boneca ou bichinho de pelúcia, que seja reservado especialmente para a hora de dormir.
>
> Fazer tais ajustes pode ser um desafio, especialmente quando a criança resiste a eles ativamente. Entretanto, a pesquisa confirma que esse tipo de mudanças pode reduzir significativamente os conflitos relacionados ao sono (Borkowski, Hunter e Johnson, 2001). Assim, alguns dias ou mesmo semanas de persistência por parte dos pais pode compensar em anos de sono tranquilo tanto para os pais quanto para os filhos.
>
> ### Questões para reflexão
>
> 1. Se você fosse pai ou mãe de Manny, que estratégias utilizaria para tentar impedi-lo de despertar à noite e vir dormir em sua cama?
> 2. Em sua opinião, em que medida as preocupações dos pais sobre onde as crianças dormem dependem de padrões de comportamento e crenças culturais?

no caso de pais que estão se divorciando. Entretanto, se os pais não tiverem ideia sobre o motivo pelo qual uma criança está tendo pesadelos frequentes, eles devem expor suas preocupações a um profissional de saúde.

É interessante que o temperamento de uma criança e o modo como seus pais respondem a ele parece contribuir para os pesadelos. Pesquisadores no Canadá registraram a frequência dos pesadelos em 900 crianças por 3 anos (Simard, 2008). Eles constataram que apenas 4% das crianças já tinham tido pesadelos. Geralmente as crianças que tinham pesadelos também eram ansiosas e difíceis de manejar durante as horas de vigília. As mães dessas crianças tendiam a ter pouca confiança na própria capacidade de lidar com o comportamento das crianças. Os pesquisadores concluíram que pesadelos noturnos podem ser uma manifestação de um padrão inadaptativo de interação entre as crianças e seus cuidadores. Outros pesquisadores descobriram que as crianças que têm pesadelos frequentes são mais propensas a terem mães que também têm pesadelos frequentes, mas não existe correlação entre a frequência dos pesadelos em pais (em contraste com mães) e filhos (Schredl, Barthold e Zimmer, 2006). Essas descobertas, como as de pesquisadores canadenses, sugerem que os pesadelos das crianças são de alguma forma influenciados pela relação mãe-filho ou que uma característica subjacente que acarreta pesadelos frequentes é compartilhada por mães e filhos.

Os **terrores noturnos** geralmente ocorrem no início do sono da criança. A criança parece se acordar abruptamente e se sentar na cama e gritar. Apesar desses sinais, a criança cujo sono foi perturbado por um terror noturno não desperta totalmente e geralmente não é capaz de falar sensatamente sobre o que sonhou. Assim, ainda que os terrores noturnos possam assustar os pais, as crianças geralmente voltam a dormir quase de imediato e raramente se recordam do acontecido na manhã seguinte.

Os pesquisadores do sono acreditam que os terrores noturnos provêm de uma transição excepcionalmente rápida do sono muito profundo para um estado de sono crepuscular (Dixon e Stein, 2006). Tendem a ocorrer quando as crianças estão fisicamente exaustas ou sob estresse incomum. Entretanto, os terrores noturnos não estão ligados a qualquer problema emocional subjacente (Kemper, 1996).

pesadelos sonhos assustadores que costumam acontecer nas primeiras horas da manhã e despertam a criança.

terrores noturnos sonhos assustadores que costumam acontecer nas primeiras duas horas de sono de uma criança e não chegam a despertá-la totalmente.

Urinar na cama Muitos pais acreditam que depois que a criança não usa mais fraldas, talvez aos 2 ou 3 anos, seu "treinamento higiênico está completo" e nunca mais vão urinar à noite. Na verdade, as crianças variam muito quanto ao tempo que levam para aprender a controlar a bexiga durante as 8 a 10 horas de sono noturno que a maioria dos pré-escolares necessitam. Assim, a maioria dos profissionais de saúde não considera a *enurese noturna* um problema significativo, a menos que ela persista após os 6 anos (Coury, 2002).

Uma causa importante da enurese é uma bexiga menor do que o normal. Outra é a diferença no modo como o cérebro da criança sinaliza os rins para produzir urina. Um hormônio chamado *hormônio antidiurético (ADH)* sinaliza os rins para produzirem menos urina. Nos adultos, e nas crianças que não sofrem de enurese, o cérebro produz mais ADH à noite, resultando em uma produção mais baixa de urina à noite. Em contraste, as crianças que urinam na cama secretam a mesma quantidade de ADH durante o dia e a noite, o que significa que elas têm que urinar com mais frequência durante a noite. Essas crianças com o tempo desenvolvem o padrão típico de secreção de ADH, mas esse é um processo desenvolvimentista mais lento para elas do que para uma criança mediana. Enquanto isso, medicações e alarmes noturnos que disparam na primeira gota de líquido sobre uma almofada especial podem ser utilizados para controlar a enurese (Coury, 2002; Tomasi, Siracusano, Monni, Mela e Delitala, 2001).

Saúde e bem-estar

A segunda infância é a época ideal para começar a ensinar bons hábitos de saúde às crianças. O rápido desenvolvimento de suas habilidades de linguagem e seu amor pela imitação dos outros permitem que elas se beneficiem das instruções verbais dos pais e suas demonstrações de comportamentos relacionados à saúde, tais como comer alimentos nutritivos. Contudo, a segunda infância também é uma época em que as crianças são vulneráveis a diversos problemas, muitos dos quais evitáveis.

> **OBJETIVO DA APRENDIZAGEM 7.7**
> De que forma os padrões de alimentação mudam na segunda infância?

Nutrição

Uma vez que as crianças crescem mais lentamente durante a segunda infância, elas podem parecer comer menos do que quando eram bebês. Além disso, a aversão a alimentos frequentemente se desenvolve durante os anos pré-escolares. Por exemplo, uma criança que adorava cenoura quando era bebê se recusa a comê-la aos 2 ou 3 anos. Consequentemente, os conflitos entre crianças pequenas e seus pais com frequência giram em torno do comportamento alimentar (Wong, 1993). A maioria das crianças dos 2 aos 6 anos é resistente à ideia de experimentar novos alimentos. Surpreendentemente, estudos de gêmeos sugerem que a resistência a novos alimentos é fortemente influenciada pela hereditariedade (Wardle e Cooke, 2008). Essas descobertas sugerem que a aversão a novos alimentos pode ser um mecanismo de proteção que ajuda as crianças a sobreviver em um ambiente natural no qual é difícil distinguir entre fontes de alimentos seguras e prejudiciais. Contudo, o gosto melindroso das crianças não necessariamente conduz a uma dieta saudável.

Os nutricionistas assinalam que é importante que os pais não fiquem tão preocupados com a quantidade ou variedade de alimentos que uma criança consome que acabem satisfazendo seus desejos por doces ou outros alimentos altamente calóricos ou tentem forçá-la a comer (Dixon e Stein, 2006). Muitas crianças adquirem hábitos de alimentação durante esse período que acarretam problemas de peso posteriormente. Pesquisas mostram que 15% das crianças de 2 a 5 anos têm sobrepeso e outros 16% correm risco de ter sobrepeso quando chegarem a idade escolar (Pediatric Nutrition Surveillance, 2005). Por isso, os nutricionistas recomendam manter uma variedade de alimentos nutritivos à mão e deixar que o apetite da criança seja um bom guia para a quantidade de comida que elas ingerem. Evidentemente, essa abordagem só funciona se o acesso das crianças a doces e outros alimentos atraentes, mas pouco nutritivos, for limitado.

Os pais também devem manter em mente que as crianças pequenas comem aproximadamente a metade da quantidade de comida que os adultos comem, e, diferente dos adultos, muitas delas não consomem a maioria de suas calorias diárias em refeições regulares (Dixon e Stein, 2006). Os nutricionistas sugerem que pais preocupados mantenham um registro do que seus filhos realmente estão comendo por semana. Na maioria dos casos, os pais vão descobrir que as crianças estão consumindo muita comida.

A questão da quantidade de gordura que deve ser incluída nas dietas das crianças também tem sido um pouco controversa nos últimos anos (National Academies of Science and Food and Nutrition Board, 2005). A polêmica é oriunda da visão de que uma certa quantidade de gordura na dieta é necessária para um desenvolvimento cerebral normal. Assim, os médicos nos Estados Unidos relutam em recomendar que os pais restrinjam a gordura na dieta dos filhos. Entretanto, uma experiência envolvendo centenas de crianças finlandesas constatou que a restrição do consumo diários de gorduras das crianças para 30 a 35% das calorias totais a partir da primeira infância não teve impacto no desenvolvimento cerebral aos 5 anos (Rask-Nisillä et al., 2000). As crianças no grupo de dieta com restrição de gordura do estudo apresentaram habilidades cognitivas, motoras e sensoriais equivalentes às das crianças cujas dietas não eram restritas.

A quantidade de gordura que as crianças no estudo finlandês consumiram, de 30 a 35% das calorias totais, era superior aos 20 a 30% das calorias totais que é recomendado para adultos. Assim, pais conscienciosos devem evitar alimentar os filhos com as mesmas dietas de baixa gordura que eles próprios seguem. Os especialistas concordam que crianças pequenas necessitam de uma certa quantidade de gordura na dieta para sustentar o desenvolvimento cerebral normal (National Academies of Science Food and Nutrition Board, 2005).

Contudo, muitas das recomendações dietéticas sobre o consumo de gorduras dadas para adultos também são importantes para as crianças. Por exemplo, *gorduras saturadas*, aquelas de origem animal, devem ser limitadas nas dietas de crianças e adultos. *Gorduras trans* e *gorduras parcialmente hidrogenadas*, as quais costumam estar presentes em alimentos embalados como bolachas e salgadinhos, também devem ser limitadas. Acredita-se que esses três tipos de gorduras contribuem para o desenvolvimento posterior de doenças cardíacas. Em contraste, acredita-se que as *gorduras monoinsaturadas e poli-insaturadas*, tais como azeite de oliva e azeite de açafrão, fornecem ao organismo de crianças e adultos as gorduras essenciais sem aumentar o risco de doença cardíaca. No estudo finlandês citado anteriormente, a composição de gorduras nas dietas das crianças que consumiam a dieta restrita era de cerca de um terço de gorduras saturadas, um terço de monoinsaturadas e um terço de poli-insaturadas (Rask-Nisillä et al., 2000). Aos 5 anos, as crianças no grupo de dieta restrita apresentaram níveis mais baixos de *colesterol* no sangue do que as crianças no grupo controle. Acredita-se que o colesterol contribui para doenças cardíacas na idade adulta.

Necessidades de assistência médica

> **OBJETIVO DA APRENDIZAGEM 7.8**
> Quais são as necessidades de assistência médica das crianças pequenas?

Como assinalado anteriormente, acompanhar os padrões de crescimento das crianças ajuda os profissionais de saúde a determinar se as crianças estão se desenvolvendo normalmente. Para obter um quadro abrangente do desenvolvimento de uma criança, eles geralmente incluem vários outros tipos de avaliações além dos exames físicos de puericultura básicos para pré-escolares.

Exames de puericultura Os médicos recomendam que as crianças pequenas sejam examinadas anualmente em torno de sua data de aniversário (Overby, 2002). Além de monitorarem o crescimento das crianças, os médicos avaliam sua saúde e condição geral de desenvolvimento. Os exames de puericultura também oferecem aos pais uma oportunidade para conversarem com os médicos sobre suas eventuais preocupações com os filhos.

Existem algumas imunizações que devem ser administradas durante a segunda infância (ver Tabela 7.4). Nos Estados Unidos, cada estado tem um conjunto de imunizações que são obrigatórias para que as crianças possam ser matriculadas em programas de assistência infantil ou pré-escolares licenciados pelo governo. Assim, as crianças que participam desses programas geralmente estão em dia com todas as suas vacinas. Entretanto, as crianças que não frequentam escolas de educação infantil muitas vezes se encontram atrasadas em suas imunizações. Além disso, os pais que se preocupam com os possíveis riscos associados às vacinações tendem a atrasar a vacinação de seus filhos (Gust et al., 2004). As autoridades de saúde pública alertam que atrasar as vacinações põe em risco tanto as crianças quanto as comunidades em que elas vivem.

Os exames de puericultura permitem aos profissionais monitorar o crescimento das crianças e administrar as imunizações necessárias.

cáries dentárias cavidades nos dentes causadas por bactérias.

Cuidado dos dentes Os dentistas recomendam que os pais iniciem a limpeza dos dentes de seus filhos logo após a sua erupção a fim de prevenir o acúmulo de bactérias que causam as **cáries dentárias**. Inicialmente, aconselha-se o uso de uma gaze ou escova de dentes infantil para limpar os dentes de um bebê. A pasta de dentes não é essencial, mas se usada, deve ser um produto especialmente feito para bebês e sem flúor. Os cremes dentais fluoretados só devem ser usados depois que as crianças saibam usar a pasta sem engoli-la, capacidade que varia de idade de uma criança para outra.

Durante a segunda infância, as responsabilidades pelo cuidado dos dentes são gradualmente passadas para a própria criança. Evidentemente, em função do ritmo em que as habilidade motoras finas são adquiridas, a escovação dos dentes e uso do fio dental são tarefas compartilhadas por muitos anos. Por exemplo, os pais podem fazer um acordo com uma criança de 3 anos em que ela pode escovar os dentes da frente sozinha se concordar que os seus dentes de trás sejam escovados por eles. O objetivo é garantir uma escovação eficaz e ao mesmo tempo ajudar a criança a desenvolver a confiança em sua capacidade de cuidar de seu corpo.

A maioria das crianças faz seu primeiro exame odontológico em torno dos 3 anos (Overby, 2002). Caso a criança ainda esteja sugando o polegar ou usando chupeta, o dentista recomenda que esse hábito seja abandonado o mais breve possível. Os dentistas se preocupam com os hábitos de sucção dos bebês porque os ossos ao redor da boca estão em processo de endurecimento durante a segunda infância. Consequentemente, a sucção habitual durante esse período acarreta malformação desses ossos e desalinhamento dos dentes.

As estratégias para parar de sugar incluem medidas simples como fazer a criança usar lu-

Tabela 7.4 Esquema de vacinações recomendado para crianças do nascimento aos 10 anos

Vacina	Idade recomendada
BGG-ID (tuberculose)	Ao nascer
Hepatite B	Três doses: ao nascer; 1 mês; 6 meses
Tetravalente (difteria, tétano, coqueluche, meningite e outras infecções)	Três doses: 1 mês; 2 meses; 4 meses
VOP (poliomielite)	Três doses + reforço: 2 meses; 6 meses; 15 meses
VORH (rotavírus)	Duas doses: 2 meses; 4 meses
Febre amarela	Dose + reforço: 9 meses; 10 anos
Tríplice viral (sarampo, rubéola e caxumba)	Dose + reforço: 12 meses; 4-6 anos
Tríplice bacteriana (difteria, tétano e coqueluxe)	Dois reforços: 15 meses

Fonte: Dados do Ministério da Saúde do Brasil (2010).

vas ou fitas adesivas no polegar. Se essas estratégias falharem, os dentistas às vezes instalam um aparelho na boca da criança que impede o sugar. Estratégias de modificação do comportamento também podem funcionar, tais como elogiar a criança ou dar-lhe prêmios por permanecer cada vez mais tempo sem usar a chupeta. Entretanto, os pais fariam bem em analisar os níveis de estresse da criança antes de iniciar uma tentativa sistemática de eliminar seu hábito de usar a chupeta. A eliminação ou redução de alguns dos estresses na vida da criança pode facilitar seu abandono do hábito.

Doenças, acidentes e mortalidade

> **OBJETIVO DA APRENDIZAGEM 7.9**
> Que fatores estão envolvidos nas doenças, acidentes e mortalidade entre crianças de 2 a 6 anos?

Muitas crianças pequenas visitam o médico várias vezes entre os exames anuais de rotina devido à frequência de pequenas enfermidades nessa época da vida. Muitas requerem atendimento de emergência de tempos em tempos. Tragicamente, uma pequena fração de crianças morre a cada ano, geralmente em consequência de algum tipo de acidente.

Doenças Nos Estados Unidos, o pré-escolar mediano tem de quatro a seis episódios de enfermidade a cada ano, na maioria das vezes resfriados ou gripes (Sulkes, 1998). Crianças que estão experimentando altos níveis de estresse ou turbulência na família têm maior probabilidade de ficarem doentes. Por exemplo, um amplo estudo nacional nos Estados Unidos mostrou que as crianças que vivem em lares de pais solteiros têm mais asma, dores de cabeça e maior vulnerabilidade geral a doenças de muitos tipos do que as que vivem com os dois pais biológicos (Dawson, 1991).

Em alguns casos, doenças simples como um resfriado evoluem para quadros mais sérios. Por exemplo, a **otite média (OM)**, uma inflamação do ouvido médio que é causada por uma infecção bacteriana, é a principal causa das visitas das crianças aos consultórios médicos nos Estados Unidos (Waseem, 2007). Mais de 90% das crianças têm ao menos um episódio de OM no primeiro ano de vida, e cerca de um terço tem seis ou mais episódios antes dos 7 anos.

Graças aos antibióticos, a maioria dos casos de OM se resolve rapidamente. Em anos recentes, entretanto, vem aumentando a preocupação com a crescente resistência das bactérias que causam a otite média aos antibióticos. Consequentemente, muitos médicos hoje recomendam uma conduta de "esperar para ver" nos casos de OM (American Academy of Pediatrics [AAP], 2004). Se a criança desenvolve febre alta ou a infecção contínua por 3 a 4 dias, então antibióticos são prescritos. Estudos controlados por placebo sugerem que 75% dos casos de OM se resolvem sozinhos dentro de 7 dias após o diagnóstico inicial (AAP, 2004).

Em algumas crianças, a OM se torna crônica, definida como um episódio de otite média que permanece sem cura depois de 6 meses de tratamento com antibióticos (Waseem, 2007). Nesses casos, alguns médicos recomendam que as crianças sejam submetidas a cirurgia para inserir drenos nos ouvidos. Os drenos permitem que o líquido saia do ouvido médio através do tímpano.

otite média (OM) inflamação do ouvido médio que é causada por uma infecção bacteriana.

Acidentes Outro perigo para as crianças são os acidentes. Todos os anos, cerca de um quarto de todas as crianças com menos de 5 anos nos Estados Unidos tem ao menos um acidente que requer algum tipo de atenção médica, e os acidentes são a maior causa de morte entre crianças em idade pré-escolar e escolar (Heron, 2007). Em todas as idades, os acidentes são mais comuns entre meninos do que entre meninas, presumivelmente por causa de seu modo de brincar mais ativo e ousado. A maioria dos acidentes entre crianças nessa faixa etária – quedas, cortes, envenenamentos acidentais, etc. – ocorre em casa. Os acidentes em automóveis são a segunda maior causa de ferimentos entre pré-escolares. Os especialistas assinalam que, embora os pais evidentemente não possam manter os pré-escolares totalmente ilesos, muitos danos podem ser evitados. As crianças podem utilizar equipamentos de proteção ao andarem de triciclo e bicicleta, e na maioria dos países os pais são obrigados por lei a utilizar assentos especiais e sistemas de proteção para reduzir as chances de que seus filhos sofram ferimentos em acidentes. A instalação de grades de proteção em torno de piscinas reduz em muito as chances de que uma criança caia nelas, acidente que costuma resultar em afogamento ou quase afogamento quando não existe um adulto por perto (Stevenson, Rimajova, Edgecombe e Vickery, 2003).

Envenenamento Quando as crianças caem ou se envolvem em um acidente de bicicleta ou de automóvel, elas geralmente recebem assistência médica ou ao menos primeiros socorros imediatamente. Em contraste, a maioria dos envenenamentos acidentais não é tratada até que a criança esteja muito

Tabela 7.5 As dez substâncias envolvidas com maior frequência nos envenenamentos de crianças entre 1 e 4 anos

Substância	Porcentagem de casos
Cosméticos	13,3
Produtos de limpeza	9,8
Analgésicos	8,4
Corpos estranhos, brinquedos	7,4
Cremes e loções para a pele	7,0
Remédios para tosse e resfriado	5,7
Vitaminas	3,9
Inseticidas	3,7
Plantas	3,7
Antiácidos e antidiarreicos	2,8

Fonte: Bronstein et al., 2007.

doente (Fein, Durbin e Selbst, 2002). No caso típico, os pais levam uma criança muito doente ou inconsciente a um serviço hospitalar de emergência e relatam que a criança estava bem algumas horas antes. Determina-se que o envenenamento é a causa da condição da criança pelo processo de eliminação. Os casos de envenenamento acidental geralmente seguem esse curso porque os pais não vigiam os pré-escolares tão de perto quanto o fazem com bebês e porque as próprias crianças tendem a esconder que mexeram em coisas nas quais foram avisadas que não deveriam mexer.

A metade dos casos de envenenamento que ocorre a cada ano nos Estados Unidos envolve crianças com menos de 6 anos (Bronstein et al., 2007). Felizmente, apenas uma pequena fração dos incidentes de envenenamento envolvendo crianças pequenas é fatal. Em 2006, por exemplo, mais de um milhão de crianças foram tratadas por envenenamento acidental e apenas 29 morreram. Contudo, o envenenamento pode ter efeitos a longo prazo, incluindo dano cerebral e nervoso, sendo portanto essencial que os pais e outras pessoas que cuidam de crianças em ambientes domésticos tomem medidas para livrar sua casa de "venenos". A Tabela 7.5 lista as substâncias que são responsáveis por casos de envenenamento acidental envolvendo crianças pequenas com maior frequência. A American Academy of Pediatrics (The American Academy of Pediatric, 2008) recomenda que os cuidadores tomem as seguintes medidas com relação a substâncias a fim de proteger as crianças de envenenamento acidental:

- Mantenha produtos tóxicos em suas embalagens originais.
- Guarde todos os produtos tóxicos em armários ou recipientes trancados, e mantenha-os fora do alcance de crianças.
- Instale trancas de segurança em armários que contenham produtos tóxicos e que estejam ao alcance de crianças.
- Compre medicamentos somente em embalagens "à prova de criança".
- Descarte todos os remédios sem uso e com o prazo de validade vencido.
- Sempre confira o rótulo antes de dar um remédio a uma criança, e certifique-se de que a dose está correta.

Mortalidade Nas regiões menos desenvolvidas do mundo, os casos mais comuns de morte na segunda infância são as doenças infecciosas e parasitárias (World Health Organization [Organização Mundial da Saúde, OMS], 2005). Na África, por exemplo, 18% das mortes na segunda infância se devem à malária e 40% são causadas por diarreia e pneumonia (Unicef, 2008). Para lidar com essa crise, a OMS está trabalhando com os governos das nações economicamente favorecidas para financiar um pacote de recursos humanitários para a África com o intuito de aumentar o número de profissionais de saúde na região; aumentar o acesso à assistência médica básica, como exames de puericultura e imunizações; construir unidades de tratamento de água; fornecer aos domicílios redes de proteção contra insetos transmissores de doenças; distribuir medicamentos que possam prevenir a evolução de doenças infecciosas; suplementar os fornecedores de alimentos locais com fontes adicionais de proteína, vitaminas e sais minerais; e educar os pais sobre os necessários cuidados com a saúde de sua família. Esses esforços produziram declínios drásticos no número de mortes na segunda infância entre as crianças africanas. As mortes por sarampo, por exemplo, diminuíram 91% desde 2000, quando uma grande campanha de vacinação foi lançada no continente por uma coalizão de organizações internacionais (Measles Initiative, 2007).

A África subsaariana é a única região do planeta onde a mortalidade na segunda infância aumentou nos últimos 20 anos (Unicef, 2008). A mortalidade abaixo dos 5 anos aumentou em 17% nesse período. Em contraste, durante o mesmo período, as taxas de mortalidade na segunda infância caíram 70% nas Américas (Unicef, 2008). O aumento nas taxas de mortalidade na África subsaariana foram causados pela epidemia de HIV/AIDS. Por exemplo, o HIV/AIDS foi responsável por 35% das mortes entre crianças com menos de 5 anos na África do Sul em 2000, ao passo que a doença causou apenas

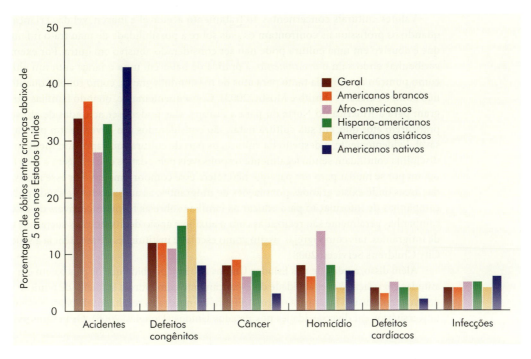

Figura 7.5 Diferenças entre os grupos étnicos nas causas de morte entre crianças com menos de 5 anos.

Como mostra essa figura, os acidentes são a principal causa de morte para crianças pequenas em todos os grupos étnicos nos Estados Unidos. Entretanto, as classificações das diversas causas de mortalidade variam entre os grupos.

(*Fonte:* Heron, 2007.)

3% de mortes abaixo dos 5 anos no continente como um todo (Norman, Bradshaw, Schneider, Pieterse e Groenewald, 2000; Unicef, 2008)

Nos Estados Unidos, Europa e países asiáticos economicamente favorecidos como o Japão, os acidentes são a principal causa de morte na segunda infância (Fein, Durbin e Selbst, 2002). Como mostra a Figura 7.5, as causas de morte variam entre os grupos étnicos nos Estados Unidos. Além disso, a taxa anual de mortalidade entre pré-escolares hispânicos e brancos é de cerca de 2,7 por 1.000; entre afro-americanos, em contraste, a taxa anual de mortalidade é de 4,5 por 1.000. As diferenças entre os grupos nas situações de vida das crianças, tais como maiores taxas de pobreza e menores taxas de acesso à assistência médica entre afro-americanos, explicam parte dessas diferenças. Entretanto, variações intergrupais nas taxas de doenças crônicas e de homicídios estão entre os fatores contribuintes.

Abuso e negligência

> **OBJETIVO DA APRENDIZAGEM 7.10**
> Quais são os fatores de risco associados a abuso e negligência?

Legalmente, define-se **abuso infantil** como o dano físico ou psicológico causado por um adulto ao expor intencionalmente uma criança a estímulos físicos, atos sexuais ou negligência potencialmente prejudiciais (Sulkes, 1998). Ocorre **negligência** quando os cuidadores deixam de prover o devido apoio físico e emocional a uma criança. Os sinais de abuso e negligência são listados na Tabela 7.6, mas é muito difícil reconhecer o abuso e negligência infantil nos ambientes cotidianos. Por exemplo, se um pai permite que uma criança de 2 anos brinque ao ar livre sozinha e a criança cai e quebra o braço, o dano é resultado de um acidente ou de negligência? Esses são os dilemas confrontados pelos profissionais da medicina, que são obrigados por lei a notificar casos suspeitos de abuso e negligência às autoridades. (Observe que todos os profissionais que trabalham com crianças, incluindo professores e funcionários de escolas, têm obrigação de notificar suspeitas de abuso, e em alguns estados todo cidadão tem essa obrigação [Child Welfare Information Gateway, 2008a].) Médicos e enfermeiras relutam em acusar os pais de abuso nesse tipo de situação, mas se preocupam em proteger as crianças de sofrerem mais danos (Sulkes, 1998).

abuso infantil dano físico ou psicológico causado por um adulto ao expor intencionalmente uma criança a estímulos físicos, atos sexuais ou negligência potencialmente prejudiciais.

negligência ausência da provisão do devido apoio físico e emocional a uma criança por parte dos cuidadores.

Valores culturais concernentes ao tratamento aceitável e inaceitável das crianças vêm à tona quando os profissionais confrontam os pais sobre a possibilidade de mau trato infantil. Ou seja, o que é abusivo em uma cultura pode não ser considerado abusivo em outra. Por exemplo, culturas caribenhas endossam o *açoitamento*, a prática de bater em uma criança com um chicote ou vara, como punição apropriada tanto para atos de má conduta graves, como roubar, quanto leves, como não cumprir afazeres (Smith e Mosby, 2003). Consequentemente, quando famílias caribenhas emigram para a América do Norte ou para a Europa, elas podem ser acusadas de abuso infantil por praticarem atos que, em sua cultura natal, são considerados um dever de um pai ou mãe responsável. Evidentemente, a despeito da cultura, os pais de culturas que aprovam medidas enérgicas de disciplina continuam sendo legalmente responsáveis pelos danos que infligem a seus filhos quando optam por se mudar para um país que não tolera esse comportamento. Por esse motivo, na maioria das áreas onde existe grandes populações de imigrantes, as autoridades de saúde pública realizam campanhas de informação para educar as famílias sobre as formas aceitáveis de disciplina. Essas campanhas geralmente são realizadas com o auxílio e apoio de instituições sociais de comunidades de imigrantes, tais como igrejas, assim como escolas e instituições de assistência à saúde (New York City Children's Services, 2008).

Além disso, ainda que nos Estados Unidos não seja proibido que os pais batam em seus filhos, as atitudes em relação à aceitabilidade do espancamento como forma rotineira de punição variam consideravelmente de um lugar para outro. A Figura 7.6 mostra os resultados de pesquisas entre estudantes universitários em diversas idades nos Estados Unidos (Douglas, 2006). Os pesquisadores que reali-

Tabela 7.6 Sinais de abuso e negligência infantil

A criança
• Mostra mudanças repentinas no comportamento ou no desempenho escolar.
• Não recebeu ajuda para problemas físicos ou de saúde levados à atenção dos pais.
• Tem problemas de aprendizagem (ou dificuldade de concentração) que não podem ser atribuídos a causas físicas ou psicológicas específicas.
• Está sempre vigilante, como se algo ruim fosse acontecer.
• Carece de supervisão de adultos.
• É excessivamente obediente, passiva ou inibida.
• Chega à escola ou a outras atividades cedo, fica até mais tarde e não quer voltar para casa.

O genitor
• Demonstra pouco interesse pela criança.
• Nega a existência de problemas da criança na escola ou em casa ou culpa a própria criança por eles.
• Pede a professores ou outros cuidadores que usem disciplina física severa se a criança se comportar mal.
• Vê a criança como totalmente má, indigna ou como um peso.
• Exige um nível de desempenho físico ou acadêmico que a criança não pode alcançar.
• Busca na criança basicamente carinho, atenção e satisfação de necessidades emocionais.

O genitor e a criança
• Raramente tocam ou olham um para o outro.
• Consideram seu relacionamento totalmente negativo.
• Declaram que não gostam um do outro.

Fonte: Child Welfare Information Gateway, 2008b.

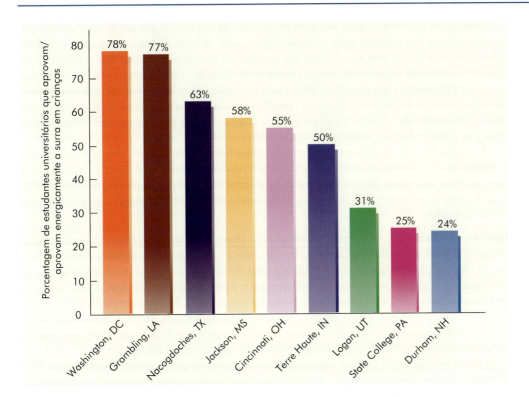

Figura 7.6 Aprovação da surra entre estudantes universitários.

Perguntou-se a estudantes universitários desses locais se eles aprovavam ou desaprovavam a surra. As porcentagens no gráfico representam estudantes que disseram que aprovavam ou aprovavam energicamente. Como você pode ver, as opiniões sobre a surra variam amplamente de um lugar do país para outro.

(*Fonte:* Douglas, 2006.)

zaram essas pesquisas constataram um grau semelhante de variação entre estudantes universitários no Canadá, onde as taxas de aprovação do espancamento variaram de apenas 12% em Montreal até 44% em Toronto. Na Europa, as taxas variaram de 16% na Bélgica a 69% em Portugal, e na Ásia, elas variaram de 36% em Hong Kong a 85% na Coreia do Sul. Consequentemente, dentro de culturas que podemos considerar relativamente homogêneas, as ideias sobre o modo adequado de punir as crianças podem variar bastante.

Analisando mais profundamente os resultados obtidos, os pesquisadores descobriram dois fatores que prediziam a aprovação ao espancamento entre as culturas (Douglas, 2006). O primeiro desses fatores envolvia as experiências dos próprios alunos com punição corporal; os que haviam sido fisicamente punidos na infância eram mais propensos a aprovar o espancamento. O segundo fator era a aceitação do espancamento nas culturas de origem dos estudantes. Ou seja, mesmo entre os alunos que não tinham sido espancados, os que vieram de uma cultura na qual a punição corporal era de modo geral considerada aceitável eram mais propensos a aprovar o espancamento.

Prevalência Nos Estados Unidos, a maioria dos casos de abuso e negligência que resultam em ferimentos graves ou morte envolve crianças de menos de 4 anos (CDC, 2006a). Devido à dificuldade em se definir abuso, é difícil dizer quantas crianças são vítimas dele. Entretanto, pesquisas sugerem que de 1 a 5% das crianças nos Estados Unidos recebem assistência médica por conta de ferimentos resultantes de abuso (CDC, 2006a). Além disso, estima-se que o abuso e/ou negligência seja responsável por cerca de 10% das visitas de emergência envolvendo crianças de menos de 5 anos (Sulkes, 1998). Infelizmente, cerca de 2 mil bebês e crianças morrem em consequência de abuso e/ou negligência todos os anos nos Estados Unidos (CDC, 2006a).

Crianças de menos de 5 anos são mais propensas a serem feridas por um genitor abusivo por diversos motivos. Em primeiro lugar, as demandas de cuidar de bebês e crianças pequenas podem desafiar a paciência até dos pais mais calmos. Por exemplo, os repetidos "acidentes" que ocorrem no decurso do treinamento higiênico da criança podem ser frustrantes. Assim, entre os pais que têm pouca tolerância à frustração e que acreditam que a punição corporal é um bom modo de administrar essas problemas, esses acidentes podem provocar episódios de abuso. Além disso, bebês e crianças pequenas carecem das habilidades cognitivas e da consciência social necessária para desenvolver estratégias para evitar e se esquivar de situações em que o abuso tende a ocorrer.

A maioria dos casos de abuso infantil envolve danos físicos (Sulkes, 1998). Outras envolvem abuso sexual ou são resultado de negligência, tais como subalimentar um bebê. Outros tipos de abuso incluem privar as crianças de assistência médica para uma doença ou dano, prover supervisão inadequada e drogá-las ou intoxicá-las. A Tabela 7.7 relaciona os diversos tipos de abuso/negligência e como eles são definidos.

Fatores de risco Um modelo útil para explicar o abuso classifica suas causas em quatro amplas categorias: fatores socioculturais, características da criança, características do agressor e estressores da família (Bittner e Newberger, 1981). A principal ideia desse modelo é que os episódios de abuso são tipicamente precipitados por interações cotidianas entre pais e filhos – por exemplo, quando um genitor repreende uma criança pequena por derramar um copo de leite. No momento do episódio, vários fatores causais operam juntos para produzir respostas abusivas dos pais. Assim, o que diferencia pais abusivos de não abusivos, de acordo com esse modelo, é a presença de diversos fatores de risco que moldam a forma como eles respondem aos estresses comuns na criação dos filhos.

Fatores socioculturais incluem valores pessoais ou culturais que consideram o abuso físico das crianças como moralmente aceitável. Os pais são mais propensos a serem abusivos se acreditarem que existem pouco, ou nenhum, limite moral no que eles podem fazer com seus filhos. Os sociólogos sugerem que essas crenças se derivam de tradições culturais que consideram as crianças propriedades mais do que seres humanos com direitos individuais (Mooney, Knox e Schacht, 2000). Além disso, os pais que vivem em comunidades onde as outras pessoas compartilham e agem de acordo com essas crenças são mais propensos a serem abusivos.

Várias características das crianças ou dos pais podem preparar o palco para o abuso infantil. Por exemplo, crianças com deficiências físicas ou mentais ou aquelas que têm temperamentos difíceis são mais propensas a sofrerem abuso do que outras (Sulkes, 1998). Pais com depressão, os que não têm conhecimento e habilidades de criação, os que têm história de abuso e os que são usuários de dro-

Tabela 7.7 Tipos de maus tratos na infância

Tipos de abuso/negligência	Definição
Abuso físico	Danos físicos não acidentais à criança; inclui bater, chutar, queimar, morder ou qualquer ato que resulte em comprometimento físico.
Negligência	Privação de alimento, vestuário, abrigo, assistência médica ou supervisão suficientes.
Abuso sexual	Estupro, molestamento ou qualquer forma de contato sexual.
Exploração sexual	Emprego, uso, persuasão, indução, sedução ou coerção de uma criança para praticar ou ajudar outra pessoa em qualquer conduta sexualmente explícita ou simulação de tal conduta, seja para gratificação sexual de um adulto ou para o propósito de uma representação visual de tal conduta.
Abuso emocional	Dano à estabilidade psicológica ou emocional da criança expresso em depressão, ansiedade, inibição, mudanças de comportamento e/ou no desempenho escolar.
Abuso de substâncias pelos genitores	Fabricar uma substância controlada na presença de uma criança; utilizar drogas na presença de uma criança; vender, distribuir ou dar drogas ou álcool a uma criança; exibir enfraquecida capacidade de responder às necessidades de uma criança como resultado de álcool ou uso de drogas.
Abandono	Deixar a criança em circunstâncias em que ela pode ser ferida; deixar cuidadores sem conhecimento de seu paradeiro por um longo período de tempo.

Fonte: Child Welfare Information Gateway, 2007.

gas são mais propensos a abusar e negligenciar seus filhos (Eiden, Foote e Schuetze, 2007; Emery e Laumann-Billings, 1998). A pesquisa também demonstra que, comparado a não abusadores, os pais abusivos têm capacidade limitada de empatia com os outros e de controlar suas reações emocionais ao comportamento dos outros (Wiehe, 2003). Além disso, os parceiros sem laços consanguíneos que coabitam com a mãe e seus filhos são mais propensos a serem abusivos do que pais biológicos (Daly e Wilson, 1996).

Os estressores familiares incluem fatores como pobreza, desemprego e conflito interparental (CDC, 2006a; Sulkes, 1998). Mantenha em mente que nenhum fator isolado produz abuso, mas a presença de várias dessas variáveis em uma determinada família aumenta as chances de que as crianças venham sofrer abuso.

Consequências do abuso Algumas crianças que sofrem abuso frequente ou severo desenvolvem o *transtorno de estresse pós-traumático* (TEPT) (Kendall-Tackett, Williams e Finkelhor, 1993; Margolin e Gordis, 2000; Morrissette, 1999; Pynoos, Steinberg e Wraith, 1995). Esse transtorno envolve níveis extremos de ansiedade, lembranças dos episódios de abuso, pesadelos e outras perturbações do sono. Em alguns casos, esses sintomas persistem até a idade adulta (Koenn, Moffitt, Poulton, Martin e Caspi, 2007). As crianças vítimas de abuso também são mais propensas a apresentar atrasos em todos os domínios do desenvolvimento (Cicchetti, Rogosch, Maughan, Toth e Bruce, 2003; Glaser, 2000; Malinosky-Rummell e Hansen, 1993; Rogosch, Cicchetti e Aber, 1995).

No aspecto positivo, crianças que sofreram abuso físico geralmente se recuperam rapidamente quando o abuso cessa. Em estudos envolvendo crianças que foram vítimas de abuso ou negligência e que foram colocadas sob assistência adotiva, constatou-se que as diferenças no desenvolvimento físico, cognitivo e social entre crianças que sofreram e que não sofreram abuso desaparecem em menos de um ano (Olivan, 2003). Como você poderia suspeitar, entretanto, esses estudos sugerem que o fator crítico no processo de recuperação é a qualidade do ambiente pós-abuso.

Prevenção As estratégias de prevenção podem ser classificadas como primárias, secundárias ou terciárias. A *prevenção primária* visa impedir que o abuso ocorra. Por exemplo, educar os pais sobre as potenciais consequências de alguns atos físicos, tais como a relação entre sacudir a criança e dano cerebral, é prevenção primária. Além disso, os pais precisam saber que ferir as crianças é um crime, mesmo que a intenção seja discipliná-las. Aulas de maternagem, talvez como parte dos programas escolares de ensino, podem ajudar a informar os pais ou futuros pais sobre os princípios de desenvolvimento infantil e métodos apropriados de disciplina (Mooney, Knox e Schacht, 2000).

O objetivo da *prevenção secundária* é identificar e intervir em situações nas quais o abuso tende a ocorrer. Médicos, enfermeiras, professores, recreacionistas e outros profissionais que interagem diariamente com pais de bebês e crianças pequenas têm um papel particularmente importante a desempenhar nesse tipo de prevenção. Pais que parecem ter problemas para se apegarem a seus filhos podem às vezes ser identificados durante consultas médicas. De forma semelhante, observadores podem notar interações inapropriadas ou hostis entre crianças e pais. Esses pais podem ser encaminhados a aulas de maternagem ou a assistentes sociais para serem ajudados.

Finalmente, o objetivo da *prevenção terciária* é proteger crianças que já estejam sofrendo abuso contra danos adicionais. Isso pode ser obtido através do vigoroso cumprimento das leis sobre abuso infantil. Como assinalado, os profissionais de saúde e outras pessoas têm o dever de notificar suspeitas de abuso. E a notificação é apenas parte do quadro. Uma vez notificado, medidas devem ser tomadas para proteger as crianças feridas contra os supostos abusadores. Infelizmente, em alguns casos, barreiras físicas e legais devem ser colocadas entre a criança e o adulto abusivo a fim de prevenir mais danos. Essas barreiras podem ser implementadas retirando-se a criança de casa, encarcerando o agressor e desenvolvendo um plano para restabelecer o contato entre o abusador e a criança caso as autoridades julguem que esse contato seja benéfico para a criança.

Desenvolvimento atípico

Não é incomum que as crianças apresentem problemas que os pais e outros cuidadores veem como difícil. Entretanto, o **desenvolvimento atípico** envolve problemas que persistem por seis meses ou mais tempo e/ou aqueles que estão no extremo do *continuum* para esse comportamento. Dois desses problemas que costumam ser diagnosticados na segunda infância são *retardo mental* e *transtornos invasivos do desenvolvimento*.

OBJETIVO DA APRENDIZAGEM 7.11
Quais são as características e causas do retardo mental?

Retardo mental

O **retardo mental** (também denominado *deficiência do desenvolvimento*) é diagnosticado quando a pontuação de uma criança em um teste de inteligência padronizado se situa no segundo percentil ou abaixo disso, ou nos 2% inferiores da distribuição das pontuações. Contudo, um escore baixo em um teste de inteligência não é suficiente para um diagnóstico de retardo mental. A criança também deve ter problemas significativos no comportamento adaptativo, tais como incapacidade de se vestir ou de se alimentar ou um problema para se relacionar com os outros ou para se adaptar às demandas de uma sala de aula comum (MacMillan e Reschly, 1997).

Funcionamento cognitivo de crianças com retardo mental Alguns pesquisadores interessados em processamento de informações tentaram compreender o processamento intelectual normal comparando as estratégias de resolução de problemas de crianças com retardo mental com as de crianças sem retardo mental (Bray, Fletcher e Turner, 1997; Calhoun e Dickerson Mayes, 2005; DeLoache e Brown, 1987). Essa pesquisa levou a diversas conclusões importantes sobre crianças com retardo mental:

- Elas processam as informações mais lentamente.
- Elas pensam concretamente e têm dificuldade com o raciocínio abstrato.
- Elas requerem instrução muito mais completa e repetida para aprenderem novas informações ou uma nova estratégia.
- Elas não generalizam ou transferem algo que aprenderam em uma situação para um novo problema ou tarefa.
- Elas podem ter dificuldade com certas habilidades sociais, tais como a capacidade de reconhecer e responder a expressões faciais (Moore, 2001).

Em tarefas concretas simples, crianças com retardo mental aprendem de modos e em velocidades semelhantes às de crianças mais jovens sem retardo mental. A diferença mais significativa está no processamento de ordem superior. Crianças com retardo mental podem aprender, mas elas o fazem mais lentamente e requerem instrução muito mais específica.

É importante assinalar que muitas das coisas que você aprendeu sobre o desenvolvimento infantil se aplicam a crianças com retardo mental. As crianças com deficiências intelectuais passam pelos mesmos estágios piagetianos, ainda que em um ritmo mais lento, e suas características motivacionais são muito semelhantes às de crianças sem retardo mental (Blair, Greenberg e Crnic, 2001). Por exemplo, em tarefas que as crianças sem retardo mental consideram intrinsecamente muito motivadoras, tais como aprender a jogar um novo jogo eletrônico, crianças com retardo mental têm a mesma probabilidade de demonstrar altos níveis de motivação intrínseca. E em tarefas nas quais crianças sem retardo mental costumam precisar de motivação extrínseca, tais como fazer o dever de casa, crianças com deficiências intelectuais também tendem a requerer incentivos dos pais ou professores.

Causas de retardo Crianças com retardo mental costumam se dividir em dois subgrupos distintos, dependendo da causa do retardo. O subconjunto menor, que constitui cerca de 15 a 25% do total, é de crianças cujo retardo é causado por algum defeito físico evidente. Incluído nesse grupo encontram-se as portadoras de uma doença genética, tais como a Síndrome de Down, que provavelmente causa o mau funcionamento de regiões cerebrais associadas à aprendizagem (Pennington, Moon, Edgin, Stedron e Nadel, 2003). Danos resultantes em retardo mental também podem ser causados por uma doença, um teratógeno como álcool pré-natal ou desnutrição pré-natal severa; pode ocorrer durante o próprio nascimento, devido a uma situação como, por exemplo, privação prolongada de oxigênio. Um pequeno subconjunto de crianças desenvolve retardo mental como resultado de um dano sofrido após o nascimento, muitas vezes em um acidente de automóvel ou em uma queda.

desenvolvimento atípico percursos de desenvolvimento, persistentes por seis meses ou mais tempo, que diferem daqueles da maioria das crianças e/ou situam-se no extremo do *continuum* para aquele comportamento.

retardo mental baixos níveis de funcionamento intelectual (geralmente definidos como Q.I. abaixo de 70) aliados a problemas significativos no comportamento adaptativo.

A maioria das crianças com retardo mental não demonstra sinais óbvios de dano cerebral ou de outro distúrbio físico. Nesses casos, a causa do retardo é alguma combinação de condições genéticas e ambientais. Tipicamente, essas crianças pertencem a famílias em que os pais também têm retardo mental e/ou a vida doméstica é altamente desorganizada ou emocionalmente ou cognitivamente pobre. Não há dúvida de que, também nesses casos, a deficiência intelectual da criança pode ter sido exacerbada pelos efeitos dos teratógenos ou outros perigos, tais como álcool pré-natal ou níveis elevados de chumbo pré-natal ou pós-natal, mas acredita-se que ela não pode ser atribuída exclusivamente a essas causas físicas.

De modo geral, quanto mais baixa a pontuação de uma criança com retardo mental em um teste de inteligência, maior a probabilidade de que a causa seja física mais que ambiental (Broman et al., 1987). Uma implicação dessa descoberta é que intervenções como assistência infantil e programas pré-escolares enriquecidos têm mais chances de serem efetivos em casos de retardo mais leve. Isso não significa dizer que os educadores devem ignorar o enriquecimento ambiental ou treinamento precoce específico para crianças cujo retardo tem uma causa física. A maior amplitude de experiência vai enriquecer sua vida e pode ajudar a levar seu nível de funcionamento para mais perto do extremo superior de seu plano potencial, permitindo-as funcionar de maneira muito mais independente (Spiker, 1990). Mesmo intervenções iniciais massivas não vão levar a um nível normal as funções cognitivas de uma criança cujo retardo mental é causado por um distúrbio cromossômico.

Transtornos invasivos do desenvolvimento

> **OBJETIVO DA APRENDIZAGEM 7.12**
> Como os transtornos invasivos do desenvolvimento afetam o desenvolvimento das crianças?

A característica definidora do grupo de transtornos do desenvolvimento conhecidos como **transtornos invasivos do desenvolvimento** (**TID**) é a incapacidade de formar relacionamentos sociais. Esses transtornos também são conhecidos como *transtornos do espectro autista*. O termo "espectro" é utilizado porque as crianças com TID variam muito no grau em que o transtorno afeta seu comportamento. Em um dos extremos do *continuum* estão as crianças que carecem da função linguística, são totalmente incapazes de estabelecer relacionamentos sociais e têm algum grau de retardo mental. No outro extremo estão as crianças que têm habilidades linguísticas e cognitivas quase normais, mas cujos comportamentos incomuns em situações sociais as impedem de desenvolver os tipos de relacionamentos sociais que são típicos em crianças sem TID.

transtornos invasivos do desenvolvimento (TID) grupo de transtornos que se caracteriza pela incapacidade de estabelecer relacionamentos sociais.

Funcionamento social de crianças com transtornos invasivos do desenvolvimento

As dificuldades sociais dos indivíduos com TID geralmente derivam de suas poucas habilidades de comunicação e incapacidade de compreender os aspectos de reciprocidade, ou de dar e receber, dos relacionamentos sociais. Muitas dessas crianças também apresentam comportamentos repetitivos pouco comuns, tais como abanar as mãos. Algumas desenvolvem apego a objetos e ficam extremamente nervosas – ou até raivosas – quando separadas deles. Outras desenvolvem comportamentos autodestrutivos, como bater a cabeça. Nos Estados Unidos, pouco menos de 1% de todas as crianças tem algum tipo de TID (Kagan e Herschkowitz, 2005; NIMH, 2001). As taxas são semelhantes em países europeus (Lauritsen, Pedersen e Mortensen, 2004). Os dois TID diagnosticados com mais frequência são o *transtorno autista* e o *transtorno de Asperger*.

Transtorno autista Os sintomas que distinguem as crianças com **transtornos autistas** incluem habilidades de linguagem limitadas ou inexistentes, incapacidade de estabelecer relacionamentos sociais recíprocos e uma faixa seriamente limitada de interesses (DSM-IV-TR, 2000). A maioria também tem retardo mental, distrai-se facilmente, é lenta para responder a estímulos externos e se

Um dos objetivos mais importantes dos programas educacionais para crianças com autismo é ajudá-las a adquirir habilidades de comunicação. Para esse fim, alguns programas ensinam crianças com autismo a usar a língua de sinais.

comporta de maneira impulsiva (Calhoun e Dickerson Mayes, 2005). Como podemos ver na Figura 7.7, as taxas de autismo aumentaram drasticamente em anos recentes. A maioria dos especialistas atribui ao menos parte desse aumento à crescente consciência do transtorno entre professores, profissionais de saúde e o público em geral, assim como a expansão dos critérios diagnósticos para os transtornos do espectro autista (Newschaffer, Falb e Gurney, 2005). Entretanto, a maioria também concorda que tem havido um aumento genuíno na prevalência dos transtornos autistas, cuja causa permanece desconhecida.

Muitos pais de crianças com autismo relatam ter percebido os comportamentos estranhos de seus filhos desde os primeiros meses de vida. O que impressiona esses pais é a aparente falta de interesse de seus bebês pelas pessoas. Contudo, na maioria dos casos, o transtorno não é definitivamente diagnosticado até que o fato de a criança não conseguir desenvolver habilidades normais de linguagem evidencie que sua trajetória de desenvolvimento é atípica. Isso geralmente ocorre entre o segundo e o terceiro aniversário.

Crianças com autismo que são capazes de algum grau de comunicação verbal normal e cujas deficiências cognitivas são mínimas são com frequência descritas como de alto nível funcional. Entretanto, as habilidades comunicativas dessas crianças são bastante pobres devido a sua limitada capacidade de se envolver em cognição social. Por exemplo, a maioria jamais desenvolve a capacidade de prever o que os outros podem estar pensando (Peterson, Wellman e Liu, 2005). Diferente da maioria das pessoas, as crianças com autismo não são capazes de inferir que alguém está zangado ou feliz com elas com base nas expressões faciais daquela pessoa. Assim, elas geralmente não compreendem como suas declarações são percebidas pelos ouvintes. Como resultado, elas são incapazes de manter conversas normais. Além disso, sua fala muitas vezes tem altura e entonação atípicas. Algumas vocalizam expressões repetitivas, muitas vezes de maneira robótica, que são inadequadas para a situação em que ocorrem. Algumas crianças com autismo precisam ser monitoradas de perto porque tendem a ter comportamentos que podem prejudicar a si e aos outros (ver *Ciência do desenvolvimento na clínica* na página seguinte).

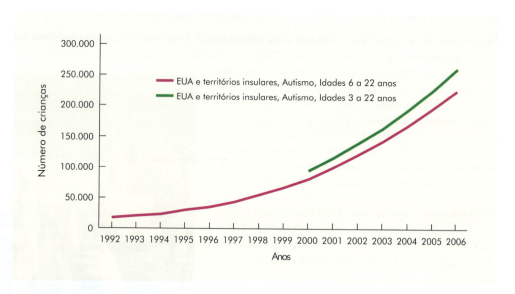

Figura 7.7 Número cumulativo de casos de autismo nos Estados Unidos de 1992 a 2006.

O número de indivíduos com menos de 22 anos que são diagnosticados com autismo aumentou drasticamente durante as duas últimas décadas. Desconhece-se a causa do aumento, mas mudanças nos critérios diagnósticos são ao menos em parte responsáveis. Indivíduos que no passado teriam sido diagnosticados com diversos outros transtornos hoje muitas vezes são rotulados como portadores de autismo.

(*Fonte*: http://www.fightingautism.org/idea/autism.php.)

CIÊNCIA DO DESENVOLVIMENTO NA CLÍNICA
Análise funcional do comportamento autodestrutivo

Aos 3 anos, Jordan foi diagnosticado com transtorno autista. A conselho de seu neurologista, a mãe de Jordan contratou o auxílio de um consultor comportamental, serviço que estava disponível para Jordan por meio das escolas públicas locais. O consultor mostrou à mãe de Jordan algumas técnicas para ensinar a língua de sinais ao menino. Jordan respondeu bem ao treinamento, e tudo parecia estar indo bem até o dia de seu quarto aniversário, quando a mãe de Jordan incentivou-o a juntar dois sinais para criar uma frase. Ele conhecia os sinais para "carro" e "ir", assim ela demonstrou "carro ir" para ele e tentou fazê-lo imitá-la. Para seu horror, Jordan de repente mordeu o próprio punho com tanta força que chegou a sangrar. A partir daquele dia, sempre que a mãe de Jordan tentava ensinar-lhe um novo sinal, ele cooperava, mas quando ela tentava motivá-lo a combinar os sinais, ele começava a morder a si mesmo. Desesperada por uma solução, a mãe de Jordan recorreu novamente ao consultor comportamental.

O consultor garantiu à mãe de Jordan que ele poderia criar um plano de modificação de comportamento que eliminaria, ou ao menos reduziria, o comportamento autodestrutivo de Jordan (Matson, 2008). Ele começou realizando uma *análise funcional* do comportamento de morder do menino. Uma análise funcional é realizada observando-se o comportamento problemático quando ele ocorre naturalmente e registrando os eventos que o precedem e o seguem.

Uma vez completa a análise funcional, o consultor desenvolveu um plano para deter o comportamento autodestrutivo de Jordan, baseado na descoberta de que o propósito do comportamento de Jordan era fazer com que sua mãe parasse de impor-lhe novas demandas. Ele recomendou que, sempre que Jordan começasse a se morder, ela deveria parar totalmente as aulas de língua dos sinais em vez de voltar a trabalhar com sinais individuais. Com o tempo, disse o consultor, Jordan aprenderia que, se quisesse continuar fazendo o que gostava (aprender sinais individuais), ele teria que cooperar com as tentativas de sua mãe de desafiá-lo a combiná-los.

Questões para reflexão

1. Em que aspectos as questões de maternagem envolvidas na criação de uma criança sem deficiências se assemelham às enfrentadas pela mãe de Jordan?
2. Que tipo de reforço está operando quando a mãe de Jordan responde a seu comportamento autodestrutivo ao interromper sua aula de combinação de sinais e voltar a ensinar-lhe somente sinais individuais? (*Dica*: Reforço positivo está em operação quando um aumento no comportamento é resultado da adição de um estímulo [geralmente agradável]. Reforço negativo está em operação quando um aumento no comportamento é resultado da remoção de um estímulo [geralmente desagradável].)

Transtorno de Asperger O **transtorno de Asperger** geralmente é considerado uma forma branda do transtorno autista. Os critérios diagnósticos para ele são muito semelhantes aos do transtorno autista (DSM-IV-TR, 2000). Contudo, crianças com o transtorno de Asperger têm habilidades linguísticas e cognitivas apropriadas para a idade e com frequência obtêm altos escores em testes de Q.I. Apesar de suas habilidades linguísticas normais, as crianças com transtorno de Asperger são incapazes de manter relacionamentos sociais normais porque, como crianças com autismo de alto nível funcional, elas não desenvolvem a capacidade de compreender os pensamentos, sentimentos e motivações das outras pessoas.

Por causa de suas habilidades linguísticas e cognitivas normais, a maioria das crianças com transtorno de Asperger não se diferencia de seus pares até o segundo ou terceiro aniversário, quando outras crianças começam a brincar de modo cooperativo. Entretanto, uma vez que crianças dessa idade se desenvolvem em ritmos diferentes, as crianças portadoras de transtorno de Asperger costumam ser vistas como "de amadurecimento tardio" ou "passando por uma fase". Mas, na época da escola de educação infantil, muitas crianças com o transtorno de Asperger começam a apresentar os comportamentos estranhos que a maioria das pessoas associa aos transtornos invasivos do desenvolvimento. Por exemplo, elas podem ficar intensamente absortas na memorização de coisas que têm pouco significado para elas, tais como as tabelas de horários de voo das companhias aéreas. Elas também podem desenvolver comportamentos obsessivos, tais como contar e recontar o número de quadrados em uma toalha de mesa xadrez. Ademais, sua incapacidade de formar amizades como as outras crianças de sua idade geralmente se torna evidente quando entram na escola.

Causas dos transtornos invasivos do desenvolvimento Acreditava-se que os transtornos invasivos do desenvolvimento eram fruto de má criação, mas hoje está bem estabelecido que todos esses transtornos são de origem neurológica (Kagan e Herschkowitz, 2005). Contudo, não existe uma anomalia cerebral ou disfunção específica associada aos TID. Mesmo para transtornos indivi-

transtornos autistas grupo de transtornos que se caracteriza por habilidades linguísticas limitadas ou inexistentes, incapacidade de se envolver em relacionamentos sociais recíprocos e uma faixa de interesses seriamente limitada.

transtorno de Asperger transtorno em que as crianças têm habilidades linguísticas e cognitivas apropriadas para sua idade, mas são incapazes de se envolver em relacionamentos sociais normais.

duais incluídos nessa categoria, não foi encontrado um marcador neurológico definitivo único. Em alguns casos, defeitos genéticos específicos sabidamente levam a um desenvolvimento neurológico atípico, o que por sua vez faz com que as crianças desenvolvam transtornos invasivos do desenvolvimento. Por exemplo, a síndrome do X frágil, da qual talvez você se recorde do Capítulo 3, pode causar transtorno autista. Entretanto, de modo geral a causa dos TID continua um mistério (Kagan e Herschkowitz, 2005).

Quaisquer que sejam os mecanismos neurológicos envolvidos nos TID, estudos de gêmeos sugerem que esses transtornos são fortemente influenciados pela hereditariedade. Quando um gêmeo idêntico é diagnosticado com um TID, existe uma chance de 70 a 80% de que o outro gêmeo também o tenha (Zoghbi, 2003). Uma ampla variedade de fatores interagem com predisposições genéticas para desencadear o aparecimento desses transtornos (Rutter, 2005). Quando as mães estão deprimidas, por exemplo, os bebês têm maior risco de desenvolver os sintomas de TID (Pozzi, 2003).

Talvez você tenha ouvido falar que vacinas que contêm uma espécie de mercúrio chamada *timerosal* são suspeitas de causar autismo. Entretanto, os pesquisadores geralmente concordam que a hipótese da vacina não tem fundamento (Rutter, 2005). Em um importante estudo, os pesquisadores acompanharam o desenvolvimento de mais de meio milhão de crianças dinamarquesas a fim de comparar as taxas de autismo entre as que receberam vacinas com timerosal e entre as que não receberam tais imunizações por vários anos (Madsen et al., 2003). As taxas de autismo obtidas eram praticamente idênticas nos dois grupos. Além disso, os pesquisadores constataram que as taxas de autismo na verdade aumentaram na Dinamarca depois que o timerosal foi retirado de todas as vacinas no final da década de 1990 (Madsen et al., 2003). Estudos nos Estados Unidos e no Canadá indicam um padrão semelhante. Apesar de o timerosal ter sido removido das vacinas que são rotineiramente ministradas a bebês e crianças, a prevalência de autismo em ambos os países continua aumentando (Fombonne, Zakarian, Bennett, Meng e McLean-Heywood, 2006; Schechter e Grether, 2008). Contudo, reportagens sensacionalistas na imprensa sobre o suposto vínculo entre imunizações e autismo contribuíram para o medo das vacinas.

Prognóstico e tratamento Os tratamentos para os TID variam conforme o tipo e a severidade dos sintomas exibidos pela criança (Kauffman, 2005). A maioria das crianças se beneficia de estratégias de modificação do comportamento dirigidas ao aperfeiçoamento de suas habilidades de comunicação. Contudo, em algumas crianças com TID, os sintomas se agravam à medida que elas envelhecem (Sigman e McGovern, 2005). As mínimas habilidades de linguagem e sociais que elas parecem adquirir por meio de programas educacionais intensivos nos primeiros anos de vida parecem se deteriorar acentuadamente antes de elas chegarem à idade adulta. Muitos adultos com esses transtornos vivem em ambientes protegidos e são empregados em funções que requerem mínima competência.

Algumas crianças com TID são ensinadas em salas de aula de educação especial, mas um número cada vez maior delas está sendo ensinada em salas de aula normais junto com as crianças com desenvolvimento típico (Kauffman, 2005). Entretanto, as crianças que apresentam sintomas comportamentais mais severos do transtorno, incluindo comportamentos autodestrutivos, geralmente só podem passar parte do tempo em salas de aula normais. Em alguns casos, medicações psiquiátricas são úteis para manejar esses problemas de comportamento, mas os psiquiatras que se especializam no tratamento de crianças com TID recomendam que abordagens comportamentais sejam experimentadas antes de recorrer à medicação (Filipek, Steinberg-Epstein e Book, 2006). A relutância em prescrever medicações para crianças com TID tem por base a tendência dessas crianças de responder aos medicamentos de maneiras imprevisíveis. Isto é, os medicamentos psiquiátricos podem acabar piorando os sintomas.

Como outras crianças, jovens com TID requerem instrução em habilidades acadêmicas, tais como leitura e matemática. As habilidades linguísticas de uma criança com TID são o melhor indicador do grau em que ela pode se beneficiar de intervenções acadêmicas (DSM-IV-TR, 2000). Consequentemente, crianças com transtorno de Asperger têm as melhores chances de alcançar independência na idade adulta. Graças a suas habilidades linguísticas e cognitivas, muitas são capazes de altos níveis de desempenho acadêmico. Com efeito, análises especializadas dos prontuários de um dos escritores alemães mais eminentes do século XX, Robert Walser, sugerem que ele provavelmente sofria de transtorno de Asperger (Fitzgerald, 2004). Apesar de seu sucesso, suas relações sociais, como as de quase todos os indivíduos com essa síndrome, permaneceram comprometidas durante toda a sua vida.

Desenvolvimento físico e a criança integral

Antes de prosseguirmos para o próximo capítulo, considere o que você aprendeu sobre as crianças pequenas até aqui. Você aprendeu sobre padrões de crescimento na segunda infância, avanços no domínio motor e no sistema nervoso, e os fatores que afetam a saúde das crianças. Como veremos, muitos aspectos do desenvolvimento físico subjazem às mudanças que ocorrem nos domínios cognitivo e socioemocional durante esses anos.

Funcionamento cognitivo

De acordo com Piaget, os avanços impressionantes nas habilidades motoras que ocorrem durante a segunda infância são fundamentais para o desenvolvimento cognitivo durante esse período (Piaget e Inhelder, 1969). Quando as crianças pequenas constroem com blocos, vertem água ou areia de um recipiente para outro e tentam arremessar, chutar e golpear diversos tipos de bola (p. ex, uma bola de praia contra uma bola de tênis), elas adquirem informações sobre a realidade física que lhes permitem compreender melhor as relações entre objetos e como suas ações podem mudar esses objetos. O conhecimento sobre a realidade física que é adquirido entre 2 e 6 anos é o alicerce sobre o qual a criança constrói os conceitos lógicos sofisticados que surgem no final do período da segunda infância.

Piaget também enfatizou o papel da maturação cerebral no desenvolvimento cognitivo (Piaget e Inhelder, 1969). Como você aprendeu neste capítulo, a lateralização é um dos temas importantes do desenvolvimento neurológico durante a segunda infância. A lateralização está ligada a avanços no desenvolvimento da linguagem e na *teoria da mente*, um aspecto do desenvolvimento sobre o qual você vai aprender no Capítulo 8 e que inclui a compreensão que a criança tem dos pensamentos dos outros (Brownwell et al., 2000; Knecht, 2004). Além disso, a maturação do hipocampo está relacionada às melhorias na memória que são discutidas no Capítulo 8.

Funcionamento socioemocional

Como você aprendeu nos capítulos dedicados à primeira infância, os bebês são sensíveis às implicações emocionais das expressões faciais das outras pessoas. Na segunda infância, as crianças aprendem a categorizar, rotular e aplicar essa sensibilidade aos relacionamentos sociais. Revela-se que a lateralização desempenha um papel no desenvolvimento de tal percepção social. E, como mencionado na discussão das mudanças no cérebro, experiência e maturação interagem para produzir essa mudança. Em virtude da plasticidade do cérebro durante esses primeiros anos, alguns tipos de experiências interferem no desenvolvimento da percepção emocional. Especificamente, crianças que são vítimas de abuso são mais sensíveis às expressões de raiva do que crianças que não sofrem abuso, e crianças que são institucionalizadas durante esse período são menos responsivas a todos os tipos de expressão facial (Nelson, Hann e Thomas, 2006). Suas diferenças em relação a crianças que estão se desenvolvendo normalmente entram em jogo no desenvolvimento da *empatia*, a capacidade de se identificar com as emoções dos outros, sobre a qual você vai ler no Capítulo 9.

A capacidade do cérebro de categorizar o mundo, outra habilidade cognitiva associada à lateralização, contribui para dois conjuntos adicionais de mudanças no domínio socioemocional. O *desenvolvimento do papel do gênero*, por exemplo, funda-se na capacidade das crianças de categorizarem a si mesmas como masculinas ou femininas. Além disso, a capacidade das crianças de categorizar diferentes tipos de regras é um passo importante para o desenvolvimento do *raciocínio abstrato*, a capacidade de fazer julgamentos de base cultural sobre certo e errado.

> **A criança integral em foco**
>
> Para determinar como os domínios físico, cognitivo e socioemocional operam juntos para influenciar o desenvolvimento de Madeleine, veja A Criança Integral em Foco na página 298.

Olhando para a frente

Nos capítulos 8 e 9, você vai aprender sobre os marcos do funcionamento cognitivo e socioemocional que acontecem entre 2 e 6 anos. Vale a pena mencionar mais uma vez que separar o desenvolvimento nos três elementos do funcionamento físico, cognitivo e socioemocional pode distorcer o processo geral de desenvolvimento. Lembre-se, os elementos são interativos. Assim, quando estiver pensando sobre os avanços cognitivos e socioemocionais da segunda infância, não se esqueça de que ambos dependem e contribuem para os avanços no desenvolvimento físico sobre os quais você aprendeu neste capítulo.

Preparação para Testes

Mudanças físicas

7.1 Como os padrões de crescimento mudam durante a segunda infância? (p. 202-204)

O desenvolvimento físico é mais lento dos 2 aos 6 anos do que durante a primeira infância, mas ele avança firmemente. As crianças estabelecem curvas de crescimento estáveis, o que ajuda os profissionais de saúde a identificar crianças que possam ter doenças não diagnosticadas ou distúrbios de crescimento.

1. Um percentil representa a porcentagem de todas as crianças cujos escores em uma medida estão (acima/abaixo) de uma criança considerada individualmente.

2. É (possível/impossível) prever a altura adulta de uma criança pequena.

3. Uma criança cuja altura e peso se situam abaixo ou no _____ percentil pode ter um distúrbio do crescimento.

4. Alguns distúrbios do crescimento são causados por uma deficiência de _____.

7.2 Que mudanças importantes ocorrem no cérebro durante a segunda infância? (p. 204-205)

Mudanças significativas na lateralização do cérebro ocorrem na segunda infância. A mielinização da formação reticular e o hipocampo contribuem para melhorias na atenção e na memória.

5. Combine cada termo com sua definição.

   _____ (1) lateralização
   _____ (2) formação reticular
   _____ (3) hipocampo

   (A) região cerebral envolvida na transferência de informações para a memória de longo prazo
   (B) divisão das funções cerebrais entre os dois hemisférios do córtex
   (C) região cerebral que regula a atenção e a concentração

7.3 Quais são os argumentos genéticos e experienciais utilizados para explicar a preferência no uso das mãos? (p. 205-207)

A hipótese genética está associada às pesquisas que demonstram que as proporções entre canhotos e destros são as mesmas nas populações antigas e modernas, ao fato de que a preferência aparece em idade precoce e a estudos genéticos. Estudos demonstram que canhotos são menos frequentes em coortes que foram incentivadas a mudar de mão na segunda infância. Algumas evidências sugerem que ser destro é hereditário, mas que ser canhoto é determinado pela experiência.

6. O achado de que a proporção de destros e canhotos na população humana tem sido altamente consistente há milhares de anos confirma o caráter (inato/adquirido) da preferência no uso das mãos.

7. O achado de que gêmeos idênticos às vezes desenvolvem diferentes padrões de preferência no uso das mãos confirma o caráter (inato/adquirido) da preferência no uso das mãos.

8. Explique como um desenvolvimentista poderia contestar a seguinte afirmativa: todas as crianças pequenas deveriam ser encorajadas a serem destras a fim de impedir que elas desenvolvam problemas que foram correlacionados à condição de ser canhoto.

   _____

   _____

7.4 Quais avanços nas habilidades sensória e perceptual ocorrem entre 2 e 6 anos? (p. 207-209)

O campo de visão das crianças se expande para se igualar ao dos adultos, ainda que a maioria das crianças pequenas tenha melhor visão para longe do que crianças mais velhas e adultos. Problemas comuns de visão incluem estrabismo e ambliopia; o diagnóstico e a correção desses problemas ajuda a facilitar o desenvolvimento da visão estereoscópica. O sentido vestibular contribui para avanços na capacidade das crianças de manter o equilíbrio sob condições diferentes. A perda auditiva nas crianças, a qual pode em grande parte ser atribuída ao ruído, pode acarretar problemas cognitivos e de linguagem.

9. Combine cada termo com sua definição.

   _____ (1) ambliopia
   _____ (2) estrabismo
   _____ (3) visão estereoscópica
   _____ (4) sentido vestibular

   (A) condição em que o cérebro suprime a imagem de um dos olhos
   (B) condição em que os olhos estão desalinhados

(C) a integração de imagens dos olhos direito e esquerdo em uma única imagem tridimensional
(D) o sentido do corpo de sua posição no espaço

10. O que a pesquisa sugere sobre o impacto da perda auditiva branda no desempenho acadêmico?
_____
_____

7.5 Quais são os principais marcos do desenvolvimento motor entre 2 e 6 anos? (p. 209-212)

As habilidades motoras continuam se aperfeiçoando gradualmente, com marcado aperfeiçoamento nas habilidades motoras gerais (correr, saltar, escalar) e avanços mais lentos nas habilidades motoras finas.

11. Liste os marcos do desenvolvimento motor geral entre as idades de 1 ano e meio e 6 anos.

Idade	Habilidades motoras gerais	Habilidades motoras finas
18 a 24 meses		
2 a 3 anos		
3 a 4 anos		
4 a 5 anos		
5 a 6 anos		

12. Quais dos estágios de expressão gráfica de Kellogg cada uma dessas crianças provavelmente vai apresentar?

_____ (A) Dolly, que está no ponto intermediário entre seu segundo e terceiro aniversário.
_____ (B) Raj, que recém ingressou na escola de educação infantil.
_____ (C) Simon, que em breve fará 4 anos.
_____ (D) Shameka, que comemorou seu terceiro aniversário um mês atrás.

7.6 Quais tipos de problemas de sono aparecem durante a segunda infância? (p. 212-214)

O tempo total de sono diminui de cerca de 13 para 10 horas por dia entre as idades de 2 e 6 anos. Problemas do sono comuns incluem pesadelos, terrores noturnos e enurese.

13. A maioria dos (pesadelos/terrores noturnos) acontece pouco antes da hora de despertar.

14. A maioria dos (pesadelos/terrores noturnos) acontece pouco depois que as crianças começam a dormir à noite.

15. Em alguns casos, a enurese é causada pela (maior/menor) secreção do hormônio antidiurético (ADH) durante a noite.

Saúde e bem-estar

7.7 De que forma os padrões de alimentação mudam na segunda infância? (p. 214-215)

Taxas mais lentas de crescimento contribuem para declínios no apetite. Algumas crianças restringem sua alimentação a um ou dois alimentos. Os pais não devem se preocupar muito com a quantidade de comida que os pré-escolares ingerem nem tentar forçá-los a comer. Eles também são encorajados a não alimentar as crianças com alimentos pouco saudáveis para aumentar o número de calorias consumidas.

16. Explique por que a seguinte afirmativa é falsa: A fim de evitar futuros problemas de peso, as crianças pequenas devem ter uma alimentação com restrição de gorduras.
_____
_____

7.8 Quais são as necessidades de assistência médica das crianças pequenas? (p. 215-217)

As crianças se beneficiam com exames de puericultura anuais. Existem várias imunizações que devem ser feitas durante esse período.

17. Por que as crianças precisam de assistência odontológica?
_____
_____

7.9 Que fatores estão envolvidos nas doenças, acidentes e mortalidade entre crianças de 2 e 6 anos? (p. 217-219)

O estresse é um fator nas doenças da segunda infância tais como resfriados e gripe. A otite média é uma doença comum em crianças pequenas. A mortalidade infantil no mundo em desenvolvimento está associada a doenças infecciosas e parasitárias; nos países industrializados, os acidentes são a causa mais frequente de morte.

18. Por que muitos médicos recomendam uma abordagem de "esperar para ver" nos casos brandos não crônicos de otite média?
_____
_____

19. As substâncias mais frequentemente envolvidas nas intoxicações de crianças de 1 a 4 anos são _____.

20. A única região do mundo que apresentou um aumento na mortalidade infantil nas últimas duas décadas foi _____, em grande parte devido à epidemia de _____.

7.10 Quais são os fatores de risco associados a abuso e negligência? (p. 219-223)

Entre as idades de 2 e 9 anos as crianças são mais propensas a sofrerem abuso ou negligência do que bebês e crianças mais velhas. Certas características tanto das crianças quanto dos pais aumentam o risco de abuso. Consequências de longo prazo do abuso foram encontradas em todos os domínios do desenvolvimento.

21. Transforme cada uma das afirmativas falsas abaixo em uma afirmativa verdadeira.

　(A) Os casos mais graves de abuso envolvem crianças que são bebês.

　(B) Pouco se sabe sobre os fatores de risco associados ao abuso.

　(C) Não existe forma de prevenir o abuso.

Desenvolvimento atípico

7.11 Quais são as características e causas do retardo mental? (p. 224-225)

Crianças com retardo mental apresentam desenvolvimento mais lento e estratégias de processamento de informações menos efetivas do que crianças sem retardo mental. Em alguns casos, o retardo mental é o resultado de um problema físico ou de um transtorno genético. Entretanto, na maioria dos casos, a causa do retardo infantil é desconhecida.

22. Quais são os dois critérios que devem ser satisfeitos para que uma criança seja diagnosticada com retardo mental?

　(A)

　(B)

7.12 Como os transtornos invasivos do desenvolvimento afetam o desenvolvimento das crianças? (p. 225-229)

Crianças com transtornos invasivos do desenvolvimento têm relacionamentos sociais enfraquecidos. As portadoras de transtorno autista têm habilidades de linguagem limitadas e muitas vezes retardo mental. O transtorno de Asperger é uma forma branda de transtorno autista no qual as crianças têm linguagem e habilidades cognitivas apropriadas para sua idade.

23. Liste quatro características do comportamento das crianças com transtornos invasivos do desenvolvimento.
　(A)
　(B)
　(C)
　(D)

24. Por que o autismo geralmente é diagnosticado mais cedo do que o transtorno de Asperger?

As respostas para as perguntas deste capítulo encontram-se na página 522. Para uma lista de palavras-chave, consulte a página 537.

8

Desenvolvimento Cognitivo na Segunda Infância

Observe uma criança de 1 ano brincando e você vai perceber que seu brincar é dominado por explorações sensoriais dos objetos. Ela parece motivada a tocar e manipular tudo em seu ambiente. Se você observar uma criança de 2 anos, verá que uma nova dimensão foi acrescentada ao brincar sensório-motor – a ideia de que os objetos têm nomes. Quase toda manipulação de objetos é acompanhada por uma questão importante para os adultos que estão próximos: "Quisso?" (O que é isso?).

Alguns anos mais tarde, em torno dos 4 anos, formas sofisticadas de brincar de faz de conta, tais como vestir roupas especiais, tornam-se o modo preferido de brincar. Essas alterações no comportamento lúdico estão subordinadas a profundas mudanças no domínio cognitivo. Entre 2 e 6 anos, período aqui denominado segunda infância, a criança deixa de ser uma criatura dependente, capaz de se comunicar apenas de forma primitiva, para se tornar um ser consideravelmente competente, comunicativo, social, capaz de iniciar a escola. Essas mudanças são o tema do presente capítulo.

No Capítulo 2 você se familiarizou com os princípios gerais da teoria de Piaget, e no Capítulo 5 você leu sobre sua concepção do estágio sensório-motor. Neste capítulo, você vai aprender sobre as descobertas de Piaget das virtudes e limitações do pensamento infantil durante o período da segunda infância e sobre os esforços de outros psicólogos para contestá-las e encontrar explicações melhores para elas. Mas o trabalho de Piaget não nos fornece uma descrição completa do desenvolvimento cognitivo na segunda infância, e por isso você vai ler sobre as mudanças de enorme importância no funcionamento da memória e no desenvolvimento da linguagem que ocorrem durante esse período. Também observamos as questões envolvidas na medição de diferenças individuais no funcionamento cognitivo.

OBJETIVOS DA APRENDIZAGEM

Mudanças cognitivas

8.1 Quais são as características do pensamento infantil durante o estágio pré-operatório de Piaget?

8.2 Como pesquisas recentes contestaram a visão que Piaget tinha desse período?

8.3 O que é uma teoria da mente e como ela se desenvolve?

8.4 Como os teóricos do processamento de informações explicam as mudanças no pensamento das crianças pequenas?

8.5 Quais são as características dos estágios do desenvolvimento cognitivo na segunda infância segundo Vygotsky?

Mudanças na linguagem

8.6 Como o mapeamento rápido ajuda as crianças a aprender novas palavras?

8.7 O que acontece durante a explosão gramatical?

8.8 O que é consciência fonológica e por que ela é importante?

Diferenças na inteligência

8.9 Quais são as virtudes e limitações dos testes de Q.I.?

8.10 Quais evidências foram oferecidas em apoio às explicações inatas e experienciais para as diferenças individuais de Q.I.?

8.11 Quais evidências foram oferecidas em apoio às explicações genéticas e culturais para as diferenças grupais de Q.I.?

Educação na segunda infância

8.12 Em que aspectos diferem as diversas abordagens da educação de segunda infância?

8.13 Como a educação de segunda infância influencia o desenvolvimento cognitivo entre crianças economicamente desfavorecidas?

Mudanças cognitivas

Se você tivesse que visitar uma escola de educação infantil e passasse de sala em sala para observar as crianças brincando livremente, que tipo de atividades você acha que veria? Se você visitasse as salas de aula em ordem "cronológica", veria uma progressão de atividades variando das simples formas de brincar construtivo e imaginativo entre crianças de 2 anos, até desempenho de papéis e debates sofisticados sobre regras de jogos de tabuleiro entre crianças de 5 e 6 anos (ver *Ciência do desenvolvimento na sala de aula*, abaixo). As formas de brincar mudam ao longo da segunda infância em virtude das mudanças no pensamento das crianças. No início desse período, as crianças estão começando a aprender a atingir objetivos. Quando chegam aos 5 ou 6 anos, elas são proficientes na manipulação de símbolos e podem fazer julgamentos precisos sobre pensamentos, sentimentos e comportamentos dos outros.

> **OBJETIVO DA APRENDIZAGEM 8.1**
> Quais são as características do pensamento infantil durante o estágio pré-operatório de Piaget?

Estágio pré-operatório de Piaget

Segundo Piaget, as crianças adquirem a **função semiótica (simbólica)** entre as idades de 18 e 24 meses (que, como você aprendeu no Capítulo 5, é durante o subestágio final do estágio sensório-motor). A função semiótica é a compreensão de que um objeto ou comportamento pode representar outro – um desenho de uma cadeira representa uma cadeira real, uma criança fingindo alimentar uma boneca representa uma mãe alimentando um bebê, e assim por diante. Ela é a pedra angular do **estágio pré-operatório** do desenvolvimento cognitivo, estágio durante o qual os jovens constroem esquemas simbólicos, tais como linguagem e fantasia, que utilizam para pensar e se comunicar.

CIÊNCIA DO DESENVOLVIMENTO NA SALA DE AULA
Usando o brincar das crianças para avaliar os níveis de desenvolvimento cognitivo

A fundação que financia a creche para famílias pobres onde Dona trabalha como diretora pediu-lhe que criasse uma estratégia para avaliar a condição de desenvolvimento cognitivo de cada uma das crianças matriculadas. O objetivo deles é identificar crianças que possam sofrer de algum tipo de atraso de desenvolvimento para que assim possam ser encaminhadas ao programa para pré-escolares em risco. Dona encontrou um teste formal válido e confiável do desenvolvimento cognitivo que pretende aplicar nas crianças, mas também gostaria de incluir dados observacionais nas avaliações. Ela aprendeu que muitas informações úteis sobre o desenvolvimento cognitivo dos pré-escolares podem ser obtidas a partir de observações que estejam voltadas para uma busca pelas seguintes características no comportamento lúdico das crianças (Rubin, Fein e Vandenberg, 1983):

- **Brincar construtivo** Mais ou menos aos 2 anos, as crianças usam objetos para fazer ou construir coisas. Piaget conjeturou que essa forma de brincar é o alicerce da compreensão das regras que regem a realidade física. Por exemplo, por meio de blocos, as crianças começam a compreender que uma torre que é larga no topo e estreita na base será instável.

- **Brincar imaginativo inicial** Piaget acreditava que brincar de faz de conta era um importante indicador da capacidade da criança de usar símbolos. Os primeiros casos desse tipo de fingimento geralmente são simples, como fingir beber de um copo de brinquedo. A maioria das crianças demonstra algum tipo de faz de conta em torno dos 12 meses. Entre 15 e 21 meses, o receptor da ação imaginária se torna uma outra pessoa ou uma boneca. Essa mudança sinaliza um movimento de afastamento do estágio sensório-motor em direção ao verdadeiro pensamento simbólico.

- **Brincar imaginativo substituto** Entre 2 e 3 anos, as crianças começam a usar objetos para representar algo totalmente diferente. As crianças dessa idade podem usar uma vassoura como um cavalo ou fazer "caminhões" usando blocos.

- **Brincar sociodramático** O brincar sociodramático, uma espécie de faz de conta compartilhado, aparece entre 3 e 4 anos, quando as crianças estão em pleno estágio pré-operatório. Aos 4 anos, praticamente todas as crianças praticam algum tipo de brincadeira desse tipo (Howes e Matheson, 1992).

- **Brincar regido por regras** Em algum momento em torno do quinto aniversário, a maioria das crianças começa a preferir brincadeiras com regras. Por exemplo, crianças dessa idade usam regras como "quem for o menor tem que ser o bebê" ao brincar de "casinha". A maioria também gosta de brincadeiras controladas por regras, como esconde-esconde. Piaget sugeriu que a preferência dos pré-escolares mais velhos por brincadeiras com regras indica que eles estão prestes a fazer a transição para o estágio seguinte de desenvolvimento cognitivo, *operações concretas*, no qual adquirem uma compreensão das regras (Piaget e Inhelder, 1969).

Questões para reflexão

1. Quais dos métodos de pesquisa discutidos no Capítulo 1 é mais adequado para o estudo das mudanças nas atividades lúdicas das crianças relacionadas à idade?
2. Muitas crianças têm amigos imaginários (fenômeno considerado perfeitamente normal pelos psicólogos infantis). Em qual dos estágios do brincar você esperaria ver as crianças primeiro inventarem companheiros imaginários?

Você deve se recordar do Capítulo 2 que o conceito de *esquema*, uma estrutura cognitiva que fornece ao indivíduo um procedimento a seguir em uma circunstância específica, é central para a explicação piagetiana do desenvolvimento cognitivo. Segundo Piaget, a função semiótica permite à criança adquirir esquemas figurativos (Flavell, 1963). **Esquemas figurativos** são representações mentais das propriedades básicas dos objetos no mundo. Por exemplo, uma criança está utilizando esquemas figurativos quando rotula corretamente cães e gatos, lista suas características (p. ex., focinhos úmidos, pelos, bigodes, rabos que abanam) e descreve seus comportamentos típicos (p. ex., latir, miar). Saber que cães e gatos são animais de tipos diferentes, e que os animais representam uma categoria que é distinta das outras (p. ex., roupas, comida, etc.), também envolve esquemas figurativos. Esses esquemas permitem que as crianças compreendam e ajam sobre o mundo de modos mais sofisticados do que eram capazes quando eram mais jovens e possuíam apenas esquemas sensório-motores. Não obstante, elas também precisam desenvolver **esquemas operativos**, o termo de Piaget para esquemas que capacitam as crianças a compreender as conexões lógicas entre os objetos no mundo e raciocinar sobre os efeitos das transformações sobre eles.

Para melhor compreender o impacto dos esquemas operativos sobre a compreensão infantil do mundo, imagine apresentar a uma criança de 4 anos uma coleção de animais de brinquedo na qual existem sete cães e três gatos. Seguindo a metodologia que Piaget utilizou em seus clássicos estudos da compreensão de categorias, você pergunta à criança se existem mais cães ou mais animais. Praticamente todas as crianças de 4 anos respondem que existem mais cães quando, evidentemente, a resposta correta é que existem mais animais. As crianças escolhem a subclasse maior porque elas não entendem que, em termos lógicos, qualquer combinação de cães e gatos será sempre mais numerosa do que cães ou gatos isoladamente (elas carecem de uma habilidade chamada de *inclusão de classe*, sobre a qual você vai aprender mais no Capítulo 11). Essas compreensões, quando se manifestam como soluções para problemas, representam esquemas operativos que podem ser aplicados a toda instância possível de uma categoria de problemas sem considerar características superficiais dos objetos envolvidos. Assim, uma criança com uma compreensão operativa de categorias responderá corretamente que, se existem sete margaridas e três rosas, existem mais flores do que margaridas. Ela também vai dizer que, se existem 12 carros e sete caminhões, existem mais veículos do que carros. Como quer que você mude o problema, uma criança que desenvolveu esquemas operativos de categorização vai entendê-lo bem, porque resolve o problema de maneira lógica.

Durante o estágio pré-operatório, os esquemas figurativos das crianças crescem rapidamente. Elas constroem esses esquemas através de observação e especialmente através da aquisição de conhecimento verbal. Crianças de apenas 2 ou 3 anos apresentam esquemas figurativos quando brincam de faz de conta (Walker-Andrews e Kahana-Kalman, 1999). Em um tipo de brincar imaginativo, as crianças relacionam as características dos objetos no ambiente a esquemas figurativos para objetos que estão armazenados em suas memórias. Um pedaço de papelão triangular se torna um pedaço de *pizza* imaginário, e uma fila de blocos se torna um trem imaginário. As ações da criança sobre os objetos – fingindo mastigar a "*pizza*" ou empurrar o "trem" fazendo um barulho que representa seu assobio – ajudam-na a tornar seu mundo imaginário mais parecido com o mundo real.

Em forte contraste com os rápidos avanços nos esquemas figurativos que acontecem na segunda infância, os esquemas operativos são construídos muito vagarosamente. Piaget afirmava que a construção de esquemas operativos é influenciada pela maturação cerebral, pela experiência na atuação sobre o mundo e pelas informações de outras pessoas (Piaget e Inhelder, 1969). Cada fator é "necessário mas não suficiente" para produzir esquemas operativos. Ou seja, uma criança pode ter o grau necessário de desenvolvimento cerebral para um determinado esquema operativo, mas o esquema pode não estar completo até que outros fatores estejam presentes. Ou ela pode ter a experiência e as informações requeridas, mas carecer do desenvolvimento cerebral necessário. Uma vez disponível, um esquema tem o que você poderia chamar de *status* experimental; a criança deve testá-lo utilizando-o para agir sobre o mundo. Por meio da prática, ou *equilibração* (o processo de equilibrar assimilação e acomodação), o esquema adquire completude. Devido às complexidades envolvidas na construção de esquemas operativos, a capacidade das crianças pequenas para lógica geralmente está bem atrás de sua capacidade de usar esquemas figurativos. Além do mais, a natureza fragmentária, ou "em andamento", dos esquemas operativos dos pré-escolares os impede de gerar conclusões válidas para problemas lógicos.

Segundo Piaget, uma das diversas dificuldades que surgem da ausência de esquemas operativos completos nas crianças pequenas é que elas tendem a olhar as coisas inteiramente de seu próprio ponto

---

A criança integral em foco

Quais das atividades favoritas de Madeleine mostravam que ela tinha construído um complexo conjunto de esquemas figurativos aos 6 anos? Descubra na página 298.

---

função semiótica (simbólica) compreensão de que um objeto ou comportamento pode representar outro.

estágio pré-operatório segundo estágio de desenvolvimento cognitivo de Piaget durante o qual as crianças se tornam proficientes no uso de símbolos para pensar e se comunicar, mas ainda têm dificuldade para pensar de maneira lógica.

esquemas figurativos representações mentais das propriedades básicas dos objetos no mundo da criança.

esquemas operativos representações mentais que permitem às crianças compreender as relações lógicas entre os objetos no mundo e raciocinar sobre os efeitos das eventuais mudanças sobre eles.

Figura 8.1 A tarefa das três montanhas de Piaget.

A situação experimental mostrada aqui é semelhante à utilizada por Piaget para estudar o egocentrismo nas crianças. Pede-se à criança que escolha uma figura que mostre como ela vê as montanhas, e depois que escolha uma figura que mostre a visão que uma boneca tem das montanhas.

de vista, característica que chamou de **egocentrismo** (Piaget, 1954). Esse termo não significa que a criança pequena seja uma egomaníaca. Significa apenas que ela supõe que todo mundo vê o mundo como ela. Por exemplo, enquanto está sentada no banco de trás de um carro, uma criança de 3 ou 4 anos pode de repente exclamar "Olha aquilo, mamãe!" – sem compreender que a mamãe não pode ver o objeto sobre o qual ela está falando. Além disso, a criança não entende que o movimento do carro impede que sua mãe possa vir a ver o objeto em questão. Consequentemente, a criança pode se sentir frustrada em suas tentativas de se comunicar com a mãe sobre o que viu.

A Figura 8.1 ilustra um experimento clássico em que a maioria das crianças pequenas demonstra esse tipo de egocentrismo. A criança vê uma cena tridimensional com montanhas de diferentes tamanhos e cores. De um conjunto de desenhos, ela escolhe aquele que mostra a cena do modo como ela a vê. A maioria dos pré-escolares pode fazer isso sem muita dificuldade. Depois o examinador pede à criança que escolha o desenho que mostra como outra pessoa vê a cena, tais como uma boneca ou o examinador. Nesse ponto, a maioria dos pré-escolares escolhe o desenho que mostra sua própria visão das montanhas (Flavell, Everett, Croft e Flavell, 1981; Gzesh e Surber, 1985).

Piaget também assinalou que o pensamento de crianças em idade pré-escolar é guiado pela aparência dos objetos, ou por uma dependência em esquemas figurativos, para formar conclusões sobre o mundo. As crianças podem acreditar, por exemplo, que qualquer objeto em movimento é um animal de algum tipo. Esse tipo de pensamento reflete uma tendência infantil básica de pensar em termos de uma variável por vez, um tipo de pensamento que Piaget denominou **centração**. Devido à centração, a criança chega à conclusão, por meio de uma série de falsas conclusões, de que todos os objetos em movimento são animais. A premissa na qual essas conclusões se baseiam é o fato, evidente nas interações cotidianas com o mundo, de que todos os animais se movimentam – ou, como os cientistas o colocam – têm a capacidade de *locomoção* (pôr-se em movimento). Mas o pensador pré-operacional não é capaz de pensar os objetos simultaneamente em termos de movimento e de sua capacidade de se pôr em movimento. Assim, o movimento, sem considerar outras características relevantes dos objetos, torna-se o único critério para distinguir objetos vivos de não vivos. Consequentemente, uma criança pode ficar com medo de uma folha levada pelo vento no pátio porque ela acredita que a folha está tentando segui-la. Piaget utilizou o termo **animismo** para referir esse produto da lógica pré-operacional, a atribuição das características dos organismos vivos a objetos inanimados.

Alguns dos experimentos mais famosos de Piaget trataram de um processo cognitivo chamado **conservação**, a compreensão de que a matéria pode mudar de aparência sem mudar de quantidade. A capacidade de conservar depende de esquemas operativos que se desenvolvem lentamente durante a segunda e terceira infâncias. Consequentemente, você vai ler sobre conservação no Capítulo 11 assim como aqui. Algumas das tarefas de conservação que Piaget utilizou, juntamente com as respostas típicas para elas, são mostradas na Figura 8.2. Como você pode ver, Piaget constatou que as crianças raramente demonstram algum tipo de conservação antes dos 5 anos.

Piaget afirmou que a incapacidade dos pensadores pré-operacionais de conservar é o resultado de seu pendor para a **lógica transdutiva**, ou inferência causal, baseada somente na relação temporal entre dois eventos. A lógica transdutiva leva as crianças a acreditarem que, se o evento A ocorreu pouco antes do evento B, então o evento A provavelmente causou o evento B. Por exemplo, se você dispõe 10 moedas em fila e pede a uma criança que sabe contar que ela diga quantas moedas existem ali, ela facilmente vai afirmar que existem 10 moedas. Mas se você então empilha as moedas e pergunta se ainda

egocentrismo crença de uma criança pequena de que todos veem e experienciam o mundo como ela.

centração tendência de uma criança pequena de pensar o mundo em termos de uma variável por vez.

animismo atribuição das características dos organismos vivos a objetos inanimados.

conservação compreensão de que a matéria pode mudar de aparência sem mudar de quantidade.

lógica transdutiva inferência causal baseada somente na relação temporal entre dois eventos (se o evento B aconteceu pouco depois do evento A, então A causou B).

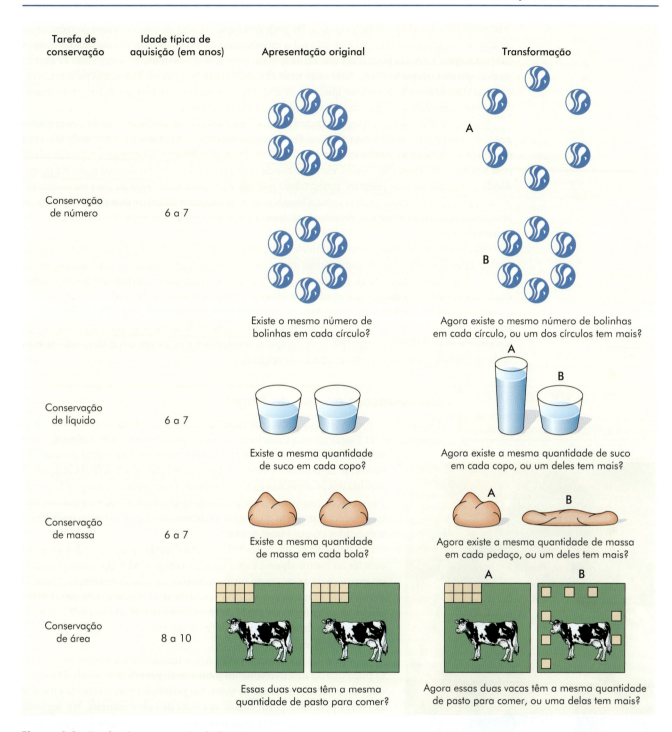

Figura 8.2 Tarefas de conservação de Piaget.

A pesquisa de Piaget envolvia vários tipos de tarefas de conservação. Ele classificava as respostas das crianças como corretas em relação a uma determinada tarefa se elas fossem capazes de resolver corretamente o problema e oferecessem uma justificativa logicamente consistente para sua resposta. Por exemplo, se uma criança dissesse "Os dois círculos de bolinhas são iguais porque você não acrescentou nem tirou nenhuma ao movê-las", julgava-se que a resposta refletia conservação. Inversamente, se uma criança dissesse "Os dois círculos são iguais, mas eu não sei por quê", considerava-se que a resposta não refletia conservação.

existem 10 moedas, ela pode ficar confusa. Ela pode dizer que existem menos, por causa da redução na quantidade de espaço horizontal ocupado pelas moedas (isto é, "Elas não estão tão espalhadas e assim existem menos"). Ou ela pode dizer que existem mais, por causa do aumento na quantidade de espaço vertical que elas ocupam (p. ex., "Elas estão mais altas, então existem mais"). Em outras palavras, o raciocínio transdutivo a leva a pensar que o ato de empilhar as moedas causou uma mudança no número de moedas, a mudança na aparência das moedas confirma sua teoria.

Em um nível prático, o raciocínio transdutivo pode levar as crianças a gerar conclusões errôneas que têm consequências de longo alcance. Por exemplo, quando uma criança é informada que seus pais estão se separando, sua busca por uma causa vai focar eventos que ocorreram em proximidade com a notícia da separação. Assim, ele pode concluir que o relacionamento de seus pais está terminando por causa de suas próprias ações, talvez por que ela violou uma regra da casa ou acidentalmente perdeu ou quebrou alguma coisa. Os pais podem ser capazes de evitar esse tipo de conclusão assegurando aos filhos que sua decisão de se separarem nada tem a ver com o que a criança fez ou deixou de fazer.

Quando as crianças pequenas finalmente começam a demonstrar algum grau de compreensão da conservação, elas o fazem com justificativas que se baseiam em três características das transformações apenas na aparência da matéria. A primeira delas é a *identidade*, o conhecimento de que as quantidades são constantes a menos que se adicione ou subtraia matéria delas. A segunda é a *compensação*, a compreensão de que todas as características relevantes da aparência de uma dada quantidade da matéria deve ser levada em conta antes de chegar a uma conclusão sobre se a quantidade mudou. A terceira é a *reversibilidade*, a capacidade de comparar mentalmente a aparência transformada de uma dada quantidade de matéria com sua aparência original.

> **OBJETIVO DA APRENDIZAGEM 8.2**
> Como pesquisas recentes contestaram a visão que Piaget tinha desse período?

Contestações à visão de Piaget

Estudos da conservação que abrangem várias décadas de modo geral confirmaram as observações de Piaget (p. ex., Ciancio et al., 1999; Desrochers, 2008; Gelman, 1972; Sophian, 1995; Wellman, 1982). Embora crianças mais novas possam demonstrar alguma compreensão da conservação se a tarefa for simples, a maioria das crianças não é capaz de resolver consistentemente problemas de conservação e outros tipos de problemas lógicos antes dos 5 anos. Entretanto, evidências sugerem que os pré-escolares são cognitivamente muito mais sofisticados do que Piaget pensava.

A despeito de seu egocentrismo, crianças de apenas 2 ou 3 anos parecem ter ao menos alguma capacidade de compreender que outra pessoa vê ou experiencia as coisas de forma diferente da sua. Por exemplo, crianças dessa idade adaptam seu falar ou seu brincar às demandas de um companheiro. Elas brincam de modo diferente com parceiros mais velhos e mais jovens e falam de maneira diferente com uma criança mais nova (Brownell, 1990; Guralnik e Paul-Brown, 1984).

Entretanto, essa compreensão não é perfeita nessa idade tão precoce. O psicólogo do desenvolvimento John Flavell propôs dois níveis da capacidade de assumir um ponto de vista. No primeiro nível, a criança sabe que as outras pessoas experimentam as coisas de outra maneira. No segundo nível, a criança desenvolve toda uma série de regras complexas para entender precisamente o que a outra pessoa vê ou experimenta (Flavell, Green e Flavell, 1990). Aos 2 e 3 anos, as crianças têm o primeiro nível de conhecimento, mas não o segundo; o segundo nível de conhecimento começa a se evidenciar em crianças de 4 e 5 anos. Por exemplo, uma criança de 4 ou 5 anos compreende que outra pessoa se sente triste quando fracassa ou feliz quando tem êxito.

Estudos sobre a compreensão das emoções também contestaram a descrição do egocentrismo da criança pequena feita por Piaget. Por exemplo, aos 4 anos, as crianças aprendem a regular ou modular suas expressões de emoção para não ferir os sentimentos de outra pessoa ou fazê-las ficarem zangadas (Thompson e Goodvin, 2005). Além disso, crianças pré-escolares

Essa criança pequena é capaz de adaptar sua fala às necessidades de sua irmã menor, uma das muitas indicações de que os pré-escolares são menos egocêntricos do que Piaget pensava.

utilizam expressões emocionais como chorar ou sorrir para ganharem o que querem. Esses comportamentos são evidentemente baseados ao menos em parte em uma consciência crescente de que as outras pessoas julgam seus sentimentos pelo que veem você expressar. Esses comportamentos não ocorreriam se as crianças fossem totalmente incapazes de considerar seu próprio comportamento da perspectiva de outra pessoa, como sugeririam as afirmações de Piaget sobre egocentrismo.

O movimento de distanciamento do egocentrismo parece fazer parte de uma mudança muito mais ampla na compreensão que a criança pequena tem da aparência e da realidade. Flavell estudou essa compreensão de diversas maneiras (Flavell, Green e Flavell, 1990; Flavell, Green, Wahl e Flavell, 1987). No mais célebre dos procedimentos de Flavell, o experimentador mostra à criança uma esponja que foi pintada para que parecesse uma pedra. Crianças de 3 anos dirão que o objeto se parece com uma esponja e é uma esponja ou que ele parece uma pedra e é uma pedra. Mas crianças de 4 e 5 anos são capazes de distinguir entre aparência e realidade; elas entendem que o objeto parece uma pedra mas é uma esponja (Flavell, 1986). Assim, as crianças mais velhas compreendem que o mesmo objeto pode ser representado de maneira diferente, dependendo de nosso ponto de vista.

Teorias da mente

> **OBJETIVO DA APRENDIZAGEM 8.3**
> O que é uma teoria da mente e como ela se desenvolve?

Evidências como as descritas na seção anterior levaram alguns teóricos a propor que a criança de 4 ou 5 anos desenvolve uma nova e sofisticada **teoria da mente** ou conjunto de ideias que descrevem, explicam e fazem previsões sobre o conhecimento e comportamento dos outros baseadas em inferências sobre seus estados mentais.

Compreendendo pensamentos, desejos e crenças A teoria da mente não desabrocha plenamente aos 4 anos. Crianças de apenas 18 meses já têm uma compreensão incipiente do fato de que as pessoas (mas não os objetos inanimados) operam com metas e intenções (Meltzoff, 1995). Aos 3 anos, as crianças compreendem alguns aspectos da ligação entre o pensamento ou sentimento das pessoas e seu comportamento (Higgins e Pittman, 2008). Por exemplo, elas sabem que uma pessoa que quer alguma coisa vai tentar obtê-la. Elas também sabem que uma pessoa pode querer alguma coisa mesmo que não possa tê-la (Lillard e Flavell, 1992). Contudo, elas ainda não entendem o princípio básico de que as ações de cada pessoa são baseadas em sua própria representação da realidade, o que pode ser diferente do que está "realmente" presente. É esse novo aspecto da teoria da mente que aparece claramente entre os 3 e 5 anos.

Estudos que examinaram o **princípio da falsa crença** ilustram as deficiências das crianças de 3 anos nessa área (Flavell, 1999). Em um estudo clássico, as crianças foram presenteadas com uma caixa na qual havia figuras de diferentes tipos de balas. O experimentador sacudia a caixa para demonstrar que havia alguma coisa dentro e então pedia às crianças de 3 e 4 anos que adivinhassem o que encontrariam se abrissem a caixa. Independentemente da idade, as crianças supunham que a caixa continha balas. Porém, ao abrir a caixa, as crianças descobriam que ela continha lápis de cor. O experimentador então pedia às crianças que previssem o que outra criança que viu a caixa fechada pensaria que havia dentro dela. As crianças de 3 anos achavam que a criança acreditaria que a caixa continha lápis de cor, mas crianças de 4 anos entendiam que as figuras de balas sobre a caixa levariam a criança à falsa crença de que a caixa continha balas.

De modo semelhante, crianças de 4 anos compreendem os aspectos psicológicos e sociais do engano de maneira mais completa do que crianças de 3 anos. Por exemplo, os desenvolvimentistas sabem há algum tempo que crianças de 4 anos são mais capazes do que crianças de 3 anos de enganar intencionalmente os outros (p. ex., Sodian, Taylor, Harris e Perner, 1991). Outro aspecto em que os pré-escolares mais velhos demonstraram que têm melhor compreensão do engano do que pré-escolares mais jovens é por acompanharem a confiabilidade dos outros. Em um de vários estudos comparando a capacidade de crianças de 3 e 4 anos de fazer isso, as crianças assistiram a vídeos em que, em graus variados, os adultos forneciam rótulos incorretos para objetos que eram familiares às crianças (Pasquini, Corriveau, Koenig e Harris, 2007). Posteriormente, as crianças assistiam a vídeos em que os mesmos adultos rotulavam objetos com os quais as crianças não tinham familiaridade. Crianças de 3 anos tendiam a não acreditar em qualquer adulto que tivesse cometido um erro na rotulação de um objeto conhecido; em outras palavras, elas faziam juízos "de tudo ou nada" sobre a confiabilidade dos adultos como informantes. Em contraste, os juízos de crianças de 4 anos sobre a fidedignidade dos adultos nos vídeos de objetos desconhecidos eram mais sutis. O grau de confiança

teoria da mente conjunto de ideias construído por uma criança ou adulto para descrever, explicar e fazer previsões sobre o conhecimento e comportamento dos outros, baseado em inferências sobre seus estados mentais.

princípio da falsa crença compreensão que permite a uma criança considerar uma situação do ponto de vista de outra pessoa e determinar que tipo de informação fará aquela pessoa ter uma falsa crença.

que elas atribuíram aos adultos dependia do grau de precisão que os adultos haviam demonstrado nos vídeos com objetos familiares. Ao que parece, crianças de 4 anos são mais capazes de apreciar o fato de que alguns erros de informação são acidentais e não afetam a fidedignidade geral de uma fonte de informações. Em sua visão, a fidedignidade de um informante pode ser julgada por sua tendência geral de dar informações precisas mais do que por um único episódio em que o informante forneceu informações imprecisas.

Contudo, existe muita coisa que a criança de 4 anos ainda não entende sobre o pensamento das outras pessoas. Uma criança dessa idade compreende que as outras pessoas pensam, mas ela ainda não compreende que outras pessoas podem pensar sobre ela. A criança de 4 anos compreende "Eu sei que você sabe". Mas ela ainda não compreende plenamente que esse processo é recíproco – isto é, "Você sabe que eu sei".

A compreensão da natureza recíproca do pensamento parece se desenvolver entre 5 e 7 anos na maioria das crianças. Esta parece ser uma compreensão especialmente importante, pois ela é provavelmente necessária para a criação de amizades genuinamente recíprocas, que começam a aparecer na época do ensino fundamental (Sullivan, Zaitchik e Tager-Flusberg, 1994). Na verdade, a taxa na qual um pré-escolar desenvolve uma teoria da mente é um bom preditor de suas habilidades sociais tanto mais tarde na segunda infância quanto durante os anos escolares (Moore, Barresi e Thompson, 1998; Watson, Nixon, Wilson e Capage, 1999).

Somente em torno dos 6 anos as crianças começam a compreender que o conhecimento pode ser derivado por meio de inferências. Por exemplo, pesquisadores em um estudo mostraram a crianças de 4 e 6 anos dois brinquedos de cores diferentes (Pillow, 1999). Depois, eles colocaram os brinquedos em recipientes opacos separados. Em seguida, abriram um dos recipientes e mostraram o brinquedo para uma marionete. Quando indagados se a marionete sabia qual brinquedo de cada cor estava em cada recipiente, apenas as crianças de 6 anos disseram que sim.

Depois de duas décadas de pesquisa examinando o desenvolvimento da teoria da mente, os pesquisadores concordam que ainda existe muito a ser aprendido. Entretanto, algumas afirmações definitivas podem ser feitas sobre a sequência na qual as habilidades da teoria da mente aparecem. Primeiro, parece claro que as crianças compreendem os desejos dos outros antes de compreenderem as crenças dos outros (Liu e Wellman, 2004). Por exemplo, aos 3 anos e meio, quase todas as crianças compreendem que duas pessoas podem ter desejos diferentes em relação ao mesmo objeto. Elas sabem, por exemplo, que uma criança pode considerar uma bolacha de aveia algo desejável ao passo que outra pode não achar. A compreensão que as crianças têm das crenças dos outros e de como os sinais ambientais afetam suas crenças se desenvolve gradativamente durante o quinto e o sexto ano. Por exemplo, pouco antes do quinto aniversário, mas não antes, a maioria das crianças começa a compreender que o rótulo em um recipiente pode ser enganoso se a pessoa que vê o recipiente não sabe que outra pessoa substituiu o conteúdo por uma coisa diferente do que está no rótulo. Os tipos de experiências que moldam essa sequência são objeto de muitas investigações.

Influências de uma teoria da mente sobre o desenvolvimento Os desenvolvimentistas constataram que a teoria da mente de uma criança está correlacionada ao desempenho nas tarefas de Piaget, assim como em tarefas desenvolvidas mais recentemente para avaliar o egocentrismo e aparência/realidade (Melot e Houde, 1998; Yirmiya e Shulman, 1996). Além disso, o brincar imaginativo parece contribuir para o desenvolvimento da teoria da mente. Brincar de faz de conta com outras crianças, em especial, tem forte relação com a teoria da mente; contudo, adultos que praticam o brincar imaginativo com as crianças amiúde lhes fornecem sinais e dicas que funcionam como alicerce para o desenvolvimento da teoria da mente (Dockett e Smith, 1995; Lillard, 2006a; Schwebel, Rosen e Singer, 1999). Além disso, crianças cujos pais conversam com elas sobre fatos passados causadores de emoções desenvolvem uma teoria da mente mais rapidamente do que seus amigos que não têm esse tipo de conversas (Welch-Ross, 1997).

Habilidades de linguagem – tais como o conhecimento de palavras como *querer, precisar, pensar* ou *lembrar*, que expressam desejos, sentimentos e pensamentos – também estão relacionadas ao desenvolvimento da teoria da mente (Astington e Jenkins, 1995; Green, Pring e Swettenham, 2004; Tardif, So e Kaciroti, 2007). Na verdade, um certo nível de facilidade linguística pode ser uma condição necessária para o desenvolvimento de uma teoria da mente. Os desenvolvimentistas constataram que crianças nessa faixa etária simplesmente não têm êxito em tarefas de falsa crença até que tenham alcançado um nível mínimo de habilidade linguística geral (Astington e Jenkins, 1999; Jenkins e Astington, 1996; Watson et al., 1999).

Além disso, pesquisas envolvendo crianças mais velhas e adultos com habilidades de falsa crença altamente desenvolvidas e que também são bilíngues indica que as redes neurais responsáveis pela linguagem coincidem com as responsáveis pela compreensão linguística (Kobayashi, Glover e Temple, 2008). Estudos também sugerem que crianças bilíngues têm uma vantagem sobre crianças monolíngues no desempenho em tarefas de aparência/realidade (Bialystok, 2005). Acredita-se que os processos de inibição mental que permitem aos bilíngues suprimir seu conhecimento de um dos idiomas que falam a fim de pensar e se comunicar no outro ajudam-nos a suprimir o impulso de tirar conclusões precipitadas sobre um objeto com base em sua aparência. Consequentemente, crianças bilíngues podem processar as características dos problemas de aparência/realidade de maneira mais meticulosa do que crianças monolíngues.

O mesmo ponto é adicionalmente confirmado com a descoberta de que as crianças com deficiências que afetam o desenvolvimento da linguagem, tais como surdez congênita ou autismo, desenvolvem uma teoria da mente mais lentamente do que outras (Figueras-Costa e Harris, 2001; Harris e Leevers, 2005). Pesquisas também demonstram que, para crianças com deficiências mentais, o progresso para uma teoria da mente plenamente desenvolvida é melhor previsto por habilidades de linguagem do que pelo tipo de deficiência (Bauminger e Kasari, 1999; Peterson e Siegal, 1999; Yirmiya, Eriel, Shaked e Solomonica-Levi, 1998; Yirmiya, Solomonica-Levi, Shulman e Pilowsky, 1996).

Pesquisas interculturais, incluindo estudos com o grupo de caçadores-coletores camaroneses conhecido como Baka, sugerem que todas as crianças desenvolvem uma teoria da mente entre as idades de 3 e 5 anos.

Teoria da mente nas diversas culturas Os psicólogos interculturais afirmam que a pesquisa sobre a teoria da mente nos Estados Unidos e na Europa pode não se aplicar a crianças de outras culturas e produziram algumas evidências preliminares para sustentar essa afirmação (Lillard, 2006b). Contudo, a pesquisa também sugere que alguns aspectos do desenvolvimento da teoria da mente podem ser universais (Cole, 2005). Por exemplo, sequências semelhantes do desenvolvimento da teoria da mente foram encontradas nos Estados Unidos, China, Japão, Europa e Índia (Jin et al., 2002; Liu, Wellman, Tardif e Sabbagh, 2008; Tardif e Wellman, 2000; Tardif, So e Kaciroti, 2007; Wellman, Cross e Watson, 2001). Contudo, os críticos alegam que a maioria das sociedades onde esses resultados foram obtidos é industrializada e que resultados muito diferentes poderiam ser obtidos em estudos de sociedades não industrializadas.

Em resposta a esse argumento, os desenvolvimentistas apresentaram tarefas de falsa crença a um grupo conhecido como Baka, que mora em Camarões, país da África Ocidental (Avis e Harris, 1991). Os Baka são caçadores-coletores que vivem juntos em acampamentos. Cada criança foi testada em sua própria cabana, utilizando materiais com os quais ela tinha familiaridade. A criança assistia a um adulto chamado Mopfana (um membro dos Baka) colocar alguns caroços de manga em um recipiente com tampa. Mopfana, em seguida, saía da cabana, e um outro adulto (também membro do grupo) dizia à criança que eles iriam pregar uma peça em Mopfana: eles iriam esconder os caroços em uma panela. Então, esse adulto perguntava à criança o que Mopfana faria quando voltasse. Ele iria procurar pelos caroços no recipiente ou na panela? As crianças entre 2 e 4 anos tendiam a dizer que Mopfana procuraria pelos caroços na panela, enquanto as de 4 e 5 anos estavam quase sempre certas. Assim, mesmo em culturas diferentes, algo similar parece ocorrer entre as idades de 3 e 5 anos: nesse período, todas as crianças parecem desenvolver uma teoria da mente.

As características universais da teoria da mente levaram muitos desenvolvimentistas a propor que uma estrutura neurológica dedicada, ou *módulo da teoria da mente*, existe no cérebro (Cole, 2005). Essa estrutura hipotética produz inferências sobre o comportamento das pessoas e os diversos fatores internos e externos que influenciam esse comportamento. A teoria do módulo explica por que os estudos interculturais mostram considerável consistência em relação ao que alguns pesquisadores chamaram de característica central da teoria da mente (Cole, 2005) – ou seja, a capacidade de identificar os estados mentais dos outros, a qual se desenvolve universalmente durante o período da segunda infância. Entretanto, os modos nos quais as inferências das crianças se expressam e como essas inferências influenciam o comportamento das próprias crianças parece variar entre as culturas (Lillard, 2006b; Liu et al., 2008). Essas variações resultam de diferenças na linguagem, tais como o grau em que um idioma específico dispõe de palavras para os diversos tipos de estado mental, e variações nas oportunidades de conversar sobre os estados mentais dos outros.

> **OBJETIVO DA APRENDIZAGEM 8.4**
> Como os teóricos do processamento de informações explicam as mudanças no pensamento das crianças pequenas?

espaço de armazenamento de curto prazo (EACP) termo do neopiagetiano Robbie Case para a memória de operação da criança.

eficiência operacional termo neopiagetiano que se refere ao número máximo de esquemas que podem ser processados na memória de operação de cada vez.

> **A criança integral em foco**
> Como Madeleine utiliza a eficiência operacional recém descoberta sobre a qual fala a teoria neopiagetiana? Descubra na página 298.

Processamento de informações na segunda infância

Durante a segunda infância, os avanços cognitivos das crianças e sua capacidade de utilizar a linguagem como auxílio para o pensamento resultam em aperfeiçoamentos drásticos na função da memória (ver *Ciência do desenvolvimento em casa,* página 245). Por exemplo, a maioria dos pais sabe que, se você der a uma criança de 3 anos uma lista de três coisas para fazer, ela provavelmente vai se esquecer de ao menos uma. Entretanto, no final do período da segunda infância, a maioria das crianças é capaz de recordar uma lista de quatro ou cinco itens (Rosser, 1994). Consequentemente, os teóricos do processamento de informações têm utilizado a pesquisa sobre memória para apoiar suas explicações tanto dos resultados originais de Piaget quanto das descobertas mais recentes que os contradizem.

Teorias neopiagetianas Um conjunto de propostas alternativas se baseia na ideia de que o desempenho das crianças nas tarefas de Piaget pode ser explicado em termos de limitações da memória de operação (Case, 1985, 1992). Por exemplo, o falecido Robbie Case (1944-2000), um dos mais conhecidos teóricos neopiagetianos, utilizou o termo **espaço de armazenamento de curto prazo** (EACP) para se referir à memória de operação de uma criança. Segundo Case, existe um limite para o número de esquemas aos quais se pode dar atenção no EACP. Ele chama de **eficiência operacional** o número máximo de esquemas que podem ser colocados no EACP de cada vez. Aperfeiçoamentos na eficiência operacional ocorrem através da prática (realizar tarefas que requerem uso da memória, tais como aprender o alfabeto) e maturação cerebral à medida que a criança envelhece. Assim, uma criança de 7 anos é mais capaz de lidar com as demandas de processamento das tarefas de conservação do que uma criança de 4 anos devido aos aperfeiçoamentos na eficiência operacional do EACP.

Um bom exemplo da função do EACP pode ser encontrado examinando-se a *classificação matricial,* tarefa frequentemente utilizada por Piaget tanto com crianças pequenas quanto com crianças em idade escolar (ver Figura 8.3). A classificação matricial requer que a criança coloque um dado estímulo em duas categorias ao mesmo tempo. Crianças pequenas falham nessas tarefas, de acordo com a teoria neopiagetiana, porque elas começam processando o estímulo de acordo com uma dimensão (forma ou cor) e depois não compreendem que é necessário reprocessá-lo de acordo com a segunda dimensão ou se esquecem de fazer isso.

Contudo, pesquisadores treinaram crianças pequenas para o desempenho correto em tais problemas utilizando uma estratégia em duas etapas. Por exemplo, as crianças eram ensinadas a pensar em um triângulo laranja primeiro em termos de forma e depois em termos de cor. Tipicamente, a instrução envolve diversas tarefas de treinamento em que os pesquisadores repetidamente fazem as crianças lembrarem de reclassificar os estímulos com respeito à segunda variável. Segundo Case, o fracasso das crianças antes da instrução e o tipo de treinamento estratégico ao qual elas respondem ilustram as restrições impostas à resolução de problemas pela limitada eficiência operacional do EACP das crianças pequenas. Só existe espaço para um esquema de cada vez no EACP de crianças pequenas, ou forma ou cor. Os estudos de treinamento demonstram que crianças pequenas podem aprender o desempenho correto, mas sua

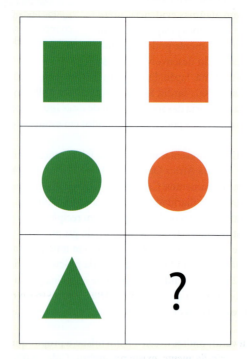

Figura 8.3 Tarefa da matriz neopiagetiana.

Os neopiagetianos utilizaram a tarefa da classificação matricial em estudos de treinamento de estratégias com crianças pequenas. Antes do treinamento, a maioria dos pré-escolares diz que um triângulo verde ou um círculo laranja pertence ao quadrado com o ponto de interrogação. Depois de aprenderem uma estratégia de dois passos em que elas são ensinadas a classificar cada objeto primeiro pela forma e depois pela cor, as crianças compreendem que um triângulo laranja é a figura necessária para completar a matriz.

CIÊNCIA DO DESENVOLVIMENTO EM CASA
Perguntas indutoras e memória das crianças

Ari ficou preocupado quando seu filho de 4 anos, Micah, contou-lhe sobre um incidente envolvendo um vizinho que Ari acreditou se tratar de um possível caso de molestamento sexual, e assim imediatamente chamou a polícia. Antes que a polícia chegasse, Ari recebeu um telefonema de uma assistente social, que aconselhou Ari a anotar tudo que o filho dissera espontaneamente sobre o acontecido, mas que evitasse questioná-lo diretamente. Intrigado, Ari se perguntou: "Quem melhor do que os pais para questionar uma criança sobre um evento possivelmente traumático?".

Durante sua entrevista com a assistente social no dia seguinte, Ari perguntou a ela por que ela o aconselhara a não questionar Micah. Em primeiro lugar, explicou a assistente social, é importante que os pais de uma criança que possa ter sofrido abuso saibam que, mesmo quando estão sob estresse na época de um evento traumático, as crianças são capazes de lembrar dele com muita precisão (Peterson e Bell, 1996). Consequentemente, seu depoimento é extremamente importante quando esses casos terminam em um tribunal. E a fim de preservar o valor do depoimento das crianças, é importante que as lembranças delas não sejam distorcidas por perguntas indutoras.

A assistente social prosseguiu dizendo que as memórias dos pré-escolares são mais sugestionáveis do que as de crianças mais velhas ou adultos (Ceci e Bruck, 1995; Hardy e van Leeuwen, 2004). Uma maneira comum de estudar o fator de sugestionabilidade é exibir um mesmo filme a crianças e adultos. Depois, enquanto fazem perguntas sobre o que os participantes viram, os investigadores inserem uma pergunta que pressupõe algo que realmente não aconteceu (p. ex., "Ele estava carregando uma chave inglesa quando entrou na sala, não estava?"). Crianças pequenas são mais influenciadas do que adultos por esse tipo de pergunta enganosa (Leichtman e Ceci, 1995).

A assistente social também citou pesquisas que mostram que o repetido questionamento influencia o depoimento de crianças (Bruck e Ceci, 1997). Mesmo quando alguma coisa não aconteceu, muitos pré-escolares dirão que ela aconteceu depois de serem questionados sobre isso muitas vezes (Ceci e Bruck, 1998; Muir-Broaddus, 1997). Assim, quando um entrevistador acredita que algum evento aconteceu, essa crença pode afetar o modo como a entrevista é conduzida e pode influenciar o conteúdo das recordações da criança (Ceci e Bruck, 1995).

Quando as perguntas indutoras e informações errôneas provêm dos pais, as crianças são ainda mais propensas a incorporar a versão dos pais a suas próprias recordações espontâneas do que quando são questionadas por estranhos (Ricci, Beal e Dekle, 1995). Por isso, explicou a assistente social, profissionais que trabalham com crianças que foram molestadas dizem aos pais para evitarem questionar diretamente seus filhos e ao mesmo tempo incentivá-los a falar espontaneamente sobre o que aconteceu. Quando os pais seguem esse conselho, entrevistadores treinados que sabem questionar os pré-escolares sem influenciá-los indevidamente podem confiar nas informações que obtiverem (Bruck, Ceci e Hembrooke, 1998).

Questões para reflexão
1. Vamos supor que um dia, ao pegar seu filho na creche, o professor lhe dissesse que seu filho bateu em um dos colegas, pedindo a você que conversasse com ele sobre isso. Baseado nas pesquisas sobre a memória das crianças, como você deveria proceder para obter de seu filho o relato mais preciso possível sobre o incidente?
2. Pense sobre os possíveis conflitos entre os direitos dos indivíduos que são acusados de crimes e os de crianças que precisam ser protegidas de pessoas que poderiam explorá-las. Como técnicas de entrevista baseadas na pesquisa poderiam ajudar ambos?

---

abordagem é qualitativamente diferente da de crianças mais velhas. O EACP mais eficiente de uma criança mais velha a permite pensar sobre forma e cor ao mesmo tempo e, assim, serem bem-sucedidas sem treinamento.

Roteiros, metacognição e metamemória Os teóricos do processamento de informações também afirmam que a capacidade das crianças de fazer uso eficiente de seu sistema de memória influencia seu desempenho em tarefas de resolução de problemas. Por exemplo, **roteiros**, estruturas cognitivas que subjazem comportamentos de natureza sequencial, aparecem durante a segunda infância. Eles são especialmente úteis para administrar as demandas de memória de tarefas que envolvem passos sequenciais. Por exemplo, para escovar os dentes, um pré-escolar deve primeiro pegar sua escova de dentes. Depois, ele tem que aplicar a pasta à escova, e assim por diante. O estabelecimento de um roteiro de escovação dos dentes libera os recursos de processamento de informações do pré-escolar para que ele possa focar na qualidade de sua escovação em vez de no procedimento propriamente dito.

Os teóricos do processamento de informações também enfatizam a importância da metamemória e da metacognição. A **metamemória** é o conhecimento e controle dos processos de memória. Por exemplo, crianças pequenas sabem que leva mais tempo memorizar uma lista de 10 palavras do que uma lista de cinco palavras, mas ainda não são muito boas na criação de estratégias que se apliquem a tarefas de memória mais difíceis (Kail, 1990). A **metacognição** é o conhecimento e controle dos processos de pensamento. Por exemplo, uma criança ouvindo uma história pode se dar conta de que se esqueceu do nome do personagem principal e perguntar ao leitor qual é ele. Tanto saber que o nome do personagem foi esquecido quanto saber que a lembrança do nome do personagem vai facilitar a compreensão da história são formas de metacognição.

roteiros estruturas cognitivas que orientam o desempenho de comportamentos rotineiros que envolvem uma sequência fixa de eventos.

metamemória conhecimento sobre como a memória funciona e a capacidade de controlar e refletir sobre nossa própria memória.

metacognição conhecimento sobre como a mente pensa e a capacidade de controlar e refletir sobre nossos próprios processos de pensamento.

O uso da metamemória e da metacognição pelas crianças se aperfeiçoa durante o período da segunda infância. Entre os 3 e 5 anos, por exemplo, as crianças compreendem que, para saber se uma esponja pintada como uma pedra é realmente uma esponja ou uma pedra, uma pessoa precisa tocá-la ou segurá-la. Apenas olhar para ela não dá à pessoa informações suficientes (Flavell, 1993; O'Neill, Astington e Flavell, 1992). Assim, em torno dos 4 ou 5 anos, as crianças começam a compreender esses processos, mas elas ainda têm um longo caminho a percorrer. Consequentemente, sua capacidade de resolver problemas complexos como os utilizados por Piaget é limitada em comparação à de crianças mais velhas.

Teoria sociocultural de Vygotsky

OBJETIVO DA APRENDIZAGEM 8.5
Quais são as características dos estágios do desenvolvimento cognitivo na segunda infância segundo Vygotsky?

No Capítulo 2, você aprendeu sobre a concepção de desenvolvimento do psicólogo russo Lev Vygotsky. A teoria de Vygotsky difere tanto da teoria piagetiana quanto da teoria do processamento de informações por sua ênfase no papel dos fatores sociais no desenvolvimento cognitivo. Por exemplo, dois pré-escolares montando juntos um quebra-cabeça discutem sobre o lugar das peças. Depois de alguns diálogos desse tipo, os participantes internalizam a discussão, a qual então se torna um modelo para uma conversa interna que a criança usa para se orientar no processo de resolução de quebra-cabeças. Dessa forma, sugeriu Vygotsky, as soluções para problemas são socialmente produzidas e aprendidas. Vygotsky não nega que ocorre um aprendizado individual. Contudo, ele sugeriu que os processos de aprendizagem de grupo são centrais para o desenvolvimento cognitivo. Consequentemente, da perspectiva de Vygotsky, a interação social é necessária para o desenvolvimento cognitivo (Thomas, 2000).

O Capítulo 2 descreveu dois princípios gerais importantes da teoria de Vygotsky. Você deve lembrar que a **zona de desenvolvimento proximal** inclui tarefas que são difíceis demais para a criança fazer sozinha, mas com as quais pode lidar se tiver orientação. Denomina-se **andaime** o processo de prover essa orientação, muito como um andaime físico permite a um pintor alcançar o teto de uma sala. Por exemplo, quando os pais respondem a perguntas como "Quem é esse?" ou "O que ele está fazendo?" enquanto estão assistindo a um filme com uma criança, eles a ajudam a acompanhar melhor os personagens e a trama do que ela seria capaz de fazer se assistisse ao filme sozinha.

Os conceitos de Vygotsky de zona de desenvolvimento proximal e andaime levaram ao desenvolvimento de diversas práticas inovadoras na segunda infância e na educação infantil. Em uma sala de aula vygotskyana, os professores utilizam uma estratégia de intervenção denominada **participação guiada**, na qual as crianças se tornam "aprendizes" dos professores mais do que receptores passivos de instrução (Rogoff, 1991). Por exemplo, um professor usando uma abordagem tradicional ao ensinar uma criança a escrever seu nome poderia escrever o nome da criança e instruí-la a copiá-lo. Em contraste, um professor com uma abordagem sociocultural dividiria a tarefa com a criança. A tarefa seria iniciada pela própria criança, e o professor e a criança juntos a completariam, com o professor dando dicas e pistas de que a criança necessitasse para ser capaz de formar as letras e escrever algumas delas se necessário.

Vygotsky propôs estágios específicos de desenvolvimento cognitivo do nascimento aos 8 anos. Cada estágio representa um passo em direção à internalização dos modos de pensar utilizados pelos adultos ao redor da criança. No primeiro período, entre o nascimento e os 2 anos, chamado de **estágio primitivo**, o bebê possui processos mentais semelhantes aos dos animais inferiores. Ele aprende sobretudo por condicionamento, até que a linguagem comece a se desenvolver no segundo ano. Naquele ponto, dos 2 aos 3 anos, a criança entra no **estágio de psicologia ingênua**, em que ela aprende a usar a linguagem para se comunicar, mas ainda não compreende seu caráter simbólico. Por exemplo, ela não compreende que qualquer sequência de sons poderia representar o objeto "cadeira" contanto que todos concordassem – ou seja, se todos os falantes do português concordassem em substituir a palavra *cadeira* por *bleque*, poderíamos fazer isso porque todos entenderíamos o que *bleque* significaria.

Depois de começar a apreciar a função simbólica da linguagem, perto do fim do terceiro ano, a criança entra no **estágio da fala interior**. Nesse estágio, ela utiliza a linguagem como guia para resolver problemas. Com efeito, ela diz a si mesma como fazer as coisas. Por exemplo, uma criança de 3 anos descendo escadas poderia dizer para si mesma "Tome cuidado". Essa declaração seria resultante de sua internalização das declarações que ouviu de adultos e crianças mais velhas.

Piaget reconheceu a existência e importância da fala interior. Entretanto, ele acreditava que essa fala desaparecia à medida que a criança se aproximava do estágio pré-operatório. Em contraste, Vygotsky alegava que a fala privada torna-se completamente internalizada aos 6 e 7 anos, quando as crianças entram no período final de desenvolvimento cognitivo, o **estágio de crescimento interior**.

zona de desenvolvimento proximal espectro de tarefas que são difíceis demais para que as crianças as resolvam sozinhas, mas com as quais elas podem lidar se tiverem orientação.

andaime fornecimento, oferecido por um adulto ou criança mais velha, de orientação e assistência necessária para que um pré-escolar realize tarefas na zona de desenvolvimento proximal.

participação guiada estratégia de intervenção em que as crianças se tornam aprendizes dos professores mais do que receptores passivos de instrução.

estágio primitivo primeiro estágio de Vygotsky, em que as crianças entre o nascimento e 2 anos não pensam verbalmente e aprendem por condicionamento.

estágio de psicologia ingênua segundo estágio de Vygotsky, em que crianças de 2 a 3 anos usam a linguagem, mas não compreendem sua natureza simbólica.

estágio da fala interior terceiro estágio de Vygotsky, no qual crianças de 3 a 6 anos utilizam elocuções baseadas em rotinas de discurso internalizadas para autoinstrução e automonitoramento.

estágio de crescimento interior quarto estágio de Vygotsky, no qual crianças de 6 anos ou mais internalizaram plenamente a fala interior.

Assim, ele sugeriu que o pensamento lógico que Piaget atribuiu às crianças mais velhas resulta da internalização das rotinas do discurso adquiridas de adultos e crianças mais velhas no ambiente social e não de esquemas que as crianças constroem sozinhas em sua interação com o mundo físico.

Os estágios de Vygotsky são resumidos na Tabela 8.1. No momento, não existem evidências suficientes para confirmar ou contestar a maioria de suas ideias (Thomas, 2000). Contudo, estudos demonstram que crianças pequenas cujos pais lhes oferecem mais suporte cognitivo (andaime) durante os anos pré-escolares apresentam níveis superiores de desempenho nas séries iniciais do ensino fundamental do que crianças cujos pais não fornecem esse tipo de suporte (Neitzel e Stright, 2003). Algumas pesquisas intrigantes sobre a construção da teoria da mente pelas crianças durante as interações sociais dão maior peso às principais proposições de Vygotsky. Ao que parece, crianças em pares e grupos produzem ideias mais sofisticadas do que crianças que trabalham com problemas sozinhas. Entretanto, a sofisticação das ideias de um grupo parece depender da presença de ao menos um indivíduo mais desenvolvido no grupo (Tan-Niam, Wood e O'Malley, 1998). Além disso, estudos reforçam fortemente a hipótese de Vygotsky de que a fala interior ajuda as crianças a resolver problemas (Montero e De Dios, 2006).

Mudanças na linguagem

Para seu crédito, Piaget reconheceu que o tema predominante do desenvolvimento cognitivo na segunda infância é a aquisição de linguagem. Evidentemente, o processo começa muito mais cedo, como você aprendeu no Capítulo 5. Surpreendentemente, as crianças entram nesse período produzindo apenas um número limitado de palavras e frases simples, mas saem dele como falantes fluentes de ao menos um idioma.

Aprendendo novas palavras

OBJETIVO DA APRENDIZAGEM 8.6
Como o mapeamento rápido ajuda as crianças a aprender novas palavras?

O vocabulário de uma criança mediana de 2 anos e meio de cerca de 600 palavras é impressionante quando comparado ao punhado de palavras que a maioria das crianças de 1 ano conhece (E. Bates et al., 1994). Isso significa o aprendizado de uma ou duas novas palavras por dia entre as idades de 12 e 24 meses. Por mais que esse feito seja impressionante, ele nem se compara à taxa de crescimento do vocabulário entre pré-escolares. Na época em que uma criança entra na escola aos 5 ou 6 anos, o vocabulário total aumenta para talvez 15 mil palavras – um aumento incrível de 10 palavras por dia (Anglin, 1995; Pinker, 1994). Além disso, o aprendizado de palavras parece ser o motor que conduz todo o processo de desenvolvimento da linguagem. Ou seja, quanto mais palavras uma criança conhece, mais avançada ela é com relação à gramática e outros aspectos da linguagem (McGregor, Sheng e Smith, 2005). Qual é o ímpeto por trás do aprendizado das palavras?

Pesquisadores constataram que uma mudança importante no modo como as crianças lidam com novas palavras ocorre em torno dos 3 anos. Como consequência dessa mudança, as crianças começam a prestar atenção nas palavras em grupos inteiros, tais como palavras que nomeiam entidades de uma única classe (p. ex., tipos de dinossauros ou tipos de fruta) ou palavras com significados semelhantes.

Tabela 8.1 Estágios de desenvolvimento cognitivo segundo Vygotsky

Idade	Estágio	Características
0 a 2 anos	Primitivo	Pensamento não verbal; aprendizagem por condicionamento
2 a 3 anos	Psicologia ingênua	Uso da linguagem sem compreensão de sua natureza simbólica
3 a 6 anos	Fala interior	Consciência da natureza simbólica da linguagem; linguagem usada para comunicar; elocuções baseadas na linguagem internalizada utilizada para autoinstrução e automonitoramento ao resolver problemas
+ de 6 anos	Crescimento interior	Fala privada plenamente internalizada

Em certo sentido, a compreensão da natureza categórica das palavras ajuda as crianças a desenvolver o que poderíamos considerar como "compartimentos" mentais para novas palavras. Depois que os compartimentos estão prontos, as crianças parecem organizar automaticamente as informações linguísticas que recebem dos pais, professores, amigos, livros, programas de televisão, anúncios e todas as outras fontes de linguagem, extraindo novas palavras para preencher os compartimentos o mais rápido possível.

Os psicólogos utilizam o termo **mapeamento rápido** para se referirem a essa capacidade de ligar categoricamente novas palavras a objetos ou fatos da vida real (Carey e Bartlett, 1978). No cerne do mapeamento rápido, dizem os pesquisadores, encontra-se uma hipótese rapidamente formada sobre o significado de uma nova palavra (Behrend, Scofield e Kleinknecht, 2001). A hipótese se baseia em informações derivadas do conhecimento prévio de palavras e de categorias de palavras e do contexto no qual a palavra é utilizada. Uma fez formada, a hipótese é testada pelo uso da palavra na própria fala da criança, muitas vezes imediatamente após aprendê-la. O retorno que as crianças recebem em resposta ao uso da palavra as ajuda a julgar a precisão da hipótese e a adequação da categoria à qual elas assumiram que a palavra pertence. Talvez isso ajude a explicar porque os pré-escolares conversam tanto e porque eles são tão persistentes na tentativa de que seus ouvintes lhes respondam.

Estudos experimentais demonstram que o mapeamento rápido é evidente já aos 18 meses. Nesses estudos, os pesquisadores ensinam às crianças novas palavras que representam categorias facilmente identificáveis e então, depois de um período de tempo, medem seu aprendizado de novas palavras. Por exemplo, o mapeamento rápido deve permitir que uma criança que aprendeu a palavra *mesa* adquira a palavra *cadeira* sozinha mais rapidamente do que uma criança que não está familiarizada com a palavra *mesa*. Esses estudos mostram que, quando as crianças são testadas algumas semanas depois de receberem instrução vocabular, elas são mais propensas do que crianças que não foram instruídas a compreender e usar palavras que são relacionadas àquelas que aprenderam, ainda que distintas delas (p. ex., Gershkoff-Stowe e Hahn, 2007).

mapeamento rápido capacidade de relacionar categoricamente novas palavras a referentes da vida real.

OBJETIVO DA APRENDIZAGEM 8.7
O que acontece durante a explosão gramatical?

explosão gramatical período no qual as crianças rapidamente adquirem uma linguagem gramatical.

A explosão gramatical

Assim como a explosão de nomes sobre a qual você leu no Capítulo 5 começa lentamente, também a **explosão gramatical** do período dos 2 aos 6 anos se inicia com vários meses de frases simples como "meia mamãe", expressão que você deve reconhecer como *fala telegráfica* depois de estudar o Capítulo 5. Vocalizações telegráficas não possuem *inflexões*, acréscimos (tais como *da*) que diriam aos ouvintes que a criança, nesse caso, está tentando dizer que a meia pertence à mamãe. Dentro de cada comunidade linguística, as crianças parecem adicionar inflexões e ordens de palavras mais complexas em sequências bastante previsíveis (Legendre, 2006). Em um estudo clássico inicial, Roger Brown constatou que a primeira inflexão utilizada pelas crianças que aprendem inglês é tipicamente o *ing* adicionado a um verbo, como em *I playing* (eu jogo) ou *Doggie running* (au-au correndo), expressões que são comuns na fala de crianças de 2 e meio e 3 anos (Brown, 1973). Mais ou menos durante o ano seguinte, aparecem (nessa ordem) as preposições (tais como *on* e *in*), o *–s* do plural nos substantivos, pretéritos irregulares (tais como *broke* e *ran*), pronomes possessivos, artigos (*a* e *the*), o *–s* da terceira pessoa do singular (como em *He wants*), pretéritos verbais regulares (tais como *played* e *wanted*) e diversas formas de verbos auxiliares (como em *I am going*).

Também existem sequências previsíveis no desenvolvimento do uso de frases interrogativas e negativas pelas crianças. Em cada caso, a criança parece passar por

Essas crianças de 2 e 3 anos provavelmente falam umas com as outras em frases curtas que incluem substantivos e verbos não flexionados.

períodos em que ela cria tipos de frases que não ouviu adultos usarem, mas que são compatíveis com o conjunto de regras que ela está utilizando. Por exemplo, no desenvolvimento de perguntas, existe um ponto em que a criança pode pôr um pronome interrogativo iniciado por wh- (*who, what, when, where, why*) no início da frase, mas ainda não coloca o verbo auxiliar no lugar correto, como em *Where you are going now?*. De modo semelhante, no desenvolvimento de frases negativas, as crianças passam por uma fase em que acrescentam *not* ou *–n't* ou *no,* mas omitem o verbo auxiliar, como em *I not crying.**

Outro fenômeno intrigante, observado no Capítulo 5, é a **super-regularização**, ou supergeneralização. Nenhum idioma é perfeitamente regular; toda língua inclui alguns verbos de conjugação irregular ou formas plurais especiais. O que crianças de 3 e 4 anos fazem é aplicar a regra básica a todos esses casos irregulares, assim tornando a linguagem mais regular do que ela realmente é (Maratsos, 2000). Em inglês, isso é especialmente claro na criação de pretéritos como *wented, blowed* e *sitted* ou plurais como *teeths* e *blockses* (Fenson et al., 1994).**

Depois de compreenderem as inflexões e as formas básicas de negativas e perguntas, as crianças logo começam a criar frases notavelmente complexas, utilizando conjunções como *e* ou *mas* para combinar duas ideias ou sentenças embutidas. Eis alguns exemplos de crianças de 30 a 48 meses (de Villiers e de Villiers, 1992, p. 379):

Eu não a peguei, mas o Teddy pegou!

Eu vou me sentar na que você está sentada.

Onde você disse que pôs a minha boneca?

Aqueles são os roqueiros *punk*, não são?

Quando lembramos que apenas 18 meses antes essas crianças estavam utilizando frases pouco mais complexas do que "olha au-au", podemos apreciar o quanto elas progrediram em pouco tempo.

> **A criança integral em foco**
> Como Madeleine usa a ortografia inventada? Descubra na página 298.

super-regularização acréscimo de inflexões regulares a palavras irregulares, tais como substituição de *went* por *goed.*

Consciência fonológica

Certos aspectos do desenvolvimento da linguagem na segunda infância, tais como a taxa de crescimento lexical, predizem que grau de dificuldade uma criança terá para aprender a ler e escrever quando entrar na escola (Muter, Hulme, Snowling e Stevenson, 2004). Contudo, um componente específico do desenvolvimento da linguagem na segunda infância, a **consciência fonológica**, parece ser especialmente importante. A consciência fonológica é a sensibilidade de uma criança aos padrões sonoros que são específicos ao idioma que está sendo adquirido. Ela também inclui o conhecimento da criança daquele sistema de linguagem específico para representar sons com letras. Mede-se a consciência fonológica de crianças falantes do inglês com perguntas como estas: "Como seria *bat* se a gente tirasse o *b*? O que *bat* seria se você tirasse o *b* e colocasse *r* em seu lugar?".

Uma criança pode não adquirir consciência fonológica na segunda infância. Ela pode ser aprendida no ensino fundamental por meio de instrução formal (Ball, 1997; Bus e van IJzendoorn, 1999). Contudo, numerosos estudos demonstram que, quanto maior a consciência fonológica *antes* de ela entrar na escola, mais rapidamente ela aprenderá a ler (Sodoro, Allinder e Rankin-Erickson, 2002). Além disso, a consciência fonológica na segunda infância está relacionada à taxa de aprendizado de leitura e escrita, nos mais diversos idiomas, tais como coreano, inglês, punjabi e chinês (Chiappe, Glaeser e Ferko, 2007; Chiappe e Siegel, 1999; Ho e Bryant, 1997; Huang e Hanley, 1997; McBride-Chang e Ho, 2000).

A consciência fonológica parece se desenvolver principalmente por jogos com palavras. Por exemplo, entre crianças falantes do inglês, aprender e recitar canções de ninar contribui para a consciência fonológica (Briant, MacLean e Bradley, 1990; Bryant, MacLean, Bradley e Crossland, 1990; Layton, Deeny, Tall e Upton, 1996). Para crianças japonesas, um jogo chamado *shiritori*, no qual uma pessoa diz uma palavra e outra tem que dizer outra palavra que comece com o som final da primeira, ajuda as crianças a desenvolver essas habilidades (Kobayashi, Haynes, Macaruso, Hook e Kato, 2005; Serpell e Hatano,

> **OBJETIVO DA APRENDIZAGEM 8.8**
> O que é consciência fonológica e por que ela é importante?

consciência fonológica compreensão que as crianças têm dos padrões sonoros do idioma que estão aprendendo e conhecimento do sistema desse idioma para representar sons com letras.

---

* N. do T.: A forma gramaticalmente correta das frases citadas nesta seção seria: *Where are you going now?* e *I am not crying.*

** N. do T.: As formas gramaticalmente corretas desses exemplos seriam: *went, blew* e *sat,* e *teeth* e *blocks.*

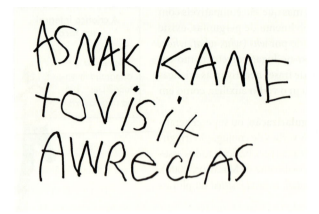

Figura 8.4 Ortografia inventada.

Tradução: *A snake came to visit our class* (Uma cobra veio visitar nossa classe). Uma criança de 5 anos usou uma estratégia chamada ortografia inventada para escrever essa frase sobre a visita de uma cobra (acompanhada de um treinador de animais, espera-se!) a sua classe de educação infantil. A ortografia inventada requer um nível mais elevado de consciência fonológica. Pesquisas sugerem que as crianças que têm habilidades de consciência fonológica desenvolvidas na época em que ingressam na educação infantil aprendem a ler mais rapidamente.

(Cortesia de Jerry e Denise Boyd. Usado com autorização.)

ortografia inventada estratégia utilizada durante a escrita por crianças pequenas com boas habilidades de consciência fonológica.

1997). Educadores constataram que o uso desse tipo de brincadeiras para ensinar habilidades fonológicas a pré-escolares é tão efetivo quanto métodos mais formais como *flashcards* e folhas de exercícios (Brennan e Ireson, 1997).

Os pré-escolares com boas habilidades de consciência fonológica – aqueles que aprenderam informalmente algumas conexões básicas entre sons e letras, por intermédio dos pais ou de programas e vídeos educativos muitas vezes utilizam uma estratégia chamada **ortografia inventada** quando tentam escrever (ver Figura 8.4). Apesar dos diversos erros que cometem, as crianças que usam estratégias de ortografia inventada antes de receber instrução escolar formal em leitura e escrita se tornam mais proficientes em ortografia e leitura na meninice (Dixon e Kaminska, 2007). Assim, evidências sugerem que uma das melhores formas de ajudar os pré-escolares a se prepararem para a instrução formal na leitura é envolvê-los em atividades que incentivem jogos com palavras e ortografia inventada.

Diferenças na inteligência

Graças aos avanços nas habilidades linguísticas, a testagem da inteligência é muito mais confiável entre pré-escolares do que entre bebês. Os psicólogos podem criar testes de inteligência para pré-escolares para medir seu vocabulário, habilidades de raciocínio e outros processos cognitivos que dependem da linguagem. Consequentemente, muitos testes padronizados foram desenvolvidos para uso com crianças pequenas. Contudo, o uso disseminado desses testes levou a um debate contínuo sobre as origens das diferenças de escore e o grau em que os escores podem ser modificados.

> **OBJETIVO DA APRENDIZAGEM 8.9**
> Quais são as virtudes e limitações dos testes de Q.I.?

Medindo a inteligência

Um pressuposto importante no estudo das diferenças de inteligência é que essas diferenças podem ser medidas. Assim, é importante compreender algo sobre os testes que os psicólogos usam para medir a inteligência, assim como o significado e a estabilidade dos escores que eles produzem.

Os primeiros testes O primeiro teste de inteligência moderno foi publicado em 1905 por dois franceses, Alfred Binet e Theodore Simon (Binet e Simon, 1905). Desde o início, o teste tinha uma finalidade prática – identificar crianças que pudessem ter dificuldade na escola. Por esse motivo, as tarefas que Binet e Simon criaram para o teste eram muito parecidas com algumas tarefas escolares, incluindo medidas de vocabulário, compreensão de fatos e relações e raciocínio matemático e verbal. Por exemplo, a criança era capaz de descrever a diferença entre madeira e vidro? A criança era capaz de identificar seu nariz, seu ouvido, sua cabeça? A criança era capaz de dizer qual de dois pesos era mais pesado?

Lewis Terman e colaboradores na Universidade de Stanford modificaram e estenderam muitas das tarefas originais de Binet quando traduziram e revisaram o teste para uso nos Estados Unidos (Terman, 1916; Terman e Merrill, 1937). O Stanford-Binet (o nome pelo qual o teste é conhecido até hoje) inicialmente descrevia o desempenho de uma criança em termos de um escore denominado **quociente de inteligência**, posteriormente abreviado de **Q.I.** Esse escore era computado comparando-se a idade cronológica de uma criança (em anos e meses) com sua idade mental, definida como o nível de perguntas que ela era capaz de responder corretamente. Por exemplo, uma criança que era capaz de resolver os problemas de uma criança de 6 anos, mas não os de uma criança de 7 anos, teria uma idade

quociente de inteligência (Q.I.) relação entre a idade mental e a idade cronológica; além disso, termo geral para qualquer tipo de escore derivado de um teste de inteligência.

mental de 6 anos. A fórmula utilizada para calcular o Q.I era

Idade Mental/Idade Cronológica
× 100 = Q.I.

Essa fórmula resulta em um Q.I. acima de 100 para crianças cuja idade mental é superior a sua idade cronológica e um Q.I. abaixo de 100 para crianças cuja idade mental está abaixo de sua idade cronológica.

Esse sistema para calcular o Q.I. não é mais utilizado. Atualmente, os escores de Q.I. para o Stanford-Binet e todos os outros testes de inteligência se baseiam em uma comparação direta do desempenho de uma criança com o desempenho mediano de um grande grupo de outras crianças de mesma idade. Mas a pontuação é organizada de modo que um Q.I. de 100 ainda seja mediano.

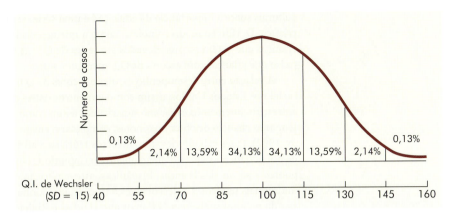

Figura 8.5 A curva normal.

Os escores de Q.I. formam o que os matemáticos chamam de distribuição normal – a famosa "curva em forma de sino" sobre a qual talvez você já tenha ouvido falar. Os dois lados de uma curva de distribuição normal são imagens espelhadas um do outro. Assim, 34% das crianças obtêm um escore entre 85 e 100, e outras 34% entre 100 e 115. De modo semelhante, 13% obtêm escores entre 70 e 85, e outros 13% entre 115 e 130. Algumas outras características humanas, tais como altura, também têm uma distribuição normal.

Como podemos ver na Figura 8.5, cerca de dois terços de todas as crianças alcançam escores entre 85 e 115; aproximadamente 96% dos escores se situam entre 70 e 130. As crianças cujo escore é superior a 130 costumam ser chamadas de *superdotadas*; aquelas cujo escore se situa abaixo de 70 geralmente são diagnosticadas com *retardo mental*, ainda que esse rótulo não deva ser utilizado a menos que a criança também tenha problemas no "comportamento adaptativo", tais como incapacidade para se vestir ou se alimentar, um problema para se relacionar com os outros ou um problema para se adaptar às demandas de uma sala de aula comum. Algumas crianças com escores de Q.I. nessa faixa inferior são capazes de funcionar em uma sala de aula comum e não devem ser rotuladas como portadoras de retardo mental.

Testes de inteligência modernos Os testes utilizados com maior frequência pelos psicólogos atualmente para testar a inteligência das crianças são os desenvolvidos por David Wechsler, cujas versões mais recentes são a *Escala Wechsler de Inteligência para Crianças IV* (WISC-IV, para crianças de 6 a 16 anos) e a *Escala Wechsler de Inteligência para Educação Infantil III* (WPPSI-III, para crianças de 2 a 7 anos). Em ambos os testes Wechsler, a criança é testada em vários tipos diferentes de problemas, cada tipo variando de muito fácil a muito difícil; esses problemas são divididos em subgrupos. *Escalas verbais* incluem tarefas que medem o vocabulário, a compreensão de semelhanças entre objetos e o conhecimento geral sobre o mundo. As *escalas de desempenho* envolvem tarefas não verbais, tais como organizar figuras em uma ordem que conte uma história ou copiar um padrão utilizando um conjunto de blocos coloridos. Quando as crianças chegam aos 6 anos, os testes de Wechsler também incluem *escalas de memória de operação*, as quais fornecem aos psicólogos informações sobre a capacidade de memória de curto prazo de uma criança, assim como *escalas de velocidade de processamento*, as quais medem a eficiência com que uma criança processa as informações. Muitos psicólogos consideram a abordagem Wechsler útil porque diferenças significativas entre as escalas de uma criança podem indicar determinados tipos de problemas de aprendizagem.

Estabilidade e valor preditivo dos escores de Q.I. A correlação entre o escore de Q.I. de um pré-escolar e seus escores em testes que medem habilidades pré-acadêmicas, tais como conhecimento de letras, é de cerca de 0,70 (Wechsler, 2002). A correlação com suas futuras notas na escola é de cerca de 0,50 (Brody, 1992; Carver, 1990; Neisser et al., 1996). Embora sejam fortes, essas correlações não são de modo algum perfeitas. Elas indicam que, em geral, pré-escolares com escores de Q.I. altos tenderão a estar entre os alunos com alto desempenho depois de alguns anos de escolarização, e aqueles que têm escores baixos estarão entre os de baixo desempenho. Mas o êxito na escola depende de muitos fatores além do Q.I., incluindo motivação, interesse, persistência, apoio dos pais para a aprendizagem, valores culturais sobre a importância da educação e uma série de outras variáveis, incluindo a saúde física da criança. Devido ao modo complexo como a inteligência interage com todas essas variáveis, algumas crianças que obtêm escores elevados em testes de Q.I. na segunda infância não brilham na escola, ao passo que crianças com escores de Q.I. medianos sim.

A relação entre desempenho escolar e escores de Q.I. se mantém entre cada classe social e grupo racial nos Estados Unidos, assim como em outros países e culturas. Entre os pobres e a classe média, entre afro-americanos e hispano-americanos assim como entre brancos, crianças com Q.I.s mais altos têm mais chances de obter boas notas, completar o ensino médio e ingressar no ensino superior (Brody, 1992). Esses achados levaram diversos teóricos a afirmar que a inteligência se soma à resiliência de uma criança – conceito mencionado no Capítulo 1. Numerosos estudos demonstram que crianças pobres – sejam elas brancas, hispânicas, afro-americanas ou de um outro grupo minoritário – são muito mais tendentes a desenvolver o tipo de autoconfiança e competência pessoal necessário para sair da pobreza se tiverem Q.I. mais alto (Luthar e Zigler, 1992; Masten e Coatsworth, 1998; Werner e Smith, 1992).

No outro extremo da escala, a baixa inteligência está associada a um número negativo de resultados de longo prazo, incluindo delinquência na adolescência, analfabetismo adulto e comportamento criminoso na idade adulta (Baydar, Brooks-Gunn e Furstenberg, 1993; Stattin e Klackenberg-Larsson, 1993). Isso não significa dizer que todos os indivíduos de baixo Q.I. são analfabetos ou criminosos – esse absolutamente não é o caso. Mas o baixo Q.I. torna uma criança mais vulnerável, assim como o alto Q.I. protege-a contra as influências negativas de uma série de fatores ambientais (ver *Ciência do desenvolvimento na clínica,* nesta página).

Os escores de Q.I. são também muito estáveis. Se dois testes são aplicados com um intervalo de alguns meses ou alguns anos, os escores tendem a ser muito semelhantes. As correlações entre escores de Q.I. de anos adjacentes na meninice, por exemplo, costumam estar na faixa de 0,80 (Wechsler, 2002). Contudo, esse alto nível de previsibilidade mascara um fato interessante: muitas crianças apresentam amplas oscilações em seus escores. Na verdade, cerca de metade de todas as crianças mostra alterações perceptíveis de um teste para outro e no decurso do tempo (McCall, 1993). Algumas mostram escores em constante ascensão, ao passo que outras em declínio; algumas mostram um apogeu na meninice e depois um declínio na adolescência. Em casos raros, as mudanças podem ter uma variação de até 40

CIÊNCIA DO DESENVOLVIMENTO NA CLÍNICA

Testar ou não?

O Dr. Cooper é um psicólogo especializado na avaliação de crianças entre 2 e 6 anos encaminhadas por pediatras que suspeitam que as crianças podem estar sofrendo de atrasos de desenvolvimento cognitivo graves. Antes de assinar os formulários de consentimento que o Dr. Cooper exige que eles assinem, muitos pais expressam reservas quanto a submeter seus filhos a testes em idade tão precoce. Muitos pais dizem ao Dr. Cooper que ouviram falar que os testes de Q.I. não são válidos e que se preocupam que rotular seus filhos com um escore de Q.I. cedo na vida pode levar os professores a terem poucas expectativas para seu desempenho.

Depois de explicar que os resultados dos testes serão revelados somente para quem os pais derem permissão, o Dr. Cooper admite que os testes de Q.I. estão longe de serem perfeitos. Entretanto, ele também explica que, contanto que os testes sejam utilizados adequadamente, os testes de inteligência podem ser muito benéficos para as crianças. O Dr. Cooper assinala que os testes de Q.I. são ferramentas importantes para identificar crianças que têm necessidades educacionais especiais, tais como as que sofrem de retardo mental. Existem outros métodos para selecionar crianças para programas especiais, mas nenhuma das alternativas é tão confiável ou tão válida quanto um teste de Q.I. para medir o conjunto de habilidades cognitivas demandadas pela escola (Sattler, 2008). Mesmo quando as características físicas de uma criança podem ser utilizadas para fazer um diagnóstico geral do retardo mental, como nos casos de síndrome de Down, um teste de inteligência pode revelar em que grau uma criança é afetada. Isso é importante, o Dr. Cooper explica, porque intervenções educacionais efetivas são baseadas em uma compreensão de como a deficiência de um indivíduo tem afetado sua capacidade de aprender. Assim, testes de Q.I. são uma ferramenta essencial no desenvolvimento de planos educacionais individuais (PEIs) para crianças com deficiências.

Questões para reflexão

1. Em sua opinião, seria válido basear um programa de testagem do Q.I. em todo o país para todas as crianças da educação infantil em pesquisas que demonstram a utilidade dos testes de inteligência para crianças com deficiência? Justifique sua resposta.

2. Se você tivesse um filho que parecesse ter algum tipo de atraso cognitivo, você iria querer que ele fosse submetido a algum teste de Q.I.? Justifique sua resposta.

pontos. Quando essas grandes mudanças ocorrem após algum tipo de trauma, o motivo para elas é evidente; mas, na maioria dos casos, a razão é desconhecida.

Amplas oscilações nos escores obtidos muitas vezes têm mais a ver com a compreensão das crianças das tarefas dos testes propriamente ditos do que com alguma mudança real em suas capacidades intelectuais. Por exemplo, considere uma situação de teste em que um psicólogo apresenta a uma criança de 4 anos figuras de diferentes tipos de lanches – talvez um sonho, um prato com *bacon* e ovos e uma tigela de granola com frutas. O psicólogo então pergunta: "Qual figura mostra o melhor lanche?". Como adulto, você provavelmente sabe que, nesse contexto, *melhor* significa "mais nutritivo". Consequentemente, você provavelmente sabe que granola seria a escolha mais adequada. Mas uma criança de 4 anos pode interpretar *melhor* como "aquela que você mais gosta". Assim, a criança tomaria sua decisão com base em suas preferências pessoais e não em uma compreensão da finalidade acadêmica da questão. (Em outras palavras, ela escolheria o sonho em vez dos ovos ou da granola.) À medida que envelhecem e adquirem mais experiência com testes, as crianças aprendem a interpretar essas perguntas de acordo com a intenção dos autores. Isso acarreta aumentos nos escores dos testes que, em alguns casos, são muito grandes.

Limitações dos testes de Q.I.   Antes de passar para a questão das possíveis origens das diferenças de Q.I., é importante enfatizar algumas limitações fundamentais dos testes de Q.I. e os escores deles derivados. Os testes de Q.I. não medem a competência subjacente. Um escore de Q.I. não é capaz de informar que uma criança tem alguma capacidade subjacente fixa específica. Os testes de Q.I. tradicionais tampouco medem um grande número de habilidades que parecem ser altamente significativas para progredir na vida. Originalmente, os testes de Q.I. foram criados para medir apenas a faixa específica de habilidades necessárias para êxito na escola. Isso eles fazem muito bem. O que eles não fazem é indicar qualquer coisa sobre a criatividade de uma determinada pessoa, compreensão interior (*insight*), inteligência prática, capacidade de ler indicadores sociais ou compreensão de relações espaciais – ou, para esse caso, o quanto o cérebro do indivíduo está funcionando bem ou mal (Baron, 2003; Gardner, 2003).

Origens das diferenças individuais na inteligência

> **OBJETIVO DA APRENDIZAGEM 8.10**
> Quais evidências foram oferecidas em apoio às explicações inatas e experienciais para as diferenças individuais de Q.I.?

Se um casal que você considera inteligente tivesse um filho, o que você prediria sobre seu Q.I.? A maioria das pessoas sabe que diferenças de inteligência são de família. Mas por que pessoas relacionadas parecem ser parecidas nesse aspecto? É a natureza ou a experiência a responsável?

Evidência para a hereditariedade   Tanto estudos de gêmeos como estudos de crianças adotadas mostram fortes influências hereditárias do Q.I.. Gêmeos idênticos têm Q.I.s mais parecidos entre si do que gêmeos fraternos, e os Q.I.s de crianças adotadas são melhor preditos pelos Q.I.s de seus genitores do que pelos Q.I.s de seus pais adotivos (Brody, 1992; Loehlin, Horn e Willerman, 1994; Scarr, Weinberg e Waldman, 1993). Essas são precisamente as descobertas que os pesquisadores esperariam se um elemento genético forte estivesse atuando.

Evidência para influências familiares   Estudos de adoção também fornecem forte apoio para uma influência do ambiente nos escores de Q.I., uma vez que os escores de Q.I. de crianças adotadas são claramente afetados pelo ambiente em que elas cresceram. A evidência mais clara para isso é de um estudo clássico de 38 crianças francesas, todas adotadas quando bebês (Capron e Duyme, 1989). Aproximadamente a metade das crianças tinha nascido em famílias com melhor nível de instrução de uma classe mais alta, ao passo que a outra metade tinha nascido em famílias da classe trabalhadora ou abaixo da linha de pobreza. Algumas das crianças em cada grupo tinham então sido adotadas por pais de uma classe social mais alta, ao passo que outras cresceram em famílias mais pobres. O efeito das condições de criação era evidente, no sentido de que as crianças criadas nos lares de classe mais alta tinham Q.I.s de 15 ou 16 pontos mais altos do que as criadas em famílias de classe mais baixa, independentemente da classe social ou nível de instrução dos pais biológicos. Um efeito genético era evidente no sentido de que as crianças cujos pais eram de classe mais alta tinham Q.I.s mais altos do que as de famílias de classe mais baixa, qualquer que seja o ambiente em que foram criadas.

Quando os desenvolvimentistas observam como cada família interage com seus bebês ou crianças pequenas e depois acompanham as crianças ao longo do tempo para ver quais têm Q.I.s altos ou baixos, eles começam a ter uma ideia dos tipos de interações familiares específicas que promovem escores mais altos. Em primeiro lugar, os pais de crianças com Q.I. mais alto lhes oferecem um ambiente físico interessante e complexo, incluindo materiais lúdicos que sejam apropriados para a idade da criança e seu nível de desenvolvimento (Bradley et al., 1989; Pianta e Egeland, 1994). Eles também respondem ao comportamento da criança de maneira calorosa e apropriada, sorrindo quando a criança sorri, respondendo a suas perguntas e reagindo de inúmeras formas aos sinais dela (Barnard et al., 1989; Lewis, 1993). Esses tipos de comportamentos dos pais podem até ajudar a limitar os efeitos da pobreza e de outras fontes de estresse familiar no desenvolvimento intelectual das crianças (Robinson, Lanzi, Weinberg, Ramey e Ramey, 2002).

Os pais de crianças com Q.I. mais alto também conversam com elas com mais frequência, utilizando uma linguagem descritiva que seja rica e precisa (Hart e Risley, 1995; Sigman et al., 1988). E, quando elas brincam ou interagem com seus filhos, eles operam na zona de desenvolvimento proximal de Vygotsky, dirigindo sua conversa, suas perguntas e sua assistência a um nível pouco acima do nível que as crianças poderiam administrar sozinhas, assim ajudando as crianças a dominar novas habilidades (Landry, Garner, Swank e Baldwin, 1996).

Além disso, pais que parecem promover o desenvolvimento intelectual procuram não ser excessivamente restritivos, punitivos ou controladores, em vez disso dando às crianças espaços para explorar e até oportunidades para cometerem erros (Bradley et al., 1989; Olson, Bates e Kaskie, 1992). De modo análogo, esses pais fazem perguntas em vez de dar ordens (Hart e Risley, 1995). A maioria também espera que seus filhos se saiam bem e se desenvolvam rapidamente. Eles enfatizam e pressionam para um bom desempenho escolar (Entwisle e Alexander, 1990).

Entretanto, os desenvolvimentistas não podem ter certeza de que essas características ambientais têm importância causal, pois os pais fornecem tanto os genes quanto o ambiente. Talvez essas sejam simplesmente as características ambientais fornecidas por pais mais inteligentes, e é a genética e não o ambiente o que reflete o Q.I. em seus filhos. Entretanto, a pesquisa sobre o Q.I. de crianças adotadas citada anteriormente sugere que esses aspectos do ambiente têm um impacto muito concreto no desenvolvimento intelectual das crianças além das eventuais influências hereditárias que possam afetá-las.

Combinando informações Quase todos os psicólogos concordariam que a hereditariedade é uma influência altamente importante nos escores de Q.I. Estudos ao redor do mundo fornecem estimativas consistentes de que aproximadamente metade da variação de Q.I. em uma dada população se deve à hereditariedade (Neisser et al., 1996; Plomin e Rende, 1991; Rogers, Rowe e May, 1994). A outra metade se deve claramente ao ambiente ou às interações entre ambiente e hereditariedade.

Um modo útil de pensar sobre essa interação é usar o conceito de **faixa de reação**, uma faixa entre algum limite superior e inferior de funcionamento estabelecida por nossa herança genética; o ponto exato onde uma criança se situará dentro desse ambiente é determinado pelo próprio ambiente. Alguns psicólogos desenvolvimentistas estimam que a faixa de reação para o Q.I. é de cerca de 20 a 25 pontos (Weinberg, 1989). Ou seja, dada uma herança genética específica, o desempenho real de uma criança em um teste de Q.I. pode variar de 20 a 25 pontos, dependendo da riqueza ou pobreza do ambiente em que ela cresce. Quando o ambiente da criança muda para melhor, a criança se aproxima do extremo superior dessa faixa de reação. Quando o ambiente se torna pior, o desempenho intelectual efetivo da criança cai para o extremo inferior de sua faixa de reação. Portanto, ainda que a inteligência medida em um teste de Q.I. seja altamente hereditária e se situe dentro da faixa de reação, o escore absoluto de Q.I. é determinado pelo ambiente.

faixa de reação faixa, estabelecida por nossos genes, entre os limites superior e inferior para traços, tais como inteligência; o ambiente determina em que ponto, dentro desses limites, vamos nos situar.

OBJETIVO DA APRENDIZAGEM 8.11
Quais evidências foram oferecidas em apoio às explicações genéticas e culturais para as diferenças grupais de Q.I.?

Diferenças grupais nos escores em testes de inteligência

Parecem existir algumas diferenças grupais consistentes nos escores em testes de Q.I. e em outras medidas de desempenho intelectual. Por exemplo, crianças chinesas e japonesas se saem melhor em testes de desempenho de modo consistente – especialmente em testes de matemática e ciências (Gonzales et al., 2004). Entretanto, a descoberta que tem sido mais incômoda para pesquisadores e teóricos é que, nos Estados Unidos, crianças afro-americanas obtêm escores consistentemente menores do que crianças brancas em medições de Q.I. Alguns teóricos sugeriram que essa diferença pode ser atribuída a variações anatômicas e fisiológicas entre os grupos (Mackintosh, 2007; Rushton e Rushton, 2003). Contudo, essa diferença, que é da ordem de 6 a 15 pontos no Q.I., não é encontrada em testes de inteligência para bebês (sobre os quais você aprendeu no Capítulo 5) ou em medições da taxa de habituação (ver Capítulo 4); ela se torna evidente quando as crianças têm 2 ou 3 anos e persiste ao longo da adolescência e idade adulta (Brody, 1992; Fagan e Singer, 1983; Peoples, Fagan e Drotar, 1995; Rowe, 2002; Rushton, Skuy e Fridjhon, 2003). Existem alguns indícios de que a magnitude da diferença entre crianças afro-americanas e brancas vem diminuindo nas últimas décadas, mas uma diferença perceptível ainda persiste (Neisser et al., 1996; Rushton e Jensen, 2006).

Embora concordem que o Q.I. seja altamente hereditário para indivíduos, muitos desenvolvimentistas assinalam que a diferença entre os escores medianos de afro-americanos e brancos se situa bem dentro da suposta faixa de reação do Q.I.. Eles enfatizam que os ambientes em que crianças afro-americanas e brancas costumam ser criadas diferem suficientemente para explicar as diferenças medianas nos escores (Brody, 1992). Especificamente, as crianças afro-americanas nos Estados Unidos têm mais chances de nascer com baixo peso natal, sofrer de subnutrição e ter níveis elevados de chumbo no sangue e menos chances de ler ou receber uma ampla faixa de estimulação intelectual. E sabe-se que cada uma dessas características ambientais está ligada a escores de Q.I. mais baixos. Essa concepção é apoiada por estudos que indicam que adultos afro-americanos e brancos que diferem de Q.I. não diferem em seu desempenho em novas tarefas de aprendizagem verbal (Fagan e Holland, 2002).

Algumas das pesquisas mais convincentes que respaldam essa explicação ambiental são oriundas de estudos de adoção inter-racial (Scarr e Weinberg, 1983; Weinberg, Scarr e Waldman, 1992). Por exemplo, pesquisadores constataram que crianças afro-americanas adotadas em idade precoce por famílias de classe média brancas tinham escores apenas ligeiramente mais baixos em testes de Q.I. do que crianças brancas adotadas pelas mesmas famílias. De modo semelhante, independentemente da etnia, quanto maior o nível de instrução dos pais, mais alto o Q.I. de seus filhos (Sellers, Burns e Guyrke, 2002). Assim, as diferenças de Q.I. em crianças afro-americanas e brancas podem refletir as diferentes quantidades de experiência com educação formal de seus pais.

Outro componente recente no debate sobre as diferenças grupais de Q.I. é a descoberta de que, durante os séculos XIX e XX, os escores de Q.I. médios aumentaram em todos os grupos raciais em todo o mundo industrializado. Esse fenômeno é conhecido como **efeito Flynn** porque foi descoberto pelo psicólogo James Flynn (Flynn, 1999, 2003). As análises de Flynn dos dados de diversas gerações sugerem que pessoas com Q.I. mediano nascidas no final do século XIX teriam retardo mental pelos padrões da atualidade. Se o Q.I. é em grande parte genético, Flynn argumenta, deveria haver muita estabilidade no escore mediano de qualquer grupo. Uma vez que os escores de Q.I. mudaram tanto em um período de tempo relativamente curto, Flynn sugere que mudanças culturais explicam o efeito que leva seu nome. De modo semelhante, Flynn sugere que seus estudos intergeracionais demonstram que fatores culturais são uma explicação provável também para as diferenças intergrupais. Ele assinala que teóricos de diversos campos – da antropologia à medicina – postularam causas para os aumentos intergeracionais de Q.I., tais como melhor nutrição, maior acesso à mídia e alfabetização universal. Flynn sugere que todos esses fatores variam entre grupos raciais e geracionais.

Flynn assinala ainda que muitos teóricos negligenciaram a consideração de crenças culturais em sua busca por uma base hereditária para a inteligência. Por exemplo, alguns psicólogos alegam que as diferenças de desempenho entre crianças asiáticas e americanas em testes de matemática não são resultado de diferenças genéticas de capacidade, mas de diferenças nas crenças culturais (Stevenson e Lee, 1990). Especificamente, as sociedades asiáticas dão pouco ou nenhum valor ao talento inato. Em vez disso, elas acreditam que o trabalho árduo pode modificar os talentos com os quais uma pessoa nasce. Consequentemente, pais e professores asiáticos exigem que os estudantes se esforcem ao máximo para se aperfeiçoarem intelectualmente e não atribuem o fracasso à aptidão. Isso significa que uma criança não aceita o fracasso acadêmico simplesmente como sinal de deficiência intelectual, mas é incentivada pelos adultos a continuar tentando. Desse modo, as crianças asiáticas passam mais tempo fazendo os deveres de casa e em outras atividades acadêmicas do que crianças de outras culturas.

efeito Flynn fenômeno de que os escores de Q.I. médios aumentaram em todos os grupos raciais em todo o mundo industrializado durante os séculos XIX e XX.

Em contraste, as escolas dos Estados Unidos enfatizam a habilidade através do uso rotineiro de testes de Q.I. para colocar os estudantes em classes de habilidade alta, intermediária ou baixa. Essa abordagem reflete a maior aceitação na sociedade americana da ideia de que as pessoas são limitadas pelo grau de aptidão que possuem e que é injusto pedir-lhes que façam mais do que os testes sugerem que elas são capazes. É provável que essas variáveis culturais complexas afetem os ambientes das crianças de modos que acarretem diferenças nos escores de Q.I. e em testes de desempenho (Chang e Murray, 1995; Schneider, Hieshima, Lee e Plank, 1994; Stevenson e Lee, 1990; Stigler, Lee e Stevenson, 1987).

Também existe a possibilidade de que as médias em testes de Q.I. variem entre grupos por conta de diferenças nas experiências culturais. Os críticos dos testes de Q.I. assinalaram que esses testes foram desenvolvidos no contexto da cultura dominante – isto é, da cultura de classe média branca (Guthrie, 2004). Assim, as questões dos testes enfatizam habilidades e conhecimentos valorizados pelos brancos de classe média que podem não ser valorizados ou relevantes para outros grupos. Consequentemente, a aquisição de tais habilidades e conhecimentos não é enfatizada pelas famílias de grupos não dominantes, com o resultado de que seus filhos obtêm escores mais baixos do que crianças no grupo dominante. Os autores e editores dos testes de Q.I. modernos trabalham diligentemente para garantir que os testes sejam livres de tendenciosidade cultural o máximo possível. Verificou-se, por exemplo, que as edições mais recentes dos testes de Wechsler são menos tendenciosas do que as versões publicadas no início e em meados do século XX (Sattler, 2001). Um teste desenvolvido mais recentemente, a Kaufman Assessment Battery for Children (KABC) [Bateria Kaufman para Avaliação de Crianças], publicada pela primeira vez em 1983 (Kaufman e Kaufman, 1983, 2004), tem sido elogiada por sua falta de tendenciosidade. Crianças de grupos minoritários tendem a obter escores mais altos na KABC do que nos testes Wechsler (Kaufman, Kaufman, Kaufman-Singer e Kaufman, 2005). Assim, a KABC é utilizada por muitas escolas de educação infantil, escolas de ensino fundamental e clínicos para avaliar a inteligência em crianças de grupos minoritários.

Evidentemente, o fato de que diferenças grupais de Q.I. ou de desempenho em testes podem ser explicadas apelando-se para os conceitos de faixa de reação, crenças culturais e tendenciosidade cultural nos próprios testes não faz as diferenças desaparecerem, nem as tornam triviais. Além disso, é importante lembrar que existe a mesma quantidade de variação nos escores de Q.I. em todos os grupos; existem muitas crianças afro-americanas superdotadas, assim como existem muitas crianças brancas com retardo mental. Finalmente, os benefícios de ter um Q.I. alto, assim como os riscos associados ao Q.I. baixo, são os mesmos em todos os grupos raciais.

Educação na segunda infância

Dê uma olhada em qualquer sala de aula de educação infantil e provavelmente você verá o que parece não ser mais do que crianças sendo crianças. Os pré-escolares podem parecer estar brincando, e, em suas mentes, é exatamente isso o que eles estão fazendo. Contudo, na maioria dos casos, as salas de aula são projetadas para permitir que as crianças realizem metas cognitivas importantes por meio de atividades que sejam apreciadas e pelas quais elas se interessem naturalmente.

Abordagens à educação inicial

> **OBJETIVO DA APRENDIZAGEM 8.12**
> Em que aspectos diferem as diversas abordagens da educação de segunda infância?

educação de segunda infância programas de educação para crianças entre o nascimento e os 8 anos.

abordagem desenvolvimentista abordagem à educação de segunda infância que promove a realização de marcos de desenvolvimento que ocorrem naturalmente.

A expressão **educação de segunda infância** se aplica a programas que fornecem instrução a crianças entre o nascimento e os 8 anos. Ainda que existam muitos modelos teóricos no campo da educação de segunda infância, em geral eles se dividem em duas amplas categorias: *abordagens desenvolvimentistas* e *abordagens acadêmicas*.

Abordagens desenvolvimentistas O objetivo das **abordagens desenvolvimentistas** é apoiar as crianças durante o curso natural de desenvolvimento físico, cognitivo e socioemocional. Exemplos de abordagens desenvolvimentistas com as quais você deve estar familiarizado são a abordagem *Waldorf*, o modelo *Reggio Emilia* e o método *Montessori*. Todas essas abordagens dão mais ênfase ao curso natural de desenvolvimento infantil do que ao ensino de habilidades específicas, tais como identificação de letras. Consequentemente, as crianças que frequentam escolas que adotam essas abordagens passam muito tempo explorando e experimentando materiais educacionais.

Embora existam milhares de escolas "Montessori" nos Estados Unidos, incluindo algumas que são operadas por sistemas escolares públicos, uma verdadeira escola Montessori é composta por professores que foram especificamente treinados em métodos e materiais exclusivos à abordagem Montessori. O objetivo do método Montessori, criado pela médica italiana Maria Montessori nos primórdios do século XX, é permitir que cada criança realize seu pleno potencial de desenvolvimento. A principal ideia por trás da sala de aula Montessori é que a criança possa escolher livremente suas atividades, mas a faixa de atividades disponível está limitada àquelas que promovem o desenvolvimento da criança. Em outras palavras, os educadores Montessori controlam o ambiente de modo que promova o desenvolvimento natural da criança, em vez de tentarem controlar a própria criança.

Para entender melhor como o método Montessori funciona, pense no que você aprendeu no Capítulo 7 sobre *diferenciação dos dedos*, uma habilidade de movimentos fundamental que as crianças devem desenvolver antes de adquirirem habilidades motoras finas tais como escrever. As salas de aula Montessori oferecem às crianças pequenas materiais que fortalecem os músculos pequenos de suas mãos e dedos, assim promovendo o desenvolvimento da diferenciação dos dedos. Uma atividade desse tipo requer alguns prendedores de roupa de mola e alguma superfície na qual se possa prendê-los, como um pedaço de papelão ou um prato de papel.

Uma vez que os materiais Montessori parecem brinquedos para as crianças, os professores nunca precisam dizer "Susie, você precisa praticar suas habilidades de diferenciação dos dedos hoje". Em vez disso, os professores monitoram o progresso das crianças rumo a metas desenvolvimentistas e encorajam-nas a escolher atividades que promovam essas metas. Além disso, os professores Montessori ajudam as crianças a aprenderem a cooperar e se revezarem no uso dos materiais.

Abordagens acadêmicas   As **abordagens acadêmicas** na educação de segunda infância se concentram em ensinar às crianças pequenas as habilidades que elas vão necessitar para terem êxito no ensino fundamental. Os programas pré-escolares de orientação acadêmica se baseiam na realização de objetivos da aprendizagem. A instrução tende a ser dirigida pelo professor, e as atividades das crianças são muito semelhantes às encontradas nas escolas de ensino fundamental.

Por exemplo, uma meta comum nos programas acadêmicos de educação infantil é que as crianças aprendam a associar as letras aos sons que elas representam. As crianças são instruídas pelos professores sobre as relações letras-sons de diversas formas. Um dia, o professor pode realizar sessões com toda a classe na qual ele mostra um cartão com letras e demonstra o som que elas representam. As crianças o imitam algumas vezes, e depois ele pede que elas pronunciem o som de cada letra quando ele mostra cada cartão. Em outro dia, o professor pode trabalhar com as crianças em grupos de três ou quatro alunos, pedindo-lhes que elas olhem um livro de histórias e identifiquem todas as letras que representam o som /m/.

É importante assinalar que as abordagens desenvolvimentista e acadêmica não são mutuamente excludentes. Um programa de educação infantil pode incluir elementos de ambas. Na verdade, como você poderia supor, seria praticamente impossível desenhar um programa de educação em que todos os minutos do dia fossem ocupados com atividades acadêmicas, simplesmente em virtude das características de desenvolvimento das crianças pequenas. Por exemplo, recorde do Capítulo 7 que a formação reticular, a estrutura encefálica que controla a atenção, está longe de madura nesse período da vida. Consequentemente, não podemos apenas esperar que as crianças fiquem sentadas várias horas por dia recebendo instrução e completando tarefas acadêmicas como preencher lacunas em folhas de exercício.

Práticas apropriadas para o nível de desenvolvimento   A National Association for the Education of Young Children (NAEYC) [Associação Nacional para Educação de Crianças Pequenas] é uma organização que avalia os programas de segunda infância e credencia aqueles que satisfazem seus padrões. Os padrões da NAEYC não endossam qualquer abordagem específica à educação de segunda infância. Em vez disso, eles se concentram em **práticas apropriadas para o nível de desenvolvimento**, uma abordagem do desenvolvimento curricular que leva em conta as características universais do desenvolvimento infantil, diferenças individuais entre as crianças e os contextos sociais e culturais em que o desenvolvimento ocorre (NAEYC, 2006). De acordo com esses amplos critérios, qualquer programa escolar, independentemente de seu propósito ou fundamentação teórica, pode ser considerado apropriado ou inapropriado para o nível de desenvolvimento.

abordagem acadêmica
abordagem à educação de segunda infância que ensina às crianças as habilidades necessárias para terem êxito na escola.

práticas apropriadas para o nível de desenvolvimento
práticas de educação de segunda infância baseadas na compreensão de universais desenvolvimentistas, diferenças individuais e variáveis contextuais.

Por exemplo, como observado anteriormente, a formação reticular nos cérebros de crianças pequenas ainda é imatura. Esse é um universal que, de acordo com os padrões NAEYC, deve ser considerado no planejamento de programas pré-escolares. Assim, esses programas não devem depender da capacidade das crianças de prestar atenção a estímulos externos, tais como uma aula de um professor, por longos períodos de tempo. Além disso, os professores devem estar conscientes de que as crianças se distraem com facilidade e devem ser tolerantes com sua necessidade de muita repetição. Além disso, as crianças diferem quanto à taxa em que suas formações reticulares amadurecem. Portanto, o padrão de adequação ao desenvolvimento também exige que os professores sejam tolerantes com essas diferenças individuais. Mesmo entre crianças de idades semelhantes, por exemplo, uma criança pode requerer que uma instrução seja repetida duas vezes enquanto outra pode precisar que ela seja repetida sete vezes. Os contextos social e cultural em que as crianças estão se desenvolvendo afetam também sua capacidade de prestar atenção, e esse fator deve ser levado em conta no planejamento de programas de ensino que sejam apropriados para o nível de desenvolvimento. Por exemplo, pais que concluíram o ensino médio têm maior probabilidade do que pais que não o concluíram de proporcionar a seus filhos os tipos de atividades que os encorajam a desenvolver as habilidades de atenção necessárias na educação infantil (Suizzo e Stapleton, 2007). Assim, quando educadores da segunda infância planejam programas para crianças cujos pais têm baixo nível de instrução, eles devem pressupor que essas crianças vão requerer mais tempo para desenvolver as habilidades de atenção do que seria esperado em um programa no qual os pais da maioria das crianças tivessem concluído o ensino médio.

OBJETIVO DA APRENDIZAGEM 8.13
Como a educação de segunda infância influencia o desenvolvimento cognitivo entre crianças economicamente desfavorecidas?

---

programas pré-escolares do Título 1 programas de educação de segunda infância para crianças economicamente desfavorecidas que são baseados em escolas públicas.

Head Start programas de educação de segunda infância de base comunitária para crianças economicamente desfavorecidas que são patrocinados pelo governo federal.

Educação de segunda infância para crianças economicamente desfavorecidas

Nos Estados Unidos, muitos programas governamentais para crianças economicamente desfavorecidas se baseiam na suposição de que os recursos econômicos de uma família podem limitar sua capacidade de oferecer experiências pré-escolares a suas crianças e que essas experiências são imprescindíveis para promover o desenvolvimento intelectual delas. O financiamento público para esses programas começou em 1965 quando a primeira versão da Lei de Educação Elementar e Secundária (Elementary and Secondary Education Act, ESEA) foi aprovada, ato legislativo que garantiu financiamento federal aos organismos educacionais locais e estaduais. O Título 1 da lei garantiu financiamento adicional para escolas que atendem famílias pobres, e a lei encorajou as escolas a usarem esses fundos para programas pré-escolares. Assim, **programas pré-escolares do Título 1** são operados por escolas públicas. Eles atendem crianças economicamente desfavorecidas, são financiados em conjunto pelo governo federal e órgãos educacionais locais e estão sob a supervisão do Departamento de Educação dos Estados Unidos.

Outra iniciativa pré-escolar federal, o **Head Start**, também foi criada em 1965. O programa se baseava nas recomendações de um comitê de especialistas em desenvolvimento infantil que foi reunido por autoridades na gestão do Presidente Lyndon B. Johnson. O primeiro programa Head Start de verdade foi um programa de enriquecimento de verão para crianças americanas nativas. No fim da década de 1960, o programa tinha sido expandido para incluir diversos programas pré-escolares de base comunitária dirigidos às necessidades específicas de grupos étnicos específicos. Além disso, o Head Start desempenhou um papel fundamental no desenvolvimento inicial do *Vila Sésamo*.

Como os programas do Título 1, os programas Head Start são financiados pelo governo federal, mas também recebem fundos de outras fontes, incluindo governos locais e estaduais assim como fundações particulares. Os programas Head Start são administrados pelo Departamento de Saúde e Serviços Humanos dos Estados Unidos. A maioria deles inclui serviços de apoio à saúde e nutrição de crianças pequenas e suas famílias, assim como classes de educação infantil. A aprovação da legislação para o Early Head Start em 1995 expandiu o programa para incluir bebês.

As crianças que frequentam programas de enriquecimento como esse programa Head Start geralmente não apresentam aumentos de Q.I., mas têm mais chance de serem bem-sucedidas na escola.

Crianças de famílias economicamente desfavorecidas que frequentam programas do Título 1, Head Start e outros programas pré-escolares semelhantes normalmente apresentam aumentos nos escores de Q.I. enquanto estão matriculados neles (Puma et al., 2005; Ludwig e Miller, 2007). Contudo, esses ganhos geralmente vão se reduzindo até desaparecerem nos primeiros anos da escola. Porém, em outros tipos de medição, um efeito residual das experiências de enriquecimento pré-escolar pode ser claramente identificado alguns anos depois. Crianças de lares de baixa renda que frequentaram o programa Head Start ou tiveram alguma outra experiência pré-escolar de qualidade são menos propensas a serem colocadas em classes de educação especial, a repetir de série, e mais propensas a concluírem o ensino médio e a ingressar no ensino superior do que crianças de lares semelhantes que não frequentaram a pré-escola (Barnett, 1995; Darlington, 1991; Garces, Thomas e Currie, 2002; Ludwig e Miller, 2007). Um estudo de longo prazo sugeriu que o impacto de programas enriquecidos pode se estender até boa parte da idade adulta. Esse estudo constatou que jovens adultos que haviam frequentado um programa pré-escolar experimental particularmente bom, o Perry Preschool Project em Milwaukee, tinham maiores taxas de graduação no ensino médio, menores taxas de comportamento criminoso, menores taxas de desemprego e menor probabilidade de receberem auxílio-desemprego do que jovens que não haviam frequentado uma escola de educação infantil desse tipo (Barnett, 1993).

Quando o programa de enriquecimento é iniciado na primeira infância e não aos 3 ou 4 anos, mesmo os escores de Q.I. permanecem elevados até a idade adulta (Campbell, Ramey, Pungello, Sparling e Miller-Johnson, 2002; Ramey e Ramey, 1998). Uma intervenção muito bem elaborada e meticulosamente descrita foi chamada de Projeto Abecedário [Abecedarian Project] (Campbell e Ramey, 1994; Ramey, 1993; Ramey e Campbell, 1987). Bebês de famílias abaixo da linha de pobreza cujas mães tinham baixos Q.I.s foram aleatoriamente designados para um programa de assistência infantil especial ou para um grupo-controle que recebeu suplementos nutricionais e assistência médica, mas nenhum tipo de assistência infantil enriquecida especial. O programa de assistência infantil especial foi iniciado quando os bebês tinham de 6 a 12 semanas e duraram até iniciarem a educação infantil. A Figura 8.6 apresenta em gráfico os escores de Q.I. das crianças em cada um desses grupos dos 2 aos 12 anos. Podemos ver que os Q.I.s das crianças que haviam sido matriculadas

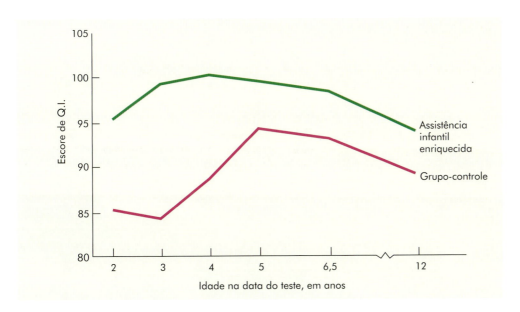

Figura 8.6 Educação precoce e escores de Q.I.

No estudo de Ramey, crianças de famílias pobres foram aleatoriamente designadas na primeira infância para um grupo experimental que recebeu assistência infantil especial, ou para um grupo-controle, sendo que a intervenção durou até os 5 anos. Na escola de educação infantil, ambos os grupos entraram na escola pública. A diferença de Q.I. entre os grupos experimental e controle permaneceu estatisticamente significativa até os 12 anos, sete anos após a conclusão da intervenção.

(*Fonte:* Ramey e Campbell, 1987, Figura 3, p. 135, com dados adicionais de Ramey, 1993, Figura 2, p. 29.)

no programa especial eram mais altos em todas as idades. Nada menos do que 44% das crianças no grupo-controle tinham escores classificados como limítrofes ou retardados (escores abaixo de 85), comparadas com apenas 12,8% das crianças que tinham participado do programa especial. Além disso, as crianças no grupo de assistência infantil enriquecida obtiveram escores significativamente maiores em testes de leitura e matemática aos 12 anos e tinham a metade das chances de terem repetido de série (Ramey, 1992, 1993). Aos 21 anos, os participantes tinham maior probabilidade do que o grupo-controle de fazerem um curso de nível superior (Campbell et al., 2002). Assim, o estudo Abecedário costuma ser citado como suporte para a visão de que o investimento público em programas pré-escolares economiza dinheiro a longo prazo.

Preparação para Testes

Mudanças cognitivas

8.1 Quais são as características do pensamento infantil durante o estágio pré-operatório de Piaget? (p. 236-240)

Piaget marcou a transição do estágio sensório-motor para o estágio pré-operatório aproximadamente em torno dos 18 aos 24 meses, no ponto onde a criança começa a utilizar símbolos. Apesar desse avanço, a criança pré-escolar ainda carece de muitas habilidades cognitivas sofisticadas. Na visão de Piaget, nessa fase as crianças ainda são egocêntricas, chegam a conclusões falsas devido à centração e com frequência são enganadas pelas aparências.

1. Combine cada termo com sua definição.

    _____ (1) função semiótica
    _____ (2) pré-operatório
    _____ (3) egocentrismo
    _____ (4) centração
    _____ (5) conservação

    (A) pensamento que se concentra em uma variável de cada vez.
    (B) crença de que a matéria pode mudar de aparência sem mudar de quantidade.
    (C) tipo de pensamento em que as crianças são proficientes no uso de símbolos, mas ainda têm dificuldade para pensar logicamente.
    (D) compreensão de que uma coisa pode representar outra.
    (E) crença de que todos experienciam o mundo da mesma forma que eu.

8.2 Como pesquisas recentes contestaram a visão que Piaget tinha desse período? (p. 240-241)

Pesquisas recentes deixam claro que as crianças pequenas são menos egocêntricas do que Piaget pensava. Aos 4 anos, elas são capazes de distinguir entre aparência e realidade em diversas tarefas.

2. O que outras pesquisas que não a de Piaget dizem sobre essas características do pensamento de crianças pequenas?

Habilidade cognitiva	Pesquisas recentes
Conservação	
Egocentrismo	
Tomada de perspectiva	
Aparência/realidade	

8.3 O que é uma teoria da mente e como ela se desenvolve? (p. 241-243)

Uma teoria da mente é um conjunto de ideias que descreve, explica e faz previsões sobre o conhecimento e o comportamento dos outros com base em inferências sobre seus estados mentais. No final da segunda infância, as crianças têm uma teoria da mente desenvolvida. Elas compreendem que as ações das outras pessoas se baseiam em seus pensamentos e crenças. A teoria da mente se desenvolve juntamente com habilidades de linguagem e está associada ao brincar imaginativo.

8.4 Como os teóricos do processamento de informações explicam as mudanças no pensamento das crianças pequenas? (p. 244-246)

Os teóricos neopiagetianos e do processamento de informações explicam o desenvolvimento cognitivo da segunda infância em termos de limitações dos sistemas de memória das crianças pequenas. Os teóricos do processamento de informações assinalam que a metacognição e a metamemória são necessárias para resolver os problemas de conservação de Piaget, duas áreas de aptidão em que os pré-escolares são um pouco fracos.

3. Combine cada termo com sua definição:

    _____ (1) eficiência operacional
    _____ (2) metacognição
    _____ (3) metamemória
    _____ (4) roteiros

(A) conhecimento e controle dos processos de pensamento
(B) estruturas cognitivas que subjazem comportamentos que são de natureza sequencial
(C) conhecimento e controle dos processos de memória
(D) número máximo de esquemas que podem ser colocados na memória de operação de uma criança de uma só vez

8.5 Quais são as características dos estágios do desenvolvimento cognitivo na segunda infância segundo Vygotsky? (p. 246-247)

Durante o estágio primitivo, o bebê aprende basicamente por condicionamento. Quando a linguagem começa a se desenvolver, inicia-se o estágio de psicologia ingênua. Depois a criança entra no estágio de psicologia da fala interior, quando utiliza a linguagem como guia de orientação para resolver problemas. Na última fase, o estágio de crescimento interior, a fala interior se torna totalmente internalizada.

Mudanças na linguagem

8.6 Como o mapeamento rápido ajuda as crianças a aprender novas palavras? (p. 247-248)

O mapeamento rápido, o uso de categorias para relacionar novas palavras a objetos ou fatos da vida real, permite que as crianças adquiram novas palavras rapidamente.

4. Como o *feedback* de falantes fluentes ajuda as crianças a aprenderem novas palavras?

_____

_____

8.7 O que acontece durante a explosão gramatical? (p. 248-249)

Durante a explosão gramatical (dos 2 aos 6 anos), as crianças fazem grandes avanços na fluência gramatical. Elas aprendem a adicionar inflexões, formar perguntas, formar frases negativas, usar conjunções e preposições apropriadamente e distinguir verbos regulares e irregulares e plurais.

5. Qual é a diferença entre a fala telegráfica dos pré-escolares e a fala mais madura de adultos e crianças mais velhas?

_____

8.8 O que é consciência fonológica e por que ela é importante? (p. 249-250)

Consciência fonológica é uma compreensão dos padrões sonoros do idioma específico que uma criança adquire durante a segunda infância. Ela é importante no aprendizado da leitura e parece ser adquirida basicamente por meio de jogos com palavras.

6. Marque com "S" cada exemplo de consciência fonológica e com "N" o que não for um exemplo dela:

_____ (1) Uma criança recita o alfabeto.
_____ (2) Uma criança diz gato quando solicitada a sugerir uma palavra que rime com mato.
_____ (3) Uma criança reconhece seu nome escrito.
_____ (4) Uma criança escreve *flr* e afirma que escreveu a palavra *flor*.

Diferenças na inteligência

8.9 Quais são as virtudes e limitações dos testes de Q.I.? (p. 250-253)

Os escores nos testes de inteligência da segunda infância são preditivos do desempenho escolar posterior e são ao menos moderadamente consistentes ao longo do tempo. A principal limitação dos testes de Q.I. é que eles medem apenas uma faixa estreita da capacidade intelectual, e a interpretação dos escores de Q.I. muitas vezes negligencia outras variáveis não medidas por esses testes que também são essenciais para o sucesso.

8.10 Quais evidências foram oferecidas em apoio às explicações inatas e experienciais para as diferenças individuais de Q.I.? (p. 253-254)

Estudos de gêmeos e de adoção sugerem que ao menos a metade da variação nos escores de Q.I. é devida a diferenças genéticas. Estudos dos ambientes domésticos das crianças e estudos envolvendo crianças de famílias pobres que são adotadas por pais de uma classe social mais alta demonstram que variáveis ambientais também contribuem para os escores de Q.I..

7. O que quer dizer a expressão *faixa de reação*?

_____

_____

8. Acesse o conteúdo online do livro, explore *Correlations between IQ scores of persons of varying relationships* e faça o seguinte exercício:

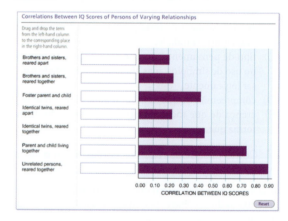

Explique por que a seguinte afirmativa é falsa: Estudos de gêmeos provam que o ambiente não tem influência sobre a inteligência.

_____

_____

8.11 Quais evidências foram oferecidas em apoio às explicações genéticas e culturais para as diferenças grupais de Q.I.? (p. 254-256)

Teóricos no lado da natureza do debate afirmam que as variações físicas herdadas entre os grupos explicam as diferenças nos escores de Q.I.. Explicações culturais são apoiadas por pesquisas que mostram que grupos com escores de Q.I. mais baixos do que a média são mais expostos a fatores de risco como pobreza, má nutrição e substâncias tóxicas. O efeito Flynn também demonstra o poder de forças culturais e históricas na formação dos escores de Q.I..

9. Transforme cada afirmativa falsa em uma afirmativa verdadeira.

   (A) A diferença entre os escores médios em testes de inteligência de crianças americanas brancas e africanas nos Estados Unidos é muito maior do que era antes.

   (B) A maioria dos desenvolvimentistas acredita que a diferença entre os escores médios em testes de inteligência de crianças americanas brancas e africanas nos Estados Unidos é resultado de fatores genéticos.

   (C) A diferença entre os escores médios em testes de inteligência de crianças americanas brancas e africanas nos Estados Unidos se situa fora da suposta faixa de reação da inteligência.

Educação na segunda infância

8.12 Em que aspectos diferem as diversas abordagens da educação de segunda infância? (p. 256-258)

As abordagens desenvolvimentistas, tais como o método Montessori, procuram promover a realização de objetivos de desenvolvimento que ocorrem naturalmente. As abordagens acadêmicas ensinam aos pré-escolares as habilidades necessárias para que sejam bem-sucedidos na escola de ensino fundamental. Práticas apropriadas para o nível de desenvolvimento se baseiam em uma compreensão de universais do desenvolvimento, diferenças individuais e os contextos social e cultural do desenvolvimento.

10. Classifique cada uma dessas características dos programas de educação de segunda infância como indicativos (A) da abordagem desenvolvimentista ou (B) da abordagem acadêmica.

    _____ (1) acesso a um aparelho de escalar que encoraje o desenvolvimento de habilidades motoras
    _____ (2) exercícios diários com cartões com o alfabeto
    _____ (3) acesso a roupas dos adultos para brincar de se fantasiar
    _____ (4) lições diárias de consciência fonológica
    _____ (5) encorajar crianças a memorizar fatos de adição e subtração
    _____ (6) acesso a materiais artísticos para projetos criativos dirigidos às crianças

8.13 Como a educação de segunda infância influencia o desenvolvimento cognitivo entre crianças economicamente desfavorecidas? (p. 258-260)

Crianças desfavorecidas que frequentaram programas de educação infantil enriquecidos obtêm escores de Q.I. mais altos durante a segunda infância, mas esses ganhos nem sempre persistem nos anos mais avançados da infância. Entretanto, estudos mostram que essas crianças são menos propensas a requerer serviços de educação especial e têm menos problemas de comportamento no ensino fundamental do que crianças que não frequentaram a educação infantil. Quando os programas de enriquecimento são iniciados na primeira infância, constatou-se que os ganhos de Q.I. continuam até o ensino médio.

As respostas para as perguntas deste capítulo encontram-se na página 523. Para uma lista de palavras-chave, consulte a página 537.

---

* As animações (em inglês) estão disponíveis no site www.grupoaeditoras.com.br.

9

Desenvolvimento Social e da Personalidade na Segunda Infância

Se você pedisse a uma amostra aleatória de adultos que descrevesse as características mais importantes das crianças entre 2 e 6 anos, a primeira coisa na lista provavelmente seria a rápida transformação de suas habilidades sociais durante esse período. Crianças que aos 2 anos são "do contra" e passam a maior parte do tempo brincando sozinhas se tornam brincadores cooperativos e habilidosos aos 5 ou 6 anos. Assim, a característica mais evidente das crianças de 6 anos é o quão socialmente "adultas" elas parecem ser, quando comparadas às crianças de 2 anos. Além disso, o florescimento de suas habilidades físicas, cognitivas e linguísticas acarreta mudanças no modo como essas crianças veem a si mesmas e se relacionam com suas famílias. A maioria também amplia suas redes sociais para incluir pares.

Este capítulo discute todas essas mudanças e familiariza o leitor com as principais explicações teóricas para elas. Primeiro revisamos as ideias propostas pelos teóricos psicanalíticos. Depois, você vai ler sobre as explicações muito diferentes dadas pelos teóricos sociocognitivos. Depois, abordaremos os tópicos de desenvolvimento da personalidade e do papel de gênero. Por fim, examinaremos os relacionamentos das crianças com as outras pessoas.

Teorias do desenvolvimento social e da personalidade

O que caracteriza o período da segunda infância? Uma forma de descrevê-la seria chamá-la de fase de "breve saída", pois é exatamente isso o que crianças de 2 a 6 anos fazem. Elas se afastam um pouco da segurança dos vínculos emocionais que têm com os pais e se aventuram no mundo arriscado das relações com as outras pessoas. Como fazem isso? Os primeiros psicanalistas delinearam os temas gerais desse período fundamental da vida, e o trabalho de teóricos mais recentes nos forneceu alguns detalhes sobre as habilidades que as crianças desenvolvem no processo de se afastar. Antes de entrarmos em detalhes, vamos examinar os temas.

OBJETIVOS DA APRENDIZAGEM

Teorias do desenvolvimento social e da personalidade

9.1 Quais os principais temas do desenvolvimento que os teóricos psicanalíticos propuseram para o período da segunda infância?

9.2 Quais são as descobertas dos teóricos sociocognitivos sobre a compreensão que as crianças têm do mundo social?

Personalidade e autoconceito

9.3 Como o temperamento muda na segunda infância?

9.4 Que mudanças ocorrem no *self* categórico, no *self* emocional e no *self* social durante os anos pré-escolares?

Desenvolvimento de gênero

9.5 Como as principais orientações teóricas explicam o desenvolvimento de gênero?

9.6 Como as crianças desenvolvem seu conceito de gênero?

9.7 Quais são as características do conhecimento das crianças pequenas sobre os papéis sexuais?

9.8 Em que aspecto o comportamento das crianças pequenas é tipificado por sexo?

Estrutura e relações familiares

9.9 Como o apego muda durante a segunda infância?

9.10 Como os estilos de criação afetam o desenvolvimento das crianças?

9.11 Como a condição étnica e socioeconômica está relacionada ao estilo de criação?

9.12 Como a estrutura familiar está relacionada ao desenvolvimento das crianças?

9.13 Como o divórcio afeta o comportamento das crianças na segunda infância e nos anos posteriores?

9.14 Quais são as possíveis razões para a relação entre estrutura familiar e desenvolvimento?

Relações entre pares

9.15 Quais são as diversas formas de brincar exibidas pelos pré-escolares?

9.16 Qual é a diferença entre agressão instrumental e hostil?

9.17 Como o comportamento pró-social e os padrões de amizade mudam durante a segunda infância?

OBJETIVO DA APRENDIZAGEM 9.1
Quais os principais temas do desenvolvimento que os teóricos psicanalíticos propuseram para o período da segunda infância?

Perspectivas psicanalíticas

Talvez você se lembre de que Freud descreveu dois estágios durante os anos pré-escolares. A tarefa desenvolvimentista da *fase anal* (1 a 3 anos) é o treinamento higiênico. A da *fase fálica*, se você se lembra, é estabelecer uma base para o posterior desenvolvimento moral e de gênero pela identificação com o genitor de mesmo sexo. Podemos resumir a visão de Freud da segunda infância como a época da vida em que as crianças, primeiro, adquirem controle sobre suas funções corporais e, segundo, renegociam suas relações com os pais para se prepararem para ingressar no mundo dos pares.

Erikson concorda com a visão de Freud sobre o controle corporal e as relações com os pais durante a segunda infância, mas sua ênfase era um pouco diferente. Ambas as etapas que Erikson identificou no período pré-escolar (ver Tabela 2.2, página 54) são desencadeadas pelo desenvolvimento das habilidades físicas, cognitivas e sociais. O estágio que ele chamou de *autonomia* versus *vergonha e dúvida*, por exemplo, está centrado na nova mobilidade da criança e o desejo por autonomia que a acompanha. O estágio de *iniciativa* versus *culpa* é anunciado por novas habilidades cognitivas, principalmente a capacidade do pré-escolar de planejar, a qual acentua seu desejo de tomar a iniciativa. Entretanto, o desenvolvimento de sua consciência determina os limites dentro dos quais essa iniciativa pode ser exercida (Evans e Erikson, 1967). Por exemplo, pense sobre uma situação em que uma criança quer brincar com o brinquedo de outra. Seu senso de iniciativa pode motivá-la a simplesmente pegar o brinquedo, mas sua consciência provavelmente a incitará a encontrar um modo socialmente mais aceitável de obter o brinquedo. Caso não consiga alcançar o tipo de autocontrole que é necessário para manter conformidade com sua consciência, a criança tende a ser obstruída por excessiva culpa e defesa nas futuras crises psicossociais.

"Saída breve" é o principal tema do desenvolvimento social e da personalidade na segunda infância. A manutenção de fortes laços de afeto com os pais ajuda as crianças a se sentirem seguras o suficiente para se afastarem brevemente.

A criança integral em foco
Como Madeleine desenvolveu um senso de iniciativa? Descubra na página 298.

A chave para um desenvolvimento saudável durante esse período, de acordo com Erikson, é alcançar um equilíbrio entre as habilidades emergentes e desejo de autonomia da criança e a necessidade dos pais de proteger a criança e controlar o comportamento dela. Assim, a tarefa dos pais muda drasticamente depois da primeira infância. Nos primeiros meses de vida, a tarefa primordial dos pais é prover suficiente calor, previsibilidade e responsividade para promover um apego seguro e atender às necessidades fisiológicas básicas. Mas depois que as crianças se tornam mais independentes em termos físicos, linguísticos e cognitivos, a necessidade de controlar se torna um aspecto central da tarefa dos pais. Com controle excessivo, a criança não terá oportunidade suficiente para explorar; se o controle for insuficiente a criança se tornará intratável e incapaz de adquirir as habilidades que vai necessitar para se relacionar com seus pares e também com adultos.

OBJETIVO DA APRENDIZAGEM 9.2
Quais são as descobertas dos teóricos sociocognitivos sobre a compreensão que as crianças têm do mundo social?

Perspectivas sociocognitivas

Em contraste com a tradição psicanalítica, a **teoria sociocognitiva** assume que as mudanças sociais e emocionais na criança são decorrentes do – ou ao menos facilitadas pelo – imenso desenvolvimento das habilidades cognitivas que ocorre durante os anos pré-escolares (Macrae e Bodenhausen, 2000). Durante as últimas três décadas, os psicólogos dedicaram muita atenção teórica e empírica para determinar de que forma os dois domínios estão relacionados.

teoria sociocognitiva perspectiva teórica de que o desenvolvimento socioemocional na segunda infância está relacionado a aperfeiçoamentos no domínio cognitivo.

Percepção das pessoas Você já ouviu uma criança descrever um amigo como "legal" ou "não legal"? A emergente capacidade dos pré-escolares de aplicar categorias às pessoas é chamada de **percepção de pessoas**; basicamente, é a habilidade de classificar os outros. Por exemplo, na idade da educação infantil, as crianças fazem julgamentos muito semelhantes aos dos adultos quando solicitadas a identificar a criança mais inteligente em sua classe ou grupo (Droege e Stipek, 1993). Além disso, elas descrevem seus pares em termos de traços como "rabugento" e "ruim" (Yuill, 1997). Elas também fazem afirmativas sobre os padrões de comportamento dos outros – "A vovó sempre me deixa pegar o cereal na mercearia". Elas utilizam essas observações para classificar as outras pessoas em grupos, tais como "as pessoas que eu gosto" e "as pessoas que eu não gosto".

Entretanto, as observações e categorizações das crianças pequenas são muito menos consistentes do que as de crianças mais velhas. Um amigo que elas consideram "legal" em um dia pode ser chamado de "ruim" no dia seguinte. Os desenvolvimentistas constataram que os juízos das crianças pequenas sobre os outros são inconsistentes porque elas tendem a baseá-los em suas interações mais recentes com esses indivíduos (Ruble e Dweck, 1995). Em outras palavras, uma menina de 4 anos descreve uma de suas amigas como "legal" na segunda-feira porque ela divide uma bolacha, mas como "ruim" na terça-feira porque ela se recusa a dividir uma barra de caramelo. Ou a criança declara: "Eu não gosto mais da vovó porque ela me fez ir dormir cedo".

Os pré-escolares também categorizam os outros com base em características observáveis, tais como etnia, idade e gênero. Por exemplo, o *efeito inter-racial*, fenômeno em que os indivíduos são mais capazes de se lembrar dos rostos de pessoas da mesma etnia que a sua do que de pessoas de uma etnia diferente, está estabelecido aos 5 anos (Pezdek, Blandon-Gitlin e Moore, 2003). De modo análogo, eles falam sobre "os grandes" (crianças em idade escolar) e "os pequenos" (crianças de sua idade), e eles parecem saber que eles se encaixam melhor com os segundos. A autossegregação por gênero – um assunto sobre o qual você vai ler posteriormente neste capítulo – começa já aos 2 anos. De modo semelhante, crianças pequenas às vezes se segregam de acordo com a etnia (ver *Ciência do desenvolvimento na sala de aula*, abaixo).

percepção de pessoas capacidade de classificar os outros de acordo com categorias como traços, idade, gênero e etnia.

CIÊNCIA DO DESENVOLVIMENTO NA SALA DE AULA
Aprendendo e desaprendendo o preconceito racial

Mara estava empolgada com seu novo emprego de professora de educação infantil em uma escola que atendia a uma população multiétnica. Mas, em seu primeiro dia, ela ficou preocupada com os comentários de muitos de seus alunos de 4 anos sobre a etnia uns dos outros. Ainda mais alarmante lhe pareceu a tendência das crianças de se classificarem pela etnia e expressarem desgosto quando uma criança de uma outra etnia se sentava ao lado ou tentava brincar junto. Mara queria saber como ela poderia fazer os alunos aprenderem a ser mais tolerantes.

Pesquisas sugerem que os esquemas étnicos estão bem-estabelecidos entre 4 e 5 anos (Pezdek, Blandon-Gitlin e Moore, 2003). Uma vez formados, esses esquemas são utilizados pelas crianças para fazerem juízos sobre as outras pessoas. Esses julgamentos iniciais provavelmente refletem o pensamento egocêntrico das crianças pequenas. Essencialmente, as crianças veem os semelhantes a si como companheiros desejáveis e os diferentes de si – em termos de gênero, etnia e outras variáveis categóricas – como indesejáveis (Doyle e Aboud, 1995). Assim, o preconceito étnico pode surgir a partir do fato de que as crianças se tornam conscientes de etnia ao mesmo tempo que seu sistema de processamento de informações começa a dividir o mundo em categorias de "como eu/não como eu".

Evidentemente, o desenvolvimento cognitivo não acontece em um vácuo social, e mais ou menos aos 5 anos a maioria das crianças brancas de países de língua inglesa já adquiriu uma compreensão dos estereótipos e preconceitos raciais (Bigler e Liben, 1993). De modo semelhante, afro-americanos, hispano-americanos e americanos nativos se tornam muito precocemente sensíveis ao fato de que as pessoas de sua etnia são vistas negativamente por muitos brancos. Alguns estudos sugerem que essa consciência precoce dos estereótipos raciais influencia negativamente a autoestima das crianças minoritárias (Jambunathan e Burts, 2003). Parece provável que as observações das crianças dos julgamentos dos adultos de sua cultura baseados em etnia se mesclam com aspectos cognitivos de consciência étnica precoce para produzir o preconceito étnico.

O segredo para impedir que a consciência étnica das crianças pequenas evolua para preconceito, dizem os psicólogos, é discutir as questões de etnia abertamente na pré-escola e fazer esforços conscientes para ajudar as crianças a adquirir atitudes sem preconceito (Cushner, McClelland e Safford, 1992). Por exemplo, elas podem conscientizar as crianças pequenas das realidades históricas como escravidão, segregação e esforços dos grupos minoritários para conquistar os mesmos direitos. Os professores também podem designar pessoas de etnias diferentes para fazerem projetos juntos. Além disso, eles podem conscientizar as crianças das virtudes de cada uma enquanto indivíduos e incentivar todas as crianças a desenvolver uma visão positiva da identidade étnica. Em outras palavras, ainda que o entendimento dessas ideias abstratas possa ser difícil para crianças pequenas, os adultos devem servir de exemplo e ensinar que não é necessário desvalorizar os outros para valorizar a si mesmo.

Questões para reflexão

1. Como Mara poderia implementar algumas das estratégias sugeridas aqui para reduzir o preconceito em sua sala de aula?
2. Em sua opinião, qual é o papel dos meios de comunicação no desenvolvimento do preconceito racial?

Compreendendo as categorias das regras Se você fosse a um jantar formal no qual os garfos estivessem no lado direito dos pratos e não à esquerda, você se incomodaria com isso? Provavelmente não, pois as *convenções sociais*, tais como os costumes que regem o modo de servir à mesa, são regras que nada têm a ver com nosso entendimento fundamental de certo e errado. Consequentemente, a maioria de nós não se perturba quando elas são violadas e desaprovamos as pessoas que se incomodam com essas ninharias. Em contraste, temos pouca tolerância com a quebra de regras que julgamos baseadas na moralidade, tais como as regras que proíbem roubar e as regras não escritas, como aquela que proíbe de flertar com o parceiro amoroso de nosso melhor amigo (ou com o melhor amigo de nosso parceiro!). Quando e como nós aprendemos a fazer essas distinções?

Os teóricos sociocognitivos constataram que as crianças começam a responder de forma distinta às violações dos diferentes tipos de regras entre 2 e 3 anos (Smetana, Schlagman e Adams, 1993). Por exemplo, elas acham que pegar o brinquedo de outra criança sem permissão é uma violação mais séria às regras do que se esquecer de dizer "obrigado". Elas também dizem, exatamente como adultos diriam em resposta a perguntas semelhantes, que roubar e violência física estão errados, mesmo que sua família ou pré-escola não tenham regras explícitas contra isso. Esse tipo de compreensão parece se desenvolver tanto como uma consequência da crescente capacidade dos pré-escolares para classificação quanto como resultado da tendência dos adultos de enfatizar transgressões que tenham conotações morais mais do que violações de costumes e outras regras arbitrárias quando punem as crianças (Nucci e Smetana, 1996).

Compreendendo as intenções dos outros Você sentiria a mesma coisa por uma pessoa que deliberadamente esmagasse uma bola de beisebol no para-brisas de seu carro e por alguém que acidentalmente o quebrasse enquanto lavava seu carro? É provável que você seria muito mais indulgente com a pessoa que acidentalmente quebrou seu para-brisas, pois tendemos a basear nossos julgamentos sobre o comportamento dos outros e nossas respostas a ele no que percebemos como suas intenções. Partindo de seus pressupostos sobre o egocentrismo das crianças pequenas, Piaget sugeriu que as crianças pequenas eram incapazes desse tipo de discriminação.

Contudo, algumas pesquisas recentes demonstram que as crianças pequenas em certa medida compreendem intenções (Zhang e Yu, 2002). Em primeiro lugar, é bastante comum ouvir os pré-escolares dizerem "Foi um acidente... Eu não fiz por querer" quando são punidos. Esses protestos sugerem que as crianças compreendem que delitos intencionais são punidos de maneira mais severa do que transgressões involuntárias às regras.

Vários estudos sugerem que as crianças podem formar juízos sobre as intenções de atores tanto quando estão diante de problemas abstratos como quando estão pessoalmente motivadas por um de-

Figura 9.1 Um teste da compreensão infantil da intencionalidade.

Figuras como essas são utilizadas para avaliar a compreensão que as crianças têm das intenções de uma pessoa.

sejo de evitar punição. Por exemplo, em um estudo clássico, crianças de 3 anos ouviram histórias sobre crianças que brincavam de bola (Nelson, 1980), e figuras foram usadas para representar informações sobre intenções (ver Figura 9.1). As crianças eram mais propensas a rotular como "malvada" ou "travessa" uma criança que pretendia machucar um colega do que uma criança que acidentalmente acertava uma bola na cabeça de outra. Contudo, os juízos das crianças também eram influenciados pelos desfechos. Em outras palavras, elas eram mais propensas a dizer que uma criança que queria machucar seu colega era "boa" caso ela não conseguisse acertar a bola na criança. Esses resultados sugerem que as crianças sabem mais sobre as intenções do que Piaget pensava, mas elas ainda são limitadas em sua capacidade de basear seus juízos inteiramente nas intenções.

Personalidade e autoconceito

À medida que as crianças pequenas adquirem maior compreensão do ambiente social, suas personalidades distintivas começam a aparecer. Ao mesmo tempo, seus autoconceitos se tornam mais complexos, o que as permite exercer maior controle sobre seu próprio comportamento.

Do temperamento à personalidade

> **OBJETIVO DA APRENDIZAGEM 9.3**
> Como o temperamento muda na segunda infância?

Você conhece a brincadeira do Pato, Pato, Ganso? Para os que não a conhecem, eis como é: uma criança a quem se dá o papel de "ele" anda em torno de um círculo de crianças que estão sentadas no chão. "Ele" vai andando e toca a cabeça de cada criança exclamando "pato" até chegar na criança escolhida para ser o ganso. O ganso então tem que perseguir a primeira criança em volta do círculo e tentar impedir que "ele" tome o lugar do ganso. Caso o ganso não consiga derrotá-lo, ela se torna "ele" na próxima rodada do jogo. A parte difícil do jogo para muitas crianças pequenas é esperar para ser escolhida para ser o ganso.

Brincadeiras como o Pato, Pato, Ganso podem parecer fúteis, mas contribuem para o processo por meio do qual o temperamento transforma-se em personalidade durante a segunda infância. Por exemplo, uma criança cujo temperamento inclui uma baixa classificação na dimensão de controle voluntário (ver Capítulo 6) pode não ser capaz de tolerar esperar sua vez em uma brincadeira como a do Pato, Pato, Ganso (Li-Grining, 2007). Caso ela siga seu impulso de perseguir "ele" e pule de seu lugar antes de ser declarada como ganso, ela com certeza será repreendida pelos colegas. Se sua frustração a levar a se retirar do jogo com o protesto de que "Eu nunca vou conseguir ser o ganso!", ela perderá a oportunidade de se divertir participando. Seja como for, ela vai aprender que controlar seus impulsos é mais benéfico do que ceder a eles. Algumas experiências desse tipo vão ensiná-la a moderar os efeitos de sua falta de controle voluntário sobre seu comportamento social. Consequentemente, sua falta de controle voluntário terá menos destaque no perfil de características que constituem sua personalidade, e isso vai mudar a forma como seus amigos reagem a ela. A aprovação deles desse perfil modificado vai encorajá-la a manter seus impulsos sob controle.

De modo semelhante, crianças com temperamentos difíceis aprendem que comportamentos associados à dificuldade, tais como se queixar, muitas vezes resultam em rejeição dos colegas. Consequentemente, muitas delas mudam de comportamento para ganhar aceitação social. De modo semelhante, algumas crianças tímidas são encorajadas por seus pais a serem mais sociáveis (Rubin, Burgess e Hastings, 2002). Assim, a personalidade representa a combinação do temperamento com o qual as crianças provavelmente nascem e do conhecimento que adquirem sobre o comportamento relacionado ao temperamento durante a infância (McCrae, Costa, Ostendord e Angleitner, 2000; Svrakic, Svrakic e Cloninger, 1996).

A transição de temperamento para personalidade também é influenciada pelas respostas dos pais ao temperamento da criança. Se os pais rejeitam uma criança difícil, ela tende a emergir dos anos pré-escolares com uma personalidade que a coloca em risco de desenvolver problemas sérios nas relações sociais, podendo também sofrer de déficits cognitivos (Bates, 1989; Fish, Stifter e Belsky, 1991). Contudo, os pais podem moderar os riscos associados a um temperamento difícil ajudando essas crianças a aprender a regular suas emoções e comportamento de maneira mais efetiva (Coplan, Bowker e Cooper, 2003). Assim, o temperamento infantil não necessariamente determina o tipo de personalidade que uma criança vai desenvolver. Ele é apenas um fator entre muitos que moldam a personalidade de uma criança.

> **OBJETIVO DA APRENDIZAGEM 9.4**
> Que mudanças ocorrem no *self* categórico, no *self* emocional e no *self* social durante os anos pré-escolares?

Autoconceito

Graças a expansão das habilidades cognitivas da criança em crescimento, sua capacidade de autocompreensão se aperfeiçoa substancialmente durante a segunda infância. As categorizações que faz de si mesma se tornam mais estáveis e ao mesmo tempo mais complexas. Além disso, o *self* emocional se desenvolve rapidamente durante esse período, e um novo componente do autoconceito, o *self* social, aparece.

O *self* categórico Peça a um pré-escolar que descreva a si próprio, e a resposta provavelmente será algo como "Eu sou uma menina". Se solicitada a dar mais informações, a criança acrescentará a cor de seu cabelo ou alguma outra característica física, dizer quem são seus amigos ou revelar qual é o seu personagem de desenho animado predileto. Essas respostas mostram que o *self* categórico, um conceito que aparece primeiro durante a primeira infância (ver Capítulo 6), está se tornando mais maduro em grande parte em consequência da compreensão de categorias mutuamente excludentes (Kagan e Herschkowitz, 2005). Por exemplo, não é possível ser tanto menino quanto menina. Assim, a criança pequena deve se decidir por um rótulo categórico para si mesma, o qual permanecerá com ela pelo resto da vida.

As autocategorizações também são uma parte essencial do entendimento que a criança tem de sua própria história pessoal. É como se, uma vez estabelecidos rótulos categóricos estáveis, a criança pode não apenas se projetar em um futuro categórico (ou seja, "Eu sou uma menina; quando crescer serei uma mulher"), mas também projetar rótulos categóricos autoatribuídos ao passado para organizar uma representação de sua vida no passado. Por exemplo, uma menina de 5 anos pode não se lembrar de brincar de boneca aos 2 anos, mas ela pode combinar seu conhecimento do mundo (p. ex., a maioria das meninas gosta de bonecas) com sua autocategorização como menina, juntamente com suas atuais preferências lúdicas (p. ex., eu gosto de bonecas) para inferir que ela provavelmente gostava de brincar de boneca aos 2 anos. O surgimento desse aspecto do autoconceito, o sentido *autobiográfico* do *self*, está ligado à teoria da mente de uma criança (Gergely, 2002).

regulação emocional capacidade de controlar os estados emocionais e o comportamento relacionado às emoções.

O *self* emocional Nos últimos anos, as pesquisas que examinam o desenvolvimento do *self* emocional durante a segunda infância têm se concentrado na aquisição de **regulação emocional**, ou a capacidade de controlar os estados emocionais e o comportamento relacionado às emoções (Hoeksma, Oosterlaan e Schipper, 2004). Por exemplo, as crianças exibem regulação emocional quando encontram uma forma de se alegrarem quando estão tristes, ou quando desviam sua atenção para uma atividade diferente quando se frustram com alguma coisa. Pesquisas recentes demonstram que a regulação emocional na segunda infância está ligada a diversas variáveis sociais. Um estudo demonstrou que o nível de regulação emocional aos 2 anos predizia o nível de comportamento agressivo de meninos e meninas aos 4 anos (Rubin, Burgess, Dwyer e Hastings, 2003). Previsivelmente, pré-escolares que apresentam níveis elevados de regulação emocional são mais populares com seus colegas do que os que são menos capazes de regular seu comportamento emocional (Denham et al., 2003; Fantuzzo, Sekino e Cohen, 2004). A capacidade de regular as emoções parece ser particularmente importante para crianças cujos temperamentos incluem alta propensão à raiva (Diener e Kim, 2004). Além disso, estudos longitudinais demonstram que a regulação emocional na segunda infância está relacionada à capacidade de obedecer a regras morais e pensar sobre certo e errado durante os anos escolares (Kochanska, Murray e Coy, 1997).

Todas as crianças se chateiam de tempos em tempos, mas elas diferem muito quanto a sua capacidade de lidar com sentimentos de irritação.

No processo de aquisição da regulação emocional, o controle passa paulatinamente dos pais para a criança (Houck e Lecuyer-Maus, 2004). Mais uma vez, o temperamento da criança é um fator. Por exemplo, pré-escolares que consistentemente apresentam comportamento difícil desde a primeira infância têm maior probabilidade de ter problemas de autocontrole na segunda infância (Schmitz et al., 1999). De modo semelhante, pré-escolares que tiveram nascimento prematuro ou retardo no desenvolvimento linguístico no segundo ano de vida sentem mais dificuldades com o autocontrole durante a segunda infância (Carson, Klee e Perry, 1998; Schothorst e van Engeland, 1996).

Outro aspecto do *self* emocional envolve a **empatia**, a capacidade de se identificar com o estado emocional de outra pessoa. A empatia tem dois aspectos: apreender o estado ou condição emocional de outra pessoa e depois corresponder àquele estado emocional. Uma pessoa empática experimenta o mesmo sentimento ou um sentimento muito parecido com aquele que imagina que a outra pessoa está sentindo. A empatia está negativamente associada à agressividade na segunda infância; quanto mais desenvolvida a capacidade de empatia de um pré-escolar, menor a agressividade que ele demonstra (Findlay, Girardi e Coplan, 2006; Strayer e Roberts, 2004). Além disso, o desenvolvimento de empatia na segunda infância parece prover a base na qual uma emoção mais sofisticada, a *solidariedade* (um sentimento geral de tristeza ou preocupação por outra pessoa), é construída na infância e adolescência. A análise mais minuciosa do desenvolvimento da empatia e solidariedade foi oferecida por Martin Hoffman (1982, 1988), que descreve quatro amplos estágios, resumidos na Tabela 9.1.

Além da empatia, o *self* emocional das crianças pequenas inclui uma consciência dos estados emocionais ligados às definições de sua cultura de certo e errado. Esses sentimentos, que às vezes são chamados de *emoções morais*, incluem culpa, vergonha e orgulho (Eisenberg, 2000). A culpa geralmente é pensada como o estado emocional que é induzido quando uma criança quebra uma regra. Consequentemente, uma criança que pega um bolacha proibida vai experimentar culpa. Sentimentos de vergonha surgem quando ela não consegue satisfazer expectativas. Por exemplo, a maioria dos pais e professores exorta as crianças pequenas a dividir seus brinquedos. Assim, quando uma criança se comporta de maneira egoísta e é lembrada sobre a regra de dividir, ela tende a sentir vergonha. Em contraste, as crianças sentem orgulho quando conseguem satisfazer tais expectativas.

Pesquisas sugerem que a interação entres essas três emoções – e a consciência que as crianças pequenas têm delas – influencia o desenvolvimento do comportamento que suas culturas consideram moralmente aceitáveis (Eisenberg, 2000). Assim, elas formam a base do desenvolvimento moral posterior. Estudos sugerem que esses sentimentos evoluem no contexto das relações entre pais e filhos. Crianças pequenas que não têm relações afetuosas e de confiança com seus pais estão em risco de não conseguir desenvolver emoções morais ou de desenvolver sentimentos de culpa, vergonha e orgulho demasiadamente fracos para influenciar seu comportamento (Koenig, Cicchetti e Rogosch, 2004).

empatia capacidade de se identificar com o estado emocional de outra pessoa.

Tabela 9.1 Estágios do desenvolvimento da empatia propostos por Hoffman

Estágio	Descrição
1. Empatia global	Durante o primeiro ano de vida, se o bebê está perto de alguém que expressa uma emoção forte, ele pode corresponder àquela emoção – por exemplo, começando a chorar quando ouve outro bebê chorando.
2. Empatia egocêntrica	Em torno dos 12 aos 18 meses, quando as crianças já desenvolveram uma ideia mais clara de suas identidades separadas, elas reagem ao sofrimento de alguém com seu próprio sofrimento, mas podem tentar "curar" o problema da outra pessoa oferecendo o que acham que para elas mesmas seria mais reconfortante. Por exemplo, uma criança demonstra tristeza quando vê outra criança machucada e chama sua própria mãe para ajudar.
3. Empatia pelos sentimentos de outra pessoa	A partir dos 2 aos 3 anos e continuando durante os primeiros anos de escola, as crianças percebem os sentimentos dos outros, correspondem parcialmente àqueles sentimentos e respondem ao sofrimento dos outros de modos não egocêntricos. Durante esse período, as crianças se tornam capazes de distinguir um leque mais amplo (e mais sutil) de emoções.
4. Empatia pela condição de vida de outra pessoa	No final da infância ou adolescência, algumas crianças desenvolvem uma noção mais generalizada dos sentimentos dos outros e reagem não apenas à situação imediata, mas à situação geral ou aos apuros das outras pessoas. Assim, um jovem nesse nível pode ficar mais perturbado pela tristeza de outra pessoa se souber que a tristeza é crônica ou que a situação geral da pessoa é especialmente trágica do que se identificá-la como um problema passageiro.

Fontes: Hoffman, 1982, 1988.

O *self* social   Outra faceta do emergente senso de identidade de uma criança é uma consciência crescente de si mesma como ator no jogo social. Aos 2 anos, a criança já aprende diversos *scripts* sociais – rotinas ao brincar ou interagir com os outros. A criança agora começa a desenvolver uma compreensão implícita de seu papel nesses roteiros (Case, 1991). Assim, ela pode começar a pensar a si mesma como uma "ajudante" em algumas situações ou como "o chefe" quando está dizendo a outra criança o que fazer.

Podemos observar isso claramente no brincar sociodramático das crianças quando elas começam a assumir papéis explícitos: "Eu vou ser o papai e você a mamãe" ou "Eu que mando". Como parte do mesmo processo, a criança pequena também paulatinamente vai compreendendo seu lugar na rede de papéis da família. Ela tem irmãs, irmãos, pai, mãe e assim por diante.

Além disso, os roteiros dos papéis ajudam as crianças a se tornarem mais independentes. Por exemplo, assumir o papel de "estudante" fornece a um pré-escolar uma receita para um comportamento apropriado no ambiente escolar. Estudantes ouvem quando o professor fala para a classe, saem e guardam os materiais em determinados horários, ajudam seus colegas de diversas formas e assim por diante. Depois de ter se familiarizado e adotado o papel de estudante, o pré-escolar pode seguir o roteiro e não é mais dependente do professor para lhe dizer o que fazer a cada minuto do dia.

Desenvolvimento de gênero

Como observado anteriormente, quando solicitados a descreverem a si próprios, os pré-escolares tendem a começar dizendo que são meninos ou meninas. Em termos de psicólogos, sua tendência de fazer isso sugere que "ser menino" e "ser menina" são categorias *salientes*, ou importantes, para as crianças pequenas. Assim, um dos processos desenvolvimentistas mais fascinantes do período pré-escolar é o que envolve o desenvolvimento do senso de **gênero**, as associações e implicações psicológicas e sociais do sexo biológico.

gênero   associações e implicações psicológicas e sociais do sexo biológico.

> **OBJETIVO DA APRENDIZAGEM 9.5**
> Como as principais orientações teóricas explicam o desenvolvimento de gênero?

Explicando o desenvolvimento de gênero

Os desenvolvimentistas propuseram várias explicações para o desenvolvimento de gênero.

Explicações psicanalíticas   Como talvez você se lembre do Capítulo 2, Freud sugeriu que dos 3 aos 6 anos as crianças superam a ansiedade que sentem sobre seus desejos pelo genitor do sexo oposto (o conflito de Édipo ou de Electra) pela identificação com o genitor do mesmo sexo. A fim de se identificar com o genitor, a criança deve aprender e se conformar aos conceitos do papel daquele sexo. Assim, segundo Freud, as crianças adquirem gênero através do processo de identificação.

A dificuldade com a teoria freudiana é que as crianças pequenas parecem compreender bem mais sobre gênero do que a teoria prediz. Por exemplo, muitas crianças de 18 meses rotulam corretamente a si mesmas e outras pessoas como meninos ou meninas. De modo análogo, o comportamento tipificado por sexo aparece muito antes dos 4 ou 5 anos, época em que, segundo as teorias psicanalíticas, ocorre a identificação.

Explicações da aprendizagem social   Os teóricos da aprendizagem social também enfatizam o papel dos pais no desenvolvimento de gênero das crianças (Bandura, 1977a; Mischel, 1966, 1970). Essa noção obteve muito mais suporte das pesquisas do que as ideias de Freud. Os pais realmente parecem reforçar atividades tipificadas por sexo em crianças de apenas 18 meses, não somente comprando tipos diferentes de brinquedo para meninos e meninas, mas também respondendo de maneira mais favorável quando seus filhos brincam com blocos ou caminhões ou quando suas filhas brincam com bonecas (Fagot e Hagan, 1991; Lytton e Romney, 1991). Esse reforço diferencial é especialmente claro com os meninos, especialmente pelos pais (Siegal, 1987).

Contudo, apesar de útil, a explicação da aprendizagem social provavelmente não é suficiente. Em especial, os pais reforçam diferencialmente o comportamento de meninos e meninas menos do que você esperaria, e provavelmente não o suficiente para dar conta da discriminação muito precoce e robusta que as crianças parecem fazer com base no gênero. Mesmo crianças pequenas cujos pais parecem tratar os filhos e filhas de maneira muito semelhante não obstante aprendem rótulos de gênero e preferem parceiros do mesmo sexo para brincar.

Explicações sociocognitivas Uma terceira alternativa, a teoria sociocognitiva, sugere que a compreensão de gênero das crianças está ligada ao comportamento relacionado ao gênero. Por exemplo, uma dessas concepções, fortemente baseada na teoria piagetiana, é a sugestão de Lawrence Kohlberg de que o aspecto crucial do processo é a compreensão que a criança tem do conceito de gênero (Kohlberg, 1966; Kohlberg e Ullian, 1974). Depois que entende que ela será um menino ou menina para sempre, a criança se torna altamente motivada a aprender a se comportar do modo que se espera ou que é apropriado para aquele gênero. Especificamente, a teoria de Kohlberg prediz que a imitação sistemática do mesmo sexo se tornará evidente somente depois que a criança tenha demonstrado plena constância de gênero. **Constância de gênero** é a compreensão de que o gênero é uma característica inata que não pode ser mudada. A maioria dos estudos realizados para testar essa hipótese comprovou Kohlberg. As crianças parecem realmente se tornar muito mais sensíveis aos modelos de mesmo sexo depois de compreenderem a constância de gênero (Frey e Ruble, 1992). A teoria de Kohlberg permite aos desenvolvimentistas fazer previsões muito confiáveis sobre o desenvolvimento do conhecimento das crianças sobre gênero.

Contudo, a teoria sociocognitiva é menos precisa na previsão do comportamento. Especificamente, ela não é capaz de explicar o fato óbvio de que as crianças apresentam comportamento claramente diferente, tais como preferências por brinquedos, muito antes de terem atingido plena compreensão do conceito de gênero. Uma teoria sociocognitiva mais recente derivada da abordagem de processamento de informações geralmente é chamada de *teoria do esquema do gênero* (Bem, 1981; Martin, 1991; Martin e Halverson, 1981). Essa abordagem inclui muitas das ideias de Kohlberg sobre como se desenvolve a constância de gênero, mas ela se sai muito melhor na previsão do comportamento.

Teoria do esquema do gênero Um *esquema* é um padrão ou modelo mental que é usado para processar as informações. Assim como o autoconceito pode ser pensado como um esquema, também o pode a compreensão de gênero da criança. Segundo a **teoria do esquema do gênero**, um esquema de gênero começa a se desenvolver assim que a criança percebe as diferenças entre masculino e feminino, sabe a que gênero ela mesma pertence e é capaz de rotular os dois grupos com alguma consistência – o que acontece em torno de 2 e 3 anos (Bem, 1981; Martin e Ruble, 2002). Talvez porque o gênero é claramente uma categoria excludente, as crianças parecem compreender muito cedo que essa é uma distinção fundamental, e a categoria serve como uma espécie de imã para novas informações. Depois que a criança estabeleceu um esquema de gênero ao menos primitivo, muitas experiências podem ser assimiladas a ele. Portanto, assim que esse esquema começa a se formar, as crianças podem começar a demonstrar preferência por parceiros do mesmo sexo para brincar ou por atividades estereotipadas por gênero (Martin e Little, 1990).

Os pré-escolares primeiro aprendem algumas distinções amplas sobre que tipo de atividade ou comportamento "combina" com cada gênero, tanto observando outras crianças quanto por meio de reforços que recebem dos pais. Elas também aprendem alguns *scripts* de gênero – sequências inteiras de eventos que normalmente são associados a um dado gênero, tais como "preparar o jantar" ou "trabalhar com ferramentas" – assim como aprendem outros *scripts* sociais mais ou menos nessa idade (Levy e Fivush, 1993). Depois, entre as idades de 4 e 6 anos, a criança aprende um conjunto mais sutil e complexo de associações para seu próprio gênero – o que as crianças de mesmo gênero que o seu gostam e não gostam, como elas brincam, como elas falam, com que tipo de pessoas elas se associam. Somente entre as idades de 8 e 10 anos a criança desenvolve uma visão igualmente complexa do gênero oposto (Martin, Wood e Little, 1990).

A diferença fundamental entre essa teoria e a teoria da constância do gênero de Kohlberg é que a teoria do esquema do gênero afirma que as crianças não precisam entender que o gênero é permanente para formar um esquema de gênero inicial. Quando elas realmente começam a compreender a constância do gênero, em torno dos 5 ou 6 anos, elas desenvolvem uma regra mais complexa, ou esquema, quanto "ao que as pessoas que são como eu fazem" e tratam essa regra da mesma maneira que tratam outras regras – como um absoluto. Posteriormente, a aplicação da regra do gênero da criança se torna mais flexível. Ela sabe, por exemplo, que a maioria dos meninos não brinca de boneca, mas podem brincar se gostarem disso.

constância de gênero compreensão de que o gênero é um componente da identidade que não muda pela aparência externa.

teoria do esquema do gênero abordagem do processamento de informações ao desenvolvimento do conceito de gênero que afirma que as pessoas utilizam um esquema para cada gênero para processar informações sobre si mesmas e sobre os outros.

Abordagens biológicas Por muito tempo, os desenvolvimentistas descartaram a ideia de que as diferenças biológicas entre machos e fêmeas eram responsáveis pelas diferenças psicológicas entre eles. Hoje, contudo, eles estão considerando de outra forma os estudos experimentais realizados há várias décadas que indicam que a exposição pré-natal a hormônios masculinos como a testosterona influenciam significativamente o comportamento depois do nascimento (Lippa, 2005). Animais do sexo feminino expostos à testosterona se comportam mais como animais do sexo masculino; por exemplo, elas são mais agressivas do que fêmeas que não sofrem exposição pré-natal à testosterona. De modo semelhante, quando a segregação de testosterona é experimentalmente bloqueada durante o desenvolvimento pré-natal de embriões animais masculinos, os animas exibem comportamento que é mais típico das fêmeas de sua espécie.

Influências hormonais foram propostas para explicar os resultados de casos que envolvem meninos que possuem um defeito genético que provoca o desenvolvimento de genitais deformados. Décadas atrás, alguns meninos foram submetidos à cirurgia plástica para dar-lhes genitais de aparência feminina e foram criados como meninas. Naquela época, contudo, os médicos não perceberam que o defeito genético em questão interfere não apenas nos efeitos da testosterona sobre os órgãos sexuais; os cérebros desses fetos foram expostos a quantidades normais de testosterona durante todo o desenvolvimento pré-natal (Rosenthal e Gitelman, 2002). Estudos de seguimento constataram que muitas dessas crianças, quando souberam de sua condição, procuraram cirurgias para masculinizar seus corpos. Além disso, mesmo aqueles que optaram por reter as identidades femininas que receberam na infância possuíam muitos atributos e comportamentos que são mais típicos de homens do que de mulheres (Reiner e Gearhart, 2004). Essas descobertas apoiam a visão de que os hormônios desempenham algum papel no desenvolvimento de gênero.

identidade de gênero capacidade de rotular corretamente os outros e a si mesmo como masculino ou feminino.

estabilidade de gênero compreensão de que gênero é uma característica estável e vitalícia.

OBJETIVO DA APRENDIZAGEM 9.6
Como as crianças desenvolvem seu conceito de gênero?

O conceito de gênero

As crianças parecem desenvolver seu conceito de gênero em três etapas. Primeiro vem a **identidade de gênero**, que é simplesmente a capacidade da criança de rotular seu próprio sexo corretamente e identificar outras pessoas como homens ou mulheres, meninos ou meninas. Dos 9 aos 12 meses, os bebês já tratam faces masculinas e femininas como categorias diferentes (Fagot e Leinbach, 1993). No ano seguinte, eles começam a aprender rótulos verbais que combinam com essas categorias. Aos 2 anos, a maioria das crianças corretamente rotula a si mesma como menino ou menina, e 6 a 12 meses depois, a maioria é capaz de rotular os outros corretamente.

Porém, rotular corretamente não significa compreensão completa. A segunda etapa é a **estabilidade de gênero**, que é a compreensão de que você permanece no mesmo gênero a vida inteira. Isso foi medido fazendo às crianças perguntas como "Quando você era um bebezinho, você era uma menininha ou um menininho?" ou "Quando você crescer, você vai ser uma mamãe ou um papai?". A maioria das crianças compreende a estabilidade de gênero em torno dos 4 anos (Slaby e Frey, 1975) (ver Figura 9.2).

A etapa final é o desenvolvimento da *constância de gênero verdadeira*, o reconhecimento de que qualquer pessoa permanece com o mesmo gênero ainda que ele possa parecer mudar usando roupas diferentes ou mudando o comprimento do cabelo. Por exemplo, meninos não se transformam em mulheres usando vestidos. Pode parecer estranho que uma criança que compreende que permanecerá com o mesmo gênero durante toda a vida (estabilidade de gênero) possa mesmo assim ficar confusa sobre o efeito das mudanças na roupa ou na aparência sobre o gênero. Contudo, numerosos estudos, incluindo estudos de crianças que crescem em outras culturas como a do Quênia, Nepal, Belize e Samoa, indicam que as crianças passam por essa sequência (Munroe, Shimmin e Munroe, 1984). Além disso, ela está relacionada com o desenvolvimento cognitivo geral (Trautner, Gervai e Nemeth, 2003).

A lógica subjacente dessa sequência pode se tornar um pouco mais clara se você fizer um paralelo entre constância de gênero e o conceito

Figura 9.2 Estereotipia de gênero no desenho de uma criança.

Ao descrever esse autorretrato, a autora de 5 anos disse "É assim que eu vou ser quando me casar com um menino. Estou debaixo de um arco-íris, tão bonita com um véu de noiva, um cinto e uma bolsa". A garota sabe que ela sempre vai ser feminina e associa o gênero a características externas, tais como as roupas (estabilidade de gênero). Ela também já está bastante consciente das expectativas dos papéis de gênero.

(*Fonte*: Cortesia de Jerry e Denise Boyd. Utilizado com permissão.)

de conservação. A conservação envolve o reconhecimento de que um objeto permanece igual em um aspecto fundamental ainda que mude externamente. A constância de gênero é, portanto, uma espécie de "conservação de gênero" e geralmente não é compreendida até em torno dos 5 ou 6 anos, quando as crianças compreendem outras conservações (Marcus e Overton, 1978).

Conhecimento dos papéis sexuais

> **OBJETIVO DA APRENDIZAGEM 9.7**
> Quais são as características do conhecimento das crianças pequenas sobre os papéis sexuais?

Saber a qual gênero se pertence e compreender que ele permanece constante é apenas parte da história. Aprender o que combina com menino ou menina em uma dada cultura também é uma parte vital da tarefa de uma criança. Isso foi estudado de duas formas – perguntando às crianças o que meninos e meninas (ou homens e mulheres) gostam de fazer e como eles são (uma investigação sobre estereótipos de gênero) e perguntando às crianças se os meninos podem brincar de boneca ou se as meninas podem trepar em árvores ou fazer coisas "do outro sexo" equivalentes (uma investigação sobre papéis).

Em todas as culturas, os adultos têm claros estereótipos de gênero. Na verdade, o conteúdo desses estereótipos é notavelmente semelhante em culturas ao redor do mundo. Psicólogos que estudaram os estereótipos de gênero em muitos países diferentes, inclusive países não ocidentais como a Tailândia, Paquistão e Nigéria, constatam que os traços mais evidentemente estereotipados são a fraqueza, a amabilidade, a capacidade de apreciação e a bondade para as mulheres e a agressividade, a força, a crueldade e a rudeza para os homens (Williams e Best, 1990). Na maioria das culturas, os homens também são vistos como competentes, habilidosos, assertivos e capazes de fazer as coisas acontecerem, ao passo que as mulheres são vistas como afetivas e expressivas, diplomáticas, calmas, amáveis, conscientes dos sentimentos dos outros e desprovidas de competência, independência e lógica (Williams e Best, 1990).

Quando crianças pequenas brincam de se "arrumar", elas revelam o quanto já sabem sobre as expectativas que existem em torno dos papéis de gênero de suas culturas.

Estudos de crianças mostram que essas ideias estereotipadas se desenvolvem precocemente. Não seria incomum ouvir uma criança de 3 anos nos Estados Unidos dizer "As mamães usam o fogão, os papais usam a grelha". Uma criança de 4 anos poderia definir os papéis de gênero em termos de competências: "Papais são melhores no conserto de coisas, mas as mamães são melhores para dar laços e enfeitar". Nos Estados Unidos, crianças de apenas 2 anos já associam certas tarefas e posses a homens e mulheres, tais como aspiradores de pó e alimentos às mulheres e automóveis e ferramentas aos homens. Aos 3 ou 4 anos, as crianças podem atribuir ocupações, brinquedos e atividades estereotípicas a cada gênero. Aos 5 anos, as crianças começam a associar alguns traços de personalidade, tais como ser assertivo e ser nutridor, a homens ou mulheres (Martin, 1993; Serbin, Powlishta e Gulko, 1993).

Estudos das ideias das crianças sobre como homens e mulheres (ou meninos e meninas) devem se comportar acrescentam um elemento adicional importante. Por exemplo, em um estudo inicial, um psicólogo contou a crianças de 4 a 9 anos uma história sobre um menininho chamado George que gostava de brincar de bonecas (Damon, 1977). Os pais de George lhe disseram que somente meninas brincavam com bonecas; meninos não deveriam fazer isso. Depois, as crianças eram indagadas sobre a história com perguntas como: "Por que as pessoas dizem a George para não brincar de boneca?" ou "Existe uma regra de que os meninos não devem brincar de boneca?".

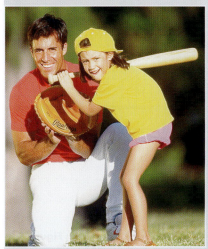

Crianças de 4 anos nesse estudo disseram que não havia problema em George brincar de boneca. Não havia regra contra isso e que ele deveria fazer isso se quisesse. Em contraste, crianças de 6 anos achavam errado que George brincasse com bonecas. Em torno dos 9 anos, as crianças diferenciavam entre o que meninos e meninas geralmente fazem e o que está "errado". Um menino disse, por exemplo, que era errado e ruim quebrar janelas, mas que brincar de boneca não era errado da mesma forma: "Você não deve quebrar janelas. E se você brinca com bonecas, bom, você pode, mas os meninos geralmente não fazem isso".

Com o desenvolvimento de gênero, as crianças mudam sua opinião sobre ser aceitável ou não que os meninos brinquem de boneca e as meninas pratiquem esportes como o beisebol.

O que esse estudo parece revelar é que uma criança de 5 a 6 anos, tendo compreendido que o gênero é permanente, está em busca de uma regra sobre como meninos e meninas se comportam (Martin e Halverson, 1981). A criança colhe informações observando adultos, da televisão, ouvindo os rótulos que são dados às diferentes atividades (p. ex., "Meninos não choram"). Inicialmente, as crianças tratam essas como regras absolutas, morais. Posteriormente, elas compreendem que essas são convenções sociais; nesse ponto, os conceitos de gênero se tornam mais flexíveis e a estereotipia diminui um pouco (Katz e Ksansnak, 1994).

> **OBJETIVO DA APRENDIZAGEM 9.8**
> Em que aspecto o comportamento das crianças pequenas é tipificado por sexo?

Comportamento tipificado por sexo

O elemento final no desenvolvimento de gênero é o comportamento real que as crianças mostram com pessoas do mesmo sexo e do sexo oposto. Uma descoberta inesperada é que o **comportamento tipificado por sexo**, ou diferentes padrões de comportamento entre meninas e meninos, se desenvolve mais cedo do que ideias sobre gênero (Campbell, Shirley e Candy, 2004). Dos 18 aos 24 meses, as crianças começam a demonstrar certa preferência por brinquedos estereotipados por sexo, tais como bonecas para meninas ou caminhões ou blocos de construção para meninos, o que ocorre alguns meses antes que elas possam consistentemente identificar seu próprio gênero (Campbell, Shirley e Caygill, 2002; O'Brien, 1992; Serbin, Poulin-Dubois, Colbourne, Sen e Eichstedt, 2001). Aos 3 anos, as crianças começam a demonstrar preferência por amigos do mesmo sexo e são muito mais sociáveis com crianças do mesmo sexo para brincar – em uma época em que elas ainda não têm o conceito de estabilidade de gênero (Corsaro, Molinari, Hadley e Sugioka, 2003; Maccoby, 1988, 1990; Maccoby e Jacklin, 1987) (ver Figura 9.3).

> **A criança integral em foco**
> Em que aspecto o conhecimento dos papéis sexuais se evidencia no comportamento de Madeleine aos 6 anos? Descubra na página 298.

As amizades e interações sociais dos pré-escolares não são apenas cada vez mais segregadas por sexo; também está claro que as interações dos meninos entre si e das meninas entre si diferem de qua-

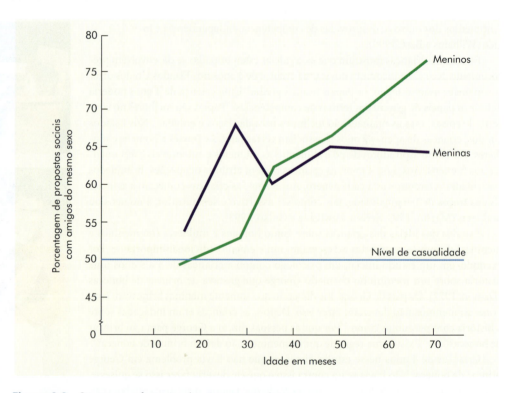

Figura 9.3 Gênero e preferências de crianças para brincar.

Em um estudo clássico das preferências de companheiros para brincar, os pesquisadores contaram com que frequência os pré-escolares brincavam com crianças do mesmo sexo e do sexo oposto. Crianças de apenas 2,5 anos já demonstravam ao menos certa preferência por crianças do mesmo sexo para brincar.

(*Fonte*: Adaptação de *Child Development*, de P. La Freniere, F. Strayer e R. Gauthier, Figura 1, p. 1961, 1984. Reproduzido com permissão.)

comportamento tipificado por sexo padrões de comportamento diferentes exibidos por meninos e meninas.

lidade, mesmo nesses anos precoces. Uma parte importante das interações de mesmo sexo parece envolver instrução e exemplificação do comportamento apropriado para cada sexo. Em outras palavras, meninos mais velhos ensinam os mais novos a serem "masculinos", e meninas mais velhas ensinam as mais jovens a serem "femininas" (Danby e Baker, 1998).

Entretanto, essas "aulas" de comportamento tipificado por sexo são bastante sutis. Eleanor Maccoby, uma das maiores teóricas nesse campo, descreve o padrão das meninas como um *estilo capacitante* (Maccoby, 1990). Capacitar aqui inclui comportamentos como apoiar a amiga, expressar concordância e fazer sugestões. Todos esses comportamentos tendem a promover uma maior igualdade e intimidade no relacionamento e manter a interação. Em contraste, os meninos são mais propensos a demonstrar o que Maccoby chama de *estilo constritivo*, ou *restritivo*: "Um estilo restritivo é aquele que tende a sabotar a interação – a inibir o parceiro ou fazer o parceiro se retirar, assim encurtando a interação ou levando-a ao fim" (1990, p. 517). Contradizer, interromper, vangloriar-se e outras formas de ostentação são aspectos desse estilo. Brincadeiras mais impetuosas e "lutinhas" são outras manifestações do estilo de interação restritivo dos meninos.

Esses dois padrões começam a ser visíveis nos anos pré-escolares. Por exemplo, já aos 3 anos, meninos e meninas usam estratégias muito diferentes em suas tentativas de influenciar o comportamento uns dos outros (Maccoby, 1990). As meninas geralmente fazem perguntas ou pedidos; os meninos são muito mais propensos a fazer exigências ou expressar as coisas usando imperativos ("Me dê isso!"). O achado realmente intrigante é que mesmo em idade tão precoce, os meninos simplesmente não respondem ao estilo capacitante das meninas. Assim, brincar com os meninos gera pouco reforço positivo para as meninas, e elas começam a evitar essas interações e se unem.

comportamento de gênero cruzado comportamento que é atípico para o próprio sexo, mas típico para o sexo oposto.

Outro tipo de oportunidade de aprendizagem acontece quando as crianças exibem **comportamento de gênero cruzado**, ou seja, comportamento que em sua cultura é atípico para seu gênero. Por exemplo, a preferência de algumas meninas por atividades que são mais típicas de meninos é um tipo de comportamento de gênero cruzado. Geralmente ele é tolerado por adultos e amigos (Sandnabba e Ahlberg, 1999). Não é de surpreender, então, que o comportamento de gênero cruzado seja muito mais comum entre meninas do que entre meninos (Etaugh e Liss, 1992). Esse comportamento "masculinizado" nas meninas não parece interferir no desenvolvimento de uma personalidade "feminina" na vida adulta, e pode até permitir que elas adquiram características positivas, tais como assertividade (Burn, O'Neil e Nederend, 1996).

Em contraste, amigos e adultos desencorajam ativamente os meninos de terem comportamento de gênero cruzado. Especificamente, os meninos que brincam com bonecas ou se comportam de maneira efeminada tendem a provocar expressões de desaprovação – até mesmo de ridicularização – de crianças, pais e professores (Martin, 1991). Muitas das reações ao comportamento de gênero cruzado dos meninos parecem estar relacionadas ao medo de que isso possa levar à homossexualidade (Sandnabba e Ahlberg, 1999).

Entretanto, não se pode presumir que a prevalência de brincadeiras tipificadas por sexo entre meninos seja exclusivamente resultado da influência de adultos e amigos. Em primeiro lugar, as preferências por brincadeiras tipificadas por sexo aparecem mais cedo e são mais consistentes em bebês do sexo masculino, o que sugere que essas preferências começam a se desenvolver antes que forças ambientais tenham tido muita

Brincar pode ser uma oportunidade de aprender sobre as expectativas de gênero.

chance de influenciá-las (Blakemore, LaRue e Olejnik, 1979). Além disso, aos 3 anos, os meninos tendem a demonstrar uma verdadeira aversão às atividades das meninas – por exemplo, dizendo "eca" quando lhe são oferecidos brinquedos como bonecas (Bussey e Bandura, 1992). Meninos também podem preferir a companhia de uma menina com modos masculinos a de um menino que pratique atividades de gênero cruzado (Alexander e Hines, 1994). Por fim, constatou-se que é muito difícil mudar as preferências lúdicas dos meninos utilizando modelos de imitação e reforço (Paley, 1986; Weisner e Wilson-Mitchell, 1990). Essas descobertas sugerem que, ao menos para os meninos, o comportamento tipificado por sexo faz parte de um processo complexo de desenvolvimento da identidade e não apenas o resultado de modelos de imitação e reforços culturais.

Estrutura e relações familiares

Os psicólogos concordam que as relações familiares constituem um dos fatores mais influentes – se não o mais influente – no desenvolvimento da segunda infância. Essas relações refletem tanto continuidade como mudança. O pré-escolar não está menos ligado à família do que o bebê mas, ao mesmo tempo, está lutando para estabelecer independência.

> **OBJETIVO DA APRENDIZAGEM 9.9**
> Como o apego muda durante a segunda infância?

Apego

Talvez você se lembre do Capítulo 6 que, aos 12 meses, um bebê normalmente já estabeleceu um apego claro a pelo menos um cuidador. Aos 2 ou 3 anos, o apego continua sendo igualmente forte, mas muitos comportamentos de apego se tornam menos visíveis. Crianças de 3 anos ainda querem se sentar no colo do papai ou da mamãe; eles ainda tendem a buscar proximidade quando a mamãe retorna depois de uma ausência. Mas quando não está com medo ou sob estresse, uma criança de 3 anos é capaz de vaguear cada vez mais longe de sua base segura sem aparente angústia. Além disso, ela pode lidar com sua potencial ansiedade devido à separação criando planos compartilhados com os pais. Por exemplo, um dos pais pode dizer "Estarei em casa depois de sua soneca", ao que a criança pode responder "Podemos assistir a um filme então?" (Crittenden, 1992).

A qualidade de apego também prediz o comportamento durante os anos pré-escolares. As crianças que são seguramente apegadas aos pais têm menos problemas de comportamento. Especificamente, aquelas que têm apegos inseguros demonstram mais raiva e agressividade em relação a amigos e adultos em ambientes sociais como a creche e a pré-escola (DeMulder, Denham, Schmidt e Mitchell, 2000; Schmidt, DeMulder e Denham, 2002).

Para a maioria das crianças, a relação de apego, quer seguro ou não, parece mudar em torno dos 4 anos. Bowlby, cuja pesquisa foi introduzida no Capítulo 6, descreveu esse novo estágio, ou nível, como uma *parceria corrigida por objetivos*. Assim como o primeiro apego provavelmente requer que o bebê compreenda que sua mãe continuará existindo quando não está presente, igualmente o pré-escolar entende que o *relacionamento* continua existindo mesmo quando os parceiros estão separados. Em torno dos 4 anos, o modelo interno de apego da criança parece se generalizar. Bowlby afirmava que o modelo da criança se torna uma propriedade menos específica de um relacionamento individual e mais uma característica geral de todas as relações sociais da criança. Assim, não é de surpreender que crianças de 4 e 5 anos que são seguramente apegadas aos pais são mais propensas do que as que têm apego inseguro a ter relações positivas com seus professores da pré-escola (DeMulder et al., 2000).

Ao mesmo tempo, avanços no modelo operante interno trazem novos conflitos. Em contraste com bebês, as crianças de 2 anos percebem que são contribuintes independentes para a relação genitor-criança. Seu aumentado senso de autonomia as leva cada vez com mais frequência a situações em que os pais querem uma coisa e as crianças outras. Entretanto, contrário aos

Lá vai ele, rumo à maior independência. Uma criança dessa idade, especialmente se tiver apego seguro, tem muito mais confiança para se distanciar de base segura.

estereótipos populares, crianças de 2 anos obedecem aos pedidos dos pais na maioria das vezes. Elas são mais propensas a obedecer a comandos de segurança ("Não toque nisso; está quente!") ou proibição sobre o cuidado com objetos ("Não rasgue o livro") do que pedidos de espera ("Eu não posso falar contigo agora, estou no telefone") ou com instruções sobre o autocuidado ("Por favor, lave as mãos agora"). De modo geral, contudo, crianças dessa idade obedecem com relativa prontidão (Gralinski e Kopp, 1993). Quando resistem, a tendência é de ser uma resistência passiva – simplesmente não fazer o que é solicitado em vez de dizer "não".

Estilos de criação

> **OBJETIVO DA APRENDIZAGEM 9.10**
> Como os estilos de criação afetam o desenvolvimento das crianças?

Anteriormente discutimos o fato de que as diferenças de temperamento levavam as crianças a responder de maneira diferente às situações. Os próprios pais diferem de temperamento, e assim, exatamente como seus filhos, eles variam em seu modo de responder às situações. Considere a situação em que uma criança teima em não ir para a cama, por exemplo. Alguns pais enfrentam a batalha de todas as noites com calma e insistem que a criança vá para a cama, mesmo com seus ataques de raiva. Outros respondem à escala emocional da criança aumentando a intensidade emocional de suas demandas, levando a uma guerra total em que garantem sua vitória explorando o controle físico, social e emocional que têm sobre a criança. Outros pais, ainda, podem responder de modo permissivo deixando a criança ir dormir quando quiser. Essas diferenças são chamadas de **estilos de criação** – as estratégias características que os pais utilizam para controlar o comportamento das crianças.

Evidentemente, as famílias variam em suas respostas às demandas crescentes dos pré-escolares por independência. Os psicólogos têm se esforçado ao longo dos anos para identificar a melhor forma de definir o estilo de criação. No momento, a conceitualização mais frutífera é a que foi oferecida pela desenvolvimentista Diana Baumrind, que se concentra em quatro aspectos do funcionamento familiar: (1) calor humano ou nutrição, (2) clareza ou consistência de regras, (3) nível de expectativas, que ela descreve em termos de "demandas por maturidade" e (4) comunicação entre genitor e criança (Baumrind, 1972). Demonstrou-se que cada uma dessas quatro dimensões está relacionada de forma independente a vários comportamentos infantis. Crianças com pais calorosos e nutridores têm apego mais seguro nos primeiros dois anos do que as que possuem pais com maior nível de rejeição; elas também possuem autoestima maior e são mais empáticas e mais responsivas às dores ou aflições dos outros; elas têm Q.I. mais alto, são mais obedientes na pré-escola e no ensino fundamental, saem-se melhor na escola e são menos propensas a incorrer em comportamento delinquente na adolescência ou comportamento criminoso na idade adulta (Maccoby, 1980; Maughan, Pickles e Quinton, 1995; Simons, Robertson e Downs, 1989; Stormshak, 2000).

Altos níveis de afeição também podem amortecer os efeitos negativos de ambientes em outros aspectos desfavoráveis. Vários estudos de crianças e adolescentes criados em bairros pobres e violentos indicam que a afetividade dos pais está associada à competência social e acadêmica (Masten e Coatworth, 1998). Em contraste, a hostilidade parental está ligada ao decrescente desempenho escolar e maior risco de delinquência entre crianças pobres e adolescentes (Melby e Conger, 1996).

O grau e a clareza do controle dos pais sobre a criança também são significativos. Pais com regras claras, aplicadas de maneira consistente, têm filhos muito menos propensos a serem desafiadores ou desobedientes. Essas crianças também são mais competentes e seguras de si e menos agressivas (Kurdek e Fine, 1994; Patterson, 1980).

Igualmente importante é a forma de controle que os pais utilizam. Os melhores resultados para a criança ocorrem quando os pais não são excessivamente restritivos, explicam as coisas para as crianças e evitam o uso de castigos físicos. Os filhos de pais que têm altas expectativas (altas "demandas por maturidade", na linguagem de Baumrind) também se saem melhor. Essas crianças têm autoestima mais positiva e demonstram mais generosidade para com os outros.

Por fim, a comunicação aberta e regular entre genitor e criança tem sido relacionada a resultados mais positivos. Ouvir uma criança é tão importante quanto falar com ela. Idealmente, os pais precisam mostrar para a criança que o que ela tem a dizer é digno de ser ouvido, que suas ideias são importantes e devem ser consideradas nas decisões familiares. Verificou-se que crianças com pais desse tipo são emocional e socialmente mais maduras (Baumrind, 1971; Bell e Bell, 1982).

Embora cada uma dessas características das famílias possa ser significativa individualmente, elas não ocorrem isoladamente, mas em combinações e padrões. Em sua pesquisa inicial, Baumrind iden-

estilos de criação estratégias características que os pais usam para administrar o comportamento dos filhos.

Figura 9.4 Controle, aceitação e estilo de criação.

Maccoby e Martin expandiram as categorias de Baumrind com esse sistema bidimensional de categorização.

(Fonte: Adaptado de E.E. Maccoby e J. A. Martin, 1983, "Socialization in the context of the family. Parent-child interaction". In E. M. Hetherington (Ed.), *Handbook of Child Psychology,* Fig. 2, p. 39. Reproduzido com permissão de John Wiley & Sons, Inc.)

estilo de criação permissivo
estilo de criação com alto nível de apoio, mas baixo nível de demanda por maturidade, de controle e de comunicação.

estilo de criação autoritário
estilo de criação com alto nível de controle e demanda por maturidade, mas baixo nível de apoio e comunicação.

estilo de criação democrático
estilo de criação com alto nível de apoio, demanda por maturidade, controle e comunicação.

estilo de criação negligente
estilo de criação com baixos níveis de apoio, demanda por maturidade, controle e comunicação.

tificou três padrões, ou estilos, de criação (Baumrind, 1967). O **estilo de criação permissivo** oferece calor humano, mas é deficiente em demandas por maturidade, controle e comunicação. O **estilo de criação autoritário** exerce muito controle e demandas por maturidade, mas é deficiente no apoio e comunicação. O **estilo de criação democrático** é forte nas quatro dimensões.

Eleanor Maccoby e John Martin propuseram uma variação no sistema de categorias de Baumrind, mostrado na Figura 9.4 (Maccoby e Martin, 1983). Eles categorizam as famílias em duas dimensões: o grau de demanda ou controle e a quantidade de aceitação *versus* rejeição. A intersecção dessas duas dimensões cria quatro tipos, três dos quais correspondem bem de perto aos tipos autoritário, democrático e permissivo. A conceitualização de Maccoby e Martin acrescenta um quarto tipo, o **estilo de criação negligente**.

O tipo autoritário Os pais que respondem à recusa da criança em ir para a cama impondo seu controle físico, social e emocional sobre ela estão exibindo um estilo autoritário. As crianças que são criadas em famílias autoritárias – com altos níveis de demanda e controle, mas níveis relativamente baixos de afeto e comunicação – saem-se pior na escola, têm pior autoestima e geralmente são menos hábeis nas relações sociais do que crianças de outros tipos de família. Algumas dessas crianças parecem subjugadas; outras podem demonstrar agressividade ou outros sinais de estarem fora de controle. Esses efeitos não se restringem a crianças em idade pré-escolar. Em uma série de amplos estudos com estudantes do ensino médio, incluindo estudos longitudinais de mais de 6 mil adolescentes, os desenvolvimentistas constataram que adolescentes de famílias autoritárias tiravam notas piores na escola e tinham autoconceitos mais negativos do que adolescentes de famílias democráticas, descoberta que foi replicada em coortes de adolescentes mais recentes (Steinberg, Fletcher e Darling, 1994; Steinberg, Blatt-Eisengart e Cauffman, 2006).

O tipo permissivo Os pais do tipo permissivo respondem à recusa da criança em ir para a cama permitindo que ela vá se deitar quando quiser. Crianças criadas por pais indulgentes ou permissivos também apresentam alguns resultados negativos. Pesquisas demonstram que essas crianças se saem ligeiramente pior na escola durante a adolescência e tendem a ser mais agressivas (principalmente se os pais são especificamente permissivos em relação à agressividade) e um tanto imaturas em seu comportamento com amigos e colegas. Elas são menos propensas a assumir responsabilidade e menos independentes (Teti e Candelaria, 2002).

O tipo democrático Pais democráticos respondem a comportamentos indesejáveis como a recusa da criança em ir para a cama aferrando-se firmemente a suas demandas sem recorrer a afirmação de seu poder sobre a criança. Os resultados mais consistentemente positivos estão associados a um padrão democrático em que os pais têm elevados níveis de controle e aceitação – estabelecendo limites claros, mas também respondendo às necessidades individuais da criança. Crianças educadas nesse tipo de família tipicamente demonstram maior autoestima e são mais independentes, mas também são mais propensas a aquiescer aos pedidos dos pais e podem demonstrar mais comportamento altruísta. Elas são autoconfiantes e orientadas ao bom desempenho na escola, obtendo melhores notas do que crianças cujos pais têm outros estilos de criação (Crockenberg e Litman, 1990; Dornbusch, Ritter, Liederman, Roberts e Fraleigh, 1987; Steinberg, Elmen e Mounts, 1989).

O tipo negligente Pais negligentes não se preocupam em fixar hora de dormir para as crianças ou tampouco dizer-lhes para irem se deitar. Eles parecem ser totalmente indiferentes ao comportamento das crianças e às responsabilidades de criação. Os resultados mais consistentemente negativos estão associados a esse quarto padrão: o estilo indiferente, ou negligente, de criação. Talvez você se lembre da discussão sobre apegos seguro e inseguro no Capítulo 6 que uma das características familiares encontrada com frequência em bebês classificados como inseguros/evitantes é a "indisponibilidade emocional" da mãe. A mãe pode estar deprimida ou sobrecarregada por outros problemas em sua vida e pode simplesmente não ter formado nenhuma ligação emocional com a criança. De modo semelhante, um genitor pode se distrair da maternagem por atividades mais atraentes. Seja qual for o motivo, essas crianças continuam apresentando perturbações em suas relações sociais por muitos anos. Na adolescência, por exemplo, jovens de famílias negligentes são mais impulsivos e antissociais, menos competentes com seus amigos e muito menos ligados ao desempenho na escola (Block, 1971; Lamborn, Mounts, Steinberg e Dornbusch, 1991; Pulkkinen, 1982).

Efeitos dos estilos de criação A Figura 9.5 ilustra os resultados contrastantes obtidos no estudo longitudinal dos adolescentes sobre os quais você leu alguns parágrafos atrás; o gráfico mostra as variações no rendimento acadêmico em função do estilo de família. Em uma análise longitudinal, os mesmos pesquisadores constataram que os estudantes que descreveram seus pais como mais democráticos no início do estudo apresentaram maiores melhoras na competência acadêmica e independência e menores aumentos nos sintomas psicológicos e comportamento delinquente durante os dois anos seguintes. Portanto, esses efeitos persistem.

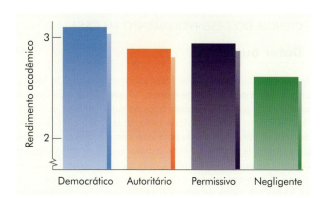

Figura 9.5 Estilos de criação e notas.

As notas variaram com o estilo de criação no estudo de Steinberg e Dornbusch.

(*Fonte:* Steinberg et al., 1994, Tabela 5, p. 762.)

Contudo, os efeitos do sistema familiar são mais complexos do que mostra a figura. Por exemplo, pais democráticos são muito mais propensos a se envolver com a escola da criança, participar dos eventos escolares e conversar com os professores, e esse envolvimento parece desempenhar um papel crucial no melhor desempenho escolar de seus filhos. Quando um genitor democrático não se envolve com a escola, o resultado acadêmico para o aluno não é tão claramente positivo. De modo semelhante, o resultado para um adolescente cujo genitor é altamente envolvido com a escola, mas não é democrático, tende a estar abaixo do ideal. É a combinação da qualidade democrática e envolvimento escolar que está associada aos melhores resultados (Steinberg, Lamborn, Dornbusch e Darling, 1992).

Outro conjunto de complexidades é evidente na interação entre estilo de criação e temperamento da criança. Por exemplo, pais democráticos frequentemente utilizam **disciplina indutiva**, uma estratégia de disciplina na qual os pais explicam às crianças porque um comportamento punido é errado (Hoffman, 1970). A disciplina indutiva ajuda a maioria dos pré-escolares a adquirir controle de seu comportamento e aprender a considerar as situações de perspectivas diferentes das suas. De modo semelhante, a maioria das crianças em idade pré-escolar cujos pais respondem a demonstrações de fraco autocontrole, tais como ataques de raiva, afirmando seu poder social e físico – como frequentemente acontece quando os pais punem as crianças fisicamente – tem pior autocontrole do que pré-escolares cujos pais utilizam disciplina indutiva (Houck e Lecuyer-Maus, 2004; Kochanska, 1997b; Kochanska, Murray, Jacques, Koenig e Vandegeest, 1996). Por esse e por outros motivos, a maioria dos desenvolvimentistas se opõe à punição física, como discutido no quadro *Ciência do desenvolvimento em casa,* na página 282.

Entretanto, as pesquisas sobre disciplina indutiva sugerem que ela não é igualmente efetiva para todas as crianças. Aquelas que têm temperamentos difíceis ou que são fisicamente ativas e parecem gostar de correr riscos – tais como crianças que gostam de subir nos móveis e se jogar deles – parecem ter maior necessidade de firme disciplina e se beneficiar menos com a disciplina indutiva do que crianças cuja constituição temperamental é diferente (Kochanska, 1997a). Na verdade, suposições sobre a superioridade da disciplina indutiva, assim como da criação democrática em geral, foram criticadas por desenvolvimentistas que alegam que as correlações entre estratégias de disciplinas e comportamento infantil podem aparecer simplesmente porque os pais adaptam suas técnicas ao comportamento de seus filhos. Assim, os pais de crianças que se comportam mal podem ser mais punitivos ou autoritários porque descobriram que esse é o tipo de maternagem de que seus filhos necessitam.

disciplina indutiva estratégia disciplinar em que os pais explicam às crianças por que um comportamento punido está errado.

Etnicidade, condição socioeconômica e estilos de criação

OBJETIVO DA APRENDIZAGEM 9.11
Como a condição étnica e socioeconômica está relacionada ao estilo de criação?

A etnicidade e variáveis socioeconômicas também interagem com os estilos de criação. Em um importante estudo transversal em grande escala envolvendo aproximadamente 10 mil alunos do ensino médio representativos de quatro grupos étnicos (americanos brancos, afro-americanos, hispano-americanos e americanos de origem asiática), estudantes responderam perguntas sobre aceitação, controle e autonomia que receberam de seus pais (Steinberg, Mounts, Lamborn e Dornbusch, 1991). Quando um adolescente descrevia sua família como acima da média

CIÊNCIA DO DESENVOLVIMENTO EM CASA

Bater ou não?

Marie não sabe mais o que fazer sobre os choramingos de sua filha de 4 anos. "O que essa menina precisa é de umas boas palmadas" declarou a avó de Marie certa tarde, quando as três tinham saído para fazer compras. Antes de ter filhos, Marie achava que jamais cogitaria bater nos filhos, mas agora ela se vê pensando se sua avó não está certa. Marie tem razão ao relutar em bater em sua filha?

Pesquisas mostram que a maioria dos pais acredita que a surra pode ser uma forma efetiva de disciplina caso seja utilizada com moderação e seja reservada para situações em que todas as outras estratégias disciplinares não conseguiram atingir o resultado desejado (Barkin, Scheindlin, Ip, Richardson e Finch, 2007). A curto prazo, a surra geralmente faz uma criança cessar um comportamento indesejável e temporariamente reduz a probabilidade de que a criança o repita (Gershoff, 2002). A longo prazo, contudo, os efeitos de bater são claramente negativos (American Academy of Pediatrics, 1998). Pesquisas indicam que a surra (1) exemplifica a causação de dor como modo de fazer com que os outros façam o que você quer que eles façam, (2) associa o genitor que bate à experiência de dor física da criança, (3) conduz a um clima familiar que se caracteriza por rejeição emocional e (4) está associada a níveis mais elevados de agressividade entre crianças que são surradas do que entre crianças que não são.

Por esses motivos, os desenvolvimentistas recomendam que a surra seja reservada apenas para comportamentos que sejam potencialmente prejudiciais para a criança ou para os outros (Namka, 2002). Além disso, a surra, como outras formas de punição, deve sempre ser acompanhada por uma explicação de por que a criança foi punida e uma garantia de que ela é amada. Por fim, os especialistas concordam que a punição física não deve em circunstância alguma ser utilizada para disciplinar crianças com menos de 2 anos (DYG Inc, 2004).

Retomando a questão proposta no início dessa discussão, devemos concluir que as reservas de Marie em relação a bater em sua filha estão corretas. Além disso, embora a avó de Marie tenha recomendado a surra, ela provavelmente disse a seus próprios filhos "Se vocês não pararem de chorar, eu não vou deixar vocês assistirem televisão" antes de começar a procurar um chinelo. Sem o conhecimento de Marie, a avó dela, como gerações de pais antes dela, provavelmente usaram uma variação cotidiana de uma técnica de manejo do comportamento que os psicólogos chamam de princípio Premack em alusão ao pesquisador David Premack, que demonstrou sua efetividade em uma clássica série de estudos com primatas e crianças (Premack, 1959). Assim, pais que empregam o princípio Premack em vez de recorrer à surra podem contar com o apoio das avós e também dos psicólogos.

Questões para reflexão

1. Recapitule o princípio de extinção do condicionamento operante no Capítulo 2. Como ele poderia ser usado para diminuir os choramingos da filha de Marie?
2. De que forma ter sido surrado na infância influencia as visões de um adulto sobre a aceitabilidade da surra como forma de disciplina?

---

nas três dimensões, a família era classificada como democrática. A Figura 9.6 mostra as porcentagens de famílias classificadas dessa forma nos quatro grupos étnicos, subdivididas adicionalmente por classe social e por serem ou não intactas.

Você pode ver que o padrão democrático era mais comum entre famílias brancas e menos comum entre americanos asiáticos, mas em cada grupo étnico a criação democrática era mais comum entre famílias de classe média intactas (com uma exceção) do que entre famílias de pais solteiros ou de padrastos. Além disso, esses pesquisadores descobriram alguma relação entre criação democrática e resultados positivos em todos os grupos étnicos. Em todos os três grupos, por exemplo, adolescentes de famílias democráticas demonstraram mais independência e menos delinquência do que os de famílias não democráticas. Entretanto, esse estudo, como outros, identificou fortes vínculos entre o estilo democrático de criação e resultados positivos apenas para americanos brancos e hispânicos. Para americanos de origem africana e asiática, os pesquisadores encontraram fortes conexões entre o estilo autoritário e variáveis como desempenho escolar e competência social.

Estudos em que as crianças fornecem informações sobre o estilo de seus pais, bem como estudos em que os pesquisadores realizam observações diretas dos pais constataram consistentemente que, em geral, pais americanos asiáticos apresentam um estilo autoritário (Chao, 1994; Wang e Phinney, 1998). A descoberta de que americanos asiáticos obtêm pontuações mais altas do que brancos em quase todas as medidas de competência cognitiva argumenta contra a suposição de que a criação democrática é melhor. Na verdade, desenvolvimentistas encontraram um vínculo entre o desempenho das crianças americanas asiáticas e criação autoritária – ou seja, pais que têm um estilo de criação mais autoritário têm os filhos com maior pontuação (Wang e Phinney, 1998). De forma semelhante, verificou-se que a criação autoritária reduz a probabilidade de abuso de substâncias em crianças brancas e afro-americanas (Broman, Reckase e Freedman-Doan, 2006).

Entretanto, a variável-chave nessas descobertas pode não ser a etnicidade. Muitos estudos demonstram que os estilos de criação se baseiam em metas de criação (p. ex., Cheay e Rubin, 2004). As metas de criação são influenciadas pelo contexto imediato em que os pais estão criando os filhos.

Consequentemente, é importante saber que muitos participantes americanos asiáticos em estudos que comparam seus comportamentos de criação com os de americanos europeus imigraram recentemente para os Estados Unidos. Assim, pais americanos asiáticos podem ser autoritários em resposta a viver em um ambiente que é diferente daquele no qual eles cresceram, não por serem asiáticos. Uma criação autoritária pode ajudá-los a realizar duas metas importantes: ajudar seus filhos a ter êxito econômico e permitir manter um senso de identidade étnica. Evidências que apoiam essa interpretação também foram obtidas em estudos de famílias que emigraram para Israel, França e Noruega (Camilleri e Malewska-Peyre, 1997; Javo, Ronning, Heyerdahl e Rudmin, 2004; Roer-Strier e Rivlis, 1998).

A mesma ligação entre metas de criação e estilo de criação pode explicar a maior incidência de comportamento autoritário por parte de pais afro-americanos. Especificamente, pais afro-americanos têm plena consciência

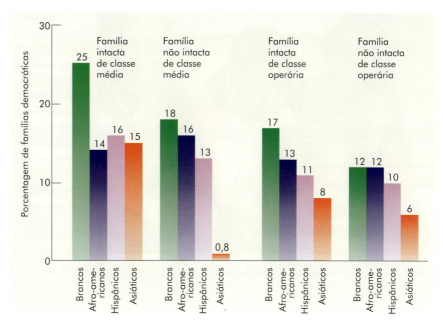

Figura 9.6 Classe social, etnicidade e estilo de criação.

Como essa figura sugere, a criação democrática é mais comum entre pais de classe média, bem como em famílias intactas (nas quais a criança vive com os dois pais biológicos) de todas as etnicidades.

(Fonte: Steinberg et al., 1991.)

do grau em que forças sociais, tais como racismo, podem impedir que seus filhos tenham êxito educacional, econômico e social. Consequentemente, eles podem adotar um estilo autoritário porque acreditam que isso vai aumentar o potencial de sucesso de seus filhos. Na verdade, a correlação entre criação autoritária e variáveis como autocontrole entre crianças afro-americanas sugere que eles podem estar certos (Baumrind, 1980; Broman, Reckase e Freedman-Doan, 2006).

Outra razão pela qual a criação autoritária pode ser mais comum em famílias afro-americanas é que elas tendem a ser mais pobres. Como mostra a Figura 9.6, a criação democrática é de modo geral menos comum entre pais da classe trabalhadora do que entre pais da classe média nos quatro maiores grupos étnicos dos EUA. Parece provável que a razão para esse padrão seja semelhante à mencionada acima para afro-americanos – ou seja, pais da classe trabalhadora acreditam que uma criação autoritária ajudará seus filhos a atingir metas importantes.

Estrutura familiar

OBJETIVO DA APRENDIZAGEM 9.12
Como a estrutura familiar está relacionada ao desenvolvimento das crianças?

Embora a família de dois pais continue sendo a estrutura dominante nos Estados Unidos, o número de domicílios de pais solteiros vem aumentando. Em 1970, quase 95% das crianças viviam em famílias com ambos os pais, mas, em 2000, essa proporção era de 76% (U. S. Census Bureau, 2003a). Além disso, a proporção de famílias de pais solteiros nos Estados Unidos excede em muito a de outros países industrializados. Por exemplo, na Coreia, no Japão e em outros países asiáticos, apenas de 4 a 8% das crianças vivem com pais solteiros (Martin, 1995).

Diversidade das famílias biparentais e monoparentais Apesar de ainda ser a situação mais comum para as crianças nos Estados Unidos, a família de dois cônjuges é muito mais diversificada do que no passado ou do que em outros países industrializados. Somente cerca de metade das crianças nos Estados Unidos vive com seus dois pais biológicos (Hernandez, 1997). De 20 a 30% das famílias com dois cônjuges foram constituídas quando uma pessoa divorciada ou solteira com filho(s) nunca casada se casou com outra solteira com filho(s) ou sem filho(s) (Ganong e Coleman, 1994). Assim, muitas crianças em lares com dois pais tiveram a experiência de serem criadas apenas por um de seus genitores em algum período de seu crescimento.

Em alguns lares "de dois pais" nos Estados Unidos, a criança está na verdade sendo criada pelos avós.

É importante não esquecer que qualquer dado estatístico é como um retrato de um único momento no tempo – ele não detecta as mudanças na estrutura familiar que muitas crianças experienciam durante a infância. Por exemplo, em alguns lares "de dois pais", os "pais" são na verdade os avós da criança. Na maioria dos casos, avós que possuem a guarda tomam conta dos netos porque a mãe tem algum tipo de problema sério, como comportamento criminoso ou abuso de substâncias (Jendrek, 1993). Essas crianças tendem a ter tido diversos esquemas de vida antes de irem viver com os avós. De modo semelhante, muitos pais casados já foram pais solteiros que tiveram relacionamentos com um ou mais parceiros com quem moraram.

Os lares de pais solteiros são igualmente diversificados. Em contraste com estereótipos, alguns pais solteiros são financeiramente muito seguros. Na verdade, a partir dos anos de 1990, a proporção de nascimentos em mães solteiras aumentou mais rapidamente entre mulheres profissionais de classe média que por opção decidiram criar seus filhos sozinhas (Ingrassia, 1993). Outros pais solteiros, especialmente adolescentes solteiras, tendem a viver com os seus próprios pais (Jorgenson, 1993). Consequentemente, os lares de pais solteiros são tão diversificados quanto os lares de dois pais.

Estrutura familiar e etnicidade Um exame da estrutura familiar entre grupos étnicos ilustra adicionalmente a diversidade das famílias nos Estados Unidos. Você pode ter uma ideia do grau de variação examinando a Figura 9.7. Ela mostra os percentuais estimativos dos diversos tipos de famílias entre crianças brancas, afro-americanas, americanas asiáticas, americanas nativas e hispano-americanas nos Estados Unidos.

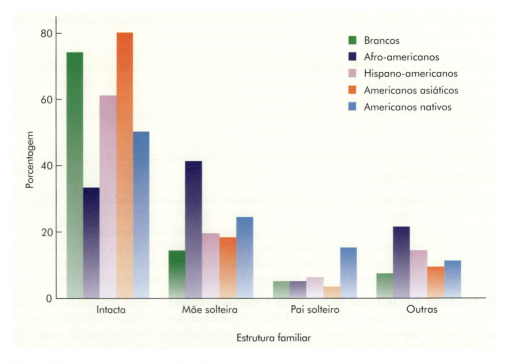

Figura 9.7 Etnicidade e estrutura familiar.

Tipos de lares entre crianças norte-americanas com menos de 18 anos.

(*Fonte:* U. S. Census Bureau, 2003b.)

Podemos ver que famílias de pais solteiros são mais comuns entre afro-americanos e americanos nativos do que em outros grupos. Uma diferença na proporção de nascimentos entre mulheres solteiras é um fator contribuinte. Como mostra a Figura 9.8, os nascimentos entre mulheres solteiras aumentaram significativamente em todos os grupos étnicos nos Estados Unidos nas últimas décadas. Entretanto, as taxas desses nascimentos são muito mais altas entre afro-americanas e americanas nativas do que nos outros grupos. (A propósito, em todos os grupos, mais de 75% das mulheres solteiras que deram à luz estão acima dos 20 anos. Assim, a gravidez adolescente contribui muito pouco para as estatísticas de mães solteiras.)

Um segundo fator é que, ainda que muitas mães solteiras afro-americanas e americanas nativas por fim venham a se casar, os adultos nesses grupos – quer tenham filhos ou não – são menos propensos a casar. Aproximadamente 37% dos adultos afro-americanos e 27% dos adultos nativos americanos nunca se casaram. Entre brancos, apenas 18% permanecem solteiros a vida inteira (U.S. Census Bureau, 1998).

Evidentemente, as estatísticas não podem explicar por que as famílias afro-americanas e americanas nativas são mais propensas do que as de outros grupos a serem chefiadas por pais solteiros. Os sociólogos especulam que, no caso dos afro-americanos, a falta de oportunidades econômicas para os homens os torna menos capazes de assumirem responsabilidades familiares (Cherlin, 1992). Outros acrescentam que avós e outros parentes em ambos os grupos tradicionalmente ajudam no sustento de mães solteiras. Por exemplo, entre americanos nativos, um valor cultural tradicional, que os sociólogos chamam de *orientação consanguínea*, considera a criação uma responsabilidade de toda a família da criança, inclusive avós, tios e tias. Consequentemente, os pais americanos nativos solteiros, especialmente os que vivem em comunidades predominantemente nativas, contam com mais apoio material e emocional do que pais solteiros em outros grupos e podem sentir menos pressão para se casarem (Ambert, 2001).

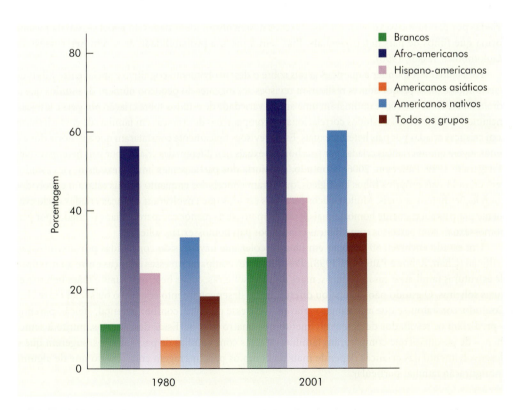

Figura 9.8 Etnicidade e nascimentos entre mulheres solteiras.

Porcentagem de nascimentos entre mulheres solteiras em diversos grupos étnicos nos Estados Unidos. A taxa de nascimentos entre mulheres solteiras vem aumentando em todos os grupos étnicos durante as últimas décadas. Essas estatísticas são uma das razões para o crescimento do número de crianças em idade escolar e adolescentes que vivem em lares de pais solteiros.

(*Fonte:* National Center for Health Statistics (NCHS), 2003.)

A maioria dos pais homossexuais está criando filhos gerados em relacionamentos heterossexuais anteriores. Entretanto, um número crescente de casais está optando por ter filhos através de inseminação artificial ou adoção. Pesquisas sugerem que as variáveis que contribuem para uma criação efetiva e resultados de desenvolvimento positivos para as crianças são as mesmas qualquer que seja a orientação sexual dos pais.

Outros tipos de estruturas familiares Em contraste com a quantidade de pesquisas que comparam famílias intactas e famílias de pais solteiros, existem relativamente poucos estudos sobre os efeitos de outros tipos de estruturas familiares. Por exemplo, as pesquisas sobre avós com a guarda tendem a se concentrar nos efeitos da experiência de cuidar para adultos que estão envelhecendo. Consequentemente, os pesquisadores sabem que as respostas dos avós aos problemas das crianças são bastante semelhantes às dos pais (Daly e Glenwick, 2000). Contudo, os estresses do cuidado aliados aos efeitos físicos do envelhecimento tendem a fazer com que adultos mais velhos se sintam mais ansiosos e deprimidos do que adultos mais jovens em situações semelhantes (Burton, 1992; Jendrek, 1993). Assim, os desenvolvimentistas sabem alguma coisa sobre como a criação afeta adultos mais velhos, mas muito pouco sobre como as crianças criadas por avós se saem.

De forma semelhante, preocupações sobre a identidade e orientação sexual das crianças têm dominado a pesquisa sobre criação por *gays* e lésbicas (Bailey, Brobow, Wolfe e Mikach, 1995). De modo geral, os estudos indicam que crianças criadas por pais homossexuais de ambos os sexos desenvolvem identidades do papel sexual da mesma forma que filhos de pais heterossexuais. Elas têm a mesma probabilidade de serem heterossexuais (Golombok e Tasker, 1996).

Para ajudar a responder a questões gerais sobre o desenvolvimento cognitivo e social entre filhos de pais homossexuais, pesquisadores realizaram revisões abrangentes do pequeno número de estudos que já foram feitos. Essas revisões examinaram uma ampla variedade de estudos sobre criação por *gays* e lésbicas, incluindo estudos de caso, estudos correlacionais e comparações de crianças em famílias de *gays* e lésbicas com crianças criadas por pais heterossexuais. Essas revisões tipicamente constataram que a maioria dos estudos sugere que as crianças criadas por pais homossexuais não diferem das criadas por pais heterossexuais (Fitzgerald, 1999; Patterson, 2006). Contudo, a maioria dos participantes homossexuais nesses estudos vem criando seus próprios filhos biológicos, que foram concebidos enquanto os pais estavam envolvidos em relações heterossexuais. Muito poucos foram os estudos que envolveram crianças criadas exclusivamente por pais abertamente homossexuais, e um número ainda menor comparou crianças criadas por pais homossexuais com parceiros com crianças criadas por pais homossexuais solteiros.

Um estudo envolveu 80 crianças em idade escolar que haviam sido concebidas por inseminação artificial (Chan, Raboy e Patterson, 1998). Pesquisadores compararam essas crianças entre quatro tipos de estruturas familiares: casais lésbicos, mães lésbicas solteiras, casais heterossexuais e mães heterossexuais solteiras. O estudo não encontrou diferenças no desenvolvimento cognitivo ou social entre elas. Contudo, constatou-se que as mesmas variáveis – estresse parental, conflito parental, afeição parental – prediziam os resultados de desenvolvimento nos quatro grupos. Essas descobertas, muito à semelhança de pesquisas que compararam famílias intactas com famílias de pais solteiros, sugerem que o desenvolvimento das crianças depende mais de como os pais interagem com elas do que de alguma configuração familiar particular.

OBJETIVO DA APRENDIZAGEM 9.13
Como o divórcio afeta o comportamento das crianças na segunda infância e nos anos posteriores?

Divórcio

Não resta dúvida de que o divórcio é traumático para as crianças. Entre bebês, o divórcio dos pais é um dos vários traumas que podem fazer com que um bebê que anteriormente tinha apego seguro por ambos os pais desenvolva apego inseguro por um deles ou por ambos (Waters, Merrick, Treboux, Crowell e Albersheim, 2003). Contudo, é importante observar que alguns dos efeitos negativos do divórcio se devem a fatores que estavam presentes *antes* do divórcio, tais como temperamento difícil da criança ou conflito conjugal excessivo entre os pais (Cherlin, Chase-Lansdale e McRae, 1998). É importante lembrar que o divórcio não é uma variável isolada; as crianças são provavelmente afetadas por uma grande quantidade de fatores relacionados ao divórcio – conflito parental, pobreza, rupturas na rotina diária, envolvimento do genitor que não possui a guarda e assim por diante (Bailey e Zvonkovic, 2003). Por essa razão, crianças cujos pais se separam ou permanecem em casamentos carregados de conflitos podem experienciar muitos dos mesmos conflitos que crianças cujos pais realmente se divorciam (Ingoldsby, Shaw, Owens e Winslow, 1999).

Nos primeiros anos depois de um divórcio, as crianças costumam apresentar declínios no desempenho escolar e um comportamento mais agressivo, intransigente, negativo ou deprimido (Green, Anderson, Doyle e Ridelbach, 2006). Na adolescência, os filhos de pais divorciados são mais propensos a ter comportamento criminoso (Price e Kunz, 2003). As crianças que vivem em famílias de padrastos/madrastas também têm maiores taxas de delinquência, mais problemas de comportamento na escola e notas mais baixas do que as de famílias intactas (Jeynes, 2007).

Os efeitos negativos do divórcio parecem persistir por muitos anos. Por exemplo, crianças cujos pais se divorciam têm maior risco de problemas de saúde mental na vida adulta (Chase-Lansdale, Cherlin e Kiernan, 1995; Cherlin et al., 1998; Wallerstein e Lewis, 1998). Muitos jovens adultos cujos pais são divorciados carecem dos recursos financeiros e suporte emocional necessários para serem bem-sucedidos no ensino superior, e uma maioria relata que se debate com temores de intimidade nos relacionamentos (Cartwright, 2006). Previsivelmente, adultos cujos pais se divorciaram também são mais propensos a se divorciar.

Como regra geral, esses efeitos negativos são mais pronunciados nos meninos do que nas meninas. Contudo, alguns pesquisadores constataram que os efeitos são retardados nas meninas, tornando mais difícil associar os efeitos ao divórcio. Consequentemente, estudos longitudinais muitas vezes constatam que as meninas apresentam efeitos negativos iguais ou ainda maiores (Amato, 1993; Hetherington, 1991a, 1991b). Diferenças etárias na severidade da reação foram constatadas em alguns estudos, mas não em outros. Por exemplo, um estudo longitudinal constatou que os efeitos do divórcio eram mais severos em um grupo de crianças de 12 anos cujos pais se divorciaram quando elas estavam na segunda infância e não durante o período escolar (Pagani, Boulerice, Tremblay e Vitaro, 1997).

A etnicidade, a propósito, não parece ser um fator causal. Sim, uma porcentagem de crianças afro-americanas cresce em famílias de pais solteiros. Mas os mesmos resultados negativos ocorrem em famílias de pais solteiros brancos, e os mesmos resultados positivos são encontrados em famílias intactas minoritárias. Por exemplo, a taxa de evasão escolar para crianças brancas de famílias de pais solteiros é mais alta do que a taxa de evasão para crianças hispano-americanas ou afro-americanas criadas por ambos os pais (McLanahan e Sandefur, 1994).

Muitos pais solteiros conseguem superar obstáculos substanciais para dar a seus filhos o apoio e supervisão de que eles necessitam.

OBJETIVO DA APRENDIZAGEM 9.14
Quais são as possíveis razões para a relação entre estrutura familiar e desenvolvimento?

Compreendendo os efeitos da estrutura familiar

A afirmativa mais generalizada que os psicólogos podem fazer sobre os efeitos da estrutura familiar é que, ao menos nos Estados Unidos, a pesquisa sugere que a situação ideal para as crianças parece ser aquela que inclui os dois pais biológicos. Mães nunca casadas, mães divorciadas ou pais que não voltaram a casar e padrastos/madrastas estão frequentemente associados a resultados menos positivos. Fatores associados a pais solteiros, tais como pobreza, podem ajudar a explicar seus efeitos negativos sobre o desenvolvimento. Mesmo assim, as diferenças entre crianças que nunca tiveram a experiência de serem criadas por um pai ou mãe solteiro e aquelas que a tiveram são grandes demais para serem totalmente explicadas por outras variáveis. Isso significa que ao menos parte da diferença está relacionada à estrutura familiar em si. Assim, é importante saber que diferenças são essas.

As crianças que crescem em famílias de pais solteiros têm duas vezes mais chances de abandonar os estudos e duas vezes mais chances de ter um filho antes dos 20 anos, além de serem menos propensas a ter um emprego estável no final da adolescência e início dos 20 anos (McLanahan e Sandefur, 1994). Crianças de mães adolescentes estão particularmente em risco. Diferenças entre filhos de mães adolescentes e filhos de mães mais velhas são evidentes na segunda infância. Pré-escolares cujas mães são adolescentes solteiras apresentam desenvolvimento cognitivo e social menos avançado do que seus pares (Coley e Chase-Lansdale, 1998).

Como devemos entender essas diversas descobertas? Primeiro, a criação por pais solteiros ou o divórcio reduzem os recursos financeiros e emocionais disponíveis para sustentar a criança. Com apenas um dos pais, o domicílio geralmente conta com apenas uma renda e um adulto para atender às necessidades emocionais da criança. Dados dos Estados Unidos indicam que a renda de uma mulher cai em média de 40 a 50% depois de um divórcio (Bradbury e Katz, 2002; Smock, 1993).

Segundo, qualquer transição familiar envolve turbulência. Adultos e crianças se adaptam lentamente e com dificuldade à subtração e adição de adultos ao sistema familiar (Hetherington e Stanley-Hagan, 1995). O período de máxima ruptura parece durar vários anos, durante os quais os pais muitas vezes têm dificuldade para monitorar seus filhos e manter o controle sobre eles.

Talvez mais importante, a criação por pais solteiros, o divórcio e as famílias de padrastos e madrastas aumentam a probabilidade de que o clima ou estilo familiar se afastem de uma criação democrática. Esse afastamento não é incomum nos primeiros anos após o divórcio, quando o pai que possui a guarda (geralmente a mãe) está distraído ou deprimido e menos capaz de administrar um controle caloroso; isso também ocorre nas famílias de padrastos e madrastas, onde as taxas de criação democrática são menores do que em famílias intactas.

Lembre-se, uma criação autoritária ou negligente está associada a piores resultados, quer seja desencadeada por um divórcio, um novo casamento estressante, perda de emprego do pai ou qualquer outro estresse (Goldberg, 1990). Em última análise, é o estilo de criação, e não um determinado tipo de ruptura, que é importante para a criança (ver *Ciência do desenvolvimento na clínica*, página 289). Muitas famílias também constroem uma rede social chamada de **família extensa**, uma estrutura familiar que inclui pais, avós, tias, tios, primos, etc. As famílias extensas parece desempenhar uma função protetora para crianças que estão sendo criadas em lares de pais solteiros (Wilson, 1995). As avós, por exemplo, parecem ser importantes fontes de afeto para filhos de mães adolescentes (Coley e Chase-Lansdale, 1998). E, como mencionado anteriormente, os membros da família extensa costumam ajudar mães solteiras e divorciadas dando-lhes apoio emocional e financeiro além de ajudar no cuidado da criança. Nos Estados Unidos, essas redes são mais comuns entre minorias do que entre brancos (Harrison, Wilson, Pine, Chan e Buriel, 1990).

família extensa rede social de pais, avós, tias, tios, primos e assim por diante.

Relações entre pares

Qual é o primeiro pensamento que lhe vem à mente quando você pensa em crianças de 2 a 6 anos? Talvez seja o fenômeno de brincar. Com certeza, pessoas de todas as idades gostam de brincar, ainda que evidentemente o definam de modo diferente, mas é no período da segunda infância que brincar é a forma predominante de comportamento. No contexto do brincar, as crianças adquirem as habilidades necessárias para se relacionarem com os outros, e elas aprendem que os relacionamentos têm aspectos negativos e positivos.

CIÊNCIA DO DESENVOLVIMENTO NA CLÍNICA

Quando os pais se divorciam

Raj e Lena estão em processo de divórcio. Eles consultaram uma psicóloga porque estão preocupados sobre como o divórcio vai afetar seu filho de 3 anos. A profissional informou-os sobre pesquisas que mostram que o divórcio é traumático para as crianças e perguntou-lhes se tinham alguma esperança de reconciliação. Quando o casal disse que estava disposto a terminar seu casamento, a orientadora lhes disse que, embora fosse impossível eliminar todos os efeitos destrutivos de curto prazo que o divórcio teria sobre seu filho, havia algumas coisas específicas que eles poderiam fazer para amenizar esses efeitos. Antes de examinar a lista de recomendações com Raj e Lena, a psicóloga alertou-os que, no meio da turbulência emocional que acompanha o divórcio, essas prescrições não são fáceis de seguir. Contudo, se os pais puderem fazer isso, observou a psicóloga, seus filhos serão menos propensos a sofrer efeitos negativos de longo prazo. Eis as recomendações:

- Tente minimizar o número de mudanças que a criança terá que enfrentar. Se possível, mantenha a criança na mesma escola ou creche e na mesma casa ou apartamento.
- O genitor que possui a guarda deve ajudar a criança a manter o contato com o outro genitor. De modo semelhante, o genitor que não possui a guarda deve manter o máximo de contato possível com a criança, ligando e vendo-a regularmente, participando da vida escolar e assim por diante.
- Minimize os conflitos abertos. Acima de tudo, procure não brigar na presença da criança. Os conflitos abertos têm efeitos negativos sobre a criança, quer os pais sejam divorciados ou não (Boyan e Termini, 2005). Assim, o divórcio não é o único culpado; o divórcio aliado ao conflito aberto entre adultos tem os piores efeitos.
- Não use a criança como um "leva-e-traz", nem fale depreciativamente sobre o ex-cônjuge com ela. Crianças que se sentem divididas entre pai e mãe são mais propensas a apresentar diversos tipos de sintomas negativos, tais como depressão ou problemas de comportamento (Buchanan, Maccoby e Dornbusch, 1991).
- Não espere que a criança lhe dê apoio emocional. Os pais devem manter sua rede de apoio e usar essa rede generosamente. Eles devam manter o contato com amigos, ir em busca de outros na mesma situação e/ou se unir a um grupo de apoio.

Questões para reflexão

1. Uma vez que o divórcio é traumático para as crianças, você acha que os tribunais devem exigir que os pais que querem se divorciar devam receber orientação psicológica com o intuito de verificar se uma reconciliação é possível?
2. Que papel, se algum, a família extensa de um casal que está se divorciando deve desempenhar para moderar os efeitos do evento sobre a criança?

Relacionando-se com os pares por meio do brincar

> **OBJETIVO DA APRENDIZAGEM 9.15**
> Quais são as diversas formas de brincar exibidas pelos pré-escolares?

No Capítulo 8, você aprendeu sobre os aspectos cognitivos do brincar. Mas o que dizer sobre as características sociais dos jogos infantis?

Modos de brincar   As dimensões sociais do brincar foram delineadas em um estudo observacional clássico conduzido por Mildred Parten (1932). Se você observar crianças pequenas brincando livremente, você vai notar que os estágios do brincar descritos por Parten continuam sendo úteis até hoje. Em todas as idades, as crianças tendem a passar ao menos parte de seu tempo brincando sozinhas – padrão conhecido como **brincar solitário**. Elas podem também exibir o **brincar espectador**, padrão em que elas observam outra criança brincando. Entretanto, já aos 6 meses as crianças começam a demonstrar algum interesse positivo por brincar com os outros. Se você coloca dois bebês dessa idade no chão, de frente um para o outro, eles vão se olhar e se tocar mutuamente, puxar o cabelo e imitar as ações um do outro, e sorrir um para o outro.

Dos 14 aos 18 meses, duas ou mais crianças brincam juntas com brinquedos – às vezes cooperativamente, mas geralmente apenas lado a lado com brinquedos diferentes. Os desenvolvimentistas se referem a isso como **brincar paralelo**. Crianças dessa idade expressam interesse uma pela outra e fitam ou fazem barulhos uma para a outra. Entretanto, é somente em torno dos 18 meses que as crianças brincam em associação. No **brincar associativo**, as crianças perseguem suas próprias atividades, mas também têm interações sociais espontâneas, ainda que de curta duração. Por exemplo, uma criança pode largar um brinquedo para passar alguns minutos perseguindo outra, ou uma pode imitar as ações de outra com um brinquedo.

Aos 3 ou 4 anos, as crianças começam a brincar cooperativamente, padrão em que várias crianças trabalham juntas para atingir um objetivo. O **brincar cooperativo** pode ser construtivo ou simbólico. Um grupo de crianças pode cooperar para construir uma cidade usando blocos, ou elas podem atribuir papéis tais como "mamãe", "papai" e "bebê" umas às outras a fim de brincar de casinha.

brincar solitário modo de brincar em que as crianças brincam sozinhas.

brincar espectador modo de brincar em que as crianças observam outra criança brincando.

brincar paralelo modo de brincar em que as crianças brincam lado a lado e têm breves períodos de brincar interativo com os amigos.

brincar associativo modo de brincar em que as crianças tanto brincam sozinhas quanto se envolvem em brincadeiras com os pares por breves períodos.

brincar cooperativo modo de brincar em que várias crianças trabalham juntas para atingir um objetivo.

Habilidades sociais Como você aprendeu no Capítulo 8, brincar está relacionado ao desenvolvimento cognitivo. Brincar também está relacionado ao desenvolvimento de **habilidades sociais**, um conjunto de comportamentos que geralmente leva a criança a ser aceita pelas outras como parceira para brincar ou amiga. Por exemplo, muitos pesquisadores se concentraram na habilidade social de *entrar em grupos*. As crianças que são hábeis para entrar em grupos observam as outras por um tempo para descobrir o que elas estão fazendo e tentam fazer parte daquilo. As crianças que têm pouca habilidade para entrar em grupos tentam obter aceitação por meio de comportamento agressivo ou interrompendo o grupo. Os desenvolvimentistas constataram que crianças com fracas habilidades para entrar em grupos muitas vezes são rejeitadas pelos pares (Fantuzzo, Coolahan e Mendez, 1998). A rejeição dos pares, por sua vez, é um fator importante no futuro desenvolvimento social.

Segundo estudos recentes, parece haver diferenças sexuais nas razões e consequências da pouca habilidade para entrar em grupos. Por exemplo, um estudo constatou que meninas de 3 anos com fraco desenvolvimento das habilidades de entrada em grupos passavam mais tempo brincando paralelamente do que cooperativamente (Sims, Hutchins e Taylor, 1997). Em contraste, meninas com mais habilidade para entrar em grupos brincavam mais de modo cooperativo do que de modo paralelo. Assim, os padrões de brincar de meninas de 3 anos inábeis as colocavam em risco de problemas de desenvolvimento futuro, porque a experiência lúdica apropriada para a idade pré-escolar está relacionada ao desenvolvimento social posterior na infância (Howes e Matheson, 1992; Maguire e Dunn, 1997).

O mesmo estudo constatou que meninos de 3 anos com pouca habilidade para entrar em grupos tendiam a ser agressivos e frequentemente eram rejeitados pelos pares. Eles tipicamente respondiam à rejeição se tornando ainda mais agressivos e destrutivos (Sims et al., 1997). Assim, os meninos nesse estudo parecem estar presos em um ciclo: um comportamento agressivo levava à rejeição dos pares, a qual por sua vez levava à mais agressividade. Esse padrão pode colocar os meninos em risco de desenvolver um modelo operativo interno de relacionamentos que inclui comportamento agressivo e, consequentemente, leva-os a habitualmente responder com agressividade aos outros em situações sociais.

Por causa dos riscos associados às fracas habilidades sociais, os desenvolvimentistas voltaram sua atenção ao treinamento de habilidades sociais como medida preventiva. Por exemplo, em um estudo, crianças socialmente inibidas de 4 e 5 anos aprenderam frases específicas que poderiam usar quando tentassem obter a aceitação de um grupo de pares (Doctoroff, 1997). Além disso, seus pares socialmente aceitos foram ensinados a lembrar as crianças treinadas a usarem suas novas habilidades. Na maioria das vezes, intervenções desse tipo trouxeram aumentos imediatos na aceitação social. Entretanto, o grau em que o treinamento de habilidades sociais na segunda infância pode prevenir dificuldades sociais posteriores é desconhecido atualmente.

habilidades sociais conjunto de comportamentos que geralmente leva a criança a ser aceita pelas outras como amiga ou como parceira para brincar.

> **OBJETIVO DA APRENDIZAGEM 9.16**
> Qual é a diferença entre agressão instrumental e hostil?

Agressividade

Vamos supor que você fosse o pai ou mãe de dois meninos, um de 4 e outro de 6 anos, e você os visse rindo de prazer enquanto brincam de lutinha. O que você acha que poderia acontecer? Você talvez se lembre de uma sequência de eventos como essa de sua própria infância: primeiro, uma criança "acidentalmente" golpeia a outra com muita força. Depois, o nascente senso de justiça da vítima lhe diz para responder da mesma moeda. Em pouco tempo, o que começou como uma brincadeira se transforma em uma briga séria.

Interações desse tipo são comuns no período da segunda infância e até nos primeiros anos da adolescência. **Agressividade** é definida como comportamento que visa prejudicar outra pessoa ou danificar um objeto. A ênfase na intencionalidade ajuda a separar a verdadeira agressão das brincadeiras mais impetuosas em que as crianças às vezes se machucam acidentalmente. Toda criança pequena demonstra ao menos algum comportamento agressivo, mas a forma e frequência da agressão mudam durante os anos pré-escolares, como podemos ver no resumo na Tabela 9.2.

Quando crianças de 2 ou 3 anos se chateiam ou se frustram, é mais provável que elas atirem coisas ou batam uma na outra. Contudo, à medida que suas habilidades verbais aumentam, elas passam a usar menos agressão física explícita e mais agressão verbal, tais como zombarias ou palavrões, assim como seus desafios aos pais passam das estratégias físicas para as verbais.

O declínio na agressividade física durante esses anos também reflete indubitavelmente a diminuição do egocentrismo do pré-escolar e o aumento na compreensão dos pensamentos e sentimentos das outras crianças. Contudo, outro fator no declínio da agressividade física é a emergência de *hierarquias*

agressividade comportamento cuja intenção é prejudicar outra pessoa ou danificar um objeto.

Tabela 9.2 Mudanças na forma e frequência de agressão dos 2 aos 8 anos

	Crianças dos 2 aos 4 anos	Crianças dos 4 aos 8 anos
Agressão física	No auge	Declínio
Agressão verbal	Relativamente rara aos 2 anos; aumenta à medida que as habilidades verbais se aperfeiçoam	Forma dominante de agressão
Objetivo da agressão	Principalmente instrumental	Principalmente hostil
Ocasião para a agressão	Mais frequente depois de conflitos com os pais	Mais frequente depois de conflitos com amigos

Fontes: Cummings, Hollenbeck, Iannotti, Radke-Yarrow e Zahn-Waxler, 1986; Goodenough, 1931; Hartup, 1974.

de dominância. Já aos 3 ou 4 anos, grupos de crianças se organizam em *ordens hierárquicas* de líderes e seguidores (Strayer, 1980). Elas sabem quem vai vencer e quem vai perder uma briga, quais crianças elas ousam atacar e a quais devem se submeter – conhecimento que serve para reduzir a quantidade de agressividade física real.

Uma segunda mudança na qualidade da agressividade durante os anos pré-escolares é uma mudança da agressão instrumental para a agressão hostil. A **agressão instrumental** visa obter algum objeto; o propósito da **agressão hostil** é ferir outra pessoa ou obter uma vantagem. Assim, quando Sara de 3 anos empurra sua amiga Lúcia para o lado na caixa de areia para pegar o balde de areia de Lúcia, ela está mostrando agressão instrumental. Quando Lúcia, por sua vez, fica brava com Sara e a chama de palerma, ela está mostrando agressão hostil.

Os psicólogos sugerem diversos fatores-chave no comportamento agressivo. Por exemplo, um dos primeiros grupos de psicólogos norte-americanos afirmou que a agressividade era sempre precedida de frustração, e que a frustração era sempre seguida por agressão (Dollard, Doob, Miller, Mowrer e Sears, 1939). A hipótese frustração-agressão revelou-se excessivamente generalizada; nem toda frustração leva à agressão, mas a frustração de fato aumenta a probabilidade de agressão. Crianças menores e pré-escolares frequentemente se sentem frustrados – porque nem sempre podem fazer o que querem e por não serem capazes de expressar suas necessidades de forma clara – e muitas vezes expressam sua frustração através da agressão. À medida que a criança adquire maior habilidade para se comunicar, planejar e organizar suas atividades, seu nível de frustração diminui e a agressão explícita cai.

Os desenvolvimentistas fazem distinção entre verdadeira agressão (dano intencional) e os ferimentos acidentais que costumam ocorrer durante brincadeiras impetuosas normais.

O reforço também contribui para o comportamento agressivo. Por exemplo, quando Sara empurra Lúcia e pega o brinquedo dela, Sara é reforçada por sua agressão porque obtém o brinquedo. Esse efeito direto de reforço desempenha claramente um papel essencial no desenvolvimento de padrões agressivos de comportamento. Além disso, quando os pais cedem aos ataques de raiva ou agressões de seus filhos pequenos, eles acabam reforçando o próprio comportamento que deploram, e desse modo ajudam a estabelecer um padrão duradouro de agressão e desafio.

A imitação também desempenha um papel fundamental no aprendizado de comportamentos agressivos. Em uma série clássica de estudos, o psicólogo Albert Bandura constatou que as crianças aprendem formas específicas de agressão, tais como bater, vendo outras pessoas praticá-las (Bandura, Ross e Ross, 1961, 1963). Sem dúvida, a mídia de entretenimento oferece às crianças muitas oportunidades de observar comportamento agressivo, mas os modelos agressivos da vida real podem ser mais influentes. Por exemplo, as crianças aprendem que a agressão é um modo aceitável de resolver problemas quando observam seus pais, irmãos e outras pessoas se comportarem de maneira agressiva. Na verdade, pais que fazem uso consistente de punição física têm filhos mais agressivos do que os de pais que não servem de modelo de agressividade dessa forma (Eron, Huesmann e Zelli, 1991). Não deve surpreender que quando as crianças têm vários modelos agressivos diferentes elas aprendem a se comportar de maneira agressiva, especialmente se esses modelos agressivos parecem ser recompensados por sua agressão.

agressão instrumental agressão utilizada para obter algum objeto.

agressão hostil agressão usada para ferir outra pessoa ou obter vantagem.

Seja qual for a causa, a maioria das crianças se torna menos agressiva durante os anos pré-escolares. Contudo, existem algumas crianças cujo padrão de comportamento agressivo na segunda infância se torna literalmente um modo de vida, descoberta que foi corroborada em pesquisas interculturais (Hart, Olsen, Robinson e Mandleco, 1997; Henry, Caspi, Moffitt e Silva, 1996; Newman, Caspi, Moffitt e Silva, 1997). Pesquisadores têm buscado as causas desse tipo de agressividade, que alguns psicólogos chamam de *traço de agressividade*, para distingui-la das formas desenvolvimentistas normais de agressividade.

Psicólogos em busca de uma base genética para o traço de agressividade obtiveram alguns dados confirmatórios (Hudziak et al., 2003; Plaomin, 1990; van Beijsterveldt, Bartels, Hudziak e Boomsma, 2003). Outros sugerem que o traço de agressividade está associado à criação em um ambiente agressivo, como uma família abusiva (Dodge, 1993). Outros fatores familiares que não o abuso, tais como falta de afeição e o uso de técnicas disciplinares coercivas, também parecem estar relacionados ao traço de agressividade, especialmente em meninos (Chang, Schwartz, Dodge e McBride-Chang, 2003; McFayden-Ketchumm, Bates, Dodge e Pettit, 1996).

Outros desenvolvimentistas descobriram que crianças agressivas podem moldar seus ambientes a fim de obter reforço contínuo para seu comportamento. Por exemplo, meninos agressivos de apenas 4 anos tendem a preferir outros meninos agressivos para brincar e para formar grupos de amigos estáveis. Meninos nesses grupos desenvolvem seus próprios padrões de interação e recompensam uns aos outros com aprovação social por atos agressivos (Farver, 1996). Esse padrão de associação entre meninos agressivos continua durante a meninice e a adolescência.

Por fim, sociocognitivistas produziram um grande conjunto de pesquisas que sugerem que crianças altamente agressivas ficam para trás na compreensão das intenções dos outros (Crick e Dodge, 1994). Essa conclusão também é confirmada por pesquisas que demonstram que ensinar crianças a pensar sobre as intenções dos outros reduz o comportamento agressivo (Crick e Dodge, 1996; Webster-Stratton e Reid, 2003). Especificamente, esses estudos sugerem que crianças agressivas em idade escolar parecem pensar sobre intenções mais como crianças de 2 a 3 anos. Por exemplo, elas tendem a perceber um incidente no pátio da escola (por exemplo, uma criança acidentalmente derrubar outra durante um jogo de futebol) como um ato intencional que requer retaliação. O treinamento, que também inclui técnicas de manejo da raiva, ajuda crianças agressivas em idade escolar a adquirir uma compreensão das intenções dos outros que a maioria das crianças adquire entre 3 e 5 anos.

Resultados semelhantes foram obtidos em estudos que investigaram a capacidade de crianças agressivas de realizar outros tipos de raciocínio social (Harvey, Fletcher e French, 2001). Contudo, desenvolvimentistas constataram que, como seu raciocínio sobre intenções, o raciocínio social de crianças agressivas pode ser aperfeiçoado com treinamento. Em um estudo, os pesquisadores tiveram êxito no uso de videoteipes de crianças brincando de maneira impetuosa para ensinar crianças agressivas a reconhecer a diferença entre "lutas de brincadeira" e atos agressivos que podem causar dor física (Smith, Smees e Pelligrini, 2004). Assim, a agressão como traço pode ter origem em algum tipo de desvio da típica rota de desenvolvimento sociocognitivo durante a segunda infância, podendo ser reduzida com intervenções para restituir as crianças àquela rota.

> **OBJETIVO DA APRENDIZAGEM 9.17**
> Como o comportamento pró-social e os padrões de amizade mudam durante a segunda infância?

Comportamento pró-social e amizades

No outro extremo do espectro das relações sociais está um conjunto de comportamentos denominado **comportamento pró-social**. Como a agressão, o comportamento pró-social é intencional e voluntário, mas seu propósito é ajudar outra pessoa de alguma forma (Eisenberg, 1992). Um desses comportamentos que foi muito estudado é o **altruísmo**, atos motivados pelo desejo de ajudar outra pessoa sem esperar recompensa. Ele muda com a idade, assim como mudam outros aspectos do comportamento social.

Desenvolvimento do comportamento pró-social Comportamentos altruístas se tornam evidentes em crianças de 2 ou 3 anos – aproximadamente na mesma época em que surge o real interesse em brincar com outras crianças. Elas vão oferecer ajuda a outra criança que está machucada, dividir um brinquedo ou tentar confortar outra pessoa (Marcus, 1986; Zahn-Waxler e Radke-Yarrow, 1982; Zahn-Waxler, Radke-Yarrow, Wagner e Chapman, 1992). Como você leu no Capítulo 8, as crianças nessa idade estão apenas começando a entender que os outros não sentem o mesmo que elas – mas elas obviamente compreendem o suficiente sobre as emoções dos outros para responderem de maneira solidária quando veem outras crianças ou adultos feridos ou tristes.

comportamento pró-social comportamento que visa ajudar outra pessoa.

altruísmo atos motivados pelo desejo de ajudar outra pessoa sem expectativa de recompensa.

Depois desses anos iniciais, mudanças no comportamento pró-social indicam um padrão misto. Alguns tipos de comportamento pró-social, tais como se revezar, parecem aumentar com a idade. Se você dá às crianças uma oportunidade de dar algum presente a outra criança que é descrita como carente, crianças mais velhas dão mais do que crianças mais jovens. A disposição em ajudar também parece aumentar com a idade, durante a adolescência. Porém, nem todos os comportamentos pró-sociais apresentam esse padrão. Confortar outra criança, por exemplo, parece ser mais comum entre pré-escolares e crianças nas séries do ensino fundamental do que entre crianças mais velhas (Eisenberg, 1992).

As crianças variam muito na quantidade de comportamento altruísta que demonstram, e as crianças pequenas que demonstram relativamente mais empatia e altruísmo são também aquelas que regulam bem suas próprias emoções. Elas demonstram emoções positivas prontamente e emoções negativas com menos frequência (Eisenberg et al., 1996). Além disso, elas são mais populares entre os amigos (Mayeux e Cillissen, 2003). Essas variações entre os níveis de empatia ou altruísmo das crianças parecem estar relacionadas a tipos específicos de criação. Além disso, estudos longitudinais indicam que crianças que apresentam altos níveis de comportamento pró-social nos anos pré-escolares continuam demonstrando comportamento semelhante na idade adulta (Eisenberg et al., 1999).

Comportamentos pró-sociais, tais como compartilhar, são influenciados pelo desenvolvimento cognitivo e por esforços deliberados de pais e professores para ensinar as crianças a se comportarem dessa forma.

Influências parentais sobre o comportamento pró-social   Pesquisas sugerem que o comportamento dos pais contribui para o desenvolvimento do comportamento pró-social (Eisenberg, 1992). Especificamente, pais de crianças altruístas criam um clima familiar de afeição e carinho. Se essa afeição estiver aliada a explicações e regras claras sobre o que fazer e o que não fazer, as crianças são ainda mais propensas a se comportarem de maneira altruísta. Muitas vezes esses pais também explicam as consequências da ação da criança em termos de seus efeitos sobre os outros – por exemplo, "Se você bater em Susan, isso vai machucá-la". Estabelecer regras ou orientações de maneira positiva e não negativa também parece ser importante; por exemplo, "É sempre bom ajudar as outras pessoas" é uma orientação mais efetiva do que "Não seja tão egoísta!".

Prover atribuições pró-sociais – declarações positivas a respeito da causa subjacente para um comportamento cooperativo – ajuda. Por exemplo, pode-se elogiar uma criança dizendo "Você é tão prestativa!" ou "Você realmente faz muitas coisas legais para os outros". Ouvir esse tipo de declarações com frequência durante a segunda infância ajuda as crianças a incorporá-las em seus autoconceitos posteriormente na infância. Desse modo, os pais ajudam a criar um padrão generalizado internalizado de comportamento altruísta na criança.

Pais de crianças altruístas buscam oportunidades nas quais elas possam ser prestativas. Por exemplo, eles permitem que as crianças ajudem a cozinhar, cuidem de animais de estimação, façam brinquedos para serem doados, ensinem irmãos mais novos, e assim por diante. Finalmente, o exemplo que os pais dão de um comportamento ponderado e generoso – ou seja, que haja consistência entre o que os pais falam e o que fazem – é outro fator contribuinte.

Amizades   A partir de em torno de 18 meses, algumas crianças mostram os primeiros sinais de preferência pelos parceiros para brincar ou amizades individuais (Howes, 1983, 1987). Entretanto, aos 3 anos, cerca de 20% das crianças têm um parceiro estável para brincar. Aos 4, mais de metade despende 30% ou mais de seu tempo com outra criança (Hinde, Titmus, Easton e Tamplin, 1985). Assim, uma mudança importante no comportamento social durante a segunda infância é a formação de amizades estáveis (Hay, Payne e Chadwick, 2004).

Sem dúvida, essas primeiras interações com pares ainda são bastante primitivas. Contudo, é digno de atenção que pares de amigos pré-escolares não obstante demonstram mútua afeição, mais reciprocidade, interações mais prolongadas, mais comportamento positivo do que negativo, e mais solidariedade em uma situação nova do que pares de crianças que não são amigas nessa mesma idade – sinais de que esses relacionamentos são mais do que simplesmente caprichos passageiros. Além do mais, ter um amigo na segunda infância está relacionado à competência social (Maguire e Dunn, 1997; Sebanc, 2003).

Preparação para Testes

Teorias do desenvolvimento social e da personalidade

9.1 Quais os principais temas do desenvolvimento que os teóricos psicanalíticos propuseram para o período da segunda infância? (p. 266)

Freud e Erikson descreveram cada um dois estágios do desenvolvimento da personalidade durante os anos pré-escolares: os estágios anal e fálico na teoria de Freud e os estágios em que a autonomia e a iniciativa se desenvolvem na teoria de Erikson. Ambas as teorias, mas principalmente a de Freud, dão importância primordial à relação genitor-criança.

1. Como Freud resumiria o processo de desenvolvimento social e da personalidade entre 2 e 6 anos?

   _____

   _____

2. O que Erikson pensava sobre a necessidade de controle parental que as crianças têm na segunda infância?

   _____

   _____

9.2 Quais são as descobertas dos teóricos sociocognitivos sobre a compreensão que as crianças têm do mundo social? (p. 266-269)

Os teóricos sociocognitivos afirmam que avanços no desenvolvimento social e da personalidade estão associados ao desenvolvimento cognitivo. Três tópicos de interesse para esses teóricos são a percepção de pessoas, a compreensão dos diferentes tipos de regras e a compreensão das intenções dos outros.

3. O que a pesquisa sugere sobre a asserção de Piaget de que as crianças pequenas não compreendem a diferença entre atos intencionais e não intencionais?

   _____

   _____

Personalidade e autoconceito

9.3 Como o temperamento muda na segunda infância? (p. 269)

Durante a segunda infância, o temperamento das crianças é modificado pelas experiências sociais tanto dentro quanto fora da família, para formar suas personalidades.

4. De que forma as respostas parentais aumentam ou diminuem o risco associado ao temperamento difícil?

   _____

   _____

9.4 Que mudanças ocorrem no *self* categórico, no *self* emocional e no *self* social durante os anos pré-escolares? (p. 270-272)

O pré-escolar continua a se definir de acordo com uma série de dimensões objetivas, mas ainda não tem um senso global de identidade. As crianças fazem grandes avanços no autocontrole e em sua compreensão de seus próprios papéis pessoais nos anos pré-escolares, à medida que os pais gradualmente entregam a tarefa de controle para a criança.

5. Nomeie e descreva os estágios da empatia de Hoffman na tabela abaixo.

Estágio	Descrição
1.	
2.	
3.	
4.	

Desenvolvimento de gênero

9.5 Como as principais orientações teóricas explicam o desenvolvimento de gênero? (p. 272-274)

As explicações psicanalíticas do desenvolvimento de gênero não receberam muito apoio de pesquisadores, pois as crianças pequenas parecem entender mais sobre gênero e comportamento tipificado por sexo do que a teoria freudiana preveria. As explicações da aprendizagem social são mais persuasivas, mas ignoram o papel do desenvolvimento cognitivo. Em seu lugar, elas enfatizam a imitação e o reforço. As teorias sociocognitivas sugerem que as crianças passam pelos estágios de identidade de gênero, estabilidade de gênero e constância de gênero. As teorias do esquema do gênero aplicam princípios do processamento de informações ao desenvolvimento do papel do gênero. As teorias biológicas enfatizam os hormônios e outros fatores físicos. As teorias sociocognitivas explicam e preveem a compreensão e comportamento relacionado ao gênero melhor do que as teorias psicanalítica ou da aprendizagem social.

9.6 Como as crianças desenvolvem seu conceito de gênero? (p. 274-275)

Entre as idades de 2 e 6 anos, a maioria das crianças passa por uma série de etapas em sua compreensão do conceito de gênero: primeiro rotulando seu próprio gênero e o dos outros, depois compreendendo a estabilidade do gênero, e por fim compreendendo a constância do gênero em torno dos 5 ou 6 anos.

6. Em que idade as crianças utilizam o gênero para categorizar os outros?

9.7 Quais são as características do conhecimento das crianças pequenas sobre os papéis sexuais? (p. 275-276)

Em torno dos 2 anos, as crianças começam a aprender o que é comportamento apropriado para seu gênero. Aos 5 ou 6 anos, a maioria das crianças desenvolveu regras rígidas sobre o que meninos ou meninas devem ser e fazer.

7. Em que medida as visões rígidas de crianças de 5 e 6 anos influenciam suas visões posteriores sobre o comportamento apropriado de gênero?

9.8 Em que aspecto o comportamento das crianças pequenas é tipificado por sexo? (p. 276-278)

As crianças demonstram comportamento tipificado por sexo já dos 18 aos 24 meses. Alguns teóricos acham que as crianças brincam em grupos segregados por gênero porque amigos do mesmo sexo ajudam-nas a aprender sobre comportamento apropriado para cada sexo.

Estrutura e relações familiares

9.9 Como o apego muda durante a segunda infância? (p. 278-279)

Uma criança pequena tem um forte apego ao(s) genitor(es), mas, exceto em situações estressantes, os comportamentos de apego se tornam menos visíveis à medida que a criança envelhece. Pré-escolares recusam ou desafiam as tentativas de influência dos pais mais do que os bebês. O desafiar explícito, contudo, diminui dos 2 aos 6 anos. Essas duas mudanças estão claramente relacionadas ao desenvolvimento linguístico e cognitivo da criança.

8. Liste as mudanças nas relações de apego que o texto associa a cada idade na tabela abaixo.

Idade	Mudança na relação de apego
2-3	
4	

9. Como Bowlby explicaria a descoberta de que crianças de 4 e 5 anos que têm apego seguro aos pais geralmente têm relações positivas com seus pares?

9.10 Como os estilos de criação afetam o desenvolvimento das crianças? (p. 279-281)

A criação democrática, que alia calor humano, regras claras e comunicação a altas demandas por maturidade, está associada aos resultados mais positivos para as crianças. A criação autoritária tem alguns efeitos negativos no desenvolvimento. Entretanto, as criações permissiva e negligente parecem ter os efeitos menos positivos.

10. Defina cada estilo de criação e sintetize seus efeitos sobre o desenvolvimento.

Estilo	Definição	Efeitos no desenvolvimento
Autoritário		
Permissivo		
Democrático		
Negligente		

9.11 Como a condição étnica e socioeconômica está relacionada ao estilo de criação? (p. 281-283)

Pais americanos asiáticos e afro-americanos são mais autoritários do que os de outros grupos étnicos, e pais da classe trabalhadora em todos os grupos étnicos tendem a ser autoritários. Estudos do estilo de criação e resultados de desenvolvimento em grupos étnicos sugerem que uma criação democrática pode não ser o melhor estilo em algumas situações.

11. Que resultados desenvolvimentistas positivos estão associados à criação autoritária entre americanos asiáticos, afro-americanos e brancos?

9.12 Como a estrutura familiar está relacionada ao desenvolvimento das crianças? (p. 283-286)

A estrutura familiar afeta o desenvolvimento social e da personalidade na segunda infância. Dados de estudos nos Estados Unidos sugerem que qualquer estrutura familiar que não inclua os dois pais biológicos está relacionada a resultados mais negativos.

12. Transforme cada uma dessas falsas alternativas em uma afirmativa verdadeira.

(A) Existem muitas evidências para sugerir que as crianças que são educadas por seus avós se saem tão bem quanto as criadas por seus pais.

(B) Crianças criadas por *gays* ou lésbicas são mais propensas a serem também homossexuais.

9.13 Como o divórcio afeta o comportamento das crianças na segunda infância e nos anos posteriores? (p. 286-287)

Após o divórcio, as crianças geralmente mostram padrões de comportamento desorganizados por vários anos. Os estilos de criação também mudam, tornando-se menos democráticos. Contudo, muitos efeitos do divórcio nas crianças estão associados a problemas que existiam antes de o casamento terminar.

13. Descreva sucintamente como o divórcio afeta a vida de uma criança em cada uma dessas áreas:

    (A) recursos econômicos
    _____

    (B) desempenho escolar
    _____

    (C) comportamento social
    _____

9.14 Quais são as possíveis razões para a relação entre estrutura familiar e desenvolvimento? (p. 288-289)

Diversas variáveis, tais como pobreza, estão associadas a diferenças na estrutura familiar. Contudo, essas variáveis sozinhas não são suficientes para explicar as diferenças entre crianças que têm correlação com variações na composição familiar.

14. Como as famílias extensas desempenham uma função protetora para crianças que crescem em lares de pais solteiros?
_____
_____

Relações entre pares

9.15 Quais são as diversas formas de brincar exibidas pelos pré-escolares? (p. 289-290)

Brincar com amigos é evidente antes dos 2 anos e se torna cada vez mais importante durante os anos pré-escolares. Em todas as idades, as crianças passam parte do tempo brincando sozinhas e podem apresentar um brincar espectador. Em torno dos 14 aos 18 meses, as crianças brincam paralelamente. Aos 18 meses, o brincar associativo é visível. Aos 3 ou 4 anos, as crianças brincam de maneira cooperativa.

15. Dê um exemplo de cada modo de brincar na tabela abaixo.

Modo de brincar	Exemplo
Solitário	
Espectador	
Paralelo	
Associativo	
Cooperativo	

16. Classifique cada afirmativa como verdadeira ou falsa.

    _____ (A) Crianças com boa habilidade para entrar em grupos procuram fazer parte do que outras crianças estão fazendo.
    _____ (B) A falta de habilidade social pode levar à rejeição dos pares.
    _____ (C) As consequências da falta de habilidade social são as mesmas para meninos e meninas.
    _____ (D) A rejeição de pares muitas vezes faz crianças agressivas se tornarem menos agressivas.
    _____ (E) Habilidades sociais são em grande parte produto de temperamento inato, e por isso o treinamento tem pouco efeito sobre elas.

9.16 Qual é a diferença entre agressão instrumental e hostil? (p. 290-292)

A agressão instrumental visa obter algum objeto; a agressão hostil visa ferir alguém ou obter uma vantagem.

17. A imitação (desempenha um papel fundamental/não desempenha papel algum) na agressão.

18. Que tipo de agressão é mais comum entre os 2 e 4 anos – instrumental ou hostil – e de que forma os pré-escolares a exibem?
_____
_____

9.17 Como o comportamento pró-social e os padrões de amizade mudam durante a segunda infância? (p. 292-293)

Crianças de apenas 2 anos apresentam comportamento pró-social em relação aos outros, e esse comportamento parece se tornar mais comum à medida que a capacidade da criança de assumir o ponto de vista do outro aumenta. Amizades estáveis se desenvolvem entre as crianças em torno dos 3 anos.

19. Defina comportamento pró-social e explique como ele muda na segunda infância.
_____
_____

20. Em que idade cada um dos seguintes marcos do desenvolvimento da amizade acontecem?

    _____ (A) Mais de metade das crianças passa 30% do tempo com um amigo.
    _____ (B) Algumas crianças mostram sinais de preferência por parceiros(as) para brincar.
    _____ (C) Cerca de 20% das crianças têm um parceiro estável para brincar.

As respostas para as perguntas deste capítulo encontram-se na página 524. Para uma lista de palavras-chave, consulte a página 537.

A Criança Integral em Ação

Aplique o que você aprendeu sobre o desenvolvimento na segunda infância

Realize sua pesquisa

Fala interior

Como você aprendeu no Capítulo 8, Vygotsky propôs uma teoria do desenvolvimento cognitivo em que a fala interior desempenha um papel importante. Você pode observar crianças usando fala interior em uma sala de aula de pré-escola. (Lembre-se de obter autorização das autoridades da escola e dos pais da criança.) Concentre-se em uma criança de cada vez, mantendo um registro das declarações da criança dirigidas a si mesma. Determine quais afirmativas parecem ter o intuito de orientar o comportamento, como Vygotsky sugeria. Um exemplo de uma declaração desse tipo seria a do pré-escolar dizer "isso vai aqui" enquanto monta um quebra-cabeças. Depois de coletar dados de várias crianças, decida se você concorda com a ênfase de Vygotsky na fala privada.

Monte seu portfólio

1. Use a internet para encontrar contos populares de diferentes culturas que envolvam falsas crenças. Por exemplo, na história europeia *Gingerbread man* [*O homem do pão de gengibre*], um fugitivo é enganado por uma raposa e acaba sendo comido. Na história africana *The lion and the hare* [*O leão e a lebre*], a esperteza de uma lebre permite que ela engane um leão para não ser por ele devorada. Crie uma bibliografia comentada dos contos e inclua informações sobre como cada um poderia ser utilizado para facilitar a teoria do desenvolvimento da mente em crianças pequenas. Elabore uma fundamentação para utilizar essas histórias para ajudar as crianças a aprenderem sobre diferenças culturais.
2. Desenvolva uma apresentação multimídia para pais e professores de pré-escola que explique o desenvolvimento da empatia. A apresentação deve incluir uma definição de empatia e uma explicação de por que ela é importante nas relações humanas. Ela deve explicar fatores que contribuem para o desenvolvimento da empatia e como pais e professores podem facilitar seu desenvolvimento. Também deve haver informações sobre os riscos associados ao não desenvolvimento da empatia.

A Criança Integral em Foco

Fundamentos do desenvolvimento físico, cognitivo e socioemocional: uma visão integrada

Volte a pensar no contraste entre Madeleine, de 2 anos, e sua irmã, Marcy, de 6, sobre as quais você leu no início dessa unidade. Agora que Madeleine fez 6 anos, vamos examinar rapidamente como foi o desenvolvimento dela.

Desde pequena, Madeleine gostava de entreter os outros e assim começou a fazer aulas de dança aos 3 anos. À medida que seu **sentido vestibular** e suas **habilidades motoras fundamentais** evoluíam, suas habilidades de dança foram pouco a pouco se aperfeiçoando. Aos 6 anos, sua proficiência física crescente contribui tanto para seu prazer com as aulas de dança quanto por seu amor pela representação.

Marcos do equilíbrio na segunda infância (p. 208)

Marco	Idade
Equilibra-se sobre um dos pés por 3 a 4 segundos.	3 anos
Caminha sobre uma barra de ginástica de 10 centímetros usando passos alternados.	3 anos
Equilibra-se sobre um dos pés por 10 segundos.	4 anos
Caminha sobre uma barra de ginástica de 5 centímetros usando passos alternados.	4 anos
Pula sete a nove vezes sobre um pé.	5 anos
É proficiente em saltos com os dois pés com deslocamento.	6 anos

Partes do cérebro (p. 122)

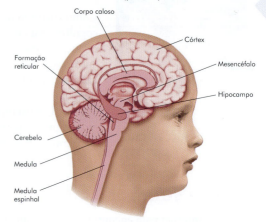

À medida que o **hipocampo** dela se desenvolve, a capacidade de Madeleine de memorizar algumas linhas de texto se aperfeiçoa rapidamente, o que sustenta seu interesse crescente em representar histórias.

Pensando sobre os caminhos do desenvolvimento

1. Sendo uma criança extrovertida, Madeleine aprendeu movimentos de dança com suas habilidades motoras emergentes. Que escapes alternativos para suas habilidades motoras ela poderia ter encontrado se tivesse uma personalidade tímida (introvertida)?
2. Madeleine frequenta uma pré-escola que emprega uma abordagem desenvolvimentista. Em uma escola de orientação acadêmica, como os professores poderiam responder a seu desejo de criar histórias e redigi-las com uma ortografia inventada? Como essas respostas poderiam afetar o desenvolvimento dela nos domínios socioemocional e cognitivo?
3. Madeleine possui boas habilidades sociais, mas como os resultados desenvolvimentistas dela no domínio socioemocional poderiam ter sido diferentes se ela se comportasse agressivamente com seus pares?

Estágios cognitivo-desenvolvimentistas de Piaget (p. 62)

Idades aproximadas	Estágio
Nascimento aos 24 meses	Sensório-motor
24 meses aos 6 anos	Pré-operatório
6 a 12	Operatório-concreto
12+	Operatório-formal

Aos 6, Madeleine muitas vezes utiliza bonecas e bichinhos de pelúcia para desempenhar papéis nas histórias que encena, usando vozes diferentes para cada personagem. Segundo Piaget, essas formas complexas de fingir refletem **esquemas figurativos** que as crianças desenvolvem no **estágio pré-operatório**.

Além disso, aos 6 anos, melhoramentos na **eficiência operacional** da memória de curto prazo de Madeleine permitem que ela acompanhe os caracteres e enredo das histórias.

O sistema de processamento de informações (p. 64)

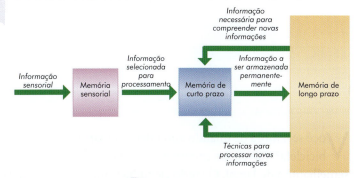

Ortografia inventada (p. 250)

Com a compreensão dos estados mentais dos outros típica de crianças de 6 anos, ou **teoria da mente**, Madeleine progrediu da memorização de histórias para a criação de sua próprias histórias. Ela utiliza seu vocabulário em rápida expansão para criar histórias, graças ao **mapeamento rápido**, e suas habilidades de **ortografia inventada** para escrevê-las. Madeleine frequenta uma escola que utiliza uma **abordagem desenvolvimentista** na educação de segunda infância, e os professores encorajam todos os esforços dela.

Madeleine com frequência assume o comando das atividades do **brincar cooperativo** com seus pares, atribuindo papéis aos outros e lembrando-os de como eles devem se comportar nesses papéis, tendência que surge dos **esquemas operativos** emergentes governados por regras que caracterizam os últimos anos do estágio pré-operatório de Piaget. Por exemplo, Madeleine converte seu **conhecimento dos papéis sexuais** em regras quando ela insiste que as crianças que desempenham o papel de "mamãe" sejam "simpáticas" e as que desempenham o papel de "papai" falem com voz grave.

Estágios psicossociais de Erikson (p. 54)

Nascimento a 1 ano	Confiança *versus* desconfiança
1 a 3	Autonomia *versus* vergonha e dúvida
3 a 6	Iniciativa *versus* culpa
6 a 12	Produtividade *versus* inferioridade
12 a 18	Identidade *versus* confusão de papéis
18 a 30	Intimidade *versus* isolamento
30 à velhice	Generatividade *versus* estagnação
Velhice	Integridade do ego *versus* desesperança

As outras crianças aceitam a orientação de Madeleine porque ela possui boas **habilidades sociais**. Embora ela tivesse um temperamento difícil quando pequena, com o auxílio de estratégias de **regulação emocional** que aprendeu na pré-escola (p. ex., usar palavras em vez de agir agressivamente), aprendeu a influenciar os outros sem ser percebida como mandona. Ao agir assim, ela realizou a tarefa psicossocial da segunda infância, segundo Erikson, de adquirir um senso de **iniciativa**.

Unidade Quatro

Meninice

Você se lembra de quando aprendeu a andar de bicicleta? Talvez sua experiência tenha sido semelhante à de Jamal. Quando ele tinha 6 anos, seus pais lhe deram uma bicicleta pequena com rodinhas auxiliares. Jamal adorava pedalar pela rua e se sentia incrivelmente adulto quando os "meninos grandes" deixavam ele andar junto com eles.

Um dia, Jamal e seus novos "parceiros de pedalada" desafiaram-se a subir de bicicleta até o topo de uma ladeira de terra que havia no fim da rua. A brincadeira tinha uma regra simples: quem não conseguisse chegar ao alto estava fora. Jamal esperou pacientemente por sua vez e torcia pelas outras crianças enquanto cada uma tentava alcançar o alto da ladeira. Por fim, chegou a vez dele. Ele pedalou até a base da ladeira e começou a subir. Mas, para seu desalento, as rodinhas ora ou outra emperravam. Ele as soltava e recomeçava, mas logo as outras crianças começaram a gritar: "Você está fora! Saia da ladeira! Você vai pra casa agora".

Sentindo-se pior do que nunca, Jamal foi para casa o mais rápido que pôde e implorou ao pai que retirasse as rodinhas de sua bicicleta. O pai, Raul, não tinha certeza se o menino estava pronto para isso, mas, tocado pela intensidade do pedido do filho, relutantemente retirou as rodinhas. "Eu vou te ajudar a aprender a se equilibrar", disse Raul.

"Não, eu posso fazer isso sozinho", respondeu Jamal com confiança. Mas, em sua primeira tentativa, ele caiu para o lado e foi parar embaixo da bicicleta. Abatido por sua primeira experiência, o menino aceitou a ajuda oferecida pelo pai.

Jamal voltou à bicicleta e começou a pedalar, mas dessa vez o pai corria a seu lado e endireitava o menino com a mão toda vez que ele começava a perder o equilíbrio. Depois de 10 dias de prática com o pai, Jamal finalmente foi capaz de percorrer todo o caminho de acesso sem cair. Depois de conseguir percorrer o caminho da garagem ao portão de entrada

quatro vezes, ele cautelosamente se aventurou a andar na rua. Para sua satisfação, descobriu que finalmente já era um "menino grande" de verdade, capaz de andar de bicicleta sem rodinhas. Ele mal podia esperar para brincar de subir a ladeira com seus amigos.

Nesse ponto de seu estudo do desenvolvimento infantil, você provavelmente reconhece que a história de Jamal representa a intersecção de várias rotas de desenvolvimento. Avanços no desenvolvimento físico são imprescindíveis para aprender a andar de bicicleta. O desenvolvimento cognitivo está em operação em sua compreensão de brincadeiras com regras, como a que ele e seus amigos tinham inventado. Entretanto, o que torna as experiências de Jamal únicas são as respostas emocionais e comportamentais com que sua personalidade, autoconceito e história de relacionamento contribuem para a equação desenvolvimentista.

Os cientistas do desenvolvimento nem sempre apreciaram a importância das mudanças que ocorrem no domínio socioemocional durante a meninice, o período entre 6 e 12 anos. Isso porque as mudanças cognitivas que ocorrem durante esse período, especialmente em seu início, são tão drásticas que, por décadas, a pesquisa sobre desenvolvimento cognitivo dominou o interesse dos cientistas do desenvolvimento em relação a esse período. A essência dessas mudanças é um movimento da confiança nas aparências para uma busca de regras subjacentes. O resultado é uma mudança profunda na qualidade do pensamento das crianças, mudança que foi observada em todas as culturas do mundo.

Em décadas recentes, os cientistas do desenvolvimento aprenderam que a busca por regras que ocorre nessa idade se estende ao mundo social. Por exemplo, os autoconceitos das crianças começam a se basear em comparações sistemáticas entre suas identidades pessoais reais e ideais. A amizade é compreendida como mais do que apenas uma fugaz associação entre crianças que casualmente estão próximas ou gostam dos mesmos brinquedos. O gênero também é um aspecto da experiência que, para a criança em idade escolar, serve como um princípio organizador em torno do qual ela constrói uma representação mental de um mundo governado por regras.

Nos capítulos 10, 11 e 12, você vai encontrar essas e outras mudanças que marcam o período dos 6 aos 12 anos como distinto daqueles que o antecederam e que preparam a criança para a adolescência que está por vir. O Capítulo 10 aborda o domínio físico. As notáveis mudanças no pensamento mencionadas anteriormente são o tema do Capítulo 11. E o Capítulo 12 explora o domínio socioemocional.

A criança integral em foco

Mantenha a história de Jamal em mente durante a leitura dos próximos três capítulos, e considere como aspectos do desenvolvimento físico, cognitivo e socioemocional podem interagir durante a passagem dele pelo período da meninice. Que tipo de pessoa você acha que Jamal será no futuro? No final desta unidade, examinaremos como o desenvolvimento de Jamal muda à medida que ele passa dos 6 aos 12 anos.

10

Desenvolvimento Físico e Saúde na Meninice

As crianças em idade escolar têm um tipo maravilhoso de confiança espontânea em seus corpos. A hesitação e rigidez da segunda infância se foram, e as incertezas da puberdade ainda não começaram. Crianças dessa idade podem transitar no mundo com habilidade e começar a praticar esportes com real entusiasmo. É um prazer observar crianças dessa idade nos pátios ou em seus bairros. Elas com frequência têm uma espécie de intenso entusiasmo por sua atividade física.

As mudanças ocultas nos corpos das crianças que permitem os movimentos que conhecemos tão bem – andar de bicicleta, subir, pular, saltar, etc. – são o primeiro tópico discutido neste capítulo. Evidentemente, a meninice tem seus riscos e desafios, e por isso a discussão do domínio físico nesta fase aborda as questões de saúde logo depois. Na seção final do capítulo você vai aprender sobre várias dificuldades comportamentais e emocionais que surgem entre os 6 e 12 anos.

Mudanças físicas

Imagine uma disputa de corrida a pé entre uma criança de 6 e outra de 12 anos. Ainda que possa haver exceções a essa generalização, as chances são definitivamente em favor da criança mais velha. Com toda a probabilidade, a criança de 12 anos não apenas vai superar a criança de 6 anos em velocidade, mas também vai mostrar mais força, agilidade e resistência. Essas diferenças se devem a um grande número de mudanças qualitativas ocultas que ocorrem nos principais sistemas corporais das crianças entre 6 e 12 anos.

OBJETIVOS DA APRENDIZAGEM

Mudanças físicas

10.1 Em que aspectos os sistemas corporais das crianças mudam durante o período da meninice?

10.2 Quais mudanças ocorrem no cérebro durante esses anos?

10.3 Como se aperfeiçoam as habilidades motoras e perceptuais entre 6 e 12 anos?

Saúde e bem-estar

10.4 Quais são as necessidades de assistência médica de crianças em idade escolar?

10.5 Como doenças agudas e crônicas afetam a vida das crianças em idade escolar?

10.6 Quais tendências de ferimentos e mortalidade são evidentes durante a meninice?

10.7 Em que aspecto o ganho excessivo de peso ameaça a saúde imediata e futura de crianças em idade escolar?

10.8 Quais são os riscos associados ao diabete do tipo 1 e tipo 2?

10.9 Qual é o impacto da condição socioeconômica na saúde das crianças?

10.10 Por que é importante incentivar as crianças em idade escolar a desenvolver bons hábitos de saúde?

Desenvolvimento atípico

10.11 Quais são as características do transtorno de déficit de atenção/hiperatividade e como ele é tratado?

10.12 Quais são as características do transtorno desafiador de oposição?

10.13 O que é o transtorno da conduta com início na infância?

10.14 Como a depressão afeta a vida de crianças em idade escolar?

> **OBJETIVO DA APRENDIZAGEM 10.1**
> Em que aspectos os sistemas corporais das crianças mudam durante o período da meninice?

Mudanças de tamanho, forma e função

Entre 6 e 12 anos, as crianças crescem de 5 a 7,6 centímetros e ganham cerca de 2,7 quilos por ano. As meninas nessa faixa etária estão à frente dos meninos em sua taxa global de crescimento. Aos 12, as meninas atingiram cerca de 94% de sua altura adulta, ao passo que os meninos atingiram apenas 84% (Tanner, 1990). As meninas têm um pouco mais de gordura corporal e um pouco menos de tecido muscular que os meninos. Embora essas sejam mudanças visíveis, os processos desenvolvimentistas que as conduzem costumam ficar ocultos.

Crescimento dos ossos Os ossos amadurecem de modo tão regular e previsível que os médicos usam a **idade óssea** como a melhor medida da maturação física de uma criança, utilizando radiografias da mão e do punho para julgar o estágio de desenvolvimento do punho e dos dedos das mãos. Em geral, os ossos continuam se ossificando, ou endurecendo, durante esse período, com especial atividade em pontos nas extremidades dos ossos longos (ossos das pernas e dos braços e ossos dos dedos) chamados *epífises*. Quando as epífises estão completamente ossificadas, o osso para de crescer e a altura, o comprimento dos braços e o comprimento das pernas da criança estão definidos (Tanner, 1990). Esses processos ocorrem em todos os ossos ao menos em alguma medida durante o ensino fundamental. Entretanto, como observado no Capítulo 3, os esqueletos das meninas amadurecem em uma taxa mais rápida do que os dos meninos. Aos 12 anos, os meninos estão em média cerca de dois anos atrás das meninas no desenvolvimento esquelético. É por isso que meninas de 12 anos estão mais perto de atingir sua altura adulta do que os meninos de 12 anos.

O processo de desenvolvimento ósseo nos dá um argumento poderoso em favor da intensificação dos exercícios ou atividades físicas para crianças. As crianças que se exercitam mais agregam mais cálcio a seus ossos (Greer, 2005). A absorção de cálcio durante a infância é um fator importante que contribui para o nível de cálcio nos ossos de jovens adultos. Também é importante o fato de que a densidade óssea atinge o auge na vida adulta inicial e permanece estável até em torno dos 35 anos, quando o teor de cálcio nos ossos começa a diminuir. Esse declínio pode ser retardado mantendo o exercício e ingerindo uma dieta rica em cálcio, mas a perda de cálcio não pode ser totalmente prevenida. Assim, durante a infância, uma dieta rica em cálcio e um estilo de vida que inclua exercícios são fatores essenciais na saúde óssea adulta.

Hormônios Como você aprendeu no Capítulo 7, o sistema endócrino influencia fortemente o crescimento e desenvolvimento físico. Durante a meninice, as glândulas do sistema endócrino mudam gradualmente para preparar o corpo para as profundas mudanças que vão ocorrer durante a maturação sexual, ou *puberdade*. Por exemplo, como mostra a Figura 10.1, as secreções das suprarrenais permanecem em níveis muito baixos até mais ou menos os 7 anos, quando então elas começam a produzir *andrógenos* em quantidades muito maiores (Rosenthal e Gitelman, 2002). No Capítulo 3, você aprendeu que os andrógenos pré-natais são necessários para o desenvolvimento dos genitais masculinos. Acredita-se que esses hormônios contribuem para o aumento da massa muscular que ocorre nas crianças durante a meninice (Tanner, 1990). Além disso, eles desempenham um papel no crescimento dos ossos e também preparam as células das glândulas sexuais, ou *gônadas*, para secretarem hormônios que iniciam o processo da puberdade (mais sobre isso no Capítulo 13).

Força e resistência À medida que a massa muscular aumenta na meninice, também aumenta a força. Meninos e meninas diferem na força em dois aspectos (Gabbard, 2008). Primeiro, os meninos superam as meninas em medidas de força, incluindo tarefas que envolvem o uso dos músculos para aplicar pressão a um dispositivo usado para medir a força muscular (tais como a força da mão). Segundo, a proporção da força para tamanho do corpo é maior entre meninos. Assim, os meninos requerem menos esforço do que as meninas para mover seus corpos no espaço. Tanto meninos quanto meninas se tornam mais fortes durante a meninice, mas em média as meninas não se nivelam com os meninos. Além disso, na puberdade a diferença de força se alarga consideravelmente em favor dos meninos.

A capacidade das crianças para atividade física prolongada, sua **resistência**, também aumenta acentuadamente durante a meninice (Gabbard, 2008). Se você observar pré-escolares brincando nos pátios, você vai notar que eles apresentam breves explosões de atividade física seguidas por períodos de descanso. Crianças em idade escolar mostram um padrão semelhante, mas seus períodos de atividade

---

idade óssea medida da maturação física de uma criança que se baseia em radiografias da mão e do punho.

resistência capacidade para atividade física prolongada.

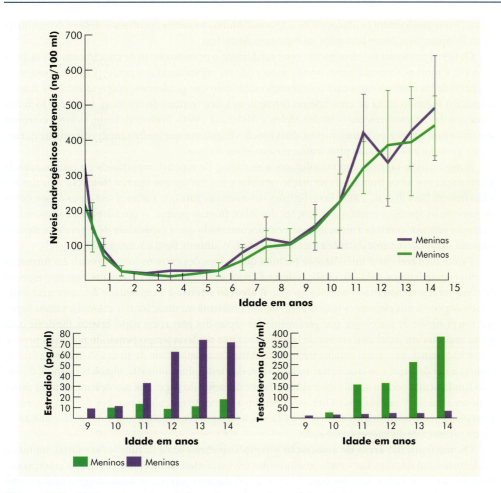

Figura 10.1 Mudanças nos hormônios antes e durante a adolescência.

O gráfico no alto mostra as mudanças nos andrógenos adrenais, que são equivalentes em meninos e meninas; os gráficos de baixo mostram aumentos no estradiol para meninas (em picogramas por mililitro) e testosterona para meninos (em nanogramas por mililitro).

(*Fontes:* Dados sobre andrógenos de M.K. McClintock e G. Herdt, de "Rethinking Puberty: The Development of Sexual Attraction", *Current Directions in Psychological Science,* Vol. 5, No. 6 (December 1996), p. 181, Fig. 2. Reproduzido com permissão de Blackwell Publishers. Dados sobre estradiol e testosterona, de Elizabeth Susman, Fig. 2 de "Modeling Developmental Complexity in Adolescence: Hormones and Behavior in Context", *Journal of Research on Adolescence,* 7, 1997. Reproduzido com permissão de Blackwell Publishers.)

são mais longos e seus períodos de descanso mais curtos do que os de crianças menores, porque elas possuem mais resistência.

As mudanças de resistência estão relacionadas ao crescimento do coração e dos pulmões, o que é especialmente evidente durante os anos mais avançados da meninice. Essas mudanças permitem que os corpos das crianças captem mais oxigênio e o distribuam pelo corpo com mais eficiência. Durante os anos iniciais do período da meninice, meninos e meninas apresentam um grau equivalente de resistência. Ambos os sexos demonstram um aumento de resistência em torno dos 10 anos, mas o aumento é muito maior nos meninos do que nas meninas (Gabbard, 2008). Os meninos mantêm sua vantagem em resistência sobre as meninas durante os anos da puberdade.

O cérebro e o sistema nervoso

Dois grandes surtos de crescimento ocorrem no cérebro durante a meninice (Spreen, Risser e Edgell, 1995). Na maioria das crianças saudáveis, o primeiro ocorre entre os 6 e

> **OBJETIVO DA APRENDIZAGEM 10.2**
> Quais mudanças ocorrem no cérebro durante esses anos?

8 anos, e o segundo entre as idades de 10 e 12 anos. Ambos os surtos envolvem o desenvolvimento de novas sinapses, bem como aumentos na espessura do córtex.

Os principais locais de crescimento cerebral durante o primeiro surto de crescimento são as áreas sensorial e motora. O crescimento nessas áreas pode ser relacionado aos notáveis aperfeiçoamentos nas habilidades motoras finas e na coordenação olho-mão que geralmente ocorrem entre 6 e 8 anos. Durante o segundo surto de crescimento cerebral, os lobos frontais do córtex se tornam o foco dos processos de desenvolvimento (van der Molen e Molenaar, 1994). Previsivelmente, as áreas cerebrais que governam a lógica e o planejamento, duas funções cognitivas que melhoram drasticamente durante esse período, estão situadas principalmente nos lobos frontais.

A mielinização também continua durante a meninice. De especial importância é a continuação da mielinização dos lobos frontais, da formação reticular e dos nervos que ligam a formação reticular aos lobos frontais (Sowell et al., 2003). Essas ligações são essenciais para que a criança seja capaz de aproveitar plenamente os aperfeiçoamentos nas funções dos lobos frontais porque, como talvez você se recorde, a formação reticular controla a atenção. Está bem documentado que a capacidade de controlar a atenção aumenta significativamente durante a meninice (Wetzel, Widmann, Berti e Schröger, 2006).

Parece provável que a mielinização permita que as ligações entre os lobos frontais e a formação reticular operem juntas para que crianças de 6 e 12 anos sejam capazes de desenvolver um tipo especial de concentração denominado *atenção seletiva*. A **atenção seletiva** é a capacidade de concentrar a atividade cognitiva nos elementos importantes de um problema ou situação. Por exemplo, vamos supor que seu professor de psicologia, que geralmente faz cópias das provas em papel branco, lhe desse uma prova impressa em papel azul em vez de branco. Você não perderia tempo pensando por que a prova é azul e não branca. Esse é um detalhe irrelevante. Assim, sua capacidade de atenção seletiva irá fazê-lo ignorar a cor do papel e se concentrar nas questões dos testes. Em contraste, algumas crianças do ensino fundamental podem ser tão distraídas pela cor diferente do papel que seu desempenho na prova pode ser afetado. À medida que os nervos que ligam a formação reticular e os lobos frontais se tornam mais plenamente mielinizados entre os 6 e 12 anos, as crianças começam a funcionar mais como adultos na presença de distrações como essas.

Os neurônios das **áreas de associação** – regiões cerebrais onde as funções sensorial, motora e intelectual estão interligadas – estão mielinizados em certa medida na época em que as crianças entram na meninice. Entretanto, dos 6 aos 12 anos, as células nervosas nessas áreas atingem mielinização quase completa. Os neurocientistas acreditam que esse avanço no processo de mielinização contribui para aumentos na velocidade de processamento das informações. Por exemplo, vamos supor que você pedisse a uma criança de 6 anos e a uma criança de 12 anos que identificassem fotografias de coisas comuns – uma bicicleta, uma maçã, uma escrivaninha, um cão – com a maior rapidez possível. Ambas as crianças saberiam o nome das coisas, mas a criança de 12 anos seria capaz de dizer o nome delas com muito mais rapidez do que a criança de 6 anos. Esses aumentos na velocidade de processamento provavelmente contribuem para aperfeiçoamentos nas habilidades de processamento de informações, sobre as quais você vai ler no Capítulo 11 (Kail, 1990; Li, Lindenberger, Aschersleben, Prinz e Baltes, 2004). Além disso, esses aperfeiçoamentos na função da memória se estendem para o domínio socioemocional, por causa dos processos cognitivos envolvidos no desenvolvimento do autoconceito da criança e de sua compreensão do mundo social.

Estudos envolvendo crianças com deficiências auditivas sugerem que o desenvolvimento das áreas de associação é fortemente influenciado pela experiência. Por exemplo, constatou-se que as áreas de associação auditiva não se desenvolvem em crianças que ficam surdas antes do desenvolvimento da linguagem falada (Sharma, Dorman e Kral, 2005). Além disso, o desenvolvimento da área de associação auditiva é facilitado quando a audição dessas crianças é restituída com *implantes cocleares*. Contudo, crianças surdas devem receber o implante coclear antes dos 7 anos para que as áreas de associação auditiva se desenvolvam o suficiente para permitir a compreensão da fala (Sharma, Dorman e Kral, 2005; Sharma, Dorman e Spahr, 2002).

Outro avanço importante na meninice ocorre no hemisfério cerebral direito, com a lateralização da **percepção espacial**, a capacidade de identificar e agir de acordo com as relações entre objetos no espaço. (Você deve se recordar do Capítulo 7 que *lateralização* é o processo mediante o qual as funções cerebrais são atribuídas a um hemisfério ou ao outro.) Por exemplo, quando você imagina a aparência que uma sala teria caso os móveis fossem dispostos de maneira diferente, você está utilizando percepção espacial. A percepção de objetos tais como rostos se lateraliza antes dos 6 anos. Entretanto, a percepção espacial complexa, como aquela necessária para ler mapas, só se torna fortemente lateralizada depois dos 8 anos.

A criança integral em foco

Como Jamal usa o amadurecimento de sua capacidade de concentração? Descubra na página 392.

atenção seletiva capacidade de concentrar a atividade cognitiva nos elementos importantes de um problema ou situação.

áreas de associação regiões cerebrais onde funções sensoriais, motoras e intelectuais se ligam.

percepção espacial capacidade de identificar e agir de acordo com relações entre objetos no espaço.

Um teste comportamental da lateralização da percepção espacial utilizado com frequência pelos neurocientistas envolve a **orientação direito-esquerdo relativa**, a capacidade de identificar direita e esquerda de múltiplas perspectivas. Esses testes mostram que a maioria das crianças com menos de 8 anos sabe a diferença entre sua direita e esquerda. Tipicamente, contudo, apenas crianças com mais de 8 anos compreendem a diferença entre afirmativas como "Está à sua direita" e "Está à minha direita". A lateralização da função espacial pode estar relacionada à aumentada eficiência com a qual crianças mais velhas aprendem conceitos de matemática e estratégias de resolução de problemas. Além disso, ela está correlacionada com o desempenho em tarefas de conservação de Piaget (van der Molen e Molenaar, 1994).

Alguns pesquisadores propõem que diferenças nas experiências visuais explicam diferenças sexuais na percepção espacial e na função relacionada de **cognição espacial**, a capacidade de inferir regras e fazer previsões sobre o movimento dos objetos no espaço. Por exemplo, quando você está dirigindo em uma via de duas pistas e julga se há espaço suficiente para ultrapassar um carro a sua frente, você está usando cognição espacial. Desde tenra idade, os meninos têm em média desempenho muito melhor do que as meninas nessas tarefas espaciais, talvez por causa das preferências dos meninos no brincar (Hyde, 2005). Alguns pesquisadores alegam que o maior interesse dos meninos por atividades construtivas, tais como construir com blocos, ajuda-os a desenvolver uma percepção espacial mais aguda. Estudos que demonstram que a diferença de gênero na cognição espacial é maior em crianças de famílias de classe média e alta do que em famílias de classe baixa parecem apoiar essa visão, presumivelmente porque famílias com maiores recursos econômicos têm mais condições de prover os materiais lúdicos que os meninos solicitam especificamente (Bower, 2005).

orientação direito-esquerdo relativa capacidade de identificar direita e esquerda de múltiplas perspectivas.

cognição espacial capacidade de inferir regras e fazer previsões sobre o movimento dos objetos no espaço.

Desenvolvimento motor e perceptual

Graças à crescente maturidade dos sistemas esqueletal e muscular e à crescente capacidade para atividade continuada, as crianças se tornam cada mais proficientes em habilidades como andar de bicicleta durante a meninice. A maturação do cérebro que ocorre durante esses anos também contribui para os avanços nas habilidades motoras e para os aperfeiçoamentos na coordenação mão-olho que ocorrem na nesta fase (Thomas, Yan e Stelmach, 2000). Consequentemente, crianças em idade escolar realizam com mais habilidade atividades que requerem coordenação da visão com movimentos corporais, tais como lançar uma bola de basquete ou tocar um instrumento musical.

Talvez ainda mais significativo seja o aperfeiçoamento contínuo da coordenação motora fina da criança em idade escolar. Os aperfeiçoamentos da coordenação motora fina tornam possível escrever, além de desenhar, cortar e muitas outras tarefas e atividades. Algumas habilidades esportivas, tais como dar o saque no tênis, também envolvem coordenação motora fina. Esses usos habilidosos das mãos se tornam possíveis pela maturação do punho, que ocorre mais rapidamente nas meninas do que nos meninos (Tanner, 1990).

Avanços nas habilidades motoras gerais e finas interagem para permitir que as crianças desenvolvam habilidades esportivas como golpear uma bola de beisebol. Consequentemente, muitas crianças começam a participar de esportes organizados na época em que entram na escola. Entretanto, a maioria dos especialistas diz que as crianças devem passar os primeiros anos da escola aprendendo e aprimorando habilidades básicas, ou seja, as *habilidades de movimento fundamentais* discutidas no Capítulo 7. Talvez você se recorde, por exemplo, que as habilidades de movimento fundamentais envolvidas no correr incluem balançar os braços, sincronizar o movimento de braços e pernas, encostar no chão com o pé de apoio no ângulo certo, e assim por diante. Idealmente, as crianças devem praticar habilidades de movimento fundamentais no contexto de atividades que sejam divertidas e que envolvam tanto movimento quanto possível. Entre as atividades esportivas, futebol e natação são particularmente propensas a satisfazer essas condições, não apenas porque todos tendem a fazer ao menos algum exercício aeróbico, mas também porque as habilidades básicas estão dentro da capacidade de crianças de 6 e 7 anos. Já o beisebol não é

> **OBJETIVO DA APRENDIZAGEM 10.3**
> Como se aperfeiçoam as habilidades motoras e perceptuais entre 6 e 12 anos?

> **A criança integral em foco**
> Como Jamal tem feito bom uso de suas habilidades motoras finas cada vez melhores? Descubra na página 392.

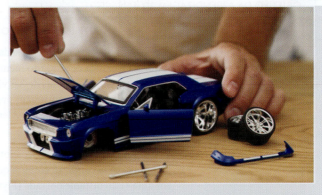

Crianças em idade escolar gostam de atividades que lhes permitem praticar suas habilidades motoras finas em rápido aperfeiçoamento.

Quando meninos e meninas em idade escolar participam de esportes mistos, a força e a resistência superiores dos meninos são contrabalançadas pela melhor coordenação motora das meninas.

um bom esporte para a maioria das crianças dessa idade porque requer boa coordenação olho-mão para golpear ou apanhar a bola, coordenação que a maioria das crianças de 7 anos ainda não têm. Em torno dos 10, muitas crianças estão prontas para esportes como beisebol e basquete, mas vários outros esportes, como o tênis, ainda são difíceis para uma criança mediana dessa idade.

Além disso, o desempenho nos esportes envolve mais do que apenas habilidades motoras. Por exemplo, a capacidade das crianças de praticar qualquer esporte que envolva acompanhar o movimento de um objeto, como uma bola ou um disco no hóquei, depende de sua capacidade de distinguir o objeto em movimento do fundo. Essa é uma habilidade perceptual denominada **percepção figura-fundo**. Ela se desenvolve gradualmente dos 4 aos 13 anos (Gabbard, 2008). Quando uma criança tem que responder a um objeto em movimento, sua percepção figura-fundo, coordenação visual-motora e habilidades motoras devem interagir efetivamente para permitir-lhe interceptá-la. Pesquisas sugerem que as habilidades perceptuais e motoras são suficientemente desenvolvidas para realizar essa proeza efetivamente aos 9 ou 10 anos (Gabbard, 2008).

Finalmente, o gênero também deve ser levado em conta na escolha dos esportes para crianças em idade escolar. Durante a meninice, diferenças sexuais na maturação esquelética e muscular fazem com que as meninas tenham melhor coordenação do que os meninos. Contudo, como dito anteriormente, elas têm menos resistência e um pouco menos força muscular do que os meninos. Assim, as meninas superam os meninos em esportes que requerem movimento coordenado, tais como ginástica, e os meninos são melhores quando a força e resistência são vantagens, como é o caso em todos os esportes que envolvem correr, pular, chutar e arremessar (Gabbard, 2008). Além disso, como ilustra a discussão *Ciência do desenvolvimento em casa*, na página a seguir, as diferenças de gênero contribuem para que as crianças se desliguem dos esportes no final do período da meninice.

Saúde e bem-estar

percepção figura-fundo capacidade de discriminar um objeto em movimento de seu fundo.

De modo geral, a maioria das crianças em idade escolar é mais saudável do que bebês e crianças pequenas. Elas têm menor probabilidade de morrer do que em qualquer outro período da infância e têm menos doenças. Contudo, elas continuam se beneficiando com assistência médica regular, e existem algumas preocupações de saúde sérias para crianças nessa faixa etária.

OBJETIVO DA APRENDIZAGEM 10.4
Quais são as necessidades de assistência médica de crianças em idade escolar?

Necessidades de assistência médica de crianças em idade escolar

Cerca de 80% das crianças em idade escolar nos Estados Unidos visitam um consultório ou clínica de saúde ao menos uma vez por ano (Bloom e Cohen, 2007). Como você vai aprender posteriormente, muitas dessas visitas são consequência de doenças crônicas e acidentes. Mas crianças em idade escolar continuam precisando de exames anuais de saúde para avaliar seu crescimento e tomar as vacinas necessárias. Além disso, elas precisam de exames odontológicos e oftalmológicos regulares.

miopia condição que resulta em visão distante borrada.

Visão Exames oftalmológicos rotineiros são um aspecto importante da puericultura de crianças na meninice. Uma condição comum que é diagnosticada nesses exames é a **miopia**, condição que resulta em uma visão distante borrada (Flynn, 1999). Lentes corretivas costumam ser prescritas para crianças que têm miopia. Acredita-se que a miopia seja fortemente influenciada pela hereditariedade. Assim, se você usa óculos, seus filhos provavelmente usarão.

CIÊNCIA DO DESENVOLVIMENTO EM CASA
Esportes para crianças

Aos 6 anos, Katara mal podia esperar para participar de seu primeiro jogo de futebol. Apesar de não ser a jogadora mais hábil do time, ela gostava de jogar com os amigos e, até os 11 anos, aguardava ansiosamente a temporada de futebol a cada ano. Em princípio, Katara, de 11 anos, estava entusiasmada com a perspectiva de jogar futebol com seus velhos amigos. Entretanto, depois de sua segunda sessão de treinamento, Katara começou a se queixar de ter que ir treinar e implorou aos pais para parar. Por fim os pais concordaram, temendo que insistir que Katara honrasse seu compromisso com o time fizesse com que ela rejeitasse todas as formas de atividade física.

A história de Katara não é incomum. Muitas crianças participam de esportes por muitos anos e depois perdem o interesse. Por quê? Uma das razões pelas quais meninas como Katara param de praticar esportes é que elas não querem ser vistas como excessivamente masculinas. Estudos demonstram que as talentosas jogadoras de basquete que continuam jogando após a puberdade são aquelas que encontraram uma forma de incorporar positivamente a atividade esportiva a suas identidades e ao mesmo tempo manter uma autopercepção feminina fora das quadras (Shakib, 2003).

Um fator mais importante na decisão das crianças mais velhas de abandonar os esportes, que se aplica tanto aos meninos quanto às meninas, é a forte ênfase à competição e vitória que existe em muitos programas esportivos (Anshel, 1990). Crianças de 6 e 7 anos se envolvem nos esportes mais porque têm prazer em mover seus corpos do que pelo desejo de derrotar o adversário, mas os treinadores em muitos esportes organizados dão mais ênfase à vitória do que ao divertimento, ao jogo limpo ou mesmo ao exercício – processo às vezes chamado de "profissionalização do esporte" (Hodge e Tod, 1993).

Além disso, os técnicos amadores muitas vezes têm pouca compreensão das habilidades motoras normais entre crianças de 6 e 7 anos. Quando veem uma criança que ainda não consegue arremessar uma bola com habilidade ou que se atrapalha para chutar, eles a rotulam de "desastrada" ou "descoordenada". A partir de então, esses meninos e meninas perfeitamente normais recebem pouco tempo ou incentivo para jogar. Essas crianças abandonam os esportes aos 10 ou 11 anos porque têm a clara impressão de que "não são boas o suficiente" (Anshel, 1990).

Os pais que querem incentivar seus filhos a participar de esportes organizados devem procurar programas que não enfatizem a competição e que ofereçam treinamento de habilidades e encorajamento a todas as crianças. Eles também devem atentar para não forçar ou ir rápido demais, para evitar que as crianças desenvolvam a ideia de que elas não podem satisfazer as expectativas dos pais ou dos treinadores, ideia que certamente vai tirar toda a graça de jogar. Finalmente, os pais devem tentar garantir que suas filhas cresçam acreditando que a atratividade física não é a coisa mais importante na vida.

Questões para reflexão

1. Como treinador de um time de beisebol formado por meninos e meninas de 7 anos, como você administraria os diferentes níveis de habilidade e expectativas das crianças?
2. Como os pais de uma menina de 11 anos fisicamente talentosa que quer abandonar a prática esportiva poderiam lidar com a situação?

Deixar de corrigir a miopia em crianças em idade escolar diminui a informação visual que seus sistemas de processamento de informações em desenvolvimento recebe. Consequentemente, elas podem perder oportunidades de aprendizagem essenciais. Além disso, a miopia é progressiva, portanto as crianças precisam de exames oftalmológicos regulares e óculos novos.

Algumas crianças possuem excelente acuidade visual, mas ainda têm problemas de visão. *Convergência* é o movimento de ambos os olhos para dentro no grau necessário para focar algo que está relativamente perto dos olhos. Uma vez que ela desempenha um papel importante na leitura, muitos oftalmologistas recomendam que a avaliação da convergência seja incluída nos exames oftalmológicos de rotina.

Os 3 a 5% das crianças que sofrem de **insuficiência de convergência** são incapazes de mover os olhos para dentro no grau necessário para focar objetos próximos (Bartiss, 2007). Consequentemente, quando elas tentam ler, experimentam visão dupla, fadiga dos olhos e dores de cabeça. Esses sintomas as fazem evitar a leitura. Uma vez que geralmente as crianças são incapazes de explicar qual é o problema, seu comportamento é erroneamente interpretado como preguiça, desobediência ou indício de um problema de atenção. Felizmente, quando devidamente diagnosticado, a insuficiência de convergência pode ser corrigida com *terapia visual*, exercícios que gradualmente alteram o movimento dos olhos em resposta a objetos próximos (Scheiman et al., 2005).

insuficiência de convergência incapacidade de mover ambos os olhos para dentro no grau necessário para focar objetos próximos.

Assistência odontológica A perda de dentes de leite e erupção de dentes permanentes é um dos processos desenvolvimentistas universais que ocorre durante a meninice. As crianças perdem seu primeiro dente em torno dos 6 anos e o último em torno dos 11.

Felizmente, a prevalência de cáries (cavidades) dentárias é muito menor do que nas coortes de crianças do passado, graças ao acesso à assistência odontológica e à água potável suplementada com *flúor*, mineral que previne as cáries. Apesar dos declínios nas cáries, as crianças precisam de exames odontológicos regulares. Segundo a Academia Americana de Odontologia Pediátrica (American Academy of Pediatric Dentistry, 2001), exames regulares devem incluir as seguintes avaliações:

- Hábitos de cuidado dos dentes.
- Sobreposição de dentes permanentes.
- Padrão da oclusão; como os dentes se juntam.
- Saúde e posição dos dentes que ainda não sofreram erupção (por meio de radiografia).
- Necessidade de tratamento ortodôntico.
- Saúde e desenvolvimento dos ossos da boca e do maxilar.

> **OBJETIVO DA APRENDIZAGEM 10.5**
> Como doenças agudas e crônicas afetam a vida das crianças em idade escolar?

Doenças agudas e crônicas

Cerca de três quartos das crianças escolares nos Estados Unidos faltam pelo menos um dia na escola por ano devido a uma doença ou acidente (Bloom e Cohen, 2007). Crianças em idade escolar sofrem essencialmente dos mesmos tipos de doenças agudas que os pré-escolares, embora as infecções de ouvido possam ser significativamente menos frequentes na idade escolar por causa da maturação das estruturas do ouvido interno. Doenças crônicas fazem as crianças faltarem à escola de tempos em tempos. Infelizmente, embora as taxas gerais de mortalidade diminuam nesse período da vida, o suicídio aparece entre as principais causas de morte em alguns grupos étnicos.

Alergias De um quarto a um terço das crianças norte-americanas sofrem de **alergias**, reações imunológicas a substâncias chamadas *alérgenos* (Bloom e Cohen, 2007). Alérgenos comuns incluem esporos de fungos, pólen, pelos de animais e alguns alimentos. Algumas substâncias manufaturadas, como látex, também podem induzir reações alérgicas.

Crianças que têm alergias respiratórias experimentam espirros, nariz congestionado e infecções dos seios da face mais frequentes do que crianças que não sofrem de alergias (Shames, 2002). Alergias a alimentos também podem afetar o sistema respiratório, podendo causar erupção cutânea incômoda ou problemas gastrintestinais. As alergias são tratadas com controle ambiental – ou seja, evitando alérgenos. Além disso, os médicos prescrevem *anti-histamínicos* para crianças que sofrem de crises de alergia frequentes e antibióticos para infecções que costumam seguir essas crises. Em casos graves, os médicos prescrevem *esteroides* ou *tratamento de dessensibilização*, procedimento que envolve injetar pequenas doses de alérgenos nos pacientes.

Asma A causa mais frequente de ausência na escola para crianças dos 6 aos 12 anos é a **asma**, uma doença pulmonar crônica em que os indivíduos experimentam crises repentinas potencialmente fatais em que têm dificuldade para respirar. De acordo com autoridades de saúde pública, 14% das crianças nos Estados Unidos foram diagnosticadas com asma (Bloom e Cohen, 2007). A doença aparece tipicamente entre 5 e 7 anos e acredita-se que seja causada por hipersensibilidade a alérgenos como pó e pelos de animais (Overby, 2002).

Quando uma criança que tem asma entra em contato com esses irritantes, o revestimento de seus canais bronquiais se inflama. Em resposta, grande quantidade de muco é produzida, as vias aéreas ficam obstruídas e a criança precisa fazer esforço para respirar. Recentemente, descobriu-se que essa sequência de eventos é desencadeada quando os sistemas imunológicos dos acometidos por asma reagem a irritantes do ambiente como poeira, fragmentos da pele e pelos de animais domésticos, pólen e fumaça de cigarro como se eles fossem bactérias ou vírus que ameaçassem invadir as células que revestem os canais bronquiais e pulmões (Akbari et al., 2006). Essa reação resulta na produção de poderosas células "exterminadoras" nos canais bronquiais e pulmões, causando dano nas próprias células que as células exterminadoras deveriam proteger. Por enquanto não existem tratamentos disponíveis para prevenir essa resposta imune. Assim, os pesquisadores afirmam que a primeira linha de defesa contra a asma é ajudar as crianças a aprender a identificar e evitar os irritantes que desencadeiam as crises.

Os pais, evidentemente, desempenham um papel crítico na prevenção da asma e no manejo de seus sintomas. Por exemplo, os profissionais de saúde costumam encorajar os pais de crianças com asma a manter um ambiente doméstico que esteja o máximo possível livre de irritantes respiratórios, especialmente de fumaça de cigarro. Contudo, o nível de *educação em saúde* dos pais pode ser um

---

alergias reações imunes a substâncias chamadas alérgenos.

asma doença pulmonar crônica, caracterizada por crises súbitas e potencialmente fatais de dificuldade para respirar.

obstáculo significativo para os esforços de prevenção (Kickbusch, 2001). A educação em saúde é a capacidade de procurar, compreender, avaliar e comunicar informações de saúde. Por exemplo, saber como buscar informações de saúde na internet é um componente da educação em saúde.

Pesquisas em diversos países constataram que variações na educação em saúde contribuem para variações na efetividade dos tratamentos de asma entre os grupos socioeconômicos e étnicos (Poureslami et al., 2007). O vínculo entre condição socioeconômica e educação em saúde pode se dever ao fato de que muitos indivíduos de lares de baixa condição socioeconômica carecem de habilidades básicas de leitura. Consequentemente, informações transmitidas de forma pessoal e individual costumam ser um modo mais efetivo de educar os pais sobre o tratamento de asma do que materiais impressos (Paasche-Orlow et al., 2005).

A etnicidade pode estar relacionada à educação em saúde devido a barreiras linguísticas e culturais entre as famílias e os profissionais de saúde que atendem os pacientes. Como seria previsível, quando a educação do paciente é feita por pessoas que conhecem a linguagem e os costumes da sua família, a barreira da educação em saúde diminui (Poureslami et al., 2007). Entretanto, as barreiras culturais à prevenção da asma vão além da linguagem e dos costumes. Por exemplo, as crenças religiosas dos pais influenciam o grau em que eles aderem aos regimes de tratamento de asma de seus filhos (Handelman, Rich, Bridgemohan e Schneider, 2004). Essas crenças podem levá-los a pensar que seus filhos foram milagrosamente curados quando os sintomas de asma diminuem (George, 2001). Consequentemente, eles podem abandonar medidas preventivas. Quando os médicos assinalam que a alternância de períodos de bem-estar e malestar é típica entre os que padecem de asma e que as medidas preventivas devem ser mantidas, os pais podem pensar que esses médicos estão denegrindo suas crenças religiosas. Esses pais podem então passar a não acreditar mais nos médicos e parar de consultar profissionais de saúde sobre os sintomas de seus filhos. Consequentemente, seus filhos podem acabar recebendo assistência somente no meio de uma crise de vida ou morte. A sensibilidade por parte dos profissionais de saúde aos valores e crenças das famílias dos pacientes pode ajudar a prevenir esses desfechos (Poureslami et al., 2007). Além disso, quando adequadamente apoiados por profissionais de saúde, os pacientes que têm fortes crenças religiosas que lhes proveem um sentimento de esperança em relação ao futuro apresentam melhores taxas de adesão às instruções médicas (Berg, Rapoff, Snyder e Belmont, 2007).

Mesmo as medidas melhores e culturalmente mais sensíveis às vezes não conseguem controlar os sintomas de asma de uma criança. Nesses casos, os médicos passam a criança para a etapa seguinte, a qual envolve medicação diária. Entretanto, os remédios usados nessa etapa podem ter efeitos prejudiciais no desenvolvimento cognitivo das crianças (Naude e Pretorius, 2003). Por essa razão, a maioria dos profissionais de saúde que trata asma procura evitar seu uso (Overby, 2002); eles querem se certificar que pais e crianças cumpriram integralmente as estratégias terapêuticas mais básicas antes de passar para abordagens mais intensas. Quando uma criança está passando por uma crise de asma severa, pode ser necessário hospitalizá-la para evitar que os pulmões sofram danos duradouros.

À medida que as crianças crescem e sua capacidade pulmonar aumenta, as crises de asma diminuem de intensidade e frequência (Overby, 2002). Entretanto, cerca de metade das crianças com asma continua tendo sintomas durante toda a vida.

Ferimentos e mortalidade

OBJETIVO DA APRENDIZAGEM 10.6
Quais tendências de ferimentos e mortalidade são evidentes durante a meninice?

Você provavelmente se lembra de algum tipo de ferimento que sofreu quando estava no ensino fundamental. Milhões de ferimentos ocorrem nessa faixa etária anualmente. A maioria deles não é grave, mas alguns causam danos permanentes ou morte.

Acidentes Quedas, muitas das quais envolvendo atividades esportivas com uso de rodas, tais como andar de *skate* e bicicleta, são responsáveis por cerca de 50% dos ferimentos em crianças em idade escolar, seguidas por ocorrências em que as crianças são acidentalmente atingidas por uma bola ou outro objeto, cortes, acidentes de bicicleta, picadas de insetos, mordidas de cães, e assim por diante (Centers for Disease Control, 2007). Muitos ferimentos também ocorrem entre crianças que são transportadas em veículos automotores.

Três fatores parecem explicar a frequência de ferimentos entre crianças em idade escolar. Primeiro, crianças que são menos supervisionadas sofrem mais acidentes, quer a relativa falta de supervisão ocorra porque existe apenas um adulto em casa, porque os pais estão muito estressados ou por alguma outra razão. Segundo, crianças que são fisicamente mais ativas têm mais acidentes, grupo que inclui os meninos e qualquer criança que seja fisicamente mais madura do que outras de sua idade. A diferença entre os sexos é realmente bastante grande. Por exemplo, dos 4,5 milhões de ferimentos entre crianças de 5 a 14 anos em 2001 nos Estados Unidos, mais de 60% envolveu meninos (Vryostek, Annest e Ryan, 2004). Terceiro, crianças de comportamento impulsivo ou agressivo são mais propensas a sofrer acidentes (Bussing, Menvielle e Zima, 1996).

Lesões na cabeça, acompanhadas por algum tipo de mudança no nível de consciência (desde ligeira letargia à total perda da consciência), são mais comuns entre crianças em idade escolar do que em qualquer outra faixa etária (Fein, Durbin e Selbst, 2002). Na verdade, cerca de 10% de todas as crianças sofrem ao menos um traumatismo desse tipo entre os 6 e 12 anos. Acidentes com veículos automotores são a causa mais comum de traumatismos cranianos em crianças, mas acidentes de bicicleta são outra causa importante. Pesquisas sugerem que capacetes poderiam evitar cerca de 85% dos traumatismos cranianos relacionados a bicicletas (National Center for Injury Prevention and Control, 2000).

Felizmente, a vasta maioria das crianças que sofre lesões na cabeça se recupera totalmente e não experimenta efeitos a longo prazo. Contudo, os efeitos podem ser sutis e pouco evidentes logo após o acidente. Assim, recomenda-se que toda criança que sofreu algum trauma na cabeça receba assistência médica e seja monitorada por vários dias (Fein, Durbin e Selbst, 2002).

Ferimentos em esportes Muitas crianças na faixa etária de 6 a 12 anos estão envolvidas em esportes organizados. Não existe sistema de rastreamento de ferimentos relacionados aos esportes, e assim as estimativas das taxas desses ferimentos dependem de dados de levantamentos. Em um levantamento, os pais notificaram as taxas de ferimentos que aparecem na Figura 10.2. Como você pode ver, o futebol americano resulta em mais ferimentos do que outros esportes, mas o beisebol e o futebol não estão muito atrás. Considerados juntos, os ferimentos atribuíveis à participação em esportes organizados correspondem a 9% dos atendimentos de emergência por causa de ferimentos em crianças entre 5 e 14 anos (United States Consumer Safety Product Commission, 2005).

Mortalidade As figuras 10.3 e 10.4, que são paralelas à Figura 7.5 para o período pré-escolar, mostram as principais causas de morte entre crianças em idade escolar nos Estados Unidos. Pode-se ver nos gráficos que os acidentes são a principal causa de morte em todos os grupos étnicos, como era o caso entre pré-escolares. Crianças afro-americanas e americanas nativas têm as taxas de mortalidade mais altas. Entre crianças afro-americanas, 22 e 25 de cada 100.000 crianças entre 5 e 9 anos e 10 e 14 anos, respectivamente, morrem anualmente. Entre americanas nativas, as taxas de mortalidade são de 20 e 25 mortes de cada 100.000 crianças entre 5 e 9 anos e 10 e 14 anos, respectivamente. Como podemos ver nas figuras 10.3 e 10.4, as taxas de mortalidade entre crianças nesses dois grupos são mais altas do que as de outros grupos devido à frequência comparativamente alta de homicídios entre afro-americanos e de suicídios e acidentes entre americanos nativos. Como veremos posteriormente neste capítulo, correlações entre etnicidade, recursos econômicos familiares e comportamento relacionado à saúde contribuem para essas diferenças de grupo.

Ainda que os acidentes sejam a causa número um de morte em crianças de 5 a 14 anos em todos os grupos étnicos, a segunda causa é o *câncer*, um grupo de doenças em que as células de um determi-

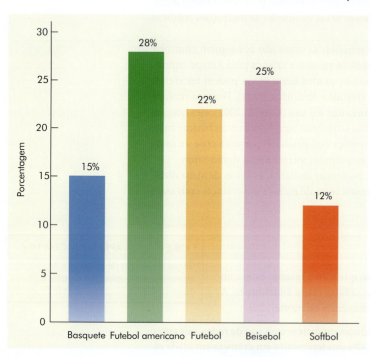

Figura 10.2 Taxas de ferimentos para diversos esportes.

Crianças que jogam futebol, futebol americano e beisebol apresentam taxas mais elevadas de ferimentos do que as que jogam softbol e basquete.

(*Fonte:* National Safe Kids Campaign, 2000.)

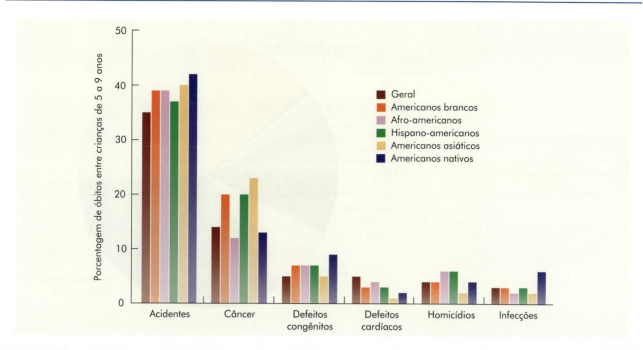

Figura 10.3 Principais causas de morte entre crianças de 5 a 9 anos.

Como mostra essa figura, os acidentes são a principal causa de morte em todos os grupos étnicos nos Estados Unidos. Contudo, as classificações das diversas causas de morte variam entre os grupos.

(Fonte: Heron, 2007.)

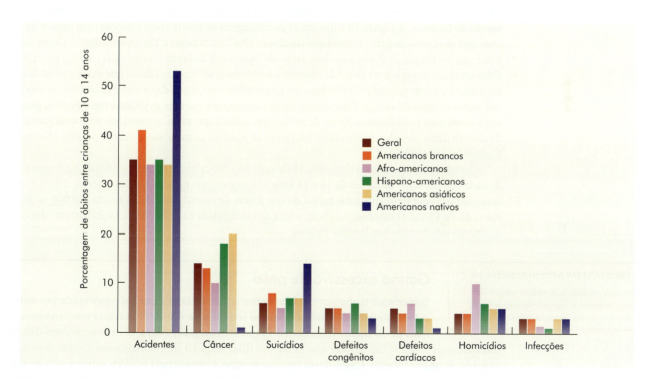

Figura 10.4 Principais causas de morte entre crianças de 10 a 14 anos.

Como a figura anterior, esse gráfico mostra que os acidentes são a principal causa de morte em todos os grupos étnicos nos Estados Unidos. Entretanto, como dito acima, as classificações das diversas causas de morte variam entre os grupos.

(Fonte: Heron, 2007.)

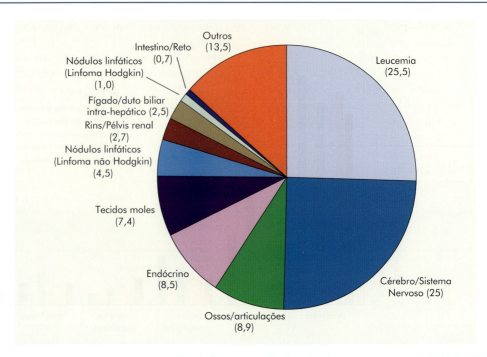

Figura 10.5 Porcentagem de mortes na infância por tipo de câncer.

A leucemia e o câncer de cérebro são responsáveis pela metade de todas as mortes por câncer na infância.

(*Fonte*: Pollack, Stewart e Thompson, 2007.)

nado tipo de tecido começam a se multiplicar rapidamente, com frequência levando ao desenvolvimento de tumores. A Figura 10.5 mostra as porcentagens de morte entre crianças com menos de 14 anos que são causadas pelos vários tipos de câncer (Pollack, Stewart e Thompson, 2007). Como você pode ver, dois tipos de doença causam cerca de metade de todas as mortes relacionadas ao câncer entre crianças. Estas são o câncer de cérebro e a *leucemia*, um tipo de câncer que ataca a medula óssea e altera a proporção de glóbulos brancos e vermelhos no sangue da vítima. Felizmente, as mortes por todos os tipos de câncer diminuíram significativamente durante as últimas três décadas, graças aos tratamentos mais efetivos. Antes de 1970, uma criança que era diagnosticada com qualquer tipo de câncer tinha 50% de chances de sobrevivência; hoje, as chances são de cerca de 80% (National Cancer Institute, 2007).

Contando todas as causas de morte, 15 de cada 100.000 crianças entre as idades de 5 e 9 anos e 19 de cada 100.000 entre as idades de 10 e 14 anos vão morrer nos Estados Unidos (Heron, 2007). Essas taxas são consideravelmente mais baixas do que a taxa de mortalidade de 30 a cada 100.000 na faixa etária de 1 a 4 anos. Felizmente, também, a taxa de mortalidade na infância diminuiu bastante durante as últimas seis décadas nos Estados Unidos.

> **OBJETIVO DA APRENDIZAGEM 10.7**
> Em que aspecto o ganho excessivo de peso ameaça a saúde imediata e futura de crianças em idade escolar?

Ganho excessivo de peso

Talvez você tenha ouvido falar sobre a mãe britânica que foi investigada por autoridades de proteção infantil porque seu filho de 8 anos de estatura mediana pesava mais de 90 quilos (Associated Press, February 27, 2007). O caso gerou um debate internacional sobre se um genitor que deixa um filho adquirir muito mais peso do que deveria é culpado de abuso infantil. Casos desse tipo aumentam a consciência pública sobre o fato de que o **ganho excessivo de peso** é a mais séria ameaça à saúde a longo prazo do período da meninice. O ganho excessivo de peso é um padrão em que as crianças ganham mais peso em um ano do que é adequado para sua altura, idade e sexo. Se uma criança adquire quantidades excessivas de peso durante alguns anos, ela está em risco de ter problemas de peso e diversos problemas de saúde graves na vida adulta.

ganho excessivo de peso
padrão em que as crianças ganham mais peso em um ano do que é adequado para sua altura, idade e sexo.

Cabe aqui uma palavra sobre terminologia, pois provavelmente você conhece o termo *obesidade* em relação aos problemas de peso. Para adultos, a obesidade tem uma definição fixa que se baseia no *índice de massa corporal* (IMC), medida que estima a proporção de gordura no corpo de uma pessoa. Adultos cujo IMC ultrapassa 30 são classificados como obesos (Centers for Disease Control [CDC], 2007a). Ao referirem-se às crianças, as autoridades de saúde pública falam em termos de ganho excessivo de peso, como definido acima, porque algum grau de aumento no IMC ocorre nas crianças à medida que a proporção de gordura e músculo em seus corpos muda. Além disso, quando as mudanças hormonais que antecedem a puberdade ocorrem nos últimos anos da meninice, os IMCs podem se tornar temporariamente distorcidos porque a acumulação de tecido adiposo supera o ritmo de crescimento dos outros tipos de tecido. Assim, seria errôneo concluir que uma menina de 10 ou 11 anos era obesa quando o que estava realmente acontecendo era que seu corpo estava em uma fase de transição. Como você pode ver, o uso de uma terminologia diferente ajuda a transmitir a ideia de que o processo de diagnóstico de problemas de peso em crianças não é o mesmo que em adultos.

Para determinar se o ganho de peso de uma criança é adequado, os profissionais de saúde utilizam uma medida denominada **IMC para idade**, uma variação do índice de massa corporal aplicado a adultos (CDC, 2007a). O IMC para idade de uma criança é determinado calculando-se o seu IMC e comparando-o ao de outras crianças de sua idade. Padrões diferentes são utilizados para meninos e meninas, pois seus IMCs não aumentam na mesma taxa.

Crianças cujo IMC se situa no 95º percentil são consideradas portadoras de **sobrepeso**, e aquelas cujo IMC fica entre o 85º e 95º são classificadas como **em risco de sobrepeso** (CDC, 2007a). Contudo, devido aos surtos de crescimento e a intrínseca instabilidade das variáveis físicas na infância, múltiplas avaliações são necessárias antes de uma criança ser realmente classificada como portadora de sobrepeso ou em risco de sobrepeso. Como você pode ver na Figura 10.6, o número de crianças com sobrepeso nos Estados Unidos aumentou em uma taxa alarmante durante as duas últimas décadas. Atualmente, quase um quinto das crianças entre 6 e 11 anos tem sobrepeso (NCHS, 2007). Aumentos semelhantes foram documentados em todos os países do mundo que rastreiam a prevalência de sobrepeso entre as crianças (Wang e Lobstein, 2006).

Avaliações do ganho de peso são uma parte imprescindível na puericultura da meninice, porque, quanto mais tempo uma criança permanece no padrão de excessivo ganho de peso, maior sua probabi-

IMC para idade medida que compara o IMC de uma criança com normas estabelecidas para sua faixa etária e sexo.

sobrepeso termo que caracteriza uma criança cujo IMC está no 95º percentil.

em risco de sobrepeso termo que caracteriza uma criança cujo IMC está entre o 85º e 95º percentil.

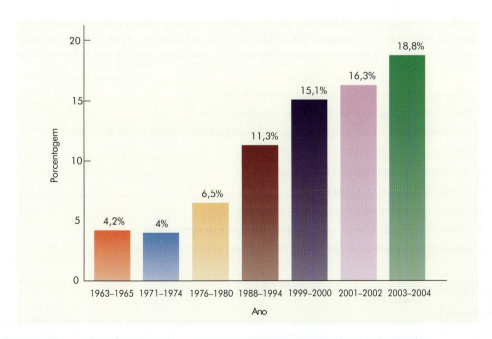

Figura 10.6 Prevalência de sobrepeso em crianças de 6 a 11 anos nos Estados Unidos.

A prevalência de sobrepeso (IMC ≥ 95º percentil) aumentou drasticamente nos Estados Unidos durante os últimos 40 anos.

(*Fonte:* NCHS, 2007.)

Muitas crianças no mundo industrializado têm sobrepeso. Uma razão para isso é que elas consomem salgadinhos e bebidas que contêm muito açúcar.

lidade de ter sobrepeso na vida adulta (Magarey, Daniels, Boulton e Cockington, 2003; Singh, Mulder, Twisk, van Mechelen e Chinapaw, 2008). Somente um quinto dos bebês com sobrepeso se torna adultos com sobrepeso, mas a metade dos que têm sobrepeso no ensino fundamental continuam tendo excesso de peso na vida adulta (Serdula et al., 1993). Além disso, mais da metade das crianças com sobrepeso tem um ou vários fatores de risco, tais como níveis elevados de colesterol ou hipertensão, que as predispõem a doenças cardíacas posteriormente na vida (National Center for Chronic Disease Prevention and Health Promotion [NCCDPHP], 2000). Como você vai aprender no Capítulo 13, outra consequência do sobrepeso é que ele acelera alguns aspectos da maturação sexual nas meninas, tais como desenvolvimento das mamas, mas torna mais lento o processo nos meninos (Pierce e Leon, 2005; Wang, 2002).

Como você poderia suspeitar, comer em excesso ou comer alimentos errados em demasia causa ganho de peso excessivo em crianças tanto quanto em adultos (NCCDPHP, 2000). Contudo, estudos de gêmeos e de adoção sugerem que a tendência de ganhar quantidades excessivas de peso na infância provavelmente resulta de uma interação entre uma predisposição genética para a obesidade e fatores ambientais que promovem o excesso de alimentação ou baixos níveis de atividade (Stunkard, Harris, Pedersen e McClearn, 1990; Wardle, Carnell, Haworth e Plomin, 2008). Seja qual for a contribuição genética, as pesquisas sugerem que um padrão cultural de diminuição da atividade física e aumento no consumo de alimentos de conveniência altamente calóricos levou à atual epidemia de sobrepeso em crianças e adultos (Arluk, Swain e Dowling, 2003; Hood e Ellison, 2003; NCCDPHP, 2000; Vanderwater, Shim e Caplovitz, 2004).

É importante não esquecer, contudo, que as dietas de perda de peso para crianças podem ser muito arriscadas. Uma vez que elas ainda estão crescendo, as necessidades nutricionais de crianças com sobrepeso diferem das de adultos com sobrepeso (Tershakovec e Stallings, 1998). Consequentemente, crianças com sobrepeso requerem dietas especiais elaboradas e supervisionadas por nutricionistas. Além disso, aumentar a quantidade de exercícios que as crianças praticam é tão importante quanto mudar seus hábitos de alimentação (NCCDPHP, 2000). Especialistas no manejo do peso na infância recomendam que os pais de crianças com sobrepeso e de crianças em risco tomem as seguintes medidas (CDC, 2007a):

- Oferecer muitas verduras, frutas e produtos integrais.
- Incluir leite ou laticínios desnatados ou semidesnatados.
- Dar preferência a carnes magras, aves, peixe, lentilha e feijão como fontes de proteína.
- Servir porções comedidas.
- Incentivar todos na família a beber muita água.
- Limitar frutas adoçadas com açúcar.
- Limitar o consumo de açúcar e gordura saturada.
- Limitar o tempo de televisão e de jogos eletrônicos e de computador.
- Envolver toda a família em atividades físicas, como caminhadas e ciclismo.

OBJETIVO DA APRENDIZAGEM 10.8
Quais são os riscos associados ao diabete do tipo 1 e tipo 2?

Diabete

Outra doença crônica que é frequentemente diagnosticada na infância é o **diabete**, doença que afeta o metabolismo de carboidratos. Quando você consome carboidratos (p. ex., pão, balas, refrigerantes doces), seu nível de açúcar no sangue aumenta à medida que seu sistema digestivo decompõe as moléculas constituintes. Em resposta ao aumento no açúcar no sangue, seu pâncreas secreta um hormônio chamado *insulina* que impede que o açúcar no sangue aumente para um nível que possa danificar seus órgãos. Em pessoas com diabete, esse sistema não funciona

diabete distúrbio do metabolismo de carboidratos.

corretamente, acarretando níveis cronicamente elevados de açúcar no sangue, condição que pode causar extenso dano aos vasos sanguíneos e órgãos do corpo. Os sintomas do diabete incluem fadiga, excesso de urina e sede excessiva. Algumas crianças também têm febre baixa crônica. Uma vez que os sintomas de diabete são semelhantes aos de condições menos graves, as crianças costumam apresentar sintomas por algum tempo e serem submetidas a diversos exames médicos antes de a doença ser diagnosticada.

No **diabete do tipo 1**, o açúcar no sangue aumenta para níveis perigosos porque o pâncreas não produz insulina. Além disso, o corpo da criança é incapaz de usar carboidratos para produzir energia. Em resposta, os tecidos musculares colapsam e a criança perde peso. Atualmente, os pesquisadores acham que o processo patológico é desencadeado em uma criança geneticamente vulnerável quando uma infecção viral faz com que o sistema imunológico do organismo produza anticorpos que atacam as células de insulina no pâncreas (Rosenthal e Gitelman, 2002). Não existe cura para o diabete do tipo 1, mas uma pessoa com a doença pode levar uma vida normal.

Crianças e adolescentes que têm diabete do tipo 1 devem receber injeções de insulina para impedir que o nível da açúcar no sangue suba demais. Seus níveis de açúcar também precisam ser testados periodicamente para que insulina adicional possa ser administrada se necessário. Além disso, os níveis de açúcar no sangue às vezes caem muito após uma injeção de insulina, e a criança precisa comer alguma coisa rapidamente para evitar um desmaio. Algumas crianças com diabete do tipo 1 recebem insulina continuamente por meio de uma bomba que libera a droga por meio de um cateter intravenoso implantado cirurgicamente, geralmente no abdômen ou na região dos quadris.

No **diabete do tipo 2**, o pâncreas do acometido produz insulina, mas o corpo não responde a ela, condição denominada *resistência insulínica*. A causa do diabete do tipo 2 não foi identificada, mas a hereditariedade parece desempenhar um papel (Rosenthal e Gitelman, 2002). Entretanto, fatores de estilo de vida podem ser igualmente importantes no desenvolvimento da doença.

Anteriormente, pensava-se que o diabete do tipo 2 só existia em adultos, mas em anos recentes a doença tem se tornado cada vez mais comum entre crianças em idade escolar que estão entrando na puberdade e entre adolescentes (Rosenthal e Gitelman, 2002). Atualmente, uma de cada cinco crianças com diabete sofre do tipo 2 da doença, e alguns estudos demonstram que a metade de todos os novos casos de diabete no final da infância e na adolescência envolvem o tipo 2. Acredita-se que a crescente prevalência de sobrepeso em crianças e adolescentes é responsável pelo aumento nas taxas de diabete do tipo 2. Diferenças grupais nas taxas de diabete do tipo 2 podem ser explicadas por diferenças grupais no sobrepeso (Mokdad et al., 2003). Por exemplo, crianças e adolescentes afro-americanos, americanos nativos e hispano-americanos têm taxas mais altas de diabete do tipo 2 do que crianças em outros grupos, mas elas também são mais propensas a ter sobrepeso. Assim, acredita-se que os fatores que contribuem para o ganho de peso excessivo nesses grupos também contribuem para as taxas de diabete.

Em crianças que têm sobrepeso, acredita-se que as mudanças hormonais que precedem e acompanham a puberdade desencadeiam algum tipo de mudança nas células adiposas do corpo que as tornam resistentes aos efeitos da insulina. Consequentemente, o diabete do tipo 2 muitas vezes pode ser efetivamente tratado reduzindo-se a proporção de gordura corporal do acometido por meio de dieta e exercício. Além disso, a eliminação de carboidratos simples da dieta, tais como açúcar e grãos altamente refinados, com frequência estabiliza os níveis de açúcar no sangue em indivíduos que têm a doença. Se essas medidas falharem, existem medicações disponíveis que podem ajudar a regular os níveis de açúcar no sangue.

Controlar os níveis de açúcar em indivíduos com ambos os tipos de diabete é importante devido ao forte impacto negativo que a doença frequentemente tem no funcionamento cardiovascular. Crianças com diabete estão em risco de desenvolver hipertensão, alto colesterol e doenças cardíacas (Orchard, Costacou, Kretowski e Nesto, 2006; Rodriguez et al., 2006). Quando essas condições se desenvolvem na infância, as chances de ter um AVC, um infarto do miocárdio ou outra crise cardiovascular potencialmente fatal no início da vida adulta aumenta drasticamente. O diabete também pode causar dano renal, consequência que pode exigir a amputação das extremidades inferiores. Além disso, o diabete pode danificar a retina, às vezes causando cegueira total. A boa nova é que as pesquisas demonstram claramente que o diagnóstico e tratamento precoces podem moderar os efeitos de ambos os tipos de diabete (Orchard, Costacou, Kretowski e Nesto, 2006; Rodriguez et al., 2006).

diabete do tipo 1 tipo de diabete no qual o pâncreas deixa de produzir insulina.

diabete do tipo 2 tipo de diabete no qual o pâncreas produz insulina, mas o corpo não responde a ela.

> **OBJETIVO DA APRENDIZAGEM 10.9**
> Qual é o impacto da condição socioeconômica na saúde das crianças?

Condição socioeconômica e saúde das crianças

Nos Estados Unidos, a *pobreza* é definida como uma renda anual de menos de 21.200 dólares para uma família de quatro pessoas (U. S. Department of Health and Human Services, 2008). Como você pode ver na Figura 10.7, a taxa de pobreza infantil nos Estados Unidos diminuiu de 22% em 1993 para 17,4% em 2006 (DeNavas-Walt, Proctor e Smith, 2007). Contudo, você vai perceber que as crianças são mais propensas do que as pessoas de outras faixas etárias a viver em lares pobres. Além disso, a taxa de pobreza é mais alta nos Estados Unidos do que em muitos outros países industrializados. A título de contraste, a taxa de pobreza para crianças é de aproximadamente 5% na Dinamarca e de menos de 15% na Suécia (House of Commons Work and Pensions Commitee, 2006). Além disso, outros 39% de crianças nos Estados Unidos vivem em lares de *baixa renda*, aqueles em que a renda total da família está entre 100 e 200% do nível de pobreza federal oficial (Douglas-Hall e Chau, 2007). Assim, mais de 50% de todas as crianças nos Estados Unidos vive em famílias que têm recursos insuficientes ou apenas suficientes para se manter.

Características da pobreza infantil As taxas de pobreza infantil variam entre os grupos étnicos, como você pode ver na Figura 10.8. De modo semelhante, crianças criadas por mães solteiras são muito mais propensas a estarem vivendo na pobreza (Evans, 2004). Pesquisas demonstram que as crianças de lares pobres e de baixa renda estão em maior risco de diversos problemas de saúde do que seus pares que têm melhor condição socioeconômica. Essa associação também existe em outros países (Currie, Shields e Wheatley Price, 2004; Currie e Stabile, 2003).

Para a maioria das crianças, os efeitos deletérios da baixa renda na saúde são transitórios, pois a maioria das famílias não permanece na pobreza durante todo o período de infância de seus filhos. Estudos de longo prazo sugerem que cerca de 8% das famílias com filhos nos Estados Unidos experimentam uma condição crônica de baixa renda (U. S. Department of the Treasury, 2008). Resultados semelhantes foram obtidos em estudos longitudinais no Reino Unido (Burgess, Propper e Rigg, 2004). Previsivelmente, crianças em famílias que se encontram cronicamente abaixo do limiar de baixa renda são menos saudáveis do que seus pares que nunca foram pobres ou cujas famílias passam por um ou dois períodos de baixa renda (Case, Lubotsky e Paxson, 2002; Burgess, Propper e Rigg, 2004). Con-

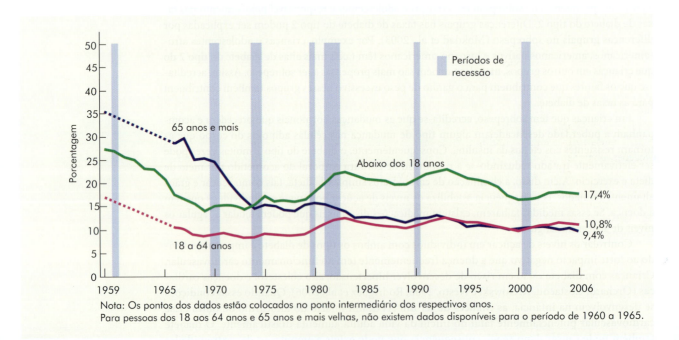

Figura 10.7 Pobreza e idade.

Crianças e adolescentes são mais propensos a viver na pobreza do que pessoas em outras faixas etárias.

(*Fonte:* DeNavas-Walt, Proctor e Smith, 2007.)

sequentemente, pesquisadores dedicaram considerável atenção ao estudo de como a falta crônica de recursos financeiros na família influencia a saúde das crianças.

Fatores de risco associados à pobreza Estudos mostram que a ligação entre renda familiar e saúde infantil é complexa (Chen, 2004). Em resultado, os pesquisadores via de regra não estudam a renda isoladamente de outras variáveis. Em vez disso, a maioria examina os efeitos da **condição socioeconômica (CSE)** – termo coletivo que inclui os fatores econômicos, ocupacionais e educacionais que influenciam a posição relativa de uma família na sociedade – na saúde das crianças. Esses estudos mostram que variáveis como situação no emprego, ocupação e grau de instrução dos pais predizem melhor a saúde das crianças do que o faz a renda isoladamente. Contudo, identificar fatores de risco nos diz pouco sobre porque esses fatores são importantes.

Uma variável que foi proposta como explicação parcial da ligação entre CSE e saúde infantil é o acesso à assistência médica. Sem dúvida, famílias de CSE mais baixa, em que os pais têm empregos de baixa remuneração que não oferecem benefícios de segurança à saúde, são menos capazes de prover assistência médica a seus filhos do que aqueles que têm melhores situações de emprego. Entretanto, estudos recentes comparando famílias de baixa renda e famílias pobres nos Estados Unidos com famílias no Canadá e no Reino Unido, onde todos os cidadãos têm acesso a assistência médica gratuita, não obtiveram confirmação completa para essa hipótese (Case, Lee e Paxson, 2007). Crianças de famílias pobres e de baixa renda nos três países têm mais problemas de saúde do que as de lares mais afluentes, ainda que esses dados mostrem que a correlação entre CSE e saúde infantil é um pouco mais forte nos Estados Unidos do que no Canadá ou no Reino Unido. Assim, o acesso à assistência médica é uma peça do quebra-cabeça da relação entre CSE e saúde nos Estados Unidos, mas ela não explica tudo.

Investigando além do acesso à assistência, os pesquisadores identificaram algumas outras variáveis que podem ajudar a explicar a associação entre CSE e saúde infantil (Chen, 2002). Por exemplo, o uso de tabaco é mais frequente entre indivíduos de CSE mais baixa (Gilman, Abrams e Buka, 2003). Consequentemente, crianças em lares de CSE inferior são mais propensas a serem expostas à nicotina antes do nascimento e à fumaça do cigarro dos adultos nos primeiros anos de vida. A Tabela 10.1 na página 320 relaciona vários outros fatores como esse.

A Tabela 10.1 inclui uma multiplicidade de fatores, mas é importante entender que, com poucas exceções, qualquer um desses fatores sozinho, especialmente se presente apenas por algum tempo, deve ser insuficiente para explicar a relação entre CSE e saúde infantil. Imagine, contudo, o que acontece quando as crianças são expostas a vários desses fatores por um período prolongado de tempo. Considere também que, juntamente com esses fatores de saúde relacionados à CSE, as crianças em lares pobres e de baixa renda experimentam fatores de risco que crianças em todos os níveis de renda estão expostas, tais como as eventuais predisposições relacionadas à saúde que possam existir em sua herança genética (p. ex., doenças herdadas) e agentes infecciosos no ambiente (p. ex., vírus).

Pesquisadores usam o termo **risco cumulativo** para descrever o risco global resultante das interações ao longo do tempo entre os fatores de risco que influenciam a saúde das crianças. Para compreender como o risco cumulativo funciona, considere este cenário:

> Um menino nasce com baixo peso natal porque sua mãe usou tabaco durante a gravidez. Na maternidade para recém-nascidos, ele desenvolve problemas respiratórios. Ele responde bem ao tratamento e se recupera, mas suas dificuldades respiratórias precoces o deixaram com um risco um pouco elevado de problemas posteriores desse tipo. Ele vai para casa onde é exposto à fumaça de cigarro, fator que aumenta ainda mais o risco de problemas pulmonares. Durante os primeiros três anos, sofre resfriados frequentes, talvez por frequentar uma escola não licenciada e superlotada. Seus resfriados costumam evoluir para bronquite. Mais

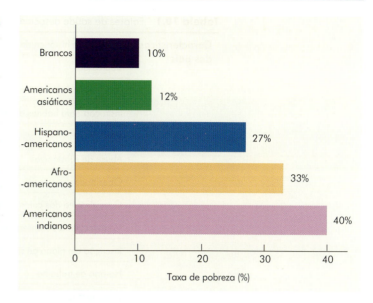

Figura 10.8 Taxas de pobreza infantil entre os grupos étnicos nos Estados Unidos, 2006.

Embora as taxas de pobreza gerais tenham diminuído consideravelmente nos Estados Unidos durante as últimas três décadas, a taxa entre alguns grupos étnicos continua sendo alarmantemente alta.

(*Fonte:* De A. Douglas-Hall e M. Chau, *Basic Facts about Low-Income Children, Birth to Age 18.* Reproduzido com permissão do NCCP (National Center for Children in Poverty).)

condição socioeconômica (CSE) termo coletivo que inclui os fatores econômicos, ocupacionais e educacionais que influenciam a posição relativa de uma família na sociedade.

risco cumulativo risco global resultante das interações ao longo do tempo entre os fatores de risco que influenciam a saúde das crianças.

Tabela 10.1 Fatores de saúde associados à CSE

Características dos pais	Condição e histórico de saúde
	Depressão
	Habilidade de criação (p. ex., horário regular para dormir)
	Instrução para hábitos de saúde (p. ex., ensinar as crianças a escovar os dentes)
	Fumo
	Abuso de substâncias
	Obesidade
	Cumprimento dos cuidados pré-natais
	Conhecimento do desenvolvimento infantil
	Inscrição em plano de saúde disponível, programas de apoio nutricional
	Horário de trabalho
	Desemprego
	Arranjos de supervisão não parental
	Educação
Características ambientais	Medidas de proteção à criança no ambiente (p. ex., trancas de segurança nos armários)
	Limpeza da casa, do bairro, das instalações domésticas
	Tipo de alimentos disponíveis em casa
	Tipo de alimentos vendidos nas mercearias do bairro
	Remédios disponíveis nas farmácias do bairro
	Cintos de segurança, assentos de segurança em veículos
	Mofo, poluição e outros irritantes respiratórios
	Acesso à assistência médica
	Locais seguros apropriados para brinquedos motorizados no bairro
	Brinquedos seguros apropriados em casa
	Acesso a programas de assistência infantil de alta qualidade
	Nível de violência no bairro

Fonte: Ashiabi e O'Neal, 2007; Burgess, Propper e Rigg, 2004; Dowd, 2007.

uma vez, ele responde ao tratamento, mas seu risco de problemas respiratórios é ainda maior devido ao histórico médico. Além disso, ele não responde mais a alguns antibióticos, o que limita o leque de opções de tratamento para futuras infecções. A preocupação com os problemas de saúde do filho contribui para a incapacidade da mãe de parar de fumar. Aos 6 anos, o menino é diagnosticado com asma e perde vários dias de escola todos os meses. Na 2ª série, o menino tem retardo no desenvolvimento da leitura e é provocado pelos colegas.

Como mostra esse exemplo, as influências interativas acumuladas de vários fatores de risco podem ter efeitos de longo alcance. Ademais, esses efeitos podem se estender além do domínio físico para os domínios cognitivo e socioemocional.

Alguns pesquisadores afirmam que existe um componente cíclico na associação entre CSE e a saúde das crianças (Burgess, Propper e Rigg, 2004). Esse ciclo é perpetuado quando adolescentes de baixa CSE adotam comportamentos exemplificados pelos pais, como fumar. Essas decisões comportamentais ameaçam a saúde dos próprios adolescentes e dos filhos que eles terão no futuro. Assim, muitos argumentam que, para ter sucesso, qualquer abordagem para melhorar a saúde das crianças que vivem em lares de baixa renda deve considerar todos os fatores de risco associados à CSE.

Fatores de proteção Pesquisas dirigidas à identificação de fatores de proteção que permitem que algumas crianças prosperem mesmo nos ambientes mais desfavorecidos oferecem alguma ideia de como o ciclo pode ser rompido. Estudos de crianças resilientes e vulneráveis sugerem que algumas características ou circunstâncias podem ajudar a proteger algumas crianças dos efeitos prejudiciais dos estressores cumulativos associados à pobreza. Os principais fatores protetores incluem:

Exposição pré-natal à nicotina e depois à fumaça do cigarro dos adultos é um dos fatores de saúde associados à CSE. Pais de renda mais baixa são mais propensos a fumar do que pais com mais recursos.

- Alto Q.I. da criança (Koenon, Moffitt, Poulton, Martin e Caspi, 2007).
- Criação competente, como a do estilo democrático (boa supervisão ou monitoramento da criança parece especialmente importante) (Eamon e Mulder, 2005).
- Conhecimento dos pais sobre desenvolvimento infantil (Seo, 2006).
- Uma perspectiva otimista (Lam, Lam, Shek e Tang, 2004).
- Escolas competentes (Woolley e Grogan-Kaylor, 2006).
- Apego inicial seguro da criança ao genitor (Li-Grining, 2007).
- Uma forte rede de apoio comunitário, incluindo amigos, família ou vizinhos (Barrow, Armstrong, Vargo e Boothroyd, 2007).
- Pais com emprego estável (Terrisse, 2000).
- Forte senso de identidade étnica (Thomas, Townsend e Belgrave, 2003).
- Participação em programas educacionais de segunda infância (Smokowski, Mann, Reynolds e Fraser, 2004).

Portanto, o efeito final que viver na pobreza tem sobre o desenvolvimento de uma determinada criança vai depender dos efeitos combinados dos fatores de risco e de proteção que estão presentes na própria criança e em seu ambiente. A pobreza não é garantia de maus resultados, mas dificulta o desenvolvimento de muitas crianças.

Hábitos de saúde

Nos adultos, a ligação entre hábitos de saúde e aptidão física geral é clara. O exercício físico aumenta a aptidão física, e a melhor aptidão física está ligada à melhor saúde. Adultos que se exercitam, mesmo que moderadamente, vivem mais e são menos propensos a sofrer de doenças crônicas tais como doenças cardiovasculares.

Em crianças, os benefícios à saúde da melhor aptidão física não estão tão estabelecidos, mas sabe-se que o exercício moderado ou vigoroso regular ajuda a reduzir ou controlar alguns problemas de saúde infantil importantes. Como observamos anteriormente, o exercício fortalece os ossos das crianças, vantagem que persiste na vida adulta. Entretanto, o *hábito* de se exercitar, estabelecido na infância, pode aumentar a probabilidade de que um indivíduo se exercite quando adulto – resultado altamente desejável.

Programas de educação física nas escolas têm sido um mecanismo importante para promoção de aptidão física, além de oferecerem treinamento de habilidades esportivas individuais. À luz do acúmulo de evidências sobre a importância dos exercícios na vida adulta, em anos recentes muitos especialistas em educação física têm destacado a importância do treinamento em **atividades físicas vitalícias**, atividades ou esportes que são relativamente fáceis de praticar nos anos posteriores porque podem ser realizados individualmente ou com uma ou duas outras pessoas. Essas atividades incluem natação, caminhadas, corridas, ciclismo, esportes com raquete, dança aeróbica, treinamento com pesos, remo e esqui.

A pesquisa indica que aulas de educação física de nível básico realmente tendem a se concentrar em atividades físicas vitalícias. Contudo, levantamentos mostram que 12% dos alunos de 1ª série

> **OBJETIVO DA APRENDIZAGEM 10.10**
> Por que é importante incentivar as crianças em idade escolar a desenvolver bons hábitos de saúde?

atividades físicas vitalícias esportes ou atividades que são relativamente fáceis de serem praticadas na idade adulta porque podem ser feitas individualmente ou com apenas uma ou duas outras pessoas.

nos Estados Unidos têm aulas diárias de educação física (National Institute for Health Care and Management [NIHCM] Foundation, 2004). Além disso, as aulas de educação física para meninas no ensino médio enfatizam atividades vitalícias, mas as aulas dos meninos não (Fairclough, Stratton e Baldwin, 2002).

Aulas de educação física fazem diferença? É evidente que sim se considerarmos seus efeitos imediatos no sobrepeso. Um estudo constatou que a adição de apenas uma hora de educação física por semana reduziu o IMC médio em uma escola de ensino básico em 31% (NIHCM Foundation, 2004). Além disso, pesquisadores médicos constataram que a aptidão física está correlacionada ao desempenho acadêmico em crianças em idade escolar (Cottrell, Northrup e Wittburg, 2007). Portanto, ajudar as crianças a melhorar seu nível de aptidão física pode trazer benefícios na sala de aula.

Para que um programa de educação física tenha um impacto significativo na aptidão física geral, ele precisa ser guiado por metas baseadas em uma compreensão do desenvolvimento físico das crianças. As normas incluídas no *FitnessGram*, uma série de testes e padrões de aptidão física desenvolvidos pelo Instituto Cooper em 1982, representam essas metas. Por exemplo, o padrão FitnessGram para uma corrida/caminhada de uma milha é de 9 a 11 minutos para meninos de 10 anos e de 9,5 a 12,5 minutos para meninas de 10 anos. Tanto meninas como meninos dessa idade devem ser capazes de fazer 12 abdominais e sete apoios.

O FitnessGram foi atualizado várias vezes desde sua publicação original e agora é acompanhado pelo *ActivityGram*, sistema que ajuda professores e pais a acompanhar as atividades físicas das crianças e relacioná-las a metas de aptidão física. Além disso, o FitnessGram e o ActivityGram foram incluídos nos programas curriculares de educação física de muitos estados norte-americanos. O programa tem sido aplicado na Califórnia há muitos anos, e autoridades relatam que sua implantação acarretou melhoramentos nos níveis de aptidão dos alunos de escolas públicas daquele estado (California Department of Education, 2007).

Muitos programas de educação física enfatizam atividades físicas vitalícias ligadas à saúde, tais como natação, das quais as crianças continuam gostando e se beneficiando nos anos adultos.

Desenvolvimento atípico

A maioria das crianças nos Estados Unidos apresenta algum tipo de "comportamento problemático" em algum momento (Klass e Costello, 2003). Por exemplo, os pais relatam que de 10 a 20% das crianças de 7 anos molham a cama ao menos ocasionalmente, 30% têm pesadelos, 20% roem as unhas, 10% sugam o polegar e 10% dizem palavrões com tamanha frequência que isso é considerado um problema. Problemas como esses, especialmente quando duram apenas alguns meses, devem ser vistos como parte do desenvolvimento "normal" (ver *Ciência do desenvolvimento na clínica* na página 323). Como você aprendeu no Capítulo 7, os psicólogos consideram comportamentos problemáticos como *atípicos*, ou sintomáticos de um *transtorno psicológico*, somente quando eles persistem por seis meses ou mais ou se o problema está no extremo do *continuum* para aquele comportamento. Alguns transtornos envolvem o comportamento das crianças, ao passo que outros se manifestam no campo emocional.

OBJETIVO DA APRENDIZAGEM 10.11
Quais são as características do transtorno de déficit de atenção/hiperatividade e como ele é tratado?

transtorno de déficit de atenção/hiperatividade (TDAH) transtorno do comportamento que faz as crianças terem dificuldade para prestar atenção e completar tarefas, assim como para controlar seus impulsos.

Transtorno de déficit de atenção/hiperatividade

O transtorno comportamental mais comum da infância, o qual acomete até 18% das crianças nos Estados Unidos, é o **transtorno de déficit de atenção/hiperatividade (TDAH)** (Visser e Lesesne, 2005). Crianças com TDAH são fisicamente mais ativas e/ou menos atentas do que seus pares. Essas características costumam trazer-lhes problemas acadêmicos e comportamentais na escola.

Características do TDAH Em muitos tipos de tarefas de atenção, crianças com TDAH não diferem em nada de crianças normais (Lawrence et al., 2004). Elas parecem divergir de seus pares normais no nível de atividade, na capacidade de manter a atenção (especialmente com tarefas enfadonhas e repetitivas) e na capacidade de controlar impulsos. Entretanto, o grau de hiperatividade que as crianças

CIÊNCIA DO DESENVOLVIMENTO NA CLÍNICA
Sabendo quando procurar ajuda profissional

Os pais de Lucinda, de 7 anos, procuraram o aconselhamento de uma enfermeira pediátrica por causa de uma batalha constante que estavam travando com sua filha. Lucinda estava convencida de que o espaguete e o molho de tomate só devem tocar um no outro na boca da pessoa. Consequentemente, ela insistia que servissem o seu espaguete em dois pratos separados, um para a massa e o outro para o molho. Além disso, ela requeria uma colher para o molho e um garfo para a massa. Ela ficava histérica com a menor sugestão de que experimentasse comer seu espaguete da forma mais convencional. Os pais dela começaram a se preocupar de que ela poderia ter algum tipo de transtorno psicológico e perguntaram à enfermeira se deveriam consultar um psicólogo infantil.

A enfermeira garantiu aos pais de Lucinda que o comportamento dela estava bem dentro dos limites do comportamento normal para crianças de 7 anos. Ela lhes ofereceu uma das muitas listas de verificação elaboradas por especialistas em psicopatologia do desenvolvimento que ajudam os pais a distinguir um comportamento que é difícil de administrar do comportamento que pode indicar um transtorno que requeira atendimento profissional. A lista de verificação que a enfermeira deu aos pais de Lucinda foi publicada pela National Mental Health Association (disponível em http://www.nmha.org). Eis alguns dos sinais de aviso que ela inclui:

- Mudanças nas notas ou nos boletins de comportamento da escola.
- Mudanças nos padrões de sono ou alimentação.
- Dores de barriga frequentes ou outros sintomas físicos menores.
- Preocupação excessiva com perda de peso.
- Expressão facial de tristeza que persiste por um período de semanas.
- Explosões de raiva que levam à destruição de pertences (objetos próprios) ou agressão aos outros.
- Atividade muito além da apresentada por crianças de mesma idade.
- Frequente desafio resoluto à autoridade de pais e professores.

Evidentemente, nem toda criança que apresenta esses comportamentos tem um transtorno psicológico grave. Mesmo assim, quando o padrão de comportamento difícil corresponde a um ou vários desses sinais, os pais provavelmente devem adotar a política de "melhor prevenir do que remediar" e consultar um profissional de saúde mental.

Questões para reflexão

1. De acordo com a lista de verificação, é provável que o comportamento de Lucinda ao comer espaguete seja um sinal de transtorno psicológico? Justifique sua resposta.
2. Que estratégias os pais de Lucinda poderiam utilizar para fazê-la tentar comer espaguete da forma costumeira?

---

com TDAH exibem não tem relação com o desempenho em tarefas de atenção. Ou seja, uma criança pode ser fisicamente muito ativa e ainda ser muito capaz de controlar sua atenção. De modo semelhante, uma criança pode ser muito calma e ainda assim ser pouco capaz de manter a atenção. Por isso, agora existem dois tipos de TDAH: (1) o *tipo hiperativo/impulsivo*, em que um alto nível de atividade é o principal problema, e (2) o *tipo desatento*, em que a incapacidade de manter a atenção é a principal dificuldade (DSM-IV TR, 2000). Além disso, algumas crianças são diagnosticadas com um *tipo combinado* de TDAH, o que significa que elas atendem os critérios tanto para o tipo hiperativo/impulsivo como para o tipo desatento.

A maioria das crianças com TDAH é bem-sucedida em habilidades de aprendizado (Chadwick et al., 1999). Entretanto, sua hiperatividade e/ou desatenção com frequência causam outros tipos de problemas. Por exemplo, crianças com ambos os tipos de TDAH geralmente fazem trabalhos escolares desorganizados e repletos de erros, fazendo com que tenham notas baixas (Cahn et al., 1996). Elas podem perturbar a classe e com frequência são rejeitadas por outras crianças.

Cultura, Idade, Gênero e Etnicidade O TDAH é diagnosticado com mais frequência nos Estados Unidos do que em outras culturas (NIMH, 2006). Críticos do uso de medicação para controlar os sintomas de TDAH sugerem que essa diferença entre os países é resultado do uso excessivo do diagnóstico nos Estados Unidos. Contudo, alguns desenvolvimentistas afirmam que os educadores e profissionais de saúde mental em outros países deixaram de reconhecer o grau em que o TDAH pode ser prevalente em suas crianças (Overmeyer e Taylor, 1999). Outros sugerem que existe uma diferença intercultural real na incidência de TDAH. Por exemplo, um estudo comparando crianças afro-americanas e sul-africanas de 6 anos que eram semelhantes em estrutura familiar e condição socioeconômica constatou que uma maior proporção de crianças afro-americanas, especialmente meninos, obtinha pontuações elevadas em escalas de medição da hiperatividade (Barbarin, 1999).

Os dados na Tabela 10.2 revelam que as taxas de diagnóstico de TDAH aumentam durante o ensino fundamental. À medida que a escola se torna mais difícil, as características do transtorno podem causar problemas para mais crianças. Muitas das que são diagnosticadas nas séries avançadas podem ter sido capazes de realizar trabalhos menos desafiantes nas primeiras séries sem auxílio adicional.

Tabela 10.2 Idade, gênero, etnicidade e TDAH

	Porcentagem diagnosticada com TDAH		Porcentagem tomando medicação para TDAH	
	Masculino	Feminino	Masculino	Feminino
Idade				
4 a 8	6	2	4	2
9 a 12	14	10	9	4
13 a 17	14	10	7	2
Etnia				
Branco	12	5	7	3
Negro	12	4	6	2
Multiétnico	14	6	7	3
Outra	7	2	3	1
Etnicidade				
Hispânico	5	3	2	1
Não hispânico	12	2	7	3
Principal idioma falado em casa				
Inglês	12	5	7	3
Outro	2	1	<1	<1

Fonte: Visser e Lesesne, 2005.

A tabela também mostra claramente a notável diferença de gênero no diagnóstico e tratamento do TDAH. Parte dessa diferença se deve à descoberta de que as meninas são mais tendentes a exibir sintomas dos tipos desatento e misto do que do tipo hiperativo (Biederman et al., 1999). Os meninos mostram o padrão inverso – ou seja, eles são mais propensos a serem hiperativos e desobedientes. Assim, pais e professores podem ser mais propensos a perceber os problemas dos meninos e buscar auxílio para eles. Os sintomas das meninas, em contraste, podem ser atribuídos à preguiça, mau humor ou falta de interesse pela escola. Entretanto, a diferença de gênero também pode representar um reação exagerada à maior brutalidade geral dos meninos. Assim, alguns especulam que as diferenças de gênero no diagnóstico de TDAH resulta da "medicalização" do comportamento masculino típico, visão que continua controversa (Timimi e Leo, 2009).

A Tabela 10.2 também mostra que as taxas de diagnóstico e tratamento do TDAH nos Estados Unidos são consistentes entre os grupos branco, afro-americano e multiétnico. Entretanto, as taxas são muito mais baixas entre crianças hispano-americanas (Visser e Lesesne, 2005). Essa diferença poderia se dever a uma real diferença de comportamento entre os grupos de crianças, excesso de diagnóstico em grupos não hispânicos ou falta de diagnóstico em hispano-americanos. Em relação à primeira dessas possibilidades, levantamentos entre professores sugerem que os tipos de problemas de comportamento que levam ao diagnóstico de TDAH ocorrem em crianças hispano-americanas com a mesma frequência que em outras (Ham, 2004). Quanto à segunda explicação possível, levantamentos extensos de pais, professores e profissionais de saúde, juntamente com o alto grau de consistência nas taxas de diagnóstico entre subgrupos não hispânicos, sugerem que o TDAH não é excessivamente diagnosticado (Cuffe, Moore e McKeown, 2005). Os dados sobre idioma e diagnóstico de TDAH mostrados na tabela apoiam a terceira possibilidade: que o TDAH é subdiagnosticado em crianças hispano-americanas. É provável que as diferenças de idioma entre pais, professores e profissionais de saúde impeçam o estabelecimento do tipo de comunicação necessário para diagnosticar TDAH. Em outras palavras, crianças hispano-americanas cujos pais falam inglês são mais propensas a serem diagnosticadas com TDAH, ou seja, têm maior risco de não serem diagnosticadas e tratadas para essa condição problemática. Essas descobertas sublinham a necessidade de profissionais poliglotas em escolas e instituições de saúde.

Causas do TDAH A causa do TDAH é desconhecida. Contudo, alguns desenvolvimentistas sugerem que crianças com TDAH são neurologicamente diferentes de seus pares. Especificamente, alguns afirmam que crianças com TDAH têm déficits funcionais no hemisfério cerebral direito (Sandson, Bachna e Morin, 2000). Outros dizem que a função serotoninérgica está enfraquecida em crianças com TDAH (Kent et al., 2002). Algum tipo de fator biológico realmente parece estar envolvido, pois crianças que nasceram entre 24 e 31 semanas de gestação são de quatro a seis vezes mais propensas a sofrer de sintomas de TDAH do que seus pares que nasceram a termo (Barlow e Lewandowski, 2000). Outros desenvolvimentistas lançaram a hipótese de que crianças com TDAH requerem mais estimulação sensorial do que seus pares; assim, eles se movimentam mais no ambiente a fim de obter a estimulação de que necessitam (Antrop, Roeyers, Van Oost e Buysse, 2000).

Os psicólogos estão razoavelmente certos de que dieta, toxinas ambientais e danos cerebrais não são as causas de TDAH, apesar do que afirmam alguns promotores de "curas" (Spreen, Risser e Edgell, 1995). Atualmente, a maioria dos especialistas acredita que cada caso individual de TDAH é causado por uma complexa interação de fatores singulares àquela criança específica. Esses fatores podem incluir genética, temperamento, estilos de criação, relações sociais, tipo e qualidade da escola que a criança frequenta e fatores de estresse na vida da criança, tais como pobreza, instabilidade familiar e doença mental nos pais.

Tratamento e manejo do TDAH   Na época em que seus filhos são diagnosticados com TDAH, geralmente ao entrarem na escola, muitos pais perdem a confiança em sua capacidade de controlá-los (Barkley, 1990). Alguns lidam com sua criança difícil sendo extremamente permissivos. Outros respondem tornando-se extremamente rudes e, por frustração, às vezes tratam a criança com TDAH de maneira abusiva. Assim, o treinamento dos pais pode ser útil para ajudá-los a lidar com crianças que têm TDAH.

O objetivo desses programas de educação dos pais é ajudá-los a recuperar o senso de controle (Barkley, 1990). Por exemplo, os especialistas recomendam que os professores forneçam aos pais relatos diários do trabalho das crianças nas diversas matérias escolares – língua, matemática, estudos sociais, e assim por diante. Os pais podem então utilizar as informações para aplicar uma regra permanente de que a criança precisa ter terminado os deveres de casa para poder assistir à televisão ou praticar outras atividades que queira. Essas abordagens, quando aplicadas com consistência, podem ajudar os pais de crianças com TDAH a lidar mais efetivamente com as dificuldades de seus filhos, assim como com suas próprias reações emocionais.

Como mostra a Tabela 10.2, aproximadamente metade das crianças com TDAH toma medicações estimulantes, tais como metilfenidato (Ritalina). As taxas de medicação devem-se em parte às escolhas iniciais de alguns pais em relação ao tratamento para o transtorno. Entretanto, a não adesão ao aconselhamento médico é provavelmente um fator importante. Estudos longitudinais indicam que um quinto das crianças com prescrição de medicação para TDAH para de tomá-la depois de 4 a 6 meses (Sanchez, Crismon, Barner, Bettinger e Wilson, 2005). A principal razão para a suspensão do tratamento é a visão dos pais de que seus filhos não deveriam estar tomando medicações psiquiátricas.

A maioria das crianças que toma medicação para TDAH é mais tranquila e capaz de se concentrar melhor (Demb e Chang, 2004; Mehta, Goodyer e Sahakian, 2004). Entretanto, alguns estudos indicam que a "resposta à medicação" de muitas crianças pode na realidade dever-se a mudanças nas expectativas por parte dos professores e pais – uma espécie de profecia autorrealizada (Spreen et al., 1995). Além disso, estudos sugerem que a capacidade de concentração de crianças com TDAH pode ser aperfeiçoada com treinamento. Por exemplo, um estudo constatou que, depois de um programa de treinamento intensivo de 18 semanas, a capacidade de atenção de um grupo de crianças com TDAH era semelhante a de um grupo-controle de crianças sem dificuldades de atenção (Semrud-Clikeman et al., 1999).

Também é importante observar que a medicação nem sempre melhora as notas das crianças com TDAH. De modo geral, parece que as medicações estimulantes reduzem os níveis de atividade dessas crianças, ajudam-nas a controlar impulsos e de certa forma melhoram seu comportamento social. Os efeitos geralmente resultam em melhoras no comportamento em sala de aula e na aceitação dos colegas. Medicações como o metilfenidato têm maior efeito nas notas escolares de crianças cujos sintomas de TDAH são tão graves que interferem no real aprendizado (Spreen et al., 1995). Por esse motivo, o uso de medicações estimulantes para crianças que têm sintomas de TDAH leves ou moderados é controverso. Além disso, estudos recentes mostram que muitas das novas drogas que são usadas para tratar TDAH (p. ex., Adderall) estão associadas a mudanças no pensamento que podem aumentar o risco de uma criança desenvolver um transtorno psicológico mais grave (Gardner, 2007). Ademais, constatou-se que muitos desses medicamentos, inclusive o metilfenidato, aumentam o risco de eventos cardiovasculares como derrames e ataques do coração em adultos.

> **OBJETIVO DA APRENDIZAGEM 10.12**
> Quais são as características do transtorno desafiador de oposição?

Transtorno desafiador de oposição

Crianças com o **transtorno desafiador de oposição (TDO)** exibem um padrão de comportamento negativo, desafiante, desobediente e hostil frente aos pais e a outras figuras de autoridade que se estabelece antes dos 8 anos (DSM-IV-TR, 2000). Muitas crianças que sofrem de TDAH também são diagnosticadas com TDO. As estimativas de prevalência de TDO em crianças com TDAH variam de 21 a 60% (Austin, Reiss e Burgdorf, 2007). Em crianças sem diagnóstico de TDAH, ela cai para entre 2 e 16% (DSM-IV-TR, 2000).

Crianças com TDO são difíceis de lidar, como você poderia supor. Elas tendem a exibir comportamentos desafiantes com mais frequência com pessoas que conhecem melhor, tais como seus pais, irmãos, professores e colegas. Quando interagem com pessoas que não conhecem bem, as crianças com TDO costumam se comportar adequadamente. Por exemplo, muitas crianças com esse transtorno parecem ser muito tranquilas na primeira vez em que são entrevistadas por um psicólogo ou outro profissional de saúde mental. Assim, diagnosticar uma criança com TDO pode ser um desafio. Os procedimentos diagnósticos devem incluir avaliações do comportamento da criança em diversos ambientes. Mesmo assim, não é incomum que os pais e o professor regular da escola de uma criança relatem que ela se encaixa no perfil de TDO, ao passo que outras pessoas que interagem com menos frequência com a criança – um professor de educação física ou de música, por exemplo – dizem não ter problemas com ela.

A causa de TDO é desconhecida, mas pesquisadores identificaram vários temas importantes em sua manifestação (Tynan, 2008). Como acontece com o TDAH, os meninos são diagnosticados com mais frequência do que as meninas. O temperamento também é um fator; a maioria das crianças com TDO apresentava temperamento difícil na primeira infância. Alguns estudos sugerem que a exposição pré-natal ao álcool, nicotina e outros teratógenos aumenta as chances do diagnóstico de TDO. Além disso, muitos pais de crianças com TDO sofrem de perturbações emocionais como transtornos de ansiedade e depressão. Um alto grau de conflito conjugal também costuma ser encontrado entre os pais de crianças com TDO.

Se uma criança tem TDAH e TDO, pode haver prescrição de medicação para seus sintomas de TDAH, mas os sintomas de TDO são tratados com treinamento dos pais (Tynan, 2008). O treinamento é o tratamento de escolha porque, na época em que consultam um profissional de saúde mental, os pais de crianças com TDO geralmente já estabeleceram um padrão de resposta ao comportamento problemático de seus filhos que só serve para perpetuá-lo. A maioria desses pais responde ao comportamento de seus filhos cedendo a suas demandas a fim de obter breves adiamentos da hostilidade, propensão à discussão e desobediência perpétuas deles. Você deve reconhecer esse padrão de resposta como reforço negativo: os sintomas de TDO são um estímulo aversivo que recua temporariamente quando o genitor dá à criança o que ela quer. Assim, os comportamentos tanto da criança quanto dos pais são reforçados, e um ciclo inadaptativo se repete toda vez que a criança se comporta mal. Nas sessões de treinamento, os terapeutas ensinam os pais de crianças com TDO a romper o ciclo. Eles aprendem a estabelecer limites concretos para o comportamento da criança e aderir às consequências prometidas, por mais difícil ou ultrajante que se torne o comportamento da criança.

transtorno desafiador de oposição (TDO) transtorno do comportamento que envolve um padrão de comportamento negativo, desafiador, desobediente e hostil frente aos pais e a outras figuras de autoridade, o qual se estabelece antes dos 8 anos.

> **OBJETIVO DA APRENDIZAGEM 10.13**
> O que é o transtorno da conduta com início na infância?

Transtorno da conduta com início na infância

As características do transtorno desafiador de oposição estão associadas a mais um transtorno do comportamento. O **transtorno da conduta com início na infância** é um transtorno do comportamento que inclui altos níveis de agressão, propensão à discussão, provocação, desobediência, irritabilidade e comportamento ameaçador e ruidoso que se iniciam antes dos 10 anos. Essencialmente, o transtorno da conduta com início na infância é diagnosticado se uma criança tem todas as características de TDO e também apresenta comportamento ameaçador e/ou agressivo frente aos outros e repetidamente viola regras sociais importantes (p. ex., roubar). As crianças que são diagnosticadas com transtorno da conduta com início na infância geralmente exibem comportamentos problemáticos que são mais graves do que os de adolescentes que são diagnosticados com *transtorno da conduta com início na adolescência* (discutido no Capítulo 13). Além disso, a forma do transtorno com início na infância tende a persistir na adolescência e vida adulta, ao passo que a forma com início na adolescência diminui no início da vida adulta.

transtorno da conduta com início na infância transtorno do comportamento que envolve altos níveis de agressão, propensão à discussão, provocação, desobediência, irritabilidade e comportamento ameaçador e ruidoso que se iniciam antes dos 10 anos.

Crianças diagnosticadas com transtorno da conduta com início na infância costumam iniciar a vida com uma série de vulnerabilidades, incluindo temperamento difícil, inteligência inferior, ou ambos (McCabe, Hough, Wood e Yeh, 2001). Na primeira infância, elas tendem a ter formado apegos inseguros/desorganizados ou inseguros/evitantes (Lyons-Ruth, 1996). Em idade pré-escolar, essas crianças frequentemente têm ataques de raiva e desafiam os pais. Com os colegas, essas crianças exibem *traço de agressividade* (ver Capítulo 9) – ou seja, elas se comportam agressivamente frente aos outros apesar de serem punidas por figuras de autoridade.

Durante os anos escolares, o comportamento agressivo dessas crianças e sua incapacidade de sentir empatia pelos sentimentos dos outros levam à rejeição dos pares (Miller-Johnson, Coie, Maumary-Gremaud e Bierman, 2002). Essa rejeição agrava o problema, forçando a criança seriamente agressiva na direção de outras crianças com problemas semelhantes, que se tornam o seu único grupo de apoio (Shaw, Kennan e Vondra, 1994). Na adolescência, esses jovens já estão firmemente estabelecidos no comportamento delinquente ou antissocial, e seus amigos são escolhidos quase exclusivamente dentre outros adolescentes delinquentes (Tremblay, Masse, Vitaro e Dobkin, 1995). Eles também são altamente propensos a exibir uma série de outros comportamentos problemáticos, incluindo uso de drogas e álcool, cábula ou abandono dos estudos e comportamento sexual precoce e *de risco*, incluindo ter múltiplos parceiros sexuais (Dishion, French e Patterson, 1995; Wiesner, Kim e Capaldi, 2005).

Existe alguma indicação de que o transtorno da conduta com início na infância tem um componente biológico muito mais forte do que o transtorno da conduta com início na adolescência (Oosterlaan, Geurts, Knol e Sergeant, 2005). Assim, o pré-escolar que já apresenta comportamento de oposição desafiante além de agressividade pode ter forte propensão inata para esse comportamento. Além disso, estudos de imagem cerebral indicam que as estruturas cerebrais que regulam as emoções e o planejamento em crianças com transtorno da conduta são muito menos desenvolvidas do que as de crianças que não têm o transtorno (Huebner et al., 2008).

As interações entre a tendência inata da criança e outros aspectos de sua vida, inclusive a capacidade dos pais de manejar seu comportamento desafiante e o ambiente geral em que ela vive, tais como cidades pequenas ou áreas urbanas pobres (Gottesman e Goldsmith, 1994), determinarão se a

---

CIÊNCIA DO DESENVOLVIMENTO NA SALA DE AULA

Intervenção precoce para transtorno da conduta com início na infância

Kim é uma professora de 1ª série que foi solicitada pela diretora a incorporar um programa de educação socioemocional a suas aulas além do ensino diário de leitura, matemática e outras matérias acadêmicas. A diretora demonstrou a Kim como as aulas do programa ajudariam seus alunos a compreender melhor, monitorar e controlar suas emoções. Entretanto, o propósito básico do programa, explicou a diretora, seria impedir que os alunos com comportamento agressivo desenvolvessem o transtorno da conduta com início na infância. O novo programa se baseou no *Fast Track Project*, um estudo de longo prazo envolvendo centenas de alunos agressivos do ensino fundamental em quatro cidades norte-americanas diferentes (Conduct Problems Research Group, 2004).

Os procedimentos incluídos no Fast Track Project mostraram-se úteis na prevenção dos transtornos da conduta com início na infância (Greenberg e Kusché, 2006). Na avaliação original do programa, as crianças foram divididas em grupos experimental e de controle. Em sessões de aula especiais, as crianças no grupo experimental aprendiam a reconhecer as emoções dos outros. Elas também aprendiam estratégias para controlar seus próprios sentimentos, manejar impulsos agressivos e resolver conflitos com colegas. Os professores do programa usaram uma série de sinais para ajudar as crianças a manter o controle. Por exemplo, um cartão vermelho ou uma fotografia de um semáforo com luz vermelha indicavam comportamento inaceitável. Um cartão amarelo significava algo como "Acalme-se. Você está prestes a perder o controle". Aulas de maternagem e grupos de apoio ajudavam os pais a aprender modos efetivos de ensinar os filhos a terem comportamento aceitável, em vez de simplesmente punir comportamento inaceitável. Além disso, os pais eram encorajados a manter a comunicação com os professores de seus filhos. Essas estratégias diminuíam a frequência do comportamento agressivo entre os participantes e permitiam-lhes gerenciar mais efetivamente suas emoções e se relacionar melhor com seus colegas (Conduct Problems Research Group, 2004).

Sem dúvida, intervenções como o Fast Track Project requerem um considerável investimento de tempo e recursos. Além disso, elas não são efetivas para todas as crianças. Contudo, elas representam a melhor opção que os desenvolvimentistas têm a oferecer neste momento. Quando comparadas com os efeitos que o transtorno da conduta tem nas vidas de crianças que o desenvolvem e na das crianças a seu redor, os custos não parecem tão altos.

Questões para reflexão

1. Quais são os argumentos a favor e contra a seguinte afirmativa: "Quando alunos de 1ª série se comportam de modo agressivo, devem ser encaminhados a programas como o Fast Track Project em vez de serem punidos".

2. Como você explicaria os benefícios do Fast Track Project para um genitor que estivesse relutante em permitir que seu filho altamente agressivo da 1ª série participasse do programa?

constituição genética e o déficits neurológicos de uma criança vão acarretar ou não o desenvolvimento de um transtorno da conduta pleno e persistente. O estilo de criação também é importante; pesquisas sugerem que crianças que desenvolvem transtornos da conduta têm pais mais permissivos do que seus colegas (Dwairy e Menshar, 2005). Além disso, programas baseados em escolas podem ajudar a evitar que crianças agressivas desenvolvam um transtorno da conduta com início na infância (ver *Ciência do desenvolvimento na sala de aula* na página anterior).

OBJETIVO DA APRENDIZAGEM 10.14
Como a depressão afeta a vida de crianças em idade escolar?

Depressão

Alguns transtornos da infância envolvem emoções mais do que comportamento destrutivo. Não obstante, em alguns casos, os transtornos emocionais nas crianças se manifestam na forma de mau comportamento, incluindo muitos comportamentos que são característicos do transtorno de déficit de atenção/hiperatividade e transtorno desafiador de oposição. Consequentemente, quando as crianças têm problemas de comportamento, os profissionais de saúde mental muitas vezes precisam descartar um transtorno emocional como causa possível antes de dar à criança um diagnóstico de TDAH, TDO ou transtorno da conduta com início na infância. Além disso, uma criança pode estar sofrendo tanto de um transtorno de comportamento quanto de **depressão**, ou sentimentos de tristeza e desespero que persistem por mais de seis meses.

Por muitos anos, os psiquiatras assumiram a posição de que as crianças não tinham depressão. Isso se revelou totalmente errado. Pesquisadores encontraram evidências abundantes de que a depressão ocorre ao menos ocasionalmente entre crianças mais jovens. Talvez 10% das crianças em idade escolar têm períodos de profunda tristeza (Petersen et al., 1993). Quando esses períodos duram seis meses ou mais e são acompanhados por outros sintomas, tais como perturbações do sono e da alimentação e dificuldade de concentração, a condição geralmente é chamada de **transtorno depressivo maior (TDM)**.

As estimativas da frequência de transtorno depressivo maior em crianças variam um pouco. Os melhores estudos sugerem que cerca de 1% das crianças em idade escolar têm TDM em algum momento (Cicchetti e Toth, 1998). Durante os anos escolares, meninos e meninas têm a mesma probabilidade de serem diagnosticados com o transtorno. Em crianças, os episódios de TDM tendem a durar em média de sete a nove meses, tendo grande probabilidade de voltar a ocorrer: até 90% das crianças que têm um episódio de depressão sofrem uma recaída dentro de dois anos (Cicchetti e Toth, 1998). Além disso, a depressão tem graves consequências de longo prazo para as crianças. Por exemplo, a depressão pode interferir na aprendizagem por reduzir a velocidade na qual o cérebro processa as informações (Calhoun e Dickerson Mayes, 2005).

A busca pelas rotas desenvolvimentistas que levam à depressão infantil começa com a clara descoberta de que crianças que crescem com pais que sofrem de depressão são muito mais propensas a também desenvolverem depressão do que crianças criadas por pais sem depressão (Merikangas e Angst, 1995). Esse achado poderia indicar um fator genético, possibilidade apoiada ao menos por alguns estudos de gêmeos e crianças adotadas (Petersen et al., 1993). Ou então esse vínculo entre depressão parental e infantil poderia ser explicado em termos de mudanças na interação genitor-criança causada pela depressão do genitor.

Evidentemente, nem todos os filhos de pais com depressão são deprimidos. A criança trilhar ou não um caminho rumo à depressão parece em grande parte depender de diversos outros fatores de estresse na família, tais como doença grave, discussões na família, estresse no trabalho, perda de renda, perda de emprego ou separação conjugal. Além disso, o importante papel do estresse no surgimento da depressão é claro entre crianças cujo genitor ou genitores não são deprimidos. Qualquer combinação de estresses – tais como divórcio dos pais, morte de um genitor ou de outro ente querido, perda do emprego do pai/mãe, mudança de moradia e/ou uma mudança de escola – aumenta a probabilidade de depressão na criança (Chang, 2001; Compas, Ey e Grant, 1993).

Os *medicamentos antidepressivos* são usados para tratar depressão em crianças do mesmo modo como são usados com adultos. Na maioria dos casos, essas medicações são muito efetivas. Contudo,

Quando as crianças têm sentimentos de profunda tristeza por seis meses ou mais, elas podem ser diagnosticadas com depressão.

depressão sentimentos de tristeza ou desespero que persistem por mais de seis meses.

transtorno depressivo maior (TDM) sentimentos de profunda tristeza que duram seis meses ou mais e são acompanhados por transtornos do sono e da alimentação e dificuldade de concentração.

os médicos devem acompanhar atentamente as respostas das crianças a eles. Preocupações sobre o vínculo entre tratamento antidepressivo e pensamento suicida e comportamentos suicidas não fatais em crianças levaram as autoridades nos Estados Unidos e em outros países a recomendar que pacientes com menos de 18 anos sejam cuidadosamente monitorados durante as primeiras semanas de tratamento (U.S. Food and Drug Administration, 2004). Assim, o uso de medicamentos antidepressivos entre crianças continua sendo controverso.

Desenvolvimento físico e a criança integral

Ao refletir sobre tudo o que você aprendeu sobre as mudanças físicas que ocorrem durante a meninice, você vai perceber que muitas delas são graduais. Uma criança cresce um pouco a cada ano, e suas habilidades se tornam um pouco mais refinadas com a passagem de cada aniversário. Mas, quando contrastamos as habilidades de pré-escolares com as de crianças em idade escolar, obtemos uma ideia melhor do caráter verdadeiramente monumental dos saltos que distinguem a meninice dos períodos anteriores. Esses saltos no domínio físico, especialmente os que ocorrem no desenvolvimento cerebral, estão ligados a avanços igualmente drásticos nos domínios cognitivo e socioemocional. Eis uma previsão dos assuntos que serão abordados nos Capítulos 11 e 12.

Funcionamento cognitivo

Neste capítulo, você aprendeu que as áreas do cérebro que estão envolvidas no planejamento e na lógica, os lobos frontais, se tornam o foco de processos maturacionais durante os últimos anos da meninice. Além disso, as ligações entre a formação reticular e os lobos frontais estão se consolidando, facilitando o desenvolvimento da atenção seletiva. Esses avanços permitem que as crianças raciocinem mais efetivamente do que eram capazes em estágios anteriores e possam distinguir os elementos mais e menos importantes de um problema. Em grande parte como resultado dessas mudanças, uma nova forma de pensamento, as *operações concretas*, se torna disponível às crianças.

Graças ao amadurecimento das áreas de associação, as crianças podem processar informações mais rapidamente. Esse aumento da velocidade de processamento é essencial para os impressionantes ganhos na função da memória que ocorrem durante a meninice. Contudo, se as crianças experimentam um período de verdadeira depressão, ela tende a interferir nesses processos de desenvolvimento ao menos temporariamente.

Funcionamento socioemocional

Mudanças nos domínios físico e cognitivo contribuem para outras mudanças no domínio socioemocional durante a meninice. Por exemplo, a atenção seletiva desempenha um papel nos avanços da *cognição social*, a compreensão que a criança tem do mundo social. De modo semelhante, a capacidade crescente da criança em idade escolar de planejar e o seu domínio de habilidades físicas como andar de bicicleta e de *skate* facilitam o desenvolvimento de relações estáveis com seus pares. E o pendor para regras que acompanha o pensamento operacional concreto permite que a criança em idade escolar participe de jogos e esportes que a motivem a procurar regras no mundo social.

A busca por regras influencia também o desenvolvimento do autoconceito. Os avanços no pensamento lógico que ocorrem durante esses anos permitem à criança desenvolver um self *ideal* e comparar seu self *real* com ele. Como você vai aprender no Capítulo 12, essas comparações são o alicerce do senso de autoestima da criança.

As relações sociais e a autoestima de uma criança são ameaçadas por transtornos do comportamento como o transtorno desafiador de oposição e o transtorno da conduta com início na infância. Ambos podem acarretar rejeição dos pares. A rejeição por sua vez impede as crianças de se envolverem em interações sociais que são vitais para o desenvolvimento da cognição social durante a meninice.

A criança integral em foco

Para determinar como os domínios físico, cognitivo e socioemocional operam juntos para influenciar o desenvolvimento de Jamal, veja *A Criança Integral em Foco* na página 392.

Olhando para a frente

Neste ponto, você provavelmente está familiarizado com nossos alertas sobre a excessiva ênfase às distinções entre os domínios físico, cognitivo e socioemocional. Mais uma vez encorajamos você a manter a criança integral em mente durante a leitura sobre o desenvolvimento cognitivo e socioemocional nos capítulos 11 e 12.

Preparação para Testes

Mudanças físicas

10.1 Em que aspectos os sistemas corporais das crianças mudam durante o período da meninice? (p. 304-305)

O desenvolvimento físico dos 6 aos 12 anos é constante e lento. Os aumentos de estatura se devem ao crescimento nas extremidades dos ossos longos do corpo. Andrógenos são produzidos em maiores quantidades em preparação para a puberdade. As crianças adquirem força muscular e resistência.

1. A melhor medida da maturidade física de uma criança é _____.

2. Descreva sucintamente as mudanças que ocorrem durante a meninice em cada uma das áreas listadas na tabela.

	Mudanças
Sistema esqueletal	
Hormônios	
Força	
Resistência	

3. Marque cada uma das seguintes afirmativas como verdadeira (V) ou falsa (F) em relação às mudanças nos sistemas corporais das crianças.

   _____ (A) Os esqueletos dos meninos amadurecem em um ritmo mais acelerado do que os esqueletos das meninas.

   _____ (B) As meninas têm um pouco menos de gordura e um pouco mais de tecido muscular do que os meninos.

   _____ (C) Enquanto meninas e meninos apresentam o mesmo grau de resistência durante os primeiros anos da meninice, os meninos apresentam um maior aumento de resistência do que as meninas a partir dos 10 anos.

10.2 Quais mudanças ocorrem no cérebro durante esses anos? (p. 305-307)

Surtos de crescimento cerebral importantes ocorrem nas crianças dos 6 aos 8 anos e dos 10 aos 12 anos. O desenvolvimento neurológico leva a melhoramentos na atenção seletiva, velocidade no processamento de informações e percepção espacial.

4. Converta as afirmativas falsas a seguir em afirmativas verdadeiras.

   (A) A mielinização está completa na época em que as crianças chegam à meninice.
   _____
   _____

   (B) A lateralização está completa na época em que as crianças chegam à meninice.
   _____
   _____

10.3 Como se aperfeiçoam as habilidades motoras e perceptuais entre 6 e 12 anos? (p. 307-308)

A maturação dos sistemas esqueletal, muscular e neurológico das crianças contribui para avanços nas habilidades motoras finas e gerais. A capacidade das crianças de perceber contrastes de figura-fundo amadurece no final da meninice. Avanços motores e perceptuais contribuem para a capacidade das crianças em idade escolar de adquirir habilidades esportivas.

5. Percepção _____ é a capacidade de distinguir objetos em movimento de seus fundos.

Saúde e bem-estar

10.4 Quais são as necessidades de assistência médica de crianças em idade escolar? (p. 308-310)

A miopia, que requer lentes corretivas, geralmente é diagnosticada pela primeira vez na meninice. Os exames de visão às vezes também detectam insuficiência de convergência, transtorno que dificulta a leitura e exige terapia visual. As crianças também precisam de assistência odontológica regular à medida que seus dentes de leite caem e seus dentes permanentes aparecem.

6. Durante a meninice, cerca de _____ % das crianças nos Estados Unidos visitam um consultório ou clínica médica ao menos uma vez por ano.

7. De modo geral, crianças em idade escolar são (mais saudáveis/menos saudáveis) do que crianças em idade pré-escolar.

8. Combine cada um dos termos a seguir com sua definição.

   _____ (1) condição que causa visão distante borrada.
   _____ (2) condição em que os olhos não podem se mover para dentro em grau suficiente para permitir a focalização em objetos próximos.

   (A) miopia
   (B) insuficiência de convergência

10.5 Como doenças agudas e crônicas afetam a vida das crianças em idade escolar? (p. 310-311)

A maioria das crianças em idade escolar experimenta os mesmos tipos de doenças agudas que os pré-escolares, ainda que as infecções de ouvido diminuam. Algumas desenvolvem doenças crônicas tais como alergias e asma.

9. Liste quatro modos diferentes de tratar alergias.

   (A) _____
   (B) _____
   (C) _____
   (D) _____

10. A principal causa de ausências escolares por motivo de saúde é _____.

11. A maioria dos profissionais de saúde não prescreve doses diárias de medicação para crianças com asma. Por que a medicação geralmente é reservada apenas para casos mais graves?
   _____
   _____

10.6 Quais tendências de ferimentos e mortalidade são evidentes durante a meninice? (p. 311-314)

Aproximadamente a metade dos ferimentos em crianças em idade escolar é atribuível a quedas, muitos dos quais envolvendo esportes praticados sobre rodas. O futebol americano está associado a maiores taxas de ferimentos do que outros esportes organizados. Os acidentes são a principal causa de morte nessa faixa etária. Correlações entre etnicidade, condição socioeconômica e comportamento ligado à saúde ajudam a explicar diferenças intergrupais nas mortes que são atribuíveis a homicídio, suicídio e acidentes.

12. Nomeie três fatores que parecem ter efeito no modo como as crianças em idade escolar se machucam.

    (A) _____
    (B) _____
    (C) _____

13. Converta as seguintes afirmativas falsas em afirmativas verdadeiras.

    (A) Crianças afro-americanas são menos propensas a morrer como resultado de homicídio do que crianças em outros grupos.
    _____
    _____

    (B) A taxa de mortalidade por câncer é mais alta entre crianças hispano-americanas do que em qualquer outro grupo.
    _____
    _____

    (C) A taxa de mortalidade devido a acidentes é mais baixa entre crianças americanas nativas do que em qualquer outro grupo.
    _____
    _____

10.7 Em que aspecto o ganho excessivo de peso ameaça a saúde imediata e futura de crianças em idade escolar? (p. 314-316)

O ganho excessivo de peso é um padrão no qual as crianças ganham mais peso em um ano do que é apropriado para sua altura, idade e sexo. Uma criança que ganha quantidades excessivas de peso durante alguns anos tem risco de ter problemas de peso e diversos problemas de saúde graves na vida adulta.

14. Combine cada termo com sua definição.

    _____ (1) IMC para idade
    _____ (2) sobrepeso
    _____ (3) em risco de sobrepeso

    (A) IMC entre o 85º e 95º percentis
    (B) medida que compara o IMC de uma criança segundo as normas para sua faixa etária e sexo
    (C) IMC no 95º percentil

10.8 Quais são os riscos associados ao diabete do tipo 1 e tipo 2? (p. 316-317)

No diabete do tipo 1, o pâncreas não produz insulina. No diabete do tipo 2, o pâncreas produz insulina, mas o corpo não responde a ela. Ambos os tipos podem danificar o sistema cardiovascular e aumentar as chances de que uma criança tenha uma crise de saúde grave no início da vida adulta. Eles podem também causar sérios danos à retina e aos rins.

10.9 Qual é o impacto da condição socioeconômica na saúde das crianças? (p. 318-321)

Os efeitos combinados dos diversos fatores relacionados à saúde associados à condição socioeconômica resultam no achado frequente de que crianças em famílias pobres e de baixa renda têm saúde pior do que seus pares em lares de classe média e maior renda. As razões para isso incluem a falta de plano de saúde e uso de tabaco entre os membros da família.

15. Liste cinco fatores associados à baixa condição socioeconômica e má saúde.

    (A) _____
    (B) _____
    (C) _____
    (D) _____
    (E) _____

16. Liste cinco fatores que podem ajudar a proteger as crianças de estressores associados à pobreza.

(A) _____
(B) _____
(C) _____
(D) _____
(E) _____

10.10 Por que é importante incentivar as crianças em idade escolar a desenvolver bons hábitos de saúde? (p. 321-322)

Hábitos de saúde que se estabelecem na infância tendem a continuar na vida adulta. Sabe-se que bons hábitos são benéficos à saúde dos adultos, ainda que pareçam ser menos importantes para a saúde das crianças.

17. Escreva S ao lado da atividade que se qualifica como atividade física vitalícia e N ao lado daquela que não se qualifica.

_____ (1) dança
_____ (2) futebol americano
_____ (3) tênis
_____ (4) beisebol
_____ (5) softbol
_____ (6) futebol
_____ (7) natação

Desenvolvimento atípico

10.11 Quais são as características do transtorno de déficit de atenção/hiperatividade e como ele é tratado? (p. 322-325)

Crianças com TDAH têm problemas tanto na aprendizagem acadêmica quanto nas relações sociais. Medicação, treinamento dos pais e modificação de comportamento são úteis para ajudar as crianças com TDAH a superar essas dificuldades.

18. Os psicólogos consideram que os comportamentos são problemáticos somente se eles persistem por _____ ou mais tempo.

19. Resuma os prós e contras do uso de drogas estimulantes para tratar TDAH.

Prós	Contras

10.12 Quais são as características do transtorno desafiador de oposição? (p. 326)

Crianças com o transtorno desafiador de oposição são desobedientes e hostis frente a figuras de autoridade. Muitas crianças com TDO também têm TDAH. O treinamento parental é importante no tratamento de TDO.

20. Para que uma criança seja diagnosticada com transtorno desafiador de oposição, ela deve ter apresentado os critérios para o transtorno na idade de _____ anos.

10.13 O que é o transtorno da conduta com início na infância? (p. 326-328)

O transtorno da conduta com início na infância é um transtorno do comportamento em que as crianças violam repetidamente regras sociais importantes, tais como proibições contra agressividade excessiva e roubo. Crianças com esse transtorno muitas vezes têm problemas que persistem na adolescência e na vida adulta.

21. As características do transtorno da conduta com início na infância se sobrepõem às do (TDAH/TDO).

10.14 Como a depressão afeta a vida de crianças em idade escolar? (p. 328-329)

Crianças com transtorno depressivo maior experimentam perturbações do sono e da alimentação e têm dificuldade para se concentrar. A depressão também pode interferir na aprendizagem por reduzir a velocidade na qual o cérebro processa as informações. Medicamentos antidepressivos ajudam, mas é preciso monitorar as respostas das crianças a eles porque essas substâncias às vezes estão associadas ao pensamento suicida.

22. Explique por que esta afirmativa é falsa: A depressão é fácil de diagnosticar nas crianças, pois as crianças que a têm sempre parecem estar tristes.

_____
_____

As respostas para as perguntas deste capítulo encontram-se na página 526. Para uma lista de palavras-chave, consulte a página 537.

11
Desenvolvimento Cognitivo na Meninice

O primeiro dia de escola é visto como um dos pontos de transição mais importantes na vida de uma criança. Nos Estados Unidos, os pais marcam a ocasião de diversas maneiras – com roupas novas, materiais escolares novos e mochilas e lancheiras cuidadosamente escolhidas. Algumas famílias tiram fotografias do primeiro translado dos filhos no ônibus escolar ou de sua primeira aula. Todos esses modos de reconhecer esse marco importante indicam às crianças que esse dia é especial, e elas começam a se ver como "crianças grandes" envolvidas no sério negócio de estudar, e não como "criancinhas" que passam a maior parte do tempo brincando.

Em todo o mundo industrializado, assim como na maioria das regiões em desenvolvimento, o período entre 6 e 12 anos é dedicado à educação formal. Essa prática universal é moldada pela observação cotidiana de que as habilidades intelectuais necessárias para a aprendizagem formal florescem durante esse período. Além disso, a instrução formal, quer envolva ensinar as crianças a cuidar do gado em uma cultura tradicional quer a ler e escrever em uma cultura industrializada, fornece às crianças as experiências de aprendizagem que tanto se baseiam quanto expandem suas habilidades cognitivas.

Por que toda sociedade começa a educar formalmente suas crianças em torno dos 6 anos? Como você vai aprender neste capítulo, crianças dessa idade estão recém começando a adquirir as habilidades linguísticas, lógicas e de processamento de informações necessárias para a aprendizagem acadêmica. Apesar desses ganhos, algumas crianças desenvolvem problemas na escola que requerem serviços de educação especiais. Outras demonstram habilidades cognitivas que ultrapassam em muito as de seus pares.

OBJETIVOS DA APRENDIZAGEM

Mudanças cognitivas
11.1 Como o vocabulário e outros aspectos das mudanças linguísticas mudam durante a meninice?
11.2 Quais vantagens cognitivas as crianças obtêm quando ingressam no estágio operatório-concreto de Piaget?
11.3 O que é decalagem horizontal e como Siegler explica o pensamento operacional concreto?
11.4 Como as habilidades de processamento de informações se aperfeiçoam durante a meninice?

Escolarização
11.5 O que deve ser incluído em um programa de alfabetização efetivo?
11.6 Como as abordagens bilíngues e de ESL diferem no ensino de um segundo idioma?
11.7 Por que as escolas administram testes padronizados?
11.8 Que tipos de diferenças grupais de desempenho foram constatados por pesquisadores educacionais?

Escolarização para crianças com necessidades especiais
11.9 Por que o termo *transtorno de aprendizagem* é controverso?
11.10 Como as escolas atendem às necessidades de crianças com deficiências de desenvolvimento?
11.11 Quais são as necessidades educacionais de crianças com transtornos da comunicação?
11.12 O que é educação inclusiva?
11.13 Em que aspectos as necessidades educacionais de crianças superdotadas diferem das de seus pares?

Mudanças cognitivas

As crianças adquirem alguns dos importantes marcos do pensamento maduro entre 6 e 12 anos. Elas aprendem centenas de novas palavras e aprendem a pensar logicamente sobre os acontecimentos nas esferas física e social. Elas também desenvolvem estratégias de memória poderosas.

> **OBJETIVO DA APRENDIZAGEM 11.1**
> Como o vocabulário e outros aspectos das mudanças linguísticas mudam durante a meninice?

Linguagem

Aos 5 ou 6 anos, praticamente todas as crianças já dominam a gramática e a pronúncia básica de sua primeira língua, mas nessa idade elas ainda têm um longo caminho a percorrer antes de chegarem aos níveis adultos de fluência. Durante a meninice, as crianças se tornam aptas ao manejo dos aspectos mais refinados da gramática (Prat-Sala, Shillcock e Sorace, 2000; Ragnarsdottir, Simonsen e Plunkett, 1999). Por exemplo, no final da meninice, a maioria das crianças compreende as diversas maneiras de dizer algo sobre o passado, tais como "eu fui", "eu estou indo", "eu tinha ido" e "eu estava indo". Além disso, elas utilizam corretamente esses tempos verbais em sua própria fala.

A autocorreção depende em grande parte das **habilidades metalinguísticas** emergentes das crianças, ou seja, sua capacidade de pensar e falar sobre a linguagem. Crianças de 3 anos, por exemplo, sabem implicitamente que, em frases inglesas, o sujeito geralmente precede o verbo, e o verbo geralmente precede o objeto. Mas se você pedisse a uma criança de 3 anos que explicasse o que está errado na frase "*ball boy hit*" (bola menino bateu), ela teria dificuldade, ainda que provavelmente fosse capaz de reorganizar as palavras para criar uma frase gramaticalmente correta. Em contraste, a maioria das crianças de 8 anos pode fazer as duas coisas: elas podem reordenar a frase para convertê-la em um enunciado gramatical e são capazes de explicar o que havia de errado com ela. Caso tenham estudado gramática na escola, elas podem usar palavras como *sujeito* e *verbo* nessas explicações. A capacidade de explicar gramática e a capacidade de anexar palavras como *sujeito* e *verbo* aos elementos gramaticais da linguagem são habilidades metalinguísticas.

habilidades metalinguísticas capacidade de pensar e falar sobre linguagem.

Durante a meninice, as crianças também aprendem a manter o tópico de conversação, a criar frases inequívocas e a falar de maneira educada e persuasiva (Anglin, 1993). Todos esses aperfeiçoamentos contribuem para o domínio emergente da conversação por parte da criança em idade escolar. Na idade de 9 anos, a maioria das crianças é plenamente capaz de conversar fluentemente com falantes de qualquer idade, e suas velocidades de linguagem aproximam-se das de adultos (Sturm e Seery, 2007).

Entre 6 e 12 anos, as crianças também continuam aumentando seu vocabulário em uma taxa bastante impressionante de 5 mil a 10 mil palavras por ano. Essa estimativa provém de vários estudos minuciosos do psicólogo do desenvolvimento Jeremy Anglin, que estima os vocabulários totais das crianças testando-as com uma amostra de palavras extraídas a esmo de um grande dicionário (Anglin, 1993, 1995; Skwarchuk e Anglin, 2002). A Figura 11.1 mostra as estimativas de Anglin para 1ª, 3ª e 5ª séries. Anglin constata que o maior ganho entre a 3ª e a 5ª série ocorre no conhecimento de um tipo de palavras que ele chama de *palavras derivadas* – palavras que têm uma raiz básica à qual se adiciona algum prefixo ou sufixo, tais como *alegremente* ou *indesejado*.

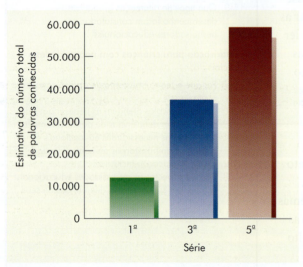

Figura 11.1 Crescimento do vocabulário na meninice.

Anglin estimou o vocabulário total de alunos de 1ª, 3ª e 5ª séries.

(*Fonte*: De J. Anglin, *Word learning and the growth of potentially knowable vocabulary*, 1995, Figura 6, p. 7. Reproduzido com permissão do autor.)

Anglin afirma que, aos 8 ou 9 anos, a criança passa para um novo nível de compreensão da estrutura do idioma, entendendo relações entre categorias inteiras de palavras, tais como entre adjetivos e advérbios (*alegre* e *alegremente*, *triste* e *tristemente*) e entre adjetivos e substantivos (*feliz* e *felicidade*). Tendo compreendido essas relações, a criança pode compreender e criar uma classe inteira de novas palavras, e seu vocabulário a partir de então aumenta rapidamente.

Estágio operatório-concreto de Piaget

OBJETIVO DA APRENDIZAGEM 11.2
Quais vantagens cognitivas as crianças obtêm quando ingressam no estágio operatório-concreto de Piaget?

Você já assistiu a um grupo de crianças sendo entretidas por um mágico? Em caso afirmativo, talvez você tenha notado que as crianças pequenas, pensadores pré-operacionais na terminologia de Piaget, não acham os truques de mágica tão interessantes. Como você se recorda do Capítulo 8, pensadores pré-operacionais não compreendem realmente as regras que regem a realidade física. Na meninice, as crianças superam essa limitação; como resultado, elas sabem que coelhos não podem ser escondidos em cartolas e que pássaros não se escondem nas mangas do casaco de um mágico e saem voando no momento correto. Saber que o mágico está parecendo fazer algo que é fisicamente impossível é o que torna a apresentação interessante. Como os adultos, a criança em idade escolar se pergunta, "Qual é o truque?".

Recorde-se do Capítulo 8 que Piaget propôs que crianças pré-escolares rapidamente desenvolvem esquemas *figurativos*, ou descritivos, à medida que se tornam mais proficientes no uso da língua. Os esquemas *operativos*, ou lógicos, que a criança possui são, na pior das hipóteses, inexistentes ou, na melhor, fragmentários. Consequentemente, a criança de 2 a 6 anos é muito boa na aquisição de novas informações, mas tipicamente carece de habilidade para identificar as relações lógicas embutidas nessas novas informações. Por exemplo, a Figura 8.2 na página 239 mostra que crianças pequenas têm baixo desempenho nas tarefas de conservação de Piaget.

Em contraste com a idade pré-escolar, o período de 6 a 12 anos tem como tema central do desenvolvimento cognitivo a construção, aplicação e equilibração dos esquemas operativos. Assim, aproximadamente em torno dos 6 anos, a maioria das crianças começa a ser capaz de resolver algumas das tarefas de conservação mais simples, tais como conservação de número. O nome que Piaget atribuiu a esse período é **estágio operatório-concreto**, porque os esquemas lógicos que a criança aperfeiçoa durante esse estágio envolvem relações lógicas que podem ser confirmadas no mundo físico, ou "concreto". Por exemplo, na tarefa de conservação de número, a criança pode usar contagem para confirmar sua conclusão lógica de que o número de bolas de gude é o mesmo, quer elas sejam dispostas em linha quer em círculo. Assim, esse estágio é dedicado à construção de esquemas que permitem às crianças pensar logicamente sobre objetos e eventos no mundo real.

A criança integral em foco
O que Jamal fez para mostrar que estava dominando os conceitos associados ao estágio operatório-concreto de Piaget? Descubra na página 392.

Os esquemas operacionais concretos permitem à criança utilizar esquemas mentais que a levam a pensar sobre o mundo de uma maneira completamente diferente de antes. Um desses processos é a **descentração**. Você aprendeu sobre seu oposto, a *centração*, pensar em termos de variáveis simples, na discussão do pensamento pré-operacional no Capítulo 8. Descentração é o pensamento que leva múltiplas variáveis em conta. Consequentemente, a criança em idade escolar pode ver que uma porção de argila à qual se dá o formato de uma salsicha é mais longa do que antes, mas também mais estreita. A descentração a leva a concluir que a largura reduzida da "salsicha" compensa seu maior comprimento e que ela ainda possui a mesma quantidade de argila.

Crianças pré-operacionais também apresentam *irreversibilidade*, que é a incapacidade de pensar em algum objeto transformado como ele era antes da transformação. Em contraste, pensadores operacionais concretos demonstram o contrário, **reversibilidade** – a capacidade de mentalmente desfazer algum tipo de transformação física ou mental. Piaget achava que a reversibilidade era a mais imprescindível de todas as operações concretas. A salsicha de argila em uma experiência de conservação pode ser revertida novamente em uma bola; a água pode ser vertida de um copo alto e estreito de volta para um copo baixo e largo. A compreensão da reversibilidade básica das ações está por trás de muitos dos ganhos adquiridos durante o período da meninice. Por exemplo, se uma criança domina a reversibilidade, então saber que A é maior do que B também lhe diz que B é menor do que A. A capacidade de compreender hierarquias de classes (tais como Rex, spaniel, cão e animal) também depende dessa capacidade de se mover em ambas as direções ao pensar sobre as relações.

Piaget também propôs que, durante esse estágio, a criança desenvolve a capacidade de usar **lógica indutiva**. Ela pode partir de sua própria experiência para um princípio geral. Por exemplo, ela pode partir da observação "Quando um brinquedo é adicionado a um grupo de brinquedos, ele fica com um a mais do que tinha antes" para formular o princípio geral de que "adicionar sempre faz mais".

Crianças no ensino fundamental são boas cientistas observacionais e gostam de catalogar, contar espécies de árvores ou aves, ou compreender os hábitos de nidificação de porquinhos da índia. Contudo, elas ainda não são boas na **lógica dedutiva**, a qual se baseia em premissas hipotéticas e requer

estágio operatório-concreto terceiro estágio do desenvolvimento cognitivo segundo Piaget, durante o qual as crianças constroem esquemas que lhes permitem pensar logicamente sobre objetos e eventos no mundo real.

descentração pensamento que leva múltiplas variáveis em consideração.

reversibilidade compreensão de que tanto ações físicas como ações mentais podem ser revertidas.

lógica indutiva tipo de raciocínio em que princípios gerais são inferidos de experiências específicas.

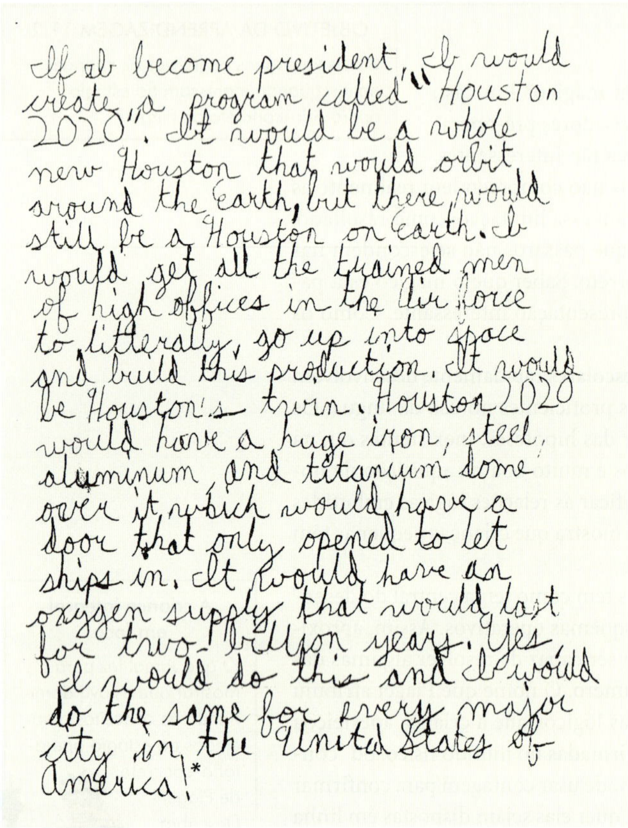
If I become president, I would create a program called "Houston 2020". It would be a whole new Houston that would orbit around the Earth, but there would still be a Houston on Earth. I would get all the trained men of high offices in the Air force to litterally, go up into space and build this production. It would be Houston's twin. Houston 2020 would have a huge iron, steel, aluminum and titanium dome over it which would have a door that only opened to let ships in. It would have an oxygen supply that would last for two-billion years. Yes I would do this and I would do the same for every major city in the United States of America!*

Figura 11.2 Um exemplo de pensamento operacional concreto.

A composição desse aluno de 5ª série ilustra a dificuldade que as crianças em idade escolar têm com a lógica dedutiva. Sua resposta a uma premissa hipotética é reinventar o mundo que ela conhece por meio de suas próprias experiências ou de história sobre pessoas, lugares e coisas reais. A verdadeira lógica dedutiva vai além do que se sabe.

(Cortesia de Jerry e Denise Boyd. Usado com permissão.)

partir de um princípio geral e então prever alguma consequência ou observação – como ir de uma teoria para uma hipótese. Por exemplo, na composição na Figura 11.2, uma criança de 5ª série respondeu à pergunta "O que você faria se fosse presidente dos Estados Unidos?". Responder a essa pergunta requer lógica dedutiva, não indutiva; esse tipo de tarefa é difícil para crianças de 6 a 12 anos por que elas precisam imaginar coisas que elas não experimentaram. A criança operacional concreta é boa no manejo de coisas que pode ver e manipular ou que pode se imaginar vendo ou manipulando – ou seja, ela é boa com coisas concretas; ela não se sai bem com a manipulação de ideias ou possibilidades. Assim, como ilustra a composição, as crianças respondem aos problemas dedutivos gerando ideias que são essencialmente cópias das coisas que elas conhecem no mundo concreto.

Estudos ao redor do mundo demonstram que as crianças que vão à escola entram no estágio operatório-concreto mais cedo e progridem nele mais rapidamente do que as que não vão (Mishra, 2001). A escolarização afeta o desempenho cognitivo durante esses anos de duas formas. Primeiro, ela oferece às crianças oportunidades de adquirirem grande quantidade de conhecimento verbal, tanto do programa escolar propriamente dito quanto de outras crianças. Segundo, muitas tarefas acadêmicas, tais como aprender procedimentos de cálculo, facilitam o desenvolvimento do pensamento lógico.

Esses estudos dão peso à alegação de Piaget de que o movimento de um estágio cognitivo para outro não é simplesmente uma questão de maturação, mas o resultado de uma complexa interação entre variáveis internas e ambientais (Piaget e Inhelder, 1969). Como observado no Capítulo 8, um certo grau de maturação cerebral é necessário para o surgimento das operações concretas, mas a experiência determina quando e o grau em que a capacidade para pensamento lógico de uma criança em idade escolar atinge seu pleno potencial.

OBJETIVO DA APRENDIZAGEM 11.3

O que é decalagem horizontal e como Siegler explica o pensamento operacional concreto?

Testes diretos da concepção de Piaget

Piaget compreendia que as crianças levavam alguns anos para aplicar suas novas habilidades cognitivas a todos os tipos de problemas. Contudo, outros desenvolvimentistas explicam as consistências e inconsistências no raciocínio das crianças em idade escolar como resultado de sua capacidade de usar regras para resolver problemas.

Decalagem horizontal De modo geral, pesquisadores constataram que Piaget estava certo ao afirmar que os esquemas operacionais concretos são adquiridos gradualmente durante o período dos 6 aos 12 anos, fenômeno que chamou de *horizontal décalage* (Feldman, 2004). (A palavra francês *décalage* significa "mudança".) Considere a *conservação*, que, como talvez você se recorde do Capítulo 8, é a compreensão de que a matéria pode mudar de aparência sem mudar de quantidade. Estudos demonstram consistentemente que as crianças compreendem a conservação de massa ou substância em torno dos 7 anos. Ou seja, elas compreendem que a quantidade de argila é a mesma quer se trate de uma panqueca, bola ou alguma outra forma. Elas geralmente compreendem a conservação de peso em torno dos 8 anos,

lógica dedutiva tipo de raciocínio, baseado em premissas hipotéticas, que requer a previsão de um resultado específico a partir de um princípio geral.

* N. de T.: Se eu fosse presidente eu criaria um programa chamado "Houston 2020". Seria uma Houston toda nova que orbitaria em volta da Terra, mas ainda existiria uma Houston na Terra. Eu pegaria todos os homens treinados da alta administração da Força Aérea para literalmente subir ao espaço e construir essa produção. Seria a gêmea de Houston. Houston 2020 teria uma imensa cúpula de ferro, aço, alumínio e titânio sobre si que teria uma porta que só abriria para deixar as naves entrarem. Ela teria um suprimento de oxigênio que duraria por dois bilhões de anos. É, eu faria isso e faria o mesmo para todas as grandes cidades dos Estados Unidos da América!

mas elas não compreendem a conservação de volume antes dos 11 anos (Tomlinson-Keasey, Eisert, Kahle, Hardy-Brown e Keasey, 1979). (Consulte a Figura 8.2 na página 239.)

Estudos das habilidades de classificação indicam que, em torno dos 7 ou 8 anos, a criança compreende pela primeira vez o princípio de **inclusão de classe**, ou seja, de que classes subordinadas são incluídas em classes maiores superordenadas. Bananas são incluídas na classe de frutas, frutas são incluídas na classe de alimentos, e assim por diante. Crianças pré-escolares compreendem que bananas também são frutas, mas elas ainda não compreendem plenamente a relação entre as classes.

Uma boa ilustração de todas essas mudanças é oriunda de um estudo de tarefas operacionais concretas conduzido por Carol Tomlinson-Keasey e seu grupo (Tomlinson-Keasey et al., 1979). Eles seguiram um grupo de 38 crianças da educação infantil à 3ª série, testando-as com cinco tarefas operacionais concretas de cada vez: conservação de massa, conservação de peso, conservação de volume, inclusão de classe e classificação hierárquica. Podemos ver na Figura 11.3 que as crianças melhoraram em todas as cinco tarefas durante o período de três anos, com um rápido crescimento entre o fim da educação infantil e o início da 1ª série (aproximadamente na idade em que Piaget achava que as operações concretas realmente afloravam) e outro período de rápido crescimento durante a 2ª série.

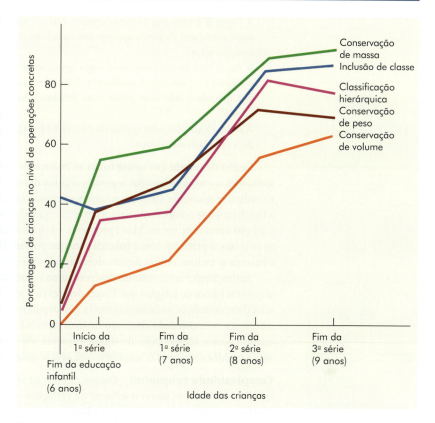

Figura 11.3 Desenvolvimento nas operações concretas dentro do estágio.

Nesse clássico estudo longitudinal, crianças receberam o mesmo conjunto de tarefas operacionais concretas cinco vezes, a partir da educação infantil e terminando na 3ª série.

(Fonte: De C. Tomlinson-Keasey et al., "The structure of concrete operational thought", *Child Development*, 50, 1979, adaptado com permissão da Tabela 2, p. 1158.)

Operações concretas como regras para resolver problemas Outros psicólogos conceitualizam o desempenho em tarefas operacionais concretas em termos de regras para resolução de problemas. Por exemplo, a abordagem de Robert Siegler é uma espécie de cruzamento entre a teoria piagetiana e a teoria do processamento de informações. Ele afirma que o desenvolvimento cognitivo consiste em adquirir um conjunto de regras básicas que são então aplicadas a um espectro mais amplo de problemas com base na experiência. Não existem estágios, apenas sequências. Siegler propõe que regras de resolução de problemas derivam da experiência – de repetidas tentativas e erros e experimentação (Siegler, 1994).

Alguns dos trabalhos do próprio Siegler sobre o desenvolvimento de regras ilustra como elas podem ser adquiridas (Siegler e Chen, 2002). Em um teste, Siegler usou uma balança com uma série de prendedores de cada lado do fulcro, como a ilustrada na Figura 11.4. A criança é solicitada a prever para que lado a balança vai inclinar, dependendo da localização e do número de pesos em forma de disco colocados nos prendedores. Uma solução completa requer que a criança leve em conta tanto o número de discos em cada lado quanto a localização específica dos discos.

inclusão de classe compreensão de que classes subordinadas são incluídas em classes maiores superordenadas.

As crianças não desenvolvem uma compreensão completa imediatamente. Siegler sugere que elas desenvolvem quatro regras, na seguinte ordem:

> A *Regra I* é basicamente uma regra pré-operacional, levando em conta apenas uma dimensão: o número de pesos. As crianças que usam essa regra vão prever que o lado com mais discos vai descer, sem importar em que prendedor os discos sejam colocados.

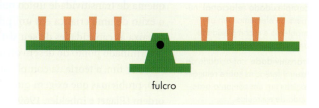

Figura 11.4 Tarefa da balança de Siegler.

Esta balança é semelhante à utilizada por Siegler em suas experiências.

A *Regra II* é uma regra transicional. A criança ainda julga com base em número, exceto quando o mesmo número de pesos aparece em cada lado; nesse caso, a criança leva a distância do fulcro em consideração.

A *Regra III* é basicamente uma regra operacional concreta; a criança tenta levar em consideração a distância e o peso simultaneamente. Contudo, quando a informação é conflitante (como, por exemplo, quando o lado com pesos mais próximos do fulcro tem mais pesos), a criança simplesmente "chuta".

A *Regra IV* envolve a compreensão da real fórmula para calcular o efeito combinado de peso e distância para cada lado da balança.

Siegler descobriu que quase todas as crianças têm o mesmo desempenho nessa e em tarefas semelhantes como se estivessem seguindo alguma dessas regras, e que as regras parecem se desenvolver na ordem apresentada. Crianças muito pequenas se comportam como se não tivessem uma regra (elas adivinham ou se comportam aleatoriamente); quando elas parecem usar alguma regra, é sempre a Regra I que aparece primeiro. Mas a progressão de uma regra para a outra depende muito da experiência. Se as crianças praticam com a balança para que possam fazer previsões e depois verificar para que lado a balança se inclina, muitas desenvolvem as regras seguintes na sequência.

Assim, Siegler está tentando descrever uma sequência lógica que as crianças seguem, semelhante à sequência básica de estágios que Piaget descreveu – mas a pesquisa de Siegler mostra que a posição de uma determinada criança na sequência não depende tanto da idade quanto da experiência específica da criança com um dado conjunto de materiais. Na terminologia piagetiana, isso é como dizer que, quando ocorre acomodação de algum esquema, ele sempre ocorre em uma determinada sequência, mas a rapidez com que a criança percorre essa sequência depende da experiência.

Complexidade relacional Outros estudos de algumas das tarefas piagetianas explicam o êxito e fracasso das crianças como resultante de variações na **complexidade relacional** das próprias tarefas (Andrews e Halford, 2002). Pesquisadores que estudam a complexidade relacional alegam que o sucesso nas tarefas de Piaget é determinado tanto pelo número de elementos que o problema tem quanto pela complexidade das relações entre eles. O desempenho nas tarefas de Piaget melhora durante a meninice, segundo eles, porque as melhorias na eficiência da memória de operação da criança a capacitam a manejar cognitivamente mais elementos e relações mais complexas entre os elementos de um problema.

Uma linha de pesquisa sobre a complexidade relacional trata da **transitividade**, a capacidade de fazer inferência sobre relações lógicas em um conjunto ordenado de estímulos (Andrews e Halford, 1998). Um exemplo simples de uma tarefa de transitividade é aquela em que se mostra à criança uma vareta A e pede-se que ela a compare com uma vareta B, mais curta. Por meio de perguntas e discussão com o experimentador, a criança conclui que a vareta A é mais comprida do que a vareta B. Depois, pede-se que ela compare B com C, uma vareta ligeiramente mais curta. Depois que ela conclui que B é mais comprida do que C, pergunta-se a ela se A é mais comprida do que C. As crianças que deduzem que A deve ser mais comprida do que C, ainda que não tenham comparado diretamente A com C, exibem transitividade. Pesquisadores cujos estudos abrangem três décadas descobriram que poucas crianças com menos de 6 anos são capazes de resolver problemas de transitividade (Andrews e Halford, 1998; Murray e Youniss, 1968). Como a teoria da complexidade relacional prediria, quando a complexidade de problemas de transitividade aumenta, como quando as varetas B e C têm o mesmo comprimento, mesmo crianças de 8 anos têm dificuldade com a transitividade (Andrews e Halford, 1998; Murray e Youniss, 1968). Assim, contrariando a concepção de Piaget, pode não haver um esquema de transitividade único que se aplique universalmente a todos esses problemas. Em vez disso, o êxito de uma criança em um problema de transitividade pode depender do quanto o problema se encaixa às capacidades de seu sistema de processamento de informações (ver seção a seguir) em um determinado ponto do desenvolvimento.

Por fim, a teoria da complexidade relacional explica as respostas das crianças às **tarefas de seriação**, problemas que exigem que as crianças usem uma regra para colocar um conjunto de objetos em ordem (Piaget e Inhelder, 1969). Na versão clássica de Piaget da tarefa de seriação, o pesquisador pede à criança que organize 10 varetas de tamanhos variados da mais curta para a mais comprida. Como a teoria da complexidade relacional prediria, a maioria das crianças com menos de 8 anos cria conjuntos ordenados que incluem apenas três ou quatro varetas em vez de um única série ordenada que inclua todas as varetas. Em outras palavras, elas simplificam a tarefa dividindo-a em várias subtarefas menos

complexidade relacional número de elementos em um problema e a complexidade das relações entre eles.

transitividade capacidade de fazer inferências sobre relações lógicas em um conjunto ordenado de estímulos.

tarefa de seriação problema que requer a capacidade de usar uma regra para colocar um conjunto de objetos em ordem.

complexas que elas possam executar (Halford, Bunch e McCredden, 2007). Contudo, no processo, elas acabam com uma solução incorreta para o problema original.

Avanços nas habilidades de processamento de informações

> **OBJETIVO DA APRENDIZAGEM 11.4**
> Como as habilidades de processamento de informações se aperfeiçoam durante a meninice?

À medida que avançam na meninice, as crianças são capazes de se lembrar de listas cada vez mais longas de números, letras ou palavras. Na verdade, a memória das crianças funciona tão bem que seu testemunho sobre eventos que presenciaram geralmente é preciso o suficiente para ser considerado confiável em processos judiciais. Além disso, avanços no processamento de informações são influenciados pela escolarização formal (Cole, 2005). As demandas de memória da escola parecem facilitar todos os aperfeiçoamentos na capacidade de processamento de informações que acontecem entre 6 e 12 anos.

Eficiência de processamento A **eficiência de processamento**, a capacidade de fazer uso eficiente da capacidade de memória (de trabalho) de curto prazo, aumenta constantemente com a idade, mudança que a maioria dos desenvolvimentistas hoje vê como a base do desenvolvimento cognitivo (Halford, Maybery, O'Hare e Grant, 1994; Kuhn, 1992; Li et al., 2004; Swanson e Kim, 2007). A melhor evidência de que o processamento cognitivo se torna mais eficiente é que ele se torna cada vez mais rápido com a idade. Robert Kail constatou praticamente o mesmo aumento exponencial na velocidade de processamento com a idade para uma ampla variedade de tarefas, incluindo tarefas perceptuais motoras, tais como mover os dedos em resposta a um estímulo (por exemplo, apertar um botão quando ouvir uma campainha) e tarefas cognitivas tais como somar mentalmente (Kail, 1991; Kail e Hall, 1994). Ele encontrou padrões praticamente idênticos de aumento de rapidez em estudos na Coreia e nos Estados Unidos, o que acrescenta validade intercultural para o argumento.

> **A criança integral em foco**
> Como os aperfeiçoamentos na memória de trabalho de Jamal lhe ajudam a se sair bem na escola? Descubra na página 392.

Automatismo Um dos modos mais importantes em que a eficiência do processamento aumenta na meninice é através da aquisição de **automatismo**, ou a capacidade de recordar informações da memória de longo prazo sem utilizar a capacidade da memória de curto prazo. Por exemplo, quando as crianças respondem "49" para a pergunta "Quanto é 7 vezes 7?" sem ter que pensar, elas adquiriram automatismo com respeito àquela informação específica.

O automatismo é imprescindível para um processamento de informações eficiente porque ele libera espaço na memória de curto prazo para processamento mais complexo. Assim, a criança que sabe que "7 vezes 7" automaticamente pode usar essa informação em um problema de multiplicação ou divisão complexo sem ter que abrir mão de espaço na memória de curto prazo que esteja usando para resolver o problema. Consequentemente, ela é capaz de se concentrar no "quadro geral", em vez de despender esforço tentando se recordar de uma simples informação matemática. Sem surpresa, os pesquisadores constataram que crianças no ensino fundamental que automatizaram fatos matemáticos dessa forma adquirem habilidades computacionais complexas com mais rapidez (Jensen e Whang, 1994).

Adquire-se automatismo basicamente por meio da prática. Por exemplo, quando os bebês aprendem a andar, eles precisam concentrar todo seu esforço mental no ato de caminhar. Após algumas semanas de prática, o caminhar torna-se automático, e eles podem pensar em perseguir um gato pela casa ou uma bola que rolou para longe. De modo semelhante, adultos podem pensar sobre a lista de compras enquanto dirigem para o supermercado, porque as habilidades de direção e os caminhos que eles costumam fazer para ir de um lugar para o outro são automatizados. Portanto, o automatismo é importante para o processamento de informações durante toda a vida. Contudo, é na meninice que as crianças parecem começar a automatizar grandes quantidades de informação e habilidades em um ritmo bastante rápido.

Processos executivos e estratégicos Se você quisesse se recordar de uma lista de itens do cotidiano (cadeira, lápis, espaguete, árvore...), você poderia conscientemente considerar as diversas estratégias alternativas para lembrar e então selecionar a melhor delas. Você poderia também explicar algumas coisas sobre como sua mente funciona, tais como que tipos de tarefas mentais você acha mais difícil. Esses são exemplos de *metacognição* – saber sobre o saber ou pensar sobre o pensar – um conjunto de habilidades mencionadas no Capítulo 8. A metacognição é parte de um grande grupo de habilidades conhecidas como **processos executivos** – habilidades de processamento de informação que permitem que uma pessoa crie e execute estratégias alternativas para lembrar e resolver problemas. Processos executivos são baseados em uma compreensão básica de como a mente funciona. Essas

eficiência de processamento capacidade de fazer uso eficiente da capacidade de memória de curto prazo.

automatismo capacidade de recordar informações a partir da memória de longo prazo sem usar a capacidade da memória de curto prazo.

processos executivos habilidades de processamento de informações que envolvem criar e executar estratégias para recordar e resolver problemas.

A menos que sejam novatos, esses enxadristas em idade escolar serão muito mais capazes de recordar uma série de movimentos do jogo ou de uma posição das peças do que adultos que não jogam xadrez.

habilidades melhoram muito na meninice. Por exemplo, crianças de 10 anos têm mais chances do que crianças de 8 anos de entender que prestar atenção em uma história exige esforço (Parault e Schwanenflugel, 2000).

Uma das vantagens de ter boas habilidades de processamento executivo é que elas ajudam o indivíduo a criar métodos para recordar informações, ou **estratégias de memória**. Muitas pessoas possuem seus próprios modos particulares de lembrar, mas a Tabela 11.1 relaciona algumas estratégias mnemônicas comuns. De modo geral, essas técnicas mnemônicas aparecem pela primeira vez entre 6 e 12 anos.

Perícia Existem muitos estudos que demonstram que a quantidade de conhecimento que uma pessoa possui sobre um determinado assunto – ou seja, sua **perícia** – faz uma enorme diferença no grau de eficiência com que seu sistema de processamento de informações funciona. Crianças e adultos que sabem muito sobre um tema (dinossauros, figurinhas do beisebol, matemática ou qualquer outra coisa) categorizam as informações sobre aquele tópico de modo altamente complexo e hierárquico. Elas também são mais capazes de lembrar e analisar logicamente as novas informações sobre aquele assunto (Ni, 1998).

Mesmo típicas diferenças de idade no uso de estratégias ou na capacidade de memória desaparecem quando o grupo mais jovem tem mais perícia do que o grupo mais velho. Por exemplo, a psicóloga Michelene Chi, em seu agora clássico estudo inicial, demonstrou que enxadristas peritos eram capazes de se lembrar da posição das peças no tabuleiro com muito mais rapidez e precisão do que enxadristas novatos, mesmo quando os enxadristas peritos eram crianças e os novatos eram adultos (Chi, 1978).

Contudo, usar habilidades de processamento de informações em suas áreas de conhecimento não parece ajudar a memória geral e capacidade de raciocínio das crianças (Ericsson e Crutcher, 1990). Por esse motivo, muitos psicólogos do processamento de informações hoje acreditam que a capacidade de processamento de informações de uma pessoa pode depender totalmente da quantidade e qualidade de informações relevantes armazenadas na memória de longo prazo. Assim, dizem eles, para serem capazes de adquirir habilidades de raciocínio científico, por exemplo, as crianças primeiro precisam adquirir um corpo de conhecimentos sobre tópicos científicos (Zimmerman, 2000). Parafraseando o

estratégias de memória métodos aprendidos para recordar informações.

perícia quantidade de conhecimento que se possui sobre um determinado tópico.

Tabela 11.1 Algumas estratégias comuns de processamento de informações usadas para lembrar

Estratégia	Descrição
Ensaio	Repetição mental ou vocal; pode ocorrer em crianças com menos de 2 anos em algumas condições e é comum em adultos e crianças mais velhas.
Organização	Reunir ideias, objetos ou palavras em aglomerados para lembrá-las, tais como "todos os animais", "os ingredientes na receita de lasanha", ou "as peças de xadrez envolvidas no movimento chamado *roque*". Essa estratégia é mais facilmente aplicada a algo que a pessoa conhece ou com o qual tem experiência. Crianças de 2 anos usam estratégias de aglomeração primitivas.
Elaboração	Descobrir um significado compartilhado ou um referente comum para duas ou mais coisas que precisam ser lembradas.
Mnemônica	Qualquer técnica para auxiliar a memória; por exemplo, uma frase cujas iniciais das palavras que a compõem auxiliam a recordar de alguma coisa é uma mnemônica.
Busca sistemática	"Varrer" a memória em busca de todo o domínio em que um pedaço/uma parte da informação pode ser encontrada. Crianças de 3 e 4 anos começam a fazer isso quando buscam objetos no mundo real, mas têm pouca capacidade de fazer isso na memória. Por isso, as estratégias de busca podem primeiro ser aprendidas no mundo externo e depois aplicadas a buscas internas.

Fonte: Flavell, 1985.

psicólogo do desenvolvimento, John Flavell, a perícia faz qualquer um de nós, inclusive as crianças, parecer muito inteligente; a falta de perícia nos faz parecer muito burros (Flavell, 1985).

Escolarização

Como observado no início do capítulo, a educação formal está em andamento quando as crianças chegam aos 6 ou 7 anos. Consequentemente, toda sociedade procura encontrar modos efetivos de ensinar às crianças as habilidades de que vão necessitar na vida adulta. Em geral, estudos mostram que os professores que adotam um estilo de ensino semelhante ao utilizado por pais democráticos na criação de seus filhos – uma abordagem que combina metas claras, bom controle, boa comunicação e muito apoio e incentivo – são os mais efetivos (MacIver, Reuman e Main, 1995). Além disso, ao menos nos Estados Unidos, existem evidências de que as escolas de ensino fundamental com classes menores, de menos de 20 alunos ou algo assim, funcionam melhor do que aquelas com classes maiores (Ecalle, Magan e Gibert, 2007). Contudo, considerações de qualidade à parte, por causa de seu foco acadêmico e da quantidade de tempo que as crianças despendem na escola, a educação formal é uma das influências mais importantes no desenvolvimento cognitivo de crianças de 6 e 12 anos.

Alfabetização

> **OBJETIVO DA APRENDIZAGEM 11.5**
> O que deve ser incluído em um programa de alfabetização efetivo?

No mundo industrializado, aprender a ler e escrever é o objetivo da educação no período de 6 a 12 anos. Como você aprendeu no Capítulo 8, as habilidades que as crianças trazem para a escola de suas experiências na segunda infância podem influenciar o aprendizado inicial da leitura tanto quanto o ensino formal (Hood, Conlon e Andrews, 2008). Particularmente significativa entre essas habilidades é um conjunto denominado *consciência fonológica* (Anthony e Lonigan, 2004; Boscardin, Muthén, Francis e Baker, 2008; Parrila, Kirby e McQuarrie, 2004; Schatschneider, Fletcher, Francis, Carlson e Foorman, 2004). Durante o ensino fundamental, a consciência fonológica continua aumentando (Shu, Anderson e Wu, 2000). Além disso, o ensino dirigido à consciência fonológica ajuda as crianças a acelerar sua aquisição de habilidades de consciência fonológica (Al Otaiba et al., 2008).

Todos os leitores iniciantes, tantos os que possuem altos níveis de consciência fonológica quanto os que sabem menos sobre sons e símbolos, se beneficiam de instrução específica na correspondência entre sons e letras, um tipo de instrução denominado **fônica sistemática e explícita** (Armbruster, Lehr e Osborn, 2003). *Sistemático* significa que a instrução deve seguir um plano, começando com correspondências simples, de um som para uma letra (p. ex., a letra *b* para o som /b/), e depois passando para as que envolvem duas ou mais letras. O plano deve ser cuidadosamente elaborado para que a instrução corresponda de modo significativo ao sistema ortográfico do idioma que está sendo aprendido. *Explícito* significa que as correspondências entre sons e letras são ensinadas intencionalmente.

fônica sistemática e explícita ensino planejado e específico da correspondência entre sons e letras.

As experiências das crianças nas escolas são semelhantes no mundo inteiro. As semelhanças ajudam a explicar por que a pesquisa sobre o desenvolvimento cognitivo envolvendo crianças de 6 a 12 anos produz resultados muito semelhantes em todas as culturas em que as crianças vão à escola.

O ensino efetivo de fônica também dá aos leitores iniciantes amplas oportunidades para a prática diária no uso de seus conhecimentos da correspondência entre sons e símbolos de modo que eles possam desenvolver automatismo. Os pesquisadores da fônica afirmam que as crianças não podem compreender a linguagem escrita com facilidade antes de poderem decodificá-la de modo automático e fluente (Klauda e Guthrie, 2008). Sua visão se baseia na concepção de que a memória de trabalho tem capacidade limitada. Portanto, quando a decodificação de palavras é automática, a capacidade da memória de trabalho é liberada para a tarefa de compreender o que foi lido.

Os defensores da **abordagem integral da linguagem**, uma abordagem ao ensino de leitura que põe mais ênfase no significado da linguagem escrita do que em sua estrutura, dizem que a maioria das crianças é capaz de inferir correspondências entre sons e letras sozinhas, contanto que tenham exposição suficiente a material impresso (Strauss e Altwerger, 2007). O segredo, dizem esses educadores, é motivar as crianças a interagir com a linguagem escrita de modos significativos e prazerosos. Portanto, eles alegam que os currículos de leitura devem incluir literatura infantil de alta qualidade, em vez de livros de exercícios de fônica e materiais com "vocabulário controlado" com histórias que correspondam às habilidades fônicas nas quais as crianças estão trabalhando. Além disso, recomendam que os professores só ensinem fônica diretamente quando as crianças fizerem perguntas sobre letras e sons.

A pesquisa sugere que pensar que o ensino de leitura deve seguir *ou* a abordagem da fônica *ou* a abordagem integral é um erro. Assim, os defensores da **abordagem equilibrada** argumentam por um ensino de leitura abrangente que inclua fônica sistemática e explícita juntamente como outras estratégias de instrução derivadas da abordagem integral da linguagem (Iaquinta, 2006). Eles afirmam que expor as crianças à boa literatura e ajudá-las a adquirir amor pela leitura é um elemento importante em qualquer currículo de leitura. E, justamente porque a fônica é tão importante, os professores têm obrigação de encontrar modos prazerosos de ensinar essas habilidades. Os professores podem seguir a dica da ênfase da abordagem integral da linguagem ao significado pessoal dos materiais que as crianças são solicitadas a ler escrevendo histórias que as crianças podem ditar e depois ajudando-as a aplicar suas habilidades de fônica à leitura em voz alta. De modo semelhante, algumas estratégias para ensinar fônica aproveitam a paixão das crianças por jogos. Outras usam canções de entretenimento com rima e aliteração para ajudá-las a adquirir habilidades de fônica. Além disso, o vocabulário e as habilidades de linguagem oral das crianças afetam a rapidez e efetividade com que elas aprendem a ler. Assim, o ensino explícito nesses dois domínios contribui para um ensino de leitura e escrita efetivo (Nation e Snowling, 2004).

Os professores que seguem a abordagem equilibrada também usam técnicas baseadas na teoria de Vygotsky de desenvolvimento cognitivo. Por exemplo, em sessões *de leitura orientada*, os professores trabalham com pequenos grupos de crianças na leitura de livros que são um pouco desafiadores para eles (recorde a *zona de desenvolvimento proximal* de Vygotsky, do Capítulo 2) (Iaquinta, 2006). Quando uma criança comete um erro, o professor usa a oportunidade para explicar uma estratégia de leitura ou uma das muitas idiossincrasias do inglês escrito a todas as crianças no grupo.

À medida que as crianças avançam nas séries do ensino fundamental, vários outros componentes da leitura devem ser abordados. A pesquisa mostra que a aquisição de fluência na leitura requer que as crianças aprendam sobre o significado de partes das palavras, tais como prefixos e sufixos (McBride-Chang, Shu, Zhou e Wagner, 2004; Nagy, Berninger, Abbott, Vaughan e Vermeulen, 2004). O ensino de estratégias de compreensão, tais como identificar a principal ideia e propósito de um determinado texto, também ajuda (Van den Broek, Lynch, Naslund, Ievers-Landis e Verduin, 2004). Evidentemente, durante todo o caminho, as crianças precisam ser expostas à boa literatura, tanto em sua própria leitura quanto no que pais e professores leem para elas.

Algumas das estratégias usadas para ensinar a ler também ajudam as crianças a aprender a escrever, o outro componente da alfabetização. Por exemplo, o ensino de fônica sistemática e explícita ajuda as crianças a aprender a soletrar bem como a ler (Rego, 2006). É claro que a boa escrita envolve bem mais do que apenas ortografia; ela, como a leitura, requer instrução e prática. Especificamente, as crianças aprendem sobre técnicas de composição, tais como esboços e desenvolvimento de parágrafos, para se tornarem boas escritoras. Elas também precisam aprender sobre a mecânica da linguagem, como gramática e uso adequado de palavras, assim como editar o seu próprio texto e o de outras pessoas (Graham e Harris, 1997).

---

abordagem integral da linguagem abordagem no ensino da leitura que dá mais ênfase ao significado da linguagem escrita do que à sua estrutura.

abordagem equilibrada abordagem no ensino da leitura que combina ensino de fônica sistemática e explícita com outras estratégias, derivadas da abordagem integral da linguagem, para ajudar as crianças a aprender a ler e escrever.

A despeito dos melhores esforços dos educadores, algumas crianças ficam atrás de seus colegas no aprendizado da leitura e escrita durante os primeiros anos escolares. Em geral, os pesquisadores da leitura constatam que maus leitores têm problemas com a combinação de letras e sons (Agnew, Dorn e Eden, 2004). Assim, muitas crianças que têm dificuldades de leitura se beneficiam de abordagens fônicas altamente específicas que proporcionam muita prática na tradução de letras em sons e vice-versa (Koppenhaver, Hendrix e Williams, 2007; Ryder, Tunmer e Greaney, 2008).

Contudo, a flexibilidade curricular também é importante nos programas para maus leitores. Alguns não progridem quando expostos a abordagens fônicas. Na verdade, programas que combinam treinamento de sons e letras e de compreensão, tais como o programa de Recuperação de Leitura, mostraram-se altamente eficazes para ajudar maus leitores a se nivelar, especialmente quando os programas são implantados nas primeiras séries do ensino fundamental (Hurry e Sylva, 2007). Consequentemente, os professores precisam ser capazes de avaliar a efetividade de qualquer abordagem que estejam usando para adequá-la às necessidades de cada estudante.

Aprendizes de segunda língua

OBJETIVO DA APRENDIZAGEM 11.6
Como as abordagens bilíngues e de ESL diferem no ensino de um segundo idioma?

Os padrões de crescimento e movimento populacional em todo o mundo acarretaram tremendos aumentos no número de crianças que frequentam as escolas nos Estados Unidos, Canadá, Grã-Bretanha e Austrália cuja primeira língua não é o inglês. Cerca de dois terços dessas crianças falam inglês bem o suficiente para funcionar na escola, mas o restante essencialmente não fala inglês. Os educadores nos países de língua inglesa usam o termo **aprendizes da língua inglesa (ALIs)** para se referir a crianças não falantes do inglês – sejam elas imigrantes ou nativas.

O número de ALIs nos Estados Unidos aumentou de 2,5 milhões em 1991 para quase 3,8 milhões em 2004 (National Center for Education Statistics [NCES], 2006a). Consequentemente, no início do século XXI, 46% de todas as salas de aula dos EUA tinham ao menos um ALI, e continua havendo uma escassez de professores qualificados para ajudar esses alunos a se beneficiarem do ensino exclusivo em inglês (Barron e Menken, 2002). Nos estados da Califórnia, Flórida, Illinois, Nova Jersey, Nova York e Texas, mais de 75% das escolas oferecem programas especiais para ALIs. A maioria desses alunos vive em grandes cidades. Por exemplo, mais de 100 línguas são faladas por escolares na cidade de Nova York, Chicago, Los Angeles e áreas residenciais de Washington, DC. Os educadores nessas cidades enfrentam a tarefa particularmente difícil de lidar não apenas com o grande número de ALIs mas também com o espantoso número de idiomas que elas e seus pais falam.

Cerca de 12% dos ALIs, principalmente daqueles cuja primeira língua é o espanhol, participam de **educação bilíngue**, na qual a instrução é ministrada em duas línguas (Osório-O'Dea, 2001). Esses programas foram desenvolvidos para crianças falantes do espanhol porque elas constituem quase três quartos dos ALIs nas escolas norte-americanas (NCES, 2006a). Outros países falantes do inglês também oferecem educação bilíngue para crianças de grandes grupos não falantes do inglês. Por exemplo, escolas no Quebec, Canadá, província cujos residentes falam basicamente o francês, têm fornecido educação bilíngue aos estudantes falantes do inglês e do francês há décadas.

Uma alternativa à educação bilíngue é a **imersão estruturada,** utilizada em salas de aula nas quais todas as crianças falam a mesma língua nativa que não o inglês e o professor fala tanto o inglês quanto a língua nativa delas. Nessas salas de aula, a instrução básica é dada em inglês, em um ritmo que as crianças possam compreender, com o professor traduzindo somente quando absolutamente necessário. Os programas da língua francesa desse tipo para crianças falantes do inglês tiveram muito êxito no Quebec (Allen, 2004). Nesses programas, os alunos aprendem exclusivamente em francês durante dois anos do ensino fundamental. Nos anos restantes do ensino fundamental, eles recebem instrução bilíngue. A pesquisa demonstra que, nas séries iniciais, esses alunos ficam um pouco atrás dos falantes do inglês monolíngues na habilidade de ler e escrever. Contudo, quando chegam à idade do ensino médio, essas crianças obtêm escores mais altos em testes de desempenho na leitura do que seus colegas monolíngues.

A educação bilíngue e a imersão estruturada são logisticamente impossíveis para a maioria dos distritos escolares que incluem ALIs. Em primeiro lugar, se um sistema escolar só possui um punhado

aprendizes da língua inglesa (ALIs) escolares que não falam inglês bem o bastante para funcionar em aulas ministradas exclusivamente em inglês.

educação bilíngue abordagem na educação de segunda língua na qual as crianças recebem instrução em dois idiomas diferentes.

imersão estruturada abordagem no ensino de segunda língua na qual a instrução básica é exclusivamente em inglês e um professor bilíngue traduz somente quando é absolutamente necessário.

de alunos que falam uma determinada língua, não é financeiramente viável instituir um programa de ensino separado para elas. Além disso, pode ser impossível encontrar professores bilíngues para crianças cujo idioma é falado por muito poucas pessoas fora de seu país de origem. Por esses motivos, cerca de 85% dos ALIs de 6 a 12 anos nos Estados Unidos estão matriculados em **programas de inglês como segunda língua (ESL)** (Osório-O'Dea, 2001). Nos programas ESL, as crianças passam parte do dia em aulas para aprender inglês e parte em aulas acadêmicas ministradas exclusivamente em inglês (ver *Ciência do desenvolvimento na sala de aula*).

Pesquisas demonstram que nenhuma abordagem em particular no aprendizado de segunda língua é mais efetiva do que outra (Mohanty e Perregaux, 1997). Existe alguma indicação de que os programas que incluem um componente baseado no lar, tais como os que encorajam os pais a aprender uma nova língua junto com seus filhos, podem ser particularmente efetivos (Koskinen et al., 2000). Mas parece que qualquer programa estruturado, seja de educação bilíngue ou de ESL, promove um melhor desempenho entre crianças não falantes do inglês do que simplesmente integrá-las em aulas exclusivas em inglês, abordagem denominada **submersão**. Embora a maioria das crianças em programas de submersão eventualmente se nivele com seus colegas falantes do inglês, muitos educadores acreditam que a instrução que apoia o idioma e a cultura natal das crianças, assim como suas habilidades na língua inglesa, promove seu desenvolvimento geral (Bougie, Wright e Taylor, 2003).

O desempenho escolar dos ALIs na escola é muito semelhante ao de crianças falantes do inglês (NCES, 1997). Na verdade, nas escolas norte-americanas, falantes nativos do inglês são mais propensos a serem reprovados em uma ou mais séries do que crianças cujo idioma materno é asiático ou europeu. Crianças falantes do espanhol são reprovadas nas escolas norte-americanas mais ou menos na mesma taxa que falantes do inglês. Assim, não existe prova de que uma criança que ingressa na escola com

programas de inglês como segunda língua (ESL) abordagem no ensino de segunda língua na qual as crianças assistem a aulas para aprender inglês em parte do dia e depois a aulas acadêmicas ministradas totalmente em inglês na outra parte do dia.

submersão integração de crianças não falantes do inglês em classes onde se fala apenas inglês.

CIÊNCIA DO DESENVOLVIMENTO NA SALA DE AULA

Idade e aprendizagem em segunda língua: quanto mais jovem melhor?

Sheila ensina inglês como segunda língua (ESL) a estudantes de 5ª série, a maioria deles residentes nos Estados Unidos há apenas alguns meses e sem conhecimento de inglês. Outros professores na escola dela costumam comentar sobre o desafio que Sheila enfrenta ao ensinar inglês a crianças que já estão quase na adolescência. A maioria deles cita a crença generalizada de que o aprendizado do idioma se torna mais difícil com a idade. Contudo, as conversas com professores de ESL que trabalham com crianças mais jovens sugerem exatamente o oposto. Os alunos de Sheila também parecem aprender inglês mais rapidamente do que aprendizes da língua inglesa (ALIs) mais jovens na escola dela. Por que isso é assim?

Pesquisadores constataram que, embora seja verdade que os que começam a aprender uma língua em idade mais precoce podem acabar atingindo melhores níveis de proficiência do que os que iniciam mais tarde, a idade não é o fator determinante. Kenji Hakuta e colaboradores (2003) usaram dados do censo para examinar as relações entre proficiência no inglês, idade de ingresso nos Estados Unidos e desempenho acadêmico de imigrantes falantes de chinês e espanhol. Eles constataram que a capacidade dos imigrantes de aprender inglês estava mais relacionada com suas experiências educacionais do que com sua idade ao ingressarem no país. A ligação entre educação e aprendizagem de segunda língua faz sentido quando considerada à luz de outros estudos que demonstram que quanto mais você sabe sobre sua primeira língua – suas regras ortográficas, estrutura gramatical e vocabulário – mais fácil será para você aprender outro idioma (Meschyan e Hernandez, 2002). Você deve se lembrar da discussão sobre linguagem anteriormente neste capítulo que essas são habilidades metalinguísticas, um conjunto de habilidades que se aperfeiçoam significativamente durante a meninice. Assim, é provável que as habilidades metalinguísticas superiores dos alunos de 5ª série de Sheila lhes dá uma vantagem sobre estudantes mais jovens de ESL.

Entretanto, existe uma clara vantagem de aprender uma nova língua na idade mais precoce possível. As pessoas que são mais jovens quando aprendem um novo idioma têm muito mais chances de falá-lo com um sotaque apropriado (McDonald, 1997). Uma das razões para isso está relacionada a pequenas variações no processamento neural na *área de Broca*, a área cerebral que controla a produção da fala. As pesquisas de Kim e colaboradores (1997) sugerem que aqueles que aprendem um novo idioma antes dos 10 ou 11 anos, ou em torno da mesma idade da maioria dos estudantes de 5ª série, utilizam a mesma porção de tecido na área de Broca para ambos os idiomas que falam. Naqueles que aprendem uma segunda língua em idade mais avançada, duas seções diferentes da área de Broca são ativadas enquanto eles estão realizando tarefas linguísticas – uma seção para o primeiro idioma e outra para o segundo, fator que se acredita explicar o desempenho fonológico superior dos aprendizes de segunda língua mais jovens. Consequentemente, ainda que as habilidades metalinguísticas dos alunos de 5ª série de Sheila possam ajudá-los a aprender a falar inglês mais rapidamente do que alunos mais jovens, eles provavelmente terão que se esforçar mais para falá-lo sem sotaque.

Questões para reflexão

1. Quais as implicações que a pesquisa citada nessa discussão têm sobre o aprendizado de segunda língua na vida adulta?
2. Como as pesquisas sobre habilidades metalinguísticas e aprendizagem de segunda língua poderiam ser usadas para promover ou criticar a educação bilíngue?

pouca habilidade para falar inglês corre mais risco de ser reprovada do que crianças cuja primeira língua é o inglês.

Contudo, uma nota de cautela é necessária: um ALI não tem maior risco de ser reprovado contanto que a escola ofereça algum tipo de transição para o ensino exclusivo em inglês e as autoridades escolares se preocupem em administrar todos os testes no idioma que a criança conhece melhor (Cushner et al., 1992). Prover uma transição para instrução exclusivamente em inglês é necessário para otimizar o potencial desempenho do ALI. Testar crianças em suas línguas nativas garante que crianças não falantes do inglês não sejam classificadas como portadoras de retardo mental ou transtornos de aprendizagem devido a suas habilidades limitadas no inglês. Devido a essas exigências, os ALIs não representam um ônus para as escolas norte-americanas. Além disso, parece razoável concluir que a presença deles enriquece a experiência educacional das crianças cuja primeira língua é o inglês.

Testes padronizados

> **OBJETIVO DA APRENDIZAGEM 11.7**
> Por que as escolas administram testes padronizados?

Talvez você se lembre de ter feito testes padronizados durante o ensino fundamental. Um **teste padronizado** é aquele em que o desempenho de cada indivíduo é avaliado comparando-se sua pontuação com a pontuação média alcançada por uma ampla amostra de indivíduos semelhantes. Por exemplo, um teste padronizado para estudantes de 1ª série compara a pontuação de cada criança com a média alcançada por um grande grupo de estudantes de 1ª série que fizeram o teste antes de sua publicação. A maioria dos sistemas escolares nos Estados Unidos administra testes padronizados aos alunos muitas vezes durante sua vida escolar. Os testes geralmente são de dois tipos: testes de desempenho e testes de inteligência.

Testes de desempenho e testes de inteligência Os **testes de desempenho** visam avaliar informações específicas aprendidas na escola, utilizando itens como os exemplificados na Tabela 11.2. As pontuações são baseadas na comparação do desempenho de uma criança com o de outras crianças na mesma série. Os críticos dos testes de desempenho assinalam que, embora educadores e pais possam considerar os testes de desempenho indicadores do que as crianças aprendem na escola, eles são de fato muito semelhantes aos testes de Q.I.. Por exemplo, vamos supor que um teste de desempenho

teste padronizado teste em que o desempenho de cada indivíduo é avaliado comparando-se sua pontuação com a pontuação média obtida por uma ampla amostra de indivíduos semelhantes.

teste de desempenho teste desenhado para avaliar informações específicas aprendidas na escola.

Tabela 11.2 Amostra de itens de um teste de desempenho para 4ª série

Vocabulário	Ortografia
um senhor *contente* 1. bravo 2. gordo 3. alegre 4. triste	Jason pegou o copo *mais grande*. certo_____ errado_____
Expressão linguística	**Cálculo matemático**
Quem quer _____ livros? 1. aquele 2. estes 3. eles 4. este	79 149 62 +14 −87 x3
Habilidades de referência	**Matemática**
Qual dessas palavras apareceria primeiro em ordem alfabética? 1. par 2. ponto 3. pantera 4. polir	O que representa o 3 em 13? 1. 3 unidades 2. 13 unidades 3. 3 dezenas 4. 13 dezenas

Fonte: Adaptado de *Comprehensive Tests of Basic Skills*, Form S. Reproduzido com permissão do editor, CTB/McGraw-Hill, Del Monte Research Park, Monterey, CA 93940. Copyright © 1973 de McGraw-Hill, Inc. Todos os direitos reservados. Impresso nos EUA.

contenha o problema matemático "4 x 4". Uma criança inteligente que ainda não aprendeu multiplicação pode, por seu próprio raciocínio, chegar à resposta correta de 16. Outra pode dar a resposta correta porque a aprendeu na escola. Outra pode saber a resposta porque seus pais lhe ensinaram a multiplicar. Assim, os críticos sugerem que portfólios abrangentes dos trabalhos das crianças podem ser melhores indicadores do real aprendizado escolar do que testes de desempenho padronizados (Neill, 1998).

A maioria das escolas nos Estados Unidos também exige que os alunos façam testes de inteligência em diversos pontos de sua vida escolar. Esses testes geralmente são de múltipla escolha usando lápis e papel que podem ser aplicados a grandes quantidades de crianças ao mesmo tempo. Alguns críticos dos testes de Q.I rotineiros dizem que esses testes não são tão precisos quanto os testes individuais sobre os quais você leu no Capítulo 8 (Sattler, 2008). Isso porque muitos testes de grupo requerem que as crianças leiam, e portanto as pontuações refletem diferenças na capacidade de leitura, bem como na inteligência. Além disso, quando as crianças que estão sendo testadas individualmente se aborrecem, os psicólogos podem descobrir formas de motivá-las a continuar. Em contraste, crianças que estão sendo testadas em grupo podem se desligar do teste completamente sem que ninguém perceba. Nesses casos, as pontuações das crianças são boas medidas do envolvimento das crianças, mas não são boas medidas de sua capacidade intelectual. Não obstante, os escores nos testes de Q.I. muitas vezes são utilizados para agrupar as crianças para instrução por estarem fortemente correlacionados às pontuações nos testes de desempenho.

Duas visões diferentes da inteligência Alguns desenvolvimentistas dizem que o problema de utilizar os testes de Q.I. para prever o desempenho é que eles não são capazes de oferecer um quadro completo das habilidades mentais. Por exemplo, o psicólogo Howard Gardner (1983) propôs uma **teoria das inteligências múltiplas**. Essa teoria afirma que existem oito tipos de inteligência:

- Linguística – a capacidade de usar linguagem de modo efetivo.
- Lógica/matemática – facilidade com números e resolução lógica de problemas.
- Musical – a capacidade de apreciar e produzir música.
- Espacial – a capacidade de apreciar relacionamentos espaciais, tais como distâncias relativas.
- Cinestésica/corporal – a capacidade de se movimentar de maneira coordenada, combinada com o sentido do próprio corpo no espaço.
- Naturalista – a capacidade de fazer discriminações de plantas e de animais do mundo natural ou os padrões e desenhos dos artefatos humanos, tais como ferramentas.
- Interpessoal – sensibilidade ao comportamento, humor e necessidades dos outros.
- Intrapessoal – a capacidade de compreender a si mesmo.

A teoria de Gardner se baseia em observações de pessoas com danos cerebrais, retardo mental e outras limitações mentais graves. Ele assinala que os danos cerebrais geralmente causam disfunções em habilidades mentais específicas em vez de um declínio geral da inteligência, e que muitos indivíduos com déficits mentais têm talentos notáveis. Por exemplo, alguns têm talento para música, enquanto outros podem realizar cálculos matemáticos complexos sem usar calculadora nem lápis e papel. Além disso, Gardner continua refinando seu modelo. Em anos recentes, ele propôs que um nono tipo de inteligência, que ele chama de inteligência existencial, trata do reino espiritual e nos permite contemplar o significado da vida (Halama e Strízenec, 2004). Entretanto, críticos afirmam que a visão de Gardner, ainda que intuitivamente atraente, tem pouco suporte empírico (Aiken, 1997).

A **teoria triárquica da inteligência** de Robert Sternberg propõe três componentes da inteligência humana (Sternberg, 1988). A *inteligência contextual* tem a ver com saber o comportamento certo para uma situação específica. Por exemplo, vendedores de rua sul-americanos, a maioria dos quais em idade escolar – mas sem nenhuma escolarização –, são bons em cálculos práticos, mas se saem mal em problemas de matemática escritos mais abstratos. Essas crianças são altamente "inteligentes" em seu contexto diário, mas no contexto escolar elas parecem carecer de habilidade intelectual.

A *inteligência experiencial*, segundo Sternberg, envolve aprender a dar respostas específicas sem pensar sobre elas. Por exemplo, você provavelmente é capaz de responder sem pensar sobre a questão "Quanto é 7 vezes 7?". A inteligência experiencial permite que você produza novas soluções para pro-

teoria das inteligências múltiplas teoria de Howard Gardner de que existem oito tipos de inteligência.

teoria triárquica da inteligência teoria de Robert Sternberg de que a inteligência inclui três componentes: contextual, experiencial e componencial.

blemas cotidianos que você não foi totalmente capaz de resolver e a reconhecer quando uma solução consagrada é apropriada para um novo problema.

A *inteligência componencial* é a capacidade de uma pessoa de criar estratégias efetivas. Para Sternberg, esse é o componente mais importante da inteligência. Ele alega que os testes de inteligência são limitados em sua capacidade de identificar crianças dotadas porque dão mais ênfase na "correção" das respostas do que na qualidade das estratégias que as pessoas usam para chegar a elas (Sternberg, 2002).

Em geral, Sternberg diz que os testes de Q.I. medem o grau de familiaridade que uma criança tem com a cultura "escolar". Assim, as crianças cuja experiência cultural não inclui escolarização formal têm baixo desempenho porque não estão familiarizadas com o contexto do teste. Infelizmente, seu baixo desempenho muitas vezes é erroneamente interpretado como indicativo de que elas não têm inteligência (Sternberg e Grigorenko, 2006). Sternberg acredita que os testes de inteligência devem medir todos os três componentes da inteligência, e ele produziu algumas evidências de pesquisa que sugerem que os procedimentos de testagem baseados nessa teoria produzem melhores predições de desempenho do que os testes de Q.I. convencionais (Sternberg, Wagner, Williams e Horvath, 1995).

Inteligência emocional As teorias de Gardner e de Sternberg se tornaram importantes para ajudar os educadores a compreender as limitações dos testes de Q.I.. A teoria do psicólogo Daniel Goleman de **inteligência emocional** também contribuiu para a compreensão que os cientistas têm da inteligência e do desempenho (Goleman, 1995). A inteligência emocional tem três componentes: consciência das próprias emoções, capacidade de expressar as próprias emoções de maneira adequada e a capacidade de canalizar as emoções para a perseguição de metas compensadoras. Sem inteligência emocional, afirma Goleman, é impossível realizarmos nosso potencial intelectual. Ainda são necessárias pesquisas que deem suporte à hipótese de Goleman (Humphrey, Curran, Morris, Farrell e Woods, 2007). Contudo, a pesquisa sobre o relacionamento entre autocontrole (o terceiro componente da inteligência emocional) na segunda infância e desempenho na adolescência sugere que a concepção de Goleman está certa. A capacidade das crianças de exercer controle sobre suas emoções na segunda infância está fortemente correlacionada a medidas de desempenho acadêmico no ensino médio (Denham, 2006).

Criatividade Por fim, os testes de inteligência convencionais não medem a **criatividade**, a capacidade de produzir ideias originais, apropriadas e valiosas e/ou soluções para problemas. Embora a capacidade das crianças para a criatividade pareça depender em grande medida de quanto conhecimento elas têm sobre um tópico (Sak e Maker, 2006), os pesquisadores constataram que a criatividade tem fraca correlação com o Q.I. (Lubart, 2003).

Alguns desenvolvimentistas definem criatividade como **pensamento divergente** (Guilford, 1967). Uma criança que usa pensamento divergente pode prover múltiplas soluções para problemas que não possuem uma resposta clara. Um teste de criatividade, o *Teste de Usos Alternativos* (Guilford, 1967), estimula as crianças a pensar em usos incomuns para objetos do cotidiano, tais como tijolos.

Entretanto, o conhecido pesquisador da criatividade, Paul Torrance, afirma que esses testes não englobam todas as dimensões da criatividade. Para testar sua teoria, Torrance criou os *Testes Torrance do Pensamento Criativo* (Torrance, 1998), nos quais as crianças resolvem problemas que envolvem interpretar figuras, interpretar cenários verbais e produzir desenhos em resposta a estímulos. As crianças recebem pontuações em quatro dimensões da criatividade:

- Fluência – o número total de ideias produzidas.
- Flexibilidade – o número de diferentes categorias representadas nas ideias.
- Originalidade – o grau em que as ideias são incomuns, em termos estatísticos.
- Elaboração – o grau de detalhamento nas ideias.

Evidências para a validade dos Testes Torrance provêm de seu próprio estudo longitudinal no qual se constatou que as crianças que tinham tido alta pontuação no teste na década de 1950 produziram um grande número de realizações criativas aproximadamente 40 anos depois (Plucker, 1999). Além disso, os escores nos Testes Torrance mostraram-se mais fortemente correlacionados a realizações de vida de natureza criativa do que os escores de Q.I. de infância dos participantes da pesquisa.

inteligência emocional tipo de inteligência que inclui a consciência de nossas próprias emoções, a capacidade de expressar emoções adequadamente e a capacidade de canalizar as emoções para realizar metas.

criatividade capacidade de produzir ideias e/ou soluções originais, adequadas e que agreguem valor aos problemas.

pensamento divergente capacidade de produzir múltiplas soluções para problemas que não têm resposta clara.

> **OBJETIVO DA APRENDIZAGEM 11.8**
> Que tipos de diferenças grupais de desempenho foram constatados por pesquisadores educacionais?

Diferenças grupais de desempenho

Embora a testagem da inteligência seja uma característica proeminente do ambiente educacional, professores e administradores geralmente estão mais interessados no que as crianças realmente aprendem do que em suas habilidades. Por esse motivo, grande parte da pesquisa educacional se concentra em descobrir explicações para as diferenças grupais de desempenho. Essas diferenças foram constatadas entre gêneros, grupos étnicos e culturas.

Diferenças de desempenho entre os sexos Comparações dos escores em testes de Q.I. entre meninos e meninas não revelam diferenças consistentes. Somente quando os escores totais são subdivididos em diversas habilidades separadas é que surgem alguns padrões de diferença entre os sexos. Em média, estudos nos Estados Unidos mostram que as meninas se saem ligeiramente melhor em tarefas verbais e cálculos aritméticos e que os meninos se saem ligeiramente melhor do que as meninas em raciocínio numérico. Por exemplo, mais meninos do que meninas se mostram dotados em matemática (Benbow, 1988; Lubinski e Benbow, 1992).

De onde poderiam provir essas diferenças? As opções explicativas agora já devem ser familiares. Como você aprendeu no Capítulo 10, os processos cerebrais que subjazem a cognição e a percepção espacial costumam ser apontados como a causa das diferenças sexuais no desempenho matemático. Até o presente, contudo, a pesquisa neurológica não foi capaz de encontrar diferenças sexuais na função cerebral que sejam grandes o suficiente para explicar diferenças sexuais no desempenho matemático (Spreen et al., 1995).

Até hoje, as explicações ambientais se mostraram mais úteis do que as teorias biológicas nas discussões das diferenças sexuais em raciocínio matemático ou verbal. Especialmente no caso da matemática, existem consideráveis evidências de que as habilidades de meninos e meninas são sistematicamente moldadas por uma série de fatores ambientais.

O incentivo de professores e pais idêntico ao que se dá aos meninos pode ajudar as meninas a diminuir a diferença de desempenho em matemática.

Em primeiro lugar, pais e professores parecem acreditar que os meninos têm mais habilidade matemática do que as meninas (Jussim e Eccles, 1992; Tiedemann, 2000). Assim, eles tendem a atribuir o sucesso de uma menina em matemática ao esforço ou boa instrução; o baixo desempenho de uma menina é atribuído à falta de habilidade. Em contraste, professores e pais atribuem o êxito de um menino à habilidade e seu fracasso à falta de dedicação (Jussim e Eccles, 1992). Além disso, as crianças parecem internalizar essas crenças, as quais, por sua vez, influenciam seu interesse em fazer cursos de matemática e suas crenças a respeito de sua probabilidade de ter sucesso em matemática (Eccles, Jacobs e Harold, 1990). Os efeitos cumulativos dessas diferenças nas expectativas e no tratamento aparecem no ensino médio, quando as diferenças sexuais em testes padronizados de matemática geralmente se evidenciam. Em parte, portanto, as diferenças sexuais nos escores em testes de desempenho matemático parecem ser perpetuadas por influências familiares e escolares sutis sobre as atitudes das crianças.

Diferenças étnicas no desempenho Nos Estados Unidos, as diferenças nos escores nos testes de desempenho entre grupos étnicos são semelhantes às diferenças nos escores em testes de Q.I. sobre as quais você leu no Capítulo 8. A maioria dos desenvolvimentistas acredita que os mesmos fatores que contribuem para as diferenças nos escores de Q.I. – condição socioeconômica, acesso à assistência pré-natal, estabilidade da família, e assim por diante – também produzem diferenças nas medidas de desempenho escolar, tais como notas e escores em testes de desempenho.

Além disso, as diferenças grupais nos estilos de aprendizagem podem contribuir para variações no desempenho (Belgrave e Allison, 2005). Os psicólogos aprenderam que as crianças que usam um **estilo analítico** definem objetivos da aprendizagem e seguem um conjunto de passos ordenados para atingi-los. Essas crianças são bem organizadas, são boas na compreensão de detalhes e pensam na informação em termos de "certo" e "errado". Crianças que usam o **estilo relacional** concentram sua atenção no "quadro geral" e não em informações individuais.

estilo analítico estilo de aprendizagem que envolve definir objetivos da aprendizagem e seguir passos ordenados para atingi-los.

estilo relacional estilo de aprendizagem que envolve se concentrar no "quadro geral" e não nos detalhes de uma tarefa.

Considere o que acontece quando Ayana, que tem um estilo analítico, e Richard, que usa um estilo relacional, ouvem as instruções do professor da 4ª série para um projeto complicado. Ayana anota todos os detalhes das instruções do professor e quantos pontos vale cada parte. Em contraste, Richard anota sua impressão geral de cada parte do projeto.

Trabalhando no projeto, Ayana concentra seus esforços nas partes que valem mais pontos. Richard presta mais atenção nos aspectos do projeto que ele acha interessante. Quando termina, o projeto de Ayana corresponde com mais precisão às instruções do professor do que o de Richard, e ela recebe uma nota mais alta. O modo de Ayana de encarar as atividades escolares – seu estilo analítico – ajusta-se melhor às expectativas da escola, dando-lhe vantagem sobre Richard. Além disso, o modo de aprendizagem de Ayana ajuda-a a obter altas pontuações em testes de desempenho, o que requer conhecimento detalhado de informações específicas e habilidades.

Os grupos étnicos nos Estados Unidos diferem nas porcentagens de crianças que usam cada estilo. Uma porcentagem mais alta de estudantes americanos asiáticos e americanos europeus são aprendizes analíticos. Em contraste, uma porcentagem mais alta de crianças afro-americanas, hispano-americanas e americanas nativas são aprendizes relacionais. Os psicólogos especulam que essas diferenças no estilo de aprendizagem originam-se de diferenças históricas entre grupos culturais dominantes e não dominantes (Hale, 2001). Eles afirmam que crianças em grupos que sofreram opressão e discriminação desenvolvem hábitos cognitivos baseados na necessidade de fazer rápidas inferências sobre situações potencialmente ameaçadoras. Como resultado, elas tendem a favorecer impressões globais sobre análises detalhadas de situações e problemas, uma tendência que se estende para as tarefas acadêmicas. Assim, as diferenças entre esses grupos na pontuação em testes de desempenho e notas escolares pode se dever às diferentes porcentagens de aprendizes analíticos e relacionais dentro dos grupos (Serpell e Hatano, 1997).

Diferenças de desempenho também podem se dever a crenças filosóficas que caracterizam alguns grupos raciais e étnicos nos Estados Unidos. Por exemplo, a cultura americana tende a ser *individualista*. Em outras palavras, ela enfatiza as realizações dos indivíduos e incentiva a competição mais do que a cooperação. Entretanto, algumas subculturas nos Estados Unidos dão mais ênfase à *interdependência*, uma perspectiva que sociólogos e antropólogos costumam chamar de *coletivista* (Serpell e Hatano, 1997). Em um clássico estudo realizado no estado do Havaí, educadores tentaram mudar seu programa de estudos e métodos de ensino para melhor se ajustar à ênfase coletivista das crianças e famílias havaianas nativas. A nova abordagem envolvia mais trabalhos em grupo e cooperação entre os alunos, e ela parece ter ajudado as crianças a aprender mais (Cushner et al., 1992). O sucesso dessas intervenções sugere que as práticas educacionais nos Estados Unidos podem ser bem adaptadas para alguns grupos, mas não para outros, assim produzindo diferenças no desempenho entre os grupos para os quais o sistema educacional tem um bom "ajuste" cultural e aqueles para os quais ele não tem.

Sentimentos de desesperança por parte de alguns estudantes desfavorecidos também podem ser um fator. Por exemplo, alguns estudantes afro-americanos nos Estados Unidos, desencorajados pelo racismo e pela falta de oportunidade, acreditam que não terão condições de serem bem-sucedidos economicamente por mais que aprendam na escola (Baranchik, 2002; Ogbu, 1990). Algumas pesquisas sugerem que esses sentimentos influenciam o desempenho de crianças minoritárias em testes padronizados (ver *Ciência do desenvolvimento na clínica,* na página 352). Educadores acreditam que as escolas podem influenciar as crenças desses estudantes garantindo que os livros e outros materiais didáticos reflitam com precisão as contribuições de afro-americanos à cultura americana (Cushner et al., 1992).

Diferenças interculturais no desempenho As diferenças no desempenho em matemática e ciência entre crianças asiáticas e crianças norte-americanas têm sido o foco de muitos estudos e debates. Durante um período de 20 anos, estudos demonstram repetidamente que os escolares norte-americanos estão significativamente atrás de seus pares de outros países industrializa-

Em todas as culturas, o envolvimento dos pais está associado a alto desempenho.

CIÊNCIA DO DESENVOLVIMENTO NA CLÍNICA
Ameaça do estereótipo

A Dra. Jones é uma psicóloga clínica que trabalha em um grande hospital pediátrico. Uma das suas atribuições é administrar testes individuais de inteligência e desempenho a crianças atendidas no departamento de neurologia do hospital. Quando aplica um teste a uma criança, a Dra. Jones não se refere a ele como um teste de "inteligência" ou de "desempenho". Em vez disso, ela diz à criança o que ela pretende perguntar em termos concretos. Por exemplo, ela diz "Eu vou te fazer algumas perguntas sobre palavras" ou "Eu vou te pedir para resolver alguns problemas". A Dra. Jones usa essa abordagem porque o objetivo dela é obter o melhor desempenho possível de cada criança testada. Ela acredita que se as crianças estiverem preocupadas com o tipo de teste que estão fazendo ou como seu desempenho será julgado, elas provavelmente não farão o melhor possível. A Dra. Jones está especialmente interessada em como o que ela diz sobre um teste poderia influenciar o desempenho de uma criança que pertence a um grupo minoritário, porque ela está familiarizada com as pesquisas sobre a *ameaça do estereótipo*.

Os psicólogos Claude Steele e Joshua Aronson (Steele e Aronson, 1995) definem *ameaça do estereótipo* como uma sutil sensação de pressão que os membros de um determinando grupo sentem quando estão tentando obter um bom desempenho em uma área em que seu grupo é caracterizado por um estereótipo negativo. Segundo Steele e Aronson, estudantes afro-americanos sentem a ameaça do estereótipo sempre que enfrentam um teste cognitivo importante, tais como um exame vestibular ou um teste de Q.I., devido ao estereótipo cultural geral de que os afro-americanos são intelectualmente menos capazes do que os membros de outros grupos. Para evitar a confirmação do estereótipo, diz a teoria, os afro-americanos evitam dar o melhor de si porque falhar depois de se esforçar ao máximo significaria que o estereótipo era verdadeiro.

Numerosos estudos confirmaram a existência da ameaça do estereótipo tanto entre crianças quanto entre adultos (McKown e Weinstein, 2003; Nussbaum e Steele, 2007; Steele e Aronson, 2004; Suzuki e Aronson, 2005). Entretanto, a ameaça do estereótipo parece ter um efeito menor no desempenho de crianças do que no de adultos. Consequentemente, ainda que o poder da ameaça do estereótipo de influenciar o desempenho dos adultos em testes cognitivos tenha sido confirmado pelas pesquisas, ainda está em aberto a questão de sua importância para explicar as diferenças de grupo entre crianças. Entretanto, a Dra. Jones acredita que é melhor errar por excesso de cautela em relação à ameaça do estereótipo. Sua conclusão é que se abster de usar os termos *teste de inteligência* e *teste de desempenho* não prejudica as crianças nem ameaça seu desempenho, ao passo que usar esses termos pode aumentar a ansiedade delas. Consequentemente, ela pretende manter sua prática de descrever os comportamentos que ela vai pedir às crianças que realizem em vez de dizer-lhes os tipos de testes que ela está aplicando.

Questões para reflexão

1. Você concorda com a conclusão da Dra. Jones sobre errar por excesso de cautela durante a aplicação de testes?
2. Como pais e professores poderiam moderar os efeitos da ameaça do estereótipo no desempenho das crianças em testes?

---

dos (Caslyn, Gonzales e Frase, 1999). Contudo, estudos também demonstram que processos de desenvolvimento cognitivo subjacentes são muito comuns em crianças asiáticas e norte-americanas (Zhou e Boehm, 2004). Desenvolvimentistas especulam que as diferenças resultam de variações nas crenças culturais e nos métodos de ensino.

Com respeito a crenças culturais, os desenvolvimentistas constataram que pais e professores norte-americanos enfatizam a capacidade inata, a qual presumem ser imutável, mais do que o esforço. Para asiáticos, a ênfase é justamente o inverso: eles acreditam que as pessoas podem se tornar mais capazes esforçando-se mais (Serpell e Hatano, 1997). Por causa dessas diferenças nas crenças, afirma essa teoria, pais e professores asiáticos têm maiores expectativas para crianças e são mais capazes de encontrar modos de motivá-las a realizar os trabalhos escolares. Presumivelmente por essas mesmas razões, as famílias asiáticas passam mais tempo ensinando a seus filhos habilidades acadêmicas específicas do que os pais norte-americanos (Sijuwade, 2003).

Contudo, os métodos de ensino nas duas culturas também variam. Em um importante conjunto de estudos, os psicólogos James Stigler e Harold Stevenson observaram estratégias de ensino em 120 salas de aula no Japão, Taiwan e Estados Unidos e ficaram convencidos de que os professores asiáticos criaram modos especialmente efetivos de ensinar matemática e ciências (Stevenson, 1994; Stigler e Stevenson, 1991).

Professores japoneses e taiwaneses abordam o ensino de matemática e ciências utilizando uma série de "lições-mestre", cada uma delas organizada em torno de um único tema ou ideia e envolvendo formas específicas de participação estudantil. Essas lições são como boas histórias, com início, meio e fim. Nas salas de aula norte-americanas, em contraste, é extremamente incomum os professores passarem 30 ou 60 minutos em uma única lição de ciência ou matemática coerente envolvendo toda uma classe de crianças e um único tópico. Em vez disso, os professores costumam passar de um tópico para outro durante a mesma "aula" de matemática ou ciências. Eles podem se deter um pouco em adição, depois falar de medição, depois sobre como dizer as horas e por fim voltar para a adição. Stigler e Stevenson também encontraram diferenças significativas na quantidade de tempo que os professores passam dando instruções para a classe inteira. Nas salas de aula norte-americanas, os professores passam 49% do seu tempo instruindo a classe inteira. Em contraste, a instrução em grupo ocorria em 74% e em 90% do tempo no Japão e em Taiwan, respectivamente.

O ensino de matemática na Ásia e na América do Norte também difere na ênfase à *fluência computacional*, o grau em que um indivíduo pode automaticamente produzir soluções para problemas de cálculo simples. Alguns matemáticos e professores de matemática afirmam que o ensino de matemática nos Estados Unidos foi mais influenciado por "modismos" do que por uma compreensão consistente do papel da fluência computacional na resolução de problemas de matemática (Murray, 1998). Eles assinalam que a pesquisa demonstra que a fluência computacional tem relação tanto com as habilidades de cálculo quanto com a facilidade em resolver problemas com palavras (Geary et al., 1999; Kail e Hall, 1999). Além disso, calculadoras não são comumente utilizadas nas escolas asiáticas. Muitos educadores de matemática sugerem que, na época em que chegam ao ensino médio, os estudantes norte-americanos aprenderam a depender de calculadoras e, consequentemente, têm mais dificuldade para aprender álgebra do que seus equivalentes asiáticos (Judson e Nishimori, 2005). Essas diferenças no aprendizado de álgebra se refletem em aulas de nível mais avançado, como geometria e cálculo. Consequentemente, os adolescentes norte-americanos se saem tão bem quanto seus pares asiáticos em relação a conceitos matemáticos, mas ficam aquém deles na resolução de problemas.

Os altos níveis de desempenho alcançados por estudantes asiáticos podem ser melhor explicados pelo fato de que os professores e pais asiáticos consideram a instrução em habilidades aritméticas uma responsabilidade dos pais e a instrução na compreensão conceitual como responsabilidade da escola (Office of Educational Research and Improvement [OERI], 1988). Assim, quando ingressam na escola, as crianças já passaram boa parte do tempo ensaiando operações aritméticas básicas e estão prontas para pensar sobre conceitos matemáticos com mais profundidade. Muitas são ensinadas a usar um ábaco, o antigo instrumento chinês usado para calcular. Outras começam estudando matemática com o programa *Kumon* aos 3 anos. Popular em vários países, o programa Kumon é uma sequência didática de planilhas cujo objetivo é ajudar as crianças a desenvolver fluência aritmética mediante repetição. Cerca de um quarto dos estudantes japoneses continua recebendo aulas de Kumon ao longo de sua vida escolar (OERI, 1998). A abordagem da educação em matemática baseada no lar que é comum nas sociedades asiáticas é efetiva porque a quantidade de tempo necessário para dominar habilidades aritméticas varia muito de uma criança para outra. Pais e programas individualizados como o Kumon podem adaptar mais facilmente seus currículos ao ritmo de aprendizagem de cada criança do que as escolas.

Outra diferença entre as escolas norte-americanas e asiáticas, especialmente em nível fundamental, envolve o uso de recompensas. Devido à influência da teoria do condicionamento operante de Skinner na educação nos Estados Unidos, os professores costumam usar recompensas materiais, tais como adesivos, para motivar as crianças. Tais recompensas são efetivas somente quando vinculadas a padrões superiores, mas os professores nos Estados Unidos muitas vezes as utilizam para desempenhos aquém do ideal (Deci, Koestner e Ryan, 1999; Eisenberger, Pierce e Cameron, 1999).

Em resposta a essas críticas, muitos educadores dizem que as diferenças de desempenho entre estudantes norte-americanos e asiáticos foram exageradas para fazer as escolas dos Estados Unidos parecerem piores do que realmente são (Berliner e Biddle, 1997). Além disso, mais de 70% dos pais americanos dão nota A ou B para as escolas públicas do país (ABC News, 2000). Educadores e pais muitas vezes afirmam que as escolas asiáticas ensinam os alunos a valorizar a conformidade, ao passo que as escolas americanas dão mais ênfase à criatividade. De fato, alguns educadores asiáticos concordam que suas escolas têm sacrificado a criatividade para alcançar altas pontuações em testes (Hatano, 1990).

Escolarização para crianças com necessidades especiais

Algumas crianças desenvolvem ou nascem com diferenças que podem interferir significativamente em sua educação a menos que recebam algum tipo de instrução especial (ver Tabela 11.3, na página 354). Nos Estados Unidos, 14% de todos os escolares recebem esses serviços (NCES, 2006b). As categorias listadas na Tabela 11.3 são definidas por lei, e as escolas públicas são legalmente obrigadas a fornecer

Tabela 11.3 Deficiências para as quais as crianças norte-americanas recebem serviços de educação especial

Categoria de deficiência	Porcentagem de estudantes de educação especial na categoria	Descrição da deficiência
Transtornos de aprendizagem	43%	Desempenho dois ou mais anos abaixo do esperado, com base em testes de inteligência. *Exemplo*: Um aluno de 4ª série com Q.I. mediano que está lendo no nível de 1ª série.
Transtornos da comunicação na fala ou na linguagem	22%	Um transtorno da fala ou da linguagem que afeta a educação de uma criança; pode ser um problema com a fala ou um enfraquecimento na compreensão ou uso de qualquer aspecto da linguagem. *Exemplo*: Um estudante de 1ª série que comete erros como os de uma criança de 4 anos e é incapaz de relacionar sons e símbolos.
Retardo mental	9%	Q.I. significativamente abaixo da média, juntamente com enfraquecimentos nas funções adaptativas. *Exemplo*: Uma criança em idade escolar com um Q.I. abaixo de 70 que não tem treinamento higiênico pleno e que precisa de instrução especial em habilidades acadêmicas e de autocuidado.
Perturbação emocional grave	7%	Um transtorno emocional ou do comportamento que interfere na educação de uma criança. *Exemplo*: Uma criança cujos ataques de raiva a faz ser retirada da sala de aula todos os dias.
Outras deficiências de saúde	7%	Um problema de saúde que interfere na educação de uma criança. *Exemplo*: Uma criança com asma severa que perde várias semanas de aula todos os anos. (Crianças com TDAH são incluídas nessa categoria.)
Transtornos autistas	3%	Um grupo de transtornos em que a linguagem e as habilidades sociais das crianças estão enfraquecidas. *Exemplo*: Uma criança com autismo que precisa de treinamento especial para adquirir a capacidade de comunicação verbal.
Deficiências múltiplas	2%	Necessidade de instrução especial e apoio constante em duas ou mais áreas para se beneficiar com a educação. *Exemplo*: Uma criança com paralisia cerebral que também é surda, assim requerendo adaptações físicas e instrucionais.
Deficiência auditiva	1%	Um problema auditivo que interfere na educação de uma criança. *Exemplo*: Uma criança que precisa de um intérprete da língua de sinais em sala de aula.
Deficiência ortopédica	1%	Uma limitação ortopédica que requer adaptações especiais. *Exemplo*: Uma criança em uma cadeira de rodas que precisa de uma aula especial de educação física.
Deficiência visual	0,4%	Acuidade visual reduzida ou campo de visão limitado que interfere na educação. *Exemplo*: Uma criança cega que precisa de treinamento no uso de Braille para ler e escrever.

Fontes: Kirk, Gallagher e Anastasiow, 1993; NCES, 2006b.

serviços de educação especial para todas as crianças que se qualifiquem para isso. Quando uma avaliação abrangente indica que uma criança necessita de serviços de educação especial, os professores devem desenvolver um **plano educacional individualizado** (PEI), um programa de ensino criado para atender às necessidades específicas de uma criança. O PEI especifica os serviços indicados para a criança, os locais onde eles serão prestados, os profissionais responsáveis pela provisão dos serviços e como o progresso será medido.

plano educacional individualizado (PEI) programa instrucional elaborado para atender às necessidades específicas de uma criança.

Transtornos de aprendizagem

OBJETIVO DA APRENDIZAGEM 11.9
Por que o termo *transtorno de aprendizagem* é controverso?

Nos Estados Unidos, o maior grupo de crianças atendidas por educadores especiais tem algum tipo de **transtorno de aprendizagem** ou dificuldade para dominar uma habilidade acadêmica específica (geralmente a leitura), apesar de possuírem inteligência normal e nenhuma deficiência física ou sensorial. Quando a leitura é a habilidade problemática, costuma-se usar o termo **dislexia** (ainda que, tecnicamente falando, dislexia se refira à total incapacidade de leitura). A maioria das crianças com deficiências de leitura sabe ler, mas não tão bem quanto as outras crianças de sua idade. Além disso, parece que seus déficits de habilidade são específicos à leitura – tais como incapacidade de automatizar correspondências entre sons e letras – e não consequência de uma disfunção cognitiva geral (Wimmer, Mayringer e Landerl, 1998).

transtorno de aprendizagem transtorno em que uma criança tem dificuldade para dominar uma habilidade acadêmica específica, ainda que possua inteligência normal e nenhuma deficiência física ou sensorial.

dislexia problemas na leitura ou incapacidade de ler.

O quanto essas deficiências podem ser comuns ainda é uma questão consideravelmente controversa. Alguns especialistas no campo afirmam que até 80% de todas as crianças classificadas pelos sistemas escolares como portadoras de transtornos de aprendizagem são mal classificadas. Eles alegam que aproximadamente apenas 5 de cada 1.000 crianças têm transtornos de aprendizagem genuínos de base neurológica (Farnham-Diggory, 1992). As restantes assim classificadas são mais adequadamente chamadas de aprendizes lentas ou estão sofrendo de algum outro problema, talvez de um transtorno emocional temporário ou de uma deficiência no ensino. Contudo, em termos práticos, a expressão *transtorno de aprendizagem* é utilizada de forma muito ampla nos sistemas escolares (ao menos nos Estados Unidos) para designar crianças que têm dificuldades imprevistas ou inexplicáveis com as tarefas escolares.

As explicações do problema são tão sujeitas à discórdia quanto sua definição. Uma dificuldade é que crianças rotuladas como portadoras de transtornos de aprendizagem raramente apresentam sinais de danos cerebrais significativos em testes neurológicos comuns. Assim, se um transtorno de aprendizagem resulta de um problema neurológico, o problema neurológico deve ser sutil. Alguns pesquisadores sugerem que um grande número de pequenas anormalidades pode se desenvolver no cérebro durante a vida pré-natal, tais como alguma irregularidade na organização dos neurônios, conglomerados de células cerebrais imaturas, cicatrizes ou tumores congênitos. O cérebro compensa esses problemas mudando a "fiação" em torno das áreas problemáticas. Esses circuitos diferentes podem, por sua vez, embaralhar as rotas de processamento de informação normais o suficiente para tornar a leitura ou cálculo ou alguma outra tarefa específica muito difícil (Farnham-Diggory, 1992). Outros especialistas alegam que pode não haver nenhum problema neurológico subjacente. Em vez disso, as crianças com transtornos de aprendizagem (especialmente deficiências de leitura) podem simplesmente ter um problema mais geral com a compreensão do som e da estrutura da linguagem (Carroll e Snowling, 2004; Share e Leiken, 2004; Torgesen et al., 1999). Existem algumas evidências de que os transtornos de aprendizagem, especialmente a dislexia, podem ter uma base genética (Gallagher, Frith e Snowling, 2000; Turic et al., 2004).

A escola pode ser um lugar desanimador e frustrante para uma criança com um transtorno de aprendizagem.

Essas discordâncias em torno tanto da definição quanto da explicação se refletem (de maneira compreensível) em confusão no nível prático. As crianças são rotuladas como portadoras de transtornos de aprendizagem e designadas para classes especiais, mas um programa que funciona bem para uma criança pode absolutamente não funcionar para outra. Alguns pais de crianças com deficiências optam pela escolarização em casa (ver *Ciência do desenvolvimento em casa,* nesta página). Um tipo de intervenção escolar que se mostra promissor é uma abordagem chamada *ensino recíproco.* Nos programas de ensino recíproco, crianças com deficiências de habilidade trabalham em pares ou grupos. Cada criança tem sua vez de sintetizar e explicar o material a ser aprendido pelos outros membros no grupo. Diversos estudos verificaram que, depois de participar do ensino recíproco, as crianças portadoras de transtornos de aprendizagem tinham aperfeiçoado suas habilidades de sintetização e estratégias de memória (p. ex., Lederer, 2000).

Uma nova abordagem no auxílio às crianças que se atrasam na escola foi incluída na mais recente reautorização da lei de educação especial em 2004; especialistas esperam que ela venha reduzir significativamente a necessidade de serviços de educação especial para crianças que ficam para trás em disciplinas acadêmicas (Fuchs, Fuchs e Zumeta, 2008). Essa estratégia, chamada de **resposta à intervenção (RAI)**, exige que as escolas implantem um plano em três níveis para ajudar essas crianças. O *nível I* envolve esforços em toda a escola para prevenir problemas de aprendizagem e intervir rapidamente quando ocorrem problemas. Por exemplo, testar as crianças no início do ano letivo para identificar estudantes em risco e equipar os professores com os materiais de que necessitarão para individualizar a instrução a eles

resposta à intervenção (RAI)
plano em três níveis para ajudar as crianças que ficam para trás na escola.

CIÊNCIA DO DESENVOLVIMENTO EM CASA

Escolarização em casa

A família Hannigan está preocupada com o progresso de seu filho na 2ª série. Ainda que Michael tenha tido um pouco de dificuldade na 1ª série, ele conseguiu por fim atender aos requisitos mínimos para passar para a série seguinte. Contudo, ele está começando a ficar muito atrás de seus colegas. Os professores de Michael sugeriram que ele poderia se beneficiar com serviços de educação especial, mas os Hannigan estão explorando a possibilidade de alfabetizar o menino em casa, opção que foi adotada com entusiasmo por vários de seus vizinhos. Os vizinhos dos Hannigan criaram diversas oportunidades de interação para seus filhos para que eles não deixem de desenvolver as habilidades sociais que as crianças costumam desenvolver na escola. Mas por que os pais de uma criança iriam querer assumir a intimidante tarefa de educá-la em casa?

Pesquisas mostram que o motivo mais frequente para escolarizar em casa é a crença dos pais de que eles podem educar melhor seus filhos do que as escolas públicas ou particulares (Basham, 2001). Cerca de 8% dos pais que escolarizam em casa têm filhos que são portadores de deficiência e acham melhor ensiná-los em casa do que fazê-los receber serviços de educação especial nas escolas locais (Basham, 2001). A educação exclusiva que essas crianças recebem em casa muitas vezes as ajuda a aprender mais do que seus pares com deficiências são capazes de aprender nas escolas públicas (Duvall, Delquadri e Ward, 2004; Ensign, 1998). Além disso, as crianças portadoras de deficiência que são escolarizadas em casa não precisam lidar com as provocações dos colegas. Muitos pais que educam seus filhos em casa querem se certificar de que seus valores religiosos e morais pessoais sejam incluídos na educação de seus filhos. Muitos também querem proteger seus filhos da influência negativa dos colegas ou da criminalidade ligada à escola.

A pesquisa sobre escolarização em casa é escassa. Os defensores apontam para um pequeno número de estudos que demonstram que as crianças escolarizadas em casa são socialmente competentes e emocionalmente bem adaptadas, além de se saírem acima da média em testes padronizados de desempenho (Ray, 1999). Eles também alegam que as crianças que são escolarizadas em casa têm a oportunidade de se tornarem mais próximas dos pais do que crianças que frequentam a escola (Jonsson, 2003). O crescimento da prevalência da escolarização em casa, a qual inclui cerca de 2,4% de todas as crianças nos Estados Unidos, levou à criação de diversas organizações extracurriculares, tais como grupos musicais e ligas esportivas, que atendem exclusivamente aos adeptos da escolarização em casa. Com isso, esses adeptos têm muitas oportunidades de interagir com outras crianças, semelhantes às oportunidades disponíveis às crianças que estão matriculadas em escolas.

Contudo, os que se opõem à escolarização em casa, grupo que inclui a maioria dos educadores profissionais, afirmam que as comparações entre escolarização em casa e ensino público são enganosas. Eles assinalam que os pesquisadores estudaram apenas crianças educadas em casa cujas famílias se apresentaram como voluntárias para participar das pesquisas. Em contraste, a maioria dos dados sobre desempenho em escolas públicas se baseia em amostras representativas ou em populações de escolas inteiras.

Questões para reflexão

1. Que fatores motivariam você a pensar em escolarizar seu filho em casa, e quais seriam alguns dos motivos pelos quais você relutaria em fazer isso?
2. Se você estivesse discutindo com um colega que cita pesquisas que demonstram que as crianças escolarizadas em casa apresentam melhor pontuação em testes de desempenho do que crianças matriculadas em escolas públicas, como você explicaria as falhas dessas pesquisas?

é uma estratégia de nível I. O nível I também inclui o minucioso monitoramento do progresso de todos os alunos em todas as matérias. As intervenções de *nível II* designam crianças para grupos selecionados nos quais especialistas de cada área disciplinar ajudam-nas a se recuperar. O *nível III* é implantado em casos nos quais as crianças não respondem às estratégias dos níveis I e II. Isso envolve os serviços tradicionais de psicólogos escolares e professores de educação especial, incluindo avaliação completa com testes psicológicos e encaminhamento de alunos para classes especiais, se necessário.

Deficiências de desenvolvimento

> **OBJETIVO DA APRENDIZAGEM 11.10**
> Como as escolas atendem às necessidades de crianças com deficiências de desenvolvimento?

Alguns educadores especiais trabalham com crianças que têm **deficiências de desenvolvimento**, condições que prejudicam o funcionamento das crianças na escola e vão impedi-las de viver de maneira independente quando adultas. Por exemplo, crianças com *paralisia cerebral* têm habilidades intelectuais normais, mas têm dificuldade para controlar seus movimentos. Como resultado, muitas requerem auxílio físico com as funções de cuidado pessoal, tais como ir ao banheiro. Muitas dessas crianças usam cadeiras de roda e requerem equipamentos especiais para escrever e assim poderem participar plenamente na escola.

deficiências de desenvolvimento condições que prejudicam o funcionamento das crianças na escola e vão impedi-las de viver de maneira independente quando adultas.

Retardo mental Crianças com outra deficiência do desenvolvimento, o *retardo mental*, têm necessidades educacionais especiais. Como você aprendeu no Capítulo 7, essa condição geralmente é diagnosticada na segunda infância. Uma vez que a experiência é fundamental para o desenvolvimento das crianças com retardo mental, a legislação federal nos Estados Unidos requer que as escolas locais forneçam a essas crianças serviços educacionais a partir do nascimento. Na primeira infância, esses serviços geralmente consistem de visitas domésticas por especialistas em desenvolvimento infantil, que ajudam os pais a aprender a estimular o desenvolvimento de seus filhos. A partir dos 3 anos, a maioria das escolas oferece programas pré-escolares para crianças com retardo mental. Aos 5 anos, as crianças com retardo mental entram na educação infantil exatamente como o fazem as outras crianças de sua idade. Entretanto, as expectativas acadêmicas para crianças com retardo mental são diferentes das de seus colegas. Os testes de inteligência desempenham um papel fundamental na determinação das expectativas apropriadas para cada criança com retardo mental.

Para propósitos educacionais, o retardo mental geralmente é dividido em várias faixas de Q.I., e rótulos diferentes são dados às crianças em cada faixa. Como pode-se ver na Tabela 11.4, quanto mais baixa a faixa de Q.I., menor o número de crianças. Além disso, cada categoria está associada a diferentes expectativas em relação ao aprendizado escolar. Entretanto, essas expectativas são apenas diretrizes gerais. Educadores especiais precisam trabalhar com cada criança individualmente para que uma avaliação válida de sua capacidade para aprendizagem acadêmica possa ser feita.

Transtornos invasivos do desenvolvimento Educadores especiais também precisam avaliar cada criança com um *transtorno invasivo do desenvolvimento* (TID) individualmente. (Você aprendeu sobre esse grupo de transtornos no Capítulo 7.) Como o retardo mental, os transtornos invasivos do desenvolvimento são enfocados na legislação que exige que as escolas forneçam serviços em idade precoce. Assim, a maioria das crianças com TIDs que são diagnosticados na segunda infância frequenta programas pré-escolares de educação especial. Nessas classes, educadores especiais ajudam as crianças a desenvolver habilidades de comunicação e comportamentos sociais apropriados, além de habilidades acadêmicas como a leitura.

Transtornos da comunicação

> **OBJETIVO DA APRENDIZAGEM 11.11**
> Quais são as necessidades educacionais de crianças com transtornos da comunicação?

Como você pode ver na Tabela 11.3, o segundo maior grupo de crianças atendidas por educadores especiais nos Estados Unidos é o de portadores de **transtornos da comunicação**, problemas com a fala ou linguagem que interferem na educação de uma criança. Antes dos 8 anos, ou em torno da 3ª série, o número de crianças diagnosticadas com transtornos da comunicação excede o número daquelas que são classificadas como portadoras de uma transtorno de aprendizagem. Crianças com esses transtornos são avaliadas e atendidas por

transtornos da comunicação problemas com a fala ou linguagem que interferem na educação de uma criança.

Tabela 11.4 Retardo mental medido com as Escalas Wechsler

Classificação	Faixa de Q.I.	Porcentagem de pessoas com retardo mental	Características das pessoas com retardo mental em cada nível
Leve	55 a 70	90%	São capazes de adquirir habilidades de aprendizagem até o nível de 6ª série; podem se tornar autônomas e serem lucrativamente empregadas em diversas funções profissionais.
Moderado	40 a 55	6%	Provavelmente não são capazes de compreender mais do que habilidades acadêmicas de 2ª série, mas podem aprender habilidades de autoajuda e algumas habilidades sociais e acadêmicas; podem desempenhar funções supervisionadas.
Severo	25 a 40	3%	Podem ser treinadas em hábitos de saúde básicos; podem aprender a se comunicar verbalmente; podem aprender por meio de treinamento repetitivo de hábitos.
Profundo	Abaixo de 25	1%	Possuem desenvolvimento motor rudimentar; podem adquirir habilidades de autoajuda muito limitadas.

Fonte: Wood et al., World of Psychology & Study Card PKG, Tabela 8.3 (p. 274), © Reproduzido com permissão de Pearson Education, Inc.

fonoaudiólogo profissional treinado para diagnosticar transtornos da comunicação e ajudar as crianças a superá-los.

fonoaudiólogos, profissionais que são treinados para diagnosticar transtornos da comunicação e ajudar as crianças a superá-los.

A categoria de transtornos da comunicação é uma categoria variada, incluindo dificuldades com a fala que envolvem a *articulação* (pronúncia dos sons), a *voz* (adaptar a intensidade do tom de voz às diferentes circunstâncias) e a *fluência* (conexões sutis entre sons, palavras e frases). Também estão incluídas dificuldades com a linguagem, tais como as que envolvem a *forma* (ordem, componentes e classe gramatical das palavras), *conteúdo* (significados das palavras) e *função* (ou *pragmática*). A Tabela 11.5 lista as definições desses subgrupos dos transtornos da comunicação, juntamente com um exemplo de cada. Observe que os transtornos da linguagem podem envolver a linguagem expressiva ou receptiva (consulte Capítulo 5).

O primeiro passo na avaliação de uma criança com suspeita de ter um transtorno da comunicação é determinar se uma condição física ou mental subjacente pode estar causando o problema (Smith, 2007). Por exemplo, algumas crianças que têm problemas com a fala e/ou linguagem têm uma deficiência auditiva não diagnosticada. Corrigir o problema auditivo na medida do possível aumenta as chances de que a intervenção para os problemas de comunicação da criança seja efetiva. De modo semelhante, crianças que nascem com *fenda palatina*, condição em que o céu da boca não se fecha plenamente antes do nascimento, têm dificuldade para falar até que o defeito seja corrigido cirurgicamente. E, após a cirurgia, todas essas crianças requerem serviços de fonoaudiólogos para aprenderem a falar adequadamente. Muitas crianças com deficiências de desenvolvimento também têm transtornos de comunicação; a identificação do tipo e severidade da deficiência de desenvolvimento ajuda o fonoaudiólogo a criar um plano de intervenção adequado para uma determinada criança. Também existem condições neurológicas, tais como tumores cerebrais, que podem interferir no desenvolvimento da fala e da linguagem. Consequentemente, avaliações das crianças com problemas de comunicação sempre requerem um minucioso estudo de caso, o que com frequência inclui exames médicos e psicológicos. Contudo, na maioria dos casos, nenhuma causa para o transtorno da comunicação é encontrada (Smith, 2007).

Tabela 11.5 Transtornos da comunicação

Transtorno da comunicação	Definição	Exemplo
Transtornos da fala		
Articulação	Produção anormal dos sons da fala	Incapacidade de pronunciar corretamente o som /r/ depois dos 7 anos (diz "calo" em vez de "carro")
Voz	Entonação, intensidade, ressonância e/ou duração anormal	Volume excessivo da fala
Fluência	Taxa e/ou ritmo da fala prejudicado(s)	Gagueira
Transtornos da linguagem		
Forma	Ordem anormal de palavras	*Expressivo:* Não inclui o tempo passado depois dos 3 anos *Receptivo:* Não reconhece perguntas como distintas de afirmações
Conteúdo	Problemas com o significado das palavras	*Expressivo:* Utiliza menos palavras do que crianças de mesma idade *Receptivo:* Compreende menos palavras do que crianças de mesma idade
Função	Problemas no uso da linguagem de um modo significativo	*Expressivo:* Não fornece informações suficientes aos ouvintes para ser compreendido (comparado com crianças de mesma idade) *Receptivo:* Tem memória verbal mais fraca do que crianças de mesma idade

Fontes: DSM-IV TR, 2000; Smith, 2007; Sanchez, 2008.

Quando os transtornos da comunicação são diagnosticados precocemente e um plano de intervenção adequado é elaborado, as crianças muitas vezes apresentam melhora drástica. Isso é especialmente verdadeiro para os transtornos da fala. Por exemplo, a **gagueira**, um transtorno da fluência em que a fala das crianças apresenta sons repetidos, aflige cerca de 1% das crianças em idade escolar e geralmente aparece antes dos 5 anos. Contudo, até que a criança entre na escola, os pais e professores muitas vezes não reconhecem isso como um transtorno que requer intervenção. Eles acreditam que a criança "vai superar". Como resultado, o diagnóstico e tratamento da gagueira pode atrasar. Esses atrasos são lastimáveis, pois a gagueira tipicamente melhora muito ou desaparece totalmente quando uma criança recebe tratamento apropriado em menos de três anos após seu início (Yairi e Ambrose, 2004). Depois de três anos, a probabilidade de que uma criança se recupere antes da adolescência reduz-se a apenas 15%. As consequências de não intervir em tempo hábil vão além da evolução do transtorno em si. Pesquisas demonstram que os adolescentes que gaguejam são mais propensos a sofrer provocações e intimidações (Yairi e Ambrose, 2004).

gagueira transtorno da fluência no qual a fala das crianças se caracteriza pela repetição de sons.

Educação inclusiva

As atuais leis de educação especial se baseiam fundamentalmente na visão filosófica de que crianças com deficiências têm direito de estudar em ambientes escolares normais (p. ex., Stainback e Stainback, 1985). Os proponentes argumentam que a **educação inclusiva** ajuda a criança portadora de deficiência a integrá-la à sociedade, assim facilitando o desenvolvimento de habilidades sociais importantes, além de proporcionar desafios acadêmicos mais apropriados do que os frequentemente encontrados em salas de aula separadas ou programas especiais para deficientes (Siegel, 1996). Além disso, mudanças recentes nas leis de educação, tais como a legislação de *No Child Left Behind* de 2001, elevaram os padrões relativos ao que se espera que todas as crianças, inclusive as portadoras de deficiência, devem aprender. Como resultado, um número crescente de crianças com necessidades especiais estão sendo educadas em salas de aula com crianças que não têm deficiências (Friend e Bursuck, 2006).

OBJETIVO DA APRENDIZAGEM 11.12
O que é educação inclusiva?

educação inclusiva termo geral para programas de educação em que crianças com deficiência aprendem em salas de aula comuns.

As escolas e distritos escolares diferem amplamente no modelo específico de inclusão que utilizam, ainda que praticamente todos os modelos envolvam uma equipe de educadores, incluindo o professor de sala de aula, um ou mais professores de educação especial, auxiliares de sala de aula e às vezes voluntários. Algumas escolas seguem um *programa de extração*, em que o estudante com deficiência estuda em uma sala de aula comum somente parte do dia e no restante do tempo trabalha com um professor de educação especial em uma classe ou sala especial. Mais comuns são os *sistemas de inclusão total*, em que a criança passa todo o dia escolar em uma classe normal, mas recebe ajuda de voluntários, auxiliares ou professores de educação especial que vão à sala de aula para ali trabalhar com a criança. Em alguns distritos, um grupo de crianças com deficiências pode ser designado para uma única sala de aula comum; em outros, apenas uma criança deficiente costuma ser designada para qualquer classe (Baker e Zigmond, 1995).

Para os professores, a questão crucial é de natureza prática: o que funciona melhor? Ou seja, entre as diversas variedades de programas de inclusão, é possível identificar características que estejam consistentemente associadas a melhores ou a piores resultados? Essa é uma pergunta extremamente difícil de responder. Por todos os tipos de razões perfeitamente compreensíveis, os desenvolvimentistas carecem do tipo de pesquisa necessário para respondê-la. Os programas de inclusão variam muito de desenho e atendem a crianças com problemas diversos. Os professores que os implementam variam de altamente qualificados e inventivos a sobrecarregados e desqualificados. Quando um determinado tipo de programa parece funcionar em uma escola, muitas vezes é difícil dizer se isso é devido aos professores envolvidos, às características específicas das crianças atendidas ou porque o programa em si é especialmente bem desenhado.

Diante de tudo isso, não é de surpreender que não existam respostas claras para muitas dessas questões sobre inclusão. Todavia, educadores e psicólogos têm se esforçado para sintetizar as informações que possuem, e a maioria concordaria com as seguintes conclusões:

- Crianças com deficiências físicas, mas nenhum problema de aprendizagem – tais como crianças com espinha bífida –, têm melhor ganho acadêmico em programas de inclusão total (Jenks, van Lieshout e de Moor, 2008).

- O êxito de crianças com transtornos de aprendizagem em uma sala de aula comum depende muito da capacidade do professor de implantar um programa individualizado. Os esquemas de coensino parecem especialmente úteis para crianças com transtornos de aprendizagem (Magiera e Zigmond, 2005).

- Programas de inclusão efetivos requerem, como mínimo, que os professores tenham extenso treinamento adicional e apoio substancial de especialistas, auxiliares ou voluntários (Roberts e Mather, 1995) – condições que muitas vezes não são atendidas por razões orçamentárias ou de outro tipo.

Como a educação inclusiva afeta os professores? Talvez você se surpreenda ao descobrir que os professores que têm as atitudes mais positivas frente à inclusão também têm as taxas mais altas de esgotamento (Talmor, Reiter e Feigin, 2005). Pesquisadores especulam que os professores com visões idealistas da inclusão provavelmente trabalham arduamente para ajudar os alunos com deficiências a terem êxito. Quando seus esforços têm êxito limitado, eles podem ter sentimentos de fracasso e incompetência e se sentir emocionalmente exauridos. Em algumas escolas, os professores dispõem de professores auxiliares que carregam parte do ônus adicional envolvido no ensino de classes que incluem crianças com desenvolvimento normal e crianças com deficiências. Essa prática parece proteger alguns professores contra o esgotamento (Magiera e Zigmond, 2005). Além disso, estudantes com deficiências recebem muito mais instrução direta quando tanto um professor comum quanto um professor auxiliar estão disponíveis.

Finalmente, a implementação de um programa de educação inclusiva não isenta uma escola da responsabilidade legal de oferecer um *continuum de colocações* para crianças com necessidades especiais (Friend e Bursuck, 2006). Ou seja, além das oportunidades para inclusão, as escolas devem oferecer a esses alunos aulas, inclusive plenamente individualizadas, se isso for necessário, para ajudá-los a realizar seu pleno potencial. Por esse motivo, apesar da tendência inegável para maior inclusão, apenas aproximadamente metade de todas as crianças com necessidades especiais nos Estados Unidos é colocada em salas de aula comuns em tempo integral (U. S. Department of Education, 2002).

Superdotados

> **OBJETIVO DA APRENDIZAGEM 11.13**
> Em que aspectos as necessidades educacionais de crianças superdotadas diferem das de seus pares?

Por fim, qualquer discussão sobre a escolarização de crianças com necessidades especiais estaria incompleta sem considerarmos aquelas que são altamente talentosas. Encontrar bons programas para essas crianças continua sendo um dilema. Considere o exemplo de uma criança chamada Michael, descrita por Halbert Robinson (1981, p. 63):

> Quando Michael tinha 2 anos e 3 meses, a família visitou nosso laboratório. Naquela época, eles descreveram uma criança que começara a falar aos 5 meses e aos 6 meses já tinha um vocabulário de mais de 50 palavras. Ele começou a ler aos 13 meses. Em nosso laboratório ele falava cinco idiomas e era capaz de ler em três. Ele compreendia adição, subtração, multiplicação, divisão e radiciação, e tinha fascínio por uma ampla variedade de conceitos científicos. Ele adorava fazer trocadilhos, com frequência bilíngues.

O escore de Q.I. de Michael no Stanford-Binet era superior a 180 na idade de 2 anos; dois anos depois, ele tinha um desempenho equivalente ao de uma criança de 12 anos no teste e foi registrado como possuidor de um Q.I. acima de 220.

Definições e rótulos Certamente ninguém discordaria de que Michael deve ser rotulado de *superdotado*, mas é difícil definir o termo com precisão (Cramond, 2004). Alguns autores (p. ex., Gardner, 1983) argumentam que pessoas com talentos excepcionais específicos, tais como habilidades musicais, artísticas, matemáticas ou espaciais, devem ser classificadas como superdotadas, junto com aquelas com Q.I.s muito altos. Essa ampliação da definição de **superdotado** tem sido amplamente aceita pelos teóricos, que concordam que existem muitos tipos de capacidade excepcional, cada uma das quais podendo refletir rapidez ou eficiência incomum com um ou outro tipo de função cognitiva.

Nos sistemas escolares, contudo, os superdotados são tipicamente definidos pelos escores de Q.I., tais como todos os escores acima de 130 ou 140. Robinson sugeriu que pode ser útil dividir o grupo de crianças com alto Q.I. em dois conjuntos: os "superdotados corriqueiros", que têm Q.I. superior (talvez de 130 a 150), mas nenhuma capacidade excepcional em alguma área, e os "altamente superdotados" (como Michael), com escores extremamente elevados e/ou habilidade notável em uma ou mais áreas – grupo que Ellen Winner (1997) chama de *profundamente dotados*. Esses dois grupos podem ter experiências muito diferentes em casa e na escola.

Funcionamento cognitivo e social As crianças superdotadas apresentam processamento rápido e eficiente em tarefas simples e uso flexível de estratégias em tarefas mais complexas. Elas aprendem rapidamente e transferem seu aprendizado de maneira ampla, além de terem habilidades de resolução de problemas excepcionalmente boas – elas com frequência saltam diretamente para uma solução que indivíduos menos dotados precisam de muitos passos intermediários para entender (Sternberg e Davidson, 1985; Winner, 1997). Além disso, elas parecem ter habilidades metacognitivas excepcionalmente boas: elas sabem o que sabem e o que não sabem, e passam mais tempo do que crianças de Q.I. mediano planejando como vão resolver problemas (Dark e Benbow, 1993). Winner também assinala que crianças profundamente dotadas têm um "fervor pelo domínio", um impulso poderoso para mergulhar no aprendizado em alguma área.

Ainda não está tão estabelecido se essas habilidades intelectuais são transferidas para situações sociais. Muitos pais ficam preocupados ao colocar seu filho superdotado em uma série escolar mais avançada por temerem que a criança não seja capaz de se adaptar socialmente; outros presumem que o rápido desenvolvimento em uma área deveria ser ligado ao rápido desenvolvimento em todas as áreas.

Essa última conclusão foi apontada por um dos primeiros estudos de crianças superdotadas, realizado por Lewis Terman. Na década de 1920, Terman selecionou 1.500 crianças com altos escores de Q.I. a partir do sistema escolar da Califórnia. Essas crianças – hoje adultos de mais de 80 anos – foram acompanhadas regularmente ao longo de suas vidas (p. ex., Holahan, 1988; Terman, 1925; Terman e Oden, 1959). Terman constatou que as crianças superdotadas que ele estudara estavam em melhor situação do que seus colegas menos dotados em muitos aspectos além do desempenho escolar. Elas tinham mais saúde, tinham um maior leque de interesses e eram mais bem-sucedidas em idade mais avançada. A maioria dos meninos e meninas nesse estudo prosseguiu nos estudos por muito mais tempo do que de costume em seu tempo, e a maioria deles era bem-sucedida profissionalmente na vida adulta.

superdotado indivíduo com capacidade excepcional, tal como inteligência e/ou talento musical, artístico, matemático ou espacial superior.

A maioria das pesquisas sugere que crianças superdotadas têm aproximadamente o mesmo risco de problemas emocionais que crianças de Q.I. normal, o que significa que em sua maioria elas são bem adaptadas e socialmente aptas (Vida, 2005). Contudo, o otimismo sobre a robustez social de crianças superdotadas talvez precise ser um pouco moderado no caso do subgrupo de crianças profundamente dotadas. Essas crianças muitas vezes são tão diferentes das outras que tendem a ser vistas como estranhas ou perturbadoras. Elas muitas vezes são socialmente solitárias e introvertidas além de muito independentes e não conformistas; elas têm dificuldade para encontrar amigos que possam brincar em seu nível e com frequência não são populares entre os colegas (Kennedy, 1995). Crianças profundamente dotadas têm duas vezes mais chances do que seus colegas menos talentosos de apresentar algum tipo de problema social ou emocional significativo (Winner, 1997). Também no lado negativo da conta está o fato de que muitas crianças superdotadas ficam tão aborrecidas na escola que se desligam ou até abandonam os estudos, frequentemente porque seu distrito escolar não permite aceleração nas séries ou não têm programas especiais para superdotados. Dado o fato de que pular de série não parece estar ligado a desajuste social (e está ligado a melhor desempenho entre superdotados), parece sensato incentivar a aceleração da escolarização, nem que seja apenas para evitar o profundo enfado na criança superdotada.

Preparação para Testes

Mudanças cognitivas

11.1 Como o vocabulário e outros aspectos das mudanças linguísticas mudam durante a meninice? (p. 336)

O desenvolvimento linguístico continua na meninice com crescimento do vocabulário, melhoras na gramática e compreensão dos usos sociais da linguagem. As habilidades metalinguísticas também se aperfeiçoam.

1. Segundo Anglin, um estudante mediano de 5ª série tem cerca de _____ palavras em seu vocabulário.

11.2 Quais vantagens cognitivas as crianças obtêm quando ingressam no estágio operatório-concreto de Piaget? (p. 337-338)

Piaget propôs que uma mudança importante no pensamento da criança ocorre em torno dos 6 anos, quando a criança começa a compreender operações poderosas como reversibilidade e descentração. A criança também aprende a utilizar lógica indutiva, mas tem dificuldade para utilizar lógica dedutiva.

2. Explique como cada um dos seguintes processos cognitivos contribui para o pensamento operacional concreto.

  (A) descentração
  _____
  _____

  (B) reversibilidade
  _____
  _____

11.3 O que é decalagem horizontal e como Siegler explica o pensamento operacional concreto? (p. 338-341)

As crianças adquirem as tarefas operacionais concretas de Piaget paulatinamente no período dos 6 aos 12 anos, padrão que ele denominou decalagem horizontal. A pesquisa de Siegler sugere que as "operações" que Piaget observou podem na verdade ser uma sequência lógica de regras para resolver tipos específicos de problemas. A pesquisa de Siegler mostra que a posição de uma determinada criança na sequência depende basicamente da experiência específica da criança com um dado conjunto de materiais.

3. Combine os seguintes termos com sua definição:

  _____ (1) compreensão de que a matéria pode mudar de aparência sem mudar de quantidade.
  _____ (2) compreensão de que classes subordinadas são incluídas em classes maiores superordenadas.

  (A) inclusão de classe
  (B) conservação

4. Alguns desenvolvimentistas acham que _____ influencia a habilidade das crianças de resolver problemas de transitividade.

11.4 Como as habilidades de processamento de informações se aperfeiçoam durante a meninice? (p. 341-343)

A maioria dos teóricos do processamento de informações concluem que não existem mudanças relacionadas à idade na capacidade de processamento de informações das crianças, mas ocorrem aumentos claros em sua velocidade e eficiência. As demandas de memória na escola parecem facilitar os aperfeiçoamentos nas habilidades de processamento de informações que ocorrem entre 6 e 12 anos.

5. Na tabela abaixo, resuma os benefícios no processamento de informações associados a cada um dos avanços listados.

Avanços	Benefícios
Maior eficiência de processamento	
Automatismo	
Processos executivos	
Estratégias de memória	
Perícia	

6. Identifique cada uma das seguintes estratégias de memória.

   (A) Categorizar uma lista de mantimentos por enlatados, carnes, hortifrutigranjeiros, etc. _____
   (B) Repetir mentalmente um número de telefone para lembrá-lo até terminar de discar. _____
   (C) Associar um novo item de vocabulário a outros com raízes semelhantes. _____
   (D) Usar a primeira letra de cada item em uma lista para criar um acrônimo. _____

Escolarização

11.5 O que deve ser incluído em um programa de alfabetização efetivo? (p. 343-345)

Para se tornarem alfabetizadas, as crianças precisam de instrução específica nas correspondências entre sons e símbolos, componentes das palavras e outros aspectos da linguagem escrita. Elas também precisam ser expostas à literatura e ter oportunidade de praticar suas habilidades de leitura e escrita.

7. O que quer dizer *abordagem equilibrada*?
_____
_____

11.6 Como as abordagens bilíngues e de ESL diferem no ensino de um segundo idioma? (p. 345-347)

Crianças que participam de educação bilíngue recebem instrução acadêmica em sua primeira língua até desenvolverem habilidade suficiente no inglês para serem ensinadas em inglês. Em classes de ESL, as crianças estudam inglês durante uma parte do dia e depois assistem a aulas acadêmicas que são ministradas totalmente em inglês durante a outra parte.

8. Combine cada estratégia de ensino de inglês com sua definição.

   _____ (1) educação bilíngue
   _____ (2) programa de Inglês como Segunda Língua (ESL)
   _____ (3) imersão estruturada
   _____ (4) submersão

   (A) As crianças recebem toda instrução em inglês.
   (B) As crianças recebem a maior parte da instrução acadêmica em inglês e instrução especial no aprendizado da língua inglesa.
   (C) As crianças recebem a maior parte da instrução acadêmica em inglês, mas um professor traduz para elas quando necessário.
   (D) As crianças falam duas línguas em aula.

11.7 Por que as escolas administram testes padronizados? (p. 347-349)

Os testes padronizados comparam o desempenho dos alunos com o de um grupo de referência. Assim, os testes de desempenho permitem que as autoridades escolares locais comparem o desempenho de seus alunos com o de estudantes em todo o país. Testes padronizados permitem que os administradores acompanhem o progresso acadêmico das crianças de acordo com um padrão externo.

9. Defina cada tipo de inteligência na teoria de Gardner.

Tipo	Definição
Linguística	
Lógica/matemática	
Musical	
Espacial	
Cinestésica/corporal	
Naturalista	
Interpessoal	
Intrapessoal	

10. Associe cada tipo de inteligência na teoria de Sternberg a sua definição.

    _____ (1) saber o comportamento certo para uma determinada situação.
    _____ (2) capacidade de dar respostas específicas sem pensar sobre elas.
    _____ (3) capacidade de criar estratégias efetivas.
    (A) componencial
    (B) contextual
    (C) experiencial

11. Liste os três componentes da inteligência emocional.

    (A) _____
    (B) _____
    (C) _____

11.8 Que tipos de diferenças grupais de desempenho foram constatados por pesquisadores educacionais? (p. 350-353)

Os meninos tipicamente se saem melhor em testes que requerem raciocínio numérico. As meninas se saem um pouco melhor em tarefas verbais e em cálculos aritméticos. Embora a pobreza e outros fatores sociais possam desempenhar um papel, as diferenças de desempenho entre gupos étnicos podem ser resultado de diferenças nos estilos de aprendizagem, crenças filosóficas ou atitudes frente à escola. Tanto as diferenças nas crenças culturais quanto nas práticas de ensino são provavelmente responsáveis pelas variações interculturais no desempenho em matemática e ciências.

12. Classifique cada um dos seguintes como mais típico de meninos (A) ou meninas (B).

    _____ (1) escores na faixa de superdotados no desempenho em matemática.
    _____ (2) êxito em matemática atribuído a esforço.
    _____ (3) êxito em matemática atribuído a capacidade.
    _____ (4) escores mais altos em testes de cálculos matemáticos.

13. Combine cada um dos seguintes termos com sua definição.

    _____ (1) estilo de aprendizagem associado à tendência de focar em detalhes.
    _____ (2) estilo de aprendizagem associado à tendência de focar no quadro geral.
    (A) estilo analítico   (B) estilo relacional

14. Liste cinco fatores que foram incluídos nas explicações das diferenças interculturais no desempenho acadêmico.

    (A) _____
    (B) _____
    (C) _____
    (D) _____
    (E) _____

Escolarização para crianças com necessidades especiais

11.9 Por que o termo *transtorno de aprendizagem* é controverso? (p. 355-357)

Existe considerável discórdia sobre como identificar um genuíno transtorno de aprendizagem, e algumas crianças que são rotuladas como portadoras foram mal classificadas. Em termos práticos, um *transtorno de aprendizagem* serve como um termo geral para descrever crianças que, por razões desconhecidas, não aprendem tão rápido quanto seus resultados em testes de inteligência sugerem que elas deveriam aprender.

11.10 Como as escolas atendem às necessidades de crianças com deficiências de desenvolvimento? (p. 357)

Deficiências de desenvolvimento influenciam o funcionamento das crianças na escola e as impedem de viver de modo independente na vida adulta. Educadores especiais devem determinar as necessidades únicas de cada criança com uma deficiência de desenvolvimento. Os testes de inteligência são úteis neste sentido, pois ajudam os educadores a adaptar os objetivos acadêmicos às capacidades das crianças.

15. Que tipos de serviços especiais crianças com paralisia cerebral geralmente requerem na escola?

    _____
    _____

11.11 Quais são as necessidades educacionais de crianças com transtornos da comunicação? (p. 357-359)

Crianças com transtornos da comunicação têm problemas com a fala e/ou a linguagem. Alguns requerem intervenção médica. A intervenção precoce por fonoaudiólogos ajuda as crianças portadoras de deficiências de linguagem a superá-las.

16. Os transtornos da comunicação incluem dificuldades com a fala que envolvem:

    (A) _____
    (B) _____
    (C) _____
    (D) _____
    (E) _____
    (F) _____

11.12 O que é educação inclusiva? (p. 359-360)

Educação inclusiva é uma filosofia baseada na crença de que crianças com necessidades especiais se beneficiam mais quando passam ao menos parte do dia escolar em salas de aula com crianças que não têm deficiências. Contudo, a educação inclusiva é apenas um dos componentes do *continuum* de serviços que as escolas são legalmente obrigadas a oferecer a estudantes com necessidades especiais.

17. O que a pesquisa sugere sobre o tipo de serviços de educação especial apropriados para cada um dos seguintes grupos:

    (A) Crianças com deficiências físicas, mas sem problemas de aprendizagem _____
    _____

    (B) Crianças com transtornos de aprendizagem _____
    _____

11.13 Em que aspectos as necessidades educacionais de crianças superdotadas diferem das de seus pares? (p. 361-362)

Superdotado é um termo aplicado a crianças com escores de Q.I. muito altos, criatividade fora do comum ou talentos específicos excepcionais. Seu processamento de informações é extraordinariamente flexível e generalizado. Crianças superdotadas parecem ter boa adaptação social, exceto por um pequeno grupo daqueles que são extraordinariamente superdotados e têm maior risco de problemas sociais e emocionais.

As respostas para as perguntas deste capítulo encontram-se na página 527. Para uma lista de palavras-chave, consulte a página 538.

12

Desenvolvimento Social e da Personalidade na Meninice

Todas as culturas no mundo possuem uma sociedade da infância, na qual as crianças fazem suas próprias regras sociais que diferem daquelas da sociedade adulta. Por exemplo, na maioria dos refeitórios das escolas norte-americanas, a troca de comida é comum, e uma criança que se recuse a trocar pode ser vista como "esnobe". Contudo, adultos que tentem convencer seus colegas de trabalho a trocar comida provavelmente serão considerados impositivos ou um pouco esquisitos. Essas comparações mostram que as crianças praticam competência social inventando suas próprias regras sociais em vez de simplesmente copiarem as que existem no mundo adulto. Criar e fazer cumprir essas regras ajuda as crianças a aprender a ver as coisas do ponto de vista dos outros e a cooperar.

Sem dúvida, o desenvolvimento cognitivo fornece o alicerce intelectual necessário para a prática de atividades regidas por regras. Mas o que torna únicas as experiências de cada criança dentro do contexto dessas interações universais são as respostas emocionais e comportamentais com que as distintivas personalidades, autoconceitos e histórias de relacionamento contribuem para a equação do desenvolvimento. Você vai aprender sobre esses temas neste capítulo. Iniciaremos pela consideração dos principais temas do desenvolvimento que marcam de maneira única o desenvolvimento social e da personalidade nos anos da meninice e de como os desenvolvimentistas os explicaram. Depois abordaremos os marcos do desenvolvimento do autoconceito e as descobertas da pesquisa no campo da cognição social. Por fim, examinaremos as influências sociais no desenvolvimento da criança em idade escolar, tanto dentro quando fora do sistema familiar.

OBJETIVOS DA APRENDIZAGEM

Teorias do desenvolvimento social e da personalidade

12.1 Como os autores psicanalíticos caracterizam a meninice?
12.2 Quais são as principais ideias dos teóricos de traço e sociocognitivos?

Autoconceito

12.3 Quais são as características do *self* psicológico?
12.4 Como se desenvolve a autoestima?

Avanços na cognição social

12.5 Como a compreensão que as crianças têm dos outros muda na meninice?
12.6 Como as crianças nas etapas de realismo moral e relativismo moral de Piaget raciocinam sobre certo e errado?

O mundo social da criança em idade escolar

12.7 Como a autorregulação afeta os relacionamentos de crianças em idade escolar com seus pais?
12.8 Que mudanças ocorrem na compreensão de amizade das crianças durante esse período?
12.9 De que forma meninos e meninas interagem durante os anos escolares?
12.10 Que tipos de agressividade são mais comuns entre crianças em idade escolar?
12.11 Como crianças populares, rejeitadas e negligenciadas diferem?

Influências além da família e dos pares

12.12 Como o autocuidado afeta o desenvolvimento de meninas e meninos?
12.13 Como a televisão, os computadores e os jogos eletrônicos afetam o desenvolvimento das crianças?

Teorias do desenvolvimento social e da personalidade

A percepção da própria competência é o tema dominante do desenvolvimento social e da personalidade na meninice. Como as crianças desenvolvem esse atributo crítico? Desenvolvimentistas representando diferentes perspectivas teóricas enfatizam diferentes conjuntos de fatores em suas explicações do desenvolvimento da percepção da própria competência nesses anos.

> **OBJETIVO DA APRENDIZAGEM 12.1**
> Como os autores psicanalíticos caracterizam a meninice?

Perspectivas psicanalíticas

Quando você se lembra de sua meninice, que tipos de experiência se destacam? Provavelmente você se lembra de sua interação com seus amigos e irmãos. Caso Freud fosse chamado para explicar como seus sentimentos sobre sua própria competência se desenvolveram, ele apelaria para as qualidades emocionais dessas interações. Recorde-se do relato no início desta unidade sobre um menino chamado Jamal que aprendeu a andar de bicicleta. Quando seus amigos zombaram dele depois que ele não conseguiu subir a ladeira, Jamal se sentiu desapontado e envergonhado. Entretanto, essas emoções desagradáveis motivaram-no a aprender a andar de bicicleta sem rodinhas auxiliares. Segundo a perspectiva psicanalítica, e de acordo com nossas experiências cotidianas com crianças, as crianças variam imensamente no modo como respondem a essas situações. Algumas se enraivecem e xingam aqueles que a rejeitam. Outras se inibem e desenvolvem um medo geral das interações sociais. Os pais contribuem para essas respostas. Entretanto, Freud pensava que o desafio dos anos de meninice era formar laços emocionais com os amigos e transcender aqueles que foram desenvolvidos com os pais nos anos anteriores. Assim, grande parte da pesquisa moderna sobre rejeição dos amigos e outras características emocionais da meninice encontra suas raízes na abordagem psicanalítica de Freud.

> **A criança integral em foco**
> Como os avanços no domínio físico ajudaram Jamal a resolver a crise de Erikson de produtividade *versus* inferioridade? Descubra na página 392.

Erik Erikson aceitava a concepção freudiana do papel central das relações com os amigos e das emoções que as acompanham na meninice. Contudo, ele foi além da perspectiva de Freud quando caracterizou adicionalmente a meninice como o período durante o qual as crianças experimentam a crise da *produtividade* versus *inferioridade*. Durante esse estágio, segundo Erikson, as crianças desenvolvem uma ideia de sua própria competência por meio da realização de objetivos da aprendizagem culturalmente definidos (ver Tabela 2.2 na página 54). A tarefa psicossocial de uma criança entre 6 e 12 anos é desenvolver sua produtividade ou sua disposição para trabalhar para atingir metas. Para desenvolver sua produtividade, a criança deve ser capaz de realizar as metas que sua cultura estabelece para todas as crianças de sua idade. Na maioria dos países, crianças de 6 e 12 anos devem aprender a ler e escrever. Caso falhem nesse aprendizado, afirmava Erikson, elas entrarão na adolescência e vida adulta com sentimentos de inferioridade. Esses sentimentos constituem uma mentalidade que pode prejudicar a capacidade de realização de um indivíduo pelo resto de sua vida.

Estudos contemporâneos que enfatizam a necessidade de uma criança de se sentir competente estão em consonância com as concepções de Erikson. Muitos deles sugerem que ele estava certo sobre a ligação entre as experiências escolares e a emergência do senso de competência. Parece que a maioria das crianças de 6 a 12 anos gradualmente desenvolve uma visão de sua própria competência à medida que são bem ou malsucedidas em tarefas acadêmicas, tais como leitura e aritmética (Chapman e Tunmer, 1997; Skaalvik e Valas, 1999). Assim, suas autoavaliações e reais realizações estão fortemente correlacionadas; ou seja, os mais bem sucedidos se julgam competentes, ao passo que os que têm dificuldade se percebem menos competentes. Contudo, diferenças individuais nas respostas das crianças ao êxito ou fracasso moderam os efeitos da própria experiência. Algumas dessas diferenças se encontram no terreno emocional, como sugerido anteriormente.

Erikson também dizia que crianças que não são bem-sucedidas na escola podem desenvolver um senso de competência participando de atividades culturalmente valorizadas fora dos ambientes acadêmicos. Uma criança que é um aluno mediocre, por exemplo, pode canalizar sua necessidade de desenvolver seu senso de própria competência para os esportes. Outra criança talvez tire notas baixas porque passa a maior parte de seu tempo lendo livros que julga mais interessantes do que os trabalhos da escola. Os outros podem se preocupar com seu senso de competência, mas internamente ela não tem dúvidas a respeito de suas habilidades.

As perspectivas de traço e sociocognitivas

OBJETIVO DA APRENDIZAGEM 12.2
Quais são as principais ideias dos teóricos de traço e sociocognitivos?

Os teóricos psicanalíticos contribuíram com algumas ideias convincentes sobre como diferenças individuais nas respostas emocionais às experiências de infância moldam o desenvolvimento e a percepção da própria competência. Entretanto, eles nos dizem pouco sobre as origens dessas diferenças. O principal objetivo das *teorias de traço*, em contraste, é justamente esse. Um **traço** é um padrão estável de resposta às situações. Essa definição deve lembrá-lo de nossas discussões do temperamento em capítulos anteriores, pois o estudo do temperamento dos bebês e crianças pequenas está fundamentado na teoria de traço. Segundo os teóricos de traço, na meninice as várias dimensões do temperamento deram origem a cinco dimensões da personalidade (os chamados Cinco Grandes), apresentados na Tabela 12.1.

A pesquisa sugere que os teóricos de traço estão certos quanto ao surgimento de traços estáveis na meninice. Além disso, sabe-se que esses traços contribuem para o desenvolvimento de sentimentos de competência. Por exemplo, uma criança que é razoavelmente *extrovertida*, ou sociável, responde à rejeição dos colegas tornando-se mais determinada a ser aceita pelo grupo. Uma criança que é *introvertida*, ou tímida, provavelmente ficaria tão perturbada se ridicularizada pelos colegas que evitaria ativamente situações sociais no futuro. Contudo, as crianças não são simplesmente guiadas por impulsos gerados pela personalidade de uma maneira mecanicista, e a teoria de traço nos deixa perguntando por que a extroversão nem sempre leva à competência social e por que algumas pessoas superam sua tendência à introversão para se tornarem competentes na arena social.

Na perspectiva sociocognitiva, tanto a perspectiva psicanalítica quanto a de traços se concentram em apenas um conjunto de fatores que moldam o desenvolvimento da percepção da própria competência na meninice. Albert Bandura, por exemplo, propôs que as emoções descritas pelos teóricos psicanalíticos e os padrões estáveis de resposta identificados pelos teóricos de traço, juntamente com fatores cognitivos, constituem um de três componentes interativos que influenciam o desenvolvimento social e da personalidade (ver Figura 12.1 na página 370) (Bandura, 1989). Bandura usou o termo *componente pessoal* para se referir a esse componente emocional/cognitivo. Os outros componentes deste modelo são o *comportamento* e os *reforçadores ambientais* da pessoa em desenvolvimento.

Bandura propôs que os componentes pessoal, comportamental e ambiental interagem em um padrão por ele denominado **determinismo recíproco**. Cada um dos três componentes influencia e é influenciado pelos outros dois. Por exemplo, a reação emocional de Jamal ao fato de não conseguir subir a ladeira e sua conclusão de que retirar as rodas de suporte da bicicleta resolveria seu dilema (o componente pessoal) motivaram-no a ir para casa e pedir ao pai que as retirasse

A criança integral em foco

Quais dos Cinco Grandes traços fazem parte da personalidade de Jamal? Descubra na página 392.

traço padrão estável de resposta às situações.

determinismo recíproco modelo de Bandura no qual fatores pessoais, comportamentais e ambientais interagem para influenciar o desenvolvimento da personalidade.

Tabela 12.1 Os Cinco Grandes traços da personalidade

Traço	Qualidades de indivíduos que apresentam o traço	Possíveis componentes do temperamento
Extroversão	Ativo, assertivo, entusiástico, sociável	Alto nível de atividade, sociabilidade, emotividade positiva, comunicabilidade
Afabilidade	Amoroso, clemente, generoso, gentil, solidário, confiante	Talvez alta aproximação/emotividade positiva, talvez controle com esforço
Conscienciosidade	Eficiente, organizado, prudente, confiável, responsável	Controle com esforço/persistência em tarefas
Neuroticismo (Instabilidade emocional)	Ansioso, autopiedoso, tenso, suscetível, instável, preocupado	Emotividade negativa, irritabilidade
Abertura/Intelecto	Artístico, curioso, imaginativo, inteligente, original, possuidor de amplos interesses	Aproximação, baixa inibição

Fontes: Ahadi e Rothbart, 1994; John, Caspi, Robins, Moffitt e Stouthamer-Loeber, 1994, Tabela 1, p. 161; McCrae, Costa, Ostendorf e Angleitner, 2000.

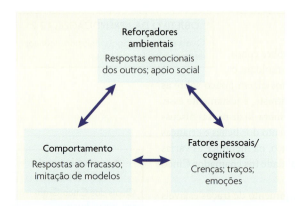

Figura 12.1 Determinismo recíproco de Bandura.

Bandura assume uma visão sociocognitiva da personalidade. Ele sugere que três componentes – o ambiente externo, comportamentos individuais e fatores cognitivos, tais como crenças, expectativas e disposições pessoais – são todos influenciados uns pelos outros e desempenham papéis recíprocos na determinação da personalidade.

(o componente comportamental). O pai dele respondeu retirando as rodinhas (o componente ambiental). Sua concordância em fazê-lo influenciou o estado emocional de Jamal (o componente pessoal) e o levou a tentar andar de bicicleta sem o auxílio do pai (o componente comportamental).

Ao organizar as diversas influências interativas da forma como o faz, o modelo de Bandura fornece uma explicação mais abrangente do que o fazem os teóricos psicanalíticos ou de traço sobre como as crianças em idade escolar desenvolvem ideias sobre os graus de competência que possuem. Assim, a abordagem sociocognitiva de Bandura nos fornece um modo de levar em consideração as valiosas ideias dos teóricos psicanalíticos sobre as emoções das crianças, assim como as dos teóricos de traço. E ao integrarmos ambas no modelo tripartido proposto por Bandura, obtemos uma compreensão mais abrangente dos mecanismos que regem o desenvolvimento da percepção da própria competência na meninice.

Autoconceito

Que grau de compreensão uma criança em idade escolar realmente tem sobre sua própria personalidade? A resposta para essa pergunta depende de considerarmos a criança no início do período da meninice ou próximo ao seu fim. Dos 6 aos 12 anos, a compreensão das crianças sobre si mesmas aumenta consideravelmente. No final da meninice, os autoconceitos das crianças incluem dois novos componentes: um self *psicológico* e um self *de valorização*.

> **OBJETIVO DA APRENDIZAGEM 12.3**
> Quais são as características do *self* psicológico?

O *self* psicológico

O ***self* psicológico** é a compreensão de uma pessoa sobre suas características psicológicas duradouras. Ele aparece pela primeira vez durante a transição da segunda infância para a meninice e se torna cada vez mais complexo à medida que a criança se aproxima da adolescência. Ele inclui tanto informações básicas sobre as características únicas da criança como seus juízos sobre sua própria competência.

Traços de personalidade As crianças não usam a mesma terminologia que os teóricos de traço sobre os quais você leu anteriormente no capítulo, mas elas descrevem suas próprias personalidades com graus crescentes de precisão durante a meninice. Por exemplo, uma criança de 6 anos poderia utilizar autodescritores psicológicos simples como "inteligente" ou "burro". Aos 10, a criança é mais propensa a utilizar comparações em suas descrições de si própria: "Eu sou mais inteligente do que a maioria das outras crianças" ou "Eu não tenho tanto talento artístico quanto meu amigo" (Rosenberg, 1986; Ruble, 1987).

Essa tendência desenvolvimentista é ilustrada pelos resultados de um estudo relativamente antigo dos autoconceitos de crianças de 9 a 18 anos (Montemayor e Eisen, 1977). Os participantes foram solicitados a dar 20 respostas à pergunta: "Quem sou eu?". Os pesquisadores constataram que as crianças mais jovens ainda utilizavam sobretudo qualidades superficiais para descreverem a si mesmas, como nesta descrição de uma criança de 9 anos:

> Meu nome é Bruce C. Eu tenho olhos castanhos. Eu tenho cabelo castanho. Eu tenho sobrancelhas castanhas. Eu tenho 9 anos. Eu ADORO esportes! Eu tenho sete pessoas em minha família. Eu tenho vista boa! Eu tenho montes de amigos. Eu moro na rua Dr. Pinecrest 1923. Eu vou fazer 10 em setembro. Eu sou um menino. Eu tenho um tio que tem quase 2,10 metros de altura. Minha escola fica na Pinecrest. Minha professora é a Srta. V. Eu jogo hóquei! Eu sou quase o menino mais inteligente na classe. Eu ADORO COMIDA. Eu adoro ar fresco. Eu ADORO a escola. (Montemayor e Eisen, 1977, p. 317)

self **psicológico** compreensão que uma pessoa tem de seus próprios traços internos estáveis.

Em contraste, considere a descrição de si mesma dessa menina de 11 anos na 6ª série:

> Meu nome é A. Eu sou um ser humano. Eu sou uma menina. Eu sou uma pessoa honesta. Eu não sou muito bonita. Eu me saio mais ou menos nos estudos. Sou uma violoncelista muito boa. Sou uma pianista muito boa. Sou um pouco alta para minha idade. Eu gosto de vários meninos. Eu gosto de várias meninas. Sou antiquada. Eu jogo tênis. Sou uma nadadora muito boa. Eu procuro ajudar. Estou sempre pronta para fazer amizades. Geralmente estou bem, mas perco a paciência. Não sou benquista por algumas meninas e meninos. Não sei se os meninos gostam de mim ou não. (Montemayor e Eisen, 1977, p. 317-318)

Essa menina, como as outras crianças de 11 anos no estudo, descreveu suas qualidades externas, mas também enfatizou fatores psicológicos tais como traços de personalidade. Assim, à medida que a criança atravessa o período operacional concreto, seu *self* psicológico se torna mais complexo, mais comparativo, menos atrelado a características externas e mais centrado em sentimentos e ideias.

Autoeficácia Como assinalado anteriormente no capítulo, a meninice é a época em que as crianças desenvolvem percepções do grau em que são competentes. Albert Bandura contribui muito para a compreensão dos desenvolvimentistas desse aspecto crucial do *self* psicológico. Ele define **autoeficácia** como a crença de um indivíduo em sua capacidade de realizar uma tarefa ou fazer com que algo pretendido aconteça (Bandura, 1997). Como se desenvolve a autoeficácia?

Bandura propôs que modelos sociais são a fonte primordial das crenças de autoeficácia (Bandura, 1997). Bandura diria que, quando Jamal observou seus amigos subindo a ladeira, ele provavelmente concluiu que poderia fazer algo semelhante. Bandura argumentaria que, a fim de acreditar que poderia seguir o exemplo de seus amigos, Jamal tinha que se identificar com eles. (Recorde a alegria que ele sentiu ao se imaginar como um "menino grande".) Portanto, *comparações sociais* – o processo de tirar conclusões sobre si mesmo com base em comparações com outros – desempenham um papel essencial no grau em que as crianças adquirem compreensão sobre sua própria eficácia a partir da observação de amigos. Assim, simplesmente observar outras crianças como modelo de êxito em uma tarefa é insuficiente para o desenvolvimento de autoeficácia em uma criança que os outros veem como semelhante aos modelos. A própria criança precisa perceber essa semelhança para poder ser influenciada pelos modelos.

O incentivo de fontes de informações valorizadas pelas crianças também contribui para a autoeficácia. A disposição do pai de Jamal de deixá-lo tentar andar sem as rodinhas auxiliares contribuiu para seus sentimentos de autoeficácia. Contudo, nada influencia a autoeficácia mais do que as experiências concretas de um indivíduo (Britner e Pajares, 2006). Em outras palavras, acreditar que você é capaz de fazer alguma coisa tem menos força, emocional e cognitiva, do que realmente fazê-la. Consequentemente, o obstáculo final no desenvolvimento de autoeficácia de Jamal para andar de bicicleta foi superado quando ele conseguiu aprender a andar sozinho.

autoeficácia crença em nossa capacidade de fazer com que um evento pretendido aconteça ou de realizar uma tarefa.

O *self* de valorização

OBJETIVO DA APRENDIZAGEM 12.4
Como se desenvolve a autoestima?

Uma criança pode ter uma visão precisa de seus traços de personalidade, e inclusive um sólido senso de autoeficácia, e mesmo assim não ser capaz de se valorizar como indivíduo. Para descobrir por quê, os desenvolvimentistas estudaram outro aspecto do desenvolvimento do autoconceito na meninice: a emergência do self *de valorização*.

A natureza da autoestima Os juízos avaliativos de uma criança possuem diversas características interessantes. Em primeiro lugar, durante os anos do ensino fundamental e médio, as avaliações das crianças de suas próprias habilidades se tornam cada vez mais diferenciadas, com juízos bem distintos sobre suas habilidades acadêmicas ou atléticas, aparência física, aceitação social, amizades, atração amorosa e relacionamento com os pais (Harter, 1990; Marsh, Craven e Debus, 1999). Paradoxalmente, entretanto, é quando chegam à idade escolar – em torno dos 7 anos – que as crianças desenvolvem uma autoavaliação global. Crianças de 7 e 8 anos (mas não crianças mais jovens) prontamente respondem perguntas sobre o quanto apreciam a si mesmas enquanto pessoas, o quanto se sentem felizes ou o quanto estão satisfeitas com o modo como estão levando suas vidas. É essa avaliação global de nosso próprio valor que geralmente é referida como **autoestima**, não apenas a soma de todas as avaliações separadas que uma criança faz sobre suas habilidades em diferentes áreas.

autoestima avaliação global de nosso próprio valor.

Alguns estudos longitudinais de crianças em idade escolar e adolescentes indicam que a autoestima é bastante estável a curto prazo, mas um pouco menos estável no curso de vários anos. A correlação entre dois escores de autoestima obtidos com alguns meses de diferença geralmente é de cerca de 0,60. Ao longo de vários anos, essa correlação cai para cerca de 0,40 (Alsaker e Olweus, 1992; Block e Robins, 1993). Assim, uma criança com elevada autoestima aos 8 ou 9 anos tende a ter elevada autoestima aos 10 ou 11, mas a autoestima está sujeita a uma boa quantidade de variação. Em certa medida, a autoestima é mais estável nas meninas do que nos meninos (Heinonen, Raikkonen e Keltikangas-Järvinen, 2003).

Como a autoestima se desenvolve A psicóloga desenvolvimentista Susan Harter (1987, 1990) estudou extensamente o desenvolvimento da autoestima. Ela constatou que a autoestima é fortemente influenciada por comparações mentais das identidades ideais das crianças com suas experiências reais, tarefa cognitiva que depende dos avanços nas habilidades de processamento de informações, sobre as quais você aprendeu no Capítulo 11. Entretanto, cada componente da autoestima é valorizado de maneira diferente por cada criança. Assim, uma criança que percebe a si mesma como socialmente pouco habilidosa por não ser popular pode não necessariamente ter baixa autoestima. O grau em que sua autoavaliação social afeta sua autoestima é influenciado pelo quanto ela valoriza habilidades sociais e popularidade. Além disso, ela pode ver a si mesma como muito competente em outra área – tais como habilidades acadêmicas – que compensa sua falta de habilidades sociais.

O segredo da autoestima, portanto, está no grau de discrepância entre o que a criança deseja e o que a criança acha que alcançou. Assim, uma criança que valoriza a habilidade nos esportes, mas que não tem estatura ou coordenação suficiente para ser boa nos esportes, terá uma autoestima mais baixa do que uma criança igualmente baixa ou sem coordenação que não dá tanto valor aos esportes. De modo semelhante, ser bom em alguma coisa, como cantar ou jogar xadrez, não vai aumentar a autoestima de uma criança a menos que ela valorize aquela habilidade particular.

Outra influência importante sobre a autoestima de uma criança é o apoio geral que ela sente que está recebendo de pessoas importantes a sua volta, principalmente os pais e amigos (Franco e Levitt, 1998). Aparentemente, para desenvolver uma elevada autoestima, as crianças devem primeiro achar que são estimadas e aceitas em suas famílias, tanto pelos pais quanto pelos irmãos. Depois, elas precisam ser capazes de encontrar amigos com os quais possam desenvolver relacionamentos estáveis. Uma vez que as amizades de infância começam com interesses e atividades compartilhadas, as crianças precisam estar em um ambiente em que possam encontrar outras pessoas que gostem das mesmas coisas que elas e que tenham habilidade semelhante. Crianças atléticas precisam de outras crianças atléticas com as quais se associar, as que têm inclinação para a música precisam encontrar amigos que também sejam musicais, e assim por diante.

Fazer uma grande jogada vai aumentar a autoestima dessa criança somente se ela der grande valor ao bom desempenho nos esportes ou especificamente no beisebol.

As influências separadas da discrepância percebida entre o *self* ideal e o *self* real e do grau de apoio social estão claras nos resultados da pesquisa de Harter sobre autoestima. Ela perguntou a alunos de 3ª, 4ª, 5ª e 6ª séries o quanto eles achavam importante se sair bem em cada um de cinco domínios, e como eles achavam que realmente se saíam em cada um deles. A discrepância total entre esses conjuntos de juízos constituía o índice de discrepância. Um índice de discrepância alto indicava que a criança não achava que estava se saindo bem em áreas que considerava importantes. O índice de apoio social se baseava nas respostas das crianças a um conjunto de questões que sondavam se elas achavam que os outros (pais e amigos) gostavam delas do jeito que elas eram e tratavam-nas com dignidade e se sentiam que eram importantes. A Figura 12.2 mostra os resultados dos alunos de 3ª e 4ª séries; os resultados dos alunos de 5ª e 6ª série são praticamente idênticos a esses. Ambos os conjuntos de dados corroboram a hipótese de Harter, assim como outras pesquisas, incluindo estudos de crianças afro-americanas (Luster e McAdoo, 1995). Observe que um baixo índice de discrepância por si só não protege uma criança totalmente da baixa autoestima se ela carecer de apoio social suficiente. De modo análogo, uma família amorosa e um grupo de amigos não garantem alta autoestima se o jovem não sentir que está à altura de seus próprios padrões.

Os critérios pelos quais as crianças aprendem a avaliar a si mesmas variam consideravelmente de uma sociedade para outra (Miller, Wang, Sandel e Cho, 2002; Wang e Ollendick, 2001). Em culturas individualistas, como a dos Estados Unidos, os pais procuram ajudar as crianças a desenvolverem um senso de autoestima que se baseie nos próprios interesses e habilidades das crianças. Em culturas coletivistas, tais como a da China, as crianças aprendem a se valorizar com base em ideais culturais sobre o que é uma "boa" pessoa.

A partir de todas essas fontes, a criança forma suas ideias (seu modelo interno) sobre o que ela deveria ser e o que ela é. Como o modelo interno de apego, a autoestima é mutável. Ela é responsiva às mudanças nos julgamentos dos outros, assim como às mudanças nas próprias experiências de êxito ou fracasso da criança. Mas uma vez criado, o modelo tende a persistir, tanto porque a criança tende a escolher experiências que vão confirmá-lo e apoiá-lo, quanto porque o ambiente social – incluindo as avaliações dos pais sobre a criança – tende a ser ao menos moderadamente consistente.

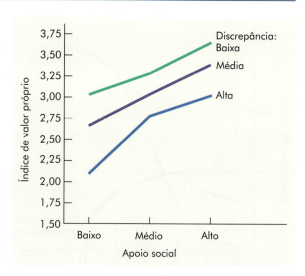

Figura 12.2 Apoio social, valor dos domínios e autoestima.

Para esses alunos da 3ª e 4ª séries nos estudos de Harter, a autoestima era quase igualmente influenciada pelo grau de apoio que as crianças achavam que estavam recebendo de pais e amigos e pelo grau de discrepância entre os valores que as crianças atribuíam aos diversos domínios e à habilidade que achavam que tinham em cada um desses domínios.

(*Fonte:* Harter, 1987, Figura 9.2, p. 227.)

Avanços na cognição social

Até que ponto Jamal compreendia a motivação de seus amigos para gritarem com ele quando ele não conseguiu subir ao topo da ladeira? Você acha que ele tinha alguma compreensão de por que seu pai relutou em retirar as rodinhas de auxílio de sua bicicleta? A capacidade das crianças de compreender motivação é intensificada pelo desenvolvimento de uma teoria da mente na meninice. Mas, no fim do período da meninice, as crianças já desenvolveram uma compreensão muito mais ampla dos outros do que possuíam em seu início. Além disso, elas estão começando a compreender os aspectos morais das relações sociais.

A criança como psicólogo

> **OBJETIVO DA APRENDIZAGEM 12.5**
> Como a compreensão que as crianças têm dos outros muda na meninice?

Alguns estudos sociocognitivos pioneiros demonstraram que a criança dessa idade olha além das aparências e busca consistências mais profundas que vão ajudá-la a interpretar tanto o seu próprio comportamento como o dos outros. Assim, à semelhança de sua compreensão do mundo físico, as descrições que crianças de 6 a 12 anos fazem de outras pessoas passam do concreto para o abstrato. Se você pedir a uma criança de 6 ou 7 anos que descreva alguém, ela vai se concentrar quase exclusivamente em características externas – a aparência da pessoa, onde ela vive, o que ela faz. A seguinte descrição de um menino de 7 anos, extraída de um clássico estudo do desenvolvimento sociocognitivo, é típica:

> Ele é muito alto. Ele tem cabelo castanho-escuro, ele estuda na mesma escola que eu. Eu acho que ele não tem irmãos nem irmãs. Estamos na mesma classe. Hoje ele está vestindo um [blusão] laranja-escuro e calças cinzas e sapatos marrons. (Livesley e Bromley, 1973, p. 213)

Quando crianças pequenas utilizam termos internos ou avaliativos para descrever as pessoas, elas tendem a usar adjetivos pouco específicos, tais como *legal* ou *mau*, *bom* ou *ruim*. Além disso, as crianças pequenas não parecem ver essas qualidades como duradouras ou como traços gerais do indivíduo, aplicáveis em todas as situações ou no decorrer do tempo (Rholes e Ruble, 1984). Em outras palavras, uma criança de 6 ou 7 anos ainda não desenvolveu um conceito que poderia ser chamado de "conservação da personalidade".

A partir dos 7 ou 8 anos ocorre uma mudança bastante drástica nas descrições das crianças. Elas começam a se concentrar mais em traços ou qualidades internas da outra pessoa e a assumir que esses traços serão visíveis em muitas situações (Gnepp e Chilamkurti, 1988). Crianças dessa idade ainda descrevem as características físicas dos outros, mas suas descrições agora são usadas como exemplos de aspectos mais gerais sobre qualidades internas. Podemos ver a mudança quando comparamos a

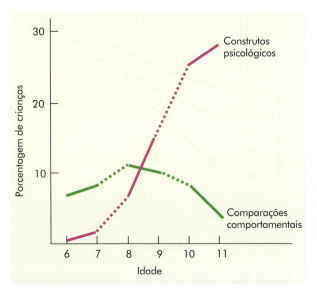

Figura 12.3 Mudanças nas descrições das crianças sobre outras pessoas.

Esses dados do estudo de Barenboim mostram a mudança nas descrições que as crianças fazem de seus pares durante os anos da meninice. As linhas contínuas representam dados longitudinais, e as linhas tracejadas, comparações transversais.

(*Fonte:* Adaptado de *Child Development*, de Barenboim, Figura 1, p. 134, 1981. © The Society for Research in Child Development. Reproduzido com permissão da Blackwell Publishing.)

descrição da criança de 7 anos apresentada anteriormente com a seguinte descrição de uma criança de quase 10 anos:

> Ele cheira mal e é muito repugnante. Ele não tem senso de humor e é muito insensível. Ele está sempre brigando e é cruel. Ele faz tolices e é muito estúpido. Ele tem cabelo castanho e olhos cruéis. Ele é rabugento e tem 11 anos e tem várias irmãs. Eu acho que ele é o menino mais horrível da classe. Ele tem uma voz desagradável e sempre mastiga o lápis e mete os dedos na boca e eu acho ele nojento. (Livesley e Bromley, 1973, p. 217)

Essa descrição ainda inclui muitas características físicas externas, mas vai além dessas qualidades superficiais concretas para o nível de traços da personalidade, tais como falta de humor e crueldade.

O movimento de aspectos externos para internos ao descrever outras pessoas está bem documentado em pesquisas. Por exemplo, em um estudo inicial importante, pesquisadores pediram a crianças de 6, 8 e 10 anos que descrevessem outras três crianças; um ano depois, eles pediram a elas que fizessem a mesma coisa outra vez (Barenboim, 1981). A Figura 12.3 mostra os resultados para duas das categorias utilizadas na análise de dados do estudo. Uma *comparação comportamental* era qualquer descrição que envolvesse comparar os comportamentos ou características físicas de uma criança com as de outra criança ou com uma norma – por exemplo, "Billy corre muito mais rápido do que Jason" ou "Ela é a melhor desenhista em nossa classe". Qualquer afirmativa que envolvesse algum traço de personalidade interno – tais como "Sarah é muito gentil" ou "Ele é um verdadeiro idiota teimoso!" – era referida como um *construto psicológico*. Podemos ver que as comparações comportamentais atingiram o auge em torno dos 8 anos, mas os construtos psicológicos aumentaram sem parar durante toda a meninice.

As crianças em idade escolar também compreendem os papéis e relações familiares muito melhor do que crianças mais jovens. Por exemplo, em torno dos 9 anos, crianças que vivem em lares com ambos os pais compreendem que os papéis de seus pais enquanto pais são diferentes de seus papéis enquanto parceiros ou cônjuges (Jenkins e Buccioni, 2000). Assim, se comparada com uma criança de 5 anos, uma criança de 9 anos é mais capaz de compreender quando pais em divórcio dizem que seu amor por ela não mudou, ainda que seu relacionamento um com o outro tenha terminado. Emocionalmente, a experiência do divórcio pode ser igualmente difícil, mas crianças em idade escolar são mais capazes de compreendê-la cognitivamente.

> **OBJETIVO DA APRENDIZAGEM 12.6**
> Como as crianças nas etapas de realismo moral e relativismo moral de Piaget raciocinam sobre certo e errado?

Raciocínio moral

A crescente compreensão das crianças das experiências internas das outras pessoas ajuda-as a desenvolver uma melhor compreensão de como elas e os outros pensam sobre ações que têm implicações morais. O *raciocínio moral* é o processo de fazer julgamentos sobre a correção ou incorreção de atos específicos. Como você aprendeu no Capítulo 9, as crianças aprendem a discriminar entre atos intencionais e não intencionais entre as idades de 2 e 6 anos. Contudo, usar essa compreensão para fazer juízos morais é outra questão. Piaget afirmou que a capacidade de usar raciocínio sobre intenções para fazer juízos sobre as dimensões morais do comportamento parece surgir junto com o pensamento operacional concreto (Piaget, 1932).

Realismo moral e relativismo moral de Piaget Piaget estudou o desenvolvimento moral observando as crianças brincando. Ao assisti-las brincando, Piaget notou que as crianças pequenas pareciam ter menos compreensão das regras dos jogos. Seguindo essa pista, Piaget questionou crianças de diferentes idades sobre regras. As respostas delas levaram-no a propor uma teoria de dois estágios do desenvolvimento moral (Piaget, 1932). No início do período da meninice, as crianças estão no que Piaget denominou **estágio de realismo moral**. Elas acreditam que as regras dos jogos não podem ser mudadas porque elas são oriundas de autoridades, tais como pais, autoridades de governo ou figuras

estágio de realismo moral
o primeiro dos estágios de desenvolvimento moral segundo Piaget, no qual as crianças acreditam que as regras são inflexíveis.

religiosas. Por exemplo, uma criança de 6 anos disse a Piaget que o jogo de bolinhas de gude foi inventado na arca de Noé. Ele prosseguiu para explicar que as regras não podem ser mudadas porque os "grandes", referindo-se aos adultos e crianças mais velhas, não gostariam disso (Piaget, 1965, p. 60).

Os realistas morais também acreditam que todas as violações às regras por fim resultam em punição. Por exemplo, quando Piaget contava às crianças uma história sobre uma criança que caía em um rio ao tentar usar um pedaço de madeira podre como ponte, crianças de menos de 8 anos diziam a ele que a criança estava sendo punida por alguma "travessura" que tinha feito no passado.

Depois dos 8 anos, segundo Piaget, as crianças ingressam no **estágio de relativismo moral**, no qual elas aprendem que as pessoas podem concordar em mudar as regras se quiserem. Elas entendem que o mais importante em relação a um jogo é que todos os jogadores sigam as mesmas regras, quaisquer que elas sejam. Por exemplo, crianças de 8 a 12 anos sabem que um grupo

Piaget sugeriu que existe um vínculo entre a compreensão que as crianças têm das regras dos jogos e seu raciocínio sobre questões morais.

de crianças jogando beisebol podem decidir dar a cada rebatedor quatro chances em vez de três. Elas compreendem que seu acordo não muda o jogo de beisebol e que ele não se aplica ao jogo de outras pessoas. Ao mesmo tempo, crianças dessa idade melhoram no respeito às regras dos jogos.

Crianças de 8 a 12 anos também sabem que você não é punido por violar regras a menos que seja pego. Consequentemente, elas encaram fatos como aquele em que a criança cai no rio como acidentes. Elas compreendem que acidentes não são causados por comportamento "travesso". Crianças com mais de 8 anos também compreendem a relação entre punição e intenções. Por exemplo, a pesquisa de Piaget sugere que crianças com mais de 8 anos podem distinguir entre uma criança que acidentalmente saiu de uma loja sem pagar por um doce e outra que deliberadamente pegou um. Crianças mais velhas tendem a dizer que ambas as crianças devem voltar ou pagar pelo doce, mas somente a que intencionalmente o roubou deve ser punida.

A pesquisa corrobora a afirmação de Piaget de que crianças com mais de 8 anos dão mais peso às intenções do que às consequências quando fazem julgamentos morais (Zelazo, Helwig e Lau, 1996). Contudo, embora seu pensamento seja mais maduro do que o de pré-escolares, o raciocínio moral de crianças de 6 a 12 anos ainda é altamente egocêntrico. Por exemplo, todo pai ou mãe já ouviu a exclamação "Não é justo!" quando uma criança não recebe o mesmo presente ou privilégio que um irmão. Mas é raro, se não totalmente desconhecido, que uma criança entre 6 e 12 anos proteste contra a justeza de receberem algo que um irmão não recebeu. Assim, crianças em idade escolar ainda têm um longo caminho a percorrer em relação ao raciocínio moral (ver *Ciência do desenvolvimento em casa* na página 376); retornaremos a esse tópico nos capítulos sobre desenvolvimento adolescente.

estágio de relativismo moral o segundo dos estágios de desenvolvimento moral segundo Piaget, no qual as crianças compreendem que muitas regras podem ser mudadas por meio de acordo social.

O mundo social da criança em idade escolar

A crescente capacidade das crianças em idade escolar de compreender os outros muda os seus relacionamentos sociais em aspectos importantes. As crianças continuam apegadas aos pais, porém estão se tornando mais independentes. Os relacionamentos com os amigos se tornam mais estáveis, e muitos resultam em amizades de longo prazo. Na verdade, a qualidade dos relacionamentos de amizade das crianças de 6 a 12 anos molda seu futuro em muitos aspectos importantes.

Relacionamentos com os pais

A meninice é um período em que a criança aumenta sua independência da família. Contudo, o apego aos pais continua sendo importante, e as relações com os irmãos acrescenta uma outra dimensão aos mundos sociais de crianças dos 6 aos 12 anos que os possuem (ver *Ciência do desenvolvimento na clínica*). O que realmente muda é a pauta de questões entre pais e filhos. A pauta genitor-filho muda porque os pais de crianças de 6 a 12 anos reconhecem

> **OBJETIVO DA APRENDIZAGEM 12.7**
> Como a autorregulação afeta os relacionamentos de crianças em idade escolar com seus pais?

CIÊNCIA DO DESENVOLVIMENTO EM CASA

Encorajando o raciocínio moral

Para surpresa de sua mãe, Andréa, sua filha Marisol, de 8 anos, foi pega roubando um pacote de balas de uma loja de conveniência pela qual passava todos os dias quando voltava da escola para casa. O gerente chamou a mãe de Marisol para relatar o que a menina tinha feito, e na hora em que Andréa chegou, a menininha estava chorando e jurando que nunca mais iria roubar. "Você ainda precisa ser punida", Andréa explicou, dizendo a Marisol que tiraria todas as regalias dela por duas semanas. Entretanto, como a maioria dos pais, Andréa quer ter certeza de que Marisol compreende por que o que ela fez estava errado. Como os pais podem ajudar as crianças a aprender a raciocinar sobre questões de certo e errado?

Em seu livro *Raising good children*, o psicólogo do desenvolvimento Thomas Lickona lembra aos leitores que o desenvolvimento do raciocínio moral maduro leva muitos anos (Lickona, 1983). Ao mesmo tempo, ele oferece a pais e professores várias sugestões que vão ajudá-los a auxiliar seus filhos de 6 a 12 anos a se prepararem para níveis mais maduros. São algumas das sugestões de Lickona:

- Exija que as crianças justifiquem o que querem.
- Pratique com elas jogos de nível desenvolvimentista adequados a elas.
- Elogie-as por observarem convenções sociais como dizer "por favor" e "obrigado".
- Quando a punição for necessária, ofereça uma explicação, aconselhamento sobre como evitar punições no futuro e um modo de reparar os danos que seu mal comportamento causou.
- Ensine-lhes sobre reciprocidade: "nós fazemos coisas boas para você. Portanto, você deveria ter disposição para nos ajudar".
- Dê-lhes tarefas importantes de modo que elas se considerem importantes na família e na comunidade.
- Ajude-as e estimule-as a basear a obediência no amor e no respeito e não no medo.
- Ensine-lhes valores religiosos e filosóficos, inclusive a ideia de que algumas ações são certas e outras erradas, independentemente das circunstâncias.
- Questione seu egocentrismo fazendo perguntas como "Como você se sentiria se alguém fizesse isso com você?" quando elas violarem os direitos dos outros.
- Inclua-as em projetos beneficentes, tais como campanhas de alimentos, para estender a ideia de amor e atenção para além de suas próprias famílias.

Questões para reflexão

1. Quais das sugestões de Lickona são mais relevantes para a situação em que se encontrava a mãe de Marisol?
2. Você concorda com Andréa que era necessário punir a menina? Em caso afirmativo, que medidas adicionais você acha que Andréa deveria tomar para ajudar sua filha a compreender a importância de respeitar a propriedade alheia?

Pesquisas sugerem que filhos únicos são tão bem adaptados quanto crianças que têm irmãos.

autorregulação capacidade de se conformar aos padrões de comportamento dos pais sem supervisão direta.

a crescente capacidade de **autorregulação** delas, ou seja, sua capacidade de se conformarem aos padrões parentais de comportamento sem supervisão direta. Consequentemente, à medida que as crianças vão ficando mais velhas, os pais tendem a permitir que elas pratiquem atividades como andar de bicicleta e de *skate* sem supervisão (Soori e Bhopal, 2002). Contudo, as culturas variam um pouco quanto a idade específica na qual esperam que isso ocorra. Por exemplo, pais brancos e hispânicos nos Estados Unidos diferem em suas crenças sobre a idade média em que as crianças em idade escolar podem realizar tarefas específicas sozinhas (Savage e Gauvain, 1998). Parece que os pais hispano-americanos têm menos confiança na capacidade de autorregulação das crianças nessa faixa etária do que pais brancos. De modo geral, contudo, a maioria das culturas espera que crianças de 6 a 12 anos sejam capazes de supervisionar seu próprio comportamento ao menos parte do tempo.

Alguns estudos sugerem que existem diferenças sexuais nas expectativas dos pais em relação ao comportamento de autorregulação. Por exemplo, as mães fazem tipos diferentes de demandas de meninos e meninas. Elas parecem oferecer a ambos o mesmo tipo de orientação, mas tendem a dar aos meninos mais autonomia sobre seu próprio comportamento do que dão às meninas. Contudo, elas são mais propensas a impor às filhas um nível mais elevado de responsabilidade pelo fracasso do que aos meninos (Pomerantz e Ruble, 1998). Os desenvolvimentistas especulam que essa diferença pode acarretar padrões mais elevados de comportamento para meninas em períodos desenvolvimentistas posteriores.

Pesquisadores constataram que existem muitas variáveis de criação que contribuem para o desenvolvimento da autorregulação. Primeiro, a capacidade de autorregulação dos próprios pais é importante, talvez porque estejam servindo de exemplo de boa ou má autorregulação para a criança (Prinstein e La Greca, 1999). Além disso, o grau de autorregulação esperado pelos pais influencia o comportamento de autorregulação da criança. Maiores expectativas, juntamente com monitoramento

CIÊNCIA DO DESENVOLVIMENTO NA CLÍNICA
Irmãos e filhos únicos

Guillermo e Juana são um jovem casal proveniente de uma cultura na qual as grandes famílias são a regra. Cada um dos três irmãos de Guillermo tem dois filhos, e cada cunhada está esperando outro. Ambas as irmãs de Juana têm três filhos, e uma delas está grávida. Guillermo e Juana sempre presumiram que também teriam uma grande família. Entretanto, durante a primeira gravidez de Juana, ela desenvolveu toxemia. Depois do nascimento do filho do casal, Juana teve insuficiência renal e quase morreu. Por esses motivos, o médico a aconselhou a evitar uma nova gravidez. Tanto Guillermo quanto Juana concordam que eles deveriam seguir os conselhos do médico, mas suas famílias lhe disseram que seu filho seria "estragado" caso crescesse sem um irmão ou irmã. O casal expressou suas preocupações sobre filhos "únicos" ao pediatra da família.

Em resposta a suas perguntas sobre filhos únicos, o pediatra garantiu a Guillermo e Juana que a maioria dos estudos indica que os filhos únicos se tornam adultos tão bem adaptados quanto crianças que têm irmãos e irmãs (Wang et al., 2000). Além disso, alguns estudos demonstram que filhos únicos podem inclusive ter uma vantagem sobre os que têm irmãos, ao menos com respeito ao desenvolvimento cognitivo e realização acadêmica (Doh e Falbo, 1999; Falbo, 1992). Outros estudos sugerem que a vantagem cognitiva desfrutada pelos filhos únicos pode na verdade ser fruto da ordem de nascimento. Primogênitos (assim como a criança mais velha que sobreviveu em uma família em que o primogênito morreu quando bebê) obtêm melhores pontuações, em média, em testes cognitivos do que crianças nascidas posteriormente (Holmgren, Molander e Nilsson, 2006; Kristensen e Bjerkedal, 2007). A *hipótese de diluição de recursos* explica esses achados como resultado da progressiva "diluição" dos recursos materiais e psicológicos dos pais com cada nascimento (Downey, 2001). Assim, nessa perspectiva, os pais têm a maior influência sobre o filho mais velho, vantagem que só é compartilhada por filhos únicos e pelo filho mais velho em uma família com múltiplas crianças.

Contudo, os críticos dessa hipótese de diluição de recursos poderiam aconselhar Guillermo e Juana a considerar a adoção de outra criança ou garantir que seu filho passe bastante tempo com seus primos menores, que com certeza haverá de sobra. Esses críticos alegam que a hipótese dá excessiva ênfase ao que os nascidos posteriormente tiram da família e ignora as oportunidades de relacionamento que essas crianças proporcionam para o desenvolvimento de seus irmãos mais velhos (Gillies e Lucey, 2006). Por exemplo, primogênitos superam filhos únicos em medidas de negociação social. Os primogênitos também parecem adquirir habilidades de autoconfiança ao servirem de substitutos dos pais para os irmãos menores (Brody, Kim, Murry e Brown, 2003). Independentemente da ordem de nascimento, relações afetuosas entre irmãos moderam os efeitos de eventos de vida estressantes, tais como divórcio dos pais, e permitem que as crianças se desenvolvam mais rapidamente do que filhos únicos na compreensão dos estados mentais e comportamentos dos outros (Gass, Jenkins e Dunn, 2007; McAlister e Peterson, 2006). Assim, filhos únicos e primogênitos podem obter mais do tipo de atenção dos pais que é essencial para o desenvolvimento cognitivo, mas ter um irmão menor parece contribuir positivamente para o desenvolvimento social e emocional.

Questões para reflexão

1. Que tipos de relacionamentos com irmãos mais prejudicariam do que ajudariam o desenvolvimento social e emocional de uma criança?
2. Em que tipo de situação poderíamos esperar que filhos únicos demonstrassem habilidades sociais superiores às das crianças que possuem irmãos?

---

parental para assegurar que certas expectativas sejam satisfeitas, estão associadas à maior competência na autorregulação (Rodrigo, Janssens e Ceballos, 1999).

Você deve lembrar que esses comportamentos parentais estão associados ao estilo democrático de criação. Pesquisas longitudinais demonstram que crianças em idade escolar cujos pais foram consistentemente democráticos desde que eram crianças pequenas são as mais socialmente competentes (Baumrind, 1991). Crianças classificadas como "competentes" eram vistas como assertivas e também responsáveis em suas relações; as classificadas como "parcialmente competentes" tipicamente careciam de uma dessas habilidades; e as classificadas como "incompetentes" não apresentavam nenhuma das duas. No estudo de Baumrind (1991), a maioria das crianças de famílias democráticas era classificada como competente, ao passo que a maioria daquelas de famílias negligentes era classificada como incompetente.

Amizades

> **OBJETIVO DA APRENDIZAGEM 12.8**
> Que mudanças ocorrem na compreensão de amizade das crianças durante esse período?

A maior mudança nos relacionamentos durante a meninice é o aumento de importância dos amigos. Uma manifestação frequente dessa tendência é o aparecimento de vínculos entre "melhores amigos". Estudos interculturais mostram que os relacionamentos entre melhores amigos, e a crença de que ter um melhor amigo é importante, são características universais do desenvolvimento social das crianças em idade escolar (Schraf e Hertz-Lazarowitz, 2003). Crianças menores, muitas vezes já aos 3 anos, expressam preferência nas companhias para brincar (Hay, Payne e Chadwick, 2004). Mas entre crianças mais velhas em idade escolar o melhor amigo é muito mais do que uma companhia para brincar, refletindo a melhor compreensão que essas crianças têm das características que distinguem as amizades de outros tipos de relacionamentos.

A criança integral em foco

Como a prática de esportes ajuda Jamal a desenvolver amizades duradouras? Descubra na página 392.

O pesquisador sociocognitivo Robert Selman foi um dos primeiros a estudar a compreensão de amizade das crianças. Ele constatou que, se perguntarmos a pré-escolares e crianças em idade escolar como as pessoas fazem amigos, a resposta geralmente é que "elas brincam junto" ou passam tempo fisicamente perto uma da outra (Damon, 1977, 1983; Selman, 1980).

Nos anos posteriores da meninice, em torno dos 10 anos, essa visão da amizade dá lugar para outra em que o conceito central parece ser a mútua confiança (Chen, 1997). Crianças mais velhas veem os amigos como pessoas especiais que possuem qualidades desejadas que não a simples proximidade, que são generosas uma com a outra, que ajudam e confiam uma na outra e assim por diante. A Figura 12.4 mostra a definição de um amigo feita por um menino de 10 anos. A caracterização dele de um amigo – como alguém "em quem você pode confiar", que sempre "vai estar presente quando você estiver se sentindo por baixo" e "sempre vai se sentar ao seu lado no almoço" – ilustra a compreensão que uma criança mais velha tem de outras dimensões das amizades, tais como confiança, apoio emocional e fidelidade.

Pesquisadores examinaram o vínculo entre a compreensão de amizade das crianças e a quantidade e qualidade de suas amizades. Em um desses estudos, os pesquisadores Amanda Rose e Steven Asher (2004) apresentaram a alunos de 5ª série situações hipotéticas em que um amigo poderia ter a oportunidade de ajudar outro. Em uma das situações, os pesquisadores descreveram uma criança que era provocada pelos colegas. Rose e Asher constataram que crianças que expressavam a opinião de que as crianças não deveriam ajudar outras nessas situações, para não correrem o risco de serem tratadas de maneira semelhante pelos colegas, tinham menos amigos do que crianças que expressavam a opinião de que os amigos deveriam colocar sua relação acima de preocupações sobre como seu ato de ajudar afetaria seu próprio *status* social.

Estudos do comportamento das crianças nas amizades também evidenciam a importância dos amigos no desenvolvimento social na meninice. As crianças são mais abertas e dão mais apoio quando estão com seus camaradas, sorrindo, olhando, rindo e tocando-se mais do que quando estão com outras crianças; elas conversam mais com os amigos e cooperam e se ajudam mutuamente mais. Pares de amigos também são mais bem sucedidos do que de não amigos na resolução de problemas ou na realização de alguma tarefa juntos. Contudo, crianças em idade escolar também são mais críticas dos amigos e têm mais conflitos com eles; elas são mais educadas com estranhos (Hartup, 1996). Ao mes-

Figura 12.4 A amizade segundo a explicação de uma criança de 10 anos.

Essa redação sobre a amizade, escrita por uma criança de 10 anos, ilustra o modo como crianças em idade escolar pensam sobre os amigos.

(*Fonte:* Cortesia de Denise Boyd. Usado com permissão.)

---

* N. de T.: Minha definição de um bom amigo é de alguém em quem você pode confiar. Ele nunca vai virar as costas para você. Ele sempre vai estar presente quando você estiver se sentindo por baixo. Ele vai tentar animar você. Ele nunca vai se esquecer de você. Ele sempre vai sentar ao seu lado no almoço.

mo tempo, quando os conflitos com amigos ocorrem, as crianças se preocupam mais em resolvê-los do que em resolver discórdias com outras crianças. Assim, a amizade parece representar uma arena em que as crianças podem aprender a manejar conflitos (Newcomb e Bagwell, 1995).

Segregação por gênero

> **OBJETIVO DA APRENDIZAGEM 12.9**
> De que forma meninos e meninas interagem durante os anos escolares?

Possivelmente a característica mais importante nas interações dos grupos de amigos durante o ensino fundamental é sua segregação por gênero. Esse padrão parece ocorrer em todas as culturas no mundo e com frequência pode ser observado em crianças de apenas 3 ou 4 anos. Meninos brincam com meninos e meninas brincam com meninas, cada um em suas próprias áreas e com seus próprios tipos de brincadeiras (Cairns e Cairns, 1994; Harkness e Super, 1985). Na verdade, o gênero parece ser mais importante do que a idade, a raça ou qualquer outra variável categórica na seleção de amigos entre crianças de 6 a 12 anos, e a força da preferência das crianças por amigos do mesmo sexo aumenta substancialmente durante a meninice (Graham, Cohen, Zbikowski e Secrist, 1998). Além disso, a segregação por gênero não está relacionada às diferenças de sexo na criação, sugerindo que ela é uma característica das relações sociais das crianças nessa faixa etária que elas constroem por motivos pessoais (McHale, Crouter e Tucker, 1999).

Interesses e atividades em comum são uma parte essencial da amizade nos primeiros anos da meninice. Por exemplo, as brincadeiras de luta são comuns nas interações entre meninos, mas são tipicamente evitadas pelas meninas. Assim, com base nas preferências por atividades, os meninos sentem atração por outros meninos em situações sociais. Desse modo, eles aprendem a se socializar com outros meninos, mas adquirem poucas das habilidades, tais como autorrevelação, utilizadas pelas meninas em suas interações (Phillipsen, 1999). Assim, os meninos estabelecem grupos de amigos estáveis com hierarquias de domínio baseadas em habilidades físicas para brincar de luta (Pellegrini e Smith, 1998). Um padrão semelhante ocorre entre as meninas: a segregação por gênero começa com preferências por atividades comuns, mas leva ao desenvolvimento de habilidades sociais que são mais úteis nas interações com outras meninas do que nas interações com meninos.

Contudo, existem alguns rituais de "violação de fronteiras" entre grupos de meninos e meninas, tais como nas brincadeiras de perseguição. Por exemplo, em uma sequência universal de interações, uma menina provoca um menino com uma afirmação do tipo "Você não me pega, não me pega". Depois, o menino a persegue e pega, para o deleite de ambos os seus grupos de mesmo sexo plenamente cooperativos (Thorne, 1986). Assim que seu breve encontro de gênero cruzado termina, tanto o menino quanto a menina retornam para seus respectivos grupos. De modo geral, contudo, meninas e meninos entre 6 e 12 anos evitam interagir ativamente uns com os outros e mostram forte favoritismo por seu próprio gênero e estereotipia negativa do gênero oposto (Powlishta, 1995).

Os padrões de segregação por gênero são ainda mais acentuados nas amizades durante a meninice. Por exemplo, quando pesquisadores pedem às crianças que descrevam o tipo de companhia que uma criança fictícia preferiria para brincar, as predições de crianças em idade escolar são em grande parte baseadas em gênero (Halle, 1999). As amizades das meninas e dos meninos também diferem de qualidade de modos intrigantes. Os grupos de amizades de meninos são maiores e mais tolerantes com recém-chegados do que os das meninas. Os meninos brincam mais ao ar livre e ocupam uma área maior em seu brincar. As meninas são mais propensas a brincar aos pares ou em grupos bastante exclusivos, além de passarem mais tempo brincando em ambientes fechados ou perto de casa ou da escola (Benenson, 1994; Gottman, 1986).

Diferenças entre os sexos também caracterizam a interação entre um par de amigos. As amizades dos meninos parecem mais focadas na competição e no domínio do que as amizades das meninas (Maccoby, 1995). Na verdade, entre meninos em idade escolar, os pesquisadores observam mais competição entre pares de amigos do que entre estranhos – o contrário do que se observa entre meninas.

Na meninice, meninos brincam com meninos e meninas brincam com meninas. Na verdade, os grupos de brincadeira das crianças são mais segregados por sexo nessa idade do que em qualquer outra.

Por que você acha que a competição é uma característica forte das interações de amizade entre meninos? Você acha que isso é verdade em todas as culturas?

As amizades entre meninas incluem mais concórdia, mais obediência e mais autorrevelação do que ocorre entre meninos. Por exemplo, a fala "controladora" – categoria que inclui comentários de rejeição, ordens, manipulação, desafio, oposição, refutação e resistência às tentativas de controle do outro – são duas vezes mais comuns entre pares de meninos de 7 a 8 anos do que entre pares de meninas da mesma idade (Leaper, 1991). Nas crianças de 4 e 5 anos no estudo de Leaper, não houve diferenças de sexo na fala controladora, o que sugere que essas diferenças nos padrões de interação surgem durante a meninice.

Nenhuma dessas informações deve obscurecer o fato de que as interações de pares masculinos e femininos têm muito em comum. Por exemplo, interações cooperativas e colaborativas são as formas mais comuns de comunicação nas amizades tanto de meninos quanto de meninas na meninice. E não é necessariamente verdade que as amizades dos meninos são menos importantes para eles do que o são as das meninas para elas. Contudo, parece claro que existem diferenças de gênero na forma e estilo que podem ter implicações duradouras para os padrões de amizade durante o ciclo de vida. Além disso, crianças em idade escolar parecem valorizar o papel do gênero nas relações de amizade à luz de outras variáveis. Por exemplo, quando perguntadas se um menino fictício preferiria brincar com um menino que é um estranho ou com uma menina da qual foi amigo por certo tempo, a maioria das crianças em idade escolar diz que o menino iria preferir brincar com a amiga (Halle, 1999). Esses resultados sugerem que, ainda que o gênero seja claramente importante nas relações sociais das crianças em idades escolar, elas estão começando a compreender que outros fatores podem ser importantes. Esse é mais um exemplo de como as capacidades cognitivas crescentes das crianças – especificamente sua capacidade de pensar sobre mais de uma variável por vez – influenciam suas ideias sobre o mundo social.

Padrões de agressividade

OBJETIVO DA APRENDIZAGEM 12.10
Que tipos de agressividade são mais comuns entre crianças em idade escolar?

Talvez você se lembre do Capítulo 9 que a agressividade física diminui durante os anos pré-escolares, ao passo que a agressividade verbal aumenta. Na meninice, as agressões físicas se tornam ainda menos comuns à medida que as crianças aprendem as regras culturais sobre quando é aceitável demonstrar raiva ou agressividade e que grau de demonstração é aceitável. Na maioria das culturas, isso significa que a raiva é cada vez mais disfarçada e as agressões cada vez mais controladas à medida que as crianças amadurecem (Underwood, Coie e Herbsman, 1992).

Uma exceção interessante a esse padrão geral é que em todos os pares ou grupos exclusivamente de meninos, ao menos nos Estados Unidos, a agressividade física parece permanecer relativamente alta e constante durante a infância. Na verdade, em qualquer idade, os meninos demonstram mais agressividade física e mais assertividade do que as meninas, tanto nos pares de amizade quanto em geral (Fabes, Knight e Higgins, 1995). Além disso, meninos em idade escolar com frequência expressam aprovação pelo comportamento agressivo dos amigos (Rodkin, Farmer, Pearl e Van Acker, 2000). A Tabela 12.2 apresenta alguns dados altamente representativos de um levantamento amplo e cuidadosamente aplicado no Canadá, no qual os professo-

Tabela 12.2 Comportamento agressivo em meninos e meninas dos 4 aos 11 anos

	Percentuais conforme classificação dos professores	
Comportamento	Meninos	Meninas
É malvado com os outros	21,8	9,6
Ataca fisicamente as pessoas	18,1	4,4
Envolve-se em muitas brigas	30,9	9,8
Destrói suas próprias coisas	10,7	2,1
Destrói as coisas dos outros	10,6	4,4
Ameaça machucar os outros	13,1	4,0

Fonte: Offord, Boyle e Racine, 1991, da Tabela 2.3, p. 39.

res completaram listas de verificação descrevendo o comportamento de cada criança (Offord, Boyle e Racine, 1991). Está claro que os meninos são descritos como muito mais agressivos em todas as medidas desse estudo da agressividade física.

Resultados como esses têm sido tão claros e tão consistentes que a maioria dos psicólogos concluiu que os meninos simplesmente são "mais agressivos". Porém, essa conclusão pode se mostrar errônea. Em vez disso, as meninas podem simplesmente expressar sua agressividade de uma forma diferente, utilizando o que recentemente foi chamado de *agressividade relacional*, em vez de agressividade física. A agressividade física fere as pessoas fisicamente ou envolve uma ameaça disso; a **agressividade relacional** visa atingir a autoestima ou as relações de amizade da outra pessoa, como, por exemplo, pelo ostracismo ou ameaça de ostracismo ("Eu não vou te convidar para minha festa de aniversário se você fizer isso"), fofoca cruel ou expressões faciais de desdém. As crianças se sentem verdadeiramente feridas por esse tipo de agressividade indireta, e elas tendem a expressar desafeto por pessoas que usam muito esse tipo agressão (Casas e Mosher, 1995; Cillessen e Mayeux, 2004; Cowan e Underwood, 1995; Crick e Grotpeter, 1995; Rys e Bear, 1997).

As meninas são mais propensas do que os meninos a usar agressividade relacional, especialmente para com outras meninas, diferença que começa já nos anos pré-escolares e se torna muito acentuada na 4ª ou 5ª série. Por exemplo, em um estudo de quase 500 estudantes da 3ª à 6ª série, os pesquisadores constataram que 17,4% das meninas, mas apenas 2% dos meninos, apresentavam altos níveis de agressividade relacional – quase exatamente o inverso do que se observa em relação à agressividade física (Crick e Grotpeter, 1995). Os pesquisadores ainda não sabem se essa diferença na forma de agressão tem alguma base hormonal/biológica ou se é aprendida em idade precoce ou ambos. O que eles sabem é que níveis elevados de agressividade física nos homens foram observados em todas as sociedades humanas e em todas as variedades de primatas. E os cientistas sabem que existe algum vínculo entre as taxas de agressividade física e os níveis de testosterona (p. ex., Susman et al., 1987). Mas a origem da aparente propensão das meninas para a agressividade relacional ainda é uma questão aberta.

A **agressividade retaliativa** – a agressividade para se vingar de alguém que nos feriu – aumenta entre meninos e meninas durante o período dos 6 aos 12 anos (Astor, 1994). Seu desenvolvimento está relacionado à compreensão cada vez maior que as crianças têm da diferença entre ações inten-

agressividade relacional
agressividade que visa atingir a autoestima ou as relações sociais de outra pessoa.

agressividade retaliativa
agressividade para se vingar de alguém que nos feriu.

CIÊNCIA DO DESENVOLVIMENTO NA SALA DE AULA
Valentões e vítimas

O Sr. Najal está determinado a fazer alguma coisa em relação ao *bullying* na escola de ensino fundamental na qual é diretor. Ele está em busca de algum programa curricular contra o *bullying* que possa ser aplicado pelos professores na escola como parte normal de cada dia de aula. O Sr. Najal sempre acreditou que o segredo para livrar uma escola do *bullying* é encontrar modos efetivos de mudar o comportamento dos próprios agressores. Contudo, alguns dos programas que ele avaliou incluem um componente de educação às vítimas. Consequentemente, ele está se perguntando se é uma boa ideia ensinar as crianças a evitar serem vítimas de valentões.

A pesquisa mostra que, em grupos de amigos estáveis, as crianças tendem a assumir papéis consistentes – autor, vítima, assistente do autor, observador reforçador, observador não participante, defensor da vítima, e assim por diante (Andreou e Metallidou, 2004; Hay, Payne e Chadwick, 2004).

O ocupante de cada um desses papéis desempenha um papel na manutenção de um incidente agressivo e na determinação de se outra interação agressiva envolvendo o mesmo autor e vítima vai ocorrer no futuro. A pesquisa também mostra que as vítimas têm certas características em comum, incluindo ansiedade, passividade, sensibilidade, baixa autoestima ou autoconfiança, falta de humor e relativa falta de amigos (Egan e Perry, 1998; Hodges, Malone e Perry, 1997; Olweus, 1995). Estudos interculturais sugerem que essas características estão presentes nas vítimas habituais nos mais diversos contextos culturais (Eslea et al., 2004). Entre os meninos, as vítimas com frequência também são fisicamente menores ou mais fracas do que seus pares. Assim, a maioria dos especialistas aconselharia o Sr. Najal que mudar o comportamento das crianças que costumam ser vítimas de agressão é tão importante quanto interferir junto aos próprios agressores (Green, 2001).

Os críticos dos programas de educação às vítimas alegam que eles enviam a mensagem de que a vítima merece ser agredida. Além disso, identificando as vítimas costumeiras e incluindo-as em sessões de aconselhamento e assemelhados, os adultos que são responsáveis pelos programas de treinamento das vítimas submetem essas crianças a um estigma adicional. Assim, críticos alegam que os programas que visam reduzir o *bullying* devem se concentrar principalmente no comportamento dos agressores e incluir a clara mensagem de que esse comportamento está errado, independentemente do comportamento da vítima (Temko, 2005).

Questões para reflexão

1. Você concorda com os defensores ou com os críticos dos programas de educação às vítimas?
2. Em sua opinião, que papel os pais devem desempenhar para auxiliar as vítimas a responder mais efetivamente aos agressores?

cionais e acidentais. Por exemplo, se uma criança derruba um lápis no caminho de outra criança que está caminhando e ocorre de esta chutar o lápis pelo chão, a maioria das crianças de 8 anos é capaz de identificar isso como um acidente. Consequentemente, a criança cujo lápis foi chutado não sente necessidade de se vingar da criança que chutou. Entretanto, crianças com mais de 8 anos veem danos intencionais de outra forma. Por exemplo, vamos dizer que uma criança intencionalmente pega o lápis de outra e o joga para o outro lado da sala. A maioria das crianças com mais de 8 anos vai tentar encontrar uma forma de se vingar de uma criança que faz algo assim. Na verdade, crianças que não tentam retaliar nessas situações são mais propensas a serem vistas como incompetentes e serem importunadas por seus pares no futuro (Astor, 1994) (ver *Ciência do desenvolvimento na sala de aula* na página anterior).

Os pares podem aprovar a agressividade retaliativa, mas a maioria dos pais e professores se esforça para ensinar que, como outras formas de dano intencional, esse comportamento é inaceitável. A pesquisa sugere que as crianças podem aprender técnicas não agressivas para lidar com os tipos de situações que levam à agressão retaliativa. Em um programa chamado PeaceBuilders, psicólogos tentaram mudar o comportamento individual mudando a atmosfera emocional geral da escola. Nessa abordagem, crianças e professores aprendem a usar estratégias sociais positivas (Flannery et al., 2000). Por exemplo, ambos são incentivados a elogiar os outros com mais frequência do que criticar. A pesquisa sugere que, quando esses programas são integrados às aulas dos alunos todos os dias durante todo o ano letivo ou por mais tempo, as agressões diminuem e o comportamento pró-social aumenta. Assim, interações agressivas entre crianças do ensino fundamental podem ser comuns, mas elas não parecem ser um aspecto inevitável do desenvolvimento.

OBJETIVO DA APRENDIZAGEM 12.11
Como crianças populares, rejeitadas e negligenciadas diferem?

Status social

Os desenvolvimentistas costumam medir a popularidade e rejeição pedindo às crianças que listem as crianças com as quais elas gostariam de brincar. Eles também observam diretamente quais crianças são procuradas ou evitadas no *playground*. Essas técnicas permitem que os pesquisadores agrupem as crianças de acordo com o grau em que elas são aceitas pelos colegas – variável frequentemente chamada de ***status* social**.

Tipicamente, os pesquisadores encontram três grupos de crianças. **Crianças populares** são aquelas que são nomeadas como companhias prediletas para brincar pela maioria das crianças. As que são nomeadas pela maioria das crianças como colegas que elas preferem evitar são rotuladas de **crianças rejeitadas**. As classificadas como **crianças negligenciadas** não se encaixam em nenhuma das duas categorias.

Algumas das características que diferenciam crianças populares das pertencentes aos dois outros grupos são coisas que estão fora do controle de uma criança. Em especial, crianças atraentes e fisicamente maiores tendem a ser mais populares (Dion e Berscheid, 1974). Inversamente, ser muito diferente de seus pares pode fazer com que uma criança se sinta negligenciada ou rejeitada. Por exemplo, crianças tímidas geralmente têm menos amigos (Fordham e Stevenson-Hinde, 1999). De modo análogo, crianças altamente criativas muitas vezes são rejeitadas, assim como aquelas que têm dificuldade para controlar suas emoções (Aranha, 1997; Maszk, Eisenberg e Guthrie, 1999).

Contudo, o comportamento social das crianças parece ser mais importante do que a aparência ou o temperamento. A maioria dos estudos mostra que crianças populares se comportam de maneira positiva, favorável, não punitiva e não agressiva frente à maioria das outras crianças. Elas explicam coisas, levam os desejos de suas companhias de brincadeira em consideração, se revezam na conversa e são capazes de regular a expressão de suas fortes emoções. Além disso, crianças populares costumam ser boas na precisa avaliação dos sentimentos dos outros (Underwood, 1997). A maioria também é capaz de considerar as situações da perspectiva dos outros (Fitzgerald e White, 2003).

Existem dois tipos de crianças rejeitadas. Crianças *inibidas/rejeitadas* percebem que não são estimadas pelos outros (Harrist, Zaia, Bates, Dodge e Pettit, 1997). Depois de repetidas tentativas de ganhar aceitação, essas crianças por fim desistem e se tornam socialmente inibidas. Como resultado, elas com frequência experimentam sentimentos de solidão. Crianças *agressivas/rejeitadas* frequentemente são destrutivas e pouco cooperativas e em geral acreditam que são estimadas pelos pares (Zakriski e Coie, 1996). Muitas parecem ser incapazes de controlar a expressão de emoções fortes (Eisenberg et al., 1995; Pettit, Clawson, Dodge e Bates, 1996). Elas interrompem seus parceiros de brincadeira com mais frequência e de maneira sistemática deixam de se revezar.

***status* social** classificação de uma criança individualmente considerada popular, rejeitada ou negligenciada.

crianças populares crianças que são preferidas como companhia para brincar pela maioria das outras crianças em um grupo.

crianças rejeitadas crianças que são evitadas pela maioria das outras crianças em um grupo.

crianças negligenciadas crianças que não têm a preferência nem são rejeitadas pela maioria das crianças em um grupo.

A agressividade e o comportamento disruptivo muitas vezes estão associados à rejeição e à impopularidade entre crianças chinesas, assim como ocorre entre crianças americanas (Chen, Rubin e Li, 1995; Chen, Rubin e Sun, 1992). Como você aprendeu no Capítulo 9, o comportamento agressivo persiste na vida adulta em alguns indivíduos. Entretanto, a pesquisa sugere que a agressão é mais provável de se tornar uma característica estável em crianças que são tanto agressivas quanto rejeitadas pelos colegas.

Evidentemente, nem todas as crianças agressivas são rejeitadas. Entre as meninas, a agressividade, seja física ou relacional, parece levar à rejeição dos amigos consistentemente. Contudo, entre os meninos, a agressividade pode resultar em popularidade ou rejeição (Rodkin et al., 2000; Xie, Cairns e Cairns, 1999). Na verdade, a agressividade pode ser uma característica bastante típica de meninos afro-americanos populares.

É interessante também que, apesar de serem tipicamente desgostados pelos pares, meninos e meninas agressivos são muitas vezes identificados como possuidores de alto *status* social, talvez devido a sua capacidade de manipular os outros e controlar situações sociais (Cillessen e Mayeux, 2004). Essa associação se aplica tanto à agressividade física quanto à relacional. Entretanto, à medida que as crianças entram na adolescência, a ligação entre agressividade física e *status* social enfraquece, ao passo que a associação entre agressividade relacional e *status* percebido é fortalecida. Isso pode acontecer porque, aos 11 ou 12 anos, as crianças consideram a agressividade relacional uma forma mais madura de manipulação social do que a agressividade física. Consequentemente, elas podem admirar amigos que são hábeis no uso de agressividade relacional, ainda que não gostem deles e prefiram não se associar a eles.

Os objetivos dos adultos para a socialização das crianças geralmente incluem ensiná-las a manejar os conflitos sem recorrer à agressão.

Além disso, independentemente da popularidade geral dos meninos agressivos, seus amigos próximos tendem a ser agressivos também. Além disso, a agressividade parece preceder essas relações. Em outras palavras, meninos que são agressivos buscam amizade com meninos semelhantes, e serem amigos não parece tornar nenhum deles mais agressivo (Poulin e Boivin, 2000).

A pesquisa também sugere que as crianças têm mais atitudes positivas frente a crianças agressivas cujos atos agressivos são vistos como principalmente retaliativos e frente àqueles que apresentam comportamento tanto pró-social quanto agressivo (Coie e Cillessen, 1993; Newcomb, Bukowski e Pattee, 1993; Poulin e Boivin, 1999). A aprovação social pode não aumentar a agressividade, mas ela parece ajudar a mantê-la; as intervenções para reduzir o comportamento agressivo costumam ter pouco efeito sobre meninos agressivos que são populares (Phillips, Schwean e Saklofske, 1997).

A negligência parece ser muito menos estável no decorrer do tempo do que a rejeição; crianças negligenciadas às vezes passam para a categoria popular quando se tornam parte de um novo grupo de amigos. Entretanto, crianças que experimentam negligência prolongada são mais propensas à depressão e à solidão do que crianças populares (Cillessen, van IJzendoorn, van Lieshout e Hartup, 1992; Rubin, Hymel, Mills e Rose-Krasnor, 1991; Wentzel e Asher, 1995). A associação entre negligência dos pares e depressão pode ser explicada por recentes estudos de imagem cerebral que mostram que, em crianças em idade escolar, a exclusão social estimula a mesma área do cérebro que é estimulada pela dor (Eisenberger, 2003). Além disso, essa tendência à depressão entre crianças negligenciadas pode ser promovida por expectativas irreais a respeito da capacidade dos adultos de "consertar" a situação social – "Por que o professor não faz com que eles sejam meus amigos?" (Galanaki, 2004).

Influências além da família e dos pares

A vida diária da criança em idade escolar não é moldada apenas pelas horas que ela passa com sua família e amigos. As circunstâncias em que a criança vive também a afetam. Por exemplo, alguns pais estão em casa quando as crianças chegam da escola; outros ainda estão no trabalho. Uma criança também é afetada pelos sistemas adotados por sua família para cuidá-la e pelos meios de comunicação com os quais ela tem contato.

> **OBJETIVO DA APRENDIZAGEM 12.12**
> Como o autocuidado afeta o desenvolvimento de meninas e meninos?

Cuidado após a escola

Nos Estados Unidos, sete milhões e meio de crianças ficam em casa sozinhas depois da escola durante uma hora ou mais nos dias de semana (Crockett, 2003). Elas costumam ser chamadas de **crianças que cuidam de si mesmas**. Os esquemas de autocuidado diferem tanto de uma criança para outra que é impossível dizer se, enquanto grupo, as crianças que cuidam de si mesmas diferem das outras. Por exemplo, algumas crianças ficam em casa sozinhas, mas são monitoradas de perto por vizinhos ou parentes, ao passo que outras ficam totalmente sós sem qualquer tipo de supervisão (Brandon, 1999). Os desenvolvimentistas descobriram que os efeitos do autocuidado no desenvolvimento de uma criança dependem da história de comportamento, da idade, do gênero, do tipo de bairro no qual a criança vive e o quanto os pais monitoram a criança durante os períodos de autocuidado (Casper e Smith, 2002; NICHD, 2004b; Posner e Vandell, 1994; Steinberg, 1986).

A pesquisa demonstra consistentemente que as crianças que cuidam de si mesmas são mais desajustadas em termos de relações sociais e desempenho escolar. Elas tendem a ser socialmente menos habilidosas e ter mais problemas de comportamento. Entretanto, algumas dessas diferenças entre essas crianças e as outras se originam do efeito do autocuidado em crianças que já têm dificuldades sociais e comportamentais antes de começarem a cuidar de si mesmas. Investigadores constataram que crianças que têm esses problemas nos anos pré-escolares, antes de terem tido qualquer experiência de autocuidado, são as mais negativamente afetadas pela experiência de cuidarem de si mesmas (Pettit, Laird, Bates e Dodge, 1997).

Em relação à idade, a maioria dos desenvolvimentistas concorda que crianças com menos de 9 ou 10 anos não devem cuidar sozinhas de si mesmas. De uma perspectiva desenvolvimentista, crianças abaixo de 9 anos não possuem as habilidades cognitivas necessárias para avaliar riscos e lidar com emergências. Na verdade, a maioria das cidades e/ou estados tem leis que especificam a idade em que uma criança pode ser legalmente deixada em casa sozinha por longos períodos de tempo. Crianças que começam a cuidar de si mesmas nos anos do ensino fundamental são vulneráveis a crianças mais velhas em seus bairros que podem feri-las ou até abusarem sexualmente delas, além de serem mais propensas a terem dificuldades de adaptação na escola (Pettit et al., 1997). Programas de assistência pós-escola de alta qualidade podem ajudar essas crianças mais jovens a atingir melhores níveis de desempenho (Peterson, Ewigman e Kivlahan, 1993; Zigler e Finn-Stevenson, 1993).

crianças que cuidam de si mesmas crianças que ficam em casa depois da escola por uma hora ou mais todos os dias.

Os efeitos do cuidado após a escola dependem de diversos fatores. Essa criança parece estar seguindo as instruções de seus pais sobre o que fazer depois da escola, fator que ajuda as crianças a lidar com o estresse associado a terem que cuidar de si mesmas.

Crianças com mais de 9 anos podem ser capazes de cuidar bem de si mesmas, mas elas também se beneficiam com a participação em programas pós-escola bem supervisionados. Mesmo a participação em tempo parcial em atividades supervisionadas após a escola parece fazer diferença na adaptação dessas crianças (Pettit et al., 1997). Bons programas oferecem às crianças oportunidades de brincar, fazer os deveres de casa e receber o auxílio de adultos (Posner e Vandell, 1994).

O autocuidado tem mais efeitos negativos em crianças que vivem em bairros de baixo nível socioeconômico com altas taxas de criminalidade (Marshall et al., 1997). As crianças que cuidam de si mesmas nessas áreas urbanas podem usar o tempo depois da escola convivendo com crianças envolvidas em atividades criminosas ou que têm atitudes negativas frente à escola. Previsivelmente, portanto, os efeitos positivos de programas pós-escola organizados no desempenho acadêmico são maiores para crianças que vivem em bairros de baixo nível socioeconômico (Mason e Chuang, 2001; Posner e Vandell, 1994).

Quando tudo é levado em consideração, o fator mais importante no autocuidado parece ser o monitoramento parental. Muitos pais, principalmente mães solteiras, contam com o auxílio de vizinhos e parentes para vigiarem seus filhos (Brandon e Hofferth, 2003). A maioria pede às crianças que telefonem para seu trabalho quando chegarem em casa para contar sobre o dia na escola e receber instruções sobre os deveres escolares e afazeres domésticos. Por exemplo, uma mãe que trabalha fora poderia dizer a uma criança de 5ª série: "Quando eu chegar em casa às cinco horas, os deveres de matemática e ortografia devem estar prontos. Não trabalhe no projeto de história antes de eu chegar para eu poder te ajudar. Logo depois de terminar com a matemática e ortografia, ligue a máquina lava-louças". A pesquisa sugere que as crianças cujos períodos de autocuidado são monitorados dessa forma são menos propensas a experimentar os possíveis efeitos negativos do autocuidado (Galambos e Maggs, 1991).

Influências da mídia

> **OBJETIVO DA APRENDIZAGEM 12.13**
> Como a televisão, os computadores e os jogos eletrônicos afetam o desenvolvimento das crianças?

Outra característica importante dos ambientes das crianças é a ampla variedade de meios de informação e entretenimento a sua disposição na atualidade. Televisões, computadores e jogos eletrônicos estão presentes na maioria dos lares nos países industrializados. Como esses meios afetam o desenvolvimento das crianças?

Televisão "Mas as crianças na TV parecem tão felizes quando comem! Você não quer que eu fique feliz?" soluçou o filho de 7 anos de uma das autoras quando seu pedido por um cereal açucarado foi negado. O efeito da publicidade nas preferências das crianças por alimentos está bem documentado (Chapman, Nicholas e Supramaniam, 2006; Livingstone e Helsper, 2006). Entretanto, esse é apenas um dos vários perigos associados ao fato de permitir que crianças assistam a televisão excessivamente. A associação entre ver televisão e ter comportamento agressivo talvez seja a mais preocupante.

Albert Bandura demonstrou os efeitos da violência televisionada no comportamento das crianças em seus clássicos estudos com bonecos infláveis (Bandura, Ross e Ross, 1961, 1963). Nesses experimentos, constatou-se que as crianças imitam o comportamento violento de adultos diante de um palhaço inflável que foi apresentado em filme. Pesquisas recentes sugerem que esses efeitos persistem nos anos adultos. O psicólogo L. Rowell Huesmann e colaboradores (2003) descobriram que os indivíduos que assistiam ao maior número de programas de televisão violentos na infância eram os mais propensos a praticar atos reais de violência quando jovens adultos. Estudos de imagem cerebral sugerem que esses efeitos de longo prazo podem ser resultado de padrões de ativação neural que subjazem roteiros comportamentais carregados de emoção que as crianças aprendem enquanto assistem a programas violentos (Murray et al., 2006). Esses padrões de ativação neural também podem explicar o achado de que assistir a violência repetidamente na televisão leva à dessensibilização emocional em relação à violência e à crença de que a agressão é uma maneira satisfatória de resolver problemas (Donnerstein, Slaby e Eron, 1994; Funk, Baldacci, Pasold e Baumgardner, 2004; Van Mierlo e Van den Bulck, 2004).

Evidentemente, a televisão não é totalmente ruim. Pesquisadores constataram que programas de orientação científica, tais como *Bill Nye the Science Guy* e *The Magic School Bus* são recursos didáticos eficientes (Calvert e Kotler, 2003). De modo semelhante, programas que visam ensinar tolerância racial a crianças em idade escolar demonstraram consistentemente efeitos positivos sobre as atitudes e o comportamento das crianças (Persson e Musher-Eizenman, 2003; Shochat, 2003). Contudo, tais programas são muito menos populares entre os meninos do que entre meninas (Calvert e Kotler, 2003). Além disso, mesmo entre as meninas, sua popularidade diminui no decorrer da meninice. Talvez a melhor forma de sintetizar essas descobertas seja adaptando um velho clichê: "Você pode mostrar programas televisivos de qualidade a uma criança, mas você não pode fazê-la assistir a eles". Assim, a regulação parental do hábito de ver televisão é o segredo para garantir que a exposição a ela tenha mais efeitos positivos do que negativos no desenvolvimento de uma criança.

Nos Estados Unidos, as crianças entre 6 e 12 anos passam mais tempo assistindo a televisão do que brincando.

Computadores e internet A televisão é apenas um entre os diversos tipos de meios de comunicação aos quais as crianças são expostas. Pesquisas demonstram que mais de 90% das crianças em idade escolar nos Estados Unidos utilizam computadores regularmente, e cerca de 60% acessam regularmente a internet (DeBell e Chapman, 2006). As taxas de utilização de computador e internet são quase idênticas para meninos e meninas. Entretanto, existe uma "divisão digital" entre os grupos étnicos e socioeconômicos. Entre crianças que vivem nos lares mais pobres, apenas 47% são usuárias regulares da internet, comparado com mais de 70% das crianças em famílias de renda superior. De modo semelhante, enquanto 67% das crianças brancas e 58% das crianças americanas asiáticas acessam regularmente a internet, apenas menos de 50% das crianças hispano-americanas, afro-americanas e americanas nativas o fazem. Essa diferença se deve em grande medida ao fato de que as famílias pobres, que se encontram em grande quantidade entre hispano-americanos, afro-americanos e americanos nativos, têm menos oportunidade de ter um computador em seus lares do que as famílias com mais recursos financeiros. Consequentemente, o uso de computadores entre crianças em grupos desfavorecidos se limita às escolas. Ainda assim, as proporções de crianças que usam computadores e a internet aumentaram significativamente em todos os grupos durante a última década. A maioria das crianças usa computadores para fazer os deveres da escola, jogar e manter comunicação eletrônica, como correio eletrônico e mensagens instantâneas (Kaiser Family Foundation, 2004).

Você se surpreenderia ao saber que, afora atividades dirigidas pelo professor tais como deveres de casa, as crianças utilizam os computadores da mesma forma que utilizam outros ambientes? Na maioria das vezes, as crianças brincam quando estão no computador. Consequentemente, pais e educadores precisam ficar de olho em crianças que supostamente deveriam estar fazendo os deveres de casa em seus computadores e estar cientes da tendência das crianças de testar os limites digitais – tais como proibições contra visitas às salas de bate-papo – exatamente como fazem com os limites físicos.

Muitos psicólogos do desenvolvimento veem a propensão das crianças para brincar digitalmente como uma oportunidade para aprender mais sobre o curso natural do desenvolvimento infantil (Sandvig, 2006). Em um estudo, pesquisadores da Universidade de Georgetown ofereceram a estudantes de 5ª e 6ª série um ambiente de mensagens instantâneas em que as crianças podiam criar representações animadas de si mesmas (Calvert, Mahler, Zehnder, Jenkins e Lee, 2003). Cada sessão de mensagens se assemelhava a um desenho animado interativo em tempo real em que as mensagens das crianças apareciam nos balões de fala de seus personagens. Algumas das sessões envolviam crianças do mesmo sexo, ao passo que outras eram mistas. Os pesquisadores constataram que, como nas interações face a face, os pares femininos mantinham mais interações verbais do que físicas, e os pares masculinos passavam mais tempo envolvidos em desempenho de papéis e interações físicas do que em interações verbais. Contudo, as interações entre pares de sexo misto se assemelhavam às dos pares do sexo feminino; em outras palavras, os meninos tendiam a adotar o estilo de interação das meninas nas sessões de gênero misto. Esses achados convidam a especular que o anonimato oferecido pela comunicação virtual liberta os meninos da necessidade de se comportar de modo estereotipado. Eles também mostram que estudar as comunicações virtuais das crianças pode ajudar os desenvolvimentistas a compreender melhor suas interações face a face.

Jogos eletrônicos Algumas fontes alegam que as famílias gastam mais dinheiro em aparelhos de jogos eletrônicos e nos próprios jogos do que em qualquer outra forma de entretenimento ("Children spend more time...", 2004). Assim, desenvolvimentistas têm analisado como esses jogos afetam o desenvolvimento cognitivo e socioemocional das crianças. Alguns estudos sugerem que a prática de jogos eletrônicos aumenta as habilidades cognitivo-espaciais das crianças e pode inclusive eliminar a conhecida diferença de gênero nesse domínio (Feng, Spence e Pratt, 2007; Greenfield, Brannon e Lohr, 1994).

Entretanto, a pesquisa sugere que mesmo a exposição de curto prazo a jogos eletrônicos violentos em ambientes laboratoriais aumenta o nível geral de hostilidade emocional dos participantes da pesquisa (Anderson e Dill, 2000; Bushman e Huesmann, 2006). Ao que parece, aumento na hostilidade emocional e redução na capacidade de sentir empatia pelos outros, que são engendrados por jogos eletrônicos violentos, são as forças motivadoras por trás dos aumentos no comportamento agressivo que com frequência resultam do hábito de jogar por períodos prolongados de tempo (Funk, Buchman, Jenks e Bechtoldt, 2003; Gentile, Lynch, Linder e Walsh, 2004).

Jogos eletrônicos violentos também parecem fazer parte de um padrão geral de conexão entre preferência por estímulos violentos e comportamento agressivo. Quanto mais violentos os programas de televisão a que as crianças assistem, mais violentos são os jogos eletrônicos que elas preferem – e mais agressivamente elas se comportam com os amigos (Mediascope Press, 1999). Esse achado se aplica tanto aos meninos quanto às meninas; a maioria das meninas não se interessa por jogos violentos, mas as que se interessam tendem a ser fisicamente mais agressivas do que a média. Consequentemente, os pais que notarem que temas agressivos e violentos caracterizam a maioria dos interesses de lazer de seus filhos, assim como suas interações com amigos, devem se preocupar com o fato de seus filhos jogarem *videogames* (Funk, Buchman, Myers e Jenks, 2000).

Preparação para Testes

Teorias do desenvolvimento social e da personalidade

12.1 Como os autores psicanalíticos caracterizam a meninice? (p. 368)

Freud pensava que o desafio para crianças entre 6 e 12 anos era formar vínculos emocionais com amigos. Erikson teorizou que crianças de 6 a 12 anos adquirem um senso de produtividade satisfazendo as metas educacionais determinadas por suas culturas.

1. Na tabela abaixo, sintetize o que Erikson acreditava serem os fatores que influenciam o resultado do estágio de produtividade *versus* inferioridade e as consequências que derivam de cada resultado.

Produtividade	Inferioridade

12.2 Quais são as principais ideias dos teóricos de traço e sociocognitivos? (p. 369-370)

Os teóricos de traço propõem que as pessoas possuem características estáveis que emergem durante as experiências da meninice à medida que as experiências modificam as dimensões do temperamento. As teorias sociocognitivas, tais como a teoria do determinismo recíproco de Bandura, afirmam que os traços e os aspectos emocionais da personalidade enfatizados pelas teorias psicanalíticas representam um de três conjuntos de fatores interativos que moldam a personalidade: fatores pessoais, fatores ambientais e fatores comportamentais.

2. Acesse o conteúdo online do livro, explore *The five factor model* e faça o seguinte exercício de correspondência.

The Five Factor Model

Drag and drop the term from the left-hand column to the corresponding place in the right-hand column.

- Agreeableness-antagonism
- Conscientiousness-undirectedness
- Extraversion-introversion
- Openness to experience
- Neuroticism-stability

- The extent to which people are social or unsocial, talkative or quiet, affectionate or reserved
- The extent to which people are good-natured or irritable, courteous or rude, flexible or stubborn, lenient or critical
- The extent to which people are reliable or undependable, careful or careless, punctual or late, well organized or disorganized
- The extent to which people are worried or calm, nervous or at ease, insecure or secure
- The extent to which people are open to experience or closed, independent or conforming, creative or uncreative, daring or timid

Classifique cada comportamento de acordo com os Cinco Grandes traços de personalidade que ele representa.

_____ (1) tendência a falar bastante
_____ (2) bondade
_____ (3) preocupar-se
_____ (4) curiosidade
_____ (5) responsabilidade

(A) extroversão
(B) afabilidade
(C) conscienciosidade
(D) neuroticismo
(E) abertura

3. Na tabela a seguir, sintetize os fatores associados a cada um dos três componentes do modelo de determinismo recíproco da personalidade de Bandura.

Ambiental	Comportamental	Pessoal

Autoconceito

12.3 Quais são as características do *self* psicológico? (p. 370-371)

Entre 6 e 12 anos, as crianças formam o *self* psicológico. Consequentemente, suas autodescrições começam a incluir traços de personalidade, tais como inteligência e sociabilidade, além das características físicas.

4. Escreva "S" ao lado da declaração que mais provavelmente foi feita por uma criança entre 6 e 12 anos e "N" ao lado daquela que provavelmente foi feita por uma criança mais nova.

   _____ (A) Eu sou um menino e eu gosto de brincar com caminhões.
   _____ (B) Eu sou uma menina simpática e de cabelos castanhos, e eu gosto da escola.

12.4 Como se desenvolve a autoestima? (p. 371-373)

A autoestima parece ser moldada por dois fatores: o grau de discrepância que uma criança sente entre metas e realizações e a percepção do grau de apoio social de pais e amigos.

5. Combine cada um dos seguintes termos com sua definição.

   _____ (1) crença de um indivíduo em sua capacidade de fazer com que um evento pretendido ocorra.
   _____ (2) senso geral que um indivíduo tem de seu próprio valor.

   (A) autoeficácia
   (B) autoestima

6. Liste as cinco influências no desenvolvimento da autoestima.

   (A) _____
   (B) _____
   (C) _____
   (D) _____
   (E) _____

7. Transforme a seguinte falsa afirmativa em uma afirmativa verdadeira: Uma vez estabelecido, o senso de autoestima de uma criança dificilmente muda no futuro.

   _____
   _____

Avanços na cognição social

12.5 Como a compreensão que as crianças têm dos outros muda na meninice? (p. 373-374)

Entre 6 e 12 anos, a compreensão que as crianças têm dos traços internos estáveis dos outros melhora.

8. Circule cada característica que é improvável de figurar na descrição de um amigo feita por uma criança com menos de 6 anos.

   magro   cabelo castanho   inteligente   feliz   malvado   alto

12.6 Como as crianças nas etapas de realismo moral e relativismo moral de Piaget raciocinam sobre certo e errado? (p. 374-375)

Crianças no estágio de realismo moral acreditam que figuras de autoridade estabelecem regras que devem ser seguidas, sob a ameaça de punição. Crianças no estágio de relativismo moral compreendem que regras podem ser mudadas por meio de acordo social. Seu julgamento moral é mais influenciado por intenções do que por consequências.

9. Piaget afirmava que a capacidade de usar raciocínio sobre intenções para fazer julgamentos sobre as dimensões morais do comportamento parece emergir juntamente com _____
_____.

O mundo social da criança em idade escolar

12.7 Como a autorregulação afeta os relacionamentos de crianças em idade escolar com seus pais? (p. 375-377)

Autorregulação é a capacidade de se conformar aos padrões parentais de comportamento sem supervisão direta. Na meninice, à medida que as crianças se tornam cada vez mais capazes de autorregulação, suas relações com os pais se tornam menos explicitamente afetuosas, com menos comportamentos de apego. Contudo, a força do apego parece persistir.

10. Descreva sucintamente como cada fator na tabela contribui para a autorregulação.

Fator	Contribuição para a autorregulação
Cultura	
Gênero	
Estilo de criação	

12.8 Que mudanças ocorrem na compreensão de amizade das crianças durante esse período? (p. 377-379)

As amizades se tornam estáveis na meninice, com a crescente importância dos amigos. A seleção dos amigos pela criança depende de variáveis como confiabilidade, bem como de características explícitas como preferências para brincar e gênero.

12.9 De que forma meninos e meninas interagem durante os anos escolares? (p. 379-380)

A segregação por gênero dos grupos de amigos atinge o auge na meninice e ocorre em todas as culturas. As amizades entre meninos e entre meninas parecem diferir em aspectos específicos. As amizades entre meninos se concentram na competição e dominância; as amizades das meninas incluem mais acordos, obediência e autorrevelação.

11. Classifique cada comportamento social como mais típico de (A) meninas ou (B) meninos.

_____ (1) brincar de luta
_____ (2) partilhar segredos
_____ (3) interagir em grupos mais do que em pares
_____ (4) acolher recém-chegados nos grupos de amizade
_____ (5) interagir em pares ou pequenos grupos com mais frequência do que em grupos grandes

12. Qual(is) dos seguintes exemplos pode(m) ser considerado(s) violação de fronteiras das regras informais de segregação por gênero das crianças?

_____ (A) Um professor cria grupos de gênero misto para uma aula de ciências.
_____ (B) Um menino pega uma lancheira da Barbie de uma colega, corre para fazer a dona persegui-lo e depois a devolve.
_____ (C) Meninas brincam junto porque elas tendem a gostar das mesmas atividades.

12.10 Que tipos de agressividade são mais comuns entre crianças em idade escolar? (p. 380-382)

A agressividade física diminui durante a meninice, ainda que a agressividade verbal aumente. Os meninos demonstram níveis significativamente maiores de agressividade física e verbal direta do que as meninas, as quais apresentam maiores taxas de agressividade relacional.

12.11 Como crianças populares, rejeitadas e negligenciadas diferem? (p. 382-383)

Crianças populares são positivas e favoráveis em relação à maioria das outras crianças, ao passo que crianças rejeitadas são mais fortemente caracterizadas por altos níveis de agressividade ou *bullying*. Algumas crianças rejeitadas se tornam socialmente inibidas. Crianças negligenciadas podem sofrer de depressão e solidão.

Influências além da família e dos pares

12.12 Como o autocuidado afeta o desenvolvimento de meninas e meninos? (p. 384-385)

O autocuidado está associado a vários fatores negativos, incluindo problemas com comportamento e relações sociais. Crianças que vivem em ambientes seguros e crianças cujos pais monitoram suas atividades depois da escola são menos propensas a serem negativamente afetadas pelo autocuidado.

13. Liste quatro efeitos negativos do autocuidado:

(A) _____
(B) _____
(C) _____
(D) _____

12.13 Como a televisão, os computadores e os jogos eletrônicos afetam o desenvolvimento das crianças? (p. 385-387)

Os especialistas concordam que ver violência na televisão e brincar com jogos eletrônicos violentos aumenta o nível de agressividade pessoal ou de violência exibido por uma criança. O anonimato oferecido pelo computador pode libertar os meninos da necessidade de se comportar de modos estereotipados.

As respostas para as perguntas deste capítulo encontram-se na página 529. Para uma lista de palavras-chave, consulte a página 538.

---

* As animações (em inglês) estão disponíveis no site www.grupoaeditoras.com.br.

A Criança Integral em Ação

Aplique o que você aprendeu sobre o desenvolvimento na meninice

Realize sua pesquisa

O uso de estratégias de agrupamento pelas crianças

Você pode usar um baralho de cartas para fazer um estudo sobre o aperfeiçoamento da memória na meninice. Faça sua pesquisa com uma criança de 7 e outra de 10 anos. Obtenha autorização dos pais das crianças antes de realizar seu estudo. Antes de começar, teste as crianças para se certificar de que elas sabem os nomes dos naipes e o modo correto de se referir às cartas (7 de copas, 2 de espadas, etc.). No primeiro teste, selecione 12 cartas, 3 de cada naipe, certificando-se de que todas as cartas têm valores diferentes. Organize as cartas na frente da criança de tal modo que não haja nenhuma carta de mesmo naipe ao lado de outra. Teste cada criança separadamente, concedendo-lhe um minuto para memorizar as cartas. Quando o minuto tiver terminado, retire as cartas e peça à criança que as recorde. No segundo teste, repita o experimento com um conjunto diferente de cartas, mas diga às crianças que elas podem reordenar as cartas caso achem que isso vai ajudar a memorizá-las. A criança de 7 anos provavelmente não vai reordenar as cartas por naipe, mas a criança de 10 sim. Isso mostra que a criança mais velha está tentando usar categorias como um recurso de memória, uma estratégia de agrupamento. A criança de 10 anos deve apresentar melhor memória do que a criança de 7 em ambos os testes, mas a diferença entre as duas deve ser maior quando a criança mais velha tiver permissão para usar a estratégia de agrupamento.

Monte seu portfólio

1. Devido à popularidade da educação inclusiva, os professores devem estar preparados para atender às necessidades de crianças com e sem deficiências. Um modo de fazer isso é utilizar métodos didáticos em que as crianças adquirem habilidades e conceitos por meio de diferentes modalidades sensoriais. Esses métodos incluem elementos visuais, auditivos e táteis. Planeje uma aula para ensinar uma habilidade ou conceito por meio de todas as três modalidades.
2. A maioria das crianças em idade escolar gosta de participar de esquetes, e o desempenho de papéis pode ser uma estratégia útil para aumentar a competência socioemocional das crianças. Escreva três esquetes curtos que ofereçam às crianças a oportunidade de demonstrar habilidades sociais como dizer "por favor" e "obrigado", revezar-se, oferecer ajuda e sentir empatia por alguém que está ferido.

A Criança Integral em Foco

Desenvolvimento físico, cognitivo e socioemocional na meninice: uma revisão integrada

Quando encontramos Jamal, de 6 anos, no início desta unidade, ele estava lutando para aprender a andar de bicicleta para estar de acordo com as crianças em idade escolar de seu bairro. Assim, em que aspectos ele mudou, agora que tem 12 anos?

A brincadeira de "subir a ladeira" que Jamal de 6 anos e seus amigos inventaram refletia seu senso emergente de que o mundo físico é regido por regras, compreensão que está no cerne do **estágio operatório-concreto de Piaget**. Durante a meninice, os esquemas operacionais concretos de Jamal se tornam equilibrados como resultado de seu envolvimento em diversas atividades regidas por regras.

Aos 12 anos, Jamal é capaz de processar informações e manter um registro de tarefas mentais muito melhor do que era capaz aos 6 anos, graças a sua **memória de trabalho** cada vez mais eficiente. Ele também é mais capaz de aprender e gostar de atividades regidas por regras, tais como resolver problemas de matemática e jogar basquete.

Estágios do desenvolvimento cognitivo de Piaget (p. 62)

Idades aproximadas	Estágio
Nascimento aos 24 meses	Sensório-motor
24 meses aos 6 anos	Pré-operatório
6 a 12 anos	Operatório-concreto
+ de 12 anos	Operatório-formal

Pensando sobre os caminhos do desenvolvimento

1. Nossa breve descrição de Jamal aos 12 anos sugere que ele é saudável e fisicamente apto. Como o desenvolvimento dele nos três domínios poderia ter sido diferente se ele tivesse sofrido de algum dos problemas crônicos de saúde da meninice, tais como asma ou ganho excessivo de peso?
2. O êxito de Jamal na escola como no para seu desenvolvimento tanto no domínio cognitivo como no socioemocional. Como o desenvolvimento dele em ambos os domínios poderia ter sido afetado se ele tivesse demonstrado algum tipo de transtorno de aprendizagem?
3. Se Jamal tendesse à extroversão em vez de à introversão, como seus interesses acadêmicos poderiam ter se desenvolvido de maneira diferente?

A proficiência de Jamal em seu *hobby* predileto, montar brinquedos eletrônicos, aumentou significativamente juntamente com suas **habilidades motoras finas**.

O **amadurecimento cerebral** de Jamal, especialmente das áreas responsáveis pelo planejamento, capacita-o a realizar projetos eletrônicos mais complexos, tais como carros movidos por energia solar e controle remoto. O **amadurecimento neurológico** também lhe permite manter intensos níveis de concentração, atenção a detalhes e perseverança que são necessários para finalizar seus projetos eletrônicos.

Partes do cérebro (p. 122)

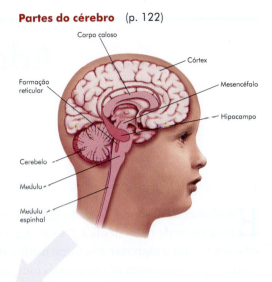

O orgulho que Jamal sente quando termina uma montagem ajuda-o a adquirir o **senso de produtividade** que Erikson descreveu como essencial para o desenvolvimento psicossocial das crianças de 6 a 12 anos. Esse senso de produtividade, por sua vez, contribui para motivá-lo a desenvolver as habilidades de basquete que adquiriu graças ao rápido desenvolvimento de **força**, **resistência** e **habilidades motoras gerais**.

Estágios psicossociais de Erikson (p. 54)

Nascimento a 1 ano	Confiança *versus* desconfiança
1 a 3 anos	Autonomia *versus* vergonha e dúvida
3 a 6 anos	Iniciativa *versus* culpa
6 a 12 anos	Produtividade *versus* inferioridade
12 a 18 anos	Identidade *versus* confusão de papéis
18 a 30 anos	Intimidade *versus* isolamento
30 anos à velhice	Generatividade *versus* estagnação
Velhice	Integridade do ego *versus* desespero

Os Cinco Grandes traços da personalidade (p. 369)

Traço
Extroversão
Afabilidade
Conscienciosidade
Neuroticismo (Instabilidade Emocional)
Abertura/ Intelecto

Jamal faz bom uso de suas habilidades cognitivas em sala de aula. Ele adora matemática porque prefere tarefas acadêmicas bem-definidas para as quais respostas certas podem ser claramente determinadas. Sua preferência pode derivar do traço de **conscienciosidade**, um dos Cinco Grandes traços da personalidade, característica que Jamal manifesta desde pequeno. Ele também tende a ser **introvertido**, o que pode explicar por que ele costuma gostar de passar seu tempo lendo um bom livro.

O **senso de afiliação** que ele adquire como membro de seu time de basquete da 7ª série ajudou-o a desenvolver amizades duradouras. Além disso, o forte senso de **autoeficácia** para atividades atléticas que Jamal adquiriu jogando basquete garantiu-lhe confiança para tentar outros esportes, incluindo beisebol e voleibol.

Unidade Cinco

Adolescência

Estudantes da 8ª série, Cho e Michelle são a melhor amiga uma da outra desde a 2ª série. Agora que estavam prestes a ingressar no ensino médio, elas sentiam que precisavam de muito mais independência do que seus pais estavam dispostos a lhes dar. Ambas tinham seus próprios computadores e telefones celulares. Mas quando seus pais negaram o pedido delas de assistir a um *show*, Cho e Michelle concluíram que eles não tinham respeito por sua maturidade emergente. Elas fizeram um pacto de que ambas implorariam, negociariam e incomodariam até que seus pais finalmente concordassem em deixá-las ir ao *show*. Mas todo o apelo das meninas não adiantou, e ambas concluíram suas sessões fracassadas de negociação com o trágico refrão adolescente: "Vocês nunca me deixam fazer nada!".

"Hora do Plano B", disse Michelle a Cho certa noite enquanto a dupla lamentava seu sério estado de privação. "Verifiquei os horários dos ônibus, e o ônibus das 7h30min passa no local do *show*. Podemos sair escondido e ir de ônibus até lá". Mas Cho tinha suas dúvidas e perguntou: "Como vamos sair cedo o suficiente sem que ninguém perceba?" Michelle sorriu, "Essa é a melhor parte do meu plano. Você diz a seus pais que vai passar a noite na minha casa, e eu digo aos meus que vou dormir na sua casa". Cho abriu um grande sorriso, "Que ótima ideia! Mas como vamos conseguir os ingressos?". Michelle respondeu com a confiança de uma ladra profissional: "Vou usar o cartão de crédito de minha mãe para comprar os ingressos pela internet. Vou imprimir o recibo, e podemos trocá-lo pelos ingressos quando chegarmos lá". As meninas mal podiam conter sua excitação enquanto contemplavam o que parecia ser um plano perfeito.

No dia do *show*, Cho e Michelle executaram seu plano impecavelmente e estavam nas alturas em uma onda de euforia e autoelogio. Contudo, havia

uma falha no plano de Cho e Michelle: o ônibus que elas planejavam pegar para voltar para casa parava de circular às 22 horas. Enquanto esperavam na parada em frente ao estádio, trêmulas e cada vez mais nervosas, Michelle teve que admitir que se esquecera de verificar os horários de retorno. Elas por fim chegaram à conclusão de que não tinham escolha senão ligar para seus pais, que, como você pode imaginar, estavam furiosos. Os pais de Cho e Michelle confiscaram os computadores, celulares e outros luxos das meninas, e demorou para que elas tivessem permissão para ir a algum lugar a não ser a escola.

Cho e Michelle são potenciais criminosas? É improvável, mas suas ações são fruto de uma nova forma de pensamento que é característica da segunda década de vida. As poderosas ferramentas intelectuais que surgem nos primeiros anos da adolescência permitem que os jovens façam planos e mentalmente se projetem nesses planos como forma de se testarem. O processo é semelhante ao de um cientista que formula uma hipótese e cria um experimento para testá-la. Equipados com esse novo modo de pensar, os jovens adolescentes embarcam em um período de desenvolvimento que se caracteriza por riscos e oportunidades. Algumas de suas escolhas são boas, mas outras, como as feitas por Cho e Michelle, refletem pouco juízo. A maioria das más escolhas dos adolescentes não tem maior repercussão no resto de suas vidas, mas outras podem alterar significativamente a trajetória de desenvolvimento da vida de um adolescente. Examinaremos como esses riscos e oportunidades se manifestam nos domínios físico, cognitivo e socioemocional nesta unidade. No Capítulo 13, você vai aprender sobre os marcos de maturação da adolescência e como as decisões dos adolescentes sobre alguns dos comportamentos de risco podem afetar seus corpos nos anos seguintes. Também discutimos os avanços físicos que permitem que os adolescentes adquiram habilidades físicas semelhantes às de adultos. Os ganhos cognitivos são o tema do Capítulo 14, em que você aprende detalhadamente sobre as mudanças intelectuais que ocorrem durante a adolescência. Por fim, no Capítulo 15, abordaremos as mudanças que ocorrem nas relações dos adolescentes com suas famílias e amigos, assim como o desenvolvimento de seu senso de identidade pessoal.

A criança integral em foco

Mantenha a história de Cho e Michelle em mente durante a leitura dos próximos três capítulos e considere como aspectos do desenvolvimento físico, cognitivo e socioemocional de cada uma delas poderiam interagir no decorrer da adolescência. Que tipo de pessoa você acha que Cho será quando crescer? E Michelle? No final desta unidade examinaremos como o desenvolvimento de Cho e Michelle muda à medida que elas passam dos 12 aos 18 anos.

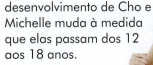

13
Desenvolvimento Físico e Saúde na Adolescência

Quando você se recorda de sua própria adolescência, você consegue se lembrar de alguma época específica, alguma idade, em que tenha começado a se identificar como um "adolescente"? Foi quando você percebeu as primeiras mudanças da puberdade? Para muitas pessoas, essas mudanças representam o fim da infância e o início de uma nova fase da vida que é claramente diferente do ano que a precedeu, mas, mesmo assim, é consideravelmente diferente da vida adulta.

A **adolescência** é o período que está psicológica e culturalmente entre a infância e a vida adulta. Como tal, ela não é um período associado a uma faixa etária claramente definida. A maioria das culturas concorda que as mudanças físicas da puberdade marcam o início desse período. Independentemente da cultura, a tarefa primordial da adolescência é preparar para a participação na sociedade adulta. Assim, o ponto de término da adolescência varia consideravelmente entre as culturas e é definido por critérios oriundos de todos os três grandes domínios do desenvolvimento: físico, cognitivo e socioemocional.

Iniciaremos nosso estudo da adolescência pela consideração das mudanças significativas que ocorrem no domínio físico. Compreender as mudanças nos corpos dos adolescentes permite melhor compreender o surgimento do desejo sexual e os muitos fatores que o influenciam. A partir daí, passaremos para as importantes questões de saúde desse período do desenvolvimento, muitas das quais são consequências das escolhas que os adolescentes fazem em relação ao comportamento sexual. Por fim, examinaremos alguns dos desafios à saúde mental desse período.

OBJETIVOS DA APRENDIZAGEM

Mudanças físicas
13.1 Como os hormônios, o cérebro e os ritmos circadianos dos adolescentes diferem dos de crianças mais jovens?
13.2 Que mudanças ocorrem no tamanho e na forma do corpo durante a adolescência?
13.3 Quais são os principais marcos da maturidade sexual?
13.4 Quais são as consequências psicológicas da chegada precoce, "pontual" e tardia da puberdade para meninos e meninas?

Sexualidade adolescente
13.5 Quais são os padrões de comportamento sexual adolescente nos Estados Unidos?
13.6 Quais meninas adolescentes são mais propensas a engravidar?
13.7 Quais são algumas das causas que foram propostas para explicar a homossexualidade?

Saúde adolescente
13.8 Quais são algumas das questões nutricionais críticas na adolescência?
13.9 Que padrões de doença existem na adolescência?
13.10 Como a busca de sensações influencia o comportamento de risco nos adolescentes?
13.11 Que padrões de consumo de drogas, álcool e tabaco são encontrados entre os adolescentes nos Estados Unidos?
13.12 Quais são as principais causas de morte na adolescência?

Desenvolvimento atípico
13.13 Quais são as características que distinguem o transtorno da conduta com início na adolescência da delinquência?
13.14 Quais são as características e causas dos transtornos alimentares?
13.15 Quais adolescentes estão em maior risco de depressão e suicídio?

Mudanças físicas

adolescência o período de transição entre a infância e a vida adulta.

Quando pensamos nas mudanças físicas da adolescência, geralmente damos mais atenção ao sistema reprodutivo. As mudanças reprodutivas são importantes, como você vai ver, mas mudanças significativas também ocorrem em outros sistemas.

> **OBJETIVO DA APRENDIZAGEM 13.1**
> Como os hormônios, o cérebro e os ritmos circadianos dos adolescentes diferem dos de crianças mais jovens?

Os sistemas endócrino e nervoso

A mudança física que a maioria das pessoas associa à adolescência é a chegada da maturidade sexual. Assim, talvez você se surpreenda ao aprender que a **puberdade** é um termo coletivo que abrange todas as mudanças, tanto visíveis quanto invisíveis, que são necessárias para a maturidade reprodutiva. Essas mudanças envolvem todos os sistemas corporais, não apenas os órgãos reprodutivos, e a interação entre os hormônios e o desenvolvimento cerebral que conduz todo o processo (Schulz e Sisk, 2006).

Hormônios O processo de desenvolvimento púbere se inicia quando a *hipófise* (ou pituitária), a glândula que controla todas as outras glândulas do organismo, sinaliza a glândula suprarrenal de uma criança para acelerar sua produção de androgênio (ver Tabela 13.1). Esse marco, chamado *adrenarca*, ocorre em torno dos 7 ou 8 anos. Depois, a hipófise começa a segregar **hormônios gonadotróficos**, hormônios que estimulam o crescimento dos ovários nas meninas e dos testículos nos meninos. Com o crescimento, essas glândulas segregam hormônios que fazem os órgãos sexuais se desenvolverem: *testosterona* nos meninos e um tipo de estrogênio chamado *estradiol* nas meninas. No decorrer da puberdade, os níveis de testosterona se tornam 18 vezes maiores nos meninos, ao passo que os níveis de estradiol se tornam oito vezes maiores nas meninas (Tanner, 1990).

A hipófise segrega dois outros hormônios, o *hormônio estimulante da tireoide* e o *hormônio geral do crescimento*, os quais, juntamente com o androgênio suprarrenal, interagem com hormônios sexuais específicos para atuar no crescimento. O *androgênio suprarrenal*, que é quimicamente muito semelhante à testosterona, desempenha um papel especialmente importante nas meninas, disparando o surto de crescimento e promovendo o desenvolvimento dos pelos pubianos. Nos meninos, o androgênio suprarrenal é menos significativo, presumivelmente porque os meninos já possuem muito hormônio masculino na forma de testosterona na corrente sanguínea. Acredita-se que o androgênio suprarrenal desempenha algum papel no surto de crescimento adolescente (Tanner, 1990). Em conjunto, todas essas mudanças hormonais provocam dois grupos de mudanças corporais: as conhecidas mudanças nos órgãos sexuais e um conjunto muito mais amplo de mudanças nos músculos, gorduras, ossos e órgãos corporais.

puberdade termo coletivo para designar as mudanças que culminam na maturidade sexual.

hormônios gonadotróficos hormônios que estimulam o crescimento dos ovários nas meninas e dos testículos nos meninos.

O cérebro Sozinhos, os hormônios da puberdade não são suficientes para induzir as mudanças físicas ou as mudanças comportamentais que associamos à puberdade (Schulz e Sisk, 2006). Primeiro, as células do cérebro, os neurônios, devem desenvolver a capacidade de responder aos hormônios para que as características típicas da adolescência possam aparecer. Além disso, ainda que o comportamento sexual seja

Tabela 13.1 Principais hormônios que contribuem para o crescimento e o desenvolvimento físico

Hormônio(s)	Glândula/órgão	Aspectos do crescimento influenciados
Tiroxina	Tireoide	Desenvolvimento cerebral normal e taxa geral de crescimento.
Androgênio suprarrenal	Suprarrenal	Algumas mudanças na puberdade, principalmente o desenvolvimento de características sexuais secundárias nas meninas.
Testosterona	Testículos (meninos)	Essenciais na formação dos genitais masculinos no período pré-natal; também desencadeia mudanças nas características sexuais primárias e secundárias na puberdade nos homens.
Estrogênio (estradiol)	Ovários (meninas)	Desenvolvimento do ciclo menstrual e seios nas meninas; está menos relacionado às características sexuais secundárias do que a testosterona nos meninos.
Hormônios gonadotróficos; hormônio geral do crescimento; hormônio estimulante da tireoide	Hipófise (pituitária)	Taxa de maturação física; sinaliza a glândula suprarrenal para que segregue androgênio.

a primeira coisa que vem à mente quando pensamos sobre como os adolescentes diferem de crianças mais jovens, as mudanças no comportamento cognitivo que são facilitadas pelas mudanças hormonais e neuronais da puberdade são igualmente notáveis (Giedd, 2004). Por exemplo, você já percebeu que hoje você é muito mais capaz de fazer planos realistas do que era aos 13 ou 14 anos? Se a resposta é sim, você tem um conhecimento direto das mudanças no cérebro adolescente que facilitam o planejamento e a lógica.

O primeiro dos dois grandes surtos de crescimento adolescente no cérebro ocorre entre 13 e 15 anos (Spreen et al., 1995). Durante esse período, o córtex cerebral se torna mais espesso e as redes neurais se tornam mais eficientes. Além disso, mais energia é produzida e consumida pelo cérebro do que nos anos que o precedem e seguem (Fischer e Rose, 1994). Em sua maioria, esses surtos de crescimento e energia ocorrem em partes do cérebro que controlam a percepção espacial e as funções motoras. Consequentemente, em meados da adolescência, as habilidades das crianças nessas áreas são significativamente melhores do que as de crianças em idade escolar.

Os neuropsicólogos Kurt Fischer e Samuel Rose acreditam que uma rede neural qualitativamente diferente emerge durante o surto de crescimento cerebral que ocorre entre os 13 e 15 anos, capacitando os adolescentes a pensar de modo abstrato e refletir sobre seus próprios processos cognitivos (Fischer e Rose, 1994). Como evidências, esses pesquisadores citam numerosos estudos neurológicos e psicológicos que revelam que importantes mudanças na organização cerebral aparecem entre os 13 e 15 anos e que mudanças qualitativas no funcionamento cognitivo aparecem depois dos 15 anos. Eles afirmam que a consistência dessas descobertas da pesquisa são convincentes demais para serem ignoradas.

O surto dos 13 aos 15 também está associado a profundas mudanças no **córtex pré-frontal** (**CPF**) (ver Figura 13.1) (Gogtay et al., 2004; Kanemura, Aihara, Aoki, Araki e Nakazawa, 2004). O CPF é a parte do lobo frontal que fica imediatamente atrás da testa. Ele é responsável pelo *processamento executivo*, o uso de um conjunto de habilidades de processamento de informações (mencionado no Capítulo 11) que nos permite controlar e organizar conscientemente nossos processos de pensamento. Pouco antes da puberdade, os neurônios no CPF rapidamente formam novas sinapses com as de outras regiões cerebrais. Durante os primeiros anos da adolescência, o cérebro elimina as sinapses menos eficientes (Giedd, Blumenthal e Jeffries, 1999). Consequentemente, em meados da adolescência, as habilidades de processamento executivo dos adolescentes excedem em muito as exibidas durante a meninice. Além disso, estudos de pacientes com danos no CPF sugerem que a maturação dessa região cerebral contribui para avanços na percepção social, particularmente os que envolvem a interpretação de informações não verbais, tais como expressões faciais (Mah, Arnold e Grafman, 2004).

O segundo surto de crescimento cerebral se inicia em torno dos 17 anos e continua até o início da vida adulta (van der Molen e Molenaar, 1994). Dessa vez, os lobos frontais do córtex são o foco de desenvolvimento (Davies e Rose, 1999). Talvez você se recorde de que essa região cerebral controla a lógica e o planejamento. Assim, não é de surpreender que adolescentes mais velhos difiram de adolescentes mais jovens no modo como lidam com problemas e processam informações.

Ritmos circadianos e sono Mudanças nos padrões de sono são uma manifestação da influência dos hormônios da puberdade no cérebro dos adolescentes. O *núcleo supraquiasmático (NSQ)* é uma estrutura cerebral que regula os **ritmos circadianos**, as oscilações regulares das funções corporais durante o período de 24 horas. Esses ritmos atrelam nossas funções corporais ao ciclo de claro-escuro do planeta de tal modo que ficamos mais alertas durante as horas do dia e menos alertas quando está escuro. Assim, eles desempenham um papel muito importante nos padrões de sono. Sob a influência dos poderosos hormônios que iniciam a puberdade, o NSQ segrega maior quantidade de *melatonina* (substância que estimula os humanos a dormir) à noite nos adolescentes do que em crianças ou adultos. Consequentemente, os adolescentes tendem a ficar acordados até mais tarde e têm mais dificuldade para acordar de manhã do que nos períodos anteriores de suas vidas e do que serão capazes quando forem adultos (Crowley, Acebo e Carskadon, 2006).

A criança integral em foco

Como os avanços no processamento executivo atribuíveis ao córtex pré-frontal ajudam Michelle e Cho a se prepararem para a vida adulta? Descubra na página 404.

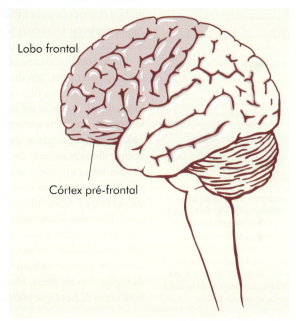

Figura 13.1 O córtex pré-frontal.

O córtex pré-frontal amadurece rapidamente durante a adolescência e contribui para avanços no processamento executivo.

córtex pré-frontal (CPF) região do lobo frontal que fica imediatamente atrás da testa e que é responsável pelo processamento executivo.

ritmos circadianos oscilações regulares das funções corporais em cada período de 24 horas.

Fatores sociais também contribuem para que os adolescentes permaneçam acordados até mais tarde. Por exemplo, a tendência a permitir que os jovens tenham telefones, conexão com a internet e meios de entretenimento em seus quartos, onde têm acesso irrestrito a todos eles a qualquer hora do dia e da noite, alia-se ao aumento na vontade de passar tempo com os amigos e às mudanças biológicas nos ritmos circadianos para produzir horários de sono mais tardios. Muitos pais pensam que os seus filhos adolescentes estão dormindo quando na verdade eles estão falando ao telefone, conversando ou jogando pela internet, assistindo à televisão ou ouvindo música. Além disso, a maioria das aulas no ensino médio se inicia muito cedo pela manhã para que sobre tempo para atividades extracurriculares depois da escola. Consequentemente, muitos adolescentes dormem bem menos do que as oito a nove horas de sono consideradas necessárias (Nemours Foundation, 2007). Como seria previsível, o efeito final de ficar acordado até as 3h da madrugada e se acordar para a escola às 6h é que muitos alunos do ensino médio têm dificuldade para se manterem despertos durante as aulas. Além disso, a falta de sono prejudica a concentração, interfere na consolidação de novas informações na memória e desregula o ciclo menstrual das meninas (Sveum, 2008; Walker e Stickgold, 2006).

Muitos adolescentes que caem no padrão de ir dormir muito tarde reconhecem que isso está prejudicando seus estudos. Contudo, eles têm dificuldade para mudar seus hábitos uma vez estabelecida a **síndrome da fase de sono retardado (SFSR)**, uma perturbação dos ritmos circadianos. Consequentemente, indivíduos com SFSR não conseguem adormecer antes das 3h ou 4h da manhã, e seu horário natural de despertar é em torno do meio-dia. Entretanto, mesmo quando dormem até o meio-dia, muitos indivíduos com SFSR sentem tanto sono à tarde que não conseguem permanecer despertos. Assim, universitários com SFSR costumam continuar dormindo depois que o despertador tocou, perder aulas inteiras e adormecer nas aulas vespertinas.

Diferente dos alunos universitários, muitos alunos do ensino médio são acordados por seus pais. Consequentemente, nos dias de semana eles não conseguem fazer o que seus corpos querem que eles façam – ou seja, eles não conseguem dormir até o meio-dia. Assim, eles se arrancam da cama e vão para a escola, onde se esforçam para permanecerem acordados durante as aulas da manhã. Sua sensação de sonolência aumenta à medida que o dia passa, tornando as aulas vespertinas ainda mais problemáticas do que as que ocorrem pela manhã. Nos fins de semana, adolescentes com SFSR vão dormir ainda mais tarde do que nos dias da semana e dormem até o meio da tarde, prática que confere ao transtorno um controle ainda mais intenso sobre o NSQ.

Pesquisadores constataram que a SFSR pode ser revertida se os adolescentes evitarem atividades sociais entre a meia-noite e as 3h da manhã e paulatinamente voltarem para seus horários regulares de sono (Nemours Foundation, 2007). Por exemplo, se o horário habitual de ir dormir de um adolescente é 3h da manhã, ele pode tentar dormir as 2h30 da manhã por alguns dias. Depois que 2h30 se tornar a hora habitual de dormir, ele pode anteceder isso para 2h, depois para 1h30, e assim por diante, até conseguir alcançar os horários desejados para ir dormir e despertar juntamente com um grau aceitável de vigília durante o dia. Ele pode também tentar tomar um suplemento de melatonina cerca de uma hora antes da hora que pretende dormir (Szeinberg, Borodkin e Dagan, 2006).

síndrome da fase de sono retardado (SFSR) perturbação dos ritmos circadianos que se manifesta como um padrão de permanecer acordado até as 3h ou 4h da manhã e se sentir sonolento durante o dia, independentemente de quantas horas a pessoa dorme.

OBJETIVO DA APRENDIZAGEM 13.2
Que mudanças ocorrem no tamanho e na forma do corpo durante a adolescência?

Mudanças de tamanho e forma

Talvez você se lembre dos capítulos anteriores que os bebês aumentam de altura muito rapidamente no primeiro ano de vida, crescendo de 25 a 30 centímetros no primeiro ano, ao passo que depois, a partir do segundo ano, as crianças crescem muito mais lentamente. É na adolescência que ocorre a fase final do crescimento do corpo.

O surto de crescimento adolescente O **surto de crescimento adolescente**, período durante o qual o adolescente cresce rapidamente até quase a estatura adulta, geralmente é o primeiro sinal observável da puberdade. Ele é desencadeado por um grande aumento na quantidade de hormônio do crescimento humano segregado pela hipófise. O aumento no hormônio do crescimento ocorre em resposta aos aumentos nos hormônios gonadotróficos sobre os quais você leu anteriormente. Durante o surto de crescimento, um adolescente pode crescer de 7,5 a 15 centímetros por ano durante 2 ou 3 anos. Depois do surto de crescimento, o adolescente volta a adquirir altura e peso lentamente até chegar a estatura adulta final. Nos meninos, o surto de crescimento se inicia mais tarde e perdura por mais tempo. Eles alcançam as meninas aos 13 e 14 anos e depois continuam crescendo por muitos anos.

surto de crescimento adolescente período durante o qual o adolescente cresce rapidamente até quase a estatura adulta, sendo geralmente o primeiro sinal observável da puberdade.

As diferentes partes do corpo do adolescente não crescem todas até o tamanho adulto com a mesma rapidez. Isso significa que a forma e as proporções do corpo do adolescente passam por uma série de mudanças. Os pés de uma criança atingem o tamanho adulto mais cedo do que as outras partes do corpo. Devido a essa assimetria no tamanho relativo das partes do corpo, é comum acharmos que um adolescente é "desajeitado" ou "descoordenado". Entretanto, a pesquisa não confirma essa impressão (Malina, 1990).

Desenvolvimento esqueletal Talvez você se lembre do Capítulo 10 que o crescimento físico está ligado ao processo de ossificação (endurecimento) do esqueleto e que a maior parte dessa atividade ocorre nas extremidades dos ossos, ou *epífises*. O surto de crescimento adolescente é sobretudo resultado de uma aceleração do desenvolvimento das epífises que ocorre em resposta às mudanças hormonais da puberdade (Tanner, 1990). De modo semelhante, os hormônios sinalizam o fim do desenvolvimento epifisário, momento no qual os adolescentes param de crescer.

Na adolescência, as meninas atingem a altura adulta mais cedo do que os meninos porque seus ossos crescem e suas articulações se desenvolvem mais rapidamete.

Isso acontece mais cedo nas meninas do que nos meninos. A maioria das garotas atinge a altura adulta aos 16 anos, ao passo que os rapazes continuam crescendo até os 20 e poucos anos (Tanner, 1990).

Sinais hormonais também são responsáveis por mudanças na estrutura óssea da cabeça e da face das crianças. Durante os anos de ensino fundamental, o tamanho e a forma da mandíbula de uma criança mudam com a erupção dos dentes permanentes. Na adolescência, a mandíbula cresce para frente e a testa se torna mais proeminente. Esse conjunto de mudanças muitas vezes dá ao rosto dos adolescentes (especialmente dos meninos) uma aparência angulosa, ossuda, bem diferente de sua aparência anterior.

O desenvolvimento das articulações permite que os adolescentes alcancem níveis de coordenação semelhantes aos de adultos. Como ocorre nas idades anteriores, os meninos continuam atrasados em relação às meninas. Talvez você se lembre dos capítulos anteriores que as habilidades motoras finas dos meninos são mais pobres do que as das meninas porque os punhos dos meninos se desenvolvem mais lentamente. No início da adolescência, essa diferença entre os sexos é muito acentuada; as meninas alcançam o desenvolvimento completo do punho em torno dos 16 anos (Tanner, 1990). Um padrão semelhante de diferenças entre os sexos também é evidente em outras articulações, permitindo que meninas no início da adolescência superem o desempenho de meninos de mesma idade em diversas habilidades atléticas que requerem coordenação, tais como arremessar uma bola. Entretanto, nos anos finais da adolescência (aos 17 ou 18 anos), os meninos finalmente alcançam as meninas no desenvolvimento articular e, em média, adquirem superioridade sobre elas nos movimentos coordenados.

Músculos e gordura As fibras musculares passam por um surto de crescimento na adolescência, assim como o esqueleto. As fibras se tornam mais grossas e densas, de modo que os adolescentes se tornam bem mais fortes em poucos anos. Ambos os sexos apresentam esse aumento de força, mas o aumento é muito maior nos meninos (Buchanan e Vardaxis, 2003). Essa diferença entre os sexos parece ser em grande medida resultado de diferenças hormonais, ainda que diferenças entre os sexos nos padrões de exercício ou na aptidão física possam ter algum papel. Por exemplo, a diferença sexual de força nas pernas é muito menor do que a diferença de força nos braços, padrão que faz sentido se presumirmos que todos os adolescentes caminham e usam suas pernas em quantidade semelhante, mas que os meninos usam os músculos dos braços em diversas atividades esportivas mais do que as meninas. Contudo, parece realmente haver também uma diferença hormonal básica, pois sabemos que garotas e mulheres em boa forma física não são tão fortes quanto rapazes e homens em boa forma.

Outro componente importante do corpo que muda durante a adolescência é a gordura, a maior parte da qual armazenada imediatamente abaixo da pele. Essa *gordura subcutânea* se deposita a partir de em torno de 34 semanas da gestação e atinge um pico inicial em torno dos 9 meses após o nascimento. A espessura dessa camada de gordura então diminui em torno dos 6 ou 7 anos, depois volta a aumentar até a adolescência.

Nesse caso, também existe uma diferença entre os sexos. Desde o nascimento, as meninas têm um pouco mais de tecido gorduroso do que os meninos, e essa discrepância se torna mais acentuada durante a infância e adolescência. A magnitude da diferença foi ilustrada por um clássico estudo entre jovens canadenses. Entre as idades de 13 e 17 anos, a porcentagem de peso corporal formada por gordura aumentou de 21,8% para 24% entre as meninas, mas caiu de 16,1% para 14% entre os meninos (Smoll e Schultz, 1990).

Outros sistemas corporais   Durante a adolescência, o coração e os pulmões aumentam consideravelmente de tamanho, e a frequência cardíaca diminui. Essas duas mudanças são mais acentuadas nos meninos do que nas meninas – fatores adicionais tornando a capacidade dos meninos para esforço físico sustentado maior do que a das meninas. Antes de em torno dos 12 anos, meninos e meninas têm limites de resistência semelhantes, ainda que mesmo nessas idades precoces, quando existe uma diferença, geralmente são os meninos que têm maior resistência por causa de seus níveis inferiores de gordura corporal. Depois da puberdade, os meninos desfrutam de uma clara vantagem de resistência, assim como de tamanho, força e velocidade (Klomsten, Skaalvik e Espnes, 2004).

OBJETIVO DA APRENDIZAGEM 13.3
Quais são os principais marcos da maturidade sexual?

Maturidade sexual

As mudanças mais evidentes da puberdade são as associadas à maturidade sexual. Mudanças nas **características sexuais primárias** incluem o crescimento dos testículos e do pênis nos meninos e dos ovários, útero e vagina nas meninas. Essas mudanças envolvem órgãos e funções necessárias para a reprodução. Mudanças nas **características sexuais secundárias** incluem o desenvolvimento das mamas nas meninas, mudança na qualidade da voz e crescimento de barba nos meninos e crescimento de pelos corporais em ambos os sexos. O aparecimento dos caracteres sexuais primários e secundários ocorre em uma sequência definida que costuma ser dividida em cinco etapas, seguindo um sistema originalmente sugerido por J. M. Tanner (1990). A Tabela 13.2 mostra exemplos de mudanças de cada estágio.

Desenvolvimento sexual nas meninas   Estudos de pré-adolescentes e adolescentes na Europa e na América do Norte mostram que as várias mudanças sequenciais se entrecruzam em um determinado padrão nas meninas. As primeiras etapas são as mudanças iniciais nas mamas e nos pelos pubianos, logo sucedidas pelo pico no surto de crescimento e pelo desenvolvimento das mamas e dos pelos pubianos. A primeira menstruação, evento denominado **menarca**, ocorre tipicamente dois anos após o início de outras mudanças visíveis e é sucedida somente pelos estágios finais do desenvolvimento dos seios e pelos pubianos. Nas meninas nos países industrializados da atualidade, a menarca ocorre em média entre 12 e 13 anos; 99% de todas as meninas passam por essa experiência entre os 9 e 15 anos (Adelman e Ellen, 2002).

É possível engravidar pouco depois da menarca, mas ciclos menstruais irregulares são a norma por algum tempo. Durante até três quartos dos ciclos no primeiro ano e a metade dos ciclos no segundo e terceiro anos após a menarca, o corpo de uma menina não produz óvulos (Adelman e Ellen, 2002). Assim, a plena fertilidade adulta se desenvolve ao longo de muitos anos. Essa irregularidade sem

características sexuais primárias desenvolvimento dos órgãos sexuais: ovários, útero e vagina nas mulheres; testículos e pênis nos homens.

características sexuais secundárias mudanças em partes do corpo tais como seios nas mulheres e pelos pubianos em ambos os sexos.

menarca início dos ciclos menstruais.

Tabela 13.2   Exemplos de mudanças dos estágios de desenvolvimento da puberdade sugeridos por Tanner

Estágio	Desenvolvimento mamário nas mulheres	Desenvolvimento genital nos homens
1	Não existe mudança, exceto certa elevação dos mamilos.	Testículos, escroto e pênis têm ambos aproximadamente o mesmo tamanho e forma da segunda infância.
2	Estágio dos botões mamários: mama e mamilo se elevam formando pequeno monte; diâmetro da auréola é maior do que no primeiro estágio.	Escroto e testículos ligeiramente aumentados; pele do escroto avermelha-se e muda de textura, mas há pouco ou nenhum aumento do pênis.
3	Mamas e auréolas aumentam de tamanho e se elevam mais do que no segundo estágio, mas sem distinção dos contornos.	Ligeiro aumento no tamanho do pênis, em princípio principalmente no comprimento; aumento adicional dos testículos e escroto; primeira ejaculação.
4	Auréola e mamilo formam um segundo monte que se eleva acima do contorno da mama.	Aumento adicional no tamanho do pênis, com crescimento na largura e desenvolvimento de glândulas; testículos e escroto aumentam adicionalmente de tamanho, e a pele do escroto se torna ainda mais escura.
5	Estágio maduro: projeção apenas do mamilo, com a auréola recuada ao contorno geral da mama.	Genitália atinge tamanho e forma adulta.

Fonte: Petersen e Taylor, 1980, p. 127.

dúvida contribui para a crença amplamente disseminada (mas falsa) entre as adolescentes de que elas não podem engravidar.

A tendência secular É interessante observar que a idade de ocorrência da menarca mudou significativamente entre meados do século XIX e meados do século XX. Em 1840, a idade média da menarca nos países industrializados ocidentais era aproximadamente 17 anos; a média caiu sem parar daquela época até a década de 1950 em uma média de 4 meses por década nas populações europeias, exemplo do que os psicólogos chamam de **tendência secular** (Roche, 1979). É provável que essa mudança tenha sido causada por mudanças no estilo de vida e na dieta, principalmente aumentos no consumo de proteína e gordura, os quais resultaram em um aumento na proporção de gordura corporal nas mulheres.

Dados coletados durante períodos muito mais curtos de tempo em países em desenvolvimento corroboram a explicação nutricional da tendência secular. Em um estudo, pesquisadores descobriram que a idade média da menarca era de 16 anos entre meninas norte-coreanas que viviam em campos de refugiados em péssimas condições (Ku et al., 2006). Em contraste, estudos envolvendo grupos empobrecidos em que suprimentos alimentares aumentaram repentinamente revelam que a idade da menarca pode despencar de 16 para 13 anos em apenas alguns anos depois que melhorias na nutrição são instituídas (Khanna e Kapoor, 2004). Consequentemente, qualquer mudança nos padrões de alimentação que afetem a gordura corporal das meninas, que deve atingir um valor crítico de 17% antes que a menarca ocorra, tende a acarretar uma mudança na idade da menarca (Adelman e Ellen, 2002). Mas existe um limite mínimo para a ocorrência da menarca?

Meninas envolvidas em atividades que contribuem para que elas sejam mais magras do que seus pares experimentam a menarca, em média, em idades mais avançadas.

Reportagens exageradas da imprensa sobre a tendência secular nos fariam acreditar que as meninas um dia poderão alcançar a maturidade sexual no primeiro ano de vida (Viner, 2002). Entretanto, existem fortes indícios de um limite genético para a faixa etária em que a menarca pode ocorrer. Recorde que, anteriormente no capítulo, observamos que o cérebro primeiro deve adquirir a capacidade de responder aos hormônios da puberdade para que todo o conjunto de mudanças físicas e comportamentais que consideramos típicas da adolescência possa ocorrer (Schulz e Sisk, 2006).

tendência secular mudança, como o declínio na idade média da menarca ou aumento na altura média, que ocorre nos países em desenvolvimento quando melhoram a nutrição e saúde.

Estudos envolvendo milhares de crianças indicam que a idade média da menarca entre meninas brancas nos Estados Unidos é atualmente de cerca de 12,8 anos e que ela não mudou desde meados da década de 1940 (Kaplowitz e Oberfield, 1999; Viner, 2002). Além disso, a idade média na menarca permanece em 12,1 anos entre afro-americanas e 12,2 entre hispano-americanas; ambos os números representam uma queda de cerca de dois meses desde meados da década de 1960 (Kaplowitz e Oberfield, 1999; Wu, Mendola, e Buck, 2002). Assim, a idade média da menarca para a população inteira de meninas nos Estados Unidos manteve-se estável de 1945 a 1965 e diminuiu cerca de 2,5 meses entre 1965 e 1995 entre garotas minoritárias em consequência de melhoras nos padrões de vida nesses grupos que costumam ser economicamente desfavorecidos (Kaplowitz e Oberfield, 1999).

Não obstante, as mudanças nos hábitos alimentares das crianças de todos os grupos étnicos trouxeram importantes mudanças no desenvolvimento do sistema endócrino em meninas em idade escolar e adolescentes. Ou seja, o maior consumo de gorduras acarreta maiores proporções de gordura corporal, as quais, por sua vez, desencadeiam mudanças hormonais. Uma vez que o desenvolvimento cerebral impede que esses hormônios estimulem o pleno desenvolvimento da puberdade, as mudanças contemporâneas na dieta das crianças não reduziram significativamente a idade média da menarca. Contudo, essas tendências populacionais globais no consumo de gorduras na dieta e aumento na gordura corporal acarretaram declínios nas idades médias em que as meninas apresentam características sexuais secundárias, tais como aparecimento dos botões mamários e pelos pubianos, em décadas recentes (Anderson, Dallal e Must, 2003; Wang, 2002). Em média, as meninas de hoje apresentam esses sinais um ou dois anos mais cedo do que ocorreu em suas mães e avós, resultando em um prolongamento do tempo médio entre o aparecimento das características sexuais secundárias e a menarca (Parent et al., 2003).

Além disso, o sobrepeso é tanto causa quanto consequência do desenvolvimento de características sexuais secundárias, pois as mudanças hormonais que desencadeiam o aparecimento dessas características também sinalizam os mecanismos de regulação do peso corporal para que aumentem as reservas de gordura (Pierce e Leon, 2005; Remsberg et al., 2004). Pouco se sabe sobre como essas mudanças hormonais precoces afetam a saúde posterior das moças. Vários estudos estão em andamento para verificar se meninas com sobrepeso que apresentam desenvolvimento precoce das características sexuais secundárias estão em maior risco de desenvolver câncer de mama, obesidade na vida adulta e doença cardíaca (National Cancer Institute, 2006; Pierce e Leon, 2005). Pesquisadores também estão investigando por que o sobrepeso retarda o desenvolvimento da puberdade nos meninos e se esses retardos afetam sua saúde posteriormente na vida (Wang, 2002).

Desenvolvimento sexual nos meninos Nos meninos assim como nas meninas, o auge do surto de crescimento tipicamente ocorre um tanto tardiamente na sequência do desenvolvimento físico. Estudos sugerem que, em média, um menino completa os estágios 2, 3 e 4 de desenvolvimento genital e os estágios 2 e 3 de desenvolvimento dos pelos pubianos antes de atingir o auge do surto de crescimento (Adelman e Ellen, 2002). A primeira ejaculação, ou *espermarca*, ocorre entre 13 e 14 anos, mas a produção de esperma viável só acontece alguns meses após a primeira ejaculação. A maioria dos meninos não alcança os níveis adultos de produção de esperma até o quinto estágio de desenvolvimento genital. O desenvolvimento de uma barba e o rebaixamento da voz ocorrem próximo ao fim da sequência. É muito difícil determinar com precisão em que ponto dessa sequência um menino começa a produzir esperma viável, mas geralmente é pouco antes de o menino atingir o auge do surto de crescimento (Adelman e Ellen, 2002).

> **OBJETIVO DA APRENDIZAGEM 13.4**
> Quais são as consequências psicológicas da chegada precoce, "pontual" e tardia da puberdade para meninos e meninas?

Tempos da puberdade

Embora a ordem dos desenvolvimentos físicos na adolescência pareça altamente consistente, existe muita variabilidade individual. Em qualquer amostra aleatória de crianças de 12 e 13 anos, vamos encontrar algumas que já estão no quinto estágio e outras ainda no primeiro estágio de maturação sexual. Já discutimos as contribuições da dieta, do exercício e da gordura corporal para o momento em que ocorre a puberdade. Os pesquisadores pensam que fatores hereditários e comportamentais também contribuem para as secreções hormonais no corpo de cada adolescente, assim influenciando o desencadeamento da puberdade (Dorn et al., 2003). Discrepâncias entre as expectativas do adolescente e aquilo que realmente acontece determinam os efeitos psicológicos da puberdade. Aqueles cujo desenvolvimento ocorre fora do alcance desejado ou esperado têm maior probabilidade de pensar negativamente sobre si próprios, de ser menos felizes com seus corpos e com o processo da puberdade. Eles também podem demonstrar outros sinais de estresse psicológico.

A pesquisa nos Estados Unidos indica que meninas com desenvolvimento precoce (que sofrem grandes mudanças corporais antes dos 10 ou 11 anos) apresentam consistentemente imagens corporais mais negativas, tais como se considerarem gordas demais (Sweeting e West, 2002). Essas meninas também são mais propensas a se envolverem em apuros na escola e em casa, a se tornarem sexualmente ativas e a sofrerem de depressão do que meninas com desenvolvimento mediano ou tardio (Kaltiala-Heino, Kosunen e Rimpela, 2003). Entre os meninos, a puberdade muito prematura ou muito tardia está associada à depressão (Kaltiala-Heino, Kosunen e Rimpela, 2003). Contudo, pesquisadores também constataram consistentemente que meninos cujo desenvolvimento púbere está ligeiramente à frente do de seus pares muitas vezes ocupam papéis de liderança e são acadêmica e economicamente mais bem-sucedidos na vida adulta (Taga, Markey e Friedman, 2006). O uso de substâncias está associado à puberdade precoce tanto em meninos quanto em meninas, pois, baseado em sua aparência, jovens com amadurecimento precoce são convidados a fazer parte de grupos de adolescentes mais velhos nos quais o uso de substâncias é uma atividade social importante (Costello, Sung, Worthman e Angold, 2007).

A pesquisa também indica que o momento de ocorrência da puberdade interage com diversas outras variáveis para produzir efeitos positivos e negativos no desenvolvimento dos adolescentes. Por exemplo, traços de personalidade contribuem para os efeitos do tempo de puberdade (Markey, Markey e Tinsley, 2003). Parece que meninas com puberdade precoce e alto nível de abertura à experiência, um dos Cinco Grandes traços da personalidade (ver Capítulo 12), são mais propensas a serem sexualmente ativas em idade precoce do que meninas com puberdade precoce que não possuem esse traço. Além disso, o estilo de criação modera os efeitos dos tempos de puberdade de modo que meninos e meninas de amadurecimento precoce são ambos mais propensos a se envolverem em atividade sexual e abuso de substâncias caso seus pais sejam permissivos (Costello, Sung, Worthman e Angold, 2007).

Talvez a variável mais importante que modera os efeitos do momento de ocorrência da puberdade, entretanto, seja o contexto social em que o adolescente sofre as mudanças físicas associadas a ela. Considere o caso de meninas envolvidas em atividades que, por sua natureza, inibem o desenvolvimento da proporção de gordura corporal necessária para se iniciar a puberdade, tais como balé e ginástica. Nesses contextos, meninas que estão atrasadas pelos padrões culturais dominantes estão pontuais para o grupo de referência com o qual passam a maior parte de seu tempo. Assim, a puberdade precoce pode fazê-las acreditar que não podem mais ser bem-sucedidas na carreira que escolheram e isso pode arrasar sua autoestima, ao passo que a puberdade tardia pode aumentar sua autoconfiança e autoestima (Brooks-Gunn, 1987; Brooks-Gunn e Warren, 1985).

Sexualidade adolescente

A puberdade traz consigo as mudanças hormonais que subjazem tanto a atração quanto o comportamento sexual. Contudo, esses importantes domínios da experiência não são totalmente controlados pelos hormônios. Cada um deles tem componentes psicológicos e sociais, como veremos.

Comportamento sexual

> **OBJETIVO DA APRENDIZAGEM 13.5**
> Quais são os padrões de comportamento sexual adolescente nos Estados Unidos?

A maioria das pessoas tem seu primeiro contato sexual em meados ou final da adolescência (Fryar et al., 2007). Contudo, os jovens variam amplamente na frequência com que fazem sexo e no número de parceiros que possuem.

Prevalência do comportamento sexual   O gráfico na Figura 13.2 apresenta os resultados de um levantamento realizado em 2005 entre os alunos do ensino médio nos Estados Unidos (CDC, 2006b). Como podemos ver, os meninos se mostraram mais ativos sexualmente do que as meninas, principalmente em idades mais precoces. Além disso, a proporção de adolescentes sexualmente experientes aumentou no decorrer do ensino médio.

Em conformidade com levantamentos anteriores, a experiência sexual se mostrou variável conforme o grupo racial e étnico. Cerca de 67% dos alunos afro-americanos disseram ter tido intercurso sexual ao menos uma vez na vida. As taxas entre hispano-americanos e brancos foram de 51 e 44%, respectivamente. Os alunos afro-americanos eram mais propensos do que hispano-americanos e brancos a terem tido sua primeira relação sexual antes dos 13 anos (17% *versus* 7 e 4%, respectivamente).

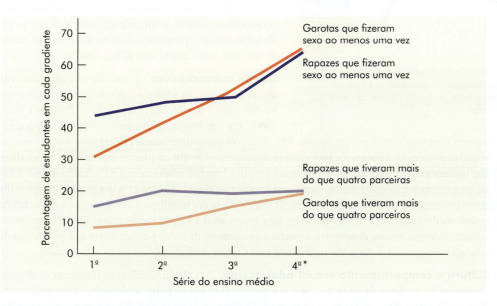

Figura 13.2   Atividade sexual entre estudantes do ensino médio.

O gráfico ilustra dados de uma amostra representativa de mais de 15 mil alunos do ensino médio entrevistados em 2005. (*Fonte*: CDC, 2006.)

*No Brasil, corresponde ao primeiro ano do ensino técnico.

Também houve diferenças etárias e étnicas entre estudantes que no presente eram sexualmente ativos – definidos como tendo feito sexo ao menos uma vez nos últimos três meses que antecederam a pesquisa. Por exemplo, aproximadamente 41% das estudantes do 3º ano do ensino médio disseram ter tido atividade sexual recente, ao passo que essa proporção era de apenas 20% entre estudantes do 1º ano. E 49% dos estudantes afro-americanos disseram ser sexualmente ativos no presente, comparado com 35% dos hispano-americanos e 32% dos brancos.

Ainda que a atividade sexual entre meninos esteja um pouco correlacionada com a quantidade de testosterona no sangue, fatores sociais predizem muito melhor a atividade sexual adolescente do que os hormônios (Halpern, Udry, Campbell e Suchindran, 1993; Udry e Campbell, 1994). Na verdade, evidências interculturais sugerem que os mesmos fatores estão relacionados ao comportamento sexual também em sociedades com taxas muito baixas de atividade sexual adolescente, tais como Taiwan (Wang e Chou, 1999). Os que começam sua atividade sexual precocemente são mais propensos a viver em bairros pobres nos quais os jovens são pouco monitorados por adultos. Eles são de famílias mais pobres ou de famílias em que a atividade sexual é perdoada e as regras de namoro são frouxas. Eles são mais propensos a usar álcool e muitos sofreram abuso e/ou negligência na segunda infância (Herrenkohl, Herrenkohl, Egolf e Russo, 1998).

Entre as meninas, aquelas que são sexualmente ativas também são mais propensas a terem tido menarca precoce, a terem problemas na escola, a terem tido seu primeiro namorado em idade relativamente precoce e a terem história de abuso sexual (Buzi, Roberts, Ross, Addy e Markham, 2003; Ompad et al., 2006). Quanto maior o número de fatores de risco presentes na vida de um determinado adolescente, maior a probabilidade de ele ser sexualmente ativo. Contudo, as crenças morais dos adolescentes e as atividades em que participam também predizem sua atividade sexual. Por exemplo, adolescentes que acreditam que o sexo antes do casamento é moralmente errado e que frequentam cultos religiosos costumam ser menos propensos do que seus pares a se tornarem sexualmente ativos antes de atingirem a vida adulta (Miller et al., 1998). As taxas de atividade sexual também são mais baixas entre adolescentes que praticam esportes ou outras atividades após a escola do que entre colegas que não participam de atividades desse tipo (Savage e Holcomb, 1999). Além disso, o uso de álcool está presente em 25 a 30% das relações sexuais adolescentes; assim, adolescentes que não usam álcool são menos propensos a serem sexualmente ativos do que seus pares que bebem (CDC, 2000b).

Adolescentes que namoram no início da adolescência, como esses estudantes podem estar fazendo, são mais propensos a se tornarem sexualmente ativos enquanto ainda estão na escola do que adolescentes que começam a namorar mais tarde.

Uso de contraceptivos Apesar de seus altos níveis de atividade sexual, os adolescentes sabem muito pouco sobre fisiologia e reprodução (Carrera, Kaye, Philiber e West, 2000). Em um levantamento, entre os estudantes que relataram atividade sexual recente, apenas 63% disseram que tinham usado preservativo em sua relação sexual mais recente. Afro-americanos eram mais propensos do que estudantes em outros grupos a dizer que tinham usado preservativos (69% *versus* 57% dos hispano-americanos e 63% dos brancos). Pílulas anticoncepcionais eram usadas ainda com menor frequência. Apenas 21% das garotas sexualmente ativas informaram estar tomando a pílula. O uso de pílula era muito mais comum entre estudantes do ensino médio brancas (27%) do que entre afro-americanas e hispano-americanas (9 e 11%, respectivamente). Assim, muitos desenvolvimentistas e promotores de saúde pública dizem que programas de educação sexual mais efetivos são necessários (ver *Ciência do desenvolvimento na sala de aula*).

Cultura e comportamento sexual adolescente Estudos interculturais fornecem evidências convincentes em favor da visão de que o comportamento sexual entre adolescentes é fortemente influenciado pela cultura. A idade na qual os adolescentes se tornam sexualmente ativos varia amplamente ao redor do mundo, como mostra a Figura 13.3 na página 408 (Singh, Wulf, Samara e Cuca, 2000). A única descoberta que se aproxima da universalidade é que os meninos tendem a se tornar sexualmente ativos mais precocemente do que as meninas, mas observe na figura que existem algumas exceções até para essa observação.

CIÊNCIA DO DESENVOLVIMENTO NA SALA DE AULA
Qual abordagem de educação sexual é mais efetiva?

A Srta. Patel é uma professora do ensino fundamental que foi convidada para participar de uma comissão que vai escolher o programa curricular de educação sexual para seu distrito escolar. Todos os estudantes de 6ª série no distrito serão solicitados a participar do programa. O objetivo da comissão é escolher o programa que tem mais chances de reduzir o risco dos alunos de se envolver em uma gravidez adolescente e de contrair uma DST.

A Srta. Patel vem analisando as pesquisas sobre educação sexual e aprendeu que a maioria dos desenvolvimentistas sugere programas que incluam treinamento em habilidades sociais e de tomada de decisões, bem como informações sobre sexo, gravidez e DSTs. Comparados com abordagens meramente informativas, esses programas têm mais chances de reduzir a prevalência de atividade sexual e de aumentar o número de adolescentes que se protegem contra doenças e gravidez quando fazem sexo. Programas que envolvem pais também parecem ser mais bem-sucedidos do que os dirigidos somente aos adolescentes (Lederman e Mian, 2003; Wilson e Donenberg, 2004). Contudo, para seu desalento, a Srta. Patel descobriu que ainda não se chegou a um consenso claro sobre a efetividade das diversas abordagens à educação sexual, e alguns estudos mostram que mesmo programas de educação sexual minuciosamente elaborados têm pouco ou nenhum efeito de longo prazo no comportamento sexual dos adolescentes (Henderson et al., 2007).

O ponto básico de discórdia em relação à efetividade dos programas de educação sexual se refere ao grau em que os programas devem enfatizar a abstinência sexual ou o uso de contraceptivos (Santelli, Ott, Lyon, Rogers e Summers, 2006). Os programas dirigidos à abstinência procuram equipar os jovens com as habilidades sociais, cognitivas e comunicativas de que necessitam para resistir à tentação de praticar sexo. Os programas baseados em abstinência fazem o mesmo, mas também fornecem aos adolescentes informações sobre reprodução, contracepção e prevenção de DSTs. Programas abrangentes também costumam incluir habilidades de recusa sexual, mas sua ênfase primordial é na prevenção das DSTs e gravidez.

Estudos longitudinais sugerem que os programas voltados exclusivamente à abstinência só funcionam para retardar a iniciação dos adolescentes na atividade sexual sob certas condições. Esses programas são efetivos quando aplicados a adolescentes mais jovens que ainda não são sexualmente maduros, que já estão pessoalmente decididos a protelar a atividade sexual até a vida adulta ou para depois do casamento, cujas concepções religiosas próprias e de suas famílias estão de acordo com as metas do programa, que se associam a amigos que também estão comprometidos com a abstinência e que são academicamente bem-sucedidos (Martino, Elliott, Collins, Kanouse e Berry, 2008). Em outras palavras, programas dirigidos à abstinência funcionam em situações nas quais eles fornecem apoio para metas de vida que os adolescentes já decidiram que são compensadoras por motivos que têm pouca relação com os programas em si. Previsivelmente, as abordagens voltadas somente à abstinência têm pouco efeito no comportamento de adolescentes que não compartilham da filosofia subjacente desses programas e/ou daqueles que são mais velhos e já têm vida sexual ativa (Kohler, Manhart e Lafferty, 2008). Além do mais, mesmo entre adolescentes que aceitam a filosofia e metas da abordagem exclusiva de abstinência, a pesquisa mostra um padrão de resultados misto em relação a gravidez e prevenção de DSTs. Alguns estudos mostram que participantes que se tornam sexualmente ativos não são menos ou mais propensos a engravidar ou contrair uma DST do que seus pares (Martino et al., 2008). Contudo, outras investigações sugerem que participantes de programas exclusivos de abstinência que se tornam sexualmente ativos estão em maior risco de contrair uma DST ou engravidar do que seus pares que participam de outros tipos de programas, talvez por sua falta de conhecimento sobre medidas preventivas ou porque os programas fazem os participantes desenvolver expectativas irreais sobre seu futuro comportamento sexual (p. ex., "Eu nunca vou fazer sexo, portanto não vou fazer planos para isso") (Brückner e Bearman, 2005).

O fator crítico nos programas baseados em abstinência e abrangentes é a precisão e amplitude das informações que fornecem sobre as consequências do sexo (Hecht e Eddington, 2003). Quando ambos os tipos de programas oferecem quantidades equivalentes de informações, a pesquisa tende a mostrar que seus efeitos, medidos em termos de resultados como gravidez e DSTs, não diferem. Entretanto, quando programas baseados em abstinência se concentram nos benefícios de se abster de sexo a custa de informações sobre contracepção e outros tópicos desse tipo, a pesquisa tende a mostrar que os programas abrangentes são mais efetivos (Hecht e Eddington, 2003). A idade e *status* sexual dos participantes também importam. Como os programas exclusivos de abstinência, as abordagens baseadas em abstinência são mais propensas a retardar a atividade sexual entre estudantes mais jovens – de 7ª e 8ª série – que ainda não são sexualmente ativos (Borawski, Trapl, Lovegreen, Colabianchi e Block, 2005). Para adolescentes mais velhos, especialmente aqueles que já são sexualmente ativos, programas que forneçam o máximo possível de informações sobre reprodução, sexualidade e métodos de prevenir as possíveis consequências importantes do sexo têm mais chances de influenciar o comportamento dos participantes, independentemente do quanto enfatizam a abstinência (Santelli et al., 2006).

Consideradas em conjunto, as pesquisas sobre educação sexual sugerem que educação para a abstinência e para a contracepção não devem ser vistas como mutuamente excludentes (Borawski et al., 2005). Consequentemente, a American Academy of Pediatrics, a Sociedade para Medicina Adolescente e outras organizações semelhantes, embora desencorajem o uso de abordagens voltadas exclusivamente para a abstinência, recomendam que os programas de educação sexual incentivem a abstinência e também forneçam informações sobre reprodução, sexualidade e contracepção (American Academy of Pediatrics, 2001; Santelli et al., 2006). Na verdade, incentivar os adolescentes a evitar se tornarem sexualmente ativos muito precocemente pode ser essencial para influenciar o uso de contraceptivos. Quanto mais velhos forem os adolescentes quando se tornarem sexualmente ativos, maiores serão suas chances de serem cognitivamente capazes de pesar as várias opções e consequências associadas ao intercurso.

Questões para reflexão

1. Que argumentos poderiam ser dados a pais que estão relutantes em permitir que seus filhos recebam aulas de educação sexual?
2. De que forma suas próprias experiências com educação sexual influenciaram – ou deixaram de influenciar – suas decisões relativas ao comportamento sexual?

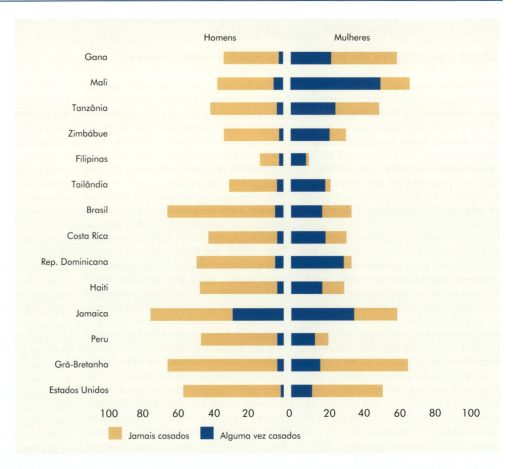

Figura 13.3 Porcentagem de adolescentes de 15 a 19 anos que tiveram intercurso sexual nas diversas culturas.

Em algumas culturas tradicionais, os adolescentes, especialmente os do sexo feminino, iniciam sua vida sexual em idade precoce porque se casam mais cedo do que é típico entre seus pares em países industrializados.

(Fonte: Singh, S., et al., Gender differences in the timing of first intercourse: Data from 14 countries, *International family planning perspectives*, 2000, 26 (1): 21-28; 43. Figura 1.)

Observe também que primeiro intercurso e casamento se confundem na figura; ou seja, em muitos países, o sexo adolescente ocorre no contexto do casamento adolescente. Assim, um bom argumento que pode ser dado é que o que realmente varia entre as culturas não é o comportamento sexual em si, mas os costumes referentes à idade apropriada para o casamento e a aceitabilidade do sexo antes do casamento. Vistas por essa ótica, as taxas mais elevadas de atividade sexual entre adolescentes da Europa ocidental e da América do Norte poderiam ser vistas como parte de uma tendência mais ampla em que o sexo antes do casamento se tornou socialmente aceitável (Finer, 2007).

Além disso, o casamento adolescente é ativamente desencorajado nas culturas industrializadas principalmente por duas razões (Seiler, 2002). Uma delas é que os casamentos adolescentes são mais propensos a terminar em divórcio do que os que ocorrem posteriormente na vida. Estudos longitudinais mostram que cerca de 30% dos casamentos em que a noiva tem menos de 18 anos terminam em divórcio nos primeiros cinco anos de casamento, comparado com pouco mais do que 10% daqueles em que a mulher tem 25 anos ou mais (Seiler, 2002). Na marca dos 15 anos, os pesquisadores constatam que quase 75% dos casamentos adolescentes terminaram em divórcio, em contraste com 40% daqueles que envolviam mulheres acima dos 25 anos. A segunda razão é que os adolescentes que se casam por causa de uma gravidez são muito menos propensos a concluir o ensino médio e ingressar no ensino superior do que os que permanecem solteiros. Consequentemente, casais que se casaram na adolescência são mais propensos a viverem na pobreza vários anos após o casamento do que seus pares de mesma procedência étnica e socioeconômica que adiaram o casamento até os 20 anos (Dahl, 2005).

Além disso, as mulheres que se casaram na adolescência são mais propensas a viver na pobreza depois que o casamento se desfaz do que as que se casam posteriormente.

Gravidez adolescente

> **OBJETIVO DA APRENDIZAGEM 13.6**
> Quais meninas adolescentes são mais propensas a engravidar?

A taxa de gravidez entre adolescentes é mais alta nos Estados Unidos do que em muitos outros países industrializados (Ambuel, 1995; Singh e Darroch, 2000). Por exemplo, a taxa anual geral é de cerca de 40 gestações por 1.000 adolescentes nos Estados Unidos; de apenas 17 gestações por 1.000 em Israel e de 4 por 1.000 no Japão (Martin et al., 2006; Merrick e Morad, 2002). Também existem diferenças étnicas dentro dos Estados Unidos (Martin et al., 2006). Os nascimentos entre adolescentes representam cerca de 25% de todos os nascimentos em mulheres afro-americanas. Entre brancas, apenas 11% dos nascimentos envolvem mães adolescentes; entre hispânicas, a proporção é de cerca de 17%.

Contudo, as estatísticas de gravidez podem confundir, pois geralmente se referem a todas as gestações entre mulheres com menos de 20 anos. Para esclarecer a extensão do problema da gravidez adolescente, é útil decompor as estatísticas por subgrupos adolescentes. Por exemplo, nos Estados Unidos, a taxa anual de gravidez é inferior a uma gravidez para cada 1.000 garotas de menos de 15 anos, de 22 para 1.000 garotas entre 15 e 17 anos e de 70 para cada 1.000 entre garotas de 18 a 19 anos (Martin et al., 2006). A subdivisão das estatísticas dessa forma mostra que a gravidez adolescente é muito mais frequente entre adolescentes mais velhas e, na verdade, ocorre mais comumente depois que uma garota conclui o ensino médio.

A idade na qual um adolescente se torna mãe ou pai é apenas um aspecto da questão da gravidez adolescente. Na verdade, as taxas de nascimento entre adolescentes vêm caindo na população total dos Estados Unidos desde a década de 1960, inclusive entre adolescentes de 15 a 19 anos. O que aumentou é a taxa de nascimentos entre adolescentes solteiras. Durante os anos de 1960, mais de 80% das adolescentes que deram à luz eram casadas. Em contraste, em 2003, apenas 20% das mães adolescentes eram casadas (CDC, 2004).

A proporção de mães adolescentes que eventualmente se casam com o pai do bebê também diminuiu em anos recentes, e mais uma vez existem diferenças étnicas. Menos de 5% das mães adolescentes afro-americanas se casam com o pai do bebê, comparado com 26% das hispânicas e 41% das brancas (Population Resource Center, 2004). Além disso, entre grupos étnicos, apenas 17% das mães adolescentes mantêm relacionamentos amorosos com os pais de seus bebês além dos primeiros meses depois do nascimento (Gee e Rhodes, 1999, 2003).

A possibilidade de uma garota engravidar na adolescência depende de muitos dos mesmos fatores que predizem a atividade sexual em geral (Miller, Benson e Galbraith, 2001). Quanto mais jovem é uma menina quando se torna sexualmente ativa, maior sua probabilidade de engravidar. Entre adolescentes de famílias pobres, de famílias de pais solteiros e de famílias com pais de nível de instrução relativamente baixo, as taxas de gravidez são mais altas (Vikat, Rimpela, Kosunen e Rimpela, 2002). De modo semelhante, meninas cujas mães se tornaram sexualmente ativas em idade precoce e tiveram seu primeiro filho precocemente tendem a seguir um caminho semelhante.

Em contraste, a probabilidade de gravidez é inferior entre adolescentes que se saem bem na escola e têm fortes aspirações educacionais. Essas meninas são menos propensas a serem sexualmente ativas em idade precoce e mais propensas a usar contraceptivos caso sejam sexualmente ativas. Meninas que têm boa comunicação sobre sexo e contracepção com suas mães também são menos propensas a engravidar.

Quando meninas adolescentes engravidam, na maioria dos casos elas enfrentam o conjunto de decisões mais difícil que já tiveram em suas breves vidas (ver *Ciência do desenvolvimento na clínica*, na página 410). Cerca de um terço das gestações adolescentes em todos os grupos étnicos termina em aborto, e cerca de 14% resultam em abortos espontâneos (Alan Guttmacher Institute, 2004). Entre brancas, 7% das adolescentes levam a gravidez a termo e cedem o filho para doação, mas apenas 1% das adolescentes afro-americanas cedem seus bebês para famílias adotivas.

Os filhos de mães adolescentes são mais propensos do que filhos de mães mais velhas a crescer na pobreza, com todas as consequências negativas que a acompanham para o desenvolvimento ideal da criança (Burgess, 2005). Por exemplo, eles tendem a alcançar metas desenvolvimentistas mais lentamente do que filhos de mães mais maduras (Pomerleau, Scuccimarri e Malcuit, 2003). Contudo, os filhos de mães adolescentes cujos próprios pais ajudam a cuidar da criança, nas finanças e em habilidades de criação, são menos propensos a sofrer desses efeitos negativos (Birch, 1998; Uno, Florsheim e Uchino, 1998).

Além disso, programas sociais que ajudam mães adolescentes no cuidado dos filhos e fornecem o apoio de que elas necessitam para permanecer estudando afetam positivamente tanto essas mães quanto seus bebês. Esses programas também favorecem os resultados para pais adolescentes (Kost, 1997).

> **OBJETIVO DA APRENDIZAGEM 13.7**
> Quais são algumas das causas que foram propostas para explicar a homossexualidade?

Jovens de minorias sexuais

A emergência de uma atração física por membros do sexo oposto, ou *heterossexualidade*, é uma das características que definem a adolescência para a maioria dos adolescentes. Para alguns, contudo, a adolescência é a época em que descobrem – ou confirmam – uma antiga suspeita: que se sentem atraídos por pessoas do mesmo sexo (*homossexualidade*) ou por pessoas de ambos os sexos (*bissexualidade*). Outros, ainda, se tornam cada vez mais convencidos de que seu gênero psicológico é incompatível com seu sexo biológico (*transexualidade*).

Adolescentes homossexuais e bissexuais Levantamentos envolvendo milhares de adolescentes apontaram que cerca de 92% deles se identificam como sendo exclusivamente heterossexuais em sua *orientação sexual*, ou seja, sua preferência por parceiros do mesmo sexo ou do sexo oposto (Austin et al., 2004; Remafedi, Resnick, Blum e Harris, 1998). Cerca de 7% dos adolescentes relatam que ainda não têm certeza sobre sua orientação sexual, e 1% diz que se classifica como exclusivamente *gay*, exclusivamente lésbica ou bissexual. Na idade adulta, 94% se declaram exclusivamente heterossexuais, e apenas pouco mais de 5% se descrevem como *gays*, lésbicas ou bissexuais, restando apenas uma proporção muito pequena dos que ainda não se decidiram sobre sua orientação sexual (Langer, Arnedt e Sussman, 2004).

CIÊNCIA DO DESENVOLVIMENTO NA CLÍNICA

Intervenção em crise para adolescentes grávidas

Brianna é uma jovem aluna do ensino médio que recém se tornou sexualmente ativa. Ela estava com medo de estar grávida, mas não sabia a quem recorrer para ter ajuda. Por fim, depois de se angustiar em torno de sua situação, Brianna visitou a clínica de sua escola, fingindo estar sofrendo de uma dor de barriga. Em sua conversa com a enfermeira, Brianna casualmente perguntou se uma menina que achasse que estava grávida poderia falar com a enfermeira da escola sem recear que ela contaria para os pais. A enfermeira percebeu que Brianna estava na verdade falando de si mesma. Depois de uma certa atrapalhação inicial, a enfermeira conseguiu estabelecer uma relação de confiança com a garota e pôde pôr em prática suas habilidades de intervenção em crise para ajudar Brianna a lidar com sua situação.

Um modelo de intervenção em crise proposto há mais de 40 anos continua sendo útil para profissionais de saúde na compreensão e auxílio de adolescentes em crise (Caplan, 1964). A primeira etapa de uma crise, chamada de fase inicial, é caracterizada por ansiedade e confusão. Assim, o primeiro passo em uma intervenção em crise em muitos casos de gravidez adolescente com frequência acontece quando um adulto importante na vida da adolescente reconhece uma mudança de comportamento e questiona a garota a esse respeito. Profissionais de saúde mental recomendam uma confrontação delicada durante essa fase (Blau, 1996). Por exemplo, pode-se lembrar uma adolescente grávida de que é impossível manter uma gravidez em segredo por muito tempo, mas essa não é com certeza a hora de bombardeá-la com perguntas do tipo "Como é que você vai sustentar o bebê?", "E os estudos?" ou "Você não pretende entrar na faculdade?".

A segunda fase de uma crise, a fase de agravamento, ocorre quando a adolescente começa a tentar confrontar a crise. Em muitos casos, as adolescentes nessa fase se sentem muito sobrecarregadas para manter funções diárias como ir à escola e cuidar dos deveres de casa. Nessa fase, as adolescentes podem responder bem a pessoas que as auxiliem a simplificar sua tomada de decisões dizendo-lhes diretamente o que fazer. Por exemplo, a mãe de uma adolescente grávida pode marcar uma consulta médica para a filha e assegurar que ela vá, em vez de ficar insistindo que ela marque a consulta por sua própria conta.

A terceira fase de uma crise é denominada fase de redefinição. Aqueles que estão dando apoio emocional para a adolescente grávida nessa fase podem ajudá-la por meio do processo de decompor o problema em componentes menores. Para uma adolescente que quer criar seu filho, os orientadores ou os pais podem dividir as decisões a serem tomadas em categorias financeira e educacional. Eles podem ajudar a adolescente a identificar metas de curto e longo prazos em cada categoria e ajudá-la a encontrar respostas para questões importantes. Por exemplo, para poder continuar estudando, a adolescente precisa verificar as opções de assistência infantil disponíveis.

Adolescentes que saem da fase de redefinição com um plano de ação realista tipicamente não estão mais em crise. Contudo, aquelas que não conseguem redefinir seu problema adequadamente entram na quarta fase, a fase disfuncional, na qual a adolescente ou perde a esperança ou passa a negar o problema. O objetivo da intervenção em crise é prevenir qualquer um dos desfechos da quarta fase. O sucesso de todo o processo provavelmente depende da presença de um adulto sensível na vida da adolescente que reconheça os sinais da fase inicial – apenas mais um motivo pelo qual as adolescentes, que podem parecer muito maduras, ainda precisam de atenção carinhosa e competente.

Questões para reflexão

1. Em que fase de crise estava Brianna quando visitou a clínica da escola?
2. Pense sobre como as fases de crise poderiam se manifestar em um tipo diferente de crise. Por exemplo, que comportamentos relacionados a fases poderiam ser demonstrados por um adolescente que foi detido por beber sendo menor de idade?

Leigos e também pesquisadores têm indagado o que faz com que algumas pessoas desenvolvam uma orientação homossexual ou bissexual. Vários estudos de gêmeos demonstram que, quando um gêmeo idêntico é homossexual, a probabilidade de que o outro também seja é de 50 a 60%, ao passo que a taxa de concordância é de apenas 20% para gêmeos fraternos e de apenas 11% para pares de meninos sem ligação biológica adotados pela mesma família (Dawood, Pillard, Horvath, Revelle e Bailey, 2000; Kendler, Thornton, Gilman e Kessler, 2000). Estudos de família também sugerem que a homossexualidade masculina é de família – ou seja, que as famílias da maioria dos homossexuais masculinos têm maior proporção de homens homossexuais do que as famílias de homens heterossexuais (Bailey et al., 1999). Essas descobertas reforçam a hipótese de que a homossexualidade tem uma base biológica (Dawood et al., 2000). Essas evidências não significam que o ambiente não desempenha nenhum papel na homossexualidade. Por exemplo, quando um de um par de gêmeos idênticos é homossexual, o outro não compartilha dessa orientação sexual em 40 a 50% das vezes. Algo além da biologia deve estar operando, mas os desenvolvimentistas ainda não sabem que fatores ambientais podem estar envolvidos.

Padrões hormonais pré-natais podem ser um fator na homossexualidade (Rahman e Wilson, 2003). Por exemplo, mulheres cujas mães tomaram *dietilestilbestrol* (*DES*, um estrógeno sintético) durante a gestação são mais propensas a serem homossexuais quando adultas do que mulheres que não foram expostas ao DES no útero (Meyer-Bahlburg et al., 1995). Esses estudos são compatíveis com a hipótese de que a homossexualidade pode não estar programada no nascimento ou, se existe um componente genético, um gatilho hormonal pode ser necessário para que a tendência inata para a atração pelo mesmo sexo se torne realidade.

Seja qual for a causa das variações na orientação sexual, o processo pelo qual um indivíduo adquire consciência de que é homossexual parece ser gradual. Alguns pesquisadores acham que o processo começa na meninice como um sentimento de dúvida sobre a própria heterossexualidade (Carver, Egan e Perry, 2004). Estudos retrospectivos verificaram que muitos homossexuais de ambos os sexos se lembram de que tinham fantasias homossexuais durante a adolescência, mas poucos aceitavam plenamente sua homossexualidade naquela época de suas vidas (Wong e Tang, 2004). Em vez disso, os passos finais para a plena autoconsciência e aceitação da própria homossexualidade parece ocorrer no início da vida adulta.

À medida que se debatem com questões sobre sua orientação sexual, muitos adolescentes homossexuais dizem se sentir isolados e rejeitados por seus pares (Martin e D'Augelli, 2003). Isso pode ajudar

O apoio social é imprescindível para adolescentes que se decidiram por uma orientação homossexual ou bissexual.

a explicar por que uma maior proporção de adolescentes homossexuais do que heterossexuais sofre de depressão e tentam suicídio (Cato e Canetto, 2003; Savin-Williams e Ream, 2003). Muitos profissionais de saúde mental sugerem que, para responder às necessidades dos adolescentes, as autoridades escolares ofereçam apoio emocional e social para adolescentes homossexuais (Rostosky, Owens, Zimmerman e Riggle, 2003; van Wormer e McKinney, 2003).

Adolescentes transexuais Adolescentes e adultos **transexuais** (ou *transgêneros*) são aqueles cujo gênero psicológico é o oposto do seu sexo biológico. Alguns estudos sugerem que indivíduos transexuais podem ter sido expostos a quantidades atípicas de androgênios no útero (Lippa, 2005). Entretanto, a maioria não tem esse histórico, e assim a causa da transexualidade continua sendo um mistério. Entretanto, adolescentes transexuais geralmente relatam que, desde muito pequenos, eles se interessavam mais por atividades associadas ao sexo oposto do que por aquelas que são típicas para o seu próprio sexo (Lippa, 2005). Contudo, a maioria das crianças que se sente atraída por atividades do gênero oposto, e mesmo as que expressam vontade de ser do gênero oposto, não apresentam transexualidade depois da puberdade (Cohen-Kettenis e van Goozen, 1997). Assim, esses comportamentos por parte das crianças não são considerados preditivos do desenvolvimento de transexualidade na adolescência.

Devido a seu medo de serem estigmatizados, a maioria dos adolescentes que suspeitam ser transexuais guarda seus sentimentos para si mesmos. A negação e raiva que costumam ser expressos pelos familiares quando os adolescentes transexuais se arriscam a "sair do armário" aumentam o sofrimento desses adolescentes (Zamboni, 2006). Consequentemente, como ocorre com os adolescentes homossexuais e bissexuais, os transexuais são mais propensos a sofrer de depressão e estão em maior risco de suicídio do que os adolescentes heterossexuais (Rosenberg, 2003).

transexual denotativo de indivíduos cujo gênero psicológico é o oposto de seu sexo biológico.

Saúde adolescente

Para a maioria dos indivíduos, a adolescência é um dos períodos mais saudáveis da vida. Contudo, à medida que adquirem independência, os adolescentes encontram numerosos riscos à saúde. Muitos desses riscos decorrem das escolhas comportamentais desses adolescentes.

> **OBJETIVO DA APRENDIZAGEM 13.8**
> Quais são algumas das questões nutricionais críticas na adolescência?

Nutrição

Como os adolescentes crescem rapidamente, especialmente nos primeiros anos desse período, suas necessidades nutricionais variam um pouco das de crianças e adultos. A ingestão de cálcio é especialmente imprescindível. Cerca de 1.200 a 1.500 miligramas diárias de cálcio são necessárias para sustentar o desenvolvimento esqueletal na adolescência, comparadas com 800 para crianças em idade escolar e 1.000 a 1.200 para adultos (American Academy of Pediatrics, 1999). Contudo, apenas 14% dos adolescentes consomem o número recomendado de porções de laticínios (CDC, 2008). Em média, os adolescentes nos Estados Unidos ingerem apenas 700 miligramas de cálcio por dia.

Tendências relacionadas à idade nos padrões de interação familiar ajudam a explicar esse achado. Uma vez que as bebidas escolhidas pelas crianças são mais monitoradas do que as de adolescentes, as crianças tendem a beber mais leite do que outras bebidas (Wang, Bleich e Gortmaker, 2008). Em contraste, os adolescentes consomem muito mais bebidas e sucos de fruta açucarados do que leite porque frequentam lojas de conveniência e restaurantes de *fast food* com os amigos. Assim, os adolescentes tendem a beber leite e consumir outros tipos de laticínio somente quando estão em casa. O cálcio também está presente em muitos legumes, mas apenas 21% dos adolescentes consomem a quantidade diária de legumes recomendada (CDC, 2008).

Os efeitos do consumo de bebidas açucaradas pelos adolescentes não se restringe às deficiências de cálcio. O crescente consumo dessas bebidas entre os adolescentes faz parte de uma tendência de 30 anos na qual os *carboidratos simples*, o tipo de carboidratos que o corpo rapidamente converte em energia, se tornaram a principal fonte de calorias na dieta dos adolescentes (Harris-Davis e Stallmann-Jorgensen, 2006). Durante o mesmo período, os adolescentes também se tornaram fisicamente menos ativos. Quando uma pessoa recebe mais energia do que pode gastar em atividade física, o corpo armazena as calorias extras na forma de gordura. Consequentemente, muitos especialistas de saúde pública atribuem a crescente prevalência de problemas de peso entre os adolescentes à combinação do aumento no consumo de carboidratos simples e redução nos níveis de atividade física (Harris-Davis e Stallmann-Jorgensen, 2006).

O sobrepeso é um pouco menos prevalente entre os adolescentes do que entre crianças em idade escolar (NCHS, 2007). Contudo, a tendência histórica é a mesma sobre a qual você aprendeu no Capítulo 10 para crianças em idade escolar. Na década de 1960, somente cerca de 5% dos adolescentes tinham sobrepeso (IMC para idade igual ou acima do 95º percentil) comparado com cerca de 17% na atualidade. Consequentemente, os adolescentes estão sendo cada vez mais diagnosticados com condições crônicas relacionadas ao peso, tais como diabete e doença cardiovascular (Rodriguez et al., 2006; Rosenthal e Gitelman, 2002).

Um fator que pode explicar o achado de que os adolescentes são um pouco menos propensos a terem sobrepeso do que as crianças em idade escolar é que muitos adolescentes tentam ativamente perder peso, incluindo aqueles que não têm problemas de peso. As dietas na adolescência representam o ponto máximo de uma tendência, evidente entre meninos e meninas desde os 7 anos, para uma crescente consciência da desejabilidade social da magreza e do conhecimento de métodos populares de perder peso (Kostanski, Fisher e Gullone, 2004). As estimativas do comportamento de dieta entre crianças em idade escolar variam muito de um estudo para o outro, mas parece claro que muitas crianças já tentaram perder peso antes de chegarem à adolescência. Entre os adolescentes, levantamentos sugerem que 40% fazem dieta regularmente e 20% usam medidas extremas tais como pílulas para emagrecer e jejum (CDC, 2006b; Neumark-Sztainer, Wall, Eisenberg, Story e Hannan, 2006). Como veremos posteriormente no capítulo, essas medidas extremas podem ser indicativas de um *transtorno alimentar*, um transtorno psicológico grave que envolve distorções do pensamento e comportamento que vão bem além das dietas normais. Na maioria dos adolescentes, contudo, o hábito de fazer dieta é provavelmente o resultado do desenvolvimento, durante os primeiros anos da adolescência, de uma aumentada capacidade de autorreflexão e comparações de si mesmo com ideais culturais (mais sobre essas tendências nos Capítulos 14 e 15).

Doenças

A taxa de doenças agudas – gripes, resfriados e assim por diante – diminui durante a adolescência. As taxas de algumas doenças crônicas também diminuem. Em contraste, a incidência de ataques de asma aumenta na adolescência (CDC, 1996). No processo de aprender a ser responsável pelo cuidado de seu corpo, os adolescentes com asma às vezes se esquecem de tomar os medicamentos prescritos ou se convencem de que podem ficar sem eles. Consequentemente, a incidência dos ataques de asma aumenta. A maioria dos adolescentes que sofrem dessas crises de asma aprende a dar mais valor ao cumprimento das recomendações médicas e a mudar seu comportamento de acordo com isso (Buston e Wood, 2000). Além disso, pesquisas recentes sugerem que lembretes da medicação enviados aos adolescentes por meio de mensagens de texto por telefone celular são úteis para ajudá-los a aprender a lidar com suas necessidades ligadas à asma (van der Meer et al., 2006).

Doenças sexualmente transmissíveis Previsivelmente, as taxas de comportamento sexual aumentam entre os adolescentes, assim como as taxas de **doenças sexualmente transmissíveis (DSTs)**, doenças que se disseminam por contato sexual. As taxas de DSTs tendem a ser mais altas entre indivíduos sexualmente ativos mais jovens do que entre os que são mais velhos. Na verdade, mais de metade de todos os novos casos de DSTs a cada ano nos Estados Unidos ocorre em jovens dos 15 aos 24 anos. A taxa de uma DST, a *clamídia*, é mais elevada entre os adolescentes do que entre em qualquer outra faixa etária. Cerca de 3% das mulheres sexualmente ativas de 15 a 19 anos nos Estados Unidos têm clamídia (CDC, 2007a). Mas as taxas de clamídia são insignificantes em comparação com as associadas ao *vírus papiloma humano (HPV)*. Aproximadamente metade das meninas de 15 a 19 anos tem resultado positivo para HPV, e quase 60% daquelas entre 20 a 24 anos estão infectadas com o vírus (Quick Stats, 2007).

Lendo as entradas na Tabela 13.3, na página 414, podemos ver que os efeitos das DSTs podem ser muito graves, especialmente os das infecções "silenciosas" como clamídia e HPV, as quais com frequência não produzem sintomas antes de terem causado muitos danos. Adolescentes e jovens adultos parecem estar em especial risco para essas doenças por diversos motivos interligados:

- Quanto mais velhos se tornam os adolescentes, maior sua probabilidade de terem múltiplos parceiros sexuais (consulte a Figura 13.2, na página 405).
- Muitos adolescentes não usam preservativos com regularidade. Eles podem usar outras formas de contracepção, mas somente os preservativos protegem contra as DSTs.

> **OBJETIVO DA APRENDIZAGEM 13.9**
> Que padrões de doença existem na adolescência?

doença sexualmente transmissível (DST) doença que se dissemina por contato sexual.

Tabela 13.3 Doenças sexualmente transmissíveis comuns

Doença	Sintomas	Tratamento	Consequências a longo prazo
Clamídia	Dor ao urinar; corrimento; desconforto abdominal; um terço não tem sintomas	Antibióticos	Doença inflamatória pélvica; esterilidade
Verrugas genitais (HPV)	Tumores indolores nos genitais e/ou ânus	Remoção das verrugas; cura desconhecida	Maior risco de câncer cervical
Herpes genital	Bolhas dolorosas nos genitais	Cura desconhecida; pode ser controlado com diversos medicamentos	Risco de transmissão aos parceiros e aos bebês durante o nascimento
Gonorreia	Corrimento; dor ao urinar	Antibióticos	Doença inflamatória pélvica
Sífilis	Feridas na boca e nos genitais	Antibióticos	Paralisia; dano cerebral; morte
HIV/AIDS	Fadiga; febre; infecções frequentes	Medicamentos antirretrovirais	Infecções crônicas; morte

- Os adolescentes, mais do que os adultos, acreditam que as DSTs são facilmente curadas.
- Muitos adolescentes que têm sintomas de DSTs adiam o tratamento por receio de que seus pais fiquem sabendo, por constrangimento ou porque não sabem onde buscar tratamento.

Muitos adolescentes são assustadoramente ignorantes a respeito de doenças sexualmente transmissíveis e suas possíveis consequências, ainda que cerca de 90% dos estudantes do ensino médio relatem que aprenderam sobre as DSTs na escola (CDC, 2000; Rosenthal, Lewis, Succop e Burklow, 1997; Sharma e Sharma, 1997). Mesmo quando têm conhecimento sobre as DSTs, muitos adolescentes carecem da força necessária para resistir à pressão sexual de um parceiro amoroso ou discutir o uso de preservativo.

Recentemente, a Food and Drug Administration aprovou uma vacina que as autoridades acreditam que vai proteger as mulheres contra quatro tipos de HPV (CDC, 2006a). A vacina é recomendada para todas as mulheres entre 9 e 26 anos. Contudo, ainda não se sabe por quanto tempo os efeitos protetores da vacina vão durar. Além disso, as autoridades assinalam que existem outras formas de HPV contra as quais a vacina não oferece proteção. Por esses motivos, as autoridades de saúde pública dizem que meninas e mulheres que recebem a vacina devem continuar usando preservativo.

As tentativas de desenvolver uma vacina contra o *vírus da imunodeficiência adquirida (HIV)*, o vírus que causa a *síndrome da imunodeficiência adquirida (AIDS)*, não tiveram, até agora, sucesso. Entretanto, *medicamentos antirretrovirais* interferem na capacidade do HIV de invadir as células saudáveis, processo pelo qual o HIV destrói o sistema imunológico de suas vítimas. Esses medicamentos reduziram drasticamente as taxas de mortalidade associadas ao HIV/AIDS (Merson, 2006).

Adolescentes do sexo masculino que têm relações com parceiros do mesmo sexo estão em maior risco de contrair HIV/AIDS do que outros grupos. Entre adolescentes do sexo masculino que têm teste positivo para HIV, 60% adquiriram o vírus dessa forma (CDC, 2007b). Além disso, cerca de 60% das adolescentes que têm teste positivo para HIV foram infectadas por contato sexual com um homem que teve relações homossexuais em algum momento do passado. Levantamentos que indicaram que a doença é praticamente inexistente entre homossexuais masculinos antes dos 15 anos, mas está presente em cerca de 10% deles aos 22 anos, levaram as autoridades de saúde pública a aumentar seus esforços para educar os jovens sobre HIV/AIDS (Valleroy et al., 2000). Além disso, elas recomendaram triagem universal para HIV entre adolescentes que mantêm relações homossexuais, para que drogas antirretrovirais possam ser prescritas o mais cedo possível no curso da doença. Programas de educação e triagem são especialmente importantes entre adolescentes do sexo masculino afro-americanos, que constituem 69% de todos os novos casos de HIV/AIDS entre 13 e 19 anos nos Estados Unidos (CDC, 2007b).

> **OBJETIVO DA APRENDIZAGEM 13.10**
> Como a busca de sensações influencia o comportamento de risco nos adolescentes?

Busca de sensações

Outro fator que contribui para as DSTs e outros tipos de ameaças à saúde entre os adolescentes são suas crenças sobre o grau em que são vulneráveis a riscos específicos. Os adolescentes parecem ter o que muitos desenvolvimentistas descrevem como nível intensificado de **busca de sensações**, ou um desejo de experimentar graus cada vez maiores de excitação, tais como os que acompanham dirigir em alta velocidade ou os "baratos" associados às drogas. A falta de maturidade no córtex pré-frontal e outras estruturas cerebrais é vista por alguns cientistas do desenvolvimento como o motivo pelo qual os adolescentes apresentam maior interesse pela busca de sensações do que os adultos (Breyer e Winters, 2005).

A criança integral em foco

Como Michelle canalizou sua tendência ao comportamento de busca de sensações em uma ocupação positiva? Descubra na página 484.

Fatores ambientais também desempenham um papel na busca de sensações. Na verdade, alguns pesquisadores acham que comportamentos de risco são mais comuns na adolescência do que em outros períodos porque ajudam os adolescentes a ganharem a aceitação dos amigos e estabelecerem autonomia em relação aos pais e outras figuras de autoridade (Donnenberg, Emerson, Bryant e King, 2006). Uma criação permissiva também contribui, assim como o uso de álcool (Donnenberg et al., 2006). Além disso, adolescentes que não estão envolvidos em atividades extracurriculares na escola ou para os quais a popularidade é importante são mais propensos a se envolver em comportamentos de risco do que adolescentes que dão menos valor à popularidade (Carpenter, 2001; Stein, Roeser e Markus, 1998).

As mensagens transmitidas pelos meios de comunicação populares sobre sexo, violência e uso de drogas e álcool podem influenciar o comportamento de risco dos adolescentes. Nos Estados Unidos, crianças de 13 a 17 anos passam mais tempo assistindo à televisão, ouvindo música e jogando *videogames* do que na escola (Collins et al., 2004). Surpreendentemente, a maioria dos adolescentes relata que seus pais têm poucas regras, ou nenhuma, em relação ao uso da mídia (Mediascope Press, 2000). Contudo, a pesquisa indica que as mensagens da mídia interagem com diferenças individuais na busca de sensações (Greene, Krcmar, Rubin, Walters e Hale, 2002). Assim, os adolescentes que mais buscam sensações são os mais fortemente influenciados pelos retratos da mídia do comportamento de risco.

Os programas de televisão em horários nobres contêm cerca de cinco cenas de sexo por hora, e apenas 4% delas oferecem informações sobre as possíveis consequências do sexo (Henry J. Kaiser Family Foundation, 2005). Drogas e álcool são ainda mais prevalentes do que sexo nos meios de comunicação populares. Um levantamento constatou que, dos 200 filmes pesquisados, 98% retrataram personagens usando algum tipo de substância e na maioria dos casos os personagens usaram mais do que uma substância (Mediascope Press, 1999). Outro grupo de pesquisadores verificou que 51% dos filmes pesquisados exibiam adolescentes fumando (Mediascope Press, 1999). Em outros 46%, os adolescentes apareciam consumindo álcool e 3% continham imagens de adolescentes usando drogas ilícitas. Mais uma vez, referências às consequências do uso de drogas e álcool eram raras, ocorrendo em apenas 13% dos filmes pesquisados.

O popular programa *Hannah Montana* dá menos ênfase à sexualidade do que muitos outros dirigidos aos adolescentes. Entretanto, diferenças individuais na busca de sensações influenciam como cenas desse tipo são interpretadas pelos telespectadores. Essas cenas provavelmente têm pouca influência no comportamento da maioria dos adolescentes, mas adolescentes sedentos de sensações podem interpretar que elas significam que ter um comportamento sexual em idade precoce é a chave para ser aceito e popular entre os amigos.

Drogas, álcool e tabaco

Você se lembra de ter tomado más decisões quando era adolescente, decisões que lhe fizeram pensar: como é que eu sobrevivi? A maioria dessas decisões acaba tendo pouco impacto no futuro dos adolescentes. Contudo, as escolhas que os adolescentes fazem sobre o uso de substâncias podem ter consequências a longo prazo.

> **OBJETIVO DA APRENDIZAGEM 13.11**
>
> Que padrões de consumo de drogas, álcool e tabaco são encontrados entre os adolescentes nos Estados Unidos?

Como se pode ver na Figura 13.4, o uso de drogas ilícitas é menos comum em coortes recentes do que em coortes passadas de adolescentes (Johnston, O'Malley, Bachman e Schulenberg, 2007). Os pesquisadores atribuem essa tendência ao declínio na aceitação do uso de drogas entre os adolescentes e a melhor compreensão dos adolescentes contemporâneos das consequências negativas do uso de drogas. Contudo, os especialistas concordam que o uso de drogas entre os adolescentes continua sendo um problema significativo por causa dos riscos aos quais os jovens se expõem – tais como dirigir embriagado e a possibilidade de desenvolver dependência permanente – quando usam essas substâncias.

A Tabela 13.4 na página 417 apresenta as porcentagens de alunos de 8ª série do ensino fundamental e final do ensino médio que relataram ter usado as drogas listadas nos 12 meses que antecederam a pesquisa.

busca de sensações desejo de experimentar graus cada vez maiores de excitação, tais como os que acompanham dirigir em alta velocidade ou os "baratos" associados às drogas.

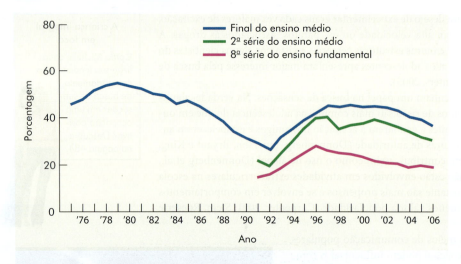

Figura 13.4 Tendências no uso de drogas ilícitas entre adolescentes.

Essa figura mostra a porcentagem de adolescentes que admitiram ter usado drogas ilícitas nos 12 meses anteriores. Como você pode ver, as taxas de uso de drogas vêm diminuindo desde os anos de 1970.

(*Fonte*: Johnston, O'Malley, Bachman e Schulenberg, 2007.)

Sem dúvida, como verificado em coortes anteriores, a maconha é a substância ilícita utilizada com mais frequência pelos adolescentes. Entretanto, um número surpreendente de adolescentes tem consumido medicamentos prescritos, tais como Ritalina, OxyContin e Vicodin. Porcentagens semelhantes de adolescentes usam medicamentos vendidos livremente, tais como remédios para tosse. (Observe que essas estatísticas se referem apenas ao uso desses medicamentos para outros propósitos que não os medicamente recomendados.) Entretanto, o uso de drogas ilícitas é muito menos prevalente do que o uso de álcool entre os adolescentes. Quase um terço dos alunos no final do ensino médio disseram ter bebido no mês que antecedeu a pesquisa.

O que faz um adolescente querer usar álcool ou drogas? Aqueles que expressam mais interesse na busca de sensações são os mais propensos a usar drogas e consumir álcool (Donohew et al., 1999). Com efeito, os pesquisadores constataram que o grau de interesse por sensações de cada indivíduo prediz suas amizades – ou seja, adolescentes que buscam muitas sensações escolhem amigos semelhantes. Uma vez formados esses grupos, a busca de sensações se torna uma característica central de suas atividades. Assim, por exemplo, se um membro do grupo experimenta maconha ou álcool, os outros fazem o mesmo. Contudo, adolescentes que passam muito tempo sozinhos também podem ser vulneráveis ao abuso de substâncias. Pesquisadores constataram que adolescentes tímidos, principalmente os que possuem alto grau de neuroticismo, são mais propensos a usar álcool e drogas do que adolescentes mais sociáveis (Kirkcaldy, Siefen, Surall e Bischoff, 2004).

A busca de sensações também interage com o estilo de criação para aumentar a probabilidade de uso de drogas. A criação democrática parece prover proteção aos adolescentes que buscam sensações contra suas tendências impulsivas (Pilgrim, Luo, Urberg e Fang, 1999). Na verdade, para adolescentes afro-americanos, uma criação democrática pode neutralizar totalmente a possível influência de amigos usuários de drogas. Além disso, os pais que têm percepções realistas da prevalência da bebida entre os adolescentes têm menor tendência a ter filhos adolescentes que bebem. Esses pais, que estão conscientes da prevalência do uso de álcool entre os adolescentes, tentam impedir que seus filhos se envolvam em situações em que beber seja provável, tais como eventos sociais não supervisionados (Bogenschneider, Wu, Raffaelli e Tsay, 1998).

Assinalamos o possível papel da maturidade cerebral na busca de sensações e no comportamento de risco, mas como o álcool e outras substâncias afetam o desenvolvimento cerebral? Uma constatação é que essas substâncias acarretam diminuição das inibições, como ocorre nos adultos. Entretanto, o grau de desinibição e de risco das atividades em busca de sensação que resultam da desinibição induzida por álcool são maiores nos adolescentes (Breyer e Winters, 2005). Além disso, alguns estudos sugerem que o cérebro adolescente requer mais álcool, maconha e outras drogas para experimentar um "barato", assim aumentando o risco de reações adversas imediatas e dependência duradoura dessas substâncias. Uma vez dependentes de álcool ou drogas, os adolescentes podem perder a capacidade de julgar o valor de outras recompensas, tais como notas, em função dos efeitos dessas substâncias no desenvolvimento do córtex pré-frontal (Goldstein e Volkow, 2002). Por esse motivo, o álcool e as drogas representam imensas ameaças à rota de desenvolvimento de um adolescente, um motivo a mais para que os pais atentem para o monitoramento das atividades de seus filhos adolescentes e apoiem seu desenvolvimento de formas positivas.

A busca de sensações parece ser menos importante no uso de tabaco. Levantamentos sugerem que 12% dos adolescentes nos Estados Unidos fumam regularmente e 30% já experimentaram fumar (Johnston et al., 2007). As taxas de tabagismo diminuíram consideravelmente desde meados da década

Tabela 13.4 Porcentagens de adolescentes que usaram drogas ilícitas nos últimos 12 meses

Substância	Alunos da 8ª Série do EF	Alunos da 2ª Série do EM	Alunos do final do EM
Álcool	34	56	67
Maconha	12	25	32
Vicodin*	3	7	10
Pílulas para emagrecer*	5	8	8
Tranquilizantes*	3	5	7
Remédios para resfriado vendidos livremente*	4	5	7
Cocaína	2	3	5
OxyContin*	3	4	4
MDMA (Ecstasy)	1	3	4
Crack	1	1	2
Ritalina*	3	4	4
Metanfetamina	2	2	3
LSD	<1	2	2
Heroína	1	1	1

* Uso recreativo, fora do âmbito da finalidade para a qual o medicamento foi aprovado para uso médico.
Fonte: Johnston et al., 2007.

de 1970, quando cerca de 30% dos adolescentes mais velhos fumavam regularmente. Pesquisadores afirmam que, graças às campanhas de educação pública e inclusão de informações antifumo nos programas escolares de ensino, mais adolescentes estão hoje cientes das consequências do fumo na saúde do que em gerações anteriores. Além disso, muitos adolescentes relatam que se opõem ao fumo devido ao possível efeito dele sobre sua atratividade aos olhos de possíveis parceiros amorosos.

A influência dos pares desempenha um papel importante no fumo entre os adolescentes. Um adolescente que não fuma tende a adquirir o hábito caso comece a se associar a um grupo coeso de adolescentes no qual o fumo seja um comportamento proeminente e um sinal de afiliação ao grupo. De fato, alguns desenvolvimentistas alertam os pais que, se os amigos de seu filho adolescente fumam, especialmente amigos íntimos junto com os quais o jovem passa muito tempo, os pais devem presumir que seu filho também fuma (Urberg, Degirmencioglu e Pilgrim, 1997). O período entre os 15 e os 17 parece ser a época em que o adolescente é mais suscetível às influências dos amigos em relação ao fumo (West, Sweeting e Ecob, 1999). Sem dúvida, portanto, pelo monitoramento dos amigos de seus filhos dos 15 aos 17 anos e desencorajando-os a se associarem com fumantes, os pais podem ajudar a evitar que seus filhos adolescentes fumem (Mott, Crowe, Richardson e Flay, 1999).

Mortalidade

> **OBJETIVO DA APRENDIZAGEM 13.12**
> Quais são as principais causas de morte na adolescência?

No Capítulo 10, você aprendeu que acidentes são a principal causa de morte entre crianças de 5 a 9 anos e de 10 a 14 anos. Como podemos ver na Figura 13.5 na página 418, os acidentes continuam sendo a principal causa de morte entre brancos, hispano-americanos, americanos asiáticos e americanos nativos de 15 a 19 anos (Heron, 2007). Entretanto, entre adolescentes afro-americanos, os homicídios são a principal causa de morte. Observe também que a taxa de suicídio é muito mais alta entre adolescentes americanos nativos do que em outros grupos. Além disso, a taxa de mortalidade geral é mais do que três vezes mais alta entre adolescentes do que em idades anteriores. Cerca de 19 de cada 100.000 adolescentes de 10 a 14 anos morrem todos os anos, comparados com 66 a cada 100.000 de 15 a 19 anos (Heron, 2007).

Embora as taxas de mortalidade sejam mais altas entre homens do que entre mulheres em todas as faixas etárias, na adolescência a diferença entre os sexos se torna bastante grande (Heron, 2007).

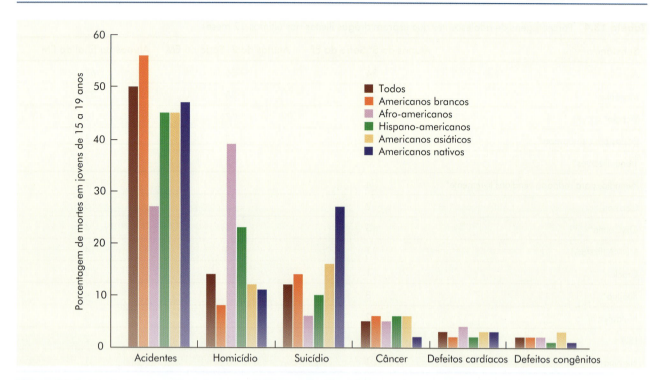

Figura 13.5 Principais causas de morte entre adolescentes de 15 a 19 anos.

Como mostra a figura, os acidentes são a principal causa de morte entre adolescentes brancos, hispano-americanos e americanos asiáticos. Em contraste, o homicídio é responsável pelo maior percentual de vidas dos jovens afro-americanos.

(*Fonte:* Heron, 2007.)

Por exemplo, entre crianças de 10 a 14 anos, as taxas de mortalidade para mulheres e homens são de 15 e 22 a cada 100.000, respectivamente. Para adolescentes de 15 a 19 anos, as respectivas taxas são 39 e 91 a cada 100.000. Essa diferença é em grande parte atribuível ao fato de que as taxas de homicídio e suicídio são muito mais altas entre adolescentes do sexo masculino do que entre adolescentes do sexo feminino. Pouco mais do que 15 a cada 100.000 meninos adolescentes são mortos em algum tipo de ato violento a cada ano, embora apenas 3 a cada 100.000 meninas adolescentes morrem como resultado de violência. A diferença é quase tão grande para suicídio, com 3 de cada 100.000 meninas adolescentes morrendo como resultado de suicídio a cada ano, comparadas com 13 de cada 100.000 meninos adolescentes.

Diferenças de gênero afora, o aumento geral na mortalidade durante a adolescência e vida adulta inicial se deve sobretudo à frequência de acidentes com veículos automotores entre motoristas jovens. Na verdade, a taxa de morte devido a acidentes com veículos automotores é maior entre jovens de 15 a 20 anos do que em qualquer outra faixa etária (National Highway Traffic Safety Administration [NHTSA], 2006). Motoristas adolescentes do sexo masculino têm três vezes mais chances de morrer em consequência de acidentes com veículos automotores do que motoristas do sexo feminino.

O álcool é um fator em 24% dos acidentes de automóvel fatais envolvendo motoristas adolescentes do sexo masculino e 12% dos acidentes fatais envolvendo motoristas adolescentes do sexo feminino (NHTSA, 2006). Como você aprendeu anteriormente no capítulo, muitos adolescentes se envolvem em comportamentos de risco porque não se consideram vulneráveis à morte. O álcool aumenta esses sentimentos de invulnerabilidade, levando os adolescentes a serem menos propensos a usar o cinto de segurança e mais propensos a andar em alta velocidade quando dirigem sob influência do álcool do que adultos. A presença de passageiros no carro aumenta a probabilidade desses comportamentos de alto risco, talvez porque os motoristas adolescentes queiram parecer destemidos para seus pares.

Nos Estados Unidos, a maioria dos estados implementou mudanças nas leis de habilitação para motoristas em um esforço para reduzir a prevalência de acidentes de automóvel fatais; essas mudanças incluem as chamadas carteiras de motoristas graduadas (Cobb, 2000). Sob essas leis, adolescentes de 16 anos podem dirigir, mas precisam permanecer sem acidentes e multas por um certo período de tempo antes de poderem ter privilégios como dirigir à noite. Em alguns estados, os motoristas com menos de 18 anos não podem dirigir com um passageiro com menos de 18 anos no banco da frente.

Desenvolvimento atípico

Como você aprendeu no Capítulo 1, o conceito de adolescência como período de transição entre a infância e vida adulta foi introduzido no estudo do desenvolvimento humano por G. Stanley Hall. Em seu clássico livro de 1904 *Adolescence: its psychology and its retaliation to physiology, anthropology, sociology, sex, crime, religion and education* [*Adolescência: sua psicologia e suas relações com a fisiologia, antropologia, sociologia, sexo, crime, religião e educação*], Hall foi buscar na literatura alemã uma expressão – *sturm und drang* (tempestade e tormenta) – para descrever a luta do adolescente por individualidade. Mais de 100 anos depois, muitas pessoas continuam pensando a adolescência como um período marcado por instabilidade e precária saúde mental. Apesar desse estereótipo, a maioria dos adolescentes é mentalmente saudável. Contudo, uma significativa minoria (cerca de 20%) dos adolescentes desenvolve problemas de saúde mental (U.S. Department of Health and Human Services, 1999). Aqui discutimos três categorias de transtornos que aparecem durante a adolescência: transtornos da conduta, transtornos alimentares e transtornos depressivos.

Transtornos da conduta

> **OBJETIVO DA APRENDIZAGEM 13.13**
> Quais são as características que distinguem o transtorno da conduta com início na adolescência da delinquência?

Como você aprendeu no Capítulo 10, o *transtorno da conduta com início na infância* é um padrão de comportamento que se inicia antes dos 10 anos e inclui agressividade, propensão à discussão, provocação, desobediência, irritabilidade e comportamento ameaçador e ruidoso. Quando esse padrão de comportamento emerge aos 11 anos ou mais tarde, a criança recebe o diagnóstico de **transtorno da conduta com início na adolescência**. O comportamento delinquente também pode ser evidente em adolescentes com transtorno da conduta.

Transtorno da conduta com início na adolescência Em contraste com o transtorno da conduta com início na infância, adolescentes diagnosticados com a forma do transtorno com início na adolescência tendem a manifestar comportamentos antissociais mais suaves, mais transitórios e mais em função de andar com más companhias do que um problema de comportamento profundamente arraigado. Como as crianças com transtorno da conduta, os adolescentes com esse padrão de problemas têm amigos que se comportam de modo semelhante. Contudo, a associação com amigos antissociais agrava o comportamento de adolescentes com o transtorno da conduta com início na adolescência, ao passo que o comportamento de crianças mais jovens com esse transtorno permanece essencialmente o mesmo quer elas tenham amigos antissociais quer sejam "solitárias" (Vitaro, Tremblay, Kerr, Pagani e Bukowski, 1997). Além do mais, os padrões de comportamento antissocial dos portadores de transtorno da conduta com início na adolescência muitas vezes mudam à medida que mudam seus relacionamentos (Laird, Pettit, Dodge e Bates, 1999). Consequentemente, a influência dos amigos parece ser o fator mais importante no desenvolvimento do transtorno da conduta com início na adolescência.

O estilo de criação e outras variáveis de relacionamento parecem ser fatores adicionais nesse tipo de comportamento antissocial. Vários estudos demonstram que uma criação autoritária aumenta o risco do transtorno da conduta com início na adolescência (Smith e Farrington, 2004). Assim, é possível que pais que não equilibrem rigorosa supervisão com o reconhecimento da necessidade dos adolescentes de compreender os motivos por trás das regras provoquem rebeldia em alguns jovens. Entretanto, o contexto cultural em que a criação ocorre também importa. Parece que a associação de uma criação autoritária a uma cultura que endossa regras rígidas e aplicação rigorosa dessas regras não aumenta o risco de transtorno da conduta nos adolescentes. Por exemplo, na maioria das sociedades do Oriente Médio, crianças cujos pais possuem o estilo autoritário são menos propensas a desenvolver transtornos da conduta do que aquelas cujo estilo de disciplina de suas famílias não corresponde ao da cultura mais ampla (Dwairy, 2008).

A criação permissiva também está associada ao transtorno da conduta com início na adolescência. A maioria dos adolescentes que desenvolvem o transtorno tem pais que não os monitoram suficien-

transtorno da conduta com início na adolescência padrão de comportamento que se inicia aos 11 anos ou depois e inclui altos níveis de agressividade, propensão à discussão, provocação, desobediência, irritabilidade e comportamento ameaçador e ruidoso.

temente, com frequência porque só há um dos pais no lar (Office of Juvenile Justice and Delinquency Prevention [OJJDP], 2006). Eles também são atraídos por grupos de amigos que incluem adolescentes que estão experimentando drogas ou pequenos atos ilícitos. Depois de conviver com esses grupos por alguns meses, adolescentes anteriormente não antissociais mostram certo aumento nos comportamentos de risco, tais como aumentado uso de drogas (Berndt e Keefe, 1995; Dishion, French e Patterson, 1995; Steinberg et al., 1994). Entretanto, quando os pais fornecem bom monitoramento e apoio emocional, seus filhos adolescentes tendem a não apresentar comportamento antissocial, mesmo que convivam com um grupo "da pesada" ou tenham amigos íntimos que apresentem esses comportamentos (Brown e Huang, 1995; Mounts e Steinberg, 1995).

delinquência categoria estreita de problemas de comportamento que inclui transgressão intencional da lei.

Delinquência Infelizmente, muitos adolescentes com transtorno da conduta, independentemente da idade em que o diagnóstico é feito, também apresentam **delinquência**, uma categoria de problemas de comportamento mais estreita que envolve transgressão intencional da lei. É extremamente difícil estimar quantos adolescentes se envolvem em comportamento delinquente. Uma forma de abordar o problema é considerar o número de detenções – embora se possa argumentar que as taxas de detenção são apenas a ponta do *iceberg*. Cerca de 6% dos *adolescentes*, jovens entre as idades de 10 e 18 anos, foram detidos em 2005 nos Estados Unidos (Puzzanchera, Adams, Snyder e Kang, 2007). Dos 15 aos 17 anos, a taxa de detenção é próxima de 10% – uma taxa mais alta do que para qualquer outra faixa etária. Muitas dessas detenções são por infrações relativamente pequenas, mas cerca de um terço delas é por crimes graves, incluindo assassinato, arrombamento, estupro e incêndio culposo.

As taxas de delinquência são cerca de 40% mais altas hoje do que eram em 1980 (OJJDP, 2006). Felizmente, contudo, a taxa de detenção de adolescentes infratores vem diminuindo nos Estados Unidos desde seu auge em meados da década de 1990. Mas o declínio nas taxas gerais de delinquência durante os últimos anos obscurece um padrão de mudança complexo. Os crimes contra a propriedade, tais como roubo, diminuíram, mas o número de detenções por assalto simples (p. ex., ameaças ou outra agressão que não cause dano corporal sério) aumentou significativamente. Além disso, embora as detenções envolvendo homens tenham diminuído em 15%, as detenções de mulheres se mantiveram estáveis. Na verdade, a tendência geral entre adolescentes infratores, em que os declínios nos crimes contra propriedade são acompanhados por aumentos nos crimes contra pessoas, pode em grande parte ser atribuída a um aumento significativo nas detenções de adolescentes do sexo feminino por assalto simples.

As crescentes taxas de uso de álcool e drogas entre meninas têm sido apontadas como a causa do aumento nos crimes contra pessoas cometidos por elas (Auditor General of British Columbia, 2000). Entretanto, existem muitos fatores de risco para delinquência que se aplicam a ambos os gêneros. Q.I. baixo é um deles (Lynam, Moffitt e Stouthamer-Loeber, 1993). Esse vínculo entre escore de Q.I. e delinquência não pode ser explicado argumentando-se que delinquentes menos inteligentes têm maior probabilidade de serem pegos. Tampouco ele é simplesmente um produto da classe social ou das diferenças étnicas tanto na delinquência quanto no Q.I, pois delinquentes brancos de classe média também têm Q.I.s mais baixos do que seus pares não delinquentes. Na verdade, escores de Q.I. baixos parecem ser um fator de risco genuíno para delinquência, especialmente para crianças com tipos de transtorno da conduta de início precoce, para as que apresentam formas mais sérias e violentas de infração e para as que experimentam algum fracasso escolar (Hämäläinen e Pulkkinen, 1996). O argumento oferecido por Donald Lynam e colaboradores (1993) é que o fracasso escolar reduz o envolvimento do jovem com a escola e com os valores que ela representa. O fracasso escolar também aumenta a frustração da criança e do adolescente, o que aumenta a probabilidade de algum tipo de agressão. Assim, para muitos jovens menos inteligentes, o constrangimento social ao comportamento delinquente oferecido pela educação é simplesmente mais fraco.

Variações na autoestima também estão relacionadas ao comportamento delinquente. Entretanto, existe considerável controvérsia sobre se a autoestima baixa ou alta predispõe um adolescente a ter comportamento delinquente. Por um lado, Brent Donnellan e seus colaboradores alegam que as crianças que desenvolvem baixa autoestima no ensino fundamental, talvez ocasionado por algum fracasso escolar ou rejeição dos colegas, são mais propensas à delinquência em anos posteriores (Donnellan, Trzeniewski, Robins, Moffitt e Caspi, 2005). Em contraste, Roy Baumeister e colaboradores afirmam que o desenvolvimento de uma autoestima inadequadamente alta durante a infância, dadas as reais realizações de um indivíduo, está associada à delinquência (Baumeister, Smart e Boden, 1999). Em outras palavras, Baumeister sugere que o *narcisismo*, a concepção de que somos o centro das coisas, tem maior probabilidade de estar no centro do senso de autoestima de um adolescente delinquente do que a baixa autoestima. Até o presente, ambos os lados produziram evidências que corroboram suas concepções. Consequentemente, Donnellan afirma que os pesquisadores provavelmente deveriam considerar o tipo de baixa autoestima que ele mede como sendo qualitativamente distinta do narcisismo que tem sido estudado pelo grupo de Baumeister (Donnellan, et al., 2005). Ele diz que é possível que um adolescente delinquente seja narcisista e também tenha baixa autoestima quando julga a si mesmo segundo os critérios que ele sabe que fazem parte de uma definição cultural de pessoas "boas". O que parece claro é que adolescentes que apresentam comportamento delinquente têm visões de si mesmos que os distinguem dos adolescentes que não têm esse tipo de comportamento.

Contudo, é importante enfatizar que as formas mais brandas de delinquência nem sempre persistem na vida adulta. Muitos adolescentes cometem apenas atos delinquentes ocasionais e não apresentam problemas adicionais na vida adulta. Para eles, o comportamento delinquente suave é apenas uma fase. São os que apresentam uma síndrome de atos delinquentes acrescida de comportamento de alto risco e que vêm de famílias pouco carinhosas e com controle ineficaz que tendem a praticar atos criminosos quando adultos.

Transtornos alimentares

> **OBJETIVO DA APRENDIZAGEM 13.14**
> Quais são as características e causas dos transtornos alimentares?

Como assinalamos anteriormente, uma parcela considerável dos adolescentes nos Estados Unidos faz dieta regularmente. Entretanto, fazer dieta é muito diferente de ter um *transtorno alimentar*, que é uma categoria de transtorno mental em que os comportamentos alimentares vão muito além da experiência cotidiana das pessoas com as tentativas de perder peso (DSM-IV TR, 2000). Mais importante, indivíduos com transtornos alimentares têm uma imagem corporal distorcida que, em casos extremos, os faz acreditar que estão acima do peso quando na verdade estão à beira da inanição. Esses transtornos, que podem ser fatais, tendem a se manifestar pela primeira vez na vida das pessoas em meados ou final da adolescência. Eles são mais comuns nas mulheres do que nos homens, mas homossexuais de ambos os sexos, assim como adolescentes que não estão certos sobre sua orientação sexual, também estão em maior risco de desenvolver transtornos alimentares do que heterossexuais (Austin et al., 2004).

Anorexia nervosa Os adolescentes que sofrem de **anorexia nervosa** fazem dietas rigorosas, têm intenso medo de ganhar peso e são obcecados por exercícios físicos. Em garotas ou mulheres (que são de longe as mais acometidas), a perda de peso acaba produzindo diversos sintomas físicos associados à privação de alimentos: perturbações do sono, interrupção da menstruação, insensibilidade à dor, perda de cabelo, baixa pressão arterial, vários problemas cardiovasculares e temperatura corporal reduzida. Entre 10 e 15% dos que sofrem de anorexia nervosa literalmente morrem de fome; outros morrem em função de algum tipo de disfunção cardiovascular (Deter e Herzog, 1994).

Bulimia nervosa A **bulimia nervosa** envolve uma preocupação intensa com o peso aliada a ciclos, que ocorrem duas vezes por semana ou com mais frequência, de ingestão excessiva de alimentos seguida de purgação através de vômito autoinduzido, uso excessivo de laxativos ou exercícios físicos excessivos (DSM-IV TR, 2000). Adolescentes com bulimia normalmente não são excepcionalmente magros, mas são obcecados pelo peso, sentem profunda vergonha de seu comportamento anormal e com frequência experimentam significativa depressão. As consequências físicas da bulimia incluem excesso de cáries dentárias (devido ao vômito frequente), irritação estomacal, reduzida temperatura corporal, perturbações da química corporal e perda de cabelo.

Fatores de risco Alguns teóricos propuseram causas biológicas para os transtornos alimentares, tais como algum tipo de disfunção cerebral. Pesquisadores recentemente identificaram um gene que pode desempenhar um papel causal no desenvolvimento da anorexia nervosa (Frisch et al., 2001). Entretanto, outros argumentam em prol de uma explicação psicanalítica, tal como medo de crescer. Mas a explicação mais promissora pode estar na discrepância entre a imagem interna que um jovem tem de um corpo desejável e sua percepção de seu próprio corpo.

Alguns desenvolvimentistas sugerem que uma ênfase na magreza como uma característica de mulheres atraentes, que é comum nas culturas ocidentais, contribui para a prevalência dos transtornos alimentares (Pelletier, Dion e Levesque, 2004). Em uma tentativa de testar essa hipótese, as reações de meninas de 6 a 12 anos às imagens de mulheres magras *sexy* foram comparadas às reações de meninos

anorexia nervosa transtorno alimentar caracterizado por privação de alimentos autoimposta.

bulimia nervosa transtorno alimentar caracterizado por empanzinamento e purgação.

a imagens de homens musculosos supermasculinos, a fim de descobrir desde que idade as crianças se conscientizam dos estereótipos culturais sobre os tipos corporais masculino e feminino ideais (Murnen, Smolak, Mills e Good, 2003). Pesquisadores constataram que mesmo as crianças mais jovens nessa faixa etária expressam admiração pela aparência dos modelos retratados nessas imagens e que as crianças estão mais interessadas nas imagens idealizadas de adultos de seu próprio gênero. Entretanto, as meninas são mais propensas do que os meninos a comparar sua própria aparência a de modelos. Além disso, entre as meninas, as que estão mais satisfeitas com sua própria aparência física são as menos propensas a comparar seus próprios corpos às imagens de mulheres atraentes exibidas na mídia (Murnen et al., 2003; Rabasca, 1999).

Essas descobertas apoiam a asserção de muitos desenvolvimentistas de que as meninas internalizam imagens que representam o que poderia ser chamado de "ideal de magreza" durante a meninice e as utilizam como padrões para comparar as mudanças em seus corpos que ocorrem durante a puberdade (Hermes e Keel, 2003). Na verdade, a pesquisa mostra que, aos 11 anos, as meninas estão significativamente mais insatisfeitas com seus corpos do que os meninos com os seus, e a diferença de gênero na satisfação com o corpo aumenta durante a adolescência (Sweeting e West, 2002). Como você poderia esperar, dados esses resultados, os pesquisadores também constataram que a tendência das meninas de se compararem a ideais de magreza aumenta no decorrer da puberdade (Hermes e Keel, 2003).

Pesquisas interculturais examinando sociedades em que os transtornos alimentares não eram conhecidos, mas recentemente se tornaram problemas de saúde pública importantes, sugerem que vários fatores interagem para ocasionar o surgimento da anorexia e bulimia (Gordon, 2001). Parece que a anorexia e a bulimia aparecem à medida que o padrão de vida geral de uma sociedade melhora. À medida que os padrões de vida aumentam, os produtos alimentícios se tornam abundantes onde a escassez antes era a regra. A abundância de alimentos traz consigo o aparecimento da alimentação excessiva e do sobrepeso entre algumas pessoas. Em resposta, os que têm algum tipo de tendência interna para desenvolver uma imagem corporal distorcida começam a temer que também vão engordar. Ao mesmo tempo, o acesso aos meios de comunicação ocidentais que promovem a magreza aumenta como resultado da crescente afluência da cultura. Quando isso acontece, aumenta a prevalência tanto das imagens corporais distorcidas quanto dos transtornos alimentares. Esse padrão de emergência de transtornos alimentares foi documentado na China, Índia, Argentina, México, África do Sul, Coreia do Sul, Portugal, Cingapura, Turquia e Emirados Árabes. Em todos esses países, nos quais houve um aumento notável no padrão de vida e no acesso à mídia, os transtornos alimentares eram praticamente desconhecidos até 1990, mas desde então se tornaram um problema de saúde pública importante.

Contudo, o pensamento recente tem dado mais ênfase à saúde psicológica preexistente das pessoas que desenvolvem transtornos alimentares do que a influências culturais. Alguns pesquisadores afirmam que as imagens corporais dos indivíduos que sofrem de transtornos alimentares são o resultado de uma tendência geral para pensamento distorcido (Dyl, Kittler, Phillips e Hunt, 2006). Em outras palavras, esses pesquisadores dizem que as pessoas que têm transtornos alimentares tendem a pensar de forma distorcida sobre muitas coisas, não apenas sobre seus corpos. Sob essa perspectiva, imagens internalizadas do corpo "perfeito" alimentam as vendas de produtos dietéticos entre pessoas psicologicamente saudáveis, mas trazem uma consequência bem mais séria, um verdadeiro transtorno alimentar, em indivíduos que têm tendência para distorção do pensamento. Assim, a publicidade pode ter um efeito mais poderoso em um adolescente que tem uma tendência geral para percepções distorcidas de si mesmo e dos outros do que em adolescentes que tendem a ver a si e aos outros de forma mais realista. Por exemplo, muitas meninas que sofrem de bulimia também são diagnosticadas com *transtorno da personalidade borderline*, transtorno psiquiátrico no qual os indivíduos têm temores irracionais infundados de serem abandonados pelas pessoas que amam, além de muitas outras percepções distorcidas (Halmi, 2003).

Estudos longitudinais parecem apoiar essa visão. Em um deles, mulheres jovens que tinham anorexia nervosa na adolescência (das quais 94% tinham se recuperado de seus transtornos alimentares) mostraram-se muito mais propensas a sofrer de diversas doenças mentais do que a população em geral (Nilsson, Gillberg, Gillberg e Rastam, 1999). O *transtorno da personalidade obsessivo-compulsiva*, condição caracterizada por uma excessiva necessidade de controlar o ambiente, parece ser especialmente prevalente nesse grupo. Os autores do estudo afirmaram que as dificuldades mentais das jovens no estudo não pareciam ser resultantes de terem sofrido de um transtorno alimentar anteriormente. Em vez disso, tanto os transtornos alimentares das adolescentes como os problemas das mulheres na vida adulta parecem ter sido produzidos por uma tendência consistente para percepções distorcidas.

Ao se olhar no espelho, é provável que essa moça de 15 anos com anorexia nervosa se ache "muito gorda", apesar de evidentemente estar muito magra.

Tratamento A anorexia é muito difícil de tratar. Em primeiro lugar, muitos adolescentes com anorexia são bons na ocultação de sua condição (ver *Ciência do desenvolvimento em casa*). A maioria é firme em sua resolução de não comer, ao mesmo tempo insistindo que não há nada de errado com elas. O principal ponto do tratamento, portanto, é fazer o indivíduo ganhar peso. O paciente pode ser hospitalizado, receber uma dieta controlada e receber recompensas por pequenos ganhos de peso e aumentos na ingestão de alimentos. O tratamento geralmente inclui algum tipo de psicoterapia e/ou um grupo de autoajuda.

A bulimia é, como a anorexia, difícil de tratar. Às vezes o tratamento é complicado pelo fato de que uma pessoa com um transtorno alimentar tende a ter também um transtorno da personalidade ou ser tímida demais para ter uma efetiva interação com terapeutas (Goodwin e Fitzgibbon, 2002; Rosenvinge, Matinussen e Ostensen, 2000). Alguns programas de modificação do comportamento têm ajudado a extinguir o comportamento bulímico (Traverso, Ravera, Lagattolla, Testa e Adami, 2000), e a terapia cognitivo-comportamental tem sido usada com sucesso para ajudar pacientes com bulimia a modificar seus hábitos alimentares e suas atitudes anormais sobre forma e peso corporal (Wilson e Sysko, 2006).

Depressão e suicídio

> **OBJETIVO DA APRENDIZAGEM 13.15**
> Quais adolescentes estão em maior risco de depressão e suicídio?

Como você aprendeu no Capítulo 10, o *transtorno depressivo maior (TDM)* é definido como um período de profunda tristeza que dura seis meses ou mais e que afeta o funcionamento físico, cognitivo e social. Estudos epidemiológicos revelam que, em qualquer momento, de 18 a 30% dos adolescentes estão passando por uma depressão persistente, sendo que cerca de 6% satisfazem os critérios para TDM (CDC, 2006b; Saluja et al., 2004; U.S. Department of Health and

---

CIÊNCIA DO DESENVOLVIMENTO EM CASA

Reconhecendo os sinais de um transtorno alimentar

Como sempre, Winnie estava com pressa no dia que tinha que levar sua filha de 14 anos, Lynn, ao pediatra depois da escola para tomar a vacina contra sarampo. Pensamentos sobre como seria possível levar o irmão de Lynn de 10 anos ao treinamento de futebol a tempo passavam por sua cabeça enquanto a enfermeira pesava e media Lynn antes de dar-lhe a injeção. Assim, Winnie ficou um pouco incomodada quando a enfermeira lhe disse que Lynn teria que consultar com um médico antes de poder tomar a vacina. Quando o pediatra entrou, ele pediu a Winnie que saísse da sala de exame para conversar com Lynn a sós. Uns minutos depois, o médico a chamou de volta à sala. Winnie ficou chocada quando ele perguntou se ela sabia que Lynn tinha perdido 7 quilos desde sua última consulta médica apenas 6 meses antes. Ele assinalou que o peso de Lynn, de 43 quilos, estava muito abaixo do adequado para sua altura de 1,65m. Juntos, Lynn, Winnie e o pediatra conversaram sobre a possibilidade de que Lynn estivesse sofrendo de um transtorno alimentar.

Muitos pais, como Winnie, ficam surpresos quando descobrem que seu filho tem um transtorno alimentar, pois os adolescentes com esses problemas sabem escondê-los. Muitos usam roupas largas para esconder seus corpos emagrecidos, e as preocupações dos pais com suas próprias vidas agitadas às vezes tornam mais fácil esconder esses segredos. Consequentemente, os profissionais de saúde mental sugerem que todos os pais se familiarizem com os sinais de alerta associados aos transtornos alimentares. Qualquer um dos adolescentes descritos abaixo poderia estar em risco de desenvolver um transtorno alimentar, e os pais devem procurar auxílio profissional para um adolescente que apresente várias dessas características (helpguide.org, 2008).

- Um adolescente magro que está sempre fazendo regime.
- Um adolescente que tem obsessão por calorias, gramas de gordura, pesagem dos alimentos, leitura de rótulos nutricionais, e assim por diante.
- Um adolescente que finge comer, mente sobre o que comeu, esconde ou joga comida fora e/ou dá desculpas para não comer com os outros.
- Um adolescente que fala sobre comida e demonstra interesse incomum por revistas sobre alimentação e livros de culinária, apesar de comer muito pouco.
- Um adolescente que pratica rituais pouco comuns para comer, tais como cortar a comida em pedacinhos ou insistir em comer somente em certos lugares ou em determinadas horas.
- Um adolescente que se queixa de estar "gordo demais" para usar *shorts* ou trajes de banho.
- Um adolescente que se pesa toda hora e fica preocupado com pequenas oscilações de peso.
- Um adolescente obcecado em poder vestir um tamanho de roupa extremamente pequeno que evidentemente não combina com o porte de seu corpo.
- Um adolescente que dedica muito tempo a sua aparência, mas tem excessiva autocrítica.
- Um adolescente que frequentemente usa laxantes ou diuréticos.
- Um adolescente que se exercita compulsivamente.

Questões para reflexão

1. Em sua opinião, qual seria a melhor forma de um pai confrontar um adolescente sobre um padrão de comportamento que sugere a presença de um transtorno alimentar?
2. Como você acha que amigos que não têm anorexia ou bulimia inadvertidamente reforçam o comportamento de fazer regime daqueles que realmente possuem um transtorno alimentar?

Human Services, 1999). As meninas adolescentes são duas vezes mais propensas do que os meninos a relatarem sentimentos de depressão, uma diferença entre os sexos que persiste durante toda a adolescência e até a vida adulta. Essa diferença sexual foi verificada em alguns países industrializados e entre grupos étnicos nos Estados Unidos (DSM-IV TR, 2000).

Estudos de neuroimagem mostram que a depressão adolescente está associada a algum tipo de disfunção na hipófise (MacMaster e Kusumakar, 2004). Mas, em primeiro lugar, o que faz com que a hipófise não funcione adequadamente? Fatores genéticos podem estar envolvidos, pois crianças que crescem com pais deprimidos são muito mais propensas a desenvolver depressão do que crianças cujos pais não têm depressão (Eley et al., 2004; Merikangas e Angst, 1995). A hipótese genética também recebeu respaldo de pelo menos alguns estudos de gêmeos e crianças adotadas (Petersen et al., 1993). Contudo, a ligação entre depressão parental e infantil também pode ser explicada em termos dos comportamentos dos pais deprimidos, sobre os quais você leu em capítulos anteriores. Além disso, as contribuições de diversos estressores familiares para a depressão adolescente são igualmente evidentes em crianças cujos pais não estão deprimidos. Qualquer combinação de estresses – tais como o divórcio dos pais, a morte de um deles ou de outro ente querido, a perda de emprego do pai, uma mudança de moradia ou de escola ou privação de sono – aumenta a probabilidade de depressão ou de outros tipos de sofrimento emocional no adolescente (Compas et al., 1993; D'Imperio, Dubow e Ippolito, 2000; Fredriksen, Rhodes, Reddy e Way, 2004).

A depressão pode prejudicar o desempenho acadêmico, pois ela interfere na memória. Por exemplo, adolescentes deprimidos são mais propensos a recordar informações negativas do que informações positivas (Neshat-Doost, Taghavi, Moradi, Yule e Dalgleish, 1998). Se um professor diz a um adolescente deprimido, "Você vai rodar em álgebra a menos que comece a entregar os deveres de casa nos prazos", o adolescente tende a se lembrar da parte sobre rodar em álgebra e se esquecer de que o professor também ofereceu uma solução – entregar os trabalhos dentro do prazo. Além disso, adolescentes deprimidos parecem ser menos capazes do que adolescentes não deprimidos de armazenar e recuperar informações verbais (Horan, Pogge, Borgaro e Stokes, 1997). Consequentemente, intervenções terapêuticas, tais como medicações antidepressivas, podem melhorar o desempenho acadêmico de um adolescente deprimido além de seu estado emocional. Esses tratamentos em sua maioria se mostraram efetivos tanto para adolescentes quanto para adultos deprimidos (Findling, Feeny, Stansbrey, Delporto-Bedoya e Demeter, 2004).

Em alguns adolescentes, infelizmente, os pensamentos suicidas que muitas vezes acompanham a depressão levam à ação. Pesquisas sugerem que 17% dos estudantes do ensino médio nos Estados Unidos pensaram seriamente sobre tirar sua própria vida, e 2 a 8% tentaram realmente se suicidar (CDC, 2006). Um número muito pequeno de adolescentes, cerca de 1 em 10.000, conseguem de fato se matar (CDC, 2007c). Entretanto, especialistas em saúde pública assinalam que muitas mortes adolescentes, tais como as que resultam de acidentes com um único automóvel, podem ser computadas como acidentes quando na verdade são suicídios (NCIPC, 2000).

Embora a depressão seja mais comum nas meninas, a probabilidade de realmente consumar uma tentativa de suicídio é quatro vezes maior para adolescentes do sexo masculino do que adolescentes do sexo feminino. Em contraste, estima-se que as tentativas de suicídio sejam três vezes mais comuns entre garotas do que entre rapazes (CDC, 2007c). As garotas, com mais frequência do que os rapazes, empregam métodos que têm mais chances de falhar, tais como autoenvenenamento. Fatores que contribuem para suicídios consumados incluem os seguintes:

- **Algum fato estressante desencadeador.** Estudos sobre suicídio sugerem que esse fato muitas vezes é uma crise disciplinar com os pais ou alguma rejeição ou humilhação, tais como romper um namoro ou fracassar em alguma atividade valorizada.

- **Estado mental alterado.** Esse estado pode ser uma sensação de desesperança, inibição reduzida por consumo de álcool ou raiva.

- **Uma oportunidade.** Uma arma carregada em casa ou um frasco de soníferos no armário de remédios dos pais cria uma oportunidade para que o adolescente execute seus planos suicidas.

Desenvolvimento físico e a criança integral

Os fatos e números sobre os quais você leu neste capítulo ilustram o modo como o desenvolvimento físico é influenciado tanto pela cultura quanto por diferenças individuais. Por exemplo, as mudanças físicas da puberdade refletem maturação física, mas elas são moldadas pela cultura assim como pela nutrição. Além disso, o modo como cada adolescente experiencia a puberdade é influenciado por expectativas culturais, pelas respostas dos amigos ao sinais externos da puberdade e por suas próprias reações pessoais às mudanças que observa em seu corpo. Além disso, muitas das mudanças no domínio físico, principalmente as que envolvem o cérebro, interagem com fatores culturais e individuais que facilitam mudanças nos domínios cognitivo e socioemocional. Eis uma previsão das mudanças nesses domínios sobre as quais você vai ler nos capítulos 14 e 15.

Funcionamento cognitivo

Como observamos anteriormente neste capítulo, dois grandes surtos ocorrem no desenvolvimento cerebral durante a adolescência. Esses surtos envolvem os mesmos tipos de ramificação neuronal e processos de poda sobre os quais você aprendeu ao estudar a primeira infância. Acredita-se que eles estejam ligados a poderosas formas de pensamento que emergem na adolescência, em particular o *raciocínio hipotético-dedutivo*, um tipo de pensamento em que a pessoa raciocina sobre as futuras consequências de uma premissa hipotética. Por exemplo, um adolescente pode deduzir respostas razoáveis para perguntas como "*E se* eu fizer um curso superior?" e "*E se* eu não fizer um curso superior?". O pensamento hipotético-dedutivo é a pedra angular do estágio de *operações formais* de Piaget.

Não resta dúvida de que as mudanças no cérebro que ocorrem na adolescência contribuem também para as notáveis mudanças na capacidade de processamento de informações. Recorde que essas mudanças envolvem as partes do cérebro que usamos para fazer planos. No domínio cognitivo, as estratégias que usamos para gerenciar as informações – por exemplo, fazer um resumo de um capítulo de um livro didático – representam um tipo de plano. Como você vai aprender no Capítulo 14, os adolescentes são muito mais proficientes nessas estratégias do que quando eram mais jovens.

Juntas, as mudanças no raciocínio e na capacidade de processamento de informação ajudam os adolescentes a avaliar como conduzir sua recém-adquirida capacidade para a intimidade sexual e a reprodução. Na verdade, conforme mencionamos anteriormente, os programas de educação sexual que influenciam os jovens a adiar sua primeira experiência sexual lhes oferecem o tempo necessário para desenvolver as habilidades cognitivas necessárias para tomar boas decisões sobre a atividade sexual. Assim, a influência ocorre em ambos os sentidos entre os domínios físico e cognitivo.

Funcionamento socioemocional

Avanços no domínio cognitivo levam a mudanças decisivas na capacidade dos adolescentes para o raciocínio moral. Graças às habilidades cognitivas emergentes, os adolescentes adquirem a capacidade de *assumir papéis*, bem como considerar o mundo do ponto de vista das outras pessoas, elemento-chave no pensamento moral. Além disso, o pensamento operacional formal dota os adolescentes com a capacidade de pensar sobre abstrações como justiça, piedade e outros conceitos que são vitais para o raciocínio maduro sobre questões morais.

A tomada de papéis também está envolvida na formação e manutenção das relações sociais. Assim, os adolescentes estabelecem amizades mais duradouras e mais íntimas do que crianças mais jovens. E, metaforicamente falando, estar no lugar de outra pessoa um pouquinho pode ajudar os adolescentes a desenvolver sua própria *identidade,* a compreensão do que os distingue dos outros. Equipados com a capacidade de estabelecer relações sociais e uma identidade bem-formada, os adolescentes estão prontos para tomar decisões sobre carreiras, relações amorosas e outros aspectos importantes de suas vidas adultas.

> **A criança integral em foco**
>
> Para verificar como os domínios físico, cognitivo e socioemocional operam juntos para influenciar o desenvolvimento de Cho e Michelle, veja *A Criança Integral em Foco* na página 484.

Olhando para a frente

Mais uma vez, lembre-se de que o desenvolvimento envolve interações entre os domínios físico, cognitivo e socioemocional. Assim, você deve ler os próximos dois capítulos tendo em mente todas as mudanças sobre as quais você aprendeu neste capítulo. Lembre-se de que os adolescentes que pensam, aprendem, sentem e se relacionam sobre os quais você vai ler nos Capítulos 14 e 15 também estão experimentando algumas reviravoltas admiráveis no domínio físico. Contudo, a maioria sai da adolescência com sua saúde física e mental intacta, ávidos por enfrentar os desafios da vida adulta.

Preparação para Testes

Mudanças físicas

13.1 Como os hormônios, o cérebro e os ritmos circadianos dos adolescentes diferem dos de crianças mais jovens? (p. 398-400)

A puberdade começa quando a hipófise sinaliza a glândula suprarrenal para aumentar a produção de androgênio. Depois, a hipófise começa a segregar hormônios gonadotróficos. Aumentos nos hormônios de crescimento levam ao surto de crescimento adolescente. O cérebro deve desenvolver a capacidade de responder aos hormônios da puberdade para que efetuem essas mudanças. Existem dois principais surtos de crescimento cerebral na adolescência: o primeiro entre os 13 e 15 anos e o segundo entre os 17 e o início da vida adulta. Mudanças nos hormônios e no cérebro acarretam mudanças nos ritmos circadianos dos adolescentes, fazendo com que durmam mais tarde à noite e se acordem mais tarde pela manhã.

1. Complete a tabela.

Glândula	Hormônio(s)	Influência no Desenvolvimento
Tireoide		
Suprarrenal		
Testículos (meninos)		
Ovários (meninas)		
Hipófise		

13.2 Que mudanças ocorrem no tamanho e na forma do corpo durante a adolescência? (p. 400-402)

A puberdade é acompanhada por um rápido surto de crescimento na altura e por um aumento na massa corporal e na gordura. Os meninos adquirem mais músculos, e as meninas, mais gordura. O desenvolvimento do coração e dos pulmões dota os adolescentes de mais vigor e resistência para atividade física do que possuem crianças mais jovens.

2. O surto de crescimento adolescente é o resultado de:

_____
_____

13.3 Quais são os principais marcos da maturidade sexual? (p. 402-404)

A puberdade é disparada por um complexo conjunto de mudanças hormonais, que se inicia em torno dos 7 ou 8 anos. Aumentos muito grandes nos hormônios gonadotróficos são fundamentais para esse processo. Nas meninas, a maturidade sexual é atingida já aos 12 ou 13 anos. Nos meninos, é atingida mais tarde, sendo que o surto de crescimento ocorre um ano ou mais depois do início das mudanças genitais.

3. Classifique os seguintes itens como (A) uma característica sexual primária ou (B) uma característica sexual secundária:

_____ (1) pelos faciais (meninos)
_____ (2) maturação do pênis e escroto
_____ (3) pelos pubianos
_____ (4) menarca
_____ (5) espermarca
_____ (6) desenvolvimento das mamas (meninas)

13.4 Quais são as consequências psicológicas da chegada precoce, "pontual" e tardia da puberdade para meninos e meninas? (p. 404-405)

Variações na taxa de desenvolvimento púbere têm alguns efeitos psicológicos. Em geral, crianças cujo desenvolvimento físico ocorre significativamente antes ou depois do que elas esperam ou desejam apresentam mais efeitos negativos do que aquelas cujo desenvolvimento ocorre na "hora certa". As primeiras tendem a pensar menos bem de si e se sentirem menos felizes com seus corpos.

4. Use a tabela para fazer um breve resumo dos efeitos da puberdade precoce em meninos e meninas.

Efeitos nos meninos	Efeitos nas meninas

Sexualidade adolescente

13.5 Quais são os padrões de comportamento sexual adolescente nos Estados Unidos? (p. 405-409)

A atividade sexual entre adolescentes aumentou nas últimas décadas nos Estados Unidos. Aproximadamente a metade de todos os adolescentes norte-americanos teve relações sexuais antes de chegarem ao último ano do ensino médio.

13.6 Quais meninas adolescentes são mais propensas a engravidar? (p. 409-410)

Fatores que predispõem as meninas a engravidar incluem atividade sexual precoce, ser criado por pai ou mãe solteira, ter pais com baixo nível de instrução, baixo nível socioeconômico e ter uma mãe que deu à luz na adolescência.

Fatores que protegem contra a gravidez adolescente incluem realização acadêmica, altas aspirações por futura educação e carreira e boa comunicação sobre sexo e contracepção com os pais.

13.7 Quais são algumas das causas que foram propostas para explicar a homossexualidade? (p. 410-412)

Fatores hormonais, genéticos e ambientais foram propostos para explicar a homossexualidade. O processo de compreender nossa própria orientação sexual é gradual e não se conclui antes do início da vida adulta. Adolescentes transexuais são aqueles cujo gênero psicológico difere de seu sexo biológico. Adolescentes homossexuais, bissexuais e transexuais precisam lidar com a rejeição social e raiva dos pais; eles têm taxas mais elevadas de depressão e outras dificuldades emocionais que disso resultam.

Saúde adolescente

13.8 Quais são algumas das questões nutricionais críticas na adolescência? (p. 412-413)

Os adolescentes precisam de mais cálcio do que as crianças em idade escolar, e poucos adolescentes ingerem o suficiente. Muitos também consomem carboidratos simples em demasia e não se exercitam o suficiente para queimar as calorias adicionais. O resultante aumento na obesidade levou ao aumento nas taxas de doenças relacionadas ao peso. Contudo, muitos adolescentes também fazem regime regularmente.

5. Que mudança comportamental relacionada à idade aumenta o risco de deficiência de cálcio entre os adolescentes nos Estados Unidos?

_____
_____

13.9 Que padrões de doença existem na adolescência? (p. 413-414)

As doenças agudas diminuem durante a adolescência. As crises de asma se tornam mais frequentes à medida que os adolescentes tentam aprender a lidar com suas próprias medicações e sintomas. Adolescentes sexualmente ativos são vulneráveis a doenças sexualmente transmissíveis.

6. A DST mais comum nas adolescentes é _____.

13.10 Como a busca de sensações influencia o comportamento de risco nos adolescentes? (p. 414-415)

Os adolescentes têm menos doenças agudas do que crianças mais jovens mas, devido a seu aumentado nível de busca de sensações, mais danos. De modo geral, eles têm taxas mais altas de vários tipos de comportamento, incluindo sexo desprotegido, uso de drogas e direção em alta velocidade.

7. Os desenvolvimentistas supõem que quatro fatores contribuem para a busca de sensações. Esses fatores são:

(A) _____
(B) _____
(C) _____
(D) _____

13.11 Que padrões de consumo de drogas, álcool e tabaco são encontrados entre os adolescentes nos Estados Unidos? (p. 415-417)

O uso de drogas ilícitas é menos comum nos coortes recentes de adolescentes norte-americanos do que em coortes passados; contudo, o uso de álcool é mais prevalente do que o uso de drogas ilícitas. A influência dos amigos e a timidez podem contribuir para o uso de drogas e álcool. Uma criação democrática pode neutralizar influências negativas. Embora as taxas de tabagismo tenham diminuído significativamente desde meados dos anos de 1990, os amigos continuam desempenhando um papel significativo no tabagismo adolescente.

8. A busca de sensações parece ser menos importante no uso de _____ do que no de outras drogas.

13.12 Quais são as principais causas de morte na adolescência? (p. 417-419)

Acidentes, especialmente com veículos automotores, são a principal causa de morte na adolescência em todos os grupos étnicos; exceto nos afro-americanos, entre os quais as taxas de homicídio são a principal causa de morte. As taxas de suicídio são maiores em americanos nativos do que em outros grupos. Álcool, direção em alta velocidade e não uso de cintos de segurança são fatores na maioria dos acidentes de automóvel envolvendo motoristas adolescentes.

9. Qual é a diferença de gênero em relação a homicídios entre adolescentes?

_____
_____

Desenvolvimento atípico

13.13 Quais são as características que distinguem o transtorno da conduta com início na adolescência da delinquência? (p. 419-421)

O transtorno da conduta com início na adolescência é um padrão de comportamentos antissociais que é diagnosticado a partir dos 11 anos. Associado à influência dos amigos, ele muitas vezes regride na vida adulta. Delinquência é uma categoria de problemas de comportamento que inclui transgressão proposital da lei.

10. Indivíduos que sofrem do transtorno da conduta com início na adolescência são (mais propensos/menos propensos) do que os que têm transtorno da conduta com início na infância a apresentar comportamento antissocial na vida adulta.
11. A transgressão intencional das leis (é/não é) uma característica essencial do transtorno da conduta com início na adolescência.
12. Levantamentos de registros de detenção tendem a (superestima/subestimar) as taxas de delinquência de adolescentes.

13.14 Quais são as características e causas dos transtornos alimentares? (p. 421-423)

Os transtornos alimentares como a bulimia nervosa e a anorexia nervosa são mais comuns entre meninas adolescentes do que entre meninos adolescentes. Alguns teóricos conjeturaram que as imagens de modelos e celebridades magras causam as distorções de imagem corporal que subjazem os transtornos alimentares. Outros propuseram causas biológicas e socioeconômicas. Outros, ainda, enfatizaram a tendência dos indivíduos que sofrem de transtornos alimentares de possuírem outros tipos de distorções do pensamento e transtornos psicológicos concomitantes.

13. Classifique cada um dos seguintes itens como característico de (A) anorexia nervosa, (B) bulimia nervosa ou (C) ambos.
    _____ (1) uso excessivo de laxantes
    _____ (2) empanzinamento e purgação
    _____ (3) mais comum em mulheres do que em homens
    _____ (4) imagem corporal distorcida
    _____ (5) privação de alimentos autoimposta
    _____ (6) peso corporal anormalmente baixo
    _____ (7) exercitar-se obsessivamente

13.15 Quais adolescentes estão em maior risco de depressão e suicídio? (p. 423-424)

Depressão e suicídio são problemas de saúde mental comuns durante a adolescência. Ambos são mais comuns entre meninas, ainda que os meninos tenham maior probabilidade de terem êxito em uma tentativa de suicídio. Fatores genéticos podem estar envolvidos, pois crianças que crescem com pais deprimidos têm tendência muito maior a desenvolver depressão do que crianças que crescem com pais que não sofrem de depressão.

As respostas para as perguntas deste capítulo encontram-se na página 530. Para uma lista de palavras-chave, consulte a página 538.

14

Desenvolvimento Cognitivo na Adolescência

Quando as pessoas pensam sobre a adolescência, as mudanças no sistema reprodutivo, sobre as quais você aprendeu no Capítulo 13, provavelmente são as primeiras mudanças do desenvolvimento que lhes ocorrem. Entretanto, por mais notáveis que sejam, as mudanças físicas associadas à maturação sexual são apenas um componente desse período importante. Por exemplo, se você perguntar a uma criança de 8 anos o que ela quer ser quando crescer, ela provavelmente dirá algo como "bombeiro" ou "veterinário". Faça a mesma pergunta a um adolescente de 15 anos, e você provavelmente ouvirá algo como: "Bem, estou pensando sobre várias coisas. Eu sei que quero fazer uma faculdade, mas ainda não sei onde, e não tenho certeza sobre o que eu quero estudar". Essas diferenças refletem mudanças relacionadas à idade na qualidade geral do pensamento.

Neste capítulo, você vai ler sobre os avanços impressionantes no pensamento e na função da memória que ocorrem durante a adolescência. Você também vai aprender sobre os aspectos positivos e não tão positivos da transição para o ensino médio. Por fim, vamos analisar o emprego e o desenvolvimento profissional dos adolescentes.

Estágio operatório-formal de Piaget

A pesquisa de Piaget o levou a concluir que um novo nível de pensamento emerge com bastante rapidez no início da adolescência. Essa nova forma de pensamento permite que os adolescentes pensem logicamente sobre ideias que não estão relacionadas a referentes concretos no mundo real. Ele chamou o estágio associado com esse tipo de pensamento de **estágio operatório-formal**. Tipicamente, esse estágio é definido como o período durante o qual os adolescentes desenvolvem esquemas operatórios que lhes permitem raciocinar logicamente sobre conceitos abstratos. O pensamento operacional formal tem vários elementos e, como os estágios anteriores de Piaget, tem sido contestado e ampliado por pesquisadores posteriores.

OBJETIVOS DA APRENDIZAGEM

Estágio operatório-formal de Piaget

14.1 Quais são as características do pensamento no estágio operatório-formal de Piaget?

14.2 Quais são algumas das principais descobertas da pesquisa sobre o estágio operatório-formal de Piaget?

14.3 Como o pensamento operacional formal se manifesta nos contextos cotidianos?

Avanços no processamento de informações

14.4 Em que aspectos os processos executivos se aperfeiçoam durante a adolescência?

14.5 Como os avanços no processamento executivo contribuem para o aprendizado acadêmico?

Escolarização

14.6 Como as mudanças nos objetivos dos alunos contribuem para a transição para o ensino médio?

14.7 Que características distinguem estudantes engajados de estudantes desengajados?

14.8 Que variáveis predizem a probabilidade de abandonar os estudos durante o ensino médio?

14.9 Quais são os objetivos da educação do caráter?

14.10 Que diferenças de gênero e étnicas no desempenho em ciências e matemática foram constatadas pelos pesquisadores?

Ingressando no universo do trabalho

14.11 Quais são os efeitos do emprego na vida dos adolescentes?

14.12 Quais são os estágios do processo de tomada de decisões profissionais?

14.13 Que fatores influenciam as decisões profissionais dos adolescentes?

> **OBJETIVO DA APRENDIZAGEM 14.1**
> Quais são as características do pensamento no estágio operatório-formal de Piaget?

Elementos-chave do pensamento operacional formal

Um dos primeiros passos no desenvolvimento operacional formal é a criança estender suas capacidades de raciocínio operacional concreto a objetos e situações que não viu ou experimentou diretamente ou que ela não pode ver ou manipular diretamente. Em vez de pensar somente sobre coisas e acontecimentos reais, como faz uma criança mais jovem, uma criança no estágio operatório-formal começa a pensar sobre possíveis acontecimentos. Enquanto a criança pré-escolar brinca de se fantasiar vestindo roupas de verdade, o adolescente pensa sobre opções e possibilidades, imaginando-se em papéis diferentes – estudando na faculdade ou não estudando na faculdade, casando-se ou não se casando, e assim por diante. O adolescente é capaz de imaginar as futuras consequências das atitudes que poderia tomar, e assim algum tipo de planejamento a longo prazo se torna possível.

estágio operatório-formal o quarto dos estágios operacionais de Piaget, durante o qual os adolescentes aprendem a raciocinar de maneira lógica sobre conceitos abstratos.

Resolução sistemática de problemas Outra característica importante do estágio operatório-formal é a **resolução sistemática de problemas**, a capacidade de buscar metodicamente a resposta para um problema. Para estudar esse processo, Piaget e sua colega Barbel Inhelder (Inhelder e Piaget, 1958) apresentaram tarefas complexas aos adolescentes, em sua maioria extraídas das ciências físicas. Em uma dessas tarefas, os sujeitos recebiam pedaços de fios de comprimentos variáveis e um conjunto de diversos pesos que podiam ser amarrados aos fios para fazer um pêndulo oscilante (ver Figura 14.1). Eles aprenderam a acionar o pêndulo de diferentes formas – empurrando o peso com quantidades de força diferentes e segurando o peso a diferentes alturas. A tarefa do sujeito era compreender qual fator ou combinação de fatores – comprimento do fio, peso do objeto, força do impulso ou altura de largada – determina o "período" do pêndulo (ou seja, a quantidade de tempo necessária para uma oscilação). (Caso você tenha se esquecido de suas aulas de física no ensino médio, a resposta é que apenas o comprimento do fio afeta o período do pêndulo.)

Aulas de ciência no ensino médio podem ser um dos primeiros lugares nos quais os adolescentes precisam usar lógica dedutiva – habilidade que, segundo Piaget, não se desenvolve antes do período de operações formais.

Se você der essa tarefa a uma criança operacional concreta, ela geralmente vai experimentar muitas combinações diferentes de comprimento, força e altura de uma maneira eficiente. Ela pode tentar um peso pesado em um fio longo e depois um peso leve em um fio curto. Uma vez que ela mudou tanto o comprimento do fio quanto o peso nesses dois experimentos, ela não pode extrair uma conclusão clara sobre nenhum dos fatores. Em contraste, um adolescente que usa operações formais tende a ser mais organizado, tentando variar apenas um dos quatro fatores de cada vez. Ele pode tentar um objeto pesado com um fio curto, depois com um fio médio, depois com um fio comprido. Depois disso, ele pode tentar um objeto leve com três comprimentos de fio. Evidentemente, nem todos os adolescentes (ou adultos, para esse propósito) são tão metódicos em sua abordagem. Mesmo assim, existe uma diferença muito significativa nas estratégias gerais utilizadas por crianças de 10 e de 15 anos, a qual marca a conversão das operações concretas para formais.

resolução sistemática de problemas processo de encontrar uma solução para um problema testando fatores isolados.

raciocínio hipotético-dedutivo capacidade de derivar conclusões a partir de premissas hipotéticas.

Lógica Outra faceta dessa conversão é o aparecimento no repertório do adolescente de habilidades no que Piaget chamou de **raciocínio hipotético-dedutivo**, ou a capacidade de derivar conclusões de premissas hipotéticas. Talvez você se lembre do Capítulo 11 que Piaget sugeriu que uma criança operacional concreta pode usar *raciocínio indutivo*, o qual envolve chegar a uma conclusão ou uma regra com base em muitas experiências individuais, mas tem mau desempenho quando solicitada a raciocinar *dedutivamente*. O raciocínio dedutivo envolve considerar hipóteses ou premissas hipotéticas e depois derivar resultados lógicos. Por exemplo, o enunciado: "Se todas as pessoas são iguais, então eu e você devemos ser iguais" envolve raciocínio dedutivo. Embora crianças de apenas 4 ou 5 anos possam compreender algumas relações dedutivas se as premissas fornecidas forem factualmente verdadeiras, tanto estudos transversais quanto longitudinais apoiam a asserção de Piaget de que apenas na adolescência os jovens são capazes de compreender e utilizar relações lógicas básicas (Mueller, Overton e Reene, 2001; Ward e Overton, 1990).

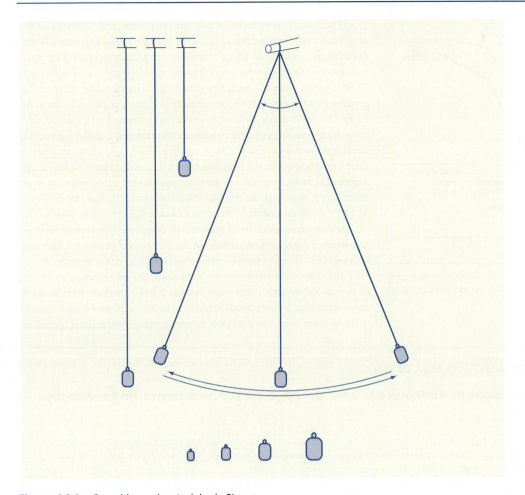

Figura 14.1 O problema do pêndulo de Piaget.

Inhelder e Piaget (1958) usaram esses materiais para estudar as estratégias utilizadas por crianças e adolescentes para compreender qual elemento de um pêndulo determina seu período.

(Fonte: De *The growth of logical thinking: from childhood to adolescence*, de Jean Piaget. Reproduzido com permissão de Basic Books, um selo do Perseus Books Group.)

Testes diretos da visão de Piaget

Cientistas do desenvolvimento investigaram muitas das afirmações de Piaget sobre o raciocínio operacional formal. Por exemplo, em um estudo transversal inicial, pesquisadores testaram 20 meninas de quatro séries distintas (6ª e 8ª do ensino fundamental e 1º e 3º ano do ensino médio) em 10 tarefas diferentes que requeriam uma ou várias das habilidades que Piaget chamava de operacionais formais (Martorano, 1977). Na verdade, muitas das tarefas que os pesquisadores usaram eram as que o próprio Piaget tinha criado. Os resultados em duas dessas tarefas são apresentados em gráfico na Figura 14.2, na página 434. O problema do pêndulo é o descrito anteriormente nesta seção; o problema da balança requer que um jovem preveja se dois pesos diferentes, pendurados em distâncias variáveis nos dois lados de uma balança, vão se equilibrar – tarefa semelhante ao problema da balança que Siegler utilizou (reveja a Figura 11.4, na página 339). Para resolver esse problema usando operações formais, o adolescente deve considerar peso e distância simultaneamente. Podemos ver da Figura 14.2 que estudantes mais velhos geralmente se saíram melhor, com as maiores melhoras nos escores entre a 8ª série e 1º ano do ensino médio (entre as idades de 13 e 15 anos).

> **OBJETIVO DA APRENDIZAGEM 14.2**
> Quais são algumas das principais descobertas da pesquisa sobre o estágio operatório-formal de Piaget?

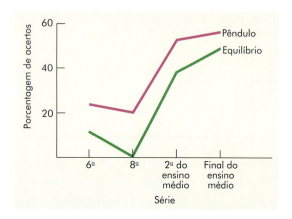

Figura 14.2 Desenvolvimento nas operações formais em um estágio.

Estes são os resultados de duas das 10 tarefas de operações formais diferentes usadas no estudo transversal de Martorano.

(*Fonte:* Martorano, 1977.)

O raciocínio operacional formal também parece permitir que os adolescentes compreendam melhor a linguagem figurativa, tal como em metáforas. Por exemplo, um estudo inicial constatou que os adolescentes eram muito mais capazes de interpretar provérbios do que crianças mais jovens (Saltz, 1979). Dizeres do tipo "Quem tem telhado de vidro não deve atirar pedras" geralmente são interpretados literalmente por crianças de 6 a 11 anos. Aos 12 ou 13, a maioria dos adolescentes pode compreendê-los facilmente, ainda que somente muito mais tarde os adolescentes realmente utilizem expressões desse tipo na fala cotidiana (Gibbs e Beitel, 1995). Não obstante, o pensamento operacional formal contribui para o desenvolvimento de habilidades linguísticas na adolescência que tornam as capacidades de comunicação dos adolescentes mais flexíveis e inovadoras do que as de crianças em idade escolar (ver *Ciência do desenvolvimento na sala de aula*) (Andersen, 2001).

Apesar desses avanços na maturidade cognitiva, Piaget pode ter superestimado a capacidade dos adolescentes de resolver problemas operacionais formais. Observe novamente a Figura 14.2: apenas em torno de 50 a 60% dos alunos do final do ensino médio resolveram ambos os problemas de operações formais. Além disso, apenas 2 dos 20 participantes dessa série usaram lógica operacional formal em todos os 10 problemas. Estudos mais recentes descobriram taxas de pensamento operacional formal em

---

CIÊNCIA DO DESENVOLVIMENTO NA SALA DE AULA

O "jargão" das mensagens eletrônicas: uma ameaça ao conhecimento linguístico dos adolescentes?

O sr. Abramowitz é um professor de inglês do 1º ano do ensino médio. Ele começou a ficar preocupado com algumas expressões estranhas que estão aparecendo nas redações de seus alunos. Em vez de "porque", os alunos muitas vezes escrevem "pq". Em vez de "você", muitos escrevem "vc". Embora ele esteja ciente de que elas representam intromissões da linguagem de mensagens eletrônicas na escrita dos estudantes, o sr. Abramowitz sempre desconta pontos por causa dessas expressões. Ele se preocupa porque os hábitos de escrita dos alunos nas mensagens eletrônicas vão comprometer seu uso da gramática e ortografia culta da língua. As preocupações do sr. Abramowitz têm justificativa?

O teórico psicossocial Erikson argumenta que formas especiais de linguagem (*gíria juvenil*), que não são usadas por pessoas mais velhas ou mais jovens na sociedade mais ampla, ajudam os adolescentes a formar um senso de identidade geracional (Erikson, 1963). A identidade geracional, por sua vez, contribui para o desenvolvimento da identidade pessoal de cada adolescente (mais sobre isso no Capítulo 15). A atual geração dos jovens organiza suas redes sociais em torno da *comunicação mediada por computador*, que inclui e-mail, mensagens instantâneas, mensagens eletrônicas (torpedos) e *blogs* (Lenhart, Arafeh, Smith e Macgill, 2008). Assim, a expressão escrita da gíria dos jovens contemporâneos reflete as convenções da comunicação mediada por computador (Tagliamonte e Denis, 2008).

Talvez você se surpreenda ao saber que a contribuição da gíria juvenil para o desenvolvimento linguístico adolescente pode ser mais importante do que o papel que ela desempenha no desenvolvimento da identidade. A *pragmática* é o aspecto da linguagem que inclui uma compreensão da influência do contexto social na comunicação. Por exemplo, estudantes do ensino médio não se dirigem aos professores da mesma forma que o fazem com os amigos. A linguagem que utilizam nessas duas situações reflete sua compreensão de que uma mensagem deve ser adaptada a seu público, marco do desenvolvimento que está no âmbito da pragmática. Entretanto, a pesquisa indica que um entendimento da pragmática e as aplicações desse entendimento são claramente um "trabalho contínuo" durante a adolescência (Andersen, 2001). Além disso, a linguagem adolescente é mais inovadora do que a de crianças ou adultos – ou seja, ela inclui mais expressões e palavras novas e inventadas. Assim, a adoção do jargão como uma forma de gíria juvenil envolve uma intersecção de várias tendências desenvolvimentistas: o desenvolvimento de identidade geracional, o foco no desenvolvimento da pragmática que é característico do desenvolvimento da linguagem adolescente e a tendência da fala dos adolescentes de ser inovadora.

Parece que a gíria juvenil, independentemente da forma que assume, deveria ser encarada da mesma forma como encaramos as holofrases e a fala telegráfica das crianças pequenas. Ou seja, ela é um indicativo de que o adolescente está envolvido em uma transição de uma fase do desenvolvimento linguístico menos madura para outra mais madura. A gíria juvenil é apenas uma ferramenta que facilita o movimento de uma para a outra. A boa nova para o sr. Abramowitz e outros professores de línguas é que o florescente entendimento da pragmática pelos adolescentes significa que é improvável que eles esqueçam como e quando escrever "porque" simplesmente por inconscientemente terem escrito "pq" em uma redação (Tagliamonte e Denis, 2008).

Questões para reflexão

1. Que papel as gírias juvenis desempenharam em suas redes sociais durante o ensino médio?
2. Como você lidaria com as preocupações do sr. Abramowitz em torno do uso do "jargão" de mensagens eletrônicas por seus alunos? Que argumentos poderiam ser dados a favor ou contra seu costume de descontar pontos pelo uso dessas expressões em redações formais?

alunos do ensino médio que são muito semelhantes às encontradas em estudos realizados nas décadas de 1960, 1970 e 1980 (Bradmetz, 1999; Valanides e Markoulis, 2000). A consistência dessas descobertas em vários coortes de adolescentes sugere que as previsões de Piaget sobre as capacidades de pensamento dos adolescentes eram demasiado otimistas – em contraste com suas estimativas demasiado pessimistas das habilidades das crianças pequenas, sobre as quais você leu nos capítulos anteriores.

Na vida adulta, as taxas de pensamento operacional formal aumentam com a educação. Geralmente, quanto maior o nível de instrução dos participantes adultos em um estudo do pensamento operacional formal, maior a porcentagem dos que demonstram esse tipo de raciocínio (Mwamwenda, 1999). A crença de Piaget na universalidade das operações formais pode ter resultado de ele não ter considerado o papel da educação no desenvolvimento de formas avançadas de pensamento. O atual consenso entre os desenvolvimentistas é que todos os adolescentes e adultos sem retardo mental têm capacidade para o pensamento operacional formal, mas eles de fato o adquirem em resposta a demandas específicas, tais como as impostas por níveis superiores de instrução (Kuhn, 2008).

Além disso, o fato de que o pensamento operacional formal está mais presente em jovens e adultos nas culturas ocidentais e em outras culturas industrializadas pode ser interpretado como decorrente dos altos níveis tecnológicos e estilos de vida complexos em tais culturas, os quais exigem mais pensamento operacional formal. Por esse raciocínio, acredita-se que todos os adolescentes e adultos neurologicamente saudáveis têm capacidade para lógica formal, mas somente aqueles cujas vidas exigem seu desenvolvimento vão realmente adquiri-la.

A pesquisa intercultural apoia a asserção de que a maioria ou todos os adolescentes e adultos saudáveis são capazes de desenvolver o pensamento operacional formal. Vários estudos demonstraram que adolescentes e adultos que são capazes de resolver problemas operacionais concretos, mas que vivem em sociedades nas quais os pesquisadores constataram poucos ou nenhum indício de operações formais, rapidamente compreendem a lógica subjacente a diversas tarefas piagetianas quando experimentadores os explicam para eles (Mishra, 1997). Seguindo instruções, eles são capazes de resolver uma série de tarefas desse tipo.

A descoberta de que adolescentes e adultos precisam ter esquemas operacionais concretos equilibrados para poderem se beneficiar com instrução no pensamento operacional formal corrobora a afirmativa de Piaget de que os estágios de desenvolvimento cognitivo são hierárquicos; ou seja, esquemas operacionais concretos são o alicerce sobre o qual os esquemas operacionais formais são construídos. Entretanto, a pesquisa em educação, cultura e raciocínio operacional formal mina a própria noção de um "estágio" universal de pensamento na adolescência. Sem dúvida, as pessoas cujas situações de vida ou culturais não requerem pensamento operacional formal não o desenvolvem. Em outras palavras, ter um pensamento operacional concreto plenamente desenvolvido é uma condição *necessária mas não suficiente* para o desenvolvimento do pensamento operacional formal. Assim, mais uma vez, vemos que a experiência é um componente essencial do desenvolvimento cognitivo. Algum tipo de impulso na direção do pensamento operacional formal é necessário a partir de uma fonte externa à criança para que esse tipo sofisticado de raciocínio se desenvolva, mas o impulso só vai funcionar em indivíduos que tenham raciocínio operacional concreto equilibrado. Assim, estudos interculturais indicam que, em sociedades nas quais o ensino secundário é universal, o surgimento do pensamento operacional formal na adolescência também é universal (Valanides e Markoulis, 2000).

Pensamento operacional formal na vida cotidiana

OBJETIVO DA APRENDIZAGEM 14.3
Como o pensamento operacional formal se manifesta nos contextos cotidianos?

O trabalho de Piaget e de seus críticos sugere que os adolescentes dão um salto impressionante na capacidade cognitiva quando adquirem a capacidade de raciocinar dedutivamente. Contudo, a maioria dos adolescentes requer anos de prática no uso de seus recém-descobertos poderes de raciocínio antes de poderem aplicá-los efetivamente a questões do mundo real.

Fábula pessoal O psicólogo David Elkind sugeriu que os adolescentes muitas vezes deduzem conclusões sobre si mesmos e sobre os outros a partir de falsas premissas que se baseiam no **egocentrismo adolescente**, a crença de um adolescente de que seus pensamentos, crenças e sentimentos são únicos. Um componente do egocentrismo adolescente, segundo Elkind, é a **fábula pessoal**, a crença de que os fatos de nossa própria vida são controlados por uma autobiografia mentalmente construída (Elkind, 1967). Por exemplo, uma adolescente sexualmente ativa poderia estar se utilizando de uma fábula pessoal quando declara "Eu simplesmente não me vejo ficando grávida" em resposta a sugestões de que

egocentrismo adolescente crença de um adolescente de que seus pensamentos, crenças e sentimentos são únicos.

fábula pessoal crença de que os acontecimentos em nossa vida são controlados por uma autobiografia mentalmente construída.

ela use anticoncepcionais. Em contraste com essa visão inadequadamente favorável do futuro, um adolescente que está envolvido com uma gangue de rua violenta pode dizer "Eu provavelmente vou levar um tiro antes de chegar aos 18" quando aconselhado a sair da gangue e se concentrar nas habilidades acadêmicas necessárias para se formar no ensino médio.

A pesquisa mostra que as memórias autobiográficas, ou memórias de nossa "história de vida", se tornam mais coerentes e temáticas durante a adolescência, como prevê a teoria de Elkind (Habermas e de Silveira, 2008). Um adolescente poderia desenvolver sua autobiografia em torno do tema "O divórcio dos meus pais arruinou a minha vida". Para outra adolescente, o tema organizador poderia ser "Nas aulas de ciências naturais na 7ª série, eu descobri minha vocação na vida". Esses temas e os fatos nos quais os adolescentes se concentram, e às vezes distorcem, como forma de apoio contribuem para o desenvolvimento do autoconceito e da autoestima durante a adolescência e início da vida adulta.

Público imaginário   Elkind também propôs que o egocentrismo adolescente leva os jovens a experimentar diversas atitudes, comportamentos e mesmo formas de vestir frente a um **público imaginário**, um conjunto internalizado de padrões de comportamento geralmente oriundo de grupo de amigos do adolescente. Pense sobre a menina adolescente que habitualmente se atrasa para a escola porque muda de roupa duas ou três vezes todos os dias antes de sair de casa. Toda vez que a menina põe um traje diferente, ela imagina como seus amigos na escola vão reagir. Se o público imaginário critica o traje, a garota acha que precisa mudar de roupa a fim de provocar uma resposta mais favorável. De modo semelhante, um menino pode passar horas em frente ao espelho aparando as costeletas tentando obter uma aparência que ele acha que seus amigos vão aprovar.

Muitos desenvolvimentistas constataram que o conceito de público imaginário de Elkind é útil para explicar diversos comportamentos cotidianos dos adolescentes. Entretanto, as pesquisas que investigaram o conceito produziram resultados mistos (Bell e Bromnick, 2003; Vartanian, 2000). É verdade que os adolescentes usam modelos mentais idealizados para tomar todo tipo de decisão sobre o seu próprio comportamento e o dos outros, mas os pesquisadores constataram que crianças em idade escolar às vezes exibem formas semelhantes de pensamento (Vartanian, 2001). Além disso, alguns teóricos sugerem que tanto a fábula pessoal quanto o público imaginário se situam melhor no domínio socioemocional do que no domínio cognitivo. Sua visão se baseia na descoberta de que esses modos de pensar são mais evidentes em adolescentes que os utilizam como dispositivos para enfrentar situações estressantes, tais como falta de apoio dos pais (Vartanian, 2000).

Idealismo ingênuo   Piaget sugeriu que em muitos adolescentes o pensamento hipotético-dedutivo leva a uma perspectiva que ele chamou **idealismo ingênuo** (Piaget e Inhelder, 1969). Os adolescentes podem usar essa ferramenta intelectual poderosa para pensar em um mundo ideal e comparar o mundo real com ele. Não surpreende que o mundo real com frequência fica aquém do ideal. Consequentemente, alguns adolescentes ficam tão insatisfeitos com o mundo que resolvem mudá-lo. Para muitos, as mudanças propostas são pessoais. Por exemplo, um adolescente cujos pais se divorciaram há anos pode subitamente decidir que quer morar com o genitor não custódio porque espera que sua vida assim seja melhor. Outra pode expressar idealismo ingênuo se envolvendo em uma organização política ou religiosa.

Pensamento hipotético-dedutivo e planejamento   Nas primeiras vezes em que começam a utilizar o pensamento hipotético-dedutivo para resolver problemas, os adolescentes muitas vezes deixam de levar em conta todas as variáveis relevantes. Por exemplo, em um estudo clássico, Catherine Lewis (1981) constatou que adolescentes mais jovens eram mais propensos do que outros mais velhos a basear soluções em formulações incompletas dos problemas. Quando Lewis pediu a alunos de 8ª série do ensino fundamental e 1º e 3º ano do ensino médio que respondessem a um conjunto de dilemas que envolviam uma pessoa que estava enfrentando uma decisão difícil, tal como fazer ou não uma operação para corrigir um defeito facial, 42% dos estudantes do 3º ano, mas apenas 11% dos da 8ª série, mencionaram futuras possibilidades em seus comentários. Por exemplo, em resposta ao dilema da cirurgia cosmética, um estudante do 3º ano disse:

> Bem, é preciso considerar coisas diferentes... que poderiam ser mais importantes posteriormente na sua vida. Você precisa pensar se isso vai ter algum efeito em seu futuro e, talvez, com as pessoas que você conhecer. (Lewis, 1981, p. 541)

Um aluno da 8ª série, em resposta ao mesmo dilema, disse:

> As coisas diferentes sobre as quais eu iria pensar em relação a fazer uma cirurgia é se as garotas iriam te rejeitar para namoro, ou o dinheiro ou as provocações dos colegas na escola. (Lewis, 1981, p. 542)

A criança integral em foco

Que problema Michelle e Cho resolveram usando raciocínio hipotético-dedutivo? Descubra na página 484.

público imaginário conjunto internalizado de padrões de comportamento geralmente oriundo do grupo de amigos de um adolescente.

idealismo ingênuo uso de pensamento hipotético-dedutivo para conceber um mundo ideal e comparar o mundo real a ele.

A resposta do estudante de 8ª série se concentrou no aqui e agora, em coisas concretas. Em contraste, o estudante do 3º ano considerou coisas que poderiam acontecer no futuro. Assim, diante de um dilema prático, adolescentes jovens, em sua maioria capazes de resolver tarefas laboratoriais que medem o pensamento operacional formal, parecem usar raciocínio concreto em vez de operacional formal.

O que explica esse padrão de descobertas? Talvez adolescentes mais jovens deixem de usar pensamento operacional formal efetivamente porque as regiões cerebrais necessárias para conectá-lo aos problemas cotidianos podem não estar suficientemente desenvolvidas antes dos anos finais da adolescência. Estudos de neuroimagem comparando a atividade cerebral das crianças, adolescentes e adultos enquanto estão envolvidos em uma tarefa de jogos de azar corroboram essa hipótese (Crone e van der Molen, 2004). Entretanto, Piaget provavelmente argumentaria que os adolescentes jovens não são bons na aplicação de seus esquemas operacionais formais a problemas cotidianos porque ainda não têm muita prática em seu uso, hipótese que também poderia explicar os resultados de neuroimagem.

Recorde que Piaget lançou a hipótese de que, quando aplicamos um esquema a um problema, estamos empregando *assimilação*. Segundo essa visão, quando os adolescentes assimilam problemas a esquemas operacionais formais imaturos, suas falhas desencadeiam *equilibração*, o processo que entra em operação quando os esquemas não representam a realidade com fidedignidade. A equilibração leva a *acomodações*, ou mudanças nos esquemas, que são postas em operação da próxima vez que surge um problema apropriado. A aplicação do esquema acomodado a um novo problema inicia um novo ciclo de assimilação, equilibração e acomodação. Por meio desse processo de idas e vindas, os esquemas operacionais formais dos adolescentes se tornam mais confiáveis. Assim, adolescentes jovens precisam experimentar seus esquemas operacionais formais na vida real antes de podermos esperar que eles sejam proficientes em seu uso.

Avanços no processamento de informações

Os adolescentes processam as informações com mais rapidez, utilizam recursos de processamento com mais eficiência, compreendem melhor seus próprios processos de memória e têm mais conhecimento do que crianças do ensino fundamental (Kail, 1990, 1997; Kail e Ferrer, 2007). Consequentemente, suas memórias de trabalho funcionam com mais eficiência e eles superam crianças em idade escolar até em tarefas de memória simples, como reconhecer rostos (Gathercole, Pickering, Ambridge e Wearing, 2004; Itier e Taylor, 2004). Além disso, eles são muito melhores no uso de estratégias que os ajudem a se lembrar das coisas e têm mais facilidade para compreender e recordar informações verbais complexas, tais como as apresentadas em um livro-texto.

Processos executivos

OBJETIVO DA APRENDIZAGEM 14.4
Em que aspectos os processos executivos se aperfeiçoam durante a adolescência?

Recorde do Capítulo 11 que os *processos executivos* são habilidades de processamento de informações que nos permitem criar e executar estratégias alternativas para recordar e resolver problemas e manter controle consciente de nossos próprios processos de pensamento e comportamento. E você deve se recordar do Capítulo 13 que a maturação do córtex pré-frontal no início da adolescência acelera o desenvolvimento dessas habilidades. Consequentemente, os processos executivos dos adolescentes são muito mais eficientes do que os de crianças mais jovens.

Graças ao aperfeiçoamento dos processos executivos, os adolescentes são mais capazes do que crianças em idade escolar de atentar para as informações que são relevantes para atingir um objetivo. Por exemplo, em um estudo clássico, crianças de 10 e 14 anos foram instruídas a realizar uma determinada atividade por exatamente 30 minutos (Ceci e Bronfenbrenner, 1985). Elas receberam um relógio e foram instruídas a usá-lo para determinar quando ele deveria parar. Poucas das crianças de 10 anos periodicamente verificavam o tempo para ver se os 30 minutos já tinham passado, mas a maioria das crianças de 14 anos fazia isso. Assim, menos de 50% dos participantes mais jovens, mas mais de 75% dos adolescentes conseguiram parar na hora certa.

Outra habilidade importante que é facilitada pelo desenvolvimento do funcionamento executivo é *inibição da resposta*, a capacidade de controlar respostas a estímulos (Luna, Garver, Urban, Lazar e Sweeney, 2004). A inibição da resposta é evidente em situações que exigem uma consideração cuidadosa do impacto de sua resposta antes de responder a uma pergunta, como em uma entrevista de emprego. Os adolescentes são menos propensos do que crianças em idade escolar a tirar uma conclusão precipitada em relação à solução de um problema. Os adolescentes tendem a trabalhar mentalmente com o problema e se certificar de que levaram em conta todos os detalhes envolvidos em sua solução antes de declarar que o resolveram.

Como você aprendeu no Capítulo 8, habilidades de metamemória são evidentes em crianças muito pequenas. Entretanto, avanços na metamemória fazem parte de um aperfeiçoamento geral dos processos executivos que ocorre na adolescência. Em um estudo clássico, os pesquisadores ofereceram a estudantes de 5ª e 8ª série e universitários a oportunidade de ganharem dinheiro recordando palavras (Cuvo, 1974). Os pesquisadores estabeleceram que as palavras a serem recordadas valiam 1 ou 10 centavos. Os estudantes de 5ª série ensaiavam palavras de 1 e de 10 centavos da mesma forma. Em contraste, estudantes de 8ª série e universitários se esforçavam mais ensaiando palavras de 10 centavos. No final do período de ensaio, os estudantes de 5ª série se recordavam do mesmo número de palavras de 1 e de 10 centavos, ao passo que os participantes mais velhos recordavam mais palavras de 10 centavos. Além disso, os estudantes universitários superaram os estudantes de 8ª série tanto no ensaio quanto na recordação. Esse achado sugere que a capacidade de aplicar estratégias de memória seletivamente, com base nas características de uma tarefa de memória, aparece nos primeiros anos da adolescência e continua se aperfeiçoando ao longo dela.

OBJETIVO DA APRENDIZAGEM 14.5
Como os avanços no processamento executivo contribuem para o aprendizado acadêmico?

aprendizado acadêmico tipo de aprendizado necessário na escola, onde as informações com frequência são apresentadas sem um contexto da vida real.

Aprendizado acadêmico

Os processos executivos em amadurecimento capacitam os adolescentes para um **aprendizado acadêmico**, o tipo de aprendizado que é necessário na escola, mais efetivamente do que nos anos anteriores. Processos executivos plenamente desenvolvidos são essenciais para o sucesso no ensino médio porque as tarefas de aprendizado acadêmico avançado com frequência exigem que os alunos processem informações distantes dos contextos da vida real. Assim, o sucesso depende da capacidade do aprendiz de organizar e mentalmente representar as informações de uma forma que permita que ela seja incorporada a sua presente base de dados.

Pesquisas envolvendo adolescentes com transtorno de déficit de atenção/hiperatividade ilustram o papel fundamental que os processos executivos desempenham no aprendizado acadêmico. Em geral, adolescentes com TDAH têm atraso no desenvolvimento dos processos executivos (Biederman et al., 2008). Em um estudo, mais de um terço dos adolescentes com TDAH teve mau desempenho em testes dessas habilidades, comparado com apenas 12% dos adolescentes sem TDAH (Biederman et al., 2004). Contudo, adolescentes com TDAH cujas habilidades de processamento executivo são semelhantes às de seus pares que não sofrem de TDAH obtêm notas mais altas em testes de leitura e matemática do que adolescentes com TDAH que carecem de habilidade de processamento executivo.

Avanços nos processos executivos influenciam o aprendizado acadêmico de muitas maneiras, mas uma das mais importantes envolve a seleção de estratégias adequadas para tarefas de aprendizagem. Por exemplo, considere os desafios associados com a aprendizagem de vocabulário de palavras em línguas estrangeiras, uma tarefa que muitos alunos do ensino médio enfrentam. Alguns alunos escolhem uma estratégia de ensino simples, que consiste em repetir as palavras e seus significados várias vezes. Outros associam as novas palavras com o conhecimento que já têm na memória de longo prazo, uma estratégia de elaboração. Uma abordagem de elaboração desse tipo pode envolver a associação das palavras do vocabulário com as palavras que os alunos conhecem em seus próprios idiomas. Ambas as estratégias de aprendizagem podem ser executadas com eficiência, mas a abordagem elaborativa requer menos tempo, é mais eficaz e tornará mais fácil a recuperação de novas palavras pela memória (Roediger, 2008). Assim, um aluno com habilidades de processamento executivo altamente desenvolvidas está mais propenso a escolher a estratégia de elaboração.

Estudos sobre treinamento também sugerem que os adolescentes têm mais capacidade do que crianças em idade escolar de reconhecer o valor de uma estratégia de aprendizagem recém-adquirida e aplicá-la a uma nova tarefa de aprendizagem. Em um estudo, pesquisadores ensinaram alunos do ensino fundamental e alunos do ensino médio uma estratégia para memorização dos produtos industriais associados a diferentes cidades (por exemplo, Detroit/automóveis) (Pressley e Dennis-Rounds, 1980). Depois que os participantes já tinham aprendido a estratégia e estavam convencidos de sua efetividade, os pesquisadores lhes apresentaram uma tarefa semelhante – memorizar palavras latinas e suas traduções inglesas. Os pesquisadores constataram que apenas os alunos do ensino médio procuraram utilizar a estratégia que recém haviam aprendido para executar a nova tarefa de memória. As crianças do ensino fundamental usaram a nova estratégia somente quando os pesquisadores lhes disseram para fazer isso e demonstraram como ela poderia ser aplicada à nova tarefa. O sucesso dos alunos do ensino médio parecia se dever a sua capacidade superior de reconhecer a semelhança entre as duas tarefas – um aspecto do funcionamento executivo.

Diferenças etárias no processamento executivo também são evidentes em estudos que comparam crianças em idade escolar e adolescentes no processamento e memória para textos. Em um clássico estudo do processamento de textos, pesquisadores pediram a jovens de 10, 13, 15 e 18 anos que lessem e resumissem um texto de 500 palavras. Os pesquisadores supunham que os participantes usariam quatro regras ao redigir os resumos (Brown e Day, 1983). Primeiro, eles apagariam informações triviais. Segundo, seus resumos mostrariam organização categórica – ou seja, eles usariam termos como *animais* em vez de nomes específicos de animais mencionados no texto. Terceiro, os resumos utilizariam frases tópicas do texto. Por fim, os participantes inventariam frases tópicas para parágrafos que não as possuíssem.

Os resultados do estudo sugeriram que participantes de todas as idades usaram a primeira regra, porque todos os resumos incluíram informações mais gerais do que detalhadas ou triviais sobre o texto. Entretanto, os jovens de 10 e 13 anos usaram as outras regras com muito menos frequência do que os jovens de 15 e 18 anos. Também ocorreram diferenças interessantes entre os dois grupos mais velhos. Os jovens de 15 anos usaram categorias mais ou menos com a mesma frequência que os jovens de 18 anos, mas o grupo mais velho empregou frases tópicas de modo mais efetivo. Esse padrão de diferenças etárias sugere que a capacidade de resumir um texto se aperfeiçoa gradualmente durante a segunda metade da adolescência.

Estudos sobre sinopses de texto revelam um padrão semelhante (Drum, 1985). Tanto alunos do ensino fundamental quanto do médio sabem que uma sinopse deve incluir as principais ideias de uma passagem juntamente com detalhes de apoio. Entretanto, pesquisas sugerem que jovens de 17 anos produzem sinopses muito mais completas do que jovens de 14 anos. Além disso, as sinopses de jovens de 11 anos geralmente incluem apenas algumas das principais ideias de uma passagem e fornecem poucos ou nenhum detalhe que apoie essas ideias.

Avanços no processamento de informações levam ao aperfeiçoamento das habilidades de aprendizado acadêmico durante a adolescência.

Escolarização

Você se lembra de seu primeiro dia na 5ª série? Quantas vezes você se perdeu procurando uma sala de aula? Você levava todos os livros consigo para não ter que ir ao seu armário entre as aulas? Talvez alguma vez você tenha se esquecido do código para abrir seu armário. Essas são as experiências de crianças que precisam fazer a transição da relativa simplicidade das séries iniciais de ensino fundamental para a intimidante complexidade das séries finais do ensino fundamental. Com o tempo, a maioria dos estudantes se adapta ao novo ambiente. Contudo, como você vai ver, existem tanto benefícios quanto custos associados a essas transições.

Transição para o ensino médio

OBJETIVO DA APRENDIZAGEM 14.6
Como as mudanças nos objetivos dos alunos contribuem para a transição para o ensino médio?

Em muitos lugares no mundo, inclusive na América do Norte, as crianças frequentam uma escola de ensino fundamental de oito anos antes de passarem para a escola de ensino médio de quatro anos. Esse sistema é chamado de sistema 8-4. Uma vez que os estudantes costumam apresentar declínios de desempenho depois de ingressarem no ensino médio, os educadores desenvolveram dois modelos que incluem uma escola de transição – uma escola júnior ou escola intermediária – entre o ensino fundamental e médio. O sistema júnior geralmente inclui seis anos de ensino fundamental seguido por três anos de ensino intermediário e três anos de ensino médio. Já o modelo de escola intermediária inclui cinco anos de ensino fundamental, três anos de ensino intermediário e quatro anos de ensino médio.

Alguns desenvolvimentistas afirmam que a transição para a escola intermediária ou júnior é difícil para muitos jovens adolescentes porque eles não estão preparados para o modelo de escola de ensino médio. Crianças que frequentam escolas juniores ou intermediárias onde relações mais próximas entre professores e aluno são encorajadas, como ocorre na escola de ensino fundamental, apresentam menores declínios no desempenho e na autoestima.

objetivos de tarefa objetivos baseados no desejo de autoaperfeiçoamento.

objetivos de habilidade objetivos baseados no desejo de ser superior aos outros.

Nenhum desses dois modelos parece ter resolvido o problema da transição. Os estudantes apresentam quedas no desempenho e na autoestima durante ambos os pontos de transição nos sistemas 6-3-3 e 5-3-4. Além disso, os estudantes em ambos os sistemas apresentam maiores quedas durante a transição para o ensino médio do que os estudantes nos sistemas 8-4 (Alspaugh, 1998; Anderman, 1998). Consequentemente, educadores e desenvolvimentistas estão atualmente buscando explicações e soluções práticas.

Escola intermediária Uma possível explicação para os declínios de desempenho relacionados à transição para o ensino intermediário é que os objetivos acadêmicos dos alunos mudam quando eles saem da escola de ensino fundamental. Os pesquisadores dividem esses objetivos em duas categorias muito amplas: *objetivos de tarefa* e *objetivos de habilidade*. **Objetivos de tarefa** são aqueles baseados em padrões pessoais e no desejo de se tornar competente em alguma coisa. Por exemplo, um corredor que quer melhorar seu tempo na corrida de 100 metros tem um objetivo de tarefa. Já um **objetivo de habilidade** é aquele que define sucesso em termos competitivos e se baseia no desejo de ser melhor do que outra pessoa em alguma coisa. Por exemplo, um corredor que quer ser o mais rápido de seu time tem um objetivo de habilidade. Pesquisas longitudinais mostram que a maioria dos estudantes de 5ª série tem objetivos de tarefa, mas na época em que já estão na 6ª série há alguns meses, a maioria das crianças converteu para objetivos de habilidade (Anderman e Anderman, 1999; Anderman e Midgley, 1997).

O objetivo de um estudante influencia seu comportamento em aspectos importantes. Objetivos de tarefa estão associados a um maior senso de controle pessoal e a atitudes mais positivas frente à escola (Anderman, 1999; Gutman, 2006). Um aluno que adota uma abordagem voltada às tarefas na escola tende a estabelecer padrões cada vez mais altos para seu desempenho e atribui o êxito e o fracasso a seus próprios esforços. Por exemplo, um aluno orientado a tarefas tende a dizer que recebeu um A em uma matéria porque se esforçou bastante ou porque queria melhorar o seu desempenho.

Em contraste, estudantes com objetivos de habilidade adotam padrões relativos – ou seja, eles veem o desempenho em uma determinada tarefa acadêmica como bom na medida em que é melhor do que o de outra pessoa. Consequentemente, esses alunos são mais fortemente influenciados pelo grupo com o qual se identificam do que por padrões internos que definem bom ou mau desempenho acadêmico. Estudantes orientados à habilidade também são mais propensos do que outros a atribuir êxito e fracasso a fatores externos a si mesmos. Por exemplo, um desses estudantes poderia dizer que recebeu um A em uma matéria porque era fácil ou porque o professor gostou dele. Além disso, esses estudantes tendem a ter uma visão negativa da escola (Anderman, 1999).

Uma vez que as escolas intermediárias enfatizam agrupamentos por habilidade mais do que o fazem as escolas de ensino fundamental, é provável que muitos alunos da escola intermediária mudem suas crenças sobre suas próprias habilidades durante esses anos (Anderman, Maehr e Midgley, 1999; Roeser e Eccles, 1998). Assim, estudantes de alto desempenho no ensino fundamental que mantêm seus níveis de desempenho durante a transição para a 6ª série ganham confiança em suas habilidades (Pajares e Graham, 1999). Em contraste, as mudanças no autoconceito experimentadas por estudantes de bom desempenho que não conseguem satisfazer as expectativas na escola intermediária, assim como por estudantes de baixo e médio desempenho, provavelmente acarretam perdas na autoestima para muitos deles. Depois que um estudante orientado a objetivos de habilidade adota a crença de que sua capacidade acadêmica é menos do que suficiente, ele tende a parar de se esforçar nos trabalhos escolares. Além disso, esses estudantes tendem a usar estratégias cognitivas ineficientes quando tentam aprender conteúdo acadêmico (Young, 1997). Consequentemente, o desempenho sofre juntamente com a autoestima.

Outro fator que influencia a adaptação dos jovens adolescentes à escola de ensino médio é sua percepção do clima da escola. Pesquisadores constataram que muitos estudantes da escola intermediária acham que suas escolas são impessoais e não lhes dão apoio (Barber e Olsen, 2004). Para mudar essa percepção, algumas escolas oferecem aos alunos um mentor adulto, que pode ser um professor ou um voluntário da comunidade, a quem são designados por um período temporário ou durante todo os anos da escola intermediária. Na prática, as características dos programas de aconselhamento variam amplamente (Galassi, Gulledge e Cox, 1997). Alguns consistem simplesmente de dar aos estudantes de 6ª série o nome de um professor que podem consultar caso tenham algum problema. No outro extremo do espectro, alguns programas de aconselhamento atribuem a cada aluno um professor, que deve monitorar as folhas de exercício diárias de diversos alunos, bem como a conclusão dos deveres de casa, notas e até o material escolar. Esse professor conselheiro também mantém a comunicação com os pais de cada criança sobre esses assuntos. Se um aluno não está fazendo seus deveres de matemática ou não tem mais lápis, é responsabilidade do professor informar os pais sobre o problema. Os pais então são responsáveis pelo seguimento.

A pesquisa sugere que programas desse nível de intensidade são altamente efetivos para melhorar as notas dos alunos no ensino intermediário (Callahan, Rademacher e Hildreth, 1998). Seu sucesso provavelmente reside no fato de que o professor conselheiro funciona muito como um professor do ensino fundamental. Isso é importante porque, a despeito das expectativas culturais em contrário, um aluno de 6ª série é, em termos de desenvolvimento, uma criança, quer esteja no ensino fundamental quer na escola intermediária. Consequentemente, não é de surpreender que uma estratégia que torna uma escola intermediária mais parecida com uma escola de ensino fundamental – uma escola projetada para crianças, não para adolescentes – seja bem-sucedida. Na verdade, alguns observadores acham que as escolas intermediárias não conseguiram atingir seu objetivo de facilitar a transição para o ensino médio porque elas simplesmente duplicaram a organização do ensino médio e a impuseram aos alunos que ainda não estão preparados, em vez de proverem uma real transição.

Um modo de tornar as escolas intermediárias verdadeiramente transicionais envolve organizar os alunos e professores em equipes. Por exemplo, em algumas escolas, as turmas de 6ª, 7ª e 8ª série são fisicamente separadas em alas diferentes do prédio da escola. Nessas escolas, cada série é uma espécie de escola dentro da escola. Os professores e cada equipe dos vários níveis trabalham juntos para equilibrar as demandas das aulas das diversas matérias, avaliar problemas de alunos individuais e criar estratégias de envolvimento dos pais. Pesquisas preliminares sugerem que essa abordagem de equipes ajuda a minimizar os efeitos negativos da transição da escola intermediária. Consequentemente, ela tem sido a abordagem recomendada pela National Middle School Association nos Estados Unidos (NMSA, 2004).

Ensino médio Independentemente do tipo de escola que frequentaram anteriormente, os primeiros dias do ensino médio estabelecem um padrão geral de sucesso ou fracasso para os adolescentes que se estende aos anos adultos. Numerosos estudos demonstram que os adolescentes que são reprovados em uma ou mais matérias no primeiro ano do ensino médio têm muito menos probabilidade de se formar do que seus colegas (Neild e Balfanz, 2006; Roderick e Camburn, 1999). Na verdade, ser reprovado em álgebra na 9ª série é o mais forte preditor de abandono da escola identificado pelos pesquisadores (Balfanz e Legters, 2004). Pesquisadores dizem que muitos alunos ingressam no ensino médio com poucas habilidades de leitura e outros déficits que tornam seu êxito quase impossível. Consequentemente, muitos são reprovados em várias matérias no primeiro ano, diminuindo assim suas chances de se formarem em tempo hábil e levando-os a se resignarem a deixar a escola assim que os pais e/ou leis estaduais permitirem.

Nos Estados Unidos, o padrão de reprovação na 9ª série aliado ao abandono do objetivo de concluir o ensino médio é especialmente proeminente entre estudantes afro-americanos e hispano-americanos nas maiores cidades do país e estudantes brancos de áreas rurais nos estados do sul e do sudoeste (Balfanz e Legters, 2004). Pesquisadores dizem que a melhor forma de reverter esse padrão é reter estudantes em risco nas escolas intermediárias ou mudar as demandas do primeiro ano do ensino médio para que estudantes em risco recebam o tempo adicional e o apoio instrucional de que necessitam para desenvolverem as habilidades necessárias para serem bem-sucedidos no ensino médio.

Para resolver a necessidade de apoio acadêmico adicional dos estudantes no 1º ano do ensino médio, alguns sistemas escolares criaram *academias de 9ª série*, escolas independentes inteiramente dirigidas à 9ª série. Uma característica comum dessas academias são os horários que garantem tempo extra para aulas de leitura e matemática (Morrison e Legters, 2001). Oferecendo blocos de tempo mais longos para essas matérias, os educadores esperam aumentar as taxas de aprovação.

A pesquisa indica que estudantes em risco que frequentam academias de 9ª série têm menos ausências e exigem menos medidas disciplinares do que seus pares em escolas tradicionais (Philadelphia Education Fund, 2003). Eles também obtêm melhores notas em testes padronizados e são mais propensos a serem aprovados nas disciplinas de calouros (Peasant, 2007). Além disso, estudos longitudinais mostram que estudantes em risco que frequentam academias de 9ª série têm duas vezes mais chances do que seus pares que frequentam escolas tradicionais de ainda estarem na escola dois anos depois (Philadelphia Education Fund, 2003).

Para estudantes que ingressam no ensino médio com as habilidades acadêmicas necessárias, a transição com frequência é uma experiência positiva. Alguns psicólogos assinalam que a participação em atividades geralmente oferecidas somente no ensino médio oferece aos alunos oportunidades de desenvolver atributos psicológicos que não podem ser adquiridos em outros lugares. Para demonstrar esse ponto, alguns estudos fizeram os alunos usarem *pagers* para sinalizar para os pesquisadores sempre que sentissem altos níveis de motivação intrínseca juntamente com intenso esforço mental (Larson, 2000). Os resultados mostraram que os estudantes experimentaram ambos os estados em disciplinas eletivas e durante atividades extracurriculares com muito mais frequência do que nas disciplinas acadêmicas (Larson, 2000). Em outras palavras, um estudante envolvido em um projeto artístico ou prática esportiva tem mais chance de sentir essa combinação de sentimentos do que um estudante em uma aula de história. Consequentemente, os educadores podem ser capazes de facilitar a transição para o ensino médio para muitos alunos oferecendo uma ampla variedade de atividades eletivas e extracurriculares e encorajando os alunos a participar.

> **OBJETIVO DA APRENDIZAGEM 14.7**
> Que características distinguem estudantes engajados de estudantes desengajados?

Envolvimento estudantil no ensino médio

Alguns estudantes do ensino médio se beneficiam pouco de atividades extracurriculares e eletivas porque optam por não se envolverem nelas. Pesquisas demonstram que estudantes do ensino médio se dividem em dois grupos distintos. **Estudantes engajados** não apenas gostam da escola como também se envolvem em todos os aspectos dela, participando de atividades extracurriculares e eletivas, fazendo os deveres de casa e assim por diante. **Estudantes desengajados** não gostam da escola, principalmente do aspecto acadêmico do processo, e não participam das atividades escolares. Steinberg (1996) afirma que o nível de envolvimento ou não envolvimento é decisivo para a criança e seu futuro.

O estilo interativo da família prediz o desempenho acadêmico na escola de ensino médio. Adolescentes cujos pais têm um estilo de criação democrático são mais propensos a ter sucesso acadêmico no ensino médio do que pais autoritários ou permissivos.

Estudantes engajados Em comparação com estudantes desengajados, os estudantes engajados passam mais tempo fazendo os deveres de casa, cabulam aula com menos frequência, prestam mais atenção nas aulas e não "colam" com tanta frequência. Eles também tendem a passar seu tempo com outros estudantes também engajados (ou ao menos que não zombam deles por se esforçarem na escola) e tendem a ter pais democráticos que esperam que eles tirem boas notas e são envolvidos com eles e com a escola (Brooks-Gunn, Guo e Furstenberg, 1993; Steinberg, 1996).

Você poderia argumentar que todas as relações recém-descritas existem simplesmente porque crianças mais inteligentes têm mais facilidade com as tarefas escolares, e isso é em parte verdadeiro. De fato, um dos melhores preditores do desempenho acadêmico de um estudante no ensino médio é seu Q.I. (Jimerson, Egeland, Sroufe e Carlson, 2001). Estudantes inteligentes também têm a vantagem de muitos anos de vida escolar bem-sucedida. Esse sucesso acadêmico promove um maior senso de autoeficácia nesses estudantes intelectualmente mais capazes, por sua vez aumentando seu senso de envolvimento com a escolarização. Mas Steinberg também está certo ao dizer que o senso de envolvimento tem muitos outros ingredientes, os quais conjuntamente possuem um forte impacto no esforço e sucesso de um adolescente na escola.

Esforço e sucesso, por sua vez, predizem mais anos de educação subsequente, uma relação que está presente tanto em crianças criadas na pobreza como na classe média (Barrett e Depinet, 1991).

estudantes engajados estudantes do ensino médio que gostam da escola e se envolvem com todos os aspectos dela.

estudantes desengajados estudantes do ensino médio que não gostam da escola e que não participam nas atividades escolares.

Esses anos a mais de educação então têm um poderoso efeito na trajetória profissional que um jovem adota no início da vida adulta, influenciando sua renda ao longo da vida e seu sucesso no emprego (Featherman, 1980; Rosenbaum, 1984). Esses não são efeitos triviais, sendo o motivo pelo qual as conclusões de Steinberg sobre o nível usual de envolvimento dos estudantes do ensino médio nos Estados Unidos serem tão preocupantes.

Estudantes desengajados Steinberg (1996) pinta um quadro bastante soturno do nível usual de envolvimento dos estudantes do ensino médio nos Estados Unidos, com base em entrevistas e observação de mais de 20 mil alunos e suas famílias. Uma grande proporção não leva a escola ou os estudos a sério. Fora da escola, eles não costumam participar de atividades que reforçam o que estão aprendendo na escola (tais como fazer os deveres de casa). A cultura dos amigos desvaloriza o êxito acadêmico e zomba dos estudantes que tentam se sair bem na escola. Alguns dos detalhes que embasam essas conclusões são resumidos na Tabela 14.1. Em alguns casos, a falta de envolvimento tem uma base psicológica (ver *Ciência do desenvolvimento na clínica*).

Muitos pais nos Estados Unidos são tão desinteressados da vida escolar dos adolescentes quanto os próprios

Tabela 14.1 Evidências de Steinberg da falta geral de envolvimento com a escola entre adolescentes norte-americanos

- Mais de um terço dos estudantes disse que passa o dia escolar principalmente "de bobeira com os amigos".
- Dois terços dos estudantes disseram que colaram em alguma prova no último ano; 9 de cada 10 disseram que tinham copiado o dever de casa de outro colega.
- Em média, um estudante do ensino médio nos Estados Unidos passa somente em torno de 4 horas por semana fazendo os deveres de casa, ao passo que estudantes em outros países industrializados passam 4 horas por *dia*.
- A metade dos estudantes diz que não faz o dever de casa que recebe.
- Dois terços dos estudantes de ensino médio têm empregos remunerados; a metade deles trabalha 15 horas por semana ou mais.
- Somente cerca de 20% dos estudantes disseram que seus amigos acham importante tirar boas notas na escola.
- Quase 20% dos estudantes disseram que não se esforçam o máximo que poderiam na escola porque temem o que seus amigos poderiam pensar.

Fonte: Steinberg, 1996.

CIÊNCIA DO DESENVOLVIMENTO NA CLÍNICA

Lócus de controle

A mãe de Júlia já não sabia mais o que fazer. Sua filha, que estava na 7ª série, estava sendo reprovada em todas as matérias e dizia que não fazia ideia de por que estava se saindo tão mal na escola. "A professora me odeia", respondeu a menina quando sua mãe perguntou por que ela estava rodando em matemática.

"E no inglês?" indagou sua mãe.

"Inglês é muito difícil pra mim. Você sabe o quanto eu detesto ler, e eles esperam que a gente leia um livro inteiro em duas semanas naquela matéria", disse Júlia. Quando sua mãe sugeriu que ela se esforçasse mais, a menina respondeu: "De que iria adiantar? Por mais que eu me esforce, se os professores são contra mim e as aulas são muito difíceis, eu não tenho nenhuma chance".

Ansiosa por uma solução e preocupada com a autoestima da filha, a mãe de Júlia procurou um psicólogo para lhe ajudar.

Depois de entrevistar Júlia, o profissional concluiu que a autoestima da estudante de 7ª série estava em boa forma em relação às tarefas fora da escola. O problema era que a teoria que Júlia tinha desenvolvido para explicar tanto suas experiências bem-sucedidas quanto mal-sucedidas na escola estava interferindo em sua capacidade de investir esforço no trabalho escolar. Os psicólogos se referem a essas teorias como o *lócus de controle* de uma pessoa. Uma pessoa que tem um lócus de controle interno se identifica como capaz de exercer algum controle sobre o que lhe acontece (Rotter, 1990). Como resultado, esses indivíduos estudam e concluem a maior parte dos trabalhos escolares, pois reconhecem que suas notas são fruto de seu próprio esforço. Aqueles que possuem um lócus de controle externo acreditam que outras pessoas ou forças incontroláveis como a sorte determinam o futuro. Esses indivíduos tendem a acreditar que possuem pouco controle sobre os resultados, sendo portanto inútil tentar mudá-los.

Como você provavelmente pode supor, o orientador concluiu que Júlia tinha um lócus de controle externo e desenvolveu um plano para ajudá-la a fazer atribuições mais realistas, um passo importante para mudar seu comportamento acadêmico. Ao discutir os problemas de Júlia com sua mãe, o orientador explicou que esses alunos não são simplesmente preguiçosos nem estão tentando evitar responsabilidade. Em vez disso, seu comportamento se baseia em suas crenças sobre como o desempenho acadêmico acontece. Além disso, eles se comportam de modos que facilitam a confirmação dessas crenças. Assim, a cada reprovação, Júlia tende a pensar "Eu sabia que a professora me odiava". E com cada repetição, a crença se torna um pouco mais forte.

O objetivo de aconselhar esses alunos é desafiar suas percepções e reforçá-los a aprenderem a atribuir os resultados acadêmicos que obtêm a seus próprios esforços. Em um estudo, pesquisadores constataram que estudantes da escola intermediária cujo lócus de controle foi modificado por meio desse tipo de aconselhamento mantiveram os efeitos do aconselhamento cerca de 13 anos depois (Guangyuan, 2005). Sem dúvida, se as atribuições de estudantes como Júlia puderem ser mudadas, o orientador (ou um dos pais ou o professor) que for bem-sucedido nisso tende a influenciar não somente o desempenho imediato deles, mas também seu sucesso no futuro.

Questões para reflexão

1. Em sua opinião, qual seria uma boa estratégia para desafiar a crença de Júlia de que ela está sendo reprovada em matemática porque a professora a odeia?
2. Como você lidaria com a crença de Júlia de que ler um livro em duas semanas é uma expectativa pouco razoável?

adolescentes. Mais da metade dos estudantes de ensino médio no amplo estudo de Steinberg disse levar para casa notas C ou pior sem que seus pais se enfezassem; um terço deles disse que seus pais não sabiam o que eles estavam estudando na escola; somente cerca de um quinto dos pais nesse estudo participava regularmente das atividades escolares. Para usar a terminologia apresentada no Capítulo 9, os pais de alunos desengajados tendem a ser classificados como permissivos ou autoritários; pais de estudantes engajados tendem a ser classificados como democráticos (Steinberg, 1996).

Mas os pais não explicam tudo. As normas e valores dos grupos de amigos desempenham um papel igualmente importante. Em uma pesquisa, perguntou-se a estudantes do ensino médio por que eles iam à escola. A opção "porque meus amigos vão" (68% de concordância) foi quase tão frequente quanto a resposta mais escolhida: "Eu quero me formar e fazer uma faculdade" (73% de concordância) (Yazzie-Mintz, 2007). As influências dos amigos se sobrepõem à etnicidade. Por exemplo, Steinberg constatou que estudantes americanos de origem asiática eram mais propensos do que afro-americanos ou hispano-americanos a terem amigos que valorizavam boas notas e esforço nos estudos (Steinberg, 1996). Grupos de amigos afro-americanos e hispano-americanos eram muito mais propensos a desvalorizar o esforço ou desempenho acadêmico. Nesses dois grupos, o envolvimento dos pais com a escola ou ênfase na importância da escola parecia ser solapado pelas normas dos amigos. Esforçar-se, tentar ter bom desempenho, era visto como "agir como branco" por muitos adolescentes nesses grupos e por isso era um comportamento desencorajado (Steinberg, 1996).

Esse problema não é exclusivo de estudantes afro-americanos ou hispano-americanos. Os adolescentes brancos nos Estados Unidos de hoje costumam acreditar que estudantes do ensino médio não devem parecer estar se esforçando muito – eles devem passar, mas não se destacar no processo. Colocando de outra forma, a norma ou objetivo mais comum entre os amigos é a aparência de não envolvimento. Como seria previsível, muitos adolescentes vão além da aparência e perdem totalmente o envolvimento com os estudos, com consequências negativas para a vida adulta.

Segurança na escola Por fim, o grau em que os adolescentes se sentem seguros na escola influencia significativamente o envolvimento. O *assédio sexual*, investidas sexuais indesejáveis e/ou comentários depreciativos ou sugestivos de natureza sexual, é motivo de ansiedade para muitos estudantes. Em um levantamento, 35% dos estudantes do ensino médio disseram ter sofrido assédio sexual ao menos uma vez nos últimos 12 meses (Gruber e Fineran, 2008).

Muitos estudantes também se preocupam em serem vítimas de colegas agressivos. Nos Estados Unidos, levantamentos demonstram que muitos estudantes não percebem suas escolas como locais seguros (Dinkes, Cataldi, Lin-Kelly e Snyder, 2007). As taxas de vitimização indicam que eles têm bons motivos para sentirem medo. Os entrevistados em um levantamento do governo envolvendo milhares de estudantes (Dinkes et al., 2007) relataram as seguintes ocorrências durante os 12 meses que precederam o estudo:

- 86% das escolas de ensino médio tiveram ao menos um crime violento contra o patrimônio da escola durante o horário de aulas.
- 43% dos homens e 28% das mulheres se envolveram em ao menos uma briga física na escola ou perto dela.
- 28% sofreram intimidações/provocações ao menos uma vez.
- 10% dos homens e 3% das mulheres levaram uma arma para a escola ao menos uma vez.
- 9% dos professores sofreram agressões verbais de um aluno.
- 8% dos alunos foram ameaçados com uma arma.
- 6% dos alunos ficavam em casa depois das aulas ou evitavam participar de atividades escolares por medo de serem agredidos.
- 3% dos alunos disseram ter sido vítima de um crime não violento (p. ex., roubo) nos seis meses anteriores.

Especialistas recomendam várias estratégias para prevenir violência e outras formas de vitimização na escola (Osher, Dwyer e Jackson, 2004). Recorde que o objetivo da prevenção *primária* é impedir que um problema ocorra. A prevenção *secundária* visa deter um problema antes que ele saia de controle, e a prevenção *terciária* é implementada em situações em que algum dano ou estrago já ocorreu. Em relação à violência e à vitimização nas escolas, as estratégias de prevenção primária incluem manutenção de altas expectativas para todos os alunos, implementação de currículos que ajudem os alunos a aprender a manejar conflitos com os colegas de modos socialmente aceitáveis e um conjunto de diretrizes comportamentais para os alunos que deixem claro que a violência, o *bullying* e o assédio sexual não serão tolerados. Estratégias de prevenção secundária incluem um sistema de disciplina consistente no qual violações às regras escolares são resolvidas de maneira oportuna e efetiva. Diretrizes para remoção de estudantes que repetidamente violam as regras escolares e/ou causam sérios danos aos outros representam prevenção terciária.

Evasão escolar no ensino médio

> **OBJETIVO DA APRENDIZAGEM 14.8**
> Que variáveis predizem a probabilidade de abandonar os estudos durante o ensino médio?

No extremo máximo do *continuum* de desengajamento estão os estudantes que abandonam a escola totalmente. A evasão escolar, como o sucesso acadêmico, no ensino médio é resultado de uma complexa interação de variáveis acadêmicas e sociais (Garnier, Stein e Jacobs, 1997). Determinar as taxas de evasão escolar é difícil, pois os alunos não são acompanhados durante toda a sua trajetória educacional. Estimativas oficiais representam a porcentagem de estudantes que estão na idade do ensino médio, mas não estão matriculados na escola. Utilizando esse critério, a proporção de estudantes norte-americanos que abandonam os estudos diminuiu sem parar durante as últimas décadas. Cerca de 90% dos estudantes do ensino médio nos Estados Unidos recebem um diploma (NCES, 2008). Hispano-americanos apresentam a maior taxa de evasão de 22%, comparada com a de 11% para afro-americanos e de 6% para brancos (NCES, 2008). Os americanos de origem asiática que abandonam os estudos não chegam a 4%, e entre os americanos nativos a porcentagem é de 15% (Freeman e Fox, 2005).

O modo como as estimativas de evasão são calculadas não nos informa quantos estudantes por fim voltam para a escola e recebem um diploma, obtêm um *certificado de desenvolvimento educacional geral* (GED) ou concluem o ensino médio nas forças armadas. Além disso, é difícil aferir a precisão das estatísticas. Nos boletins do governo, "evasão" é simplesmente a categoria que inclui todos os estudantes na idade do ensino médio que não estão matriculados em nenhuma escola (Fry, 2003). Assim, é provável que alguns estudantes alfabetizados em casa e estudantes que frequentam programas alternativos fora dos sistemas de notificação de matrículas da rede pública e privada sejam erroneamente computados como abandono. Inversamente, comparações dos números de matriculados na 9ª série em escolas públicas em um determinado ano com as taxas de graduação quatro ou cinco anos depois sugerem que as estatísticas de evasão subestimam muito a verdadeira prevalência de evasão escolar antes da graduação. Em algumas escolas, essas comparações sugerem que a metade dos alunos matriculados na 9ª série não conclui o ensino médio (Balfanz e Legters, 2004).

Além disso, as estimativas de evasão escolar para adolescentes hispano-americanos incluem imigrantes em idade escolar que vieram para os Estados Unidos para encontrar trabalho em vez de ir para a escola. Muitos desses adolescentes nunca estiveram matriculados em escolas nos Estados Unidos, contudo são contados como casos de abandono (Fry, 2003). Quando as estatísticas para imigrantes não são levadas em conta, constata-se que apenas 12% dos adolescentes de origem hispânica que nasceram nos Estados Unidos ou que viveram no país desde quando tinham idade escolar abandonam a escola (NCES, 2008).

Diferenças étnicas nas taxas de evasão escolar estão associadas a diferenças no grupo de renda. Crianças que crescem em famílias de baixa renda são consideravelmente mais propensas a abandonar o ensino médio do que aquelas que vêm de famílias economicamente mais favorecidas. Por exemplo, em 2006, a taxa de abandono para alunos cujas famílias estavam no quartil de renda mais baixo (os 25% inferior) nos Estados Unidos era de 11%, ao passo que para estudantes cuja renda familiar os colocava no quartil superior era de apenas 2% (NCES, 2008). Uma vez que adolescentes americanos nativos, hispano-americanos e afro-americanos nos Estados Unidos têm mais probabilidade de serem de famílias pobres, eles também são mais propensos a abandonar a escola. Os fatores-chave que ligam a renda à conclusão do ensino médio parecem ser o nível de instrução dos pais, as aspirações dos pais pela educação dos filhos e as expectativas dos próprios jovens para o futuro (Freeman e Fox, 2005).

Variações na gravidez adolescente e na criação também ajudam a explicar diferenças étnicas de grupo nas taxas de evasão. Exceto no caso de americanos nativos, as taxas de nascimento nos diversos grupos correspondem às taxas de evasão. As taxas de nascimento são de 8% para hispano-americanos (o que significa que 8 de cada 100 adolescentes hispano-americanos deram à luz uma criança a cada ano), 6% para afro-americanos, 5% para americanos nativos, 4% para brancos e 2% para americanos de origem asiática (Hamilton, Martin e Ventura, 2007). Novamente, uma vez que as autoridades escolares não acompanham os estudantes individualmente, não sabemos realmente quantas adolescentes grávidas e com filhos abandonam a escola ou quantas daquelas que abandonam retornam para a escola e se formam. Além disso, é difícil saber se uma gravidez adolescente é causa ou consequência de abandono.

Em todos os grupos étnicos e faixas de renda, os jovens adultos (de 16 a 25 anos) que abandonaram a escola no ensino médio relatam que seu principal motivo para isso foi que suas aulas eram pouco interessantes (Bridgeland, DiIulio e Morison, 2006). Esses jovens também disseram que o sentimento de terem ficado para trás e não poderem se nivelar contribuiu para sua decisão de abandonar os estudos. Eles também relatam que sofreram influência de amigos que estavam planejando abandonar a escola e que a falta de monitoramento dos pais desempenhou um papel importante. Quase três quartos dizem que lamentam a decisão de sair da escola.

A influência dos pares também é um fator que contribui para a evasão escolar. Adolescentes que abandonam a escola tendem a ter amigos que fizeram isso ou que estão pensando em abandoná-la (Staff e Kreager, 2007). Os provenientes de famílias de baixa renda que se associam a grupos que apresentam comportamento violento parecem ser mais vulneráveis à influência dos amigos do que adolescentes em outros grupos. Variáveis familiares também têm relação com a evasão. Por exemplo, crianças cujas famílias se mudam com frequência durante o ensino fundamental ou intermediário estão em maior risco de evasão durante o ensino médio (Worrell, 1997).

É importante lembrar, contudo, que a maioria dos estudantes em todos os grupos étnicos e faixas de renda permanece na escola. Os que não permanecem, mais uma vez independentemente do grupo, compartilham de diversos fatores de risco. Estudos longitudinais mostram que estudantes que têm história de fracasso acadêmico, um padrão de comportamento agressivo e más decisões sobre comportamento arriscado são mais propensos a abandonar a escola (Cairns e Cairns, 1994; Farmer et al., 2003; Garnier et al., 1997; Jimerson, 1999). Em relação a comportamento de risco, as decisões sobre intercurso sexual parecem ser especialmente decisivas. Para as meninas, dar à luz e se casar estão fortemente ligados ao abandono da escola. Outro comportamento de risco, o uso de drogas, também é forte preditor de evasão escolar (Garnier et al., 1997). Na verdade, o uso de álcool e drogas prediz melhor as notas de um aluno no ensino médio do que predizem suas notas no ensino fundamental. Consequentemente, as decisões sobre esses comportamentos de risco parecem ser um fator que faz com que um adolescente se desvie de uma rota de desenvolvimento até então positiva.

Um grupo de pesquisadores explorou a possibilidade de que seria possível identificar um perfil geral dos estudantes de ensino médio com potencial para evasão escolar levando-se em consideração vários fatores relevantes. Sua pesquisa levou à identificação do tipo de estudante que tende a abandonar a escola: o estudante quieto, desengajado, de baixo desempenho e pouco adaptado (Janosz, Le Blanc, Boulerice e Tremblay, 2000). Muitos desses estudantes apresentam um padrão crônico de cábula de aulas antes de abandonarem a escola (Fallis e Opotow, 2003). Assim, estudantes que exibem esse padrão podem ser o alvo dos programas de prevenção à evasão escolar.

Qualquer que seja sua causa, abandonar a escola no ensino médio está associado a algumas consequências de longo prazo. Por exemplo, a taxa de desemprego é mais alta entre adultos que abandonaram a escola do que entre aqueles que concluíram o ensino médio, e os que abandonaram a escola que conseguem se empregar ganham salários mais baixos do que os que se formaram. Por exemplo, em 2006, a taxa de desemprego para adultos que abandonaram o ensino médio era de 7,1%, mas era de apenas 4,4% para os diplomados no ensino médio (U.S. Bureau of Labor Statistics, 2007). Além disso, a renda média anual de estudantes do sexo masculino que abandonam a escola no ensino médio era de 22.151 dólares, ao passo que a renda média anual para estudantes do sexo masculino com diploma do ensino médio era de 31.715 (Webster e Bishaw, 2007). Entre estudantes do sexo feminino, a diferença era semelhante: 13.255 *versus* 20.650.

Adultos que abandonaram o ensino médio também são mais propensos a sofrer de depressão (Hagan, 1997). Além disso, pesquisas sugerem que permanecer na escola pode ser um importante fator de proteção para meninos que têm poucas habilidades de autorregulação. Quando esses indivíduos permanecem estudando, eles parecem ser menos propensos do que indivíduos semelhantes que abandonam a escola a se envolverem em atividades criminosas no início da vida adulta (Henry et al., 1999).

Educação do caráter

> **OBJETIVO DA APRENDIZAGEM 14.9**
> Quais são os objetivos da educação do caráter?

Em resposta aos aumentos na frequência dos crimes hediondos, do *bullying* nas escolas e do comportamento de modo geral rude na vida cotidiana, alguns educadores afirmam que as escolas deveriam incluir um programa de **educação do caráter**, uma série de aulas programadas para ensinar aos alunos modos de comportamento culturalmente aceitáveis. Contudo, críticos alegam que enfatizar a noção de bom caráter de um grupo sobre a de outro pode ser ofensivo para alguns. Os defensores da educação do caráter contra-argumentam que existe um conjunto comum de valores que todos os seres humanos subscrevem e que esses valores devem formar o núcleo de um currículo de educação formal do caráter.

Existem algumas evidências que respaldam a posição assumida por aqueles que pregam a educação universal do caráter. Considere, por exemplo, o caso da Kew Primary School em Invercargill, na Nova Zelândia (Heenan, 2005). Administradores e professores na escola foram frustrados por seu êxito limitado no uso de métodos como reforço e punição para controlar comportamentos estudantis problemáticos como o *bullying*. Eles buscavam uma alternativa que ajudaria cada aluno a construir um senso interno de certo e errado, esperando que esse senso, que chamavam de caráter, amenizaria a necessidade de medidas de controle comportamental. Um levantamento dos pais fazia parte do processo utilizado para desenvolver um currículo de educação do caráter, pois eles queriam garantir que o programa incluísse padrões e valores que todas as famílias de seus alunos subscreviam.

Os resultados do levantamento foram impressionantes, especialmente diante da natureza diversificada da população da escola. As autoridades constataram que 95% dos pais aprovavam seus esforços para incorporar a educação do caráter ao currículo acadêmico da escola. Além disso, valores como veracidade, honestidade e disposição em aceitar a responsabilidade por nossas ações foram endossadas por 100% dos pais. O endosso de valores como respeito pelos direitos e propriedade alheios, polidez, cortesia e bondade também se aproximou da unanimidade.

Essas descobertas levaram alguns educadores a desenvolver currículos de educação do caráter que podem ser usados por qualquer escola, independentemente da composição cultural de seu corpo estudantil. Um currículo foi criado pelo psicólogo do desenvolvimento Thomas Lickona da Universidade Estadual de Nova York em Cortland. A abordagem de Lickona na educação do caráter se baseia na suposição de que o caráter é formado por 10 virtudes essenciais (Lickona, 2004). As 10 virtudes são sabedoria, justiça, fortaleza, autocontrole, amor, atitude positiva, esforço árduo, integridade, gratidão e humildade. Lickona afirma que, ainda que processos maturacionais e desenvolvimentistas desempenhem papéis importantes no desenvolvimento do caráter, ele geralmente deve ser deliberada e sistematicamente transmitido às crianças por adultos. A pesquisa de Lickona demonstra que, quando a educação do caráter é implantada em uma escola, a frequência de comportamentos indesejáveis diminui. E, como bônus, o desempenho acadêmico tende a melhorar.

educação do caráter um currículo que ensina aos alunos formas culturalmente aceitáveis de comportamento.

Gênero, etnicidade e desempenho em ciências e matemática

> **OBJETIVO DA APRENDIZAGEM 14.10**
> Que diferenças de gênero e étnicas no desempenho em ciências e matemática foram constatadas pelos pesquisadores?

Antes de concluir o tópico da escolarização na adolescência, precisamos considerar as diferenças entre homens e mulheres no desempenho em ciências e matemática, assim como as diferenças encontradas entre os grupos étnicos.

Diferenças de gênero As meninas parecem estar em especial risco para perdas de desempenho após a transição para o ensino médio. Por exemplo, na 8ª série os meninos superam as meninas no desempenho em matemática, e a diferença se alarga substancialmente na época em que os adolescentes chegam ao 1º ano do ensino médio (Burkham, Lee e Smerdon, 1997). Além disso, a pesquisa sugere que a diferença de gênero é maior entre os estudantes intelectualmente mais talentosos. Não obstante, as meninas possuem características que os educadores podem utilizar para melhorar o desempenho delas nas aulas de ciências. Em primeiro lugar, associar-se a pares do mesmo sexo que estejam interessados e que tenham bom desempenho nas aulas de ciências influencia o desempenho das meninas nesse domínio (Riegle-Crumb, Farkas e Muller, 2006). Assim, oferecer às meninas a oportunidade de participar de clubes de ciências e de comunidades de aprendizagem (pequenos grupos de estudantes que fazem cursos juntos) pode ser um modo efetivo de aumentar seu desempenho em ciências (Reid e Roberts, 2006). Além disso, as escolhas dos cursos feitas pelas meninas durante a escola intermediária são mais influenciadas pelo encorajamento dos pais do que o são as dos meninos (Simpkins, Davis-Kean e Eccles, 2006).

Assim, o envolvimento dos pais pode ser a chave para realçar o interesse das meninas por ciências na escola intermediária e motivá-las a fazer cursos de ciências mais avançados no ensino médio.

Sem dúvida, as atitudes culturais também influenciam o desempenho das meninas em ciências. Por exemplo, as percepções que as meninas e seus pais têm da ciência como uma área profissional adequada para mulheres é forte preditor do sucesso delas nos cursos de ciências (Jacobs, Finken, Griffin e Wright, 1998). Mesmo meninas que apresentam ótimo desempenho em ciências no ensino médio têm menos confiança em sua capacidade de serem bem-sucedidas nas disciplinas universitárias de ciências e, portanto, são menos propensas a se especializar em ciências no ensino superior (Catsambis, 1995; Guzzetti e Williams, 1996).

A diferença de gênero no desempenho em matemática também se alarga no ensino médio, embora as diferenças entre os sexos sejam menores na atualidade do que eram na década de 1960 (Hyde, Fennema e Lamon, 1990). A pesquisa sugere que variações no modo como meninos e meninas resolvem problemas podem ser responsáveis pelas diferenças de desempenho entre os sexos no ensino médio. Os meninos podem ser melhores na identificação de estratégias efetivas para resolver os tipos de problemas que costumam aparecer em testes padronizados de matemática (Gallagher et al., 2000). Os desenvolvimentistas ainda não sabem como os meninos adquirem essa vantagem, mas pesquisas que sugerem que importantes diferenças sexuais no cérebro aparecem no início da adolescência indicam que a vantagem pode ter uma base neurológica. Além disso, o fato de que os meninos passam mais tempo jogando *videogames* do que as meninas pode explicar parte dessa diferença. Essa hipótese é apoiada por pesquisas que demonstram que a prática de *videogames* melhora o desempenho das mulheres em testes de percepção espacial, fator importante no desempenho em matemática (Terlecki e Newcombe, 2005) (ver *Ciência do desenvolvimento em casa*).

CIÊNCIA DO DESENVOLVIMENTO EM CASA
Meninas e *videogames*

Os pais de Lexi e Alicia estão orgulhosos das altas notas de suas filhas gêmeas em provas de matemática. Contudo, eles leram que o desempenho em matemática costuma diminuir na adolescência. Em um esforço para promover a continuação do desenvolvimento das habilidades matemáticas das meninas, seus pais fizeram algumas pesquisas sobre o desenvolvimento de matemática e aprenderam que a prática de jogos eletrônicos pode ajudar as meninas a desenvolver as habilidades cognitivas espaciais. Assim, eles levaram as meninas a uma loja de produtos eletrônicos e se ofereceram para lhes comprar o sistema de jogos de sua preferência. Mas as reações de Lexi e Alicia à oferta foram decepcionantes da perspectiva de seus pais. Quando ficou claro que as meninas não tinham interesse em jogar *videogames*, os pais saíram da loja e iniciaram a busca de uma outra forma de encorajar o desenvolvimento das habilidades matemáticas de suas filhas.

Reações como as de Lexi e Alicia à proposta dos pais de comprar um *videogame* para elas são frequentes entre meninas adolescentes. Pesquisas do emergente campo de pesquisa da psicologia de mídia oferecem algumas possíveis pistas do motivo para isso. Estudos sugerem que as meninas têm pouco interesse nos *videogames* por causa do modo como eles são anunciados e desenhados.

As características não verbais que aparecem nas propagandas de *videogames*, como as que aparecem em outros produtos, visam promover rápidas decisões de para-mim/não-para-mim pelos consumidores com respeito aos produtos que estão sendo anunciados (Chandler, 2002). Assim, as propagandas aproveitam categorias óbvias como gênero, raça e idade. Cores escuras ou primárias, ângulos visuais estranhos, guitarras elétricas em ritmo alucinante, vozes graves e imagens nitidamente focadas em rápido movimento sinalizam aos espectadores que um produto é para homens (Griffiths e Chandler, 1998). Em contraste, cores pastéis, ângulos convencionais, *jingles* atraentes, vozes agudas e imagens ligeiramente embaçadas em lento movimento são usados para captar a atenção das mulheres.

Quando chegam a idade de 6 ou 7 anos, a maioria das crianças é muito habilidosa na classificação de propagandas por gênero com base nessas características (Pike e Jennings, 2005). Além disso, elas expressam mais interesse por produtos que identificam serem condizentes com seu gênero do que por aqueles que elas acreditam que se destinam ao gênero oposto. Essas características não verbais são tão poderosas que as crianças vão dizer que um produto anunciado com características não verbais "masculinas" é para meninos mesmo que uma menina apareça brincando com ele em uma propaganda.

Consequentemente, o modo como os sistemas de *videogame* e os próprios jogos são anunciados mandam às meninas uma mensagem não verbalizada de "isso-não-é-para-você". E alguns estudos mostram que as meninas são, em média, mais responsivas às sutis mensagens de gênero do que os meninos (Usher e Pajares, 2006). Meninas que se conformam às expectativas baseadas em gênero implicadas por essas mensagens não verbalizadas podem estar perdendo oportunidades de desenvolver suas habilidades espaciais. Mas a boa nova é que as meninas também parecem ser mais responsivas do que os meninos às mensagens de persuasão que lhes dizem que "você é capaz". Essas pesquisas sugerem que a melhor forma que os pais de Lexi e Alicia têm de garantir que suas filhas continuem a ter bons resultados em testes de matemática é oferecer-lhes abundante encorajamento verbal.

Questões para reflexão

1. Em sua opinião, que tipos de jogos e sistemas de jogos seriam mais atraentes às meninas do que aos meninos?
2. Você acha que o público imaginário contribui de alguma forma para a falta de interesse das adolescentes por *videogames*?

Como seus pares com talento para ciências, meninas com talento para matemática têm consideravelmente menos confiança em sua capacidade do que seus equivalentes masculinos, ainda que as meninas geralmente tirem melhores notas (Guzzetti e Williams, 1996; Marsh e Yeung, 1998). Pesquisas mostram que são as crenças das meninas sobre suas habilidades que definem seu interesse em fazer cursos de matemática de mais alto nível no ensino médio e superior (Simpkins et al., 2006). Consequentemente, ainda que as meninas tirem melhores notas em matemática do que os meninos, elas são menos propensas a fazer cursos avançados como cálculo ou optar por carreiras em matemática (Davenport et al., 1998). Contudo, como observamos em relação a ciências, as meninas cujas amigas se interessam por matemática têm mais confiança em sua capacidade para matemática e são mais abertas a fazer cursos avançados de matemática. Estudos demonstram que matricular meninas com talento para matemática em atividades extracurriculares de sexo único e focadas em matemática no ensino médio aumenta o interesse delas no assunto e sua confiança em relação à matemática (Reid e Roberts, 2006).

Diferenças étnicas de grupo Por mais notáveis que sejam as diferenças de gênero em matemática, elas são insignificantes em comparação com variações étnicas. Por exemplo, no último ano do ensino médio, apenas um terço dos estudantes afro-americanos e hispano-americanos concluiu dois anos de álgebra. Em contraste, pouco mais da metade dos estudantes brancos e dois terços dos estudantes americanos de origem asiática fizeram dois anos de álgebra. Além disso, estudantes americanos de origem asiática do ensino médio ganham duas vezes mais créditos em cursos avançados do que estudantes brancos e de três a quatro vezes mais do que estudantes afro-americanos e hispano-americanos (Davenport et al., 1998).

Um motivo para as diferenças étnicas é que estudantes americanos de origem asiática e brancos tendem mais a ingressar no ensino médio com as habilidades de que necessitam para receber sua primeira aula de álgebra. Mais de metade dos adolescentes afro-americanos e hispano-americanos precisa fazer cursos de recuperação antes de começar a estudar álgebra, comparado com cerca de um terço de estudantes americanos de origem asiática e de estudantes brancos (Davenport et al., 1998). Observadores assinalam que aproximadamente a mesma proporção de estudantes do ensino médio de todas as etnias pretende fazer um curso superior. Entretanto, parece que estudantes americanos asiáticos e brancos terão maior tendência a entrar no ensino médio preparados para fazer cursos preparatórios para a faculdade (Thompson e Joshua-Shearer, 2002). Muitos pesquisadores concluíram que aulas transicionais rigorosas na 8ª e 9ª séries poderiam permitir que mais estudantes afro-americanos e hispano-americanos concluíssem cursos de matemática no ensino médio em preparação para a faculdade (Gamoran, Porter, Smithson e White, 1997).

Estudos envolvendo estudantes com talento para matemática respaldam essa posição. Existem grandes diferenças étnicas nas escolhas de cursos no ensino médio entre estudantes altamente capacitados – aqueles que se situam nos 25% superiores nos testes de desempenho em matemática. Um estudo descobriu que 100% dos estudantes do ensino médio americanos de origem asiática e 88% dos estudantes brancos com esse nível de desempenho se matricularam em cursos avançados de matemática. Em contraste, essa proporção é de apenas 40% para estudantes afro-americanos e hispano-americanos com aptidão para matemática (Education Trust, 1996). É possível que os orientadores das escolas de ensino médio encorajem com mais frequência americanos asiáticos e brancos a fazer cursos de matemática avançada (Davenport, 1992).

Ingressando no universo do trabalho

Nos Estados Unidos, levantamentos entre adolescentes sugerem que se decidir por uma carreira é um dos principais temas de desenvolvimento adolescente (Mortimer, Zimmer-Gembeck, Holmes e Shanahan, 2002). E muitos adolescentes acreditam que ter um emprego de um turno durante o ensino médio vai ajudá-los a escolher uma profissão. Contudo, existem muitos outros fatores que contribuem para as decisões dos adolescentes sobre sua futura carreira.

Os efeitos do emprego na adolescência

Os pais muitas vezes incentivam os adolescentes a arrumarem um emprego de um turno com a justificativa de que isso "constrói o caráter" e ensina os jovens sobre "a vida

> **OBJETIVO DA APRENDIZAGEM 14.11**
> Quais são os efeitos do emprego na vida dos adolescentes?

Muitos empregos de meio expediente não proporcionam aos adolescentes experiências de trabalho significativas.

real". Será que eles têm razão? Pesquisas que incluem vários coortes de adolescentes sugerem que, quanto maior a carga horária de trabalho dos estudantes do ensino médio, maior sua tendência a usar drogas (álcool, cigarros, maconha, cocaína), demonstrar agressividade para com os colegas, discutir com as pais, não dormir o suficiente e sentir insatisfação com a vida (Bachman e Schulenberg, 1993; Bachman, Safron, Sy e Schulenberg, 2003). Além disso, quando adultos, indivíduos que trabalharam durante o ensino médio são menos propensos do que os que não trabalharam a ingressar no ensino superior. Assim, trabalhar pode na verdade diminuir as chances de sucesso profissional na vida adulta, exatamente o oposto do que muitos pais acreditam.

Contudo, é possível que adolescentes inclinados ao uso de drogas, agressividade e outros correlatos negativos do emprego na adolescência optem por trabalhar com mais frequência do que seus colegas que não possuem essa inclinação. Consequentemente, a pesquisa correlacional pode superestimar os efeitos negativos do emprego na adolescência. Ou seja, os resultados da pesquisa podem representar diferenças entre estudantes que optam por trabalhar e os que não optam por isso e não os efeitos do emprego em si.

Uma visão muito mais positiva do impacto do emprego na adolescência vem de estudos que levam em consideração o tipo de trabalho que os adolescentes fazem, assim como a carga horária de seus empregos (Mortimer e Finch, 1996; Mortimer, Finch, Dennehy, Lee e Beebe, 1995; Mortimer e Harley, 2002). Essas descobertas indicam que adolescentes que têm experiências profissionais baseadas em habilidades desenvolvem aumentados sentimentos de competência. Além disso, os estudantes que se veem adquirindo habilidades úteis por meio de seu trabalho parecem desenvolver confiança em sua capacidade de alcançar sucesso econômico na vida adulta (Grabowski, Call e Mortimer, 2001). Somente 2% dos estudantes relatam que ter um emprego de um turno durante o ensino médio os ajudou a escolher uma profissão (Hurley e Thorp, 2002). Mesmo assim, ter um emprego pode ajudar os adolescentes a aprender sobre responsabilidade, pontualidade, respeito pelos diferentes papéis que supervisores e supervisionados desempenham no local de trabalho e administração do dinheiro.

OBJETIVO DA APRENDIZAGEM 14.12
Quais são os estágios do processo de tomada de decisões profissionais?

Escolhendo uma profissão

Em grande medida, as aspirações dos adolescentes determinam o caminho que eles seguem depois do ensino médio. Como resultado, a maioria dos adolescentes dedica uma quantidade considerável de pensamento ao tipo de trabalho que eles gostariam de realizar na vida adulta. As preocupações sobre as decisões profissionais aumentam à medida que os adolescentes chegam ao fim do ensino médio.

Um modo de descrever o processo de tomada de decisões profissionais é em termos de uma série de estágios, um modelo proposto originalmente por Donald Super (Super, 1971, 1986). Primeiro ocorre o *estágio de crescimento* (do nascimento aos 14 anos), em que as crianças aprendem sobre suas habilidades e interesses. Depois vem o *estágio exploratório* (aproximadamente dos 15 aos 24), no qual os jovens começam a procurar ligações entre suas características pessoais e as exigidas pelas diversas ocupações. Como a teoria de Super prediria, a pesquisa mostra que os veteranos do ensino médio são mais propensos a passar tempo pesquisando profissões reais, em contraste com fantasiar sobre opções profissionais atraentes, mas improváveis (p. ex., astro de música, atleta profissional) do que calouros (Fouad, 2007). Contudo, somente cerca de metade dos alunos do ensino médio acaba seguindo profissões que foram escolhidas enquanto ainda estão na escola.

Orientadores vocacionais podem ajudar os adolescentes durante a fase de exploração. Serviços de orientação profissional no ensino médio com frequência incluem testes que ajudam os adolescentes a determinar seus interesses profissionais. Além disso, muitas escolas têm convênios para que os alunos observem diversos locais de trabalho. A maioria das escolas também tem acesso a recursos eletrônicos e bibliotecários que são úteis para estudantes que estão pesquisando informações profissionais.

Orientadores vocacionais também podem aplicar testes de personalidade que ajudam os alunos a determinar quais ocupações melhor se encaixam com suas próprias características. John Holland, cujo trabalho tem sido muito influente nessa área, propõe seis tipos básicos de personalidade, resumidos na Tabela 14.2 (Holland, 1973, 1992). A hipótese básica de Holland é que cada um de nós tende a escolher e ser mais bem-sucedido em uma ocupação que combina com nossa personalidade.

As pesquisas em culturas não ocidentais e ocidentais e com afro-americanos, hispano-americanos e americanos nativos, bem como com brancos nos Estados Unidos, de modo geral confirmam a proposta de Holland (p. ex., Leong, Austin, Sekaran e Komarraju, 1998; Tokar, Ficher e Subich, 1998). Sacerdotes, por exemplo, geralmente alcançam maior pontuação na escala social de Holland, engenheiros maior pontuação na escala investigativa, vendedores de carro na escala empreendedora e oficiais das forças armadas na escala realista.

Tabela 14.2 Tipos de personalidade e preferências de trabalho segundo Holland

Tipo	Características da personalidade e preferências de trabalho
Realista	Agressivos, masculinos, fisicamente fortes, muitas vezes com poucas habilidades verbais ou interpessoais; preferem atividades mecânicas e uso de ferramentas; são com frequência mecânicos, eletricistas ou agrimensores.
Investigativo	Orientados ao pensamento (principalmente pensamento abstrato), organização e planejamento; preferem tarefas ambíguas, desafiadoras, mas têm poucas habilidades sociais; com frequência são cientistas ou engenheiros.
Artístico	Associais; preferem atividades não estruturadas, altamente individuais; com frequência são artistas.
Social	Extrovertidos, precisam de atenção com frequência; evitam atividade intelectual e não gostam de atividades ordenadas, preferindo trabalhar com pessoas; com frequência escolhem empregos de servidor, como enfermeiro ou educador.
Empreendedor	Altamente verbais e dominadores; gostam de organizar e dirigir outras pessoas; são líderes persuasivos e fortes; com frequência escolhem carreiras em vendas.
Convencional	Precisos e exatos; gostam de diretrizes claras; preferem atividades estruturadas e papéis subordinados; podem escolher ocupações como contador ou escriturário.

Fonte: Holland, 1973, 1992.

> **OBJETIVO DA APRENDIZAGEM 14.13**
> Que fatores influenciam as decisões profissionais dos adolescentes?

Influências nas escolhas profissionais

A maioria dos adultos que está em busca de uma profissão tira proveito da orientação vocacional (Whiston, 2003). Contudo, mesmo quando as escolas oferecem extensos serviços de orientação vocacional, a maioria dos estudantes não tira vantagem deles. Revela-se que os fatores mais importantes nas escolhas profissionais são as influências familiares, educação e inteligência, bem como gênero.

Influências familiares   Nos Estados Unidos, mais de 75% dos estudantes do ensino médio relatam que seus pais são a sua mais importante fonte de informações sobre profissões (Hurley e Thorp, 2002). Além disso, os jovens tendem a escolher ocupações do mesmo nível social geral que o de seus pais. Em parte, esse efeito opera via educação. Por exemplo, pesquisadores constataram que jovens adultos cujos pais têm curso superior são menos propensos a ingressarem nas forças armadas do que aqueles que possuem pais com menor nível de instrução (Bachman, Segal, Freedman-Doan e O'Malley, 2000). Essas descobertas sugerem que pais que têm nível de instrução mais elevados são eles mesmos mais propensos a encorajar seus filhos a ir além do ensino médio. Essa educação a mais, por sua vez, torna mais provável que um jovem tenha qualificação para empregos de classe média, para os quais um diploma superior costuma ser um requisito.

As famílias também influenciam as escolhas profissionais por meio de sistemas de valor. Mais particularmente, pais que valorizam o desempenho acadêmico e profissional têm probabilidades muito maiores de ter filhos que fazem faculdade e adquirem uma posição de nível superior. Esse efeito não é apenas diferença de classe social disfarçada. Nas famílias da classe trabalhadora, são os filhos de pais que dão mais ênfase ao desempenho os que mais tendem a galgar para postos de classe média (Gustafson e Magnusson, 1991). Além disso, as famílias cujas aspirações profissionais para seus filhos são altas tendem a produzir adultos que são empregados com maior nível de motivação intrínseca (Cotton, Bynum e Madhere, 1997).

De modo análogo, as crenças morais dos pais influenciam a disposição dos jovens adultos de assumir diversas ocupações (Bregman e Killen, 1999). Por exemplo, jovens adultos cujas famílias consideram moralmente errado ingerir bebidas alcoólicas tendem a não optar por ocupações que envolvam álcool, tais como trabalhar em bares ou restaurantes onde são servidas bebidas alcoólicas ou no comércio de bebidas.

Educação e inteligência   Educação e inteligência também exercem influência nas decisões profissionais dos adolescentes. Essas interações influenciam não somente o trabalho específico que um jovem escolhe, mas também o sucesso profissional a longo prazo. Quanto mais alta a inteligência de uma pessoa, mais anos de educação ela tende a concluir; quanto mais educação ela tem, mais elevado o nível em que ela entra no mercado de trabalho; e quanto mais alto o nível em que ela entra no mercado, mais longe ela tende a ir em sua vida profissional (Brody, 1992; Kamo, Ries, Farmer, Nickinovich e Borgatta, 1991).

A inteligência tem efeitos diretos na escolha do emprego e também no sucesso profissional. Estudantes mais inteligentes são mais propensos a optar por profissões técnicas ou de maior *status*. E funcionários altamente inteligentes são mais propensos a avançar, mesmo que entrem no mercado em um nível mais baixo do que os que são menos inteligentes (Dreher e Bretz, 1991).

Gênero   A escolha de um emprego específico é fortemente influenciada pelo gênero. Apesar do movimento das mulheres e do vasto aumento na proporção de mulheres que trabalham fora, ainda é verdade que definições dos papéis dos sexos designam alguns empregos como "de mulher" e alguns "de homem" (Reskin, 1993; Zhou, Dawson, Herr e Stukas, 2004). As funções com estereótipo de masculinas são mais diversificadas, mais técnicas e de maior *status* e renda (p. ex., executivo, marceneiro). As funções com estereótipo de femininas se concentram em ocupações de prestação de serviços e geralmente desfrutam de menor *status* e pior remuneração (p. ex., professor, enfermeiro, secretário). Um terço de todas as mulheres que trabalham tem funções administrativas; um quarto trabalha na área da saúde, do ensino ou serviço doméstico.

As crianças aprendem as definições culturais de empregos "apropriados" para homens e mulheres nos primeiros anos da infância, assim como aprendem outros aspectos dos papéis dos sexos. Desse modo, não é de surpreender que a maioria das mulheres e homens jovens escolha empregos que se encaixam nessas designações dos papéis dos sexos. Escolhas por funções não estereotípicas são mais comuns entre jovens que se identificam como andróginos ou cujos pais têm ocupações pouco convencionais. Por exemplo, mulheres jovens que escolhem profissões tradicionalmente masculinas são mais tendentes a ter uma mãe com uma trajetória profissional consolidada e mais propensas a se autodefinirem como andróginas ou como masculinas (Betz e Fitzgerald, 1987; Fitzpatrick e Silverman, 1989).

Preparação para Testes

Estágio operatório-formal de Piaget

14.1 Quais são as características do pensamento no estágio operatório-formal de Piaget? (p. 432-433)

Piaget propôs um quarto estágio de desenvolvimento cognitivo na adolescência. O estágio operatório-formal é caracterizado pela capacidade de aplicar operações cognitivas básicas a ideias e possibilidades, não somente a objetos reais.

1. Piaget usou o problema do pêndulo para medir a capacidade dos adolescentes de _____.

2. A capacidade de raciocinar a partir de premissas que não são necessariamente factuais é chamada de _____.

14.2 Quais são algumas das principais descobertas da pesquisa sobre o estágio operatório-formal de Piaget? (p. 433-435)

Pesquisadores encontraram provas claras de formas avançadas de raciocínio ao menos em alguns adolescentes. Mas o pensamento operacional formal não é universal e tampouco é utilizado consistentemente por aqueles que estão capacitados para isso.

3. Transforme a falsa afirmativa abaixo em uma afirmativa verdadeira:
A pesquisa confirmou todas as asserções de Piaget com respeito ao estágio operatório-formal.
_____
_____

14.3 Como o pensamento operacional formal se manifesta nos contextos cotidianos? (p. 435-437)

David Elkind propôs que o pensamento hipotético-dedutivo se manifesta como um exagerado senso do adolescente de sua própria importância, ou egocentrismo adolescente, que o leva a basear suas decisões em fábulas pessoais e nos juízos de um público imaginário. Piaget afirmava que o idealismo ingênuo leva os adolescentes a se sentirem insatisfeitos com o mundo real. Os planos dos adolescentes refletem o pensamento hipotético-dedutivo, mas eles frequentemente deixam de considerar a totalidade de detalhes que são relevantes para uma decisão.

4. Descreva sucintamente cada característica do pensamento adolescente na tabela a seguir:

Característica	Descrição
Egocentrismo adolescente	
Público imaginário	
Fábula pessoal	
Idealismo ingênuo	
Erros de planejamento	

Avanços no processamento de informações

14.4 Em que aspectos os processos executivos se aperfeiçoam durante a adolescência? (p. 437-438)

Aperfeiçoamentos nos processos executivos levam a melhoras na inibição de resposta, na metamemória e na capacidade de discriminar informações relevantes e irrelevantes.

14.5 Como os avanços no processamento executivo contribuem para o aprendizado acadêmico? (p. 438-439)

Os processos executivos aperfeiçoados dos adolescentes permitem que eles desenvolvam, escolham e transfiram estratégias de aprendizagem que são úteis na escola. Além disso, eles são mais capazes de compreender e recordar textos em consequência dos avanços no processamento executivo.

5. O que estudos de treinamento sugerem sobre a capacidade dos adolescentes de sintetizar e resumir textos, comparados com a de crianças mais jovens?
_____
_____

Escolarização

14.6 Como as mudanças nos objetivos dos alunos contribuem para a transição para o ensino médio? (p. 439-442)

A transição para o ensino médio pode ser acompanhada por mudanças na orientação nos objetivos das crianças que resultam em declínio no desempenho e na autoestima. A transição para o ensino médio oferece aos adolescentes muitas oportunidades de perseguir interesses especiais e atividades extracurriculares.

6. Objetivos que se baseiam no desejo de autoaperfeiçoamento são chamados de _____.

7. Objetivos que se baseiam no interesse de ser superior aos outros são chamados de _____.

8. O que são academias de 9ª série, e como alunos em risco se beneficiam ao frequentá-las?
_____
_____

14.7 Que características distinguem estudantes engajados de estudantes desengajados? (p. 442-445)

Estudantes engajados gostam da escola, se esforçam para realizar metas acadêmicas e participam de atividades extracurriculares. Eles tendem a ser mais bem-sucedidos que os estudantes desengajados que não gostam da escola e se abstêm de participar das atividades acadêmicas e extracurriculares.

9. Os pais de alunos do ensino médio desengajados são mais propensos do que os de alunos engajados a utilizar um estilo de criação _____ ou _____.

14.8 Que variáveis predizem a probabilidade de abandonar os estudos durante o ensino médio? (p. 445-447)

Os estudantes que abandonam a escola tendem a ser de famílias de baixa renda ou de estarem tendo mau desempenho na escola. A influência dos pares também é um fator.

10. Quais são algumas das dificuldades associadas às estimativas de evasão escolar?
_____
_____

14.9 Quais são os objetivos da educação do caráter? (p. 447)

O propósito da educação do caráter é ensinar aos alunos um sistema de valores comum e encorajá-los a se disciplinarem de acordo com padrões daquele sistema.

11. Como os defensores da educação do caráter superam a objeção de que esses programas não levam em conta a diversidade de opiniões sobre comportamento aceitável na sociedade contemporânea?
_____
_____

14.10 Que diferenças de gênero e étnicas no desempenho em ciências e matemática foram constatadas pelos pesquisadores? (p. 447-449)

Estudantes de sexo feminino, afro-americanos e hispano-americanos do ensino médio têm pontuação baixa nos testes de desempenho em ciências e matemática e escolhem fazer cursos nessas disciplinas com menor frequência do que rapazes brancos e americanos de origem asiática. As garotas podem avaliar o sucesso em ciências e matemática como inadequado para as mulheres. Estudantes afro-americanos e hispano-americanos podem não estar obtendo o preparo de que necessitam no ensino fundamental para os cursos avançados em matemática do ensino médio.

12. Como os educadores podem aumentar as chances de que afro-americanos e hispano-americanos concluam aulas de preparação para o ensino superior no ensino médio?
_____
_____

Ingressando no universo do trabalho

14.11 Quais são os efeitos do emprego na vida dos adolescentes? (p. 449-450)

Ter emprego na adolescência está associado a aumentados riscos de uso de drogas e mau desempenho escolar. Empregos que oferecem aos adolescentes uma experiência profissional significativa e lhes permitem adquirir habilidades que poderão ser aproveitadas na vida profissional adulta podem ser benéficos para o seu desenvolvimento.

13. Adolescentes que estão empregados são (mais/menos) propensos a ingressar no ensino superior do que adolescentes que não trabalham.

14. Somente _____ dos alunos dizem que ter um emprego de meio expediente durante o ensino médio ajudou-os a escolher uma profissão.

14.12 Quais são os estágios do processo de tomada de decisões profissionais? (p. 450-451)

No estágio do crescimento, do nascimento aos 14 anos, as crianças aprendem sobre suas habilidades e interesses. No estágio exploratório, dos 15 aos 24 anos, adolescentes e jovens adultos buscam ligações entre suas características pessoais e as necessárias em ocupações que lhes interessam.

15. Como orientadores vocacionais ajudam os adolescentes no estágio exploratório de profissões de Super?
_____
_____

16. Faça a correspondência entre os seis tipos de personalidade definidos por Holland com suas preferências para trabalhar.

_____ (1) realista
_____ (2) investigativo
_____ (3) artístico
_____ (4) social
_____ (5) empreendedor
_____ (6) convencional

A. artistas
B. prestação de serviços como enfermeiro ou educador
C. mecânicos, eletricistas ou agrimensores
D. vendas
E. contador ou escriturário
F. cientistas ou engenheiros

14.13 Que fatores influenciam as decisões profissionais dos adolescentes? (p. 452)

A profissão que um adolescente escolhe é influenciada por sua educação, inteligência, experiência e recursos familiares, valores da família e gênero. A maioria escolhe empregos que combinam com as normas culturais para sua classe e gênero social.

17. Descreva sucintamente como cada um dos fatores listados na tabela influencia as decisões profissionais dos adolescentes.

Fator	Influência
Família	
Educação	
Inteligência	
Gênero	

As respostas para as perguntas deste capítulo encontram-se na página 530. Para uma lista de palavras-chave, consulte a página 538.

15
Desenvolvimento Social e da Personalidade na Adolescência

Baseados no trabalho pioneiro do teórico psicanalítico Erik Erikson (1959), alguns desenvolvimentistas acreditam que a ausência de *ritos de passagem* formais, cerimônias que marcam a transição da infância para a vida adulta nas sociedades industrializadas, torna os adolescentes mais vulneráveis a comportamentos de risco como uso de álcool, sexo desprotegido e agressão. Adolescentes que se envolvem nessas atividades, dizem alguns observadores, estão tentando inventar seus próprios ritos de passagem. Como os adolescentes atingem essa meta depende do grupo de pares com o qual eles se identificam. Para um adolescente, o rito pode envolver se preparar para um teste padronizado como o PSAT* com o qual podem obter uma bolsa de estudos. Para outro, ele pode envolver se unir a uma gangue de rua.

A consideração de ritos de passagem nos faz lembrar o conceito de *andaimes* de Vygotsky. Os adolescentes estão conscientes da necessidade de transição para a vida adulta, e eles dão muitos passos para essa meta sozinhos. Todavia eles precisam de adultos para abrir caminho e dar-lhes apoio quando seus passos para a maturidade se revelam equivocados, quer esse apoio ocorra no contexto de ritos de passagem formais quer de maneiras mais informais.

Este capítulo se inicia com um exame dos aspectos da transição para a vida adulta que ocorrem nos próprios adolescentes. Mudanças na identidade pessoal e no autoconceito são fundamentais nessa transição. Seus efeitos se estendem além do *self* para incluir avanços no julgamento moral e importantes mudanças nos relacionamentos dos adolescentes com seus pais, amigos e possíveis parceiros amorosos.

OBJETIVOS DA APRENDIZAGEM

Teorias do desenvolvimento social e da personalidade

15.1 O que acontece durante o estágio de identidade versus confusão de papéis segundo Erikson?

15.2 Como Marcia explica o desenvolvimento da identidade?

Autoconceito

15.3 Em que aspecto a autocompreensão na adolescência difere daquela na infância?

15.4 Como a autoestima muda durante a adolescência?

15.5 Quais são os conceitos do papel do gênero dos adolescentes?

15.6 Como adolescentes de minorias, birraciais e imigrantes desenvolvem um senso de identidade étnica?

Desenvolvimento moral

15.7 Quais são as características do raciocínio moral em cada um dos estágios de Kohlberg?

15.8 Quais são algumas causas e efeitos importantes do desenvolvimento do raciocínio moral?

15.9 Como a teoria de Kohlberg foi criticada?

Relações sociais

15.10 Quais são as características das relações dos adolescentes com seus pais?

15.11 Quais são as características das amizades dos adolescentes?

15.12 Como os grupos de pares mudam durante a adolescência?

15.13 Como o interesse em relações amorosas aparece entre adolescentes heterossexuais e homossexuais?

---

* N. de R.: Teste realizado nos Estados Unidos similar ao ENEM.

Teorias do desenvolvimento social e da personalidade

Brendon, de 13 anos, respirou fundo para criar coragem e digitou o número do telefone de Melissa. Sua respiração continuou profunda enquanto ele esperava que ela atendesse. Durante os últimos minutos, ele tinha tentado telefonar para ela três vezes. Contudo, o medo de rejeição o impedira de ligar, e ele apertava o botão de desligar antes que ela pudesse atender. Mas dessa vez ele estava determinado a pelo menos dizer "Oi".

Dramas desse tipo ocorrem todos os dias no mundo dos adolescentes, e não há como negar o fato de que o surgimento de interesses amorosos é uma característica proeminente desse período de desenvolvimento. Para Freud, esses interesses eram o tema central da adolescência. Erikson e outros teóricos propuseram modelos de desenvolvimento adolescente que tinham um escopo muito mais amplo.

Perspectivas psicanalíticas

OBJETIVO DA APRENDIZAGEM 15.1
O que acontece durante o estágio de identidade *versus* confusão de papéis segundo Erikson?

Segundo Freud, os anos após a puberdade constituem a última etapa de desenvolvimento pessoal. Assim, adolescentes e adultos estão no que ele chamou de *estágio genital*, o período durante o qual se atinge a maturidade sexual. Freud acreditava que a puberdade desperta o impulso sexual que esteve inativo durante a fase de latência. Assim, para Freud, a tarefa primordial da adolescência é canalizar a libido para uma relação sexual saudável.

Ainda que Erikson não negue a importância de se alcançar a maturidade sexual, ele propôs que a conquista de um senso de identidade pessoal é uma tarefa desenvolvimentista muito mais importante enfrentada pelos adolescentes. Ele descreveu *identidade* como um senso de continuidade do *self* (Erikson, 1959). Teóricos mais recentes desenvolveram a ideia dele e definem **identidade** como uma compreensão de nossas características únicas e como elas têm, são e vão ser manifestadas nas diversas idades, situações e papéis sociais. Assim, no modelo de Erikson, a crise central da adolescência é **identidade *versus* confusão de papéis**.

Para Erikson, o senso de identidade inicial de uma criança se encontra parcialmente desorganizado devido a uma combinação do rápido crescimento corporal e as mudanças sexuais da puberdade. Erikson afirmava que durante esse período a mente do adolescente está em uma espécie de moratória entre a infância e a vida adulta. A velha identidade não é mais suficiente; uma nova identidade precisa ser formada, que prepare o jovem para os inúmeros papéis da vida adulta – papéis ocupacionais, sexuais, religiosos e outros.

identidade nossa compreensão das características únicas e como elas têm, são e vão ser manifestadas nas diversas idades, situações e papéis sociais.

identidade *versus* confusão de papéis na teoria de Erikson, a etapa durante a qual o adolescente alcança um senso de quem ele é.

crise de identidade expressão de Erikson para o estado psicológico de turbulência emocional que surge quando o senso de *self* de um adolescente "se desorganiza" para que um novo senso de identidade possa ser alcançado.

A confusão em relação a todas essas escolhas de papéis é inevitável e leva a uma transição central que Erikson chamou de *crise de identidade*. A **crise de identidade** é um período durante o qual um adolescente é perturbado por sua falta de identidade. Erikson acreditava que a tendência dos adolescentes de se identificarem com grupos de pares é uma defesa contra a turbulência emocional criada pela crise de identidade. Em certo sentido, afirmava ele, os adolescentes se protegem contra as emoções desagradáveis da crise de identidade fundindo suas identidades com a de um grupo (Erikson, 1980a). O grupo adolescente assim constitui uma base segura a partir da qual o jovem pode se direcionar a uma solução única da crise de identidade. Em última análise, contudo, cada adolescente deve conquistar uma visão integrada de si mesmo, incluindo seu próprio padrão de crenças, metas ocupacionais e relacionamentos.

Teoria de realização da identidade de Marcia

OBJETIVO DA APRENDIZAGEM 15.2
Como Marcia explica o desenvolvimento da identidade?

Quase todo o atual trabalho sobre a formação da identidade adolescente tem se baseado nas descrições de James Marcia dos estados de identidade, que se enraízam nas concepções gerais do processo de identidade adolescente de Erikson (Marcia, 1966, 1980). Seguindo uma das ideias de Erikson, Marcia alega que a formação da identidade adolescente tem duas partes principais: uma crise e um comprometimento. Por crise, Marcia se refere a um período de tomada de decisões quando os antigos valores e escolhas são reavaliados. Isso pode ocorrer na forma de turbulência – a noção clássica de crise – ou pode ocorrer gradualmente. O resultado da reavaliação é o comprometimento com algum papel, valor, meta ou ideologia específica.

Se colocarmos esses dois elementos-chave juntos, como mostra a Figura 15.1, podemos ver que quatro estados de identidade diferentes são possíveis.

- **Realização da identidade** A pessoa passou por uma crise e estabeleceu um comprometimento com objetivos ideológicos, ocupacionais ou de outro tipo.
- **Moratória.** Uma crise está em curso, mas ainda nenhum comprometimento foi assumido.
- **Pré-fechamento.** A pessoa se comprometeu sem ter passado por uma crise. Nenhuma reavaliação de posições antigas foi feita. Em vez disso, a pessoa simplesmente aceitou um comprometimento definido pelos pais ou pela cultura.
- **Difusão de identidade.** O jovem não está no meio de uma crise (embora possa ter havido uma no passado) e não se comprometeu. A difusão pode, assim, representar ou uma etapa inicial do processo (antes de uma crise) ou uma incapacidade de estabelecer um comprometimento depois de uma crise.

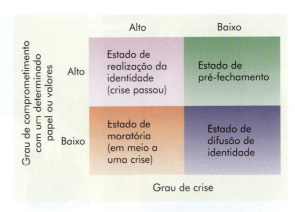

Figura 15.1 Os quatro estados de identidade propostos por Marcia com base na teoria de Erikson.

Para chegar a uma identidade plenamente realizada, o jovem precisa reavaliar seus valores ou metas e também estabelecer um firme comprometimento.

(Fonte: Marcia, 1980.)

Todo o processo de formação de identidade pode ocorrer mais tarde do que Erikson e Marcia pensavam, talvez porque o desenvolvimento cognitivo, ou a aquisição do pensamento operacional formal, esteja mais fortemente relacionado à formação de identidade do que ambos acreditavam. Pesquisas sugerem que adolescentes que estão mais adiantados no desenvolvimento do pensamento lógico e de outras habilidades de processamento de informação também têm maior probabilidade de terem atingido o estado de realização de identidade de Marcia (Klaczynski, Fauth e Swanger, 1998).

Também existem evidências de que a busca de identidade pessoal continua por todo o ciclo de vida, com períodos alternados de instabilidade e estabilidade (Marcia, 2002). Por exemplo, o senso de uma pessoa de ser "jovem" ou "velha" e sua integração de tal ideia a um senso de afiliação a uma determinada geração parece mudar várias vezes no decorrer da adolescência e da vida adulta (Sato, Shimonska, Nakazato e Kawaai, 1997). Consequentemente, a adolescência pode ser apenas um período de formação da identidade entre muitos.

Algumas pesquisas sugerem que indivíduos que alcançaram o estado de realização da identidade às vezes regridem para outras categorias (Berzonsky, 2003). Isso pode acontecer porque o estado de realização pode não ser o mais adaptativo em todas as situações. Por exemplo, adolescentes que enfrentam estressores extremos, tais como enfermidades potencialmente fatais, parecem estar idealmente ajustados quando adotam o estado de pré-fechamento (Madan-Swain et al., 2000). Aceitar outros objetivos para eles, ao menos temporariamente, parece proteger esses adolescentes contra alguns dos efeitos emocionais negativos das dificuldades que eles precisam enfrentar. Assim, a ideia de que a progressão para a realização da identidade é a resposta psicologicamente mais saudável para a crise de identidade claramente não se aplica a alguns adolescentes.

Como você poderia suspeitar, ideias sobre o desenvolvimento da identidade adolescente e os tipos de experiências que o conduzem estão firmemente enraizados em suposições culturais. Por exemplo, nos Estados Unidos, pais e adolescentes tendem a acreditar que um emprego remunerado durante a adolescência ajuda os adolescentes a classificar os aspectos de seleção profissional do desenvolvimento da identidade (Greenberger e Steinberg, 1986). Previsivelmente, estudos interculturais demonstram que os adolescentes dos Estados Unidos passam muito mais tempo trabalhando do que os adolescentes de outros países industrializados (Larson e Verma, 1999). Essas crenças culturais e as experiências delas decorrentes tendem a afetar o processo de desenvolvimento da identidade.

Também não resta dúvida de que o conceito de uma crise de identidade adolescente foi fortemente influenciado pelas atuais suposições culturais nas sociedades ocidentais, em que o pleno *status* adulto é adiado por quase uma década depois da puberdade. Nessas culturas, os jovens normalmente não adotam os mesmos papéis ou ocupações que seus pais. Na verdade, eles são encorajados a escolherem por si mesmos. Os adolescentes se veem diante do que pode ser um leque

---

A criança integral em foco

Quais eram os estados de identidade de Cho e Michelle aos 18 anos? Descubra na página 484.

realização da identidade na teoria de Marcia, o estado de identidade alcançado por uma pessoa que passou por uma crise e estabeleceu um comprometimento com objetivos ideológicos, ocupacionais ou de outro tipo.

moratória na teoria de Marcia, o estado de identidade de uma pessoa que está em uma crise, mas nenhum comprometimento foi assumido.

pré-fechamento na teoria de Marcia, o estado de identidade de uma pessoa que se comprometeu sem ter passado por uma crise; a pessoa simplesmente aceitou um comprometimento definido pelos pais ou pela cultura.

difusão de identidade na teoria de Marcia, o estado de identidade de uma pessoa que não está no meio de uma crise e que não se comprometeu.

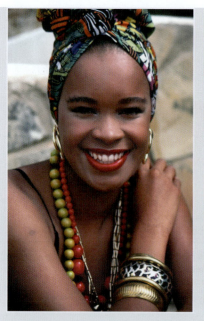  

Nos programas de ritos de passagem, meninas afro-americanas aprendem sobre os estilos tradicionais de vestimenta entre as mulheres africanas. Na cerimônia judaica chamada *bar mitzvah* (para meninos) ou *bat mitzvah* (para meninas), jovens de 13 anos leem o Pentateuco (Torá) em hebreu e adquirem o pleno *status* de adultos na congregação. O menino tanzaniano teve o rosto pintado com argila branca como parte de um rito de passagem adolescente.

estonteante de opções, padrão que pode promover a espécie de crise de identidade que Erikson descreveu. Em culturas menos industrializadas, pode bem haver uma mudança de identidade da criança para o adulto, mas sem nenhuma crise de qualquer tipo. Além disso, a busca de identidade dos adolescentes em outras culturas pode ser melhor respaldada por ritos de iniciação culturais que separam claramente, ao menos em um sentido simbólico, a infância da vida adulta (ver *Ciência do desenvolvimento em casa*).

Autoconceito

No Capítulo 14, você leu que o pensamento se torna mais abstrato na adolescência. Assim, você não deveria se surpreender ao descobrir que os autoconceitos dos adolescentes são muito mais complexos dos que os de indivíduos mais jovens.

OBJETIVO DA APRENDIZAGEM 15.3
Em que aspecto a autocompreensão na adolescência difere daquela na infância?

Autocompreensão

Você deve se lembrar de que, durante o ensino fundamental, o autoconceito se torna mais focado em características internas duradouras – o *self psicológico*. Essa tendência continua na adolescência, com a autodefinição se tornando mais abstrata. Além disso, o desenvolvimento cognitivo, principalmente a aquisição do pensamento operacional formal, leva os adolescentes a teorizar a respeito dos resultados que eles experienciam. Uma vez elaboradas as teorias, os adolescentes buscam evidências para confirmá-las ou refutá-las e ajustam suas teorias de acordo. Esse processo de idas e vindas, coleta de dados e ajuste de proposições teóricas permite aos adolescentes construir um autoconceito estável até o fim do período.

Avanços na autocompreensão entre adolescentes são facilitados e contribuem para a crescente estabilidade dos Cinco Grandes traços da personalidade durante esse período. Consequentemente, traços duradouros como timidez, ou *introversão* na terminologia dos Cinco Grandes, aparecem nas autodescrições dos adolescentes com muito mais frequência do que em idades anteriores. Essa mudança se tornou evidente nas respostas de uma criança de 9 anos e de outra de 11 à pergunta "Quem

CIÊNCIA DO DESENVOLVIMENTO EM CASA

Programas de ritos de passagem

Uma expressão de intensa concentração apareceu no rosto de Roneisha, de 13 anos, enquanto ela enrolava um pano de cores vivas em volta da cabeça na frente de um espelho. Ela havia aprendido a arte Gele de enrolar a cabeça poucas horas antes e queria demonstrá-la para sua mãe e irmã menor. Adornar a cabeça é apenas uma das muitas habilidades africanas tradicionais que Roneisha aprendeu em um programa promovido pela igreja no qual seus pais a matricularam. Os pais de Roneisha estavam ansiosos para que seus filhos participassem do programa quando souberam que seu objetivo era prover apoio social a adolescentes afro-americanos e suas famílias durante os anos da adolescência.

Programas como o que Roneisha frequenta têm surgido devido à preocupação com a ausência de ritos de passagem formais na sociedade ocidental. Os afro-americanos assinalam que outros grupos minoritários praticam ritos de passagem que conectam seus jovens com um legado cultural de muitos séculos – tais como o *bar mitzvah* e *bat mitzvah* para meninos e meninas judeus e a *quinceañera* para meninas de origem hispânica. Em contraste, a instituição da escravidão separou os afro-americanos das tradições de seus ancestrais.

Consequentemente, muitas igrejas afro-americanas e outras instituições criaram ritos de iniciação formais precedidos por um período de instrução em valores e práticas culturais africanas tradicionais, tipicamente denominados *programas de ritos de passagem*. O objetivo desses programas é apoiar os esforços das famílias afro-americanas para aumentar o senso de identidade étnica e a autoestima de seus filhos adolescentes (Harvey e Rauch, 1997; Warfield-Coppock, 1997). Esses programas são em sua maioria executados durante um longo período de tempo, geralmente um ano ou mais, e incluem instrução formal tanto para os adolescentes quanto para suas famílias (Gavazzi e Law, 1997). Muitos programas destinam-se a adolescentes em situações que envolvem riscos particularmente altos, tais como jovens encarcerados ou em lares adotivos (Gavazzi, Alford e McKenry, 1996; Harvey e Coleman, 1997).

A pesquisa indica que os programas de ritos de passagem podem fazer diferença (Harvey e Hill, 2004). Em um programa, seis estudantes afro-americanos de 6ª série com mau desempenho e histórico de problemas de comportamento na escola participaram de um programa de ritos de passagem durante todo o ano letivo (Bass e Coleman, 1997). Estudos de caso aprofundados de todos esses meninos revelaram que no fim do ano seu comportamento em sala de aula havia melhorado consideravelmente, eles apresentavam menos comportamento antissocial e tinham adquirido muitos conhecimentos sobre as culturas, símbolos e ideias africanas. Um grupo mais amplo participou de um programa de ritos de passagem envolvendo meninos e meninas na 5ª e 6ª séries durante um período de dois anos (Cherry et al., 1998). No fim deste programa, os participantes demonstravam melhor autoestima, mais forte senso de identidade étnica, menor incidência de problemas de comportamento e maior conhecimento da cultura africana.

As experiências de muitos jovens afro-americanos em programas de ritos de passagem sugerem que pode haver certa vantagem real em prover aos adolescentes instrução formal e iniciação em papéis adultos. O que muitos veem como um vestígio de uma época passada pode na verdade desempenhar uma função muito importante no desenvolvimento da identidade adolescente.

Questões para reflexão

1. Os programas de ritos de passagem incluem três componentes distintos que podem explicar seus efeitos positivos sobre os adolescentes: contato com adultos, contato com pares e informação sobre etnicidade. Qual desses fatores você acha que é mais importante e por quê?
2. Em sua adolescência, você participou de algum rito de passagem formal, tais como crisma, *bar mitzvah* ou *quinceañera*? Em caso afirmativo, que efeito isso teve sobre você? Em caso negativo, de que modo você acha que esse programa poderia ter lhe ajudado?

---

sou eu?" que talvez você se recorde do Capítulo 12. Traços internos são ainda mais acentuados na resposta dessa jovem de 17 anos à mesma pergunta:

> Eu sou um ser humano. Eu sou uma garota. Eu sou um indivíduo. Eu não sei quem eu sou. Eu sou de Peixes. Eu sou mal-humorada. Eu sou uma pessoa indecisa. Eu sou uma pessoa ambiciosa. Eu sou uma pessoa curiosa. Eu não sou um indivíduo. Eu sou uma solitária. Eu sou americana (Deus me ajude). Eu sou uma Democrata. Eu sou uma pessoa liberal. Eu sou radical. Eu sou conservadora. Eu sou uma pseudoliberal. Eu sou ateia. Eu não sou uma pessoa que possa ser classificada (isto é, eu não quero ser). (Montemayor e Eisen, 1977, p. 318)

Evidentemente, o autoconceito dessa menina está ainda menos atrelado a suas características físicas ou mesmo a suas habilidades do que os de crianças mais jovens. Ela está descrevendo traços abstratos ou ideologia. Podemos notar a mudança de forma muito vívida na Figura 15.2, que se baseia nas respostas de todos os 262 participantes no estudo de Montemayor e Eisen. Cada uma das respostas à pergunta "Quem sou eu?" foi categorizada como uma referência à imagem corporal ou a características físicas ("Eu sou alto", "Eu tenho olhos azuis"), ou à ideologia ou à crença ("Eu sou uma Democrata", "Eu acredito em Deus"). Como podemos ver, a aparência era uma dimensão altamente destacada na pré-adolescência e adolescência inicial, mas se tor-

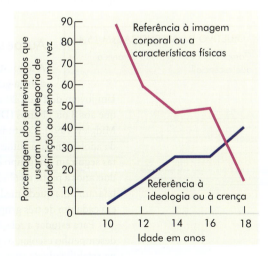

Figura 15.2 Mudanças nas autodescrições dos adolescentes.

À medida que crescem, crianças e adolescentes definem a si próprios cada vez menos por sua aparência e cada vez mais pelo que acreditam ou sentem.

(*Fonte:* Montemayor e Eisen, 1977, da Tabela 1, p. 316.)

nou menos dominante na adolescência avançada, época em que ideologia e crença se tornaram mais importantes. Na adolescência avançada, a maioria dos adolescentes pensa em si mesmos em termos de traços, crenças, filosofia pessoal e padrões morais duradouros (Damon e Hart, 1988).

Ao mesmo tempo, o autoconceito da adolescente se torna mais diferenciado, à medida que ela passa a ver a si própria de maneira um pouco diferente em cada um de vários papéis: como estudante, como amiga, como filha, como parceira amorosa (Harter e Monsour, 1992). Por exemplo, adolescentes cujos autoconceitos acadêmicos são fortes fazem cursos mais difíceis no ensino médio do que adolescentes que se julgam menos capazes academicamente. Além disso, eles tendem a selecionar cursos em disciplinas nas quais acreditam que possuem mais habilidade e evitar cursos em áreas nas quais se percebem como fracos (Marsh e Yeung, 1997).

Os autoconceitos acadêmicos dos adolescentes parecem provir tanto de comparações internas de seu desempenho com um *self* ideal quanto de comparações externas com o desempenho dos colegas (Bong, 1998). Também parece que a competência percebida em um domínio afeta como um adolescente se sente em relação a sua habilidade em outras áreas. Por exemplo, se um aluno do ensino médio é reprovado em um curso de matemática, isso provavelmente afetará seu autoconceito também em outras disciplinas, bem como em matemática. Isso sugere que os autoconceitos dos adolescentes têm uma natureza hierárquica: competências percebidas em diversos domínios servem como blocos de construção para criar um autoconceito acadêmico global (Cheng, Xiaoyan e Dajun, 2006; Yeung, Chui e Lau, 1999).

Os autoconceitos também predizem o comportamento. Por exemplo, o autoconceito familiar de um adolescente reflete suas crenças sobre a probabilidade de alcançar e/ou manter relações satisfatórias com os membros da família. Os desenvolvimentistas constataram que adolescentes que se separam de suas famílias, tais como fugitivos, percebem a si próprios como menos competentes no "toma lá dá cá" das relações familiares do que os adolescentes que são mais próximos dos pais e irmãos (Swaim e Bracken, 1997). Na verdade, a percebida falta de competência nas relações familiares parece ser distinta de outros componentes do autoconceito.

Meninas e meninos também parecem construir os diversos componentes do autoconceito de uma maneira um pouco diferente. Por exemplo, um estudo das avaliações dos adolescentes de sua própria capacidade de escrever constatou que meninos e meninas se classificam como escritores igualmente capazes (Pajares e Valiante, 1999). Entretanto, as meninas obtiveram melhores resultados em testes objetivos da capacidade de escrever. Os meninos pareciam acreditar que escreviam melhor do que de fato escreviam. Essas descobertas levantam importantes questões sobre o grau em que o desenvolvimento do autoconceito é influenciado por ideias culturais sobre os papéis dos sexos. Talvez as meninas demonstrem mais objetividade em relação a suas habilidades de escrita porque sabem que se espera que as meninas sejam melhores em habilidades linguísticas do que os meninos.

OBJETIVO DA APRENDIZAGEM 15.4
Como a autoestima muda durante a adolescência?

Autoestima

A autoestima mostra algumas mudanças interessantes durante a adolescência. A tendência geral é um aumento constante na autoestima durante os anos de adolescência. Um jovem de 19 ou 20 anos tem uma ideia consideravelmente mais positiva de seu próprio valor do que aos 8 ou 11 anos (Diehl, Vicary e Deike, 1997; Harter, 1990; Wigfield, Eccles, MacIver, Reuman e Midgley, 1991). Contudo, o aumento da autoestima durante a adolescência não é contínuo. No início da adolescência, a autoestima muitas vezes cai meio abruptamente. Em um estudo, desenvolvimentistas seguiram um grupo de quase 600 jovens hispano-americanos, afro-americanos e brancos durante dois anos a partir da 6ª série (Seidman, Allen, Aber, Mitchell e Feinman, 1994). Os pesquisadores constataram uma queda mediana significativa na autoestima durante aquele período, declínio que ocorreu em cada um de três grupos étnicos.

Para estudar a relação da autoestima com resultados desenvolvimentistas importantes, tais como desempenho escolar, os pesquisadores costumam dividir os adolescentes em quatro grupos com base na estabilidade de suas classificações da autoestima durante a adolescência (Diehl et al., 1997; Zimmerman, Copeland, Shope e Dielman, 1997). O maior grupo, de cerca de 50% na maioria dos estudos, demonstra autoestima consistentemente alta durante toda a adolescência. A autoestima dos pertencentes ao segundo grupo aumenta invariavelmente, e as avaliações da autoestima dos pertencentes ao terceiro grupo são consistentemente baixas (ver *Ciência do desenvolvimento na clínica*). Os adolescentes no quarto grupo desfrutam de autoestima média ou moderada no início do período, mas

CIÊNCIA DO DESENVOLVIMENTO NA CLÍNICA
Um conjunto de traços problemáticos

Rick, um estudante do 2º ano do ensino médio, era incapaz de identificar qualquer coisa boa em sua vida, nem qualquer perspectiva de que isso pudesse mudar no futuro. Depois de dois anos na escola secundária, ele tinha sido reprovado em muitas matérias, e suas chances de se formar no tempo normal estavam ficando escassas. Sua visão geralmente negativa do mundo muitas vezes o levava a sentir raiva e desespero alternadamente. Ele ansiava por amigos, mas, por motivos além de sua compreensão, sempre reagia aos outros com hostilidade. Seus sentimentos hostis, por sua vez, levavam-no a ser incapaz de participar de conversas simples e de outros rituais sociais, nos quais ele não via sentido. Como essas interações geralmente são necessárias no início de uma amizade, Rick não tem amigos. Seus pais achavam que ele poderia estar deprimido, e por isso consultaram uma psicóloga.

Depois de ver Rick algumas vezes, a psicóloga concordou que o rapaz estava deprimido. Ela acreditava que sua depressão era o resultado dos efeitos combinados de um conjunto de traços de personalidade, incluindo as dimensões de introversão e neuroticismo dos Cinco Grandes, aliados à baixa autoestima (Beautrais, Joyce e Mulder, 1999). Como podemos lembrar, introversão é a preferência por atividades solitárias a sociais. Os indivíduos que pontuam alto em testes de neuroticismo são pessimistas e irritáveis e se preocupam demais. A maioria dos adolescentes que possuem esses traços de personalidade resiste às tentativas dos pais e amigos de ajudá-los e tem mais risco para todos os tipos de problemas de adaptação.

A psicóloga também verificou que Rick tinha um lócus de controle externo. Recorde-se da discussão no quadro de *Ciência do desenvolvimento na clínica* no Capítulo 14 que os adolescentes com um lócus de controle externo atribuem as causas das experiências (por exemplo, fracasso escolar) a fatores externos a si. Assim, um lócus de controle externo muitas vezes leva a sentimentos de impotência, como os que Rick experimentou, e baixa autoestima.

Desenvolvimentistas verificaram que adolescentes de diversas culturas que possuem alta introversão e neuroticismo, baixa autoestima e um lócus de controle externo têm uma visão muito negativa da vida e parecem ter pouca capacidade ou motivação para mudar suas circunstâncias. Por exemplo, esses adolescentes tendem a utilizar um estilo evitante de enfrentamento quando enfrentam problemas (Gomez, Bounds, Holmberg, Fullarton e Gomez, 1999; Gomez, Holmberg, Bounds, Fullarton e Gomez, 1999; Medvedova, 1998). Isso significa que eles ignoram os problemas ou adiam sua resolução. Por exemplo, um aluno do ensino médio com esses traços que descobre que está sendo reprovado em uma matéria pode esperar até que seja tarde demais para tentar fazer alguma coisa a respeito. Contudo, por tender a atribuir a culpa de seus problemas aos outros, ele é incapaz de aprender com a experiência. Esses adolescentes envolvem-se repetidamente em situações desse tipo e parecem ser incapazes de evitar isso ou de resolver os problemas de alguma forma efetiva. A consequência de sua visão negativa aliada às repetidas experiências de decepção e fracasso é que esses adolescentes são propensos à depressão (del Barrio, Moreno-Rosset, Lopez-Martinez e Olmedo, 1997; Ge e Conger, 1999). Uma vez deprimidos, esses adolescentes tendem a tentar o suicídio (Beautrais et al., 1999). Suas dificuldades emocionais aumentam pelo fato de que a maioria deles é rejeitada pelos pares (Young e Bradley, 1998).

A perspectiva para adolescentes com esse conjunto de traços não é boa. Suas crenças a seu próprio respeito e sobre a vida social são resistentes à mudança e persistem até a vida adulta (Gomez, Gomez e Cooper, 2002; Offer, Kaiz, Howard e Bennett, 1998). Além disso, como adultos, eles continuam sujeitos a episódios de depressão e a diversas dificuldades acadêmicas, ocupacionais e de relacionamento. Consequentemente, os desenvolvimentistas estão em busca de ferramentas de avaliação e estratégias de intervenção que possam ser usadas para identificar e ajudar esses indivíduos na meninice ou no início da adolescência (Young e Bradley, 1998).

Questões para reflexão

1. Que tipo de estudo seria necessário para testar a efetividade de um programa de intervenção para o tipo de adolescente descrito nesta discussão?
2. Como os teóricos de cada lado do debate natureza-experiência explicariam o desenvolvimento deste conjunto de traços problemáticos?

---

ela diminui invariavelmente no decorrer da adolescência. Um achado que preocupa é que as meninas superam em número os meninos no terceiro e quarto grupos (Zimmerman et al., 1997). Além disso, vários estudos constataram que a autoestima está relacionada a resultados desenvolvimentistas positivos. Por exemplo, adolescentes com alta autoestima são mais capazes de resistir à pressão dos colegas e tirar notas mais altas e são menos propensos a se deprimir (Repetto, Caldwell e Zimmerman, 2004).

Papéis do gênero

> **OBJETIVO DA APRENDIZAGEM 15.5**
> Quais são os conceitos do papel do gênero dos adolescentes?

Os desenvolvimentistas usam o termo **identidade do papel do gênero** para se referir a aspectos do *self* psicológico relacionados ao gênero. Em contraste com indivíduos mais jovens, os adolescentes compreendem que os papéis sociais são convenções sociais, e assim suas atitudes para com eles são mais flexíveis (Katz e Ksansnak, 1994). Atitudes e comportamento parentais se tornam cada vez mais importantes na formação das ideias dos adolescentes sobre os papéis do gênero e sexuais (Castellino, Lerner, Lerner e von Eye, 1998; Ex e Janssens, 1998; Jackson e Tein, 1998; Raffaelli e Ontai, 2004). Além disso, conceitos que em sua maior parte eram separados anteriormente, tais como crenças sobre os papéis dos gêneros e da sexualidade, parecem se tornar integrados a uma

identidade do papel do gênero os aspectos do *self* psicológico relacionados ao gênero.

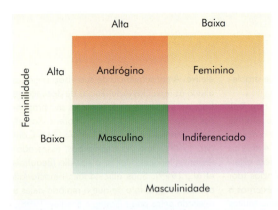

Figura 15.3 Categorias do papel do gênero segundo Bem.

Esse diagrama ilustra como as dimensões de masculinidade e feminilidade interagem para produzir quatro tipos de orientação do papel dos sexos.

Meninos adolescentes como estes podem ter mais facilidade para alcançar uma boa autoestima do que meninas da mesma idade, pois tanto meninos quanto meninas parecem dar mais valor a certas qualidades tradicionalmente "masculinas" do que a qualidades tradicionalmente "femininas".

A criança integral em foco

O que levou Michelle a perseguir uma carreira em engenharia? Descubra na página 484.

estrutura conceitual que os adolescentes usam para formular ideias sobre a importância do gênero na identidade pessoal e nas relações sociais (Mallet, Apostolidis e Paty, 1997).

Nas primeiras pesquisas sobre identidade do gênero, os psicólogos concebiam a masculinidade e a feminilidade como diametralmente opostas. Uma pessoa podia ser masculina ou feminina, mas não podia ser ambas. Entretanto, teorias primeiramente propostas na década de 1970 por Sandra Bem e outros resultaram em um amplo conjunto de pesquisas que respaldavam a noção de que a masculinidade e a feminilidade são dimensões separadas e que cada uma pode ser encontrada em quantidades variáveis nas personalidades tanto de homens quanto de mulheres (Bem, 1974; Spence e Helmreich, 1978). Um homem ou uma mulher pode ser alto ou baixo em masculinidade e feminilidade. Na verdade, se as pessoas são categorizadas como altas ou baixas em cada uma dessas duas dimensões, com base em suas autodescrições, quatro tipos de papéis do gênero básicos aparecem: masculino, feminino, andrógino e indiferenciado (ver Figura 15.3).

Os tipos masculino e feminino são as categorias tradicionais; uma pessoa em qualquer uma dessas categorias vê a si mesma como alta em uma e baixa na outra. Uma pessoa com uma **identidade do papel do gênero masculino**, segundo essa concepção, percebe a si mesma como possuidora de muitas qualidades masculinas tradicionais e poucas qualidades femininas tradicionais. Um adolescente ou adulto com uma **identidade do papel do gênero feminino** mostra o padrão inverso. Em contraste, aqueles que têm uma **identidade do papel do gênero andrógino** veem a si mesmos como possuidores de traços masculinos e femininos. Indivíduos com uma **identidade do papel do gênero indiferenciado** descrevem a si mesmos como carentes de ambos.

É interessante que a pesquisa sugere que uma identidade do papel do gênero andrógino ou masculino está associada a melhor autoestima tanto entre meninos quanto entre meninas (Gurnáková e Kusá, 2004; Woo e Oei, 2006). Esse achado faz sentido à luz da existência de um "viés" masculino na sociedade americana e em outras sociedades ocidentais, o que faz com que tanto homens quanto mulheres valorizem qualidades tradicionalmente masculinas como independência e competitividade mais do que muitas qualidades tradicionalmente femininas.

Contudo, pesquisas interculturais sugerem que a adoção de uma orientação andrógina ou masculina por uma menina pode acarretar uma baixa autoestima. Por exemplo, um estudo de meninas israelitas constatou que pré-adolescentes que eram masculinizadas e que se consideravam possuidoras de muitos traços masculinos eram menos populares e tinham pior autoestima do que suas equivalentes mais femininas (Lobel, Slone e Winch, 1997). Consequentemente, ao considerarmos os papéis do gênero e a identidade do papel do gênero, é importante lembrar que ambas estão muito fortemente ligadas à cultura. Uma determinada sociedade pode dar mais valor ao papel masculino, mas também desencorajar ativamente as meninas de adotá-lo. Assim, pode não ser universalmente verdadeiro que adolescentes que adotam a identidade do papel do gênero mais valorizada ganham autoestima.

OBJETIVO DA APRENDIZAGEM 15.6

Como adolescentes de minorias, birraciais e imigrantes desenvolvem um senso de identidade étnica?

Identidade étnica

Adolescentes minoritários, especialmente os negros em uma cultura predominantemente branca, enfrentam a tarefa de criar duas identidades na adolescência. Como outros adolescentes, eles precisam desenvolver um senso de identidade individual que acreditam que os distingue dos outros. Além disso, eles precisam desenvolver uma **identidade étnica** que inclua autoidentificação como um membro de um grupo específico, comprometimento com aquele grupo e seus valores e algumas atitudes (positivas e negativas) em relação ao grupo ao qual pertencem. Muitas famílias minoritárias apoiam o desenvolvimento da identidade étnica provendo-lhes de instrução específica sobre como seu grupo difere do grupo dominante. De modo semelhante, algumas famílias que falam um idioma diferente do grupo dominante incentivam o desenvolvimento da identidade étnica de seus filhos ensinando-lhes o idioma de seu país de origem. Pesquisadores descobriram que adolescentes minoritários cujas famílias se envolvem nessas práticas tendem a desenvolver um forte senso de identidade étnica (Davey, Fish, Askew e Robila, 2003; Phinney, Romero, Nava e Huang, 2001).

O psicólogo Jean Phinney propôs que, na adolescência, o desenvolvimento de uma identidade étnica completa passa por três etapas (Phinney, 1990; Phinney e Rosenthal, 1992). A primeira etapa é uma *identidade étnica não examinada*. Para alguns subgrupos na sociedade norte-americana, tais como afro-americanos e americanos nativos, essa identidade não examinada tipicamente inclui as imagens negativas e estereótipos comuns na cultura mais ampla (ver *Ciência do desenvolvimento na sala de aula*). Na verdade, pode ser especialmente na adolescência, com o advento da capacidade cognitiva de refletir e interpretar, que o jovem se torna agudamente consciente de como seu grupo é percebido pela maioria.

A segunda etapa de Phinney é a *busca da identidade étnica*. Essa busca geralmente é desencadeada por alguma experiência que torna a etnicidade relevante – talvez um exemplo de flagrante preconceito ou simplesmente a experiência de expansão do ensino médio. Nesse ponto, o jovem começa a comparar seu próprio grupo étnico com outros, para tentar chegar a seus próprios juízos.

Essa etapa de exploração é por fim seguida pela etapa de *realização da identidade étnica*, em que os adolescentes desenvolvem estratégias para resolver conflitos entre as demandas concorrentes da cultura dominante e daquelas do grupo étnico com o qual se identificam. A maioria dos adolescen-

identidade do papel do gênero masculino altas autoavaliações em traços masculinos, baixas autoavaliações em traços femininos.

identidade do papel do gênero feminino altas autoavaliações em traços femininos, baixas autoavaliações em traços masculinos.

identidade do papel do gênero andrógino altas autoavaliações tanto em traços masculinos quanto femininos.

identidade do papel do gênero indiferenciado baixas autoavaliações tanto em traços masculinos quanto femininos.

identidade étnica senso de pertencer a um grupo étnico.

CIÊNCIA DO DESENVOLVIMENTO NA SALA DE AULA

Modelos dos papéis na imprensa e na escola

Como muitos adolescentes, Carlos idolatra atletas profissionais. Seu atual herói é Manny Rodriguez, um jogador de beisebol. Carlos se identifica com a biografia de Rodriguez, a qual inclui as dificuldades associadas a viver em uma nova cultura e ter que aprender um novo idioma durante a adolescência. Como Manny Rodriguez, o professor de física de Carlos também imigrou para os Estados Unidos quando era adolescente. Quando seus alunos reclamam de suas vidas, o professor de Carlos assinala que não tinha conhecimento de inglês quando veio para os Estados Unidos aos 14 anos, mas mesmo assim se formou no ensino médio e depois entrou para a faculdade. Por que Carlos idolatra Manny Rodriguez e outros atletas profissionais em vez de seu professor de física? Essa questão tem sido analisada por pesquisadores que se preocupam com o modo como as representações da mídia dos papéis ocupacionais influenciam as escolhas de modelos feitas pelas crianças.

Uma boa ilustração da natureza complexa da influência dos modelos é a da pesquisa que analisou as ideias de crianças afro-americanas sobre quais adultos elas tomam como modelos a serem seguidos.

Pesquisadores fizeram um levantamento no qual 4.500 meninos afro-americanos de 10 a 18 anos foram solicitados a citar um modelo importante fora de suas famílias (Assibey-Mensah, 1997). Os investigadores achavam que esses meninos iriam citar professores como modelos importantes por causa de suas frequentes interações com eles. Entretanto, a maioria dos meninos citou um atleta profissional, e sequer um único menino citou um professor como um modelo pessoal importante (o que é assombroso quando se considera o número de meninos que participaram do estudo). Essas descobertas sugerem que, para esses jovens, os meios de comunicação são uma fonte de modelos mais importante do que suas experiências concretas com adultos. Sem dúvida, nem a frequência de interação com um modelo nem a semelhança entre observador e o modelo explica essas descobertas. Contudo, comparações entre as representações de professores e as de atletas na imprensa podem ajudar a explicar por que esses meninos responderam da forma como o fizeram.

Na mídia de entretenimento, os professores costumam ser retratados como ineptos, e muitos programas dirigidos ao público jovem (por exemplo, *South Park* e *Os Simpsons*) retratam professores e outras autoridades escolares como palhaços que não são respeitados pelos alunos. Em contraste, histórias sobre atletas reais e fictícios são dominadas por histórias de fama, riqueza, popularidade e conquistas, como campeonatos nacionais e quebra de recordes. Considerando o contraste entre os dois, não é de surpreender que os jovens minoritários prefiram atletas em vez de professores como modelos, ainda que conheçam muitos professores pessoalmente e provavelmente não tenham interações pessoais com atletas profissionais.

Questões para reflexão

1. Como interações frequentes diminuem a probabilidade de que alguém seja escolhido por uma criança como um modelo a seguir?
2. Em sua opinião, em que medida as preocupações destacadas por esses pesquisadores se aplicam igualmente a crianças de outras etnias?

Jovens negros muitas vezes desenvolvem duas identidades: um senso psicológico do *self* e uma identidade étnica. Os que são bem-sucedidos em ambas as tarefas muitas vezes se consideram biculturais e têm mais facilidade para se relacionar com amigos de mesma e de outras etnicidades.

tes lida com esses conflitos criando duas identidades, uma que demonstram quando estão na presença de membros do grupo dominante e outra que eles exibem quando estão com membros de seu próprio grupo.

Tanto em estudos transversais quanto longitudinais, Phinney constatou que adolescentes afro-americanos e jovens adultos realmente passam por essas fases ou etapas rumo a uma identidade étnica clara. Constatou-se que a orientação "bicultural" da última etapa é uma característica consistente de adultos e adolescentes que têm elevada autoestima e desfrutam de boas relações com membros da cultura dominante e de seu próprio grupo étnico (Yamada e Singelis, 1999).

Adolescentes birraciais   Adolescentes birraciais percorrem uma trajetória diferente para a identidade étnica, na qual se destaca a diferença entre aspectos biológicos da raça e a natureza psicossocial da identidade étnica. Estudos que demonstram que irmãos birraciais muitas vezes desenvolvem identidades étnicas diferentes sublinham essa distinção. Para explicar essas descobertas surpreendentes, a psicóloga Maria Root (2003), que estudou o desenvolvimento da identidade em adolescentes birraciais por duas décadas, propôs um modelo teórico que inclui quatro conjuntos de fatores que interagem com a personalidade de um adolescente birracial para moldar o desenvolvimento da identidade étnica.

Humilhações e o trauma emocional que elas provocam representam um fator. Muitas vezes, diz Root, adolescentes birraciais são desafiados pelo grupo racial de um dos genitores a provar sua "autenticidade". Esses desafios os forçam a adotar nova música e novos modos de se vestir, mudar seus padrões de fala e rejeitar pares que representam o grupo de seu outro genitor. Esse tipo de humilhação, diz Root, leva os adolescentes birraciais a rejeitar o grupo pelo qual são humilhados, mesmo que, em nome da sobrevivência social, eles aparentemente pareçam se conformar a ele.

Variáveis familiares e de bairro constituem o segundo e terceiro fatores. Se um adolescente birracial é vítima de abuso ou rejeição por um dos genitores, ele tende a rejeitar a etnicidade daquele genitor. Além disso, se um adolescente cresce em um bairro em que o grupo étnico de um dos genitores ainda é altamente dominante, ele tende a adotar a etnicidade daquele grupo dominante. O quarto fator que influencia o desenvolvimento da identidade étnica em adolescentes birraciais é a presença de outras identidades salientes. Por exemplo, para adolescentes que crescem em famílias de militares, a identidade do "jovem milico" sobrepuja a identidade étnica.

Adolescentes imigrantes   Adolescentes em famílias imigrantes muitas vezes se sentem divididos entre a cultura de seus pais e a de seus novos lares. Por exemplo, culturas que enfatizam o coletivo mais do que o individual veem a aceitação das responsabilidades da família por parte dos adolescentes como um sinal de maturidade. Uma questão como a de se um adolescente deve ter um emprego é decidida conforme as necessidades da família. Se a família precisa de dinheiro, o adolescente pode ser incentivado a trabalhar. Entretanto, se a família precisa que um adolescente cuide de irmãos menores enquanto os pais trabalham, o emprego de meio expediente tende a ser proibido. Em contraste, a maioria dos pais americanos pensa que empregos de meio expediente ajudam os adolescentes a amadurecer e, assim, eles permitem que seus filhos trabalhem, mesmo que isso de alguma forma atrapalhe os pais. Consequentemente, um adolescente imigrante pode achar que seus pais o estão impedindo de se integrar com seus pares americanos.

Pesquisas envolvendo adolescentes americanos de origem asiática ajudam a ilustrar esse ponto. Psicólogos descobriram que adolescentes americanos de origem asiática de primeira geração muitas vezes se sentem culpados por responderem às pressões individualistas da cultura norte-americana. Seus sentimentos de culpa parecem se basear nas normas culturais de seus pais, que sustentam que os adolescentes mais maduros são os que assumem um papel mais importante na família em vez de tentarem se separar dela (Chen, 1999). Assim, para muitos adolescentes americanos de origem asiática, a realização de uma identidade pessoal e étnica envolve equilibrar as demandas individualistas da cultura norte-americana e as obrigações familiares das culturas de seus pais. Consequentemente, muitos adolescentes em famílias imigrantes desenvolvem uma identidade bicultural (Farver, Bhadha e Narang, 2002; Phinney, Horenczyk, Liebkind e Vedder, 2001).

Desenvolvimento moral

Como lemos no Capítulo 12, Piaget propôs uma teoria de estágios do raciocínio moral. Entretanto, o teórico cujo trabalho tem tido mais impacto é o psicólogo Lawrence Kohlberg (Bergman, 2002; Colby, Kohlberg, Gibbs e Lieberman, 1983; Kohlberg, 1976, 1981). Além disso, teorias do raciocínio moral têm sido importantes nas explicações do comportamento antissocial adolescente.

Teoria do raciocínio moral de Kohlberg

> **OBJETIVO DA APRENDIZAGEM 15.7**
> Quais são as características do raciocínio moral em cada um dos estágios de Kohlberg?

Talvez você se lembre do Capítulo 12 que Piaget propôs dois estágios no desenvolvimento do raciocínio moral. Partindo das suposições básicas de Piaget, Kohlberg criou um modo de medir o raciocínio moral baseado nas respostas dos participantes da pesquisa a dilemas morais como o seguinte:

> Na Europa, uma mulher estava próxima da morte por um tipo especial de câncer. Havia uma droga que os médicos achavam que poderia salvá-la. Era uma substância radioativa que um farmacêutico na mesma cidade havia descoberto recentemente. A droga era cara de fabricar, mas o farmacêutico estava cobrando dez vezes o que havia gasto para fabricá-la. Ele pagara 200 dólares pela matéria-prima e cobrava 2.000 dólares por uma pequena dose do remédio. O marido da enferma, Heinz, procurou todas as pessoas que conhecia para juntar o dinheiro, mas só conseguiu reunir cerca de 1.000 dólares... Ele disse ao farmacêutico que sua esposa estava moribunda, e pediu-lhe que vendesse o remédio por menos ou lhe permitisse ficar devendo. Contudo, o farmacêutico disse: "Não, eu descobri a droga e vou fazer dinheiro com isso". Desesperado, Heinz arrombou a loja do homem para roubar o remédio para sua esposa. (Kohlberg e Elfenbein, 1975, p. 621)

Kohlberg analisou as respostas dos participantes a perguntas sobre esses dilemas (p. ex., "Heinz estava certo em roubar o remédio? Por quê?") e concluiu que existiam três níveis de desenvolvimento moral, cada um deles composto de dois subestágios, como resumido na Tabela 15.1, na página 468. É importante compreender que o que determina o estágio ou nível do julgamento moral de uma pessoa não é a escolha moral específica, mas a forma de raciocínio utilizada para justificar tal escolha. Por exemplo, qualquer resposta ao dilema de Kohlberg – de que Heinz deveria ou não deveria roubar o remédio – poderia ser justificada com lógica em qualquer estágio.

Idade e raciocínio moral Os estágios têm uma correlação ligeiramente frouxa com a idade. Muito poucas crianças raciocinam além do estágio 1 ou 2, e os estágios 2 e 3 são os tipos mais comumente encontrados entre adolescentes (Walker, de Vries e Trevethan, 1987). Entre adultos, os estágios 3 e 4 são os mais comuns (Gibson, 1990). Dois exemplos de pesquisa ilus-

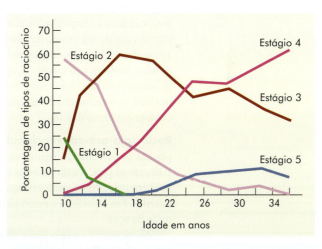

Figura 15.4 Estudo longitudinal de Colby e Kohlberg sobre o raciocínio moral.

Essas descobertas são do estudo longitudinal de Colby e Kohlberg de um grupo de meninos que foram questionados sobre os dilemas morais de Kohlberg a partir dos 10 anos até o início da vida adulta. À medida que cresciam, o estágio ou nível de suas respostas mudou, com o raciocínio convencional aparecendo de maneira bastante ampla na idade do ensino médio. O raciocínio pós-convencional, ou baseado em princípios, não se mostrou muito comum em qualquer idade.

(*Fonte*: Figura de "Longitudinal study of moral judgement", de A. Colby et al., 1983, Figura 1, p. 46, © The Society for Research in Child Development. Reproduzido com permissão de Blackwell Publishing.)

Tabela 15.1 Estágios do desenvolvimento moral de Kohlberg

Nível	Estágios	Descrição
Nível I: Moralidade pré-convencional	*Estágio 1:* Orientação à punição e à obediência	A criança ou adolescente decide o que está errado com base no que é punido. A obediência é valorizada por seu próprio mérito, mas a criança obedece porque os adultos têm poder superior.
	Estágio 2: Individualismo, propósito instrumental e troca	Crianças e adolescentes seguem regras quando isso é de seu interesse imediato. O que é bom é o que traz resultados agradáveis.
Nível II: Moralidade convencional	*Estágio 3:* Expectativas interpessoais mútuas, relacionamentos e conformidade interpessoal	Ações morais são as que satisfazem as expectativas da família ou de algum outro grupo importante. "Ser bom" se torna importante por seu próprio valor.
	Estágio 4: Sistema social e consciência (Orientação à lei e ordem)	Ações morais são aquelas definidas assim por grupos sociais ou pela sociedade como um todo. Devemos cumprir obrigações com as quais concordamos e respeitar as leis, exceto em casos extremos.
Nível III: Moralidade pós-convencional	*Estágio 5:* Orientação ao contrato social	Este estágio envolve agir de modo a garantir "o maior bem para o maior número". O adolescente ou adulto está consciente de que a maioria dos valores é relativa e as leis são mutáveis, ainda que as regras devam ser respeitadas para preservar a ordem social. Contudo, existem alguns valores absolutos básicos, tais como a importância da vida e liberdade de cada pessoa.
	Estágio 6: Orientação a princípios éticos universais	O reduzido número de adultos que raciocinam no estágio 6 desenvolvem e seguem princípios éticos que escolheram por conta própria para determinar o que está certo. Esses princípios éticos fazem parte de um sistema de valores e princípios articulado, integrado, minuciosamente elaborado e consistentemente seguido.

Fontes: Kohlberg, 1976; Lickona, 1978.

tram essas tendências etárias gerais. O primeiro, mostrado na Figura 15.4, é proveniente do estudo longitudinal do próprio Kohlberg de 58 meninos, entrevistados pela primeira vez quando tinham 10 anos e depois acompanhados por mais de 20 anos (Colby et al., 1983). A Figura 15.5 mostra dados transversais de um estudo de Lawrence Walker e colaboradores (1987). Eles estudaram 10 meninos e 10 meninas em quatro idades, entrevistando também os pais das crianças. Os resultados desses dois estudos, embora não idênticos, apontam para conclusões notavelmente semelhantes sobre a ordem de surgimento dos vários estágios e sobre as idades aproximadas em que eles predominam. Em ambos os estudos, o raciocínio do estágio 2 domina em torno dos 10 anos, e o raciocínio do estágio 3 é mais comum em torno dos 16.

Raciocínio pré-convencional No Nível I, **moralidade pré-convencional**, os julgamentos das pessoas se baseiam em figuras de autoridade que estão próximas e são fisicamente superiores – geralmente os pais. Assim como as descrições dos outros são predominantemente externas nesse nível, também os padrões que a criança usa para julgar correção ou incorreção são mais externas do que internas. Em especial, é o resultado ou consequência de uma ação que determina a correção ou incorreção da ação.

No primeiro estágio desse nível – *orientação à punição e à obediência* – a criança se baseia nas consequências físicas de alguma ação para decidir se ela está errada ou correta. Se ela é punida, o comportamento estava errado; se ela não é punida, ele estava certo. Ela é obediente aos adultos porque eles são maiores e mais fortes.

No segundo estágio – *individualismo, propósito instrumental e troca* – a criança ou adolescente opera sob o princípio de que devemos fazer coisas que são recompensadas e evitar coisas que são punidas. Por esse motivo, esse estágio às vezes é chamado de *hedonismo ingênuo*. Se ele dá uma boa sensação ou traz resultados agradáveis, ele é bom. Algum princípio de preocupação pelas outras pessoas é visível durante esse estágio, mas somente se essa preocupação puder ser expressa como algo que também beneficia a criança ou o adolescente. Assim, ele pode entrar em acordos como "Se você me ajudar, eu te ajudo".

moralidade pré-convencional na teoria de Kohlberg, o nível de raciocínio moral em que os julgamentos são baseados em autoridades fora do *self*.

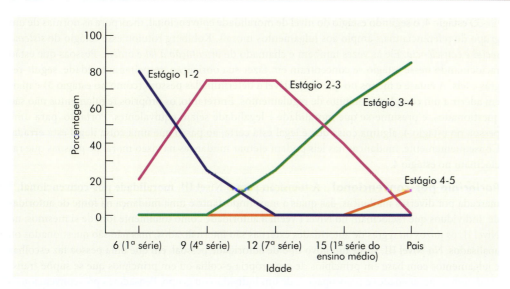

Figura 15.5 Porcentagem de crianças e pais que demonstram raciocínio moral em cada um dos estágios de Kohlberg.

Como os resultados do estudo longitudinal de Colby e Kohlberg, dados transversais coletados por Lawrence Walker e colaboradores sugerem que os estágios 1 e 2 de raciocínio dominam os anos escolares iniciais, respostas nos estágios 2 e 3 são comuns nos anos mais avançados do ensino fundamental até os anos da escola intermediária, e os estágios 3 e 4 de raciocínio começam a ser predominantes no ensino médio e permanecem assim até a vida adulta.

(*Fonte*: Walker et al., da Tabela 1, p. 849. "Moral stages and moral orientations in real-life and hypothetical dilemmas", *Child Development*, 60 (1987), 842-858. © The Society for Research in Child Development. Reproduzido com permissão de Blackwell Publishing.)

Para ilustrar, eis algumas respostas às variações no dilema de Heinz, extraídas de estudos de crianças e adolescentes em diversas culturas diferentes, todas as quais no estágio 2:

Ele deveria roubar [o remédio] para sua esposa porque se ela morrer ele terá que pagar pelo funeral, e isso custa muito. [Taiwan]

[Ele deveria roubar o remédio porque] ele deve proteger a vida de sua esposa para não ter que ficar sozinho na vida. [Porto Rico] (Snarey, 1985, p. 221)

Raciocínio convencional No nível seguinte, o nível de **moralidade convencional**, regras e normas de um grupo ao qual o indivíduo pertence se tornam a base dos julgamentos morais, seja esse grupo a família, os amigos, uma igreja ou o país. O que o grupo de referência escolhido define como certo ou bom é certo ou bom na visão do indivíduo. Mais uma vez, muito poucas crianças apresentam o pensamento convencional, mas muitos adolescentes são capazes desse tipo de raciocínio moral.

O estágio 3 (o primeiro estágio do Nível II) é o estágio de *expectativas interpessoais mútuas, relacionamentos e conformidade interpessoal* (às vezes também chamado de *estágio do bom menino/da boa menina*). Independentemente da idade, indivíduos que raciocinam nesse estágio acreditam que bom comportamento é o que agrada as outras pessoas. Eles valorizam a confiança, a lealdade, o respeito, a gratidão e a manutenção de relações mútuas. Andy, um menino que Kohlberg entrevistou e que estava no terceiro estágio, disse:

Eu tento fazer coisas pelos meus pais, eles sempre fizeram coisas por mim. Eu tento fazer tudo que minha mãe diz, eu tento agradá-la. Tipo, ela quer que eu seja médico, eu quero também, e ela está me ajudando a chegar lá. (Kohlberg, 1964, p. 401)

Outra marca desse terceiro estágio é que o indivíduo faz julgamentos com base nas intenções bem como no comportamento externo. Se alguém "não teve a intenção de fazer algo", o erro é visto como menos grave do que se a pessoa fez "de propósito".

moralidade convencional na teoria de Kohlberg, o nível de raciocínio moral em que os julgamentos se baseiam em regras ou normas de um grupo ao qual a pessoa pertence.

> **A criança integral em foco**
>
> O que os planos profissionais de Michelle nos informam a respeito do desenvolvimento moral dela? Descubra na página 484.

O estágio 4, o segundo estágio do nível de moralidade convencional, incorpora as normas de um grupo de referência mais amplo aos julgamentos morais. Kohlberg rotulou esse estágio de *sistema social e consciência*. Ele às vezes também é chamado de *orientação à lei e ordem*. Pessoas que estão raciocinando nesse estágio se concentram em fazer sua obrigação, respeitar autoridade, seguir regras e leis. A ênfase é menos no que é agradável a determinadas pessoas (como no estágio 3) e mais em aderir a um complexo conjunto de regulamentos. Entretanto, os próprios regulamentos não são questionados, e presume-se que moralidade e legalidade sejam equivalentes. Portanto, para uma pessoa no estágio 4, alguma coisa que é legal está certa, ao passo que uma coisa ilegal está errada. Consequentemente, mudanças nas leis podem efetuar mudanças na visão moral de pessoas que raciocinam no estágio 4.

Raciocínio pós-convencional A transição para o Nível III, **moralidade pós-convencional**, é marcada por diversas mudanças, das quais a mais importante é uma mudança na fonte de autoridade. Indivíduos que raciocinam no Nível I veem a autoridade como totalmente fora de si mesmos; no Nível II, os juízos ou regras de autoridades externas são internalizados, mas não são questionados ou analisados. No Nível III, surge um novo tipo de autoridade pessoal, em que uma pessoa faz escolhas e julgamentos com base em princípios de sua própria escolha ou em princípios que se supõe transcenderem as necessidades e preocupações de um indivíduo ou grupo. Pensadores pós-convencionais representam apenas um grupo dos adultos e uma minoria ainda menor dos adolescentes.

No estágio 5 desse nível, que Kohlberg chamou de *orientação ao contrato social*, esses princípios escolhidos pelo próprio indivíduo começam a ser evidentes. Regras, leis e regulamentos não são vistos como irrelevantes; eles constituem modos importantes de garantir justiça. Mas as pessoas que operam nesse nível também reconhecem que existem situações em que regras, leis e regulamentos precisam ser ignorados ou mudados.

O movimento dos direitos civis nos Estados Unidos nos anos de 1950 e 1960 é um bom exemplo do raciocínio no estágio 5 em ação. A *desobediência civil* – deliberadamente infringir leis vistas como imorais – surgiu como um modo de protestar contra a segregação racial. Por exemplo, em restaurantes, afro-americanos intencionalmente se sentavam em assentos reservados para brancos. É importante notar que a prática de desobediência civil geralmente não envolve evitar penalidades que acompanham o comportamento criminoso. Na verdade, algumas das imagens mais notáveis e pungentes daquele período da história dos Estados Unidos são as fotografias de pessoas que se entregaram e foram presas por infringirem as leis de segregação. Esse comportamento ilustra a visão do estágio 5 de que, como princípio geral, respeitar as leis é importante, ainda que uma lei específica que seja considerada imoral possa – ou mesmo deva – ser desrespeitada quando isso for para promover o bem comum.

A desobediência civil envolve intencionalmente infringir leis que acreditamos serem imorais. Por exemplo, nos primeiros tempos do movimento dos direitos civis nos Estados Unidos, afro-americanos infringiram leis que os excluíam de alguns setores dos restaurantes ocupando lugares reservados aos brancos. Os praticantes da desobediência civil não tentam se esquivar das consequências de suas ações, pois têm o respeito à lei como um princípio geral ainda que considerem algumas leis imorais. Assim, o pensamento que subjaz atos de desobediência civil representa o nível pós-convencional de raciocínio moral.

Em seus trabalhos originais sobre desenvolvimento moral, Kohlberg também incluía um sexto estágio, a *orientação a princípios éticos universais*. O raciocínio do estágio 6 envolve pesar princípios morais igualmente válidos, mas conflitantes, a fim de determinar qual deles deve ter precedência em relação a uma questão moral específica. Quando uma pessoa que está argumentando contra a pena de morte diz que o direito de viver de um indivíduo é mais importante do que o direito da sociedade de exigir justiça daqueles que são declarados culpados de crimes hediondos, isso pode ser ou não de um raciocínio no estágio 6. Lembre-se: o segredo para avaliar o estágio de desenvolvimento moral de um indivíduo é sondar o raciocínio que respalda sua resposta a uma pergunta sobre um dilema moral. Às vezes esse tipo de sondagem revela que os argumentos que a princípio parecem representar um pen-

moralidade pós-convencional na teoria de Kohlberg, o nível de raciocínio moral em que os julgamentos são baseados em uma integração dos direitos individuais e das necessidades da sociedade.

samento no estágio 6 são na verdade baseados na autoridade de uma tradição religiosa ou de um indivíduo altamente respeitado, em cujo caso o raciocínio é convencional mais do que pós-convencional. Às vezes, contudo, o indivíduo que apresenta uma argumentação desse tipo é capaz de explicá-la em termos de um princípio ético universal que deve sempre ser respeitado independentemente de quaisquer outras considerações. No caso da oposição à pena capital, o princípio ético universal seria a ideia de que a manutenção da vida humana é o mais elevado de todos os princípios morais. Observe, entretanto, que uma pessoa que está raciocinando no estágio 6 não argumentaria que a sociedade não tem direito de punir criminosos. Em vez disso, ela diria que, em situações em que o respeito a esses direitos envolve a extinção de uma vida humana, o direito de viver da pessoa cuja vida seria extinta é mais importante.

Kohlberg argumentou que essa sequência de raciocínio é tanto universal quanto hierarquicamente organizada. Ou seja, cada estágio se origina do estágio antecedente. Kohlberg não sugeria que todas as pessoas acabam passando por todos os seis estágios – ou mesmo que cada estágio está ligado a idades específicas. Mas ele insistia que a ordem é invariável e universal. Ele também acreditava que o meio social determina a lentidão ou rapidez com que os indivíduos passam pelos estágios.

Parecem existir fortes evidências de que os estágios se sucedem na sequência proposta por Kohlberg. Estudos longitudinais de longo prazo de adolescentes e jovens adultos nos Estados Unidos, Israel e Turquia mostram que mudanças no raciocínio dos participantes quase sempre ocorrem na ordem sugerida (Colby et al., 1983; Nisan e Kohlberg, 1982; Snarey, Reimer e Kohlberg, 1985; Walker, 1989). As pessoas não pulam os estágios, e o movimento para um estágio inferior em vez de superior ocorre somente em de 5 a 7% do tempo.

Variações nos dilemas de Kohlberg têm sido utilizadas com crianças em uma ampla variedade de países, tanto ocidentais quanto não ocidentais, industrializados e não industrializados (Snarey, 1985). Em todas as culturas, pesquisadores encontram níveis mais altos de raciocínio entre crianças mais velhas, mas as culturas diferem quanto ao nível de raciocínio mais elevado que se observa. Nas culturas urbanas (tanto ocidentais quanto não ocidentais), o estágio 5 geralmente é o mais presente; em sociedades agrícolas e naquelas em que existe pouca oportunidade para educação formal, o estágio 4 geralmente é o mais elevado. Coletivamente, essas evidências parecem prover forte respaldo à universalidade da sequência de estágios de Kohlberg.

Causas e consequências do desenvolvimento moral

OBJETIVO DA APRENDIZAGEM 15.8
Quais são algumas causas e efeitos importantes do desenvolvimento do raciocínio moral?

O motivo mais óbvio para as correlações gerais entre os estágios de Kohlberg e a idade cronológica é o desenvolvimento cognitivo. Especificamente, parece que as crianças precisam ter uma firme compreensão do pensamento operacional concreto antes de poderem desenvolver e usar o raciocínio moral convencional. De modo semelhante, o pensamento operacional formal parece ser necessário ao avanço para o nível pós-convencional.

Mais especificamente, Kohlberg e muitos outros teóricos sugerem que o declínio do egocentrismo que ocorre quando um indivíduo passa pelos estágios operatório-concreto e formal é uma variável cognitivo-desenvolvimentista muito importante no raciocínio moral. A ideia é que quanto maior a habilidade de uma criança ou adolescente de olhar uma situação do ponto de vista de outra pessoa, mais avançada ela tende a estar no raciocínio moral. Os psicólogos usam o termo **tomada de papéis** para se referirem a essa habilidade (Selman, 1980). A pesquisa forneceu forte apoio para o sugerido vínculo entre a tomada de papéis e o desenvolvimento moral (Kuhn, Kohlberg, Languer e Haan, 1977; Walker, 1980).

Contudo, o desenvolvimento cognitivo não é suficiente. Kohlberg achava que o desenvolvimento do raciocínio moral também exigia suporte do meio social. Especificamente, ele alegava que para promover o raciocínio moral maduro, o ambiente social de uma criança ou adolescente precisa fornecer oportunidades para um diálogo significativo recíproco sobre questões morais.

Pesquisas longitudinais que relacionam os estilos de criança e o ambiente familiar com níveis de raciocínio moral sugerem que Kohlberg estava certo (Pratt, Arnold e Pratt, 1999). A capacidade dos pais de identificar, compreender e responder às formas menos maduras de raciocínio moral de crianças e adolescentes parece ser particularmente importante para o desenvolvimento do raciocínio moral. Essa capacidade por parte dos pais é importante porque pessoas de todas as idades têm dificuldade

tomada de papéis capacidade de olhar uma situação do ponto de vista de outra pessoa.

para compreender e lembrar argumentos morais que estão à frente do seu próprio nível (Narvaez, 1998). Assim, um genitor que é capaz de expressar suas próprias concepções morais em palavras que reflitam o nível de compreensão de seu filho tem mais chance de poder influenciar o desenvolvimento moral da criança.

À medida que a capacidade do raciocínio moral de um indivíduo cresce, também cresce sua capacidade de pensar logicamente sobre questões em outros domínios. Por exemplo, a complexidade do raciocínio político de um indivíduo é muito semelhante à complexidade de seu raciocínio moral (Raaijmakers, Verbogt e Vollebergh, 1998). As atitudes para a aceitabilidade da violência também variam com os níveis de raciocínio moral. Indivíduos em níveis inferiores são mais tolerantes à violência (Sotelo e Sangrador, 1999).

Talvez mais importante, o nível de raciocínio moral dos adolescentes parece estar positivamente correlacionado com o comportamento pró-social e negativamente relacionado com o comportamento antissocial (Schonert-Reichl, 1999). Em outras palavras, os níveis mais altos de comportamento pró-social são encontrados em adolescentes nos níveis mais elevados de raciocínio moral (comparados com seus pares). Alternativamente, os níveis mais elevados de comportamento antissocial são encontrados em adolescentes nos níveis mais baixos de raciocínio moral.

> **OBJETIVO DA APRENDIZAGEM 15.9**
> Como a teoria de Kohlberg foi criticada?

Críticas à teoria de Kohlberg

Críticas à teoria de Kohlberg foram feitas por teóricos que representam diferentes perspectivas.

Cultura e raciocínio moral Pesquisas interculturais fornecem forte suporte para a universalidade da sequência de estágios de Kohlberg (Snarey, 1985, 1995). Contudo, pesquisadores interculturais argumentam que essa abordagem é demasiado estreita para ser considerada verdadeiramente universal. Esses críticos assinalam que muitos aspectos do raciocínio moral presentes em culturas não ocidentais não se enquadram bem na abordagem de Kohlberg (Eckensberger e Zimba, 1997). A raiz do problema, dizem eles, é que a teoria de Kohlberg está fortemente aliada à ideia de que a justiça é um princípio moral predominante. Com certeza, dizem os críticos, a justiça é um conceito moral importante em todo o mundo, e assim não é surpreendente que a sequência de estágios de Kohlberg tenha sido tão vigorosamente confirmada pela pesquisa intercultural. Contudo, esses críticos afirmam que a noção de que a justiça suplanta todas as outras considerações morais é o que distingue as culturas ocidentais das não ocidentais. Como essas críticas poderiam prever, a pesquisa demonstra que as respostas de indivíduos de culturas não ocidentais aos clássicos dilemas de Kohlberg com frequência incluem ideias que não estão presentes no sistema de pontuação dele (Baek, 2002).

Por exemplo, em muitas culturas, o respeito pelos mais velhos é um princípio moral importante que muitas vezes suplanta outras preocupações (Eckensberger e Zimba, 1997). Assim, se os pesquisadores alterarem o dilema de Heinz de modo que a mulher doente seja a mãe de Heinz em vez de sua esposa, participantes da pesquisa ocidentais e não ocidentais tendem a responder de maneira muito diferente. Essas diferenças são difíceis de explicar da perspectiva da teoria de Kohlberg, baseada na justiça e orientada a estágios. Os partidários da teoria argumentam que o respeito pelos idosos como base do raciocínio moral representa o nível convencional de Kohlberg. Os críticos, em contraste, dizem que essa classificação subestima o verdadeiro raciocínio moral de indivíduos de culturas não ocidentais.

Raciocínio moral e emoções Pesquisadores que estudam o vínculo entre emoções morais e raciocínio moral também criticaram a estreiteza da abordagem de Kohlberg, baseada em justiça. A psicóloga Nancy Eisenberg, por exemplo, sugere que a empatia, a capacidade de se identificar com as emoções dos outros, é tanto uma causa quanto uma consequência do desenvolvimento moral (Eisenberg, 2000). De forma semelhante, Eisenberg sugere que uma explicação completa do desenvolvimento moral deve incluir variações ligadas à idade e individuais na capacidade de regular emoções (tais como raiva) que podem motivar comportamento antissocial.

De modo semelhante, Carol Gilligan alega que uma ética baseada no cuidar dos outros e na manutenção das relações sociais pode ser tão importante para o raciocínio moral quanto o são as ideias sobre justiça. A teoria de Gilligan alega que existem ao menos duas "orientações morais" distintas: justiça e cuidado (Gilligan, 1982; Gilligan e Wiggins, 1987). Cada uma delas tem sua própria injunção central

– não tratar os outros injustamente (justiça) e não dar as costas a quem precisa de ajuda (cuidar). A pesquisa sugere que os adolescentes realmente demonstram uma orientação moral baseada no cuidar e que o raciocínio sobre dilemas morais hipotéticos baseado no cuidar tem relação com raciocínio sobre dilemas da vida real (Skoe et al., 1999). Em resposta, Kohlberg reconheceu em seus escritos posteriores que sua teoria trata especificamente do desenvolvimento do raciocínio sobre justiça e não pretende ser uma descrição abrangente do desenvolvimento moral (Kohlberg, Levine e Hewer, 1983). Assim, alguns desenvolvimentistas veem as ideias de Gilligan sobre o desenvolvimento moral como uma expansão da teoria de Kohlberg mais do que uma rejeição dela (Jorgensen, 2006).

Possíveis diferenças sexuais no raciocino moral são outro foco da teoria de Gilligan. Segundo Gilligan, meninos e meninas aprendem orientações à justiça e ao cuidar, mas as meninas são mais propensas a operar a partir da orientação ao cuidar, ao passo que os meninos são mais propensos a operar a partir da orientaçao à justiça. Devido a essas diferenças, meninas e meninos tendem a perceber os dilemas morais de uma maneira muito diferente.

Com as emergentes evidências sobre as diferenças sexuais nos estilos de interação e nos padrões de amizade, a hipótese de Gilligan faz algum sentido. Talvez as mulheres, mais focadas na intimidade em seus relacionamentos, julgam dilemas morais por critérios diferentes. Mas, na verdade, a pesquisa sobre dilemas morais não demonstrou consistentemente que os meninos são mais propensos a usar raciocínio baseado na justiça ou que as meninas usam um raciocínio baseado no cuidado com mais frequência. Vários estudos de adultos demonstraram esse padrão (p. ex., Lyons, 1983; Wark e Krebs, 1996). Contudo, estudos de crianças e adolescentes geralmente não o demonstraram (Jadack, Hyde, Moore e Keller, 1995; Smetana, Killen e Turiel, 1991; Walker et al., 1987). Além disso, evidências recentes sugerem que essas diferenças sexuais, se existirem, podem ser restritas à cultura norte-americana (Skoe et al., 1999).

Raciocínio moral e comportamento Finalmente, críticos questionaram o grau em que o raciocínio moral prediz o comportamento moral (Krebs e Denton, 2006). Pesquisadores constataram que o raciocínio moral e o comportamento moral estão correlacionados, mas a relação está longe de ser perfeita. Para explicar inconsistências entre raciocínio e comportamento, os teóricos da aprendizagem sugerem que o raciocínio moral é situacional mais do que desenvolvimentista. Eles apontam diversos estudos que sustentam essa asserção.

Primeiro, nem adolescentes nem adultos raciocinam no mesmo nível em resposta a todo dilema hipotético (Rique e Camino, 1977). Um determinado participante da pesquisa poderia raciocinar no nível convencional em resposta a um dilema e no nível pós-convencional em relação a outro. Segundo, os tipos de personagens nos dilemas morais influenciam fortemente as respostas dos participantes a eles, especialmente quando os participantes são adolescentes. Por exemplo, dilemas hipotéticos envolvendo celebridades como personagens provocam níveis muito mais baixos de raciocínio moral dos adolescentes do que os que envolvem personagens fictícios como Heinz (Einerson, 1998).

Além disso, participantes de pesquisa mostram disparidades nos níveis de raciocínio moral invocados em resposta a dilemas morais e questões morais da vida real. Por exemplo, judeus israelitas, beduínos israelitas e jovens palestinos que vivem em Israel demonstram diferentes níveis de raciocínio moral quando respondem a histórias hipotéticas como as do dilema de Heinz e quando discutem as dimensões morais de conflitos há muito existentes entre seus grupos étnicos (Elbedour, Baker e Charlesworth, 1997). Assim, como os teóricos da aprendizagem predizem, parece que fatores situacionais podem ser variáveis mais importantes para decisões sobre comportamento moral real do que o nível de raciocínio moral exibido em resposta a dilemas hipotéticos.

A consistente descoberta de baixos níveis de raciocínio moral entre adolescentes que apresentam formas graves de comportamento antissocial tem sido de particular interesse para os desenvolvimentistas (Aleixo e Norris,

Adolescentes que apresentam formas graves de comportamento antissocial são menos avançados do que seus pares no raciocínio moral porque carecem da capacidade de considerar as situações do ponto de vista dos outros.

2000; Ashkar e Kenny, 2007; Cheung, Chan, Lee, Liu e Leung, 2001; Ma, 2003). Como você aprendeu no Capítulo 13, a *delinquência* se distingue de outras formas de comportamento antissocial, como o *bullying*, por envolver uma real transgressão da lei. Delinquentes parecem estar atrás de seus pares em raciocínio moral por conta de deficiências nas habilidades de tomada de papéis. Por exemplo, pesquisadores constataram que adolescentes que são capazes de assumir o ponto de vista de seus pais são menos propensos a se envolver em comportamento delinquente do que adolescentes que não são capazes disso (Wyatt e Carlo, 2002). A maioria dos delinquentes parece incapaz de considerar seus crimes do ponto de vista de suas vítimas ou de avaliar crimes hipotéticos do ponto de vista das vítimas. Assim, os programas destinados a ajudar os delinquentes a desenvolver níveis mais maduros de raciocínio moral geralmente se concentram em aumentar sua consciência do ponto de vista da vítima.

Relações sociais

A mãe de Sheronnah, de 15 anos, disse-lhe há muito tempo que ela só poderia namorar depois dos 16 anos. Contudo, recentemente, um menino na escola começou a perseguir Sheronnah, e ela passou incontáveis horas discutindo a questão com sua mãe, que se recusou a ceder, e, assim, Sheronnah está dando um "gelo" na mãe. Segundo a progressão na compreensão dos conflitos sociais de crianças e adolescentes descrita na Tabela 15.2, Sheronnah tende a esperar que a discórdia entre ela e a mãe sobre a questão do namoro seja temporária. Entretanto, a situação de Sheronnah ilustra a crescente importância das relações sociais na adolescência, tendência que é mostrada na Figura 15.6.

Tabela 15.2 Comentários de crianças e adolescentes sobre como resolver desavenças entre amigos

Idade	Comentários
Crianças de 5 anos	"Afaste-se dele e volte depois, quando a briga tiver passado."
Crianças de 8 anos	"Bom, se você diz alguma coisa que não queria realmente dizer, então você tem que querer realmente dizer quando retirar o que disse."
Jovens de 14 anos	"Às vezes é preciso se afastar por um tempo. Acalmar-se um pouco até passar a raiva. Depois volte e tente falar sobre o assunto."
Jovens de 16 anos	"Bom, você pode falar sobre o assunto, mas geralmente ele desaparece sozinho. Ele geralmente toma conta de si mesmo. Você não precisa explicar tudo. Vocês faz algumas coisas e ambos sabem o que significa. Mas se não, conversem sobre o assunto."

Fonte: Selman, 1980, p. 107-113.

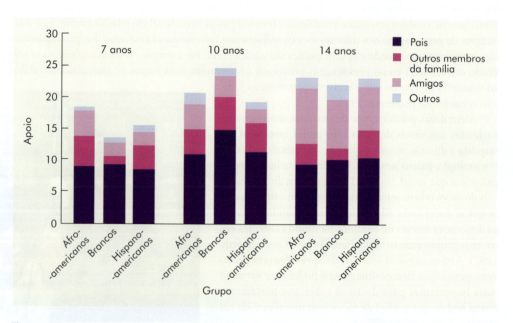

Figura 15.6 Fontes de apoio para adolescentes.

Crianças e adolescentes de diferentes grupos étnicos foram questionados sobre a quantidade e tipo de apoio que recebiam de diversas pessoas. Observe que, para adolescentes, os amigos se tornam fontes mais significativas de apoio, mas os pais não se tornam menos importantes.

(*Fonte*: Adaptado da Figura 2, p. 815, "Convoys of social support and early adolescence: structure and function", de M. Levitt, N. Guacci-Franco e J. Levitt, em *Developmental Psychology*, 29, Copyright © 1993, American Psychological Association.)

Relações com os pais

OBJETIVO DA APRENDIZAGEM 15.10
Quais são as características das relações dos adolescentes com seus pais?

Os adolescentes têm duas tarefas aparentemente contraditórias em suas relações com seus pais: estabelecer independência deles e manter um senso de afinidade com eles. Consequentemente, a frequência de conflitos entre pais e filhos aumenta. Essa tendência foi documentada por diversos pesquisadores (p. ex., Flannery, Montemayor e Eberly, 1994; Laursen, 1995). Na maioria das famílias, esses conflitos se centram em torno de questões como afazeres domésticos ou direitos pessoais – por exemplo, se o adolescente deve ter permissão para usar um corte de cabelo bizarro ou se e quando ele deve ser solicitado a realizar tarefas domésticas. Os adolescentes e seus pais costumam discordar sobre a idade em que certos privilégios – tais como namorar – devem ser concedidos e sobre a quantidade de supervisão dos pais de que os adolescentes precisam (Cunningham, Swanson, Spencer e Dupree, 2003; Dekovic, Noom e Meeus, 1997).

Traços individuais dos próprios adolescentes podem contribuir para conflitos com os pais. O temperamento do adolescente, por exemplo, contribui para a quantidade de conflitos. Aqueles que foram difíceis desde a segunda infância são os que têm maior tendência a experimentar altos graus de conflito com os pais na adolescência (Dekovic, 1999). A condição púbere dos adolescentes também pode ser um fator. Nas meninas, os conflitos parecem surgir depois da menarca (Holmbeck e Hill, 1991). Além disso, como observado anteriormente em relação aos adolescentes americanos de origem asiática, fatores culturais afetam tanto o grau de conflito entre genitores e adolescentes quanto as percepções de seu significado.

Apesar desses conflitos, o apego emocional subjacente dos adolescentes a seus pais em média permanece forte (ver Figura 15.6). Um estudo na Holanda sugere que o laço de um adolescente com seus pais pode se afrouxar um pouco em meados da adolescência (aos 15 e 16 anos) e depois retornar aos níveis anteriores (van Wel, 1994). Mas praticamente todos os pesquisadores que exploraram essa questão constatam que o senso de bem-estar ou felicidade de um adolescente está mais fortemente correlacionado à qualidade de seu apego a seus pais do que à qualidade de suas relações com os amigos (p. ex., Greenberg, Siegel e Leitch, 1983; Raja, McGee e Stanton, 1992). Além disso, descobertas da pesquisa sobre a centralidade das relações genitor-adolescente têm se mostrado consistentes em uma diversidade de culturas (Claes, 1998; Okamoto e Uechi, 1999).

A pesquisa em diversos países também constatou que adolescentes que permanecem fortemente ligados a seus pais são os que têm maior tendência a serem bem-sucedidos academicamente e desfrutar de boas relações com seus pares (Mayseless e Scharf, 2007; Turnage, 2004; Weimer, Kerns e Oldenburg, 2004; Zimmermann, 2004). Eles também são menos propensos do que adolescentes com apego menos seguro a se envolverem em comportamento antissocial (Ma, Shek, Cheung e Oi Bun Lam, 2000). Além disso, a qualidade do apego na adolescência inicial prediz o uso de drogas na adolescência e início da vida adulta (Brook, Whiteman, Finch e Cohen, 2000). Adolescentes que são próximos de seus pais são menos propensos a usar drogas do que adolescentes cujos laços com os pais são mais fracos. Assim, mesmo enquanto estão se tornando mais autônomos, os adolescentes precisam dos pais como base psicológica segura.

Embora seja verdade que as mudanças físicas da puberdade são com frequência seguidas por um aumento no número de conflitos, é um mito que o conflito seja a principal característica da relação genitor-adolescente.

Amizades

OBJETIVO DA APRENDIZAGEM 15.11
Quais são as características das amizades dos adolescentes?

Apesar da importância das relações familiares para os adolescentes, sem dúvida as relações com amigos se tornam muito mais importantes na adolescência do que foram em qualquer período anterior. Para muitos, os dispositivos de comunicação eletrônicos que estão disponíveis na atualidade servem como eixos em torno dos quais suas redes sociais giram. Muitos adolescentes têm um grupo de amigos com os quais se comunicam por telefone, outro com quem trocam mensagens instantâneas e de correio eletrônico, e outro com quem se associam por meio de comunidades virtuais como o myspace.com (Foehr, 2006). Consequentemente, os adolescentes têm uma variedade mais ampla de conhecidos do que os seus pais tinham na adolescência. Contudo, eles não têm necessariamente mais amigos próximos.

As amizades adolescentes se tornam cada vez mais íntimas, no sentido de que amigos adolescentes compartilham cada vez mais seus segredos e sentimentos íntimos e conhecem mais os sentimentos uns dos outros. Lealdade e fidelidade se tornam características mais valorizadas da amizade. Entretanto, a capacidade de demonstrar intimidade, lealdade e fidelidade no contexto de uma amizade não vem automaticamente com a idade. Na verdade, os adolescentes variam consideravelmente nessas habilidades interpessoais. A variação pode ser resultado de diferenças individuais de temperamento e personalidade ou das experiências dos adolescentes com as relações familiares (Updegraff e Obeidallah, 1999).

As amizades adolescentes também são mais estáveis do que as de crianças mais jovens (Bowker, 2004; Degirmencioglu, Urberg e Tolson, 1998). Em um estudo longitudinal, os pesquisadores constataram que apenas cerca de 20% das amizades entre estudantes de 4ª série duravam até um ano, ao passo que 40% das amizades formadas por esses mesmos jovens quando estavam no 1º ano do ensino médio eram de longa duração (Cairns e Cairns, 1994). A estabilidade das amizades provavelmente aumenta na adolescência porque adolescentes mais velhos se esforçam mais do que adolescentes mais jovens e crianças no ensino fundamental para manter relações positivas com amigos por meio da negociação de conflitos (Nagamine, 1999).

Além disso, os adolescentes muitas vezes escolhem amigos que praticam as mesmas atividades que eles. Por exemplo, muitos adolescentes, especialmente meninos, relatam que a companhia dos amigos é seu principal motivo para jogar jogos eletrônicos e de computador (Chou e Tsai, 2007; Colwell e Kato, 2005). Alguns estudos sugerem que experiências compartilhadas de jogar *videogames* promove o desenvolvimento de um papel de gênero masculino entre adolescentes do sexo masculino (Sanford e Madill, 2006). Alguns desenvolvimentistas também afirmam que a prática desses jogos em ambientes de grupo ajuda os adolescentes do sexo masculino a aprender a canalizar impulsos agressivos e competitivos em modos socialmente aceitáveis de expressá-los (Jansz e Martens, 2005). Contudo, a prática de *videogames* violentos, mesmo em ambientes de grupo, aumenta os sentimentos de hostilidade e diminui a sensibilidade a imagens violentas (Arriaga, Esteyes, Carneiro e Monteiro, 2006; Bushman e Huesman, 2006; Carnagey e Anderson, 2005). Assim, os custos sociais de jogar *videogames* podem superar seus benefícios.

Por fim, os motivos pelos quais os amigos terminam amizades refletem a influência de diferenças individuais na taxa de desenvolvimento de habilidades sociais. Por exemplo, uma mudança no *status* de identidade de um nível menos maduro para outro mais maduro com frequência leva à aquisição de novos amigos (Akers, Jones e Coyl, 1998). De modo semelhante, as meninas parecem preferir amizades com outras meninas cuja situação amorosa seja a mesma que a sua – ou seja, meninas que têm namorado preferem amigas que também têm namorados. Na verdade, uma menina que encontra um namorado tende a passar menos tempo com amigas e a terminar amizades antigas com meninas que ainda não encontraram um parceiro amoroso (Zimmer-Gembeck, 1999). Para os meninos, as diferenças nas realizações esportivas podem levar ao fim de amizades anteriormente importantes (Benenson e Benarroch, 1998).

> **A criança integral em foco**
> Cho e Michelle esperam continuar sendo amigas próximas mesmo depois que se formarem no ensino médio? Descubra na página 484.

> **OBJETIVO DA APRENDIZAGEM 15.12**
> Como os grupos de pares mudam durante a adolescência?

Grupos de pares

Como as amizades, os grupos de pares se tornam relativamente estáveis na adolescência (Degirmencioglu, Urberg e Tolson, 1998). Os adolescentes tipicamente preferem se associar a um grupo que compartilhe seus valores, atitudes, comportamentos e *status* de identidade (Akers et al., 1998; Mackey e La Greca, 2007; Urberg, Degirmencioglu e Tolson, 1998). Se a discrepância entre suas próprias ideias e as de seus amigos se torna grande demais, os adolescentes são mais propensos a mudar para um grupo de amigos mais compatível do que serem persuadidos a adotar os valores ou comportamentos do primeiro grupo (Verkooijen, de Vries e Nielsen, 2007). Além disso, os adolescentes relatam que, quando a pressão dos pares é explícita, ela tende a ser para atividades positivas, tais como envolvimento escolar, e para distanciamento de más condutas.

A estrutura do grupo de pares também muda durante a adolescência. O estudo inicial clássico e amplamente citado é o de Dunphy (1963) sobre a formação, dissolução e interação de grupos adolescentes em uma escola de ensino fundamental em Sydney, Austrália, entre 1958 e 1960. Dunphy identificou duas importantes subvariedades de grupos. O primeiro tipo, que ele chamou de **panelinha**, é constituído de quatro a seis jovens que parecem ter um vínculo forte entre si. As panelinhas têm alta coesão e altos níveis de intimidade.

Nos primeiros anos da adolescência, as panelinhas são grupos quase exclusivamente do mesmo sexo – um remanescente do padrão pré-adolescente. Paulatinamente, contudo, as panelinhas se combinam para formar grupos maiores que Dunphy chamou de **turmas**, as quais incluem ambos os sexos. Por fim, a turma se divide novamente em panelinhas de gênero misto e depois em frouxas associações de casais. No estudo de Dunphy, o período durante o qual os adolescentes se socializavam em turmas era aproximadamente entre 13 e 15 anos – justamente os anos em que eles apresentam a maior conformidade à pressão dos pares.

Pesquisadores da adolescência mais recentes mudaram um pouco os rótulos de Dunphy (Brown, 1990; Brown, Mory e Kinney, 1994). Eles usam a palavra turma (*crowd*) para se referirem ao *grupo baseado na reputação* com o qual um jovem se identifica, seja por escolha ou por designação dos pares. Nas escolas norte-americanas, esses grupos possuem rótulos como "esportistas", "cabeças", "*nerds*", "burros", "*punks*", "viciados", "durões", "normais", "populares", "mauricinhos" e "solitários". Estudos nas escolas norte-americanas deixam claro que os adolescentes são capazes de facilmente identificar as principais turmas em sua escola e fazer descrições bastante estereotípicas – até caricatas – deles (p. ex., "Os festeiros vadiam muito mais do que os esportistas, mas eles não vêm pra escola chapados como os detonados") (Brown et al., 1994, p. 133). Cada uma dessas descrições serve para o que Brown chama de *protótipo da identidade*: rotular os outros e a si mesmo como pertencente a um ou vários desses grupos ajuda a criar ou reforçar a própria identidade do adolescente (Brown et al., 1994). Essa rotulação também ajuda o adolescente a identificar possíveis amigos ou inimigos.

Durante as séries finais do ensino fundamental e início do ensino médio, o sistema social de turmas se torna cada vez mais diferenciado, com grupos cada vez mais distintos. Por exemplo, em um sistema escolar do meio-oeste dos Estados Unidos, os pesquisadores das séries finais do ensino fundamental rotulavam uma ou duas principais turmas: um pequeno grupo de maior *status*, chamado de *trendies* (estilosos), e a grande massa de estudantes de *status* inferior, chamados de "trouxas"

panelinha grupo de quatro a seis jovens que parecem ter fortes vínculos entre si.

turma combinação de panelinhas, incluindo membros de ambos os sexos.

Nos primeiros anos da adolescência os grupos de pares do mesmo sexo são predominantes.

(Kinney, 1993). Alguns anos depois, os mesmos estudantes nomeavam cinco turmas: três grupos com *status* social relativamente alto e dois com baixo *status* (*grits* e *punkers*). No final do ensino médio, esses alunos identificavam sete ou oito turmas, mas estas agora pareciam ser menos importantes na organização social do grupo de pares. Essas observações confirmam outras pesquisas que constataram que amizades mútuas e pares de namoro são mais importantes do que as panelinhas ou turmas para as interações sociais no final da adolescência (Urberg, Degirmencioglu, Tolson e Halliday-Scher, 1995).

OBJETIVO DA APRENDIZAGEM 15.13
Como o interesse em relações amorosas aparece entre adolescentes heterossexuais e homossexuais?

Relacionamentos amorosos

Adolescentes heterossexuais e homossexuais seguem caminhos um pouco diferentes. Para ambos, os altos e baixos associados aos primeiros romances são um tema importante do desenvolvimento durante a adolescência.

Adolescentes heterossexuais A maioria dos adolescentes apresenta uma progressão gradual das amizades com membros do mesmo sexo para relacionamentos heterossexuais. A mudança acontece gradualmente, mas parece ocorrer em um ritmo um pouco mais rápido nas meninas do que nos meninos. No início da adolescência, os adolescentes ainda são um tanto rígidos sobre suas preferências por amigos do mesmo sexo (Bukowski, Sippola e Hoza, 1999). Durante os dois anos seguintes, eles se tornam mais abertos às amizades com o sexo oposto (Harton e Latane, 1997; Kuttler, La Greca e Prinstein, 1999). As habilidades que eles adquirem ao se relacionarem com pares do sexo oposto nessas amizades e em grupos de gênero misto os preparam para relacionamentos amorosos (Feiring, 1999). Assim, embora os adultos frequentemente presumam que os desejos sexuais sejam a base para os relacionamentos amorosos emergentes, fatores sociais são igualmente importantes. Na verdade, a pesquisa sugere que a competência social em uma variedade de relacionamentos – com pais, pares e amigos – prediz a facilidade com que os adolescentes mudam de relacionamentos unicamente com membros do mesmo sexo para amizades e relacionamentos amorosos com o sexo oposto (Theriault, 1998).

Aos 12 ou 13, a maioria dos adolescentes tem uma concepção básica do que significa estar "apaixonado", e o senso de estar apaixonado é um fator importante nos padrões de namoro adolescente (Montgomery e Sorell, 1998). Em outras palavras, os adolescentes preferem namorar aqueles pelos quais eles acreditam estarem apaixonados e encaram o fim da paixão como um motivo para terminar o relacionamento de namoro. Além disso, para as meninas (mas não para os meninos), as relações amorosas são vistas como um contexto para a autorrevelação. Em outras palavras, as meninas parecem querer mais intimidade psicológica nesses relacionamentos iniciais do que seus parceiros (Feiring, 1999).

Namoro e atividade sexual precoce são mais comuns entre os pobres de todos os grupos étnicos e entre os que iniciam a puberdade relativamente cedo. Preceitos religiosos e atitudes individuais sobre a idade adequada para namoro e sexo também fazem diferença, assim como a estrutura familiar. As meninas com pais que se divorciaram ou se casaram novamente, por exemplo, relatam namoro mais precoce e maiores níveis de experiência sexual do que meninas de famílias intactas, e as meninas com uma identidade religiosa mais forte relatam namoro mais tardio e níveis mais baixos de sexualidade (Bingham, Miller e Adams, 1990; Miller e Moore, 1990). Mas, para todos os grupos, esses anos são de experimentação nas relações amorosas.

Adolescentes homossexuais As relações amorosas aparecem de um modo um pouco diferente nas vidas de adolescentes homossexuais. Os pesquisadores constataram que os adolescentes homossexuais da atualidade sentem menos desconforto do que os de coortes anteriores em revelarem sua orientação sexual a seus pais e a seus pares (Floyd e Bakeman, 2006). Consequentemente, os desenvolvimentistas aprenderam muito sobre o desenvolvimento de uma orientação homossexual nas últimas duas décadas.

Uma coisa que os pesquisadores aprenderam é que os adolescentes homossexuais se tornam conscientes de sua atração pelo mesmo sexo em torno dos 11 ou 12 anos, aproximadamente na mesma idade em que seus pares heterossexuais começam a perceber atração pelo sexo oposto (Rosario, Scrimshaw e Hunter, 2004). Em contraste com a tendência em adolescentes heterossexuais, os meninos percebem e agem motivados pela atração pelo mesmo sexo em idades ligeiramente mais precoces do que as meninas (Grov, Bimbi, Nanin e Parsons, 2006). Contudo, as meninas que por fim adotam uma orientação homossexual expressam mais certeza sobre sua identidade sexual do que os meninos (Rosario, Scrimshaw, Hunter e Braun, 2006).

Entretanto, existem muitos meninos e meninas que experimentam algum grau de atração por ambos os sexos antes de se identificarem como *gays* ou lésbicas. Assim, muitos adolescentes homossexuais passam por um período de descoberta sexual que se inicia com a experimentação com relações heterossexuais. Pouco tempo depois, esses adolescentes começam a experimentar relações com o mesmo sexo. Aos 15 anos ou em torno disso, a maioria deles se autoclassifica como basicamente heterossexuais ou adotam uma orientação *gay*, lésbica ou bissexual (Rosario, Scrimshaw e Hunter, 2004). Muitos dos que são *gays*, lésbicas ou bissexuais participam de clubes e atividades extracurriculares feitas para ajudar os jovens de minorias sexuais a formarem conexões sociais. Na companhia desses pares com ideias afins, adolescentes homossexuais e bissexuais encontram possíveis parceiros amorosos e descobrem importantes fontes de apoio social (Rosario, Scrimshaw e Hunter, 2004).

Preparação para Testes

Teorias do desenvolvimento social e da personalidade

15.1 O que acontece durante o estágio de identidade *versus* confusão de papéis segundo Erikson? (p. 458)

O senso de identidade inicial de uma criança se torna parcialmente desorganizado no início da adolescência devido à combinação de rápido crescimento corporal e puberdade. Assim, o adolescente precisa desenvolver um senso de quem ele é e de qual é o seu lugar em sua cultura.

1. Segundo Erikson, um adolescente que não é bem-sucedido na resolução da crise de identidade corre o risco de desenvolver um senso de _____.

2. Segundo Erikson, como a identificação com grupos de pares ajuda os adolescentes a resolver sua crise de identidade?
_____
_____

15.2 Como Marcia explica o desenvolvimento da identidade? (p. 458-460)

Baseado na noção de crise de identidade adolescente de Erikson, Marcia identificou quatro estados de identidade: realização da identidade, moratória, pré-fechamento e difusão de identidade. O desenvolvimento da identidade é influenciado pelo desenvolvimento cognitivo. Assim, o processo de formação de identidade pode ocorrer um pouco mais tarde do que Erikson ou Marcia acreditavam.

3. Classifique cada um dos comportamentos como indicativo de (A) realização da identidade, (B) moratória, (C) pré-fechamento e (D) difusão de identidade.
   _____ (1) Lucy resolveu fazer um curso preparatório de medicina porque sua mãe e sua avó são médicas.
   _____ (2) Carl está fazendo alguns cursos universitários em disciplinas diferentes para saber no que deseja se especializar.
   _____ (3) Depois de considerar várias opções diferentes, Rosa resolveu ingressar na Marinha depois de se formar.
   _____ (4) Sean abandonou os estudos aos 16 anos e pula de um emprego mal remunerado para outro desde então. Ele não pensa muito sobre o futuro.

Autoconceito

15.3 Em que aspecto a autocompreensão na adolescência difere daquela na infância? (p. 460-462)

As autodefinições se tornam cada vez mais abstratas na adolescência, com mais ênfase nas qualidades internas duradouras e na ideologia.

4. Quais das seguintes características tendem a ser incluídas na autodescrição de um adolescente, mas a não ser incluídas na autodescrição de uma criança em idade escolar?
   _____ feliz
   _____ honesto
   _____ alto
   _____ sociável
   _____ ambientalista

15.4 Como a autoestima muda durante a adolescência? (p. 462-463)

A autoestima diminui um pouco no início da adolescência e depois aumenta sem parar durante a adolescência.

5. Transforme cada afirmativa falsa em uma verdadeira.
   (A) Uma criança que entra na adolescência com alta autoestima vai provavelmente manter esse nível do próprio valor durante a adolescência.
   _____
   _____

   (B) Meninos e meninas não diferem em relação à autoestima.
   _____
   _____

15.5 Quais são os conceitos do papel do gênero dos adolescentes? (p. 463-464)

Os adolescentes cada vez mais definem a si mesmos em termos que tanto incluem traços masculinos quanto femininos. Quando altos níveis tanto de masculinidade quanto de feminilidade estão presentes, o indivíduo é descrito como andrógino. Androginia e uma identidade com o papel do gênero masculino estão associadas à melhor autoestima em adolescentes de ambos os sexos.

6. Classifique cada descrição como indicativa de uma das seguintes identidades do papel do gênero: (A) andrógino, (B) masculino, (C) feminino ou (D) indiferenciado.

_____ (1) Luís considera a assertividade como uma característica definidora de sua personalidade.
_____ (2) A capacidade de Sandra de oferecer respostas de compaixão e interesse aos problemas dos amigos é o traço que ela acha que melhor define sua personalidade.
_____ (3) Montel se orgulha por responder conforme as demandas das diferentes situações. Se um problema exige assertividade, ele é capaz de atacá-lo de frente. Se um problema exige empatia ou paciência, ele acha que é capaz de lidar com ele também.
_____ (4) Keisha tem um senso de *self* pouco desenvolvido e tem dificuldade para descrever sua identidade em termos de traços de personalidade.

15.6 Como adolescentes de minorias, birraciais e imigrantes desenvolvem um senso de identidade étnica? (p. 464-467)

Jovens em grupos minoritários claramente identificáveis, adolescentes birraciais e adolescentes de famílias de imigrantes têm a tarefa adicional na adolescência de formar uma identidade étnica. Phinney propôs uma série de estágios de identidade étnica que são semelhantes aos do modelo de desenvolvimento da identidade geral de Marcia. Os estágios de Phinney são identidade étnica não examinada, busca da identidade étnica e realização da identidade étnica. Adolescentes birraciais podem ser desafiados pelo grupo de um dos genitores a provar sua autenticidade étnica. Para adolescentes imigrantes, o processo de desenvolvimento da identidade inclui conciliar diferenças no modo como eles e seus pais encaram os valores culturais de seus novos lares e de seus lares anteriores.

7. Na tabela abaixo, faça um pequeno resumo dos estágios de desenvolvimento da identidade étnica segundo Phinney.

Estágio	Resumo
Não examinada	
Busca	
Realização	

Desenvolvimento moral

15.7 Quais são as características do raciocínio moral em cada um dos estágios de Kohlberg? (p. 467-471)

Kohlberg propôs seis estágios de raciocínio moral, organizados em três níveis. A moralidade pré-convencional se baseia na autoridade externa: o que é punido é ruim, e o que dá uma boa sensação é bom. A moralidade convencional se baseia em regras e normas providas por grupos externos, tais como família, igreja ou sociedade. A moralidade pós-convencional se baseia em princípios de própria escolha. Evidências da pesquisa sugerem que esses níveis e estágios são frouxamente correlacionados à idade, desenvolvem-se em uma ordem específica e aparecem na mesma sequência em todas as culturas estudadas até agora.

8. Na tabela abaixo, resuma como os indivíduos em cada um dos estágios de Kohlberg veem as regras da sociedade.

Estágio	Visão das regras
Orientação à punição e à obediência	
Individualismo, propósito instrumental e troca	
Expectativas interpessoais mútuas, relacionamentos e conformidade interpessoal	
Sistema social e consciência (Orientação à lei e ordem)	
Orientação ao contrato social	
Orientação a princípios éticos universais	

15.8 Quais são algumas causas e efeitos importantes do desenvolvimento do raciocínio moral? (p. 471-472)

A aquisição de habilidades cognitivas de tomada de papéis é importante para o desenvolvimento moral, mas o meio social também é importante. Especificamente, para promover o desenvolvimento moral, os adultos devem prover às crianças oportunidades para discussão de questões morais.

9. Liste os fatores que influenciam a progressão ao longo dos estágios de Kohlberg.

(A) _____
(B) _____
(C) _____
(D) _____

15.9 Como a teoria de Kohlberg foi criticada? (p. 472-474)

A teoria de Kohlberg foi criticada por pesquisadores interculturais que alegam que a abordagem dele é demasiado estreita para ser considerada universal. Outros teóricos dão mais ênfase ao aprendizado do comportamento moral, e outros, ainda, acreditam que o raciocínio moral pode ser baseado mais em fatores emocionais do que em ideias sobre justiça e equidade. Adolescentes delinquentes geralmente se mostram muito atrás dos seus pares na tomada de papéis e raciocínio moral.

10. Transforme cada falsa afirmativa em uma afirmativa verdadeira.

    (A) Os estágios de Kohlberg foram identificados em todas as culturas.
    _____
    _____

    (B) A abordagem de Gilligan ao desenvolvimento moral enfatiza a justiça.
    _____
    _____

    (C) As pessoas que estão avançadas no raciocínio moral têm pouca probabilidade de exibir o comportamento que a sociedade julga ser moralmente aceitável.
    _____
    _____

Relações sociais

15.10 Quais são as características das relações dos adolescentes com seus pais? (p. 475)

As interações entre pais e adolescentes geralmente se tornam um pouco mais conflituosas no início da adolescência, efeito possivelmente ligado às mudanças físicas da puberdade. Os fortes apegos aos pais se mantêm assim e são preditivos de boas relações com os pares.

15.11 Quais são as características das amizades dos adolescentes? (p. 475-476)

As amizades dos adolescentes se tornam cada vez mais íntimas e estáveis. Os adolescentes com frequência escolhem amigos com quem compartilham interesses.

11. Liste três características das amizades adolescentes.

    (A) _____
    (B) _____
    (C) _____

15.12 Como os grupos de pares mudam durante a adolescência? (p. 476-478)

Nos primeiros anos da adolescência, as panelinhas são quase inteiramente do mesmo sexo. Entre 13 e 15 anos, as panelinhas se fundem para formar grupos que incluem ambos os sexos. Essa é a época em que os adolescentes são mais suscetíveis às influências dos pares. As turmas se subdividem em panelinhas de gênero misto e depois em pequenos grupos de casais.

12. Classifique cada uma das seguintes como características de (A) panelinhas ou (B) turmas.

    _____ (1) combinações de grupos menores que incluem ambos os sexos
    _____ (2) grupos de quatro a seis adolescentes que são fortemente ligados entre si
    _____ (3) grupos baseados em reputação
    _____ (4) grupos geralmente do mesmo sexo no início do adolescência
    _____ (5) servem como protótipos de identidade

15.13 Como o interesse em relações amorosas aparece entre adolescentes heterossexuais e homossexuais? (p. 478-479)

Adolescentes heterossexuais pouco a pouco deixam os grupos de pares do mesmo sexo para formar casais heterossexuais. O sentimento de estar "apaixonado" é importante para a formação de relacionamentos entre casais. Muitos adolescentes homossexuais experimentam relações homossexuais e heterossexuais antes de adotarem uma orientação homossexual ou bissexual em meados da adolescência.

13. Quando a maioria dos adolescentes adquire uma concepção básica do que significa estar "apaixonado"?
    _____

14. Liste três fatores que estão relacionados a ideias sobre a idade apropriada para começar a namorar.
    (A) _____
    (B) _____
    (C) _____

15. Quando a maioria dos adolescentes homossexuais se conscientiza de sentimentos de atração pelo mesmo sexo?
    _____

As respostas para as perguntas deste capítulo encontram-se na página 532. Para uma lista de palavras-chave, consulte a página 538.

A Criança Integral em Ação

Aplique o que você aprendeu sobre o desenvolvimento na adolescência

Realize sua pesquisa
Autodescrições dos adolescentes

Você pode replicar o clássico estudo de Montemayor e Eisen simplesmente pedindo a crianças e adolescentes de 10 a 18 anos que respondam à seguinte pergunta: "Quem sou eu?" (Não se esqueça de obter a autorização dos pais antes de envolver crianças em qualquer projeto de pesquisa.) Na resposta de cada participante, conte o número de referências a características físicas e o número de crenças ou ideologias. Coloque seus resultados em um gráfico, como aquele mostrado na Figura 15.2 na página 461. Se seus resultados diferirem dos de Montemayor e Eisen, procure descobrir o que poderia ter influenciado seus resultados. Talvez seja útil pensar em que aspectos as crianças que você questionou poderiam diferir das do estudo original ou como as ideias das crianças sobre si mesmas podem ter sido influenciadas por mudanças históricas e culturais nas últimas três décadas desde que os dados de Montemayor e Eisen foram coletados.

Monte seu portfólio

1. Leia um dos romances da lista a seguir e depois elabore um plano de aula em que estudantes do ensino médio que tenham lido o livro aprendam a usar o sistema de classificação de Marcia para pensar e escrever sobre um ou vários personagens. Levando em consideração as diferenças desenvolvimentistas entre jovens de 14 e 18 anos, determine a série adequada para sua aula.

   Reparação (Ian McEwan) *A Tree Grows in Brooklyn* (Betty Smith)*
   A vida secreta das abelhas (Sue Kidd) *Grandes Esperanças* (Charles Dickens)
   Mulherzinhas (Louisa May Alcott) *Vidas sem rumo* (S. E. Hinton)

2. Os adolescentes se preocupam mais com sua própria aparência aos olhos dos outros do que crianças mais jovens (releia a discussão sobre público imaginário). Crie uma lista de maneiras mediante as quais professores do ensino médio podem reconhecer trabalhos estudantis de destaque sem constranger seus alunos.

---

* N. de R.T.: Como não temos a tradução para o português, sugiro o livro *Cobras e Piercings* (Hitomi Kamehara), que serve para o objetivo do exercício.

A Criança Integral em Foco

Desenvolvimento físico, cognitivo e socioemocional na adolescência: uma visão integrada

Conhecemos Cho e Michelle no início desta unidade (página 394). As meninas mantiveram uma amizade próxima durante a adolescência e agora estão prontas para se formar no ensino médio. Em que aspectos elas mudaram e de que forma essas mudanças influenciaram sua amizade?

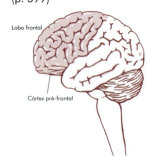

O córtex pré-frontal (p. 399)

Com a maturação do **córtex pré-frontal (CPF)**, a capacidade das meninas de administrar seus próprios processos de pensamento se aperfeiçoou significativamente. Esses avanços propiciaram o crescimento na capacidade para o **aprendizado acadêmico**. Consequentemente, ambas pareciam estar prontas para enfrentar os desafios intelectuais da faculdade.

Michelle, que sempre teve mais tendência para um comportamento de **busca de sensações** do que Cho, teve um mau começo no ensino médio. Em sua adaptação ao novo ambiente, ela tomou uma série de decisões que tiveram consequências potencialmente negativas para seu bem-estar. A amizade com Cho ajudou Michelle a sair relativamente ilesa de suas aventuras em busca de sensações; seguindo a sugestão de Cho de canalizar suas energias para atividades mais produtivas, Michelle se associou ao clube de esportes radicais da escola e se tornou uma ávida alpinista.

Pensando sobre os caminhos do desenvolvimento

1. A partir dessa breve descrição de Cho e Michelle aos 18 anos, podemos ver que a progressão de Cho nos marcos do desenvolvimento da puberdade foi mais lenta do que a de seus pares. Como as relações sociais dela teriam sido diferentes se ela tivesse progredido mais rapidamente do que seus pares nesse domínio? Que papel o apoio de Michelle teria desempenhado ajudando-a a enfrentar essas circunstâncias alternativas?

2. Cho e Michelle estão prestes a se formar no ensino médio e entrar na faculdade. Contudo, alguns colegas delas abandonaram os estudos. Que tipos de fatores de risco e de proteção relevantes para a permanência na escola estavam presentes na vida dessas meninas? Como esses fatores interagiram para que ambas as meninas concluíssem o ensino médio? Como esses mesmos fatores poderiam ter atuado para produzir desfechos diferentes para elas?

3. Em que aspectos o processo de desenvolvimento da identidade teria sido diferente para Cho se ela fosse afro-americana ou birracial em vez de americana de origem asiática?

Aos 13 anos, lembre-se, Cho e Michelle estavam começando a mostrar o tipo de habilidades de planejamento que são típicas da adolescência. Contudo, seus planos às vezes deixavam de levar detalhes essenciais em consideração. Agora, aos 18 anos, elas são muito mais capazes de elaborar planos e executá-los. Na terminologia de Piaget, elas chegaram ao **estágio operatório-formal**, e sua capacidade de utilizar um **pensamento hipotético-dedutivo** nos problemas cotidianos (tais como escolher uma faculdade) melhorou.

Estágios do desenvolvimento cognitivo de Piaget (p. 62)

Idades aproximadas	Estágio
Nascimento aos 24 meses	Sensório-motor
24 meses aos 6 anos	Pré-operatório
6 a 12	Operatório-concreto
12+	Operatório-formal

Ambas as meninas tomaram decisões sobre a continuação dos estudos, passo importante no desenvolvimento de sua **identidade**. Encorajada por seus professores de física e cálculo, Michelle decidiu seguir a carreira de engenharia e pretende ingressar em uma grande universidade. Cho não tem tanta certeza sobre sua profissão e pretende fazer cursos de educação geral em uma faculdade local enquanto explora suas opções. Marcia diria que a decisão de Michelle representa **pré-fechamento**, e a de Cho é típica do estado de **moratória** descrito em sua teoria.

Estados de identidade de Marcia (p. 459)

Cho e Michelle sabem que, em virtude de terem escolhido caminhos futuros divergentes, sua amizade irá mudar depois que elas se formarem no ensino médio. Contudo, as **relações sociais** são altamente valorizadas por ambas as meninas. Elas pretendem manter o contato durante a transição da adolescência para a vida adulta, mas também estão ávidas por fazer novos amigos. E as **habilidades interpessoais** que elas adquiriram com sua longa amizade serão, sem dúvida, proveitosas em qualquer caminho que porventura escolherem.

A decisão de Michelle também foi influenciada por seu senso de **identidade do papel do gênero**. Ela sabe que as mulheres têm pouca representação na engenharia, e ela espera ajudar a tornar a profissão mais diversificada.

Categorias do papel do gênero de Bem (p. 464)

Estágios de desenvolvimento moral de Kohlberg (p. 468)

Nível	Estágios
Nível I: Moralidade pré-convencional	**Estágio 1:** Orientação à punição e à obediência **Estágio 2:** Individualismo, propósito instrumental e troca
Nível II: Moralidade convencional	**Estágio 3:** Expectativas interpessoais mútuas, relacionamentos e conformidade interpessoal **Estágio 4:** Sistema social e consciência (Orientação à lei e ordem)
Nível III: Moralidade pós-convencional	**Estágio 5:** Orientação ao contrato social **Estágio 6:** Orientação a princípios éticos universais

O interesse de Michelle de equilibrar metas individuais e sociais também sugere que ela está em transição do **nível convencional** de raciocínio moral para seu **nível pós-convencional** de raciocínio moral.

Epílogo

O Processo de Desenvolvimento

Qualquer estudo do desenvolvimento infantil e adolescente está fadado a incluir milhares de pequenos detalhes que podem ser reunidos para responder perguntas do tipo *Quando se desenvolvem os pulmões? Quais são as características dos balbucios? Em que ordem uma criança deixa de brincar de faz de conta com objetos e passa para o desempenho de papéis? Quais são os limites do pensamento lógico? Quais são os fatores de risco para os transtornos alimentares?*

Todos esses detalhes são importantes, mas aprender sobre eles pode fazer com que os alunos percam de vista o quadro mais amplo. Nosso objetivo escrevendo este epílogo é encorajar o leitor a dar um passo atrás em relação a todos os detalhes sobre os quais leu neste livro e pensar mais uma vez sobre o processo global de desenvolvimento. Iniciaremos pela consideração do padrão geral que se encontra em toda mudança desenvolvimentista.

Transições, consolidações e sistemas

O processo de desenvolvimento pode ser concebido como uma série de períodos alternados de rápido crescimento, ou *transição*, que se caracterizam por rupturas, e períodos de relativa calma, ou *consolidação*. Mudanças estão evidentemente ocorrendo o tempo todo, mas evidências sugerem que existem determinados momentos em que as mudanças se acumulam ou uma mudança altamente significativa acontece. A mudança pode ser um desenvolvimento fisiológico importante como a puberdade, uma mudança cognitiva altamente significativa como o início do emprego de símbolos em torno dos 18 meses, ou alguma outra alteração importante.

Uma mudança significativa como essa tem dois efeitos. Primeiro, na terminologia da teoria dos sistemas, qualquer mudança afeta inevitavelmente todo o sistema. Assim, um rápido aumento de habilidade em uma área, tal qual a linguagem, exige uma adaptação em todas as partes do sistema em desenvolvimento. Quando a criança aprende a falar, suas interações sociais mudam, seu pensamento muda e sem dúvida até seu sistema nervoso muda à medida que novas sinapses são criadas e as redundantes ou subutilizadas são descartadas. De modo análogo, o apego inicial de uma criança pode afetar o desenvolvimento cognitivo por alterar o modo como ela se comporta frente a novas situações, e as mudanças hormonais da puberdade muitas vezes afetam as relações genitor-criança.

Segundo, no curso da maioria das grandes transições, a criança parece se "desorganizar" por um tempo. Os antigos padrões de relacionamento, de pensamento e de comunicação já não funcionam muito bem, e leva um tempo para que novos padrões sejam elaborados. Erikson frequentemente usava a palavra *dilema* para se referir a semelhante período de semiturbulência. Klaus Riegel (1975) sugeriu a expressão *saltos desenvolvimentistas*, que transmite bem a ideia de energia que com

Laura, de 8 meses, tem todo um novo conjunto de habilidades e entendimentos: ela pode engatinhar, tem um firme apego a ambos os pais, talvez seja capaz de compreender algumas palavras, além de ter uma compreensão incipiente da permanência do objeto. Todas essas mudanças mais ou menos simultâneas alteram profundamente o sistema que constitui a criança.

frequência acompanha esses períodos críticos. Seja qual for a terminologia utilizada, está claro que a identificação de fatores responsáveis pelo fluxo e refluxo das mudanças desenvolvimentistas tem sido o principal foco da ciência do desenvolvimento. Assim, retornaremos a algumas das questões fundamentais que levantamos nos capítulos 1 e 2 para ver se podemos respondê-las com mais clareza para você, agora que já está familiarizado com os contornos básicos do desenvolvimento infantil e adolescente.

Quais são as principais influências sobre o desenvolvimento?

Ao longo deste livro, você leu sobre os argumentos contra e a favor tanto da natureza quanto da experiência como explicações básicas dos padrões de desenvolvimento. Em todos os casos, você aprendeu que a real resposta reside na interação entre as duas. Tudo no desenvolvimento é produto de diversas formas de interação entre influências internas e externas.

O fato de que praticamente todos os bebês têm alguma chance de pegar e examinar objetos não significa que essa experiência não tem importância nas habilidades perceptuais ou motoras emergentes da criança. A maioria (se não todas) das chamadas sequências maturacionais requerem determinados tipos de contribuições ambientais para que possam ocorrer.

Mesmo nos casos de desenvolvimento que parecem ser mais claramente determinados ou influenciados pela biologia, tais como o desenvolvimento físico ou desenvolvimento perceptual precoce, o desenvolvimento normal só pode ocorrer se a criança estiver crescendo em um ambiente que se situe dentro de uma faixa adequada ou suficiente. O fato de que a maioria dos ambientes se situa nessa faixa não reduz absolutamente a importância crucial do ambiente. Como coloca John Flavell: "Os elementos ambientais não se tornam menos essenciais a uma determinada forma de desenvolvimento apenas porque com quase toda certeza eles estão disponíveis para serem utilizados"(1985, p. 284). De modo semelhante, mesmo os aspectos do desenvolvimento que mais evidentemente parecem ser produtos do ambiente, tais como a qualidade do apego inicial da criança, repousam sobre uma base fisiológica e sobre padrões instintivos dos comportamentos de apego. O fato de que todas as crianças normais possuem essa base e esses instintos não os tornam menos essenciais para o desenvolvimento.

Outro ponto é que a forma e extensão da interação entre natureza e experiência pode variar em função do aspecto do desenvolvimento em questão. Pode ser útil pensar as diferentes facetas do desenvolvimento ao longo de um *continuum*, com as mais plenamente programadas internamente em um extremo e as mais externamente influenciadas em outro.

O desenvolvimento físico define um extremo desse contínuo, pois ele é fortemente moldado por forças internas. Dado o ambiente mínimo necessário, as programações maturacionais físicas são extremamente poderosas e consistentes, principalmente durante a primeira infância e a adolescência. A seguir no *continuum* está provavelmente a linguagem (ainda que alguns especialistas possam contestar essa conclusão, dada a possível dependência do desenvolvimento da linguagem de desenvolvimentos cognitivos anteriores). A linguagem parece emergir com o mínimo respaldo ambiental – embora, mais uma vez, o ambiente deva se situar dentro de alguma faixa aceitável. No mínimo, a criança precisa ouvir a linguagem falada (ou vê-la sinalizada). Contudo, características específicas do ambiente parecem importar um pouco mais para o desenvolvimento da linguagem do que para o desenvolvimento físico. Por exemplo, pais que respondem apropriadamente às vocalizações das crianças parecem ser capazes de acelerar o processo.

O desenvolvimento cognitivo se situa em algum ponto intermediário do *continuum*. Sem dúvida, forças internas poderosas estão em atuação aqui. Como John Flavell o expressou: "Existe um ímpeto para o crescimento cognitivo na infância que não pode ser explicado por essa pressão ambiental ou por aquele empurrão experiencial" (1985, p. 283). Os desenvolvimentistas ainda não sabem se a impressionante regularidade das sequências de desenvolvimento cognitivo se originam de processos inatos, tais como assimilação e acomodação, de mudanças fisiológicas, tais como formação e poda de sinapses, ou de alguma combinação de causas. Entretanto, os desenvolvimentistas sabem que qualidades específicas do ambiente afetam tanto diferenças universais quanto individuais no desenvolvimento intelectual. Crianças que dispõem de brinquedos variados e adequados para a idade, que são incentivadas a explorar e realizar, e cujos pais são responsivos a suas iniciativas apresentam desenvolvimento cognitivo mais rápido e escores de Q.I. mais altos.

O desenvolvimento socioemocional reside no outro extremo do *continuum*, onde o impacto do ambiente parece ser mais forte, embora mesmo nesse caso fatores genéticos estejam evidentemente atuando. Alguns aspectos do temperamento parecem claramente inatos, ou genéticos, e os comportamentos de apego podem estar programados no genoma humano; ambos os fatores inatos certamente moldam as primeiras interações da criança com os outros. Contudo, nessa área de desenvolvimento, o equilíbrio de natureza e experiência parece se inclinar mais para a experiência. Em especial, a segurança do apego da criança e a qualidade das relações da criança com pessoas de fora da família parecem ser intensamente afetados pela qualidade específica das interações familiares.

O momento de ocorrência importa?

Também é importante lembrar que o impacto de qualquer experiência pode variar, dependendo do momento em que ela ocorre durante o desenvolvimento. Essa questão foi explorada de diversas formas ao longo deste livro.

Experiência inicial como decisiva

A versão dominante da questão do momento de ocorrência pergunta se os primeiros anos de vida são um período decisivo ou sensível para o estabelecimento de muitas das trajetórias do desenvolvimento posterior da criança. Tomando emprestada a analogia de Ann Clarke (Clarke e Clarke, 1976): na construção de uma casa, o formato do alicerce determina a estrutura final de maneira parcial ou completa, ou as estruturas posteriores podem ser construídas sobre o alicerce original? Os eventuais defeitos ou deficiências no alicerce original são permanentes ou podem ser corrigidos posteriormente, depois que a casa estiver concluída?

Existem argumentos para as duas posições. Alguns psicólogos assinalam o fato de que praticamente todas as crianças concluem com êxito o período sensório-motor, e até crianças com graus brandos ou moderados de retardo mental atingem de alguma forma as operações concretas de Piaget. A palavra que tem sido amplamente utilizada para descrever esses padrões de desenvolvimento é a *canalização*, uma noção tomada de empréstimo do embriologista C.H. Waddington (1957). Waddington sugeriu que o desenvolvimento pode ser metaforicamente pensado como uma bola de gude descendo uma vala em uma encosta, como na Figura E.1 (Waddington, 1974). Quando a vala é estreita e profunda, diz-se que o desenvolvimento é altamente canalizado – a bola de gude descerá aquela vala com pouco desvio. Outros aspectos do desenvolvimento, em contraste, podem ser me-

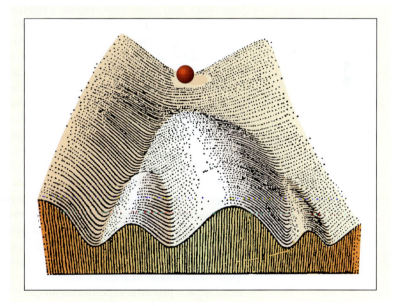

Figura E.1 Modelo de Canalização de Waddington.

Uma vala estreita e profunda representa forte canalização. Se a primeira infância é altamente canalizada, quase qualquer ambiente vai apoiar ou sustentar o desenvolvimento.

(Fonte: "A catastrophic theory of evolution" de C.H. Waddington em *Annals of the New York Academy of Science*, 231, p. 32-42 (1974). Reproduzido com permissão.)

Se a primeira infância é um período crítico para alguns aspectos do desenvolvimento da personalidade, então o caráter desses pré-escolares já está bem formado. Se isso é verdade ou não continua sendo uma das questões teóricas e práticas mais cruciais na psicologia do desenvolvimento.

lhor representados por valas muito menos profundas ou mais largas com muitas ramificações laterais, onde a bola de gude tenderá a se desviar de um determinado caminho. Alguns cientistas do desenvolvimento argumentam que nos primeiros anos de vida, o desenvolvimento é altamente canalizado, com fortes tendências de "autocorreção". Mesmo sofrendo algum desvio, o padrão de desenvolvimento do bebê rapidamente retorna ao leito do canal e prossegue pela trajetória normal. Essa autocorreção é ilustrada, por exemplo, pela grande porcentagem de bebês de baixo peso natal ou com outras vulnerabilidades iniciais que não obstante alcançam seus pares de peso normal no desenvolvimento físico e cognitivo na época em que ingressam na escola.

No outro lado da discussão está todo um grupo de psicólogos – cujo pensamento está em grande medida enraizado na teoria psicanalítica – que veem a primeira e segunda infâncias como especialmente formativas (p. ex., Sroufe, Egeland, Carlson e Collins, 2005). Eles assinalam que algumas influências pré-natais são permanentes; alguns efeitos do precoce empobrecimento cognitivo, desnutrição ou abuso também podem ter longa duração. Também há muitas evidências de que adaptações psicológicas iniciais, tais como a qualidade do primeiro apego ou a tendência de uma criança para o comportamento agressivo, tendem a persistir e moldar as experiências posteriores da criança de maneira cumulativa.

Parece provável que essas duas perspectivas são válidas: os primeiros anos de vida são um período sensível para alguns tipos de desenvolvimento e ao mesmo tempo altamente canalizados. Como esse aparente paradoxo pode ser resolvido? Existem ao menos duas formas possíveis. Primeiro, a canalização poderia ser vista não apenas como um produto de uma programação inata poderosa, mas como o resultado de tal programação sendo expresso em um ambiente suficientemente favorável. Se visto desse ângulo, boa parte do aparente paradoxo desaparece (Turkheimer e Gottesman, 1991). É somente quando o ambiente particular de uma criança se situa fora da faixa de ambientes suficientemente favoráveis que existe o chamado efeito ambiental. Assim, para uma criança criada em um ambiente de orfanato extremamente empobrecido ou uma criança que sofre abuso físico regularmente, efeitos ambientais podem ser fortemente negativos e duradouros. Quanto mais cedo ocorre esse desvio de um ambiente suficientemente favorável, mais generalizados parecem ser os efeitos. Se considerarmos os períodos críticos *versus* canalização dessa perspectiva, uma primeira infância normalmente favorável pode ser menos determinante no padrão de desenvolvimento da criança do que desvios menores durante a infância ou nos anos pré-escolares. Mas se os desvios na primeira infância forem suficientemente fortes para tirar o bebê do caminho de desenvolvimento normal – como no caso de abuso ou desnutrição grave – o efeito é maior do que para desvios em qualquer outra idade.

Robert Cairns (1991) oferece uma segunda resolução para o paradoxo quando assinala que, em qualquer período que se considere, algumas facetas do desenvolvimento podem ser altamente canalizadas e outras facetas podem ser fortemente sensíveis à variação ambiental. Na primeira infância, por exemplo, o desenvolvimento físico, perceptual e talvez linguístico pode ser fortemente canalizado, mas o desenvolvimento de modelos operantes internos de apego é claramente afetado pelas experiências familiares específicas de uma criança. Sem dúvida, todos os modelos operantes internos – sejam de apego, de identidade de gênero e autoconceito ou de relações sociais – tendem a ser mais fortemente afetados pelas primeiras experiências do que por experiências posteriores, simplesmente por que o modelo, uma vez formado, afeta e filtra todas as experiências posteriores.

Um exemplo particularmente bom desse tipo de efeito inicial se encontra nos estudos de Alan Sroufe sobre as consequências de longo prazo da segurança do apego. Sroufe e colaboradores (Sroufe, Egeland e Kreutzer, 1990) compararam dois grupos de crianças no ensino fundamental. Um grupo havia estabelecido apego seguro na primeira infância, mas, por diversos motivos, não havia funcionado bem nos anos pré-escolares. O segundo grupo havia demonstrado má adaptação em ambas as idades. Quando esses dois grupos de crianças foram avaliados na idade do ensino fundamental, Sroufe constatou que as que tinham tido uma boa partida apresentaram melhor "rebote". Elas tinham melhores habilidades emocionais e sociais do que as que tinham tido má adaptação na primeira infância, ainda que ambos os grupos tivessem funcionado mal na pré-escola. A experiência na primeira infância não é totalmente formativa; as circunstâncias presentes da criança também têm grande impacto. Mas, ao menos com respeito à segurança de apego, as primeiras experiências deixam uma marca persistente.

Tarefas psicológicas em diversas idades

Outro modo de pensar sobre o momento de ocorrência é identificar as tarefas psicológicas a serem resolvidas nas diversas idades. A teoria de Erikson, por exemplo, enfatiza uma série de dilemas psicológicos. Qualquer experiência que afete o modo como uma criança resolve uma determinada tarefa será formativa naquele período; em um momento anterior ou posterior, a mesma experiência pode ter muito menos efeito. Alan Sroufe e Michael Rutter (1984) ofereceram uma lista mais ampla de questões e tarefas ligadas à idade, apresentadas na Tabela E.1. Sob esse modo de ver as coisas, considera-se que a criança enfoca aspectos diferentes do ambiente nos diversos momentos. Assim, durante o período que vai do primeiro aos 2 anos e meio, quando a criança está concentrada no domínio do mundo dos objetos, a qualidade e faixa de experiências com objetos aos quais a criança tem acesso pode ser de especial importância.

De modo geral, a maioria dos desenvolvimentistas não pensa que qualquer idade específica é "decisiva" para todos os aspectos do desenvolvimento; contudo, a maioria acha que, para qualquer aspecto do desenvolvimento, algumas idades são mais decisivas do que outras, e que padrões que afetam experiências posteriores são definidos durante esses períodos. Como diz Alan Sroufe: "O desenvolvimento é hierárquico; ele não é um quadro negro que podemos apagar para escrever outra vez. Mesmo quando as crianças mudam muito, as sombras da adaptação anterior permanecem" (1983, p. 73).

As tarefas desenvolvimentistas da adolescência são bem diferentes das enfrentadas por crianças mais jovens. Algumas, como aprender a dirigir, estão associadas ao contexto cultural em que um adolescente está crescendo. Outras, tais como aprender a formar e dissolver relacionamentos amorosos, são universais e parecem estar fortemente ligadas a marcos no desenvolvimento físico (p. ex., puberdade).

Tabela E.1 Questões ou tarefas em cada uma das faixas etárias

Idade em anos	Questões ou tarefas
0-1	Regulação biológica; interações harmoniosas com os pais e/ou cuidadores; formação de uma relação de apego efetiva.
1-2,5	Exploração, experimentação e domínio do mundo dos objetos (cuidador como base segura); individuação e autonomia; responder ao controle externo de impulsos.
3-5	Autocontrole flexível; autonomia; iniciativa; identificação de gênero e conceito de gênero; estabelecimento de contatos sociais efetivos (empatia).
6-12	Compreensão social (equidade, justiça); constância de gênero; amizades de mesmo sexo; senso de "produtividade" (competência); adaptação à escola.
13+	Operações formais (tomada de perspectiva flexível, pensamento "e se"); amizades leais (mesmo sexo); início de relacionamentos heterossexuais; emancipação; identidade.

Fonte: Tabela 1, p. 22, "The domain of developmental psychopathology", de L. A. Sroufe e M. Rutter, *Child Development*, 55 (1984), 17-29. © The Society for Research in Child Development. Reproduzido com permissão de Blackwell Publishing.

Qual é a natureza da mudança desenvolvimentista?

No cômputo geral, parece provável que a mudança desenvolvimentista é mais qualitativa do que quantitativa. Com certeza, no decorrer dos anos de desenvolvimento, a criança amplia seu vocabulário e suas estratégias de processamento de informações. Mas essas ferramentas e habilidades não são usadas da mesma maneira por crianças mais velhas e por crianças mais jovens. Além disso, parece claro que essas mudanças qualitativas ocorrem em sequências. Essas sequências são evidentes no desenvolvimento físico, no desenvolvimento cognitivo e no desenvolvimento social e da personalidade.

A questão dos estágios

Se faz sentido falar em estágios de desenvolvimento ainda é uma questão aberta. Alguns estágios hierarquicamente organizados certamente foram identificados, sendo o exemplo mais óbvio os estágios de raciocínio moral de Kohlberg. E os pesquisadores certamente podem encontrar exemplos de mudanças aparentemente semelhantes a estágios em diversas áreas de desenvolvimento – por exemplo, em torno dos 18 aos 24 meses, a criança parece descobrir a capacidade de combinar símbolos, mudança que é evidente em frases de duas palavras, no pensamento e nas brincadeiras de múltiplos passos com outras crianças. Também parece haver uma mudança muito semelhante a estágios entre 3 e 4 anos, quando a teoria da mente é a peça central. Não obstante, cada nova habilidade ou compreensão parece ser adquirida primeiro em uma área bastante estreita e somente depois ser mais plenamente generalizada. Na verdade, uma das coisas que diferencia uma criança superdotada ou com Q.I. superior de outra com Q.I. inferior ou retardo mental é a rapidez e amplitude com a qual ela generaliza algum novo conceito ou estratégia para novas situações.

Apesar da mudança desenvolvimentista ter essa qualidade de não se assemelhar a estágios, não obstante é verdade que os padrões dos relacionamentos, do pensamento e da resolução de problemas de duas crianças de idades muitos diferentes (digamos, uma criança de 5 e outra de 11 anos) diferem em quase todos os aspectos. Portanto, existe certamente ordem nas sequências, assim como existem algumas ligações entre elas, mas os estágios de desenvolvimento cognitivo podem não ser tão distintos quanto Piaget acreditava.

Continuidades no desenvolvimento

Ao longo de todas essas sequências, também existe continuidade. Cada criança leva consigo um núcleo de individualidade. A noção de temperamento certamente implica esse núcleo, assim como o faz o conceito de modelo operante interno. Assim, o padrão específico exibido por uma criança pode mudar – uma criança apegada aos 2 anos pode não se tornar uma criança apegada aos 9 anos –, mas o padrão de apego subjacente ou temperamento que levou ao apego ainda estará ao menos em parte presente, manifestando-se de novas maneiras. Em especial, tornou-se cada vez mais claro que as inadaptações muitas vezes persistem ao longo do tempo, como se vê na consistência de altos níveis de agressividade ou explosões de raiva e na persistência de algumas das interações sociais que decorrem de apegos inseguros. A tarefa dos cientistas do desenvolvimento é compreender tanto a coerência (consistência) quanto os padrões subjacentes de transformação (desenvolvimento).

Qual é o significado das diferenças individuais?

A questão das continuidades individuais enfatiza o fato de que o desenvolvimento é individual bem como coletivo. Por definição, e como essência de sua abordagem básica, a ciência do desenvolvimento se ocupa mais com o que é típico do que com os desvios do que é esperado. Contudo, você leu sobre diferenças individuais em praticamente todos os capítulos, e portanto sabe que tanto diferenças individuais quanto variações emergentes ou produzidas ambientalmente estão presentes nas crianças em todos os aspectos do desenvolvimento. Parece instrutivo retornar à dimensão da diferença individual sobre a qual você leu diversas vezes – vulnerabilidade *versus* resiliência.

Pode ser útil definir esses conceitos de uma maneira um pouco diferente da que fizemos nos capítulos anteriores: em termos de faixa de ambientes que serão suficientemente favoráveis para um desenvolvimento ideal. Por essa definição, um bebê vulnerável é aquele que possui uma faixa estreita de ambientes potencialmente favoráveis. Para uma criança assim, somente o ambiente mais estimulante, mais responsivo e mais adaptativo vai servir. Quando o ambiente da criança fica fora dessa faixa, a probabilidade de um mau resultado é bem maior. Uma criança resiliente, em contraste, é aquela para quem qualquer de uma faixa muito ampla de ambientes vai propiciar um desenvolvimento ideal. Assim, uma criança resiliente pode ser mais fortemente canalizada, e uma criança vulnerável, menos.

Alguns tipos de vulnerabilidades são inatos, causados por anormalidade genética, trauma ou estresse pré-natal, nascimento prematuro ou desnutrição. Uma criança que sofre desses problemas só vai se desenvolver bem em um ambiente altamente favorável. Você se deparou com essa situação diversas vezes nos capítulos deste livro. Por exemplo, bebês de baixo peso natal geralmente têm Q.I. normal quando são criados em lares de classe média, mas têm alto risco de retardo caso sejam criados em lares pobres pouco estimulantes (Bradley et al., 1994).

Como o exemplo do baixo peso natal sugere, a vulnerabilidade não permanece constante ao longo da vida. Uma proposição mais geral, que você poderia considerar uma hipótese de trabalho, é que cada vez que o ambiente de uma determinada criança se situa fora da faixa de condições favoráveis (ou seja, cada vez que ocorre um desacordo entre as necessidades da criança e o que está disponível), a criança se torna mais vulnerável. Por outro lado, toda vez que as necessidades da criança são atendidas, ela se torna mais resiliente. Por exemplo, uma criança de temperamento difícil, cujo ambiente familiar é mesmo assim suficiente para promover um apego seguro, vai se tornar mais resiliente, mais capaz de lidar com o próximo conjunto de tarefas; uma criança de temperamento fácil que por algum motivo desenvolve um apego inseguro vai se tornar mais vulnerável a estresse posterior ou insuficiência ambiental.

Além disso, as qualidades do ambiente que são imprescindíveis para o desenvolvimento ideal de uma criança sem dúvida mudam à medida que a criança passa de uma idade para outra. Interações responsivas e calorosas com os pais parecem particularmente importantes no período de talvez 6 a 18 meses; a riqueza de estimulação cognitiva parece particularmente crítica entre talvez 1 e 4 anos; oportunidades para a prática de habilidades sociais com os pares podem ser especialmente cruciais em uma idade posterior. Assim, à medida que as tarefas mudam com a idade, o ambiente ideal também muda. Entre outras coisas, isso significa que a mesma família pode ser muito boa com uma criança de uma idade e não tão boa com uma criança de outra idade.

De modo geral, o modelo de vulnerabilidade/resiliência leva à conclusão de que mesmo a criança mais "vulnerável" pode apresentar melhora se seu ambiente melhorar substancialmente. Algumas crianças congenitamente vulneráveis não se deparam com ambientes suficientemente favoráveis, e por isso sua vulnerabilidade continua aumentando. Por esse motivo, problemas iniciais muitas vezes persistem. Ao mesmo tempo, a melhora é possível, e até provável. A maioria das crianças consegue sobreviver e até prosperar, apesar dos estresses e vulnerabilidades.

Uma palavra final: a alegria do desenvolvimento

Para concluir este epílogo e também o livro com uma palavra de otimismo, lembre-se de que, em meio a todas as "crises", "transições" e "vulnerabilidades", o desenvolvimento tem uma qualidade especial de alegria. Quando uma criança domina uma nova habilidade, ela não sente apenas prazer – ela se regozija e repete aquela nova habilidade minuciosamente, evidentemente obtendo imensa satisfação com isso. Uma criança de 5 anos que aprende a desenhar estrelas pode desenhá-las em tudo que encontra, incluindo papel, paredes, roupas e guardanapos, simplesmente porque é muito divertido desenhar estrelas. Uma criança de 10 anos que aprende a dar cambalhotas irá alegremente demonstrar e praticar incessantemente este novo talento para qualquer pessoa que se disponha a observá-la.

A mesma qualidade de alegria também pode fazer parte do desenvolvimento da família. Confrontar e passar com êxito pelas diversas turbulências periódicas e inevitáveis na vida familiar pode ser imensamente prazeroso. Ver sua criança progredir, gostar e ter prazer em estar junto com ela são aspectos profundamente gratificantes de criar filhos. Quando os pais choram na formatura ou no casamento de seus filhos, isso não é apenas emoção. É uma expressão do sentimento de amor, de orgulho e de admiração porque eles e seus filhos chegaram tão longe.

Teste Prático Abrangente

UNIDADE UM | FUNDAMENTOS

Capítulo 1
Conceitos básicos e métodos

1. A filosofia que propõe que os adultos podem moldar as crianças como quer que desejem é denominada
   a. moralidade.
   b. lousa vazia.
   c. pecado original.
   d. bondade inata.

2. Os aperfeiçoamentos na função da memória das crianças se situam no domínio _____ do desenvolvimento.
   a. físico
   b. cognitivo
   c. social
   d. emocional

3. Qual dos seguintes é um exemplo de uma tendência inata que é partilhada por praticamente todos os bebês?
   a. Chorar e se abraçar para que os outros cuidem deles.
   b. Dormir durante a noite.
   c. Não gostar de alimentos sólidos.
   d. Serem fáceis de acalmar quando se perturbam.

4. Quando uma lagarta se transforma em uma borboleta, isso é um exemplo de
   a. mudança quantitativa.
   b. mudança contínua.
   c. mudança entre espécies.
   d. mudança qualitativa.

5. Mudanças que são comuns a todo indivíduo em uma espécie e estão ligadas a idades específicas são chamadas de mudanças _____.
   a. normativas graduadas pela idade.
   b. não normativas.
   c. normativas graduadas pela história.
   d. pontuais e impontuais.

6. Os cientistas do desenvolvimento enfatizam
   a. as ameaças ambientais do lugar onde uma pessoa vive.
   b. todos os contextos em que a criança está crescendo.
   c. o quanto o indivíduo gosta de seu ambiente.
   d. o temperamento da criança.

7. Conjuntos de afirmativas que propõem princípios gerais para explicar o desenvolvimento são denominados
   a. teorias.
   b. as variáveis independentes.
   c. hipóteses.
   d. os períodos críticos.

8. Quais das seguintes afirmativas é uma limitação importante do método correlacional?
   a. O viés do observador é provável.
   b. O método estuda somente pessoas consideradas individualmente.
   c. O método não nos informa sobre relações causais.
   d. A ética na pesquisa impede seu uso na maioria dos estudos do desenvolvimento humano.

9. Um experimento está testando os efeitos da violência observada sobre o comportamento das crianças. Um grupo de crianças assiste a um desenho animado violento. Um segundo grupo vê um desenho animado humorístico sem violência. Um terceiro grupo não é exposto a nenhum desenho. O primeiro grupo é o
   a. grupo experimental.
   b. grupo-controle.
   c. grupo de comparação.
   d. grupo observacional.

10. Qual das seguintes é uma vantagem de um estudo longitudinal?
    a. A pesquisa é concluída em um curto período de tempo.
    b. Os participantes mais saudáveis abandonam o estudo.
    c. Os participantes com melhor nível de instrução abandonam o estudo.
    d. Permite que o pesquisador compare o desempenho das mesmas pessoas em idade diferentes.

11. Um descrição detalhada de uma única cultura ou contexto baseada em extensa observação é denominada
    a. efeito de coorte.
    b. preconceito de idade.
    c. maturação.
    d. etnografia.

12. Qual dos seguintes padrões éticos de pesquisa envolve o direito à informação sobre os possíveis perigos envolvidos na participação em um estudo?
    a. conhecimento dos resultados
    b. engano
    c. consentimento informado
    d. sigilo

Capítulo 2
Teorias do desenvolvimento

13. Qual expressão melhor descreve a teoria freudiana do desenvolvimento?
    a. estágios psicossociais
    b. estágios psicoeducacionais
    c. estágios psicossexuais
    d. estágios psicossomáticos

14. Qual das seguintes afirmativas sintetiza com exatidão a teoria de Erikson?
    a. Uma relação interpessoal pobre pode fazer com que os indivíduos se fixem em problemas.
    b. O superego é uma força mais poderosa do que o id e conduz a maior parte do comportamento.
    c. Sem as pressões da sociedade para nos conformarmos, seríamos excessivamente destrutivos.
    d. O desenvolvimento saudável requer confrontar e resolver crises durante todo o ciclo de vida.

15. Uma virtude das teorias psicanalíticas é que elas enfatizam
    a. a importância da sexualidade na primeira infância.
    b. ligações entre a segunda infância e o desenvolvimento adulto.
    c. métodos de pesquisa rigorosos.
    d. a influência do ambiente sobre o desenvolvimento.

16. Que tipo de aprendizagem estava envolvido na experiência com o Pequeno Albert, de Watson?
    a. condicionamento clássico
    b. sensibilização
    c. condicionamento operante
    d. habituação

17. Uma consequência que aumenta um comportamento é um/a _____, ao passo que outra que diminui um comportamento é um/a _____.
    a. reforço positivo, reforço negativo
    b. punição positiva, punição negativa
    c. reforço, punição
    d. reforço, extinção

18. Bandura sugere que a aprendizagem pode ocorrer sem reforço direto. Como se chama esse tipo de aprendizagem?
    a. reforço positivo
    b. aprendizagem por imitação
    c. condicionamento instrumental
    d. condicionamento clássico

19. Alguns desenvolvimentistas argumentam que as teorias da aprendizagem
    a. se baseiam em estudos de pesquisa antiéticos.
    b. não oferecem aos clínicos estratégias para influenciar o comportamento das crianças.
    c. não oferecem uma explicação abrangente do desenvolvimento.
    d. são menos objetivas e científicas do que as teorias psicanalíticas.

20. Chris está na escola de ensino fundamental e aprendeu a resolver problemas de maneira lógica. Quais dos estágios de Piaget descreve seu nível de desenvolvimento cognitivo?
    a. operatório-concreto
    b. sensório-motor
    c. pré-operatório
    d. operatório-formal

21. Na teoria de Vygotsky, o que significa andaimes?
    a. Construir novos esquemas.
    b. Desenvolver um sólido senso de identidade própria.
    c. Adquirir novas experiências emocionais por meio da experiência direta.
    d. Estruturar as experiências de aprendizagem de uma criança para garantir seu êxito.

22. Os teóricos do processamento de informações explicam as descobertas de Piaget como resultado de ineficiências no/s (ou na/s) _____ das crianças.
    a. esquemas
    b. fala interior
    c. zona de desenvolvimento proximal
    d. memórias de curto prazo

23. Qual das seguintes é uma falha da teoria de Piaget?
    a. Ele desenvolveu métodos inovadores de estudar o pensamento das crianças.
    b. Ele estava equivocado em relação à idade nas quais as crianças desenvolvem habilidades específicas.
    c. Sua teoria obrigou os psicólogos a pensar sobre o desenvolvimento infantil de uma nova forma.
    d. Suas descobertas têm sido replicadas em praticamente todas as culturas e todas as coortes de crianças desde a década de 1920.

24. Os _____ estudam a influência relativa da hereditariedade e do meio sobre o comportamento individual. Os _____ estudam traços herdados que ajudam na sobrevivência individual. Os _____ estudam traços herdados que apoiam a criação e manutenção de organizações sociais orientadas à sobrevivência.
    a. etologistas, sociobiólogos, geneticistas do comportamento
    b. geneticistas do comportamento, etologistas, sociobiólogos
    c. sociobiólogos, geneticistas do comportamento, etologistas
    d. geneticistas do comportamento, sociobiólogos, etologistas

25. Os contextos da teoria bioecológica de Bronfenbrenner, na ordem do ciclo maior para o ciclo menor, são
    a. macrossistema, exossistema, microssistema, contexto biológico.
    b. microssistema, contexto biológico, macrossistema, exossistema.
    c. contexto biológico, exossistema, microssistema, macrossistema.
    d. macrossistema, contexto biológico, microssistema, exossistema.

26. Qual dos seguintes não é um dos critérios de utilidade listados no texto?
    a. Estimula o pensamento e a pesquisa?
    b. Explica os fatos básicos do desenvolvimento?
    c. Dá mais ênfase à natureza do que à experiência?
    d. Gera predições que podem ser testadas com métodos científicos?

27. Quando os desenvolvimentistas incorporam múltiplas perspectivas teóricas em explicações de mudança relacionada à idade, eles estão usando uma abordagem conhecida como
    a. continuidade.
    b. ecletismo.
    c. racionalismo.
    d. organísmica.

Capítulo 3
Desenvolvimento pré-natal e nascimento

28. O modelo genético único oriundo do pai e da mãe que caracteriza um indivíduo específico é denominado um
    a. fenótipo.
    b. cromossoma.
    c. gameta.
    d. genótipo.

29. _____ é uma doença genética, ao passo que _____ é uma doença cromossômica.
    a. Doença falciforme, doença de Huntington
    b. Síndrome de Down, síndrome do X frágil
    c. Doença de Huntington, síndrome do X frágil
    d. Doença de Tay-Sachs, doença de Huntington

30. Os três estágios do desenvolvimento pré-natal são, em ordem,
    a. germinal, embrionário, fetal.
    b. viabilidade, organogênese, germinativo.
    c. embrionário, fetal, viabilidade.
    d. embrionário, germinal, fetal.

31. Qual afirmativa não é verdadeira?
    a. Os recém-nascidos se lembram de estímulos aos quais foram expostos no período pré-natal.
    b. Os fetos são capazes de distinguir estímulos familiares de novos já na 32ª semana.
    c. Fetos femininos são fisicamente mais ativos do que fetos masculinos.
    d. Fetos respondem a sons.

32. Qual período do desenvolvimento pré-natal é a época de maior risco para a influência da maioria dos teratógenos?
    a. As primeiras 8 semanas de gestação.
    b. O início do período fetal.
    c. Da 29ª à 38ª semana de desenvolvimento.
    d. A época da concepção.

33. Qual das seguintes não é uma característica típica das crianças que sofrem de síndrome alcoólica fetal?
    a. leve retardo mental
    b. defeitos cardíacos
    c. dificuldades de aprendizagem e comportamento
    d. deformidades nos membros

34. Dos seguintes sistemas em desenvolvimento no embrião/feto, qual seria mais afetado negativamente pela desnutrição materna?
    a. músculo esquelético
    b. reprodutivo
    c. nervoso
    d. cardiovascular

35. Qual das seguintes técnicas diagnósticas pré-natais costuma ser utilizada durante o primeiro trimestre de gravidez e envolve extrair células para testagem laboratorial?
    a. amostragem das vilosidades coriônicas
    b. amniocentese
    c. ultrassonografia
    d. fetoscopia

36. O que poderia ser dito verdadeiramente de um bebê que recebeu uma nota 10 na escala Apgar?
    a. O bebê provavelmente tem 1 ou 2 minutos de vida.
    b. O bebê provavelmente tem 5 minutos de vida.
    c. O bebê necessita de reanimação imediata para estabelecer um padrão respiratório normal.
    d. O bebê está em condição crítica.

37. Qual afirmativa é verdadeira em relação a bebês de baixo peso natal?
    a. Meninas de baixo peso natal têm mais chance de demonstrar efeitos de longo prazo do que meninos de baixo peso natal.
    b. A maioria dos bebês de baixo peso natal nunca se nivela com seus pares normais.
    c. O baixo peso natal não está ligado à saúde do neonato.
    d. Bebês de baixo peso natal demonstram níveis nitidamente inferiores de responsividade.

UNIDADE DOIS | PRIMEIROS DOIS ANOS

Capítulo 4
Desenvolvimento físico e saúde nos primeiros dois anos

1. O que é poda no contexto do desenvolvimento?
   a. Técnica cirúrgica para compensar dano cerebral.
   b. Eliminação de rotas neurais redundantes.
   c. Retirada gradativa da mamadeira da criança para introduzir alimentos sólidos.
   d. Uma cirurgia que pode aliviar crises de epilepsia.

2. Jake tem apenas uma semana. Ele tende a estar _____ a maior parte do tempo.
   a. ativamente desperto
   b. silenciosamente desperto
   c. dormindo
   d. comendo

3. Que conceito explica o fato de que sequências do desenvolvimento motor são praticamente idênticas para todas as crianças?
   a. um cronograma inato
   b. crescimento
   c. acomodação
   d. influência fenotípica

4. Qual dos seguintes não é um benefício da amamentação ao seio?
   a. menor risco de mortalidade infantil
   b. menor risco de dificuldades intestinais
   c. melhor funcionamento do sistema imune
   d. menor ganho de peso

5. A subnutrição de macronutrientes resulta de uma dieta que contém
   a. pouco ferro.
   b. excesso de vitamina A.
   c. poucas calorias.
   d. somente leite materno.

6. Por que profissionais de saúde avaliam o desenvolvimento motor dos bebês durante exames rotineiros de puericultura?
   a. Para verificar se eles são saudáveis o suficiente para receberem imunizações.
   b. Para identificar retardos do desenvolvimento o mais precocemente possível.
   c. Para predizer a idade em que eles vão apresentar futuros marcos do desenvolvimento.
   d. Para fazer recomendações sobre como os pais podem acelerar o desenvolvimento.

7. Qual dos seguintes fatores ou influências não está associado à síndrome da morte súbita do lactente?
   a. história de abuso físico
   b. história de apneia
   c. dormir de bruços em uma peça de cama macia e felpuda
   d. tabagismo materno durante a gravidez

8. Qual das seguintes não foi proposta como uma explicação para as diferenças grupais na mortalidade infantil?
   a. variações na atenção às necessidades do bebê
   b. variações nas taxas de pobreza
   c. variações no acesso a assistência pré-natal
   d. variações nas taxas de anormalidades congênitas

9. Qual das seguintes deficiências visuais parece ser quase idêntica em neonatos e em adultos?
   a. rastreamento
   b. acuidade visual
   c. sensação de cor
   d. exame de objetos

10. Em que idade os pesquisadores constatam a capacidade de ouvir?
    a. no período pré-natal
    b. no primeiro dia de vida
    c. na primeira semana de vida
    d. no primeiro mês de vida

11. Qual dos seguintes métodos pode ser usado para testar as habilidades perceptuais de um bebê?
    a. condicionamento clássico
    b. transferência intermodal
    c. dispositivo de rastreamento
    d. técnica da preferência

12. Os argumentos dos nativistas são apoiados pelo fato de que
    a. os neonatos têm muitas habilidades sensoriais desde cedo.
    b. animais privados de luz mostram um aumento nas habilidade perceptuais.
    c. animais privados de estímulos auditivos têm habilidades perceptuais auditivas muito limitadas ou não as têm.
    d. bebês de orfanatos iranianos tinham retardo no desenvolvimento de habilidades perceptuais.

Capítulo 5

Desenvolvimento cognitivo nos primeiros dois anos

13. O que é inteligência sensório-motora?
    a. Utilização de esquemas inatos para processar novas informações.
    b. Manipulação de símbolos para desenvolver esquemas mais sofisticados.
    c. Um tipo de inteligência que é geneticamente determinada.
    d. Uso de lógica para categorizar o mundo.

14. Qual das seguintes é uma crítica à teoria de Piaget?
    a. Piaget superestimou as habilidades das crianças.
    b. Piaget não utilizou todas as técnicas avançadas que tinha à disposição.
    c. O desenvolvimento ocorre em estágios, diferentemente das mudanças quantitativas que Piaget propôs.
    d. Piaget subestimou as habilidades das crianças.

15. Qual das seguintes afirmativas melhor descreve as concepções de Spelke sobre como os bebês compreendem os objetos?
    a. Os bebês nascem com algumas suposições inatas que orientam suas interações com os objetos.
    b. Os bebês constroem sua compreensão dos objetos mediante o desenvolvimento e modificação de esquemas cognitivos.
    c. Os bebês têm pouca compreensão dos objetos até que tenham ao menos 1 ano.
    d. Os bebês aprendem sobre os objetos vendo os outros manipularem-nos.

16. Os pesquisadores aumentaram o comportamento de virar a cabeça em neonatos por meio de reforços como o som da voz da mãe. Este é um exemplo de
    a. condicionamento clássico.
    b. condicionamento operante.
    c. habituação.
    d. aprendizagem esquemática.

17. A aprendizagem esquemática presume que
    a. os bebês tentam categorizar suas experiências.
    b. as crianças só são capazes de aprender se as informações forem organizadas para elas.
    c. os bebês só aprendem se forem reforçados a explorar.
    d. a aprendizagem é sequencial e organizada.

18. Qual das seguintes é uma afirmativa precisa sobre a memória dos bebês?
    a. Os bebês com menos de 6 meses não guardam memórias.
    b. A expansão da memória é pré-programada.
    c. Os bebês desenvolvem memórias muito gerais para as informações.
    d. A memória infantil inicial é específica ao contexto em que foi adquirida.

19. A teoria da linguagem do desenvolvimento que propõe que os bebês aprendem a linguagem porque seus cérebros possuem estruturas gramaticais inatas é denominada
    a. aquisição de holofrases.
    b. explicação nativista.
    c. explicação behaviorista.
    d. dispositivo de aquisição da linguagem.

20. A fala dirigida ao bebê se caracteriza por
    a. estrutura de frase complexa.
    b. tom de voz mais baixo.
    c. formas gramaticais incorretas.
    d. simplicidade.

21. Qual é o primeiro som de comunicação do bebê?
    a. ma-ma
    b. arrulho
    c. choro
    d. sorriso

22. Uma criança que é capaz de entender uma palavra falada, mas ainda não é capaz de dizê-la tem
    a. linguagem expressiva.
    b. linguagem receptiva.
    c. imitação.
    d. vocalização inata.

23. Qual dos seguintes é um exemplo de fala telegráfica?
    a. "Papai" (apontando para o sapato do papai).
    b. "Ma-ma."
    c. "Eu cai."
    d. "A bolacha é boa."

24. A maioria das crianças que demora para falar
    a. também tem atrasos cognitivos.
    b. com o tempo se nivela.
    c. está acima da média em inteligência.
    d. é composta de meninas.

25. Qual das seguintes afirmativas é verdadeira em relação aos testes de inteligência para bebês?
    a. Alguns estudos indicam que os bebês que se habituam rapidamente quando têm 4 ou 5 meses tendem a ter resultados inferiores em testes de inteligência em idades posteriores.
    b. As Escalas Bayley de Desenvolvimento Infantil predizem com precisão a inteligência de uma criança aos 10 anos.
    c. Nenhum dos escores nos testes de inteligência se correlaciona com escores em testes em idades posteriores.
    d. Os testes de inteligência para bebês medem principalmente as habilidades motoras dos bebês.

Capítulo 6
Desenvolvimento social e da personalidade nos primeiros dois anos

26. O primeiro estágio de desenvolvimento psicossocial de Erikson é denominado
    a. anal.
    b. interdependência.
    c. confiança *versus* desconfiança.
    d. oral.

27. Britt sente um forte laço de afeto com a mãe. Ela se sente segura com a mãe e confortada quando ela está perto. Britt está demonstrando o que Ainsworth chamaria de
    a. *imprinting*.
    b. substituição.
    c. saciabilidade.
    d. apego.

28. Qual das seguintes afirmativas sobre apego é verdadeira?
    a. Os bebês raramente se apegam aos papais.
    b. Os bebês tendem a sorrir e se contorcer mais em volta de suas mães, mas seu comportamento com seus pais é mais sutil, tal como sorrir.
    c. Os pais tendem a falar e sorrir mais para seus bebês do que suas mães.
    d. Sincronia é um fator crítico tanto no apego mãe-bebê quanto no apego pai-bebê.

29. Callie, de 11 meses, foi ao circo com sua mãe. Quando um palhaço se aproximou de seu carrinho, Callie olhou para a mãe, assustada. Quando a mãe de Callie começou a rir do palhaço, Callie começou a sorrir também. O comportamento de Callie é denominado
    a. ansiedade ante estranhos.
    b. dependência de apego.
    c. referencial social.
    d. regulação afetiva.

30. Qual das seguintes afirmativas é verdadeira?
    a. Bebês com apego seguro não demonstram mais habilidades sociais quando chegam à adolescência do que bebês que possuem apego inseguro.
    b. As relações de apego são mais essenciais para as relações íntimas adultas do que para outros tipos de relação.
    c. Bebês com apego seguro muitas vezes demonstram mais dependência de professores em anos posteriores.
    d. Bebês inseguros/evitantes tendem a expressar menos sua sexualidade na adolescência.

31. Qual das seguintes não é uma das dimensões propostas por pesquisadores que estudam o temperamento?
    a. inibição
    b. ritmicidade
    c. persistência
    d. inteligência

32. Qual afirmativa melhor descreve as pesquisas que investigam a influência da hereditariedade e do ambiente sobre o temperamento?
    a. O temperamento é determinado pela hereditariedade.
    b. O temperamento é determinado pelo ambiente do bebê.
    c. O temperamento é inato, mas modificado pelo ambiente.
    d. O temperamento não foi suficientemente estudado para permitir que os desenvolvimentistas tirem conclusões sobre as relativas influências da hereditariedade e do ambiente sobre seu desenvolvimento.

33. O *self* _____ é a compreensão que uma criança pequena tem de que ele ou ela é definido(a) por pertencer a diversas categorias, tais como características de gênero ou personalidade.
    a. superficial
    b. subjetivo
    c. existencial
    d. objetivo

34. Qual das seguintes representa um motivo pelo qual é difícil chegar a uma conclusão definitiva sobre os efeitos do cuidado não parental sobre o desenvolvimento dos bebês?
    a. O cuidado no lar e em creches têm muitas diferenças para que os efeitos possam ser adequadamente medidos.
    b. O cuidado alternativo tem qualidade estável.
    c. O cuidado alternativo é mais comum entre crianças de baixa renda, e assim os efeitos atribuídos a ele podem na verdade refletir os efeitos da renda.
    d. Existe uma discrepância entre o nível de estimulação que uma criança receberia em casa e em um ambiente de creche.

35. Nas áreas de recreação nas creches, a/o _____ de brinquedos é mais importante do que a _____ de brinquedos.
    a. quantidade, variedade
    b. nível cognitivo, variedade
    c. variedade, quantidade
    d. qualidade, limpeza

UNIDADE TRÊS | SEGUNDA INFÂNCIA

Capítulo 7
Desenvolvimento físico e saúde na segunda infância

1. A estabilização das curvas de crescimento na segunda infância permite que os profissionais de saúde
   a. predigam com precisão a altura adulta das crianças
   b. diagnostiquem doenças.
   c. identifiquem crianças que podem sofrer abuso ou negligência.
   d. Todos os itens acima.

2. O aperfeiçoamento da capacidade das crianças pequenas de atentar para estímulos é resultado de
   a. lateralização das funções cerebrais.
   b. mielinização da formação reticular.
   c. desenvolvimento do hipocampo.
   d. sinaptogênese e poda.

3. O fato de que a preferência no uso das mãos é evidente na maioria das crianças _____ respalda a hipótese genética.
   a. no período pré-natal
   b. no final do 1º ano
   c. aos 4 anos
   d. na idade escolar

4. O diagnóstico precoce de ambliopia é importante porque a condição pode afetar negativamente o desenvolvimento da
   a. acuidade visual no olho saudável.
   b. formação reticular.
   c. o senso vestibular.
   d. visão estereoscópica.

5. Pequenas perdas auditivas
   a. não estão relacionadas à realização acadêmica.
   b. podem interferir no desenvolvimento cognitivo e aprendizagem.
   c. são fácil e rapidamente percebidas pelos pais e professores da criança.
   d. geralmente não requerem correção ou amplificação.

6. O desenvolvimento de habilidades motoras gerais e finas depende de
   a. instrução dos pais e professores.
   b. avanços nas habilidades de movimento fundamentais subjacentes.
   c. oportunidades para praticar habilidades específicas, tais como correr e escrever.
   d. diferenças individuais no interesse das crianças por atividades físicas.

7. Qual dos seguintes não é algo que os pais podem fazer para prevenir lutas na hora de dormir e na madrugada?
   a. Oferecer à criança um objeto transicional como uma boneca ou bichinho de pelúcia.
   b. Suspender as sonecas diurnas.
   c. Deixar a criança dormir sempre que ela estiver cansada.
   d. Oferecer à criança uma programação diurna previsível.

8. Os pais devem se preocupar com
   a. a quantidade de comida que as crianças consomem, mesmo que isso signifique alimentos com alto teor de gordura.
   b. a qualidade dos alimentos que as crianças consomem, pois a preferência pelos alimentos costuma se estabelecer durante os anos pré-escolares.
   c. a quantidade de alimentos que as crianças consomem, pois a obesidade é prevalente durante os anos pré-escolares.
   d. nem com a qualidade nem com a quantidade de alimentos que as crianças consomem.

9. Qual dos seguintes não é um fator de risco para abuso e negligência de crianças?
   a. deficiência física
   b. pobreza
   c. depressão parental
   d. ser o primogênito na família

10. Crianças com _____ apresentam dificuldades cognitivas, ao passo que aquelas com _____ têm problemas com as relações sociais.
    a. transtornos invasivos do desenvolvimento, retardo mental
    b. transtorno de Asperger, autismo
    c. transtornos do espectro autista, transtornos invasivos do desenvolvimento
    d. retardo mental, transtornos invasivos do desenvolvimento

Capítulo 8
Desenvolvimento cognitivo na segunda infância

11. Oferece-se a uma criança escolher entre seis pedaços de doce dispostos em fila e quatro pedaços de doce dispostos com mais espaço entre si formando uma fila mais longa. Se a criança preferir a fila mais longa com quatro pedaços, sabemos que o pensamento da criança é compatível com a característica de
    a. pensamento pré-operacional.
    b. conservação.
    c. um princípio da falsa crença.
    d. uma teoria da mente.

12. Um conjunto de ideias que descreve, explica e faz predições sobre o conhecimento e comportamentos de outras pessoas, baseado nas inferências sobre seu estado mental, é chamado de
    a. um princípio da falsa crença.
    b. uma teoria da mente.
    c. metamemória.
    d. classificação matricial.

13. O conhecimento e controle dos processos de pensamento é denominado
    a. metacognição.
    b. teoria da mente.
    c. dissonância cognitiva.
    d. autoconceito.

14. Segundo Vygotsky, _____ é necessário para o desenvolvimento cognitivo.
    a. a interação social
    b. a educação formal
    c. o forte apego pai-criança
    d. a metacognição

15. _____ ajuda as crianças pequenas a adquirirem novas palavras por meio do uso de categorias.
    a. A metacognição
    b. A centração
    c. O mapeamento rápido
    d. A super-regularização

16. O que explica o uso de expressões como "Eu consego" e "pãos"?
    a. A criança está restringindo a classe verbal.
    b. A criança não tem suficiente prática com inflexões.
    c. A criança está reorganizando a linguagem ouvida no ambiente.
    d. A criança está super-regularizando as regras gramaticais.

17. Qual é o principal fator no desenvolvimento da consciência fonológica nas crianças?
    a. Brincar com as palavras
    b. Exposição a uma variedade de idiomas.
    c. Comunicação entre genitor e criança.
    d. Ouvir leitura por adulto.

18. A pesquisa indica que os escores de Q.I.
    a. não estão relacionados ao desempenho escolar posterior.
    b. são preditivos do desempenho escolar somente entre norte-americanos brancos.
    c. não são estáveis.
    d. são estáveis se os testes forem aplicados apenas com alguns meses ou alguns anos de intervalo.

19. A pesquisa sobre diferenças grupais de Q.I. sugerem que
    a. não existem diferenças grupais.
    b. existem diferenças grupais que mais provavelmente se devem ao ambiente.
    c. existem diferenças grupais consistentes, mas elas desaparecem aos 2 anos.
    d. pequenas diferenças de grupo que são basicamente genéticas.

20. Tanya frequenta uma pré-escola onde os professores se concentram em ensinar o alfabeto e os sons das letras. Essa pré-escola exemplifica a abordagem _____.
    a. acadêmica.
    b. desenvolvimentista.
    c. eclética.
    d. práticas de desenvolvimento apropriadas.

21. Qual das seguintes afirmativas sobre os efeitos do Head Start e outros programas de segunda infância não é verdadeira?
    a. As crianças mostram aumentos nos escores de Q.I. quando matriculadas nesses programas.
    b. Crianças que começam um programa de enriquecimento na primeira infância mantêm os aumentos de Q.I. que adquirem nesses programas durante toda a adolescência.
    c. As crianças matriculadas nesses programas são menos propensas a repetir de série e mais propensas a concluir o ensino médio.
    d. As crianças nesses programas podem ter taxas mais elevadas de comportamento criminoso e desemprego.

Capítulo 9

Desenvolvimento social e da personalidade na segunda infância

22. O texto sugere que tanto Freud quanto Erikson acreditavam que o segredo para o desenvolvimento social de crianças de 2 a 6 anos é
    a. encontrar um equilíbrio entre as habilidades emergentes da criança e a necessidade de controle dos pais.
    b. o desenvolvimento de boas relações com os pares.
    c. se o treinamento higiênico ocorre sem problemas.
    d. a capacidade dos pais de dar liberdade para a criança crescer.

23. Uma criança que classifica um colega como "legal" ou que é capaz de descrever os padrões de comportamento típicos de outro, dizendo, por exemplo, "ele sempre come seus cereais", desenvolveu
    a. referencial social.
    b. percepção de pessoas.
    c. concepção de gênero.
    d. comportamento pró-social.

24. Se você pedisse à pré-escolar Mariana para se autodescrever, quais das seguintes respostas você poderia esperar?
    a. "Eu sou boa em desenho."
    b. "Eu sou uma pessoa boa."
    c. "Eu sou uma menina."
    d. "Eu sou inteligente."

25. Qual dos seguintes é um exemplo de autorregulação emocional?
    a. Judy está triste, e por isso ela liga a televisão para assistir a seu desenho predileto.
    b. Ray desiste de um quebra-cabeças que é muito difícil para ele.
    c. Carol se enraivece com sua mãe e sai com pressa da sala.
    d. Quando Dorothy a arranca de um balanço, Kathy dá um chute em Dorothy.

26. Um menininho escolhe um brinquedo que ele acredita que é para meninos e rejeita uma camisa por causa de sua cor, dizendo "Isso é para menina!". Ele está usando _____ para processar informações sobre gênero.
    a. a identidade de gênero
    b. um esquema do gênero
    c. a comparação entre gêneros
    d. um cromossomo de gênero

27. Qual das afirmativas a seguir descreve a identidade de gênero com mais exatidão?
    a. Compreensão de que mantemos o mesmo gênero por toda a vida.
    b. Capacidade de uma criança de rotular seu sexo corretamente e identificar outras pessoas como mulheres ou homens e meninas ou meninos.
    c. Reconhecimento de que uma mulher continua sendo mulher mesmo que vista roupas masculinas e use um cabelo curto.
    d. Escolha de um padrão de comportamentos que é típica ou esperada para um sexo.

28. As interações de um grupo de meninos de 4 anos brincando juntos tendem a não incluir
    a. esforços para desencaminhar as interações.
    b. contradizer ou interromper.
    c. jactância e outras formas de exibicionismo.
    d. comportamentos que promovem a igualdade e afinidade.

29. O pai de Lateefah tem altos padrões e expectativas e exige que a filha obedeça suas vontades sem discussão. Qual é a melhor descrição desse estilo de criação?
    a. democrático
    b. permissivo
    c. autoritário
    d. indutivo

30. Segundo estudos de pesquisa, qual das seguintes é uma afirmativa exata sobre as inter-relações entre estilos de criação, condição socioeconômica e etnicidade?
    a. A criação democrática é preferida por famílias americanas de origem asiática.
    b. Famílias de condição socioeconômica inferior geralmente usam estratégias de criação democráticas.
    c. Famílias de pais solteiros geralmente usam estratégias de criação democráticas.
    d. Adolescentes brancos de famílias democráticas demonstram mais independência e menos delinquência do que os de famílias não democráticas.

31. Qual das seguintes não é uma mudança nos processos familiares tipicamente presente nas famílias após divórcio?
    a. redução dos recursos financeiros e emocionais para sustentar as crianças
    b. ruptura e transição do sistema familiar
    c. aumento da violência
    d. distanciamento da criação democrática

32. Qual é a forma mais dominante de agressão entre crianças de 4 a 8 anos?
    a. verbal
    b. física
    c. instrumental
    d. hostil

33. Durante a pré-escola, as amizades
    a. mudam dia a dia.
    b. baseiam-se em experiências lúdicas paralelas.
    c. tornam-se mais estáveis.
    d. são comuns entre meninas, mas raras entre meninos.

UNIDADE QUATRO | MENINICE

Capítulo 10
Desenvolvimento físico e saúde na meninice

1. A melhor medida da maturação física de uma criança é
   a. altura.
   b. peso.
   c. idade óssea.
   d. índice de massa corporal (IMC).

2. Durante a meninice, o crescimento no cérebro e no sistema nervoso resulta em todos os seguintes, exceto:
   a. aperfeiçoamentos na lógica e no planejamento.
   b. maior capacidade de pensar hipoteticamente e raciocinar em termos abstratos.
   c. aperfeiçoamento na capacidade de controlar a atenção.
   d. lateralização da percepção espacial.

3. A leitura de mapas é um exemplo de qual das seguintes habilidades cognitivas?
   a. percepção espacial
   b. orientação direito-esquerdo relativa
   c. metacognição
   d. lógica indutiva

4. Qual dos seguintes não é um risco à saúde importante para a maioria das crianças em idade escolar no mundo industrializado?
   a. acidentes em veículos motorizados
   b. acidentes de bicicleta
   c. doenças infecciosas
   d. ganho excessivo de peso

5. _____ é uma condição crônica responsável por mais ausências escolares do que qualquer outro problema de saúde.
   a. Ganho excessivo de peso
   b. Diabete
   c. Doença cardíaca
   d. Asma

6. Qual das seguintes crianças é mais propensa a se machucar?
   a. Allan, um estudante de 5ª série que joga beisebol na Liga Mirim.
   b. Shayna, uma estudante de 3ª série que participa em uma liga de futebol organizado.
   c. Luísa, uma estudante de 2ª série que está na seleção de natação do bairro.
   d. Charles, um estudante da 4ª série que joga em um time de futebol americano organizado desde os 7 anos.

7. Qual das seguintes é uma estratégia que os pais de uma criança com sobrepeso não deveria utilizar?
   a. Fazer a criança seguir uma dieta de perda de peso.
   b. Limitar a quantidade de tempo que a criança passa com televisão, computadores e videogames.
   c. Ajudar a criança a desenvolver bons hábitos de alimentação sem muita ênfase às normas culturais de magreza.
   d. Estimular a criança a ser fisicamente ativa.

8. No diabete do tipo 1, o açúcar no sangue atinge níveis perigosos porque
   a. o organismo da pessoa não responde à insulina.
   b. o pâncreas da pessoa não produz insulina.
   c. a pessoa tem o hábito de comer doces demais.
   d. os glóbulos vermelhos da pessoa são defeituosos.

9. O que a pesquisa sugere sobre a ligação entre o acesso à assistência médica e as diferenças de grupo socioeconômico nos resultados de saúde entre as crianças?
   a. O acesso à assistência médica é a principal causa dessas diferenças.
   b. O acesso à saúde não está relacionado a essas diferenças.
   c. O acesso à assistência é um dos diversos fatores que acarretam essas diferenças.
   d. Sabe-se muito pouco sobre o papel do acesso à assistência médica para se tirar conclusões sobre sua ligação com diferenças de grupo nos resultados de saúde.

10. Para quais dos seguintes transtornos comprovou-se que medicações são úteis?
    a. Transtorno desafiador de oposição, transtorno de déficit de atenção/hiperatividade, transtorno da conduta com início na infância e depressão infantil.
    b. Transtorno desafiador de oposição, depressão infantil, transtorno da conduta com início na infância.
    c. Transtorno de déficit de atenção/hiperatividade e transtorno da conduta com início na infância.
    d. Transtorno de déficit de atenção/hiperatividade e depressão infantil.

11. Para satisfazer os critérios para um diagnóstico de transtorno depressivo maior, uma criança deve experimentar sentimentos de tristeza que afetam significativamente seu funcionamento na escola ou nas relações sociais por pelo menos
    a. uma semana.
    b. um mês.
    c. três meses.
    d. seis meses.

Capítulo 11
Desenvolvimento cognitivo na meninice

12. Uma criança que sabe explicar a diferença entre substantivos e verbos está demonstrando
    a. pensamento operacional concreto.
    b. habilidades metalinguísticas.
    c. habilidades metacognitivas.
    d. habilidades de consciência fonológica.

13. Surjit, de 4 anos, pensa que o segredo de atravessar uma rua movimentada é correr bem depressa. Sua irmã Mehta, de 8 anos, sabe que a velocidade em que se pode atravessar a rua com segurança depende da velocidade na qual os carros estão se movimentando, da largura da rua e de várias outras variáveis relevantes. O pensamento de Mehta ilustra o princípio de
    a. reversibilidade.
    b. compensação.
    c. identidade.
    d. descentração.

14. Segundo a explicação de Robert Siegler do desenvolvimento cognitivo das crianças, uma criança que leva em consideração somente uma dimensão de um problema está usando a _____ na sequência de resolução.
    a. Regra I.
    b. Regra II.
    c. Regra III.
    d. Regra IV.

15. Crianças em idade escolar apresentam melhor função de memória do que crianças mais jovens. Essa diferença se deve em grande parte à/ao/aos _____ da criança mais velha.
    a. automatismo
    b. processos executivos
    c. eficiência de processamento
    d. Todos os itens acima.

16. Qual das seguintes afirmativas é mais coerente com a abordagem equilibrada no ensino da leitura?
    a. As crianças devem aprender a ler usando fônica sistemática e explícita.
    b. Métodos de linguagem integral devem ser evitados, pois sua ineficácia foi comprovada.
    c. Toda instrução deve ser baseada em testes padronizados.
    d. O ensino de leitura efetivo inclui fônica sistemática e as características motivacionais dos métodos de linguagem integral.

17. A maioria dos aprendizes do inglês que frequentam a escola nos Estados Unidos recebe instrução de inglês em aulas de
    a. educação bilíngue.
    b. ESL.
    c. língua estrangeira.
    d. submersão.

18. Em qual das seguintes áreas os meninos parecem ser melhores do que as meninas?
    a. matemática
    b. compreensão de leitura
    c. habilidades de vocabulário
    d. velocidade do processamento de informações

19. Uma criança que aborda uma tarefa escolar se concentrando no "quadro geral" e não nas subtarefas específicas dela está usando um estilo _____ de aprendizagem.
    a. analítico
    b. relacional
    c. indutivo
    d. dedutivo

20. Qual é a deficiência mais prevalente para a qual as crianças recebem serviços de educação especial?
    a. transtorno da comunicação
    b. retardo mental
    c. perturbação emocional grave
    d. transtorno de aprendizagem

Capítulo 12
Desenvolvimento social e da personalidade na meninice

21. Segundo a visão de Erikson do desenvolvimento psicossocial na meninice, que fator é essencial no desenvolvimento de um senso de produtividade *versus* inferioridade nas crianças?
    a. O desenvolvimento de suas relações com amigos e pares do gênero oposto.
    b. Sua crescente independência dos pais.
    c. Seu êxito ou fracasso nas tarefas acadêmicas.
    d. O desenvolvimento de suas habilidades motoras e realizações desportivas.

22. Os teóricos de traços argumentam que
    a. as emoções são a principal influência sobre o desenvolvimento da personalidade.
    b. o temperamento evolui em cinco dimensões da personalidade na meninice.
    c. os traços exercem menos influência sobre o desenvolvimento do que outros fatores.
    d. as emoções não desempenham nenhum papel no desenvolvimento da personalidade.

23. O modelo de determinismo recíproco de Bandura propõe que as personalidades das crianças são influenciadas por
    a. reforço ambiental.
    b. traços internos.
    c. seu próprio comportamento.
    d. interações de a, b e c.

24. Qual das seguintes é mais provável de ser uma autodescrição de uma criança de 10 anos do que de uma de 6 anos?
    a. "Eu sou inteligente."
    b. "Eu sou melhor em matemática do que meu amigo Paul."
    c. "Eu sou mau."
    d. "Meu cabelo castanho é encaracolado."

25. Quais são as principais influências sobre a autoestima de uma criança na meninice?
    a. Seu talento e habilidades em áreas fundamentais como disciplinas acadêmicas, esportes e *hobbies*.
    b. A quantidade de apoio que recebe de pessoas importantes a seu redor e a discrepância entre o que realizou e o que deseja realizar.
    c. Suas percepções sobre o que crianças de sua idade deveriam ser capazes de realizar.
    d. Sua popularidade com outras crianças e sua popularidade com os adultos que conhece.

26. Qual dos seguintes representa o conceito de autoeficácia de Bandura?
    a. O senso de valor próprio de uma criança.
    b. A compreensão que a criança tem de sua própria personalidade.
    c. A crença de uma criança de que ela pode realizar metas.
    d. A compreensão que uma criança tem das opiniões dos outros sobre ela.

27. Qual dos seguintes melhor representa o modo como uma criança em idade escolar poderia descrever um amigo, em comparação com o modo como uma criança em idade pré-escolar provavelmente descreveria um amigo?
    a. "Miguel é o corredor mais rápido de nossa classe."
    b. "Hoshi é sempre gentil e prestativo."
    c. "DeShawna usa rabo-de-cavalo no cabelo."
    d. "Darryl sempre se senta ao lado da Srta. Jones."

28. Segundo Piaget, crianças no início da meninice estão em que estágio do desenvolvimento moral?
    a. moral emocional
    b. realismo moral
    c. moral crítico
    d. relativismo moral

29. Como resultado do desenvolvimento de raciocínio moral na meninice, as crianças são capazes de compreender tudo exceto que
    a. é possível mudar as regras do jogo que estão jogando contanto que todos os participantes concordem em jogar com outras regras.
    b. acidentes não são deliberadamente causados por comportamento "travesso".
    c. intenções são mais importantes do que consequências quando julgamos os comportamentos dos outros.
    d. padrões de justiça universal determinam que nenhuma criança deve ter uma regalia, a menos que todas as crianças também a tenham.

30. Qual das seguintes medidas seria menos efetiva para pais que desejam facilitar o desenvolvimento da autorregulação em seu filho?
    a. Disciplinar através de uma criação autoritária.
    b. Oferecer à criança modelos de boa autorregulação.
    c. Monitorar o comportamento da criança.
    d. Esperar que a criança demonstre comportamento de autorregulação.

31. Qual das seguintes não é uma afirmativa precisa sobre as interações no grupo de pares da meninice?
    a. Durante a meninice, o gênero é o fator mais importante na seleção de amigos.
    b. Tanto os meninos quanto as meninas gostam de brincar de maneira impetuosa em grupos de mesmo sexo.
    c. As amizades dos meninos se concentram mais na competição e dominação do que as amizades das meninas.
    d. Trocas cooperativas e colaborativas são a forma mais comum de comunicação nas amizades de meninos e meninas na meninice.

32. Qual das seguintes não é uma afirmativa verdadeira sobre a agressividade relacional?
    a. Meninas são especialmente propensas a utilizar agressividade relacional contra outras meninas.
    b. Crianças que usam agressividade relacional são propensas a serem evitadas pelos pares.
    c. As crianças tipicamente são imunes à agressividade relacional porque é uma forma indireta de agressão.
    d. A agressividade relacional pode assumir a forma de expressões de desdém ou ameaças de ostracismo.

33. Na meninice, uma criança popular muito provavelmente
    a. teria uma característica que a torna especial em relação a seus pares.
    b. seria altamente criativa.
    c. seria tímida.
    d. seria fisicamente atraente e mais alta do que seus pares.

34. Qual dos seguintes não é um fator que parece ajudar a proteger algumas crianças dos efeitos prejudiciais da pobreza?
    a. alto Q.I.
    b. uma rede mais ampla de pares que também são pobres
    c. um apego inicial seguro à mãe
    d. emprego parental estável

35. Qual das seguintes características tem sido associada aos *videogames* violentos?
    a. maior inteligência
    b. maior independência
    c. preferência por estímulos violentos de todos os tipos
    d. aumento nas habilidades sociais

UNIDADE CINCO | ADOLESCÊNCIA

Capítulo 13

Desenvolvimento físico e saúde na adolescência

1. O primeiro marco hormonal da puberdade ocorre durante a
   a. primeira infância.
   b. segunda infância.
   c. meninice.
   d. adolescência.

2. Mudanças no _____ são responsáveis pelos aumentos nas habilidades de processamento executivo durante a adolescência.
   a. tronco cerebral
   b. corpo caloso
   c. hipotálamo
   d. córtex pré-frontal

3. Mudanças nos ritmos corporais naturais dos adolescentes, chamadas(os) _____, podem fazer os adolescentes terem dificuldade para se acordarem pela manhã.
   a. pulsos endócrinos
   b. ritmos circadianos
   c. ciclos da puberdade
   d. fases neuronais

4. O primeiro sinal observável de que um adolescente está entrando na puberdade geralmente é
   a. um surto de crescimento repentino.
   b. o primeiro ciclo menstrual ou a primeira ejaculação.
   c. crescimento das mamas nas meninas e pelos faciais nos meninos.
   d. mudanças nas características faciais.

5. As capacidades atléticas dos adolescentes superam de longe as de crianças em idade escolar por causa da
   a. maturidade das articulações.
   b. aperfeiçoamentos na resistência devido ao crescimento dos órgãos.
   c. aumentos da massa muscular e força.
   d. Todos os itens acima.

6. A idade mediana em que a/as/os _____ aparece(m) mudou pouco nas últimas décadas, mas a/as _____ aparece(m) em meninas mais jovens do que era comum em coortes anteriores.
   a. características sexuais secundárias, menarca
   b. características sexuais secundárias, características sexuais primárias
   c. menarca, características sexuais secundárias
   d. botões mamários, ovulação

7. De modo geral, uma puberdade _____ está associada a desfechos positivos para meninas, e uma puberdade _____ está ligada a esses resultados entre meninos.
   a. tardia, precoce
   b. mediana, precoce
   c. precoce, tardia
   d. mediana, tardia

8. Qual dos seguintes não é fator de risco para iniciação precoce da vida sexual?
   a. falta de monitoramento parental
   b. uso de álcool e/ou substâncias
   c. atitudes da família em relação à atividade sexual precoce
   d. participação em aulas de educação sexual

9. Qual dos seguintes fatores ajuda mães adolescentes a superar os efeitos negativos da gravidez adolescente?
   a. apoio de suas famílias
   b. manter um relacionamento amoroso com o pai do bebê
   c. abandonar a escola para ganhar dinheiro para sustentar o bebê
   d. amigos que deem apoio

10. Qual dos seguintes foi proposto como fator causal no desenvolvimento de uma orientação homossexual, lésbica ou bissexual?
    a. aulas de educação sexual
    b. hormônios pré-natais
    c. brincadeiras do gênero oposto na segunda infância
    d. influência dos pares

11. As dietas de muitos adolescentes nos Estados Unidos são deficientes em
    a. carboidratos.
    b. proteína.
    c. gordura.
    d. cálcio.

12. Atualmente existe uma vacina para proteger adolescentes e mulheres jovens contra o
    a. vírus da imunodeficiência humana (HIV).
    b. bactérias que causam gonorreia.
    c. vírus papiloma humano (HPV).
    d. vírus do herpes.

13. Alguns adolescentes podem escolher se envolver em comportamentos de risco porque possuem altos níveis de um traço denominado
    a. extroversão.
    b. abertura à experiência.
    c. busca de sensações.
    d. hiperatividade.

14. Homicídio é uma causa mais frequente de morte em adolescentes _____ do que em outros grupos.
    a. brancos
    b. americanos de origem asiática
    c. hispano-americanos
    d. afro-americanos

15. Qual dos seguintes não foi proposto como um fator causal no desenvolvimento de transtornos alimentares?
    a. ênfase à magreza na mídia
    b. disfunção cerebral
    c. tendência geral para o pensamento distorcido
    d. abuso de drogas

Capítulo 14

Desenvolvimento cognitivo na adolescência

16. Um adolescente que pode derivar conclusões de premissas hipotéticas, tais como o que sua mãe diria se descobrisse que você foi reprovado em uma prova de francês, está envolvido em
    a. raciocínio hipotético-dedutivo.
    b. processamento de informações.
    c. metacognição.
    d. pensamento lógico-condicional.

17. A pesquisa sugere que Piaget
    a. superestimou a capacidade dos adolescentes para o pensamento operacional formal.
    b. subestimou a capacidade dos adolescentes para o pensamento operacional formal.
    c. foi certeiro ao dizer que a maioria dos adolescentes apresenta pensamento formal em torno dos 12 ou 13 anos.
    d. não identificou uma forma de pensamento que distingue os adolescentes de crianças mais jovens.

18. Um adolescente que conhece os riscos de dirigir sob influência de álcool, mas insiste em fazer isso porque jamais se envolveria em um acidente está apresentando
    a. um público imaginário.
    b. uma fábula pessoal.
    c. uma projeção.
    d. idealismo ingênuo.

19. Adolescentes são aprendizes acadêmicos mais eficientes do que crianças mais jovens principalmente devido a aperfeiçoamentos em
    a. habilidades de metamemória.
    b. processos executivos.
    c. inibição de resposta.
    d. Todos os itens acima.

20. Qual a seguir é o melhor exemplo de uma criança que tem objetivos de tarefa para suas atividades esportivas?
    a. Mia pretende ser a melhor goleira em sua liga de futebol estudantil.
    b. Tovah quer melhorar seu melhor tempo nos 100 metros de nado livre.
    c. Sharinda trabalha duro no arremesso livre por que quer ter o melhor aproveitamento de arremesso livre em seu time de basquete.
    d. Robin espera que seu programa de treinamento físico possa ajudá-lo a se tornar o melhor tenista que sua escola já teve.

21. Qual das seguintes afirmativas sobre diferenças de gênero e étnicas no desempenho em ciências e matemática é verdadeira?
    a. Com respeito ao desempenho em matemática, as diferenças de gênero são maiores do que as diferenças étnicas.
    b. Com respeito ao desempenho em matemática, as diferenças étnicas são maiores do que as diferenças de gênero.
    c. As meninas se sobressaem em matemática, mas não em ciências.
    d. Meninas intelectualmente talentosas são encorajadas a fazer cursos em ciências como química e física em vez de zoologia ou botânica.

22. Qual dos seguintes fatores não foi comprovado estar relacionado à evasão escolar?
    a. baixa condição socioeconômica
    b. ter um grupo de pares que não valoriza a realização acadêmica
    c. uso de drogas
    d. criação autoritária

Capítulo 15
Desenvolvimento social e da personalidade na adolescência

23. Qual é a transição central da adolescência, segundo Erikson?
    a. o desenvolvimento da libido
    b. o desenvolvimento de fixações sexuais
    c. uma crise de identidade
    d. comprometimento com objetivos ideológicos, ocupacionais ou pessoais

24. Bob pensou sobre numerosas opções profissionais. Ele fez estágios em alguns dos campos que estava cogitando. Depois de toda a sua exploração, ele decidiu que iria se comprometer com uma carreira em vendas. James Marcia descreveria a condição de Bob como
    a. realização da identidade.
    b. moratória.
    c. pré-fechamento.
    d. difusão de identidade.

25. Qual das seguintes é uma afirmativa precisa sobre a autoestima durante a adolescência?
    a. Durante a adolescência, as meninas têm consistentemente maior autoestima do que os meninos.
    b. A maioria dos adolescentes tem alta autoestima no início da adolescência, mas experimenta um declínio constante desta durante a adolescência.
    c. A autoestima tipicamente diminui no início da adolescência, mas depois aumenta nos anos seguintes da adolescência.
    d. Pesquisas interculturais demonstram que em todas as sociedades, as meninas que adotam características masculinas ou andróginas são mais populares e têm maior autoestima.

26. Diante da pergunta "Quem é você?", qual dos seguintes indivíduos mais provavelmente diria "Eu sou um liberal democrata que se opõe à pena de morte"?
    a. Chris, de 9 anos.
    b. Pat, de 12 anos.
    c. Lou, de 15 anos.
    d. Hillary, de 18 anos.

27. Segundo a conceitualização de Sandra Bem da identidade do papel do gênero, um indivíduo que obtém altos escores tanto em escalas de masculinidade quanto de feminilidade seria descrito como possuidor de um/uma orientação do papel do gênero _____.
    a. andrógino.
    b. ambivalente.
    c. indiferenciado.
    d. de transgênero.

28. Qual dos seguintes não é um aspecto do desenvolvimento de uma identidade étnica, como identificada por Jean Phinney?
    a. uma identidade étnica não examinada
    b. uma busca de identidade étnica
    c. uma rejeição da identidade étnica
    d. realização de uma identidade étnica

29. Qual dos seguintes não é um nível de desenvolvimento moral proposto por Lawrence Kohlberg?
    a. moralidade pré-convencional
    b. moralidade operacional formal
    c. moralidade convencional
    d. moralidade pós-convencional

30. Qual das seguintes características é menos importante no desenvolvimento do raciocínio moral?
    a. Maior capacidade de ver a perspectiva dos outros.
    b. Um ambiente social que oferece oportunidades para um diálogo significativo e recíproco sobre questões morais.
    c. A capacidade dos pais de expressar visões morais em palavras que reflitam o nível de compreensão da criança.
    d. A resolução bem-sucedida da crise de identidade de Erikson.

31. Segundo Gilligan, as duas orientações morais distintas envolvidas no raciocínio moral são
    a. justiça e empatia.
    b. justiça e cuidado.
    c. honestidade e sinceridade.
    d. certo e errado.

32. Entre os adolescentes, a afiliação a uma _____ significa identificação com um grupo de pares baseado em reputação, caracterizado por um rótulo como "esportistas", "cabeças" ou "durões".
    a. panelinha
    b. turma
    c. identidade prototípica
    d. realização da identidade

33. Jeri é uma menina de 12 anos que sente atração sexual por ambos os sexos. Qual das seguintes afirmativas melhor corresponde ao que a pesquisa prediria sobre o desenvolvimento das relações amorosas na vida de Jeri?
    a. Suas relações amorosas seriam influenciadas pelo fato de que a atração por membros do mesmo sexo e a autoidentificação como homossexual ocorrem simultaneamente.
    b. Jeri provavelmente experimentará tanto relações heterossexuais quanto homossexuais antes de se comprometer com uma orientação sexual.
    c. Ela terá mais propensão a esconder sua atração por pares do mesmo sexo do que o faziam as coortes anteriores.
    d. Jeri vai evitar a associação com adolescentes homossexuais de ambos os sexos, porque eles poderiam tentar persuadi-la a se comprometer com uma orientação homossexual.

Respostas das Preparações para Testes

Capítulo 1

UMA INTRODUÇÃO AO DESENVOLVIMENTO HUMANO (p. 30-33)

1. (1)B (2)A (3)C
2.

Teórico	Métodos de estudo do desenvolvimento
Charles Darwin	Biografias de bebês
G. Stanley Hall	Questionários, entrevistas
Arnold Gesell	Laboratórios equipados com dispositivos de observação de via única e câmeras de filmagem

3. A ciência do desenvolvimento utiliza teorias e pesquisas de muitas disciplinas (p. ex., biologia, psicologia).

4. Como essa questão indaga sobre as experiências dos próprios alunos, muitas respostas são possíveis. Eis alguns exemplos de respostas corretas para cada célula na tabela:

Período	Evento desenvolvimentista		
	Físico	Cognitivo	Socioemocional
Primeira infância (nascimento aos 2)	Caminhar	Falar	Apego
Segunda infância (2 aos 6)	Andar de triciclo	Inventar histórias	Brincar cooperativo
Meninice (6 aos 12)	Escrever	Jogos com regras	Amizades de longo prazo
Adolescência (12 aos 18)	Puberdade	Pensamento abstrato	Grupos de pares

QUESTÕES-CHAVE NO ESTUDO DO DESENVOLVIMENTO HUMANO (p. 33-37)

5. Uma inclinação inata é uma tendência inata a responder de certas maneiras. Para os desenvolvimentistas contemporâneos, inclinações inatas representam o aspecto da natureza do *continuum* natureza-experiência. Um modelo interno da experiência é o significado que uma criança atribui a uma experiência específica. É assim que a maioria dos desenvolvimentistas pensa o aspecto da experiência do *continuum* natureza-experiência.

6. (1)A (2)B (3)B (4)A (5)B

7.

Tipo de mudança	Exemplo
Normativa graduada por idade	Andar, outros marcos do desenvolvimento; aquisição da linguagem
Normativa graduada pela história	Grande Depressão (Crise de 1929)
Não normativa	Doenças genéticas, abuso

8. (1) relações com a família extensa (2) bairro (3) escola (4) ocupação dos pais (5) gênero

MÉTODOS E MODELOS DE PESQUISA (p. 37-45)

9. (1)S (2)N (3)S (4)S (5)S (6)S

10. Famílias de pais solteiros tendem a ter menos recursos econômicos para lidar com os problemas das crianças, e assim os problemas tendem a piorar. Os pais podem experimentar níveis de estresse que interferem na criação. Crianças podem ter problemas de saúde não tratados que as fazem faltar na escola, ficar atrás nos estudos, desenvolver baixa autoestima e, consequentemente, serem mais vulneráveis a influências negativas dos pares.

11. independente; dependente

12. (1)G (2)E (3)C (4)B (5)A (6)F (7)D (8)H

13.

Método	Vantagens	Desvantagens
Transversal	Rápido acesso a dados sobre grupos etários diferentes	Ignora diferenças individuais; efeitos de coorte
Longitudinal	Rastreamento de mudanças desenvolvimentistas nos indivíduos ao longo do tempo	Demorado; descoberta pode ser válida somente no grupo estudado
Sequencial	Dados transversais e longitudinais relevantes para as mesmas hipóteses	Demorado; taxas de desgaste diferem entre grupos

14.

Questão	O que os pesquisadores devem fazer
Proteção contra danos	Evitar pesquisas que possam causar danos; oferecer reparo para possíveis efeitos danosos temporários
Consentimento informado	Obter permissão das instituições (p. ex., escolas), pais e das próprias crianças; permitir que os participantes se retirem
Sigilo	Manter a identidade dos participantes em sigilo
Conhecimento dos resultados	Fornecer os resultados de pesquisa aos participantes, pais e instituições
Engano	Revelar aos participantes os eventuais enganos envolvidos na pesquisa

15. Não. Em alguns casos, o engano é necessário para testar uma hipótese. Entretanto, princípios éticos requerem que os participantes sejam informados sobre o engano o mais breve possível após a conclusão do estudo.

Capítulo 2

TEORIAS PSICANALÍTICAS (p. 51-56)

1. (1)superego (2)id (3)ego

2.

Nome do estágio	Idade	Foco da libido	Tarefa de desenvolvimento	Características da fixação na vida adulta
Oral	0-1	Boca, lábios, língua	Desmame	Comportamentos que envolvem a boca (p. ex., fumar, comer muito)
Anal	1-3	Ânus	Treinamento higiênico	Comportamentos que envolvam limpeza e ordem
Fálico	3-6	Órgãos sexuais	Resolução do Complexo de Édipo/Electra; identificação com o genitor de mesmo sexo	Desvio do comportamento sexual
Latência	6-12	Libido suprimida	Desenvolvimento de mecanismos de defesa; identificação com pares do mesmo sexo	Nenhuma
Genital	12+	Órgãos sexuais	Intimidade sexual madura	Interesse sincero pelos outros; sexualidade madura

3.

Nome do estágio	Idade	Características positivas obtidas e atividades típicas	Conflito associado ao estágio
confiança versus desconfiança	0-1	Esperança; confiança no cuidador principal e na própria capacidade de fazer as coisas acontecerem (apego seguro ao cuidador é fundamental).	Bebês cujo cuidado foi errático ou duro podem desenvolver desconfiança.
autonomia versus vergonha e dúvida	1-3	Independência; novas habilidades físicas levam a demanda por mais escolhas, na maioria das vezes vistas como dizer "não" aos cuidadores; a criança adquire habilidades de autocuidado, como o asseio pessoal.	Crianças que não são estimuladas a desenvolver independência podem ter dúvidas a seu próprio respeito.
iniciativa versus culpa	3-6	Propósito; capacidade de organizar atividades em torno de alguma meta; mais assertividade e agressividade.	Crianças pequenas que não aprendem a se harmonizar com seus pares podem desenvolver sentimentos de culpa excessivos (conflito de Édipo/Electra com o genitor do mesmo sexo pode levar à culpa).
produtividade versus inferioridade	6-12	Competência; habilidades e normas culturais, incluindo habilidades escolares e uso de ferramentas.	Crianças que não adquirem habilidades culturalmente importantes (p. ex., leitura) desenvolvem um senso de inferioridade.
identidade versus confusão de papéis	12-18	Fidelidade; adaptação do senso de identidade às mudanças da puberdade, consideração de futuras escolhas, realização de uma identidade sexual mais madura e busca por novos valores.	Adolescentes que não desenvolvem um senso de identidade ficam confusos a respeito de seu lugar no mundo adulto.

(continua)

intimidade versus isolamento	18-30	Amor, pessoa desenvolve relações íntimas além do amor adolescente; muitos se tornam pais.	Jovens adultos que não conseguem desenvolver relações íntimas se sentem socialmente isolados.
generatividade versus estagnação	30-Velhice	Cuidado, as pessoas criam filhos, se concentram em realização ocupacional ou criatividade e treinam a geração seguinte; voltam-se para fora de si mesmas e em direção aos outros.	Adultos de meia-idade que não demonstram generatividade tornam-se voltadas a si próprios.
integridade do ego versus desesperança	Velhice	Sabedoria; pessoa faz uma revisão da vida, integra estágios anteriores e se reconcilia com identidade básica, desenvolvendo autoaceitação.	Idosos que não desenvolvem experiência de autoaceitação se desesperam.

4. Os principais conceitos da teoria psicanalítica (i.e., id, ego, superego) são difíceis de testar porque não são definidos com precisão.

TEORIAS DA APRENDIZAGEM (p. 56-61)

5. Devido à proximidade do nariz à boca, uma pessoa sente o cheiro de um alimento pouco antes de comê-lo. Consequentemente, o odor de um determinado alimento é um estímulo condicionado que se torna associado ao estímulo não condicionado do próprio alimento. Essa associação faz com que o odor provoque a mesma resposta do sistema digestivo provocada pelo alimento.

6. ENC: barulho; RNC: sobressalto, choro; EC: rato branco; RC: sobressalto, choro

7. (1)reforço negativo (2)reforço positivo (3)punição

8. Se o pai repetidamente não responde ao choramingo da criança, ele está usando extinção.

9. A teoria sociocognitiva enfatiza os elementos cognitivos da experiência; outras teorias da aprendizagem não. Um conceito central da teoria sociocognitiva é a ideia de que as pessoas aprendem por imitação. Para aprender de um modelo, a criança tem que prestar atenção ao modelo, lembrar o que ele faz, ter condições desenvolvimentistas de realizar o comportamento observado e ter motivação para realizar o comportamento sozinha.

10. Desenvolvimentistas argumentam que as crianças não são tão passivas quanto as teorias do condicionamento supõem que elas sejam e que a teoria sociocognitiva explica apenas comportamentos específicos, e não o processo de desenvolvimento global.

TEORIAS COGNITIVAS (p. 61-65)
11.

Estágios	Idades médias	Descrição
Sensório-motor	0-2	As crianças utilizam os sentidos e atividades motoras para aprender; começam a brincar de faz de conta.
Pré-operatório	2-6	As crianças usam símbolos. Utilizam lógica simples.
Operatório-concreto	6-12	As crianças aprendem a pensar logicamente sobre ideias que têm referentes concretos; conservação.
Operatório-formal	12+	Os adolescentes aprendem a pensar sobre ideias abstratas.

12. interações sociais
13. (1)C (2)A (3)B
14. (1)B (2)A (3)C

TEORIAS BIOLÓGICAS E ECOLÓGICAS (p. 66-69)

15. Segundo os etologistas, as forças de evolução moldaram o choro do bebê de modo a irritar os adultos. Consequentemente, os adultos são motivados a cuidar do bebê para fugir da irritação que sentem quando um bebê chora.

16. Segundo os sociobiólogos, a evolução dotou os seres humanos de uma programação genética que promove regras sociais que aumentam as chances de sobrevivência de um grupo. A proibição do homicídio é uma dessas regras. Essas regras são universais porque o hipotético programa genético que leva as sociedades a criá-las também é universal na espécie humana.

17. (1)B (2)C (3)D (4)A

COMPARAÇÃO DE TEORIAS (p. 69-71)

18.

Teorias	Ativo/ passivo	Natureza/ experiência	Continuidade/ descontinuidade
Psicossexual	Passivo	Natureza	Descontinuidade
Psicossocial	Passivo	Ambas	Descontinuidade
Condicionamento Clássico	Passivo	Experiência	Continuidade
Condicionamento Operante	Passivo	Experiência	Continuidade
Sociocognitiva	Ativo	Experiência	Continuidade
Cognitivo-desenvolvimentista	Ativo	Ambas	Descontinuidade
Sociocultural	Ativo	Ambas	Descontinuidade
Processamento de informações	Ativo	Ambas	Ambas

19. (A) Uma teoria testável é mais útil do que uma teoria que não pode ser testada cientificamente.
    (B) Uma teoria que tem valor heurístico estimula a discussão e pesquisa entre aqueles que se colocam contra e a favor dela.
    (C) Teorias úteis geram soluções para problemas da vida real.
    (D) Quanto mais fatos básicos sobre o desenvolvimento uma teoria pode explicar, mais útil ela é.

20. (1)Falso (2)Verdadeiro (3)Verdadeiro (4)Falso (5)Verdadeiro

Capítulo 3

CONECEPÇÃO E GENÉTICA (p. 77-83)

1. (1)B (2)F (3)E (4)A (5)C (6)D

2.

Herança	Descrição
Poligênica	Vários genes influenciam fenótipo.
Imprinting genético	Um gene influencia um traço quando ele é recebido de um dos genitores, mas não quando é recebido de outro.
Mitocondrial	Genes que se localizam na mitocôndria e não no núcleo de um óvulo influenciam um traço. Esses genes, portanto, só são passados da mãe para a criança.
Multifatorial	Tanto fatores genéticos quanto ambientais influenciam um traço.

DOENÇAS GENÉTICAS E CROMOSSÔMICAS (p. 83-85)
3. na infância; recessivo; na vida adulta; dominante

GRAVIDEZ E DESENVOLVIMENTO PRÉ-NATAL (p. 86-94)
4. (1)A (2)C (3)B (4)C (5)C (6)B
5. Os fetos femininos avançam mais rapidamente no desenvolvimento do esqueleto. No nascimento, bebês do sexo feminino estão 1 a 2 semanas adiantados no desenvolvimento dos ossos. As meninas adquirem coordenção e habilidades motoras mais cedo do que os meninos.
6. (1)N (2)S (3)S (4)S (5)N (6)N (7)S

PROBLEMAS NO DESENVOLVIMENTO PRÉ-NATAL (p. 94-103)
7. embrionário
8. Algumas mulheres grávidas precisam de medicamentos de prescrição ou vendidos livremente para tratar condições que ameaçam sua própria saúde e a de seus filhos que ainda não nasceram.
9.

Droga	Efeito
Heroína	Aborto espontâneo; parto prematuro; morte prematura; dependência pós-natal e sintomas de abstinência
Cocaína	Difícil de determinar devido à influência de múltiplos fatores de ocorrência simultânea, tais como má saúde materna, pobreza, ausência de assistência pré-natal, negligência pós-natal
Maconha	Tremores; problemas de sono; letargia pós-natal; baixa estatura
Tabaco	Baixo peso natal; maior risco de problemas de aprendizagem e comportamento antissocial
Álcool	Síndrome alcoólica fetal; baixa estatura

10. (1)A, D, F (2)B (3)A, E, F (4)A, C, E (5)E, F, G
11.

Variável	Associação ao desenvolvimento pré-natal
Dieta	Ácido fólico insuficiente é ligado à espinha bífida; desnutrição aumenta o risco de baixo peso natal, problemas de aprendizagem e complicações obstétricas.
Idade	Gestantes mais velhas têm mais complicações, mais bebês com defeitos congênitos, mais gestações de múltiplos; gestantes adolescentes têm mais problemas do que gestantes entre 20 e 30 anos quando pobreza e assistência pré-natal são levadas em conta
Doenças crônicas	A depressão afeta o crescimento do feto e aumenta o risco de parto prematuro; outros problemas de saúde têm efeitos adversos, e por isso as mães devem ser monitoradas por especialistas em saúde materna.
Ameaças ambientais	Chumbo, arsênico, cádmio, gases anestésicos, solventes e parasitas têm diversos efeitos negativos.
Emoções maternas	Alguns estados, tais como ansiedade, causam mudanças hormonais que podem afetar o feto; os fetos de mães altamente estressadas crescem mais lentamente.

12.

Exame	Como funciona
Ultrassonografia	Imagem do feto obtida a partir de ondas sonoras; mostra defeitos físicos, posição da placenta, etc.; pode ser realizada em qualquer momento da gravidez.
Alfa-fetoproteína	Exame do sangue materno; ajuda a identificar defeitos no sistema nervoso.
Amostragem das vilosidades coriônicas	Células extraídas da placenta para testagem; usada para identificar doenças genéticas e cromossômicas; realizada durante as primeiras 8 a 10 semanas de gestação.
Fetoscopia	Imagem do feto de pequena câmera inserida no útero; usada juntamente com cirurgia fetal, transfusões de sangue, transplantes de medula óssea, amostras de sangue fetal; pode ser feita em qualquer época da gravidez.
Exame de sangue fetal	Amostra de sangue do cordão umbilical; orientada por fetoscopia ou ultrassom; usada para diagnosticar infecções e outras condições do feto.
Amniocentese	Células extraídas do líquido amniótico; usada para identificar doenças genéticas e cromossômicas; realizada entre 14 e 16 semanas.

NASCIMENTO E O NEONATO (p. 103-110)

13.

Categoria	Opções disponíveis
Local	Maternidade hospitalar, sala de parto em hospital, central de nascimento, lar
Alívio da dor	Analgésicos, sedativos, tranquilizantes, anestesia (geral ou epidural), parto natural (planejado)
Pessoas presentes	Médicos, obstetras, parteiras licenciadas

14. (1)1 (2)1 (3)1 (4)2 (5)0 (6)5

15. A tem a melhor chance (precoce, mas com peso apropriado para idade gestacional); B tem as menores chances (termo completo, pequeno para data).

Capítulo 4

MUDANÇAS FÍSICAS (p. 121-128)

1. (1)A (2)C (3)B

2. A mielinização aumenta a eficiência com a qual os neurônios conduzem os impulsos eletroquímicos. A mielina serve como isolante que mantém os impulsos na direção certa.

3. (A) Os neonatos dormem 80% do tempo, igualmente distribuídos entre o dia e a noite; às 8 semanas, a quantidade de sono por dia cai e aparecem os ritmos circadianos – os bebês dormem durante dois ou três ciclos de 2 horas em sequência sem chegar à plena vigília; aos seis meses, os bebês dormem 14 horas, com sono prolongado à noite e sonecas durante o dia.
   (B) Os neonatos ficam despertos e alertas de 2 a 3 horas por dia, mas o tempo total é uniformemente distribuído durante as 24 horas de cada dia; durante os primeiros 6 meses, períodos de sono e vigília se tornam mais longos e aparecem períodos de sono, choro e alimentação.
   (C) O choro aumenta durante as primeiras seis semanas e depois diminui aos poucos; atenção imediata durante os primeiros três meses reduz o choro posterior.

4.

Idade (em meses)	Habilidades motoras gerais.	Habilidades motoras finas.
1	Reflexo de marcha; levanta ligeiramente a cabeça.	Segura objeto colocado na mão.
2 a 3	Levanta a cabeça até um ângulo de 90 graus quando deitada de bruços.	Começa a bater nos objetos à vista.
4 a 6	Vira o corpo; fica sentada com apoio; desloca-se sobre as mãos e joelhos ("rasteja"); mantém a cabeça ereta enquanto está sentada.	Alcança e pega objetos.
7 a 9	Senta-se sem apoio; engatinha.	Transfere objetos de uma mão para a outra.
10 a 12	Põe-se de pé e anda se apoiando nos móveis, depois caminha sozinha; agacha-se e inclina-se; brinca de joguinhos de palmas.	Mostra sinais de preferência no uso das mãos; segura colher com a palma da mão, mas não tem boa mira ao levar a comida à boca.
13 a 18	Caminha para trás e de lado; corre (14 a 20 meses); rola bola de volta para adulto; bate palmas.	Empilha dois blocos; coloca objetos em recipiente menor e os despeja.
19 a 24	Sobe e desce escadas, dois pés por degrau; salta do chão com os dois pés.	Utiliza a colher para se alimentar; empilha de 4 a 10 blocos.

SAÚDE E BEM-ESTAR (p. 128-131)

5. (1)B (2)D (3)C (4)A

6. Bebês precisam de exames de puericultura para acompanhar seu crescimento e desenvolvimento. Eles também precisam de imunizações.

MORTALIDADE INFANTIL (p. 131-134)

7. (1)F (2)V (3)F (4)F

8. (1)1 (2)3 (3)6 (4)2 (5)5 (6)4

9. A SIMS é duas vezes mais comum entre bebês afro-americanos e americanos nativos, os dois grupos com as maiores taxas de mortalidade infantil, do que em outros grupos.

HABILIDADES SENSORIAIS (p. 134-137)

10. A acuidade auditiva dos neonatos é superior a sua acuidade visual. De forma geral, as habilidades auditivas básicas estão plenamente desenvolvidas ao nascer.

HABILIDADES PERCEPTUAIS (p. 137-141)

11. O bebê percebe profundidade, mas ainda não compreende que o vidro vai impedi-lo de cair. Ele para porque percebe o fim do padrão xadrez como um "abismo" no qual vai cair se continuar rastejando.

12. Com uma semana, os neonatos percebem a localização de um som assim como seu volume e tom. Eles também preferem vozes "agudas". Aos 2 meses, os bebês se sobressaltam com sons e reconhecem vozes. Aos 4 a 7 meses, eles se viram para acompanhar os sons e deliberadamente os imitam.

13. A percepção intermodal acelera a aprendizagem da natureza dos objetos e o reconhecimento de novos estímulos.

14. (1)A (2)B (3)B (4)A

Capítulo 5

MUDANÇAS COGNITIVAS (p. 147-154)

1. (1)A (2)B (3)C (4)A (5)C (6)B

2. Piaget diria que Jarrett está no quarto subestágio do estágio sensório-motor e está demonstrando o erro A-não-B. Esse erro faz com que os bebês procurem um objeto onde o viram a última vez e não onde viram ele ir. Quando Jarret olha o ponto no chão onde a bola costuma estar e não a vê, ele provavelmente se lembra de que sua bola costuma estar na caixa de brinquedos.

3.

Marco	Descobertas
Permanência do objeto	Estudos que não dependem das habilidades motoras dos bebês mostram que os bebês apresentam comportamentos de "observação" que sugerem que eles compreendem mais sobre os objetos e como eles se movimentam do que Piaget acreditava, talvez já aos 4 meses.
Imitação	Os neonatos imitam as expressões faciais. Bebês muito jovens podem ser capazes de adiar a imitação por alguns minutos. Bebês mais velhos têm mais habilidades de imitação e imitação diferida do que Piaget supunha.

4. O trabalho de Spelke demonstra que bebês de apenas 2 ou 3 meses têm expectativas sobre o modo como os objetos podem se mover. Os estudos de Baillargeon indicam que os bebês desenvolvem hipóteses básicas sobre as propriedades dos objetos e, através da experiência, modificam essas hipóteses até terem uma compreensão precisa da natureza dos objetos e seus movimentos.

APRENDER, CATEGORIZAR E LEMBRAR (p. 154-156)

5. (1)B (2)A (3)C

6. a organização das experiências em expectativas, chamadas esquemas, que permitem que os bebês distingam estímulos familiares de desconhecidos.

7. (1)Verdadeiro (2)Falso (3)Verdadeiro

RUDIMENTOS DA LINGUAGEM (p. 156-166)

8. (A) falar com seus filhos com frequência (B) ler para eles regularmente (C) usar uma ampla gama de palavras em sua fala.

9. Restrições no aprendizado de palavras são "pistas" embutidas no cérebro humano que fornecem aos bebês suposições no aprendizado de palavras, tais como a ideia de que algumas palavras representam ações e outras representam objetos.

10. explosão dos nomes; os bebês aprendem novas palavras com muita rapidez e facilmente as generalizam para novas situações.

11. (1)V (2)F (3)V (4)V (5)F (6)F

12.

Diferenças de ...	Descrição
Ritmo	As faixas de idade normais para todos os marcos do desenvolvimento da linguagem são muito amplas. Por exemplo, algumas crianças usam palavras aos 8 meses, mas outras não antes dos 18 meses. Algumas crianças não usam frases até os 3 anos.
Estilo	Crianças que usam um estilo expressivo usam principalmente palavras ligadas às relações sociais. As que usam um estilo referencial se comunicam mais sobre os objetos e o ambiente físico.

13. (A) A sequência de desenvolvimento da linguagem é muito semelhante entre as culturas. O arrulho sempre precede o balbucio, o balbucio sempre precede as palavras, e as palavras sempre aparecem antes das holofrases. Todos os bebês compreendem a língua antes de saberem falá-la. Em todo lugar, os bebês emitem suas primeiras palavras, em média, em torno dos 12 meses.
    (B) A ordem específica das palavras nas primeiras frases das crianças varia conforme o idioma que estão aprendendo a falar. As inflexões também variam quanto a ordem em que são aprendidas. As crianças que aprendem turco parecem pular a fase das duas palavras.
14. (A) Os escores nos testes de inteligência não são preditivos dos escores em testes posteriores porque os primeiros dependem demasiado das habilidades motoras das crianças.
    (B) Os testes de inteligência infantil são úteis para identificar crianças que estão em risco para sérios atrasos de desenvolvimento.
    (C) Esses testes se mostraram úteis para bebês com condições tais como paralisia cerebral, que os tornam incapazes de responder a outros testes de inteligência infantil. Contudo, a pesquisa sugere que eles são de utilidade limitada com bebês de desenvolvimento típico.

Capítulo 6

TEORIAS DO DESENVOLVIMENTO SOCIAL E DA PERSONALIDADE (p. 171-173)

1. (1)A (2)A (3)B (4)A
2. (A) A perspectiva etológica afirma que os bebês nascem com a tendência de formar relações de apego.
    (B) Os etologistas afirmam que os primeiros dois anos são um período crítico para a formação de um laço emocional com um cuidador. Eles afirmam que esse laço molda os que o sucedem, inclusive as relações com os pares. Assim, um relacionamento com um par não pode substituir o apego a um cuidador.
    (C) Os etologistas trabalham com a hipótese de que as primeiras relações de apego levam ao desenvolvimento de modelos internos que orientam o desenvolvimento das relações socioemocionais posteriores, mesmo as da idade adulta.

APEGO (p. 173-181)

3. Durante as primeiras semanas, mães e pais se comportam de maneira semelhante. Depois, os pais passam mais tempo brincando com o bebê, e as mães passam mais tempo cuidando dele.
4.

Estágio	Nome do estágio	Idade	Comportamentos de apego
1	Orientação e sinalização sem foco	Nascimento aos 3 meses	Chorar, sorrir e fazer contato visual para chamar a atenção de qualquer pessoa que entre em contato com o bebê.
2	Foco em uma ou várias figuras	3 aos 6 meses	Os bebês dirigem seus sinais de "venha cá" a menos pessoas, geralmente àquelas com as quais passam mais tempo; menos responsivos a pessoas desconhecidas.
3	Comportamento de base segura	6 a 24 meses	Verdadeiro apego a um cuidador principal. Busca de proximidade, como ao seguir e se agarrar aos cuidadores quando estão ansiosos, feridos ou têm necessidades físicas.
4	Modelo interno	24 meses em diante	Imaginar como ações poderiam afetar os laços socioemocionais com cuidadores e outras pessoas.

5. (1)ambivalente (2)seguro (3)evitante (4)desorganizado
6. (1)Falso (2)Verdadeiro (3)Verdadeiro (4)Falso (5)Verdadeiro
7.

Segunda e terceira infância	Adolescência	Idade adulta
Mais sociável Menos "agarrado" Menos agressivo, perturbador Mais empático	Melhores habilidades sociais Mais amizades Maior tendência a serem líderes Maior autoestima Menor tendência a se tornarem sexualmente ativos em idade precoce	Mais sociáveis Menos propensos a sofrerem de disfunções sexuais Mais responsivos aos próprios filhos Mais confiantes na capacidade de ser pai/mãe

8. Verdadeiro

PERSONALIDADE, TEMPERAMENTO E AUTOCONCEITO (p. 182-187)

9. (A) Crianças fáceis são emocionalmente positivas, têm ciclos previsíveis de fome e sono, geralmente estão alegres e se adaptam bem às mudanças.
   (B) Crianças difíceis apresentam ciclos irregulares de fome e sono, negatividade emocional, irritabilidade e resistência à mudança.
   (C) Crianças de aquecimento lento apresentam poucas reações intensas e não são responsivas a pessoas desconhecidas.

10. Os teóricos de traço consideram o temperamento de cada bebê como resultado de seu perfil em várias características diferentes. Essas características interagem para produzir o temperamento da criança.

11. assimetria do lobo frontal

12. escolha do nicho

13.

Componente do *self*	Comportamentos
Subjetivo/existencial	Consciência da existência; efeitos sobre objetos e pessoas permitem ao bebê distinguir a si mesmo do mundo externo; permanência do objeto permite a compreensão de que o *self* é estável e permanente.
Objetivo/categórico	Consciência das características próprias e das respostas aos objetos e outras pessoas no ambiente; teste do espelho sugere que a autoconsciência objetiva surge em torno dos 21 meses, juntamente com uma atitude proprietária.
Emocional	Consciência das próprias emoções e as dos outros; bebês respondem à expressão facial dos outros nos primeiros meses, respondem às expressões faciais e vocais de emoção em torno de 5 a 7 meses, tentam provocar expressões emocionais positivas nos outros ao final do primeiro ano; referencial social e capacidade de alterar deliberadamente seu estado emocional surgem em torno do primeiro aniversário; emoções de autoconsciência (p. ex., constrangimento) aparecem ao mesmo tempo que o autorreconhecimento.

EFEITOS DO CUIDADO ALTERNATIVO (p. 187-191)

14. Seria mais fácil, porque todas as crianças estariam recebendo o mesmo tipo de atenção. Na realidade, crianças que são expostas ao cuidado alternativo são assistidas por muitos tipos de cuidadores em diversos ambientes. Isso torna difícil estudar o "cuidado alternativo" enquanto entidade separada.

15. mais enriquecimento do que elas receberiam em casa

16. Verdadeiro

Capítulo 7

MUDANÇAS FÍSICAS (p. 201-214)

1. abaixo
2. possível
3. 5º
4. hormônio do crescimento
5. (1)B (2)C (3)A
6. inato
7. adquirido
8. As correlações entre ser canhoto e problemas de desenvolvimento se devem a um fator subjacente que, por motivos desconhecidos, contribui para ambos. Obrigar uma criança a ser destra não irá impedir que esses problemas se desenvolvam.
9. (1)A (2)B (3)C (4)D
10. Pesquisas sugerem que crianças com perdas auditivas leves são mais propensas a terem problemas de aprendizagem do que crianças sem perdas auditivas leves.
11.

Idade	Habilidades motoras gerais	Habilidades motoras finas
18 a 24 meses	Corre desajeitadamente; sobe escadas com ambos os pés em cada degrau; empurra ou puxa caixas ou objetos com rodas.	Demonstra clara preferência por uma das mãos; empilha 4 a 6 blocos; vira páginas uma de cada vez; pega coisas sem perder o equilíbrio; gira tampas para abrir um vidro.
2 a 3 anos	Corre com facilidade; sobe em móveis sem auxílio; reboca e empurra brinquedos grandes em torno de obstáculos.	Pega pequenos objetos; arremessa bola pequena quando de pé.
3 a 4 anos	Sobe escadas com um pé por degrau; pula com os dois pés; caminha nas pontas dos pés; pedala e dirige um triciclo; anda em qualquer direção puxando brinquedos grandes.	Agarra bola com braços estendidos; corta papel com tesouras; segura lápis entre o polegar e os outros dedos.
4 a 5 anos	Sobe e desce escadas com um pé por degrau; fica de pé e corre nas pontas dos pés.	Atinge bola com bastão; chuta e agarra bola; dispõe contas de um colar em fileira; segura lápis corretamente.
5 a 6 anos	Pula com pés alternados; caminha em linha reta; usa escorregadores, balanços.	Joga bem com bola; enfia agulhas e dá pontos grandes.

12. (A)rabisco (B)figurativo (C)esboço (D)forma
13. pesadelos
14. terrores noturnos
15. menor

SAÚDE E BEM-ESTAR (p. 214-223)

16. A gordura na alimentação é necessária para o desenvolvimento cerebral na segunda infância.
17. O cuidado dos dentes previne o acúmulo de bactérias que causam cáries.
18. A pesquisa demonstra que os casos brandos de otite média com frequência se resolvem sozinhos sem antibióticos. Acredita-se que o uso excessivo de antibióticos contribui para o desenvolvimento de cepas de bactérias resistentes ao tratamento.
19. cosméticos
20. África subsaariana; HIV/AIDS

21. (A) A maioria dos casos de abuso envolve crianças de 4 anos ou menos.
    (B) Fatores de risco para abuso incluem fatores socioculturais, características da criança, características do agressor e estresses familiares.
    (C) O abuso pode ser prevenido pelo cumprimento da lei, educação dos pais e identificação das famílias em risco por profissionais de saúde.

DESENVOLVIMENTO ATÍPICO (p. 223-229)

22. (A) um escore em um teste de inteligência nos 2% inferiores da distribuição de escores (B) déficits no comportamento adaptativo
23. (A) poucas habilidades de comunicação (B) incapacidade de se envolver em interações sociais recíprocas (C) comportamento autodestrutivo (D) comportamentos repetitivos incomuns
24. Crianças com autismo mostram padrões atípicos de desenvolvimento linguístico e cognitivo nos primeiros dois anos. Crianças com transtorno de Asperger têm habilidades linguísticas e cognitivas semelhantes às de crianças que têm desenvolvimento típico. Seus problemas com os relacionamentos sociais não aparecem até elas começarem a interagir com pares aos 3 ou 4 anos. Mesmo então, elas podem ser consideradas como de "amadurecimento tardio" e não serem diagnosticadas até chegarem a idade escolar.

Capítulo 8

MUDANÇAS COGNITIVAS (p. 236-247)

1. (1)D (2)C (3)E (4)A (5)B
2.

Habilidade cognitiva	Pesquisas recentes
Conservação	A maioria das crianças não é capaz de resolver problemas de conservação antes dos 5 anos. Crianças mais jovens às vezes são capazes de resolver versões simplificadas das tarefas de conservação de Piaget.
Egocentrismo	Piaget subestimou a capacidade das crianças pequenas de superar o pensamento egocêntrico. Crianças de apenas 2 ou 3 anos têm certa capacidade de compreender que uma outra pessoa experimenta as coisas de maneira diferente da sua.
Tomada de perspectiva	No nível 1 (de 2 a 3 anos), a criança sabe que os outros experimentam as coisas de maneira diferente. No nível 2 (dos 4 anos em diante), a criança desenvolve toda uma série de regras complexas para entender o que a outra pessoa vê ou experimenta.
Aparência/realidade	O movimento de distanciamento do egocentrismo que ocorre na criança pequena parece fazer parte de uma mudança muito mais ampla em sua compreensão da aparência e realidade.

3. (1)D (2)A (3)C (4)B

MUDANÇAS NA LINGUAGEM (p. 247-250)

4. O mapeamento rápido envolve a formação de hipóteses sobre os significados das palavras. Quando as crianças utilizam palavras que adquiririam através de mapeamento rápido em sua fala, o retorno de falantes fluentes as ajuda a confirmar ou corrigir suas hipóteses.
5. A fala telegráfica carece de inflexões, preposições e artigos.
6. (1)N (2)S (3)N (4)S

DIFERENÇAS NA INTELIGÊNCIA (p. 250-256)

7. A faixa de reação é a extensão dentro da qual o ambiente pode afetar um traço que é fortemente influenciado pela hereditariedade.
8. Mesmo entre gêmeos criados juntos, a correlação entre escores de Q.I. não é perfeita. Isso mostra que o ambiente tem algum grau de influência sobre a inteligência.

9. (A) A diferença entre os escores de Q.I. médios de alunos brancos e afro-americanos se estreitou em anos recentes.
(B) A maioria dos desenvolvimentistas acredita que as diferenças de grupo nos escores em testes de inteligência são fruto de fatores ambientais.
(C) A diferença se situa na presumida faixa de reação.

EDUCAÇÃO NA SEGUNDA INFÂNCIA (p. 256-260)
10. (1)A (2)B (3)A (4)B (5)B (6)A

Capítulo 9

TEORIAS DO DESENVOLVIMENTO SOCIAL E DA PERSONALIDADE (p. 265-269)

1. Freud via o período da segunda infância como uma época da vida em que as crianças primeiro adquirem o controle de suas funções corporais e, depois, renegociam suas relações com seus pais para se prepararem para ingressar no mundo dos pares.

2. Erikson acreditava que com o excesso do controle parental a criança não teria oportunidade suficiente para explorar; por outro lado, com muito pouco controle a criança tornar-se-ia intratável e não conseguiria adquirir as habilidades que precisaria para se relacionar com seus pares, bem como com adultos.

3. Crianças de apenas 3 anos já têm alguma compreensão de intenções, mas elas às vezes ainda julgam o aspecto "travesso" dos atos com base nas consequências da ação e não nas intenções do ator.

PERSONALIDADE E AUTOCONCEITO (p. 269-272)

4. Pais que rejeitam uma criança difícil podem fazer com que o comportamento difícil da criança se torne mais frequente ou intenso. Aqueles que respondem ajudando a criança a aprender a regular suas emoções e comportamentos podem diminuir os efeitos potenciais do temperamento da criança sobre suas relações sociais.

5.

Estágio	Descrição
1: Empatia global	Durante o primeiro ano de vida, se o bebê está perto de alguém que expressa uma emoção forte, ele pode corresponder àquela emoção – por exemplo, começando a chorar quando ouve outro bebê chorando.
2: Empatia egocêntrica	A partir de em torno dos 12 aos 18 meses, quando as crianças já desenvolveram uma ideia mais clara de suas identidades separadas, elas reagem ao sofrimento de alguém com seu próprio sofrimento mas podem tentar "curar" o problema da outra pessoa oferecendo o que acham que para elas mesmas seria mais reconfortante. Por exemplo, uma criança demonstra tristeza quando vê outra criança machucada e chama sua própria mãe para ajudar.
3: Empatia pelos sentimentos de outra pessoa	A partir dos 2 aos 3 anos e continuando durante os primeiros anos de escola, as crianças percebem os sentimentos dos outros, correspondem parcialmente àqueles sentimentos e respondem ao sofrimento dos outros de modos não egocêntricos. Durante esse período, as crianças se tornam capazes de distinguir um leque mais amplo (e mais sutil) de emoções.
4: Empatia pela condição de vida de outra pessoa	No final da infância ou adolescência, algumas crianças desenvolvem uma noção mais generalizada dos sentimentos dos outros e reagem não apenas à situação imediata, mas à situação geral ou aos apuros das outras pessoas. Assim, um jovem nesse nível pode ficar mais perturbado pela tristeza de outra pessoa se souber que a tristeza é crônica ou que a situação geral da pessoa é especialmente trágica do que se identificá-la como um problema passageiro.

DESENVOLVIMENTO DE GÊNERO (p. 272-278)

6. 9 a 12 meses

7. Quando as crianças compreendem, posteriormente na infância, que as regras de gênero são convenções sociais e não regras morais, elas se tornam mais flexíveis. Assim, a rigidez de crianças de 5 e 6 anos é mais uma consequência da falta de compreensão das regras sociais em geral do que estereótipos de gênero duradouros.

ESTRUTURA E RELAÇÕES FAMILIARES (p. 278-288)

8.

Idade	Mudança na relação de apego
2-3	Comportamentos de apego, tais como busca de aproximação, se tornam menos visíveis.
4	Modelos internos de apego influenciam outras relações.

9. Bowlby diria que os modelos de apego internos operantes das crianças são generalizados das relações com os pais para as relações que elas têm com seus pares.

10.

Estilo	Definição	Efeitos no desenvolvimento
Autoritário	Alto em controle e demandas por maturidade; baixo em apoio e comunicação.	Menores desempenho, autoestima e habilidades sociais se comparado ao estilo de criação democrático.
Permissivo	Alto em apoio; baixo em demandas por maturidade, no controle e na comunicação.	Menor desempenho; maior agressividade
Democrático	Alto em apoio, demandas por maturidade, controle e comunicação.	Mais consistentemente associado a resultados positivos.
Negligente	Baixo em apoio, demandas por maturidade, controle e comunicação.	Piores resultados; perturbações nas relações sociais; mau desempenho.

11. Entre americanos de origem asiática, a criação autoritária está associada ao bom desempenho acadêmico das crianças. Entre americanos brancos e afro-americanos, a criação autoritária está associada a níveis mais baixos de abuso de substâncias na adolescência.

12. (A) Pouco se sabe sobre os efeitos de ser criado pelos avós, pois a maior parte das pesquisa se concentra nos efeitos da criação sobre os próprios avós, e não sobre as crianças.
    (B) A homossexualidade não é mais frequente entre indivíduos criados em famílias de *gays* ou lésbicas do que entre aqueles criados em outros tipos de família.

13. (A) Há declínio dos recursos econômicos.
    (B) Desempenho escolar diminui nos primeiros anos após o divórcio. As crianças que vivem em lares com padrastos/madrastas têm mais problemas de comportamento na escola e notas mais baixas.
    (C) Nos primeiros anos após um divórcio, os filhos demonstram mais comportamentos agressivos, desafiadores, negativos ou depressivos. Os filhos adolescentes de pais divorciados são mais propensos a apresentar comportamento criminoso. Filhos de pais divorciados também apresentam maior risco de problemas de saúde mental na vida adulta, podem se debater com temores de intimidade nos relacionamentos e são eles mesmos mais propensos a se divorciar.

14. Avós, tias, tios, primos e outros membros da família extensa muitas vezes garantem apoio financeiro e emocional, além de auxílio no cuidado das crianças.

RELAÇÕES ENTRE PARES (p. 288-293)

15.

Modo de brincar	Exemplo
Solitário	Uma criança construindo uma estrutura de blocos sozinha.
Espectador	Uma criança assistindo outra a construir uma estrutura de blocos.
Paralelo	Duas crianças construindo estruturas de blocos separadas sem interagir.
Associativo	Duas crianças construindo estruturas de blocos separadas e interagindo minimamente (p. ex. olhando e contando sobre as estruturas).
Cooperativo	Duas crianças trabalhando juntas para criar uma estrutura de bloco.

16. (A)Verdadeira (B)Verdadeira (C)Falsa (D)Falsa (E)Falsa

17. desempenha um papel fundamental

18. A agressão instrumental é mais comum entre 2 e 4 anos. Quando frustradas, as crianças dessa idade se expressam arremessando objetos ou batendo em outras crianças, ações que visam obter algum objeto. Zombarias e xingamentos se tornam mais comuns à medida que as habilidades linguísticas das crianças se aperfeiçoam.

19. O comportamento pró-social é intencional, um comportamento voluntário cujo intuito é ajudar outra pessoa. Esse tipo de comportamento se torna mais comum à medida que as crianças desenvolvem mais interesse por brincar com outras crianças, em torno de 2 ou 3 anos. O revezamento aumenta com a idade, mas o ato de confortar os outros diminui.

20. (A)4 (B)18 meses (C)3

Capítulo 10

MUDANÇAS FÍSICAS (p. 303-308)

1. a idade óssea

2.

	Mudanças
Sistema esqueletal	Ossos amadurecem; epífises se ossificam.
Hormônios	Glândulas adrenais produzem andrógenos em maior quantidade.
Força	Aumentos na massa muscular levam a aumentos na força; a proporção de força para tamanho do corpo é maior entre os meninos.
Resistência	Crescimento do coração e dos pulmões aumenta a capacidade para atividade física sustentada.

3. (A)Falso (B)Falso (C)Verdadeiro

4. (A) Mielinização continua na meninice. A mielinização da formação reticular permite que crianças mais velhas se distraiam menos do que crianças mais jovens.
   (B) A lateralização da percepção espacial ocorre na meninice, com a percepção espacial complexa se tornando fortemente lateralizada em torno dos 8 anos.

5. figura-fundo

SAÚDE E BEM-ESTAR (p. 308-322)

6. 80

7. mais saudáveis

Respostas das Preparações para Testes **527**

8. (1)A (2)B

9. (A) Controle do ambiente da criança, evitando alérgenos.
   (B) Dar à criança antialérgicos de prescrição.
   (C) Dar à criança esteroides de prescrição.
   (D) Tratar a criança com terapia de dessensibilização.

10. asma

11. Medicações diárias para asma podem ter efeitos negativos sobre o desenvolvimento cognitivo das crianças.

12. (A) quantidade de supervisão (B) quantidade de atividade física (C) quantidade de comportamento agressivo ou impulsivo

13. (A) Crianças afro-americanas são mais propensas a morrer por homicídio do que crianças em outros grupos.
    (B) A taxa de mortalidade por câncer é mais alta entre crianças americanas de origem asiática do que em qualquer outro grupo.
    (C) A taxa de mortalidade devido a acidentes é mais alta entre crianças americanas nativas do que em qualquer outro grupo.

14. (1)B (2)C (3)A

15. (A) desemprego dos pais (B) emprego dos pais em ocupações de baixa remuneração (C) baixo nível de instrução dos pais (D) falta de acesso à assistência médica (E) tabagismo nos pais

16. Múltiplas respostas são possíveis, inclusive as seguintes: (A) alto Q.I. (B) criação democrática (C) perspectiva otimista (D) escolas eficientes (E) apego inicial seguro ao genitor

17. (1)S (2)N (3)S (4)N (5)N (6)N (7)S

DESENVOLVIMENTO ATÍPICO (p. 322-329)

18. 6 meses

19.

Prós	Contras
1. Melhora na concentração 2. Diminuição da atividade física 3. Diminuição da impulsividade 4. Melhora no comportamento social	1. Desempenho escolar nem sempre melhora. 2. Novos medicamentos podem causar alterações no pensamento que aumentam o risco de transtorno mental grave. 3. Indivíduos enfrentam maior risco de infartos e AVC na vida adulta.

20. 8

21. TDO

22. A depressão é difícil de diagnosticar porque seus sintomas se sobrepõem aos de transtornos do comportamento como TDAH.

Capítulo 11

MUDANÇAS COGNITIVAS (p. 336-343)

1. 60.000

2. (A) A descentração permite às crianças pensar sobre mais de uma variável quando resolvem problemas como as tarefas de conservação de Piaget.
   (B) A reversibilidade permite que as crianças mentalmente invertam processos que resultam em um mudança na aparência de uma substância, mas não sua quantidade.

3. (1)B (2)A

4. complexidade relacional

5.

Avanços	Benefícios
Maior eficiência de processamento	Faz uso mais eficiente da memória de curto prazo; permite processamento de informações mais rápido.
Automatismo	Libera espaço na memória de curto prazo para manejar problemas complexos.
Processos executivos	Melhora a capacidade de criar e executar modos alternativos de processar informações.
Estratégias de memória	Melhora a capacidade de recordar informações.
Perícia	Melhora a eficiência do sistema de processamento de informações, memória, categorização, criatividade.

6. (A)organização (B)ensaio (C)elaboração (D)mnemônica

ESCOLARIZAÇÃO (p. 343-353)

7. A abordagem equilibrada no ensino de leitura inclui instrução sistemática e explícita em fônica juntamente com outras estratégias instrucionais derivadas da abordagem integral da linguagem.

8. (1)D (2)B (3)C (4)A

9.

Tipo	Definição
Linguística	Capacidade de usar linguagem de modo efetivo
Lógica/matemática	Facilidade com números e resolução lógica de problemas
Musical	Capacidade de apreciar e produzir música
Espacial	Capacidade de apreciar relacionamentos espaciais
Cinestésica/corporal	Capacidade de se movimentar de maneira coordenada, sentido do corpo no espaço
Naturalista	Capacidade de fazer discriminações entre seres do mundo natural e padrões/desenhos dos artefatos humanos
Interpessoal	Sensibilidade ao comportamento, humor e necessidades dos outros
Intrapessoal	Capacidade de compreender a si mesmo

10. (1)B (2)C (3)A

11. (A) consciência das próprias emoções (B) capacidade de expressar adequadamente nossas emoções (C) capacidade de canalizar as emoções para a perseguição de objetivos

12. (1)A (2)B (3)A (4)B

13. (1)A (2)B

14. (A)crenças culturais (B)métodos de ensino (C)envolvimento parental (D)instrução individualizada fora da escola (E)uso de recompensas

ESCOLARIZAÇÃO PARA CRIANÇAS COM NECESSIDADES ESPECIAIS (p. 353-362)

15. Crianças com paralisia cerebral podem requerer auxílio físico com atividades de cuidado pessoal e também podem necessitar de equipamentos especiais para serem capazes de escrever e participar plenamente na escola.

16. (A)articulação (B)voz (C)fluência (D)forma (E)conteúdo (F)função

17. (A) Crianças com deficiências físicas, mas sem problemas de aprendizagem, fazem mais progresso acadêmico em programas de plena inclusão.
    (B) Crianças com transtornos de aprendizagem precisam de programas individualizados. Classes especiais ou esquemas com professores auxiliares em salas de aula normais parecem particularmente úteis a crianças com transtornos de aprendizagem.

Respostas das Preparações para Testes **529**

Capítulo 12

TEORIAS DO DESENVOLVIMENTO SOCIAL E DA PERSONALIDADE (p. 368-370)

1.

Produtividade	Inferioridade
Aprender habilidades culturalmente valorizadas, tais como ler; realizar metas	Deixar de aprender habilidades; incapacidade de realizar metas

2. (1)A (2)B (3)D (4)E (5)C

3.

Ambiental	Comportamental	Pessoal
Respostas emocionais dos outros; apoio social	Imitação de modelos; respostas ao fracasso	Crenças, traços; emoções

AUTOCONCEITO (p. 370-373)

4. (A)N (B)S

5. (1)A (2)B

6. (A) comparação mental das identidades ideal/real (B) valor pessoal colocado em cada componente da autoestima (C) apoio geral, especialmente de pais e pares (D) valores culturais (E) experiências de sucesso e fracasso

7. A autoestima pode mudar em resposta aos julgamentos dos outros e mudanças nas experiências de êxito e fracasso de uma criança.

AVANÇOS NA COGNIÇÃO SOCIAL (p. 373-375)

8. inteligente, feliz, malvado

9. pensamento operacional concreto

O MUNDO SOCIAL DA CRIANÇA EM IDADE ESCOLAR (p. 375-383)

10.

Fator	Contribuição para a autorregulação
Cultura	Grupos variam quanto às idades em que esperam que as crianças sejam capazes de regular seu próprio comportamento.
Gênero	Pais têm maiores expectativas para a autorregulação das meninas.
Estilo de criação	Pais democráticos encorajam a autorregulação.

11. (1)B (2)A (3)B (4)B (5)A

12. (A)Não (B)Sim (C)Não

INFLUÊNCIAS ALÉM DA FAMÍLIA E DOS PARES (p. 383-387)

13. (A) más relações com os pares (B) mau desempenho escolar (C) más habilidades sociais (D) mais problemas de comportamento

Capítulo 13

MUDANÇAS FÍSICAS (p. 398-405)

1.

Glândula	Hormônio(s)	Influência no desenvolvimento
Tireoide	Tiroxina	Desenvolvimento cerebral; taxa de crescimento
Suprarrenal	Androgênio suprarrenal	Características sexuais secundárias nas meninas
Testículos (meninos)	Testosterona	Genitais masculinos (pré-natal); características sexuais primárias e secundárias nos meninos
Ovários (meninas)	Estrogênio (estradiol)	Ciclo menstrual; desenvolvimento das mamas
Hipófise	Hormônios gonadotróficos; hormônio geral do crescimento; hormônio estimulante da tireoide	Taxa de maturação; sinaliza para outras glândulas

2. uma aceleração do desenvolvimento nas extremidades dos ossos (epífises), disparado por sinais hormonais.

3. (1)B (2)A (3)B (4)A (5)A (6)B

4.

Efeitos nos meninos	Efeitos nas meninas
Ocupar papéis de liderança; mais bem-sucedidos academica e economicamente quando adultos; maior risco de uso de substâncias e depressão	Podem ter uma imagem corporal mais negativa do que meninas com puberdade "normal" (podem se ver como gordas); maior risco de problemas de comportamento, atividade sexual precoce e uso de substâncias

SAÚDE ADOLESCENTE (p. 412-419)

5. Adolescentes bebem menos leite e mais refrigerantes do que quando eram mais jovens.
6. HPV
7. (A) imaturidade do córtex pré-frontal (B) o desejo de ser aceito pelos pares (C) a necessidade de estabelecer autonomia em relação aos pais (D) criação permissiva
8. tabaco
9. Os meninos têm cinco vezes mais chances de serem vítimas de homicídio do que as meninas.

DESENVOLVIMENTO ATÍPICO (p. 419-424)

10. menos propensos
11. não é
12. subestimar
13. (1)B (2)B (3)C (4)C (5)A (6)A (7)C

Capítulo 14

ESTÁGIO OPERATÓRIO-FORMAL DE PIAGET (p. 431-437)

1. resolução sistemática de problemas
2. raciocínio hipotético-dedutivo

3. A pesquisa sugere que as previsões de Piaget sobre a aquisição do pensamento operacional formal pelos adolescentes eram excessivamente otimistas. O estágio pode não ser universal e está fortemente correlacionado à educação na vida adulta.

4.

Característica	Descrição
Egocentrismo adolescente	Crença de que nossos próprios pensamentos, crenças e sentimentos são especiais
Público imaginário	Padrões comportamentais internalizados, geralmente derivados do grupo de pares de um adolescente
Fábula pessoal	Crença de que os fatos de nossa vida são controlados por uma autobiografia mentalmente construída
Idealismo ingênuo	Uso de pensamento operacional formal para construir mentalmente um mundo ideal e comparar o mundo real com ele
Erros de planejamento	Fracasso em prever todas as contingências envolvidas em um plano, comum no pensamento operacional formal inicial

AVANÇOS NO PROCESSAMENTO DE INFORMAÇÕES (p. 437-439)

5. Os adolescentes são mais propensos do que crianças mais jovens a incluir todas as principais ideias de um texto em seus resumos. Quando resumem um texto, eles são mais propensos a incluir tanto as principais ideias quanto informações de suporte.

ESCOLARIZAÇÃO (p. 439-449)

6. objetivos de tarefa

7. objetivos de habilidade

8. Academias de 9ª série são escolas independentes dedicadas exclusivamente à 9ª série. Elas muitas vezes possuem horários que reservam tempo extra para aulas de leitura e matemática. A pesquisa mostra que estudantes em risco que frequentam essas academias se ausentam menos da escola, requerem menos medidas disciplinares, obtêm escores superiores em testes padronizados e são mais propensos do que seus pares em escolas tradicionais a serem aprovados em disciplinas do 1º ano do ensino médio.

9. permissivo, autoritário

10. Pelo modo como são calculadas, as estimativas de evasão não levam em conta quantos alunos posteriormente retornam à escola, obtêm um certificado de desenvolvimento educacional geral GED ou concluem o ensino médio nas forças armadas. Além disso, é difícil avaliar a precisão das estatísticas, pois os boletins do governo definem "evasão" como todos os estudantes na idade do ensino médio que não estão matriculados na escola. Assim, estudantes alfabetizados em casa e estudantes em programas alternativos poderiam ser erroneamente computados como tendo abandonado a escola.

11. Pesquisas mostram que existem várias características, tais como honestidade básica, que quase todos os pais concordam que as crianças devem ser encorajadas a desenvolver.

12. Eles podem oferecer aos alunos aulas transicionais rigorosas na 8ª e 9ª séries.

INGRESSANDO NO UNIVERSO DO TRABALHO (p. 449-452)

13. menos

14. 2%

15. Orientadores vocacionais podem proporcionar aos estudantes experiências de observação de diversos ambientes de trabalho, podendo também dirigir os alunos a recursos eletrônicos ou impressos que sejam úteis na pesquisa de informações sobre profissões. Orientadores vocacionais também podem aplicar testes de personalidade para ajudar os estudantes a determinar quais ocupações melhor se adaptam a suas características pessoais.

16. (1)C (2)F (3)A (4)B (5)D (6)E

17.

Fator	Influência
Família	A maioria escolhe ocupações com níveis educacionais e socioeconômicos semelhantes aos dos pais; padrões morais familiares descartam algumas opções; valores familiares influenciam a importância de "subir", fazer um curso superior, etc.
Educação	Adolescentes inteligentes que se saem bem na escola são mais propensos a escolher profissões que exigem muitos anos de educação.
Inteligência	A inteligência influencia a escolha da carreira através de sua correlação com o sucesso acadêmico. Estudantes mais inteligentes também tendem a optar por profissões técnicas ou de maior *status*.
Gênero	Muitos se conformam às visões tradicionais de "emprego para homens" e "emprego pra mulheres", mas o grau em que os próprios pais de um adolescente se conformam a essas expectativas modera os efeitos dos estereótipos.

Capítulo 15

TEORIAS DO DESENVOLVIMENTO SOCIAL E DA PERSONALIDADE (p. 458-460)

1. confusão de papéis
2. Os adolescentes fundem suas identidades individuais com as de um grupo. O grupo adolescente assim forma uma base de segurança a partir da qual o jovem pode se encaminhar para uma solução única da crise de identidade.
3. (1)C (2)B (3)A (4)D

AUTOCONCEITO (p. 460-467)

4. honesto, ambientalista
5. (A) Alguns adolescentes com níveis elevados de autoestima experimentam algum declínio desta durante a adolescência, ao passo que outros experimentam níveis consistentemente altos ao longo de todo esse período.
   (B) As meninas são mais propensas do que os meninos a apresentar uma autoestima consistentemente baixa ou declinante na adolescência.
6. (1)B (2)C (3)A (4)D
7.

Estágio	Resumo
Não examinada	Incorporação dos estereótipos negativos de uma sociedade ao nosso senso de identidade.
Busca	Comparação de nosso próprio grupo com outros; pode ser desencadeado por um episódio em que a atenção é dirigida à etnicidade do adolescente, tais como uma incidência de racismo flagrante.
Realização	Desenvolvimento de estratégias para resolução de conflitos entre as demandas da cultura dominante e as do próprio grupo étnico do adolescente.

DESENVOLVIMENTO MORAL (p. 467-474)

8.

Estágio	Visão das regras
Orientação à punição e à obediência	As regras devem ser obedecidas porque a desobediência geralmente resulta em punição.
Individualismo, propósito instrumental e troca	As regras devem ser obedecidas se isso trouxer alguma espécie de benefício material.
Expectativas interpessoais mútuas, relacionamentos e conformidade interpessoal	As regras devem ser obedecidas porque a obediência é uma característica de pessoas "boas" ou "legais". Obedecer às regras e às expectativas dos outros é importante para a manutenção de relações interpessoais harmoniosas.
Sistema social e consciência (Orientação à lei e ordem)	As regras devem ser obedecidas a fim de se manter a ordem social e prevenir que cada pessoa faça suas próprias leis.
Orientação ao contrato social	As regras de modo geral devem ser obedecidas para manter a ordem, mas algumas regras violam direitos individuais, os quais são mais importantes do que a ordem social. Nesses casos, a desobediência é justificada e esforços devem ser feitos para mudar as regras.
Orientação a princípios éticos universais	Existem alguns princípios morais que transcendem todas as outras preocupações, sejam elas de natureza individual ou social. Questões morais em que esses princípios estão envolvidos devem ser tratadas em conformidade com esses princípios.

9. (A) desenvolvimento cognitivo (B) habilidades de tomada de papéis (C) apoio social na forma de diálogo recíproco sobre questões morais (D) capacidade dos pais de expressar sua própria visão moral de tal modo que ela seja compreensível para crianças e adolescentes.

10. (A) Todos os estágios pré-convencionais e convencionais de Kohlberg foram identificados em todas as culturas, mas o nível pós-convencional pode ser limitado a culturas ocidentais que dão mais ênfase aos direitos individuais do que a preocupações coletivas.
    (B) A abordagem de Gilligan dá mais ênfase à "ética do cuidado" do que à justiça.
    (C) O desenvolvimento moral não está fortemente relacionado ao comportamento moral.

RELAÇÕES SOCIAIS (p. 474-479)

11. (A) maior intimidade (B) maior estabilidade (c) interesses em comum

12. (1)B (2)A (3)B (4)A (5)B

13. Em torno dos 12 ou 13 anos.

14. (A) ensinamentos religiosos (B) atitudes individuais (c) estrutura familiar

15. Na idade de 11 ou 12, que é aproximadamente a mesma idade para a atração heterossexual.

Respostas dos Testes Práticos

UNIDADE UM

CAPÍTULO 1

1.b 2.b 3.a 4.d 5.a 6.b 7.a 8.c 9.a 10.d 11.d 12.c

CAPÍTULO 2

13.c 14.d 15.b 16.a 17.c 18.b 19.c 20.a 21.d 22.d 23.b 24.b 25.a 26.c 27.b

CAPÍTULO 3

28.d 29.c 30.a 31.c 32.a 33.d 34.c 35.a 36.b 37.d

UNIDADE DOIS

CAPÍTULO 4

1.b 2.c 3.a 4.d 5.c 6.b 7.a 8.a 9.c 10.a 11.d 12.a

CAPÍTULO 5

13.a 14.d 15.a 16.b 17.a 18.d 19.b 20.d 21.c 22.b 23.c 24.b 25.d

CAPÍTULO 6

26.c 27.d 28.d 29.c 30.b 31.d 32.c 33.d 34.a 35.c

UNIDADE TRÊS

CAPÍTULO 7

1.d 2.b 3.b 4.d 5.b 6.b 7.c 8.b 9.d 10.d

CAPÍTULO 8

11.a 12.b 13.a 14.a 15.c 16.d 17.a 18.d 19.b 20.a 21.d

CAPÍTULO 9

22.a 23.b 24.c 25.a 26.b 27.b 28.d 29.c 30.d 31.c 32.a 33.c

UNIDADE QUATRO

CAPÍTULO 10
1.c 2.b 3.a 4.c 5.d 6.d 7.a 8.b 9.c 10.d 11.d

CAPÍTULO 11
12.b 13.d 14.a 15.d 16.d 17.b 18.a 19.b 20.d

CAPÍTULO 12
21.c 22.b 23.d 24.b 25.b 26.c 27.b 28.b 29.d 30.a 31.b 32.c 33.d 34.c 35.c

UNIDADE CINCO

CAPÍTULO 13
1.c 2.d 3.b 4.a 5.d 6.c 7.a 8.d 9.a 10.b 11.d 12.c 13.c 14.d 15.d

CAPÍTULO 14
16.a 17.a 18.b 19.d 20.b 21.b 22.d

CAPÍTULO 15
23.c 24.a 25.c 26.d 27.a 28.c 29.b 30.d 31.b 32.b 33.b

Palavras-chave por Capítulo

CAPÍTULO 1
abordagem ecológica (p. 35)
ciência do desenvolvimento humano (p. 30)
coorte (p. 34)
correlação (p. 40)
debate natureza-experiência (p. 33)
desenvolvimento atípico (p. 35)
domínio cognitivo (p. 32)
domínio físico (p. 31)
domínio socioemocional (p. 32)
estágios (p. 34)
estudo de caso (p. 39)
ética da pesquisa (p. 44)
etnografia (p. 43)
experimento (p. 40)
grupo experimental (p. 41)
grupo-controle (p. 41)
hipótese (p. 38)
maturação (p. 31)
método longitudinal (p. 42)
método sequencial (p. 42)
método transversal (p. 42)
mudança qualitativa (p. 34)
mudança quantitativa (p. 34)
mudanças não normativas (p. 34)
mudanças normativas graduadas pela história (p. 34)
mudanças normativas graduadas pela idade (p. 34)
normas (p. 31)
observação laboratorial (p. 40)
observação naturalista (p. 39)
período crítico (p. 35)
período sensível (p. 35)
relógio social (p. 34)
resiliência (p. 36)
tendências inatas (p. 33)
teorias (p. 37)
variável dependente (p. 41)
variável independente (p. 41)
vulnerabilidade (p. 36)

CAPÍTULO 2
acomodação (p. 62)
aprendizagem social (aprendizagem por imitação) (p. 59)
assimilação (p. 62)
behaviorismo (p. 56)
condicionamento clássico (p. 56)
condicionamento operante (p. 58)
ecletismo (p. 71)
ego (p. 52)
equilibração (p. 62)
esquema (p. 61)
estágios psicossexuais (p. 53)
estágios psicossociais (p. 54)
etologia (p. 67)
extinção (p. 59)
genética do comportamento (p. 66)
id (p. 52)
punição (p. 58)
reforço (p. 58)
sociobiologia (p. 67)
superego (p. 52)
teoria bioecológica (p. 68)
teoria do processamento de informações (p. 64)
teoria neopiagetiana (p. 64)
teoria sociocultural (p. 63)
teorias cognitivas (p. 61)
teorias da aprendizagem (p. 56)
teorias psicanalíticas (p. 52)

CAPÍTULO 3
ácido desoxirribonucleico (DNA) (p. 78)
âmnio (p. 88)
anoxia (p. 107)
axônios (p. 91)
baixo peso natal (BPN) (p. 108)
células gliais (p. 91)
cirurgia cesariana (p. 105)
cordão umbilical (p. 88)
corpo celular (p. 91)
cromossomos (p. 78)
dendritos (p. 91)
estágio embrionário (p. 88)
estágio fetal (p. 90)
estágio germinal (p. 88)
fenótipo (p. 80)
gametas (p. 78)
genes (p. 78)
genótipo (p. 80)
gônadas (p. 79)
herança multifatorial (p. 82)
herança poligênica (p. 82)
implantação (p. 88)
neonato (p. 108)
neurônios (p. 88)
organogênese (p. 90)
padrão céfalo-caudal (p. 88)
padrão dominante-recessivo (p. 80)
padrão próximo-distal (p. 88)
placenta (p. 88)
sinapses (p. 91)
teratógenos (p. 94)
viabilidade (p. 90)
zigoto (p. 78)

CAPÍTULO 4
acuidade auditiva (p. 135)
acuidade visual (p. 134)
cólica (p. 126)
córtex (p. 122)
desabituação (p. 137)
empiristas (p. 141)
formação reticular (p. 124)
habituação (p. 137)
mielinização (p. 123)
mortalidade infantil (p. 131)
nativistas (p. 141)
percepção intermodal (p. 140)
plasticidade (p. 122)
poda (p. 122)
rastreamento (p. 135)
reflexos adaptativos (p. 124)
reflexos primitivos (p. 125)
sinapses (p. 122)
sinaptogênese (p. 122)
síndrome da morte súbita do lactente (SIMS) (p.131)
técnica da preferência (p. 137)
teoria dos sistemas dinâmicos (p. 127)

CAPÍTULO 5
aprendizagem esquemática (p. 155)
arrulho (p. 160)

balbucio (p. 160)
comportamento de meios e fins (p. 149)
conceito de objeto (p. 152)
dispositivo de aquisição da linguagem (DAL) (p. 158)
erro A-não-B (p. 151)
Escalas Bayley de Desenvolvimento Infantil (p. 166)
estágio sensório-motor (p. 148)
estilo expressivo (p. 164)
estilo referencial (p. 165)
explosão dos nomes (p. 162)
extensão média de elocução (EME) (p. 164)
fala dirigida ao bebê (FDB) (p. 159)
fala telegráfica (p. 162)
holofrases (p. 162)
imitação diferida (p. 151)
inflexões (p. 162)
inteligência (p. 165)
interacionistas (p. 158)
linguagem expressiva (p. 161)
linguagem receptiva (p. 161)
método de violação de expectativas (p. 153)
permanência do objeto (p. 149)
reações circulares primárias (p. 148)
reações circulares secundárias (p. 149)
reações circulares terciárias (p. 149)

CAPÍTULO 6
ansiedade ante estranhos (p. 175)
ansiedade de separação (p. 175)
apego (p. 173)
apego inseguro/ambivalente (p. 176)
apego inseguro/desorganizado (p. 177)
apego inseguro/evitante (p. 176)
apego seguro (p. 176)
escolha do nicho (p. 184)
personalidade (p. 182)
qualidade de ajuste (p. 185)
referencial social (p. 175)
self emocional (p. 187)
self objetivo (categórico) (p. 186)
self subjetivo (existencial) (p. 186)
sincronia (p. 173)
temperamento (p. 182)
teoria do apego (p. 172)

CAPÍTULO 7
abuso infantil (p. 219)
ambliopia (p. 207)
campo de visão (p. 207)
cáries dentárias (p. 216)
classificação percentil (p. 202)
corpo caloso (p. 204)
curva de crescimento (p. 202)
desenvolvimento atípico (p. 224)
diferenciação dos dedos (p. 211)
estágio das formas (p. 212)
estágio dos esboços (p. 212)
estágio dos rabiscos (p. 212)
estágio figurativo (p. 212)
estrabismo (p. 207)
habilidades de movimento fundamentais (p. 209)
hipocampo (p. 205)
hipófise (p. 204)
hormônio do crescimento (GH) (p. 204)
hormônios (p. 204)
lateralização (p. 204)
negligência (p. 219)
otite média (OM) (p. 217)
pesadelos (p. 213)
preferência no uso das mãos (p. 205)
retardo mental (p. 224)
sentido vestibular (p. 208)
sistema endócrino (p. 204)
terrores noturnos (p. 213)
transtorno de Asperger (p. 227)
transtornos autistas (p. 227)
transtornos invasivos do desenvolvimento (p. 225)
visão estereoscópica (p. 207)

CAPÍTULO 8
abordagem acadêmica (p. 257)
abordagem desenvolvimentista (p. 256)
andaime (p. 246)
animismo (p. 238)
centração (p. 238)
consciência fonológica (p. 249)
conservação (p. 238)
educação de segunda infância (p. 256)
efeito Flynn (p. 255)
eficiência operacional (p. 244)
egocentrismo (p. 238)
espaço de armazenamento de curto prazo (EACP) (p. 244)
esquemas figurativos (p. 237)
esquemas operativos (p. 237)
estágio da fala interior (p. 246)
estágio de crescimento interior (p. 246)
estágio de psicologia ingênua (p. 246)
estágio pré-operatório (p. 237)
estágio primitivo (p. 246)
explosão gramatical (p. 248)
faixa de reação (p. 254)
função semiótica (simbólica) (p. 237)
Head Start (p. 258)
lógica transdutiva (p. 238)
mapeamento rápido (p. 248)
metacognição (p. 245)
metamemória (p. 245)
ortografia inventada (p. 250)
participação guiada (p. 246)
práticas apropriadas para o nível de desenvolvimento (p. 257)
princípio da falsa crença (p. 241)
programas pré-escolares do Título I (p. 258)
quociente de inteligência (Q.I.) (p. 250)
roteiros (p. 245)
super-regularização (p. 249)
teoria da mente (p. 241)
zona de desenvolvimento proximal (p. 246)

CAPÍTULO 9
agressão hostil (p. 291)
agressão instrumental (p. 291)
agressividade (p. 290)
altruísmo (p. 292)
brincar associativo (p. 289)
brincar cooperativo (p. 289)
brincar espectador (p. 289)
brincar paralelo (p. 289)
brincar solitário (p. 289)
comportamento de gênero cruzado (p. 277)
comportamento pró-social (p. 292)
comportamento tipificado por sexo (p. 276)
constância de gênero (p. 273)
disciplina indutiva (p. 281)
empatia (p. 271)
estabilidade de gênero (p. 274)
estilo de criação autoritário (p. 280)
estilo de criação democrático (p. 280)
estilo de criação negligente (p. 280)
estilo de criação permissivo (p. 280)
estilos de criação (p. 279)
família extensa (p. 288)
gênero (p. 272)
habilidades sociais (p. 290)
identidade de gênero (p. 274)
percepção de pessoas (p. 267)
regulação emocional (p. 270)
teoria do esquema do gênero (p. 273)
teoria sociocognitiva (p. 266)

CAPÍTULO 10
alergias (p. 310)
áreas de associação (p. 306)
asma (p. 310)
atenção seletiva (p. 306)
atividades físicas vitalícias (p. 321)
cognição espacial (p. 307)
condição socioeconômica (CSE) (p. 319)
depressão (p. 328)
diabete (p. 316)
diabete do tipo 1 (p. 317)
diabete do tipo 2 (p. 317)
em risco de sobrepeso (p. 315)
ganho excessivo de peso (p. 314)
idade óssea (p. 304)
IMC para idade (p. 315)
insuficiência de convergência (p. 309)
miopia (p. 308)
orientação direito-esquerdo relativa (p. 307)
percepção espacial (p. 306)
percepção figura-fundo (p. 308)
resistência (p. 304)
risco cumulativo (p. 319)
sobrepeso (p. 315)

transtorno da conduta com início na infância (p. 326)
transtorno de déficit de atenção/hiperatividade (TDAH) (p. 322)
transtorno depressivo maior (TDM) (p. 328)
transtorno desafiador de oposição (TDO) (p. 326)

CAPÍTULO 11

abordagem equilibrada (p. 344)
abordagem integral da linguagem (p. 344)
aprendizes da língua inglesa (ALIs) (p. 345)
automatismo (p. 341)
complexidade relacional (p. 340)
criatividade (p. 349)
deficiências de desenvolvimento (p. 357)
descentração (p. 337)
dislexia (p. 355)
educação bilíngue (p. 345)
educação inclusiva (p. 359)
eficiência de processamento (p. 341)
estágio operatório-concreto (p. 337)
estilo analítico (p. 350)
estilo relacional (p. 350)
estratégias de memória (p. 342)
fônica sistemática e explícita (p. 343)
fonoaudiólogo (p. 358)
gagueira (p. 359)
habilidades metalinguísticas (p. 336)
imersão estruturada (p. 345)
inclusão de classe (p. 339)
inteligência emocional (p. 349)
lógica dedutiva (p. 338)
lógica indutiva (p. 337)
pensamento divergente (p. 349)
perícia (p. 342)
plano educacional individualizado (PEI) (p. 355)
processos executivos (p. 341)
programas de inglês como segunda língua (ESL) (p. 346)
resposta à intervenção (RAI) (p. 356)
reversibilidade (p. 337)
submersão (p. 346)
superdotado (p. 361)

tarefa de seriação (p. 340)
teoria das inteligências múltiplas (p. 348)
teoria triárquica da inteligência (p. 348)
teste de desempenho (p. 347)
teste padronizado (p. 347)
transitividade (p. 340)
transtorno de aprendizagem (p. 355)
transtornos da comunicação (p. 357)

CAPÍTULO 12

agressividade relacional (p. 381)
agressividade retaliativa (p. 381)
autoeficácia (p. 371)
autoestima (p. 371-372)
autorregulação (p. 376)
crianças negligenciadas (p. 382)
crianças populares (p. 382)
crianças que cuidam de si mesmas (p. 384)
crianças rejeitadas (p. 382)
determinismo recíproco (p. 369)
estágio de realismo moral (p. 374)
estágio de relativismo moral (p. 375)
self psicológico (p. 370)
status social (p. 382)
traço (p. 369)

CAPÍTULO 13

adolescência (p. 398)
anorexia nervosa (p. 421)
bulimia nervosa (p. 421)
busca de sensações (p. 415)
características sexuais primárias (p. 402)
características sexuais secundárias (p. 402)
córtex pré-frontal (CPF) (p. 399)
delinquência (p. 420)
doença sexualmente transmissível (DST) (p. 413)
hormônios gonadotróficos (p. 398)
menarca (p. 402)
puberdade (p. 398)
ritmos circadianos (p. 399)
síndrome da fase de sono retardado (SFSR) (p. 400)
surto de crescimento adolescente (p. 400)
tendência secular (p. 403)

transexual (p. 412)
transtorno da conduta com início na adolescência (p. 419)

CAPÍTULO 14

aprendizado acadêmico (p. 438)
educação do caráter (p. 447)
egocentrismo adolescente (p. 435)
estágio operatório-formal (p. 432)
estudantes desengajados (p. 442)
estudantes engajados (p. 442)
fábula pessoal (p. 435)
idealismo ingênuo (p. 436)
objetivos de habilidade (p. 440)
objetivos de tarefa (p. 440)
público imaginário (p. 436)
raciocínio hipotético-dedutivo (p. 432)
resolução sistemática de problemas (p. 432)

CAPÍTULO 15

crise de identidade (p. 458)
difusão de identidade (p. 459)
identidade (p. 458)
identidade do papel do gênero (p. 463)
identidade do papel do gênero andrógino (p. 465)
identidade do papel do gênero feminino (p. 465)
identidade do papel do gênero indiferenciado (p. 465)
identidade do papel do gênero masculino (p. 465)
identidade étnica (p. 465)
identidade *versus* confusão de papéis (p. 458)
moralidade convencional (p. 469)
moralidade pós-convencional (p. 470)
moralidade pré-convencional (p. 468)
moratória (p. 459)
panelinha (p. 477)
pré-fechamento (p. 459)
realização da identidade (p. 459)
tomada de papéis (p. 471)
turma (p. 477)

Referências

ABC News. (2000, August 22). Poll: Americans like public school. Retrieved August 23, 2000 from http://www.abcnews.com.

Abrams, E.J., Matheson, P.B., Thomas, P.A., Thea, D.M., Krasinski, K., Lambert, G., Shaffer, N., Bamji, M., Hutson, D., Grimm, K., Kaul, A., Bateman, D., Rogers, M., & New York City Perinatal HIV Transmission Collaborative Study Group. (1995). Neonatal predictors of infection status and early death among 332 infants at risk of HIV-1 infection monitored prospectively from birth. *Pediatrics, 96*, 451–458.

Accardo, P., Tomazic, T., Fete, T., Heaney, M., Lindsay, R., & Whitman, B. (1997). Maternally reported fetal activity levels and developmental diagnoses. *Clinical Pediatrics, 36*, 279–283.

Adair, R., & Bauchner, H. (1993). Sleep problems in childhood. *Current Problems in Pediatrics, 23*, 147–170.

Adelman, W., & Ellen, J. (2002). Adolescence. In A. Rudolph, R. Kamei, & K. Overby (Eds.), *Rudolph's fundamentals of pediatrics* (3rd ed., pp. 70–109). New York: McGraw-Hill.

Adesman, A.R. (1996). Fragile X syndrome. In A.J. Capute & P.J. Accardo (Eds.), *Developmental disabilities in infancy and childhood, Vol. II: The spectrum of developmental disabilities* (pp. 255–269). Baltimore: Paul H. Brookes.

Administration for Children and Families. (2006). Office of Child Support Enforcement factsheet. Retrieved June 18, 2007 from www.acf.hhs.gov/opa/fact_sheets/cse_factsheet.html.

Agnew, J., Dorn, C., & Eden, G. (2004). Effect of intensive training on auditory processing and reading skills. *Brain & Language, 88*, 21–25.

Ahadi, S.A., & Rothbart, M.K. (1994). Temperament, development, and the big five. In C.F. Halverson, Jr., G.A. Kohnstamm, & R.P. Martin (Eds.), *The developing structure of temperament and personality from infancy to adulthood* (pp. 189–207). Hillsdale, NJ: Erlbaum.

Aiken, L. (1997). *Psychological testing and assessment* (9th ed.). Boston: Allyn & Bacon.

Ainsworth, M.D.S., Blehar, M., Waters, E., & Wall, S. (1978). *Patterns of attachment*. Hillsdale, NJ: Erlbaum.

Ainsworth, M.D.S., & Marvin, R.S. (1995). On the shaping of attachment theory and research: An interview with Mary D.S. Ainsworth (Fall 1994). *Monographs of the Society for Research in Child Development, 60* (244, Nos. 2–3), 3–21.

Akbari, O., Faul, J., Hoyte, E., Berry, G., Wahlstrom, J., Kronenberg, M., DeKruyff, R., & Umetsu, D. (2006). CD4 + invariant T-cell-receptor + natural killer T cells in bronchial asthma. *New England Journal of Medicine, 354*, 1117–1129.

Akers, J., Jones, R., & Coyl, D. (1998). Adolescent friendship pairs: Similarities in identity status development, behaviors, attitudes, and interests. *Journal of Adolescent Research, 13*, 178–201.

Aksu-Koc, A.A., & Slobin, D.I. (1985). The acquisition of Turkish. In D.I. Slobin (Ed.), *The crosslinguistic study of language acquisition: Vol. 1: The data* (pp. 839–878). Hillsdale, NJ: Erlbaum.

Alan Guttmacher Institute. (2004). U.S. teenage pregnancy statistics with comparative statistics for women aged 20–24. Retrieved July 9, 2004 from http://www.guttmacher.org/pubs/teen_stats.html.

Aleixo, P., & Norris, C. (2000). Personality and moral reasoning in young offenders. *Personality & Individual Differences, 28*, 609–623.

Alexander, G., & Hines, M. (1994). Gender labels and play styles: Their relative contribution to children's selection of playmates: *Child Development, 65*, 869–879.

Allen, C., & Kisilevsky, B. (1999). Fetal behavior in diabetic and nondiabetic pregnant women: An exploratory study. *Developmental Psychobiology, 35*, 69–80.

Allen, M. (2004). Reading achievement of students in French Immersion programs. *Educational Quarterly Review, 9*, 25–30.

Al Otaiba, S., Connor, C., Lane, H., Kosanovich, M., Schatschneider, C., Dyrlund, A., Miller, M., & Wright, T. (2008). Reading First kindergarten classroom instruction and students' growth in phonological awareness and letter naming/decoding fluency. *Journal of School Psychology, 46*, 281–314.

Alsaker, F.D., & Olweus, D. (1992). Stability of global self-evaluations in early adolescence: A cohort longitudinal study. *Journal of Research on Adolescence, 2*, 123–145.

Alspaugh, J. (1998). Achievement loss associated with the transition to middle school and high school. *Journal of Educational Research, 92*, 20–25.

Amato, P.R. (1993). Children's adjustment to divorce: Theories, hypotheses, and empirical support. *Journal of Marriage & the Family, 55*, 23–38.

Amato, S. (1998). Human genetics and dysmorphy. In R. Behrman & R. Kliegman (Eds.), *Nelson essentials of pediatrics* (3rd ed., pp. 129–146). Philadelphia: W.B. Saunders.

Ambert, A. (2001). *Families in the new millennium*. Boston: Allyn & Bacon.

Ambuel, B. (1995). Adolescents, unintended pregnancy, and abortion: The struggle for a compassionate social policy. *Current Directions in Psychological Science, 4*, 1–5.

American Academy of Pediatric Dentistry. (2001). Clinical guidelines on management of the developing dentition and occlusion in pediatric dentistry. Retrieved March 29, 2008 from http://www.guideline.gov/summary/summary.aspx?doc_id=7494.

American Academy of Pediatrics (AAP). (1998). Guidance for effective discipline. *Pediatrics, 101*, 723–728.

American Academy of Pediatrics (AAP).(1999). Calcium requirements of infants, children, and adolescents. *Pediatrics, 104*, 1152–1157.

American Academy of Pediatrics (AAP). (2001a). Policy state-ment: Children, adolescents, and television. *Pediatrics, 107*, 423–426.

American Academy of Pediatrics (AAP). (2001b). Sexuality education for children and adolescents: Committee on psychosocial aspects of child and family health and committee on adolescence. *Pediatrics, 108*, 498–502.

American Academy of Pediatrics (AAP). (2004). Clinical practice guideline: Diagnosis and management of acute otitis media. *Pediatrics, 113*, 1451–1465.

American Academy of Pediatrics (AAP). (2006). *Pediatrics, 118*, 405–420.

American Academy of Pediatrics (AAP). (2008). Poison prevention and treatment. Retrieved March 18, 2008 from http://aap.org/advocacy/releases/poisonpreventiontips.cfm.

American College of Obstetricians and Gynecologists (ACOG). (2001, December 12). ACOG addresses latest controversies in obstetrics. Retrieved April 1, 2004 from http://www.acog.org.

American College of Obstetricians and Gynecologists (ACOG). (2002, November 29). Rubella vaccination recommendation changes for pregnant women. Retrieved April 2, 2004 from http://www.acog.org.

American College of Obstetricians and Gynecologists (ACOG). (2004). *Ethics in obstetrics and gynecology.* Washington, DC: Author.

American Speech-Language-Hearing Association (ASHA). (2008). Noisy toys, dangerous play. Retrieved March 19, 2008 from http://www.asha.org/public/hearing/disorders/noisy_toys.htm.

Anderman, E., Maehr, M., & Midgley, C. (1999). Declining motivation after the transition to middle school: Schools can make a difference. *Journal of Research & Development in Education, 32*, 131–147.

Anderman, E., & Midgley, C. (1997). Changes in achievement goal orientations, perceived academic competence, and grades across the transition to middle-level schools. *Contemporary Educational Psychology, 22*, 269–298.

Anderman, L. (1999). Classroom goal orientation, school belonging and social goals as predictors of students' positive and negative affect following the transition to middle school. *Journal of Research & Development in Education, 32*, 89–103.

Anderman, L., & Anderman, E. (1999). Social predictors of changes in students' achievement goal orientations. *Contemporary Educational Psychology, 24*, 21–37.

Andersen, G. (2001). *Pragmatic markers and sociolinguistic variation.* Philadelphia: John Benjamins Publishing Company.

Anderson, C., & Dill, K. (2000). Video games and aggressive thoughts, feelings, and behavior in the laboratory and in life. *Journal of Personality & Social Psychology, 78*, 772–790.

Anderson, R. (1998). Examining language loss in bilingual children. *Electronic Multicultural Journal of Communication Disorders,* 1.

Anderson, S., Dallal, G., & Must, A. (2003). Relative weight and race influence average age at menarche: Results from two nationally representative surveys of U.S. girls studied 25 years apart. *Pediatrics, 111*, 844–850.

Andersson, H. (1996). The Fagan Test of Infant Intelligence: Predictive validity in a random sample. *Psychological Reports, 78*, 1015–1026.

Andreou, E., & Metallidou, P. (2004). The relationship of academic and social cognition to behaviour in bullying situations among Greek primary school children. *Educational Psychology, 24*, 27–41.

Andrews, G., & Halford, G. (1998). Children's ability to make transitive inferences: The importance of premise integration and structural complexity. *Cognitive Development, 13*, 479–513.

Andrews, G., & Halford, G. (2002). A cognitive complexity metric applied to cognitive development. *Cognitive Psychology, 45*, 153–219.

Anglin, J.M. (1995, March). Word learning and the growth of potentially knowable vocabulary. Paper presented at the biennial meetings of the Society for Research in Child Development, Indianapolis, IN.

Anisfeld, M. (1991). Neonatal imitation. *Developmental Review, 11*, 60–97.

Annett, M. (2003). Do the French and the English differ for hand skill asymmetry? Handedness subgroups in the sample of Doyen and Carlier (2002) and in English schools and universities. *Laterality: Asymmetries of Body, Brain & Cognition, 8*, 233–245.

Annunziato, P.W., & Frenkel, L.M. (1993). The epidemiology of pediatric HIV-1 infection. *Pediatric Annals, 22*, 401–405.

Anshel, M. (1990). *Sport psychology: From theory to practice.* Scottsdale, AZ: Gorsuch Scarisbrick.

Anthony, J., & Lonigan, C. (2004). The nature of phonological awareness: Converging evidence from four studies of preschool and early grade school children. *Journal of Educational Psychology, 96*, 43–55.

Antrop, I., Roeyers, H., Van Oost, P., & Buysse, A. (2000). Stimulation seeking and hyperactivity in children with ADHD. *Journal of Child Psychology, Psychiatry & Allied Disciplines, 41*, 225–231.

Apgar, V.A. (1953). A proposal for a new method of evaluation of the newborn infant. *Current Research in Anesthesia and Analgesia, 32*, 260–267.

Aranha, M. (1997). Creativity in students and its relation to intelligence and peer perception. *Revista Interamericana de Psicologia, 31*, 309–313.

Arditti, J. (1991). Child support noncompliance and divorced fathers: Rethinking the role of paternal involvement. *Journal of Divorce & Remarriage, 14*, 107–120.

Arluk, S., Swain, D., & Dowling, E. (2003). Childhood obesity's relationship to time spent in sedentary behavior. *Military Medicine, 168*, 583–586.

Armbruster, B., Lehr, F., & Osborn, J. (2003). Put reading first: The research building blocks of reading instruction. Retrieved June 20, 2008 from http://www.nifl.gov/partnershipforreading/publications/PFRbooklet.pdf.

Arriaga, P., Esteyes, F., Carneiro, P., & Monteiro, M. (2006). Violent computer games and their effects on state hostility and physiological arousal. *Aggressive Behavior, 32*, 146–158.

Asbjornsen, A., Obrzut, J., Boliek, C., Myking, E., Holmefjord, A., Reisaeter, S., Klausen, O., & Moller, P. (2005). Impaired auditory attention skills following middle-ear infections. *Child Neuropsychology, 11*, 121–133.

Asendorpf, J.B., Warkentin, V., & Baudonnière, P. (1996). Self-awareness and other-awareness. II: Mirror self-recognition, social contingency awareness, and synchronic imitation. *Developmental Psychology, 32*, 313–321.

Ashiabi, G., & O'Neal, K. (2007). Children's health status: Examining the associations among income poverty, material hardship, and parental factors. *PLoS ONE, 2*, e940.

Ashkar, P., & Kenny, D. (2007). Moral reasoning of adolescent male offenders: Comparison of sexual and nonsexual offenders. *Criminal Justice and Behavior, 34*, 108–118.

Aslin, R. (1987). Motor aspects of visual development in infancy. In N.P. Salapatek & L. Cohen (Eds.), *Handbook of infant perception, Vol. 1: From sensation to perception* (pp. 43–113). Orlando, FL: Academic Press.

Aslin, R., Saffran, J., & Newport, E. (1998). Computation of conditional probability statistics by 8-month-old infants. *Psychological Science, 9*, 321–324.

Assibey-Mensah, G. (1997). Role models and youth development: Evidence and lessons from the perceptions of African-American male youth. *Western Journal of Black Studies, 21,* 242–252.

Associated Press. (2007. February 27). Overweight 8-year-old sets off child obesity debate in Britain. Retrieved June 16, 2007 from www.iht.com/articles/ap/2007/02/27/europe/EU-GEN-Britain-Child-Obesity.php.

Astington, J.W., & Jenkins, J.M. (1995, March). Language and theory of mind: A theoretical review and a longitudinal study. Paper presented at the biennial meetings of the Society for Research in Child Development, Indianapolis, IN.

Astington, J. W., & Jenkins, J. M. (1999). A longitudinal study of the relation between language and theory-of-mind development. *Developmental Psychology, 35,* 1311–1320.

Astor, R. (1994). Children's moral reasoning about family and peer violence: The role of provocation and retribution. *Child Development, 65,* 1054–1067.

Auditor General of British Columbia. (2000). Fostering a safe learning environment: How the British Columbia Public School System is doing. Victoria, BC: Author.

Austin, M., Reiss, N., & Burgdorf, L. (2007). ADHD comorbidity. Retrieved September 12, 2008 from http://www.mentalhelp.net/poc/view_doc.php?type=doc&id=13851&cn=3.

Austin, S., Ziyadeh, N., Kahn, J., Camargo, C., Colditz, G., & Field, A. (2004). Sexual orientation, weight concerns, and eating-disordered behaviors in adolescent girls and boys. *Journal of the American Academy of Child & Adolescent Psychiatry, 43,* 1115–1123.

Avis, J., & Harris, P.L. (1991). Belief-desire reasoning among Baka children: Evidence for a universal conception of mind. *Child Development, 62,* 460–467.

Bachman, J. G., Safron, D., Sy, S., & Schulenberg, J. (2003). Wishing to work: New perspectives on how adolescents' part-time work intensity is linked to educational disengagement, substance use, and other problem behaviours. *International Journal of Behavioral Development, 27,* 301–315.

Bachman, J.G., & Schulenberg, J. (1993). How part-time work intensity relates to drug use, problem behavior, time use, and satisfaction among high school seniors: Are these consequences or merely correlates? *Developmental Psychology, 29,* 220–235.

Bachman, J. G., Segal, D., Freedman-Doan, P., & O'Malley, P. (2000). Who chooses military service? Correlates of propensity and enlistment in the U.S. Armed Forces. *Military Psychology, 12,* 1–30.

Baddeley, A. (1998). *Human memory: Theory and practice* (rev. ed.) Boston: Allyn & Bacon.

Baek, H. (2002). A comparative study of moral development of Korean and British children. *Journal of Moral Education, 31,* 373–391.

Bahrick, L., & Lickliter, R. (2000). Intersensory redundancy guides attentional selectivity and perceptual learning in infancy. *Developmental Psychology, 36,* 190–201.

Bailey, J., Brobow, D., Wolfe, M., & Mikach, S. (1995). Sexual orientation of adult sons of gay fathers. *Developmental Psychology, 31,* 124–129.

Bailey, J., Pillard, R., Dawood, K., Miller, M., Farrer, L., Trivedi, S., & Murphy, R. (1999). A family history study of male sexual orientation using three independent samples. *Behavior Genetics, 29,* 7986.

Bailey, S., & Zvonkovic, A. (2003). Parenting after divorce: Nonresidential parents' perceptions of social and institutional support. *Journal of Divorce & Remarriage, 39,* 59–80.

Baillargeon, R. (1987). Object permanence in very young infants. *Developmental Psychology, 23,* 655–664.

Baillargeon, R. (1994). How do infants learn about the physical world? *Current Directions in Psychological Science, 3,* 133–140.

Baillargeon, R., & DeVos, J. (1991). Object permanence in young infants: Further evidence. *Child Development, 62,* 1227–1246.

Baillargeon, R., Spelke, E.S., & Wasserman, S. (1985). Object permanence in five-month-old infants. *Cognition, 20,* 191–208.

Baird, A., Kagan, J., Gaudette, T., Walz, K., Hershlag, N., & Boas, D. (2002). Frontal lobe activation during object permanence: Data from near-infrared spectroscopy. *Neuroimage, 16,* 1120–1125.

Baker, J.M. & Zigmond, N. (1995). The meaning and practice of inclusion for students with learning disabilities: Themes and implications from the five cases. *The Journal of Special Education, 29,* 163–180.

Balaban, M.T. (1995). Affective influences on startle in five-month-old infants: Reactions to facial expressions of emotion. *Child Development, 66,* 28–36.

Baldwin, D.A. (1995, March). Understanding relations between constraints and a socio-pragmatic account of meaning acquisition. Paper presented at the biennial meetings of the Society for Research in Child Development, Indianapolis, IN.

Balfanz, R., & Legters, N. (2004). Locating the dropout crisis. Retrieved June 29, 2008 from http://www.csos.jhu.edu/tdhs/rsch/Locating_Dropouts.pdf.

Ball, E. (1997). Phonological awareness: Implications for whole language and emergent literacy programs. *Topics in Language Disorders, 17,* 14–26.

Bamford, F.N., Bannister, R.P., Benjamin, C.M., Hillier, V.F., Ward, B.S., & Moore, W.M.O. (1990). Sleep in the first year of life. *Developmental Medicine & Child Neurology, 32,* 718–724.

Bandura, A. (1977). *Social learning theory.* Englewood Cliffs, NJ: Prentice-Hall.

Bandura, A. (1982). The psychology of chance encounters and life paths. *American Psychologist, 37,* 747–755.

Bandura, A. (1989). Social cognitive theory. *Annals of Child Development, 6,* 1–60.

Bandura, A. (1997). *Self-efficacy: The exercise of control.* New York: Freeman.

Bandura, A., Ross, D., & Ross, S.A. (1961). Transmission of aggression through imitation of aggressive models. *Journal of Abnormal & Social Psychology, 63,* 575–582.

Bandura, A., Ross, D., & Ross, S.A. (1963). Imitation of film-mediated aggressive models. *Journal of Abnormal & Social Psychology, 66,* 3–11.

Bangerter, A., & Heath, C. (2004). The Mozart effect: Tracking the evolution of a scientific legend. *British Journal of Social Psychology, 43,* 605–623.

Baranchik, A. (2002). Identifying gaps in mathematics preparation that contribute to ethnic, gender, and American/foreign differences in precalculus performance. *Journal of Negro Education, 71,* 253–268.

Barayuga, D. (November 30, 2005). "Ice" addict cleared of killing newborn. Retrieved June 8, 2007 from http://starbulletin.com/2005/11/30/news/story02.html.

Barbarin, O. (1999). Social risks and psychological adjustment: A comparison of African American and South African children. *Child Development, 70,* 1348–1359.

Barber, B., & Olsen, J. (2004). Assessing the transitions to middle and high school. *Journal of Adolescent Research, 19,* 3–30.

Barenboim, C. (1981). The development of person perception in childhood and adolescence: From behavioral comparisons to psychological constructs to psychological comparisons. *Child Development, 52,* 129–144.

Barkin, S., Scheindlin, B., Ip, E., Richardson, I., & Finch, S. (2007). Determinants of parental discipline practices: A national sample from primary care practices. *Clinical Pediatrics, 46,* 64–69.

Barkley, R. (1990). *Attention-deficit hyperactivity disorder.* New York: Guilford Press.

Barlow, J., & Lewandowski, L. (2000, August). Ten-year longitudinal study of preterm infants: Outcomes and predictors. Paper presented at the annual meeting of the American Psychological Association, Washington, DC.

Barnard, K.E., Hammond, M.A., Booth, C.L., Bee, H.L., Mitchell, S.K., & Spieker, S.J. (1989). Measurement and meaning of parent-child interaction. In J.J. Morrison, C. Lord, & D.P. Keating (Eds.), *Applied developmental psychology, Vol. 3* (pp. 40–81). San Diego, CA: Academic Press.

Barness, L., & Curran, J. (1996). Nutrition. In R.E. Behrman, R.M. Kliegman, & A.M. Arvin (Eds.), *Nelson's textbook of pediatrics* (15th ed., pp. 141–184). Philadelphia: Saunders.

Barnett, W.S. (1993). Benefit-cost analysis of preschool education: Findings from a 25-year follow-up. *American Journal of Orthopsychiatry, 63*, 500–508.

Barnett, W.S. (1995). Long-term effects of early childhood programs on cognitive and school outcomes. *The Future of Children, 5* (3), 25–50.

Baron, I. (2003). *Neuropsychological evaluation of the child.* New York: Oxford University Press.

Barr, R., Marrott, H., & Rovee-Collier, C. (2003). The role of sensory preconditioning in memory retrieval by preverbal infants. *Learning & Behavior, 31*, 111–123.

Barrett, G., & Depinet, R. (1991). A reconsideration of testing for competence rather than for intelligence. *American Psychologist, 46*, 1012–1024.

Barron, V., & Menken, K. (2002). What are the characteristics of the bilingual education and ESL teacher shortage? National Clearinghouse for English Language Acquisition & Language Instruction Educational Programs Factsheet. Retrieved June 23, 2004 from http://www.ncela.gwu.edu/expert/faq/14shortage.htm.

Barrow, F., Armstrong, M., Vargo, A., & Boothroyd, R. (2007). Understanding the findings of resilience-related research for fostering the development of African American adolescents. *Child and Adolescent Psychiatric Clinics of North America, 16*, 393–413.

Bartholow, B., Bushman, B., & Sestir, M. (2006). Chronic violent video game exposure and desensitization to violence: Behavioral and event-related brain potential data. *Journal of Experimental Social Psychology, 42*, 532–539.

Bartiss, M. (2007). Convergence insufficiency. Retrieved March 28, 2008 from http://www.emedicine.com/oph/topic553.htm.

Basham, P. (2001). Home schooling: From the extreme to the mainstream. *Public Policy Sources/The Fraser Institute, 51.* Retrieved June 23, 2004 from http://www.fraserinstitute.ca/admin/books/files/homeschool.pdf.

Bass, C., & Coleman, H. (1997). Enhancing the cultural identity of early adolescent male African Americans. *Professional School Counseling, 1*, 48–51.

Bates, E. (1993). Commentary: Comprehension and production in early language development. *Monographs of the Society for Research in Child Development, 58* (3–4, Serial No. 233), 222–242.

Bates, E., Marchman, V., Thal, D., Fenson, L., Dale, P., Reznick, J.S., Reilly, J., & Hartung, J. (1994). Developmental and stylistic variation in the composition of early vocabulary. *Journal of Child Language, 21*, 85–123.

Bates, E., O'Connell, B., & Shore, C. (1987). Language and communication in infancy. In J.D. Osofsky (Ed.), *Handbook of infant development* (2nd ed., pp. 149–203). New York: Wiley.

Bates, J.E. (1989). Applications of temperament concepts. In G.A. Kohnstamm, J.E. Bates, & M.K. Rothbart (Eds.), *Temperament in childhood* (pp. 321–356). Chichester, England: Wiley.

Bauer, P., Schwade, J., Wewerka, S., & Delaney, K. (1999). Planning ahead: Goal-directed problem solving by 2-year-olds. *Developmental Psychology, 35*, 1321–1337.

Baumeister, R., Smart, L., & Boden, J. (1999). Relation of threatened egotism to violence and aggression: The dark side of high self-esteem. In R. Baumeister (Ed.), *The self in social psychology.* Philadelphia: Psychology Press.

Bauminger, N., & Kasari, C. (1999). Brief report: Theory of mind in high-functioning children with autism. *Journal of Autism & Developmental Disorders, 29*, 81–86.

Baumrind, D. (1967). Child care practices anteceding three patterns of preschool behavior. *Genetic Psychology Monographs, 75*, 43–88.

Baumrind, D. (1971). Current patterns of parental authority. *Developmental Psychology Monograph, 4* (1, Part 2).

Baumrind, D. (1972). Socialization and instrumental competence in young children. In W.W. Hartup (Ed.), *The young child: Reviews of research, Vol. 2* (pp. 202–224). Washington, DC: National Association for the Education of Young Children.

Baumrind, D. (1980). New directions in socialization research. *American Psychologist, 35*, 639–652.

Baumrind, D. (1991). Effective parenting during the early adolescent transition. In P.A. Cowan & M. Hetherington (Eds.), *Family transitions* (pp. 111–163). Hillsdale, NJ: Erlbaum.

Bausell, C. (2007). Quality Counts 2007: From cradle to career: Connecting American education from birth to adulthood. *Education Week, 26*, 86–87.

Baydar, N., & Brooks-Gunn, J. (1991). Effects of maternal employment and child-care arrangements on preschoolers' cognitive and behavioral outcomes: Evidence from the children of the National Longitudinal Survey of Youth. *Developmental Psychology, 27*, 932–945.

Baydar, N., Brooks-Gunn, J., & Furstenberg, F.F. (1993). Early warning signs of functional illiteracy: Predictors in childhood and adolescence. *Child Development, 64*, 815–829.

Bayley, N. (1969). *Bayley scales of infant development.* New York: Psychological Corporation.

Bayley, N. (1993). *Bayley scales of infant development: Birth to two years.* San Antonio, TX: Psychological Corporation.

Bayley, N. (2006). *Bayley Scales of Infant and Toddler Development* (3rd ed.). San Antonio, TX: Harcourt Assessment.

Bearce, K., & Rovee-Collier, C. (2006). Repeated priming increases memory accessibility in infants. *Journal of Experimental Child Psychology, 93*, 357–376.

Beaudry, M., Dufour, R., & Marcoux, S. (1995). Relation between infant feeding and infections during the first six months of life. *Journal of Pediatrics, 126*, 191–197.

Beautrais, A., Joyce, P., & Mulder, R. (1999). Personality traits and cognitive styles as risk factors for serious suicide attempts among young people. *Suicide & Life-Threatening Behavior, 29*, 37–47.

Bee, Helen. *The growing child: An applied approach* (2nd ed.). Boston: Allyn & Bacon.

Bee, H.L., Barnard, K.E., Eyres, S.J., Gray, C.A., Hammond, M.A., Spietz, A.L., Snyder, C., & Clark, B. (1982). Prediction of IQ and language skill from perinatal status, child performance, family characteristics, and mother-infant interaction. *Child Development, 53*, 1135–1156.

Behrend, D., Scofield, J., & Kleinknecht, E. (2001) Beyond fast mapping: Young children's extensions of novel words and novel facts. *Developmental Psychology, 37*, 690–705.

Belgrave, F., & Allison, K. (2005). *African American psychology: From Africa to America.* Thousand Oaks, CA: Sage Publications.

Bell, J., & Bromnick, R. (2003). The social reality of the imaginary audience: A ground theory approach. *Adolescence, 38*, 205–219.

Bell, L.G., & Bell, D.C. (1982). Family climate and the role of the female adolescent: Determinants of adolescent functioning. *Family Relations, 31*, 519–527.

Belsky, J. (1985). Prepared statement on the effects of day care. In Select Committee on Children, Youth, and Families, House of Representatives, 98th Congress, Second Session, *Improving child care services: What can be done?* Washington, DC: U.S. Government Printing Office.

Belsky, J. (1992). Consequences of child care for children's development: A deconstructionist view. In A. Booth (Ed.), *Child care in the 1990s: Trends and consequences* (pp. 83–94). Hillsdale, NJ: Erlbaum.

Belsky, J. (2001). Developmental risks (still) associated with early child care. *Journal of Child Psychology & Psychiatry & Allied Disciplines, 42*, 845–859.

Belsky, J. (2002). Quantity counts: Amount of child care and children's socio-emotional development. *Journal of Developmental & Behavioral Pediatrics, 23*, 167–170.

Belsky, J., & Rovine, M. (1988). Nonmaternal care in the first year of life and the security of infant-parent attachment. *Child Development, 59*, 157–167.

Bem, S.L. (1974). The measurement of psychological androgyny. *Journal of Consulting & Clinical Psychology, 42*, 155–162.

Bem, S. L. (1981). Gender schema theory: A cognitive account of sex-typing. *Psychological Review, 88*, 354–364.

Benbow, C.P. (1988). Sex differences in mathematical reasoning ability in intellectually talented preadolescents: Their nature, effects, and possible causes. *Behavioral & Brain Sciences, 11*, 169–232.

Bender, B. G., Harmon, R. J., Linden, M. G., & Robinson, A. (1995). Psychosocial adaptation of 39 adolescents with sex chromosome abonrmalities. *Pediatrics, 96*, 302–308.

Bendersky, M., & Lewis, M. (1994). Environmental risk, biological risk, and developmental outcome. *Developmental Psychology, 30*, 484–494.

Benedetti, W. (April 20, 2007). Were video games to blame for Virginia Tech massacre? Retrieved June 28, 2007 from http://www.msnbc.msn.com/id/18220228/.

Benenson, J.F. (1994). Ages four to six years: Changes in the structures of play networks of girls and boys. *Merrill-Palmer Quarterly, 40*, 478–487.

Benenson, J. F., & Benarroch, D. (1998). Gender differences in responses to friends' hypothetical greater success. *Journal of Early Adolescence, 18*, 192–208.

Benton, J. (2007). Fort Worth charter school in trouble over TAKS cheating. *Dallas Morning News Online*. Retrieved June 25, 2007 from www.dallasnews.com/sharedcontent/dws/dn/latestnews/stories/061507dnmetcheatinglee.3c44589html.

Berg, C., Rapoff, M., Snyder, C., & Belmont, J. (2007). The relationship of children's hope to pediatric asthma treatment adherence. *Journal of Positive Psychology, 2*, 176–184.

Bergeson, T., & Trehub, S. (1999). Mothers' singing to infants and preschool children. *Infant Behavior & Development, 22*, 53–64.

Bergman, R. (2002). Why be moral? A conceptual model from developmental psychology. *Human Development, 45*, 104–124.

Berliner, D., & Biddle, B. (1997). *The manufactured crisis: Myths, fraud, and the attack on America's public schools*. New York: Addison-Wesley.

Bernard, R., & Cohen, L. (2006). Parent anxiety and infant pain during pediatric immunizations. *Journal of Clinical Psychology in Medical Settings, 13*, 285–290.

Bernardo, A., & Calleja, M. (2005). The effects of stating problems in bilingual students' first and second languages on solving mathematical word problems. *Journal of Genetic Psychology, 166* (1), 117–128.

Berndt, T.J., & Keefe, K. (1995). Friends' influence on adolescents' adjustment to school. *Child Development, 66*, 1312–1329.

Berthier, N., DeBlois, S., Poirier, C., Novak, M., & Clifton, R. (2000). Where's the ball? Two- and three-year-olds reason about unseen events. *Developmental Psychology, 36*, 394–401.

Berzonsky, M. (2003). The structure of identity: Commentary on Jane Kroger's view of identity status transition. *Identity, 3*, 231–245.

Betancourt, H., & Lopez, S.R. (1993). The study of culture, ethnicity, and race in American psychology. *American Psychologist, 48*, 629–637.

Betancourt, L., Fischer, R., Gianetta, J., Malmud, E., Brodsky, N. & Hurt, H. (1999). Problem-solving ability of inner-city children with and without in utero cocaine exposure. *Journal of Developmental Disabilities, 20*, 418–424.

Bethus, I., Lemaire, V., Lhomme, M., & Goodall, G. (2005). Does prenatal stress effect latent inhibition? It depends on the gender. *Behavioural Brain Research, 158*, 331–338.

Betz, N.E., & Fitzgerald, L.F. (1987). *The career psychology of women*. Orlando, FL: Academic Press.

Bhatt, R., Wilk, A., Hill, D., & Rovee-Collier, C. (2004). Correlated attributes and categorization in the first half-year of life. *Developmental Psychobiology, 44*, 103–115.

Bialystok, E. (2005). Consequences of bilingualism for cognitive development. In J. Kroll, & A. de Groot (Eds.), *Handbook of bilingualism: Psycholinguistic approaches* (pp. 417–432). New York: Oxford University Press.

Bialystok, E., Shenfield, T., & Codd, J. (2000). Languages, scripts, and the environment: Factors in developing concepts of print. *Developmental Psychology, 36*, 66–76.

Biederman, J., Faraone, S., Jetton, J., Kraus, I., Mick, E., Pert, J., Spencer, T., Weber, W., Wilens, T., Williamson, S., & Zallen, B. (1999). Clinical correlates of ADHD in females: Findings from a large group of girls ascertained from pediatric and psychiatric referral sources. *Journal of the American Academy of Child and Adolescent Psychiatry, 38*, 966–975.

Biederman, J., Monuteaux, M., Doyle, A., Seidman, L., Wilens, T., Ferrero, F., Morgan, C., & Faraone, S. (2004). Impact of executive function deficits and attention-deficit/hyperactivity disorder (ADHD) on academic outcomes in children. *Journal of Consulting and Clinical Psychology, 72*, 757–766.

Biederman, J., Petty, C., Doyle, A., Spencer, T., Henderson, C., Marion, B., Fried, R., & Faraone, S. (2008). Stability of executive function deficits in girls with ADHD: A prospective longitudinal followup study into adolescence. *Developmental Neuropsychology, 33*, 44.

Bigler, R., & Liben, S. (1993). The role of attitudes and interventions in gender-schematic processing. *Child Development, 61*, 1440–1452.

Binet, A., & Simon, T. (1905). Méthodes nouvelles pour le diagnostic du niveau intellectuel des anormaux [New methods for diagnosing the intellectual level of the abnormal]. *L'Anée Psychologique, 11*, 191–244.

Bingham, C.R., Miller, B.C., & Adams, G.R. (1990). Correlates of age at first sexual intercourse in a national sample of young women. *Journal of Adolescent Research, 5*, 18–33.

Birch, D. (1998). The adolescent parent: A fifteen-year longitudinal study of school-age mothers and their children. *International Journal of Adolescent Medicine & Health, 19*, 141–153.

Biringen, Z. (2000). Emotional availability: Conceptualization and research findings. *American Journal of Orthopsychiatry, 70*, 104–114.

Biswas, M.K., & Craigo, S.D. (1994). The course and conduct of normal labor and delivery. In A.H. DeCherney & M.L. Pernoll (Eds.), *Current obstetric and gynecologic diagnosis and treatment* (pp. 202–227). Norwalk, CT: Appleton & Lange.

Bittner, S., & Newberger, E. (1981). Pediatric understanding of child abuse and neglect. *Pediatric Review, 2*, 198.

Black, K.A., & McCartney, K. (1995, March). Associations between adolescent attachment to parents and peer interactions. Paper presented at the biennial meetings of the Society for Research in Child Development, Indianapolis.

Black, M., & Krishnakumar, A. (1999). Predicting height and weight longitudinal growth curves using ecological factors among children with and without early growth deficiency. *Journal of Nutrition, 129*, 539S–543S.

Blackman, J.A. (1990). Update on AIDS, CMV, and herpes in young children: Health, developmental, and educational issues. In M. Wolraich & D.K. Routh (Eds.), *Advances in developmental and behavioral pediatrics, Vol. 9* (pp. 33–58). London: Jessica Kingsley Publishers.

Blair, C., Greenberg, M., & Crnic, K. (2001). Age-related increases in motivation among children with mental retardation and MA- and CA-matched controls. *American Journal on Mental Retardation, 106*, 511–524.

Blake, I.K. (1994). Language development and socialization in young African-American children. In P.M. Greenfield & R.R. Cocking (Eds.), *Cross-cultural roots of minority child development* (pp. 167–195). Hillsdale, NJ: Erlbaum.

Blake, J., Osborne, P., Cabral, M., & Gluck, P. (2003). The development of communicative gestures in Japanese infants. *First Language, 23*, 3–20.

Blakemore, J., LaRue, A., Olejnik, A. (1979). Sex-appropriate toy preference and the ability to conceptualize toys as sex-role related. *Developmental Psychology, 15*, 339–340.

Blau, G. (1996). Adolescent depression and suicide. In G. Blau & T. Gullotta (Eds.), *Adolescent dysfunctional behavior: Causes, interventions, and prevention* (pp. 187–205). Newbury Park, CA: Sage.

Blickstine, I., Jones, C., & Keith, L. (2003). Zygotic-splitting rates after single-embryo transfers in in vitro fertilization. *New England Journal of Medicine, 348*, 2366–2367.

Block, J. (1971). *Lives through time*. Berkeley, CA: Bancroft.

Block, J., & Robins, R.W. (1993). A longitudinal study of consistency and change in self-esteem from early adolescence to early adulthood. *Child Development, 64*, 909–923.

Bloom, B., & Cohen, R. (2007). Summary health statistics for U.S. children: National Health Interview Survey, 2006. Retrieved March 27, 2008 from http://www.cdc.gov/nchs/data/series/sr_10/sr10_234.pdf.

Bloom, L. (1973). *One word at a time*. The Hague: Mouton.

Bloom, L. (1991). *Language development from two to three*. Cambridge, England: Cambridge University Press.

Bloom, L. (1993). *The transition from infancy to language: Acquiring the power of expression*. Cambridge, England: Cambridge University Press.

Bloom, L. (1997, April). The child's action drives the interaction. Paper presented at the biennial meetings of the Society for Research in Child Development, Washington, DC.

Bloom, L., & Tinker, E. (2001). The intentionality model and language acquisition: Engagement, effort, and the essential tension in development. *Monographs of the Society for Research in Child Development, 66*, 1–89.

Bogenschneider, K., Wu, M., Raffaelli, M., & Tsay, J. (1998). "Other teens drink, but not my kid": Does parental awareness of adolescent alcohol use protect adolescents from risky consequences? *Journal of Marriage & the Family, 60*, 356–373.

Bond, L., Braskamp, D., & Roeber, E. (1996). *The status report of the assessment programs in the United States*. Oakbrook, IL: North Central Regional Educational Laboratory. ERIC No. ED 401 333.

Bong, M. (1998). Tests of the internal/external frames of reference model with subject-specific academic self-efficacy and frame-specific academic self-concepts. *Journal of Educational Psychology, 90*, 102–110.

Borawski, E., Trapl, E., Lovegreen, L., Colabianchi, N., & Block, T. (2005). Effectiveness of abstinence-only intervention in middle school teens. *American Journal of Health Behavior, 29*, 423–434.

Borkowski, M., Hunter, K., & Johnson, C. (2001). White noise and scheduled bedtime routines to reduce infant and childhood sleep disturbances. *Behavior Therapist, 24*, 29–37.

Bornstein, M. H. (1992). Perception across the life span. in M. H. Bornstein & M. E. Lamb (Eds.), *Developmental psychology: An advanced textbook* (3rd ed., pp. 155–210). Hillsdale, NJ: Erlbaum.

Bornstein, M. H., Arterberry, M., & Mash, C. (2005). Perceptual development. In M. H. Bornstein & M. E. Lamb (Eds), *Developmental science: An advanced textbook*. (5th ed., pp. 283–326). Hillsdale, NJ: Erlbaum.

Bornstein, M. H., Tamis-LeMonda, D., Tal, J., Ludemann, P., Toda, S., Rahn, C., Pecheux, M., Azuma, H., & Vardi, D. (1992). Maternal responsiveness to infants in three societies: The United States, France, and Japan. *Child Development, 63*, 808–821.

Boscardin, C., Muthén, B., Francis, D., & Baker, E. (2008). Early identification of reading difficulties using heterogeneous developmental trajectories. *Journal of Educational Psychology, 100*, 192–208.

Bosch, L., & Sebastian-Galles, N. (1997). Native-language recognition abilities in 4-month-old infants from monolingual and bilingual environments. *Cognition, 65*, 33–69.

Bougie, E., Wright, S., & Taylor, D. (2003). Early heritage language education and the abrupt shift to a dominant-language classroom: Impact on the persona and collective esteem of Inuit children in Arctic Québec. *International Journal of Bilingual Education and Bilingualism, 6*, 349–373.

Bowen, J., Gibson, F., & Hand, P. (2002). Educational outcome at 8 years for children who were born extremely prematurely: A controlled study. *Journal of Pediatrics & Child Health, 38*, 438–444.

Bower, B. (2005). Mental meeting of the sexes: Boys' spatial advantage fades in poor families. *Science News, 168*, 21.

Bowerman, M. (1985). Beyond communicative adequacy: From piecemeal knowledge to an integrated system in the child's acquisition of language. In K.E. Nelson (Ed.), *Children's language, Vol. 5* (pp. 369–398). Hillsdale, NJ: Erlbaum.

Bowker, A. (2004). Predicting friendship stability during early adolescence. *Journal of Early Adolescence, 24*, 85–112.

Bowlby, J. (1969). *Attachment and loss, Vol. 1: Attachment*. New York: Basic Books.

Bowlby, J. (1980). *Attachment and loss, Vol. 3: Loss, sadness, and depression*. New York: Basic Books.

Boyan, S., & Termini, A. (2005). *The psychotherapist as parent coordinator in high-conflict divorce: Strategies and techniques*. Binghamton, NY: Haworth Clinical Practice Press.

Bradbury, K., & Katz, J. (2002). Women's labor market involvement and family income mobility when marriages end. *New England Economic Review, Q4*, 41–74.

Bradley, R.H., Caldwell, B.M., Rock, S.L., Barnard, K.E., Gray, C., Hammond, M.A., Mitchell, S., Siegel, L., Ramey, C.D., Gott-fried, A.W., & Johnson, D.L. (1989). Home environment and cognitive development in the first 3 years of life: A collaborative study involving six sites and three ethnic groups in North America. *Developmental Psychology, 25*, 217–235.

Bradley, R. H., Whiteside, L., Mundfrom, D., Casey, P., Kelleher, K., & Pope, S. (1994). Early indications of resilience and their relation to experiences in the home environments of low birthweight, premature children living in poverty. *Child Development, 65,* 346–360.

Bradmetz, J. (1999). Precursors of formal thought: A longitudinal study. *British Journal of Developmental Psychology, 17,* 61–81.

Brandon, P. (1999). Determinants of self-care arrangements among school-age children. *Children & Youth Services Review, 21,* 497–520.

Brandon, P., & Hofferth, S. (2003). Determinants of out-of-school child-care arrangements among children in single-mother and two-parent families. *Social Science Research, 32,* 129–147.

Bray, N., Fletcher, K., & Turner, L. (1997). Cognitive competencies and strategy use in individuals with mental retardation. In W. MacLean (Ed.), *Ellis's handbook of mental deficiency* (3rd ed., pp. 197–217). Mahwah, NJ: Erlbaum.

Brazelton, T.B. (1984). *Neonatal Behavioral Assessment Scale.* Philadelphia: Lippincott.

Bregman, G., & Killen, M. (1999). Adolescents' and young adults' reasoning about career choice and the role of parental influence. *Journal of Research on Adolescence, 9,* 253–275.

Bremner, J. (2002). The nature of imitation by infants. *Infant Behavior & Development, 25,* 65–67.

Brennan, F., & Ireson, J. (1997). Training phonological awareness: A study to evaluate the effects of a program of metalinguistic games in kindergarten. *Reading & Writing, 9,* 241–263.

Breslau, N., & Chilcoat, H. (2000). Psychiatric sequelae of low birth weight at 11 years of age. *Biological Psychiatry, 47,* 1005–1011.

Breyer, J., & Winters, K. (2005). *Adolescent brain development: Implications for drug use prevention.* Retrieved April 15, 2008 from http://www.mentorfoundation.org/pdfs/prevention_perspectives/19.pdf.

Bridgeland, J., DiIulio, J., & Morison, K. (2006). The silent epidemic: Perspectives of high school dropouts. Retrieved September 9, 2008 from http://www.gatesfoundation.org/nr/downloads/ed/thesilentepidemic3-06final.pdf.

Britner, S., & Pajares, F. (2006). Sources of science self-efficacy beliefs in middle school students. *Journal of Research in Science Teaching, 43,* 485–499.

Brockington, I. (1996). *Motherhood and mental health.* Oxford, England: Oxford University Press.

Brody, G., Kim, S., Murry, V., & Brown, A. (2003). Longitudinal direct and indirect pathways linking older sibling competence to the development of younger sibling competence. *Developmental Psychology, 39,* 618–628.

Brody, N. (1992). *Intelligence* (2nd ed.). San Diego, CA: Academic Press.

Broman, C., Reckase, M., & Freedman-Doan, C. (2006). The role of parenting in drug use among Black, Latino and White adolescents. *Journal of Ethnicity in Substance Abuse, 5,* 39–50.

Broman, S., Nichols, P., Shaughnessy, P., & Kennedy, W. (1987). *Retardation in young children.* Hillsdale, NJ: Erlbaum.

Bronfenbrenner, U. (1979). *The ecology of human development.* Cambridge, MA: Harvard University Press.

Bronfenbrenner, U. (1993). The ecology of cognitive development: Research models and fugitive findings. In R.H. Wozniak and K.W. Fischer (Eds.), *Development in context: Acting and thinking in specific environments.* Hillsdale, NJ: Erlbaum.

Bronstein, A., Spyker, D., Cantilena, L., Green, J., Rumack, B., & Heard, S. (2007). 2006 annual report of the American Association of Poison Control Centers' National Poison Data System (NPDS). *Clinical Toxicology, 45,* 815–917.

Brook, J., Whiteman, M., Finch, S., & Cohen, P. (2000). Longitudinally foretelling drug use in the late twenties: Adolescent personality and social-environmental antecedents. *Journal of Genetic Psychology, 161,* 37–51.

Brooks-Gunn, J. (1987). Pubertal processes and girls' psychological adaptation. In R.M. Lerner & T.T. Foch (Eds.), *Biological-psychosocial interactions in early adolescence* (pp. 123–154). Hillsdale, NJ: Erlbaum.

Brooks-Gunn, J., Guo, G., & Furstenberg, F.F., Jr. (1993). Who drops out of and who continues beyond high school? A 20-year follow-up of black urban youth. *Journal of Research on Adolescence, 3,* 271–294.

Brooks-Gunn, J., & Warren, M.P. (1985). The effects of delayed menarche in different contexts: Dance and nondance students. *Journal of Youth & Adolescence, 13,* 285–300.

Brown, A., & Day, J. (1983). Macrorules for summarizing text: The development of expertise. *Journal of Verbal Learning & Verbal Behavior, 22,* 1–14.

Brown, B.B. (1990). Peer groups and peer cultures. In S.S. Feldman & G.R. Elliott (Eds.), *At the threshold: The developing adolescent* (pp. 171–196). Cambridge, MA: Harvard University Press.

Brown, B.B., & Huang, B. (1995). Examining parenting practices in different peer contexts: Implications for adolescent trajectories. In L.J. Crockett & A.C. Crouter (Eds.), *Pathways through adolescence* (pp. 151–174). Mahwah, NJ: Erlbaum.

Brown, B.B., Mory, M.S., & Kinney, D. (1994). Casting adolescent crowds in a relational perspective: Caricature, channel, and context. In R. Montemayor, G.R. Adams, & T.P. Gullotta (Eds.), *Personal relationships during adolescence* (pp. 123–167). Thousand Oaks, CA: Sage.

Brown, J., Bakeman, R., Coles, C., Sexson, W., & Demi, A. (1998). Maternal drug use during pregnancy: Are preterm and full-term infants affected differently? *Developmental Psychology, 34,* 540–554.

Brown, R. (1973). *A first language: The early stages.* Cambridge, MA: Harvard University Press.

Brown, R., & Bellugi, U. (1964). Three processes in the acquisition of syntax. *Harvard Educational Review, 334,* 133–151.

Brown, S., Estroff, J., & Barnewolt, C. (2004). Fetal MRI. *Applied Radiology, 33,* 9–25.

Brownell, C. A. (1990). Peer social skills in toddlers: Competencies and constraints illustrated by same age and mixed-age interaction, *Child Development, 61,* 836–848.

Brownwell, H., Griffin, R., Winner, E., Friedman, O., & Happe, F. (2000). Cerebral lateralization and theory of mind. In S. Baron-Cohen, H. Tager-Flusberg, & D. Cohen (Eds.), *Understanding other minds: Perspectives from developmental cognitive neuroscience* (2nd ed.). Oxford, UK: Oxford University Press.

Bruck, M., & Ceci, S. (1997). The suggestibility of young children. *Current Directions in Psychological Science, 6,* 75–79.

Bruck, M., Ceci, S., & Hembrooke, H. (1998). Reliability and credibility of young children's reports: From research to policy and practice. *American Psychologist, 53,* 136–151.

Brückner, H., & Bearman, P. (2005). After the promise: The STD consequences of adolescent virginity pledges. *Journal of Adolescent Health, 36,* 271–278.

Bruer, J. (1999). *The myth of the first three years.* New York: Free Press.

Bryant, P. E., MacLean, M., & Bradley, L. L. (1990). Rhyme, language, and children's reading. *Applied Psycholinguistics, 11,* 237–252.

Bryant, P.E., MacLean, M., Bradley, L.L., & Crossland, J. (1990). Rhyme and alliteration, phoneme detection, and learning to read. *Developmental Psychology, 26,* 429–438.

Buchanan, C.M., Maccoby, E.E., & Dornbusch, S.M. (1991). Caught between parents: Adolescents' experience in divorced homes. *Child Development, 62,* 1008–1029.

Buchanan, P., & Vardaxis, V. (2003). Sex-related and age-related differences in knee strength of basketball players ages 11–17 years. *Journal of Athletic Training, 38,* 231–237.

Bukowski, W., Sippola, L., & Hoza, B. (1999). Same and other: Interdependency between participation in same- and other-sex friendships. *Journal of Youth & Adolescence, 28*, 439–459.

Bullock, M., & Lütkenhaus, P. (1990). Who am I? Self-understanding in toddlers. *Merrill-Palmer Quarterly, 36*, 217–238.

Burgess, S. (2005). The preschool home literacy environment provided by teenage mothers. *Early Child Development & Care, 175*, 249–258.

Burgess, S., Propper, C., & Rigg, J. (2004). The impact of low income on child health: Evidence from a birth cohort study. CASE Paper 85, Center for Analysis of Social Exclusion. Retrieved March 20, 2008 from http://sticerd.lse.ac.uk/dps/case/cp/CASEpaper85.pdf.

Burkham, D., Lee, V., & Smerdon, B. (1997). Gender and science learning early in high school: Subject matter and laboratory experiences. *American Educational Research Journal, 34*, 297–332.

Burn, S., O'Neil, A., & Nederend, S. (1996). Childhood tomboyishness and adult androgyny. *Sex Roles, 34*, 419–428.

Burton, L. (1992). Black grandparents rearing children of drug-addicted parents: Stressors, outcomes, and social service needs. *Gerontologist, 31*, 744–751.

Bus, A., & van IJzendoorn, M. (1999). Phonological awareness and early reading: A meta-analysis of experimental training studies. *Journal of Educational Psychology, 91*, 403–414.

Bushman, B. (2006). Effects of warning and information labels on attraction to television violence in viewers of different ages. *Journal of Applied Social Psychology, 36*, 2073–2078.

Bushman, B., & Huesmann, R. (2006). Short-term and long-term effects of violent media on aggression in children and adults. *Archives of Pediatric Adolescent Medicine, 160*, 348–352.

Buss, A., & Plomin, R. (1984). *Temperament: Early developing personality traits.* Hillsdale, NJ: Erlbaum.

Bussey, K., & Bandura, A. (1992). Self-regulation mechanisms governing gender development. *Child Development, 63*, 1236–1250.

Bussing, R., Menvielle, E., & Zima, B. (1996). Relationship between behavioral problems and unintentional injuries in U.S. children. *Archives of Pediatric and Adolescent Medicine, 150*, 50–56.

Buston, K., & Wood, S. (2000). Non-compliance amongst adolescents with asthma: Listening to what they tell us about self-management. *Family Practice, 17*, 134–138.

Buzi, R., Roberts, R., Ross, M., Addy, R., & Markham, C. (2003). The impact of a history of sexual abuse on high-risk sexual behaviors among females attending alternative schools. *Adoles-cence, 38*, 595–605.

Cahn, D., Marcotte, A., Stern, R., Arruda, J., Akshoomoff, N., & Leshko, I. (1966). The Boston Qualitative Scoring System for the Rey-Osterrieth Complex Figure: A study of children with attention deficit hyperactivity disorder. *Clinical Neuropsychologist, 10*, 397–406.

Cairns, R. (1991). Multiple metaphors for a singular idea. *Developmental Psychology, 27*, 23–26.

Cairns, R.B., & Cairns, B.D. (1994). *Lifelines and risks: Pathways of youth in our time.* Cambridge, England: Cambridge University Press.

Calhoun, S., & Dickerson Mayes, S. (2005). Processing speed in children with clinical disorders. *Psychology in the Schools, 42*, 333–343.

California Department of Education. (2007, December 6). State schools chief Jack O'Connell releases eighth annual physical fitness test results. Retrieved March 27, 2008 from http://www.cde.ca.gov/ta/tg/pf/documents/pftnewsrelease.doc.

Calkins, S., Dedmon, S., Gill, K., Lomax, L., & Johnson, L. (2002). Frustration in infancy: Implications for emotion regulation, physiological processes, and temperament. *Infancy, 3*, 175–197.

Callaghan, T. (1999). Early understanding and production of graphic symbols. *Child Development, 70*, 1314–1324.

Callaghan, T., & Rankin, M. (2002). Emergence of graphic symbol functioning and the question of domain specificity: A longitudinal training study. *Child Development, 73*, 359–376.

Callahan, K., Rademacher, J., & Hildreth, B. (1998). The effect of parent participation in strategies to improve the homework performance of students who are at risk. *Remedial & Special Education, 19*, 131–141.

Calvert, S., & Kotler, J. (2003). Lessons from children's television: The impact of the Children's Television Act on children's learning. *Applied Developmental Psychology, 24*, 275–335.

Calvert, S., Mahler, B., Zehnder, S., Jenkins, A., & Lee, M. (2003). Gender differences in preadolescent children's online interactions: Symbolic modes of self-presentation and self-expression. *Applied Developmental Psychology, 24*, 627–644.

Camilleri, C., & Malewska-Peyre, H. (1997). Socialization and identity strategies. In J. Berry, P. Dasen, & T. Saraswathi (Eds.), *Handbook of cross-cultural psychology, Vol. 2: Basic processes and human development.* Boston: Allyn & Bacon.

Campbell, A., Shirley, L., & Candy, J. (2004). A longitudinal study of gender-related cognition and behaviour. *Developmental Science, 7*, 1–9.

Campbell, A., Shirley, L., & Caygill, L. (2002). Sex-typed preferences in three domains: Do two-year-olds need cognitive variables? *British Journal of Psychology, 93*, 203–217.

Campbell, F.A., & Ramey, C.T. (1994). Effects of early intervention on intellectual and academic achievement: A follow-up study of children from low-income families. *Child Development, 65*, 684–698.

Campbell, F. A., Ramey, C. T., Pungello, E., Sparling, J., & Miller-Johnson, S. (2002). Early childhood education: Young adult outcomes from the Abecedarian Project. *Applied Developmental Science, 6*, 42–57.

Caplan, G. (1964). *Principles of preventive psychiatry.* New York: Basic Books.

Capron, C., & Duyme, M. (1989). Assessment of effects of socio-economic status on IQ in a full cross-fostering study. *Nature, 340*, 552–554.

Capute, A.J., Palmer, F.B., Shapiro, B.K., Wachtel, R.C., Ross, A., & Accardo, P.J. (1984). Primitive reflex profile: A quantification of primitive reflexes in infancy. *Developmental Medicine & Child Neurology, 26*, 375–383.

Cardon, R., & Fulker, D. (1991). Sources of continuity in infant predictors of later IQ. *Intelligence, 15*, 279–293.

Carey, S., & Bartlett, E. (1978). Acquiring a single new word. *Papers & Reports on Child Language Development, 15*, 17–29.

Carlson, E. A., Sampson, M., & Sroufe, L. A. (2003). Implications of attachment theory and research for developmental-behavioral pediatrics. *Journal of Developmental & Behavioral Pediatrics, 24*, 364–379.

Carlson, E.A., & Sroufe, L.A. (1995). Contribution of attachment theory to developmental psychopathology. In D. Cicchetti & D.J. Conen (Eds.), *Developmental psychopathology, Vol. 1: Theory and methods* (pp. 581–617). New York: Wiley.

Carlson, E. A., Sroufe, L. A., & Egeland, B. (2004). The construction of experience: A longitudinal study of representation and behavior. *Child Development, 75*, 66–83.

Carnagey, N., & Anderson, C. (2005). The effects of reward and punishment in violent video games on aggressive affect, cognition, and behavior. *Psychological Science, 16*, 882–889.

Caron, A.J., & Caron, R.F. (1981). Processing of relational information as an index of infant risk. In S. Friedman & M. Sigman (Eds.), *Preterm birth and psychological development* (pp. 219–240). New York: Academic Press.

Carpenter, S. (2001). Teens' risky behavior is about more than race and family resources. *APA Monitor, 32*, 22–23.

Carrera, M., Kaye, J., Philiber, S., & West, E. (2000). Knowledge about reproduction, contraception, and sexually transmitted infections among young adolescents in American cities. *Social Policy, 30*, 41–50.

Carroll, J., & Snowling, M. (2004). Language and phonological skills in children at high risk of reading difficulties. *Journal of Child Psychology & Psychiatry, 45*, 631–640.

Carson, D., Klee, T., & Perry, C. (1998). Comparisons of children with delayed and normal language at 24 months of age on measures of behavioral difficulties, social and cognitive development. *Infant Mental Health Journal, 19*, 59–75.

Cartwright, C. (2006). You want to know how it affected me? Young adults' perceptions of the impact of parental divorce. *Journal of Divorce & Remarriage, 44*, 125–143.

Carver, P., Egan, S., & Perry, D. (2004). Children who question their heterosexuality. *Developmental Psychology, 40*, 43–53.

Carver, R.P. (1990). Intelligence and reading ability in grades 2–12. *Intelligence, 14*, 449–455.

Casas, J.F., & Mosher, M. (1995, March). *Relational and overt aggression in preschool: "You can't come to my birthday party unless..."* Paper presented at the biennial meeting of the Society for Research in Child Development, Indianapolis.

Casasola, M., & Cohen, L. (2000). Infants' association of linguistic labels with causal actions. *Developmental Psychology, 36*, 155–168.

Case, A., Lee, D., & Paxson, C. (2007). The income gradient in children's health: A comment on Currie, Shields and Wheatley Price. NBER Working Paper No. W13495. Retrieved March 19, 2008 from http://ssrn.com/abstract=1021973.

Case, A., Lubotsky, D., & Paxson, C. (2002). Economic status and health in childhood: The origins of the gradient. *American Economic Review, 92*, 1308–1334.

Case, R. (1985). *Intellectual development: Birth to adulthood.* New York: Academic Press.

Case, R. (1991). Stages in the development of the young child's first sense of self. *Developmental Review, 11*, 210–230.

Case, R. (1992). *The mind's staircase: Exploring thought and knowledge.* Hillsdale, NJ: Erlbaum.

Case, R. (1997). The development of conceptual structures. In B. Damon (General Ed.) and D. Kuhn & R.S. Siegler (Series Eds.), *Handbook of child psychology, Vol. 2: Cognitive, language, and perceptual development.* New York: Wiley.

Cashon, C., & Cohen, L. (2000). Eight-month-old infants' perceptions of possible and impossible events. *Infancy, 1*, 429–446.

Caslyn, C., Gonzales, P., & Frase, M. (1999). *Highlights from the Third International Mathematics and Science Study.* Washington, DC: National Center for Education Statistics.

Casper, L., & Smith, K. (2002). Dispelling the myths: Self-care, class, and race. *Journal of Family Issues, 23*, 716–727.

Caspi, A. (2000). The child is father of the man: Personality continuities from childhood to adulthood. *Journal of Personality & Social Psychology, 78*, 158–172.

Caspi, A., & Moffitt, T. (2006). Gene-environment interactions in psychiatry: Joining forces with neuroscience. *Nature Reviews: Neuroscience, 7*, 583–590.

Cassidy, J., & Berlin, L.J. (1994). The insecure/ambivalent pattern of attachment: Theory and research. *Child Development, 65*, 971–991.

Castellino, D., Lerner, J., Lerner, R., & von Eye, A. (1998). Maternal employment and education: Predictors of young adolescent career trajectories. *Applied Developmental Science, 2*, 114–126.

Cato, J., & Canetto, S. (2003). Attitudes and beliefs about suicidal behavior when coming out is the precipitant of the suicidal behavior. *Sex Roles, 49*, 497–505.

Catsambis, S. (1995). Gender, race, ethnicity, and science education in the middle grades. *Journal of Research in Science Teaching, 32*, 243–257.

Caughy, M.O., DiPietro, J.A., & Strobino, D.M. (1994). Day-care participation as a protective factor in the cognitive development of low-income children. *Child Development, 65*, 457–471.

Cavill, S., & Bryden, P. (2003). Development of handedness: Comparison of questionnaire and performance-based measures of preference. *Brain & Cognition, 53*, 149–151.

CBS News. (2004, April 29). Utah C-section mom gets probation. Retrieved March 9, 2008, from http://www.cbsnews.com/stories/2004/03/12/national/printable605537.shtml.

Ceci, S., & Bronfenbrenner, U. (1985). "Don't forget to take the cupcakes out of the oven": Prospective memory, strategic time-monitoring, and context. *Child Development, 56*, 152–164.

Ceci, S.J., & Bruck, M. (1993). Suggestibility of the child witness: A historical review and synthesis. *Psychological Bulletin, 113*, 403–439.

Ceci S., & Bruck, M. (1995). *Jeopardy in the courtroom: A scientific analysis of children's testimony.* Washington, DC: American Psychological Association.

Ceci, S., & Bruck, M. (1998). The ontogeny and durability of true and false memories: A fuzzy trace account. *Journal of Experimental Child Psychology, 71*, 165–169.

Center for Adoption Medicine. (2008). Growth charts. Retrieved June 11, 2008 from http://www.adoptmed.org/topics/growth-charts.html.

Centers for Disease Control (CDC). (1996). Population-based prevalence of perinatal exposure to cocaine—Georgia, 1994. *Morbidity & Mortality Weekly Report, 45*, 887.

Centers for Disease Control (CDC) (2004). Surveillance summaries. *Morbidity & Mortality Weekly Report, 53*, 2–29.

Centers for Disease Control (CDC). (2005). Mental health in the United States: Prevalence of diagnosis and medication treatment for attention-deficit/hyperactivity disorder—United States, 2003. *Morbidity & Mortality Weekly Report, 54*, 842–847.

Centers for Disease Control and Prevention (CDC). (2006a). *HPV vaccine questions and answers.* Retrieved June 29, 2006 from http://www.cdc.gov/std/hpv/STDFact-HPV-vaccine.htm#vaccine.

Centers for Disease Control. (CDC). (2006b). Sudden Infant Death Syndrome (SIDS): Risk factors. Retrieved June 8, 2007 from www.cdc.gov/SIDS/riskfactors.htm.

Centers for Disease Control (CDC). (2006c). Understanding child maltreatment. Retrieved June 14, 2007 from www.cdc.gov/ncipc/pub-res/CMFactsheet.pdf.

Centers for Disease Control (CDC). (2006d). Youth risk behavior surveillance: United States, 2005. *Morbidity & Mortality Weekly Report, 55*, 1–112.

Centers for Disease Control (CDC). (2007a). Defining overweight and obesity. Retrieved June 19, 2008 from http://www.cdc.gov/nccdphp/dnpa/obesity/defining.htm.

Centers for Disease Control (CDC). (2007b). HIV/AIDS surveillance in adolescents and young adults (through 2005). Retrieved April 11, 2008 from http://www.cdc.gov/hiv/topics/surveillance/resources/slides/adolescents/index.htm.

Centers for Disease Control (CDC). (2007c). National estimates of the 10 leading causes of nonfatal injuries treated in hospital emergency rooms in the United States, 2006. Retrieved March 27, 2008 from ftp://ftp.cdc.gov/pub/ncipc/10LC-2004/JPEG/10lc-2004-nonfatal.jpg.

Centers for Disease Control (CDC). (2007d). Sexually transmitted disease surveillance 2006 supplement. Retrieved April 9, 2008 from http://www.cdc.gov/std/Chlamydia2006/CTSurvSupp2006Short.pdf.

Centers for Disease Control (CDC). (2007e). *Suicide: Fact sheet.* Retrieved June 22, 2007 from http://www.cdc.gov/ncipc/factsheets/suifacts.htm.

Centers for Disease Control (CDC). (2008). *Healthy youth 2007.* Retrieved June 25, 2008 from http://www.cdc.gov/HealthyYouth/yrbs/index.htm.

Centers for Disease Control (CDC). (2000). Youth risk behavior surveillance—United States, 1999. *Morbidity & Mortality Weekly Report, 49,* 1–96.

Centers for Disease Control National Immunization Program. (2000, January 21). 2000 childhood immunization schedule. *Morbidity & Mortality Weekly Report, 49,* 35–38.

Ceponiene, R., Kuchnerenko, E., Fellman, V., Renlund, M., Suominen, K., & Naeaetaenen, R. (2002). Event-related potential features indexing central auditory discrimination by newborns. *Cognitive Brain Research, 13,* 101–113.

Cernoch, J.M., & Porter, R.H. (1985). Recognition of maternal axillary odors by infants. *Child Development, 56,* 1593–1598.

Chabris, C.F. (1999). Prelude or requiem for the "Mozart effect"? *Nature, 400,* 826–827.

Chadwick, O., Taylor, E., Taylor, A., Heptinstall, E., et al. (1999). Hyper-activity and reading disability: A longitudinal study of the nature of the association. *Journal of Child Psychology & Psychiatry, 40,* 1039–1050.

Chan, R., Raboy, B., & Patterson, C. (1998). Psychosocial adjustment among children conceived via donor insemination by lesbian and heterosexual mothers. *Child Development, 69,* 443–457.

Chandler, D. (2002). *Semiotics: The basics.* London: Routledge.

Chang, E. (2001). Lifes stress and depressed mood among adolescents: Examining a cognitive-affective mediation model. *Journal of Social & Clinical Psychology, 20,* 416–429.

Chang, L., & Murray, A. (1995, March). *Math performance of 5- and 6-year-olds in Taiwan and the U.S.: Maternal beliefs, expectations, and tutorial assistance.* Paper presented at the biennial meetings of the Society for Research in Child Development, Indianapolis, IN.

Chang, L., Schwartz, D., Dodge, K., & McBride-Chang, C. (2003). Harsh parenting in relation to child emotion regulation and aggression. *Journal of Family Psychology, 17,* 598–606.

Chao, R. (1994). Beyond parental control and authoritarian parenting style: Understanding Chinese parenting through the cultural notion of training. *Child Development, 65,* 1111–1119.

Chapman, J., & Tunmer, W. (1997). A longitudinal study of beginning reading achievement and reading self-concept. *British Journal of Educational Psychology, 67,* 279–291.

Chapman, K., Nicholas, P., & Supramaniam, R. (2006). How much food advertising is there on Australian television? *Health Promotion International, 21,* 172–180.

Charlesworth, W.R. (1992). Darwin and developmental psychology: Past and present. *Developmental Psychology, 28,* 5–16.

Chase-Lansdale, P.L., Cherlin, A.J., & Kiernan, K.E. (1995). The long-term effects of parental divorce on the mental health of young adults: A developmental perspective. *Child Development, 66,* 1614–1634.

Chatlos, J. (1997). Substance use and abuse and the impact on academic difficulties. *Child & Adolescent Clinics of North America, 6,* 545–568.

Cheay, C., & Rubin, K. (2004). European American and mainland Chinese mothers' responses to aggression and social withdrawal in preschoolers. *International Journal of Behavioral Development, 28,* 83–94.

Chen, E. (2004). Why socioeconomic status affects the health of children: A psychosocial perspective. *Current Directions in Psychological Science, 13,* 112–115.

Chen, S. (1997). Child's understanding of secret and friendship development. *Psychological Science (China), 20,* 545.

Chen, X., Rubin, K.H., & Li, Z. (1995). Social functioning and adjustment in Chinese children: A longitudinal study. *Developmental Psychology, 31,* 531–539.

Chen, X., Rubin, K.H., & Sun, Y. (1992). Social reputation and peer relationships in Chinese and Canadian children: A cross-cultural study. *Child Development, 63,* 1336–1343.

Chen, Z. (1999). Ethnic similarities and differences in the association of emotional autonomy and adolescent outcomes: Comparing Euro-American and Asian-American adolescents. *Psychological Reports, 84,* 501–516.

Cheng, G., Xiaoyan, H., & Dajun, Z. (2006). A review of academic self-concept and its relationship with academic achievement. *Psychological Science (China), 29,* 133–136.

Cheour, M., Martynova, O., Naeaetaenen, R., Erkkola, R., Sillanpaeae, M., Kero, P., Raz, A., Kaipio, M., Hiltunen, J., Aaltonen, O., Savela, J., & Haemaelaeinen, H. (2002). Speech sounds learned by sleeping newborns. *Nature, 415,* 599–600.

Cherlin, A. (1992). *Marriage, divorce, remarriage,* Cambridge, MA: Harvard University Press.

Cherlin, A., Chase-Lansdale, P., & McRae, C. (1998). Effects of parental divorce on mental health throughout the life course. *American Sociological Review, 63,* 239–249.

Cherry, V., Belgrave, F., Jones, W., Kennon, D., Gray, F., & Phillips, F. (1998). NTU: An Africentric approach to substance abuse prevention among African American youth. *Journal of Primary Prevention, 18,* 319–339.

Cheung, C., Chan, W., Lee, T., Liu, S., & Leung, K. (2001). Structure of moral consciousness and moral intentions among youth in Hong Kong. *International Journal of Adolescence & Youth, 9,* 83–116.

Chi, M.T. (1978). Knowledge structure and memory development. In R.S. Siegler (Ed.), *Children's thinking: What develops?* (pp. 73–96). Hillsdale, NJ: Erlbaum.

Chiappe, P., Glaeser, B., & Ferko, D. (2007). Speech perception, vocabulary, and the development of reading skills in English among Korean- and English-speaking children. *Journal of Educational Psychology, 99,* 154–166.

Chiappe, P., & Siegel, L. (1999). Phonological awareness and reading acquisition in English- and Punjabi-speaking Canadian children. *Journal of Educational Psychology, 91,* 20–28.

Child Welfare Information Gateway. (2007). Definitions of child abuse and neglect. Retrieved June 15, 2008 from http://www.childwelfare.gov/systemwide/laws_policies/statutes/define.cfm.

Child Welfare Information Gateway. (2008a). Mandatory reporters of child abuse and neglect. Retrieved June 11, 2008 from http://www.childwelfare.gov/systemwide/laws_policies/statutes/manda.cfm.

Child Welfare Information Gateway. (2008b). Recognizing child abuse and neglect: Signs and symptoms. Retrieved June 11, 2008 from http://www.childwelfare.gov/pubs/factsheets/signs.cfm.

Children's Hospital of Philadelphia (2008, March 3). In early childhood, continuous care by one doctor best, study suggests. Retrieved March 18, 2008 from http://www.sciencedaily.com/releases/2008/03/080303072646.htm.

Children spend more time playing video games than watching TV, MSU survey shows. (2004, April 4). Retrieved July 23, 2005 from www.newsroom.msu.edu/site/indexer/1943/content.htm.

Chincotta, D., & Underwood, G. (1997). Estimates, language of schooling and bilingual digit span. *European Journal of Cognitive Psychology, 9,* 325–348.

Choi, S. (2000). Caregiver input in English and Korean: Use of nouns and verbs in book-reading and toy-play contexts. *Journal of Children's Language, 27,* 69–96.

Chomsky, N. (1959). A review of B.F. Skinner's *Verbal Behavior. Language, 35,* 26–129.

Chong, B., Babcook, C., Salamat, M., Nemzek, W., Kroeker, D., & Ellis, W. (1996). A magnetic resonance template for normal neuronal migration in the fetus. *Neurosurgery, 39,* 110–116.

Chou, C., & Tsai, M. (2007). Gender differences in Taiwan high school students' computer game playing. *Computers in Human Behavior, 23,* 812–824.

Christakis, D., Zimmerman, F., DiGiuseppe, D., & McCarty, C. (2004). Early television exposure and subsequent attentional problems in children. *Pediatrics, 113,* 708–713.

Church, M., Eldis, F., Blakley, B., & Bawle, E. (1997) Hearing, language, speech, vestibular, and dento-facial disorders in fetal alcohol syndrome. *Alcoholism: Clinical & Experimental Research, 21,* 227–237.

Ciancio, D., Sadovsky, A., Malabonga, V., Trueblood, L., et al. (1999). Teaching classification and seriation to preschoolers. *Child Study Journal, 29,* 193–205.

Cicchetti, D., Rogosch, F., Maughan, A., Toth, S., & Bruce, J. (2003). False belief understanding in maltreated children. *Development & Psychopathology, 15,* 1067–1091.

Cicchetti, D., & Toth, S. (1998). The development of depression in children and adolescents. *American Psychologist, 53,* 221–241.

Cillessen, A., & Mayeux, L. (2004). From censure to reinforcement: Developmental changes in the association between aggression and social status. *Child Development, 75,* 147–163.

Cillessen, A.H.N., van IJzendoorn, H.W., van Lieshout, C.F.M., & Hartup, W.W. (1992). Heterogeneity among peer-rejected boys: Subtypes and stabilities. *Child Development, 63,* 893–905.

Claes, M. (1998). Adolescents' closeness with parents, siblings, and friends in three countries: Canada, Belgium, and Italy. *Journal of Youth & Adolescence, 27,* 165–184.

Clarke, A.M., & Clarke, A.D. (1976). *Early experience: Myth and evidence.* New York: Free Press.

Clarke-Stewart, A. (1992). Consequences of child care for children's development. In A. Booth (Ed.), *Child care in the 1990s: Trends and consequences* (pp. 63–82). Hillsdale, NJ: Erlbaum.

Cobb, K. (2000, September 3). Breaking in drivers: Texas could join states restricting teens in effort to lower rate of fatal accidents. *Houston Chronicle,* pp. A1, A20.

Cohen-Kettenis, P., & van Goozen, S. (1997). Sex reassignment of adolescent transsexuals: A follow-up study. *American Academy of Child & Adolescent Psychiatry, 36,* 263–271.

Coie, J.D., & Cillessen, A.H.N. (1993). Peer rejection: Origins and effects on children's development. *Current Directions in Psychological Science, 2,* 89–92.

Colby, A., Kohlberg, L., Gibbs, J., & Lieberman, M. (1983). A longitudinal study of moral judgment. *Monographs of the Society for Research in Child Development, 48* (1–2, Serial No. 200).

Cole, M. (1992). Culture in development. In M.H. Bornstein & M.E. Lamb (Eds.), *Developmental psychology: An advanced textbook* (pp. 731–789). Hillsdale, NJ: Erlbaum.

Cole, M. (2005). Culture in development. In M. Bornstein & M. Lamb (Eds.), *Developmental science: An advanced textbook* (5th ed., pp. 45–102). Mahwah, NJ: Erlbaum.

Cole, P., Martin, S., & Dennis, T. (2004). Emotion regulation as a scientific construct: Methodological challenges and directions for child development research. *Child Development, 75,* 317–333.

Coleman, J., Pratt, R., Stoddard, R., Gerstmann, D., & Abel, H. (1997). The effects of the male and female singing and speaking voices on selected physiological and behavioral measures of premature infants in the intensive care unit. *International Journal of Arts Medicine, 5,* 4–11.

Coley, R., & Chase-Lansdale, L. (1998). Adolescent pregnancy and parenthood: Recent evidence and future directions. *American Psychologist, 53,* 152–166.

Collet, J.P., Burtin, P., Gillet, J., Bossard, N., Ducruet, T., & Durr, F. (1994). Risk of infectious diseases in children attending different types of day-care setting. Epicreche Research Group. *Respiration, 61,* 16–19.

Collins, R., Elliott, M., Berry, S., Kanouse, D., Kunkel, D., Hunter, S., & Miu, A. (2004). Watching sex on television predicts adolescent initiation of sexual behavior. *Pediatrics, 114,* 280–289.

Colombo, J. (1993). *Infant cognition: Predicting later intellectual functioning.* Newbury Park, CA: Sage.

Colwell, J., & Kato, M. (2005). Video game play in British and Japanese adolescents. *Simulation & Gaming, 36,* 518–530.

Committee on Infectious Diseases (1996). Recommended childhood immunization schedule. *Pediatrics, 97,* 143–146.

Compas, B.E., Ey, S., & Grant, K.E. (1993). Taxonomy, assessment, and diagnosis of depression during adolescence. *Psychological Bulletin, 114,* 323–344.

Condry, J., & Condry, S. (1976). Sex differences: A study in the eye of the beholder. *Child Development, 47,* 812–819.

Conduct Problems Research Group. (2004). The Fast Track experiment: Translating the developmental model into a prevention design. In J. Kupersmidt & K. Dodge (Eds.), *Children's peer relations: From development to intervention.* (pp. 181–208). Washington, DC: American Psychological Association.

Connolly, K., Dalgleish, M. (1989). The emergence of a tool-using skill in infancy. *Developmental Psychology, 25,* 894–912.

Cooper, R.P., & Aslin, R.N. (1994). Developmental differences in infant attention to the spectral properties of infant-directed speech. *Child Development, 65,* 1663–1677.

Coplan, R., Bowker, A., & Cooper, S. (2003). Parenting daily hassles, child temperament and social adjustment in preschool. *Early Childhood Research Quarterly, 18,* 376–395.

Corbet, A., Long, W., Schumacher, R., Gerdes, J., & Cotton, R. (1995). Double-blind developmental evaluation at 1-year corrected age of 597 premature infants with birth weights from 500 to 1350 grams enrolled in three placebo-controlled trials of prophylactic synthetic surfactant. *Journal of Pediatrics, 126,* S5–S12.

Cornelius, M., Goldschmidt, L., Day, N., & Larkby, C. (2002). Alcohol, tobacco and marijuana use among pregnant teenagers: 6-year follow-up of offspring growth effects. *Neurotoxicology & Teratology, 24,* 703–710.

Cornwell, A., & Feigenbaum, P. (2006). Sleep biological rhythms in normal infants and those at high risk for SIDS. *Chronobiology International, 23,* 935–961.

Corsaro, W., Molinari, L., Hadley, K., & Sugioka, H. (2003). Keeping and making friends: Italian children's transition from preschool to elementary school. *Social Psychology Quarterly, 66,* 272–292.

Costello, E., Sung, M., Worthman, C., & Angold, A. (2007). Pubertal maturation and the development of alcohol use and abuse. *Drug and Alcohol Dependence, 88,* S50–S59.

Cotton, L., Bynum, D., & Madhere, S. (1997). Socialization forces and the stability of work values from late adolescence to early adulthood. *Psychological Reports, 80,* 115–124.

Cottrell, L., Northrup, K., & Wittberg, R. (2007). The extended relationship between child cardiovascular risks and academic performance measures. *Journal of Obesity Research, 15,* 3170–3177.

Coulthard, H., & Harris, G. (2003). Early food refusal: The role of maternal mood. *Journal of Reproductive & Infant Psychology, 21,* 335–345.

Courage, M., & Howe, M. (2002). From infant to child: The dynamics of cognitive change in the second year of life. *Psychological Bulletin, 128,* 250–277.

Coury, D. (2002). Developmental & behavioral pediatrics. In A. Rudolph, R. Kamei, & K. Overby (Eds.), *Rudolph's fundamentals of pediatrics* (3rd ed., pp. 110–124). New York: McGraw-Hill.

Cowan, B.R., & Underwood, M.K. (1995, March). Sugar and spice and everything nice? A developmental investigation of social aggression among girls. Paper presented at the biennial meetings of the Society for Research in Child Development, Indianapolis.

Cramer, P. (2000). Defense mechanisms in psychology today. *American Psychologist, 55,* 637–646.

Cramer-Berness, L. (2006). A comparison of behavioral interventions for infant immunizations. Unpublished dissertation, State University of New York at Binghamton.

Cramond, B. (2004). Can we, should we, need we agree on a definition of giftedness? *Roeper Review, 27,* 15–16.

Crick, N. R., & Dodge, K. (1994). A review and reformulation of social information processing mechanisms in children's social adjustment. *Psychological Bulletin, 115,* 74–101.

Crick, N. R., & Dodge, K. (1996). Social information-processing mechanisms in reactive and proactive aggression. *Child Development, 67,* 993–1002.

Crick, N.R., & Grotpeter, J.K. (1995). Relational aggression, gender, and social-psychological adjustment. *Child Development, 66,* 710–722.

Crittenden, P.M. (1992). Quality of attachment in the preschool years. *Development & Psychopathology, 4,* 209–241.

Crittenden, P. M. (2000). Introduction. In P. Crittenden & A. Claussen (Eds.), *The organisation of attachment relationships: Maturation, culture and context.* Cambridge, UK: Cambridge University Press.

Crittenden, P.M., Partridge, M.F., & Claussen, A.H. (1991). Family patterns of relationship in normative and dysfunctional families. *Development & Psychopathology, 3,* 491–512.

Crncec, R., Wilson, S., & Prior, M. (2006). The cognitive and academic benefits of music to children: Facts and fiction. *Educational Psychology, 26,* 579–594.

Crockenberg, S. (2003). Rescuing the baby from the bathwater: How gender and temperament (may) influence how child care affects child development. *Child Development, 74,* 1034–1038.

Crockenberg, S., Leerkes, E., & Lekka, S. (2007). Pathways from marital aggression to infant emotion regulation: The development of withdrawal in infancy. *Infant Behavior & Development, 30,* 97–113.

Crockenberg, S., & Litman, C. (1990). Autonomy as competence in 2-year-olds: Maternal correlates of child defiance, compliance, and self-assertion. *Developmental Psychology, 26,* 961–971.

Crockett, D. (2003). Critical issues children face in the 2000s. *School Psychology Quarterly, 18,* 446–453.

Crone, E., & van der Molen, M. (2004). Developmental changes in real life decision making: Performance on a gambling task previously shown to depend on the ventromedial prefrontal cortex. *Developmental Neuropsychology, 25,* 251–279.

Crook, C. (1987). Taste and olfaction. In P. Salapatek & L. Cohen (Eds.), *Handbook of infant perception, Vol. 1: From sensation to perception* (pp. 237–264). Orlando, FL: Academic Press.

Crowley, S., Acebo, C., & Carskadon, M. (2006). Sleep, circadian rhythms, and delayed phase in adolescence. *Sleep Medicine, 8,* 602–612.

Cuffe, S., Moore, C., & McKeown, R. (2005). Prevalence and correlates of ADHD symptoms in the National Health Interview Survey. *Journal of Attention Disorders, 9,* 392–401.

Cummings, E.M., & Davies, P.T. (1994). Maternal depression and child development. *Journal of Child Psychology & Psychiatry, 35,* 73–112.

Cummings, E.M., Hollenbeck, B., Iannotti, R., Radke-Yarrow, M., & Zahn-Waxler, C. (1986). Early organization of altruism and aggression: Developmental patterns and individual differences. In C. Zahn-Waxler, E.M. Cummings, & R. Iannotti (Eds.), *Altruism and aggression* (pp. 165–188). Cambridge, England: Cambridge University Press.

Cunningham, M., Swanson, D., Spencer, M., & Dupree, D. (2003). The association of physical maturation with family hassles among African American adolescent males. *Cultural Diversity & Ethnic Minority Psychology, 9,* 276–288.

Currie, A., Shields, M., & Wheatley Price, S. (2004). Is the child health/family income gradient universal? Evidence from England. *Journal of Health Economics, 26,* 213–232.

Currie, J., & Stabile, M. (2003). Socioeconomic status and child health: Why is the relationship stronger for older children? *American Economic Review, 93,* 1813–1823.

Curry, C. (2002). An approach to clinical genetics. In A. Rudolph, R. Kamei, & K. Overby (Eds.), *Rudolph's fundamentals of pediatrics.* (pp. 184–220). New York: McGraw-Hill.

Cushner, K., McClelland, A., & Safford, P. (1992). *Human diversity in education.* New York: McGraw-Hill.

Cuvo, A. (1974). Incentive level influence on overt rehearsal and free recall as a function of age. *Journal of Experimental Child Psychology, 18,* 167–181.

Dahl, G. (2007). Early teen marriage and future poverty. Retrieved June 26, 2008 from http://www.nber.org/papers/w11328.pdf.

D'Alton, M.E., & DeCherney, A.H. (1993). Prenatal diagnosis. *New England Journal of Medicine, 328,* 114–118.

Daly, L.E., Kirke, P.N., Molloy, A., Weir, D.G., & Scott, J.M. (1995). Folate levels and neural tube defects: Implications for prevention. *Journal of the American Medical Association, 274,* 1698–1702.

Daly, M., & Wilson, M. (1996) Violence against stepchildren. *Current Directions in Psychological Science, 5,* 77–81.

Daly, S., & Glenwick, D. (2000). Personal adjustment and perceptions of grandchild behavior in custodial grandmothers. *Journal of Clinical Child Psychology, 29,* 108–118.

Dammeijer, P., Schlundt, B., Chenault, M., Manni, J., & Anteunis, l. (2002). Effects of early auditory deprivation and stimulation on auditory brainstem responses in the rat. *Acta Oto-Laryngologica, 122,* 703–708.

Damon, W. (1977). *The social world of the child.* San Francisco: Jossey-Bass.

Damon, W., & Hart, D. (1988). *Self understanding in childhood and adolescence.* New York: Cambridge University Press.

Danby, S., & Baker, C. (1998). How to be masculine in the block area. *Childhood: A Global Journal of Child Research, 5,* 151–175.

Dark, V.J., & Benbow, C.P. (1993). Cognitive differences among the gifted: A review and new data. In D. Detterman (Ed.), *Current topics in human intelligence: Vol. 3. Individual differences and cognition* (pp. 85–120). Norwood, NJ: Ablex.

Darlington, R.B. (1991). The long-term effects of model preschool programs. In L. Okagaki & R.J. Sternberg (Eds.), *Directors of development* (pp. 203–215). Hillsdale, NJ: Erlbaum.

Davenport, E. (1992). The making of minority scientists and engineers. Invited address presented at the annual meeting of the American Educational Research Association, San Francisco.

Davenport, E., Davison, M., Kuang, H., Ding, S., Kim, S., & Kwak, N. (1998). High school mathematics course-taking by gender and ethnicity. *American Educational Research Journal, 35,* 497–514.

Davey, M., Fish, L., Askew, J., & Robila, M. (2003). Parenting practices and the transmission of ethnic identity. *Journal of Marital & Family Therapy, 29,* 195–208.

Davies, P., & Rose, J. (1999). Assessment of cognitive development in adolescents by means of neuropsychological tasks. *Developmental Neuropsychology, 15,* 227–248.

Dawood, K., Pillard, R., Horvath, C., Revelle, W., & Bailey, J. (2000). Familial aspects of male homosexuality. *Archives of Sexual Behavior, 29,* 155–163.

Dawson, D. A. (1991). Family structure and children's health and well-being: Data from the 1988 National Health Interview Survey on child health. *Journal of Marriage & the Family, 53,* 573–584.

DeBell, M., & Chapman, C. (2006). Computer and Internet use by students in 2003. Retrieved June 20, 2007 from http://nces.ed.gov/pubs2006/2006065.pdf.

DeCasper, A. J., & Fifer, W. (1980). Of human bonding: Newborns prefer their mothers' voices. *Science, 208,* 1174–1176.

DeCasper, A. J., & Lecaneut, J., Busnel, M., Granier-DeFerre, C., & Maugeais, R. (1994). Fetal reactions to recurrent maternal speech. *Infant Behavior & Development, 17,* 159–164.

DeCasper, A. J., & Spence, M. J. (1986). Prenatal maternal speech influences newborns' perception of speech sounds. *Infant Behavior and Development, 9,* 133–150.

Deci, E., Koestner, R., & Ryan, R. (1999). A meta-analytic review of experiments examining the effects of extrinsic rewards on intrinsic motivation. *Psychological Bulletin, 125,* 627–668.

Degirmencioglu, S., Urberg, K., & Tolson, J. (1998). Adolescent friendship networks: Continuity and change over the school year. *Merrill-Palmer Quarterly, 44,* 313–337.

de Haan, M., Luciana, M., Maslone, S.M., Matheny, L.S., & Richards, M.L.M. (1994). Development, plasticity, and risk: Commentary on Huttenlocher, Pollit and Gorman, and Gottesman and Goldsmith. In C.A. Nelson (Ed.), *The Minnesota Symposia on Child Psychology, Vol. 27* (pp. 161–178). Hillsdale, NJ: Erlbaum.

Dekovic, M. (1999). Parent-adolescent conflict: Possible determinants and consequences. *International Journal of Behavioral Development, 23,* 977–1000.

Dekovic, M., Noom, M., & Meeus, W. (1997). Expectations regarding development during adolescence: Parental and adolescent perceptions. *Journal of Youth & Adolescence, 26,* 253–272.

deLacoste, M., Horvath, D., & Woodward, J. (1991). Possible sex differences in the developing human fetal brain. *Journal of Clinical & Experimental Neuropsychology, 13,* 831.

del Barrio, V., Moreno-Rosset, C., Lopez-Martinez, R., & Olmedo, M. (1997). Anxiety, depression and personality structure. *Personality & Individual Differences, 23,* 327–335.

Dellatolas, G., de Agostini, M., Curt, F., Kremin, H., Letierce, A., Maccario, J., & Lellouch, J. (2003). Manual skill, hand skill asymmetry, and cognitive performances in young children. *Laterality: Asymmetries of Body, Brain & Cognition, 8,* 317–338.

DeLoache, J., & Brown, A. (1987). Differences in the memory-based searching of delayed and normally developing young children. *Intelligence, 11,* 277–289.

DeMars, C. (2000). Test stakes and item format interactions. *Applied Measurement in Education, 13,* 55–77.

Demb, H., & Chang, C. (2004). The use of psychostimulants in children with disruptive behavior disorders and developmental disabilities in a community setting. *Mental Health Aspects of Developmental Disabilities, 7,* 26–36.

DeMulder, E., Denham, S., Schmidt, M., & Mitchell, J. (2000). Q-sort assessment of attachment security during the preschool years: Links from home to school. *Developmental Psychology, 36,* 274–282.

DeNavas-Walt, C., Proctor, B., & Smith, C. (2007). Income, poverty, and health insurance coverage in the United States: 2006. Retrieved June 20, 2008 from http://www.census.gov/prod/2007pubs/p60-233.pdf.

Denham, S. (2006). Social-emotional competence as support for school readiness: What is it and how do we assess it? *Early Education and Development, 17,* 57–89.

Denham, S., Blair, K., DeMulder, E., Levitas, J., Sawyer, K., Auerbach-Major, S., & Queenan, P. (2003). Preschool emotional competence: Pathway to social competence. *Child Development, 74,* 238–256.

Dennis, W. (1960). Causes of retardation among institutional children: Iran. *Journal of Genetic Psychology, 96,* 47–59.

Den Ouden, L., Rijken, M., Brand, R., Verloove-Vanhorick, S.P., & Ruys, J.H. (1991). Is it correct to correct? Developmental milestones in 555 "normal" preterm infants compared with term infants. *Journal of Pediatrics, 118,* 399–404.

DeRegnier, R., Wewerka, S., Georgieff, M., Mattia, F., & Nelson, C. (2002). Influences of postconceptional age and postnatal experience on the development of auditory recognition memory in the newborn infant. *Developmental Psychobiology, 41,* 215–225.

DeSchipper, J., Tevecchio, L., van IJzendoorn, M., & Linting, M. (2003). The relation of flexible child care to quality of center day care and children's socio-emotional functioning: A survey and observational study. *Infant Behavior and Development, 26* (3), 300–325.

Desrochers, S. (2008). From Piaget to specific Genevan developmental models. *Child Development Perspectives, 2,* 7–12.

Deter, H., & Herzog, W. (1994). Anorexia nervosa in a long-term perspective: Results of the Heidelberg-Mannheim study. *Psychosomatic Medicine, 56,* 20–27.

de Villiers, P.A., & de Villiers, J.G. (1992). Language development. In M.H. Bornstein & M.E. Lamb (Eds.), *Developmental psychology: An advanced textbook* (3rd ed., pp. 337–418). Hillsdale, NJ: Erlbaum.

Dezoete, J., MacArthur, B., & Tuck, B. (2003). Prediction of Bayley and Stanford-Binet scores with a group of very low birthweight children. *Child: Care, Health, & Development, 29,* 367–372.

Diagnostic and statistical manual of mental disorders IV: Text revision (DSM-IV TR). (2000). Washington, DC: American Psychiatric Association.

Diagram Group (1977). *Child's body.* New York: Paddington.

Diamond, A. (1991). Neuropsychological insights into the meaning of object concept development. In S. Carey & R. Gelman (Eds.), *The epigenesis of mind: Essays on biology and cognition* (pp. 67–110). Hillsdale, NJ: Erlbaum.

Diehl, L., Vicary, J., & Deike, R. (1997). Longitudinal trajectories of self-esteem from early to middle adolescence and related psychosocial variables among rural adolescents. *Journal of Research on Adolescence, 7,* 393–411.

Diener, M., & Kim, D. (2004). Maternal and child predictors of preschool children's social competence. *Journal of Clinical & Experimental Neuropsychology, 13,* 831.

Dieni, S., & Rees, S. (2003). Dendritic morphology is altered in hippocampal neurons following prenatal compromise. *Journal of Neurobiology, 55,* 41–52.

Diesendruck, G., & Shatz, M. (2001). Two-year-olds' recognition of hierarchies: Evidence from their interpretation of the semantic relation between object labels. *Cognitive Development, 16,* 577–594.

Dietz, W. (2001). Breastfeeding may help prevent childhood overweight. *JAMA: Journal of the American Medical Association, 285,* 2506–2507.

DiMario, F. (2002). The nervous system. In A. Rudolph, R. Kamei, & K. Overby (Eds.), *Rudolph's fundamentals of pediatrics* (3rd ed., pp. 796–846). New York: McGraw-Hill.

D'Imperio, R., Dubow, E., & Ippolito, M. (2000). Resilient and stress-affected adolescents in an urban setting. *Journal of Clinical Child Psychology, 29,* 129–142.

Dinkes, R., Cataldi, E., Lin-Kelly, W., & Snyder, T. (2007). Indicators of school crime and safety 2007. Retrieved June 29, 2008 from http://www.ojp.usdoj.gov/bjs/pub/pdf/iscs07.pdf.

Dion, K., & Berscheid, E. (1974). Physical attractiveness and peer perception among children. *Sociometry, 37,* 1–12.

DiPietro, J., Hodgson, D., Costigan, K., Hilton, S., & Johnson, T. (1996). Fetal neurobehavioral development. *Child Development, 67,* 2553–2567.

DiPietro, J., Hodgson, D., Costigan, K., & Johnson, T. (1996). Fetal antecedents of infant temperament. *Child Development, 67,* 2568–2583.

Dishion, T.J., French, D.C., & Patterson, G.R. (1995). The development and ecology of antisocial behavior. In D. Cicchetti & D.J. Cohen (Eds.), *Developmental psychopathology, Vol. 2: Risk, disorder, and adaptation* (pp. 421–471). New York: Wiley.

Dishion, T.J., Patterson, G.R., Stoolmiller, M., & Skinner, M.L. (1991). Family, school, and behavioral antecedents to early adolescent involvement with antisocial peers. *Developmental Psychology, 27,* 172–180.

Dixon, M., & Kaminska, Z. (2007). Does exposure to orthography affect children's spelling accuracy? *Journal of Research in Reading, 30,* 184–197.

Dixon, S., & Stein, M. (2006). *Encounters with children: Pediatric behavior and development.* Philadelphia: Mosby Elsevier.

Dockett, S., & Smith, I. (1995, March). Children's theories of mind and their involvement in complex shared pretense. Paper presented at the biennial meetings of the Society for Research in Child Development, Indianapolis.

Doctoroff, S. (1997). Sociodramatic script training and peer role prompting: Two tactics to promote sociodramatic play and peer interaction. *Early Child Development & Care, 136,* 27–43.

Dodge, K. (1993). Social-cognitive mechanisms in the development of conduct disorder and depression. *Annual Review of Psychology, 44,* 559–584.

Doh, H., & Falbo, T. (1999). Social competence, maternal attentiveness, and overprotectiveness: Only children in Korea. *International Journal of Behavioral Development, 23,* 149–162.

Dollard, J., Doob, L.W., Miller, N.E., Mowrer, O.H., & Sears, R.R. (1939). *Frustration and aggression.* New Haven, CT: Yale University Press.

Donenberg, G., Emerson, E., Bryant, F., & King, S. (2006). Does substance use moderate the effects of parents and peers on risky sexual behavior? *AIDS Care, 18,* 194–200.

Donnellan, M.B., Trzesniewski, K.H., Robins, R.W., Moffitt, T.E., & Caspi, A. (2005). Low self-esteem is related to aggression, antisocial behavior, and delinquency. *Psychological Science, 16,* 328–335.

Donnerstein, E., Slaby, R.G., & Eron, L.D. (1994). The mass media and youth aggression. In L.D. Eron, J.H. Gentry, & P. Schlegel (Eds.), *Reason to hope: A psychosocial perspective on violence and youth* (pp. 219–250). Washington, DC: American Psychological Association.

Donohew, R., Hoyle, R., Clayton, R., Skinner, W., Colon, S., & Rice, R. (1999). Sensation seeking and drug use by adolescents and their friends: Models for marijuana and alcohol. *Journal of Studies on Alcohol, 60,* 622–631.

Dorn, L., Dahl, R., Williamson, D., Birmaher, B., Axelson, D., Perel, J., Stull, S., & Ryan, N. (2003). Developmental markers in adolescence: Implications for studies of pubertal processes. *Journal of Youth & Adolescence, 32,* 315–324.

Dornbusch, S.M., Ritter, P.L., Liederman, P.H., Roberts, D.F., & Fraleigh, M.J. (1987). The relation of parenting style to adolescent school performance. *Child Development, 58,* 1244–1257.

Douglas, E. (2006). Familial violence socialization in childhood and later life approval of corporal punishment: A cross-cultural perspective. *American Journal of Orthopsychiatry, 76,* 23–30.

Douglas-Hall, A., & Chau, M. (2007). *Basic facts about low-income children, Birth to age 18.* Retrieved March 18, 2008 from http://nccp.org/publications/pub_762.html.

Dowd, J. (2004). Maternal health, health behaviors, and the childhood health gradient. Paper presented at the Office of Population Research, Princeton University, April.

Dowd, J. (2007). Early childhood origins of the income-health gradient: The role of maternal health behaviors. *Social Science and Medicine, 65,* 1202–1213.

Downey, D. (2001). Number of siblings and intellectual development: The resource dilution explanation. *American Psychologist, 56,* 497–504.

Doyle, A.B., & Aboud, F.E. (1995). A longitudinal study of white children's racial prejudice as a social-cognitive development. *Merrill-Palmer Quarterly, 41,* 209–228.

Dreher, G.F., & Bretz, R.D., Jr. (1991). Cognitive ability and career attainment: Moderating effects of early career success. *Journal of Applied Psychology, 76,* 392–397.

Droege, K., & Stipek, D. (1993). Children's use of dispositions to predict classmates' behavior. *Developmental Psychology, 29,* 646–654.

Drum, P. (1985). Retention of text information by grade, ability and study. *Discourse Processes, 8,* 21–52.

Dunphy, D.C. (1963). The social structure of urban adolescent peer groups. *Sociometry, 26,* 230–246.

Duvall, S., Delquadri, J., & Ward, D. (2004). A preliminary investigation of the effectiveness of homeschool instructional environments for students with attention-deficit/hyperactivity disorder. *School Psychology Review, 33,* 140–158.

Dwairy, M. (2008). Parental inconsistency versus parental authoritarianism: Associations with symptoms of psychological disorders. *Journal of Youth and Adolescence, 37,* 616–626.

Dwairy, M., & Menshar, K. (2005). Parenting style, individuation, and mental health of Egyptian adolescents. *Journal of Adolescence, 29,* 103–117.

DYG, Inc. (2004). What grown-ups understand about children: A national benchmark survey. Retrieved June 15, 2007, from www.zerotothree.org/site/DocServer/surveyexecutivesummary.pdf?docID=821&AddInterest=1153.

Dyl, J., Kittler, J., Phillips, K., & Hunt, J. (2006). Body dysmorphic disorder and other clinically significant body image concerns in adolescent psychiatric inpatients: Prevalance and clinical characteristics. *Child Psychiatry and Human Development, 36,* 369–382.

Eagle, R. (1975). Deprivation of early sensorimotor experience and cognition in the severely involved cerebral-palsied child. *Journal of Autism and Developmental Disorders, 15,* 269–283.

Eamon, M., & Mulder, C. (2005). Predicting antisocial behavior among Latino young adolescents: An ecological systems analysis. *American Journal of Orthopsychiatry, 75,* 117–127.

Ecalle, J., Magan, A., & Gibert, F. (2007). Class size effects on literacy skills and literacy interest in first grade: A large-scale investigation. *Journal of School Psychology, 44,* 191–209.

Eccles, J., Jacobs, J., & Harold, R. (1990). Gender role stereotypes, expectancy effects, and parents' socialization of gender differences. *Journal of Social Issues, 46,* 183–201.

Eckensberger, E., & Zimba, R. (1997). The development of moral judgment. In J. Berry, P. Dasen, & T. Saraswathi (Eds.), *Handbook of cross-cultural psychology, Vol. 2* (pp. 299–328). Boston: Allyn & Bacon.

Education Trust. (1996). *Education watch: The 1996 Education Trust state and national data book.* Washington, DC: Author.

Egan, S.K., & Perry, D.G. (1998). Does low self-regard invite victimization? *Developmental Psychology, 34,* 299–309.

Eiden, R., Foote, A., & Schuetze, P. (2007). Maternal cocaine use and caregiving status: Group differences in caregiver and infant risk variables. *Addictive Behaviors, 32,* 465–476.

Einerson, M. (1998). Fame, fortune, and failure: Young girls' moral language surrounding popular culture. *Youth & Society, 30,* 241–257.

Eisenberg, N. (1992). *The caring child.* Cambridge, MA: Harvard University Press.

Eisenberg, N. (2000). Emotion, regulation, and moral development. *Annual Review of Psychology, 51,* 665–697.

Eisenberg, N., Fabes, R.A., Murphy, B., Karbon, M., Smith, M., & Maszk, P. (1996). The relations of children's dispositional empathy-related responding to their emotionality, regulation, and social functioning. *Developmental Psychology, 32,* 195–209.

Eisenberg, N., Fabes, R.A., Murphy, B., Maszk, P., Smith, M., & Karbon, M. (1995). The role of emotionality and regulation in children's social functioning: A longitudinal study. *Child Development, 66,* 1360–1384.

Eisenberg, N., Guthrie, I., Murphy, B., Shepard, S., et al. (1999). Consistency and development of prosocial dispositions: A longitudinal study. *Child Development, 70,* 1360–1372.

Eisenberger, R., Pierce, W., & Cameron, J. (1999). Effects of reward on intrinsic motivation—negative, neutral, and positive: Comment on Deci, Koestner, and Ryan. *Psychological Bulletin, 125,* 677–691.

Elbedour, S., Baker, A., & Charlesworth, W. (1997). The impact of political violence on moral reasoning in children. *Child Abuse & Neglect, 21,* 1053–1066.

Eley, T., Liang, H., Plomin, R., Sham, P., Sterne, A., Williamson, R., & Purcell, S. (2004). Parental familial vulnerability, family environment, and their interactions as predictors of depressive symptoms in adolescents. *Journal of the American Academy of Child Psychiatry, 43,* 298–306.

Ellsworth, C.P., Muir, D.W., & Hains, S.M.J. (1993). Social competence and person-object differentiation: An analysis of the still-face effect. *Developmental Psychology, 29,* 63–73.

Emde, R.N., Plomin, R., Robinson, J., Corley, R., DeFries, J., Fulker, D.W., Reznick, J.S., Campos, J., Kagan, J., & Zahn-Waxler, C. (1992). Temperament, emotion, and cognition at fourteen months: The MacArthur longitudinal twin study. *Child Development, 63,* 1437–1455.

Emery, R., & Laumann-Billings, L. (1998). An overview of the nature, causes, and consequencess of abusive family relationships: Toward differentiating maltreatment and violence. *American Psychologist, 53,* 121–135.

Ensign, J. (1998). Defying the stereotypes of special education: Homeschool students. Paper presented at the annual meeting of the American Education Research Association, San Diego.

Entwisle, D.R., & Alexander, K.L. (1990). Beginning school math competence: Minority and majority comparisons. *Child Development, 61,* 454–471.

Ericsson, K.A., & Crutcher, R.J. (1990). The nature of exceptional performance. In P.B. Baltes, D.L. Featherman, & R.M. Lerner (Eds.), *Life-span development and behavior,* Vol. 10 (pp. 188–218). Hillsdale, NJ: Erlbaum.

Erikson, E.H. (1950). *Childhood and society.* New York: Norton.

Erikson, E.H. (1959). *Identity and the life cycle.* New York: Norton (reissued, 1980).

Erikson, E.H. (1963). *Childhood and society* (2nd ed.). New York: Norton.

Erikson, E.H. (1980a). *Identity and the life cycle.* New York: Norton (originally published 1959).

Erikson, E.H. (1980b). Themes of adulthood in the Freud-Jung correspondence. In N.J. Smelser & E. Erikson (Eds.), *Themes of work and love in adulthood* (pp. 43–76). Cambridge, MA: Harvard University Press.

Erikson, E.H. (1982). *The life cycle completed.* New York: Norton.

Erikson, E.H., Erikson, J.M., & Kivnick, H.Q. (1986). *Vital involvement in old age.* New York: Norton.

Eron, L.D., Huesmann, L.R., & Zelli, A. (1991). The role of parental variables in the learning of aggression. In D.J. Pepler & K.H. Rubin (Eds.), *The development and treatment of childhood aggression* (pp. 169–188). Hillsdale, NJ: Erlbaum.

Escorihuela, R.M., Tobena, A., & Fernández Teruel, A. (1994). Environmental enrichment reverses the detrimental action of early inconsistent stimulation and increases the beneficial effects of postnatal handling on shuttlebox learning in adult rats. *Behavioral Brain Research, 61,* 169–173.

Eskes, T.K.A.B. (1992). Home deliveries in the Netherlands—perinatal mortality and morbidity. *International Journal of Gynecology & Obstetrics, 38,* 161–169.

Eslea, M., Menesini, E., Morita, Y., O'Moore, M., Mora-Merchan, J., Pereira, B., & Smith, P. (2004). Friendship and loneliness among bullies and victims: Data from seven countries. *Aggressive Behavior, 30,* 71–83.

Espy, K., Stalets, M., McDiarmid, M., Senn, T., Cwik, M., & Hamby, A. (2002). Executive functions in preschool children born preterm: Application of cognitive neuroscience paradigms. *Child Neuropsychology, 8,* 83–92.

Etaugh, C., & Liss, M. (1992). Home, school, and playroom: Training grounds for adult gender roles. *Sex Roles, 26,* 129–147.

Evans, G. (2004). The environment of childhood poverty. *American Psychologist, 59,* 77–92.

Evans, R.I. (1969). *Dialogue with Erik Erikson.* New York: Dutton.

Evans, R. I., & Erikson, E. (1967). *Dialogue with Erik Erikson.* New York: Harper & Row.

Ex, C., & Janssens, J. (1998). Maternal influences on daughters' gender role attitudes. *Sex Roles, 38,* 171–186.

Fabes, R.A., Knight, G.P., & Higgins, D.A. (1995, March). Gender differences in aggression: A meta-analytic reexamination of time and age effects. Paper presented at the biennial meetings of the Society for Research in Child Development, Indianapolis.

Fagan, J. F. (2000). A theory of intelligence as processing: Implications for society. *Psychology, Public Policy, & Law, 6,* 168–179.

Fagan, J.F., & Detterman, D.K. (1992). The Fagan Test of Infant Intelligence: A technical summary. *Journal of Applied Developmental Psychology, 13,* 173–193.

Fagan, J. F., & Holland, C. (2002). Equal opportunity and racial differences in IQ. *Intelligence, 30,* 361–387.

Fagan, J.F., & Singer, L.T. (1983). Infant recognition memory as a measure of intelligence. In L.P. Lipsett (Ed.), *Advances in infancy research,* Vol. 2 (pp. 31–78). Norwood, NJ: Ablex.

Fagard, J., & Jacquet, A. (1989). Onset of bimanual coordination and symmetry versus asymmetry of movement. *Infant Behavior & Development, 12,* 229–235.

Fagot, B.I., & Hagan, R. (1991). Observations of parent reactions to sex-stereotyped behaviors: Age and sex effects. *Child Development, 62,* 617–628.

Fagot, B.I., & Leinbach, M.D. (1993). Gender-role development in young children: From discrimination to labeling. *Developmental Review, 13,* 205–224.

Fairclough, S., Stratton, G., & Baldwin, B. (2002). The contribution of secondary school physical education to lifetime physical activity. *European Physical Education Review, 8,* 69–84.

Falbo, T. (1992). Social norms and one-child family: Clinical and policy limitations. In F. Boer & J. Dunn (Eds.), *Children's sibling relationships* (pp. 71–82). Hillsdale, NJ: Erlbaum.

Fallis, R., & Opotow, S. (2003). Are students failing school or are schools failing students? Class cutting in high school. *Journal of Social Issues, 59*, 103–119.

Fantuzzo, J., Coolahan, K., & Mendez, J. (1998). Contextually relevant validation of peer play constructs with African American Head Start children: Penn Interactive Peer Play Scale. *Early Childhood Research Quarterly, 13*, 411–431.

Fantuzzo, J., Sekino, Y., & Cohen, H. (2004). An examination of the contributions of interactive peer play to salient classroom competencies for urban Head Start children. *Psychology in the Schools, 41*, 323–336.

Fantz, R.L. (1956). A method for studying early visual development. *Perceptual & Motor Skills, 6*, 13–15.

Farmer, T., Estell, D., Leung, M., Trott, H., Bishop, J., & Cairns, B. (2003). Individual characteristics, early adolescent peer affiliations, and school dropout: An examination of aggressive and popular group types. *Journal of School Psychology, 41*, 217–232.

Farnham-Diggory, S. (1992). *The learning-disabled child*. Cambridge, MA: Harvard University Press.

Farrar, M.J. (1992). Negative evidence and grammatical morpheme acquisition. *Developmental Psychology, 28*, 90–98.

Farver, J. (1996). Aggressive behavior in preschoolers' social networks: Do birds of a feather flock together? *Early Childhood Research Quarterly, 11*, 333–350.

Farver, J., Bhadha, B., & Narang, S. (2002). Acculturation and psychological functioning in Asian Indian adolescents. *Social Development, 11*, 11–29.

Featherman, D. (1980). Schooling and occupational careers: Constancy and change in worldly success. In O. Brim & J. Kagan (Eds.), *Constancy and change in human development* (pp. 675–738). Cambridge, MA: Harvard University Press.

Federal Interagency Forum on Child and Family Statistics (FIFCFS). (2005). America's children in brief: Key national indicators of well-being, 2005. Retrieved May 18, 2007 from www.childstats.gov/pubs.asp.

Federal Interagency Forum on Child and Family Statistics (FIFCFS). (2007). America's children in brief: Key national indicators of well-being, 2007. Retrieved May 12, 2008 from http://hildstats.gov/americaschildren/index.asp.

Fein, J., Durbin, D., & Selbst, S. (2002). Injuries & emergencies. In A. Rudolph, R. Kamei, & K. Overby (Eds.), *Rudolph's fundamentals of pediatrics* (3rd ed., pp. 390–436). New York: McGraw-Hill.

Feiring, C. (1999). Other-sex friendship networks and the development of romantic relationships in adolescence. *Journal of Youth & Adolescence, 28*, 495–512.

Feldman, D. (2004). Piaget's stages: The unfinished symphony of cognitive development. *New Ideas in Psychology, 22*, 175–231.

Feldman, R. (2003). Paternal socio-psychological factors and infant attachment: The mediating role of synchrony in father-infant interactions. *Infant Behavior & Development, 25*, 221–236.

Feng, J., Spence, I., & Pratt, J. (2007). Playing an action video game reduces gender differences in spatial cognition. *Psychological Science, 18*, 850–855.

Fenson, L., Dale, P.S., Reznick, J.S., Bates, E., Thal, D.J., & Pethick, S.J. (1994). Variability in early communicative development. *Monographs of the Society for Research in Child Development, 59* (5, Serial No. 242).

Fergusson, D.M., Horwood, L.J., & Lynskey, M.T. (1993). Maternal smoking before and after pregnancy: Effects on behavioral outcomes in middle childhood. *Pediatrics, 92*, 815–822.

Fernald, A., & Kuhl, P. (1987). Acoustic determinants of infant preference for motherese speech. *Infant Behavior & Development, 10*, 279–293.

Field, T. (1995). Psychologically depressed parents. In M.H. Bornstein (Ed.), *Handbook of parenting, Vol. 4: Applied and practical parenting* (pp. 85–99). Mahwah, NJ: Erlbaum.

fightingautism.org. (2008). Number of cases. Retrieved June 10, 2008 from http://www.fightingautism.org/idea/autism.php.

Figueras-Costa, B., & Harris, P. (2001). Theory of mind development in deaf children: A nonverbal test of false belief understanding. *Journal of Deaf Studies and Deaf Education, 6*, 92–102.

Filipek, P., Steinberg-Epstein, R., & Book, T. (2006). Intervention for autism spectrum disorders. *Pediatric Neuropathy, 3*, 207–216.

Findlay, L., Girardi, A., & Coplan, R. (2006). Links between empathy, social behavior, and social understanding. *Early Childhood Research Quarterly, 21*, 347–359.

Findling, R., Feeny, N., Stansbrey, R., Delporto-Bedoya, D., & Demeter, C. (2004). Special articles: Treatment of mood disorders in children and adolescents: Somatic treatment for depressive illnesses in children and adolescents. *Psychiatric Clinics of North America, 27*, 113–137.

Finer, L. (2007). Trends in premarital sex in the United States, 1954–2003. *Public Health Reports, 122*, 73–78.

Fischer, K.W., & Bidell, T. (1991). Constraining nativist inferences about cognitive capacities. In S. Carey & R. Gelman (Eds.), *The epigenesis of mind: Essays on biology and cognition* (pp. 199–236). Hillsdale, NJ: Erlbaum.

Fischer, K. W., & Rose, S. (1994). Dynamic development of coordination of components in brain and behavior: A framework for theory and research. In K. Fischer & G. Dawson (Eds.), *Human behavior and the developing brain* (pp. 3–66). New York: Guilford Press.

Fish, M., Stifter, C.A., & Belsky, J. (1991). Conditions of continuity and discontinuity in infant negative emotionality: Newborn to five months. *Child Development, 62*, 1525–1537.

Fitzgerald, B. (1999). Children of lesbian and gay parents: A review of the literature. *Marriage & Family Review, 29*, 57–75.

Fitzgerald, D., & White, K. (2003). Linking children's social worlds: Perspective-taking in parent-child and peer contexts. *Social Behavior & Personality, 31*, 509–522.

Fitzgerald, M. (2004). The case of Robert Walser. *Irish Journal of Psychological Medicine, 21*, 138–142.

Fitzpatrick, J.L., & Silverman, T. (1989). Women's selection of careers in engineering: Do traditional-nontraditional differences still exist? *Journal of Vocational Behavior, 34*, 266–278.

Flannery, D., Vazsonyi, A., Embry, D., Powell, K., Atha, H., Vesterdal, W., & Shenyang, G. (2000, August). Longitudinal effectiveness of the Peace-Builders' universal school-based violence prevention program. Paper presented at the annual meeting of the American Psychological Association, Washington, DC.

Flannery, D.J., Montemayor, R., & Eberly, M.B. (1994). The influence of parent negative emotional expression on adolescents' perceptions of their relationships with their parents. *Personal Relationships, 1*, 259–274.

Flavell, J. H. (1963). *The developmental psychology of Jean Piaget*. New York: D. Van Nostrand.

Flavell, J.H. (1985). *Cognitive development* (2nd ed.). Englewood Cliffs, NJ: Prentice-Hall.

Flavell, J.H. (1986). The development of children's knowledge about the appearance-reality distinction. *American Psychologist, 41*, 418–425.

Flavell, J.H. (1993). Young children's understanding of thinking and consciousness. *Current Directions in Psychological Science, 2*, 40–43.

Flavell, J. H. (1999). Cognitive development: Children's knowledge about the mind. *Annual Review of Psychology, 50*, 21–45.

Flavell, J.H., Everett, B.A., Croft, K., & Flavell, E.R. (1981). Young children's knowledge about visual perception: Further evidence for the Level 1–Level 2 distinction. *Developmental Psychology, 17,* 99–103.

Flavell, J.H., Green, F.L., & Flavell, E.R. (1990). Developmental changes in young children's knowledge about the mind. *Cognitive Development, 5,* 1–27.

Flavell, J.H., Green, F.L., Wahl, K.E., & Flavell, E.R. (1987). The effects of question clarification and memory aids on young children's performance on appearance-reality tasks. *Cognitive Development, 2,* 127–144.

Floyd, F., & Bakeman, R. (2006). Coming-out across the life course: Implications of age and historical context. *Archives of Sexual Behavior, 35,* 287–297.

Flynn, J. (1999). Searching for justice: The discovery of IQ gains over time. *American Psychologist, 54,* 5–20.

Flynn, J. (2003). Movies about intelligence: The limitations of g. *Current Directions in Psychological Science, 12,* 95–99.

Flynn, R. (1999). Myopia. Retrieved March 28, 2008 from http://www2.vhi.ie/topic/myopia.

Foehr, U. (2006). Media multitasking among American youth: Prevalence, predictors and pairings. Menlo Park, CA: Henry J. Kaiser Foundation. Retrieved June 26, 2007 from http://kff.org/entmedia/upload/7592.pdf.

Foley, E. (2002). Drug screening and criminal prosecution of pregnant women. *Journal of Obstetric, Gynecologic, & Neonatal Nursing, 31,* 1331.

Fombonne, E., Zakarian, R., Bennett, A., Meng, L., & McLean-Heywood, D. (2006). Pervasive developmental disorders in Montreal, Quebec, Canada: Prevalence and links with immunizations. *Pediatrics, 118,* e139–e150.

Foorman, B., & Nixon, S. (2006). The influence of public policy on reading research and practice. *Topics in Language Disorders, 26,* 157–171.

Fordham, K., & Stevenson-Hinde, J. (1999). Shyness, friendship quality, and adjustment during middle childhood. *Journal of Child Psychology & Psychiatry & Allied Disciplines, 40,* 757–768.

Fouad, N. (2007). Work and vocational psychology: Theory, research, and counseling. *Annual Review of Psychology, 58,* 543–564.

Foulder-Hughes, L., & Cooke, R. (2003a). Do mainstream schoolchildren who were born preterm have motor problems? *British Journal of Occupational Therapy, 66,* 9–16.

Foulder-Hughes, L., & Cooke, R. (2003b). Motor, cognitive, and behavioural disorders in children born very preterm. *Developmental Medicine & Child Neurology, 45,* 97–103.

Fourn, L., Ducic, S., & Seguin, L. (1999). Smoking and intrauterine growth retardation in the Republic of Benin. *Journal of Epidemiology & Community Health, 53,* 432–433.

Fox, N., Henderson, H., Rubin, K., Calkins, S., & Schmidt, L. (2001). Continuity and discontinuity of behavioral inhibition and exuberance: Psychophysiological and behavioral influences across the first four years of life. *Child Development, 72,* 1–21.

Fox, N.A., Kimmerly, N.L., & Schafer, W.D. (1991). Attachment to mother/attachment to father: A meta-analysis. *Child Development, 62,* 210–225.

Francis, P.L., Self, P.A., & Horowitz, F.D. (1987). The behavioral assessment of the neonate: An overview. In J.D. Osofsky (Ed.), *Handbook of infant development* (2nd ed., pp. 723–779). New York: Wiley-Interscience.

Franco, N., & Levitt, M. (1998). The social ecology of middle childhood: Family support, friendship quality, and self-esteem. *Family Relations: Interdisciplinary Journal of Applied Family Studies, 47,* 315–321.

Frankenburg, W., & Dodds, J. (1990). *Denver Developmental Screening II (Denver II).* Denver, CO: Denver Developmental Materials.

Fraser, A.M., Brockert, J.E., & Ward, R.H. (1995). Association of young maternal age with adverse reproductive outcomes. *New England Journal of Medicine, 332,* 1113–1117.

Fredriksen, K., Rhodes, J., Reddy, R., & Way, N. (2004). Sleepless in Chicago: Tracking the effects of adolescent sleep loss during the middle school years. *Child Development, 75,* 84–95.

Freeman, C., & Fox, M. (2005). Status and trends in the education of American Indians and Alaska Natives. Retrieved June 27, 2008 from http://nces.ed.gov/pubs2005/2005108.pdf.

Frey, K.S., & Ruble, D.N. (1992). Gender constancy and the "cost" of sex-typed behavior: A test of the conflict hypothesis. *Developmental Psychology, 28,* 714–721.

Friend, M., & Bursuck, W. (2006). *Including students with special needs: A practical guide for classroom teachers.* Boston: Allyn & Bacon.

Frisch, A., Laufer, N., Danziger, Y., Michaelovsky, E., Leor, S., Carel, C., Stein, D., Fenig, S., Mimouni, M., Apter, A., & Weizman, A. (2001). Association of anorexia nervosa with the high activity allele of the COMT gene: A family-based study in Israeli patients. *Molecular Psychiatry, 6,* 243–245.

Fry, R. (2003). Hispanic youth dropping out of U.S. schools: Measuring the challenge. Retrieved June 27, 2008 from http://pewhispanic.org/files/reports/19.pdf.

Fryar, C., Hirsch, R., Porter, K., Kottiri, B., Brody, D., & Louis, T. (2007). Drug use and sexual behaviors reported by adults: 1999–2002. *Vital and Health Statistics, 384,* 1–15.

Fuchs, L., Fuchs, D., & Zumeta, R. (2008). Response to intervention: A strategy for the prevention and identification of learning disabilities. In E. Grigorenko, (Ed.), *Educating individuals with disabilities: IDEIA 2004 and beyond* (pp. 115–135). New York: Spring Publishing Company.

Funk, J., Baldacci, H., Pasold, T., & Baumgardner, J. (2004). Violence exposure in real-life, video games, television, movies, and the Internet: Is there desensitization? *Journal of Adolescence, 27,* 23–39.

Funk, J., Buchman, D., Jenks, J., & Bechtoldt, H. (2003). Playing violent video games, desensitization, and moral evaluation in children. *Journal of Applied Developmental Psychology, 24,* 413–436.

Funk, J., Buchman, D., Myers, B., & Jenks, J. (2000, August). Asking the right questions in research on violent electronic games. Paper presented at the annual meeting of the American Psychological Association, Washington, DC.

Furman, L., Wilson-Costello, D., Friedman, H., Taylor, H., Minich, N., & Hack, M. (2004). The effect of neonatal maternal milk feeding on the neurodevelopmental outcome of very low birth weight infants. *Journal of Developmental & Behavioral Pediatrics, 25,* 247–253.

Furrow, D., & Nelson, K. (1984). Environmental correlates of individual differences in language acquisition. *Journal of Child Language, 11,* 523–534.

Fussell, J., & Burns, K. (2007). Attention deficit/hyperactivity disorder: A case study in differential diagnosis. *Clinical Pediatrics, 46,* 735–737.

Gabbard, C. (2008). *Lifelong motor development.* San Francisco: Benjamin Cummings.

Galambos, N., & Maggs, J. (1991). Out-of-school care of young adolescents and self-reported behavior. *Developmental Psychology, 27,* 644–655.

Galanaki, E. (2004). Teachers and loneliness: The children's perspective. *School Psychology International, 25,* 92–105.

Galassi, J., Gulledge, S., & Cox, N. (1997). Middle school advisories: Retrospect and prospect. *Review of Educational Research, 67,* 301–338.

Gallagher, A., Frith, U., & Snowling, M. (2000). Precursors of literacy delay among children at genetic risk of dyslexia. *Journal of Child Psychology & Psychiatry & Allied Disciplines, 41*, 202–213.

Gamoran, A., Porter, A., Smithson, J., & White, P. (1997). Upgrading high school mathematics instruction: Improving learning opportunities for low-achieving, low-income youth. *Educational Evaluation & Policy Analysis, 19*, 325–338.

Ganchrow, J.R., Steiner, J.E., & Daher, M. (1983). Neonatal facial expressions in response to different qualities and intensities of gustatory stimuli. *Infant Behavior & Development, 6*, 189–200.

Ganong, L., & Coleman, M. (1994). *Remarried family relationships*. Thousand Oaks, CA: Sage Publications.

Garces, E., Thomas, D., & Currie, J. (2002). Longer-term effects of Head Start. *American Economic Review, 92*, 999–1012.

Gardner, A. (2007). ADHD drugs need better warnings on heart, psychiatric risks: FDA. Retrieved June 19, 2007 from www.healthfinder.gov/news/newsstory.asp?docID=602115.

Gardner, H. (1983). *Frames of mind: The theory of multiple intelligence*. New York: Basic Books.

Gardner, H. (2003). Three distinct meaning of intelligence. In R. Sternberg, J. Lautrey, & T. Lubart (Eds.), *Models of intelligence: International perspectives* (pp. 43–54). Washington, DC: American Psychological Association.

Gardner, J., Karmel, B., Freedland, R., Lennon, E., Flory, M., Miroschnichenko, I., Phan, H., Barone, A., & Harm, A. (2006). Arousal, attention, and neurobehavioral assessment in the neonatal period: Implications for intervention and policy. *Journal of Policy and Practice in Intellectual Disabilities, 3*, 22–32.

Garmezy, N. (1993). Vulnerability and resilience. In D.C. Funder, R.D. Parke, C. Tomlinson-Keasey, & K. Widaman (Eds.), *Studying lives through time: Personality and development* (pp. 377–398). Washington, DC: American Psychological Association.

Garmezy, N., & Rutter, M. (Eds.). (1983). *Stress, coping, and development in children*. New York: McGraw-Hill.

Garnier, H., Stein, J., & Jacobs, J. (1997). The process of dropping out of high school: A 19-year perspective. *American Educational Research Journal, 34*, 395–419.

Gartstein, M., & Rothbart, M. (2003). Studying infant temperament via the revised infant behavior questionnaire. *Infant Behavior & Development, 26*, 64–86.

Gass, K., Jenkins, J., & Dunn, J. (2007). Are sibling relationships protective? A longitudinal study. *Journal of Child Psychology and Psychiatry, 48*, 167–175.

Gathercole, S., Pickering, S., Ambridge, B., & Wearing, H. (2004). The structure of working memory from 4 to 15 years of age. *Developmental Psychology, 40*, 177–190.

Gaultney, J., & Gingras, J. (2005). Fetal rate of behavioral inhibition and preference for novelty during infancy. *Early Human Development, 81*, 379–386.

Gavazzi, S., Alford, K., & McKenry, P. (1996). Culturally specific programs for foster care youth: The sample case of an African American rites of passage program. *Family Relations: Journal of Applied Family & Child Studies, 45*, 166–174.

Gavazzi, S., & Law, J. (1997). Creating definitions of successful adulthood for families with adolescents: A therapeutic intervention from the Growing Up FAST program. *Journal of Family Psychotherapy, 8*, 21–38.

Ge, X., & Conger, R. (1999). Adjustment problems and emerging personality characteristics from early to late adolescence. *American Journal of Community Psychology, 27*, 429–459.

Geary, D., Lin, F., Chen, G., Saults, S., et al. (1999). Contributions of computational fluency to cross-national differences in arithmetical reasoning abilities. *Journal of Educational Psychology, 91*, 716–719.

Gee, C., & Rhodes, J. (1999). Postpartum transitions in adolescent mothers' romantic and maternal relationships. *Merrill-Palmer Quarterly, 45*, 512–532.

Gee, C., & Rhodes, J. (2003). Adolescent mothers' relationship with their children's biological fathers: Social support, social strain and relationship continuity. *Journal of Family Psychology, 17*, 370–383.

Gelman, R. (1972). Logical capacity of very young children: Number invariance rules. *Child Development, 43*, 75–90.

Gentile, D., Lynch, P., Linder, J., & Walsh, D. (2004). The effects of violent video game habits on adolescent hostility, aggressive behaviors, and school performance. *Journal of Adolescence, 27*, 5–22.

George, M. (2001). The challenge of culturally competent health care: Applications for asthma. *Heart & Lung: The Journal of Acute and Critical Care, 30*, 392–400.

Georgieff, M.K. (1994). Nutritional deficiencies as developmental risk factors: Commentary on Pollitt and Gorman. In C.A. Nelson (Ed.), *The Minnesota Symposia on Child Development, Vol. 27* (pp. 145–159). Hillsdale, NJ: Erlbaum.

Gergely, G. (2002). The development of understanding self and agency. In U. Goswami (Ed.). *Blackwell Handbook of Childhood Cognitive Development*. Boston: Blackwell Publishing.

Gerhardstein, P., Liu, J., & Rovee-Collier, C. (1998). Perceptual constraints on infant memory retrieval. *Journal of Experimental Child Psychology, 69*, 109–131.

Gershkoff-Stowe, L., & Hahn, E. (2007). Fast mapping skills in the developing lexicon. *Journal of Speech, Language, and Hearing Research, 50*, 682–696.

Gershoff, E. (2002). Corporal punishment by parents and associated child behaviors and experiences: A meta-analytic and theoretical review. *Psychological Bulletin, 128*, 539–579.

Gesell, A. (1925). *The mental growth of the preschool child*. New York: Macmillan.

Gibbs, R., & Beitel, D. (1995). What proverb understanding reveals about how people think. *Psychological Bulletin, 118*, 133–154.

Gibson, E.J., & Walk, R.D. (1960). The "visual cliff." *Scientific American, 202*, 80–92.

Giedd, J. (2004). Structural magnetic resonance imaging of the adolescent brain. *Annals of the New York Academy of Sciences, 1021*, 77–85.

Giedd, J., Blumenthal, J., & Jeffries, N. (1999). Brain development during childhood and adolescence: A longitudinal MRI study. *Nature Neuroscience, 2*, 861–863.

Gillies, V., & Lucey, H. (2006). "It's a connection you can't get away from": Brothers, sisters and social capital. *Journal of Youth Studies, 9*, 479–493.

Gilligan, C. (1982). *In a different voice: Psychological theory and women's development*. Cambridge, MA: Harvard University Press.

Gilligan, C., & Wiggins, G. (1987). The origins of morality in early childhood relationships. In J. Kagan & S. Lamb (Eds.), *The emergence of morality in young children* (pp. 277–307). Chicago: University of Chicago Press.

Gilman, E.A., Cheng, K.K., Winter, H.R., & Scragg, R. (1995). Trends in rates and seasonal distribution of sudden infant deaths in England and Wales, 1988–1992. *British Medical Journal, 30*, 631–632.

Gilman, S., Abrams, D., & Buka, S. (2003). Socioeconomic status over the life course and stages of cigarette use: Initiation, regular use, and cessation. *Journal of Epidemiology in Community Health, 57*, 802–808.

Glaser, D. (2000). Child abuse and neglect and the brain—a review. *Journal of Child Psychology & Psychiatry & Allied Disciplines, 41*, 97–116.

Glaubke, C., Miller, P., Parker, M., & Espejo, E. (2001). Fair play: Violence, gender, and race in video games. Retrieved June 28, 2007 from http://publications.childrennow.org/assets/pdf/cmp/fairplay/fair-play-video-01.pdf.

Gleitman, L.R., & Gleitman, H. (1992). A picture is worth a thousand words, but that's the problem: The role of syntax in vocabulary acquisition. *Current Directions in Psychological Science, 1,* 31–35.

Gnepp, J., & Chilamkurti, C. (1988). Children's use of personality attributions to predict other people's emotional and behavioral reactions. *Child Development, 50,* 743–754.

Gogtay, N., Giedd, J., Lusk, L., Hayashi, K., Greenstein, D., Vaituzis, A., Nugent, T., Herman, D., Clasen, L., Toga, A., Rapoport, J., & Thompson, P. (2004). Dynamic mapping of human cortical development during childhood through early adulthood. *Proceedings of the National Academy of Sciences, 17,* 17.

Goldberg, W.A. (1990). Marital quality, parental personality, and spousal agreement about perceptions and expectations for children. *Merrill-Palmer Quarterly, 36,* 531–556.

Goldfield, B.A. (1993). Noun bias in maternal speech to one-year-olds. *Journal of Child Language, 20,* 85–99.

Goldfield, B.A., & Reznick, J.S. (1990). Early lexical acquisition: Rate, content, and the vocabulary spurt. *Journal of Child Language, 17,* 171–183.

Golding, J., Emmett, P., & Rogers, I. (1997a). Does breast feeding protect against non-gastric infections? *Early Human Development, 49* (Supp.), S105–S120.

Golding, J., Emmett, P., & Rogers, I. (1997b). Gastroenteritis, diarrhea and breast feeding. *Early Human Development, 49* (Supp.), S83–S103.

Goldstein, R., & Volkow, N. (2002). Drug addiction and its underlying neurobiological basis: Neuroimaging evidence for the involvement of the frontal cortex. *American Journal of Psychiatry, 159,* 1642–1652.

Goleman, D. (1995). *Emotional intelligence.* New York: Bantam.

Golinkoff, R.M., Mervis, C.B., & Hirsh-Pasek, K. (1994). Early object labels: The case for lexical principles. *Journal of Child Language, 21,* 125–155.

Golombok, S., & Fivush, R. (1994). *Gender development.* Cambridge, England: Cambridge University Press.

Golombok, S., & Tasker, F. (1996). Do parents influence the sexual orientation of their children? Findings from a longitudinal study of lesbian families. *Developmental Psychology, 32,* 3–11.

Gomez, R., Bounds, J., Holmberg, K., Fullarton, C., & Gomez, A. (1999). Effects of neuroticism and avoidant coping style on maladjustment during early adolescence. *Personality & Individual Differences, 26,* 305–319.

Gomez, R., Gomez, A., & Cooper, A. (2002). Neuroticism and extraversion as predictors of negative and positive emotional information processing: Comparing Eysenck's, Gray's and Newman's theories. *European Journal of Personality, 16,* 333–350.

Gomez, R., Holmberg, K., Bounds, J., Fullarton, C., & Gomez, A. (1999). Neuroticism and extraversion as predictors of coping styles during early adolescence. *Personality & Individual Differences, 27,* 3–17.

Gonzales, P., Guzman, J., Partelow, L., Pahlke, E., Jocelyin, L., Kastberg, D., & Williams, T. (2004). Highlights from the Trends in International Mathematics and Science Study: TIMSS 2003. Retrieved June 17, 2008 from http://nces.ed.gov/pubsearch/pubsinfo.asp?pubid=2005005.

Goodenough, F.L. (1931). *Anger in young children.* Minneapolis: University of Minnesota Press.

Goodsitt, J.V., Morse, P.A., Ver Hoeve, J.N., & Cowan, N. (1984). Infant speech recognition in multisyllabic contexts. *Child Development, 55,* 903–910.

Goodway, J., & Branta, C. (2003). Influence of a motor skill intervention on fundamental motor skill development of disadvantaged preschool children. *Research Quarterly for Exercise and Sport, 74,* 36–46.

Goodwin, R., & Fitzgibbon, M. (2002). Social anxiety as a barrier to treatment for eating disorders. *International Journal of Eating Disorders, 32,* 103–106.

Gordon, R. (2001). Eating disorders East and West: A culture-bound syndrome unbound. In M. Nasser, M., Katzman, & R. Bordon (Eds.), *Eating disorders and cultures in transition* (pp. 1–23). New York: Taylor & Francis.

Gottesman, I., & Goldsmith, H. (1994). Developmental psychopathology of antisocial behavior: Inserting genes into its ontogenesis and epigenesis. In C. Nelson (Ed.), *Minnesota symposia on child psychology, Vol. 27* (pp. 69–104). Mahwah, NJ: Erlbaum.

Gottman, J.M. (1986). The world of coordinated play: Same-and cross-sex friendship in young children. In J.M. Gottman & J.G. Parker (Eds.), *Conversations of friends: Speculations on affective development* (pp. 139–191). Cambridge, England: Cambridge University Press.

Grabowski, L., Call, K., & Mortimer, J. (2001). Global and economic self-efficacy in the educational attainment process. *Social Psychology Quarterly, 64,* 164–197.

Graham, J., Cohen, R., Zbikowski, S., & Secrist, M. (1998). A longitudinal investigation of race and sex as factors in children's classroom friendship choices. *Child Study Journal, 28,* 245–266.

Graham, S., & Harris, K. (1997). It can be taught, but it does not develop naturally: Myths and realities in writing instruction. *School Psychology Review, 26,* 414–424.

Gralinski, J.H., & Kopp, C.B. (1993). Everyday rules for behavior: Mothers' requests to young children. *Developmental Psychology, 29,* 573–584.

Grall, T. (2007). Custodial mothers and fathers and their child support: 2005. Retrieved March 26, 2008 from http://www.census.gov/prod/2007pubs/p60-234.pdf.

Green, S. (2001). Systemic vs. individualistic approaches to bullying. *Journal of the American Medical Association, 286,* 787.

Green, S., Anderson, E., Doyle, E., & Ridelbach, H. (2006). Divorce. In G. Bear & K. Minke (Eds.), *Children's needs III: Development, prevention, and intervention.* Washington, DC: National Association of School Psychologists.

Green, S., Pring, L., & Swettenham, J. (2004). An investigation of first-order false belief understanding of children with congenital profound visual impairment. *British Journal of Developmental Psychology, 22,* 1–17.

Greenberg, M., & Kusché, C. (2006). Building social and emotional competence: The PATHS curriculum. In S. Jimerson & M. Furlong (Eds.), *Handbook of school violence and school safety: From research to practice* (pp. 395–412). Mahwah, NJ: Erlbaum.

Greenberg, M.T., Siegel, J.M., & Leitch, C.J. (1983). The nature and importance of attachment relationships to parents and peers during adolescence. *Journal of Youth & Adolescence, 12,* 373–386.

Greenberger, E., & Steinberg, L. (1986). *When teenagers work: The psychological and social costs of adolescent employment.* New York: Basic Books.

Greene, K., Krcmar, M., Rubin, D., Walters, L., & Hale, J. (2002). Elaboration in processing adolescent health messages: The impact of egocentrism and sensation seeking on message processing. *Journal of Communication, 52,* 812–831.

Greenfield, P., Brannon, C., & Lohr, D. (1994). Two-dimensional representation of movement through three-dimensional space: The role of video game expertise. *Journal of Applied Developmental Psychology, 15,* 87–104.

Greer, F. (2005). Bone health: It's more than calcium intake. *Pediatrics, 115,* 792–794.

Griffiths, M., & Chandler, D. (1998). Gendered editing and camerawork techniques in advertisements for children's toys on British television. Retrieved July 3, 2006 from http://users.aber.ac.uk/dgc/toyads.html.

Groome, L., Mooney, D., Holland, S., Smith, L., Atterbury, J., & Dykman, R. (1999). Behavioral state affects heart rate response to low-intensity sound in human fetuses. *Early Human Development, 54,* 39–54.

Grossmann, K., Grossmann, K.E., Spangler, G., Suess, G., & Unzner, L. (1985). Maternal sensitivity and newborns' orientation responses as related to quality of attachment in northern Germany. *Monographs of the Society of Research in Child Development, 50* (1–2, Serial No. 209), 233–256.

Grov, C., Bimbi, D., Nanin, J., & Parsons, J. (2006). Race, ethnicity, gender, and generational factors associated with the coming-out process among gay, lesbian, and bisexual individuals. *Journal of Sex Research, 43,* 115–121.

Gruber, J., & Fineran, S. (2008). Comparing the impact of bullying and sexual harassment. *Sex Roles, 58,* in press.

Grusec, J. (1992). Social learning theory and developmental psychology: The legacies of Robert Sears and Albert Bandura. *Developmental Psychology, 28,* 776–786.

Guangyuan, S. (2005). A follow-up study on the effect of attributional training for achievement motivation. *Psychological Science (China), 28,* 52–55.

Guerin, D.W., & Gottfried, A.W. (1994a). Developmental stability and change in parent reports of temperament: A ten-year longitudinal investigation from infancy through preadolescence. *Merrill-Palmer Quarterly, 40,* 334–355.

Guerin, D.W., & Gottfried, A.W. (1994b). Temperamental consequences of infant difficultness. *Infant Behavior & Development, 17,* 413–421.

Guesry, P. (1998). The role of nutrition in brain development. *Preventive Medicine, 27,* 189–194.

Guilford, J. (1967). *The nature of human intelligence.* New York: McGraw-Hill.

Gunnar, M.R. (1994). Psychoendocrine studies of temperament and stress in early childhood: Expanding current models. In J.E. Bates & T.D. Wachs (Eds.), *Temperament: Individual differences at the interface of biology and behavior* (pp. 175–198). Washington, DC: American Psychological Association.

Gunther, M. (1955). Instinct and the learning couple. *Lancet, 1,* 575.

Gunther, M. (1961). Infant behavior at the breast. In B. Foss (Ed.), *Determinants of infant behavior* (pp. 37–44). London: Methuen.

Guralnik, J.M., & Kaplan, G.A. (1989). Predictors of healthy aging: Prospective evidence from the Alameda County Study. *American Journal of Public Health, 79,* 703–708.

Guralnik, J. M., & Paul-Brown, D. (1984). Communicative adjustments during behavior-request episodes among children at different developmental levels. *Child Development, 55,* 911–919.

Gurnáková, J., & Kusá, D. (2004). Gender self-concept in personal theories of reality. *Studia Psychologica, 46,* 49–61.

Gust, D., Strine, T., Maurice, E., Smith, P., Yusuf, H., Wilkinson, M., Battaglia, M., Wright, R., & Schwartz, B. (2004). Underimmunization among children: Effects of vaccine safety concerns on immunization status. *Pediatrics, 114,* 16–22.

Gustafson, S.B., & Magnusson, D. (1991). *Female life careers: A pattern approach.* Hillsdale, NJ: Erlbaum.

Guthrie, R. (2004). *Even the rat was white* (2nd ed.). Boston: Allyn & Bacon.

Gutman, L. (2006). How student and parent goal orientations and classroom goal structures influence the math achievement of African Americans during the high school transition. *Contemporary Educational Psychology, 31,* 44–63.

Guzzetti, B., & Williams, W. (1996). Gender, text, and discussion: Examining intellectual safety in the science classroom. *Journal of Research in Science Teaching, 33,* 5–20.

Gzesh, S.M., & Surber, C.F. (1985). Visual perspective-taking skills in children. *Child Development, 56,* 1204–1213.

Habermas, T., & de Silveira, C. (2008). The development of global coherence in life narratives across adolescence: Temporal, causal, and thematic aspects. *Developmental Psychology, 44,* 707–721.

Hagan, J. (1997). Defiance and despair: Subcultural and structural linkages between delinquency and despair in the life course. *Social Forces, 76,* 119–134.

Haier, R.J., Chueh, D., Touchette, P., Lott, I., Buchsbaum, M.S., MacMillan, D., Sandman, C., LaCasse, L., & Sosa, E. (1995). Brain size and cerebral glucose metabolic rate in nonspecific mental retardation and Down syndrome. *Intelligence, 20,* 191–210.

Hakansson, G., Salameh, E., & Nettelbladt, U. (2003). Measuring language development in bilingual children: Swedish-Arabic children with and without language impairment. *Linguistics, 41,* 255–288.

Hakuta, K., Bialystok, E., & Wiley, E. (2003). Critical-evidence: A test of the critical-period hypothesis for second-language acquisition. *Psychological Science, 14,* 31–38.

Halama, P., & Strízenec, M. (2004). Spiritual, existential or both? Theoretical considerations on the nature of "higher" intelligences. *Studia Psychologica, 46,* 239–253.

Hale, J. (2001). *Learning while black: Creating educational excellence for African American children.* Baltimore, MD: Johns Hopkins University Press.

Halford, G., Bunch, K., & McCredden, J. (2007). Problem decomposability as a factor in complexity of the dimensional change card sort task. *Cognitive Development, 22,* 384–391.

Halford, G.S., Maybery, M.T., O'Hare, A.W., & Grant, P. (1994). The development of memory and processing capacity. *Child Development, 65,* 1338–1356.

Hall, G. (2003, September). Primary elective C-section up 20% from 1999 to 2001. *OB/GYN News.* Retrieved April 1, 2004 from www.imng.com.

Halle, T. (1999). Implicit theories of social interactions: Children's reasoning about the relative importance of gender and friendship in social partner choices. *Merrill-Palmer Quarterly, 45,* 445–467.

Halmi, K. (2003). Classification, diagnosis and comorbidities of eating disorders. In M. Maj, K. Halmi, J. Lopez-Ibor, & N. Sartorius, *Eating disorders* (pp. 1–33). New York: Wiley.

Halpern, C.T., Udry, J.R., Campbell, B., & Suchindran, C. (1993). Testosterone and pubertal development as predictors of sexual activity: A panel analysis of adolescent males. *Psychosomatic Medicine, 55,* 436–447.

Ham, B. (2004, October 29). Hispanic children less likely to get ADHD diagnosis. Retrieved June 20, 2008 from http://www.cfah.org/hbns/news/ADHD10-29-04.cfm.

Hämäläinen, M., & Pulkkinen, L. (1996). Problem behavior as a precursor of male criminality. *Development and Psychopathology, 8,* 443–455.

Hamilton, B., Martin, J., & Ventura, S. (2007). Births: Preliminary data for 2006. *National Vital Statistics Reports, 56,* 1–18.

Hamilton, C.E. (1995, March). Continuity and discontinuity of attachment from infancy through adolescence. Paper presented at the biennial meetings of the Society for Research in Child Development, Indianapolis.

Hammond, M., Landry, S., Swank, P., & Smith, K. (2000). Relation of mothers' affective development history and parenting behavior: Effects on infant medical risk. *American Journal of Orthopsychiatry, 70*, 95–103.

Handelman, L., Rich, M., Bridgemohan, C., & Schneider, L. (2004). Understanding pediatric inner-city asthma: An explanatory model approach. *Journal of Asthma, 41*, 167–177.

Handley-Derry, M., Low, J., Burke, S., Waurick, M., Killen, H., & Derrick, E. (1997). Intrapartum fetal asphyxia and the occurrence of minor deficits in 4- to 8-year-old children. *Developmental Medicine & Child Neurology, 39*, 508–514.

Hanna, E., & Meltzoff, A.N. (1993). Peer imitation by toddlers in laboratory, home, and day-care contexts: Implications for social learning and memory. *Developmental Psychology, 29*, 701–710.

Hannigan, J., O'Leary-Moore, S., & Berman, R. (2007). Postnatal environmental or experiential amelioration of neurobehavioral effects of perinatal alcohol exposure in rats. *Neuroscience & Biobehavioral Reviews, 31*, 202–211.

Hardy, C., & Van Leeuwen, S. (2004). Interviewing young children: Effects of probe structures and focus of rapport-building talk on the qualities of young children's eyewitness statements. *Canadian Journal of Behavioral Science, 36*, 155–165.

Harkness, S. (1998). Time for families. *Anthropology Newsletter, 39*, 1, 4.

Harkness, S., & Super, C.M. (1985). The cultural context of gender segregation in children's peer groups. *Child Development, 56*, 219–224.

Harlow, H., & Zimmerman, R. (1959). Affectional responses in the infant monkey. *Science, 130*, 421–432.

Harris, L. (2003). The status of pregnant women and fetuses in U.S. criminal law. *Journal of the American Medical Association, 289*, 1697–1699.

Harris, P., & Leevers, H. (2005). Pretending, imagery, and self-awareness in autism. In S. Baron-Cohen, H. Tager-Flusberg, & D. Cohen (Eds.), *Understanding other minds: Perspectives from developmental cognitive neuroscience* (2nd ed., pp. 182–202). New York: Oxford University Press.

Harris-Davis, E., & Stallmann-Jorgensen, I. (2006). Addressing overweight in children: A public health perspective. In S. Edelstein (Ed.), *Nutrition in public health* (pp. 139–190). Sudbury, MA: Jones and Bartlett Publishers.

Harrison, A., Wilson, M., Pine, C., Chan, S., & Buriel, R. (1990). Family ecologies of ethnic minority children. *Child Development, 61*, 347–362.

Harrist, A., Zaia, A., Bates, J., Dodge, K., & Pettit, G. (1997). Subtypes of social withdrawal in early childhood: Sociometric status and social-cognitive differences across four years. *Child Development, 68*, 278–294.

Hart, C., Olsen, S., Robinson, C., & Mandleco, B. (1997). The development of social and communicative competence in childhood: Review and a model of personal, familial, and extrafamilial processes. *Communication Yearbook, 20*, 305–373.

Hart, B., & Risley, T.R. (1995). *Meaningful differences in the everyday experience of young American children.* Baltimore: Paul H. Brookes.

Hart, S., Jones, N., Field, T., & Lundy, B. (1999). One-year-old infants of intrusive and withdrawn depressed mothers. *Child Psychiatry & Human Development, 30*, 111–120.

Harter, S. (1987). The determinations and mediational role of global self-worth in children. In N. Eisenberg (Ed.), *Contemporary topics in developmental psychology* (pp. 219–242). New York: Wiley-Interscience.

Harter, S. (1990). Processes underlying adolescent self-concept formation. In R. Montemayor, G.R. Adams, & T.P. Gullotta (Eds.), *From childhood to adolescence: A transitional period?* (pp. 205–239). Newbury Park, CA: Sage.

Harter, S., & Monsour, A. (1992). Developmental analysis of conflict caused by opposing attributes in the adolescent self-portrait. *Developmental Psychology, 28*, 251–260.

Harton, H., & Latane, B. (1997). Social influence and adolescent lifestyle attitudes. *Journal of Research on Adolescence, 7*, 197–220.

Hartup, W.W. (1974). Aggression in childhood: Developmental perspectives. *American Psychologist, 29*, 336–341.

Hartup, W.W. (1996). The company they keep: Friendships and their developmental significance. *Child Development, 67*, 1–13.

Harvey, A., & Coleman, A. (1997). An Afrocentric program for African American males in the juvenile justice system. *Child Welfare, 76*, 197–211.

Harvey, A., & Hill, R. (2004). Afrocentric youth and family rites of passage program: Promoting resilience among at-risk African American youths. *Social Work, 49*, 65–74.

Harvey, A., & Rauch, J. (1997). A comprehensive Afrocentric rites of passage program for black male adolescents. *Health & Social Work, 22*, 30–37.

Harvey, R., Fletcher, J., & French, D. (2001). Social reasoning: A source of influence on aggression. *Clinical Psychology Review, 21*, 447–469.

Hatano, G. (1990). Toward the cultural psychology of mathematical cognition: Commentary. In H. Stevenson & S. Lee (Eds.), *Contexts of achievement. Monographs of the Society for Research in Child Development, 55* (12, Serial No. 221), 108–115.

Hay, D., Payne, A., & Chadwick, A. (2004). Peer relations in childhood. *Journal of Child Psychology & Psychiatry & Allied Disciplines, 45*, 84–108.

Hayne, H., & Rovee-Collier, C. (1995). The organization of reactivated memory in infancy. *Child Development, 66*, 893–906.

Hecht, M., & Eddington, E. (2003). The place and nature of sexuality education in society. In R. Levesque, (Ed.), *Sexuality education: What adolescents' rights require.* New York: Nova Science Publishers.

Heenan, J. (2005). Character education transforms school. Retrieved July 19, 2005 from http://www.cornerstonevalues.org/kew2.htm.

Heinicke, C., Goorsky, M., Moscov, S., Dudley, K., Gordon, J., Schneider, C., & Guthrie, D. (2000). Relationship-based intervention with at-risk mothers: Factors affecting variations in outcome. *Infant Mental Health Journal, 21*, 133–155.

Heinonen, K., Raikkonen, K., & Keltikangas-Jarvinen, L. (2003). Maternal perceptions and adolescent self-esteem: A six-year longitudinal study. *Adolescence, 38*, 669–687.

helpguide.org. (2008). *Anorexia nervosa.* Retrieved April 9, 2008 from http://www.helpguide.org/mental/anorexia_signs_symptoms_causes_treatment.htm#signs.

Helson, R., Mitchell, V., & Moane, G. (1984). Personality and patterns of adherence and nonadherence to the social clock. *Journal of Personality & Social Psychology, 46*, 1079–1096.

Henderson, H., Marshall, P., Fox, N., & Rubin, K. (2004). Psychophysiological and behavioral evidence for varying forms and functions of nonsocial behavior in preschoolers. *Child Development, 75*, 236–250.

Henderson, M., Wight, D., Raab, G., Abraham, C., Parkes, A., Scott, S., & Hart, G. (2007). Impact of a theoretically based sex education programme (SHARE) delivered by teachers on NHS registered conceptions and terminations: Final results of cluster randomised trial. *BMJ: British Medical Journal, 334*, 7585.

Henry, B., Caspi, A., Moffitt, T., Harrington, H., et al. (1999). Staying in school protects boys with poor self-regulation in childhood from later crime: A longitudinal study. *International Journal of Behavioral Development, 23*, 1049–1073.

Henry, B., Caspi, A., Moffitt, T., & Silva, P. (1996). Temperamental and familial predictors of violent and nonviolent criminal convictions: Age 3 to age 18. *Developmental Psychology, 32*, 614–623.

Henry J. Kaiser Family Foundation. (2005). Sex on TV 4. Retrieved June 21, 2007 from http://www.kff.org/entmedia/entmedia110905pkg.cfm.

Hepper, P., Wells, D., & Lynch, C. (2004). Prenatal thumb sucking is related to postnatal handedness. *Neuropsychologia, 43*, 313–315.

Herbert, J., Gross, J., & Hayne, H. (2006). Age-related changes in deferred imitation between 6 and 9 months of age. *Infant Behavior & Development, 29*, 136–139.

Hermes, S., & Keel, P. (2003). The influence of puberty and ethnicity on awareness and internalization of the thin ideal. *International Journal of Eating Disorders, 33*, 465–467.

Hernandez, D. (1997). Child development and the social demography of childhood. *Child Development, 68*, 149–169.

Heron, M. (2007). Deaths: Leading causes for 2004. *National Vital Statistics Reports, 56*, 1–96.

Heron, M., Hoyert, D., Xu, J., Scott, C., & Tejada-Vera, B. (2008). Deaths: Preliminary data for 2006. *National Vital Statistics Reports, 56*, 1–52.

Herrenkohl, E., Herrenkohl, R., Egolf, B., & Russo, M. (1998). The relationship between early maltreatment and teenage parenthood. *Journal of Adolescence, 21*, 291–303.

Hertenstein, M., & Campos, J. (2004). The retention effects of an adult's emotional displays on infant behavior. *Child Development, 75*, 595–613.

Hess, E.H. (1972). "Imprinting" in a natural laboratory. *Scientific American, 227*, 24–31.

Hetherington, E.M. (1991a). Presidential address: Families, lies, and videotapes. *Journal of Research on Adolescence, 1*, 323–348.

Hetherington, E.M. (1991b). The role of individual differences and family relationships in children's coping with divorce and remarriage. In P.A. Cowen & M. Hetherington (Eds.), *Family transitions* (pp. 165–194). Hillsdale, NJ: Erlbaum.

Hetherington, E.M., & Stanley-Hagan, M.M. (1995). Parenting in divorced and remarried families. In M.H. Bornstein (Ed.), *Handbook of parenting, Vol. 3: Status and social conditions of parenting* (pp. 233–254). Mahwah, NJ: Erlbaum.

Higgins, E., & Pittman, T. (2008). Motives of the human animal: Comprehending, managing, and sharing inner states. *Annual Review of Psychology, 59*, 361–386.

Hill, J., Brooks-Gunn, J., & Waldfogel, J. (2003). Sustained effects of high participation in an early intervention for low-birth-weight premature infants. *Developmental Psychology, 39*, 730–744.

Hinde, R.A., Titmus, G., Easton, D., & Tamplin, A. (1985). Incidence of "friendship" and behavior toward strong associates versus nonassociates in preschoolers. *Child Development, 56*, 234–245.

Ho, C., & Bryant, P. (1997). Learning to read Chinese beyond the logographic phase. *Reading Research Quarterly, 32*, 276–289.

Hobbs, J., & Ferth, P. (1993). *The Bounty pregnancy guide.* New York: Bounty Health Care Publishing.

Hodge, K., & Tod, D. (1993). Ethics of childhood sport. *Sports Medicine, 15*, 291–298.

Hodges, E.V.E., Malone, M.J., & Perry, D.G. (1997). Individual risk and social risk as interacting determinants of victimization in the peer group. *Developmental Psychology, 33*, 1032–1039.

Hoeksma, J., Oosterlaan, J., & Schipper, E. (2004). Emotion regulation and the dynamics of feelings: A conceptual and methodological framework. *Child Development, 75*, 354–360.

Hoffman, M. L. (1970). Moral development. In P. Mussen (Ed.), *Carmichael's manual of child psychology, Vol. 2.* New York: Wiley.

Hoffman, M.L. (1982). Development of prosocial motivation: Empathy and guilt. In N. Eisenberg (Ed.), *The development of pro-social behavior* (pp. 281–314). New York: Academic Press.

Hoffman, M. L. (1988). Moral development. In M. Bornstein & M. Lamb (Eds.), *Developmental psychology: An advanced textbook* (2nd ed., pp. 497–548). Hillsdale, NJ: Erlbaum.

Holahan, C. (1988). Relation of life goals at age 70 to activity participation and health and psychological well-being among Terman's gifted men and women. *Psychology and Aging, 3*, 286–291.

Holland, J.L. (1973). *Making vocational choices: A theory of careers.* Englewood Cliffs, NJ: Prentice-Hall.

Holland, J.L. (1992). *Making vocational choices: A theory of vocational personalities and work environments* (2nd ed.). Odessa, FL: Psychological Assessment Resources.

Holmbeck, G.N., & Hill, J.P. (1991). Conflictive engagement, positive affect, and menarche in families with seventh-grade girls. *Child Development, 62*, 1030–1048.

Holmgren, S., Molander, B., & Nilsson, L. (2006). Intelligence and executive functioning in adult age: Effects of sibship size and birth order. *European Journal of Cognitive Psychology, 18*, 138–158.

Holowka, S., Brosseau-Lapré, F., & Petitto, L. (2002). Semantic and conceptual knowledge underlying bilingual babies' first signs and words. *Language Learning, 52*, 205–262.

Hood, M., Conlon, E., & Andrews, G. (2008). Preschool home literacy practices and children's literacy development: A longitudinal analysis. *Journal of Educational Psychology, 100*, 252–271.

Hood, M., & Ellison, R. (2003). Television viewing and change in body fat from preschool to early adolescence: The Framingham Children's Study. *International Journal of Obesity & Related Metabolic Disorders, 27*, 827–833.

Horan, W., Pogge, D., Borgaro, S., & Stokes, J. (1997). Learning and memory in adolescent psychiatric inpatients with major depression: A normative study of the California Verbal Learning Test. *Archives of Clinical Neuropsychology, 12*, 575–584.

Horowitz, F.D. (1990). Developmental models of individual differences. In J. Colombo & J. Fagen (Eds.), *Individual differences in infancy: Reliability, stability, prediction* (pp. 3–18). Hillsdale, NJ: Erlbaum.

Hou, J., Chen, H., & Chen, X. (2005). The relationship of parent-children interaction in the free play session and copy-modeling session with the development of children's behavioral inhibition in Chinese families. *Psychological Science (China), 28*, 820–825.

Houck, G., & Lecuyer-Maus, E. (2004). Maternal limit setting during toddlerhood, delay of gratification and behavior problems at age five. *Infant Mental Health Journal, 25*, 28–46.

House of Commons Work and Pensions Committee. (2006). Child poverty in the UK. Retrieved June 20, 2007 from www.publications.parliament.uk/pa/cm200304/cmselect/cmworpen/85/85.pdf.

Houston, D., & Jusczyk, P. (2003). Infants' long-term memory for the sound patterns of words and voices. *Journal of Experimental Psychology: Human Perception & Performance, 29*, 1143–1154.

Howes, C. (1983). Patterns of friendship. *Child Development, 54*, 1041–1053.

Howes, C. (1987). Social competence with peers in young children: Developmental sequences. *Developmental Review, 7*, 252–272.

Howes, C., & Matheson, C.C. (1992). Sequences in the development of competent play with peers: Social and pretend play. *Developmental Psychology, 28*, 961–974.

Howes, C., Phillips, D.A., & Whitebook, M. (1992). Thresholds of quality: Implications for the social development of children in center-based child care. *Child Development, 63*, 449–460.

Huang, H., & Hanley, J. (1997). A longitudinal study of phonological awareness, visual skills, and Chinese reading acquisition among first-graders in Taiwan. *International Journal of Behavioral Development, 20*, 249–268.

Hubel, D.H., & Weisel, T.N. (1963). Receptive fields of cells in striate cortex of very young, visually inexperienced kittens. *Journal of Neurophysiology, 26*, 994–1002.

Hudziak, J., van Beijsterveldt, C., Bartels, M., Rietveld, M., Rettew, D., Derks, E., & Boomsma, D. (2003). Individual differences in aggression: Genetic analyses by age, gender, and informant in 3-, 7-, and 10-year-old Dutch twins. *Behavior Genetics, 33*, 575–589

Huebner, T., Vioet, T., Marx, I., Konrad, K., Fink, G., Herpetz, S., & Herpetz-Dahlmann, B. (2008). Morphometric brain abnormalities in boys with conduct disorder. *Journal of the American Academy of Child & Adolescent Psychiatry, 47*, 540–547.

Huesmann, L.R., Moise, J., Podolski, C.P., & Eron, L.D. (2003). Longitudinal relations between childhood exposure to media violence and adult aggression and violence 1977–1982. *Developmental Psychology, 39(2)*, 201–221.

Humphrey, N., Curran, A., Morris, E., Farrell, P., & Woods, K. (2007). Emotional intelligence and education: A critical review. *Educational Psychology, 27*, 235–254.

Hunfeld, J., Tempels, A., Passchier, J., Hazebroek, F., et al. (1999). Parental burden and grief one year after the birth of a child with a congenital anomaly. *Journal of Pediatric Psychology, 24*, 515–520.

Hurley, D., & Thorp, J. (2002). Decisions without direction: Career guidance and decision-making among American youth. Retrieved April 13, 2008 from http://www.ferris.edu/careerinstitute/exec.pdf.

Hurry, J., & Sylva, K. (2007). Long-term outcomes of early reading intervention. *Journal of Research in Reading, 30*, 227–248.

Hurwitz, E., Gunn, W.J., Pinsky, P.F., & Schonberger, L.B. (1991). Risk of respiratory illness associated with day-care attendance: A nationwide study. *Pediatrics, 87*, 62–69.

Huth-Bocks, A., Levendosky, A., Bogat, G., & von Eye, A. (2004). The impact of maternal characteristics and contextual variables on infant-mother attachment. *Child Development, 75*, 480–496.

Huttenlocher, J. (1995, April). Children's language in relation to input. Paper presented at the biennial meetings of the Society for Research in Child Development, Indianapolis.

Huttenlocher, P.R. (1994). Synaptogenesis, synapse elimination, and neural plasticity in human cerebral cortex. In C.A. Nelson (Ed.), *The Minnesota Symposia on Child Psychology, Vol. 27* (pp. 35–54). Hillsdale, NJ: Erlbaum.

Huttenlocher, P. R., & Dabholkar, A. (1997). Regional differences in synaptogenesis in human cerebral cortex. *Journal of Comparative Neurology, 387*, 167–178.

Hyde, J. (2005). The gender similarities hypothesis. *American Psychologist, 60*, 581–592.

Hyde, J., Fennema, E., & Lamon, S. (1990). Gender differences in mathematics performance: A meta-analysis. *Psychological Bulletin, 107*, 139–155.

Hyun, O., Lee, W., Yoo, A., Cho, B., Yoo, K., Miller, B., Schvaneveldt, J., & Lau, S. (2002). Social support for two generations of new mothers in selected populations in Korea, Hong Kong, and the United States. *Journal of Comparative Family Studies, 33*, 515–527.

Iaquinta, A. (2006). Guided reading: A research-based response to the challenges of early reading instruction. *Early Childhood Education Journal, 33*, 1573–1707.

Ingoldsby, E., Shaw, D., Owens, E., & Winslow, E. (1999). A longitudinal study of interparental conflict, emotional and behavioral reactivity, and preschoolers' adjustment problems among low-income families. *Journal of Abnormal Child Psychology, 27*, 343–356.

Ingrassia, M. (1993, August 2). Daughters of Murphy Brown. *Newsweek*, 58–59.

Inhelder, B., & Piaget, J. (1958). *The growth of logical thinking from childhood to adolescence.* New York: Basic Books.

Isabella, R.A. (1995). The origins of infant mother attachment: Maternal behavior and infant development. *Annals of Child Development, 10*, 57–81.

Itier, R., & Taylor, M. (2004). Face inversion and contrast-reversal effects across development: In contrast to the expertise theory. *Developmental Science, 7*, 246–260.

Izard, C.E., Fantauzzo, C.A., Castle, J.M., Haynes, O.M., Rayias, M.F., & Putnam, P.H. (1995). The ontogeny and significance of infants' facial expressions in the first 9 months of life. *Developmental Psychology, 31*, 997–1013.

Izard, C.E., & Harris, P. (1995). Emotional development and developmental psychopathology. In D. Cicchetti & D.J. Cohen (Eds.), *Developmental psychopathology, Vol. 1: Theory and methods* (pp. 467–503). New York: Wiley.

Jackson, D., & Tein, J. (1998). Adolescents' conceptualization of adult roles: Relationships with age, gender, work goal, and maternal employment. *Sex Roles, 38*, 987–1008.

Jacobs, J., Finken, L., Griffin, N., & Wright, J. (1998). The career plans of science-talented rural adolescent girls. *American Educational Research Journal, 35*, 681–704.

Jacobsen, T., & Hofmann, V. (1997). Children's attachment representations: Longitudinal relations to school behavior, and academic competency in middle childhood and adolescence. *Developmental Psychology, 33*, 703–710.

Jacobsen, T., Husa, M., Fendrich, M., Kruesi, M., & Ziegenhain, U. (1997). Children's ability to delay gratification: Longitudinal relations to mother-child attachment. *Journal of Genetic Psychology, 158*, 411–426.

Jadack, R.A., Hyde, J.S., Moore, C.F., & Keller, M.L. (1995). Moral reasoning about sexually transmitted diseases. *Child Development, 66*, 167–177.

Jambunathan, S., & Burts, D. (2003). Comparison of perception of self-competence among five ethnic groups of preschoolers in the U.S. *Early Childhood Education, 173*, 651–660.

Janosz, M., Le Blanc, M., Boulerice, B., & Tremblay, R. (2000). Predicting different types of school dropouts: A typological approach with two longitudinal samples. *Journal of Educational Psychology, 92*, 171–190.

Jansz, J., & Martens, L. (2005). Gaming at a LAN event: The social context of playing video games. *New Media & Society, 7*, 333–355.

Javo, C., Ronning, J., Heyerdahl, S., & Rudmin, F. (2004). Parenting correlates of child behavior problems in a multiethnic community sample of preschool children in northern Norway. *European Child & Adolescent Psychiatry, 13*, 8–18.

Jendrek, M. (1993). Grandparents who parent their grandchildren: Effects on lifestyle. *Journal of Marriage & the Family, 55*, 609–621.

Jenkins, J., & Buccioni, J. (2000). Children's understanding of marital conflict and the marital relationship. *Journal of Child Psychology & Psychiatry & Allied Disciplines, 41*, 161–168.

Jenkins, J.M., & Astington, J.W. (1996). Cognitive factors and family structure associated with theory of mind development in young children. *Developmental Psychology, 32*, 70–78.

Jenks, K., van Lieshout, E., & de Moor, J. (2008). Arithmetic achievement in children with cerebral palsy or spina bifida meningomyelocele. *Remedial and Special Education*, in press.

Jensen, A., & Whang, P. (1994). Speed of accessing arithmetic facts in long-term memory: A comparison of Chinese-American and Anglo-American children. *Contemporary Educational Psychology, 19*, 1–12.

Jeynes, W. (2007). The impact of parental remarriage on children: A meta-analysis. *Marriage & Family Review, 40*, 75–102.

Jimerson, S. (1999). On the failure of failure: Examining the association between early grade retention and educational and employment outcomes during late adolescence. *Journal of School Psychology, 37*, 243–272.

Jimerson, S., Egeland, B., Sroufe, A., & Carlson, B. (2001). A prospective longitudinal study of high school dropouts examining multiple predictors across development. *Journal of School Psychology, 38*, 525–549.

Jin, Y., Jing, J., Morinaga, R., Miki, K., Su, X., & Chen, X. (2002). A comparative study of theory of mind in Chinese and Japanese children. *Chinese Mental Health Journal, 16*, 446–448.

Jirtle, R., & Weidman, J. (2007). Imprinted and more equal. *American Scientist, 95*, 143–149.

John, O.P., Caspi, A., Robins, R.W., Moffitt, T.E., & Stouthamer-Loeber, M. (1994). The "little five": Exploring the nomological network of the five-factor model of personality in adolescent boys. *Child Development, 65*, 160–178.

Johnson, E., & Breslau, N. (2000). Increased risk of learning disabilities in low birth weight boys at age 11 years. *Biological Psychiatry, 47*, 490–500.

Johnson, H., Nusbaum, B., Bejarano, A., & Rosen, T. (1999). An ecological approach to development in children with prenatal drug exposure. *American Journal of Orthopsychiatry, 69*, 448–456.

Johnson, M. (2003). Development of human brain functions. *Biological Psychiatry, 54*, 1312–1316.

Johnston, D., Shah, M., & Shields, M. (2007, April). Handedness, time use and early childhood development. IZA Discussion Paper No. 2752.

Johnston, L., O'Malley, P., Bachman, J., & Schulenberg, J. (2007). Monitoring the Future: National results on adolescent drug use: Overview of key findings. NIH Publication No. 07-6202. Retrieved June 22, 2007 from http://monitoringthefuture.org/pubs/monographs/overview2006.pdf.

Jones, M.C. (1924). A laboratory study of fear: The case of Peter. *Pedagogical Seminary, 31*, 308–315.

Jones, S., & Zigler, E. (2002). The Mozart effect: Not learning from history. *Journal of Applied Developmental Psychology, 23*, 355–372.

Jonsson, P. (2003). The new face of homeschooling. *Christian Science Monitor Online*. Retrieved June 23, 2004, from http://www.csmonitor.com/2003/0429/p01s01-ussc.html.

Jorgensen, G. (2006). Kohlberg and Gilligan: Duet or duel? *Journal of Moral Education, 35*, 179–196.

Jorgenson, S. (1993). Adolescent pregnancy and parenting. In T. Gullotta, G. Adams, & R. Montemayor (Eds.), *Adolescent sexuality* (pp. 103–140). Thousand Oaks, CA: Sage Publications.

Joseph, K., Young, D., Dodds, L., O'Connell, C., Allen, V., Chandra, S., & Allen, A. (2003). Changes in maternal characteristics and obstetric practice and recent increases in primary cesarean delivery. *Obstetrics and Gynecology, 102*, 791–800.

Joseph, R. (2000). Fetal brain behavior and cognitive development. *Developmental Review, 20*, 81–98.

Josse, D., Thibault, H., Bourdais, C., Mirailles, P., Pireyre, E., Surgal, L., Gerboin-Reyrolles, P., & Chauliac, M. (1999). Iron deficiency and psychomotor development in young children in a child health centre: Assessment with revised version of the Brunet-Lezine scale. *Approche Neuropsychologique des Apprentissages chez l'Enfant, 11*, 21–27.

Judson, T., & Nishimori, T. (2005). Concepts and skills in high school calculus: An examination of a special case in Japan and the United States. *Journal for Research in Mathematics, 36*, 24–43.

Jusczyk, P., & Hohne, E. (1997). Infants' memory for spoken words. *Science, 277*.

Jusczyk, P., Houston, D., & Newsome, M. (1999). The beginnings of word segmentation in English-learning infants. *Cognitive Psychology, 39*, 159–207.

Jussim, L., & Eccles, J. (1992). Teacher expectations II: Construction and reflection of student achievement. *Journal of Personality & Social Psychology, 63*, 947–961.

Kagan, J., & Herschkowitz, N. (2005). *A young mind in a growing brain.* Hillsdale, NJ: Erlbaum.

Kagan, J., Snidman, N., & Arcus, D. (1993). On the temperamental categories of inhibited and uninhibited children. In K.H. Rubin & J.B. Asendorpf (Eds.), *Social withdrawal, inhibition, and shyness in childhood* (pp. 19–28). Hillsdale, NJ: Erlbaum.

Kahana-Kalman, R., & Walker-Andrews, A. (2001). The role of person familiarity in young infants' perception of emotional expressions. *Child Development, 72*, 352–369.

Kail, R. (1990). *The development of memory in children* (3rd ed.). New York: Freeman.

Kail, R. (1991). Processing time declines exponentially during childhood and adolescence. *Developmental Psychology, 27*, 259–266.

Kail, R. (1997). Processing time, imagery, and spatial memory. *Journal of Experimental Child Psychology, 64*, 67–78.

Kail, R., & Ferrer, E. (2007). Processing speed in childhood and adolescence: Longitudinal models for examining developmental change. *Child Development, 78*, 1760–1770.

Kail, R., & Hall, L.K. (1994). Processing speed, naming speed, and reading. *Developmental Psychology, 30*, 949–954.

Kail, R., & Hall, L. K. (1999). Sources of developmental change in children's word-problem performance. *Journal of Educational Psychology, 91*, 660–668.

Kaiser Family Foundation. (2004). Children, the digital divide, and federal policy. Retrieved September 9, 2008 from http://www.kff.org/entmedia/loader.cfm?url=/commonspot/security/getfile.cfm&PageID=46360.

Kaltiala-Heino, R., Kosunen, E., & Rimpela, M. (2003). Pubertal timing, sexual behaviour and self-reported depression in middle adolescence. *Journal of Adolescence, 26*, 531–545.

Kamo, Y., Ries, L.M., Farmer, Y.M., Nickinovich, D.G., & Borgatta, E.F. (1991). Status attainment revisited. The National Survey of Families and Households. *Research on Aging, 13*, 124–143.

Kanemura, H., Aihara, M., Aoki, S., Araki, T., & Nakazawa, S. (2004). Development of the prefrontal lobe in infants and children: A three-dimensional magnetic resonance volumetric study. *Brain and Development, 25*, 195–199.

Kaplan, P., Bachorowski, J., Smoski, M., & Zinser, M. (2001). Role of clinical diagnosis and medication use in effects of maternal depression on infant-directed speech. *Infancy, 2*, 537–548.

Kaplowitz, P., & Oberfield, S. (1999). Reexamination of the age limit for defining when puberty is precocious in girls in the United States: Implications for evaluation and treatment. *Pediatrics, 104*, 936–941.

Karmiloff-Smith, A. (1991). Beyond modularity: Innate constraints and developmental change. In S. Carey & R. Gelman (Eds.), *The epigenesis of mind: Essays on biology and cognition* (pp. 171–197). Hillsdale, NJ: Erlbaum.

Katz, P.A., & Ksansnak, K.R. (1994). Developmental aspects of gender role flexibility and traditionality in middle childhood and adolescence. *Developmental Psychology, 30,* 272–282.

Kauffman, J. (2005). *Characteristics of emotional and behavioral disorders of children and youth.* Upper Saddle River, NJ: Pearson Prentice-Hall.

Kaufman, A., & Kaufman, N. (1983). *Kaufman assessment battery for children (KABC).* Circle Pines, MN: American Guidance Service.

Kaufman, A., & Kaufman, N. (2004). *Kaufman assessment battery for children (KABC) II.* Bloomington, MN: Pearson AGS.

Kaufman, J., Kaufman, A., Kaufman-Singer, J., & Kaufman, N. (2005). The Kaufman Assessment Battery for Children–Second Edition and the Kaufman Adolescent and Adult Intelligence Test. In D. Flanagan & P. Harrison (Eds.), *Contemporary intellectual assessment: Theories, tests, and issues* (pp. 344–370). New York: Guilford Press.

Kaufman, M. (1997). The teratogenic effects of alcohol following exposure during pregnancy, and its influence on the chromosome constitution of the pre-ovulatory egg. *Alcohol & Alcoholism, 32,* 113–128.

Keech, R. (2002). Ophthalmology. In A. Rudolph, R. Kamei, & K. Overby (Eds.), *Rudolph's fundamentals of pediatrics* (3rd ed., pp. 847–862). New York: McGraw-Hill.

Keen, R. (2003). Representation of objects and events: Why do infants look so smart and toddlers look so dumb? *Current Directions in Psychological Science, 12,* 79–83.

Kellogg, R. (1970). *Analyzing children's art.* Palo Alto, CA: National Press Books.

Kemper, K. (1996). *The holistic pediatrician.* New York: HarperCollins.

Kendall-Tackett, K., Williams, L., & Finkelhor, D. (1993). Impact of sexual abuse on children: A review and synthesis of recent empirical studies. *Psychological Bulletin, 113,* 164–180.

Kendler, K., Thornton, L., Gilman, S., & Kessler, R. (2000). Sexual orientation in a U.S. national sample of twin and nontwin sibling pairs. *American Journal of Psychiatry, 157,* 1843–1846.

Kennedy, D.M. (1995). Glimpses of a highly gifted child in a heterogeneous classroom. *Roeper Review, 17,* 164–168.

Kent, L., Doerry, U., Hardy, E., Parmar, R., Gingell, K., Hawai, Z., Kirley, A., Lowe, N., Fitzgerald, M., Gill, M., & Craddock, N. (2002). Evidence that variation at the serotonin transporter gene influences susceptibility to attention deficit hyperactivity disorder (ADHD): Analysis and pooled analysis. *Molecular Psychiatry, 7,* 908–912.

Kercsmar, C. (1998). The respiratory system. In R. Behrman & R. Kliegman (Eds.), *Nelson essentials of pediatrics* (3rd ed). Philadelphia: W.B. Saunders.

Kerns, K., Don, A., Mateer, C., & Streissguth, A. (1997). Cognitive deficits in nonretarded adults with fetal alcohol syndrome. *Journal of Learning Disabilities, 30,* 685–693.

Kerr, C., McDowell, B., & McDonough, S. (2007). The relationship between gross motor function and participation restriction in children with cerebral palsy: An exploratory analysis. *Child: Care, Health and Development, 33,* 22–27.

Khan, M. (2007). Emotional and behavioral effects, including addictive potential, of video games: Report of the AMA Council on Science and Public Health. Retrieved June 28, 2007 from http://www.ama-assn.org/ama1/pub/upload/mm/467/csaph12a07.doc.

Khanna, G., & Kapoor, S. (2004). Secular trend in stature and age at menarche among Punjabi Aroras residing in New Delhi, India. *Collegium Antropologicum, 28,* 571–575.

Kickbusch, I. (2001). Health literacy: Addressing the health and education divide. *Health Promotion International, 16,* 289–297.

Kilbride, H., Castor, C., Hoffman, E., & Fuger, K. (2000). Thirty-six month outcome of prenatal cocaine exposure for term or near-term infants: Impact of early case management. *Journal of Developmental Pediatrics, 21,* 19–26.

Kilpatrick, S.J., & Laros, R.K. (1989). Characteristics of normal labor. *Obstetrics & Gynecology, 74,* 85–87.

Kim, K., Relkin, N., Lee, K., & Hirsch, J. (1997). Distinct cortical areas associated with native and second languages. *Nature, 388,* 171–174.

Kim, S. (1997). Relationships between young children's day care experience and their attachment relationships with parents and socioemotional behavior problems. *Korean Journal of Child Studies, 18,* 5–18.

Kinney, D.A. (1993). From "nerds" to "normals": Adolescent identity recovery within a changing social system. *Sociology of Education, 66,* 21–40.

Kinzl, J., Mangweth, B., Traweger, C., & Biebl, W. (1996). Sexual dysfunction in males: Significance of adverse childhood experiences. *Child Abuse & Neglect, 20,* 759–766.

Kirk, S., Gallagher, J., & Anastasiow, N. (1993). *Educating exceptional children* (7th ed.). Boston: Houghton Mifflin.

Kirkcaldy, B., Siefen, G., Surall, D., & Bischoff, R. (2004). Predictors of drug and alcohol abuse among children and adolescents. *Personality & Individual Differences, 36,* 247–265.

Klaczynski, P., Fauth, J., & Swanger, A. (1998). Adolescent identity: Rational vs. experiential processing, formal operations, and critical thinking beliefs. *Journal of Youth & Adolescence, 27,* 185–207.

Klahr, D. (1992). Information-processing approaches to cognitive development. In M.H. Bernstein & M.E. Lamb (Eds.), *Developmental psychology: An advanced textbook* (3rd ed., pp. 273–335). Hillsdale, NJ: Erlbaum.

Klar, A. (2003). Human handedness and scalp hair-whorl direction develop from a common genetic mechanism. *Genetics, 165,* 269–276.

Klass, P., & Costello, E. (2003). *Quirky kids: Understanding and helping your child who doesn't fit in: When to worry and when not to worry.* New York: Ballantine Books.

Klauda, S., & Guthrie, J. (2008). Relationships of three components of reading fluency to reading comprehension. *Journal of Educational Psychology, 100,* 310–321.

Kliegman, R. (1998). Fetal and neonatal medicine. In R. Behrman & R. Klieg-man (Eds.), *Nelson essentials of pediatrics* (3rd ed., pp. 167–225). Philadelphia: W.B. Saunders.

Klomsten, A., Skaalvik, E., & Espnes, G. (2004). Physical self-concept and sports: Do gender differences still exist? *Sex Roles: A Journal of Research, 50,* 119–127.

Knecht, S. (2004). Does language lateralization depend on the hippocampus? *Brain, 127,* 1229–1236.

Kobayashi, M., Glover, G., & Temple, E. (2008). Switching language switches mind: Linguistic effects on developmental neural bases of "theory of mind." *Social Cognitive and Affective Neuroscience, 3,* 62–70.

Kobayashi, M., Haynes, C., Macaruso, P., Hook, P., & Kato, J. (2005). Effects of mora deletion, nonword repetition, rapid naming, and visual search performance on beginning reading in Japanese. *Annals of Dyslexia, 55,* 105–128.

Kochanek, K., & Martin, J. (2004). Supplemental analyses of recent trends in infant mortality. Retrieved April 13, 2004 from http://www.cdc.gov.

Kochanek, K., & Smith, B. (2004). Deaths: Preliminary data for 2002. *National Vital Statistics Report: Volume 52.* Hyattsville, Maryland: National Center for Health Statistics. Retrieved April 13, 2004 from http://www.cdc.gov.

Kochanska, G. (1997a). Multiple pathways to conscience for children with different temperaments: From toddlerhood to age 5. *Developmental Psychology, 33,* 228–240.

Kochanska, G. (1997b). Mutually responsive orientation between mothers and their young: Implications for early socialization. *Child Development, 68*, 94–112.

Kochanska, G., Murray, K., & Coy, K. (1997). Inhibitory control as a contributor to conscience in childhood: From toddler to early school age. *Child Development, 68*, 263–277.

Kochanska, G., Murray, K., Jacques, T., Koenig, & A., Vandegeest, K. (1996). Inhibitory control in young children and its role in emerging internalization. *Child Development, 67*, 490–507.

Koenen, K., Moffitt, T., Poulton, R., Martin, J., & Caspi, A. (2007). Early childhood factors associated with the development of post-traumatic stress disorder: Results from a longitudinal birth cohort. *Psychological Medicine, 37*, 181–192.

Koenig, A., Cicchetti, D., & Rogosch, F. (2004). Moral development: The association between maltreatment and young children's prosocial behaviors and moral transgressions. *Social Development, 13*, 97–106.

Koeppe, R. (1996). Language differentiation in bilingual children: The development of grammatical and pragmatic competence. *Linguistics, 34*, 927–954.

Kohlberg, L. (1964). Development of moral character and moral ideology. In M.L. Hoffman & L.W. Hoffman (Eds.), *Review of child development research, Vol. 1* (pp. 283–332). New York: Russell Sage Foundation.

Kohlberg, L. (1966). A cognitive-developmental analysis of children's sex-role concepts and attitudes. In E.E. Maccoby (Ed.), *The development of sex differences* (pp. 82–172). Stanford, CA: Stanford University Press.

Kohlberg, L. (1976). Moral stages and moralization: The cognitive developmental approach. In T. Lickona (Ed.), *Moral development and behavior: Theory, research, and social issues* (pp. 31–53). New York: Holt.

Kohlberg, L. (1981). *Essays on moral development, Vol. 1: The philosophy of moral development.* New York: Harper & Row.

Kohlberg, L., & Elfenbein, D. (1975). The development of moral judgments concerning capital punishment. *American Journal of Orthopsychiatry, 54*, 614–640.

Kohlberg, L., Levine, C., & Hewer, A. (1983). *Moral stages: A current formulation and a response to critics.* Basel, Switzerland: S. Karger.

Kohlberg, L., & Ullian, D.Z. (1974). Stages in the development of psychosexual concepts and attitudes. In R.C. Friedman, R.M. Richart, & R.L. Vande Wiele (Eds.), *Sex differences in behavior* (pp. 209–222). New York: Wiley.

Kohler, P., Manhart, L., & Lafferty, W. (2008). Abstinence-only and comprehensive sex education and the initiation of sexual activity and teen pregnancy. *Journal of Adolescent Health, 42*, 344–351.

Koppehaver, D., Hendrix, M., & Williams, A. (2007). Toward evidence-based literacy interventions for children with severe and multiple disabilities. *Seminars in Speech & Language, 28*, 79–90.

Koskinen, P., Blum, I., Bisson, S., Phillips, S., et al. (2000). Book access, shared reading, and audio models: The effects of supporting the literacy learning of linguistically diverse students in school and at home. *Journal of Educational Psychology, 92*, 23–36.

Kost, K. (1997). The effects of support on the economic well-being of young fathers. *Families in Society, 78*, 370–382.

Kostanski, M., Fisher, A., & Gullone, E. (2004). Current conceptualisation of body image dissatisfaction: Have we got it wrong? *Journal of Child Psychology and Psychiatry, 45*, 1317–1325.

Krakovsky, M. (2005, February 2). Dubious Mozart effect remains music to many Americans' ears. *Stanford Report.* Retrieved May 3, 2005 from http://newservice.stanford.edu/news/2005/february2/mozart-0202.

Krebs, D., & Denton, K. (2006). Explanatory limitations of cognitive-developmental approaches to morality. *Psychological Review, 113*, 672–675.

Kristensen, P., & Bjerkedal, T. (2007). Explaining the relation between birth order and intelligence. *Science, 316*, 1717.

Ku, S., Kang, J., Kim, H., Kim, Y., Jee, B., Suh, C., Choi, Y., Kim, J., Moon, S., & Kim, S. (2006). Age at menarche and its influencing factors in North Korean female refugees. *Human Reproduction, 21*, 833–836.

Kuhn, D. (1992). Cognitive development. In M.H. Bornstein & M.E. Lamb (Eds.), *Developmental psychology: An advanced textbook* (3rd ed., pp. 211–272). Hillsdale, NJ: Erlbaum.

Kuhn, D. (2008). Formal operations from a twenty-first century perspective. *Human Development, 51*, 48–55.

Kuhn, D., Kohlberg, L., Languer, J., & Haan, N. (1977). The development of formal operations in logical and moral judgment. *Genetic Psychology Monographs, 95*, 97–188.

Kurdek, L.A., & Fine, M.A. (1994). Family acceptance and family control as predictors of adjustment in young adolescents: Linear, curvilinear, or interactive effects? *Child Development, 65*, 1137–1146.

Kuttler, A., La Greca, A., & Prinstein, M. (1999). Friendship qualities and social-emotional functioning of adolescents with close, cross-sex friendships. *Journal of Research on Adolescence, 9*, 339–366.

La Freniere, P., Strayer, F.F., & Gauthier, R. (1984). The emergence of same-sex affiliative preferences among preschool peers. A developmental/ethological perspective. *Child Development, 55*, 1958–1965.

Laird, R., Pettit, G., Dodge, K., & Bates, J. (1999). Best friendships, group relationships, and antisocial behavior in early adolescence. *Journal of Early Adolescence, 19*, 413–437.

Lakatos, K., Nemoda, Z., Birkas, E., Ronai, Z., Kovacs, E., Ney, K., Toth, I., Sasvari-Szekely, M., & Gervai, J. (2003). Association of D4 dopamine receptor gene and serotonin transporter romoter polymorphisms with infants' response to novelty. *Molecular Psychiatry, 8*, 90–97.

Lam, C., Lam, M., Shek, D., & Tang, V. (2004). Coping with economic disadvantage. A qualitative study of Chinese adolescents from low-income families. *International Journal of Adolescent Medicine and Health, 16*, 343–357.

Lamb, M.E. (1981). The development of father-infant relationships. In M.E. Lamb (Ed.), *The role of the father in child development* (2nd ed., pp. 459–488). New York: Wiley.

Lamb, M. E., Bornstein, M. H., & Teti, D. (2002). *Development in infancy: An introduction.* Mahwah, NJ: Erlbaum.

Lamb, M. E., & Lewis, C. (2005). The role of parent-child relationships in child development. In M. H. Bornstein & M. E. Lamb (Eds.), *Developmental science: An advanced textbook* (5th ed., pp. 429–468). Hillsdale, NJ: Erlbaum.

Lamb, M.E., Sternberg, K.J., & Prodromidis, M. (1992). Nonmaternal care and the security of infant-mother attachment: A reanalysis of the data. *Infant Behavior & Development, 15*, 71–83.

Lamborn, S.D., Mounts, N.S., Steinberg, L., & Dornbusch, S.M. (1991). Patterns of competence and adjustment among adolescents from authoritative, authoritarian, indulgent, and neglectful families. *Child Development, 62*, 1049–1065.

Landry, S.H., Garner, P.W., Swank, P.R., & Baldwin, C.D. (1996). Effects of maternal scaffolding during joint toy play with preterm and full-term infants. *Merrill-Palmer Quarterly, 42*, 177–199.

Langer, G., Arnedt, C., & Sussman, D. (2004). Primetime Live poll: American sex survey analysis. Retrieved June 22, 2007 from http://abcnews.go.com/Primetime/PollVault/story?id=56921&page=1.

Langlois, J. H., Roggman, L. A., & Rieser-Danner, L. A. (1990). Infants' differential social responses to attractive and unattractive faces. *Developmental Psychology, 26*, 153–159.

Larson, R. (2000). Toward a psychology of positive youth development. *American Psychologist, 55*, 170–183.

Larson, R., & Verma, S. (1999). How children and adolescents spend time across the world: Work, play, and developmental opportunities. *Psychological Bulletin, 125*, 701–736.

Lau, A., Uba, A., & Lehman, D. (2002). Infectious diseases. In A. Rudolph, R. Kamei, & K. Overby (Eds.), *Rudolph's fundamentals of pediatrics* (3rd ed., pp. 289–399). New York: McGraw-Hill.

Lauritsen, M., Pedersen, C., & Mortensen, P. (2004). The incidence and prevalence of pervasive developmental disorders: A Danish population-based study. *Psychological Medicine, 34*, 1339–1346.

Laursen, B. (1995). Conflict and social interaction in adolescent relationships. *Journal of Research on Adolescence, 5*, 55–70.

Lawrence, V., Houghton, S., Douglas, G., Durkin, K., Whiting, K., & Tannock, R. (2004). Children with ADHD: Neuropsychological testing and real-world activities. *Journal of Attention Disorders, 7*, 137–149.

Layton, L., Deeny, K., Tall, G., & Upton, G. (1996). Researching and promoting phonological awareness in the nursery class. *Journal of Research in Reading, 19*, 1–13.

Leaper, C. (1991). Influence and involvement in children's discourse: Age, gender, and partner effects. *Child Development, 62*, 797–811.

Lederer, J. (2000). Reciprocal teaching of social studies in inclusive elementary classrooms. *Journal of Learning Disabilities, 33*, 91–106.

Lederman, R., & Mian, T. (2003). The Parent-Adolescent Relationship Education (PARE) program: A curriculum for prevention of STDs and pregnancy in middle school youth. *Behavioral Medicine, 29*, 33–41.

Legendre, G. (2006). Early child grammars: Qualitative and quantitative analysis of morphosyntactic production. *Cognitive Science, 30*, 803–835.

Legerstee, M., Pomerleau, A., Malcuit, G., & Feider, H. (1987). The development of infants' responses to people and a doll: Implications for research in communication. *Infant Behavior & Development, 10*, 81–95.

Leichtman M., & Ceci S. (1995). The effects of stereotypes and suggestions on preschoolers' reports. *Developmental Psychology, 31*, 568–578.

Lenhart, A., Arafeh, S., Smith, A., & Macgill, A. (2008). Writing, technology, and teens. Retrieved June 29, 2008 from http://www.pewinternet.org/pdfs/PIP_Writing_Report_FINAL3.pdf.

Leong, F., Austin, J., Sekaran, U., & Komarraju, M. (1998). An evaluation of the cross-cultural validity of Holland's theory: Career choices by workers in India. *Journal of Vocational Behavior, 52*, 441–455.

Leve, L.D., & Fagot, B.I. (1995, April). The influence of attachment style and parenting behavior on children's prosocial behavior with peers. Paper presented at the biennial meetings of the Society for Research in Child Development, Indianapolis.

Levine, J., Pollack, H., & Comfort, M. (2001). Academic and behavioral outcomes among the children of young mothers. *Journal of Marriage & Family, 63*, 355–369.

LeVine, R. (1974). Parental goals: A cross-cultural view. *Teachers College Record, 76*, 226–239.

Levitt, M.J., Guacci-Franco, N., & Levitt, J.L. (1993). Convoys of social support in childhood and early adolescence: Structure and function. *Developmental Psychology, 29*, 811–818.

Levy, G.D., & Fivush, R. (1993). Scripts and gender: A new approach for examining gender-role development. *Developmental Review, 13*, 126–146.

Lewis, C., & Lamb, M.E. (2003). Fathers' influences on children's development: The evidence from two-parent families. *European Journal of Psychology of Education, 18*, 211–228.

Lewis, C.C. (1981). How adolescents approach decisions: Changes over grades seven to twelve and policy implications. *Child Development, 52*, 538–544.

Lewis, M. (1990). Social knowledge and social development. *Merrill-Palmer Quarterly, 36*, 93–116.

Lewis, M. (1991). Ways of knowing: Objective self-awareness of consciousness. *Developmental Review, 11*, 231–243.

Lewis, M., Allesandri, S.M., & Sullivan, M.W. (1992). Differences in shame and pride as a function of children's gender and task difficulty. *Child Development, 63*, 630–638.

Lewis, M., & Brooks, J. (1978). Self-knowledge and emotional development. In M. Lewis & L.A. Rosenblum (Eds.), *The development of affect* (pp. 205–226). New York: Plenum.

Lewis, M., Sullivan, M.W., Stanger, C., & Weiss, M. (1989). Self development and self-conscious emotions. *Child Development, 60*, 146–156.

Lewis, M.D. (1993). Early socioemotional predictors of cognitive competence at 4 years. *Developmental Psychology, 29*, 1036–1045.

Lewis, V. (2002). *Development and disability* (2nd ed.). Malden, MA: Blackwell Publishing.

Li, S., Lindenberger, B., Aschersleben, G., Prinz, W., & Baltes, P. (2004). Transformations in the couplings among intellectual abilities and constituent cognitive processes across the life span. *Psychological Science, 15*, 155–163.

Lickona, T. (1978). Moral development and moral education. In J.M. Gallagher & J.J.A. Easley (Eds.), *Knowledge and development, Vol. 2* (pp. 21–74). New York: Plenum.

Lickona, T. (1983). *Raising good children*. New York: Bantam Books.

Lickona, T. (2004). *Character matters: How to help our children develop good judgment, integrity, and other essential virtues*. New York: Simon & Schuster.

Lieberman, M., Doyle, A., & Markiewicz, D. (1999). Developmental patterns in security of attachment to mother and father in late childhood and early adolescence: Associations with peer relations. *Child Development, 70*, 202–213.

Li-Grining, C. (2007). Effortful control among low-income preschoolers in three cities: Stability, change, and individual differences. *Developmental Psychology, 43*, 208–221.

Lillard, A. (2006a). Guided participation: How mothers structure and children understand pretend play. In A. Göncü & S. Gaskins (Eds.), *Play and development: Evolutionary, sociocultural, and functional perspectives* (pp. 131–153). The Jean Piaget symposium series. Mahwah, NJ: Erlbaum.

Lillard, A. (2006b). The socialization of theory of mind: Cultural and social class differences in behavior explanation. In A. Alessandro, O. Sempio-Liverta, & A. Marchetti (Eds.), *Theory of mind and language in developmental contexts* (pp. 65–76). New York: Spring Science and Business Media.

Lillard, A.S., & Flavell, J.H. (1992). Young children's understanding of different mental states. *Developmental Psychology, 28*, 626–634.

Lindsay, D.S., & Read, J.D. (1994). Psychotherapy and memory of childhood sexual abuse: A cognitive perspective. *Applied Cognitive Psychology, 8*, 281–338.

Linnet, K., Dalsgaard, S., Obel, C., Wisborg, K., Henriksen, T., Rodriquez, A., Kotimaa, A., Moilanen, I., Thomsen, P., Olsen, J., & Jarvelin, M. (2003). Maternal lifestyle factors in pregnancy risk of attention deficit hyperactivity disorder and associated behaviors: Review of the current evidence. *American Journal of Psychiatry, 160*, 1028–1040.

Lippa, R. (2005). *Gender, nature, and nurture*. Hillsdale, NJ: Erlbaum.

Lippé, R., Perchet, C., & Lassonde, M. (2007). Electrophysical markers of visocortical development. *Cerebral Cortex, 17*, 100–107.

Liu, D., & Wellman, H. (2004). Scaling of theory-of-mind tasks. *Child Development, 75*, 523–541.

Liu, D., Wellman, H., Tardif, T., & Sabbagh, M. (2008). Theory of mind development in Chinese children: A meta-analysis of false-belief understanding across cultures and languages. *Developmental Psychology, 44*, 523–531.

Livesley, W.J., & Bromley, D.B. (1973). *Person perception in childhood and adolescence.* London: Wiley.

Livingstone, S., & Helsper, E. (2006). Does advertising literacy mediate the effects of advertising on children? A critical examination of two linked research literatures in relation to obesity and food choice. *Journal of Communication, 56*, 560–584.

Lobel, T., Slone, M., & Winch, G. (1997). Masculinity, popularity, and self-esteem among Israeli preadolescent girls. *Sex Roles, 36*, 395–408.

Loeb, S., Fuller, B., Kagan, S., & Carrol, B. (2004). Child care in poor communities: Early learning effects of type, quality, and stability. *Child Development, 75*, 47–65.

Loehlin, J.C., Horn, J.M., & Willerman, L. (1994). Differential inheritance of mental abilities in the Texas Adoption Project. *In-telligence, 19*, 325–336.

Lopez-Alarcon, M., Villapando, S., & Fajardo, A. (1997). Breast-feeding lowers the frequency and duration of acute respiratory infection and diarrhea in infants under six months of age. *Journal of Nutrition, 127*, 436–443.

Lorenz, K. (1935). The companion in the bird's world. The fellow-member of the species as releasing factor of social behavior. *Journal for Ornithology, 83*, 137–213.

Love, J., Harrison, L., Sagi-Schwartz, A., van IJzendoorn, M., Ross, C., Ungerer, J., Raikes, H., Brady-Smith, C., Boller, K., Brooks-Gunn, J., Constantine, J., Kisker, E., Paulsell, D., & Chazan-Cohen, R. (2003). Child care quality matters: How conclusions may vary with context. *Child Development, 74*, 1021–1033.

Lubart, T. (2003). In search of creative intelligence. In R. Sternberg, J. Lautrey, & T. Lubart (Eds.), *Models of intelligence for the next millenium* (pp. 279–292). Washington, DC: American Psychological Association.

Lubinski, D., & Benbow, C.P. (1992). Gender differences in abilities and preferences among the gifted: Implications for the math-science pipeline. *Current Directions in Psychological Science, 1*, 61–66.

Ludwig, J., & Miller, D. (2007). Does Head Start improve children's life chances? Evidence from a regression discontinuity design. *Quarterly Journal of Economics, 122*, 159–208.

Luna, B., Garver, K., Urban, T., Lazar, N., & Sweeney, J. (2004). Maturation of cognitive processes from late childhood to adulthood. *Child Development, 75*, 1357–1372.

Luster, T., & McAdoo, H.P. (1995). Factors related to self-esteem among African American youths: A secondary analysis of the High/Scope Perry Preschool data. *Journal of Research on Adolescence, 5*, 451–467.

Luthar, S.S., & Zigler, E. (1992). Intelligence and social competence among high-risk adolescents. *Development & Psychopathology, 4,* 287–299.

Lynam, D., Moffitt, T., & Stouthamer-Loeber, M. (1993). Explaining the relation between IQ and delinquency: Class, race, test motivation, school failure, or self-control? *Journal of Abnormal Psychology, 102*, 187–196.

Lynch, R. (2004). Surfactant and RDS in premature infants. *Journal of the Federation of American Societies for Experimental Biology, 18*, 1624.

Lyons, N.P. (1983). Two perspectives: On self, relationships, and morality. *Harvard Educational Review, 53*, 125–145.

Lyons-Ruth, K. (1996). Attachment relationships among children with aggressive behavior problems: The role of early disorganized attachment patterns. *Journal of Consulting and Clinical Psychology, 64*, 64–73.

Lytton, H., & Romney, D.M. (1991). Parents' differential socialization of boys and girls: A meta-analysis. *Psychological Bulletin, 109*, 267–296.

Ma, H. (2003). The relation of moral orientation and moral judgment to prosocial and antisocial behaviour of Chinese adolescents. *International Journal of Psychology, 38*, 101–111.

Ma, H., Shek, D., Cheung, P., & Oi Bun Lam, C. (2000). Parental, peer and teacher influences on the social behavior of Hong Kong Chinese adolescents. *Journal of Genetic Psychology, 161*, 65–78.

Maccoby, E.E. (1980). *Social development: Psychological growth and the parent-child relationship.* New York: Harcourt Brace Jovanovich.

Maccoby, E.E. (1988). Gender as a social category. *Developmental Psychology, 24*, 755–765.

Maccoby, E.E. (1990). Gender and relationships: A developmental account. *American Psychologist, 45*, 513–520.

Maccoby, E.E. (1995). The two sexes and their social systems. In P. Moen, G.H. Elder, Jr., & K. Lüscher (Eds.), *Examining lives in context: Perspectives on the ecology of human development* (pp. 347–364). Washington, DC: American Psychological Association.

Maccoby, E.E., & Jacklin, C.N. (1987). Gender segregation in childhood. In H.W. Reese (Ed.), *Advances in child development and behavior, Vol. 20* (pp. 239–288). Orlando, FL: Academic Press.

Maccoby, E. E., & Lewis, C. (2003). Less day care or different day care? *Child Development, 74*, 1069–1075.

Maccoby, E.E., & Martin, J.A. (1983). Socialization in the context of the family: Parent-child interaction. In E.M. Hetherington (Ed.), *Handbook of child psychology: Socialization, personality, & social development, Vol. 4* (pp. 1–102). New York: Wiley.

MacDorman, M., & Atkinson, J. (1999, July 30). Infant mortality statistics from the 1997 period. Linked birth/infant death data set. *National Vital Statistics Reports, 47*(23), 1–24.

MacIver, D.J., Reuman, D.A., & Main, S.R. (1995). Social structuring of the school: Studying what is, illuminating what could be. *Annual Review of Psychology, 46*, 375–400.

Mackey, E., & La Greca, A. (2007). Adolescents' eating, exercise, and weight control behaviors: Does peer crowd affiliation play a role? *Journal of Pediatric Psychology, 32*, 13–23.

Mackintosh, N. (2007). Review of race differences in intelligence: An evolutionary hypothesis. *Intelligence, 35*, 94–96.

MacMaster, F., & Kusumakar, V. (2004). MRI study of the pituitary gland in adolescent depression. *Journal of Psychiatric Research, 38*, 231–236.

MacMillan, D., & Reschly, D. (1997). Issues of definition and classification. In W. MacLean (Ed.), *Ellis's handbook of mental deficiency* (3rd ed., pp. 686–724). Mahwah, NJ: Erlbaum.

Macrae, C., & Bodenhausen, G. (2000). Social cognition: Thinking categorically about others. *Annual Review of Psychology, 51*, 93–120.

Madan-Swain, A., Brown, R., Foster, M., Veiga, R., et al. (2000). Identity in adolescent survivors of childhood cancer. *Journal of Pediatric Psychology, 25*, 105–115.

Madison, C., Johnson, J., Seikel, J., Arnold, M., & Schultheis, L. (1998). Comparative study of the phonology of preschool children prenatally exposed to cocaine and multiple drugs and non-exposed children. *Journal of Communication Disorders, 31*, 231–244.

Madsen, K., Hviid, A., Vestergaard, M., Schendel, D., Wohlfahrt, J., Thorsen, P., Olsen, J., & Melbye, M. (2003). A population-based study of measles, mumps, rubella vaccination and autism. *New England Journal of Medicine, 347*, 1477–1482.

Madsen, K., Lauritsen, M., Pederson, C., Thorsen, P., Plesner, A., Andersen, P., & Mortensen, P. (2003). Thimerosal and the occurrence of autism: Negative ecological evidence from Danish population-based data. *Pediatrics, 112*, 604–606.

Magarey, A., Daniels, L., Boulton, T., & Cockington, R. (2003). Predicting obesity in early adulthood from childhood and parental obesity. *International Journal of Obesity & Related Metabolic Disorders, 27*, 505–513.

Magiera, K., & Zigmond, N. (2005). Co-teaching in middle school classrooms under routine conditions. Does the instructional experience differ for students with learning disabilities in co-taught and solo-taught classes? *Learning Disabilities Research & Practice, 20*, 79–85.

Maguire, M., & Dunn, J. (1997). Friendships in early childhood and social understanding. *International Journal of Behavioral Development, 21*, 669–686.

Mah, L., Arnold, M., & Grafman, J. (2004). Impairment of social perception associated with lesions of the prefrontal cortex. *American Journal of Psychiatry, 161*, 1247–1255.

Main, M., & Hesse, E. (1990). Parents' unresolved traumatic experiences are related to infant disorganized attachment status: Is frightened and/or frightening parental behavior the linking mechanism? In M.T. Greenberg, D. Cicchetti, & E.M. Cummings (Eds.), *Attachment in the preschool years: Theory, research, and intervention* (pp. 161–182). Chicago: University of Chicago Press.

Main, M., & Solomon, J. (1990). Procedures for identifying infants as disorganized/disoriented during the Ainsworth Strange Situation. In M.T. Greenberg, D. Cicchetti, & E.M. Cummings (Eds.), *Attachment in the preschool years: Theory, research, and intervention* (pp. 121–160). Chicago: University of Chicago Press.

Maitel, S., Dromi, E., Sagi, A., & Bornstein, M. (2000). The Hebrew Communicative Development Inventory: Language-specific properties and cross-linguistic generalizations. *Journal of Child Language, 27*, 43–67.

Maki, P., Veijola, J., Rantakallio, P., Jokelainen, J., Jones, P., & Isohanni, M. (2004). Schizophrenia in the offspring of antenatally depressed mothers: A 31-year follow-up of the Northern Finland 1966 Birth Cohort. *Schizophrenia Research, 66*, 79–81.

Malabonga, V., & Pasnak, R. (2002). Hierarchical categorization by bilingual Latino children: Does a basic-level bias exist? *Genetic, Social, & General Psychology Monographs, 128*, 409–441.

Malina, R.M. (1990). Physical growth and performance during the transition years. In R. Montemayor, G.R. Adams, & T.P. Gullotta (Eds.), *From childhood to adolescence: A transitional period?* (pp. 41–62). Newbury Park, CA: Sage.

Malinosky-Rummel, R., & Hansen, D. (1993). Long-term consequences of childhood physical abuse. *Psychological Bulletin, 114*, 68–79.

Mallet, P., Apostolidis, T., & Paty, B. (1997). The development of gender schemata about heterosexual and homosexual others during adolescence. *Journal of General Psychology, 124*, 91–104.

Maratsos, M. (1998). The acquisition of grammar. In W. Damon (Ed.), *Handbook of child psychology, Vol. 2: Cognition, perception, and language* (5th ed., pp. 421–466). New York: Wiley.

Maratsos, M. (2000). More overregularizations after all: New data and discussion of Marcus, Pinker, Ullman, Hollander, Rosen, & Xu. *Journal of Child Language, 27*, 183–212.

March of Dimes. (2004). Environmental risks and pregnancy. Retrieved September, 21, 2004 from http://www.marchofdimes.com/professionals/681_9146.asp.

Marcia, J.E. (1966). Development and validation of ego identity status. *Journal of Personality & Social Psychology, 3*, 551–558.

Marcia, J.E. (1980). Identity in adolescence. In J. Adelson (Ed.), *Handbook of adolescent psychology* (pp. 159–187). New York: Wiley.

Marcia, J. E. (2002). Identity and psychosocial development in adulthood. *Identity, 2*, 7–28.

Marcus, D.E., & Overton, W.F. (1978). The development of cognitive gender constancy and sex role preferences. *Child Development, 49*, 434–444.

Marcus, R. F. (1986). Naturalistic observation of cooperation, helping, and sharing and their association with empathy and affect. In C. Zahn-Waxler, E.M. Cummings, & R. Iannotti (Eds.), *Altruism and aggression: Biological and social origins* (pp. 256–279). Cambridge, England: Cambridge University Press.

Marean, G.C., Werner, L.A., & Kuhl, P.K. (1992). Vowel categorization by very young infants. *Developmental Psychology, 28*, 396–405.

Margolin, G., & Gordis, E. (2000). The effects of family and community violence on children. *Annual Review of Psychology, 51*, 445–479.

Markey, C., Markey, P., & Tinsley, B. (2003). Personality, puberty, and preadolescent girls' risky behaviors: Examining the predictive value of the Five-Factor Model of personality. *Journal of Research in Personality, 37*, 405–419.

Markman, E.M. (1992). Constraints on word learning: Speculations about their nature, origins, and domain specificity. In M.R. Gunnar & M. Maratsos (Eds.), *Minnesota Symposia on Child Psychology, Vol. 25* (pp. 59–101). Hillsdale, NJ: Erlbaum.

Marsh, H., Craven, R., & Debus, R. (1999). Separation of competency and affect components of multiple dimensions of academic self-concept: A developmental perspective. *Merrill-Palmer Quarterly, 45*, 567–601.

Marsh, H., & Yeung, A. (1997). Coursework selection: Relations to academic self-concept and achievement. *American Educational Research Journal, 34*, 691–720.

Marshall, N., Coll, C., Marx, F., McCartney, K., Keefe, N., & Ruh, J. (1997). After-school time and children's behavioral adjustment. *Merrill-Palmer Quarterly, 43*, 497–514.

Martin, C.L. (1991). The role of cognition in understanding gender effects. In H.W. Reese (Ed.), *Advances in child development and behavior, Vol. 23* (pp. 113–150). San Diego, CA: Academic Press.

Martin, C.L. (1993). New directions for investigating children's gender knowledge. *Developmental Review, 13*, 184–204.

Martin, C.L., & Halverson, C.F., Jr. (1981). A schematic processing model of sex typing and stereotyping in children. *Child Development, 52*, 1119–1134.

Martin, C.L., & Little, J.K. (1990). The relation of gender understanding to children's sex-typed preferences and gender stereotypes. *Child Development, 61*, 1427–1439.

Martin, C., L. & Ruble, D. (2002). Cognitive theories of early gender development. *Psychological Bulletin, 128*, 903–933.

Martin, C.L., Wood, C.H., & Little, J.K. (1990). The development of gender stereotype components. *Child Development, 61*, 1891–1904.

Martin, J. (1995). Birth characteristics for Asian or Pacific Islander subgroups, 1992. *Monthly Vital Statistics Report, 43* (10, Supplement).

Martin, J., & D'Augelli, A. (2003). How lonely are gay and lesbian youth? *Psychological Reports, 93*, 486.

Martin, J., Hamilton, B., Sutton, P., Ventura, S., Menacker, F., & Kirmeyer, S. (2006). Births: Final data for 2004. *National Vital Statistics Reports, 55*, 1–102.

Martin, J., Hamilton, B., Sutton, P., Ventura, S., Menacker, F., & Munson, M. (2005). Births: Final data for 2003. *National Vital Statistics Reports, 54*, 1–116.

Martin, R. P., Noyes, J., Wisenbaker, J. & Huttunen, M. (1999). Prediction of early childhood negative emotionality and inhibition from maternal distress during pregnancy. *Merrill-Palmer Quarterly, 45,* 370–391.

Martin, R.P., Wisenbaker, J., & Huttunen, M. (1994). Review of factor analytic studies of temperament measures based on the Thomas-Chess structural model: Implications for the Big Five. In C.F. Halverson, Jr., G.A. Kohnstamm, & R.P. Martin (Eds.), *The developing structure of temperament and personality from infancy to adulthood* (pp. 157–172). Hillsdale, NJ: Erlbaum.

Martino, S., Elliott, M., Collins, R., Kanouse, D., & Berry, S. (2008). Virginity pledges among the willing: Delays in first intercourse and consistency of condom use. *Journal of Adolescent Health, 43,* in press.

Martorano, S.C. (1977). A developmental analysis of performance on Piaget's formal operations tasks. *Developmental Psychology, 13,* 666–672.

Mascolo, M.F., & Fischer, K.W. (1995). Developmental transformations in appraisals for pride, shame, and guilt. In J.P. Tangney & K.W. Fischer (Eds.), *Self-conscious emotions: The psychology of shame, guilt, embarrassment, and pride* (pp. 64–113). New York: Guilford Press.

Mason, M., & Chuang, S. (2001). Culturally-based after-school arts programming for low-income urban children: Adaptive and preventive effects. *Journal of Primary Prevention, 22,* 45–54.

Masten, A.S., Best, K.M., & Garmezy, N. (1990). Resilience and development: Contributions from the study of children who overcome adversity. *Development & Psychopathology, 2,* 425–444.

Masten, A. S. & Coatsworth, D. (1998). The development of competence in favorable and unfavorable environments: Lessons from research on successful children. *American Psychologist, 53,* 205–220.

Maszk, P., Eisenberg, N., & Guthrie, I. (1999). Relations of children's social status to their emotionality and regulation: A short-term longitudinal study. *Merrill-Palmer Quarterly, 454,* 468–492.

Mathew, A., & Cook, M. (1990). The control of reaching movements by young infants. *Child Development, 61,* 1238–1257.

Matson, J. (2008). A review of behavioral treatment for self-injurious behavior of persons with autism spectrum disorders. *Behavior Modification, 32,* 61–76.

Matthews, T. (2005). Racial/ethnic disparities in infant mortality: United States, 1995-2002. *Morbidity & Mortality Weekly Report, 54,* 553–556.

Mattson, S., & Riley, E. (1999). Implicit and explicit memory functioning in children with heavy prenatal alcohol exposure. *Journal of the International Neuropsychological Society, 5,* 462–471.

Mattson, S., Riley, E., Gramling, L., Delis, D., & Jones, K. (1998). Neuropsychological comparison of alcohol-exposed children with or without physical features of fetal alcohol syndrome. *Neuropsychology, 12,* 146–153.

Maughan, B., Pickles, A., & Quinton, D. (1995). Parental hostility, childhood behavior, and adult social functioning. In J. McCord (Ed.), *Coercion and punishment in long-term perspectives* (pp. 34–58). Cambridge, England: Cambridge University Press.

Maurer, D., & Maurer, C. (1988). *The world of the newborn.* New York: Basic Books.

Mayes, L., Cicchetti, D., Acharyya, S., & Zhang, H. (2003). Developmental trajectories of cocaine-and-other-drug-exposed and non-cocaine-exposed children. *Journal of Developmental & Behavioral Pediatrics, 24,* 323–335.

Mayeux, L., & Cillissen, A. (2003). Development of social problem solving in early childhood: Stability, change, and associations with social competence. *Journal of Genetic Psychology, 164,* 153–173.

Mayseless, O., & Scharf, M. (2007). Adolescents' attachment representations and their capacity for intimacy in close relationships. *Journal of Research on Adolescence, 17,* 23–50.

McAlister, A., & Peterson, C. (2006). Mental playmates: Siblings, executive functioning and theory of mind. *British Journal of Developmental Psychology, 24,* 733–751.

McAllister, D., Kaplan, B., Edworthy, S., Martin, L., et al. (1997). The influence of systemic lupus erythematosus on fetal development: Cognitive, behavioral, and health trends. *Journal of the International Neurological Society, 3,* 370–376.

McBride-Chang, C., & Ho, C. (2000). Developmental issues in Chinese children's character acquisition. *Journal of Educational Psychology, 92,* 50–55.

McBride-Chang, C., Shu, H., Zhou, C., & Wagner, R. (2004). Morphological awareness uniquely predicts young children's Chinese character recognition. *Journal of Educational Psychology, 96,* 743–751.

McCabe, K., Hough, R., Wood, P., & Yeh, M. (2001). Childhood and adolescent onset conduct disorder: A test of the developmental taxonomy. *Journal of Abnormal Child Psychology, 29,* 305–316.

McCall, R.B. (1993). Developmental functions for general mental performance. In D.K. Detterman (Ed.), *Current topics in human intelligence, Vol. 3: Individual differences and cognition* (pp. 3–30). Norwood, NJ: Ablex.

McClintock, M.K., and Herdt, G. (1996). Rethinking puberty: The development of sexual attraction. *Current Directions in Psychological Science, 5,* 181.

McCrae, R., Costa, P., Ostendorf, F., & Angleitner, A. (2000). Nature over nurture: Temperament, personality, and life span development. *Journal of Personality & Social Psychology, 78,* 173–186.

McCune, L. (1995). A normative study of representational play at the transition to language. *Developmental Psychology, 31,* 198–206.

McDonald, J. (1997). Language acquisition: The acquisition of linguistic structure in normal and special populations. *Annual Review of Psychology, 48,* 215–241.

McFayden-Ketchumm, S., Bates, J., Dodge, K., & Pettit, G. (1996). Patterns of change in early childhood aggressive-disruptive behavior: Gender differences in predictions from early coercive and affectionate mother-child interactions. *Child Development, 67,* 2417–2433.

McGrath, M., & Sullivan, M. (2002). Birth weight, neonatal morbidities, and school age outcomes in full-term and preterm infants. *Issues in Comprehensive Pediatric Nursing, 25,* 231–254.

McGregor, K., Sheng., L., & Smith, B. (2005). The precocious two-year-old: Status of the lexicon and links to the grammar. *Journal of Child Language, 32,* 563–585.

McHale, S., Crouter, A., & Tucker, C. (1999). Family context and gender role socialization in middle childhood: Comparing girls to boys and sisters to brothers. *Child Development, 70,* 990–1004.

McKay, S., Gravel, J., & Tharpe, A. (2008). Amplification con-siderations for children with minimal or mild bilateral hearing loss and unilateral hearing loss. *Trends in Amplification, 12,* 43–54.

McKelvie, P., & Low, J. (2002). Listening to Mozart does not improve children's spatial ability: Final curtains for the Mozart effect. *British Journal of Developmental Psychology, 20,* 241–258.

McKown, C., & Weinstein, R. (2003). The development and consequences of stereotype consciousness in middle childhood. *Child Development, 74,* 498–515.

McLanahan, S., & Sandefur, G. (1994). *Growing up with a single parent: What hurts, what helps.* Cambridge, MA: Harvard University Press.

Measles Initiative. (2007). Measles deaths in Africa plunge by 91 percent. Retrieved June 11, 2008 from http://www.measlesinitiative.org/index3.asp.

Mediascope Press. (1999). *Substance use in popular movies and music/* Issue Brief Series. Studio City, CA: Mediascope Inc.

Mediascope Press. (2000). *Teens, sex and the media*/Issue Brief Series. Studio City, CA: Mediascope Inc.

Medvedova, L. (1998). Personality dimensions—"little five"—and their relationships with coping strategies in early adolescence. *Studia Psychologica, 40*, 261–265.

Mehta, M., Goodyer, I., & Sahakian, B. (2004). Methylphenidate improves working memory and set-shifting in AD/HD: Relationships to baseline memory capacity. *Journal of Child Psychology & Psychiatry & Allied Disciplines, 45*, 293–305.

Mei, Z., Grummer-Strawn, L., Thompson, D., & Dietz, W. (2004). Shifts in percentiles of growth during early childhood: Analysis of longitudinal data from California Child Health and Development Study. *Pediatrics, 113*, 617–627.

Melby, J.N., & Conger, R.D. (1996). Parental behaviors and adolescent academic performance: A longitudinal analysis. *Journal of Research on Adolescence, 6*, 113–137.

Melot, A., & Houde, O. (1998). Categorization and theories of mind: the case of the appearance/reality distinction. *Cahiers de Psychologie Cognitive/Current Psychology of Cognition, 17*, 71–93.

Meltzoff, A.N. (1988). Infant imitation and memory: Nine-month-olds in immediate and deferred tasks. *Child Development, 59*, 217–225.

Meltzoff, A.N. (1995). Understanding the intentions of others: Re-enactment of intended acts by 18-month-old children. *Developmental Psychology, 31*, 838–850.

Merikangas, K.R., & Angst, J. (1995). The challenge of depressive disorders in adolescence. In M. Rutter (Ed.), *Psychosocial disturbances in young people: Challenges for prevention* (pp. 131–165). Cambridge, England: Cambridge University Press.

Merrick, J., & Morad, M. (2002). Adolescent pregnancy in Israel. *International Journal of Adolescent Medicine, 14*, 161–164.

Merson, M. (2006). The HIV/AIDS pandemic at 25: The global response. *New England Journal of Medicine, 354*, 2414–2417.

Meschyan, G., & Hernandez, A. (2002). Is native-language decoding skill related to second-language learning? *Journal of Educational Psychology, 94*, 14–22.

Meyer, M. (1998). Perceptual differences in fetal alcohol syndrome affect boys performing a modeling task. *Perceptual & Motor Skills, 87*, 784–786.

Meyer-Bahlburg, H.F.L., Ehrhardt, A.A., Rosen, L.R., Gruen, R.S., Veridiano, N.P., Vann, F.H., & Neuwalder, H.F. (1995). Prenatal estrogens and the development of homosexual orientation. *Developmental Psychology, 31*, 12–21.

Miller, B. C., Benson, B., & Galbraith, K. (2001). Family relationships and adolescent pregnancy risk: A research synthesis. *Developmental Review, 21*, 1–38.

Miller, B.C., & Moore, K.A. (1990). Adolescent sexual behavior, pregnancy, and parenting: Research through the 1980s. *Journal of Marriage & the Family, 52*, 1025–1044.

Miller, B. C., Norton, M., Curtis, T., Hill, E., Schvaneveldt, P., & Young, M. (1998). The timing of sexual intercourse among adolescents: Family, peer, and other antecedents: Erratum. *Youth & Society, 29*, 390.

Miller, P., Eisenberg, N., Fabes, R., & Shell, R. (1996). Relations of moral reasoning and vicarious emotion to young children's prosocial behavior toward peers and adults. *Developmental Psychology, 29*, 3–18.

Miller, P., Wang, S., Sandel, T., & Cho, G. (2002). Self-esteem as folk theory: A comparison of European American and Taiwanese mothers' beliefs. *Science & Practice, 2*, 209–239.

Miller-Johnson, S., Coie, J., Maumary-Gremaud, A., & Bierman, K. (2002). Peer rejection and aggression and early starter models of conduct disorder. *Journal of Abnormal Child Psychology, 30*, 217.

Mills, D., Coffey-Corina, S., & Neville, H. (1994). Variability in cerebral organization during primary language acquisition. In G. Dawson & K. Fischer (Eds.), *Human behavior and the developing brain*. New York: Guilford Press.

Mischel, W. (1966). A social learning view of sex differences in behavior. In E.E. Maccoby (Ed.), *The development of sex differences* (pp. 56–81). Stanford, CA: Stanford University Press.

Mischel, W. (1970). Sex typing and socialization. In P.H. Mussen (Ed.), *Carmichael's manual of child psychology, Vol. 2* (pp. 3–72). New York: Wiley.

Mishra, R. (1997). Cognition and cognitive development. In J. Berry, P. Dasen, & T. Saraswathi (Eds.), *Handbook of cross-cultural psychology* (2nd ed., pp. 143–176). Boston: Allyn & Bacon.

Mishra, R. (2001). Cognition across cultures. In D. Matsumoto (Ed.), *The handbook of culture and psychology* (pp. 119–135). New York: Oxford University Press.

Mitchell, P.R., & Kent, R.D. (1990). Phonetic variation in multisyllable babbling. *Journal of Child Language, 17*, 247–265.

Mizuta, I., Zahn-Waxler, C., Cole, P., & Hiruma, N. (1996). A cross-cultural study of preschoolers' attachment: Security and sensitivity in Japanese and U.S. dyads. *International Journal of Behavioral Development, 19*, 141–159.

Moen, P., & Erickson, M.A. (1995). Linked lives: A transgenerational approach to resilience. In P. Moen, G.H. Elder, Jr., & K. Lüscher (Eds.), *Examining lives in context: Perspectives on the ecology of human development* (pp. 169–210). Washington, DC: American Psychological Association.

Mohanty, A. & Perregaux, C. (1997). Language acquisition and bilingualism. In J. Berry, P. Dasen, & T. Saraswath (Eds.), *Handbook of cross-cultural psychology, Vol. 2*. Boston: Allyn & Bacon.

Mohsin, M., Wong, F., Bauman, A., & Bai, J. (2003). Maternal and neonatal factors influencing premature birth and low birth weight in Australia. *Journal of Biosocial Science, 35*, 161–174.

Mokdad, A., Ford, E., Bowman, B., Dietz, W., Vinicor, F., Bales, V., & Marks, J. (2003). Prevalence of obesity, diabetes, and obesity-related health risk factors, 2001. *Journal of the American Medical Association, 289*, 76–79.

Monk, C., Webb, S., & Nelson, C. (2001). Prenatal neurobiological development: Molecular mechanisms and anatomical change. *Developmental Neuropsychology, 19*, 211–236.

Montemayor, R., & Eisen, M. (1977). The development of self-conceptions from childhood to adolescence. *Developmental Psychology, 13*, 314–319.

Montero, I., & De Dios, M. (2006). Vygotsky was right: An experimental approach to the relationship between private speech and task performance. *Estudios de Psicologíia, 27*, 175–189.

Montgomery, M., & Sorel, G. (1998). Love and dating experience in early and middle adolescence: Grade and gender comparisons. *Journal of Adolescence, 21*, 677–689.

Moon, C., & Fifer, W.P. (1990). Syllables as signals for 2-day-old infants. *Infant Behavior & Development, 13*, 377–390.

Mooney, L., Knox, D., & Schacht, C. (2000). *Understanding social problems* (2nd ed.). Thousand Oaks, CA: Wadsworth.

Moore, C., Barresi, J., & Thompson, C. (1998). The cognitive basis of future-oriented prosocial behavior. *Social Development, 7*, 198–218.

Moore, D. (2001). Reassessing emotion recognition performance in people with mental retardation: A review. *American Journal on Mental Retardation, 106*, 481–502.

Moore, K. L. (1998). *The developing human: Clinically oriented embryology* (6th ed.). Philadelphia: Saunders.

Moore, K.L., & Persaud, T.V.N. (1993). *The developing human: Clinically oriented embryology* (5th ed.). Philadelphia: Saunders.

Morgan, B., Finan, A., Yarnold, R., Petersen, S., Horsfield, M., Rickett, A., & Wailoo, M. (2002). Assessment of infant physiology and neuronal development using magnetic resonance imaging. *Child: Care, Health, & Development, 28*, 7–10.

Morgan, J.L. (1994). Converging measures of speech segmentation in preverbal infants. *Infant Behavior & Development, 17*, 389–403.

Morrison, W., & Legters, N. (2001). Creating a ninth grade success academy: Guidebook for the talent development high school. Baltimore, MD: Johns Hopkins University Center for Research on the Education of Students Placed at Risk.

Morrissette, P. (1999). Post-traumatic stress disorder in child sexual abuse: Diagnostic and treatment considerations. *Child & Youth Care Forum, 28*, 205–219.

Morrongiello, B.A. (1988). Infants' localization of sounds along the horizontal axis: Estimates of minimum audible angle. *Developmental Psychology, 24*, 8–13.

Morrongiello, B.A., Fenwick, K.D., & Chance, G. (1990). Sound localization acuity in very young infants: An observer-based testing procedure. *Developmental Psychology, 24*, 75–84.

Morse, P.A., & Cowan, N. (1982). Infant auditory and speech perception. In T.M. Field, A. Houston, H.C. Quay, L. Troll, & G.E. Finley (Eds.), *Review of human development* (pp. 32–61). New York: Wiley.

Mortimer, J.T., & Finch, M.D. (1996). Work, family, and adolescent development. In J.T. Mortimer & M.D. Finch (Eds.), *Adolescents, work, and family: An intergenerational developmental analysis* (pp. 1–24). Thousand Oaks, CA: Sage.

Mortimer, J.T., Finch, M.D., Dennehy, K., Lee, C., & Beebe, T. (1995, March). *Work experience in adolescence*. Paper presented at the biennial meetings of the Society for Research in Child Development, Indianapolis, IN.

Mortimer, J. T., & Harley, C. (2002). The quality of work and youth mental health. *Work & Occupations, 29*, 166–197.

Mortimer, J. T., Zimmer-Gembeck, M., Holmes, M., & Shanahan, M. (2002). The process of occupational decision making: Patterns during the transition to adulthood. *Journal of Vocational Behavior, 61*, 439–465.

Mott, J., Crowe, P., Richardson, J., & Flay, B. (1999). After-school supervision and adolescent cigarette smoking: Contributions of the setting and intensity of after-school self-care. *Journal of Behavioral Medicine, 22*, 35–58.

Mounts, N.S., & Steinberg, L. (1995). An ecological analysis of peer influence on adolescent grade point average and drug use. *Developmental Psychology, 31*, 915–922.

Mueller, U., Overton, W., & Reene, K. (2001). Development of conditional reasoning: A longitudinal study. *Journal of Cognition & Development, 2*, 27–49.

Muir-Broaddus, I. (1997). The effects of social influences and psychological reactance on children's responses to repeated questions. Paper presented at the biennial meetings of the Society for Research on Child Development, Indianapolis.

Munroe, R.H., Shimmin, H.S., & Munroe, R.L. (1984). Gender understanding and sex role preference in four cultures. *Developmental Psychology, 20*, 673–682.

Murnen, S., Smolak, L., Mills, J., & Good, L. (2003). Thin, sexy women and strong, muscular men: Grade-school children's responses to objectified images of women and men. *Sex Roles, 49*, 427–437.

Murray, B. (1998, June). Dipping math scores heat up debate over math teaching. *APA Monitor, 29*, 34–35.

Murray, J., Liotti, M., Ingmundson, P., Mayberg, H., Pu U., Zamarripa, F., Liu, Y., Woldorff, M., Gao, J., & Fox, P. (2006). Children's brain activations while viewing televised violence revealed by MRO. *Media Psychology, 8*, 25–37.

Murray, J., & Youniss, J. (1968). Achievement of inferential transitivity and its relation to serial ordering. *Child Development, 39*, 1259–1268.

Murray, L., Sinclair, D., Cooper, P., Ducournau, P., et al. (1999). The socio-emotional development of 5-year-old children of postnatally depressed mothers. *Journal of Child Psychology & Psychiatry & Allied Disciplines, 40*, 1259–1271.

Mutch, L., Leyland, A., & McGee, A. (1993). Patterns of neuropsychological function in a low-birth-weight population. *Developmental Medicine & Child Neurology, 35*, 943–956.

Muter, V., Hulme, C., Snowling, M., & Stevenson, J. (2004). Phonemes, rimes, vocabulary, and grammatical skills as foundations of early reading development: Evidence from a longitudinal study. *Developmental Psychology, 40*, 665–681.

Mwamwenda, T. (1999). Undergraduate and graduate students' combinatorial reasoning and formal operations. *Journal of Genetic Psychology, 160*, 503–506.

Nagamine, S. (1999). Interpersonal conflict situations: Adolescents' negotiation processes using an interpersonal negotiation strategy model: Adolescents' relations with their parents and friends. *Japanese Journal of Educational Psychology, 47*, 218–228.

Nagy, W., Berninger, V., Abbott, R., Vaughan, K., & Vermeulen, K. (2004). Relationship of morphology and other language skills to literacy skills in at-risk second-grade readers and at-risk fourth-grade writers. *Journal of Educational Psychology, 96*, 730–742.

Namka, L. (2002). What the research literature says about corporal punishment. Retrieved June 15, 2007 from http://www.angriesout.com/parents10.htm.

Narvaez, D. (1998). The influence of moral schemas on the reconstruction of moral narratives in eighth graders and college students. *Journal of Educational Psychology, 90*, 13–24.

Nation, K., & Snowling, M. (2004). Beyond phonological skills: Broader language skills contribute to the development of reading. *Journal of Research in Reading, 27*, 342–356.

National Abortion and Reproductive Rights Action League. (1997). *Limitations on the rights of pregnant women*. Retrieved March 5, 2001 from http://www.naral.org/publications/facts.

National Academies of Science Food and Nutrition Board. (2005). *Dietary reference intakes for energy, carbohydrate, fiber, fat, fatty acids, cholesterol, protein, and amino acids (macronutrients)*. Washington, DC: National Academies Press. Retrieved March 25, 2008 from http://books.nap.edu/openbook.php?record_id=10490&page=R1.

National Association for the Education of Young Children (NAEYC). (2006). Developmentally appropriate practice in early childhood programs serving children from birth through age 8. Retrieved March 21, 2008 from http://www.naeyc.org/about/positions/dap1.asp.

National Cancer Institute. (2006). Breast cancer and the environment research centers chart new territory. Retrieved June 21, 2007 from http://www.nci.nih.gov/ncicancerbulletin/NCI_Cancer_Bulletin_081506/page9.

National Cancer Institute. (2007). Incidence and mortality rate trends. Retrieved June 19, 2008 from http://planning.cancer.gov/disease/Pediatric-Snapshot.pdf.

National Center for Chronic Disease Prevention and Health Promotion. (2000). Obesity epidemic increases dramatically in the United States. Retrieved August 23, 2000 from http://www.cdc.gov.

National Center for Education Statistics (NCES). (1997). *Condition of education/1997*. Washington, DC: U.S. Department of Education.

National Center for Education Statistics (NCES). (2003a). *The nation's report card: Mathematics highlights 2003*. Washington, DC: U.S. Department of Education, NCES 2004–451.

National Center for Education Statistics (NCES). (2006a). Digest of education statistics 2005. NCES 2006-030. Retrieved June 22, 2007 from http://nces.ed.gov/programs/digest/d05/

National Center for Education Statistics (NCES). (2006b). How many students with disabilities receive services? Retrieved June 19, 2007 from http://nces.ed.gov/fastfacts/display.asp?id=64

National Center for Education Statistics (NCES). (2006c). 2005 Math Results. Retrieved May 18, 2007 from http://nces.ed.gov/nationsreportcard/nrc/reading_math_2005/s0017.asp?printver=

National Center for Education Statistics (NCES). (2006d). 2005 Reading Results. Retrieved May 18, 2007 from http://nces.ed.gov/nationsreportcard/nrc/reading_math_2005/s0002.asp?printver=

National Center for Educational Statistics (NCES). (2008). *The condition of education 2008*. Retrieved June 27, 2008 from http://nces.ed.gov/programs/coe/.

National Center for Health Statistics (NCES). (2003). Births: Final data for 2002. Retrieved June 18, 2004 from http://www.cdc.gov/nchs/pressroom/3facts/teenbirth.htm.

National Center for Health Statistics (NCHS). (2005). Health, United States, 2005. Retrieved July 5, 2007 from www.cdc.gov/nchs/data/hus/hus05.pdf#053.

National Center for Health Statistics (NCHS). (2006). *Health, United States, 2006*. Hyattsville, MD: Author.

National Center for Health Statistics. (NCHS). (2007a). Deaths by place of death, age, race, and sex: United States, 1999–2004. Retrieved August 3, 2007 from www.cdc.gov/nchs/datawh/statab/unpubd/mortabs/gmwk309_10.htm.

National Center for Health Statistics (NCHS). (2007b). Health, United States 2007. Retrieved July 6, 2008 from www.cdc.gov/nchs/hus.htm.

National Center for Health Statistics (NCHS). (2007c). Prevalence of over-weight among children and adolescents: United States 2003–2004. Retrieved June 19, 2007 from www.cdc.gov/nchs/products/pubs/pubd/hestats/overweight/overwght_child_03.htm

National Center for Injury Prevention and Control (NCIPC). (2000). *Fact book for the year 2000*. Washington, DC: Author.

National Highway Traffic Safety Administration (NHTSA). (2006). Traffic safety facts 2005 data: Young drivers. Retrieved April 9, 2008 from http://www-nrd.nhtsa.dot.gov/pdf/nrd-30/NCSA/TSF2005/810630.pdf.

National Institute for Health Care Management Foundation. (2004). Obesity in young children: Impact and intervention. Retrieved March 27, 2008 from http://www.nihcm.org/~nihcmor/pdf/OYCbrief.pdf.

National Institute of Child Health and Human Development (NICHD) Early Child Care Research Network. (1998). The effects of infant child care on mother-infant attachment security: Results of the NICHD study of early child care. *Child Development, 68*, 860–879.

National Institute of Child Health and Human Development (NICHD) Early Child Care Research Network. (1999). Chronicity of maternal depressive symptoms, maternal sensitivity, and child functioning at 36 months. *Developmental Psychology, 35*, 1297–1310.

National Institute of Child Health and Human Development (NICHD) Early Child Care Research Network. (2003). Does amount of time spent in child care predict socioemotional adjustment during the transition to kindergarten? *Child Development, 74*, 976–1005.

National Institute of Child Health and Human Development (NICHD) Early Child Care Research Network. (2004). Are child developmental outcomes related to before- and after-school care arrangements? Results from the NICHD Study of Early Child Care. *Child Development, 75*, 280–295.

National Institute of Child Health and Human Development (NICHD) Early Child Care Research Network. (2006). Child-care effect sizes for the NICHD Study of Early Child Care and Youth Development. *American Psychologist, 61*, 99–116.

National Institute of Mental Health (NIMH). (2001). *The numbers count. Mental disorders in America.* NIMH Report No. 01 1584. Washington DC: Author.

National Library of Medicine. (2008). Color vision deficiency. Genetics Home Reference. Retrieved August 14, 2008 from http//ghr.nlm.nih.gov/condition/colorvisiondeficiency.

National Middle School Association (NMSA). (2004). Small schools and small learning communities. Retrieved June 22, 2007 from http://www.nmsa.org/AboutNMSA/PositionStatements/SmallSchools/tabid/293/Default.aspx.

National Safe Kids Campaign. (2000). *Get into the game: A national survey of parent's knowledge, attitudes and self-reported behaviors concerning sports safety*. Washington (DC): Author.

Naude, H., &Pretorius, E. (2003). Investigating the effects of asthma medication on the cognitive and psychosocial functioning of primary school children with asthma. *Early Child Development & Care, 173*, 699–709.

Needlman, R. (1996). Growth and development. In W. Nelson, R. Behrman, R. Kliegman, & A. Marvin (Eds.), *Nelson textbook of pediatrics*. Philadelphia: W.B. Saunders.

Neild, R., & Balfanz, R. (2006). An extreme degree of difficulty: The educational demographics of urban neighborhood high schools. *Journal of Education for Students Placed at Risk, 11*, 123–141.

Neill, M. (1998). High stakes tests do not improve student learning. Retrieved October 21, 1998 from http://www.fairtest.org.

Neill, M. (2000). Too much harmful testing? *Educational Measurement: Issues & Practice, 16*, 57–58.

Neisser, U., Boodoo, G., Bouchard, T.J., Jr., Boykin, A.W., Brody, N., Ceci, S.J., Halpern, D.F., Loehlin, J.C., Perloff, R., Sternberg, R.J., & Urbina, S. (1996). Intelligence: Knowns and unknowns. *American Psychologist, 51*, 77–101.

Neitzel, C., & Stright, A. (2003). Mothers' scaffolding of children's problem solving: Establishing a foundation of academic self-regulatory competence. *Journal of Family Psychology, 17*, 147–159.

Nelson, C., Haan, M., & Thomas, K. (2006). *Neuroscience of cognitive development: The role of experience and the developing brain*. New York: Wiley.

Nelson, K. (1973). Structure and strategy in learning to talk. *Monographs of the Society for Research in Child Development, 38* (Serial No. 149).

Nelson, K. (1977). Facilitating children's syntax acquisition. *Developmental Psychology, 13*, 101–107.

Nelson, S. (1980). Factors influencing young children's use of motives and outcomes as moral criteria. *Child Development, 51*, 823–829.

Nemours Foundation. (2007). Common sleep problems. Retrieved June 25, 2008 from http://kidshealth.org/teen/your_body/take_care/sleep.html.

Neshat-Doost, H., Taghavi, M., Moradi, A., Yule, W., & Dalgleish, T. (1998). Memory for emotional trait adjectives in clinically depressed youth. *Journal of Abnormal Psychology, 107*, 642–650.

Neugebauer, R., Hoek, H., & Susser, E. (1999). Prenatal exposure to wartime famine and development of antisocial personality disorder in early adulthood. *Journal of the American Medical Association, 282*, 455–462.

Neumark-Sztainer, D., Wall, M., Eisenberg, M., Story, M., & Hannan, P. (2006). Overweight status and weight control behaviors in adolescents: Longitudinal and secular trends from 1999 to 2004. *Preventive Medicine, 43*, 52–59.

Newcomb, A.F., & Bagwell, C.L. (1995). Children's friendship relations: A meta-analytic review. *Psychological Bulletin, 117*, 306–347.

Newcomb, A.F., Bukowski, W.M., & Pattee, L. (1993). Children's peer relations: A meta-analytic review of popular, rejected, neglected, controversial, and average sociometric status. *Psychological Bulletin, 113*, 99–128.

Newman, D., Caspi, A., Moffitt, T., & Silva, P. (1997). Antecendents of adult interpersonal functioning: Effects of individual differences in age 3 temperament. *Developmental Psychology, 33*, 206–217

Newschaffer, C., Falb, M., & Gurney, J. (2005). National autism prevalence trends from United States special education data. *Pediatrics, 115*, e277–e282.

New York City Children's Services. (2008). Children's services immigrant community group initiative fights child abuse and neglect. Retrieved June 11, 2008 from http://www.nyc.gov/html/acs/html/pr_archives/pr08_04_14.shtml.

Ng, B., & Wiemer-Hastings, P. (2005). Addiction to the internet and online gaming. *Cyberpsychological Behavior, 8*, 110–113.

Ni, Y. (1998). Cognitive structure, content knowledge, and classificatory reasoning. *Journal of Genetic Psychology, 159*, 280–296.

Nicholson, J. (1998). Inborn errors of metabolism. In R. Behrman & R. Kliegman (Eds.), *Nelson essentials of pediatrics* (3rd ed., pp. 147–166). Philadelphia: W.B. Saunders.

Nicklaus, S., Boggio, V., & Issanchou, S. (2005). Gustatory perceptions in children. *Archives of Pediatrics, 12*, 579–584.

Nightingale, E.O., & Goodman, M. (1990). *Before birth. Prenatal testing for genetic disease*. Cambridge, MA: Harvard University Press.

Nijhuis, J. (2003). Fetal behavior. *Neurobiology of Aging, 24*, S41–S46.

Nilsson, E., Gillberg, C., Gillberg, I., & Rastam, M. (1999). Ten-year follow-up of adolescent-onset anorexia nervosa: Personality disorders. *Journal of the American Academy of Child & Adolescent Psychiatry, 38*, 1389–1395.

Nisan, M., & Kohlberg, L. (1982). Universality and variation in moral judgment: A longitudinal and cross-sectional study in Turkey. *Child Development, 53*, 865–876.

Norman, R., Bradshaw, D., Schneider, M., Pieterse, D., & Groenewald, P. (2000). Revised burden of disease estimates for the comparative risk factor assessment, South Africa 2000. Retrieved June 11, 2008 from fightingautism.org. (2008). Number of cases. Retrieved June 10, 2008 from http://www.mrc.ac.za/bod/bodestimate.pdf.

Nucci, L., & Smetana, J. (1996). Mothers' concepts of young children's areas of personal freedom. *Child Development, 67*, 1870–1886.

Nussbaum, A., & Steele, C. (2007). Situational disengagement and persistence in the face of adversity. *Journal of Experimental Social Psychology, 43*, 127–134.

Oates, J. (1998). Risk factors for infant attrition and low engagement in experiments and free-play. *Infant Behavior & Development, 21*, 569.

O'Beirne, H., & Moore, C. (1995, March). Attachment and sexual behavior in adolescence. Paper presented at the biennial meetings of the Society for Research in Child Development, Indianapolis, IN.

O'Brien, M. (1992). Gender identity and sex roles. In V.B. Van Hasselt & M. Hersen (Eds.), *Handbook of social development: A lifespan perspective* (pp. 325–345). New York: Plenum.

Offer, D., Kaiz, M., Howard, K., & Bennett, E. (1998). Emotional variables in adolescence and their stability and contribution to the mental health of adult men: Implications for early intervention strategies. *Journal of Youth & Adolescence, 27*, 675–690.

Office of Educational Research and Improvement (OERI). (1998). *The educational system in Japan: Case study findings*. Washington, DC: U.S. Department of Education.

Office of Juvenile Justice and Delinquency Prevention. (2006). Juvenile offenders and victims: 2006 report. Retrieved April 12, 2008 from http://ojjdp.ncjrs.gov/ojstatbb/nr2006/index.html.

Offord, D.R., Boyle, M.H., & Racine, Y.A. (1991). The epidemiology of antisocial behavior in childhood and adolescence. In D.J. Pepler & K.H. Rubin (Eds.), *The development and treatment of childhood aggression* (pp. 31–54). Hillsdale, NJ: Erlbaum.

Ogbu, J. (1990). Cultural models, identity and literacy. In J.W. Stigler, R.A. Shweder, & G. Hendt (Eds.), *Cultural psychology: Essays on comparative human development* (pp. 520–541). Hillsdale, NJ: Erlbaum.

Okamoto, K., & Uechi, Y. (1999). Adolescents' relations with parents and friends in the second individuation process. *Japanese Journal of Educational Psychology, 47*, 248–258.

O'Leary, S., Slep, A.S., & Reid, M. (1999). A longitudinal study of mothers' overreactive discipline and toddlers' externalizing behavior. *Journal of Abnormal Child Psychology, 27*, 331–341.

Olivan, G. (2003). Catch-up growth assessment in long-term physically neglected and emotionally abused preschool age male children. *Child Abuse & Neglect, 27*, 103–108.

Oller, D.K. (1981). Infant vocalizations: Exploration and reflectivity. In R.E. Stark (Ed.), *Language behavior in infancy and early childhood* (pp. 85–104). New York: Elsevier North-Holland.

Oller, D. K., Eilers, R., Urbano, R., & Cobo-Lewis, A. (1997). Development of precursors to speech in infants exposed to two languages. *Journal of Child Language, 24*, 407–425.

Olson, H., Feldman, J., Streissguth, A., Sampson, P., & Bookstein, F. (1998). Neuropsychological deficits in adolescents with fetal alcohol syndrome: Clinical findings. *Alcoholism: Clinical & Experimental Research, 22*, 1998–2012.

Olson, S.L., Bates, J.E., & Kaskie, B. (1992). Caregiver-infant interaction antecedents of children's school-age cognitive ability. *Merrill-Palmer Quarterly, 38*, 309–330.

Olweus, D. (1995). Bullying or peer abuse at school: Facts and intervention. *Current Directions in Psychological Science, 4*, 196–200.

Omiya, A., & Uchida, N. (2002). The development of children's thinking strategies: The retrieval of alternatives based on the categorization with conditional reasoning tasks. *Japanese Journal of Psychology, 73*, 10–17.

Ompad, D., Strathdee, S., Celentano, D., Latkin, C., Poduska, J., Kellam, S., & Ialongo, N. (2006). Predictors of early initiation of vaginal and oral sex among urban young adults in Baltimore, Maryland. *Archives of Sexual Behavior, 35*, 53–65.

O'Neill, D.K., Astington, J.W., & Flavell, J.H. (1992). Young children's understanding of the role that sensory experiences play in knowledge acquisition. *Child Development, 63*, 474–490.

Oosterlaan, J., Geurts, H.M., Knol, D.J., & Sergeant, J.A. (2005). Low basal salivary cortisol is associated with teacher reported conduct disorder symptoms. *Psychiatry Research, 134*, 1–10.

Orchard, T., Costacou, T., Kretowski, A., & Nesto, R. (2006). Type 1 diabetes and coronary artery disease. *Diabetes Care, 29*, 2528–2538.

Organization of Teratology Information Specialists. (2005). Acetaminophen and pregnancy. Retrieved June 7, 2007 from www.otispregnancy.org/pdf/acetaminophen.pdf.

Ornoy, A. (2002). The effects of alcohol and illicit drugs on the human embryo and fetus. *Israel Journal of Psychiatry & Related Sciences, 39*, 120–132.

Osher, D., Dwyer, K., & Jackson, S. (2004). *Safe, supportive and successful schools*. Boston: Sopris West Educational Services.

Osorio-O'Dea, P. (2001). CRS report for Congress: Bilingual education. Retrieved June 23, 2008 from http://www.policyalmanac.org/education/archive/bilingual.pdf.

Ostoja, E., McCrone, E., Lehn, L., Reed, T., & Sroufe, L.A. (1995, March). Representations of close relationships in adolescence: Longitudinal antecedents from infancy through childhood. Paper presented at the biennial meetings of the Society for Research in Child Development, Indianapolis.

Overby, K. (2002). Pediatric health supervision. In A. Rudolph, R. Kamei, & K. Overby (Eds.), *Rudolph's fundamentals of pediatrics* (3rd ed., pp. 1-69). New York: McGraw Hill.

Overmeyer, S., & Taylor, E. (1999). Principles of treatment for hyperkinetic disorder: Practice approaches for the U.K. *Journal of Child Psychology & Psychiatry & Allied Disciplines, 40*, 1147–1157.

Ozmon, H.A., & Craver, S.M. (1986). *Philosophical foundations of education.* Columbus, OH: Merrill.

Paarlberg, K., Vingerhoets, A.J., Passchier, J., Dekker, G., & van Geign, H. (1995). Psychosocial factors and pregnancy outcome: A review with emphasis on methodological issues. *Journal of Psychosomatic Research, 39*, 563–595.

Paasche-Orlow, M., Riekert, K., Bilderback, A., Chanmugam, A., Hill, P., Rand, C., Brancati, F., & Krishnan, J. (2005). Tailored education may reduce health literacy disparities in asthma self-management. *American Journal of Respiratory and Critical Care Medicine, 172*, 980–986.

Pagani, L., Boulerice, B., Tremblay, R., & Vitaro, F. (1997). Behavioural development in children of divorce and remarriage. *Journal of Child Psychology & Psychiatry & Allied Disciplines, 38*, 769–781.

Painter, M., & Bergman, I. (1998). Neurology. In R. Behrman & R. Kliegman (Eds.), *Nelson essentials of pediatrics* (3rd ed., pp. 694–745). Philadelphia: W.B. Saunders.

Pajares, F., & Graham, L. (1999). Self-efficacy, motivation constructs, and mathematics performance of entering middle school students. *Contemporary Educational Psychology, 24*, 124–139.

Pajares, F., & Valiante, G. (1999). Grade level and gender differences in the writing self-beliefs of middle school students. *Contemporary Educational Psychology, 24*, 390–405.

Paley, V. (1986). *Mollie is three: Growing up in school.* Chicago: niversity of Chicago Press.

Parault, S., & Schwanenflugel, P. (2000). The development of conceptual categories of attention during the elementary school years. *Journal of Experimental Child Psychology, 75*, 245–262.

Parent, S., Tillman, G., Jule, A., Skakkebaek, N., Toppari, J., & Bourguignon, J. (2003). The timing of normal puberty and the age limits of sexual precocity: Variations around the world, secular trends, and changes after migration. *Endocrine Review, 24*, 668–693.

Parke, R. D. (2004). The Society for Research in Child Development at 70: Progress and promise. *Child Development, 75*, 1–24.

Parke, R.D., & Tinsley, B.R. (1981). The father's role in infancy: Determinants of involvement in caregiving and play. In M.E. Lamb (Ed.), *The role of the father in child development* (2nd ed., pp. 429–458). New York: Wiley.

Parrila, R., Kirby, J., & McQuarrie, L. (2004). Articulation rate, naming speed, verbal short-term memory, and phonological awareness: Longitudinal predictors of early reading development? *Scientific Studies of Reading, 8*, 3–26.

Parten, M. (1932). Social participation among preschool children. *Journal of Abnormal and Social Psychology, 27*, 243–269.

Pascalis, O., de Schonen, S., Morton, J., Derulle, C., & Fabre-Grenet, M. (1995). Mother's face recognition by neonates: A replication and extension. *Infant Behavior and Development, 18*, 79–85.

Pasquini, E., Corriveau, K., Koenig, M., & Harris, P. (2007). Preschoolers monitor the relative accuracy of informants. *Developmental Psychology, 43*, 1216–1226.

Patterson, C. (2006). Children of lesbian and gay parents. *Current Directions in Psychological Science, 15*, 241–244.

Patterson, G.R. (1980). Mothers: The unacknowledged victims. *Monographs of the Society for Research in Child Development, 45* (Serial No. 186).

Patterson, G.R., Capaldi, D., & Bank, L. (1991). An early starter model for predicting delinquency. In D.J. Pepler & K.H. Rubin (Eds.), *The development and treatment of childhood aggression* (pp. 139–168). Hillsdale, NJ: Erlbaum.

Patterson, G.R., DeBaryshe, B.D., & Ramsey, E. (1989). A developmental perspective on antisocial behavior. *American Psychologist, 44*, 329–335.

Patterson, J. (1998). Expressive vocabulary of bilingual toddlers: Preliminary findings. *Multicultural Electronic Journal of Communication Disorders, 1*. Retrieved April 11, 2001 from www.asha.ucf.edu/patterson.html.

Pauen, S. (2000). Early differentiation within the animate domain: Are humans something special? *Journal of Experimental Child Psychology, 75*, 134–151.

Pauen, S. (2002). The global-to-basic level shift in infants' categorical thinking: First evidence from a longitudinal study. *International Journal of Behavioral Development, 26*, 492–499.

Peasant, E. (2007). Crossing the bridge from eighth to tenth grade: Can ninth grade schools make it better? Unpublished dissertation.

Pederson, D.R., & Moran, G. (1995). A categorical description of infant-mother relationships in the home and its relation to Q-sort measures of infant-mother interaction. *Monographs of the Society for Research in Child Development, 60* (244, Nos. 2–3), 111–132.

Pederson, D.R., Moran, G., Sitko, C., Campbell, K., Ghesquire, K., & Acton, H. (1990). Maternal sensitivity and the security of infant-mother attachment: A Q-sort study. *Child Development, 61*, 1974–1983.

Pediatric Nutrition Surveillance. (2005). National summary of health indicators. Retrieved June 14, 2007 from www.cdc.gov/pednss/pednss_tables/pdf/national_table2.pdf.

Pedlow, R., Sanson, A., Prior, M., & Oberklaid, F. (1993). Stability of maternally reported temperament from infancy to 8 years. *Developmental Psychology, 29*, 998–1007.

Pegg, J.E., Werker, J.F., & McLeod, P.J. (1992). Preference for infant-directed over adult-directed speech: Evidence from 7-week-old infants. *Infant Behavior & Development, 15*, 325–345.

Peisner Feinberg, E.S. (1995, March). Developmental outcomes and the relationship to quality of child care experiences. Paper presented at the biennial meetings of the Society for Research in Child Development, Indianapolis.

Pelletier, L., Dion, S., & Levesque, C. (2004). Can self-determination help protect women against sociocultural influences about body image and reduce their risk of experiencing bulimic symptoms? *Journal of Social & Clinical Psychology, 23*, 61–88.

Pelligrini, A., & Smith, P. (1998). Physical activity play: The nature and function of a neglected aspect of play. *Child Development, 69*, 577–598.

Pennington, B., Moon, J., Edgin, J., Stedron, J., & Nadel, L. (2003). The neuropsychology of Down syndrome: Evidence for hippocampal dysfunctions. *Child Development, 74*, 75–93.

Peoples, C.E., Fagan, J.F., III, & Drotar, D. (1995). The influence of race on 3-year-old children's performance on the Stanford-Binet: Fourth edition. *Intelligence, 21*, 69–82.

Pereverzeva, M., Hui-Lin Chien, S., Palmer, J., & Teller, D. (2002). Infant photometry: Are mean adult isoluminance values a sufficient approximation to individual infant values? *Vision Research, 42*, 1639–1649.

Persson, A., & Musher-Eizenman, D. (2003). The impact of aprejudice-prevention television program on young children's ideas about race. *Early Childhood Research Quarterly, 18*, 530–546.

Pesonen, A., Raikkonen, K., Strandberg, T., Kelitikangas-Jarvinen, L., & Jarvenpaa, A. (2004). Insecure adult attachment style and depressive symptoms: Implications for parental perceptions of infant temperament. *Infant Mental Health Journal, 25*, 99–116.

Petersen, A.C., Compas, B.E., Brooks-Gunn, J., Stemmler, M., Ey, S., & Grant, K.E. (1993). Depression in adolescence. *American Psychologist, 48*, 155–168.

Petersen, A. C., & Taylor, B. (1980). The biological approach to adolescence. In J. Adelson (Ed.), *Handbook of adolescent psychology* (pp. 117–158). New York: Wiley.

Peterson, C., & Bell, M. (1996). Children's memory for traumatic injury. *Child Development, 67*, 3045–3070.

Peterson, C., & Siegal, M. (1999). Representing inner worlds: Theory of mind in autistic, deaf, and normal hearing children. *Psychological Science, 10*, 126–129.

Peterson, C., Wellman, H., & Liu, D. (2005). Steps in theory of mind development for children with deafness or autism. *Child Development, 76*, 502–517.

Peterson, L., Ewigman, B., & Kivlahan, C. (1993). Judgments regarding appropriate child supervision to prevent injury: The role of environmental risk and child age. *Child Development, 64*, 934–950.

Pettit, G.S., Clawson, M.A., Dodge, K.A., & Bates, J.E. (1996). Stability and change in peer-rejected status: The role of child behavior, parenting, and family ecology. *Merrill-Palmer Quarterly, 42*, 295–318.

Pettit, G. S., Laird, R., Bates, J. E., & Dodge, K. A. (1997). Patterns of after-school care in middle childhood: Risk factors and developmental outcomes. *Merrill-Palmer Quarterly, 43*, 515–538.

Pezdek, K., Blandon-Gitlin, I., & Moore, C. (2003). Children's face recognition memory: More evidence for the cross-race effect. *Journal of Applied Psychology, 88*, 760–763.

Phelps, L., Wallace, N., & Bontrager, A. (1997). Risk factors in early child development: Is prenatal cocaine/polydrug exposure a key variable? *Psychology in the Schools, 34*, 245–252.

Philadelphia Education Fund. (2003). Year three of the Talent Development High School Initiative in Philadelphia: Results from five schools. Retrieved June 29, 2008 from http://www.philaedfund.org/pdfs/K-8%20Report.pdf.

Phillips, A., Wellman, H., & Spelke, E. (2002). Infants' ability to connect gaze and emotional expression to intentional action. *Cognition, 85*, 53–78.

Phillips, D., Schwean, V., & Saklofske, D. (1997). Treatment effect of a school-based cognitive-behavioral program for aggressive children. *Canadian Journal of School Psychology, 13*, 60–67.

Phillipsen, L. (1999). Associations between age, gender, and group acceptance and three components of friendship quality. *Journal of Early Adolescence, 19*, 438–464.

Phinney, J.S. (1990). Ethnic identity in adolescents and adults: Review of research. *Psychological Bulletin, 108*, 499–514.

Phinney, J. S., Horenczyk, G., Liebkind, K., & Vedder, P. (2001). Ethnic identity, immigration, and well-being: An interactional perspective. *Journal of Social Issues, 57*, 493–510.

Phinney, J. S., Romero, I., Nava, M., & Huang, D. (2001). The role of language, parents, and peers in ethnic identity among adolescents in immigrant families. *Journal of Youth & Adolescence, 30*, 135–153.

Phinney, J.S., & Rosenthal, D.A. (1992). Ethnic identity in adolescence: Process, context, and outcome. In G.R. Adams, T.P. Gullotta, & R. Montemayor (Eds.), *Adolescent identity formation* (pp. 145–172). Newbury Park, CA: Sage.

Piaget, J. (1932). *The moral judgment of the child.* New York: Macmillan.

Piaget, J. (1952). *The origins of intelligence in children.* New York: International Universities Press.

Piaget, J. (1954). *The construction of reality in the child.* New York: Basic Books. (Originally published 1937.)

Piaget, J. (1965). *The moral judgment of the child.* New York: Free Press.

Piaget, J. (1970). Piaget's theory. In P.H. Mussen (Ed.), *Carmichael's manual of child psychology, Vol. 1* (3rd ed., pp. 703–732). New York: Wiley.

Piaget, J. (1977). *The development of thought: Equilibration of cognitive structures.* New York: Viking.

Piaget, J., & Inhelder, B. (1969). *The psychology of the child.* New York: Basic Books.

Pianta, R.C., & Egeland, B. (1994). Predictors of instability in children's mental test performance at 24, 48, and 96 months. *Intelligence, 18*, 145–163.

Pickens, J. (1994). Perception of auditory-visual distance relations by 5-month-old infants. *Developmental Psychology, 30*, 537–544.

Pickering, L., Granoff, D., Erickson, J., Masor, M., Cordle, C., Schaller, J., Winship, T., Paule, C., & Hilty, M. (1998). Modulation of the immune system by human milk and infant formula containing nucleotides. *Pediatrics, 101*, 242–249.

Pierce, M., & Leon, D. (2005). Age at menarche and adult BMI in the Aberdeen children of the 1950s cohort study. *American Journal of Clinical Nutrition, 82*, 733–739.

Pike, J., & Jennings, N. (2005). The effects of commercials on children's perceptions of gender appropriate toy use. *Sex Roles, 52*, 83–91.

Pilgrim, C., Luo, Q., Urberg, K., & Fang, X. (1999). Influence of peers, parents, and individual characteristics on adolescent drug use in two cultures. *Merrill-Palmer Quarterly, 45*, 85–107.

Pillow, B. (1999). Children's understanding of inferential knowledge. *Journal of Genetic Psychology, 160*, 419–428.

Pine, J.M., Lieven, E.V.M., & Rowland, C.F. (1997). Stylistic variation at the "single-word" stage: Relations between maternal speech characteristics and children's vocabulary composition and usage. *Child Development, 68*, 807–819.

Pinker, S. (1994). *The language instinct: How the mind creates language.* New York: HarperCollins.

Pinker, S. (2002). *The blank slate.* New York: Viking.

Plomin, R. (1990). *Nature and nurture: An introduction to behavior genetics.* Pacific Grove, CA: Brooks/Cole.

Plomin, R., Emde, R.N., Braungart, J.M., Campos, J., Corley, R., Fulker, D.W., Kagan, J., Reznick, J.S., Robinson, J., Zahn-Waxler, C., & DeFries, J.C. (1993). Genetic change and continuity from fourteen to twenty months: The MacArthur longitudinal twin study. *Child Development, 64*, 1354–1376.

Plomin, R., Reiss, D., Hetherington, E.M., & Howe, G.W. (1994). Nature and nurture: Genetic contributions to measures of the family environment. *Developmental Psychology, 30*, 32–43.

Plomin, R., & Rende, R. (1991). Human behavioral genetics. *Annual Review of Psychology, 42*, 161–190.

Plucker, J. (1999). Is the proof in the pudding? Reanalyses of Torrance's (1958 to present) longitudinal data. *Creativity Research Journal, 12*, 103–115.

Polka, L., & Werker, J.F. (1994). Developmental changes in perception of nonnative vowel contrasts. *Journal of Experimental Psychology: Human Perception & Performance, 20*, 421–435.

Pollack, L., Stewart, S., & Thompson, T. (2007). Trends in childhood cancer mortality: United States, 1990-2004. *Morbidity and Mortality Weekly Report, 56*, 1257-1261.

Pollitt, E., & Gorman, K.S. (1994). Nutritional deficiencies as developmental risk factors. In C.A. Nelson (Ed.), *The Minnesota Symposia on Child Development, Vol. 27* (pp. 121-144). Hillsdale, NJ: Erlbaum.

Pomerantz, E., & Ruble, D. (1998). The role of maternal control in the development of sex differences in child self-evaluative factors. *Child Development, 69*, 458-478.

Pomerleau, A., Malcuit, G., Turgeon, L., & Cossette, L. (1997). Effects of labelled gender on vocal communication of young women with 4-month-old infants. *International Journal of Psychology, 32*, 65-72.

Pomerleau, A., Scuccimarri, C., & Malcuit, G. (2003). Mother-infant behavioral interactions in teenage and adult mothers during the first six months postpartum: Relations with infant development. *Infant Mental Health Journal, 24*, 495-509.

Population Resource Center. (2004). Latina teen pregnancy: Problems and prevention. Retrieved October 27, 2004 from http://www.prcds.org/summaries/latinapreg04/latinapreg04.html.

Porac, C., & Friesen, I. (2000). Hand preference side and its relation to hand preference switch history among old and oldest-old adults. *Developmental Neuropsychology, 17*, 222-239.

Posner, J., & Vandell, D. (1994). Low-income children's after-school care: Are there beneficial effects of after-school programs? *Child Development, 65*, 440-456.

Posthuma, D., de Geus, E., & Boomsma, D. (2003). Genetic contributions to anatomical, behavioral, and neurophysiological indices of cognition. In R. Plomin, J. DeFries, I. Craig, & P. McGuffin (Eds.), *Behavioral genetics in the postgenomic era* (pp. 141-161). Washington, DC: American Psychological Association.

Poulin, F., & Boivin, M. (1999). Proactive and reactive aggression and boys' friendship quality in mainstream classrooms. *Journal of Emotional & Behavioral Disorders, 7*, 168-177.

Poulin, F., & Boivin, M. (2000). The role of proactive and reactive aggression in the formation and development of boys' friendships. *Developmental Psychology, 36*, 233-240.

Poulson, C.L., Nunes, L.R.D., & Warren, S.F. (1989). Imitation in infancy: A critical review. In H.W. Reese (Ed.), *Advances in child development and behavior, Vol. 22* (pp. 272-298). San Diego, CA: Academic Press.

Poureslami, I., Rootman, I., Balka, E., Devarakonda, R., Hatch, J., & FitzGerald, M. (2007). A systematic review of asthma and health literacy: A cultural-ethnic perspective in Canada. *Medscape General Medicine, 9*, 40.

Powlishta, K.K. (1995). Intergroup processes in childhood: Social categorization and sex role development. *Developmental Psychology, 31*, 781-788.

Pozzi, M. (2003). The use of observation in the psychoanalytic treatment of a 12-year-old boy with Asperger's syndrome. *The International Journal of Psychoanalysis, 84*, 1333-1349.

Prat-Sala, M., Shillcock, R., & Sorace, A. (2000). Animacy effects on the production of object-dislocated descriptions by Catalan-speaking children. *Journal of Child Language, 27*, 97-117.

Pratt, M., Arnold, M., & Pratt, A. (1999). Predicting adolescent moral reasoning from family climate: A longitudinal study. *Journal of Early Adolescence, 19*, 148-175.

Premack, D. (1959). Toward empirical behavior laws: I. Positive reinforcement. *Psychological Review, 66*, 219-233.

Prentice, A. (1994). Extended breast-feeding and growth in rural China. *Nutrition Reviews, 52*, 144-146.

Pressley, M., & Dennis-Rounds, J. (1980). Transfer of a mnemonic keyword strategy at two age levels. *Journal of Educational Psychology, 72*, 575-582.

Pressman, E., DiPietro, J., Costigan, K., Shupe, A., & Johnson, T. (1998). Fetal neurobehavioral development: Associations with socioeconomic class and fetal sex. *Developmental Psychobiology, 33*, 79-91.

Price, C., & Kunz, J. (2003). Rethinking the paradigm of juvenile delinquency as related to divorce. *Journal of Divorce & Remarriage, 39*, 109-133.

Prince, A. (1998). Infectious diseases. In R. Behrman & R. Kliegman (Eds.), *Nelson essentials of pediatrics* (3rd ed., pp. 315-418). Philadelphia: W.B. Saunders.

Prinstein, M., & La Greca, A. (1999). Links between mothers' and children's social competence and associations with maternal adjustment. *Journal of Clinical Child Psychology, 28*, 197-210.

Provasi, J., Dubon, C., & Bloch, H. (2001). Do 9- and 12-month-olds learn means-ends relation by observing? *Infant Behavior & Development, 24*, 195-213.

Pulkkinen, L. (1982). Self-control and continuity from childhood to late adolescence. In P. Baltes & O.G. Brim, Jr. (Eds.), *Life span development and behavior, Vol. 4* (pp. 64-107). New York: Academic Press.

Puma, M., Bell, S., Cook, R., Heid, C., Lopez, M., & Zill, N. (2005). *Head Start impact study: First year findings.* Washington, DC: U.S. Department of Health and Human Services.

Puzzanchera, C., Adams, B., Snyder, H., & Kang, W. (2007). Easy access to FBI arrest statistics 1994-2005. Retrieved September 19, 2008 from http://ojjdp.ncjrs.gov/ojstatbb/ezaucr/.

Pynoos, H., Steinberg, A., & Wraith, R. (1995). A developmental model of childhood traumatic stress. In D. Cicchetti & D. Cohen (Eds.), *Developmental psychopathology, Vol 2: Risk, disorder, and adaptation.* New York: Wiley.

Quick Stats: Prevalence of HPV infection among sexually active females aged 14 to 59 years. (2007). *Morbidity and Mortality Weekly Report, 56*, 852.

Raaijmakers, Q., Verbogt, T., & Vollebergh, W. (1998). Moral reasoning and political beliefs of Dutch adolescents and young adults. *Journal of Social Issues, 54*, 531-546.

Rabasca, L. (1999, October). Ultra-thin magazine models found to have little negative effect on adolescent girls. *APA Monitor Online 30.* Retrieved January 16, 2001 from http://www.apa.org/monitor/oct99.

Raffaelli, M., & Ontai, L. (2004). Gender socialization in Latino/a families: Results from two retrospective studies. *Sex Roles, 50*, 287-299.

Ragnarsdottir, H., Simonsen, H., & Plunkett, K. (1999). The acquisition of past tense morphology in Icelandic and Norwegian children: An experimental study. *Journal of Child Language, 26*, 577-618.

Rahman, A., Lovel, H., Bunn, J., Igbal, A., & Harrington, R. (2004). Mothers' mental health and infant growth: A case-control study from Rawalpindi, Pakistan. *Child: Care, Health, & Development, 30*, 21-27.

Rahman, Q., & Wilson, G. (2003). Born gay? The psychobiology of human sexual orientation. *Personality and Individual Differences, 34*, 1337-1382.

Raja, S.N., McGee, R., & Stanton, W.R. (1992). Perceived attachments to parents and peers and psychological well-being in adolescence. *Journal of Youth & Adolescence, 21*, 471-485.

Ramey, C.T. (1992). High-risk children and IQ: Altering intergenerational patterns. *Intelligence, 16*, 239-256.

Ramey, C.T. (1993). A rejoinder to Spitz's critique of the Abecedarian experiment. *Intelligence, 17*, 25-30.

Ramey, C.T., & Campbell, F.A. (1987). The Carolina Abecedarian Project: An educational experiment concerning human malleability. In

J.J. Gallagher & C.T. Ramey (Eds.), *The malleability of children* (pp. 127–140). Baltimore: Paul H. Brookes.

Ramey, C. T., & Ramey, S. (1998). Early intervention and early experience. *American Psychologist, 53*, 109–120.

Rask-Nisilä, L., Jokinen, E., Pirjo, T., Tammi, A., Lapinleimu, H., Rönnemaa, T., Viikari, J., Seppänen, R., Korhonen, T., Tuominen, J., Välimäki, I., & Simell, O. (2000). Neurological development of 5-year-old children receiving a low-saturated fat, low-cholesterol diet since infancy: A randomized controlled trial. *Journal of the American Medical Association, 284*, 993–1000.

Rauscher, F.H., Shaw, G.L., & Ky, K.N. (1993). Music and spatial task performance. *Nature, 365*, 611.

Ray, B. (1999). *Home schooling on the threshold: A survey of research at the dawn of the new millennium.* Washington, DC: Home Education Research Institute.

Rego, A. (2006). The alphabetic principle, phonics, and spelling: Teaching students the code. In J. Schumm (Ed.), *Reading assessment and instruction for all learners* (pp. 118–162). New York: Guilford Press.

Reid, P., & Roberts, S. (2006). Gaining options: A mathematics program for potentially talented at risk adolescent girls. *Merrill-Palmer Quarterly, 52*, 288–304.

Reiner, W., & Gearhart, J. (2004). Discordant sexual identity in some genetic males with cloacal extrophy assigned to female sex at birth. *The New England Journal of Medicine, 350*, 333–341.

Reisman, J.E. (1987). Touch, motion, and proprioception. In P. Salapatek & L. Cohen (Eds.), *Handbook of infant perception, Vol. 1: From sensation to perception* (pp. 265–304). Orlando, FL: Academic Press.

Reiss, D. (1998). Mechanisms linking genetic and social influences in adolescent development: Beginning a collaborative search. *Current Directions in Psychological Science, 6*, 100–105.

Remafedi, G., Resnick, M., Blum, R., & Harris, L. (1998). Demo-graphy of sexual orientation in adolescents. *Pediatrics, 89*, 714–721.

Remsberg, K., Demerath, E., Schubert, C., Chumlea, W., Sun, S., & Siervoge, R. (2004). Early menarche and the development of cardiovascular disease risk factors in adolescent girls: The Fels Longitudinal Study. *Journal of Clinical Endocrinology & Metabolism, 90*, 2718–2724.

Repetto, P., Caldwell, C., & Zimmerman, M. (2004). Trajectories of depressive symptoms among high risk African-American adolescents. *Journal of Adolescent Health, 35*, 468–477.

Reskin, B. (1993). Sex segregation in the workplace. *Annual Review of Sociology, 19*, 241–270.

Reynolds, M., Schieve, L., Martin, J., Jeng, G., & Macaluso, M. (2003). Trends in multiple births conceived using assisted reproductive technology, United States, 1997–2000. *Pediatrics, 111*, 1159–1162.

Rholes, W.S., & Ruble, D.N. (1984). Children's understanding of dispositional characteristics of others. *Child Development, 55*, 550–560.

Ricci, C., Beal, C., & Dekle, D. (1995). The effect of parent versus unfamiliar interviewers on young witnesses' memory and identification accuracy. Paper presented at the biennial meetings of the Society for Research in Child Development, Indianapolis.

Richardson, G., Conroy, M., & Day, N. (1996). Prenatal cocaine exposure: Effects on the development of school-aged children. *Neurotoxicology & Teratology, 18*, 627–634.

Riegel, K. (1975). Adult life crises: A dialectic interpretation of development. In N. Datan & L. Ginsberg (Eds.), *Lifespan developmental psychology: Normative life crises* (pp. 99–128). New York: Academic Press.

Riegle-Crumb, C., Farkas, G., & Muller, C. (2006). The role of gender and friendship in advanced course taking. *Sociology of Education, 79*, 206–228.

Rique, J., & Camino, C. (1997). Consistency and inconsistency in adolescents' moral reasoning. *International Journal of Behavioral Development, 21*, 813–836.

Roberts, R., & Mather, N. (1995). The return of students with learning disabilities to regular classrooms: A sellout? *Learning Disabilities Research & Practice, 10*, 46–58.

Robinson, H. (1981). The uncommonly bright child. In M. Lewis & L. Rosenblum (Eds.), *The uncommon child* (pp. 57–82). New York: Plenum Press.

Robinson, N., Lanzi, R., Weinberg, R., Ramey, S., & Ramey, C. (2002). Family factors associated with high academic competence in former Head Start children at third grade. *Gifted Child Quarterly, 46*, 278–290.

Roche, A.F. (1979). Secular trends in human growth, maturation, and development. *Monographs of the Society for Research in Child Development, 44* (3–4, Serial No. 179).

Rock, A., Trainor, L., & Addison, T. (1999). Distinctive messages in infant-directed lullabies and play songs. *Developmental Psychology, 35*, 527–534.

Roderick, M., & Camburn, E. (1999). Risk and recovery from course failure in the early years of high school. *American Educational Research Journal, 36*, 303–343.

Rodkin, P., Farmer, T., Pearl, R., & Van Acker, R. (2000). Heterogeneity of popular boys: Antisocial and prosocial configurations. *Developmental Psychology, 36*, 14–24.

Rodrigo, M., Janssens, J., & Ceballos, E. (1999). Do children's perceptions and attributions mediate the effects of mothers' child rearing actions? *Journal of Family Psychology, 13*, 508–522.

Rodriguez, B., Fujimoto, W., Mayer-Davis, E., Imperatore, G., Williams, D., Bell, R., Wadwa, P., Palla, S., Liu, L., Kershnar, A., Daniels, S., & Linder, B. (2006). Prevalence of cardiovascular disease risk factors in U.S. children and adolescents with diabetes: The SEARCH for Diabetes in Youth study, *Diabetes Care, 29*, 1891–1896.

Roediger, H. (2008). Relativity of remembering: Why the laws of memory vanished. *Annual Review of Psychology, 59*, 225–254.

Roer-Strier, D., & Rivlis, M. (1998). Timetable of psychological and behavioural autonomy expectations among parents from Israel and the former Soviet Union. *International Journal of Psychology, 33*, 123–135.

Roeser, R., & Eccles J. (1998). Adolescents' perceptions of middle school: Relation to longitudinal changes in academic and psychological adjustment. *Journal of Research on Adolescence, 8*, 123–158.

Rogers, J.L., Rowe, D.C., & May, K. (1994). DF analysis of NLSY IQ/ Achievement data: Nonshared environmental influences. *Intelligence, 19*, 157–177.

Rogoff, B. (1991). *Apprenticeship in thinking: Cognitive development in social context.* New York: Oxford University Press.

Rogosch, F., Cicchetti, D., & Aber, J. (1995). The role of child maltreatment in early deviations in cognitive and affective processing abilities and later peer relationship problems. *Development & Psychopathology, 7*, 591–609.

Rolls, E. (2000). Memory systems in the brain. *Annual Review of Psychology, 51*, 599–630.

Root, M. (2003). Racial identity development and persons of mixed race heritage. In M. Root & M. Kelly (Eds.), *The multiracial child resource book: Living complex identities* (pp. 34–41). Seattle, WA: Mavin Foundation.

Rosander, K., & von Hofsten, C. (2004). Infants' emerging ability to represent occluded object motion. *Cognition, 91*, 1–22.

Rosario, M., Schrimshaw, E., & Hunter, J. (2004). Ethnic/racial differences in the coming-out process of lesbian, gay, and bisexual youths: A comparison of sexual identity development over time. *Cultural Diversity and Ethnic Minority Psychology, 10,* 215–228.

Rosario, M., Schrimshaw, E., Hunter, J., & Braun, L. (2006). Sexual identity development among lesbian, gay, and bisexual youths: Consistency and change over time. *Journal of Sex Research, 43,* 46–58.

Rose, A., & Asher, S. (2004). Children's strategies and goals in response to help-giving and help-seeking tasks within a friendship. *Child Development, 75,* 749–763.

Rose, R.J. (1995). Genes and human behavior. *Annual Review of Psychology, 56,* 625–654.

Rose, S.A., & Feldman, J.F. (1995). Prediction of IQ and specific cognitive abilities at 11 years from infancy measures. *Developmental Psychology, 31,* 685–696.

Rose, S. A., Feldman, J. F., & Jankowski, J. (2004). Infant visual recognition memory. *Developmental Review, 24,* 74–100.

Rose, S.A., & Ruff, H.A. (1987). Cross-modal abilities in human infants. In J.D. Osofsky (Ed.), *Handbook of infant development* (2nd ed., pp. 318–362). New York: Wiley-Interscience.

Rosenbaum, J.E. (1984). *Career mobility in a corporate hierarchy.* New York: Academic Press.

Rosenberg, M. (1986). Self-concept from middle childhood through adolescence. In J. Suls & A.G. Greenwald (Eds.), *Psychological perspectives on the self, Vol. 3* (pp. 107–136). Hillsdale, NJ: Erlbaum.

Rosenberg, M. (2003). Recognizing gay, lesbian, and transgender teens in a child and adolescent psychiatry practice. *Journal of the American Academy of Child and Adolescent Psychiatry, 42,* 1517–1521.

Rosenblith, J.F. (1992). *In the beginning* (2nd ed.). Thousand Oaks, CA: Sage.

Rosenkrantz, S., Aronson, S., & Huston, A. (2004). Mother-infant relationship in single, cohabiting, and married families: A case for marriage? *Journal of Family Psychology, 18,* 5–18.

Rosenthal, J., Rodewald, L., McCauley, M., Berman, S., Irigoyen, M., Sawyer, M., Yusuf, H., Davis, R., & Kalton, G. (2004). Immunization coverage levels among 19- to 35-month-old children in 4 diverse, medically under-served areas of the United States. *Pediatrics, 113,* e296–e302.

Rosenthal, S., & Gitelman, S. (2002). Endocrinology. In A. Rudolph, R. Kamei, & K. Overby (Eds.), *Rudolph's fundamentals of pediatrics* (3rd ed., pp. 747–795). New York: McGraw-Hill.

Rosenthal, S., Lewis, L., Succop, P., & Burklow, K. (1997). Adolescent girls' perceived prevalence of sexually transmitted diseases and condom use. *Journal of Developmental & Behavioral Pediatrics, 18,* 158–161.

Rosenvinge, J., Matinussen, M., & Ostensen, E. (2000). The comorbidity of eating disorders and personality disorders: A meta-analytic review of studies published between 1983 and 1998. *Eating and Weight Disorders: Studies on Anorexia, Bulimia, and Obesity, 5,* 52–61.

Rosser, J. (1994). *Cognitive development: Psychological and biological perspectives.* Boston: Allyn & Bacon.

Rostosky, S., Owens, G., Zimmerman, R., & Riggle, E.D. (2003). Associations among sexual attraction status, school belonging, and alcohol and marijuana use in rural high school students. *Journal of Adolescence, 26,* 741–751.

Rothbart, M. K., Ahadi, S., & Evans, D. (2000). Temperament and personality: Origins and outcomes. *Journal of Personality & Social Psychology, 78,* 122–135.

Rothbart, M.K., Derryberry, D., & Posner, M.I. (1994). A psychobiological approach to the development of temperament. In J.E. Bates & T.D. Wachs (Eds.), *Temperament: Individual differences at the interface of biology and behavior* (pp. 83–116). Washington, DC: American Psychological Association.

Rothbart, M. K., & Putnam, S. (2002). Temperament and socialization. In L. Pulkkinen & A. Caspi (Eds.), *Paths to successful development: Personality in the life course* (pp. 19–45). New York: Cambridge University Press.

Rotter, J. (1990). Internal versus external control of reinforcement: A case history of a variable. *American Psychologist, 45,* 489–493.

Rovee-Collier, C. (1993). The capacity for long-term memory in infancy. *Current Directions in Psychological Science, 2,* 130–135.

Rowe, D. (2002). IQ, birth weight, and number of sexual partners in White, African American, and mixed race adolescents. *Population & Environment: A Journal of Interdisciplinary Studies, 23,* 513–524.

Roy, E., Bryden, P., & Cavill, S. (2003). Hand differences in pegboard performance through development. *Brain & Cognition, 53,* 315–317.

Rubin, K., Burgess, K., Dwyer, K., & Hastings, P. (2003). Predicting preschoolers' externalizing behaviors from toddler temperament, conflict, and maternal negativity. *Developmental Psychology, 39,* 164–176.

Rubin, K., Burgess, K., & Hastings, P. (2002). Stability and social-behavioral consequences of toddlers' inhibited temperament and parenting behaviors. *Child Development, 73,* 483–495.

Rubin, K.H., Fein, G.G., & Vandenberg, B. (1983). Play. In E.M. Hetherington (Ed.), *Handbook of child psychology: Socialization, personality, and social development, Vol. 4* (pp. 693–774). New York: Wiley.

Rubin, K.H., Hymel, S., Mills, R.S.L., & Rose-Krasnor, L. (1991). Conceptualizing different developmental pathways to and from social isolation in childhood. In D. Cicchetti & S.L. Toth (Eds.), *Internalizing and externalizing expressions of dysfunction: Rochester Symposium on Developmental Psychopathology, Vol. 2* (pp. 91–122). Hillsdale, NJ: Erlbaum.

Ruble, D.N. (1987). The acquisition of self-knowledge: A self-socialization perspective. In N. Eisenberg (Ed.), *Contemporary topics in developmental psychology* (pp. 243–270). New York: Wiley-Interscience.

Ruble, D. N., & Dweck, C. S. (1995). Self-conceptions, person conceptions, and their development. In N. Eisenberg (Ed.), *Social development.* Thousand Oaks, CA: Sage.

Rule, A., & Stewart, R. (2002). Effects of practical life materials on kindergartners' fine motor skills. *Early Childhood Education Journal, 30,* 9–13.

Rushton, J., & Jensen, A. (2006). The totality of available evidence shows the race IQ gap still remains. *Psychological Science, 17,* 921–922.

Rushton, J., & Rushton, E. (2003). Brain size, IQ, and racial-group differences: Evidence from musculoskeletal traits. *Intelligence, 31,* 139–155.

Rushton, J., Skuy, M., & Fridjhon, P. (2003). Performance on Raven's Advanced Progressive Matrices by African, East Indian, and White engineering students in South Africa. *Intelligence, 31,* 123–137.

Rutter, M. (1987). Continuities and discontinuities from infancy. In J.D. Osofsky (Ed.), *Handbook of infant development* (2nd ed., pp. 1256–1296). New York: Wiley-Interscience.

Rutter, M. (2005). Incidence of autism spectrum disorders: Changes over time and their meaning. *Acta Paediatrica, 94,* 2–15.

Rutter, M., Dunn, J., Plomin, R., Simonoff, E., Pickles, A., Maughan, B., Ormel, J., Meyer, J., & Eaves, L. (1997). Integrating nature and nurture: Implications of person-environment correlations and interactions for developmental psychopathology. *Development & Psychopathology, 9,* 335–364.

Ryder, J., Tunmer, W., & Greaney, K. (2008). Explicit instruction in phonemic awareness and phonemically based decoding skills as an intervention strategy for struggling readers in whole language classrooms. *Reading and Writing, 21,* 349–369.

Rys, G., & Bear, G. (1997). Relational aggression and peer relations: Gender and developmental issues. *Merrill-Palmer Quarterly, 43,* 87–106.

Sagi, A. (1990). Attachment theory and research from a cross-cultural perspective. *Human Development, 33*, 10–22.

Sagi, A., van IJzendoorn, M.H., & Koren-Karie, N. (1991). Primary appraisal of the Strange Situation: A cross-cultural analysis of preseparation episodes. *Developmental Psychology, 27*, 587–596.

Sak, U., & Maker, C. (2006). Developmental variation in children's creative mathematical thinking as a function of schooling, age, and knowledge. *Creativity Research, 18*, 279–291.

Saltz, R. (1979). Children's interpretation of proverbs. *Language Arts, 56*, 508–514.

Saluja, G., Iachan, R., Scheidt, P., Overpeck, M., Sun, W., & Giedd, J. (2004). Prevalence of and risk factors for depressive symptoms among young adolescents. *Archives of Pediatric & Adolescent Medicine, 158*, 760–765.

Sanchez, B. (2008). Communication disorders. Retrieved June 22, 2008 from http://psychologytoday.com/conditions/commdisorder.html.

Sanchez, R., Crismon, M., Barner, J., Bettinger, T., & Wilson, J. (2005). Assessment of adherence measures with different stimulants among children and adolescents. *Pharmacotherapy, 25*, 909–917.

Sandman, C., Wadhwa, P., Chicz-DeMet, A., Porto, M., & Garite, T. (1999). Maternal corticotropin-releasing hormone and habituation in the human fetus. *Developmental Psychobiology, 34*, 163–173.

Sandman, C., Wadhwa, P., Hetrick, W., Porto, M., & Peeke, H. (1997). Human fetal heart rate dishabituation between thirty and thirty-two weeks. *Child Development, 68*, 1031–1040.

Sandnabba, N., & Ahlberg, C. (1999). Parents' attitudes and expectations about children's cross-gender behavior. *Sex Roles, 40*, 249–263.

Sandson, T., Bachna, K., & Morin, M. (2000). Right hemisphere dysfunction in ADHD: Visual hemispatial inattention and clinical subtype. *Journal of Learning Disabilities, 33*, 83–90.

Sandvig, C. (2006). The internet at play: Child users of public internet connections. *Journal of Computer-Mediated Communication, 11*, 932–956.

Sanford, K., & Madill, L. (2006). Resistance through video game play: It's a boy thing. *Canadian Journal of Education, 29*, 287–306.

Santelli, J., Ott, M., Lyon, M., Rogers, J., & Summers, D. (2006). Abstinence-only education policies and programs: A position paper of the Society for Adolescent Medicine. *Journal of Adolescent Health, 38*, 83–87.

Sato, S., Shimonska, Y., Nakazato, K., & Kawaai, C. (1997). A life-span developmental study of age identity: Cohort and gender differences. *Japanese Journal of Developmental Psychology, 8*, 88–97.

Sattler, J. (2008). *Assessment of children: Cognitive foundations* (5th ed.). San Diego, CA: Jerome M. Sattler, Publisher, Inc.

Saudino, K.J., & Plomin, R. (1997). Cognitive and temperamental mediators of genetic contributions to the home environment during infancy. *Merrill-Palmer Quarterly, 43*, 1–23.

Savage, M., & Holcomb, D. (1999). Adolescent female athletes' sexual risk-taking behaviors. *Journal of Youth & Adolescence, 28*, 583–594.

Savage, S., & Gauvain, M. (1998). Parental beliefs and children's everyday planning in European-American and Latino families. *Journal of Applied Developmental Psychology, 19*, 319–340.

Savin-Williams, R., & Ream, G. (2003). Suicide attempts among sexual-minority male youth. *Journal of Clinical Child & Adolescent Psychology, 32*, 509–522.

Scarr, S. (1997). Why child care has little impact on most children's development. *Current Directions in Psychological Science, 6*, 143–147.

Scarr, S., & Eisenberg, M. (1993). Child care research: Issues, perspectives, and results. *Annual Review of Psychology, 44*, 613–644.

Scarr, S., & McCartney, K. (1983). How people make their own environments: A theory of genotype/environment effects. *Child Development, 54*, 424–435.

Scarr, S., & Weinberg, R.A. (1983). The Minnesota adoption studies: Genetic differences and malleability. *Child Development, 54*, 260–267.

Scarr, S., Weinberg, R.A., & Waldman, I.D. (1993). IQ correlations in trans-racial adoptive families. *Intelligence, 17*, 541–555.

Schaffer, H., & Emerson, P. (1964). The development of social attachments in infancy. *Monographs of the Society for Research in Child Development, 29* (3, Serial No. 94).

Schatschneider, C., Fletcher, J., Francis, D., Carlson, C., & Foorman, B. (2004). Kindergarten prediction of reading skills: A longitudinal comparative analysis. *Journal of Educational Psychology, 96*, 265–282.

Schechter, R., & Grether, J. (2008). Continuing increases in autism reported to California's developmental services system: Mercury in retrograde. *Archives of General Psychiatry, 65*, 19.

Scheiman, M., Mitchell, L., Cotter, S., Cooper, J., Kulp, M., Rouse, M., Borsting, E., London, R., & Wensveen, J. (2005). A randomized clinical trial of treatments for convergence insufficiency in children. *Archives of Opthalmology, 123*, 14–24.

Schmidt, M., DeMulder, E., & Denham, S. (2002). Kindergarten social-emotional competence: Developmental predictors and psychosocial implications. *Early Child Development & Care, 172*, 451–461.

Schmidt, P. (2000, January 21). Colleges prepare for the fallout from state testing policies. *Chronicle of Higher Education, 46*, A26–A28.

Schmitz, S., Fulker, D., Plomin, R., Zahn-Waxler, C., Emde, R., & DeFries, J. (1999). Temperament and problem behavior during early childhood. *International Journal of Behavioral Development, 23*, 333–355.

Schneider, B., Hieshima, J.A., Lee, S., & Plank, S. (1994). East-Asian academic success in the United States: Family, school, and community explanations. In P.M. Greenfield & R.R. Cocking (Eds.), *Cross-cultural roots of minority child development* (pp. 323–350). Hillsdale, NJ: Erlbaum.

Schonert-Reichl, K. (1999). Relations of peer acceptance, friendship adjustment, and social behavior to moral reasoning during early adolescence. *Journal of Early Adolescence, 19*, 249–279.

Schothorst, P., & van Engeland, H. (1996). Long-term behavioral sequelae of prematurity. *Journal of the American Academy of Child & Adolescent Psychiatry, 35*, 175–183.

Schraf, M., & Hertz-Lazarowitz, R. (2003). Social networks in the school context: Effects of culture and gender. *Journal of Social & Personal Relationships, 20*, 843–858.

Schredl, M., Barthold, C., & Zimmer, J. (2006). Dream recall and nightmare frequency: A family study. *Perceptual and Motor Skills, 102*, 878–880.

Schuler, M., & Nair, P. (1999). Frequency of maternal cocaine use during pregnancy and infant neurobehavioral outcome. *Journal of Pediatric Psychology, 24*, 511–514.

Schuler, M., Nair, P., & Black, M. (2002). Ongoing maternal drug use, parenting attitudes, and a home intervention: Effects on mother-child interaction at 18 months. *Journal of Developmental & Behavioral Pediatrics, 23*, 87–94.

Schull, W., & Otake, M. (1997). Cognitive function and prenatal exposure to ionizing radiation. *Teratology, 59*, 222–226.

Schulz, K., & Sisk, C. (2006). Pubertal hormones, the adolescent brain, and the maturation of social behaviors: Lessons from the Syrian hamster. *Molecular and Cellular Endocrinology, 254/255*, 120–126.

Schwartz, R.M., Anastasia, M.L., Scanlon, J.W., & Kellogg, R.J. (1994). Effect of surfactant on morbidity, mortality, and resource use in newborn infants weighing 500 to 1500 g. *New England Journal of Medicine, 330*, 1476–1480.

Schwebel, D., Rosen, C., & Singer, J. (1999). Preschoolers' pretend play and theory of mind: The role of jointly constructed pretence. *British Journal of Developmental Psychology, 17*, 333–348.

Schweinle, A., & Wilcox, T. (2003). Intermodal perception and physical reasoning in young infants. *Infant Behavior & Development, 27*, 246–265.

Scott, J. (1998). Hematology. In R. Behrman & R. Kliegman (Eds.), *Nelson essentials of pediatrics* (3rd ed., pp. 545–582). Philadelphia: W.B. Saunders.

Sebanc, A. (2003). The friendship features of preschool children: Links with prosocial behavior and aggression. *Social Development, 12*, 249–268.

Seidman, E., Allen, L., Aber, J.L., Mitchell, C., & Feinman, J. (1994). The impact of school transitions in early adolescence on the self-system and perceived social context of poor urban youth. *Child Development, 65*, 507–522.

Seifer, R., Schiller, M., Sameroff, A.J., Resnick, S., & Riordan, K. (1996). Attachment, maternal sensitivity, and infant temperament during the first year of life. *Developmental Psychology, 32*, 12–25.

Seiler, N. (2002). Is teen marriage a solution? Retrieved June 26, 2008 from http://www.clasp.org/publications/teenmariage02-20.pdf.

Sellers, A., Burns, W., & Guyrke, J. (2002). Differences in young children's IQs on the Wechsler Preschool and Primary Scale of Intelligence-Revised as a function of stratification variables. *Neuropsychology, 9*, 65–73.

Selman, R.L. (1980). *The growth of interpersonal understanding.* New York: Academic Press.

Semrud-Clikeman, M., Nielsen, K., Clinton, A., Sylvester, L., et al. (1999). An intervention approach for children with teacher- and parent-identified attentional difficulties. *Journal of Learning Disabilities, 32*, 581–590.

Seo, S. (2006). A study of infant developmental outcome with a sample of Korean working mothers of infants in poverty: Implications for early intervention programs. *Early Childhood Education Journal, 33*, 253–260.

Serbin, L. A., Poulin-Dubois, D., Colbourne, K., Sen, M., & Eichstedt, J. (2001). Gender stereotyping in infancy: Visual preferences for and knowledge of gender-stereotyped toys in the second year. *International Journal of Behavioral Development, 25*, 7–15.

Serbin, L.A., Powlishta, K.K., & Gulko, J. (1993). The development of sex typing in middle childhood. *Monographs of the Society for Research in Child Development, 58* (2, Serial No. 232).

Serdula, M.K., Ivery, D., Coates, R.J., Freedman, D.S., Williamson, D.F., & Byers, T. (1993). Do obese children become obese adults? A review of the literature. *Preventive Medicine, 22*, 167–177.

Serpell, R., & Hatano, G. (1997). Education, schooling, and literacy. In J. Berry, P. Dasen, & T. Saraswathi (Eds.), *Handbook of cross-cultural psychology, Vol. 2: Basic processes and human development.* Needham Heights, MA: Allyn & Bacon.

Shakib, S. (2003). Female basketball participation. *American Behavioral Scientist, 46*, 1405–1422.

Shames, R. (2002). Allergy: Mechanisms & disease processes. In A. Rudolph, R. Kamei, & K. Overby (Eds.), *Rudolph's fundamentals of pediatrics* (3rd ed., pp. 728–746). New York: McGraw Hill.

Share, D., & Leiken, M. (2004). Language impairment at school entry and later reading disability: Connections at lexical versus supralexical levels of reading. *Scientific Studies of Reading, 8*, 87–110.

Sharma, A., Dorman, M., & Kral, A. (2005). The influence of a sensitive period on central auditory development of children with unilateral and bilateral cochlear implantation. *Hearing Research, 203*, 134–143.

Sharma, A., Dorman, M., & Spahr, T. (2002). A sensitive period for the development of the central auditory system in children with cochlear implants. *Ear and Hearing, 23*, 532–539.

Sharma, V., & Sharma, A. (1997). Adolescent boys in Gujrat, India: Their sexual behavior and their knowledge of acquired immunodeficiency syndrome and other sexually transmitted diseases. *Journal of Developmental & Behavioral Pediatrics, 18*, 399–404.

Shaw, D.S., Kennan, K., & Vondra, J.I. (1994). Developmental precursors of externalizing behavior: Ages 1 to 3. *Developmental Psychology, 30*, 355–364.

Shochat, L. (2003). *Our Neighborhood*: Using entertaining children's television to promote interethnic understanding in Macedonia. *Conflict Resolution Quarterly, 21*, 79–93.

Shore, C. (1986). Combinatorial play, conceptual development, and early multiword speech. *Developmental Psychology, 22*, 184–190.

Shu, H., Anderson, R., & Wu, N. (2000). Phonetic awareness: Knowledge of orthography-phonology relationships in the character acquisition of Chinese children. *Journal of Educational Psychology, 92*, 56–62.

Shum, D., Neulinger, K., O'Callaghan, M., & Mohay, H. (2008). Attentional problems in children born very preterm or with extremely low birth weight at 7–9 years. *Archives of Clinical Neuropsychology, 23*, 103–112.

Siegal, M. (1987). Are sons and daughters treated more differently by fathers than by mothers? *Developmental Review, 7*, 183–209.

Siegel, B. (1996). Is the emperor wearing clothes? Social policy and the empirical support for full inclusion of children with disabilities in the preschool and early elementary grades. *Social Policy Report, Society for Research in Child Development, 10(2–3)*, 2–17.

Siegler, R.S. (1994). Cognitive variability: A key to understanding cognitive development. *Current Directions in Psychological Science, 3*, 1–5.

Siegler, R. S., & Chen, Z. (2002). Development of rules and strategies: Balancing the old and the new. *Journal of Experimental Child Psychology, 81*, 446–457.

Sigman, M., & McGovern, C. (2005). Improvement in cognitive and language skills from preschool to adolescence in autism. *Journal of Autism and Developmental Disorders, 35*, 15–23.

Sigman, M., Neumann, C., Carter, E., Cattle, D.J., D'Souza, S., & Bwibo, N. (1988). Home interactions and the development of Embu toddlers in Kenya. *Child Development, 59*, 1251–1261.

Sijuwade, P. (2003). A comparative study of family characteristics of Anglo American and Asian American high achievers. *Journal of Applied Social Psychology, 33*, 445–454.

Silver, J. (2003). Movie day at the Supreme Court or "I know it when I see it": A history of the definition of obscenity. Retrieved June 28, 2007 from http://library.findlaw.com/2003/May/15/132747.html.

Simard, V. (2008). Longitudinal study of preschool sleep disturbance. *Archives of Pediatrics & Adolescent Medicine, 162*, 360–367.

Simons, R.L., Robertson, J.F., & Downs, W.R. (1989). The nature of the association between parental rejection and delinquent behavior. *Journal of Youth & Adolescence, 18*, 297–309.

Simpkins, S., Davis-Kean, P., & Eccles, J. (2006). Math and science motivation: A longitudinal examination of the links between choices and beliefs. *Developmental Psychology, 42*, 70–83.

Sims, M., Hutchins, T., & Taylor, M. (1997). Conflict as social interaction: Building relationship skills in child care settings. *Child & Youth Care Forum, 26*, 247–260.

Singh, A., Mulder, J., Twisk, W., van Mechelen, M., & Chinapaw, M. (2008). Tracking of childhood overweight into adulthood: A systematic review of the literature. *Obesity Reviews, 9*, in press.

Singh, S., & Darroch, J. (2000). Adolescent pregnancy and childbearing: Levels and trends in industrialized countries. *Family Planning Perspectives, 32*, 14–23.

Singh, S., Wulf, D., Samara, R., & Cuca, Y. (2000). Gender differences in the timing of first intercourse: Data from 14 countries. *International Family Planning Perspectives, 26*, 21–28, 43.

Skaalvik, E., & Valas, H. (1999). Relations among achievement, self-concept and motivation in mathematics and language arts: A longitudinal study. *Journal of Experimental Education, 67*, 135–149.

Skinner, B.F. (1953). *Science and human behavior.* New York: Macmillan.

Skinner, B.F. (1957). *Verbal behavior.* New York: Prentice Hall.

Skinner, B.F. (1980). The experimental analysis of operant behavior: A history. In R.W. Riebes & K. Salzinger (Eds.), *Psychology: Theoretical-historical perspectives.* New York: Academic Press.

Skoe, E., Hansen, K., Morch, W., Bakke, I., Hoffman, T., Larsen, B., & Aasheim, M. (1999). Care-based moral reasoning in Norwegian and Canadian early adolescents: A cross-national comparison. *Journal of Early Adolescence, 19*, 280–291.

Skwarchuk, S., & Anglin, J. (2002). Children's acquisition of the English cardinal number words: A special case of vocabulary development. *Journal of Educational Psychology, 97*, 107–125.

Slaby, R.G., & Frey, K.S. (1975). Development of gender constancy and selective attention to same-sex models. *Child Development, 46*, 849–856.

Slater, A. (1995). Individual differences in infancy and later IQ. *Journal of Child Psychology & Psychiatry, 36*, 69–112.

Slobin, D.I. (1985a). Introduction: Why study acquisition crosslinguistically? In D.I. Slobin (Ed.), *The crosslinguistic study of language acquisition, Vol. 1: The data* (pp. 3–24). Hillsdale, NJ: Erlbaum.

Slobin, D.I. (1985b). Crosslinguistic evidence for the language-making capacity. In D.I. Slobin (Ed.), *The crosslinguistic study of language acquisition, Vol. 2: Theoretical issues* (pp. 1157–1256). Hillsdale, NJ: Erlbaum.

Smetana, J.G., Killen, M., & Turiel, E. (1991). Children's reasoning about interpersonal and moral conflicts. *Child Development, 62*, 629–644.

Smetana, J. G., Schlagman, N., & Adams, P. (1993). Preschool children's judgments about hypothetical and actual transgressions. *Child Development, 64*, 202–214.

Smith, C., & Farrington, D. (2004). Continuities in antisocial behavior and parenting across three generations. *Journal of Child Psychology and Psychiatry, 45*, 230–247.

Smith, D. (2007). *Introduction to special education* (6th ed.). Boston: Pearson Allyn & Bacon.

Smith, D., & Mosby, G. (2003). Jamaican child-rearing practices: The role of corporal punishment. *Adolescence, 38*, 369–381.

Smith, J., & Joyce, C. (2004). Mozart versus new age music: Relaxation states, stress, and ABC relaxation theory. *Journal of Music Therapy, 41*, 215–224.

Smith, L., Fagan, J., & Ulvund, S. (2002). The relation of recognition memory in infancy and parental socioeconomic status to later intellectual competence. *Intelligence, 30*, 247–259.

Smith, P., Smees, R., & Pellegrini, A. (2004). Play fighting and real fighting: Using video playback methodology with young children. *Aggressive Behavior, 30*, 164–173.

Smock, P.J. (1993). The economic costs of marital disruption for young women over the past two decades. *Demography, 30*, 353–371.

Smokowski, P., Mann, E., Reynolds, A., & Fraser, M. (2004). Childhood risk and protective factors and late adolescent adjustment in inner city minority youth. *Children and Youth Services Review, 26*, 63–91.

Smoll, F.L., & Schutz, R.W. (1990). Quantifying gender differences in physical performance: A developmental perspective. *Developmental Psychology, 26*, 360–369.

Snarey, J.R. (1985). Cross-cultural universality of social-moral development: A critical review of Kohlbergian research. *Psychological Bulletin, 97*, 202–232.

Snarey, J. R. (1995). In communitarian voice: The sociological expansion of Kohlbergian theory, research, and practice. In W.M. Kurtines & J.L. Gerwitz (Eds.), *Moral development: An introduction* (pp. 109–134). Boston: Allyn & Bacon.

Snarey, J. R., Reimer, J., & Kohlberg, L. (1985). Development of social-moral reasoning among kibbutz adolescents: A longitudinal cross-sectional study. *Developmental Psychology, 21*, 3–17.

Snow, C.E. (1997, April). Cross-domain connections and social class differences: Two challenges to nonenvironmentalist views of language development. Paper presented at the biennial meetings of the Society for Research in Child Development, Washington, DC.

Society for Assisted Reproductive Technology (SART). (2004). Guidelines on number of embryos transferred: Committee report. Retrieved August 18, 2004, from http://www.sart.org.

Society for Assisted Reproductive Technology (SART). (2008a). All SART member clinics: Clinic summary report. Retrieved March 5, 2008 from https://www.sartcorsonline.com/rptCSR_PublicMultYear.aspx?ClinicPKID=0.

Society for Assisted Reproductive Technology (SART). (2008b). Success rates. Retrieved March 5, 2008 from http://www.sart.org/Guide_SuccessRates.html.

Sodian, B., Taylor, C., Harris, P., & Perner, J. (1991). Early deception and the child's theory of mind: False trails and genuine markers. *Child Development, 62*, 468–483.

Sodoro, J., Allinder, R., & Rankin-Erickson, J. (2002). Assessment of phonological awareness: Review of methods and tools. *Educational Psychology Review, 14*, 223–260.

Soken, N., & Pick, A. (1999). Infants' perception of dynamic affective expressions: Do infants distinguish specific expressions? *Child Development, 70*, 1275–1282.

Sola, A., Rogido, M., & Partridge, J. (2002). The perinatal period. In A. Rudolph, R. Kamei, & K. Overby (Eds.) *Rudolph's fundamentals of pediatrics* (3rd ed., pp. 125–183). New York: McGraw-Hill.

Soori, H., & Bhopal, R. (2002). Parental permission for children's independent outdoor activities: Implications for injury prevention. *European Journal of Public Health, 12*, 104–109.

Sophian, C. (1995). Representation and reasoning in early numerical development: Counting, conservation, and comparisons between sets. *Child Development, 66*, 557–559.

Sotelo, M., & Sangrador, J. (1999). Correlations of self ratings of attitude towards violent groups with measures of personality, self-esteem, and moral reasoning. *Psychological Reports, 84*, 558–560.

Sowell, E., Peterson, B., Thompson, P., Welcome, S., Henkenius, A., & Toga, A. (2003). Mapping cortical change across the human life span. *Nature Neuroscience, 6*, 309–315.

Spelke, E.S. (1979). Exploring audible and visible events in infancy. In A.D. Pick (Ed.), *Perception and its development: A tribute to Eleanor J. Gibson* (pp. 221–236). Hillsdale, NJ: Erlbaum.

Spelke, E.S. (1982). Perceptual knowledge of objects in infancy. In J. Mehler, E.C.T. Walker, & M. Garrett (Eds.), *Perspectives on mental representation* (pp. 409–430). Hillsdale, NJ: Erlbaum.

Spelke, E.S. (1991). Physical knowledge in infancy: Reflections on Piaget's theory. In S. Carey & R. Gelman (Eds.), *The epigenesis of mind: Essays on biology and cognition* (pp. 133–169). Hillsdale, NJ: Erlbaum.

Spelke, E.S., von Hofsten, C., & Kestenbaum, R. (1989). Object perception in infancy: Interaction of spatial and kinetic information for object boundaries. *Developmental Psychology, 25*, 185–196.

Spence, J.T., & Helmreich, R.L. (1978). *Masculinity and femininity.* Austin. University of Texas Press.

Spiers, P.S., & Guntheroth, W.G. (1994). Recommendations to avoid the prone sleeping position and recent statistics for Sudden Infant Death Syndrome in the United States. *Archives of Pediatric & Adolescent Medicine, 148*, 141–146.

Spiker, D. (1990). Early intervention from a developmental perspective. In D. Cicchetti & M. Beeghly (Eds.), *Children with Down syndrome: A developmental perspective* (pp. 424–448). New York: Cambridge University Press.

Spreen, O., Risser, A., & Edgell, D. (1995). *Developmental neuropsychology.* New York: Oxford University Press.

Sroufe, L. A. (1983). Infant-caregiver attachment and patterns of adaptation in preschool: The roots of maladaptation and competence. In M. Perlmutter (Ed.), *The Minnesota symposia on child psychology, Vol. 16* (pp. 41–84). Hillsdale, NJ: Erlbaum.

Sroufe, L.A., Carlson, E., & Schulman, S. (1993). Individuals in relationships: Development from infancy through adolescence. In D.C. Funder, R.D. Parke, C. Tomlinson-Keasey, & K. Widaman (Eds.), *Studying lives through time: Personality and development* (pp. 315–342). Washington, DC: American Psychological Association.

Sroufe, L. A., Egeland, B., Carlson, E., & Collins, W. (2005). *The development of the person: The Minnesota study of risk and adaptation from birth to adulthood.* New York: Guilford Publications.

Sroufe, L. A., Egeland, B., & Kreutzer, T. (1990). The fate of early experience following developmental change: Longitudinal approaches to individual adaptation in childhood. *Child Development, 61*, 1363–1373.

Sroufe, L.A., & Rutter, M. (1984). The domain of developmental psychopathology. *Child Development, 55*, 17–29.

Staff, J., & Kreager, D. (2007). Too cool for school? Peer status and high school dropout. Paper presented at the annual meeting of the American Sociological Association, New York, August.

Stainback, S., & Stainback, W. (1985). The merger of special and regular education: Can it be done? A response to Lieberman and Mesinger. *Exceptional Children, 51*, 517–521.

Standley, J. (2002). A meta-analysis of the efficacy of music therapy for premature infants. *Journal of Pediatric Nursing, 17*, 107–113.

Stattin, H., & Klackenberg-Larsson, I. (1993). Early language and intelligence development and their relationship to future criminal behavior. *Journal of Abnormal Psychology, 102*, 369–378.

Steele, C., & Aronson, J. (1995). Stereotype threat and the intellectual test performance of African Americans. *Journal of Personality & Social Psychology, 69*, 797–811.

Steele, J., & Mayes, S. (1995). Handedness and directional asymmetry in the long bones of the human upper limb. *International Journal of Osteoarchaeology, 5*, 39–49.

Steele, K.M., Bass, K.E., & Crook, M.D. (1999). The mystery of the Mozart effect: Failure to replicate. *Psychological Science, 10*, 366–369.

Steele, M., Hodges, J., Kaniuk, J., Hillman, S., & Henderson, K. (2003). Attachment representations and adoption: Associations between maternal states of mind and emotion narratives in previously maltreated children. *Journal of Child Psychotherapy, 29*, 187–205.

Stein, K., Roeser, R., & Markus, H. (1998). Self-schemas and possible selves as predictors and outcomes of risky behaviors in adolescents. *Nursing Research, 47*, 96–106.

Steinberg, L. (1986). Latchkey children and susceptibility to peer pressure: An ecological analysis. *Developmental Psychology, 22*, 433–439.

Steinberg, L. (1996). *Beyond the classroom: Why school reform has failed and what parents need to do.* New York: Simon & Schuster.

Steinberg, L., Blatt-Eisengart, I., & Cauffman, E. (2006). Patterns of competence and adjustment among adolescents from authoritative, authoritarian, indulgent, and neglectful homes: A replication in a sample of serious juvenile offenders. *Journal of Research on Adolescence, 16*, 47–58.

Steinberg, L., Elmen, J.D., & Mounts, N.S. (1989). Authoritative parenting, psychosocial maturity, and academic success among adolescents. *Child Development, 60*, 1424–1436.

Steinberg, L., Fletcher, A., & Darling, N. (1994). Parental monitoring and peer influences on adolescent substance use. *Pediatrics, 93*, 1060–1064.

Steinberg, L., Lamborn, S.D., Dornbusch, S.M., & Darling, N. (1992). Impact of parenting practices on adolescent achievement: Authoritative parenting, school involvement, and encouragement to succeed. *Child Development, 63*, 1266–1281.

Steinberg, L., Mounts, N.S., Lamborn, S.D., & Dornbusch, S.D. (1991). Authoritative parenting and adolescent adjustment across varied ecological niches. *Journal of Research on Adolescence, 1*, 19–36.

Steiner, J.E. (1979). Human facial expressions in response to taste and smell stimulation. In H.W. Reese & L.P. Lipsitt (Eds.), *Advances in child development and behavior, Vol. 13* (pp. 257–296). New York: Academic Press.

Sternberg, R. J. (1988). *The triarchic mind: A new theory of intelligence.* New York: Viking Press.

Sternberg, R. J. (2002). A broad view of intelligence: The theory of successful intelligence. *Consulting Psychology Journal: Practice and Research, 55*, 139–154.

Sternberg, R.J., & Davidson, J.E. (1985). Cognitive development in the gifted and talented. In F. Horowitz & M. O'Brien (Eds.), *The gifted and talented: Developmental perspectives* (pp. 37–74). Washington, DC: American Psychological Association.

Sternberg, R. J., & Grigorenko, E. (2006). Cultural intelligence and successful intelligence. *Group & Organization Management, 31*, 37–39.

Sternberg, R. J., Wagner, R., Williams, W., & Horvath, J. (1995). Testing common sense. *American Psychologist, 50*, 912–927.

Stevenson, H. (1994). Moving away from stereotypes and preconceptions: Students and their education in East Asia and the United States. In P.M. Greenfield & R.R. Cocking (Eds.), *Cross-cultural roots of minority child development* (pp. 315–322). Hillsdale, NJ: Erlbaum.

Stevenson, H.W., & Lee, S. (1990). Contexts of achievement: A study of American, Chinese, and Japanese children. *Monographs of the Society for Research in Child Development, 55* (1–2, Serial No. 221).

Stevenson, M., Rimajova, M., Edgecombe, D., & Vickery, K. (2003). Childhood drowning: Barriers surrounding private swimming pools. *Pediatrics, 111*, e119.

Stigler, J.W., Lee, S., & Stevenson, H.W. (1987). Mathematics classrooms in Japan, Taiwan, and the United States. *Child Development, 58*, 1272–1285.

Stigler, J.W., & Stevenson, H.W. (1991). How Asian teachers polish each lesson to perfection. *American Educator* (Spring), 12–20, 43–47.

Stipek, D., Gralinski, J., & Kopp, C. (1990). Self-concept development in the toddler years. *Developmental Psychology, 26*, 972–977.

St. James-Roberts, I., Bowyer, J., Varghese, S., & Sawdon, J. (1994). Infant crying patterns in Manila and London. *Child: Care, Health & Development, 20,* 323–337.

Stormshak, E., Bierman, K., McMahon, R., Lengua, L., et al. (2000). Parenting practices and child disruptive behavior problems in early elementary school. *Journal of Clinical Child Psychology, 29,* 17–29.

Strauss, S., & Altwerger, B. (2007). The logographic nature of English alphabetics and the fallacy of direct intensive phonics instruction. *Journal of Early Childhood Literacy, 7,* 299–319.

Strayer, F.F. (1980). Social ecology of the preschool peer group. In A. Collins (Ed.), *Minnesota symposia on child psychology, Vol. 13* (pp. 165–196). Hillsdale, NJ: Erlbaum.

Strayer, J., & Roberts, W. (2004). Empathy and observed anger and aggression in five-year-olds. *Social Development, 13,* 1–13.

Streissguth, A.P., Aase, J.M., Clarren, S.K., Randels, S.P., LaDue, R.A., & Smith, D.F. (1991). Fetal alcohol syndrome in adolescents and adults. *Journal of the American Medical Association, 265,* 1961–1967.

Striano, T., & Rochat, P. (1999). Developmental link between dyadic and triadic social competence in infancy. *British Journal of Developmental Psychology, 17,* 551–562.

Stroganova, T., Posikera, I., Pushina, N., &Orekhova, E. (2003). Lateralization of motor functions in early human ontogeny. *Human Physiology, 29,* 48–58.

Stunkard, A.J., Harris, J.R., Pedersen, N.L., & McClearn, G.E. (1990). The body-mass index of twins who have been reared apart. *New England Journal of Medicine, 322,* 1483–1487.

Sturm, J., & Seery, C. (2007). Speech and articulatory rate of school-aged children in conversation and narrative contexts. *Language, Speech, and Hearing Services in Schools, 38,* 47–59.

Styne, D., & Glaser, N. (2002). Endocrinology. In R. Behrman & R. Klingman (Eds.), *Nelson essentials of pediatrics* (4th ed., pp. 711–766). Philadelphia: W.B. Saunders.

Suizzo, M., & Stapleton, L. (2007). Home-based parental involvement in young children's education: Examining the effects of maternal education across U.S. ethnic groups. *Educational Psychology, 27,* 1–24.

Sulkes, S. (1998). Developmental and behavioral pediatrics. In R. Behrman & R. Kliegman (Eds.), *Nelson essentials of pediatrics* (3rd ed., pp. 1–55). Philadelphia: W.B. Saunders.

Sullivan, K., Zaitchik, D., & Tager-Flusberg, H. (1994). Preschoolers can attribute second-order beliefs. *Developmental Psychology, 30,* 395–402.

Super, D.E. (1971). A theory of vocational development. In H.J. Peters & J.C. Hansen (Eds.), *Vocational guidance and career development* (pp. 111–122). New York: Macmillan.

Super, D.E. (1986). Life career roles: Self-realization in work and leisure. In D. T. H. & Associates (Eds.), *Career development in organizations* (pp. 95–119). San Francisco: Jossey-Bass.

Susman, E.J., Inoff-Germain, G., Nottelmann, E.D., Loriaux, D.L., Cutler, G.B., Jr., & Chrousos, G.P. (1987). Hormones, emotional dispositions, and aggressive attributes in young adolescents. *Child Development, 58,* 1114–1134.

Susser, E., & Lin, S. (1992). Schizophrenia after prenatal exposure to the Dutch hunger winter of 1944–45. *Archives of General Psychiatry, 49,* 983–988.

Suzuki, L., & Aronson, J. (2005). The cultural malleability of intelligence and its impact on the racial/ethnic hierarchy. *Psychology, Public Policy, & Law, 11,* 320–327.

Sveum, K. (2008). Delayed sleep phase syndrome and the menstrual cycle. Paper presented at the annual meeting of the Associated Sleep Professionals Society, Baltimore, MD, June.

Svrakic, N., Svrakic, D., & Cloninger, C. (1996). A general quantitative theory of personality development: Fundamentals of a self-organizing psychobiological complex. *Development & Psychopathology, 8,* 247–272.

Swaim, K., & Bracken, B. (1997). Global and domain-specific self-concepts of a matched sample of adolescent runaways and nonrunaways. *Journal of Clinical Child Psychology, 26,* 397–403.

Swanson, L., & Kim, K. (2007). Working memory, short-term memory, and naming speed as predictors of children's mathematical performance. *Intelligence, 35,* 151–168.

Sweeting, H., & West, P. (2002). Gender differences in weight related concerns in early to late adolescence. *Journal of Family Issues, 23,* 728–747.

Syska, E., Schmidt, R., & Schubert, J. (2004). The time of palatal fusion in mice: A factor of strain susceptibility to teratogens. *Journal of Cranio-mascillofacial Surgery, 32,* 2–4.

Szeinberg, A., Borodkin, K., & Dagan, Y. (2006). Melatonin treatment in adolescents with delayed sleep phase syndrome. *Clinical Pediatrics, 45,* 809–818.

Taga, K., Markey, C., & Friedman, H. (2006). A longitudinal investigation of associations between boys' pubertal timing and adult behavioral health and well-being. *Journal of Youth and Adolescence, 35,* 401–411.

Tagliamonte, S., & Denis, D. (2008). Linguistic ruin? LOL! Instant messaging and teen language. *American Speech, 83,* 3–34.

Talmor, R., Reiter, S., & Feigin, N. (2005). Factors relating to regular education teacher burnout in inclusive education. *European Journal of Special Needs Education, 20,* 215–229.

Tanner, J.M. (1990). *Fetus into man: Physical growth from conception to maturity.* Cambridge, MA: Harvard University Press.

Tan-Niam, C., Wood, D., & O'Malley, C. (1998). A cross-cultural perspective on children's theories of mind and social interaction. *Early Child Development & Care, 144,* 55–67.

Tardif, T., So, C., & Kaciroti, N. (2007). Language and false belief: Evidence for general, not specific, effects in Cantonese-speaking preschoolers. *Developmental Psychology, 43,* 318–340.

Tardif, T., & Wellman, H. (2000). Acquisition of mental state language in Mandarin- and Cantonese-speaking children. *Developmental Psychology, 36,* 25–43.

Tasbihsazan, R., Nettelbeck, T., & Kirby, N. (2003). Predictive validity of the Fagan Test of Infant Intelligence. *British Journal of Developmental Psychology, 21,* 585–597.

Task Force on Sudden Infant Death Syndrome. (2005). The changing concept of Sudden Infant Death Syndrome: Diagnostic coding shifts, controversies regarding the sleeping environment, and new variables to consider in reducing risk. *Pediatrics, 116,* 1245–1255.

Taveras, E., Li, R., Grummer-Strawn, L., Richardson, M., Marshall, R., Rêgo, V., Miroshnik, I., & Lieu, T. (2004). Opinions and practices of clinicians associated with continuation of exclusive breastfeeding, *Pediatrics, 113,* e283-e290.

Temko, N. (2005). Anti-bullying protests force policy u-turn. Retrieved June 20, 2007 from www.guardian.co.uk/child/story/0,7369,1557999,00.html

Terlecki, M., & Newcombe, N. (2005). How important is the digital divide? The relation of computer and video game usage to gender differences in mental rotation ability. *Sex Roles, 53,* 433–441.

Terman, L. (1916). *The measurement of intelligence.* Boston: Houghton Mifflin.

Terman, L. (1925). *Genetic studies of genius: Vol. 1. Mental and physical traits of a thousand gifted children.* Stanford, CA: Stanford University Press.

Terman, L., & Merrill, M.A. (1937). *Measuring intelligence: A guide to the administration of the new revised Stanford-Binet tests.* Boston: Houghton Mifflin.

Terman, L., & Oden, M. (1959). *Genetic studies of genius: Vol. 5. The gifted group at mid-life.* Stanford, CA: Stanford University Press.

Terrisse, B. (2000). The resilient child: Theoretical perspectives and a review of the literature. Paper presented to the Council of Ministers of Education, Canada, Ottawa, Ontario, April.

Tershakovec, A. & Stallings, V. (1999). Pediatric nutrition and nutritional disorders. In R. Behrman & R. Kliegman (Eds.), *Nelson essentials of pediatrics* (3rd ed.). Philadelphia: W.B. Saunders.

Teti, D., &Candelaria, M. (2002). Parenting competence. In M. Bornstein (Ed.), *Handbook of parenting* (Vol. 4, pp. 149–180). Mahwah, NJ: Erlbaum.

Teti, D.M., Gelfand, D.M., Messinger, D.S., & Isabella, R. (1995). Maternal depression and the quality of early attachment: An examination of infants, preschoolers, and their mothers. *Developmental Psychology, 31,* 364–376.

Thal, D., & Bates, E. (1990). Continuity and variation in early language development. In J. Colombo & J. Fagen (Eds.), *Individual differences in infancy: Reliability, stability, prediction* (pp. 359–385). Hillsdale, NJ: Erlbaum.

Thal, D., Tobias, S., & Morrison, D. (1991). Language and gesture in late talkers: A 1-year follow-up. *Journal of Speech & Hearing Research, 34,* 604–612.

Thapar, A., Fowler, T., Rice, F., Scourfield, J., van den Bree, M., Thomas, H., Harold, G., & Hay, D. (2003). Maternal smoking during pregnancy and attention deficit hyperactivity disorder symptoms in offspring. *American Journal of Psychiatry, 160,* 1985–1989.

Tharp, R.G., & Gallimore, R. (1988). *Rousing minds to life.* New York: Cambridge University Press.

Tharpe, A. (2006). The impact of minimal and mild hearingloss on children. Retrieved March 19, 2008 from http://www.medicalhomeinfo.org/screening/EHDI/June_26_2006_FINAL_MildHearingLoss.pdf.

Tharpe, A. (2007). Assessment and management of minimal, mild, and unilateral hearing loss in children. Retrieved June 10, 2008 from http://www.audiologyonline.com/articles/article_detail.asp?article_id=1889.

Thelen, E. (1995). Motor development: A new synthesis. *American Psychologist, 50,* 79–95.

Thelen, E., & Adolph, K.E. (1992). Arnold L. Gesell: The paradox of nature and nurture. *Developmental Psychology, 28,* 368–380.

Theriault, J. (1998). Assessing intimacy with the best friend and the sexual partner during adolescence: The PAIR-M inventory. *Journal of Psychology, 132,* 493–506.

Thierer, A. (2003). Regulating video games: Parents or Uncle Sam? Retrieved June 28, 2007 from www.cato.org/pub_display.php?pub_id=3167.

Thomas, A., & Chess, S. (1977). *Temperament and development.* New York: Brunner/Mazel.

Thomas, D., Townsend, T., & Belgrave, F. (2003). The influence of cultural and racial identification on the psychosocial adjustment of inner-city African American children in school. *American Journal of Community Psychology, 32,* 217–228.

Thomas, J., Yan, J., & Stelmach, G. (2000). Movement substructures change as a function of practice in children and adults. *Journal of Experimental Child Psychology, 75,* 228–244.

Thomas, M. (2000). *Comparing theories of development* (5th ed.). Pacific Grove, CA: Brooks/Cole.

Thomas, R.M. (Ed.). (1990). *The encyclopedia of human development and education: Theory, research, and studies.* Oxford, England: Pergamon Press.

Thompson, G., & Joshua-Shearer, M. (2002). In retrospect: What college undergraduates say about their high school education. *High School Journal, 85,* 1–15.

Thompson, L., Fagan, J., & Fulker, D. (1991). Longitudinal prediction of specific cognitive abilities from infant novelty preference. *Child Development, 62,* 530–538.

Thompson, R., & Goodvin, R. (2005). The individual child: Temperament, emotion, self, and personality. In M. Bornstein & M. Lamb (Eds.), *Developmental science: An advanced textbook* (5th ed.). Hillsdale, NJ: Erlbaum.

Thorn, A., & Gathercole, S. (1999). Language-specific knowledge and short-term memory in bilingual and non-bilingual children. *Quarterly Journal of Experimental Psychology: Human Experimental Psychology, 52A,* 303–324.

Thorne, B. (1986). Girls and boys together...but mostly apart: Gender arrangements in elementary schools. In W.W. Hartup & Z. Rubin (Eds.), *Relationships and development* (pp. 167–184). Hillsdale, NJ: Erlbaum.

Tiedemann, J. (2000). Parents' gender stereotypes and teachers' beliefs as predictors of children's concept of their mathematical ability in elementary school. *Journal of Educational Psychology, 92,* 144–151.

Timimi, S., & Leo, J. (2009). *Rethinking ADHD.* London: Palgrave Macmillan.

Todd, R.D., Swarzenski, B., Rossi, P.G., & Visconti, P. (1995). Structural and functional development of the human brain. In D. Cicchetti & D.J. Cohen (Eds.), *Developmental psychopathology: Vol. 1. Theory and methods* (pp. 161–194). New York: Wiley.

Tokar, D., Fischer, A., & Subich, L. (1998). Personality and vocational behavior: A selective review of the literature, 1993–1997. *Journal of Vocational Behavior, 53,* 115–153.

Tomasello, M. (1999). *The cultural origins of human cognition.* Cambridge, MA: Harvard University Press.

Tomasi, P., Siracusano, S., Monni, A., Mela, G., & Delitala, G. (2001). Decreased nocturnal urinary antidiuretic hormone excretion in enuresis is increased with imipramine. *British Journal of Urology International, 88,* 932–937.

Tomblin, J., Smith, E., & Zhang, X. (1997). Epidemiology of specific language impairment: Prenatal and perinatal risk factors. *Journal of Communication Disorders, 30,* 325–344.

Tomlinson-Keasey, C., Eisert, D.C., Kahle, L.R., Hardy-Brown, K., & Keasey, B. (1979). The structure of concrete operational thought. *Child Development, 50,* 1153–1163.

Toomela, A. (1999). Drawing development: Stages in the representation of a cube and a cylinder. *Child Development, 70,* 1141–1150.

Torgesen, J., Wagner, R., Rashotte, C., Rose, E., et al. (1999). Preventing reading failure in young children with phonological processing disabilities: Group and individual responses to instruction. *Journal of Educational Psychology, 91,* 594–603.

Torrance, P. (1998). *Torrance Tests of Creative Thinking.* Bensenville, IL: Scholastic Testing Service.

Tortora, G., & Grabowski, S. (1993). *Principles of anatomy and physiology.* New York: HarperCollins.

Trautner, H., Gervai, J., & Nemeth, R. (2003). Appearance-reality distinction and development of gender constancy understanding in children. *International Journal of Behavioral Development, 27,* 275–283.

Traverso, A., Ravera, G., Lagattolla, V., Testa, S., & Adami, G. (2000). Weight loss after dieting with behavioral modification for obesity:

The predicting efficiency of some psychometric data. *Eating and Weight Disorders: Studies on Anorexia, Bulimia, and Obesity, 5,* 102–107.

Trehub, S.E., & Rabinovitch, M.S. (1972). Auditory-linguistic sensitivity in early infancy. *Developmental Psychology, 6,* 74–77.

Tremblay, R.E., Masse, L.C., Vitaro, F., & Dobkin, P.L. (1995). The impact of friends' deviant behavior on early onset of delinquency: Longitudinal data from 6 to 13 years of age. *Development and Psychopathology, 7,* 649–667.

Tronick, E.Z., Morelli, G.A., & Ivey, P.K. (1992). The Efe forager infant and toddler's pattern of social relationships: Multiple and simultaneous. *Developmental Psychology, 28,* 568–577.

Turic, D., Robinson, L., Duke, M., Morris, D.W., Webb, V., Hamshere, M., Milham, C., Hopkin, E., Pound, K., Fernando, S., Grierson, A., Easton, M., Williams, N., Van Den Bree, M., Chowdhury, R., Gruen, J., Krawczak, M., Owen, M.J., O'Donovan, M.C., & Williams, J. (2004). Linkage disequilibrium mapping provides further evidence of a gene for reading disability on chromosome 6p21.3–22. *Molecular Psychiatry, 8,* 176–185.

Turkheimer, E., & Gottesman, I. (1991). Individual differences and the canalization of human behavior. *Developmental Psychology, 27,* 18–22.

Turnage, B. (2004). African American mother-daughter relationships mediating daughter's self-esteem. *Child & Adolescent Social Work Journal, 21,* 155–173.

Tynan, D. (2008). Oppositional defiant disorder. Retrieved March 30, 2008 from http://www.emedicine.com/ped/TOPIC2791.HTM.

Udry, J.R., & Campbell, B.C. (1994). Getting started on sexual behavior. In A.S. Rossi (Ed.), *Sexuality across the life course* (pp. 187–208). Chicago: University of Chicago Press.

Uecker, A., & Nadel, L. (1996). Spatial locations gone awry: Object and spatial memory deficits in children with fetal alcohol syndrome. *Neuropsychologia, 34,* 209–223.

Umetsu, D. (1998). Immunology and allergy. In R. Behrman & R. Kleigman (Eds.), *Nelson essentials of pediatrics* (3rd ed.). Philadelphia: W.B. Saunders.

Underwood, M. K. (1997). Peer social status and children's understanding of the expression and control of positive and negative emotions. *Merrill-Palmer Quarterly, 43,* 610–634.

Underwood, M.K., Coie, J.D., & Herbsman, C.R. (1992). Display rules for anger and aggression in school-age children. *Child Development, 63,* 366–380.

Ungerer, J.A., & Sigman, M. (1984). The relation of play and sensorimotor behavior to language in the second year. *Child Development, 55,* 1448–1455.

UNICEF. (2008). The state of the world's children: 2008. Retrieved June 11, 2008 from http://www.unicef.org/sowc08/.

United States Consumer Product Safety Commission. (2005). *2004 Product summary report.* Washington, DC: Author.

Uno, D., Florsheim, P., & Uchino, B. (1998). Psychosocial mechanisms underlying quality of parenting among Mexican-American and White adolescent mothers. *Journal of Youth & Adolescence, 27,* 585–605.

Updegraff, K., & Obeidallah, D. (1999). Young adolescents' patterns of involvement with siblings and friends. *Social Development, 8,* 52–69.

Urban, J., Carlson, E., Egeland, B., & Sroufe, L.A. (1991). Patterns of individual adaptation across childhood. *Development and Psychopathology, 3,* 445–460.

Urberg, K. A., Degirmencioglu, S. M., & Pilgrim, C. (1997). Close friend and group influence on adolescent cigarette smoking and alcohol use. *Developmental Psychology, 33,* 834–844.

Urberg, K. A., Degirmencioglu, S. M., & Tolson, J. M. (1998). Adolescent friendship selection and termination: The role of similarity. *Journal of Social & Personal Relationships, 15,* 703–710.

Urberg, K.A., Degirmencioglu, S.M., Tolson, J.M., & Halliday-Scher, K. (1995). The structure of adolescent peer networks. *Developmental Psychology, 31,* 540–547.

U.S. Bureau of Labor Statistics. (2007). Current population survey. Retrieved June 27, 2008 from http://www.bls.gov/cps/home.htm.

U.S. Census Bureau. (1998). *Statistical abstract of the United States: 1998.* Washington, DC: U.S. Government Printing Office.

U.S. Census Bureau. (2003a). Married-couple and unmarried-partner households: 2000. Retrieved August 18, 2004 from http://www.census.gov.

U.S. Census Bureau. (2003b). *Statistical abstract of the United States: 2003.* Washington, DC: U.S. Government Printing Office.

U.S. Department of Education. (2002). *24th annual report to Congress on the implementation of the Individuals with Disabilities Education Act.* Washington, DC: Author.

U.S. Department of Education. (2004). No Child Left Behind: Introduction. Retrieved September 21, 2004 from http://www.ed.gov/print/nclb/overview/intro/index.html.

U.S. Department of Health and Human Services. (1999). *Mental health: A report of the Surgeon General.* Retrieved April 11, 2008 from http://www.surgeongeneral.gov/library/mentalhealth/home.html.

U.S. Department of Health and Human Services. (2008). Annual update of the HHS poverty guidelines. Retrieved March 12, 2008 from http://aspe.hhs.gov/poverty/08fedreg.htm.

U.S. Department of the Treasury. (2008). Income mobility in the U.S. from 1996 to 2005. Retrieved March 13, 2008 from http://www.treas.gov/offices/tax-policy/library/incomemobilitystudy03-08revise.pdf.

U.S. Food and Drug Administration (FDA). (2004, October 15). Suicidality in children and adolescents being treated with antidepressant medication. Retrieved May 12, 2005 from http://www.fda.gov/cder/drug/antidepressants/SSRIPHA200410.htm.

Usher, E., & Pajares, F. (2006). Sources of academic and self-regulatory efficacy beliefs of entering middle school students. *Contemporary Educational Psychology, 31,* 125–141.

Uylings, H. (2006). Development of the human cortex and the concept of "critical" or "sensitive" periods. *Language Learning, 56,* 59–90.

Vaeisaenen, L. (1998). Family grief and recovery process when a baby dies. *Psychiatria Fennica, 29,* 163–174.

Valanides, N., & Markoulis, D. (2000). The acquisition of formal operational schemata during adolescence: A cross-national comparison. *International Journal of Group Tensions, 29,* 135–162.

Valdez-Menchaca, M.C., & Whitehurst, G.J. (1992). Accelerating language development through picture book reading: A systematic extension to Mexican day care. *Developmental Psychology, 28,* 1106–1114.

Valenza, E., Leo, I., Gava, L., & Simion, F. (2006). Perceptual completion in newborn human infants. *Child Development, 77,* 1810–1821.

Valleroy, L., MacKellar, D., Karon, J., Rosen, D., McFarland, W., Shehan, D., Stoyanoff, S., LaLota, M., Celentano, D., Koblin, B., Thieded, H., Katz, M., Torian, L., & Janssen, R. (2000). HIV prevalence and associated risks in young men who have sex with men. *Journal of the American Medical Association, 284,* 198–204.

van Beijsterveldt, C., Bartels, M., Hudziak, J., & Boomsma, D. (2003). Causes of stability of aggression from early childhood to adolescence: A longitudinal genetic analysis in Dutch twins. *Behavior Genetics, 33,* 591–605.

van Beijsterveldt, C., Hudziak, J., & Boomsma, D. (2005). Short- and long-term effects of child care on problem behaviors in a Dutch sample of twins. *Twin Research and Human Genetics, 8*, 250–258.

van den Boom, D.C. (1994). The influence of temperament and mothering on attachment and exploration: An experimental manipulation of sensitive responsiveness among lower-class mothers with irritable infants. *Child Development, 65*, 1457–1477.

van den Boom, D. C. (1995). Do first year intervention effects endure? Follow-up during toddlerhood of a sample of Dutch irritable infants. *Child Development, 66*, 1798–1816.

Van den Broek, P., Lynch, J., Naslund, J., Ievers-Landis, C., & Verduin, K. (2004). The development of comprehension of main ideas in narratives: Evidence from the selection of titles. *Journal of Educational Psychology, 96*, 707–718.

van der Meer, V., Rikkers-Mutsaerts, E., Sterk, P., Thiadens, H., Assendelft, W., & Sont, J. (2006). Compliance and reliability of electronic PEF monitoring in adolescents with asthma. *Thorax, 61*, 457–458.

van der Molen, M., & Molenaar, P. (1994). Cognitive psychophysiology: A window to cognitive development and brain maturation. In G. Dawson & K. Fischer (Eds.), *Human behavior and the developing brain* (pp. 456–492). New York: Guilford Press.

Vandewater, E., Shim, M., & Caplovitz, A. (2004). Linking obesity and activity level with children's television and video game use. *Journal of Adolescence, 27*, 71–85.

van IJzendoorn, M.H. (1995). Adult attachment representations, parental responsiveness, and infant attachment: A meta-analysis on the predictive validity of the Adult Attachment Interview. *Psychological Bulletin, 117*, 387–403.

van IJzendoorn, M. H. (2005). Attachment in social networks: Toward an evolutionary social network model. *Human Development, 48*, 85–88.

van IJzendoorn, M.H., & Kroonenberg, P.M. (1988). Cross-cultural patterns of attachment: A meta-analysis of the Strange Situation. *Child Development, 59*, 147–156.

Van Lange, P., DeBruin, E., Otten, W., & Joireman, J. (1997). Development of prosocial, individualistic, and competitive orientations: Theory and preliminary evidence. *Journal of Personality & Social Psychology, 73*, 733–746.

Van Mierlo, J., & Van den Bulck, J. (2004). Benchmarking the cultivation approach to video game effects: A comparison of the correlates of TV viewing and game play. *Journal of Adolescence, 27*, 97–111.

van Wel, F. (1994). "I count my parents among my best friends": Youths' bonds with parents and friends in the Netherlands. *Journal of Marriage & the Family, 56*, 835–843.

van Wormer, K., & McKinney, R. (2003). What schools can do to help gay/lesbian/bisexual youth: A harm reduction approach. *Adolescence, 38*, 409–420.

Vartanian, L. (2000). Revisiting the imaginary audience and personal fable constructs of adolescent egocentrism: A conceptual review. *Adolescence, 35*, 639–661.

Vartanian, L. (2001). Adolescents' reactions to hypothetical peer group conversations: Evidence for an imaginary audience? *Adolescence, 36*, 347–380.

Verkooijen, K., de Vries, N., & Nielsen, G. (2007). Youth crowds and substance use: The impact of perceived group norm and multiple group identification. *Psychology of Addictive Behaviors, 21*, 55–61.

Vermeer, H., & van IJzendoorn, M. (2006). Children's elevated cortisol levels at daycare. *Early Childhood Research Quarterly, 21*, 390–401.

Viadero, D. (2007). Teachers say NCLB has changed classroom practice. *Education Week, 26*, 6.

Vida, J. (2005). Treating the "wise baby." *American Journal of Psychoanalysis, 65*, 3–12.

Vikat, A., Rimpela, A., Kosunen, E., & Rimpela, M. (2002). Sociodemographic differences in the occurrence of teenage pregnancies in Finland in 1987–1998: A follow up study. *Journal of Epidemiology & Community Health, 56*, 659–670.

Viner, R. (2002). Is puberty getting earlier in girls? *Archives of Disease in Childhood, 86*, 8–10.

Visscher, W., Feder, M., Burns, A., Brady, T., & Bray, R. (2003). The impact of smoking and other substance use by urban women on the birthweight of their infants. *Substance Use & Misuse, 38*, 1063–1093.

Visser, S., & Lesesne, C. (2005). Mental health in the United States: Prevalence of diagnosis and medication treatment for attention-deficit/hyperactivity disorder: United States, 2003. *Morbidity and Mortality Weekly Report, 54*, 842–847.

Vitaro, F., Tremblay, R., Kerr, M., Pagani, L., & Bukowski, W. (1997). Disruptiveness, friends' characteristics, and delinquency in early adolescence: A test of two competing models of development. *Child Development, 68*, 676–689.

Vogin, J. (2005). Taking medication while pregnant. Retrieved June 7, 2007 from http://www.medicinenet.com/script/main/art.asp?articlekey=51639.

Vuchinich, S., Bank, L., & Patterson, G.R. (1992). Parenting, peers, and the stability of antisocial behavior in preadolescent boys. *Developmental Psychology, 28*, 510–521.

Vyrostek, S., Annest, J., & Ryan, G. (2004). Surveillance for fatal and nonfatal injuries: United States, 2001. *Morbidity & Mortality Weekly Report, 53*, 1–57.

Wachs, T. (1975). Relation of infants' performance on Piaget scales between twelve and twenty-four months and their Stanford-Binet performance at thirty-one months. *Child Development, 46*, 929–935.

Waddington, C. (1957). *The strategy of the genes*. London: Allen.

Waddington, C. (1974). A catastrophe theory of evolution. *Annals of the New York Academy of Science, 231*, 32–41.

Walden, T.A. (1991). Infant social referencing. In J. Garber & K.A. Dodge (Eds.), *The development of emotion regulation and dysregulation* (pp. 69–88). Cambridge, England: Cambridge University Press.

Walker, H., Messinger, D., Fogel, A., & Karns, J. (1992). Social and communicative development in infancy. In V.B.V. Hasselt & M. Hersen (Eds.), *Handbook of social development: A lifespan perspective* (pp. 157–181). New York: Plenum.

Walker, L. J. (1980). Cognitive and perspective-taking prerequisites for moral development. *Child Development, 51*, 131–139.

Walker, L.J. (1989). A longitudinal study of moral reasoning. *Child Development, 60*, 157–160.

Walker, L.J., de Vries, B., & Trevethan, S.D. (1987). Moral stages and moral orientations in real-life and hypothetical dilemmas. *Child Development, 58*, 842–858.

Walker, M., & Stickgold, R. (2006). Sleep, memory, and plasticity. *Annual Review of Psychology, 57*, 139–166.

Walker-Andrews, A.S. (1997). Infants' perception of expressive behaviors: Differentiation of multimodal information. *Psychological Bulletin, 121*, 437–456.

Walker-Andrews, A. S., & Kahana-Kalman, R. (1999). The understanding of pretence across the second year of life. *British Journal of Developmental Psychology, 17*, 523–536.

Walker-Andrews, A.S., & Lennon, E. (1991). Infants' discrimination of vocal expressions: Contributions of auditory and visual information. *Infant Behavior & Development, 14*, 131–142.

Wallerstein, J., & Lewis, J. (1998). The long-term impact of divorce on children: A first report from a 25-year study. *Family & Conciliation Courts Review, 36*, 368–383.

Walton, G.E., Bower, N.J.A., & Bower, T.G.R. (1992). Recognition of familiar faces by newborns. *Infant Behavior & Development, 15*, 265–269.

Walusinski, O., Kurjak, A., Andonotopo, W., & Azumendi, G. (2005). Fetal yawning: A behavior's birth with 4D US revealed. *The Ultrasound Review of Obstetrics & Gynecology, 5*, 210–217.

Wang, C., & Chou, P. (1999). Risk factors for adolescent primigravida in Kaohsium county, Taiwan. *American Journal of Preventive Medicine, 17*, 43–47.

Wang, C., & Phinney, J. (1998). Differences in child rearing attitudes between immigrant Chinese mothers and Anglo-American mothers. *Early Development & Parenting, 7*, 181–189.

Wang, D., Kato, N., Inaba, Y., Tango, T., et al. (2000). Physical and personality traits of preschool children in Fuzhou, China: Only child vs. sibling. *Child: Care, Health & Development, 26*, 49–60.

Wang, X., Dow-Edwards, D., Anderson, V., Minkoff, H., & Hurd, Y. (2004). In utero marijuana exposure associated with abnormal amygdala dopamine D-sub-2 gene expression in the human fetus. *Biological Psychiatry, 56*, 909–915.

Wang, Y. (2002). Is obesity associated with early sexual maturation? A comparison of the association in American boys versus girls. *Pediatrics, 110*, 903–910.

Wang, Y., Bleich, S., & Gortmaker, S. (2008). Increasing caloric contribution from sugar-sweetened beverages and 100% fruit juices among US children and adolescents. *Pediatrics, 121*, e1604–e1614.

Wang, Y., & Lobstein, T. (2006). Worldwide trends in childhood overweight and obesity. *International Journal of Pediatric Obesity, 1*, 11–25.

Wang, Y., & Ollendick, T. (2001). A cross-cultural and developmental analysis of self-esteem in Chinese and Western children. *Clinical Child & Family Psychology Review, 4*, 253–271.

Ward, S. L., & Overton, W. F. (1990). Semantic familiarity, relevance, and the development of deductive reasoning. *Developmental Psychology, 26*, 488–493.

Wardle, J., Carnell, S., Haworth, C., & Plomin, R. (2008). Evidence for a strong genetic influence on childhood adiposity despite the force of the obesogenic environment. *American Journal of Clinical Nutrition, 87*, 398–404.

Wardle, J., & Cooke, L. (2008). Genetic and environmental determinants of children's food preferences. *British Journal of Nutrition, 99* (S1), S15–S21.

Warfield-Coppock, N. (1997). The balance and connection of manhood and womanhood training. *Journal of Prevention & Intervention in the Community, 16*, 121–145.

Wark, G.R., & Krebs, D.L. (1996). Gender and dilemma differences in real-life moral judgment. *Developmental Psychology, 32*, 220–230.

Warren, S., Gunnar, M., Kagan, J., Anders, T., Simmens, S., Rones, M., Wease, S., Aron, E., Dahl, R., & Sroufe, A. (2003). Maternal panic disorder: Infant temperament, neurophysiology, and parenting behaviors. *Journal of the American Academy of Child & Adolescent Psychiatry, 42*, 814–825.

Wartner, U.B., Grossman, K., Fremmer-Bombik, E., & Suess, G. (1994). Attachment patterns at age six in south Germany: Predictability from infancy and implications for preschool behavior. *Child Development, 65*, 1014–1027.

Waseem, M. (2007). Otitis media. Retrieved March 18, 2008 from http://www.emedicine.com/ped/TOPIC1689.HTM.

Watamura, S., Donzella, B., Alwin, J., & Gunnar, M. (2003). Morning-to-afternoon increases in cortisol concentrations for infants and toddlers at child care: Age differences and behavioral correlates. *Child Development, 74*, 1006–1020.

Waters, E., Merrick, S., Treboux, D., Crowell, J., & Albersheim, L. (2003). Attachment security in infancy and early adulthood: A twenty-year longitudinal study. In M. Hertzig & E. Farber (Eds.), *Annual progress in child psychiatry and child development: 2000–2001* (pp. 63–72). New York: Brunner-Routledge.

Waters, E., Treboux, D., Crowell, J., Merrick, S., & Albersheim, L. (1995, March). From the Strange Situation to the Adult Attachment Interview: A 20-year longitudinal study of attachment security in infancy and early adulthood. Paper presented at the biennial meetings of the Society for Research in Child Development, Indianapolis.

Watson, A., Nixon, C., Wilson, A., & Capage, L. (1999). Social interaction skills and theory of mind in young children. *Developmental Psychology, 35*, 386–391.

Watson, J.B. (1930). *Behaviorism.* New York: Norton.

Waxman, S.R., & Kosowski, T.D. (1990). Nouns mark category relations: Toddlers' and preschoolers' word-learning biases. *Child Development, 61*, 1461–1473.

Webster, B., & Bishaw, A. (2007). Income, earnings, and poverty data from the 2006 American Community Survey. Retrieved June 27, 2008 from http://www.census.gov/prod/2007pubs/acs-08.pdf.

Webster-Stratton, C., & Reid, M. (2003). Treating conduct problems and strengthening social and emotional competence in young children: The Dina Dinosaur treatment program. *Journal of Emotional & Behavioral Disorders, 11*, 130–143.

Wechsler, D. (2002). *The Wechsler preschool and primary scale of intelligence* (3rd ed.). San Antonio, TX: The Psychological Corporation.

Weimer, B., Kerns, K., & Oldenburg, C. (2004). Adolescents' interactions with a best friend: Associations with attachment style. *Journal of Experimental Psychology, 88*, 102–120.

Weinberg, R.A. (1989). Intelligence and IQ: Landmark issues and great debates. *American Psychologist, 44*, 98–104.

Weinberg, R.A., Scarr, S., & Waldman, I.D. (1992). The Minnesota transracial adoption study: A follow-up of IQ test performance. *Intelligence, 16*, 117–135.

Weindrich, D., Jennen-Steinmetz, C., Laucht, M., & Schmidt, M. (2003). Late sequelae of low birthweight: Mediators of poor school performance at 11 years. *Developmental Medicine & Child Neurology, 45*, 463–469.

Weinfield, N., & Egeland, B. (2004). Continuity, discontinuity, and coherence in attachment from infancy to late adolescence: Sequelae of organization and disorganization. *Attachment & Human Development, 6*, 73–97.

Weinstock, L. (1999). Gender differences in the presentation and management of social anxiety disorder. *Journal of Clinical Psychiatry, 60*, 9–13.

Weisner, T., & Wilson-Mitchell, J. (1990). Nonconventional family lifestyles and sex typing in six-year-olds. *Child Development, 62*, 1915–1933.

Welch-Ross, M. (1997). Mother-child participation in conversation about the past: Relationships to preschoolers' theory of mind. *Developmental Psychology, 33*, 618–629.

Wellman, H.M. (1982). The foundations of knowledge: Concept development in the young child. In S.G. Moore & C.C. Cooper (Eds.), *The young child: Reviews of research, Vol. 3* (pp. 115–134). Washington, DC: National Association for the Education of Young Children.

Wellman, H. M., Cross, D., & Watson, J. (2001). Meta-analysis of theory-of-mind development: The truth about false belief. *Child Development, 72,* 655–684.

Wentzel, K.R., & Asher, S.R. (1995). The academic lives of neglected, rejected, popular, and controversial children. *Child Development, 66,* 754–763.

Werker, J.F., Pegg, J.E., & McLeod, P.J. (1994). A cross-language investigation of infant preference for infant-directed communication. *Infant Behavior & Development, 17,* 323–333.

Werner, E.E. (1995). Resilience in development. *Current Directions in Psychological Science, 4,* 81–85.

Werner, E.E., & Smith, R.S. (1992). *Overcoming the odds: High risk children from birth to adulthood.* Ithaca, NY: Cornell University Press.

Werner, L.A., & Gillenwater, J.M. (1990). Pure-tone sensitivity of 2- to 5-week-old infants. *Infant Behavior & Development, 13,* 355–375.

West, P., Sweeting, H., & Ecob, R. (1999). Family and friends' influences on the uptake of regular smoking from mid-adolescence to early adulthood. *Addiction, 97,* 1397–1411.

Wetzel, N., Widmann, A., Berti, S., & Schröger, E. (2006). The development of involuntary and voluntary attention from childhood to adulthood: A combined behavioral and event-related potential study. *Clinical Neurophysiology, 117,* 2191–2203.

Whiston, S. (2003). Career counseling: 90 years old yet still healthy and vital. *Career Development Quarterly, 52,* 35–42.

White, W.H. (1992). G. Stanley Hall: From philosophy to developmental psychology. *Developmental Psychology, 28,* 25–34.

Whitehurst, G.J., Arnold, D.S., Epstein, J.N., Angell, A.L., Smith, M., & Fischel, J.E. (1994). A picture book reading intervention in day care and home for children from low-income families. *Developmental Psychology, 30,* 679–689.

Whitehurst, G.J., Falco, F.L., Lonigan, C.J., Fischel, J.E., DeBaryshe, B.D., Valdez-Menchaca, M.C., & Caulfield, M. (1988). Accelerating language development through picture book reading. *Developmental Psychology, 24,* 552–559.

Whitehurst, G.J., Fischel, J.E., Crone, D.A., & Nania, O. (1995, March). First year outcomes of a clinical trial of an emergent literacy intervention in Head Start homes and classrooms. Paper presented at the biennial meetings of the Society for Research in Child Development, Indianapolis.

Wiehe, V. (2003). Empathy and narcissism in a sample of child abuse perpetrators and a comparison sample of foster parents. *Child Abuse & Neglect, 27,* 541–555.

Wiesner, M., Kim, H., & Capaldi, D. (2005). Developmental trajectories of offending: Validation and prediction to young adult alcohol use, drug use, and depressive symptoms. *Development and Psychopathology, 17,* 251–270.

Wigfield, A., Eccles, J.S., MacIver, D., Reuman, D.A., & Midgley, C. (1991). Transitions during early adolescence: Changes in children's domain-specific self-perceptions and general self-esteem across the transition to junior high school. *Developmental Psychology, 27,* 552–565.

Williams, J.E., & Best, D.L. (1990). *Measuring sex stereotypes: A multination study* (rev. ed.). Newbury Park, CA: Sage.

Williams-Mbengue, N. (2003). Safe havens for abandoned infants. Retrieved June 18, 2007 from www.ncsl.org/programs/cyf/slr268.htm.

Wilson, G., & Sysko, R. (2006). Cognitive-behavioral therapy for adolescents with bulimia nervosa. *European Eating Disorders Review, 14,* 8–16.

Wilson, H., & Donenberg, G. (2004). Quality of parent communication about sex and its relationship to risky sexual behavior among youth in psychiatric care: A pilot study. *Journal of Child Psychology & Psychiatry & Allied Disciplines, 45,* 387–395.

Wilson, W.J. (1995). Jobless ghettos and the social outcome of youngsters. In P. Moen, G.H. Elder, Jr., & K. Lüscher (Eds.), *Examining lives in context: Perspectives on the ecology of human development* (pp. 527–543). Washington, DC: American Psychological Association.

Wiltenburg, M. (2003). Safe haven. Retrieved June 18, 2007 from www.csmonitor.com/2003/0724/p14s02-lifp.html

Wimmer, H., Mayringer, H., & Landerl, K. (1998). Poor reading: A deficit in skill-automatization or a phonological deficit? *Scientific Studies of Reading, 2,* 321–340.

Winner, E. (1997). Exceptionally high intelligence and schooling. *American Psychologist, 52,* 1070–1081.

Wolpe, J. (1958). *Psychotherapy by reciprocal inhibition.* Palo Alto, CA: Stanford University Press.

Wong, C., & Tang, C. (2004). Coming out experiences and psychological distress of Chinese homosexual men in Hong Kong. *Archives of Sexual Behavior, 33,* 149–157.

Wong, D. (1993). *Whaley & Wong's essentials of pediatric nursing.* St. Louis, MO: Mosby-Yearbook, Inc.

Woo, M., & Oei, T. (2006). The MMPI-2 gender-masculine and gender-feminine scales: Gender roles as predictors of psychological health in clinical patients. *International Journal of Psychology, 41,* 413–422.

Woolley, M., & Grogan-Kaylor, A. (2006). Protective family factors in the context of neighborhood: Promoting positive school outcomes. *Family Relations, 55,* 93–104.

World Health Organization (WHO). (2005). World health 2005. Retrieved March 19, 2008 from http://www.who.int/whr/2005/en/.

Worrell, F. (1997). Predicting successful or non-successful at-risk status using demographic risk factors. *High School Journal, 81,* 46–53.

Wright, C., & Birks, E. (2000). Risk factors for failure to thrive: A population-based survey. *Child: Care, Health & Development, 26,* 5–16.

Wu, T., Mendola, P., & Buck, G. (2002). Ethnic differences in the presence of secondary sex characteristics and menarche among U.S. girls: The Third National Health and Nutrition Examination Survey, 1988–1994.

Wyatt, J., & Carlo, G. (2002). What will my parents think? Relations among adolescents' expected parental reactions, prosocial moral reasoning and prosocial and antisocial behaviors. *Journal of Adolescent Research, 17,* 646–666.

Xie, H., Cairns, R., & Cairns, B. (1999). Social networks and configurations in inner-city schools: Aggression, popularity, and implications for students with EBD. *Journal of Emotional & Behavioral Disorders, 7,* 147–155.

Yairi, E., & Ambrose, N. (2004). Stuttering: Recent developmental and future directions. *ASHS Leader, 10,* 4–5, 14–15.

Yamada, A., & Singelis, T. (1999). Biculturalism and self-construal. *International Journal of Intercultural Relations, 23,* 697–709.

Yazzie-Mintz, E. (2007). *Voices of students on engagement.* Retrieved June 27, 2008 from http://ceep.indiana.edu/hssse/pdf/HSSSE_2006_Report.pdf.

Yen, K. (2006). Amblyopia. Retrieved March 14, 2008 from http://www.emedicine.com/oph/TOPIC316.HTM.

Yeung, A., Chui, H., & Lau, I. (1999). Hierarchical and multi-dimensional academic self-concept of commercial students. *Contemporary Educational Psychology, 24,* 376–389.

Yirmiya, N., Eriel, O., Shaked, M., & Solomonica-Levi, D. (1998). Meta-analyses comparing theory of mind abilities of individuals with autism, individuals with mental retardation, and normally developing individuals. *Psychological Bulletin, 124,* 283–307.

Yirmiya, N., & Shulman, C. (1996). Seriation, conservation, and theory of mind abilities in individuals with autism, individuals with mental retardation, and normally developing children. *Child Development, 67*, 2045–2059.

Yirmiya, N., Solomonica-Levi, D., Shulman, C., & Pilowsky, T. (1996). Theory of mind abilities in individuals with autism, Down syndrome, and mental retardation of unknown etiology: The role of age and intelligence. *Journal of Child Psychology & Psychiatry & Allied Disciplines, 37*, 1003–1014.

Yonas, A., Elieff, C., & Arterberry, M. (2002). Emergence of sensitivity to pictorial depth cues: Charting development in individual infants. *Infant Behavior & Development, 25*, 495–514.

Yonas, A., & Owsley, C. (1987). Development of visual space perception. In P. Salpatek & L. Cohen (Eds.), *Handbook of infant perception, Vol. 2: From perception to cognition* (pp. 80–122). Orlando, FL: Academic Press.

Young, A. (1997). I think, therefore I'm motivated: The relations among cognitive strategy use, motivational orientation and classroom perceptions over time. *Learning & Individual Differences, 9*, 249–283.

Young, C. (2002). New look at "deadbeat dads." Retrieved June 16, 2007 from www.reason.com/news/printer/31886.html.

Young, M., & Bradley, M. (1998). Social withdrawal: Self-efficacy, happiness, and popularity in introverted and extroverted adolescents. *Canadian Journal of School Psychology, 14*, 21–35.

Young, S., Fox, N., & Zahn-Waxler, C. (1999). The relations between temperament and empathy in 2-year-olds. *Developmental Psychology, 35*, 1189–1197.

Yuill, N. (1997). English children as personality theorists: Accounts of the modifiability, development, and origin of traits. *Genetic, Social & General Psychology Monographs, 123*, 5–26.

Zahn-Waxler, C., & Radke-Yarrow, M. (1982). The development of altruism: Alternative research strategies. In N. Eisenberg (Ed.), *The development of prosocial behavior* (pp. 109–138). New York: Academic Press.

Zahn-Waxler, C., Radke-Yarrow, M., Wagner, E., & Chapman, M. (1992). Development of concern for others. *Developmental Psychology, 28*, 126–136.

Zakriski, A., & Coie, J. (1996). A comparison of aggressive-rejected and nonaggressive-rejected children's interpretation of self-directed and other-directed rejection. *Child Development, 67*, 1048–1070.

Zamboni, B. (2006). Therapeutic considerations in working with the family, friends, and partners of transgendered individuals. *The Family Journal, 14*, 174–179.

Zelazo, N.A., Zelazo, P.R., Cohen, K.M., & Zelazo, P.D. (1993). Specificity of practice effects on elementary neuromotor patterns. *Developmental Psychology, 29*, 686–691.

Zelazo, P., Helwig, C., & Lau, A. (1996). Intention, act, and outcome in behavioral prediction and moral judgment. *Child Development, 67*, 2478–2492.

Zhang, R., & Yu, Y. (2002). A study of children's coordinational ability for outcome and intention information. *Psychological Science* (China), *25*, 527–530.

Zhou, L., Dawson, M., Herr, C., & Stukas, S. (2004). American and Chinese college students' predictions of people's occupations, housework responsibilities, and hobbies as a function of cultural and gender influences. *Sex Roles, 50*, 463.

Zhou, Z., & Boehm, A. (2004). American and Chinese children's understanding of basic relational concepts in directions. *Psychology in the Schools, 41*, 261–272.

Zigler, E., & Finn-Stevenson, M. (1993). *Children in a changing world: Developmental and social issues.* Pacific Grove, CA: Brooks/Cole.

Zigler, E., & Hodapp, R.M. (1991). Behavioral functioning in individuals with mental retardation. *Annual Review of Psychology, 42*, 29–50.

Zimmer-Gembeck, M. (1999). Stability, change and individual differences in involvement with friends and romantic partners among adolescent females. *Journal of Youth & Adolescence, 28*, 419–438.

Zimmerman, C. (2000). The development of scientific reasoning skills. *Developmental Review, 20*, 99–149.

Zimmerman, M., Copeland, L., Shope, J., & Dielman, T. (1997). A longitudinal study of self-esteem: Implications for adolescent development. *Journal of Youth & Adolescence, 26*, 117–141.

Zimmermann, P. (2004). Attachment representations and characteristics of friendship relations during adolescence. *Journal of Experimental Child Psychology, 88*, 83–101.

Zoghbi, H. (2003). Postnatal neurodevelopmental disorders: Meeting at the synapse? *Science, 302*, 826–830.

Zola, S., & Squire, L. (2003). Genetics of childhood disorders: Learning and memory: Multiple memory systems. *Journal of the American Academy of Child and Adolescent Psychiatry, 42*, 504–506.

Glossário

abordagem acadêmica (p. 257) abordagem à educação de segunda infância que ensina às crianças as habilidades necessárias para terem êxito na escola.

abordagem desenvolvimentista (p. 256) abordagem à educação de segunda infância que promove a realização de marcos de desenvolvimento que ocorrem naturalmente.

abordagem ecológica (p. 35) visão de que o desenvolvimento das crianças deve ser estudado e compreendido dentro dos contextos nos quais ele ocorre.

abordagem equilibrada (p. 344) abordagem no ensino da leitura que combina ensino de fônica sistemática e explícita com outras estratégias, derivadas da abordagem integral da linguagem, para ajudar as crianças a aprender a ler e escrever.

abordagem integral da linguagem (p. 344) abordagem no ensino da leitura que dá mais ênfase ao significado da linguagem escrita do que à sua estrutura.

abuso infantil (p. 219) dano físico ou psicológico causado por um adulto ao expor intencionalmente uma criança a estímulos físicos, atos sexuais ou negligência potencialmente prejudiciais.

ácido desoxirribonucleico (DNA) (p. 78) material químico que constitui os cromossomos e os genes.

acomodação (p. 62) mudar um esquema em consequência de uma nova informação.

acuidade auditiva (p. 135) nosso grau de capacidade auditiva.

acuidade visual (p. 134) capacidade de ver detalhes à distância.

adolescência (p. 398) o período de transição entre a infância e a vida adulta.

agressão hostil (p. 291) agressão usada para ferir outra pessoa ou obter vantagem.

agressão instrumental (p. 291) agressão utilizada para obter algum objeto.

agressividade (p. 290) comportamento cuja intenção é prejudicar outra pessoa ou danificar um objeto.

agressividade relacional (p. 381) agressividade que visa atingir a autoestima ou as relações sociais de outra pessoa.

agressividade retaliativa (p. 381) agressividade para se vingar de alguém que nos feriu.

alergias (p. 310) reações imunes a substâncias chamadas alérgenos.

altruísmo (p. 292) atos motivados pelo desejo de ajudar outra pessoa sem expectativa de recompensa.

ambliopia (p. 207) distúrbio em que o cérebro suprime as informações de um dos olhos ("olho preguiçoso").

âmnio (p. 88) vesícula preenchida de líquido no qual o feto fica suspenso até o nascimento.

andaime (p. 246) fornecimento, oferecido por um adulto ou criança mais velha, da orientação e assistência necessária para que um pré-escolar realize tarefas na zona de desenvolvimento proximal.

animismo (p. 238) atribuição das características dos organismos vivos a objetos inanimados.

anorexia nervosa (p. 421) transtorno alimentar caracterizado por privação de alimentos autoimposta.

anoxia (p. 107) privação de oxigênio experimentada por um feto durante o parto.

ansiedade ante estranhos (p. 175) expressões de desconforto, tais como se agarrar à mãe, na presença de estranhos.

ansiedade de separação (p. 175) expressões de desconforto, tais como chorar, quando separado de uma figura de apego.

apego (p. 173) vínculo emocional entre pais e bebês, do qual os bebês adquirem segurança.

apego inseguro/ambivalente (p. 176) padrão de apego em que o bebê apresenta pouco comportamento exploratório, perturba-se profundamente quando separado da mãe e não se tranquiliza quando ela retorna nem com os esforços para confortá-lo.

apego inseguro/desorganizado (p. 177) padrão de apego em que um bebê parece confuso ou apreensivo e demonstra comportamentos contraditórios, tais como se mover em direção à mãe e ao mesmo tempo olhar em outra direção.

apego inseguro/evitante (p. 176) padrão de apego em que um bebê evita contato com a mãe e não demonstra preferência pela mãe sobre outras pessoas.

apego seguro (p. 176) padrão de apego no qual o bebê se separa facilmente da mãe, busca proximidade quando estressado e usa a mãe como base segura para exploração.

aprendizado acadêmico (p. 438) tipo de aprendizado necessário na escola, onde as informações com frequência são apresentadas sem um contexto da vida real.

aprendizagem esquemática (p. 155) organização de experiências na forma de expectativas, chamadas esquemas, que permitem aos bebês distinguir estímulos familiares de estímulos desconhecidos.

aprendizagem social (aprendizagem por imitação) (p. 59) aprendizagem que resulta de ver um modelo reforçado ou punido por um comportamento.

aprendizes da língua inglesa (ALIs) (p. 345) escolares que não falam inglês bem o bastante para funcionar em aulas ministradas exclusivamente em inglês.

áreas de associação (p. 306) regiões cerebrais onde funções sensoriais, motoras e intelectuais se ligam.

arrulho (p. 160) vocalização repetitiva de sons de vogal, principalmente do som "uuu".

asma (p. 310) doença pulmonar crônica, caracterizada por crises súbitas e potencialmente fatais de dificuldade para respirar.

assimilação (p. 62) processo de usar um esquema para entender um evento ou experiência.

atenção seletiva (p. 306) capacidade de concentrar a atividade cognitiva nos elementos importantes de um problema ou situação.

atividades físicas vitalícias (p. 321) esportes ou atividades que são relativamente fáceis de serem praticados na idade adulta porque podem ser feitas individualmente ou com apenas uma ou duas outras pessoas.

autoeficácia (p. 371) crença em nossa capacidade de fazer com que um evento pretendido aconteça ou de realizar uma tarefa.

autoestima (p. 371) avaliação global de nosso próprio valor.

automatismo (p. 341) capacidade de recordar informações a partir da memória de longo prazo sem usar a capacidade da memória de curto prazo.

autorregulação (p. 376) capacidade de se conformar aos padrões de comportamento dos pais sem supervisão direta.

axônios (p. 91) extensões dos neurônios, semelhantes a caudas.

baixo peso natal (BPN) (p. 108) peso natal abaixo de 2, 5 quilos.

balbucio (p. 160) vocalização repetitiva de combinações de consoantes e vogais pelo bebê.

behaviorismo (p. 56) visão que define o desenvolvimento em termos de mudanças de comportamento causadas por influências ambientais.

brincar associativo (p. 289) modo de brincar em que as crianças brincam sozinhas tanto quanto se envolvem em brincadeiras com os pares por breves períodos.

brincar cooperativo (p. 289) modo de brincar em que várias crianças trabalham juntas para atingir um objetivo.

brincar espectador (p. 289) modo de brincar em que as crianças observam outra criança brincando.

brincar paralelo (p. 289) modo de brincar em que as crianças brincam lado a lado e têm breves períodos de brincar interativo com os amigos.

brincar solitário (p. 289) modo de brincar em que as crianças brincam sozinhas.

bulimia nervosa (p. 421) transtorno alimentar caracterizado por empanzinamento e purgação.

busca de sensações (p. 415) desejo de experimentar graus cada vez maiores de excitação, tais como os que acompanham dirigir em alta velocidade ou os "baratos" associados às drogas.

campo de visão (p. 207) amplitude do ambiente que pode ser vista sem mover os olhos.

características sexuais primárias (p. 402) desenvolvimento dos órgãos sexuais: ovários, útero e vagina nas mulheres; testículos e pênis nos homens.

características sexuais secundárias (p. 402) mudanças em partes do corpo tais como seios nas mulheres e pelos pubianos em ambos os sexos.

cáries dentárias (p. 216) cavidades nos dentes causadas por bactérias.

células gliais (p. 91) "adesivo" que mantém os neurônios juntos para dar forma às estruturas do sistema nervoso.

centração (p. 238) tendência de uma criança pequena de pensar o mundo em termos de uma variável por vez.

ciência do desenvolvimento humano (p. 30) aplicação de métodos científicos ao estudo das mudanças relacionadas à idade no comportamento, no pensamento, na emoção e na personalidade.

cirurgia cesariana (p. 105) extração do bebê através de incisões nas paredes abdominal e uterina.

classificação percentil (p. 202-203) porcentagem de indivíduos cujos escores em uma medida são iguais ou menores do que os de uma criança que está sendo individualmente considerada.

cognição espacial (p. 307) capacidade de inferir regras e fazer previsões sobre o movimento dos objetos no espaço.

cólica (p. 126) padrão de comportamento do bebê que envolve intensas crises diárias de choro que totalizam três ou mais horas por dia.

complexidade relacional (p. 340) número de elementos em um problema e a complexidade das relações entre eles.

comportamento de gênero cruzado (p. 277) comportamento que é atípico para o próprio sexo, mas típico para o sexo oposto.

comportamento de meios e fins (p. 149) comportamento proposital realizado com o intuito de atingir um objetivo.

comportamento pró-social (p. 292) comportamento que visa ajudar outra pessoa.

comportamento tipificado por sexo (p. 276) padrões de comportamento diferentes exibidos por meninos e meninas.

conceito de objeto (p. 152) compreensão que o bebê possui da natureza dos objetos e de como eles se comportam.

condição socioeconômica (CSE) (p. 319) termo coletivo que inclui os fatores econômicos, ocupacionais e educacionais que influenciam a posição relativa de uma família na sociedade.

condicionamento clássico (p. 56) aprendizagem que resulta da associação de estímulos.

condicionamento operante (p. 58) aprender a repetir ou cessar comportamentos por causa de suas consequências.

consciência fonológica (p. 249-250) compreensão que as crianças têm dos padrões sonoros do idioma que estão aprendendo e conhecimento do sistema desse idioma para representar sons com letras.

conservação (p. 238) compreensão de que a matéria pode mudar de aparência sem mudar de quantidade.

constância de gênero (p. 273) compreensão de que o gênero é um componente da identidade que não muda pela aparência externa.

coorte (p. 34) grupo de indivíduos que compartilha as mesmas experiências históricas nas mesmas épocas de suas vidas.

cordão umbilical (p. 88) órgão que liga o embrião à placenta.

corpo caloso (p. 204) estrutura encefálica através da qual os lados direito e esquerdo do córtex cerebral se comunicam.

corpo celular (p. 91) parte do neurônio que contém o núcleo e é o local de funções celulares vitais.

correlação (p. 40) relação entre duas variáveis que pode ser expressa como um número que varia entre −1,00 e +1,00.

córtex (p. 122) massa cinzenta convoluta que circunda o mesencéfalo e está envolvida na percepção, no movimento corporal, no pensamento e na linguagem.

córtex pré-frontal (CPF) (p. 399) região do lobo frontal que fica imediatamente atrás da testa e é responsável pelo processamento executivo.

crianças negligenciadas (p. 382) crianças que não têm a preferência nem são rejeitadas pela maioria das crianças em um grupo.

crianças populares (p. 382) crianças que são preferidas como companhia para brincar pela maioria das outras crianças em um grupo.

crianças que cuidam de si mesmas (p. 384) crianças que ficam em casa depois da escola por uma hora ou mais todos os dias.

crianças rejeitadas (p. 382) crianças que são evitadas pela maioria das outras crianças em um grupo.

criatividade (p. 349) capacidade de produzir ideias e/ou soluções originais, adequadas e que agreguem valor aos problemas.

crise de identidade (p. 458) expressão de Erikson para o estado psicológico de turbulência emocional que surge quando o senso de *self* de um adolescente "se desorganiza" para que um novo senso de identidade possa ser alcançado.

cromossomos (p. 78) sequências de material genético no núcleo das células.

curva de crescimento (p. 202) padrão e taxa de crescimento exibido por uma criança ao longo do tempo.

debate natureza-experiência (p. 33) debate sobre as contribuições relativas dos processos biológicos e dos fatores experienciais para o desenvolvimento.

deficiências de desenvolvimento (p. 357) condições que prejudicam o funcionamento das crianças na escola e vão impedi-las de viver de maneira independente quando adultas.

delinquência (p. 420) categoria estreita de problemas de comportamento que inclui transgressão intencional da lei.

dendritos (p. 91) projeções, semelhantes a galhos, a partir dos corpos celulares dos neurônios.

depressão (p. 328) sentimentos de tristeza ou desespero que persistem por mais de seis meses.

desabituação (p. 137) responder a um estímulo relativamente familiar como se ele fosse novo.

descentração (p. 337) pensamento que leva múltiplas variáveis em consideração.

desenvolvimento atípico (p. 35, 224) desenvolvimento que se desvia da trajetória típica de desenvolvimento em uma direção prejudicial ao indivíduo; percursos de desenvolvimento, persistentes por seis meses ou mais tempo, que diferem daqueles da maioria das crianças e/ou situam-se no extremo do *continuum* para aquele comportamento.

determinismo recíproco (p. 369) modelo de Bandura no qual fatores pessoais, comportamentais e ambientais interagem para influenciar o desenvolvimento da personalidade.

diabete (p. 316) distúrbio do metabolismo de carboidratos.

diabete do tipo 1 (p. 317) tipo de diabete no qual o pâncreas deixa de produzir insulina.

diabete do tipo 2 (p. 317) tipo de diabete no qual o pâncreas produz insulina, mas o corpo não responde a ela.

diferenciação dos dedos (p. 211) capacidade de tocar cada dedo de uma mão com o polegar daquela mão.

difusão de identidade (p. 459) na teoria de Marcia, o estado de identidade de uma pessoa que não está no meio de uma crise e que não se comprometeu.

disciplina indutiva (p. 281) estratégia disciplinar em que os pais explicam às crianças por que um comportamento punido está errado.

dislexia (p. 355) problemas na leitura ou incapacidade de ler.

dispositivo de aquisição de linguagem (DAL) (p. 158) processador inato da linguagem, teorizado por Chomsky, que contém a estrutura gramatical básica de toda linguagem humana.

doença sexualmente transmissível (DST) (p. 413) doença que se dissemina por contato sexual.

domínio cognitivo (p. 32) mudanças no pensamento, na memória, na resolução de problemas e em outras habilidades intelectuais.

domínio físico (p. 32) mudanças no tamanho, forma e características do corpo.

domínio socioemocional (p. 32) mudanças em variáveis associadas ao relacionamento do indivíduo consigo mesmo e com os outros.

ecletismo (p. 71) uso de múltiplas perspectivas teóricas para explicar e estudar o desenvolvimento humano.

educação bilíngue (p. 345) abordagem na educação de segunda língua na qual as crianças recebem instrução em dois idiomas diferentes.

educação de segunda infância (p. 256) programas de educação para crianças entre o nascimento e os 8 anos.

educação do caráter (p. 447) um currículo que ensina aos alunos modos culturalmente aceitáveis de comportamento.

educação inclusiva (p. 359) termo geral para programas de educação em que crianças com deficiência aprendem em salas de aula comuns.

efeito Flynn (p. 255) fenômeno de que os escores de Q.I. médios aumentaram em todos os grupos raciais em todo o mundo industrializado durante os séculos XIX e XX.

eficiência de processamento (p. 341) capacidade de fazer uso eficiente da capacidade de memória de curto prazo.

eficiência operacional (p. 244) termo neopiagetiano que se refere ao número máximo de esquemas que podem ser processados na memória de operação de cada vez.

ego (p. 52) segundo Freud, o elemento pensante da personalidade.

egocentrismo (p. 238) crença de uma criança pequena de que todos veem e experienciam o mundo como ela.

egocentrismo adolescente (p. 435) crença de um adolescente de que seus pensamentos, crenças e sentimentos são únicos.

em risco de sobrepeso (p. 315) termo que caracteriza uma criança cujo IMC está entre o $85°$ e $95°$ percentil.

empatia (p. 271) capacidade de se identificar com o estado emocional de outra pessoa.

empiristas (p. 141) teóricos que afirmam que as habilidades perceptuais são adquiridas.

equilibração (p. 62) processo de equilibrar assimilação e acomodação para criar esquemas que se ajustem ao ambiente.

erro A-não-B (p. 151) tendência dos bebês no subestágio 4 de procurar um objeto no lugar onde ele foi visto pela última vez (posição A) em vez de no lugar onde eles viram alguém colocá-lo (posição B).

Escalas Bayley de Desenvolvimento Infantil (p. 166) teste de inteligência infantil mais conhecido e mais amplamente utilizado.

escolha do nicho (p. 184) processo de selecionar experiências com base no temperamento.

espaço de armazenamento de curto prazo (EACP) (p. 244) termo do neopiagetiano Robbie Case para a memória de operação da criança.

esquema (p. 61) na teoria de Piaget, estrutura cognitiva interna que fornece a um indivíduo um procedimento para ser utilizado em uma circunstância específica.

esquemas figurativos (p. 237) representações mentais das propriedades básicas dos objetos no mundo da criança.

esquemas operativos (p. 237) representações mentais que permitem às crianças compreender as relações lógicas entre os objetos no mundo e raciocinar sobre os efeitos das eventuais mudanças sobre eles.

estabilidade de gênero (p. 274) compreensão de que gênero é uma característica estável e vitalícia.

estágio da fala interior (p. 246) terceiro estágio de Vygotsky, no qual crianças de 3 a 6 anos utilizam elocuções baseadas em rotinas de discurso internalizadas para autoinstrução e automonitoramento.

estágio das formas (p. 212) segundo estágio de Kellogg, em que as crianças intencionalmente desenham formas como círculos, quadrados ou linhas cruzadas.

estágio de crescimento interior (p. 246) quarto estágio de Vygotsky, no qual crianças de 6 anos ou mais internalizaram plenamente a fala interior.

estágio de psicologia ingênua (p. 246) segundo estágio de Vygotsky, em que crianças de 2 a 3 anos usam a linguagem, mas não compreendem sua natureza simbólica.

estágio de realismo moral (p. 374) o primeiro dos estágios de desenvolvimento moral segundo Piaget, no qual as crianças acreditam que as regras são inflexíveis.

estágio de relativismo moral (p. 375) o segundo dos estágios de desenvolvimento moral segundo Piaget, no qual as crianças compreendem que muitas regras podem ser mudadas por meio de acordo social.

estágio dos esboços (p. 212) terceiro estágio de Kellogg, em que as crianças misturam várias formas básicas para criar desenhos mais complexos.

estágio dos rabiscos (p. 212) primeiro dos estágios da expressão gráfica, segundo Kellogg, em que as crianças desenham pontos, linhas horizontais e verticais, linhas curvas e circulares e ziguezagues.

estágio embrionário (p. 88) segundo estágio de desenvolvimento pré-natal, da terceira à oitava semana, durante o qual se formam os sistemas corporais do embrião.

estágio fetal (p. 90) terceiro estágio de desenvolvimento pré-natal, da nona semana até o nascimento, durante o qual ocorre crescimento e refinamento de órgãos.

estágio figurativo (p.212) quarto estágio de Kellogg, em que as crianças começam a desenhar figuras de objetos ou eventos da vida real.

estágio germinal (p. 88) primeira etapa de desenvolvimento pré-natal, que começa na concepção e termina na implantação (aproximadamente na segunda semana).

estágio operatório-formal (p. 432) quarto dos estágios operacionais de Piaget, durante o qual os adolescentes aprendem a raciocinar de maneira lógica sobre conceitos abstratos.

estágio operatório-concreto (p. 337) terceiro estágio do desenvolvimento cognitivo segundo Piaget, durante o qual as crianças constroem esquemas que lhes permitem pensar logicamente sobre objetos e eventos no mundo real.

estágio pré-operatório (p. 237) segundo estágio de desenvolvimento cognitivo de Piaget durante o qual as crianças se tornam proficientes no uso de símbolos para pensar e se comunicar, mas ainda têm dificuldade para pensar de maneira lógica.

estágio primitivo (p. 246) primeiro estágio de Vygotsky, em que as crianças entre o nascimento e 2 anos não pensam verbalmente e aprendem por condicionamento.

estágio sensório-motor (p. 148) primeiro estágio de desenvolvimento, segundo Piaget, no qual os bebês utilizam informações de seus sentidos e ações motoras para aprender sobre o mundo.

estágios (p. 34) períodos qualitativamente distintos de desenvolvimento.

estágios psicossexuais (p. 53) as cinco etapas no desenvolvimento da personalidade pelas quais as crianças passam em uma sequência fixa determinada pela maturação; a libido é centrada em uma parte diferente do corpo em cada etapa.

estágios psicossociais (p. 54) os oito estágios, ou crises, no desenvolvimento da personalidade segundo Erikson, nos quais instintos internos interagem com demandas culturais ou sociais externas para moldar a personalidade.

estilo analítico (p. 350) estilo de aprendizagem que envolve definir objetivos da aprendizagem e seguir passos ordenados para atingi-los.

estilo de criação autoritário (p. 280) estilo de criação com alto nível de controle e demanda por maturidade, mas baixo nível de apoio e comunicação.

estilo de criação democrático (p. 280) um estilo de criação com alto nível de apoio, demanda por maturidade, controle e comunicação.

estilo de criação negligente (p. 280) estilo de criação com baixos níveis de apoio, demanda por maturidade, controle e comunicação.

estilo de criação permissivo (p. 280) estilo de criação com alto nível de apoio, mas baixo nível de demanda por maturidade, de controle e de comunicação.

estilo expressivo (p. 164) um estilo de aprendizagem de palavras caracterizado por baixa frequência de palavras semelhantes a substantivos e por maior uso de vocábulos e locuções sociopessoais.

estilo referencial (p.165) estilo de aprendizado de palavras caracterizado pela ênfase nas coisas e nas pessoas e em sua nomeação e descrição.

estilo relacional (p. 350) estilo de aprendizagem que envolve se concentrar no "quadro geral" e não nos detalhes de uma tarefa.

estilos de criação (p. 279) estratégias características que os pais usam para administrar o comportamento dos filhos.

estrabismo (p. 207) distúrbio no alinhamento dos olhos em que um ou ambos os olhos se desviam para dentro ou para fora.

estratégias de memória (p. 342) métodos aprendidos para recordar informações.

estudantes desengajados (p. 442) estudantes do ensino médio que não gostam da escola e que não participam das atividades escolares.

estudantes engajados (p. 442) estudantes do ensino médio que gostam da escola e se envolvem em todos os aspectos dela.

estudo de caso (p. 39-40) investigação aprofundada de um único indivíduo.

ética da pesquisa (p. 44) diretrizes que os pesquisadores seguem para proteger os direitos dos animais utilizados em pesquisa e os seres humanos que participam dos estudos.

etnografia (p. 43) descrição detalhada de uma única cultura ou contexto.

etologia (p. 67) perspectiva sobre o desenvolvimento que enfatiza comportamentos de sobrevivência geneticamente determinados que, presumivelmente, se desenvolveram através de seleção natural.

experimento (p. 40) estudo que testa uma hipótese causal.

explosão dos nomes (p. 162) período em que ocorre um rápido aumento no vocabulário do bebê, que geralmente se inicia entre 16 e 24 meses.

explosão gramatical (p. 248) período no qual as crianças rapidamente adquirem uma linguagem gramatical.

extensão média de elocução (EME) (p. 164) número médio de unidades com significado em uma frase.

extinção (p. 59) eliminação gradual de um comportamento por meio de não reforço repetido.

fábula pessoal (p. 435-436) crença de que os acontecimentos em nossa vida são controlados por uma autobiografia mentalmente construída.

faixa de reação (p. 254) faixa, estabelecida por nossos genes, entre os limites superior e inferior para traços, tais como inteligência; o ambiente determina em que ponto, dentro desses limites, vamos nos situar.

fala dirigida ao bebê (FDB) (p. 159) linguagem simplificada, em tom de voz agudo, utilizada pelos adultos com bebês e crianças pequenas.

fala telegráfica (p. 162) frases simples de duas palavras que geralmente incluem um substantivo e um verbo.

família extensa (p. 288) rede social de pais, avós, tias, tios, primos e assim por diante.

fenótipo (p. 80) conjunto particular de características observáveis de um indivíduo.

fônica sistemática e explícita (p. 343) ensino planejado e específico da correspondência entre sons e letras.

fonoaudiólogo (p. 358) profissional treinado para diagnosticar transtornos da comunicação e ajudar as crianças a superá-los.

formação reticular (p. 124) região encefálica que regula a atenção.

função semiótica (simbólica) (p. 237) compreensão de que um objeto ou comportamento pode representar outro.

gagueira (p. 359) transtorno da fluência no qual a fala das crianças se caracteriza pela repetição de sons.

gametas (p. 78) células que se unem na concepção (óvulos nas mulheres; espermatozoides nos homens).

ganho excessivo de peso (p. 314) padrão em que as crianças ganham mais peso em um ano do que é adequado para sua altura, idade e sexo.

gênero (p. 272) associações e implicações psicológicas e sociais do sexo biológico.

genes (p. 78) unidades de material genético que controlam ou influenciam traços.

genética do comportamento (p. 66) estudo do papel da hereditariedade nas diferenças individuais

genótipo (p. 80) plano genético único de cada indivíduo.

gônadas (p. 79) glândulas sexuais (ovários nas mulheres e testículos nos homens).

grupo experimental (p. 41) grupo em um experimento que recebe o tratamento que o experimentador acha que vai produzir um determinado efeito.

grupo-controle (p. 41) grupo em um experimento que não recebe um tratamento especial ou recebe um tratamento neutro.

habilidades de movimento fundamentais (p. 209) padrões básicos de movimento que subjazem as habilidades motoras gerais tais como correr.

habilidades metalinguísticas (p. 336) capacidade de pensar e falar sobre linguagem.

habilidades sociais (p. 290) conjunto de comportamentos que geralmente leva a criança a ser aceita pelas outras como amiga ou como parceira para brincar.

habituação (p. 137) declínio da atenção que ocorre porque um estímulo se tornou familiar.

Head Start (p. 258) programas de educação de segunda infância de base comunitária para crianças economicamente desfavorecidas que são patrocinados pelo governo federal.

herança multifatorial (p. 82) herança afetada por genes e pelo ambiente.

herança poligênica (p. 82) padrão de herança em que muitos genes influenciam um traço.

hipocampo (p. 205) estrutura cerebral que está envolvida na transferência de informações para a memória de longo prazo.

hipófise (p. 204) glândula que controla o sistema endócrino e desencadeia a liberação de hormônios de outras glândulas.

hipótese (p. 38) uma predição testável baseada em uma teoria.

holofrases (p. 162) combinações de gestos e palavras únicas para expressar mais significado do que seria expresso apenas pela palavra.

hormônio do crescimento (GH) (p. 204) hormônio da hipófise que controla o processo de crescimento.

hormônios (p. 204) substâncias que são secretadas pelas glândulas e que regulam o crescimento físico e a maturação sexual.

hormônios gonadotróficos (p. 398) hormônios que estimulam o crescimento dos ovários nas meninas e dos testículos nos meninos.

id (p. 52) na teoria freudiana, a parte da personalidade que compreende os impulsos sexuais e agressivos básicos de uma pessoa; ele contém a libido e motiva a pessoa a buscar prazer e evitar a dor.

idade óssea (p. 304) medida da maturação física de uma criança que se baseia em radiografias da mão e do punho.

idealismo ingênuo (p. 436) uso de pensamento hipotético-dedutivo para conceber um mundo ideal e comparar o mundo real a ele.

identidade (p. 458) nossa compreensão das características únicas e como elas têm, são e vão ser manifestadas nas diversas idades, situações e papéis sociais.

identidade de gênero (p. 274) capacidade de rotular corretamente os outros e a si mesmo como masculino ou feminino.

identidade do papel do gênero (p. 463) os aspectos do *self* psicológico relacionados ao gênero.

identidade do papel do gênero andrógino (p. 464) altas autoavaliações tanto em traços masculinos quanto femininos.

identidade do papel do gênero feminino (p. 465) altas autoavaliações em traços femininos, baixas autoavaliações em traços masculinos.

identidade do papel do gênero indiferenciado (p. 465) baixas autoavaliações tanto em traços masculinos quanto femininos.

identidade do papel do gênero masculino (p. 465) altas autoavaliações em traços masculinos, baixas autoavaliações em traços femininos.

identidade étnica (p. 465) senso de pertencer a um grupo étnico.

identidade *versus* confusão de papéis (p. 458) na teoria de Erikson, a etapa durante a qual o adolescente alcança um senso de quem ele é.

IMC para idade (p. 315) medida que compara o IMC de uma criança com normas estabelecidas para sua faixa etária e sexo.

imersão estruturada (p. 345) abordagem no ensino de segunda língua na qual a instrução básica é exclusivamente em inglês e um professor bilíngue traduz somente quando é absolutamente necessário.

imitação diferida (p. 151) imitação (de uma ação) que ocorre na ausência do modelo que primeiro a demonstrou.

implantação (p. 88) acoplamento do blastocisto à parede uterina.

inclusão de classe (p. 339) compreensão de que classes subordinadas são incluídas em classes maiores superordenadas.

inflexões (p. 162) acréscimos às palavras que alteram seu significado (p. ex., o *s* em brinquedos, o *ou* em esperou).

insuficiência de convergência (p. 309) incapacidade de mover ambos os olhos para dentro no grau necessário para focar objetos próximos.

inteligência (p. 165) capacidade de receber informações e usá-las para se adaptar ao ambiente.

inteligência emocional (p. 349) tipo de inteligência que inclui a consciência de nossas próprias emoções, a capacidade de expressar emoções adequadamente e a capacidade de canalizar as emoções para realizar metas.

interacionistas (p. 158) teóricos que afirmam que o desenvolvimento da linguagem é um subprocesso do desenvolvimento cognitivo geral e é influenciado por fatores internos e externos.

lateralização (p. 204) especialização funcional dos hemisférios esquerdo e direito do córtex cerebral.

linguagem expressiva (p. 161) capacidade de usar sons, sinais ou símbolos para comunicar significado.

linguagem receptiva (p. 161) compreensão da linguagem falada.

lógica dedutiva (p. 338) tipo de raciocínio baseado em premissas hipotéticas, que requer a previsão de um resultado específico a partir de um princípio geral.

lógica indutiva (p. 337) tipo de raciocínio em que princípios gerais são inferidos de experiências específicas.

lógica transdutiva (p. 238) inferência causal baseada somente na relação temporal entre dois eventos (se o evento B aconteceu pouco depois do evento A, então A causou B).

mapeamento rápido (p. 248) capacidade de relacionar categoricamente novas palavras a referentes da vida real.

maturação (p. 31) desdobramento gradual de um padrão sequencial de mudanças geneticamente programado.

menarca (p. 402) início dos ciclos menstruais.

metacognição (p. 245) conhecimento sobre como a mente pensa e a capacidade de controlar e refletir sobre nossos próprios processos de pensamento.

metamemória (p. 245) conhecimento sobre como a memória funciona e a capacidade de controlar e refletir sobre nossa própria memória.

método de violação de expectativas (p. 153) estratégia de pesquisa na qual os pesquisadores movem um objeto de uma maneira depois de ter ensinado o bebê a esperar que ele se mova de outra maneira.

método longitudinal (p. 42) método de pesquisa em que pessoas de um único grupo são estudadas em diferentes épocas de suas vidas.

método sequencial (p. 42) método de pesquisa que combina comparações transversais e longitudinais do desenvolvimento.

método transversal (p. 42) método de pesquisa no qual grupos de pessoas de idades diferentes são comparados.

mielinização (p. 123) processo de desenvolvimento neuronal em que bainhas feitas de uma substância chamada mielina gradualmente recobrem axônios individuais e os isolam eletricamente uns dos outros para melhorar a condutividade do nervo.

miopia (p. 308) condição que resulta em visão distante borrada.

moralidade convencional (p. 469) na teoria de Kohlberg, o nível de raciocínio moral em que os julgamentos se baseiam em regras ou normas de um grupo ao qual a pessoa pertence.

moralidade pós-convencional (p. 470) na teoria de Kohlberg, o nível de raciocínio moral em que os julgamentos são baseados em uma integração dos direitos individuais e das necessidades da sociedade.

moralidade pré-convencional (p. 468) na teoria de Kohlberg, o nível de raciocínio moral em que os julgamentos são baseados em autoridades fora do *self*.

moratória (p. 459) na teoria de Marcia, o estado de identidade de uma pessoa que está em uma crise mas nenhum comprometimento foi assumido.

mortalidade infantil (p. 131) morte no primeiro ano de vida.

mudança qualitativa (p. 34) uma mudança de espécie ou tipo.

mudança quantitativa (p. 34) uma mudança de quantidade.

mudanças não normativas (p. 34) mudanças que resultam de eventos únicos, não compartilhados.

mudanças normativas graduadas pela história (p. 34) mudanças que ocorrem na maioria dos membros de uma coorte como resultado de fatores que atuam durante um período histórico específico bem definido.

mudanças normativas graduadas pela idade (p. 34) mudanças que são comuns a todos os membros de uma espécie.

nativistas (p. 141) teóricos que afirmam que as habilidades perceptuais são inatas.

negligência (p. 219) ausência da provisão do devido apoio físico e emocional a uma criança por parte dos cuidadores.

neonato (p. 108) termo para denominar bebês entre o nascimento e um mês de idade.

neurônios (p. 88) células especializadas do sistema nervoso.

normas (p. 31) idades médias em que marcos do desenvolvimento são alcançados.

objetivos de habilidade (p. 440) objetivos baseados no desejo de ser superior aos outros.

objetivos de tarefa (p. 440) objetivos baseados no desejo de autoaperfeiçoamento.

observação laboratorial (p. 40) observação do comportamento sob condições controladas.

observação naturalista (p. 39) processo de estudar pessoas em seus ambientes naturais.

organogênese (p. 90) processo de desenvolvimento dos órgãos.

orientação direito-esquerdo relativa (p. 307) capacidade de identificar direita e esquerda de múltiplas perspectivas.

ortografia inventada (p. 250) estratégia utilizada durante a escrita por crianças pequenas com boas habilidades de consciência fonológica.

otite média (OM) (p. 217) inflamação do ouvido médio que é causada por uma infecção bacteriana.

padrão céfalo-caudal (p. 88) crescimento que ocorre da cabeça para as partes inferiores do corpo.

padrão dominante-recessivo (p. 80) padrão de herança em que um único gene dominante influencia o fenótipo de uma pessoa, mas dois genes recessivos são necessários para produzir um traço associado.

padrão próximo-distal (p. 88) crescimento que ocorre do centro para as extremidades do corpo.

panelinha (p. 477) grupo de quatro a seis jovens que parecem ter fortes vínculos entre si.

participação guiada (p. 246) estratégia de intervenção em que as crianças se tornam aprendizes dos professores mais do que receptores passivos de instrução.

pensamento divergente (p. 349) capacidade de produzir múltiplas soluções para problemas que não têm resposta clara.

percepção de pessoas (p. 267) capacidade de classificar os outros de acordo com categorias como traços, idade, gênero e etnia.

percepção espacial (p. 307) capacidade de identificar e agir de acordo com relações entre objetos no espaço.

percepção figura-fundo (p. 308) capacidade de discriminar um objeto em movimento de seu fundo.

percepção intermodal (p. 140) formação de uma única percepção de um estímulo baseada em informações de dois ou mais sentidos.

perícia (p. 342) quantidade de conhecimento que se possui sobre um determinado tópico.

período crítico (p. 35) período específico no desenvolvimento quando um organismo é especialmente sensível à presença (ou ausência) de um determinado tipo de experiência.

período sensível (p. 35) período de meses ou anos durante o qual uma criança pode ser particularmente responsiva a formas específicas de experiência ou particularmente influenciada por sua ausência.

permanência do objeto (p. 149) compreensão de que os objetos continuam existindo mesmo quando não podem ser vistos.

personalidade (p. 182) padrão de resposta às pessoas e aos objetos no ambiente.

pesadelos (p. 213) sonhos assustadores que costumam acontecer nas primeiras horas da manhã e despertam a criança.

placenta (p. 88) órgão especializado que permite que substâncias sejam transferidas da mãe para o embrião e vice-versa, sem que o sangue de ambos se misture.

plano educacional individualizado (PEI) (p. 355) programa instrucional elaborado para atender às necessidades específicas de uma criança.

plasticidade (p. 122) capacidade do cérebro de mudar em resposta à experiência.

poda (p. 122) processo de eliminação de sinapses não utilizadas.

práticas apropriadas para o nível de desenvolvimento (p. 257) práticas de educação de segunda infância baseadas na compreensão de universais desenvolvimentistas, diferenças individuais e variáveis contextuais.

pré-fechamento (p. 459) na teoria de Marcia, o estado de identidade de uma pessoa que se comprometeu sem ter passado por uma crise; a pessoa simplesmente aceitou um comprometimento definido pelos pais ou pela cultura.

preferência no uso das mãos (p. 205) tendência de utilizar basicamente a mão direita ou esquerda.

princípio da falsa crença (p. 241) compreensão que permite a uma criança considerar uma situação do ponto de vista de outra pessoa e determinar que tipo de informação fará aquela pessoa ter uma falsa crença.

processos executivos (p. 341) habilidades de processamento de informações que envolvem criar e executar estratégias para recordar e resolver problemas.

programas de inglês como segunda língua (ESL) (p. 346) abordagem no ensino de segunda língua na qual as crianças assistem a aulas para aprender inglês em parte do dia e depois a aulas acadêmicas ministradas totalmente em inglês na outra parte do dia.

programas pré-escolares do Título 1 (p. 258) programas de educação de segunda infância para crianças economicamente desfavorecidas que são baseados em escolas públicas.

puberdade (p. 398) termo coletivo para designar as mudanças que culminam na maturidade sexual.

público imaginário (p. 436) conjunto internalizado de padrões de comportamento geralmente oriundo do grupo de amigos de um adolescente.

punição (p. 58) qualquer coisa que ocorre após um comportamento e o faz parar.

qualidade de ajuste (p. 185) grau em que o temperamento de um bebê é adaptável a seu ambiente e vice-versa.

quociente de inteligência (Q.I.) (p. 250) relação entre a idade mental e a idade cronológica; além disso, termo geral para qualquer tipo de escore derivado de um teste de inteligência.

raciocínio hipotético-dedutivo (p. 432) capacidade de derivar conclusões a partir de premissas hipotéticas.

rastreamento (p. 135) movimentos suaves dos olhos utilizados para acompanhar o movimento de um objeto.

reações circulares primárias (p. 148) expressão utilizada por Piaget para descrever as ações repetitivas simples do bebê no subestágio 2 do estágio sensório-motor, organizado em torno do próprio corpo do bebê.

reações circulares secundárias (p. 149) ações repetitivas no subestágio 3 do período sensório-motor, orientadas em torno de objetos externos.

reações circulares terciárias (p. 149) experimentação deliberada com variações de ações anteriores que ocorre no subestágio 5 do período sensório-motor.

realização da identidade (p. 459) na teoria de Marcia, o estado de identidade alcançado por uma pessoa que passou por uma crise e estabeleceu um comprometimento com objetivos ideológicos, ocupacionais ou de outro tipo.

referencial social (p. 175) uso que uma criança faz das expressões faciais dos outros como orientação para suas próprias emoções.

reflexos adaptativos (p. 124) reflexos, como por exemplo sugar, que ajudam os neonatos a sobreviver.

reflexos primitivos (p. 125) reflexos, controlados por regiões "primitivas" do cérebro, que desaparecem durante o primeiro ano de vida.

reforço (p. 58) qualquer coisa que ocorre após um comportamento e o faz se repetir.

regulação emocional (p. 270) capacidade de controlar os estados emocionais e o comportamento relacionado às emoções.

relógio social (p. 34) conjunto de normas etárias que define uma sequência normal das experiências de vida.

resiliência (p. 36) fatores no indivíduo ou no ambiente que moderam ou previnem os efeitos negativos das vulnerabilidades.

resistência (p. 304) capacidade para atividade física prolongada.

resolução sistemática de problemas (p. 432) processo de encontrar uma solução para um problema testando fatores isolados.

resposta à intervenção (RAI) (p. 356-357) plano em três níveis para ajudar as crianças que ficam para trás na escola.

retardo mental (p. 223-224) baixos níveis de funcionamento intelectual (geralmente definidos como Q.I. abaixo de 70) aliados a problemas significativos no comportamento adaptativo.

reversibilidade (p. 337) compreensão de que tanto ações físicas como ações mentais podem ser revertidas.

risco cumulativo (p. 319) risco global resultante das interações ao longo do tempo entre os fatores de risco que influenciam a saúde das crianças.

ritmos circadianos (p. 399) oscilações regulares das funções corporais em cada período de 24 horas.

roteiros (p. 245) estruturas cognitivas que orientam o desempenho de comportamentos rotineiros que envolvem uma sequência fixa de eventos.

***self* emocional** (p. 187) identificação que uma criança faz das emoções expressas nos rostos dos outros e a capacidade de regular as emoções.

***self* objetivo (categórico)** (p. 186) compreensão da criança de que ela é definida por diversas categorias, como gênero, ou qualidades, como timidez.

***self* psicológico** (p. 370) compreensão que uma pessoa tem de seus próprios traços internos estáveis.

***self* subjetivo (existencial)** (p. 186) consciência do bebê de que ele é uma pessoa separada que perdura no tempo e no espaço e pode atuar sobre o ambiente.

sentido vestibular (p. 208) sentido do corpo de sua posição no espaço.

sinapses (p. 91, 122) minúsculos espaços através dos quais os impulsos neurais fluem de um neurônio para o outro; conexões entre neurônios.

sinaptogênese (p. 122) processo de desenvolvimento da sinapse.

sincronia (p. 173) padrão entrelaçado mútuo de comportamentos de apego partilhados pelo genitor e pela criança.

síndrome da fase de sono retardado (SFSR) (p. 400) perturbação dos ritmos circadianos que se manifesta como um padrão de permanecer acordado até as 3 ou 4 da manhã e se sentir sonolento durante o dia, independentemente de quantas horas a pessoa dorme.

síndrome da morte súbita do lactente (SIMS) (p. 131) fenômeno em que um bebê aparentemente saudável morre de maneira repentina e inesperada.

sistema endócrino (p. 204) glândulas (incluindo as suprarrenais, tireoide, hipófise, testículos e ovários) que secretam hormônios que regulam o crescimento físico geral e a maturação sexual.

sobrepeso (p. 315) termo que caracteriza uma criança cujo IMC está no 95º percentil.

sociobiologia (p. 67) estudo da sociedade através de métodos e conceitos da biologia; quando utilizada pelos desenvolvimentistas, uma abordagem que enfatiza genes que auxiliam a sobrevivência do grupo.

***status* social** (p. 382) classificação de uma criança individualmente considerada popular, rejeitada ou negligenciada.

submersão (p. 346) integração de crianças não falantes do inglês em classes onde se fala apenas inglês.

superdotado (p. 361) indivíduo com capacidade excepcional, tal como inteligência e/ou talento musical, artístico, matemático ou espacial superior.

superego (p. 52) termo de Freud para a parte da personalidade que atua como juiz moral.

super-regularização (p. 249) acréscimo de inflexões regulares a palavras irregulares, tais como substituição de *went* por *goed*.

surto de crescimento adolescente (p. 400) período durante o qual o adolescente cresce rapidamente até quase a estatura adulta, sendo geralmente o primeiro sinal observável da puberdade.

tarefa de seriação (p. 340) problema que requer a capacidade de usar uma regra para colocar um conjunto de objetos em ordem.

técnica da preferência (p. 137) método de pesquisa em que um pesquisador observa por quanto tempo um bebê observa cada um de dois objetos exibidos.

temperamento (p. 182) predisposições, tais como nível de atividade, que estão presentes no nascimento e formam as bases da personalidade.

tendência secular (p. 403) mudança, como o declínio na idade média da menarca ou aumento na altura média, que ocorre nos países em desenvolvimento quando melhoram a nutrição e saúde.

tendências inatas (p. 33) noção de que as crianças nascem com tendências para responder de certas maneiras.

teoria bioecológica (p. 68) teoria de Bronfenbrenner que explica o desenvolvimento em termos de relações entre indivíduos e seus ambientes, ou contextos interligados.

teoria da mente (p. 241) conjunto de ideias construído por uma criança ou adulto para descrever, explicar e fazer previsões sobre o conhecimento e comportamento dos outros, baseado em inferências sobre seus estados mentais.

teoria das inteligências múltiplas (p. 348) teoria de Howard Gardner de que existem oito tipos de inteligência.

teoria do apego (p. 172) visão de que os bebês são biologicamente predispostos a formar laços emocionais com os cuidadores e que as características desses laços moldam o posterior desenvolvimento social e da personalidade.

teoria do esquema do gênero (p. 273) abordagem do processamento de informações ao desenvolvimento do conceito de gênero que afirma que as pessoas utilizam um esquema para cada gênero para processar informações sobre si mesmas e sobre os outros.

teoria do processamento de informações (p. 64) perspectiva teórica que explica como a mente lida com as informações.

teoria dos sistemas dinâmicos (p. 127) visão de que vários fatores interagem para influenciar o desenvolvimento.

teoria neopiagetiana (p. 64) abordagem que utiliza os princípios do processamento de informações para explicar os estágios de desenvolvimento identificados por Piaget.

teoria sociocognitiva (p. 266) perspectiva teórica de que o desenvolvimento socioemocional na segunda infância está relacionado a aperfeiçoamentos no domínio cognitivo.

teoria sociocultural (p. 63) visão de Vygotsky de que formas complexas de pensamento se originam nas interações sociais do indivíduo e não em suas explorações privativas.

teoria triárquica da inteligência (p. 348) teoria de Robert Sternberg de que a inteligência inclui três componentes: contextual, experiencial e componencial.

teorias (p. 37) conjuntos de afirmativas que propõem princípios gerais de desenvolvimento.

teorias cognitivas (p. 61) teorias que enfatizam processos mentais no desenvolvimento, tais como lógica e memória.

teorias da aprendizagem (p. 56) teorias que afirmam que o desenvolvimento resulta de um acúmulo de experiências.

teorias psicanalíticas (p. 52) teorias que propõem que as mudanças desenvolvimentistas acontecem por conta da influência de emoções e pulsões internas sobre o comportamento.

teratógenos (p. 94) substâncias como vírus e drogas que podem causar defeitos congênitos.

terrores noturnos (p. 213) sonhos assustadores que costumam acontecer nas primeiras duas horas de sono de uma criança e não chegam a despertá-la totalmente.

teste de desempenho (p. 347) teste desenhado para avaliar informações específicas aprendidas na escola.

teste padronizado (p. 347) teste em que o desempenho de cada indivíduo é avaliado comparando-se sua pontuação com a pontuação média obtida por uma ampla amostra de indivíduos semelhantes.

tomada de papéis (p. 471) capacidade de olhar uma situação do ponto de vista de outra pessoa.

traço (p. 369) padrão estável de resposta às situações.

transexual (p. 412) denotativo de indivíduos cujo gênero psicológico é o oposto de seu sexo biológico.

transitividade (p. 340) capacidade de fazer inferências sobre relações lógicas em um conjunto ordenado de estímulos.

transtorno da conduta com início na adolescência (p. 419) padrão de comportamento que se inicia aos 11 anos ou depois e inclui altos níveis de agressividade, propensão à discussão, provocação, desobediência, irritabilidade e comportamento ameaçador e ruidoso.

transtorno da conduta com início na infância (p. 326) transtorno do comportamento que envolve altos níveis de agressão, propensão à discussão, provocação, desobediência, irritabilidade e comportamento ameaçador e ruidoso que se iniciam antes dos 34 anos.

transtorno de aprendizagem (p. 355) transtorno em que uma criança tem dificuldade para dominar uma habilidade acadêmica específica, ainda que possua inteligência normal e nenhuma deficiência física ou sensorial.

transtorno de Asperger (p. 227) transtorno em que as crianças têm habilidades linguísticas e cognitivas apropriadas para sua idade, mas são incapazes de se envolver em relacionamentos sociais normais.

transtorno de déficit de atenção/hiperatividade (TDAH) (p. 322) transtorno do comportamento que faz as crianças terem dificuldade para prestar atenção e completar tarefas, assim como para controlar seus impulsos.

transtorno depressivo maior (TDM) (p. 328) sentimentos de profunda tristeza que duram seis meses ou mais e são acompanhados por transtornos do sono e da alimentação e dificuldade de concentração.

transtorno desafiador de oposição (TDO) (p. 326) transtorno do comportamento que envolve um padrão de comportamento negativo, desafiador, desobediente e hostil frente aos pais e a outras figuras de autoridade, o qual se estabelece antes dos 8 anos.

transtornos autistas (p. 227) grupo de transtornos que se caracteriza por habilidades linguísticas limitadas ou inexistentes, incapacidade de se envolver em relacionamentos sociais recíprocos e uma faixa de interesses seriamente limitada.

transtornos da comunicação (p. 357) problemas com a fala ou linguagem que interferem na educação de uma criança.

transtornos invasivos do desenvolvimento (TID) (p. 225) grupo de transtornos que se caracteriza pela incapacidade de estabelecer relacionamentos sociais.

turma (p. 477) combinação de panelinhas, incluindo membros de ambos os sexos.

variável dependente (p. 41) característica ou comportamento que se espera que será afetada pela variável independente.

variável independente (p. 41) suposto elemento causal em um experimento.

viabilidade (p. 90) capacidade do feto de sobreviver fora do útero.

visão estereoscópica (p. 207) capacidade de perceber profundidade integrando as imagens separadas enviadas ao cérebro pelos olhos e formando uma única imagem tridimensional.

vulnerabilidade (p. 36) fatores no indivíduo ou no ambiente que aumentam o risco de maus resultados de desenvolvimento.

zigoto (p. 78) célula única criada quando espermatozoide e óvulo se unem.

zona de desenvolvimento proximal (p. 246) espectro de tarefas que são difíceis demais para que as crianças as resolvam sozinhas, mas com as quais elas podem lidar se tiverem orientação.

Índice de Nomes

A

Aase, J. M., 98
Abbott, R., 344
ABC News, 353
Abel, H., 109
Aber, J., 223
Aber, J. L., 462
Aboud, F. E., 266-267
Abrams, D., 319
Abrams, E. J., 98
Accardo, P., 92-95
Acebo, C., 400
Acharyya, S., 97
Adair, R., 212
Adami, G., 423-424
Adams, B., 420-421
Adams, G. R., 478-479
Adams, P., 268
Addison, T., 109
Addy, R., 405-406
Adelman, W., 402-404
Adesman, A. R., 84
Adolph, K. E., 31-32
Agnew, J., 345
Ahadi, S., 182, 369
Ahlberg, C., 277-278
Aihara, M., 399
Aiken, L., 348
Ainsworth, M. D. S., 176-178
Akbari, O., 310
Akers, J., 476
Aksu-Koc, A. A., 164-165
Alan Guttmacher Institute, 409-410
Albersheim, L., 177, 286-287
Aleixo, P., 474
Alexander, G., 278
Alexander, K. L., 253-254
Alford, K., 461
Allen, C., 100
Allen, L., 462
Allen, M., 345
Allesandri, S. M., 187
Allinder, R., 249-250
Allison, K., 350
Al Otaiba, S., 343
Alsaker, F. D., 371-372

Alspaugh, J., 439-440
Altwerger, B., 344
Alwin, J., 190
Amato, P. R., 287
Amato, S., 82, 84, 85, 97, 99
Ambert, A., 285-286
Ambridge, B., 437
Ambrose, N., 359-360
Ambuel, B., 408-409
American Academy of Pediatrics (AAP), 124, 150, 215-218, 282, 407-408, 412-413
American College of Obstetrics & Gynecology (ACOG), 98, 105, 107
American Speech-Language-Hearing Association (ASHA), 208
Anastasia, M. L., 109
Anastasiow, N., 354-355
Anderman, E., 439-440
Anderman, L., 439-440
Andersen, G., 434-435
Anderson, C., 386, 476
Anderson, E., 287
Anderson, R., 163, 343
Anderson, S., 402-403
Anderson, V., 92-93
Andersson, H., 166
Andonotopo, W., 91
Andreou, E., 381
Andrews, G., 340, 343
Angleitner, A., 182, 269, 369
Anglin, J. M., 247-248, 336, 363
Angold, A., 403-405
Angst, J., 328-329, 423-424
Anisfeld, M., 151-152
Annest, J., 312
Annett, M., 206
Annunziato, F.W., 98
Anshel, M., 309
Anteunis, L., 141
Anthony, J., 343
Antrop, I., 325
Aoki, S., 399
Apgar, V. A., 108
Apostolidis, T., 464
Arafeh, S., 434-435

Araki, T., 399
Aranha, M., 382
Arcus, D., 183-184
Arluk, S., 316
Armbruster, B., 343
Armstrong, M., 321
Arnedt, C., 410-411
Arnold, M., 97, 399, 471
Aronson, J., 352
Aronson, S., 178
Arriaga, P., 476
Arterberry, M., 137-139
Asbjornsen, A., 131
Aschersleben, G., 306
Asendorpf, J. B., 186
Asher, S. R., 377-378, 383
Ashiabi, G., 320
Ashkar, P., 474
Askew, J., 465-466
Aslin, R., 135-136, 140-141
Aslin, R. N., 159
Assibey-Mensah, G., 465-466
Associated Press, 314
Astington, J., 242-243
Astington, J.W., 242-246
Astor, R., 381, 382
Atkinson, J., 133-134
Auditor General of British Columbia, 420-421
Austin, J., 451
Austin, M., 326
Austin, S., 410-411, 421-422
Avis, J., 243-244

B

Bachman, J., 415
Bachman, J. G., 450, 452
Bachna, K., 323-324
Bachorowski, J., 179
Baddeley, A., 52
Baek, H., 472
Bagwell, C. L., 379
Bahrick, L., 140-141
Bai, J., 97
Bailey, J., 286-287, 410-411
Bailey, S., 287
Baillargeon, R., 151-153

Baird, A., 142
Bakeman, R., 97, 478-479
Baker, A., 473
Baker, C., 277-278
Baker, E., 343
Baker, J. M., 359-360
Balaban, M. T., 187
Baldacci, H., 384-385
Baldwin, B., 322
Baldwin, C. D., 63, 253-254
Baldwin, D. A., 161
Balfanz, R., 441, 445
Ball, E., 249-250
Baltes, P., 306
Bamford, F. N., 125
Bandura, A., 59, 60, 73-74, 271-272, 277-278, 291-292, 369, 370, 371, 384-385
Bangerter, A., 39-40
Bank, L., 35, 36
Baranchik, A., 351
Barbarin, O., 322-323
Barber, B., 441
Barenboim, C., 374
Barkin, S., 282
Barkley, R., 325
Barlow, J., 325
Barnard, K. E., 253-254
Barner, J., 325
Barness, L., 129
Barnett, W. S., 258-259
Baron, I., 252-253
Barr, R., 156
Barresi, J., 95-96, 242-243
Barrett, G., 442
Barron, V., 345
Barrow, F., 321
Bartels, M., 190, 292
Barthold, C., 212-213
Bartiss, M., 309
Bartlett, E., 247-248
Basham, P., 356-357
Bass, C., 461
Bass, K. E., 39-40
Bates, E., 159, 160, 161, 163-165, 247-248
Bates, J., 292, 382, 384, 419-420

Índice de Nomes

Bates, J. E., 253-254, 269, 382
Bauchner, H., 212
Baudonnière, P., 186
Bauer, P., 148-149
Bauman, A., 97
Baumeister, R., 420-421
Baumgardner, J., 384-385
Bauminger, N., 243-244
Baumrind, D., 279, 280, 282-283, 376-377
Bawle, E., 98
Baydar, N., 189, 251-252
Bayley, N., 165-166
Beal, C., 244-245
Bear, G., 381
Bearce, K., 156
Bearman, P., 407-408
Beaudry, M., 129
Beautrais, A., 463
Bechtoldt, H., 386
Bee, H. L., 165-166
Beebe, T., 450
Behrend, D., 247-248
Beitel, D., 434-435
Bejarano, A., 96-97
Belgrave, F., 321, 350
Bell, D. C., 279
Bell, J., 436
Bell, L. G., 279
Bell, M., 244-245
Bellugi, U., 162
Belmont, J., 311
Belsky, J., 190, 269
Bem, S., 272-273
Bem, S. L., 464
Benarroch, D., 476
Benbow, C. P., 350, 361-362
Bender, B. G., 85
Bendersky, M., 109
Benenson, J., 476
Benenson, J. F., 379
Bennett, A., 228-229
Bennett, E., 463
Benson, B., 409-410
Berg, C., 311
Bergeson, T., 109
Bergman, I., 84
Bergman, R., 467
Berliner, D., 353
Berman, R., 122-123
Bernard, R., 176
Bernardo, A., 163
Berndt, T. J., 419-420
Berninger, V., 344
Berry, S., 407-408
Berscheid, E., 382
Berthier, N., 153-154
Berti, S., 306
Berzonsky, M., 458-459
Best, D. L., 275
Best, K. M., 36
Betancourt, H., 37
Betancourt, L., 97

Bethus, I., 92-93
Bettinger, T., 325
Betz, N. E., 452
Bhadha, B., 467
Bhatt, R., 156
Bhopal, R., 376
Bialystok, E., 163, 242-243
Biddle, B., 353
Bidell, T., 151
Biebl, W., 180
Biederman, J., 323-324, 438
Bierman, K., 327
Bigler, R., 266-267
Bimbi, D., 478-479
Binet, A., 250-251
Bingham, C. R., 478-479
Birch, D., 409-410
Biringen, Z., 178
Birks, E., 130
Bischoff, R., 416-417
Bishaw, A., 446
Biswas, M. K., 105, 107
Bittner, S., 222
Bjerkedal, T., 376-377
Black, K. A., 179
Black, M., 96-97, 204-205
Blackman, J. A., 99
Blair, C., 223-224
Blake, I. K., 163-164
Blake, J., 142
Blakemore, J., 277-278
Blakley, B., 98
Blandon-Gitlin, I., 266-267
Blatt-Eisengart, I., 280
Blau, G., 410-411
Blehar, M., 176
Bleich, S., 412-413
Blickstein, L., 80
Bloch, H., 154-155
Block, J., 281, 371-372
Block, T., 407-408
Bloom, B., 308, 310
Bloom, L., 158, 162-164
Blum, R., 410-411
Blumenthal, J., 399
Boden, J., 420-421
Bodenhausen, G., 266
Boehm, A., 352
Bogat, G., 180
Bogenschneider, K., 416-417
Boggio, V., 136-137
Boivin, M., 383
Boliek, C., 131
Bong, M., 462
Bontrager, A., 97
Book, T., 228-229
Bookstein, F., 98
Boomsma, D., 66, 292
Boothroyd, R., 321
Borawski, E., 407-408
Borgaro, S., 424-425
Borgatta, E. F., 452
Borkowski, M., 212-213

Bornstein, D., 31-32
Bornstein, M., 135-138, 164-165
Bornstein, M. H., 138-139
Borodkin, K., 400
Boscardin, C., 343
Bosch, L., 163
Bougie, E., 346
Boulerice, B., 287, 446
Boulton, T., 316
Bounds, J., 463
Bowen, J., 110
Bower, B., 307
Bower, N. J. A., 174
Bower, T. G. R., 174
Bowerman, M., 158
Bowker, A., 269, 476
Bowlby, J., 67, 173, 174, 295-296
Bowyer, J., 125-126
Boyan, S., 289
Boyd, D., 337-339, 377-378
Boyd, J., 337-339
Boyle, M. H., 380, 381
Bracken, B., 462
Bradbury, K., 288
Bradley, L., 249-250
Bradley, M., 463
Bradley, R., 493
Bradley, R. H., 253-254
Bradmetz, J., 434-435
Bradshaw, D., 218-219
Brady, T., 97
Brandon, P., 384-385
Brannon, C., 386
Branta, C., 210-211
Braun, L., 478-479
Bray, N., 223-224
Bray, R., 97
Brazelton, T. B., 108
Bregman, G., 452
Bremner, J., 151-152
Brennan, F., 249-250
Breslau, E., 109
Breslau, N., 109
Bretz, R. D., Jr., 452
Breyer, J., 415-417
Bridgeland, J., 446
Bridgemohan, C., 311
Britner, S., 371
Brobow, D., 286-287
Brockett, J. E., 100
Brockington, I., 96-97, 101
Brody, G., 376-377
Brody, N., 251-255, 452
Broman, C., 282-283
Broman, S., 224-225
Bromley, D. B., 372-374
Bromnick, R., 436
Bronfenbrenner, U., 68, 437
Bronstein, A., 217-218
Brook, J., 475
Brooks, J., 186
Brooks-Gunn, J., 109, 189, 251-252, 404-405, 442

Brosseau-Lapré, F., 163
Browbow, D., 286-287
Brown, A., 223-224, 376-377, 438-439
Brown, B. B., 419-420, 477
Brown, J., 97
Brown, R., 162-164, 248-249
Brownell, C. A., 240-241
Brownell, H., 229-230
Bruce, J., 223
Bruck, M., 52, 244-245
Bruckner, H., 407-408
Brüer, J., 147
Bryant, F., 415
Bryant, P., 249-250
Bryden, P., 206
Buccioni, J., 374
Buchanan, C. M., 289
Buchanan, P., 400-401
Buchman, D., 386, 387
Buck, G., 402-403
Buka, S., 319
Bukowski, W., 419-420, 478-479
Bukowski, W. M., 383
Bullock, M., 186
Bunch, K., 340
Bunn, J., 179
Burgdorf, L., 326
Burgess, K., 269-271
Burgess, S., 318, 320, 409-410
Buriel, R., 288
Burkham, D., 447
Burklow, K., 414
Burn, S., 277-278
Burns, A., 97
Burns, K., 110
Burns, W., 254-255
Bursuck, W., 359-361
Burton, L., 286-287
Burts, D., 266-267
Bus, A., 249-250
Bushman, B., 386, 476
Busnel, M., 93-94
Buss, A., 182, 184-185
Bussey, K., 277-278
Bussing, R., 312
Buston, K., 413
Buysse, A., 325
Buzi, R., 405-406
Bynum, D., 452

C

Cabral, M., 142
Cahn, D., 322-323
Cairns, B., 383
Cairns, B. D., 379, 446, 476
Cairns, R., 383, 490
Cairns, R. B., 379, 446, 476
Caldwell, C., 463
Calhoun, S., 223-227, 328-329
California Department of Education, 322
Calkins, S., 183-185

Call, K., 450
Callaghan, T., 211-212
Callahan, K., 441
Calleja, M., 163
Calvert, S., 384-386
Camburn, E., 441
Cameron, J., 353
Camilleri, C., 282-283
Camino, C., 473
Campbell, A., 276
Campbell, B., 405-406
Campbell, F. A., 189, 258-260
Campos, J., 174-175
Candelaria, M., 280
Candy, J., 276
Canetto, S., 411-412
Capage, L., 242-243
Capaldi, D., 35, 327
Caplan, G., 410-411
Caplovitz, A., 316
Capron, C., 253-254
Cardon, R., 166
Carey, S., 247-248
Carlo, G., 474
Carlson, B., 442
Carlson, C., 343
Carlson, E., 179, 490
Carlson, E. A., 177, 179, 180
Carnagey, N., 476
Carneiro, P., 476
Carnell, S., 316
Caron, A., 139-140
Caron, A. J., 139-140
Carpenter, S., 415
Carrera, M., 405-406
Carrol, B., 189
Carroll, J., 355-356
Carskadon, M., 400
Carson, D., 271
Cartwright, C., 287
Carver, P., 411-412
Carver, R. P., 251-252
Casas, J. F., 381
Casasola, M., 162
Case, A., 318, 319
Case, R., 64, 244-246, 271-272
Cashon, C., 153-154
Caslyn, C., 352
Casper, L., 384
Caspi, A., 66, 183-184, 223, 292, 321, 369, 420-421
Castellino, D., 463
Castor, C., 97
Cataldi, E., 444
Cato, J., 411-412
Catsambis, S., 447-448
Cauffman, E., 280
Caughy, M. O., 189
Cavill, S., 206
Caygill, L., 276
Ceballos, E., 376-377
Ceci, S., 244-245, 437
Ceci, S. J., 52

Center for Adoption Medicine, 202-204
Centers for Disease Control (CDC), 83, 132, 202-204, 220-221, 223, 311, 315, 316, 404-406, 409-410, 412-414, 423-425
Centers for Disease Control National Immunization Program, 131
Ceponiene, R., 135-136
Cernoch, J. M., 174
Chabris, C. F., 39-40
Chadwick, A., 293, 377-378, 381
Chadwick, O., 322-323
Chan, R., 286-287
Chan, S., 288
Chan, W., 474
Chance, G., 135-136
Chandler, D., 447-448
Chang, C., 325
Chang, E., 328-329
Chang, L., 255-256, 292
Chao, R., 282
Chapman, C., 386
Chapman, J., 368
Chapman, K., 384-385
Chapman, M., 292
Charlesworth, W., 473
Chase-Lansdale, P. L., 286-288
Chatlos, J., 96-97
Chau, M., 318, 319
Cheay, C., 282-283
Chen, E., 319
Chen, H., 184-185
Chen, S., 377-378
Chen, X., 184-185, 383
Chen, Z., 339-340, 467
Chenault, M., 141
Cheng, G., 462
Cheng, K. K., 132
Cheour, M., 156
Cherlin, A. J., 285-287
Cherry, V., 461
Chess, S., 182, 184-185
Cheung, C., 474
Cheung, P., 475
Chi, M., 342
Chiappe, P., 249-250
Chicz-DeMet, A., 100
Chilamkurti, C., 372-373
Chilcoat, H., 109
Child Welfare Information Gateway, 219-220, 222
Children's Hospital of Philadelphia, 202-204
Chinapaw, M., 316
Chincotta, D., 163
Cho, G., 372-373
Choi, S., 162
Chomsky, N., 158
Chong, B., 90
Chou, C., 476
Chou, P., 405-406

Christakis, D., 124
Chuang, S., 384
Chui, H., 462
Church, M., 98
Ciancio, D., 240-241
Cicchetti, D., 97, 223, 271-272, 328-329
Cillessen, A. H. N., 293, 381, 383
Claes, M., 475
Clarke, A. D., 488-489
Clarke, A. M., 488-489
Clarke-Stewart, A., 191
Clarren, S. K., 98
Claussen, A. H., 180
Clawson, M. A., 382
Clifton, R., 153-154
Cloninger, C., 269
Coatsworth, D., 251-252, 279
Cobb, K., 418-419
Cobo-Lewis, A., 163
Cockington, R., 316
Codd, J., 163
Coffey-Corina, S., 205
Cohen, H., 270-271
Cohen, K. M., 127-128
Cohen, L., 153-154, 162, 176
Cohen, P., 475
Cohen, R., 308, 310, 379
Cohen-Kittenis, P., 412-413
Coie, J., 327, 382
Coie, J. D., 380, 383
Colabianchi, N., 407-408
Colbourne, K., 276
Colby, A., 467, 468, 471
Cole, M., 37, 243-244, 341
Cole, P., 174-175, 181, 187
Coleman, H., 461
Coleman, J., 109
Coleman, M., 283-284
Coles, C., 97
Coley, R., 288
Collet, J. P., 131
Collins, R., 407-408, 415
Collins, W., 490
Colombo, J., 165-166
Colwell, J., 476
Comfort, M., 100
Committee on Infectious Diseases, 131
Compas, B. E., 328-329, 424-425
Condry, J., 184-185
Condry, S., 184-185
Conduct Problems Research Group, 327
Conger, R., 463
Conger, R. D., 279
Conlon, E., 343
Connolly, K., 209
Conroy, M., 97
Cook, M., 209
Cooke, L., 110, 213-214
Cooke, R., 110
Coolahan, K., 290
Cooper, A., 463

Cooper, R. P., 159
Cooper, S., 269
Copeland, L., 462
Coplan, R., 269, 271
Corbet, A., 109
Cornelius, M., 96-97
Cornwell, A., 132
Corriveau, K., 241-242
Corsaro, W., 276
Cossette, L., 184-185
Costa, P., 182, 269, 369
Costacou, T., 317
Costello, E., 322, 403-405
Costigan, K., 92-93
Cotton, L., 452
Cotton, R., 109
Cottrell, L., 322
Coulthard, H., 179
Courage, M., 151-152
Coury, D., 125-126, 212-214
Cowan, B. R., 381
Cowan, N., 139-140
Cox, N., 441
Coy, K., 270-271
Coyl, D., 476
Craigo, S. D., 105, 107
Cramer, P., 55
Cramer-Berness, L., 176
Cramond, B., 360-361
Craven, R., 371
Craver, S. M., 30
Crick, N., 292
Crick, N. R., 381
Crismon, M., 325
Crittenden, P., 180
Crittenden, P. M., 180, 278
Crncec, R., 39-40
Crnic, K., 223-224
Crockenberg, S., 178, 191, 280
Crockett, D., 384
Croft, B. A., 238
Crone, D. A., 157
Crone, E., 437
Crook, C., 136-137
Crook, M. D., 39-40
Cross, D., 243-244
Crossland, J., 249-250
Crouter, A., 379
Crowe, P., 417
Crowell, J., 177, 286-287
Crowley, S., 400
Crutcher, R. J., 342
Cuca, Y., 405-406, 408-409
Cuffe, S., 323-324
Cummings, E. M., 179, 291-292
Cunningham, M., 475
Curran, A., 349
Curran, J., 129
Currie, A., 318
Currie, J., 258-259
Curry, C., 102, 103
Cushner, K., 266-267, 347, 351
Cuvo, A., 438

D

Dabholkar, A., 122-123
Dagan, Y., 400
Daher, M., 136-137
Dahl, G., 408-409
Dajun, Z., 462
Dalgleish, M., 209
Dalgleish, T., 424-425
Dallal, G., 402-403
D'Alton, M. E., 85
Daly, L. E., 99
Daly, M., 223
Daly, S., 286-287
Dammeijer, P., 141
Damon, W., 275, 377-378, 462
Danby, S., 277-278
Daniels, I., 316
Dark, V. J., 361-362
Darling, N., 280, 281
Darlington, R. B., 258-259
Darroch, J., 408-409
Darwin, C., 31-32, 46, 119
D'Augelli, A., 411-412
Davenport, E., 449
Davey, M., 465-466
Davidson, J. E., 361-362
Davies, P., 399
Davies, P. T., 179
Davis-Kean, P., 447-448
Dawood, K., 411-412
Dawson, D. A., 216-217
Dawson, M., 452
Day, J., 438-439
Day, N., 97
DeBaryshe, B. D., 35, 36
DeBell, M., 386
DeBlois, S., 153-154
DeBruin, E., 180
Debus, R., 371
DeCasper, A. J., 93-95, 140-141
DeCherney, A. H., 85
Deci, E., 353
De dios, M., 247-248
Dedmon, S., 184-185
Deeny, K., 249-250
de Geus, E., 66
Degirmencioglu, S., 417, 476, 478-479
de Haan, M., 122-123
Deike, R., 462
Dekker, G., 101
Dekle, D., 244-245
Dekovic, J., 475
Dekovic, M., 475
de Lacoste, M., 205
Delaney, K., 148-149
del Barrio, V., 463
Delis, D., 98
Delitala, G., 213-214
Dellatolas, G., 206
DeLoache, J., 223-224
Delporto-Bedoya, D., 424-425
Delquadri, J., 356-357

Demb, H., 325
Demeter, C., 424-425
Demi, A., 97
de Moor, J., 359-360
DeMulder, E., 278
DeNavas-Walt, C., 318
Denham, S., 270-271, 278, 349
Denis, D., 434-435
Dennehy, K., 450
Dennis, T., 174-175
Dennis, W., 126-127
Dennis-Rounds, J., 438
Den Ouden, L., 126-127
Denton, K., 473
Depinet, R., 442
DeRegnier, R., 140-141
Derryberry, D., 183-184
DeSchipper, J., 182-183
de Silveira, C., 436
Desrochers, S., 240-241
Deter, H., 421-422
Detterman, D. K., 165-166
de Villiers, J. G., 249-250
de Villiers, P. A., 249-250
de Vries, B., 467, 476
DeVos, J., 151
Dezoete, J., 165-166
Diagnostic and Statistical Manual of Mental Disorders IV: Text Revision (DSMIV TR), 150, 225-229, 322-323, 326, 358-359, 421-424
Diagram Group, 209
Diamond, A., 151
Dickerson Mayes, S., 223-227, 328-329
Diehl, L., 462
Dielman, T., 462
Diener, C., 270-271
Dieni, S., 91
Diesendruck, G., 154-155
Dietz, W., 129, 202-204
DiGiuseppe, D., 124
DiIulio, J., 446
Dill, K., 386
DiMario, F., 125
D'Imperio, R., 424-425
Dinkes, R., 444
Dion, K., 382
Dion, S., 421-422
DiPietro, J., 92-93
DiPietro, J. A., 189
Dishion, T. J., 36, 327, 419-420
Dixon, M., 249-250
Dixon, S., 208, 212-215
Dobkin, P. L., 327
Dockett, S., 242-243
Doctoroff, S., 290
Dodds, J., 32
Dodge, K., 292, 382, 384, 419-420
Dodge, K. A., 382
Doh, H., 376-377
Dollard, J., 291-292

Don, A., 98
Donenberg, G., 407-408, 415
Donnellan, M. B., 420-421
Donnerstein, E., 384-385
Donohew, R., 416-417
Donzella, B., 190
Doob, L.W., 291-292
Dorman, M., 306
Dorn, C., 345
Dorn, L., 403-404
Dornbusch, S. M., 280-282, 289
Douglas, E., 220-221
Douglas-Hall, A., 318, 319
Dow-Edwards, D., 92-93
Dowling, E., 316
Downey, D., 376-377
Downs, W. R., 279
Doyle, A., 179
Doyle, A. B., 266-267
Doyle, E., 287
Drcher, G. F., 452
Droege, K., 266-267
Dromi, E., 164-165
Drotar, D., 254-255
Drum, P., 438-439
Dubon, C., 154-155
Dubow, E., 424-425
Ducic, S., 97
Dudley, K., 178
Dufour, R., 129
Dunn, J., 290, 293, 376-377
Dupree, D., 475
Durbin, D., 218-219, 312
Duvall, S., 356-357
Duyme, M., 253-254
Dwairy, M., 328-329, 419-420
Dweck, C., 266-267
Dwyer, K., 270-271, 444
DYG, Inc., 282
Dyl, J., 422-423

E

Eagel, R., 142
Eamon, M., 321
Easton, D., 293
Eberly, M. B., 475
Ecalle, J., 343
Eccles, J., 350, 439-440, 447-448
Eccles, J. S., 462
Eckensberger, E., 472
Ecob, R., 417
Eddington, E., 407-408
Eden, G., 345
Edgcombe, D., 217-218
Edgell, D., 121-122, 124, 131, 305, 325
Edgin, J., 224-225
Education Trust, 449
Egan, S., 411-412
Egan, S. K., 381
Egeland, B., 177, 180, 253-254, 442, 490
Egolf, B., 405-406

Eichstedt, J., 276
Eiden, R., 223
Eilers, R., 163
Einerson, M., 473
Eisen, M., 370, 371, 461
Eisenberg, M., 191, 413
Eisenberg, N., 178, 271, 292, 293, 382, 472
Eisenberger, R., 353, 383
Eisert, D. C., 337-339
Elbedour, S., 473
Eldis, F., 98
Eley, T., 423-424
Elfenbein, D., 467
Elieff, C., 138-139
Elkind, D., 435-436, 453
Ellen, J., 402-404
Elliott, M., 407-408
Ellison, R., 316
Ellsworth, C. P., 187
Elmen, J. D., 280
Emde, R. N., 182-183
Emerson, E., 415
Emerson, P., 172
Emery, R., 223
Emmett, P., 129
Ensign, J., 356-357
Entwisle, D. R., 253-254
Erickson, M. A., 36
Ericsson, K. A., 342
Eriel, O., 243-244
Erikson, E., 388, 434-435, 457, 458
Erikson, E. H., 54, 55, 72-73, 266, 294, 368
Erikson, J. M., 54
Eron, L. D., 291-292, 384-385
Escorihuela, R. M., 122-123
Eskes, T. K. A. B., 103
Eslea, M., 381
Espnes, G., 402
Espy, K., 140-141
Esteyes, F., 476
Etaugh, C., 277-278
Evans, D., 182
Evans, G., 318
Evans, R., 266
Evans, R. I., 54, 55
Everett, B. A., 238
Ex, C., 463
Ey, S., 328-329

F

Fabes, R., 178
Fabes, R. A., 380
Fagan, J., 254-255
Fagan, J. F., 165-166, 254-255
Fagan, J. F., III, 254-255
Fagard, J., 209
Fagot, B. I., 179, 271-272, 274
Fairclough, S., 322
Fajardo, A., 129
Falb, M., 225-227

Falbo, T., 376-377
Fallis, R., 446
Fang, X., 416-417
Fantuzzo, J., 270-271, 289, 290
Fantz, R. L., 137-138
Farkas, G., 447
Farmer, T., 380, 446
Farmer, Y. M., 452
Farnham-Diggory, S., 355-356
Farrell, P., 349
Farrington, D., 419-420
Farver, J., 292, 467
Fauth, J., 458-459
Featherman, D., 442
Feder, M., 97
Federal Interagency Forum on Child and Family Statistics (FIFCFS), 188
Fedlman, J., 98
Feeny, N., 424-425
Feider, H., 187
Feigenbaum, P., 132
Feigin, N., 360-361
Fein, G. G., 236
Fein, J., 217-219, 312
Feinman, J., 462
Feiring, C., 478-479
Feldman, D., 337-339
Feldman, J., 165-166
Feldman, R., 173
Fendrich, M., 179
Feng, J., 386
Fennema, E., 447-448
Fenson, L., 161, 162, 248-249
Fenwick, K. D., 135-136
Fergsson, D. M., 97
Ferko, D., 249-250
Fernald, A., 139-140
Fernandez-Teruel, A., 122-123
Ferrer, E., 437
Ferth, P. , 86
Field, T., 179
Fifer, W., 140-141
Fifer, W. P., 154-155
Figueras-Costa, B., 243-244
Filipek, P., 228-229
Finch, M. D., 450
Finch, S., 282, 475
Findlay, L., 271
Findling, R., 424-425
Fine, M. A., 279
Finer, L., 408-409
Fineran, S., 444
Finkelhor, D., 223
Finken, L., 447-448
Finn-Stevenson, M., 384
Fischel, J. E., 157
Fischer, A., 451
Fischer, K., 399
Fischer, K.W., 151, 187
Fish, L., 465-466
Fish, M., 269
Fisher, A., 413

Fitzgerald, B., 286-287
Fitzgerald, D., 382
Fitzgerald, L. F., 452
Fitzgerald, M., 228-229
Fitzgibbon, M., 423-424
Fitzpatrick, J. L., 452
Fivush, R., 85, 272-273
Flannery, D., 382, 475
Flavell, E. R., 238, 240-242
Flavell, J., 150, 237, 238, 240-242, 342, 343, 487-489
Flavell, J. H., 241-242, 244-246
Flay, B., 417
Fletcher, A., 280
Fletcher, J., 292, 343
Fletcher, K., 223-224
Florsheim, P., 409-410
Floyd, F., 478-479
Flynn, J., 255-256, 308
Foehr, U., 475
Fogel, A., 173
Fombonne, E., 228-229
Foorman, B., 343
Foote, A., 223
Fordham, K., 382
Fouad, N., 451
Foulder-Hughes, L., 110
Fourn, L., 97
Fox, M., 446
Fox, N., 183-184
Fox, N. A., 177
Fraleigh, M. J., 280
Francis, D., 343
Francis, P. L., 108
Franco, N., 371-372
Frankenburg, W., 32
Frase, M., 352
Fraser, A. M., 100
Fraser, M., 321
Fredriksen, K., 424-425
Freedman-Doan, C., 282-283
Freedman-Doan, P., 452
Freeman, C., 445
Fremmer-Bombik, E., 177
French, D., 292
French, D. C., 327, 419-420
Frenkel, L. M., 98
Freud, S., 52, 53, 55, 56, 70-73, 266, 294
Frey, K. S., 272-274
Fridjhon, P., 254-255
Friedman, H., 403-404
Friend, M., 359-361
Friesen, I., 206
Frisch, A., 421-422
Frith, U., 355-356
Fry, R., 445
Fryar, C., 404-405
Fuchs, D., 356-357
Fuchs, L., 356-357
Fuger, K., 97
Fulker, D., 166
Fullarton, C., 463

Fuller, B., 189
Funk, J., 384-387
Furman, L., 129
Furrow, D., 164-165
Furstenberg, F. F., 251-252
Furstenberg, F. F., Jr., 442
Fussell, J., 110

G

Gabbard, C., 207-211, 304, 305, 308
Galambos, N., 384-385
Galanaki, E., 383
Galassi, J., 441
Galbraith, K., 409-410
Gallagher, A., 355-356, 447-448
Gallagher, J., 354-355
Gallimore, R., 63
Gamoran, A., 449
Ganchrow, J. R., 136-137
Ganong, L., 283-284
Garces, E., 258-259
Gardner, A., 325
Gardner, H., 252-253, 348, 360-361
Gardner, J., 165-166
Garite, T., 100
Garmezy, N., 36
Garner, P.W., 63, 253-254
Garnier, H., 445, 446
Gartstein, M., 184-185
Garver, K., 437
Gass, K., 376-377
Gathercole, S., 163, 437
Gaultney, J., 166
Gauthier, R., 276
Gauvain, M., 376
Gava, L., 151
Gavazzi, S., 461
Ge, X., 463
Gearhart, J., 274
Geary, D., 353
Gee, C., 409-410
Gelfand, D. M., 178
Gelman, R., 240-241
Gentile, D., 386
Geogieff, M. K., 99
Georgieff, M., 140-141
Gerdes, J., 109
Gerhardstein, P., 156
Gershkoff-Stowe, L., 248-249
Gershoff, E., 282
Gerstmann, D., 109
Gervai, J., 274
Gesell, A., 31-32
Geurts, H. M., 327
Gibbs, J., 467
Gibbs, R., 434-435
Gibert, F., 343
Gibson, E., 138-139, 467
Gibson, F., 110
Giedd, J., 399

Gill, K., 184-185
Gillberg, C., 422-423
Gillberg, I., 422-423
Gillenwater, J. M., 135-136
Gillies, V., 376-377
Gilligan, C., 472
Gilman, E. A., 132
Gilman, S., 319, 410-411
Gingras, J., 166
Girardi, A., 271
Gitelman, S., 204-205, 274, 304, 317, 413
Glaeser, B., 249-250
Glaser, D., 223
Glaser, N., 202-205
Gleitman, H., 162
Gleitman, L. R., 162
Glenwick, D., 286-287
Glover, G., 242-243
Gluck, P., 142
Gnepp, J., 372-373
Gogtay, N., 399
Goldberg, W. A., 288
Goldfield, B. A., 162, 164-165
Golding, J., 129
Goldschmidt, L., 96-97
Goldsmith, H., 328-329
Goldstein, R., 416-417
Goleman, D., 349
Golinkoff, R. M., 161
Golombok, S., 85, 286-287
Gomez, A., 463
Gomez, R., 463
Gonzales, P., 254-255, 352
Good, L., 421-422
Goodall, G., 92-93
Goodenough, F. L., 291-292
Goodman, M., 85
Goodsitt, J. V., 139-140
Goodvin, R., 33, 182, 240-241
Goodway, J., 210-211
Goodwin, R., 423-424
Goodyer, I., 325
Goorsky, M., 178
Gordis, E., 223
Gordon, R., 422-423
Gorman, K. S., 99
Gortmaker, S., 412-413
Gottesman, I., 328-329, 490
Gottfried, A.W., 183-184
Gottman, J. M., 379
Grabowski, L., 450
Grabowski, S., 81-83, 85, 86, 89
Grafman, J., 399
Graham, J., 379
Graham, L., 439-440
Graham, S., 344
Gralinski, J., 187
Gralinski, J. H., 279
Gramling, L., 98
Granier-DeFerre, C., 93-94
Grant, K. E., 328-329
Grant, P., 341

Gravel, J., 207, 208
Greaney, K., 345
Green, F. L., 240-242
Green, S., 242-243, 287, 381
Greenberg, M., 223-224, 327
Greenberg, M. T., 475
Greenberger, E., 458-459
Greene, K., 415
Greenfield, P., 386
Greer, F., 304
Grether, J., 228-229
Griffin, N., 447-448
Griffiths, M., 447-448
Grigorenko, E., 349
Groenewald, P., 218-219
Grogan-Kaylor, A., 321
Groome, L., 92-93
Gross, J., 151-152
Grossman, K., 177, 181
Grossman, K. E., 181
Grotpeter, J. K., 381
Grov, C., 478-479
Gruber, J., 444
Grummer-Strawn, L., 202-203
Grusec, J., 60
Guacci-Franco, N., 474
Guangyuan, S., 443
Guerin, D.W., 183-184
Guesry, P., 130
Guilford, J., 349
Gulko, J., 275
Gulledge, S., 441
Gullone, E., 413
Gunn, W. J., 131
Gunnar, M., 190
Gunnar, M. R., 183-184
Gunther, M., 153-154
Guntheroth, W. G., 132
Guo, G., 442
Guralnik, J. M., 240-241
Gurnáková, J., 464
Gurney, J., 225-227
Gust, D., 215-216
Gustafson, S. B., 452
Guthrie, I., 382
Guthrie, J., 344
Guthrie, R., 255-256
Gutman, L., 439-440
Guyrke, J., 254-255
Guzzetti, B., 447-449
Gzesh, S. M., 238

H

Haan, M., 140-141, 229-230
Haan, N., 471
Habermas, T., 436
Hadley, K., 276
Hagan, J., 446
Hagan, R., 271-272
Hahn, E., 248-249
Haier, R. J., 85
Hains, S. M. J., 187
Hakansson, G., 163

Hakuta, K., 346
Halama, P., 348
Hale, J., 351, 415
Halford, G., 340, 341
Hall, G., 107
Hall, G. S., 31-32, 32, 46, 419-420
Hall, L., 341
Hall, L. K., 353
Halle, T., 379, 380
Halliday-Scher, K., 478-479
Halmi, K., 422-423
Halpern, C. T., 405-406
Halverson, C. F., Jr., 272-273, 276
Ham, B., 323-324
Hämäläinen, M., 420-421
Hamilton, B., 446
Hamilton, C. E., 177
Hammond, M., 180
Hand, P., 110
Handelman, L., 311
Handley-Derry, M., 107
Hanley, J., 249-250
Hanna, E., 151-152
Hannan, P., 413
Hannihan, J., 122-123
Hansen, D., 223
Hardy, C., 244-245
Hardy-Brown, K., 337-339
Harkness, S., 125, 379
Harley, C., 450
Harlow, H., 172
Harmon, R. J., 85
Harold, R., 350
Harrenkohl, E., 405-406
Harrenkohl, R., 405-406
Harrington, R., 179
Harris, G., 179
Harris, J. R., 316
Harris, K., 344
Harris, L., 410-411
Harris, P., 187, 241-242
Harris, P. L., 243-244
Harris-Davis, E., 412-413
Harrison, A., 288
Harrist, A., 382
Hart, B., 159, 253-254
Hart, C., 292
Hart, D., 462
Hart, S., 179
Harter, S., 371-372, 462
Harton, H., 478-479
Hartup, W.W., 291-292, 379, 383
Harvey, A., 461
Harvey, R., 292
Hastings, P., 269, 270-271
Hatano, G., 249-250, 351-353
Haworth, C., 316
Hay, D., 293, 377-378, 381
Hayne, H., 151-152
Haynes, C., 249-250
Heath, C., 39-40
Hecht, M., 407-408
Heenan, J., 447

Heinicke, C., 178
Heinonen, K., 371-372
Helmreich, R. L., 464
helpguide.org, 423-424
Helson, R., 34
Helsper, E., 384-385
Helwig, C., 375
Hembrooke, H., 244-245
Henderson, H., 183-184
Henderson, K., 180
Henderson, M., 407-408
Hendrix, M., 345
Henry, B., 292, 446
Henry J. Kaiser Family Foundation, 415
Hepper, P., 205, 206
Herbert, J., 151-152
Herbsman, C. R., 380
Herdt, G., 305
Hermes, S., 422-423
Hernandez, A., 346
Hernandez, D., 283-284
Heron, M., 217-219, 313, 417
Herr, C., 452
Herschkowitz, N., 142, 183-184, 205, 224-225, 227-228, 270-271
Hertenstein, M., 174-175
Hertz-Lazarowitz, R., 376-377
Herzog, W., 421-422
Hess, E. H., 35
Hesse, E., 178
Hetherington, E. M., 67, 287, 288
Hetrick, W., 93-94
Hewer, A., 473
Heyerdahl, S., 282-283
Hieshima, J. A., 255-256
Higgins, D. A., 380
Higgins, E., 241-242
Hildreth, B., 441
Hill, D., 156
Hill, J., 109
Hill, J. P., 475
Hill, R., 461
Hillman, S., 180
Hilton, S., 92-93
Hinde, R. A., 293
Hines, M., 278
Hippo, A., 30
Hirsh-Pasek, K., 161
Hiruma, N., 181
Ho, C., 249-250
Hobbs, J., 86
Hodapp, R. M., 84
Hodge, K., 309
Hodges, E. V. E., 381
Hodges, J., 180
Hodgson, D., 92-93
Hoek, H., 99
Hoeksma, J., 270-271
Hofferth, S., 384-385
Hoffman, E., 97
Hoffman, M., 271, 281

Hofmann, V., 179
Hohne, E., 161
Holahan, C., 361-362
Holcomb, D., 405-406
Holland, C., 254-255
Holland, J. L., 451
Hollenbeck, B., 291-292
Holmbeck, G. N., 475
Holmberg, K., 463
Holmes, M., 449
Holmgren, S., 376-377
Holowka, S., 163
Hood, M., 316, 343
Hook, P., 249-250
Horan, W., 424-425
Horenczyk, G., 467
Horn, J. M., 253-254
Horowitz, F. D., 36, 108
Horvath, C., 410-411
Horvath, D., 205
Horvath, J., 349
Horwood, L. J., 97
Hou, J., 184-185
Houck, G., 270-271, 281
Houde, O., 242-243
Hough, R., 327
House Commons Work and Pensions Committee, 318
Houston, D., 156, 161
Howard, K., 463
Howe, G.W., 67
Howe, M., 151-152
Howes, C., 191, 236, 290, 293
Hoza, B., 478-479
Huang, B., 419-420
Huang, D., 465-466
Huang, H., 249-250
Hubel, D. H., 141
Hudziak, J., 190, 292
Huebner, T., 327
Huesmann, L. R., 291-292, 384-385
Huesmann, R., 386, 476
Hui-Lin Chien, S., 135-136
Hulme, C., 249-250
Humphrey, N., 349
Hunfeld, J., 103
Hunt, J., 422-423
Hunter, J., 478-479
Hunter, K., 212-213
Hurd, Y., 92-93
Hurley, D., 450, 452
Hurry, J., 345
Hurwitz, E., 131
Husa, M., 179
Huston, A., 178
Hutchins, T., 290
Huth-Bocks, A., 180
Huttenlocher, J., 159
Huttenlocher, P. R., 121-123
Huttunen, M., 101
Hyde, J., 307, 447-448
Hyde, J. S., 473
Hymel, S., 383

I

Iannotti, R., 291-292
Iaquinta, A., 344
Ievers-Landis, C., 344
Igbal, A., 179
Ingoldsby, E., 287
Ingrassia, M., 283-284
Inhelder, B., 61, 229-230, 236-339, 340, 432, 433, 436
Ip, E., 282
Ippolito, M., 424-425
Ireson, J., 249-250
Isabella, R., 178
Issanchou, S., 136-137
Itier, R., 437
Ivey, P. K., 181
Izard, C. E., 187

J

Jacklin, C. N., 276
Jackson, D., 463
Jackson, S., 444
Jacobs, J., 350, 445, 447-448
Jacobsen, T., 179
Jacobson, T., 179
Jacques, T., 281
Jacquet, A., 209
Jadack, R. A., 473
Jambunathan, S., 266-267
Jankowski, J., 165-166
Janosz, M., 446
Janssens, J., 376-377, 463
Jansz, J., 476
Javenpaa, A., 180
Javo, C., 282-283
Jeffries, N., 399
Jendrek, M., 283-284, 286-287
Jeng, G., 79
Jenkins, A., 386
Jenkins, J., 242-243, 374, 376-377
Jenkins, J. M., 242-243
Jenks, J., 386, 387
Jenks, K., 359-360
Jennen-Seinmetz, C., 109
Jennings, N., 447-448
Jensen, A., 254-255, 341
Jeynes, W., 287
Jimerson, S., 442, 446
Jin, Y., 243-244
Jirtle, R., 82
John, O. P., 369
Johnson, C., 212-213
Johnson, E., 109
Johnson, H., 96-97
Johnson, J., 97
Johnson, L., 184-185
Johnson, M., 183-184
Johnson, T., 92-93
Johnston, D., 207, 416-417
Johnston, L., 415
Joireman, J., 180
Jones, C., 80
Jones, K., 98

Jones, M. C., 56
Jones, N., 179
Jones, R., 476
Jones, S., 39-40
Jonsson, P., 356-357
Jorgensen, G., 473
Jorgenson, S., 283-284
Joseph, K., 107
Joseph, R., 88
Joshua-Shearer, M., 449
Josse, D., 130
Joyce, C., 39-40
Joyce, P., 463
Judson, T., 353
Jusczyk, P., 156, 161
Jussim, L., 350

K

Kaciroti, N., 242-244
Kagan, J., 142, 183-184, 205, 224-225, 227-228, 270-271
Kagan, S., 189
Kahana-Kalman, R., 187, 237
Kahle, L. R., 337-339
Kail, R., 64, 244-246, 306, 341, 353, 437
Kaiser Family Foundation, 386
Kaiz, M., 463
Kaltiala-Heino, R., 403-404
Kaminska, Z., 249-250
Kamo, Y., 452
Kanemura, H., 399
Kang, W., 420-421
Kaniuk, J., 180
Kanouse, D., 407-408
Kaplan, P., 179
Kaplowitz, P., 402-403
Kapoor, S., 402-403
Karmiloff-Smith, A., 151
Karns, J., 173
Kasari, C., 243-244
Kaskie, B., 253-254
Kastenbaum, R., 151-152
Kato, J., 249-250
Kato, M., 476
Katz, J., 288
Katz, P. A., 276, 463
Kauffman, J., 32, 57, 228-229
Kaufman, A., 255-256
Kaufman, J., 97, 255-256
Kaufman, N., 255-256
Kaufman-Singer, J., 255-256
Kawaai, C., 458-459
Kaye, J., 405-406
Keasey, B., 337-339
Keech, R., 134-135, 207
Keefe, K., 419-420
Keel, P., 422-423
Keen, R., 153-154
Keith, L., 80
Keller, M. L., 473
Kellogg, R., 211-212, 212
Kellogg, R. J., 109

Keltikangas-Järvinen, L., 180, 371-372
Kemper, K., 213-214
Kendall-Tackett, K., 223
Kendler, K., 410-411
Kennan, K., 327
Kennedy, D. M., 361-362
Kenny, D., 474
Kent, L., 323-324
Kent, R. D., 160
Kercsmar, C., 127-128, 131
Kerns, K., 98, 475
Kerr, C., 127-128
Kerr, M., 419-420
Kessler, R., 410-411
Khanna, G., 402-403
Kickbusch, I., 311
Kiernan, K. E., 287
Kilbride, H., 97
Killen, M., 452, 473
Kilpatrick, S. J., 105
Kim, D., 270-271
Kim, H., 327
Kim, K., 341, 346
Kim, S., 190, 376-377
Kimmerly, N. L., 177
King, S., 415
Kinney, D., 477
Kinzl, J., 180
Kirby, J., 343
Kirby, N., 166
Kirk, S., 354-355
Kirkcaldy, B., 416-417
Kirke, P. N., 99
Kisilevsky, B., 100
Kittler, J., 422-423
Kivlhan, C., 384
Kivnick, H. Q., 54
Klackenberg-Larsson, I., 251-252
Klaczynski, P., 458-459
Klahr, D., 64
Klar, A., 205, 206
Klass, P., 322
Klauda, S., 344
Klee, T., 271
Kleinknecht, E., 247-248
Kliegman, R., 86, 89, 97, 99, 100, 102, 103
Klomsten, A., 402
Knecht, S., 229-230
Knight, G. P., 380
Knol, D. J., 327
Knox, D., 222, 223
Kobayashi, M., 242-243, 249-250
Kochanek, K., 131, 133-134
Kochanska, G., 270-271, 281
Koenen, K., 223
Koenig, A., 271-272, 281
Koenig, M., 241-242
Koenon, K., 321
Koestner, R., 353
Kohlberg, L., 272-273, 467, 468-471, 473, 480-481

Kohler, P., 407-408
Komarraju, M., 451
Kopp, C., 187
Kopp, C. B., 279
Koppenhaver, D., 345
Koren-Karie, N., 180
Koskinen, P., 346
Kosowski, T. D., 161
Kost, K., 409-410
Kostanski, M., 413
Kosunen, E., 403-404, 409-410
Kotler, J., 384-385
Krakovsky, M., 39-40
Kral, A., 306
Krcmar, M., 415
Kreager, D., 446
Krebs, D., 473
Krebs, D. L., 473
Kretowski, A., 317
Kreutzer, T., 490
Krishnakumar, A., 204-205
Kristensen, P., 376-377
Kroonenberg, P. M., 180, 181
Kruesi, M., 179
Ksansnak, K. R., 276, 463
Ku, S., 402-403
Kuhl, P., 139-140
Kuhl, P. K., 139-140
Kuhn, D., 65, 341, 435-436, 471
Kunz, J., 287
Kurdek, L. A., 279
Kurjak, A., 65, 91
Kusá, D., 464
Kusché, C., 327
Kusumakar, V., 423-424
Kuttler, A., 478-479

L

LaDue, R. A., 98
Lafferty, W., 407-408
La Freniere, P., 276
Lagattolla, V., 423-424
La Greca, A., 376-377, 476, 478-479
Laird, R., 384, 419-420
Lakaros, K., 190
Lam, M., 321
Lamb, M., 31-32
Lamb, M. E., 174
Lamborn, S. D., 281, 282
Lamon, S., 447-448
Landerl, K., 355-356
Landry, S., 180
Landry, S. H., 63, 253-254
Langer, G., 410-411
Langlois, J. H., 139-140
Languer, J., 471
Lanzi, R., 253-254
Larkby, C., 96-97
Laros, R. K., 105
Larson, R., 442, 458-459
Lassonde, M., 124
Latane, B., 478-479

Índice de Nomes

Lau, A., 131, 375
Lau, I., 462
Laucht, M., 109
Laumann-Billings, L., 223
Lauritsen, M., 224-225
Laursen, B., 475
Law, J., 461
Lawrence, V., 322-323
Layton, L., 249-250
Lazar, N., 437
Leaper, C., 380
Le Blanc, M., 446
Lecaneut, J., 93-94
Lecuyer-Maus, E., 270-271, 281
Lederer, J., 355-356
Lederman, R., 407-408
Lee, C., 450
Lee, D., 319
Lee, M., 386
Lee, S., 255-256
Lee, T., 474
Lee, V., 447
Leerkes, E., 178
Leevers, H., 243-244
Legendre, G., 248-249
Legerstee, M., 187
Legters, N., 441, 445
Lehman, D., 131
Lehn, L., 179
Lehr, F., 343
Leichtman, M., 244-245
Leiken, M., 355-356
Leinbach, M. D., 274
Leitch, C. J., 475
Lekka, S., 178
Lemaire, V., 92-93
Lenhart, A., 434-435
Lennon, E., 187
Leo, I., 151
Leo, J., 323-324
Leon, D., 316, 403-404
Leong, F., 451
Lerner, J., 463
Lerner, R., 463
Lesesne, C., 322-324
Leung, K., 474
Leve, L. D., 179
Levendosky, A., 180
Levesque, C., 421-422
Levine, C., 473
Levine, J., 100
Levitt, J., 474
Levitt, M., 371-372, 474
Levy, G. D., 272-273
Lewandowski, L., 325
Lewis, C., 65, 173, 174, 191, 436
Lewis, J., 287
Lewis, L., 414
Lewis, M., 109, 186, 187
Lewis, M. D., 253-254
Lewis, V., 142
Leyland, A., 99
Lhomme, M., 92-93

Li, S., 306, 341
Li, Z., 383
Liben, S., 266-267
Lickliter, R., 140-141
Lickona, T., 376, 447, 468
Lieberman, M., 179, 467
Liebkind, K., 467
Liederman, P. H., 280
Lieven, E. V. M., 164-165
Li-Grining, C., 269, 321
Lillard, A., 242-244
Lillard, A. S., 241-242
Lin, S., 99
Linden, M. G., 85
Lindenberger, B., 306
Linder, J., 386
Lindsay, D. S., 52
Lin-Kelly, W., 444
Linnet, K., 97, 101
Linting, M., 182-183
Lippa, R., 79, 274, 412-413
Lippe, R., 124
Lipsitt, L. P., 136-137
Liss, M., 277-278
Litman, C., 280
Little, J. K., 272-273
Liu, D., 225-227, 242-244
Liu, J., 156
Liu, S., 474
Livesley, W. J., 372-374
Livingstone, S., 384-385
Lobel, T., 464
Lobstein, T., 315
Locke, J., 30
Loeb, S., 189
Loehlin, J. C., 253-254
Lohr, D., 386
Lomax, L., 184-185
Long, W., 109
Lonigan, C., 343
Lopez, S. R., 37
Lopez-Alarcon, M., 129
Lopez-Martinez, R., 463
Lorenz, K., 67
Love, J., 189, 191
Lovegreen, L., 407-408
Lovel, H., 179
Low, J., 39-40
Lubinski, D., 350
Lubotsky, D., 318
Lucey, H., 376-377
Luciana, M., 122-123
Ludwig, J., 258-259
Luna, B., 437
Lundy, B., 179
Luo, Q., 416-417
Luster, T., 371-372
Luthar, S. S., 251-252
Lütkenhaus, P., 186
Lynam, D., 420-421
Lynch, C., 205, 206
Lynch, J., 344
Lynch, P., 386

Lynch, R., 109
Lynskey, M. T., 97
Lyon, M., 407-408
Lyons, N. P., 473
Lyons-Ruth, K., 327
Lytton, H., 271-272

M

Ma, H., 474, 475
Macaluso, M., 79
MacArthur, B., 165-166
Macaruso, P., 249-250
Maccoby, E. E., 191, 276-280, 289, 379
MacDorman, M., 133-134
Macgill, A., 434-435
MacIver, D., 462
MacIver, D. J., 343
Mackey, E., 476
Mackintosh, N., 254-255
MacLean, M., 249-250
MacMaster, F., 423-424
MacMillan, D., 223-224
Macrae, C., 266
Madan-Swain, A., 458-459
Madhere, S., 452
Madill, L., 476
Madison, C., 97
Madsen, K., 228-229
Maehr, M., 439-440
Magan, A., 343
Magarey, A., 316
Maggs, J., 384-385
Magiera, K., 360-361
Magnusson, D., 452
Maguire, M., 290, 293
Mah, L., 399
Mahler, B., 386
Main, M., 176-178
Main, S. R., 343
Maitel, S., 164-165
Maker, C., 349
Maki, P., 179
Malabonga, V., 154-155
Malcuit, G., 184-185, 187, 409-410
Malewska-Peyre, H., 282-283
Malina, R. M., 400-401
Malinosky-Rummell, R., 223
Mallet, P., 464
Malone, M. J., 381
Mandleco, B., 292
Mangweth, B., 180
Manhart, L., 407-408
Mann, E., 321
Manni, J., 141
Maratsos, M., 164-165, 248-249
March of Dimes, 100, 101
Marcia, J. E., 458-459
Marcoux, S., 129
Marcus, R. F., 292
Marean, G. C., 139-140
Margolin, G., 223

Markey, C., 403-404
Markey, P., 403-404
Markham, C., 405-406
Markiewicz, D., 179
Markman, E. M., 161
Markoulis, D., 434-436
Markus, H., 415
Marrott, H., 156
Marsh, H., 371, 449, 462
Marshall, N., 384
Marshall, P., 183-184
Martens, L., 476
Martin, C. L., 272-273, 275-278
Martin, J., 79, 100, 131, 223, 282-283, 321, 408-412, 446
Martin, J. A., 280
Martin, R. P., 101, 103, 104, 106, 108
Martin, S., 174-175
Martino, S., 407-408
Martorano, S. C., 433-435
Marvin, R. S., 178
Mascolo, M. F., 187
Mash, C., 137-138
Maslone, S. M., 122-123
Mason, M., 384
Masse, L. C., 327
Masten, A., 251-252, 279
Masten, A. S., 36
Maszk, P., 382
Mateer, C., 98
Matheny, L. S., 122-123
Mather, N., 360-361
Matheson, C. C., 236, 290
Mathew, A., 209
Matinussen, M., 423-424
Matson, J., 227-228
Matthews, T., 133-134
Mattia, P., 140-141
Mattson, S., 98
Maugeais, R., 93-94
Maughan, A., 223
Maughan, B., 279
Maumary-Gremaud, A., 327
Maurer, C., 104
Maurer, D., 104
May, K., 254-255
Mayberry, M. T., 341
Mayes, L., 97
Mayes, S., 205
Mayeux, L., 293, 381, 383
Mayringer, H., 355-356
Mayseless, O., 475
McAdoo, H. P., 371-372
McAlister, A., 376-377
McAllister, D., 100
McBride-Chang, C., 249-250, 292, 344
McCabe, K., 327
McCall, R. B., 251-252
McCartney, K., 179, 183-184
McCarty, C., 124
McClearn, G. E., 316

605

McClelland, A., 266-267
McClintock, M. K., 305
McCrae, R., 182, 269, 369
McCredden, J., 340
McCrone, E., 179
McCune, L., 159
McDonald, J., 346
McDonough, S., 127-128
McDowell, B., 127-128
McFayden-Ketchumm, S., 292
McGee, A., 99
McGee, R., 475
McGovern, C., 228-229
McGrath, M., 110
McGregor, K., 247-248
McHale, S., 379
McKay, S., 208
McKelvie, P., 39-40
McKeown, R., 323-324
McKenry, P., 461
McKinney, R., 411-412
McKown, C., 352
McLanahan, S., 287, 288
McLean-Heywood, D., 228-229
McLeod, P. J., 159
McQuarrie, L., 343
McRae, C., 286-287
Measles Initiative, 218-219
Mediascope Press, 387, 415
Medvedova, L., 463
Meeus, W., 475
Mehta, M., 325
Mei, Z., 202-204
Mela, G., 213-214
Melby, J. N., 279
Melot, A., 242-243
Meltzoff, A. N., 151-152, 241-242
Mendez, J., 290
Mendola, P., 402-403
Meng, L., 228-229
Menken, K., 345
Menshar, K., 328-329
Menvielle, E., 312
Merikangas, K. R., 328-329, 423-424
Merrick, J., 408-409
Merrick, S., 177, 286-287
Merrill, M. A., 250-251
Merson, M., 414
Mervis, C. B., 161
Meschyan, G., 346
Messinger, D., 173
Messinger, D. S., 178
Metallidou, P., 381
Meyer, M., 98
Meyer-Bahlburg, H. F. L., 411-412
Mian, T., 407-408
Midgley, C., 439-440, 462
Mikach, S., 286-287
Miller, B., 405-406, 409-410
Miller, B. C., 478-479
Miller, D., 258-259

Miller, N. E., 291-292
Miller, P., 178, 372-373
Miller-Johnson, S., 258-259, 327
Mills, D., 205
Mills, J., 421-422
Mills, R. S. L., 383
Minkoff, H., 92-93
Mischel, W., 271-272
Mishra, R., 337-339, 435-436
Mitchell, C., 462
Mitchell, J., 278
Mitchell, P. R., 160
Mitchell, V., 34
Mizuta, I., 181
Moane, G., 34
Moen, P., 36
Moffitt, T., 66, 223, 292, 321, 420-421
Moffitt, T. E., 369, 420-421
Mohanty, A., 163, 346
Mohay, H., 110
Mohsin, M., 97
Mokdad, A., 317
Molander, B., 376-377
Molenaar, P., 306, 307, 399
Molinari, L., 276
Molloy, A., 99
Monk, C., 121-122
Monni, A., 213-214
Monsour, A., 462
Monteiro, M., 476
Montemayor, R., 370, 371, 461, 475
Montero, I., 247-248
Montessori, M., 256-257
Montgomery, M., 478-479
Moon, C., 154-155
Moon, J., 224-225
Mooney, L., 222, 223
Moore, C., 180, 242-243, 266-267, 323-324
Moore, C. F., 473
Moore, D., 223-224
Moore, K., 95-96, 151-152
Moore, K. A., 478-479
Moore, K. L., 90, 94-95, 98
Morad, M., 408-409
Moradi, A., 424-425
Moran, G., 178
Morelli, G. A., 181
Moreno-Rosset, C., 463
Morgan, B., 132
Morgan, J. L., 158
Morin, M., 323-324
Morison, K., 446
Morris, E., 349
Morrison, D., 163-164
Morrison, W., 441
Morrissette, P., 223
Morrongiello, B. A., 135-136
Morse, P. A., 139-140
Mortensen, P., 224-225
Mortimer, J., 449, 450

Mory, M. S., 477
Mosby, G., 219-220
Moscov, S., 178
Mosher, M., 381
Mott, J., 417
Mounts, N. S., 280-282, 419-420
Mowrer, O. H., 291-292
Mueller, U., 433
Muir, D. W., 187
Muir-Broaddus, I., 244-245
Mulder, C., 321
Mulder, J., 316
Mulder, R., 463
Muller, C., 447
Munroe, R. H., 274
Munroe, R. L., 274
Murnen, S., 421-422
Murray, A., 255-256
Murray, B., 353
Murray, J., 340, 384-385
Murray, K., 270-271, 281
Murray, L., 178
Murry, V., 376-377
Musher-Eizenman, D., 384-385
Must, A., 402-403
Mutch, L., 99
Muter, V., 249-250
Muthén, B., 343
Mwamwenda, T., 435-436
Myers, B., 387
Myking, E., 131

N

Nadel, L., 98, 224-225
Nagamine, S., 476
Nagy, W., 344
Nair, P., 96-97, 97
Nakazato, K., 458-459
Nakazawa, S., 398, 399
Namka, L., 282
Nania, O., 157
Nanin, J., 478-479
Narang, S., 467
Narvaez, D., 471
Naslund, J., 344
Nation, K., 344
National Academies of Science Food and Nutrition Board, 214-215
National Association for the Education of Young Children (NAEYC), 257-258
National Cancer Institute, 314, 403-404
National Center for Chronic Disease Prevention and Health Promotion (NCCD-PHP), 316
National Center for Education Statistics (NCES), 345, 346, 353-355, 445
National Center for Health Statistics (NCHS), 133-134, 285-286, 315, 412-413

National Center for Injury Prevention and Control (NCIPC), 312, 424-425
National Highway Traffic Safety Administration (NHTSA), 418-419
National Institute for Health Care Management [NIHCM] Foundation, 322
National Institute of Child Health and Human Development (NICHD), 190, 191, 384
National Institute of Child Health and Human Development (NICHD) Early Child Care Research Network, 187-191
National Institute of Mental Health (NIMH), 224-225, 322-323
National Medical Library, 84
National Middle School Association (NMSA), 441
National Safe Kids Campaign, 312
Naude, H., 311
Nava, M., 465-466
Nederend, S., 277-278
Needlman, R., 212
Neild, R., 441
Neill, M., 348
Neisser, U., 251-252, 254-255
Neitzel, C., 65, 246-247
Nelson, C., 121-122, 140-141, 229-230
Nelson, K., 159, 163-165
Nelson, S., 268
Nemeth, R., 274
Nemours Foundation, 400
Neshat-Doost, H., 424-425
Nesto, R., 317
Nettelbeck, T., 166
Nettelbladt, U., 163
Neugebauer, R., 99
Neulinger, K., 110
Neumark-Sztainer, D., 413
Neville, H., 205
Newberger, E., 222
Newcomb, A. F., 379, 383
Newcombe, N., 447-448
Newman, D., 292
Newport, E., 140-141
Newschaffer, C., 225-227
Newsome, M., 161
New York City Children's Services, 220-221
Ni, Y., 342
Nicholas, P., 384-385
Nicholson, J., 83
Nickinovich, D. G., 452
Nicklaus, S., 136-137
Nielsen, G., 476
Nightingale, E. O., 85

Nijuis, J., 93-94
Nilsson, E., 422-423
Nilsson, L., 376-377
Nisan, M., 471
Nishimori, T., 353
Nixon, C., 242-243
Noom, M., 475
Norman, R., 218-219
Norris, C., 474
Northrup, K., 322
Novak, M., 153-154
Noyes, J., 101
Nucci, L., 268
Nunes, L. R. D., 151-152
Nusbaum, B., 96-97
Nussbaum, A., 352

O

Oates, J., 100
Obeidallah, D., 476
O'Beirne, H., 180
Oberfield, S., 402-403
Oberklaid, F., 182-183
O'Brien, M., 276
Obrzut, J., 131
O'Callaghan, M., 110
O'Connell, B., 159, 160
Oden, M., 361-362
Oei, T., 464
Offer, D., 463
Office of Educational Research and Improvement (OERI), 353
Office of Juvenile Justice and Deliquency Prevention (OJJDP), 419-421
Offord, D. R., 380, 381
Ogbu, J., 351
O'Hare, A.W., 341
Oi Bun Lam, C., 475
Okamoto, K., 475
Oldenburg, C., 475
O'Leary, S., 179
O'Leary-Moore, S., 122-123
Olejnik, A., 277-278
Olivan, G., 223
Ollendick, T., 372-373
Oller, D., 163
Oller, D. K., 160
Olmedo, M., 463
Olsen, J., 441
Olsen, S., 292
Olson, H., 98
Olson, S. L., 253-254
Olweus, D., 371-372, 381
O'Malley, C., 65, 247-248
O'Malley, P., 415, 452
Omiy, A., 154-155
Ompad, D., 405-406
O'Neal, K., 320
O'Neil, A., 277-278
O'Neill, D. K., 244-246
Ontai, L., 463
Oosterlaan, J., 270-271, 327

Opotow, S., 446
Orchard, T., 317
Orekhova, E., 206
Organization of Teratology Information Specialists, 96-97
Ornoy, A., 96-98
Osborn, J., 343
Osborne, D., 142
Osher, D., 444
Osorio-O'Dea, P., 345, 346
Ostendord, F., 182, 269,
Ostendorf, F., 369
Ostensen, E., 423-424
Ostoja, E., 179
Otake, M., 94-95
Ott, M., 407-408
Otten, W., 180
Overby, K., 32, 126-127, 129, 150, 202-204, 207, 208, 214-217, 310, 311
Overmeyer, S., 322-323
Overton, W., 433
Owens, E., 286-287
Owens, G., 411-412
Owsley, C., 138-139
Ozmon, H. A., 30

P

Paarlberg, K., 101
Paasche-Orlow, M., 311
Paaschier, J., 101
Pagani, L., 287, 419-420
Paiget, J., 229-230
Painter, M., 84
Pajares, F., 371, 439-440, 447-448, 462
Paley, V., 278
Palmer, J., 135-136
Parault, S., 341
Parent, S., 403-404
Parke, R., 66, 70-71
Parke, R. D., 173
Parrila, R., 343
Parsons, J., 478-479
Parten, M., 289
Partridge, J., 125
Partridge, M. F., 180
Pasnak, R., 154-155
Pasold, T., 384-385
Pasquini, E., 241-242
Pattee, L., 383
Patterson, C., 163, 286-287
Patterson, G., 35, 36
Patterson, G. R., 279, 327, 419-420
Paty, B., 464
Pauen, S., 154-155
Paul-Brown, D., 240-241
Pavlov, I., 56, 69
Paxson, C., 318, 319
Payne, A., 293, 377-378, 381
Pearl, R., 380
Peasant, E., 442

Pedersen, C., 224-225
Pedersen, N. L., 316
Pederson, D. R., 178
Pediatric Nutrition Surveillance, 214-215
Pedlow, R., 182-183
Peeke, H., 93-94
Pegg, J. E., 159
Peisner-Feinberg, E. S., 189
Pelletier, L., 421-422
Pelligrini, A., 292, 379
Pennington, B., 223-225
Peoples, C. E., 254-255
Perchet, C., 124
Pereverzeva, M., 135-136
Perner, J., 241-242
Perregaux, C., 163, 346
Perry, C., 271
Perry, D., 411-412
Perry, D. G., 381
Persaud, T. V. N., 90, 94-95, 98
Persson, A., 384-385
Pesonen, A., 180
Petersen, A., 402
Petersen, A. C., 328-329, 423-424
Peterson, C., 225-227, 243-245, 376-377
Peterson, L., 384
Petitto, L., 163
Pettit, G., 292, 382, 384, 419-420
Pettit, G. S., 382
Pezdek, K., 266-267
Phelps, L., 97
Philadelphia Education Fund, 442
Philiber, S., 405-406
Phillips, A., 187
Phillips, D., 383
Phillips, D. A., 191
Phillips, K., 422-423
Phillipsen, L., 379
Phinney, J., 282, 282-283, 466, 467
Phinney, J. S., 465-466, 480-481
Piaget, J., 51, 61-65, 70-71, 73-75, 119, 156, 229-230, 236-241, 244-248, 261, 337-340, 363, 374, 375, 389, 431-437, 453, 490
Pianta, R. C., 253-254
Pick, A., 187
Pickens, J., 141
Pickering, L., 129
Pickering, S., 437
Pickles, A., 279
Pierce, M., 316, 403-404
Pierce, W., 353
Pieterse, D., 218-219
Pike, J., 447-448
Pilgrim, C., 416-417
Pillard, R., 410-411
Pillow, B., 242-243
Pilowsky, T., 243-244
Pine, C., 288

Pine, J. M., 164-165
Pinker, S., 33, 247-248
Pinsky, P. F., 131
Pittman, T., 241-242
Plank, S., 255-256
Plomin, R., 67, 182-185, 254-255, 292, 316
Plucker, J., 349
Plunkett, K., 336
Pogge, D., 424-425
Poirier, C., 153-154
Polka, L., 140-141
Pollack, H., 100
Pollack, L., 314
Pollit, E., 99
Pomerantz, E., 376
Pomerleau, A., 184-185, 187, 409-410
Population Resource Center, 409-410
Porac, C., 206
Porter, A., 449
Porter, R. H., 174
Porto, M., 93-94, 100
Posikera, I., 205
Posner, J., 384
Posner, M. I., 183-184
Posthuma, D., 66
Poulin, F., 383
Poulin-Dubois, D., 276
Poulson, C. L., 151-152
Poulton, R., 223, 321
Poureslami, I., 311
Powlishta, K. K., 275, 379
Pozzi, M., 228-229
Prat-Sala, M., 336
Pratt, A., 471
Pratt, J., 386
Pratt, M., 471
Pratt, R., 109
Premack, D., 282
Prentice, A., 129
Pressley, M., 438
Pressman, E., 92-93
Pretorius, E., 311
Price, C., 287
Prince, A., 98
Pring, L., 242-243
Prinstein, M., 376-377, 478-479
Prinz, W., 306
Prior, M., 39-40, 182-183
Proctor, B., 318
Prodromidis, M., 190
Propper, C., 318, 320
Provasi, J., 154-155
Pulkkinen, L., 281, 420-421
Puma, M., 258-259
Pungello, E., 258-259
Pushina, N., 205
Putnam, S., 182-183
Puzzanchera, C., 420-421
Pynoos, H., 223

Q

Quick Stats, 413
Quinton, D., 279

R

Raaijmakers, Q., 472
Rabasca, L., 421-422
Rabinovitch, M. S., 139-140
Raboy, B., 286-287
Racine, Y. A., 380, 381
Rademacher, J., 441
Radke-Yarrow, M., 291-292
Raffaelli, M., 463
Raffelli, M., 416-417
Ragnarsdottir, H., 336
Rahman, A., 179
Rahman, Q., 411-412
Raikkonen, K., 180, 371-372
Raja, S. N., 475
Ramey, C., 253-254
Ramey, C. T., 189, 258-260
Ramey, S., 253-254, 258-259
Ramsey, E., 35, 36
Randels, S. P., 98
Rankin, M., 211-212
Rankin-Erickson, J., 249-250
Rapoff, M., 311
Rask-Nisillä, L., 214-215
Rastam, M., 422-423
Rauch, J., 461
Rauscher, F. H., 39-40
Ravera, G., 423-424
Ray, B., 356-357
Read, J. D., 52
Ream, G., 411-412
Reckase, M., 282-283
Reddy, R., 424-425
Reed, T., 179
Reene, K., 433
Rees, S., 91
Reese, H.W., 136-137
Rego, A., 344
Reid, M., 292
Reid, P., 447-449
Reigel, K., 486
Reimer, J., 471
Reiner, W., 274
Reisman, J. E., 137-138
Reiss, D., 66, 67
Reiss, N., 326
Reiter, S., 360-361
Remafedi, G., 410-411
Remsberg, K., 403-404
Rende, R., 254-255
Repetto, P., 463
Reschly, D., 223-224
Reskin, B., 452
Resnick, M., 410-411
Resnick, S., 178
Reuman, D. A., 343, 462
Revelle, W., 410-411
Reynolds, A., 321
Reynolds, M., 79

Reznick, J. S., 162
Rhodes, J., 409-410, 424-425
Rholes, W. S., 372-373
Ricci, C., 244-245
Rich, M., 311
Richards, M. L. M., 122-123
Richardson, G., 97
Richardson, I., 282
Richardson, J., 417
Ridelbach, H., 287
Riegel, K., 487-488
Riegle-Crumb, C., 447
Ries, L. M., 452
Rieser-Danner, L. A., 139-140
Rigg, J., 318, 320
Riggle, E. D., 411-412
Riley, E., 98
Rimajova, M., 217-218
Rimpela, A., 409-410
Rimpela, M., 403-404, 409-410
Riordan, K., 178
Rique, J., 473
Risley, T. R., 159, 253-254
Risser, A., 121-122, 124, 131, 305, 325
Ritter, P. L., 280
Rivlis, M., 282-283
Roberts, D. F., 280
Roberts, R., 360-361, 405-406
Roberts, S., 447-449
Roberts, W., 271
Robertson, J. F., 279
Robila, M., 465-466
Robins, R.W., 369, 371-372, 420-421
Robinson, A., 85
Robinson, C., 292
Robinson, H., 360-361
Robinson, N., 253-254
Rochat, P., 187
Roche, A. F., 402-403
Rock, A., 109
Roderick, M., 441
Rodkin, P., 380, 383
Rodrigo, M., 376-377
Rodriguez, B., 317, 413
Roediger, H., 438
Roer-Strier, D., 282-283
Roeser, R., 415, 439-440
Roeyers, H., 325
Rogers, I., 129
Rogers, J., 407-408
Rogers, J. L., 254-255
Roggman, L. A., 139-140
Rogido, M., 125
Rogoff, B., 63, 246-247
Rogosch, F., 223, 271-272
Rolls, E., 205
Romero, I., 465-466
Romney, D. M., 271-272
Ronning, J., 282-283
Root, M., 466
Rosander, K., 151

Rosario, M., 478-479
Rose, A., 377-378
Rose, R. J., 182-183
Rose, S., 165-166, 399
Rose, S. A., 140-141
Rose-Krasnor, L., 383
Rosen, C., 242-243
Rosen, T., 96-97
Rosenbaum, J. E., 443
Rosenberg, M., 370, 412-413
Rosenblith, J. F., 104
Rosenkrantz, S., 178
Rosenthal, D. A., 465-466
Rosenthal, S., 204-205, 274, 304, 317, 413, 414
Rosenvinge, J., 423-424
Ross, D., 291-292, 384-385
Ross, M., 405-406
Ross, S. A., 291-292, 384-385
Rosseau, J. J., 30
Rosser, J., 244-245
Rossi, P. G., 92-93, 124
Rostosky, S., 411-412
Rothbart, M., 182-185
Rothbart, M. K., 183-184, 369
Rotter, J., 443
Rovee-Collier, C., 156
Rovine, M., 190
Rowe, D. C., 254-255
Rowland, C. F., 164-165
Roy, E., 206
Rubin, D., 415
Rubin, K., 183-184, 269-271, 282-283
Rubin, K. H., 236, 383
Ruble, D., 266-267, 376
Ruble, D. N., 272-273, 370, 372-373
Rudmin, F., 282-283
Ruff, H. A., 140-141
Rule, A., 211-212
Rushton, E., 254-255
Rushton, J., 254-255
Russo, M., 405-406
Rutter, M., 36, 83, 228-229, 491
Ryan, G., 312
Ryan, R., 353
Ryder, J., 345
Rys, G., 381

S

Sabbagh, M., 243-244
Sadman, C., 100
Safford, P., 266-267
Saffran, J., 140-141
Safron, D., 450
Sagi, A., 164-165, 180, 181
Sahakian, B., 325
Sak, U., 349
Saklofske, D., 383
Salameh, E., 163
Saltz, R., 434-435
Saluja, G., 423-424

Samara, R., 405-406, 408-409
Sameroff, A. J., 178
Sampson, M., 179
Sampson, P., 98
Sanchez, B., 358-359
Sanchez, R., 325
Sandefur, G., 287, 288
Sandel, T., 372-373
Sandman, C., 93-94
Sandnabba, N., 277-278
Sandson, T., 323-324
Sandvig, C., 386
Sanford, K., 476
Sangrador, J., 472
Sanson, A., 182-183
Santelli, J., 407-408
Sato, S., 458-459
Sattler, J., 252-253, 255-256, 348
Saudino, K. J., 67
Savage, M., 405-406
Savage, S., 376
Savin-Williams, R., 411-412
Sawdon, J., 125-126
Scanlon, J.W., 109
Scarr, S., 183-184, 191, 253-255
Schacht, C., 222, 223
Schafer, W. D., 177
Schaffer, H., 172
Scharf, M., 475
Schatschneider, C., 343
Schechter, R., 228-229
Scheiman, M., 309
Scheindlin, B., 282
Schieve, L., 79
Schiller, M., 178
Schipper, E., 270-271
Schlagman, N., 268
Schlundt, B., 141
Schmidt, L., 183-184
Schmidt, M., 109, 278
Schmidt, R., 95-96
Schmitz, S., 271
Schneider, B., 255-256
Schneider, L., 311
Schneider, M., 218-219
Schonberger, L. B., 131
Schonert-Reichl, K., 472
Schothorst, P., 271
Schraf, M., 376-377
Schredl, M., 212-213
Schrimshaw, E., 478-479
Schröger, E., 306
Schubert, J., 95-96
Schuetze, P., 223
Schulenberg, J., 415, 450
Schuler, M., 96-97
Schull, W., 94-95
Schulman, S., 180
Schultheis, L., 97
Schultz, R.W., 402
Schulz, K., 398, 402-403
Schumacher, R., 109
Schwade, J., 148-149

Schwanenflugel, P., 341
Schwartz, D., 292
Schwartz, R. M., 109
Schwean, V., 383
Schwebel, D., 242-243
Schweinle, A., 142
Scofield, J., 247-248
Scott, J., 84
Scott, J. M., 99
Scragg, R., 132
Scuccimarri, C., 409-410
Sears, R. R., 291-292
Sebanc, A., 293
Sebastian-Galles, N., 163
Secrist, M., 379
Seery, C., 336
Segal, D., 452
Seguin, L., 97
Seidman, E., 462
Seifer, R., 178
Seikel, J., 97
Seiler, N., 408-409
Sekaran, U., 451
Sekino, Y., 270-271
Selbst, S., 217-219, 312
Self, P. A., 108
Sellers, A., 254-255
Selman, R., 377-378
Selman, R. L., 471, 474
Semrud-Clikerman, M., 325
Sen, M., 276
Seo, S., 321
Serbin, L., 276
Serbin, L. A., 275
Serdula, M. K., 316
Sergeant, J. A., 327
Serpell, R., 249-250, 351, 352
Sexson, W., 97
Shah, M., 207
Shaked, M., 243-244
Shakib, S., 309
Shames, R., 310
Shanahan, M., 449
Share, D., 355-356
Sharma, A., 306, 414
Sharma, V., 414
Shatz, M., 154-155
Shaw, D., 287
Shaw, D. S., 327
Shek, D., 321, 475
Shell, R., 178
Shenfield, T., 163
Sheng, I., 247-248
Shields, M., 207, 318
Shillcock, R., 336
Shim, M., 316
Shimmin, H. S., 274
Shimonska, Y., 458-459
Shirley, I., 276
Shocat, L., 384-385
Shope, J., 462
Shore, C., 159, 160
Shu, H., 343, 344

Shulman, C., 242-244
Shum, D., 110
Shupe, A., 92-93
Siefen, G., 416-417
Siegal, J. M., 475
Siegal, M., 243-244
Siegel, B., 359-360
Siegel, L., 249-250
Siegel, M., 271-272
Siegler, R. S., 335, 339-340, 363, 433
Sigman, M., 159, 228-229, 253-254
Sijuwade, P., 352
Silva, P., 292
Silverman, T., 452
Simard, V., 212-213
Simion, F., 151
Simon, T., 250-251
Simons, R. L., 279
Simonsen, H., 336
Simpkins, S., 447-449
Sims, M., 290
Singelis, T., 466
Singer, J., 242-243
Singer, L. T., 254-255
Singh, A., 316
Singh, S., 405-406, 408-409
Sippola, L., 478-479
Siracusano, S., 213-214
Sisk, C., 398, 402-403
Skaalvik, E., 368, 402
Skinner, B. F., 58, 69-71, 157
Skinner, M. L., 36
Skoe, E., 473
Skuy, M., 254-255
Skwarchuk, S., 336
Slaby, R. G., 274, 384-385
Slater, A., 165-166
Slobin, D. I., 158, 164-165
Slone, M., 464
Smart, L., 420-421
Smees, R., 292
Smerdon, B., 447
Smetana, J., 268, 473
Smith, A., 434-435
Smith, B., 133-134, 247-248
Smith, C., 318, 419-420
Smith, D., 219-220, 358-359
Smith, D. F., 98
Smith, E., 97
Smith, I., 242-243
Smith, J., 39-40
Smith, K., 180, 384
Smith, L., 166
Smith, P., 292, 379
Smith, R. S., 251-252
Smithson, J., 449
Smock, P. J., 288
Smokowski, P., 321
Smolak, L., 421-422
Smoll, F. L., 402
Smoski, M., 179

Snarey, J. R., 469-472
Snidman, N., 183-184
Snow, C. E., 159, 160
Snowling, M., 249-250, 344, 355-356
Snyder, C., 311
Snyder, H., 420-421
Snyder, T., 444
So, C., 242-244
Society of Assisted Reproductive Technology (SART), 80
Sodian, B., 241-242
Sodoro, J., 249-250
Soken, N., 187
Sola, A., 125
Solomon, J., 176, 177
Solomonica-Levi, D., 243-244
Soori, H., 375, 376
Sophian, C., 240-241
Sorace, A., 336
Sorell, G., 478-479
Sotelo, M., 472
Sowell, E., 306
Spahr, T., 306
Spangler, G., 181
Sparling, J., 258-259
Spelke, E., 141, 187
Spelke, E. S., 151-153
Spence, I., 386
Spence, J. T., 464
Spencer, M. J., 94-95, 475
Spiers, P. S., 132
Spiker, D., 224-225
Spreen, O., 121-122, 124, 131, 305, 325, 350, 399
Squire, L., 205
Sroufe, A., 179, 180, 442, 490, 491
Sroufe, L. A., 177, 179, 180
Stabile, M., 318
Staff, J., 446
Stainback, S., 359-360
Stainback, W., 359-360
Stallings, V., 127-130, 316
Stallmann-Jorgensen, I., 412-413
Standley, J., 109
Stanger, C., 187
Stanley-Hagan, M. M., 288
Stansbrey, R., 424-425
Stanton, W. R., 475
Stapleton, L., 257-258
Stattin, H., 251-252
Stedron, J., 224-225
Steele, C., 352
Steele, J., 205
Steele, K. M., 39-40
Steele, M., 180
Stein, J., 445
Stein, K., 415
Stein, M., 208, 212-215
Steinberg, A., 223
Steinberg, L., 280-283, 384, 419-420, 442-444, 458-459
Steinberg-Epstein, R., 228-229

Steiner, J. E., 136-137
Stelmach, G., 307
Sternberg, K. J., 190
Sternberg, R., 348, 349
Sternberg, R. J., 361-362, 364-365
Stevenson, H., 352
Stevenson, H.W., 255-256, 352
Stevenson, J., 249-250
Stevenson, M., 217-218
Stevenson-Hinde, J., 382
Stewart, R., 211-212
Stewart, S., 314
Stickgold, R., 400
Stifter, C. A., 269
Stigler, J.W., 255-256, 352
Stipek, D., 187, 266-267
St. James-Roberts, I., 125-126
Stoddard, R., 109
Stokes, J., 424-425
Stoolmiller, M., 36
Stormshak, E., 279
Story, M., 413
Stouthamer-Loeber, M., 369, 420-421
Strandberg, T., 180
Stratton, G., 322
Strauss, S., 344
Strayer, F. F., 276, 290
Strayer, J., 271
Streissguth, A. P., 98
Striano, T., 187
Stright, A., 65, 246-247
Strizenec, M., 348
Strobino, D. M., 189
Stroganova, T., 205
Stukas, S., 452
Stunkard, A. J., 316
Sturm, J., 336
Styne, D., 202-205
Subich, L., 451
Succop, P., 414
Suchindran, C., 405-406
Suess, G., 177, 181
Sugioka, H., 276
Suizzo, M., 257-258
Sulkes, S., 82, 125-126, 130, 216-223
Sullivan, K., 242-243
Sullivan, M., 110
Sullivan, M.W., 187
Summers, D., 407-408
Sun, Y., 383
Sung, M., 403-405
Super, C. M., 379
Super, D. E., 451
Supramaniam, R., 384-385
Surall, D., 416-417
Surber, C. F., 238
Susman, E. J., 381
Susser, E., 99
Sussman, D., 410-411
Suzuki, L., 352
Sveum, K., 400

Svrakic, D., 269
Svrakic, N., 269
Swaim, K., 462
Swain, D., 316
Swanger, A., 458-459
Swank, P., 180
Swank, P. R., 63, 253-254
Swanson, D., 475
Swanson, L., 341
Swarzenski, B., 92-93, 124
Sweeney, J., 437
Sweeting, H., 403-404, 417, 422-423
Swettenham, J., 242-243
Sy, S., 450
Sylva, K., 345
Syska, E., 95-96
Sysko, R., 423-424
Szeinberg, A., 400

T

Taga, K., 403-404
Tager-Flusberg, H., 242-243
Taghavi, M., 424-425
Tagliamonte, S., 434-435
Tall, G., 249-250
Talmor, R., 360-361
Tamplin, A., 293
Tang, C., 411-412
Tang, V., 321
Tanner, J. M., 82, 92-93, 126-128, 130, 205, 304, 307, 398, 400-402
Tan-Niam, C., 65, 247-248
Tardif, T., 242-244
Tasbihsazan, R., 166
Task Force on Sudden Infant Death Syndrome, 131, 132
Tasker, F., 286-287
Tavares, E., 129
Taylor, B., 402
Taylor, C., 241-242
Taylor, D., 346
Taylor, E., 322-323
Taylor, M., 290, 436, 437
Tein, J., 463
Teller, D., 135-136
Temko, N., 381
Temple, E., 242-243
Terlecki, M., 447-448
Terman, L., 250-251, 361-362
Termini, A., 289
Terrisse, B., 321
Tershakovec, A., 127-130, 316
Testa, S., 423-424
Teti, D., 31-32, 280
Teti, D. M., 178
Tevecchio, L., 182-183
Thal, D., 163-165
Thapar, A., 97
Tharp, R. G., 63
Tharpe, A., 208
Thelen, E., 31-32, 126-127
Theriault, J., 478-479

Thomas, A., 182, 184-185
Thomas, D., 258-259, 321
Thomas, J., 307
Thomas, K., 140-141, 229-230
Thomas, M., 69-71, 209, 246-247
Thomas, R. M., 65
Thompson, C., 95-96, 242-243
Thompson, D., 202-203
Thompson, G., 449
Thompson, I., 166
Thompson, R., 33, 182, 240-241
Thompson, T., 314
Thorn, A., 163
Thorne, B., 379
Thornton, L., 410-411
Thorp, J., 450, 452
Tiedemann, J., 350
Timini, S., 323-324
Tinker, E., 158
Tinsley, B., 403-404
Tinsley, B. R., 173
Titmus, G., 293
Tobena, A., 122-123
Tobias, S., 163-164
Tod, D., 309
Todd, R. D., 92-93, 124
Tokar, D., 451
Tolson, J., 476, 478-479
Tomasello, M., 158
Tomasi, P., 213-214
Tomblin, J., 97
Tomlinson-Keasey, C., 337-340
Toomela, A., 211-212
Torgesen, J., 355-356
Torrance, P., 349
Tortora, G., 81, 82, 83, 85, 86, 89
Toth, S., 223, 328-329
Townsend, T., 321
Trainor, L., 109
Trapl, E., 407-408
Trautner, H., 274
Traverso, A., 423-424
Traweger, C., 180
Treboux, D., 177, 286-287
Trehub, S., 109
Trehub, S. E., 139-140
Tremblay, R., 287, 419-420, 446
Tremblay, R. E., 327
Trevethan, S. D., 467
Tronick, E. Z., 181
Trzesniewski, K. H., 420-421
Tsai, M., 476
Tsay, J., 416-417
Tuck, B., 165-166
Tucker, C., 379
Tunmer, W., 345, 368
Turgeon, L., 184-185
Turic, D., 355-356
Turiel, E., 473
Turkheimer, E., 490
Turnage, B., 475
Turner, L., 223-224
Twisk, W., 316
Tynan, D., 326

U

Uba, A., 131
Uchida, N., 154-155
Uchino, B., 409-410
Udry, J. R., 405-406
Uechi, Y., 475
Uecker, A., 98
Ullian, D. Z., 272-273
Ulvund, S., 166
Umetsu, D., 130
Underwood, G., 163
Underwood, M. K., 380-382
Ungerer, J. A., 159
UNICEF, 217-219
United States Consumer Safety Product Commission, 312
Uno, D., 409-410
Unzner, L., 181
Updegraff, K., 476
Upton, G., 249-250
Urban, J., 180
Urban, T., 437
Urbano, R., 163
Urberg, K., 416-417, 476, 478-479
U.S. Bureau of Labor Statistics, 446
U.S. Census Bureau, 282-286
U.S. Department of Education, 360-361
U.S. Department of Health and Human Services, 318, 419-420, 423-424
U.S. Department of the Treasury, 318
U.S. Food and Drug Administration, 328-329
Usher, E., 447-448
Uylings, H., 122-123

V

Vaeisaenen, L., 132
Valanides, N., 434-436
Valas, H., 368
Valdez-Menchaca, M. C., 157
Valenza, E., 151
Valiante, G., 462
Valleroy, L., 414
Van Acker, R., 380
Van Beijsterveldt, C., 190, 292
Vandegeest, K., 281
Vandell, D., 384
Vandenberg, B., 236
Van den Broek, P., 344
Van den Bulck, J., 384-385
van der Boom, D., 179
van der Meer, V., 413
van der Molen, M., 306, 307, 399, 437
Vandewater, E., 316
van Engeland, H., 271
van Geign, H., 101
van Goozen, S., 412-413
van IJzendoorn, H.W., 383

van IJzendoorn, M., 174, 190, 249-250
van IJzendoorn, M. H., 180-183
Van Lange, P., 180
Van Leeuwen, S., 244-245
van Lieshout, C. F. M., 383
van Lieshout, E., 359-360
van Mechelen, M., 316
Van Mierlo, J., 384-385
Van Oost, P., 325
van Wel, F., 475
van Wormer, K., 411-412
Vardaxis, V., 400-401
Varghese, S., 125-126
Vargo, A., 321
Vartanian, L., 436
Vaughan, K., 344
Vedder, P., 467
Ventura, S., 446
Verbogt, T., 472
Verduin, K., 344
Ver Hoeve, J. N., 139-140
Verkooijen, K., 476
Verma, S., 458-459
Vermeulen, K., 344
Vicary, J., 462
Vickery, K., 217-218
Vida, J., 361-362
Vikat, A., 409-410
Villapando, S., 129
Viner, R., 402-403
Vingerhoets, A. J., 101
Visconti, P., 92-93, 124
Visscher, W., 97
Visser, S., 322-324
Vitaro, F., 287, 327, 419-420
Vogin, J., 96-97
Volkow, N., 416-417
Vollebergh, W., 472
Vondra, J. I., 326, 327
von Eye, A., 180, 463
von Hofsten, C., 151-152
Vulchinich, S., 36
Vygotsky, L., 63, 64, 73-75, 246-247
Vyrostek, S., 312

W

Wachs, T., 150
Waddington, C. H., 488-490
Wadhwa, P., 93-94, 100
Wagner, E., 292
Wagner, R., 344, 349
Wahl, K. E., 241-242
Walden, T. A., 174-175
Waldfogel, J., 109
Waldman, I. D., 253-255
Walk, R., 138-139
Walker, H., 173
Walker, L., 468-471
Walker, L. J., 467, 471, 473
Walker, M., 400
Walker-Andrews, A., 237

Walker-Andrews, A. S., 187
Wall, M., 413
Wall, S., 176
Wallace, N., 97
Wallerstein, J., 287
Walser, R., 228-229
Walsh, D., 386
Walters, L., 415
Walton, G. F., 174
Walusinski, O., 91, 93-94
Wang, C., 282-283, 405-406
Wang, D., 376-377
Wang, S., 372-373
Wang, Y., 315, 316, 372-373, 402-404, 412-413
Ward, D., 356-357
Ward, R. H., 100
Ward, S. L., 433
Wardle, J., 213-214, 316
Warfield-Coppock, N., 461
Wark, G. R., 473
Warkentin, V., 186
Warren, M. P., 404-405
Warren, S., 179
Warren, S. F., 151-152
Wartner, U. B., 177
Waseem, M., 216-217
Wasserman, S., 151
Watamura, S., 190, 191
Waters, E., 176, 177, 286-287
Watson, A., 242-243
Watson, J., 243-244
Watson, J. B., 56, 57, 73
Waxman, S. R., 161
Way, N., 424-425
Wearing, H., 437
Webb, S., 121-122
Webster, B., 446
Webster-Stratton, C., 292
Wechsler, D., 251-252
Weidman, J., 82
Weimer, B., 475
Weinberg, R., 253-254
Weinberg, R. A., 253-255
Weindrich, D., 109
Weinfield, N., 177
Weinstein, R., 352
Weinstock, L., 100

Weir, D. G., 99
Weisel, T. N., 141
Weisner, T., 278
Weiss, M., 187
Welch-Ross, M., 242-243
Wellman, H., 187, 225-227, 242-244
Wellman, H. M., 240-241
Wells, D., 205, 206
Wentzel, K. R., 383
Werker, J. F., 140-141, 159
Werner, E. E., 36, 251-252
Werner, L. A., 135-136, 139-140
West, E., 405-406
West, P., 403-404, 417, 422-423
Wetzel, N., 306
Wewerka, S., 140-141, 148-149
Whang, P., 341
Wheatley Price, S., 318
Whiston, S., 452
White, K., 382
White, P., 449
White, W. H., 31-32
Whitebook, M., 191
Whitehurst, G. J., 157
Whiteman, M., 475
Widmann, A., 306
Wiesner, M., 327
Wigfield, A., 462
Wiggins, G., 472
Wilcox, T., 142
Wilk, A., 156
Willerman, L., 253-254
Williams, A., 345
Williams, J. E., 275
Williams, W., 349, 447-449
Williams, L., 223
Wilson, A., 242-243
Wilson, G., 411-412, 423-424
Wilson, H., 407-408
Wilson, J., 325
Wilson, M., 223, 288
Wilson, S., 39-40
Wilson, W. J., 288
Wilson-Mitchell, J., 278
Wimmer, H., 355-356
Winch, G., 464

Winner, E., 361-362
Winslow, E., 287
Winter, H. R., 132
Winters, K., 415-417
Wisenbaker, J., 101
Wittberg, R., 322
Wolfe, M., 286-287
Wolpe, J., 57
Wong, C., 411-412
Wong, D., 84, 132, 173, 213-214
Wong, F., 97
Woo, M., 464
Wood, C. H., 272-273
Wood, D., 65, 247-248
Wood, P., 327
Wood, S., 413
Woods, K., 349
Woodward, J., 205
Woolley, M., 321
World Health Organization (WHO), 217-218
Worrell, F., 446
Worthman, C., 403-405
Wraith, R., 223
Wright, C., 130
Wright, J., 447-448
Wright, S., 346
Wu, M., 416-417
Wu, N., 343
Wu, T., 402-403
Wulf, D., 405-406, 408-409
Wyatt, J., 474

X
Xiaoyan, H., 462
Xie, H., 383

Y
Yairi, E., 359-360
Yamada, A., 466
Yan, J., 307
Yazzie-Mintz, E., 444
Yeh, M., 327
Yen, K., 207
Yeung, A., 449, 462
Yirmiya, N., 242-244
Yonas, A., 138-139

Young, A., 439-440
Young, M., 463
Young, S., 183-184
Youniss, J., 340
Yu, Y., 268
Yuill, N., 266-267
Yule, W., 424-425

Z
Zahn-Waxler, C., 181, 183-184, 291-292
Zaia, A., 382
Zaitchik, D., 242-243
Zakarian, R., 228-229
Zakriski, A., 382
Zalazo, N. A., 127-128
Zamboni, B., 412-413
Zbikowski, S., 379
Zehnder, S., 386
Zelazo, P., 375
Zelazo, P. D., 127-128
Zelazo, P. R., 127-128
Zelli, A., 291-292
Zhang, H., 97
Zhang, R., 268
Zhang, X., 97
Zhou, C., 344
Zhou, L., 452
Zhou, Z., 352
Ziegenhain, U., 179
Zigler, E., 84, 251-252, 384
Zigler, F., 39-40
Zigmond, N., 359-361
Zimba, R., 472
Zimmer, J., 212-213
Zimmer-Gembeck, M., 449, 476
Zimmerman, C., 343
Zimmerman, F., 124
Zimmerman, M., 462, 463
Zimmerman, R., 172, 411-412
Zimmermann, P., 475
Zinser, M., 179
Zirma, B., 312
Zoghbi, H., 227-228
Zola, S., 205
Zumeta, R., 356-357
Zvonkovic, A., 287

Índice Remissivo

A

AAP, 124, 131, 132, 150
Abandono, 222
Abismo visual, 138-139
Abordagem integral da linguagem, 344
Abordagem ecológica, 35-37, 67-70
Abordagem equilibrada no ensino de leitura, 344
Abordagem Waldorf, 256
Abordagens acadêmicas na educação de segunda infância, 256-258
Abordagens desenvolvimentistas, na educação de segunda infância, 256-258, 299
Aborto espontâneo, 86-87
Abuso emocional, 222
Abuso físico, 222
Abuso físico/sexual, 177, 204-205, 218-223
Abuso sexual, 222
Academias de 9ª série, 441-442
Acidentes
 na meninice, 311-312
 na segunda infância, 216-218
Ácido desoxirribonucleico (DNA), 78, 117
Ácido fólico, 99
Açoitamento, 219-221
Acomodação, 62, 437
ActivityGram, 322
Açúcar no sangue, 316-317
Acuidade
 auditiva, 135-136
 visual, 134-135
ADH, 213-214
Adolescence: its psychology and its relations to physiology anthropology, sociology, sex, crime, religion and education (Hall), 419-420
Adolescência, 32, 33, 394-395, 397. *Ver também* Puberdade
 apego na, 475
 autoconceito na, 460-467

desenvolvimento atípico na, 418-425
desenvolvimento da personalidade na, 458-460
desenvolvimento moral na, 467-474
divórcio e, 287
egocentrismo na, 435-436
emprego e, 449-452
mudanças cognitivas na, 425-426, 437-449, 485
mudanças físicas da, 398-405, 475
relações sociais na, 474-479
saúde na, 412-419
sexualidade na, 404-413
transtorno da conduta com início na, 326, 419-420
Adolescentes birraciais, 466
Adrenarca, 398
Afabilidade, 369
Agressão
 na adolescência, 444-446
 na meninice, 380-383
 na segunda infância, 290-293
Agressão hostil, 291-292
Agressão instrumental, 291-292
Agressividade relacional, 381, 383
Agressividade retaliativa, 381-382
AIDS, 98, 414
Álcool
 uso adolescente de, 416-419
 uso materno de, 97-98
Alergias, 129, 310
ALIs, 345-347
Alfabetização em casa, 356-357
Alfa-fetoproteína, 102
Altruísmo, 292-293
Altura, 82-83, 201-205
Amamentação ao seio, 129
Ambiente, 487-488, 490
 busca de sensações e, 414-415
 ganho de peso e, 316
 herança mitocondrial e, 82-83
 preferência no uso das mãos e, 205-206

Q.I. e, 253-255
retardo mental e, 224-225
temperamento e, 182-185
Ambliopia, 207
 funcional, 207
 orgânica, 207
Ameaça do estereótipo, 352
American Academy of Pediatrics (AAP), 124, 131, 132, 150
American Educational Research Association, 45
American Psychological Association, 45
Amizades
 na adolescência, 416-417, 425, 444, 446, 474-479
 na meninice, 301, 376-379
 na segunda infância, 288-293
Âmnio, 88
Amniocentese, 101-102, 117
Amostra, 38
Amostragem das vilosidades coriônicas (AVC), 101-102
Analgésicos, 104
Análise funcional, 227-228
Andaimes, 64, 246-247, 457
Andrógenos, 79, 274, 304, 305, 398, 412-413
Andrógenos adrenais, 304, 305, 398
Anemia, 130
Anemia falciforme, 84
Anestesia, 104
Animismo, 238
Anomalias cromossômicas, 85
Anorexia nervosa, 421-424
Anos pré-escolares. *Ver* Segunda infância
Anoxia, 107
Ansiedade ante estranhos 174-175
Ansiedade de separação, 174-175, 197
Ansiedade no bebê, 174-177, 180-181, 197
Anti-histamínicos, 310
Apego, 173, 490-491
 inseguro, 176-181

inseguro/ambivalente, 176-180
inseguro/desorganizado, 176-180
inseguro/evitante, 177-181
na adolescência, 475
na primeira infância, 142, 173-181, 190-191, 197
na segunda infância, 278-279
seguro, 176-181, 197
Apneia do sono, 131, 212-214
Apneia durante o sono, 131
Apoio social, 371-373, 474-479, 485
Aprendizagem
 de segunda língua, 163, 242-244, 345-347
 esquemática, 154-155
 na primeira infância, 153-156
 observacional, 39-40, 44, 59-60, 154-155, 291-292
 social, 59-60, 154-155, 271-273, 291-292
 teorias da, 56-61, 70-71
 transtornos de, 355-357
Aprendizes da lingua inglesa (ALIs), 345-347
Apresentação pélvica, 105
Aproximação/emotividade positiva, 182
Áreas de associação, 306
Áreas de Broca e aprendizagem em segunda língua, 346
Arrulho, 160
Asma, 310-311
Assédio sexual, 444-445
Assimilação, 62, 437
Assistir à TV, 124, 384-385, 415
Atenção seletiva, 306, 329-330
Atividades físicas vitalícias, 321-322
Atrofia cerebral, 99
Audição
 na meninice, 306
 na primeira infância, 135-136
 na segunda infância, 208-209
Aulas de preparação para o nascimento, 105

Autocompreensão, 460-463
Autoconceito
　na adolescência, 460-467
　na meninice, 301, 370-373
　na primeira infância, 185-187
　na segunda infância, 270-272
Autodescrições, 461-462, 483
Autoeficácia, 60, 371, 393
Autoestima, 371-373, 404-405, 420-421, 462-463
Automatismo, 341, 344
Autorregulação, 376-377
Autossegregação, 266-267
Autossomos, 78
AVC, 101-102
Avós, 283-287
Axônios, 91, 121-122
AZT, 98

B

Baixo peso natal (BPN), 108-110, 117, 493
Balbucio, 160
Bateria Kaufman para Avaliação de Crianças (KABC), 255-256
Bayley-III, 165-166
Bebês prematuros, 108, 110
Behaviorismo (Watson), 56-61, 157
Bifenilos policlorados (PCBs), 101
Bilinguismo, 163
Biofeedback, 70-71
Biografias de bebês, 31-32
Bissexualidade, 410-412, 479
Blastocisto, 88
Boa saúde. *Ver* Saúde
BPN, 108-110, 117, 493
Brincar
　associativo, 289
　construtivo, 236
　cooperativo, 289, 299
　de faz de conta, 235-237, 242-243
　espectador, 289
　imaginativo inicial, 236
　imaginativo substituto, 236
　paralelo, 289
　regido por regras, 236
　simbólico, 159
　sociodramático, 236
　solitário, 289
　tipos de, 159, 235-237, 242-243, 289, 299
Bulimia nervosa, 421-424
Bullying, 381
Busca de sensações, 414-415, 484
Busca sistemática, 342

C

Cálcio, 130, 304, 412-413
Campo de visão, 207

Canalização (Waddington), 488-490
Capacidade de atenção, 37-45
Caracteres sexuais, 402-404
Características sexuais primárias, 402
Características sexuais secundárias, 402-404
Carboidratos simples, 412-413
Cáries dentárias, 215-216, 309-310
Cat in the Hat, The (Dr. Seuss), 94-95
Categorização hierárquica, 154-155
Células gliais, 91
Centração, 238
Cérebro
　fetal, 90-93
　na adolescência, 398-399
　na meninice, 305-307, 393
　na primeira infância, 121-124
　na segunda infância, 204-205
Certificado de desenvolvimento educacional geral (GED), 445
Cerviz, 86, 105
Choro
　de dor dos bebês, 125-126
　de fome dos bebês, 125-126
　de raiva dos bebês, 125-126
　dos bebês, 125-126, 142
Ciência do desenvolvimento, 30, 37-38
Cinco Grandes, 369, 393
Cirurgia cesariana, 105-107, 117
Citomegalovírus (CMV), 99
Clamídia, 413-414
Classificação matricial, 244-246
Classificação percentil, 202-204
CMV, 99
Cocaína, 96-97
Cognição espacial, 307
Cognição social, 329-330
Colesterol, 214-215
Cólica, 125-126
Colostro, 87
Comparações sociais, 371
Compensação, 240-241
Complexidade relacional, 340
Complexo de Édipo, 53
Complexo de Electra, 53
Comportamento(s), 56-61
　adaptativo, 250-252
　agressivo, 290-293, 380-383, 444-446
　anormal. *Ver* Desenvolvimento atípico
　de apego. *Ver* Apego
　de base segura, 174, 180, 181
　de busca de proximidade, 174
　de gênero cruzado, 277-278
　de meios e fins, 148-149, 197
　delinquente, 35-36, 279-281, 419-422, 474

　extinção de, 59
　pré-natal, 93-95
　pró-social, 292-293, 472
　raciocínio moral e, 473-474
　sexual, 404-413, 484
　sono/vigília, 125-126
　teorias sobre, 56-61
　tipificado por sexo, 276-278
Comunicação mediada por computador, 434-435
Conceito de objeto, 151-153. *Ver também* Permanência do objeto
Concepção, 78-80, 89
Condição socioeconômica (CSE), 319-321. *Ver também* Pobreza
　apego e, 178
　educação e, 257-260
　estilos de criação e, 281-283
Condicionamento
　clássico 56-57, 60, 70-71, 153-155
　operante, 58-60, 70-71, 137-138, 154-155
Cones, 135-136
Confiança
　mútua, 377-378
　versus desconfiança, 54, 117, 172
Consciência fonológica, 249-250, 343-345
Conscienciosidade, 369, 393
Consentimento informado, 45
Conservação, 63, 238-241, 274-275, 337-339
Consolidações, 487
Constância de gênero (Kohlberg), 272-275
Constância de gênero verdadeira, 274-275
Construto psicológico, 374
"Contents of Children's Minds on Entering School" (Hall), 31-32
Contexto
　biológico, 68
　cultural, 68
　imediato, 68
　socioeconômico, 68
Contextos, 35-37, 68-69
Continuum de colocações, 360-361
Controle
　esforçado/persistência na tarefa, 182
　lócus de, 443, 463
Convenções sociais, 268
Convergência, 309
Coorte, 34
Cor da pele, 82
Cor dos olhos, 82
Cordão umbilical, 88
Corpo caloso, 204-205, 229-230, 307
Corpos celulares, 91

Correlação negativa, 40
Correlação positiva, 40
Correlação *versus* causação, 41
Correlação zero, 40
Correlações, 40, 41, 44
Correspondência entre sons e letras, 343-345
Córtex, 121-122, 201-205, 305-306
Córtex cerebral, 204-205, 305-306, 399
Córtex pré-frontal (CPF), 399, 415-416, 484
CPF, 399, 415-416, 485
Creche domiciliar, 189
Creches
　meninice e, 384-386
　primeira infância e, 124, 130-131, 187-191
Crescimento de vocabulário, 247-249. *Ver também* Desenvolvimento da linguagem
Crescimento dos ossos, 127-128, 304, 400-401
Crianças
　com necessidades especiais escolarização para, 353-362
　de aquecimento lento, 182
　difíceis, 182-184, 199
　fáceis, 182-183, 197, 199
　populares, 382
　profundamente dotadas, 361-362
　que cuidam de si mesmas, 384-386
　retraídas/rejeitadas, 382
Criatividade, 349
Crise de identidade, 458-460
Cromossomos sexuais, 78-79
　anomalias dos, 85
cromossomo X, 78-79, 83-85
cromossomo Y, 78-79, 83-85
Cromossomos, 45, 78-79, 83, 84, 85, 117, 204-205
CSE. *Ver* Pobreza; Condição socioeconômica
C-section, 105-107, 117
Cuidado, ética do, 472-473
Cuidado alternativo, 187-191, 197
Cuidadores, 178-179, 173-181. *Ver também* Creches; Cuidado alternativo; Estilos de criação
Cuidados dos dentes, 215-217, 309-310
Cultura afro-americana, 444, 466
Cultura americana asiática, 444, 466-467
Cultura(s). *Ver também* Pesquisa intercultural; Etnicidade
　abuso/negligência e, 219-221
　adolescentes e, 466-467

apego e, 180-181
coletivista/individualista, 351, 372-373
comportamento sexual e, 405-409
desenvolvimento da linguagem entre as, 164-165
escores de Q.I. e, 254-256
raciocínio moral e, 472
realização da identidade e, 458-460
TDAH e, 322-326
teoria da mente e, 243-244
transtornos alimentares e, 422-423
Curvas de crescimento, 202-204

D
DAL, 158
Daltonismo, 83-84
Debate natureza-experiência, 33, 69, 82-83, 141, 151-152, 205-206, 487-488
Decalagem horizontal, 337-340
Deficiência
de ferro, 130
de proteínas, 130
de sais minerais, 130
de vitaminas, 130
Deficiências
aprendizagem, 355-357
de desenvolvimento, 356-360. *Ver também* Retardo Mental
educação de crianças com, 351-362
Déficit calórico, 130
Delinquência, 35-36, 419-422, 474
Dendritos, 91, 121-122
Denver Developmental Screening II (DenverII), 32
Depressão, 329-330
apego e, 179
materna, 100-101
meninice, 328-329, 383
na adolescência, 423-425, 446, 485
na segunda infância, 244-245
DES, 411-412
Desabituação, 137-138
Descentração, 337
Desempenho em matemática
etnicidade e, 449
gênero e, 447-448
Desenhar, estágios do, 212
Desenvolvimento
domínios e períodos de, 31-33
genes e, 80-83
pesquisa sobre, 37-45
questões fundamentais no, 33-37
raízes de, 30-32
suposições/teorias sobre, 67-71

Desenvolvimento antissocial, modelo de (Patterson), 36
Desenvolvimento atípico, 35
na adolescência, 418-425
na meninice, 322-329
na primeira infância, 129-130, 132
na segunda infância, 223-229
no feto, 82-85, 94-101
Desenvolvimento da linguagem
diferenças individuais no, 163-165
entre as culturas, 164-165
influências no, 159-160, 487-488
na meninice, 336
na primeira infância, 142, 156-165
na segunda infância, 205, 208, 229-230, 247-250
teoria da mente e, 242-243
Desenvolvimento do papel de gênero, 229-230
Desenvolvimento dos músculos
na adolescência, 400-401
na meninice, 304-305, 393
na primeira infância, 127-128
na segunda infância, 209-212
Desenvolvimento inadaptativo. *Ver* Desenvolvimento atípico
Desenvolvimento púbere (Tanner), 402
Desenvolvimento social
anti-, 36
cuidado alternativo e, 190
perspectivas etológicas do, 172-173
perspectivas psicanalíticas, 172
qualidade de apego e, 180
Desinteresse do estudante, 442-444
Desnutrição por carência de macronutrientes, 129
Desnutrição por carência de micronutrientes, 130
Desobediência civil, 470-471
Dessensibilização sistemática, 57, 310
Determinismo recíproco (Bandura), 369-370
Diabete
materna, 87, 100
na meninice, 316-317
tipo 1/tipo 2, 317
Diabete gestacional, 87
Dieta. *Ver* Nutrição
Dietilestilbestrol (DBS), 411-412
Diferenças entre os sexos. *Ver* Gênero
Diferenças grupais, 133-135, 254-256, 350-353
Diferenças individuais, 163-165, 492-493

Diferenciação dos dedos, 210-212, 256-257
Difusão de identidade, 458-459
Dilatação, 105-106
Dilema de Heinz (Kohlberg), 467, 469-470, 472, 473
Dilemas, 467, 469-470, 472, 473, 487-488, 491
Direito-esquerdo, orientação relativa, 307
Disciplina. *Ver também* Punição
espancamento como, 220-222
indutiva, 281
Dislexia, 355-356
Disponibilidade emocional, 178
Dispositivo de aquisição da linguagem (DAL), 158
Distúrbios do crescimento, 202-205
Distúrbios vinculados ao sexo, 83, 84
Divórcio, 286-289
DNA, 78, 117
Doença da membrana hialina, 109
Doença de Huntington, 84
Doença de Tay-Sachs, 84
Doenças autossômicas, 83-84
Doenças sexualmente transmissíveis (DSTs), 98-99, 413-414
Domínio cognitivo do desenvolvimento, 31-32, 142, 189, 301, 488-489. *Ver também* Processamento de informações; Inteligência; Desenvolvimento da linguagem
Domínio físico do desenvolvimento, 31-32
na adolescência, 398-405
na meninice, 301, 303-308, 393
na primeira infância, 121-128, 196
na segunda infância, 201-214
Domínio socioemocional do desenvolvimento, 32, 142, 229-230, 301, 425-426, 488-489
Domínios do desenvolvimento, 31-32
Dopamina, 183-184
DSTs, 98-99, 413-414

E
EACP, 64, 244-246
Ecletismo, 70-71
Educação
de crianças alfabetizadas em casa, 356-357
de crianças com necessidades especiais, 353-362
do caráter, 447
dos movimentos, 210-211
física, 321-322
inclusiva, 359-361

na adolescência, 438-442, 445-446, 485
na meninice, 343-353, 438-441
na segunda infância, 256-260
sexual, 407-408
vítima, 382
Educação bilíngue, 345-346
Efe, Os, 181
Efeito Flynn, 255-256
Efeito inter-racial, 266-267
Efeito Mozart, o (EM), 39-40
Efeitos de coorte, 43
Eficácia, auto-, 370-371, 393
Eficiência
de processamento, 341
operacional, 244-246, 299
Ego, 52-53
Egocentrismo, 238, 240-241, 271, 435-436, 471
Egocentrismo adolescente (Elkind), 435-436
Ejaculação, 403-404
EM (Efeito Mozart), 39-40
Em risco de sobrepeso, 315-316
Embrião, 88-90
EME, 163-164
Emoções
dos bebês, 173
maternas, 101
morais, 271-272, 472-473
Emotividade, 182
Emotividade negativa, 182
Empatia, 271, 472-473
egocêntrica, 271
global, 271
Empirismo, 30, 141
Emprego, adolescente, 449-452
Enjoo matinal, 87
Ensino médio, 438-442, 445-446, 484
Ensino recíproco, 355-356
Entrada em grupos, 290
Enurese, 213-214
Enurese noturna, 213-214
Envenenamento, 217-218
Envolvimento do aluno, 442-446
Epífises, 304, 400-401
Equilibração, 62, 237, 437
Equilíbrio, 208, 298
erro A-não-B, 150
Escala de Apgar, 108, 117
Escala de Avaliação Comportamental Neonatal de Brazelton, 108
Escala Wechsler de Inteligência para Crianças IV (WISC-IV), 251-252, 255-256, 357-358
Escala Wechsler de Inteligência para Pré-escola e Primário III (WPPSI-III), 251-252, 255-256, 357-358

Escalas Bayley de Desenvolvimento Infantil, 165-166
Escalas
 de desempenho, 251-252
 de memória de operação, 251-252
 de velocidade de processamento, 251-252
 verbais, 251-252
Escola intermediária, 438-441
Escolha do nicho, 183-185
ESEA, 257-259
Espaço de armazenamento de curto prazo (EACP), 64, 244-246, 251-252, 255-256
Espancamento, 220-221, 282
Esperma, 404
Espermarca, 403-404
Espermatozoide, 78-81, 85, 89
Espinha bífida, 99
Esquema, 61-62
Esquemas, 154-155, 237-238, 272-273
 descritivos, 237, 299, 336
 figurativos, 237, 299, 336
 lógicos, 237, 238, 299, 337
 operativos, 237, 238, 299, 337
Estabilidade
 de escores de Q.I., 251-253
 de gênero, 274
Estado de vigília, 125-126, 132, 399-400
Estágio
 anal, 53, 266
 da autonomia *versus* vergonha e dúvida, 54, 197, 266
 da fala interior, 246-248
 da identidade *versus* confusão de papéis, 55, 458
 da integridade do ego *versus* desespero, 55
 da produtividade *versus* inferioridade, 55, 368, 393
 da psicologia ingênua, 246-248
 das formas no desenhar, 212
 de crescimento interior, 246-248
 de generatividade *versus* estagnação, 55
 de iniciativa *versus* culpa, 54-55, 266, 299
 de intimidade *versus* isolamento, 55
 de latência, 55
 de realismo moral, 374-375
 de relativismo moral, 375
 do bom menino/da boa menina, 468, 469-471
 do sistema social e consciência, 468-471
 dos esboços no desenhar, 212
 dos rabiscos no desenhar, 212
 fálico, 53, 266

fetal, 89, 90
figurativo no desenhar, 212
genital, 53, 458
germinal, 88, 89
operatório-concreto, 62, 329-330, 337-340, 435-436
operatório-formal, 62, 431-437
oral, 53
pré-operatório, 62, 236 242, 299
primitivo, 246-248
sensório-motor (Piaget), 62, 148-152, 197
Estágios do desenvolvimento, 34, 53-55, 69
Estatura baixa idiopática, 204-205
Estereotipia
 do gênero, 274-276
 do temperamento, 184-185
Estereótipo, ameaça do, 352
Esteroides, 310
Estilo, 277-278
 analítico, 350-351
 constritivo, 277-278
 de criação autoritário, 280-283, 419-420
 de criação democrático, 280-283, 288, 376-377
 de criação negligente, 280-281
 de criação permissivo, 280, 419-420
 de linguagem expressiva, 163-165
 de linguagem referencial, 164-165
 relacional, 350-351
 restritivo, 277-278
Estilos de criação, 279-283, 288, 376-377, 419-420, 471-472
Estima, auto-, 371-373, 404-405, 420-421, 462-463
Estímulo
 aprendido, 57
 condicionado, 56, 57
 não aprendido, 56
 não condicionado, 56
 natural, 57
Estrabismo, 207
Estradiol, 305, 398
Estratégias
 de agrupamento, 391
 de elaboração, 342
 de ensaio, 342
 de memória, 342
 de organização, 342
Estrogênio, 398
Estrutura familiar, 283-287
Estudos com bonecos infláveis, 384-385
Estudos de adoção
 sobre ganho de peso, 316
 sobre Q.I., 253-255
Estudos de caso, 39-40, 44

Estudos de gêmeos
 sobre ganho de peso excessivo, 316
 sobre homossexualidade, 410-412
 sobre preferência no uso das mãos, 206
 sobre Q.I., 66, 253-254
Ética
 da pesquisa, 44-45
 da justiça (Gilligan), 472-473
 do cuidado (Gilligan), 472-473
Etnicidade. *Ver também* Cultura
 comportamento sexual e, 404-406, 408-410
 conhecimento sobre saúde e, 311
 crescimento e, 202-205
 desempenho em matemática e, 449
 envolvimento dos alunos e, 444-446
 escores de Q.I. e, 254-256
 escores em testes de desempenho e, 350-351
 estilos de criação e, 281-283
 estrutura familiar e, 283-287
 identidade e, 464-467
 menarca e, 402-403
 mortalidade e, 133-134, 218-219, 417-419
 pobreza e, 319
Etnografia, 43
Etologia, 67-68, 172-173
Evasão escolar, 441, 445-446
Evolução, teoria da, 31-32
Exames de sangue fetais, 102-103
Exossistema, 68
Expectativas, 154-155
Experiência, modelo interno de, 33
Experimentos, 40-42
Explosão dos nomes, 162
Explosão gramatical, 248-250
Expressividade dos genes, 81
Expressões faciais
 apego e, 174-175
 imitação e, 151-152
 self emocional e, 187, 229-230
Extensão média de elocução (EME), 163-164
Extinção, 59
Extroversão, 369

F

Fábula pessoal, 435-436
Faixa de reação, 254-255
Fala
 controladora, 380
 dirigida ao bebê (FDB), 159
 telegráfica, 162, 197, 248-249
 transtornos da, 358-360

Família. *Ver também* Estilos de criação; Pais
 desenvolvimento moral e, 471-472
 desenvolvimento na segunda infância e, 278-279, 282-288
 emprego na adolescência e, 452
 escores de Q.I. e, 253-254
 extensa, 288
Fase
 ativa do parto, 105-106
 de transição do parto, 105, 106
 inicial do parto, 105, 106
 latente no trabalho de parto, 105, 106
Fast Track Project, 327
Fatores maternos, 96-101, 116
Faz de conta compartilhado, 236, 242-243
FDB, 159
Fenilcetonúria (PKU), 83-84
Fenótipo, 80-82
Ferimentos nos esportes, 312
Fertilização *in vitro* (FIV), 80
Feto, 89
 avaliação do, 101-103
 cérebro do, 90-93
Fetoscopia, 102-103
Filhos únicos, 376-377
FitnessGram, 322
FIV, 80
Fixação, 53
Fluência computacional, 353
Fônica sistemática e explícita, 343-344
Fonoaudiólogos, 358-359
Formação reticular, 124, 197, 205, 257-258
Fórmula para bebês, 129
Frases, primeiras, 162
Função semiótica, 236, 237
Função simbólica, 236, 237
Fusão binocular, 207

G

Gagueira, 359-360
Gametas, 78
Ganho de peso excessivo, 316-317
GED, 445
Gêmeos dizigóticos, 79. *Ver também* Estudos de gêmeos
Gêmeos fraternos, 79. *Ver também* Estudos de gêmeos
Gêmeos idênticos, 79, 116. *Ver também* Estudos de gêmeos
Gêmeos monozigóticos, 79, 116. *Ver também* Estudos de gêmeos
Gene SRY, 79
Generalização dos resultados de estudos, 38-40

Gênero, 37, 53, 271-278, 301. *Ver também* Diferenças entre os sexos
  autoconceito e, 462
  depressão e, 423-425
  desempenho e, 350, 447-448
  desenvolvimento das habilidades motoras e, 126-127
  desenvolvimento pré-natal e, 92-93
  emprego adolescente e, 452-452
  mortalidade e, 417-419
  percepção especial e, 447-448
  raciocínio moral e, 473
  TDAH e, 323-324
  temperamento e, 184-185
  uso de computadores e, 386
Genes, 66, 78-79. *Ver também* Teoria bioecológica, Etologia, Genética; Sociobiologia
  ambiente e, 82-83
  desenvolvimento e, 80-83
  distúrbios dos, 83-84
  preferência no uso das mãos e, 205-206
  retardo mental e, 223-225
Genes dominantes, 80-84
Genes recessivos, 80-84
Genética
  concepção e, 77-83
  do comportamento, 66-67
Genótipo, 80-82
Gestação. *Ver* Período pré-natal
Gestos e linguagem, 162
GH, 204-205, 398
Glândula mestre, 204-205
Glândulas sexuais, 304
Glutamato monossódico (GMS), 136-137
GMS, 136-137
Gônadas, 79, 304
Gonorreia, 98, 414
Gordura
  corporal, 314-316, 400-404
  na alimentação, 214-215
  subcutânea, 400-401
  monoinsaturadas, 214-215
  parcialmente hidrogenadas, 214-215
  poli-insaturadas, 214-215
  saturadas, 214-215
  trans, 214-215
Gramática, 157-159, 297, 336, 344
Gravidez, 80, 86-95, 99-100, 408-411
Gravidez ectópica, 87
Grupo baseado em reputação, 477
Grupo experimental, 41
Grupo-controle, 41

H
Habilidades de movimento fundamentais, 209-211, 256-257, 307-308
Habilidades metalinguísticas, 248-250, 336
Habilidades motoras
  na meninice, 307-308, 393
  na primeira infância, 125-128, 196
  na segunda infância, 209-212, 229-230
Habilidades motoras finas
  na meninice, 307-308, 393
  na primeira infância, 125-128, 196
  na segunda infância, 210-212
Habilidades motoras gerais
  na meninice, 307-308, 393
  na primeira infância, 125-128, 196
  na segunda infância, 209-211
Habilidades perceptuais
  na adolescência, 447-448
  na meninice, 307, 308
  na primeira infância, 137-141
  na segunda infância, 207-209, 266-267
Habilidades sensoriais
  na primeira infância, 134-138
  na segunda infância, 207-208
Habilidades sociais
  na adolescência, 474-479
  na meninice, 375-383
  na segunda infância, 290, 299
Hábitos de sucção, 216-217
Habituação, 137-138, 165-166
Head Start, 258-259
Hedonismo ingênuo, 468
Hemisférios cerebrais, 204-205, 229-230, 307
Hemofilia, 83
Herança
  mitocondrial, 82-83
  multifatorial, 82-83
  poligênica, 82
Hereditariedade, 66-67. *Ver também* Estudos de gêmeos
  altura e, 82-83
  escores de Q.I. e, 253-255
  preferência no uso das mãos e, 205-206
  temperamento e, 182-184
Heroína, 96-97
Herpes genital, 98-99, 414
Heterossexualidade, 409-410, 478-479
Heterozigótico, 80
Hierarquias de dominância, 290-292
Hipermetropia, 207
Hiperplasia congênita da suprarrenal, 79

Hipocampo, 205, 229-230, 298
Hipófise, 204-205, 398, 423-425
Hipótese, 38
  da falta de espaço, 206
  de diluição de recursos, 376-377
  frustração-agressão, 291-292
Hispano-americanos, 444
HIV, 98, 414
Holofrases, 162
Homossexualidade, 409-412, 478-479
Homozigótico, 80
Hormônio antidiurético (ADH), 213-214
Hormônio do crescimento (GH), 204-205, 398
Hormônio estimulante da tireoide, 398
Hormônios, 204-205. *Ver também* Andrógenos
  antidiuréticos, 213-214
  desenvolvimento de gênero e, 274
  homossexualidade e, 411-412
  na adolescência, 398, 400-401
  na meninice, 304-305
  pré-natal, 88, 92-93
Hormônios gonadotróficos, 398
Hostilidade emocional, 386
HPV, 413-414

I
Id, 52
Idade
  aprendizagem de segunda língua e, 346
  comportamento sexual e, 405-406
  gravidez e, 80, 100, 408-411
  óssea, 304
  pobreza e, 318
  processamento executivo e, 438-439
  raciocínio moral e, 467-468
  TDAH e, 323-324
Idealismo ingênuo, 436
Identidade, 425-426, 458-460
  da matéria, 240-241
  de gênero, 274, 463-464, 485
  étnica, 283, 464-467
  étnica não examinada, 465-466
  geracional, 434-435
Identidade do papel do gênero (Bem), 463-464, 485
  andrógino, 464
  feminino, 464
  indiferenciado, 464
  masculino, 464
IMC, 315
IMC para idade, 315
Imersão estruturada, 345-346

Imitação, 59-60, 150-152, 154-155, 291-292
Imitação diferida, 151-152
Implantação, 88-89
Implantes cocleares, 306
Imprinting, 67, 82
Imunizações, 130-131, 215-216, 228-229
Inclusão de classe, 237, 337-340
Indicadores, 137-139
  binoculares, 137-139
  cinéticos, 138-139
  monoculares, 138-139
Índice de massa corporal (IMC), 315
Infecções de ouvido, 131
Inflexões, 162, 248-249
Inibição, 182-184, 369, 393, 437-438, 460
Instabilidade emocional, 369
Insuficiência de convergência, 309
Insulina, 316-317
Inteligência. *Ver também* Quociente de inteligência
  emprego adolescente e, 452
  herança multifatorial e, 83
  na meninice, 347-349, 357-358
  na primeira infância, 165-166
  na segunda infância, 250-256
  cinestésico-corporal, 348
  componencial, 349
  contextual, 348
  emocional (Goleman), 349
  espacial, 348
  existencial, 348
  experiencial, 348-349
  interpessoal, 348
  intrapessoal, 348
  linguística, 348
  lógica/matemática, 348
  musical, 348
  naturalista, 348
Inteligências múltiplas, teoria das (Gardner), 348
Intenções, 268-269, 375
Interacionismo e linguagem, 158-159
Interposição, 138-139
Introversão, 182-184, 369, 393, 460
Irmãos, 376-377

J
Jogos eletrônicos, 386-387, 447-448
Jovens de minorias sexuais, 409-413, 478-479
Justiça, ética da, 472-473

K
Kew Primary School, 447
Kwashiorkor, 130

L

Lateralização, 204-205, 229-230, 306-307
Lei de Educação Elementar e Secundária (ESEA), 257-259
Leitura
　dialógica, 157
　guiada, 311
　interativa, 157
Lesões na cabeça, 312
Libido, 52-53
Lições-mestre japonesas, 352-353
Linguagem. *Ver também* Desenvolvimento da linguagem
　expressiva, 161-165
　figurativa, 433-435
　inglês como segunda língua, 345-347
　receptiva, 160-161
　transtornos da, 358-359
Lobos frontais, 183-184, 399
Locomoção, 238
Lócus
　de controle, 443, 463
　de controle externo, 443, 463
　de controle interno, 443
　do gene, 78
Lógica
　dedutiva, 337-339
　indutiva, 337-339
　transdutiva, 238-241
Luto, pais, 132

M

Maconha, 96-97
Macrossistema, 68
Mães lésbicas, 286-287
Mapeamento rápido, 247-249, 299
Mapeamento rápido, 247-249, 299
Marasmo, 130
Marcador pragmático, 164-165
Maturação, 31-32
Mecanismos de defesa, 53
Medicamentos
　antidepressivos, 328-329
　anti-histamínicos, 310
　antirretrovirais, 414
　desenvolvimento pré-natal e, 95-98, 116
　durante o parto, 104-105
　uso adolescente de, 415-417, 484
Medicina materno-fetal, 100
Medula, 121-122
Melatonina, 399
Memória
　autobiográfica, 435-436
　de curto prazo. *Ver* Espaço de armazenamento de curto prazo; Memória de trabalho
　de longo prazo, 64, 205
　de operação, 244-246, 251-252, 340
　de trabalho, 64, 344, 392
　depressão e, 424-425
　estratégias de, 342
　meta-, 244-246, 438
　na primeira infância, 156
　na segunda infância, 244-245
　reprimida, 52
　sensorial, 64
Menarca, 402-404
Meninas masculinizadas, 277-278
Meninice, 32-33, 300-301
　agressão na, 380-383
　autoconceito na, 370-373
　cognição social na, 369-370, 372-375
　cuidado após a escola na, 384-386
　desenvolvimento atípico na, 322-329
　desenvolvimento da linguagem na, 336
　educação na, 343-362, 438-441
　mídia e, 384-387
　mudanças cognitivas na, 336-343
　mudanças físicas na, 303-308, 393
　perspectivas da, 368-369
　relações sociais na, 375-383
　saúde na, 308-322
Mensagens eletrônicas, 434-435
Mercúrio, 100
Mesencéfalo, 121-122
Mesossistema, 68
Metacognição, 244-246, 341-342
Metadona, 96-97
Metamemória, 244-246, 438
Metilfenidato, 325
Método
　científico, 27, 70
　de violação de expectativas (Spelke), 152-153
　do bebê de proveta, 80
　experimental, 40-42, 44
　Lamaze, 105
　Montessori, 256-257
Métodos
　de pesquisa, 42-43, 44
　descritivos de pesquisa, 38-40
　longitudinais, 42-44
　sequenciais, 42-44
　transversais, 42, 44
Microssistema, 68
Mídia, 124, 384-387, 415
Mielina, 122-124
Mielinização, 122-124, 132, 196, 306
Miopia, 308-309
Mitocôndria, 82
Modelo interno
　de apego, 173-174, 180
　de experiência, 33
Modelo Reggio Emilia, 256-257
Modelos dos papéis, 465-466
Moralidade
　convencional, 468-471, 485
　pós-convencional, 468, 470-471, 485
　pré-convencional, 468-471, 485
Moratória, identidade, 458-459, 485
Mortalidade
　na adolescência, 417-419
　na meninice, 312-314
　na primeira infância, 131-135
　na segunda infância, 217-219
Movimento, percepção do
　na primeira infância, 136-141
　na segunda infância, 238
Mudança
　qualitativa, 34
　quantitativa, 34
Mudanças
　não normativas, 35
　normativas graduadas pela história, 34, 43
　normativas graduadas pela idade, 34, 42-43

N

Narcisismo, 420-421
Nascimento(s)
　complicações do, 107
　múltiplos, 79-80
　neonatos e, 103-110
　peso no, 108-110, 117, 493
　processo físico do, 105-107
Nativismo, 141, 158
Nature, 39-40
Negligência, 204-205, 218-223, 382-383
Neonato
　avaliação do, 108
　baixo peso natal, 108-110, 117, 493
Neonatos, pequenos para a data, 108
Neurônios, 88, 121-124, 398-399
Neuroticismo, 369
Neurotransmissores, 183-184
Níveis de cortisol, 190
Nível de atividade e temperamento, 182
No Child Left Behind, 359-360
Normas, 31-32
NSQ, 399
Núcleo supraquiasmático (NSQ), 399
Nutrição
　materna, 99
　na adolescência, 412-413
　na meninice, 314-317, 320
　na primeira infância, 129-130
　na segunda infância, 213-215

O

Oakland Growth Study, 42-43
Obesidade, 314-316
Objetivos
　da ciência do desenvolvimento, 37-38
　de habilidade/de tarefa, 439-440
Obliteração, 105-106
Observação, 39-40, 44. *Ver também* Aprendizagem social
　laboratorial, 40, 44
　naturalista, 39-40, 44
Observadores cegos, 39-40
Olfato, sentido do, 136-137
Olho preguiçoso, 207
OM, 216-217
Ordem de nascimento, 376-377
Ordens hierárquicas, 290-292
Organização categórica, 154-155
Organogênese, 89-90
Orientação
　à lei e ordem, 468-471
　a princípios éticos universais, 468, 470-471
　à punição e à obediência, 468
　ao contrato social, 468, 470-471
　consanguínea, 285-286
　direito-esquerdo relativa, 307
　sexual, 409-413, 478-479
Orientação e sinalização sem foco, 174
Ortografia inventada, 249-250, 299
Ossificação, 127-128
Otite média (OM), 216-217
Óvulo, 78

P

Padrão
　céfalo-caudal, 88, 122-126
　da cabeça para os pés, 122-126
　de entonação da linguagem, 160
　de expansão, 159
　de reformulação, 159
　do tronco para os membros, 122-126
　próximo-distal, 88, 122-126
Padrões de sono, 125-126, 132, 399-400
Pais. *Ver também* Estilos de criação
　abuso de substâncias, 222
　adotivos, 253
　altruísmo e, 293
　apego e, 173-181, 475

criança em idade escolar e, 375-377
homossexuais, 286-287
luto dos, 132
solteiros, 283-286, 288
Paladar, sentido do, 136-137
Palavras
derivadas, 336
primeiras, 161-162
reconhecimento de, 161
sociopessoais, 163-164
Panelinha, adolescente, 277-278
Papel sexual, 275-276, 452
Paralaxe do movimento, 138-139
Parceria corrigida por objetivos, 278
Pares
na adolescência, 416-417, 444, 446, 474-479
na meninice, 376-379
na segunda infância, 288-293
rejeição pelos, 327, 329-330, 382-383
Parteiras licenciadas, 104
Parteiras-enfermeiras certificadas, 104
Participação guiada, 246-247
Parto
natural, 105
prematuro, 117
Patologia da fala, 358-359
PCBs, 101
PeaceBuilders, 382
Pecado original, 30
PEI, 252-253, 354-356
Pensamento divergente, 349
Percepção
auditiva, 139-141
da estabilidade dos objetos (Baillargeon), 152-154
de pessoas, 266-267
de profundidade, 137-139
espacial, 306, 447-448
figura-fundo, 308
intermodal, 140-141
Perguntas indutoras, 244-245
Perícia, 342-343
Período
pré-natal do desenvolvimento, 32, 88-103, 116
sensível do desenvolvimento, 35
crítico, 35, 94-97
Períodos de desenvolvimento, 32-33
Permanência do objeto, 142, 148-154
Perry Preschool Project, 258-259
Personalidade, 182
desenvolvimento da, 269-274, 458-460
herança multifatorial e, 83

preferências de trabalho e (Holland), 451
traços da, 369-371
transtornos da, 422-423
Perspectiva linear, 138-139
Pesadelos, 212-213
Peso natal normal (PNN), 109
Pesquisa. *Ver também* Pesquisa intercultural; Estudos de gêmeos
animal, 45
ética e, 44-45
métodos de, 37-44
Pesquisa intercultural, 43-44
sobre apego, 180-181
sobre desempenho, 351-353
sobre pensamento operacional formal, 435-436
PKU, 83-84
Placenta, 88, 116
Plano educacional individualizado (PEI), 252, 355
Plasticidade, 121-123, 229-230
PNN, 109
Pobreza
desenvolvimento da linguagem e, 160
mortalidade infantil e, 133-134
saúde das crianças e, 311, 318-321
Poda, 121-123, 196
População, 38
Pragmática, 434-435
Práticas apropriadas para o nível de desenvolvimento, 257-258
Preconceito racial, 266-267
Pré-fechamento (da identidade), 458-459, 485
Preferência no uso das mãos, 205-207
Preferência pelo uso da mão oposta, 206
Pressão arterial na gravidez, 87
Prevenção
de abuso, 223
de agressão, 444-445
Prevenção primária
de abuso, 223
de agressão, 444-445
Prevenção secundária
de abuso, 223
de agressão, 444-445
Prevenção terciária
da agressão, 444-445
do abuso, 223
Primeira infância, 32-33, 118-119
apego na, 142, 174-181, 190-191
aprendizagem na, 153-156
desenvolvimento da linguagem na, 142, 156-165
habilidades perceptuais na, 137-141
habilidades sensoriais na, 134-138

inteligência na, 165-166
memória na, 156
mortalidade na, 131-135
mudanças cognitivas na, 147-154
mudanças físicas na, 121-128, 196
saúde na, 127-131, 133-135
Primeiro trimestre de gestação, 86-87
Primogênitos, 376-377
Princípio
da falsa crença, 241-244
da superfície conectada (Spelke), 151-153
Premack, 282
Privação de oxigênio, 107
Problema do pêndulo (Piaget), 432, 433
Processamento de informações, 64-65, 70-71
na adolescência, 399, 437-439
na meninice, 306, 341-343
na primeira infância, 62, 148-152, 197
na segunda infância, 243-246, 299
Processos executivos, 341-342, 399, 437-439. *Ver também* Metacognição; Metamemória
Profissionalização do esporte, 309
Programa de extração, 359-360
Programa de Recuperação de Leitura, 345
Programa Kumon, 353
Programas de educação física, 321-322
Programas de inglês como segunda língua (ESL), 346-347
Programas ESL, 346-347
Programas pré-escolares do Título 1, 258-259
Projeto Abecedário, 258-260
Proliferação neural, 90-91
Protótipo da identidade, 477
Psicopatologia do desenvolvimento. *Ver* Desenvolvimento atípico
Psicoterapia, 55
Puberdade, 32, 397-398
hormônios e, 302, 304, 305
momento de ocorrência da, 403-405, 485
teoria psicossocial e, 55, 458
Público imaginário, 436
Punição, 58-59

Q

Q.I. *Ver* Quociente de inteligência
Qualidade de ajuste, 182-185
Quase-experimentos, 41-42

Questão continuidade-descontinuidade, 34, 69
Questão da passividade/atividade, 69
Quociente de inteligência (Q.I.), 250-253, 347-350
ambiente e, 253-255
cultura e, 254-256
de crianças economicamente desfavorecidas, 258-260
de gêmeos, 66

R

Raciocínio hipotético-dedutivo, 425-426, 432, 436-437
Raciocínio moral, 374-376, 467-474, 485
RAI, 355-357
Raising good children (Lickona), 376
Rastreamento, 135-136
Reações circulares, 148-149
primárias, 148
secundárias, 148-149
terciárias, 148-149
Realização da identidade, teoria de (Marcia), 458-460, 485
Reciprocidade do pensamento, 242-243
Reconhecimento da voz, 139-141
Reconhecimento de padrões, 138-140
Referencial social, 174-176
Reflexo
de Babinski, 125
de marcha, 125-127
de Moro, 125
de sobressalto, 125
Reflexos, 56, 124-127, 148, 196
adaptativos, 124-125
primitivos, 125
Reforço, 58-60, 291-292, 326
negativo, 58
parcial, 58, 59
positivo, 58
Regulação
auto-, 376-377
emocional, 270-272, 299
Rejeição, 327, 329-330, 368-369, 382-383
Rejeição à escola, 57
Relações entre letras-sons, 256-258
Relógio social, 34
Replicação de resultados de estudo, 38
Resiliência, 36-37, 492-493
Resistência, 127-128, 304-305, 393
Resolução sistemática de problemas, 432
Responsividade contingente, 178

Resposta
 à intervenção (RAI), 355-357
 aprendida, 56
 condicionada, 56
 de relaxamento, 57
 inibição da, 437-438
 não aprendida, 56
 não condicionada, 56
 natural, 56
Retardo mental, 35
 causas do, 223-225
 permanência do objeto e, 150
 Q.I. e, 250-252, 357-358
Reversibilidade, 240-241, 337
Risco cumulativo, 319-320
Ritalina, 325
Ritmos circadianos, 125-126, 399-400
Ritos de passagem, 457, 461
Roteiros, 244-246, 271-272
Rotulação (*imprinting*) genética, 82
Rubéola, 98

S

Saco vitelínico, 88
SAF, 98
Saltos desenvolvimentistas, 487-488. *Ver também* Dilemas
Sarampo, 98
Saúde
 na adolescência, 412-419
 na meninice, 308-322
 na primeira infância, 127-128, 131-132, 142
 na segunda infância, 213-223
Saúde mental dos cuidadores, 178-179
Secundinas, 105
Sedativos, 104
Segregação, auto-, 266-267
Segunda infância, 32-33, 53, 198-199
 agressividade na, 290-293
 apego na, 278-279
 audição na, 208-209
 cérebro/sistema nervoso na, 204-205
 desenvolvimento atípico na, 223-229
 desenvolvimento da linguagem na, 205, 208, 229-230, 247-250
 desenvolvimento motor na, 209-212
 diferenças de inteligência na, 250-256
 educação na, 256-260
 mudanças cognitivas na, 229-230, 236-248
 mudanças de peso/altura na, 201-205
 padrões de sono na, 212-214
 preferência no uso das mãos na, 205-206
 saúde na, 213-223
 visão na, 207-208
Segundo trimestre de gestação, 86-87
Self. *Ver também* Autoconceito
 categórico, 270-271
 de valorização, 371-373
 emocional, 187, 270-272
 existencial, 186
 ideal, 329-330
 objetivo, 186-187
 psicológico, 370-371, 460
 real, 329-330
 sentido autobiográfico do, 270-271
 social, 271-272
 subjetivo, 186
Sentido vestibular, 208, 298
Serotonina, 183-184
SFSR, 400
Shiritori, 249-250
SIMS, 131-132
Sífilis, 98, 414
Sílaba tônica, 161
Sinapses, 91, 121-123
Sinaptogênese, 121-123, 196
Sincronia, 173
Síndrome
 Alcoólica Fetal (SAF), 98
 da angústia respiratória, 109
 da fase de sono retardado (SFSR), 400
 da Imunodeficiência Adquirida (AIDS), 98, 414
 da Morte Súbita do Lactente (SIMS), 131-132
 de Down, 85, 117
 de Klinefelter, 85
 de Prader-Willi, 204-205
 de Turner, 85, 204-205
 do X frágil, 83, 227-228
Sistema 8-4, 438-441
Sistema endócrino, 204-205, 304, 398-400
Sistema nervoso
 na adolescência, 398-400
 na meninice, 305-307
 na primeira infância, 121-124
 na segunda infância, 204-205
Sistemas de inclusão total, 359-360
Situação estranha, 176-177, 180-181
Sobrepeso, 315-316, 412-413
Society for Research in Child Development, 45
Sociobiologia, 67-68
Sofrimento fetal, 107
Solidariedade, 271
Soluções sociopessoais, 163-164
Sono crepuscular, 213-214
Sons de consoantes, 160
Sons de vogais, 160
Stanford-Binet, 250-251
Status social, 382-383
Sturm und Drang, 419-420
Submersão, 346
Subnutrição
 em bebês, 129-130
 materna, 99
Suicídio, 418-419, 423-425
Superdotados, 250-251, 360-362
Superego, 52
Supergeneralização, 248-249
Superordenadas, 154-155
Super-regularização, 248-249
Surdez, 97-99
Surfactante, 109
Surgência, 182-183
Surto de crescimento adolescente, 400-401

T

Tabaco, 97, 416-417
Talidomida, 96-97
Tarefa de equilíbrio (Siegler), 339-340
Tarefas de aparência/realidade (Flavell), 242-244
Tarefas de seriação, 340
Tato, sentido de, 136-138
TDAH, 322-326, 438
TDM, 328-329
TDO, 326
Técnica da preferência, 137-138
Técnicas de relaxamento durante o parto, 105
Técnicas de respiração durante o parto, 105
Televisão, impacto da, 124, 384-385, 415
Temperamento, 182-185, 197-199, 269
Tendenciosidade (Viés) do observador, 39-40
Tendência secular, 402-404
Tendências inatas, 33
Teoria
 bioecológica (Bronfenbrenner), 68-69
 da mente, 229-230, 241-244, 299
 das inteligências múltiplas (Gardner), 348
 do apego, 172-173
 do desenvolvimento cognitivo (Piaget), 61-65, 70, 236-242, 299, 392
 do esquema do gênero, 272-273
 dos sistemas dinâmicos, 126-127
 psicossexual (Freud), 52-53, 55-56, 70, 172, 266, 299, 368, 458
 psicossocial (Erikson), 54-56, 70, 117, 172, 197, 266, 299, 368, 393, 458
 sociocognitiva (Bandura), 59-60, 70
  agressão e, 292
  desenvolvimento de gênero e, 272-273
  meninice e, 369-370, 372-375
  segunda infância e, 266-269
 sociocultural (Vygotsky), 63, 65, 70, 244-248
 triárquica da inteligência (Sternberg), 348-349
Teorias, 37-38
 biológicas, 66-70
 cognitivas, 61-65, 70
 de traços, 369
 neofreudianas, 54
 neopiagetianas, 64
 psicanalíticas, 51-56, 490. *Ver também* Teoria psicossexual; Teoria psicossocial
TEPT, 223
Terapia visual, 309
Teratógenos, 94-96, 116
Terceiro trimestre de gestação, 86-87
Terrores noturnos, 212-214
Teste
 da esponja/pedra (Flavell), 241-242, 244-246
 de Inteligência Infantil de Fagan, 165-166
Testes
 baseados em normas, 32
 de desempenho, 347-348, 350-353
 padronizados, 347-349. *Ver também* Testes de desempenho; Quociente de inteligência
 Torrance do Pensamento Criativo, 349
Testosterona, 274, 305, 398
Timerosal, 228-229
Timidez, 182-184, 369, 393, 460
Tipo
 combinado de TDAH, 322-323
 de cabelo, 81
 desatento de TDAH, 322-323
 hiperativo/impulsivo de TDAH, 322-323
 sanguíneo, 81-82
Tomada de papéis, 425-426, 471
Tomografia por ressonância magnética (TRM), 91
Toxemia da gravidez, 87

Trabalho de parto e nascimento, 104-107, 117
Traço de abertura/intelecto, 369
Traço de agressividade, 291-292, 327
Tranquilizantes, 104
Transferência intermodal tátil-visual, 151-152
Transgênero, 410-413
Transições, 487-488. *Ver também* Dilemas
Transitividade, 340
Transtorno
  autista, 225-227
  da conduta com início na adolescência, 326, 419-420
  da conduta com início na infância, 326-329, 419-420
  da personalidade *borderline*, 422-423
  da personalidade obsessivo-compulsiva, 422-423
  de Asperger, 225-229
  de déficit de atenção/hiperatividade (TDAH), 322-326, 438
  de estresse pós-traumático (TEPT), 223
  depressivo maior (TDM), 328-329
  desafiador de oposição (TDO), 326
Transtornos
  alimentares, 413, 421-424
  da comunicação, 357-360
  da conduta, 326-329, 419-422
  do espectro autista, 35. *Ver também* Transtornos invasivos do desenvolvimento
  invasivos do desenvolvimento (TID), 224-229, 357-358
Trimestres de gestação, 86-87
Trissomia, 85
TRM, 91
Tuba uterina, 78, 87
Tubo neural, 88
Turmas adolescentes, 477-479

U

Ultrassom, 93-94, 101, 116
Umami, 136-137
Unidade de tratamento intensivo neonatal (UTIN), 117
Uso de anticoncepcionais, 405-406
Uso de computadores, impacto do, 386
Útero, 78, 87-89
UTIN, 117

V

Valor heurístico, 70
Variáveis, 38, 41
Variável dependente, 41
Variável independente, 41
Verrugas genitais, 413-414
Viabilidade, 90
Viés do observador, 39-40
Vigilância do desenvolvimento, 150
Violações de fronteiras, 379
Violência na mídia, 384-387
Vírus da imunodeficiência humana (HIV), 98, 414
Vírus papiloma humano (HPV), 413-414
Visão
  da bondade inata, 30-32
  da lousa vazia, 30-32
  de 20/20, 134-135
  estereoscópica, 207-208
  na meninice, 308-309
  na primeira infância, 134-140
  na segunda infância, 207-208
  periférica, 207
Vulnerabilidade, 36-37, 492-493

W

WISC-IV, 251-252, 255-256, 357-358
WPPSI-III, 251-252, 255-256, 357-358

Z

Zigoto, 78-79, 86-87, 117
Zona de desenvolvimento proximal, 63, 246-247

Crédito das Fotos

Legenda:
B: abaixo
C: acima
D: à direita
E: à esquerda
M: ao centro

Marcos do desenvolvimento infantil (encarte)

Físico (E para D): © Elizabeth Crews/The Image Works; © iStockphoto.com/Michael Blackburn, © Laura Dwight/Mira.com, © Elizabeth Crews/The Image Works, © Myrleen Ferguson Cate/PhotoEdit, © Niamh Baldock/Alamy, © Tony Freeman/PhotoEdit, (C) © Ellen B. Senisi/The Image Works, (B) © iStockphoto/Brian McEntire, © Ed Quinn/Corbis; *Cognitivo* (E para D): Cortesia de Carolyn Rovee-Collier, © Tim Brown/Stone/Getty Images, © T. Lindfors/Lindfors Photography, © James Shaffer/PhotoEdit; *Socioemocional* (E para D): © Joseph Pobereskin/Getty Images, © Myrleen Ferguson Cate/PhotoEdit, (C) © Eastcott/Momatiuk/The Image Works, (B) © Rolf Bruderer/Corbis, © Myrleen Ferguson Cate/PhotoEdit, © Adams Picture Library t/a apl/Alamy.

A ciência do desenvolvimento ao longo do tempo (encarte)

Platão, Descartes, H. Mann, Escola Horace Mann, W. James, M. Mead e E. Erikson: Library of Congress; *Aristóteles, G. S. Hall e D. Wechsler*: National Library of Medicine; *M. Montessori*: © Bettman/CORBIS; *J. Watson, R. Raynor e o Pequeno Albert*: Benjamin Harris, Ph.D.; *J. Piaget*: © Bill Anderson/Photo Researchers; *B.F. Skinner*: © Bettman/CORBIS; *L. Kohlberg*: Harvard University News Office; *A. Bandura, M. Ainsworth e Supreme Court*: Pearson Education/PH College; *Macacos de Harlow*: USDA/Animal and Plant Health Inspection Service; *R. Guthrie*: Archives of the History of American Psychology—The Robert V. Guthrie Papers; *Even the Rat Was White*: Pearson Education/Allyn & Bacon; *A Nation at Risk*: U.S. Department of Education.

Páginas 9-10, 27D, 116B: © Mark Hall/Taxi/Getty Images; 11-12, 121D, 202: © photos.com/Jupiter Images; 13-14, 207D, 306: © rubberball/Getty Images; 15-16, 311D, 402E: © David Deas/DK Stock/Getty Images; 17-18, 407D, 498: © Michael Stuckey/Comstock/Corbis; 26E: © iStockphoto.com/Rhienna Cutler; 26D: © iStockphoto.com/Yvonne Chamberlain; 27E: © George Doyle/Stockbyte/Getty Images; 28: © Bob Daemmrich/The Image Works; 31: © AMNH Special Collections, 35E: © Michael Krasowitz/Taxi/Getty Images; 35D: © Mel Yates/Taxi/Getty Images; 37: © Nathan Benn/Corbis; 39: © Laura Dwight/PhotoEdit; 43: © Michael Doolittle/The Image Works; 50: © Felicia Martinez/PhotoEdit; 55: © Peter M. Fisher/Corbis; 59C: © Ken Heyman/Woodfin Camp & Associates, Inc.; 59BE: © Kathy Sloane/Photo Researchers, Inc.; 59BD: © LWA-Dann Tardif/Corbis; 61: © Bill Anderson/Photo Researchers, Inc.; 62: © Tim Brown/Stone/Getty Images; 63C: © T. Lindfors/Lindfors Photography; 63B: © David Young-Wolff/PhotoEdit; 67: © Nina Leen/Getty Images/Time Life Pictures; 69: © Jose Luis Pelaez, Inc./Corbis; 76: © iStockphoto.com/Sean O'Riordan Photographer; 80: © Michael Clancy; 79C: © Biophoto Associates/Photo Researchers, Inc.; 79 (BE e BD): © Addenbrookes Hospital/Photo Researchers, Inc.; 85: © Mark Richards/PhotoEdit; 87C, 116C: © UHB Trust/Stone/Getty Images; 87B: © stockbyte/Getty Images; 89 (espermatozoide/óvulo): © Profs. P.M. Motta & J. Van Blerkom/Photo Researchers, Inc.; 89 (zigoto): © Lennart Nilsson/Albert Bonniers Forlag AB; 89 (embrião e feto de 12 semanas): © Claude Edelmann/Photo Researchers, Inc.; 89 (feto de 14 semanas): © James Stevenson/Photo Researchers, Inc.; 89 (feto bem desenvolvido): © Petit Format/Photo Researchers, Inc.; 91 (E e D): Cortesia do Dr. Olivier Walusinski, www.yawning.info; 92: Reimpresso com a permissão de Anderson Publishing Ltd de Brown, S.D., Estroff, J.A. & Barnewolt, C.E., Fetal MRI. Applied Radiology, 2004, 57(2), p. 33-49, Fig. 2. © Anderson Publishing Ltd.; 98: © 2000 George Steinmetz/Cortesia de San Francisco AIDS Foundation; 100: © REALITATEA TV/AFP/Getty Images; 102: © Keith Brofsky/Getty Images; 103C: © Sean Sprague/Stock Boston; 103B: © Margaret Miller/Photo Researchers, Inc.; 104: © Purestock/Getty Images; 108: © Jonathan Nourok/PhotoEdit; 108: © Bill Aron/PhotoEdit; 119C: © Andersen Ross/Brand X/Corbis; 119B: © Stockbyte/Getty Images; 120E: © iStockphoto.com/Michael Blackburn; 120M: © Jose Luis Pelaez, Inc./Blend Images/Getty Images; 120D: © IMAGEMORE Co., Ltd./Getty Images; 121E: © iStockphoto.com/Karen Struthers; 122: © iStockphoto.com/arsenic; 126: © Richard Meats/Getty Images; 128C: © Elizabeth Crews Photography; 128D: © Laura Dwight/PhotoEdit; 128B: © Myrleen Ferguson Cate/PhotoEdit; 130: © Photo Network/Alamy; 135: ©Jonathan Nourok/PhotoEdit; 136: Fonte: Steiner, J.E., "Human Facial Expressions in Response to Taste and Smell Stimulation," em *Advances in Child Development and Behavior*, Vol. 13, H.W. Reese e L.P. Lipsitt, eds. © 1979 por Academic Press. Com permissão.; 138: © Mark Richards/PhotoEdit; 140: © Elizabeth Crews/The Image Works; 141: © Laura Dwight/Mira.com; 146: © G. Baden/zefa/Corbis; 149: © Laura Dwight/PhotoEdit; 150: © thislife pictures/Alamy; 152: Meltzoff & Moore, SCIENCE 222:99 (1977). Reimpresso com a permissão de AAAS.; 156: Cortesia de Carolyn Rovee-Collier; 160: © Picture Partners/Alamy; 161: © Michael Newman/PhotoEdit; 166: © Laura Dwight Photography; 170: © Tetra Images/Getty Images; 172: © Martin Rogers/Woodfin Camp & Associates, Inc.; 173: © Lynne J. Weinstein/Woodfin Camp & Associates, Inc.; 174: © Laura Dwight/PhotoEdit; 175, 103: © Laura Dwight/PhotoEdit; 184: © Gabe Palmer/Corbis; 182: © Joseph Pobereskin/Getty Images; 187: © Laurance Monneret/Stone/Getty Images; 189: © Syracuse Newspapers/Dick Blume/The Image Works; 195: © Ellen B. Senisi; 197C: © ALI JAREKJI/Reuters /Landov; 197B: © Melanie Stetson Freeman/The Christian Science Monitor via Getty Images; 198E: © Stockbyte/Getty Images; 198M: © David Young-Wolff/PhotoEdit; 198D: © Bob Thomas/Stone/Getty Images; 199E: © Jack Hollingsworth/Photodisc/Getty Images; 200: © Niamh Baldock/Alamy; 202: © Tony Freeman/PhotoEdit; 208: © iStockphoto/Brian McEntire; 210: © iStockphoto/ND1939; 211CE: © Sharon Dominick/Getty Images; 211CD: © Ellen B. Senisi/The Image Works; 211 (B): © Bill Bachmann/Alamy; 216: © Rebecca Emery/Getty Images; 225: © Ellen B. Senisi/The Image Works; 234: © David Young-Wolff/PhotoEdit; 240: © Spencer Grant/PhotoEdit; 251: © Edward Parker/Alamy; 248: © Will Faller; 258: © Paul Conklin/PhotoEdit; 264: © Bill Bachmann/The Image Works; 266: © Larry Williams/Corbis; 270: © Chris Knapton/Alamy; 274: Courtesy of Jerry and Denise Boyd; 275C, 299: © Index Stock/Alamy; 275M: © Mary Kate Denny/PhotoEdit; 275B: © Sunstar/Photo Researchers, Inc.; 277C: © AGB Photo/Alamy; 277B: © Sue Ann Miller/Stone/Getty Images; 278: © Ben Blankenburg/Corbis; 284: © Rayes/Digital Vision/Getty Images; 286: © Tom & Dee Ann McCarthy/Corbis; 287E: © Cindy Charles/PhotoEdit; 287D: © Rachel Epstein/PhotoEdit; 291: © Myrleen Ferguson Cate/PhotoEdit; 293: © Danita Delimont/Alamy; 297: © Annie Engel/zefa/Corbis; 309T: © JUPITERIMAGES/Comstock Images/Alamy; 309B: © Jeff Greenberg/Alamy; 300E: © iStockphoto.com/Rich Legg; 300D: © iStockphoto.com/Wendy Shiao Photos; 300E: Copyright © Michael Newman/PhotoEdit; 301M: © iStockphoto.com/Morgan Lane Photography; 302: © Bob Daemmrich/PhotoEdit; 207, 393C: © Tetra Images/Alamy; 308, 393B: © Jeff Kaufman/Taxi/Getty Images; 316: © Michael Newman/PhotoEdit; 321: © Image Source/Getty Images; 322: © Keith Wood/Stone/Getty Images; 328: © iStockphoto/Mikael Damkier; 334: © Michael Newman/PhotoEdit; 342: © Alistair Berg/Digital Vision/Getty Images; 434E: © A. Ramey/Woodfin Camp & Associates, Inc.; 343M: © Joseph Sohm/Visions of America/Corbis; 343D: © Shehzad Noorani/Woodfin Camp & Associates, Inc.; 350, 392D: © Fancy/Veer/Corbis; 351: © Andy Sacks/Stone/Getty Images; 355: © Michael Newman/PhotoEdit; 366: © JUPITERIMAGES; 372: © David Young-Wolff/PhotoEdit; 375 and 376: © Michael Newman/PhotoEdit; 379C: © Rolf Bruderer/Corbis; 379B: © Mary Kate Denny/PhotoEdit; 380: © Eastcott/Momatiuk/The Image Works; 383: © Bill Aron/PhotoEdit; 384: © Stewart Cohen/Taxi/Getty Images; 385: © Corbis RF/Alamy; 491: compilação de quatro imagens de © iStockphoto/Petko Danov; 394E: © Bob Daemmrich Photography; 394D: © Diamond Images/Getty Images; 395E: © David Young-Wolff/PhotoEdit; 395M: © Tom Stewart/Corbis; 396: © Bubbles Photolibrary/Alamy; 401: © David Young-Wolff/PhotoEdit; 403: © FogStock LLC/Index Open; 406: © Maria Taglienti-Molinari/Brand X/Corbis; 411: © Ed Quinn/Corbis; 415: Photo by Joel Warren/© Disney Channel/Cortesia de Everett Collection; 422: © Tony Freeman/PhotoEdit; 430: © Bob Daemmrich/PhotoEdit; 432: © James Shaffer/PhotoEdit; 439: © Scott Cunningham/PH Merrill Publishing; 440: © AP Photo/Daniel R. Patmore; 442: © Will & Deni McIntyre/Photo Researchers, Inc.; 450: © Peter Hvizdak/The Image Works; 456: © Lee Snider/The Image Works; 460E: © Adams Picture Library t/a apl/Alamy; 460M: © Bill Aron/PhotoEdit; 460D: © Carl & Ann Purcell/Corbis; 464: © Myrleen Ferguson Cate/PhotoEdit; 466C: © Kris Timken/

Blend Images/Getty Images; 468B: © Will & Deni McIntyre/Corbis; 470: © Bettmann/Corbis; 473: © John Neubauer/PhotoEdit; 475: © Penny Tweedie/Stone/Getty Images; 477: © David Young-Wolff / Stone/Getty Images; 483: © Stockbyte/Getty Images; 486: © Fabio Cardoso/Maxx Images; 487: © Laura Dwight Photography; 488: © Elizabeth Crews/The Image Works; 490: © David Young-Wolff/ PhotoEdit; 491C: © John Eastcott/StockBoston; 491B: © Spencer Grant/PhotoEdit.